THEODOR FONTANE
ROMANE UND ERZÄHLUNGEN IN DREI BÄNDEN

Band 2

Carl Hanser Verlag

Herausgegeben von Helmuth Nürnberger
Die vorliegende Ausgabe basiert auf der 1962 ff.
im Carl Hanser Verlag erschienenen Edition
von Walter Keitel und Helmuth Nürnberger
»Theodor Fontane, Werke, Schriften und Briefe«
Mitherausgeber Walter Keitel genehmigte
freundlicherweise die Benutzung seiner Anmerkungen

ISBN 3-446-13523-5
Hanser Bibliothek
Alle Rechte vorbehalten
© 1985 Carl Hanser Verlag München Wien
Umschlagentwurf: Christian Diener
Umschlagbild: Max Liebermann,
Zwei Damen am Wasser (1910)
Druck und Bindung: May + Co, Darmstadt
Printed in Germany

INHALT

UNWIEDERBRINGLICH
7

FRAU JENNY TREIBEL
253

EFFI BRIEST
435

ANHANG
725

UNWIEDERBRINGLICH

ERSTES KAPITEL

Eine Meile südlich von Glücksburg, auf einer dicht an die See herantretenden Düne, lag das von der gräflich Holkschen Familie bewohnte Schloß Holkenäs, eine Sehenswürdigkeit für die vereinzelten Fremden, die von Zeit zu Zeit in diese wenigstens damals noch vom Weltverkehr abgelegene Gegend kamen. Es war ein nach italienischen Mustern aufgeführter Bau, mit gerade so viel Anklängen ans griechisch Klassische, daß der Schwager des gräflichen Hauses, der Baron Arne auf Arnewiek, von einem nachgeborenen »Tempel zu Pästum« sprechen durfte. Natürlich alles ironisch. Und doch auch wieder mit einer gewissen Berechtigung. Denn was man von der See her sah, war wirklich ein aus Säulen zusammengestelltes Oblong, hinter dem sich der Unterteil des eigentlichen Baues mit seinen Wohn- und Repräsentationsräumen versteckte, während das anscheinend stark zurücktretende Obergeschoß wenig über mannshoch über die nach allen vier Seiten hin eine Vorhalle bildende Säuleneinfassung hinauswuchs. Diese Säuleneinfassung war es denn auch, die dem Ganzen wirklich etwas Südliches gab; teppichbedeckte Steinbänke standen überall die Halle entlang, unter der man beinahe tagaus, tagein die Sommermonate zu verbringen pflegte, wenn man es nicht vorzog, auf das Flachdach hinaufzusteigen, das freilich weniger ein eigentliches Dach, als ein ziemlich breiter, sich um das Obergeschoß herumziehender Gang war. Auf diesem breiten, flachdachartigen Gange, den die Säulen des Erdgeschosses trugen, standen Kaktus- und Aloëkübel, und man genoß hier, auch an heißesten Tagen, einer vergleichsweise frischen Luft. Kam dann gar vom Meer her eine Brise, so setzte sie sich in das an einer Maststange schlaff herabhängende Flaggentuch, das dann mit einem schweren Klappton hin- und herschlug und die schwache Luftbewegung um ein geringes steigerte.

Schloß Holkenäs hatte nicht immer auf dieser Düne gestanden, und noch der gegenwärtige Graf, als er sich, siebzehn Jahre zurück, mit der schönen Baronesse Christine Arne, jüngsten Schwester seines Gutsnachbarn Arne, vermählte, war damals in die bescheidenen Räume des alten und eigentlichen Schlosses Holkenäs eingezogen, das mehr landeinwärts in dem großen Dorfe Holkeby lag, gerade der Holkebyer Feldsteinkirche gegenüber, die weder Chor noch Turm hatte. Das alte Schloß, ebenso wie die Kirche, ging bis ins vierzehnte Jahrhundert zurück, und ein Neubau war schon unter des Grafen Großvater geplant worden. Aber erst der gegenwärtige Graf, der, neben anderen kleinen Passionen, auch die Baupassion hatte, hatte den Plan wieder aufgenommen und bald danach das viel beredete und bespöttelte, aber freilich auch viel bewunderte Schloß auf der Düne entstehen lassen, in dem sich's nicht bloß schöner, sondern vor allem auch bequemer wohnte. Trotzdem war der Gräfin eine nicht zu bannende Vorliebe für das alte, mittlerweile zum Inspektorhause degradierte Schloß geblieben, eine Vorliebe, so groß, daß sie nie daran vorüberging, ohne der darin verbrachten Tage mit einem Anfluge von Wehmut zu gedenken. Denn es war ihre glücklichste Zeit gewesen, Jahre, während welcher man sich immer nur zur Liebe gelebt und noch keine Meinungsverschiedenheiten gekannt hatte. Hier, in dem alten Schlosse, gegenüber der Kirche, waren ihnen ihre drei Kinder geboren worden, und der Tod des jüngsten Kindes, eines Knaben, den man Estrid getauft hatte, hatte das schöne und jugendliche Paar einander nur noch näher geführt und das Gefühl ihrer Zusammengehörigkeit gesteigert.

All das war seit der Übersiedelung in das neue Schloß nicht ganz so geblieben, von welchem Wandel der Dinge die bei den Herrnhutern erzogene, zudem von Natur schon gefühlvoll gestimmte Gräfin eine starke Vorahnung gehabt hatte, so stark, daß ihr ein bloßer Um- und Ausbau des alten Schlosses und somit ein Verbleiben an alter Stelle das weitaus Liebere gewesen wäre, der Graf aber trug sich enthusiastisch und eigensinnig mit einem »Schloß am Meer« und deklamierte gleich bei dem ersten Gespräch, das er mit der Gräfin in dieser Angelegenheit hatte:

»Hast du das Schloß gesehen?
Das hohe Schloß am Meer?
Golden und rosig wehen
Die Wolken drüber her –«

ein Zitat, das freilich bei derjenigen, die dadurch günstig gestimmt und für den Plan gewonnen werden sollte, nur den entgegengesetzten Eindruck und nebenher eine halb spöttische Verwunderung hervorgerufen hatte. Denn Holk war ziemlich unliterarisch, was niemand besser wußte als die Gräfin.

»Wo hast du das her, Helmuth?«

»Natürlich aus Arnewiek. Bei deinem Bruder drüben hängt ein Kupferstich, und da stand es drunter. Und ich muß dir sagen, Christine, es gefiel mir ganz ungemein. Ein Schloß am Meer! Ich denke es mir herrlich, und ein Glück für dich und mich.«

»Wenn man glücklich ist, soll man nicht noch glücklicher sein wollen. Und dann, Helmuth, daß du gerade *das* zitieren mußtest. Du kennst, wie ich glaube, nur den Anfang dieses Uhlandschen Liedes... es ist nämlich von Uhland, verzeih... aber es verläuft nicht so, wie's beginnt, und am Schlusse kommt noch viel Trauriges:

›Die Winde, die Wogen alle
Lagen in tiefer Ruh,
Einem Klagelied aus der Halle
Hört' ich mit Tränen zu...‹

Ja, Helmuth, so schließt es.«

»Vorzüglich, Christine. Gefällt mir auch«, lachte Holk. »Und von Uhland, sagst du. Allen Respekt davor. Aber du wirst doch nicht verlangen, daß ich mein ›Schloß am Meer‹ nicht bauen solle, bloß weil aus einem erdichteten Schloß am Meer, auch wenn von Uhland erdichtet, ein Klagelied aus der Halle klang?«

»Nein, Helmuth, das verlang' ich nicht. Aber ich bekenne dir offen, ich bliebe lieber hier unten in dem alten Steinhause mit seinen Unbequemlichkeiten und seinem Spuk. Der Spuk bedeutet mir nichts, aber an Ahnungen glaub' ich, wiewohl die Herrnhuter auch davon nichts wissen wollen, und werden wohl auch recht damit haben. Trotzdem, man steckt nun mal in seiner menschlichen Schwachheit, und so bleibt einem manches im Gemüt, was man mit dem besten Spruche nicht loswerden kann.«

So war damals das Gespräch gegangen, auf das man nicht wieder zurückkam, ein einziges Mal ausgenommen, wo beide (die Sonne war schon unter) die Düne hinaufstiegen, um nach dem Neubau, der inzwischen begonnen hatte, zu sehen. Und als sie oben waren, lächelte Holk und wies auf die Wolken, die gerade »golden und rosig« über ihnen standen.
»Ich weiß, was du meinst«, sagte die Gräfin.
»Und...«
»Ich habe mich inzwischen meiner widerstreitenden Wünsche begeben. Damals, als du zuerst von dem Neubau sprachst, war ich trüben Gemüts; du weißt weshalb. Ich konnte das Kind nicht vergessen und wollte der Stelle nahe sein, wo es liegt.«
Er küßte ihr die Hand und gestand ihr dann, daß ihre Worte während ihres damaligen Gesprächs doch einen Eindruck auf ihn gemacht hätten. »Und nun bist du so gut. Und wie schön du dastehst in dem goldenen Abendrot. Ich denke, Christine, wir wollen hier glücklich sein. Willst du?«
Und sie hing sich zärtlich an seinen Arm. Aber sie schwieg.

Das war das Jahr vor Abschluß des Baues gewesen, und bald danach, weil's in dem alten Schloß unten immer unwohnlicher wurde, war Holk mit seinem Schwager übereingekommen, Christine und die Kinder nach Arnewiek zu schicken und sie daselbst bis nächsten Pfingsten, um welche Zeit alles fertig sein sollte, zu belassen.
Und das war denn auch geschehen.
Und nun kam Pfingsten heran, und der Tag zur Beziehung des neuen Schlosses war da. Der Garten am Rückabhange der Düne zeigte sich freilich nur halb bepflanzt, und überhaupt war vieles erst im Werden. Aber eines war doch fertig geworden: die schmale, säulenumstellte Front nach dem Meere zu.

Hier waren schon Bosquets und Blumenrondells, und weiter hin, wo sich die Düne nach vorn zu senken begann, stieg eine Treppenterrasse zum Strande hinunter und setzte sich unten in einer Stegbrücke fort, die, weit ins Meer hinaus gebaut, zugleich als Anlegestelle für die zwischen Glücksburg und Kopenhagen fahrenden Dampfer dienen sollte.

Christine war voller Bewunderung und Freude, weit über ihr eigenes Erwarten hinaus, und als sie, nach einem Umgang um das Haus, das Flachdach erstiegen hatte, vergaß sie angesichts des sich vor ihr ausbreitenden herrlichen Panoramas alles, was sich auch nach der vorjährigen Aussöhnung mit dem Neubau noch immer wieder von Sorgen und Ahnungen in ihrer Seele geregt hatte; ja, sie rief die Kinder, die noch unten an der Terrasse standen, herbei, daß sie mit teilnehmen möchten an ihrer Freude. Holk sah ihre tiefe Bewegung und wollte sprechen und ihr danken. Sie kam ihm aber zuvor und sagte:

»Bald ist es ein Jahr nun, Helmuth, daß wir zuletzt hier auf der Düne standen und du mich fragtest, ob ich hier glücklich sein wolle. Ich schwieg damals...«

»Und heute?«

»Heute sag' ich ja.«

ZWEITES KAPITEL

So schloß der Tag, an dem die Gräfin in das neue Schloß einzog. Einige Wochen später war auch eine Freundin aus den zurückliegenden Gnadenfreier Pensionstagen her auf Holkenäs eingetroffen, Julie von Dobschütz, ein armes Fräulein, bei deren Einladung zunächst nur an einen kurzen Sommerbesuch gedacht worden war. Bald aber regte sich der Wunsch, das Fräulein als Gesellschafterin, Freundin und Lehrerin im Hause verbleiben zu sehen, ein Wunsch, den Holk teilte, weil ihn Christinens Einsamkeit mitunter bedrückte. So blieb denn die Dobschütz und übernahm den Unterricht Astas und Axels, der beiden Kinder des Hauses. Asta ward ihr auch weiterhin anvertraut. Axel aber wechselte mit dem Unterrichte, als Kandidat Strehlke ins Haus kam.

Das alles lag jetzt sieben Jahre zurück, Graf und Gräfin hatten sich eingewohnt, und die »glücklichen Tage«, die man dort oben leben wollte, man hatte sie wirklich gelebt. Die herzlichste Neigung, die beide vor einer Reihe von Jahren zusammengeführt hatte, bestand fort, und wenn es namentlich in Erziehungs- und religiösen Fragen auch gelegentlich zu Differenzen kam, so waren sie doch nicht angetan, den Frieden des Hauses ernstlich zu gefährden. An solchen Differenzen war nun freilich neuerdings, seit die Kinder herangewachsen, kein Mangel gewesen, was bei der Verschiedenheit der Charaktere von Graf und Gräfin nicht wundernehmen konnte. Holk, so gut und vortrefflich er war, war doch nur durchschnittsmäßig ausgestattet und stand hinter seiner Frau, die sich höherer Eigenschaften erfreute, um ein beträchtliches zurück. Darüber konnte kein Zweifel sein. Aber daß es so war, was niemand mehr einsah als Holk selber, war doch auch wieder unbequem und bedrücklich für ihn, und es kamen Momente, wo er unter den Tugenden Christinens geradezu litt und sich eine weniger vorzügliche Frau wünschte. Früher war dies alles nur stiller Wunsch gewesen, kaum zugestanden, seit einiger Zeit aber hatte der Wunsch doch auch sprechen gelernt; es kam zu Auseinandersetzungen, und wenn Julie Dobschütz, die geschickt zu diplomatisieren verstand, auch meist leichtes Spiel bei Begleichung derartiger Streitigkeiten hatte, so blieb doch das eine nicht aus, daß Christine, die das alles geahnt, mit einer Art Wehmut der Tage im alten Schloß gedachte, wo dergleichen nicht vorgekommen war oder doch jedenfalls viel, viel seltener.

Nun war Ende September 1859 und die Ernte längst herein. Die ringsherum unter dem Säulengange nistenden Schwalben waren fort, eine Brise ging, und das Flaggentuch oben auf dem Flachdache schlug träge hin und her. Man saß unter der Fronthalle, den Blick aufs Meer, den großen Eßsaal, dessen hohe Glastür aufstand, im Rücken, während die Dobschütz den Kaffee bereitete. Neben der Dobschütz, an einem anderen Tisch, hatte die Gräfin Platz genommen im Gespräch mit dem Seminardirektor Schwarzkoppen, der vor einer halben Stunde mit

Baron Arne von Arnewiek herübergekommen war, um des schönen Tages in dem gastlichen Holkschen Hause zu genießen. Arne selbst schritt mit seinem Schwager Holk auf den Steinfliesen auf und ab und blieb mitunter stehen, weil das Bild vor ihm ihn fesselte: Fischerboote fuhren zum Fange hinaus, das Meer kräuselte sich leis, und der Himmel hing blau darüber. Keine Wolke war sichtbar, und nichts sah man als die schwarz am Horizont hinziehende Rauchfahne eines Dampfers.

»Du hattest doch recht, Schwager«, sagte Arne, »als du hier hinaufzogst und dir deinen ›Tempel‹ an dieser Stelle bautest. Ich war damals dagegen, weil mir Ausziehen und Wohnungswechsel als etwas Ungehöriges erschien, als etwas Modernes, das sich...«

»...das sich nur für Proletarier und Beamte schicke, so sagtest du damals.«

»Ja, so was Ähnliches wird es wohl gewesen sein. Aber ich habe mich inzwischen in manchem bekehrt und auch darin. Indessen es sei, wie's sei, soviel steht mir fest, wenn ich auch politisch und kirchlich, und selbst landwirtschaftlich, was für unsereinen doch eigentlich immer die Hauptsache bleibt, derselbe geblieben wäre, das müßt' ich doch einräumen, es ist entzückend hier oben und so windfrisch und gesund. Ich glaube, Holk, als du hier einzogst, hast du dir fünfzehn Jahre Leben zugelegt.«

In diesem Augenblicke ward ihm von einem alten Diener in Gamaschen, der noch vom Vater des Grafen her mit übernommen war, der Kaffee präsentiert, und beide nahmen und tranken.

»Deliziös«, sagte Arne. »Freilich etwas zu gut, besonders für dich, Holk; solcher Kaffee wie der zieht wieder fünf Jahre von den fünfzehn ab, die ich dir eben zugesprochen, und die philiströse, wenn auch höchst bemerkenswerte Homöopathie, die, wie du weißt, von Mokka und Java nichts wissen will, würde vielleicht noch stärker subtrahieren. Apropos Homöopathie. Hast du denn schon von dem homöopathischen Veterinärarzt gehört, den wir seit ein paar Wochen in Lille-Grimsby haben?...«

Und langsam auf und ab schreitend, fuhren beide Schwäger in ihrem Gespräche fort.

Ein sehr anderes Thema behandelte mittlerweile die Gräfin in ihrer Unterredung mit Seminardirektor Schwarzkoppen, der vor Jahr und Tag erst aus seiner Wernigeroder Pfarre hierher nach Schleswig-Holstein verschlagen und an das Arnewieker Seminar berufen worden war. Er hatte den Ruf und das Ansehen einer positiven kirchlichen Richtung, was der Gräfin aber fast mehr bedeutete, war das, daß Schwarzkoppen zugleich Autorität in Schul- und Erziehungsfragen war, in Fragen also, die sich seit kurzem zu brennenden Fragen für die Gräfin gestaltet hatten. Denn Asta war sechzehn, Axel beinahe fünfzehn Jahre. Schwarzkoppen, auch eben jetzt wieder in dieser diffizilen Frage zu Rate gezogen, antwortete sehr vorsichtig, und als die Gräfin merkte, daß er, vielleicht mit Rücksicht auf Holk, nicht unbedingt auf ihre Seite treten wollte, ließ sie das Gespräch wieder fallen, wenn auch ungern, und wandte sich einem anderen schon öfter mit dem Direktor verhandelten Lieblingsplane zu, der Errichtung einer Familiengruft.

»Nun, wie steht es damit?« sagte Schwarzkoppen, der froh war, aus der Erziehungsfrage heraus zu sein.

»Ich habe«, sagte Christine, »die Sache noch immer nicht besprechen mögen, weil ich mich vor einer Ablehnung von seiten Holks fürchte.«

»Das ist nicht gut, gnädigste Gräfin. Solche Furcht ist immer vom Übel, sie will dem Frieden dienen, aber eigentlich dient sie nur der Verstimmung und dem Kriege. Und zu beidem ist kein Grund. Sie müssen, wenn bessere Beweggründe nicht zu haben sind, auf seine Liebhabereien rechnen. Hat er doch, wie Sie mir selber oft versichert, die Baupassion.«

»Ja, die hat er«, bestätigte die Gräfin. »Dies Schloß ist dessen ein Zeugnis und Beweis, denn es war eigentlich unnötig; ein Umbau hätte dasselbe getan. Aber so gerne er baut, so bevorzugt er doch das eine vor dem anderen, und was ich vorhabe, wird seinen Beifall kaum haben. Ich wette, daß er lieber eine Halle bauen würde, darin man Federball spielen kann oder, wie das jetzt Mode ist, auf Rollschuhen Schlittschuh laufen, jedenfalls alles lieber als irgendwas, was mit Kirche zusammenhängt. Und nun gar eine Gruft bauen. Er denkt nicht gern an Sterben und schiebt das, was man so schön und sinnig ›sein Haus bestellen‹ heißt, gerne hinaus.«

»Ich weiß«, sagte Schwarzkoppen. »Aber Sie dürfen nicht vergessen, daß auch all seine liebenswürdigen Eigenschaften mit dieser Schwäche zusammenhängen.«

»Seine liebenswürdigen Eigenschaften«, wiederholte sie. »Ja, die hat er, fast zuviel, wenn man von liebenswürdigen Eigenschaften je zuviel haben kann. Und wirklich, er wäre das Ideal von einem Manne, wenn er überhaupt Ideale hätte. Verzeihen Sie diese Wortspielerei, sie drängt sich mir aber auf, weil es so und nicht anders liegt, und ich muß es noch einmal sagen, er denkt nur an den Augenblick und nicht an das, was kommt. Jeglichem, was ihn daran erinnern könnte, geht er aus dem Wege. Seit wir unseren Estrid begruben, ist er noch nicht in der Gruft gewesen. So weiß er auch nicht, daß beinahe alles einzustürzen droht. Und doch ist es so, und die neue Gruft muß gebaut werden. Muß, sag ich, und wenn ich nicht alles Spitze und Verletzliche vermeiden möchte, so würd' ich ihm sagen, es handle sich gar nicht darum, den Reigen durch *ihn* eröffnet zu sehen, *ich* wolle es...«

Schwarzkoppen wollte unterbrechen, aber Christine achtete dessen nicht und fuhr, ihre letzten Worte wiederholend, fort: »*Ich* wolle es; aber ich müsse darauf bestehen, meinerseits in eine Wohnung einzuziehen, die mir gefiele, nicht in eine, darin alles zerbröckelt und zerfallen sei... Doch lassen wir Vermutungen über das, was ich sagen oder nicht sagen würde; mir liegt für den Augenblick mehr daran, Ihnen eine auf meinen Bauplan bezügliche Aquarelle vorzulegen, die mir die Dobschütz in den letzten Tagen angefertigt hat. Natürlich auf meinen Wunsch; sie zeichnet so gut. Es ist eine offene Halle, gotisch, und die Steine, die den Fußboden bilden, decken zugleich die Gruft. Worauf ich aber das meiste Gewicht lege (die kleine Zeichnung läßt natürlich nur wenig davon erkennen), das ist der Bilderschmuck an Wand und Decke. Die Längswand mit einem Totentanz, vielleicht unter Anlehnung an den in Lübeck, und in die Gewölbekappen Engel und Palmenzweige. Je schöner, desto besser. Und wenn wir erste Künstler nicht haben können, weil unsere Mittel dafür nicht ausreichen, so zweite und dritte; schließlich ist doch der Gedanke die Hauptsache. Liebe Julie, verzeih, daß ich dich bemühe. Aber bring uns das Blatt...«

Holk und Arne hatten inzwischen ihren Gang unter der Säulenhalle fortgesetzt und waren zuletzt auf einen Kiesweg zugeschritten, der in einer Schlängellinie bis an die nächsten Stufen der zur See niedersteigenden Terrasse lief. An eben dieser Stelle befand sich auch ein aus Zypressen und Lorbeer gebildetes Bosquet, mit einer Marmorbank in Front, und hier setzten sich die beiden Schwäger, um ungestört ihre Zigarre rauchen zu können, was die Gräfin, wenn man unter der Halle saß, zwar nie verbot, aber auch nicht eigentlich gestattete. Das Gespräch beider drehte sich sonderbarerweise noch immer um das Wunder von Tierarzt, was ziemlich unerklärlich gewesen wäre, wenn nicht Holk, außer seiner Bauleidenschaft, auch noch eine zweite Passion gehabt hätte: die für schönes Vieh. Er war kein großer Landwirt wie sein Schwager Arne, ja, tat sich was damit, es *nicht* zu sein; aber auf sein Vieh hielt er doch, fast nach Art eines Sportsman, und freute sich, es bewundert zu sehen und dabei von mirakelhaften Milcherträgen erzählen zu können. Aus diesem Grunde war ihm der neue Veterinärarzt eine wirklich wichtige Persönlichkeit, und nur die homöopathische Heilmethode desselben ließ immer wieder einige Bedenken in ihm aufsteigen. Aber Arne schnitt diese Bedenken ab. Das sei ja gerade das Interessanteste an der Sache, daß der neue Doktor nicht bloß gute Kuren mache, das könnten andere auch, sondern *wie* er sie mache und *wodurch*. Die ganze Geschichte bedeute nicht mehr und nicht weniger als den endlichen Triumph eines neuen Prinzips, erst von der Viehpraxis her datiere der nicht mehr anzuzweifelnde Sieg der Homöopathie. Bis dahin seien die Quacksalber alten Stils nicht müde geworden, von der Macht der Einbildung zu sprechen, was natürlich heißen sollte, daß die Streukügelchen nicht als solche heilten; eine schleswigsche Kuh aber sei, Gott sei Dank, frei von Einbildungen, und wenn sie gesund würde, so würde sie gesund durch das Mittel und nicht durch den Glauben. Arne verbreitete sich noch des weiteren darüber, zugleich hervorhebend, daß es sich bei den Kuren des neuen, beiläufig aus dem Sächsischen stammenden Doktors allerdings auch noch um andere Dinge handele, die mit Allopathie oder Homöopathie nichts Direktes zu schaffen hätten. Unter diesen Dingen stehe die durchgeführteste, schon den Luxus streifende Reinlichkeit obenan, also immer neue Stallbauten und unter Umständen selbst ein Operieren mit Marmorkrippen und vernickelten Raufen. Holk hörte das alles mit Entzücken und empfand so große Lust, mit Christine darüber zu sprechen, daß er die Zigarre wegtat und auf die Säulenhalle zurückschritt.

»Ich höre da eben interessante Dinge, Christine. Dein Bruder erzählt mir von homöopathischen Kuren eines neuen sächsischen Veterinärdoktors, der in Leipzig seine Studien gemacht hat. Ich betone Leipzig, weil es Hochburg der Homöopathie ist. Wahre Wunderkuren!...

Sagen Sie, Schwarzkoppen, wie stehen *Sie* zu der Sache? Die Homöopathie hat so etwas Geheimnisvolles, Mystisches. Interessant genug, und in ihrer Mystik eigentlich ein Thema für Christine.«

Schwarzkoppen lächelte. »Die Homöopathie verzichtet, soviel ich weiß, auf alles Geheimnisvolle oder gar Wunderbare. Es ist einfach eine Frage von viel oder wenig und ob man mit einem Gran so weit kommen kann wie mit einem halben Zentner.«

»Versteht sich«, sagte Holk. »Und dann gibt es noch einen Satz, ›Similia similibus‹, worunter sich jeder denken kann, was er will. Und mancher denkt sich gar nichts dabei, wohin wohl auch unser tierärztlicher Pfiffikus und Mann der Aufklärung gehören wird. Er gibt seine Streukügelchen und ist im übrigen, als Hauptsache, für Stallreinlichkeit und Marmorkrippen, und ich möchte sagen, die Tröge müssen so blank sein wie ein Taufbecken.«

»Ich glaube, Helmuth, daß du deine Vergleiche rücksichtsvoller wählen könntest, schon um meinetwillen, namentlich aber in Schwarzkoppens Gegenwart.«

»Zugestanden. Übrigens alles ipsissima verba des neuen Wunderdoktors, Worte, die dein Bruder zitierte, wobei freilich nicht bestritten werden soll, daß es sich auch für den Doktor empfehlen würde, solche Vergleiche lieber nicht zu brauchen, zumal er Konvertit ist. Er heißt nämlich Lissauer.«

Schwarzkoppen und Christine wechselten Blicke.

»Wenn er übrigens auf den Hof kommt, so lad' ich ihn unten in der Inspektorwohnung zum Lunch. Hier oben...«

»Ist er entbehrlich.«

»Ich weiß, und du darfst unbesorgt sein. Aber ich rechne es ihm an, daß er selbständige Gedanken hat und den Mut der Aussprache. Das mit den Marmorkrippen ist natürlich mehr oder weniger Torheit und nichts als ein orientalischer Vergleich, den man ihm zugute halten muß. Aber mit der Forderung der Reinlichkeit so ganz im allgemeinen, damit hat er doch recht. Meine Ställe, die noch sämtlich aus dem Ende des vorigen Jahrhunderts sind, müssen fort, und ich freue mich, endlich eine Veranlassung und einen Sporn zu haben, mit dem alten Unwesen aufzuräumen.«

Die Gräfin schwieg und suchte mit der Nadel in den Seidenfäden, die vor ihr auf dem Tische lagen.

Den Grafen verdroß dies Schweigen. »Ich dachte, du würdest mir deine Zustimmung ausdrücken.«

»Es sind Wirtschaftssachen, in denen ich, was auch beliebt wird, nicht mitzusprechen habe. Hältst du Marmorkrippen oder ähnliches für nötig, so werden sie sich finden, und wenn es in Carrara wäre.«

»Was läßt dich wieder so bitter sprechen, Christine?«

»Verzeih, Helmuth, aber es trifft sich unglücklich. Eben hab' ich mit Schwarzkoppen über Dinge gesprochen, die mir mehr am Herzen liegen, übrigens *auch* Bausachen, und im selben Augenblick willst du Ställe bauen, Ställe...«

»Freilich will ich das. Du vergißt immer, Christine, wenn du auch nicht mitsprechen willst, wie du eben sagtest, du vergißt immer, daß ich in erster Reihe Landwirt bin, und für einen Landwirt ziemt sich eben das Landwirtschaftliche. Das Landwirtschaftliche ist die Hauptsache.«

»Nein, die Hauptsache ist es *nicht*.«

»Nun, was denn?«

»Es ist ein Unglück und ein Schmerz für mich, daß ich das Selbstverständliche dir gegenüber noch immer wieder hervorheben muß.«

»Ach, ich verstehe. Die Kirche soll ausgebaut werden oder ein Schwesternasyl oder ein Waisenhaus. Und dann ein Campo santo, und dann wird der ganze Cornelius aufgekauft und in Wasserfarben an die Wand gemalt...«

Es war selten, daß der Graf zu solchen Worten seine Zuflucht nahm, aber es gab ein paar Punkte, wo Verstimmung und Gereiztheit sofort über ihn kamen und ihn die feinen Umgangsformen vergessen ließen, deren er sich sonst rühmen durfte. Sein Schwager wußte das und schritt deshalb rasch ein, um das Gespräch in andere Wege zu leiten, wozu sein guter Humor ihn jederzeit befähigte.

»Schwester, Schwager, ich meinerseits denke, das eine tun und das andere nicht lassen. Da habt ihr meine Weisheit und den Frieden dazu. Zudem, Holk, du weißt noch nicht einmal, um was es sich handelt.«

Holk lachte gutmütig.

»*Du* weißt es nicht«, fuhr Arne fort, »und *ich* weiß es auch nicht, der ich doch sonst in die Geheimnisse Christinens eingeweiht zu sein pflege. Freilich, wenn mich nicht alles täuscht, so haben wir hier den Schlüssel...« Und dabei nahm er das aquarellierte Blatt, das die Dobschütz inzwischen gebracht hatte. »Charmant, von welcher Hand es auch herrühren möge. Gotik, Engel, Palmen. Soll man selbst unter *diesen* nicht ungestraft wandeln dürfen? Und an allem ist dieser unglückselige Veterinärarzt schuld, ein Mann in Stulpenstiefeln, an dem nichts komischer ist als die Tatsache, daß er sächsisch spricht. Er müßte eigentlich plattdeutsch sprechen, sogar mecklenburgisch. Wobei mir einfällt, wißt ihr denn schon, daß sich in Kiel und Rostock eine plattdeutsche Dichterschule gebildet hat, oder eigentlich zwei, denn die Deutschen, wenn sich irgendwas auftut, zerfallen immer gleich wieder in zwei Teile. Kaum ist das Plattdeutsche da, so haben wir auch schon wieder itio in partes, und die Mecklenburger marschieren unter ihrem Fritz Reuter und die Holsteiner unter ihrem Klaus Groth.

Aber Klaus Groth hat einen Pas voraus, weil er Lyriker ist und komponiert werden kann, und davon hängt eigentlich alles ab. Kein Jahr, vielleicht kein halbes, so kommt er von keinem Klavier mehr herunter. Ich habe da schon was auf eurem Flügel liegen sehen. Asta, du könntest was von ihm singen.«

»Ich mag nichts Plattdeutsches.«

»Nun, dann singe was Hochdeutsches, aber natürlich etwas recht Hübsches und Lustiges.«

»Ich mag nichts Lustiges.«

»Nun, wenn es nichts Lustiges sein kann, dann singe was recht Trauriges. Aber es muß dann auch *ganz* traurig sein, daß man auf seine Kosten kommt. Etwas von einem Pagen, der für Komtesse Asta stirbt, oder von einem Ritter, der von seinem Nebenbuhler erschlagen und am Wege begraben wird. Und daneben wacht der Hund am Grabe des Ritters, und drei Raben sitzen in einer Pappelweide und kreischen und sehen zu.«

Asta, die mit dem Onkel auf einem Neckfuß stand, würde ihm auch diesmal eine Antwort nicht schuldig geblieben sein, wenn nicht in ebendiesem Augenblick ihre Aufmerksamkeit nach einer anderen Seite hin in Anspruch genommen worden wäre.

»Da kommt Elisabeth«, rief sie freudig erregt. »Und der alte Petersen mit ihr und Schnuck auch.«

Und als sie das sagte, traten alle von der Halle her in den Vorgarten und grüßten mit ihr zugleich hinunter.

DRITTES KAPITEL

Pastor Petersen und seine Enkelin Elisabeth, vielleicht weil das Licht sie blendete, bemerkten von dem ihnen geltenden Gruße nichts, aber um so deutlicher sah man oben, von Terrasse und Vorhalle her, die unten am Strand immer näher Kommenden. Der Alte, seinen Hut in der Hand (so daß der Wind mit seinem dünnen, aber langen weißen Haare spielte), ging ein paar Schritte vorauf, während Elisabeth sich nach den Holz- und Borkenstückchen bückte, die zwischen dem

Seetang umherlagen, und sie ins Meer warf, um Schnuck, einen wundervollen schwarzen Pudel, danach apportieren zu lassen. Jetzt aber ließ sie davon ab und begnügte sich, ein paar Blumen zu pflücken, die zwischen dem Strandhafer standen. Und so schlendernd kamen sie schließlich bis an den Pier, wo sie links abbogen, um die Terrasse hinaufzusteigen.

»Sie kommen«, brach Asta in erneutem Jubel aus. »Und Elisabeth bringt ihren Großvater mit.«

»Ja«, sagte Baron Arne. »Vielleicht könnte man auch sagen, der Großvater bringt Elisabeth mit. Aber so seid ihr; die Jugend ist die Hauptsache; wenn man alt wird, ist man nur noch Beigabe. Jung sein heißt selbstsüchtig sein. Aber eigentlich ist es später auch nicht besser. Mein erster Gedanke war, als ich den Alten sah, da kommt unsere Whistpartie. Schwarzkoppen ist freilich nicht für Spiel, aber Gott sei Dank auch nicht dagegen, und würde, wenn er Katholik wäre, wahrscheinlich von einer ›läßlichen Sünde‹ sprechen. Und das sind mir die liebsten. Im übrigen bewundere ich diesen Pudel, wie heißt er doch?«

»Schnuck«, sagte Asta.

»Richtig, Schnuck; eigentlich mehr ein Name für eine Lustspielfigur. Er war schon dreimal oben und immer wieder zurück. Offenbar freut er sich ganz unbändig. Und nun sage, Asta, worauf freut er sich, auf dich oder auf die Kunststücke, die er machen darf, oder auf den Zucker, den er dafür kriegt?«

Zwei Stunden später war es still unter der Säulenhalle; der Abend war hereingebrochen, und nur am Horizont lag noch ein roter Widerschein. Alles hatte sich in das Wohn- und Empfangszimmer zurückgezogen, das, in gleicher Größe wie der Eßsaal, unmittelbar hinter diesem lag und den Blick zunächst auf einen wohlgepflegten, mit Treibhäusern besetzten Vorgarten hatte, der weiterhin in große, bergabsteigende Parkanlagen überging.

Das Wohn- und Empfangszimmer war reich möbliert und hatte doch Raum genug zu freier Bewegung. Neben dem Flügel, in der geschütztesten Ecke, stand ein großer runder Tisch, mit einer Moderateurlampe darauf. Hier saßen die Gräfin und ihre Freundin, die Dobschütz, die vorlesen sollte, während Asta und Elisabeth dicht neben ihnen auf zwei Fußbänken Platz genommen hatten und abwechselnd leise plauderten oder den Pudel zu dessen eigener sichtlicher Freude Kunststücke machen ließen. Aber zuletzt wurde er müde von der Anstrengung und schlug, weil er die Balance nicht mehr halten konnte, mit einer seiner Pfoten auf die Tasten des offenstehenden Flügels.

»Ach, nun spielt er auch noch«, lachte Asta. »Ich glaube, wenn er will, spielt Schnuck besser als ich; er ist so geschickt, und Tante Julie wird es nicht bestreiten. Vorhin sollt' ich spielen und sogar singen, Onkel Arne bestand darauf, aber ich hütete mich wohl. Ich habe bloß Lust und gar kein Talent. Hast du was mitgebracht, Elisabeth? Ihr habt ja immer was Neues, und du hattest ja auch eine Mappe am Arm, als du kamst. Laß uns sehen.«

So plauderten die Mädchen weiter. In der schräg gegenüberliegenden Zimmerecke aber saßen die vier Herren beim Whist, Arne wie gewöhnlich mit dem alten Petersen scheltend, daß er noch so langsam spiele, wie zur Zeit des Wiener Kongresses.

»Ja«, lachte Petersen, »wie zur Zeit des Wiener Kongresses; da spielte man langsam, das galt für vornehm, und muß ich Ihnen nachher eine Geschichte davon erzählen, eine Geschichte, die wenig bekannt ist und die, soviel ich weiß, von Thorwaldsen stammt, der sie von Wilhelm von Humboldt hörte...«

»Von Alexander«, sagte Arne.

»Nein, erlauben Sie, Arne, von Wilhelm von Humboldt. Wilhelm war überhaupt...«

»Aufpassen, Petersen...«

Und das Spiel nahm, ohne weitere Zwischenrede, seinen Fortgang, und auch die Mädchen dämpften ihre Stimme. Denn die Dobschütz hatte zu lesen begonnen, und zwar aus einem großen Zeitungsblatt, das im Laufe des Nachmittags der Postbote gebracht hatte. Freilich war es noch kein rechtes Vorlesen, sondern erst der Versuch dazu, wobei sich's die Dobschütz – in den Zeitungen zitterte der italienische Krieg noch nach – angelegen sein ließ, zunächst nur die Kopftitel zu lesen, und zwar in einem anfragenden Tone. »Erzherzog Albrecht und Admiral Tegetthoff . . .« Die Gräfin schüttelte den Kopf . . . »Auf dem Marsche nach Magenta« . . . »Die Kürassierbrigade Bonnemain« . . . Neues Kopfschütteln . . . »Man schreibt uns aus Charlottenburg über das Befinden König Friedrich Wilhelms des Vierten . . .«

»Ja«, unterbrach hier die Gräfin, »*das* lies, liebe Dobschütz. Das aus Charlottenburg. Ich habe kein Interesse für Kriegsgeschichten, es sieht sich alles so ähnlich, und immer bricht wer auf den Tod verwundet zusammen und läßt sterbend irgend ein Etwas leben, das abwechselnd Polen oder Frankreich oder meinetwegen auch Schleswig-Holstein heißt. Aber es ist immer dasselbe. Dieser moderne Götze der Nationalität ist nun mal nicht das Idol, vor dem ich bete. Die rein menschlichen Dinge, zu denen, für mich wenigstens, auch das Religiöse gehört, interessieren mich nun mal mehr. Dieser unglückliche König in seinem Charlottenburger Schloß; ... ein so heller Kopf, und nun umnachtet in seinem Geiste. Ja, das interessiert mich. Ist es lang?«

»Eine Spalte.«

»Das ist viel. Aber fange nur an, wir können ja abbrechen.«

Und nun las die Dobschütz:

»... Alle Nachrichten stimmen dahin überein, daß es mit dem Befinden des Königs schlechter geht; seine Teilnahme läßt nach, und die Stunden, in denen er folgen kann, werden immer seltener. Selbstverständlich beginnt dieser Zustand des Kranken auch das staatliche Leben zu beeinflussen, und gewisse Rücksichten, die man bisher nahm, lassen sich nicht mehr durchführen. Es läßt sich nicht verkennen, daß sich ein vollständiger Systemwechsel vorbereitet, und daß sich dieser Wechsel demnächst auch in der auswärtigen Politik zeigen wird. Das Verhältnis zu Rußland und Österreich ist erschüttert, ein freundschaftliches Verhältnis zu den Westmächten bahnt sich mehr und mehr an, zu England gewiß. Alles, was geschieht, erinnert an die Zeit von 6 bis 13, die, nach voraufgegangener Erniedrigung, eine Zeit der Vorbereitung und Wehrhaftmachung war. Mit solcher Wehrhaftmachung beschäftigen sich unausgesetzt die Gedanken des Prinzregenten, und ist Preußen militärisch erst das, was der Prinzregent aus ihm zu machen trachtet, so werden wir sehen, was wird. Und in keiner Frage wird sich das deutlicher zeigen als in der schleswigholsteinschen.«

»Es ist gut«, sagte die Gräfin. »Ich dachte, der Artikel würde Mitteilungen vom Hofe bringen, anekdotische Züge, Kleinigkeiten, die meist die Hauptsache sind, und nun bringt er politische Konjekturen. Ich glaube nicht an Vorhersagungen, die meist von denen gemacht werden, die die geringste Berechtigung dazu haben... Aber was ist das für ein Bild, das ich da auf der Rückseite der Zeitung sehe, Schloß und Schloßtürme...«

Die Dobschütz, die nichts davon wußte, wandte die Zeitung und sah nun, daß es eine Annonce war, die, mit ihrem großen Holzschnitt in der Mitte, beinahe die ganze Rückseite der Zeitung einnahm. Das Auge der Dobschütz glitt darüber hin. Dann sagte sie: »Es ist eine Pensionsanzeige aus der Schweiz, natürlich vom Genfersee; hier, das kleine Gebäude, ist das Pensionat, und das große Hotel im Vordergrunde ist nur Zugabe.«

»Lies. Ich interessiere mich für solche Annoncen.«

»... Unsere Pension Beau-Rivage tritt nun in ihr fünfundzwanzigstes Jahr. Es haben in dieser Zeit junge Damen aus allen Teilen der Erde Aufnahme bei uns gefunden und bewahren uns, soviel wir erfahren, ein freundliches Gedenken. Wir verdanken dies, neben dem Segen, der nicht fehlen darf, auch wohl den Grundsätzen, nach denen wir unsere Pension unausgesetzt leiten. Es sind dies die Grundsätze der Internationalität und konfessioneller Gleichberechtigung. Ein kalvinistischer Geistlicher steht leitend an der Spitze des Ganzen, aber durchaus von einem Geiste der Duldung erfüllt, überläßt er es den Eltern und Vormündern, die Zöglinge, die man uns anvertraut, an diesem Religionsunterricht teilnehmen zu lassen oder nicht...«

Die Gräfin erheiterte sich sichtlich. Sie hatte den Zug der meisten Frommen und Kirchlichen, die Kirchlichkeit anderer nicht bloß anzuzweifeln, sondern meist auch von der komischen Seite zu nehmen, und so waren ihr denn Mitteilungen aus dem Lager der Katholiken und beinah mehr noch der Genferischen immer eine Quelle vergnüglicher Unterhaltung, auch wenn sich nicht, wie hier, eine das Heitere so direkt herausfordernde Geschäftlichkeit mit einmischte. Sie nahm das Blatt, um die Pensionsanzeige, die sich noch fortsetzte, weiter zu lesen, aber der Diener, der schon seit einer Viertelstunde den Whisttisch beobachtet und den Schluß des Robbers abgewartet hatte, trat jetzt vor, um zu melden, daß der Tee serviert sei.

»Trifft sich vorzüglich«, sagte Baron Arne. »Wenn man gewonnen hat, zählt ein Rebhuhn, worauf ich rechne, zu den gesundesten Gerichten; sonst freilich nicht.«

Und damit erhob er sich und reichte dem Fräulein von Dobschütz den Arm, während Schwarzkoppen mit der Gräfin voranschritt.

»Nun, Petersen«, sagte der Graf, »wir müssen miteinander fürlieb nehmen.« Und an Asta und Elisabeth vorübergehend, rief er diesen zu: »Nun, meine Damen...«

Aber Asta streichelte nur zärtlich seine Hand und sagte: »Nein, Papa, wir bleiben hier, Mama hat es schon erlaubt; wir haben uns noch allerlei zu erzählen.«

VIERTES KAPITEL

In dem Eßsaale war gedeckt, die Flügeltüren standen auf, und ein heller Lichterglanz empfing die Eintretenden. Die Gräfin nahm ihren Platz zwischen den beiden Geistlichen, während Fräulein von Dobschütz mit Holk und Arne ihr gegenüber saßen. Einen Augenblick später erschienen auch der Hauslehrer und Axel.

»Ich habe mich eben sehr erheitert«, wandte sich die Gräfin an Schwarzkoppen...

»Ah«, warf Holk dazwischen, in einem Tone, der, wenn weniger spöttisch, ergötzlich gewesen wäre, und Arne, der den Spott darin nur zu sehr heraushörte (denn Christine war eigentlich nie heiter), lachte herzlich vor sich hin.

»Ich habe mich eben sehr erheitert«, wiederholte die Gräfin

mit einem Anfluge von Empfindlichkeit und fuhr dann fort: »Es ist doch ein eigen Ding um diese Schweizerpensionen, in denen sich Geschäftlichkeit mit Kalvinismus so gut verträgt. Es war immer die häßliche Seite des Kalvinismus, so lebensklug zu sein...«

Schwarzkoppen, an den sich auch diese zweite Bemerkung gerichtet hatte, verneigte sich. Ihr Bruder aber sagte: »Das ist mir neu, Christine. Calvin, soviel ich weiß, war unbequem und unerbittlich, Knox desgleichen, und Coligny benahm sich jedenfalls nicht allzu lebensklug, sonst lebte er vielleicht noch. Und dann La Rochelle. Und dann die zehntausend Ausgewanderten um Glaubens willen. Es soll den Lutherschen schwer werden, Seitenstücke dazu zu finden oder wohl gar Besseres. Ich beantrage Gerechtigkeit; Schwarzkoppen, Sie dürfen mich nicht im Stich lassen gegen meine Schwester. Und Petersen, Sie auch nicht.«

Holk, der seinen Schwager überhaupt sehr liebte, hatte seine herzliche Freude, daß Arne so sprach. »Das ist recht, Alfred. Für die, die nicht da sind, muß man eintreten.«

»Und wenn es Preußen wären«, setzte Arne lachend hinzu. »Wobei mir der Artikel einfällt, der vorher vorgelesen wurde. Was war es eigentlich damit? Ich habe nämlich die Tugend, beim Whist gewinnen und doch so ziemlich allem folgen zu können, was nebenher gelesen oder gesprochen wird. Ich hörte was vom Charlottenburger Hof und von Wehrhaftmachung und Anno 13. Oder war es nicht so? Anno 13 habe ich bestimmt gehört und Wehrhaftmachung auch...«

»Ach, liebe Dobschütz, erzähle, was es war«, sagte die Gräfin.

»Es war genauso, wie der Herr Baron annimmt, und alles in allem schien der Artikel sagen zu wollen, daß es mit Dänemark vorbei sei, wenn es sich in der Sprachenfrage nicht handeln lasse.«

Holk lachte. »Mit Dänemark vorbei! Nein, Herr Preuß', soweit sind wir noch nicht, und unter allen Umständen haben wir immer noch die Geschichte vom Storch und Fuchs. Der Fuchs in der Fabel konnte nicht an das Wasser heran, weil es in einer Flasche war, und der neueste Fuchs, der Preuße, kann nicht an Dänemark heran, weil es Inseln sind. Ja, das Wasser! Gott sei Dank. Es ist immer dieselbe Geschichte, was der eine kann, kann der andere nicht, und so gut die Preußen ihren Parademarsch marschieren, über die Ostsee können sie nicht rüber, wenn es auch bei Klaus Groth heißt: ›de Ostsee is man en Puhl‹.«

Arne, der, bis spät in den Herbst hinein, seine Abendmahlzeit regelmäßig mit einem Teller saurer Milch einleitete, streute eben Brot und Zucker auf die vor ihm stehende Satte, nahm einen ersten Löffel voll und sagte dann, während er seinen Bart putzte: »Schwager, da divergieren wir. Der einzige Punkt. Und ich setze hinzu glücklicherweise. Denn mit seiner Schwester darf man schon allenfalls Krieg führen, aber mit seinem Schwager nicht. Ich berufe mich übrigens auf Petersen, der hat am meisten vom Leben gesehen...«

Petersen nickte.

»Sieh, Holk«, fuhr sein Schwager fort, »du sprichst da von Fuchs und Storch. Nun gut, ich habe nichts dagegen, daß wir in die tiergeschichtliche Fabel hineingeraten, im Gegenteil. Denn es gibt auch eine Fabel vom Vogel Strauß. Lieber Holk, du steckst den Kopf wie Vogel Strauß in den Busch und willst die Gefahr nicht sehen.«

Holk wiegte sich hin und her und sagte dann: »Ah bah, Alfred. Wer sieht überhaupt in die Zukunft? Nicht du, nicht ich. Aber schließlich, alles ist Wahrscheinlichkeitsrechnung, und zu dem Unwahrscheinlichsten von der Welt gehört eine Gefahr von Berlin oder Potsdam her. Die Tage der Potsdamer Wachtparade sind vorüber. Nichts über den Alten Fritzen, er hat keinen größeren Verehrer als mich, aber alles, was er getan hat, hat den Charakter einer Episode, die für sein Land geradezu verhängnisvoll geworden.«

»Also der Ruhm eines Landes oder gar seine Größe, sein Verhängnis.«

»Ja, das klingt sonderbar, und doch, lieber Arne...«

Holk unterbrach sich, denn man hörte vom Nebenzimmer her, daß Asta sich mühte, die Begleitung eines Liedes auf dem Flügel herauszutippen. Es wurde aber gleich wieder still, und Holk seinerseits wiederholte: »Ja, Schwager, klingt sonderbar, daß der Ruhm ein Verhängnis sein soll, und doch, dergleichen kommt vor und entspricht dann immer der Natur der Dinge. Möglich, daß auf diesem brandenburgischen Sumpf- und Sandland, auf dem ja die Semnonen und ähnliche rothaarige Welteroberer gelebt haben sollen, ein neues Welteroberungsvolk hätte gedeihen können, gut, zugegeben, aber da hätte dies Land einen langsamen normalen Werdeprozeß durchmachen müssen. Den hat dieser Große Friedrich gestört. Als Kleinstaat legte sich Preußen zu Bett, und als Großstaat stand es wieder auf. Das war unnormal und kam einfach daher, daß es die Nacht über, oder genauer gerechnet etliche vierzig Jahre lang, in einem Reck- und Streckbett gelegen hatte.«

»Holk, das sind nicht deine Ideen«, sagte Christine.

»Nein, und ist auch nicht nötig; es genügt, daß ich sie mir angeeignet. Und so laß mich denn in meinen entlehnten Ideen fortfahren. Allen Respekt vor dem Großen König, er ist eine Sache für sich. Aber das sozusagen posthume Preußen, das Preußen nach ihm, ist kein Gegenstand meiner Bewunderung, immer im Schlepptau, heute von Rußland, morgen von Österreich. Alles, was ihm geglückt ist, ist ihm unter irgendeinem Doppelaar geglückt, nicht unter dem eigenen Adler, er sei schwarz oder rot. Es hat etwas für sich, wenn Spötter von einem preußischen Kuckuck sprechen. Ein Staat, der sich halten und mehr als ein Tagesereignis sein will, muß natürliche Grenzen haben und eine Nationalität repräsentieren.«

»Es gibt noch anderen Mörtel und Staatenkitt«, sagte Arne, und Schwarzkoppen und Christine sahen zustimmend einander an.

»Gewiß«, replizierte Holk. »Zum Beispiel Geld. Aber wer lacht da? Preußen und Geld!«

»Nein, *nicht* Geld; eine andere Kleinigkeit. Und diese Kleinigkeit ist nichts weiter als eine Vorstellung, ein Glauben. In den Russen lebt die Vorstellung, daß sie Konstantinopel besitzen müssen, und sie werden es besitzen. An solchen Beispielen ist die Geschichte reich, und in den Preußen lebt auch so was. Es ist nicht wohlgetan, darüber zu lachen. Solche Vorstellungen sind nun mal eine Macht. In unserem Busen wohnen unsere Sterne, so heißt es irgendwo, und was die innere Stimme spricht, das erfüllt sich. In Preußen, das du von Jugend an nicht leiden kannst und von dem du klein denkst, ist seit anderthalb Jahrhunderten alles Vorbereitung und Entwickelung auf ein großes Ziel hin; nicht der Alte Fritz war Episode, sondern die Schwächlichkeitszeit, von der du gesprochen, *die* war Interregnum. Und mit diesem Interregnum ist es jetzt vorbei. Was der Zeitungsartikel da sagt, ist richtig. Die Werbetrommel geht still durchs Land, und gamle Dänemark, wenn es zum Klappen kommt, wird schließlich die Zeche bezahlen müssen. Petersen, sagen Sie ein Wort! In Ihren Jahren hat man das Zweite Gesicht und weiß, was kommt.«

Der Alte lächelte vor sich hin. »Ich will die Frage doch lieber weitergeben. Denn was unsereinem erst kommt, wenn man achtzig Jahre hinter sich hat (und ich stehe doch noch davor), das haben die Frauen von Natur, die Frauen sind geborene Seher. Und unsere Gräfin gewiß.«

»Und ich will auch antworten«, sagte Christine. »Was meine liebe Dobschütz da gelesen, – anfangs bin ich eigentlich nur mit halbem Ohre gefolgt, denn ich wollte von dem mir teuren Königspaar hören und nicht von Wehrhaftmachung und neuer Zeit. Aber was da gesagt wurde, das ist richtig...«

Arne warf der Schwester eine Kußhand zu, während sich Holk, der sich schon als Opfer einiger Anzüglichkeiten fühlte, mit einem Krammetsvogel zu schaffen machte.

»... Den Brief in der Hamburger Zeitung«, fuhr Christine fort, »hat offenbar jemand geschrieben, der dem neuen Machthaber nahe steht und seine Pläne kennt. Und wenn es noch nicht Pläne sind, so doch Wünsche. Ganz und gar aber muß ich allem zustimmen, was Alfred eben über die Macht gewisser Vorstellungen gesagt hat. Die Welt wird durch solche Dinge regiert, zum Guten und Schlechten, je nachdem die Dinge sind. Und bei den Preußen wurzelt alles...«

»In Pflicht«, warf Arne dazwischen.

»Ja, in Pflicht und in Gottvertrauen. Und wenn das zuviel gesagt ist, so doch wenigstens in dem alten Katechismus Lutheri. Den haben sie da noch. Du sollst den Feiertag heiligen, du sollst nicht ehebrechen, du sollst nicht begehren deines

Nächsten Knecht, Magd, Vieh oder alles, was sein ist, – ja, das alles gilt da noch...«

»Und ist im übrigen aus der Welt verschwunden«, lachte Holk.

»Nein, Helmuth, nicht aus der Welt, aber doch aus dem Zipfelchen Welt, das *unsere* Welt ist. Ich meine nicht aus unserem teuren Schleswig-Holstein, das hat Gott in seiner Gnade so tief nicht sinken lassen, ich meine das Treiben *drüben*, drüben, wo doch unsere Obrigkeit sitzt, der wir gehorchen sollen und der zu gehorchen ich auch willens bin, solange Recht Recht bleibt. Aber daß ich mich an dem Treiben drüben erfreuen sollte, das kannst du nicht fordern, das ist unmöglich. In Kopenhagen...«

»Dein alter Widerwille. Was hast du nur dagegen?«

»In Kopenhagen ist alles von *dieser* Welt, alles Genuß und Sinnendienst und Rausch, und das gibt keine Kraft. Die Kraft ist bei denen, die nüchtern sind und sich bezwingen. Sage selbst, ist das noch ein Hof, ein Königtum da drüben? Das Königtum, solang es das bleibt, was es sein soll, hat etwas Zwingendes, dem das Herz freudig Folge leistet und dem zuliebe man Gut und Blut und Leib und Leben daran gibt. Aber ein König, der nur groß ist in Ehescheidungen und sich um Vorstadtspossen und Danziger Goldwasser mehr kümmert als um Land und Recht, *der* hat keine Kraft und *gibt* keine Kraft und wird denen unterliegen, die diese Kraft haben.«

»Und wir werden preußisch werden, und eine Pickelhaube wird auf eine Stange gesteckt werden wie Geßlers Hut, und wir werden davor niederknien und anbeten.«

»Was Gott verhüte. Deutsch, aber nicht preußisch, so soll es sein. Ich bin gut schleswig-holsteinisch allewege, worauf ich die Herren bitte, mit mir anzustoßen. Auch du, Helmuth, wenn dich dein Kopenhagener Kammerherrnschlüssel nicht daran hindert. Und sehen Sie nur, Schwarzkoppen, wie da der Mond heraufsteigt, als woll' er alles in Frieden besiegeln. Ja, in Frieden; das ist das Beste. Dieser Glaube hat mich von Kindheit an begleitet. Schon mein Vater pflegte zu sagen: man ist nicht bloß unter einem bestimmten Stern geboren, sondern in dem Himmelsbuche, darin unsere Namen eingezeichnet stehen, steht auch immer noch ein besonderes Zeichen neben unserem Namen, Efeu, Lorbeer, Palme... Neben dem meinigen, hoff' ich, steht die Palme.«

Der alte Petersen nahm ihre Hand und küßte sie: »Ja, Christine. Selig sind die Friedfertigen.«

Es war das so ruhig hingesprochen, ohne jede Absicht, das Herz der Gräfin tiefer berühren zu wollen. Und doch geschah es. Sie hatte sich ihres Friedens beinah gerühmt oder doch wenigstens eine feste Hoffnung auf ihn ausgesprochen und empfand im selben Augenblicke, wo der alte Petersen ihr diesen Frieden fast wie zusicherte, daß sie desselben entbehre. Trotz des besten Mannes, der sie liebte, den sie wiederliebte, stand sie nicht in dem Frieden, nach dem sie sich sehnte. Trotz aller Liebe, – seine leichtlebige Natur und ihre melancholische, sie stimmten nicht recht mehr zueinander, was ihr diese letzte Zeit, trotz alles Ankämpfens dagegen, mehr als einmal und leider in immer wachsendem Grade gezeigt hatte. So fanden denn Petersens wohlgemeinte Worte bei niemandem ein rechtes Echo, vielmehr blickte jeder schweigend vor sich hin, und nur Arne wandte sich die Tafel hinunter und sah durch die offenstehende hohe Glastür auf das Meer hinaus, das im Silberschimmer dalag.

Und in diesem Augenblicke voll Bedrückung und Schwüle trat Asta aus dem Nebenzimmer an den Tisch heran und flüsterte der Mutter zu: »Elisabeth will etwas singen. Darf sie?«

»Gewiß darf sie. Aber wer wird begleiten?«

»Ich. Es ist sehr leicht, und wir haben es eben durchgenommen. Ich denke, es wird gehen. Und wenn ich stecken bleibe, so ist es kein Unglück.«

Und damit ging sie bis an den Flügel zurück, während die große Mitteltür auf blieb. Das Notenblatt war schon aufgeschlagen, die Lichter brannten, und beide begannen. Aber das Gefürchtete geschah, Begleitung und Stimme gingen nicht recht zusammen, und nun lachten sie halb lustig und halb verlegen. Gleich danach aber versuchten sie's zum zweiten Male, und nun klang Elisabeths noch halb kindliche Stimme hell und klar durch beide Räume hin. Alles schwieg und lauschte. Besonders die Gräfin schien ergriffen, und als die letzte Strophe gesungen war, erhob sie sich und schritt auf den Flügel zu. Hier nahm sie das noch aufgeschlagen auf dem Notenpult stehende Lied und zog sich ohne weitere Verabschiedung aus der Gesellschaft zurück. Es fiel nicht allzusehr auf, da jeder ihr sensitives Wesen kannte. Holk begnügte sich, Elisabeth zu fragen, von wem der Text sei.

»Von Waiblinger, einem Dichter, den ich bis dahin nicht kannte.«

»Ich auch nicht«, sagte Holk. »Und die Überschrift?«

»Der Kirchhof.«

»Drum auch.«

Eine Viertelstunde später fuhr der Arnewieker Wagen vor, und Arne bestand darauf, daß Petersen und Elisabeth bis vor das Holkebyer Pfarrhaus mitfahren müßten, Schnuck werde sich nebenher schon durchschlagen. Nach einigem Parlamentieren wurde das Anerbieten auch angenommen, Arne nahm den Rücksitz, und Elisabeth, weil sie gerne mit dem Kutscher plauderte, kletterte auf den Bock hinauf. Und wirklich, kaum oben, so ließ sie sich auch schon des breiteren von seiner kranken Frau erzählen und von der »Sympathie«, die mal wieder besser geholfen als der Doktor, der überhaupt bloß immer was verschreibe und gar nicht ordentlich nachsähe, wo's eigentlich säße und wie's mit der Milz stände. Denn in der Milz säß' es.

Natürlich war dies Gespräch nur von kurzer Dauer, denn keine zehn Minuten, so hielt man auch schon vor der Pfarre. Schnuck gab seiner Freude, wieder daheim zu sein, lebhaften Ausdruck, und Arne setzte sich zu Schwarzkoppen in den Fond. Und nun fuhren beide, nachdem noch ein paar Dankes- und Abschiedsworte gewechselt worden waren, auf Arnewiek zu.

FÜNFTES KAPITEL

Die Fahrt ging zwischen hohen Knicks hin, das Meer dicht zur Linken; aber man hörte es nur, ein niedriger Dünenzug hinderte die Aussicht darauf. Arne wie Schwarzkoppen hatten die Füße in Plaids und Decken geschlagen, denn es war nach dem schönen, warmen Tage herbstlich frisch geworden, frischer, als dem September zukam. Aber das steigerte nur die Lebendigkeit ihres Gesprächs, das natürlich dem Abend galt, den man eben verlebt hatte.

»Die kleine Petersen hat eine reizende Stimme«, sagte Arne. »Trotzdem wollt' ich, sie hätte lieber den Jungfernkranz gesungen als das schwermütige Lied.«

»Es war sehr schön.«

»Gewiß war es das, und wir beide können es hören, ohne Schaden zu nehmen. Aber meine Schwester! Sahen Sie wohl, wie sie das Notenblatt nahm und das Zimmer verließ? Ich wette, sie hat es sofort auswendig gelernt oder Abschrift genommen und in irgendein Album eingeklebt. Denn trotz ihrer siebenunddreißig Jahre, in manchen Stücken ist sie noch ganz das Gnadenfreier Pensionsfräulein, besonders auch darin, wie sie mit der Dobschütz lebt. Die Dobschütz ist eine vorzügliche Person, vor deren Wissen und Charakter ich allen möglichen Respekt habe, trotzdem ist sie für meinen armen Schwager ein Unglück. Sie sind überrascht, aber es ist so. Die Dobschütz ist viel zu klug und auch viel zu guten Herzens, um sich aus freien Stücken oder wohl gar aus Eitelkeit zwischen die Eheleute zu stellen, aber die Stellung, die sie sich nie nehmen würde, wird ihr durch meine Schwester aufgezwungen. Christine braucht immer jemanden, um sich auszuklagen, ganz schöne Seele, nachgeborne Jean Paulsche Figur, die sich, wenn ich mich so ausdrücken darf, mit dem Ernste des Lebens den Kopf zerbricht. Es gibt eigentlich nur eine Form, sie zu erheitern, und das sind kleine Liebesgeschichten aus dem Kreise der Irrgläubigen. Und irrgläubig ist so ziemlich alles, was nicht altlutherisch oder pietistisch oder herrnhutisch ist. Ein Wunder, daß sie diese drei wenigstens nebeneinander duldet. Dabei so eigensinnig, so unzugänglich. Ich versuche mitunter, zum Guten zu reden und ihr klar zu machen, wie sie sich anpassen und ihrem Manne zuhören müsse, wenn er was aus der Welt erzählt, einen Witz, ein Wortspiel, eine Anekdote.«

Schwarzkoppen nickte zustimmend und sagte dann: »Ich habe ihr heut' etwas Ähnliches gesagt und auf des Grafen liebenswürdige Seiten hingewiesen.«

»Ein Hinweis, den sie mit ziemlich hautainer Manier zurückgewiesen haben wird. Ich kenne das. Immer Erziehungsfragen, immer Missionsberichte von Grönland oder Ceylon her, immer Harmonium, immer Kirchenleuchter, immer Altardecke mit Kreuz. Es ist nicht auszuhalten. Ich spreche darüber so freiweg und so ausführlich zu Ihnen, weil Sie der einzige sind, der da helfen kann. Ich glaube, so ganz genügen Sie ihr auch nicht, schon deshalb nicht, weil Sie, Gott sei Dank, ohne das pietistische Kolorit von ›Blümelein und Engelein‹ sind, aber Ihr Standpunkt ist wenigstens der korrekte. Die Temperatur Ihres Bekenntnisses ist ihr nicht hochgradig genug, indessen das Bekenntnis selbst läßt sie wenigstens gelten, und weil sie das tut, hört sie nicht bloß Ihren Rat, sondern unterwirft sich ihm auch. Was etwas sagen will.«

Als Arne so plauderte, waren sie bis an eine Stelle gekommen, wo sich der Dünenzug nach dem Meer hin öffnete. Die Brandung wurde jetzt sichtbar, und weiter hinaus sah man Fischerboote, die mit eingerefftem Segel still in dem hellen Mondlicht lagen. Am Horizont stieg eine Rakete auf, und Leuchtkugeln fielen nieder.

Arne hatte halten lassen. »Entzückend. Das ist der von Korsör kommende Dampfer. Vielleicht ist der König an Bord und will noch ein paar Wochen in Glücksburg zubringen. Ich habe schon gehört, daß sie wieder etwas im Moor gefunden haben, bei Süderbrarup oder sonstwo, vielleicht ein Wikingschiff oder eine Lustjacht von Kanut dem Großen. Hoffentlich geht dieser Kelch an uns vorüber. Was mich persönlich angeht, ich lese lieber ›David Copperfield‹ oder die ›Drei Musketiere‹. Diese Moorfunde, Kämme und Nadeln, oder wohl gar eine verfitzte Masse, worüber Thomsen und Worsaae sich streiten und nicht feststellen können, ob es ein Wurzelgefaser oder der Schopf eines Seekönigs ist, können mich nicht interessieren, und die königlichen Frühstücke, bei denen der Likörkasten die Hauptrolle spielt, wenn es nicht gar die Gräfin Danner putzmacherlichen Angedenkens ist, sind mir eigentlich geradezu zuwider. Ich weiche sonst in allem von meiner Schwester ab, auch noch da, wo sie recht hat und nur leider zu viel Aufhebens von ihrem Rechte macht, aber in diesem Stücke kann ich ihr nur zustimmen und begreife Holk nicht, daß er mit der Geschichte drüben nicht aufräumt und ein Gefallen daran findet, sich in dem Prinzessinnenpalais nach wie vor in seiner Kammerherrnuniform herumzuzieren. Daß es ihm sein schleswigholsteinisches Herz nicht verbietet, will ich hingehen lassen, denn solange der König lebt, ist er nun mal unser König und Herzog. Aber ich find' es nicht klug und weise. Das Leben mit der Danner konserviert nicht, ich meine den König, und über Nacht kann es vorbei sein. Er ist ohnehin ein Apoplektikus. Und was dann?«

»Ich glaube nicht, daß sich Holk mit dieser Frage beschäftigt. Er ist ein Augenblicksmensch und hält zu dem alten Troste: *nach uns die Sündflut.*«

»Sehr wahr. Augenblicksmensch. Und daß es so ist, das ist auch wieder einer von den Punkten, die meine Schwester ihm nicht verzeihen kann und worin ich mich abermals auf ihre Seite stellen muß. Aber lassen wir das; ich habe gerade heute nicht Lust, die Tugenden meiner Schwester aufzuzählen, es kommt mir heute mehr auf ›les défauts de ses vertus‹ an, die wir, lieber Schwarzkoppen, gemeinschaftlich bekämpfen müssen, sonst erleben wir etwas sehr Unliebsames. Das ist mir sicher, und ungewiß ist mir nur, wer den ersten Schritt tun wird, den ersten Schritt zum Unheil. Holk ist in fast zu weitgehender Anbetung und Ritterlichkeit die Nachgiebigkeit und Bescheidenheit selbst; er hat sich angewöhnt, sich seiner Frau gegenüber immer in die zweite Linie zu stellen. Natürlich. Erst imponierte ihm ihre Schönheit (sie war wirklich sehr schön und ist es eigentlich noch), und dann imponierte ihm ihre Klugheit oder doch das, was er dafür hielt, und dann imponierte ihm, und vielleicht am meisten, ihre Frömmigkeit. Aber seit einiger Zeit, und leider in zu rasch wachsendem Grade, bereitet sich ein Umschwung in ihm vor; er ist ungeduldig, anzüglich, ironisch, und erst heute nachmittag wieder fiel es mir auf, wie sehr er sich in seinem Tone verändert hat. Entsinnen Sie sich noch, als von den Marmorkrippen die Rede war. Nun, meine Schwester nahm die mehr oder weniger scherzhafte Sache wie gewöhnlich wieder ganz ernsthaft und antwortete halb gereizt, halb sentimental. Noch vor zwei, drei

Jahren hätte Holk das hingehen lassen, aber heute gab er ihr alles spitz zurück und spöttelte, daß ihr bloß wohl sei, wenn sie von Gruft und Kapelle sprechen und einen aus bloßer Taille bestehenden Engel malen lassen könne.«

Schwarzkoppen hatte das alles mit einem gelegentlichen »Nur zu wahr« begleitet, und an seiner Zustimmung war nicht zu zweifeln. Nun aber schwieg Arne, weil ihm die bloße Zustimmung nicht genug war und er gern ein ausführliches Wort von seiten Schwarzkoppens hören wollte. Dieser verriet indessen wenig Lust, das Thema weiter fortzuspinnen: es war ihm ein zu heißes Eisen, und nach Arnewiek hinüberweisend, das in eben diesem Augenblick jenseits einer tief einbuchtenden Förde sichtbar wurde, sagte er: »Wie reizend die Stadt im Mondlichte daliegt! Und wie der Damm drüben die Dächer ordentlich abschneidet und dazu die Giebel zwischen den Pappeln und Weiden! Und nun Sankt Katharinen! Hören Sie, wie's herüberklingt. Ich segne die Stunde, die mich hierher in Ihr schönes Land geführt.«

»Und dafür sollen Sie bedankt sein, Schwarzkoppen. Jeder hört es gern, wenn man ihm seine Heimat preist. Aber Sie wollen mir bloß entschlüpfen. Ich fordere Sie auf, mir beizustehen in dieser schwierigen Sache, die viel schwieriger liegt, als Sie vermuten können, und Sie zeigen auf den Damm drüben und sagen mir, daß er die Dächer abschneidet. Versteht sich, tut er das. Aber damit kommen Sie mir nicht los. Sie müssen meiner Schwester, bei dem Einfluß, den Sie auf sie haben, von der Bibelseite her beizukommen und ihr aus einem halben Dutzend Stellen zu beweisen suchen, daß das nicht so ginge, daß das alles nur Selbstgerechtigkeit sei, daß die rechte Liebe von diesem versteckten Hochmut, der nur in Demutsallüren einhergeht, nichts wissen wolle, mit anderen Worten, daß sie sich ändern und ihrem Manne zu Willen sein müsse, statt ihm das Haus zu verleiden. Ja, Sie können hinzusetzen, und halb entspricht es auch der Wahrheit, daß er die ganze Kopenhagener Stellung wahrscheinlich längst aufgegeben hätte, wenn er nicht froh wäre, dann und wann aus dem Druck herauszukommen, den die Tugenden seiner Frau, meiner geliebten und verehrten Frau Schwester, auf ihn ausüben.«

»Ach, lieber Baron«, nahm jetzt Schwarzkoppen das Wort, »ich will Ihnen nicht eigentlich entschlüpfen, das ist es nicht, es fehlt mir nicht der gute Wille, nach meiner Kraft mitzuwirken, denn ich sehe die Gefahr, wie Sie sie sehen. Aber mit dem guten Willen ist wenig getan. Wenn Ihre Frau Schwester statt eine protestantische Gräfin eine katholische Gräfin und wenn ich selber statt ein Seminardirektor in Arnewiek ein Redemptoristen- oder wohl gar ein Jesuitenpater wäre, so wäre die Sache sehr einfach. Aber so liegt sie nicht. Von Autorität keine Rede. Alles rein gesellschaftlich, und wenn ich Miene machen wollte, den Seelenarzt, den Beichtvater zu spielen, so wär' ich ein Eindringling und täte etwas, was mir nicht zukommt.«

»Eindringling«, lachte Arne. »Ich kann doch nicht annehmen, Schwarzkoppen, daß Ihnen Petersen Sorge macht, der mit seinen beinahe Achtzig nachgerade an einem Punkt steht, wo das Rivalisieren und Übelnehmen aufhört.«

»Nicht Petersen«, sagte Schwarzkoppen. »Der hat freilich die kleinen Eitelkeiten, die sonst nirgends größer sind als bei meinen pastoralen Amtsbrüdern, längst hinter sich geworfen und würde mir die Rolle des Bekehrers und Wundertäters gönnen. Aber was einem der Zufall bietet, darf man nicht immer ausnutzen. Es spricht hier so vieles dagegen, erschwert und mahnt zur Vorsicht.«

»Also abgelehnt.«

»Nein, nicht abgelehnt. Ich will tun, was in meinen Kräften steht, aber es kann nur ein ganz Geringes sein. Schon aus äußerlichen Gründen. Ich bin im Amt, und der Weg bis Holkenäs ist nicht allzu nah, so wird sich das ›bei Gelegenheit‹, wovon Sie sprachen, nicht allzuoft einstellen können. Aber die Hauptschwierigkeit ist doch immer die Gräfin selbst. Ich habe kaum eine Dame kennengelernt, der ich eine größere Verehrung entgegenbrächte. Sie gesellt zu den Vorzügen einer vornehmen Dame zugleich alle Tugenden einer christlichen Frau. Sie will jeden Augenblick das Beste, das Pflichtmäßige, und diesen ihren Anschauungen von Pflicht eine andere Richtung zu geben, das ist außerordentlich schwer. Unsere Kirche, wie Sie wissen und wie ich zum Überfluß auch schon andeutete, gestattet nichts als Rat, Zuspruch, Bitte. Mehr oder weniger ist alles in Spruchauslegung gelegt, was dem Meinungskampfe Tür und Tor öffnet. Und dazu kommt noch, die Gräfin ist nicht bloß sehr bibelfest, sie hat auch die ganze Kraft derer, die nicht links und nicht rechts sehen, keine Konzessionen machen und durch Starrheit und Unerbittlichkeit sich eine Rüstung anzulegen wissen, die besser schließt als die Rüstung eines milden und liebevollen Glaubens. Mit Widerspruch ist ihr nicht beizukommen und noch weniger mit überlegener Miene.«

»Gewiß. Auch kann ich nur wiederholen: es muß sich alles wie von ungefähr ergeben.«

»Alles, was ich tun kann, ist – wenn ich mich als halber Schulmeister, der ich jetzt bin, auf ein etwas gelehrt klingendes Wort ausspielen darf – ein prophylaktisches Verfahren. Verhütung, Vorbauung. Ich will mir Geschichten zurechtlegen, Geschichten aus meinem früheren Pfarrleben – in welche Verschlingungen und Verirrungen gewinnt man nicht Einblick! – und will versuchen, diese Geschichten still wirken zu lassen. Ihre Frau Schwester ist in gleichem Maße phantasievoll und nachdenklich; das Phantasievolle wird ihr das Gehörte verlebendigen, und ihre Nachdenklichkeit wird sie zwingen, sich mit dem Kern der Geschichte zu beschäftigen, und sie so vielleicht zunächst zu einem Wandel der Anschauung und weiterhin zur Selbstbekehrung führen. Das ist alles, was ich versprechen kann. Ein sehr langsames Verfahren und vielleicht ein Aufwand von Kraft, der in keinem Verhältnis steht zu dem, was dabei herauskommt. Aber ich will mich meiner Aufgabe wenigstens nicht entziehen, weil ich ein Einsehen habe, daß es nötig ist, innerhalb vorsichtig zu ziehender Grenzen irgend etwas zu tun.«

»Abgemacht, Schwarzkoppen; ich hab Ihr Wort. Und damit gut. Zudem, die Zeit ist günstig für das, was wir vorhaben. Holk erwartet in etwa vier Wochen seine Zitierung zur Prinzessin nach Kopenhagen, und dann ist er fort bis Weihnachten. In der zwischenliegenden Zeit bin ich oft drüben, um, wie herkömmlich, wenn Holk in Kopenhagen ist, in Wirtschaft und Buchführung nach dem Rechten zu sehen; ich werde mich, wenn ich hinüberfahre, regelmäßig erst mit Ihnen benehmen und anfragen, ob Sie mich begleiten können. Auch das möcht' ich noch sagen dürfen, allemal wenn er fort ist, ist sie in einer weichen und beinah zärtlichen Stimmung, und die große Liebe, die sie früher für ihn hegte und die sie gegenwärtig mehr haben will, als daß sie sie wirklich hat, diese Liebe wird dann immer wieder lebendig. Kurzum, ihr Gemüt ist in seiner Abwesenheit ein Acker, darin jedes gute Samenkorn aufgeht. Es kann nur darauf ankommen, ihr einmal alles von einer anderen, einigermaßen mitberechtigten Seite zu zeigen. Glückt uns das, so haben wir gewonnen Spiel. Bei dem Ernst und der Nachhaltigkeit, womit sie alles austrägt, kommt sie, wenn ihrem Geiste nur erst die rechte Richtung gewiesen ist, von selber ans rechte Ziel.«

Man hatte jetzt den an der anderen Seite der Bucht sich hinziehenden Damm erreicht, auf dem noch, auf eine kurze Strecke hin, die Fahrstraße lief. Unten lag die Stadt, in ihrer Mitte von der Katharinenkirche, darin das Seminar eingebaut war, und am Ausgange von einem alten hochgelegenen Schloßbau, Schloß Arne, überragt. Als der Wagen die Dammschrägung nach der Stadt zu hinabfuhr, sagte Schwarzkoppen: »Ein wunderliches Spiel; sind wir doch wie zwei Verschwörer, die nächtlicherweile Pläne schmieden, Pläne, bei denen mir wohl die Rolle zufällt, die eigentlich dem alten Petersen zufallen müßte. Und das um so mehr, als die Gräfin ihn eigentlich schwärmerisch verehrt und nur über den Rationalisten in ihm nicht gut fortkommen kann. Über den Rationalisten! Ein bloßes Wort, und bei Lichte besehen ist es nicht mal so schlimm damit, am wenigsten jetzt. Er ist nun nah an der Grenze der uns hienieden bewilligten Zeit und hat hellere Augen als wir, vielleicht in all und jedem und in Dingen von dieser Welt nun schon ganz gewiß.«

SECHSTES KAPITEL

Die schönen Herbsttage schienen andauern zu wollen. Auch am anderen Morgen war es wieder hell und sonnig, und das gräfliche Paar nahm das Frühstück im Freien unter der Fronthalle. Julie von Dobschütz mit ihnen. Asta übte nebenan, Axel und der Hauslehrer waren in den Dünen auf Jagd, was die Michaelisferien gestatteten, von denen die Gräfin, wie von Ferien überhaupt, als Regel nicht viel wissen wollte; Ferien in der Stadt und auf Schulen, das habe Sinn, hier draußen aber, wo man in Gottes freier Natur lebe, seien sie mindestens überflüssig. Hieran hielt die Gräfin prinzipiell seit lange fest und lächelte überlegen, wenn der Graf seinen entgegengesetzten Standpunkt verteidigte; gegen die diesjährigen Michaelisferien aber hatte sie, trotz ihrer unveränderten Anschauungen, ausnahmsweise nichts einzuwenden, weil sie den Plan, beide Kinder mit Beginn des Winterkursus in Pension zu geben, noch immer nicht aufgegeben hatte. Da bedeuteten denn die paar Tage nicht viel. Der Graf seinerseits zeigte hinsichtlich der Schul- und Pensionsfrage nach wie vor die von der Gräfin immer wieder beklagte Laschheit; er war nicht eigentlich dagegen, aber er war auch nicht dafür. Jedenfalls bestritt er, daß es irgendwelche Eile damit habe, worauf dann die Gräfin mit einer gewissen Gereiztheit antwortete: *das* gerade könne sie nicht gelten lassen; es sei nicht bloß an der Zeit, es sei sogar höchste Zeit; Asta sei sechzehn, Axel werde fünfzehn, das seien die Jahre, wo der Charakter sich bilde, wo der Kreuzweg käme, wo sich's entscheide nach links oder rechts. »Und ob schwarze oder weiße Schafe«, warf Holk spöttisch ein und griff nach der Zeitung.

Aber gerade diese spöttische Behandlung, die der Gräfin zeigen sollte, daß sie das alles mal wieder viel zu wichtig nähme, steigerte nur ihren Ernst, und so sagte sie denn, ohne auf die Gegenwart der Dobschütz, die ohnehin eine Eingeweihte war, Rücksicht zu nehmen: »Ich bitte dich, Helmuth, verzichte doch endlich darauf, eine ernsthafte Sache ins Scherzhafte zu ziehen. Ich erheitere mich gern...«

»Pardon, Christine, das scheint seit gestern deine Parole.«

»Ich erheitere mich gern«, wiederholte sie, »aber alles zu seiner Zeit. Ich verlange keine Zustimmung von dir, ich verlange nur eine feste Meinung, sie braucht nicht einmal begründet zu sein. Sage, daß du Herrn Strehlke für ausreichend hältst und daß dir Elisabeth Petersen lieber ist als ein ganzes Pensionat junger Damen – ich werde beides nicht glauben, aber ich werde mich unterwerfen und schweigen. Nur freilich nenne das nicht Erziehung...«

»Ach, liebe Christine, das ist nun mal dein Steckenpferd oder eins aus der Reihe davon, und wenn du nicht als Baronesse Arne geboren wärest, so wärest du Basedow oder Pestalozzi geworden und könntest Schwarzkoppen als Seminardirektor ablösen. Oder wohl gar sein Inspizient werden. Erziehung und immer wieder Erziehung. Offen gestanden, ich für meine Person glaube nicht an die Wichtigkeit all dieser Geschichten. Erziehung! Auch da ist das Beste Vorherbestimmung, Gnade. In diesem Stück, so gut lutherisch ich sonst bin, stehe ich zu Calvin. Und falls Calvin dich verdrießt, beiläufig auch eine von deinen höheren Gesinnungscapricen, so laß mich dir einfach das alte Sprichwort sagen: ›Wie man in die Wiege gelegt wird, so wird man auch in den Sarg gelegt‹. Erziehung tut nicht viel. Und wenn dann schon von Erziehung die Rede sein soll, so ist es die, die das Haus gibt.« Die Gräfin zuckte leis mit den Achseln, Holk aber sah darüber hin und fuhr fort: »Haus ist Vorbild, und Vorbild ist das einzige, dem ich so was wie erziehliche Kraft zuschreibe. Vorbild und natürlich Liebe. Und ich liebe die Kinder, darin werd' ich doch hoffentlich deinen Beifall finden, und sie jeden Tag zu sehen ist mir Bedürfnis.«

»Es handelt sich, Helmuth, nicht um das, wessen *du* bedarfst, sondern es handelt sich um das, wessen die Kinder bedürfen. Du siehst die Kinder nur beim Frühstück, wenn du ›Dagbladet‹, und beim Tee, wenn du die ›Hamburger Nachrichten‹ liest, und bist verstimmt, wenn sie sprechen oder wohl gar eine Frage an dich richten. Es ist möglich, daß dir die Nähe der Kinder ein gewisses Wohlgefühl gibt, aber es ist damit nicht viel anders als mit der Zuckerdose da, die regelmäßig rechts von dir stehen muß, wenn es dir wohl sein soll. Du bedarfst der Kinder, sagst du. Glaubst du, daß ich ihrer nicht bedarf, hier in dieser Einsamkeit und Stille, darin ich nichts habe als meine gute Dobschütz? Aber das Glück meiner Kinder gilt mir mehr als mein Behagen, und das, was die Pflicht vorschreibt, frägt nicht nach Wohlbefinden.«

Holk strich mit der Linken über das Tischtuch, während er mit der Rechten die Zuckerdose drei-, viermal auf- und zuknipste, bis die Gräfin, die bei diesem Tone jedesmal nervös wurde, die Dose beiseiteschob, was er ruhig geschehen ließ. Denn er begriff vollkommen, daß solche schlechte Angewohnheit schwer zu ertragen sei. Mehr noch, der ganz geringfügige Zwischenfall gab ihm seine gute Laune wieder. »Meinetwegen, Christine. Besprich es mit Schwarzkoppen und deinem Bruder und natürlich mit unserer guten Dobschütz. Und dann tut nach eurem Ermessen. Ist es doch überhaupt nutzlos, über all das eine Fehde zu führen, und ich ärgere mich nachträglich über jedes Wort, das ich dir geantwortet habe. Denn eigentlich«, und er nahm ihre Hand und küßte sie, »eigentlich ist es doch eine kleine Komödie, die du spielst, eine liebenswürdige kleine Komödie. Du willst mich, ich weiß freilich nicht recht warum, in dem Glauben erhalten, als ob ich hier auf Holkenäs etwas zu sagen hätte. Nun, Christine, du bist nicht bloß viel charaktervoller als ich, du bist auch viel klüger; aber so wenig klug bin ich doch nicht, daß ich nicht wissen sollte, wer hier Herr ist und nach wem es geht. Und wenn ich eines Morgens hier am Frühstückstisch erschiene, und du sagtest mir: ›Ich habe über Nacht zwei Pakete gemacht, und das eine habe ich nach Schnepfenthal und das andere nach Gnadenfrei geschickt, und in dem einen Paket war Axel und in dem anderen war Asta‹, so weißt du mit jeder erdenklichen Gewißheit, daß ich vielleicht einen Augenblick stutzen, aber gewiß nicht widersprechen oder mich wohl gar bis zu Vorwürfen steigern würde.«

Die Gräfin lächelte halb befriedigt, halb wehmütig.

»Nun sieh«, fuhr Holk fort, »du gibst mir recht, und wenn du noch einen Augenblick damit zögern wolltest, so würde ich mich zur Entscheidung an unsere Freundin Julie wenden. Nicht wahr, liebe Dobschütz, es ist eine Torheit und eigentlich ein grausames Spiel, von den Widersprüchen oder Unentschlossenheiten eines Mannes zu sprechen, dessen Unentschlossenheiten nie ein Hindernis sind, weil sie durch die Bestimmtheiten seiner besseren Hälfte zu baren Gleichgültigkeiten herabsinken. Aber da biegt ja die ›Dronning Maria‹ grad um Farö-Klint herum. Noch fünf Minuten, so ist sie heran. Ich schlage vor, daß wir bis an die Landungsbrücke gehen und die Kopenhagener Briefschaften in Empfang nehmen.«

»Nein, ich«, rief Asta, die das Wort von dem Herankommen der ›Dronning Maria‹ nebenan gehört und den Flügel, auf dem sie übte, sofort zugeklappt hatte. »Nein, ich; ich bin flinker.« Und ehe noch mit einem Ja oder Nein geantwortet werden konnte, flog sie schon die Terrasse hinunter und auf den Pier zu, dessen Endpunkt sie fast in demselben Augenblicke erreichte, wo das Schiff anlegte. Der Kapitän, der die junge Komtesse sehr wohl kannte, grüßte militärisch und reichte dann persönlich von der Kommandobrücke her die Zeitungen und Briefschaften. Einen Augenblick später setzte sich das Schiff, auf Glücksburg zu, weiter in Bewegung. Asta aber eilte zurück, auf die Terrasse zu, und als sie halb herauf war, hielt sie schon einen Brief in die Höhe, an dessen Format und großem Siegel Graf und Gräfin unschwer erkannten, daß es ein dienstliches Schreiben sei. Gleich danach war die junge Komtesse wieder oben unter der Säulenhalle und legte die Zeitungen auf den Tisch, während sie den Brief dem Papa überreichte.

Dieser überflog die Adresse und las: »Sr. Hochgeboren dem Grafen Helmuth Holk auf Holkenäs, stellvertretendem Propst des adligen Konvents zu St. Johannes in Schleswig, Kammerherr I. K. H. der Prinzessin Maria Eleonore.«

»So korrekt und so vollständig«, sagte die Gräfin, »schreibt nur einer. Der Brief muß also von Pentz sein. Ich muß immer lachen, wenn ich an ihn denke, etwas Polonius und etwas Hofmarschall Kalb. Asta, du solltest aber weiter üben; die ›Dronning Maria‹, glaub' ich, kam dir sehr zu paß.«

Und Asta ging an den Flügel zurück.

Holk hatte inzwischen den Brief geöffnet und begann ohne weiteres mit seiner Verlesung, weil er wußte, daß er keine Staatsgeheimnisse verraten würde.

»*Kopenhagen*, Prinzessinnen-Palais.
28. September 1859.

Lieber Holk. Unsren freiherrlichen Gruß zuvor! Und meinem Gruß auf der Ferse die ganz ergebenste Bitte, mich's nicht entgelten lassen zu wollen, daß ich auf dem Punkt stehe, das Familienleben auf Schloß Holkenäs zu stören. Unser Freund Thureson Bille, der am 1. Oktober den Dienst bei der Prinzessin antreten und mit Erichsen alternieren sollte, liegt seit drei Wochen an den Masern danieder, eine Kinderkrankheit, von der man in diesem Falle sagen darf (ich zitiere hier unsre Prinzessin, Königliche Hoheit), sie habe sich an den rechten Mann gewandt. Nun hätten wir freilich noch Baron Steen, aber der ist gerade in Sizilien und wartet schon seit fünf Wochen auf einen Ätnaausbruch. Seitdem Steen allerpersönlichst sein eruptives Leben nicht mehr fortsetzen kann, hat er sich den Eruptionen der feuerspeienden Berge zugekehrt. Wie seine eigne Vergangenheit ihm daneben erscheinen mag! Ich kenne ihn nun seit dreißig Jahren. Er war, trotz aller Anstrengungen, ein Don Juan zu sein, im wesentlichen immer nur ein Junker Bleichenwang, also, gemessen an seinen Ansprüchen, so ziemlich das Lächerlichste, was man sein kann. Aber lassen wir das und wenden wir uns der Hauptsache zu; Steen und Bille versagen, und so bleiben nur *Sie*. Die Prinzessin selbst läßt Ihnen und der liebenswürdigen Gräfin ihr Bedauern darüber aussprechen und beauftragt mich, hinzuzufügen, ›sie würde sich mühen, Ihnen die Tage so leicht und angenehm wie möglich zu machen‹. Und das wird ihr auch gelingen. Der König hat vor, den Spätherbst in Glücksburg zuzubringen, die Danner natürlich mit ihm, und so finden Sie denn unsere Serenissima, die, wie Sie wissen, mit der Danner nicht gern dieselbe Luft atmet, bei bester Laune. Die Stellung Halls, der in politicis nach wie vor der Liebling im Prinzessinnenpalais ist, ist erschüttert, aber auch *das* trägt dazu bei, die Stimmung der Prinzessin selbst zu verbessern, denn dem ›Bauernministerium‹, das nah bevorsteht, verspricht alle Welt nur eine Dauer von vier Wochen, und wenn Hall dann wieder eintritt (und man wird ihn beschwören, es zu tun), so steht er fester denn je zuvor. Im übrigen, lieber Holk, und ich freue mich, dies hinzusetzen zu dürfen, ist es nicht nötig, daß Sie sich hasten und eilen und gleich den ersten Dampfer benutzen; die Prinzessin läßt Ihnen dies eigens sagen, eine besondere Gunstbezeugung, da Pünktlichkeit im Dienst zu den Dingen gehört, auf die sie sonst hält und bei denen sie unter Umständen empfindlich werden kann. Ich breche hier ab und nehme nichts vorzeitig aus dem Sack voll Neuigkeiten heraus, den ich für Sie habe. Die Prinzessin nimmt es außerdem übel, wenn man vorweg ausplaudert, was sie selber gern erzählen möchte. Nur ein Kosthäppchen. Adda Nielsen quittiert die Bühne und wird Gräfin Brede, nachdem sie vierzehn Tage lang geschwankt, ob sie nicht lieber in ihrer freieren und finanziell vorteilhafteren Stellung bei Grossierer Hoptrup verbleiben solle. Das Legitime hat aber doch auch einen Reiz, und nun gar eine legitime Gräfin! Hoptrup, selbst wenn er ein Witwer werden sollte (woran vorläufig noch gar nicht zu denken), kann, trotz seiner Millionen, über den Etatsrat nie hinaus. Und das ist für die Ansprüche einer ersten Tragödin zu wenig. De Meza ist Flügeladjutant geworden, Thomsen und Worsaae haben sich mal wieder gezankt, natürlich über einen ausgehöhlten versteinerten Baumstamm, den Worsaae bloß bis auf Ragnar Lodbrock, Thomsen aber, dem das nicht genug ist, bis auf Noah zurückverlegen will. Ich bin für Noah; er weckt mir angenehmere Vorstellungen: Arche, Taube, Regenbogen und vor allem Weinstock. Lassen Sie mich in einer Zeile wissen oder am besten in einem Telegramm, wann wir Sie erwarten dürfen. Tout à vous. Ihr Ebenezer Pentz.«

Holk, als er den Brief gelesen, verfiel in eine herzliche Heiterkeit, in die die Gräfin nicht einstimmen mochte.

»Nun, was sagst du, Christine? Pentz from top to toe. Voll guter Laune, voll Medisance, zum Glück auch voll Selbstironie. Das Hofleben bildet sich doch wunderbare Gestalten aus.«

»Gewiß. Und besonders drüben in unserem lieben Kopenhagen. Es kann auch in seinem Hofleben von seiner ursprünglichen Natur nicht lassen.«

»Und was ist diese Natur?«

»Tanzsaal, Musik, Feuerwerk. Es ist eine Stadt für Schiffskapitäne, die sechs Monate lang umhergeschwommen und nun beflissen sind, alles Ersparte zu vertun und alles Versäumte nachzuholen. Alles in Kopenhagen ist Taverne, Vergnügungslokal.«

Holk lachte. »Thorwaldsen-Museum, nordische Altertümer und Olafkreuz und dazu die Frauenkirche mit Christus und zwölf Aposteln... Auch das?«

»Ach, Holk, welche Frage! Da ließe sich noch viel andres aufzählen, und ich bin nicht blind für all das Schöne, was da drüben zu finden ist. Es ist eigentlich ein feines Volk, sehr klug und sehr begabt, und ausgerüstet mit vielen Talenten. Aber so gewiß sie die Tugenden haben, die der Verkehr mit der Welt gibt, so gewiß auch die Schattenseiten davon. Es sind lauter Lebeleute; sie haben sich nie recht quälen und mühen müssen, und das Glück und der Reichtum sind ihnen in den Schoß gefallen. Die Zuchtrute hat gefehlt, und das gibt ihnen nun diesen Ton und diesen Hang zum Vergnügen, und der Hof schwimmt nicht nur bloß mit, er schwimmt voran, anstatt ein Einsehen zu haben und sich zu sagen, daß der, der herrschen will, mit der Beherrschung seiner selbst beginnen muß. Aber das kennt man in Kopenhagen nicht, und das hat auch deine Prinzessin nicht, und am wenigsten hat es dieser gute Baron Pentz, der, glaub' ich, das Tivolitheater für einen Eckpfeiler der Gesellschaft hält. Und in dem Sinne schreibt er auch. Ich kann diesen Ton nicht recht leiden und muß dir sagen, es ist der Ton, der nach meinem Gefühl und fast auch nach meiner Erfahrung immer einer Katastrophe vorausgeht.«

Holk war andrer Meinung. »Glaube mir, Christine, so viel königliche und nicht königliche Gasterei drüben sein mag, das Gastmahl des seligen Belsazar ist noch nicht da, und der Untergang wird meinen lieben Kopenhagnern noch lange nicht an die Wand geschrieben... Aber was tue ich dieser Zitation meiner Prinzessin gegenüber?«

»Natürlich, ihr gehorchen. Du bist im Dienst, und solange du's für richtig hältst, darin zu verbleiben, so lange hast du bestimmte Pflichten und mußt sie erfüllen. Und in dem vorliegenden Falle, je eher je lieber. Wenigstens nach meinem Dafürhalten. Das mit dem Urlaub oder mit der Versicherung,

›es habe keine Eile‹, das würd' ich nicht glauben und jedenfalls nicht annehmen. Ich bin allem Höfischen aus dem Wege gegangen und habe einen Horror vor alten und jungen Prinzessinnen, aber so viel weiß ich doch auch vom Hofleben und seinen Gesetzen, daß man an Huldigungen nicht leicht genug tun kann und daß die ruhige Hinnahme bewilligter Freiheiten immer etwas Mißliches ist. Und dann, Holk, wenn du auch noch bleiben wolltest, es wären doch unruhige Tage für dich und mich, für uns alle. Kann ich dir also raten, so reise morgen.«

»Du hast recht; es ist das beste so, nicht lange besinnen. Aber du solltest mich begleiten, Christine. Die Hansen drüben hat das ganze Haus, also Überfluß an Raum, und ist eine Wirtin, wie sie nicht besser gedacht werden kann. Und was die Bekanntschaften angeht, so findest du die Schimmelmann und die Schwägerin unserer guten Brockdorff und Helene Moltke. Ich nenne diese drei, weil ich weiß, daß du sie magst. Und dann gibt es doch auch Kirchen in Kopenhagen, und Melbye ist dein Lieblingsmaler, und vor dem alten Grundtvig hast du zeitlebens Respekt gehabt.«

Die Gräfin lächelte. Dann sagte sie: »Ja, Helmuth, da bist du nun wieder ganz *du*. Noch keine Stunde, daß wir von den Kindern und ihrer Unterbringung gesprochen haben, und schon hast du alles wieder vergessen. Einer muß doch hier sein und das, was zu tun ist, in die rechten Wege leiten. Ich möchte wissen, was dich eigentlich beschäftigt. Alle Körner fallen aus deinem Gedächtnis heraus, und nur die Spreu bleibt zurück. Verzeih, aber ich kann dir diese bittren Worte nicht ersparen. Ich glaube, wenn mein Bruder Alfred stirbt oder vielleicht auch wer, der dir noch näher steht, und du hast gerad eine Hühnerjagd angesagt, so vergißt du, zum Begräbnis zu fahren.«

Holk biß sich auf die Lippen. »Es glückt mir nicht, dich freundlich zu stimmen und dich aus deinem ewigen Brüten und Ernstnehmen herauszureißen. Ich frage mich, ist es meine Schuld oder ist es deine?«

Diese Worte blieben doch nicht ohne Wirkung auf Christine. Sie nahm seine Hand und sagte: »Schuld ist überall, und vielleicht ist meine die größere. Du bist leichtlebig und schwankend und wandelbar, und ich habe den melancholischen Zug und nehme das Leben schwer. Auch da, wo Leichtnehmen das Bessere wäre. Du hast es nicht gut mit mir getroffen, und ich wünschte dir wohl eine Frau, die mehr zu lachen verstände. Dann und wann versuch' ich's, berühme mich auch wohl, daß ich's versucht, aber es glückt nicht recht. Ernst bin ich gewiß und vielleicht auch sentimental. Vergiß, was ich dir vorhin gesagt habe; es war hart und unrecht, und ich habe mich hinreißen lassen. Gewiß, ich klage dich oft an und will es nicht leugnen, aber ich darf auch sagen, ich verklage mich vor mir selber.«

In diesem Augenblicke trat Asta vom Salon her wieder unter die Halle, einen Helgoländerhut über dem linken Arm.

»Wo willst du hin?«

»Zu Elisabeth. Ich will ihr die Notenmappe zurückbringen, die sie gestern hier gelassen.«

»Ah, das trifft sich gut«, sagte Holk, »da begleit' ich dich ein Stück Wegs.« Und Asta, die wohl sah, daß ein ernsthaftes Gespräch stattgefunden hatte, grüßte zunächst die Dobschütz und küßte dann der Mutter die Stirn. Und gleich danach nahm sie des Vaters Hand und ging mit ihm die Halle hinunter, auf die Gartenfront des Hauses zu.

Als sie fort waren, sagte die Dobschütz: »Ich möchte beinah glauben, Christine, du hättest die Notenmappe noch gern ein paar Tage hier behalten? Ich sah gestern abend, welchen Eindruck das Lied auf dich machte.«

»Nicht die Komposition, bloß der Text. Und den hab' ich mir im ersten Eifer gleich gestern abgeschrieben. Bitte, liebe Julie, hol ihn mir von meinem Schreibtisch. Ich möchte wohl, du läsest mir das Ganze noch einmal vor oder doch wenigstens die erste Strophe.«

»Die gerade kann ich auswendig«, sagte die Dobschütz.

»Ich vielleicht auch. Aber trotzdem möcht' ich sie hören; sage sie mir, und recht langsam.«

Und nun sprach die Dobschütz langsam und leise vor sich hin:

»Die Ruh' ist wohl das Beste
Von allem Glück der Welt,
Was bleibt vom Erdenfeste,
Was bleibt uns unvergällt?
Die Rose welkt in Schauern,
Die uns der Frühling gibt,
Wer haßt, ist zu bedauern,
Und mehr noch fast, wer liebt.«

Die Gräfin ließ von ihrer Arbeit ab, und eine Träne fiel auf ihre Hand. Dann sagte sie: »Eine wunderbare Strophe. Und ich weiß nicht, was schöner ist, die zwei Zeilen, womit sie beginnt, oder die zwei Zeilen, womit sie schließt.«

»Ich glaube, sie gehören zusammen«, sagte die Freundin, »und jedes Zeilenpaar wird schöner durch das andre. ›Wer haßt, ist zu bedauern, und mehr noch fast, wer liebt.‹ Ja, Christine, es ist so. Aber gerade, weil es so wahr ist...«

»Ist das andre, womit die Strophe beginnt, noch wahrer: *Die Ruh' ist wohl das Beste.*«

SIEBENTES KAPITEL

Holk und Asta schritten, während Christine dies Gespräch mit der Dobschütz führte, die Säulenhalle hinunter, und erst als sie hundert Schritte weiter abwärts das mit Rasen überwachsene Rondell erreicht hatten, wo man, wenn Besuch war, Kricket zu spielen pflegte, trennten sie sich, Holk, um sich einem vor einem Treibhause beschäftigten Gärtner zuzuwenden, Asta, um ihren Weg auf der wohlgepflegten Parkchaussee fortzusetzen. Diese senkte sich allmählich und bog schließlich scharf links in eine breite, schon in der Ebene laufende Kastanienallee ein, die sich bis Dorf Holkeby hinzog. Überall lagen Kastanien am Boden oder platzten aus der Schale, wenn sie vor Asta niederfielen. Diese bückte sich nach jeder einzelnen, als aber das Pfarrhaus, das in die Kirchhofsmauer eingebaut war, in Sicht kam, warf sie alles wieder fort und ging in rascherem Schritt auf das Haus zu. Die Tür hatte noch von alter Zeit her einen Klopfer, er schien aber seinen Dienst versagen zu wollen, denn niemand kam. Erst als sie das Klopfen mehrmals wiederholt hatte, wurde geöffnet, und zwar von Pastor Petersen selbst, der augenscheinlich gestört worden war. Als er aber Asta erkannte, verschwand rasch die Mißmutswolke von seiner Stirn, und er nahm ihre Hand und zog sie mit sich in seine Studierstube, deren Tür er offengelassen hatte. Die Fenster gingen auf den ein wenig ansteigenden Kirchhof hinaus, so daß die Grabsteine einander wie über die Schulter sahen. Dazwischen standen Eschen und Trauerweiden, und der Duft von Reseda, trotzdem es schon spät im Jahre war, drang von außen her ein.

»Nimm Platz, Asta«, sagte Petersen. »Ich war eben eingeschlafen. In meinen Jahren geht der Schlaf nicht mehr nach der Uhr; in der Nacht will er nicht kommen, und da kommt er denn bei Tag und überfällt einen. Elisabeth ist bei Schünemanns drüben und bringt der armen Frau, die's, glaub' ich, nicht lange mehr machen wird, ein paar Weintrauben, die wir heute früh geschnitten haben. Aber sie muß gleich wieder da sein; Hanna hilft mit draußen auf dem Feld. Und nun trinkst du mit mir ein Glas Malvasier. Das ist Damenwein.«

Und dabei schob er die aufgeschlagene Bibel nach rechts, einen Kasten mit Altertümern aber (denn er war ein Altertümler wie die meisten schleswigschen Pastoren) weit nach links hin und stellte zwei Weingläser auf seinen Arbeitstisch.

»Laß uns anstoßen. Ja, worauf? Nun, auf ein frohes Weihnachten.«

»Ach, das ist noch so lange.«

»Ja dir. Aber ich rechne anders... Und daß das Christkind dir alles erfüllt, was du auf dem Herzen hast.«

Ihre Gläser klangen zusammen, und im selben Augenblicke trat auch Elisabeth ein und sagte: »Da muß ich doch mit anstoßen, wenn ich auch nicht weiß, wem es gilt.«

Und nun erst begrüßten sich die jungen Mädchen, und Asta gab an Elisabeth die Notenmappe zurück und sprach ihr dabei den Dank ihrer Mutter für das schöne Lied aus, das sie gestern abend gesungen.

Dies wurde nur so hingesprochen, denn während Asta die

Bestellung ausrichtete, beschäftigte sich ihr Auge schon mit
den zahlreichen numerierten Dingen, kleinen und großen, die
den archäologischen Kasten füllten. Das eine, was sie sah,
schien Golddraht zu sein, Golddraht in einer großen Spirale.
»Warum ist es von Gold?« fragte Asta. »Es sieht ja aus
wie eine Sofasprungfeder.«
Der Alte vergnügte sich darüber und sagte ihr dann, es sei
was Besseres, ein Schmuckstück, eine Art Armband, das vor
zweitausend Jahren eine damalige Komtesse Asta getragen
habe.
Asta freute sich und nickte, und Elisabeth, die von diesen
Dingen mehr kannte, als ihr lieb war, denn sie war wie der
Kustos der Sammlung, setzte ihrerseits hinzu: »Und wenn
nach wieder zweitausend Jahren deine kleine Hufeisenbroche
gefunden wird, dann, das kann ich dir versichern, wird es
auch Vermutungen und Feststellungen geben... Aber nun
komm, Asta, wir wollen den Großpapa und seine Studierstube nicht länger stören.«
Und damit nahm sie Astas Arm und ging mit ihr über den
Flur auf eine Pforte zu, die direkt nach dem Kirchhof hinausführte. Nur wenige Schritte noch, dann kamen sie bis an einen
breiten Querweg, der zwischen Gräbern hin auf die alte Feldsteinkirche zulief, einen frühgotischen Bau ohne Turm, der für
eine Scheune hätte gelten können, wenn nicht die hohen Spitz-
bogenfenster gewesen wären mit ihrem dichten kleinblättri-
gen Efeu, der sich bis unter das Dach hinaufrankte. Die Glocke
hing unter ein paar Schutzbrettern an der einen Giebelseite
der Kirche, während an der andern ein niedriges Backstein-
haus angebaut war, mit kleinen Fenstern und jedes Fenster
mit zwei Eisenstäben. Einige der Grabsteine, die hier in Nähe
der Kirche besonders zahlreich waren, reichten mit ihrem Kopfende bis dicht an die Gruft heran, denn eine solche war der
Anbau, und auf einen dieser Grabsteine stieg nun Asta und
sah neugierig durch die kleinen eisenvergitterten Fenster. Dabei lehnte sie sich mit der Hand gegen einen losen Mauerstein,
der sich dadurch nach hinten schob und einen anderen Halb-
stein, der auch schon lose war, zum Umkippen brachte, so daß
er mit Gepolter in die Gruft hinabstürzte.

Asta fuhr zurück und sprang von dem Grabstein herab, auf dem sie gestanden. Elisabeth war mit erschrocken, und erst als sie beide den unheimlichen Platz und gleich darnach auch den Kirchhof selbst verlassen hatten, erholten sie sich und fanden ihre Sprache wieder. Draußen, an der Kirchhofsmauer hin, lagen große Massen geschnittener Bretter und Balken, was nicht wundernehmen konnte, denn parallel mit der Kirchhofsmauer, und nur durch einen breiten Fahrweg von ihr getrennt, zog sich ein langer, mit kurzem Gras überwachsener Holz- und Zimmerplatz hin, auf dem beständig norwegische Hölzer geschnitten wurden. Auch in diesem Augenblicke wieder lag ein roh mit der Axt behauener Baumstamm auf zwei hohen Holzböcken, und ein paar Zimmerleute, von denen der eine oben, der andre unten stand, sägten mit einer großen, in ihrer Arbeit immer blanker werdenden Holzsäge den Stamm entlang. Beide Mädchen sahen emsig hinüber, und die Nähe der Menschen, dazu der lebendige Ton der Arbeit, tat ihnen wohl nach dem Grauen, von dem sie sich angesichts der zerbröckelnden Gruft soeben noch berührt gefühlt hatten.

Es war ein sehr anheimelnder Platz; die Brennesseln, die sonst hier wucherten, waren niedergetreten, und so saßen die beiden Freundinnen bequem und behaglich auf den hochaufgeschichteten Brettern und hatten die Balken als Fußbank und die Kirchhofsmauer als Rücklehne.

»Weißt du«, sagte Asta, »die Mama hat doch recht, daß sie von der Gruft nichts wissen will und eine Scheu hat, sie zu betreten. Es ist ja, als wäre jeder Stein lose und als warte alles nur darauf, daß es zusammenstürze. Und zweimal im Jahre geht sie doch hin und legt ihren Kranz auf den Sarg, an seinem Geburtstag und an seinem Sterbetage.«

»Kannst du dich denn deines Bruders Estrid noch erinnern?«

»Oh, gewiß kann ich. Ich war schon sieben Jahr'.«

»Und ist es wahr, daß er nicht bloß Estrid hieß, sondern auch noch Adam?«

»Ja. Die Mama wollte freilich, daß er als zweiten Namen den Namen Helmuth führen sollte wie der Vater, Estrid Helmuth, – Tante Dobschütz hat es mir oft erzählt; der Papa aber bestand auf Adam, weil er gehört hatte, daß Kinder, die so heißen, nicht sterben, und da habe denn die Mama gesagt (ich weiß das alles von Tante Julie), das sei Heidentum und Aberglauben, und es werde sich strafen, denn der liebe Gott lasse sich nichts vorschreiben, und es sei lästerlich und verwerflich, ihm die Hände binden zu wollen.«

»Ich kann mir denken, daß deine Mutter so gesprochen hat. Und es hat sich ja auch gestraft. Aber ich finde doch, Asta, daß deine Mutter in all dem zu streng ist, und der Großpapa, der sie doch so sehr liebt und sie getraut hat – was übrigens der Arnewieker Pastor damals sehr übel genommen haben soll – und der nichts Besseres kennt als seine ›liebe Christine‹, wie er sie noch immer nennt, und deinen Papa nennt er ja auch noch ›du‹ von alten Zeiten her..., der sagt doch auch, sie sei zu sicher auf ihrem Wege und zu streng gegen andre...«

»Ja, das sagen alle, dein Großpapa sagt es, und Direktor Schwarzkoppen sagt es, und Onkel Arne sagt es. Und wenn Axel und ich es auch nicht hören sollen, wir hören es doch und machen so unsre Betrachtungen drüber...«

»Und wem kommen denn eure Betrachtungen zugute?«

»Immer der Mama.«

»Das wundert mich eigentlich. Ich dachte, du wärest deines Vaters Verzug und Liebling. Und liebtest ihn am meisten.«

»Oh, gewiß hab' ich ihn lieb; er ist so gut und erfüllt uns jeden Wunsch. Aber die Mama meint es doch viel besser mit uns, und deshalb ist sie strenger. Alles bloß aus Liebe.«

»Ich habe dich nicht immer so sprechen hören, Asta. Es ist noch keine Woche, daß du voller Klagen und fast voll Bitterkeit warst, und daß du sagtest, es sei mit der Mama kaum noch zu leben, und alles schlüge sie dir ab, und alles sei so wichtig, als ob Leben und Seligkeit daran hinge...«

»Ja, das werd' ich wohl gesagt haben. Aber wer klagte nicht mal! Und dann ist es oft so still hier, und dabei wird man traurig und will es anders haben... Sieh, ich denk' es mir so, die Mama bedrückt uns oft, aber sie sorgt doch auch für uns, und der Papa erfreut uns jeden Augenblick, aber im ganzen kümmert er sich nicht recht um uns. Er ist mit seinen Gedanken immer woanders und die Mama immer bei uns. Wenn es nach dem Papa ginge, so ginge alles so ruhig weiter, bis jemand käme und mich haben wollte. Komtesse Holk, rotblond und gerade gewachsen und etwas Vermögen – ich glaube, das ist alles, was ihm vorschwebt, und davon verspricht er sich das Beste. Daß ich auch eine Seele habe, daran denkt er nicht, vielleicht glaubt er nicht mal daran.«

»Wie du nur sprichst. Er wird doch glauben, daß du eine Seele hast?«

»Vielleicht. Ich weiß es nicht. Und das ist der Unterschied von der Mama. Die glaubt bestimmt daran und will, daß ich etwas lernen und einen festen Glauben gewinnen soll, ›einen Anker für die Stürme des Lebens‹, wie sie sagt, und ich wäre glücklich darüber, wenn ich nicht von dir fort müßte. Solche Freundin wie du, die find' ich in der Welt nicht wieder.«

»Aber du wirst doch nicht fort wollen, Asta? Und um was denn? Ist denn nicht die Dobschütz eine kluge Dame und lieb und gut dazu? Und du kannst ja französisch parlieren, daß es eine Lust ist, und Strehlke hat ja zwei Preise gewonnen, einen in Kopenhagen über die Strandvegetation in Nordschleswig und einen in Kiel über Quallen und Seesterne. Und daß er Geographie weiß, das weiß ich, er wußte ja neulich das Lustschloß vom König von Neapel, so daß ihm selbst dein Onkel Arne gratulierte. Was willst du denn noch mehr lernen? Das nehm' ich dir übel, wenn du so viel mehr lernen willst als ich, und wenn du dann wiederkommst, ist kein Verkehr mehr mit mir. Und ich will doch mit dir verkehren, denn ich liebe dich ja so sehr. Und deine Mama, wenn sie dich fortgibt, wird dich gewiß in eine große Schweizerpension geben wollen.«

»Nein, in eine kleine Herrnhuter Pension.«

»Nun, darüber läßt sich reden, Asta. Herrnhuter kenn' ich, das sind gute Leute.«

»Das mein' ich. Die Mama war ja auch in einer Herrnhuterpension.«

»Ist es denn schon gewiß?«

»So gut wie gewiß. Der Papa hat nachgegeben. Und außerdem reist er morgen nach Kopenhagen zur Prinzessin, worauf gar nicht gerechnet war, und das wird Mama wohl benutzen, um alles schnell ins rechte Geleise zu bringen. Ich denke mir, in vierzehn Tagen oder noch früher...«

»Ach, Asta, wäre nicht der Großpapa, ich bäte deine Mama, daß sie mich mitgäbe. Was soll ich hier anfangen, wenn du fort bist?«

»Es muß schon so gehen, Elisabeth, und wird auch. Schwer wird es mir auch. Und meine Mama wird auch allein sein und niemanden um sich haben als die Dobschütz, und sie schickt uns *doch* fort. Denn Axel geht auch. Es ist doch recht, was sie mir gestern abend sagte: man lebt nicht um Vergnügen und Freude willen, sondern man lebt, um seine Pflicht zu tun. Und sie beschwor mich, dessen stets eingedenk zu sein, denn daran hinge Glück und Seligkeit.«

»Das ist schon alles ganz wahr, aber es hilft mir nichts.« Und in Elisabeths Auge war ein Flimmern, als sie das sagte. »Ich kann doch nicht immer am Strand spazieren gehen und Bernstein suchen und Kataloge machen und die Nummern umschreiben. Und denke, Winterszeit, wenn alles in Schnee liegt und die Krähen auf den Kreuzen sitzen, und dann um Mittag die zwölf Schläge...«

Und in diesem Augenblicke schlug die Mittagsglocke, von der Elisabeth eben gesprochen hatte. Beide Mädchen fuhren zusammen. Dann aber lachten sie wieder und erhoben sich, denn es war hohe Zeit.

»Wann kommst du wieder?«

»Morgen.«

Damit trennten sie sich, und als Asta gleich danach bei der Stelle vorüberkam, wo die Glocke hing, tat diese gerade den zwölften Schlag, und der Küstersjunge, der geläutet hatte, zog seine Kappe und verschwand dann hinter den Gräbern.

ACHTES KAPITEL

Holk, als er sich an dem Kricketplatz von Asta getrennt hatte, hatte sich nach dem nächstgelegenen Treibhause begeben, in dessen Front er seinen Gärtner emsig bei der Arbeit sah. Und hier, nach kurzer Begrüßung, riß er zwei Blätter aus seinem Notizbuch und schrieb ein paar Telegrammzeilen an Pentz und die Witwe Hansen, in denen er beiden sein Eintreffen in Kopenhagen für den andern Abend anzeigte. »Diese Telegramme, lieber Ohlsen, müssen nach Glücksburg oder meinetwegen auch nach Arnewiek; es gilt mir gleich, wo Sie's aufgeben wollen. Nehmen Sie den Jagdwagen.«

Der Gärtner, ein Muffel, wie die meisten seines Zeichens, war augenscheinlich verdrießlich, weshalb Holk hinzusetzte: »Tut mir übrigens leid, Ohlsen, Sie bei der Arbeit stören zu müssen; aber ich brauche Philipp beim Packen, und Ihrer Frau Bruder, der sich ja gut anläßt, weiß noch nicht recht Bescheid und ist mir auch nicht zuverlässig genug.«

Der Gärtner fand sich nun wieder zurecht und sagte, daß er, wenn's dem Grafen recht wäre, lieber nach Glücksburg wolle; seine Frau habe nämlich wieder solch Jucken über den ganzen Körper, was gewiß von der Galle käme, sie ärgere sich so leicht, und da möcht' er denn wohl mit zu Doktor Eschke heran und ein Rezept holen.

»Mir recht«, sagte Holk. »Und wenn Sie mal da sind, so sorgen Sie auch gleich dafür, daß das Schiff morgen früh mit Sicherheit hier anlegt; es ist schon vorgekommen, daß es vorbeifährt, und fragen Sie auch, ob der König schon da ist, ich meine in Glücksburg, und wie lange er wohl bleibt.«

Damit ging der Graf wieder auf das Schloß zu, wo Philipp, im Ankleidezimmer seines Herrn, nicht bloß die Koffer bereits zurechtgestellt, sondern auch schon mit dem Packen begonnen hatte.

»Das ist recht, Philipp; ich sehe, die Gräfin hat dir gesagt, daß ich fort muß. Nun, du weißt ja, was ich brauche; aber nicht zu viel, je mehr man mitnimmt, je mehr fehlt einem. Nicht wahr? Ist der Koffer voll, so verlangt man zuletzt alles, als wäre man zu Hause. Nur eines vergiß nicht, die Pelzstiefel und die hohen Gummischuhe. Man tapst drin herum wie ein Elefant, aber das Herz bleibt warm und gesund, und das ist doch immer die Hauptsache. Meinst du nicht auch?«

Philipp bestätigte den Ausspruch, worauf sich der Graf in sichtlichem Behagen an seinen Schreibtisch setzte und einige Briefe schrieb, auch einen an seinen Schwager Arne, während der alte Diener mit dem Packen der Koffer fortfuhr.

»Welche Bücher befehlen der Herr Graf?«

»Keine. Was wir hier haben, paßt nicht nach Kopenhagen. Oder nimm ein paar Bände Walter Scott mit; man kann nicht wissen, und der paßt immer.«

In der Mittagsstunde, Asta war noch unten im Dorf, kam Baron Arne von Arnewiek herüber, und Holk, als man plaudernd mit den Damen unter der Halle saß, gab ihm lachend den Brief, den er am Vormittag geschrieben hatte. »Da, Alfred; aber lies ihn erst zu Haus, es eilt nicht damit, und eigentlich weißt du ja doch, was darin steht. Es ist das alte Lied. Ich empfehle dir Schloß Holkenäs und die Wirtschaft wie schon manch liebes Mal und setze dich für die Tage meiner Abwesenheit zum Majordomus ein. Sei deiner Schwester ein Berater, besprich mit ihr (dies sprach er halb leise) den Bau einer neuen Kapelle mit Gruft oder was sie sonst will und lasse Pläne machen wegen der Ställe. Mit dem für die Shorthorns wird angefangen. Zieh den homöopathischen Doktor zu Rate, von dem du mir neulich so viel Wunderdinge erzählt hast, und schicke dann die Zeichnungen hinüber nach Kopenhagen. Pentz versteht auch was davon und Bille, der so viel gereist ist, noch mehr, und seine Masern (und damit wandt' er sich wieder an die Damen) können doch am Ende nicht ewig dauern. Ist er erst abgeschülbert, ich muß lachen, wenn ich ihn mir in der Mauserung denke, so such' ich ihn auf und leg' ihm die Pläne vor. Kranke sind immer froh, wenn sie was andres hören als den Medizinlöffel oder den Doktorstock.«

Holk sprach noch weiter in diesem Tone, was keinen Zweifel darüber ließ, daß er sich eigentlich freute, Holkenäs auf ein Vierteljahr verlassen zu können. Es war fast verletzend für die Gräfin, und sie würde diesem Gefühl auch Ausdruck gegeben haben, wenn sie sich nicht auf einer ganz ähnlichen Empfindung ertappt hätte. Wie bei vielen Eheleuten, so stand es auch bei den Holkschen. Wenn sie getrennt waren, waren sie sich innerlich am nächsten, denn es fielen dann nicht bloß die Meinungsverschiedenheiten und Schraubereien fort, sondern sie fanden sich auch wieder zu früherer Liebe zurück und schrieben sich zärtliche Briefe. Das wußte keiner besser als der Schwager drüben in Arnewiek. Arne stellte denn auch heute wieder seine Betrachtungen über dies Thema an und gab ihnen in ein paar Scherzworten Ausdruck. Aber das war nicht wohlgetan; sosehr es zutraf, was er sagte, so wenig lag es im Wunsche seiner Schwester, diese Dinge berührt zu sehen. Vielleicht war es denn auch dieser Gang der Unterhaltung, was den die leise Verstimmung seiner Frau beobachtenden Holk veranlaßte, die Dobschütz zu einem Spaziergang in den Park aufzufordern, »er habe noch dies und das mit ihr zu besprechen«.

Als sie fort waren, sagte Christine zu ihrem Bruder, mit dem sie allein geblieben: »Du mußtest das nicht sagen, Alfred, nicht in seiner Gegenwart. Er hat, wie du weißt, ohnehin die Neigung, ernste Dinge leicht zu nehmen, und wenn du ihm darin mit gutem Beispiel vorangehst, so weiß er sich noch was damit und gefällt sich darin, den Freigeist zu spielen.«

Arne lächelte.

»Du lächelst. Aber ganz mit Unrecht. Denn ich sage nicht, ein Freigeist zu sein. Ein Freigeist *sein*, das kann er nicht, dazu reichen seine Gaben nicht aus, auch nicht die seines Charakters. Und das ist eben das Schlimme. Mit einem Atheisten könnte ich leben, wenigstens halte ich es für möglich, ja, mehr, es könnte einen Reiz für mich haben, ernste Kämpfe mit ihm zu bestehen. Aber davon ist Helmuth weit ab. Ernste Kämpfe! Das kennt er nicht. Mit allem, was du da sagtest, zu *mir* kannst du so sprechen, verwirrst du ihn bloß und bestärkst ihn nur in allem, was schwach und eitel an ihm ist.«

Arne begnügte sich, etlichen Buchfinken, die während des Gesprächs bis unter die Halle gekommen waren, ein paar kleine Krumen hinzuwerfen, schwieg aber.

»Warum schweigst du? Bin ich dir wieder zu kirchlich? Ich habe kein Wort von Kirche gesprochen. Oder bin ich dir wieder zu streng?«

Arne nickte.

»Zu streng. Sonderbar. Du findest dich nicht mehr in mir zurecht, Alfred, und wenn das ein Vorwurf ist, und du meinst es so, so muß ich dir den Vorwurf zurückgeben. Ich finde mich nicht mehr in *dir* zurecht. Du weißt, wie mein Herz an dir hängt, wie ich, aus meiner Kindheit Tagen her, voller Dank gegen dich bin, und dies Dankesgefühl habe ich noch. Aber ich kann dir das Wort nicht ersparen, *du* bist ein anderer geworden in deinen Anschauungen und Prinzipien, nicht ich. An dem einen Tage bin ich dir zu sittenstreng, am anderen Tage zu starr in meinem Bekenntnis, am dritten Tage zu preußisch und am vierten zu wenig dänisch. Ich treff' es in nichts mehr. Und doch, Alfred, all das, was ich bin, oder doch das meiste davon, bin ich durch dich. Du hast mir diese Richtung gegeben. Du warst schon dreißig, als ich bei der Eltern Tode zurückblieb, und nach *deinen* Anschauungen, nicht nach denen der Eltern, bin ich erzogen worden; du hast die Herrnhuterpension für mich ausgesucht, du hast mich bei den Reckes und den Reuß' und den frommen Familien eingeführt, und nun, wo ich das geworden bin, wozu du mich damals bestimmtest, nun ist es nicht recht. Und warum nicht? Weil du mittlerweile die Fahne gewechselt hast. Ich will es respektieren, daß du, der du mit dreißig an der Grenze des äußersten Aristokratismus warst, jetzt, wo du beinah sechzig bist, die Welt mit einem Male durch liberalgeschliffene Gläser siehst; aber darfst du mir Vorwürfe machen, wenn ich da blieb, wo du früher auch standest und wo du mich selber hingestellt?«

Arne nahm zärtlich der Schwester Hand. »Ach Christine, stehe, wo du willst. Ich habe nicht den Mut mehr, Standpunkte zu verwerfen. Das ist eben das eine, was ich in meinen zweiten dreißig Jahren gelernt habe. Der Standpunkt macht es nicht, die *Art* macht es, wie man ihn vertritt. Und da muß ich dir sagen, du überspannst den Bogen, du tust des Guten zuviel.«

»Kann man des Guten zuviel tun?«

»Gewiß kann man das. Jedes Zuviel ist vom Übel. Es hat mir, solang ich den Satz kenne, den größten Eindruck gemacht, daß die Alten nichts so schätzten wie das *Maß der Dinge.*«

Holk und die Dobschütz kehrten in diesem Augenblicke von ihrem Spaziergange zurück, und von der andern Seite her kam Asta die Strandterrasse herauf und eilte sofort auf Arne zu, dessen Liebling sie war und an dem sie jederzeit den besten Zuhörer hatte. Der Mama gegenüber zeigte sie sich meist zurückhaltend; aber wenn Onkel Alfred da war, mußte alles herunter, was ihr auf der Seele lag.

»Ich habe heute früh schon an Pastor Petersens Arbeitstisch gesessen, und rechts lag die Bibel, und links stand der Kasten mit Altertümern, und war eigentlich kein Zollbreit Platz mehr da, um mir zu zeigen, was in den Pappschachteln alles lag. Meistens waren es Steine. Zuletzt aber, als er die Bibel zurückgeschoben hatte...«

»Da hattet ihr Platz«, lachte die Gräfin. »Mein alter, lieber Petersen, er schiebt immer die Bibel zurück und ist immer bei seinen Steinen und hat auch sonst eine Neigung, die Steine für Brot zu geben.«

Arne wollte widersprechen, als er aber des eben gehabten Gesprächs gedachte, besann er sich rasch wieder und war froh, als Asta fortfuhr: »Und dann hab' ich draußen auf dem Kirchhofe mit Elisabeth an dem Grab ihrer Mutter gestanden und habe bei der Gelegenheit gesehen, daß Elisabeth eigentlich Elisabeth Kruse heißt, und daß bloß ihre Mutter eine Petersen war, und daß wir sie eigentlich gar nicht Elisabeth Petersen nennen dürfen. Aber, so sagte sie mir, sie habe ihren Vater gar nicht mehr gekannt, und die Mutter, wenn man im Dorf von ihr gesprochen hätte, sei für die Leute nur immer des alten Petersen Tochter gewesen, und so heiße sie denn auch Elisabeth Petersen, und sei eigentlich recht gut so.

Und dann«, fuhr Asta fort, »gingen wir den Kirchhofssteig weiter hinauf bis an die Kirche und kletterten auf einen schräg daliegenden Grabstein und wollten eben durch das Gitterfenster in unsere Gruft sehen, da fiel ein Stein hinein und schlug auf und war mir, als hätt' ich wen erschlagen. Ach, ich kann gar nicht sagen, wie ich mich erschrocken habe. Da mag ich nicht hinein, und wenn ich sterbe, das müßt ihr mir alle versprechen, will ich den Himmel über meinem Grabe haben.«

Der Gräfin Blick traf den Grafen, der sichtlich bewegt war und seiner Frau freundlich zunickte. »Soll anders werden, Christine. Habe schon mit Alfred gesprochen und auch eben mit der Dobschütz. Es wird eine offene gotische Halle werden, die den Begräbnisplatz umschließt, und was sonst noch werden soll, das wirst du selber angeben.«

Arne, während Graf und Gräfin noch eine kleine Weile so weitersprachen, unterhielt sich mit Asta und leitete dann, als das Gespräch wieder ein allgemeines wurde, zu anderen Dingen über, was sich leicht machte, da Gärtner Ohlsen eben von Glücksburg zurückkam und die Nachricht brachte, der König komme morgen und die Gräfin Danner auch, und er wolle vier Wochen bleiben und auf dem Braruper Moor ein Hünengrab ausnehmen. Und das Billet habe er bei Reeder Kirkegard gleich gelöst, und um zehn Uhr früh oder so herum werde das Dampfschiff an dem Steg unten anlegen. Es sei das beste Schiff auf der Linie: »König Christian«, Kapitän Brödstedt.

Ehe Ohlsen noch seinen Rapport beendet, kam Axel mit dem Hauslehrer und holte die von ihm geschossenen Rebhühner aus der Jagdtasche hervor.

»Mir lieb, Axel«, sagte Holk, »das gibt ein Frühstück für unterwegs. Du wirst doch noch ein richtiger Holkscher Jäger werden, und offen gestanden, das wäre mir das liebste. Das Lernen ist für andere.«

Und dabei streifte Holks Blick, ohne recht zu wollen, den armen Strehlke, der sich, während sein Zögling die Rebhühner geschossen, damit begnügt hatte, ein Dutzend Krammetsvögel aus den Dohnen zu nehmen.

NEUNTES KAPITEL

Der »König Christian« hielt Wort: pünktlich um zehn Uhr kam er in Sicht, und zehn Minuten später legte er an der Landungsbrücke an. Der Graf stand schon da, die Koffer neben ihm, auf denen Axel und Asta Platz genommen hatten, jener mit seiner Jagdflinte über der Schulter. Und nun kam der Abschied von den Kindern, und gleich danach stieg Holk an Bord, unter Vorantritt zweier Bootsleute, die das Gepäck trugen. Einen Augenblick später, und Kapitän Brödstedt rief auch schon seine Befehle zur Weiterfahrt in den Maschinenraum hinein, der Steuermann aber ließ das Rad durch die Hand laufen, und unter ein paar schweren Schlägen (es war noch ein Raddampfer) löste sich das Schiff von der Landungsbrücke los und nahm seinen Kurs östlich in die offene See hinaus. Holk seinerseits war mittlerweile zu dem Kapitän herangetreten und sah jetzt von der Kommandobrücke her auf den Pier zurück, von dem aus beide Kinder noch eifrig grüßten; ja, Axel gab sogar einen Salutschuß aus seinem Gewehr. Oben aber, auf der letzten Terrassenstufe, standen die Gräfin und das Fräulein, bis sie, nach kurzem Verweilen an dieser Stelle, wieder unter die höher gelegene Säulenhalle zurücktraten, um von hier aus dem Schiffe bequemer folgen zu können. Zugleich sahen sie nach dem Pier hinunter, auf dem jetzt die Geschwister gemeinschaftlich herankamen, anscheinend in lebhaftem Gespräch. Erst am Strande trennten sie sich wieder, und während Axel auf Möwenjagd in die Dünen einbog, stieg Asta die Terrasse hinauf.

Als sie oben war, schob sie eine Fußbank neben den Platz der Mama, nahm die Hand derselben und versuchte zu scherzen. »Es war Kapitän Brödstedt, der fuhr, ein schöner Mann, und soll auch, wie mir Philipp erzählt hat, eine bildschöne Frau haben, von der es heißt, er habe sie sich von dem Bornholmer Leuchtturm heruntergeholt. Es ist doch eigentlich schade, daß man, um bloßer Standesvorurteile willen, einen Mann wie Kapitän Brödstedt nicht heiraten kann.«

»Aber, Asta, wie kommst du nur auf solche Dinge?«

»Ganz natürlich, Mama. Man hat doch auch so seine zwei Augen und hört allerlei und macht seine Vergleiche. Da nimm einmal den guten Seminardirektor, der eine Adlige zur Frau hatte; nun ist er freilich Witwer. Ja, du wirst doch zugeben, Mama, daß Schwarzkoppen noch lange kein Brödstedt ist. Und Schwarzkoppen ginge noch, aber Herr Strehlke...«

Beide Damen lachten, und als die Mama schwieg, sagte das Fräulein: »Asta, du bist wie ein junges Füllen, und ich sehe zu meinem Schrecken, daß dir die Schulstunden fehlen. Und was du da nur sprichst, als ob gesellschaftlich ein Unterschied zwischen einem Manne wie Brödstedt und einem Manne wie Strehlke wäre.«

»Gewiß ist ein Unterschied. Das heißt nicht für mich, für mich ganz gewiß nicht, das kann ich beteuern. Aber für andere ist ein Unterschied. Sieh dich doch nur um. Ich für mein Teil habe noch nie von einer Heirat zwischen einem Dampfschiffskapitän und einer Komtesse gehört; aber soll ich dir an meinen zehn Fingern all die Hauslehrer und Kandidaten aufzählen, die hier herum...«

»Es ist schon das beste, Asta, wir verzichten auf alle Vergleiche.«

»Mir recht«, lachte diese. »Aber eine Leuchtturmstochter sein und von einem Manne wie Kapitän Brödstedt von einem Leuchtturm heruntergeholt zu werden, das ist doch hübsch und eigentlich ein leibhaftiges Märchen. Und alles, was Märchen ist, ist meine Schwärmerei, meine Passion, und die Geschichte ›vom tapfern Zinnsoldaten‹ ist mir viel, viel lieber als der ganze Siebenjährige Krieg!« Und bei diesen Worten erhob sie sich wieder von ihrer Fußbank und ließ die beiden Damen allein, um sich nebenan an den Flügel zu setzen. Gleich danach hörte man denn auch eine Chopinsche Etüde, freilich nicht recht flüssig und mit vielen Fehlern.

»Wie kam Asta nur zu solcher Bemerkung? Ist es bloß Übermut oder was sonst? Was führt sie in ihrem Gemüt so sonderbare Wege?«

»Nichts, was dich ängstigen könnte«, sagte die Dobschütz. »Wär' es das, so würde sie zu schweigen wissen. Ich lebe mehr mit ihr als du und bürge dir für ihren guten Sinn. Asta hat einen lebhaften Geist und eine lebhafte Phantasie...«

»Was immer eine Gefahr ist...«

»Ja. Aber oft auch ein Segen. Eine lebhafte Phantasie schiebt auch Bilder vor das Häßliche und ist dann wie ein Schutz und Schirm.«

Die Gräfin schwieg und blickte vor sich hin, und als sie nach einiger Zeit wieder auf das Meer hinaussah, sah sie von dem Dampfer nur noch den immer blasser werdenden Rauch, der wie ein Strich am Horizonte hinzog. Sie schien allerhand Gedanken nachzuhängen, und als die Dobschütz, von der Seite her, einen flüchtigen Blick auf die Freundin richtete, sah sie, daß eine Träne in deren Auge stand.

»Was ist, Christine?« sagte sie.

»Nichts.«

»Und doch bist du so bewegt...«

»Nichts«, wiederholte die Gräfin. »Oder wenigstens nichts Bestimmtes. Aber es quält mich eine unbestimmte Angst, und wenn ich nicht das Wahrsagen und Träumedeuten von Grund meiner Seele verabscheute, weil ich es für gottlos und auch für eine Quelle der Trübsal halte, so müßt' ich dir von einem Traum erzählen, den ich diese letzte Nacht gehabt habe. Und war nicht einmal ein schrecklicher Traum, bloß ein trüber und schwermütiger. Ein Trauerzug war es, nur ich und du, und in der Ferne Holk. Und mit einem Male war es ein Hochzeitszug, in dem ich ging, und dann war es wieder ein Trauerzug. Ich kann das Bild nicht loswerden. Dabei das Sonderbare, solange der Traum dauerte, hab' ich mich nicht geängstigt, und erst als ich wach wurde, kam die Angst. Und deshalb beunruhigte mich auch das, was Asta sagte. Noch gestern hätte mich's bloß erheitert, denn ich kenne das Kind und weiß, daß sie ganz so ist, wie du sagst... Und dann, offen gestanden, auch diese Reise ängstigt mich. Sieh, jetzt ist die Rauchfahne verschwunden...«

»Aber, Christine, das wirst du doch von dir abtun; das ist ja wie sich fürchten, daß man vom Stuhl fällt oder daß die Decke einstürzt. Es stürzen Decken ein und Häuser auch, und es scheitern auch Schiffe, die zwischen Glücksburg und Kopenhagen fahren, aber, Gott sei Dank, doch bloß alle hundert Jahr einmal...«

»Und einen trifft es dann, und wer will sagen, wer dieser eine ist. Aber das ist es nicht, Julie... Ich denke nicht an ein Unglück unterwegs... Es sind ganz andere Dinge, die mich ängstigen. Ich freute mich, wie du weißt, auf diese stillen Tage, die zugleich geschäftige Tage werden sollten, und seit heute früh freue ich mich nicht mehr darauf.«

»Bist du wegen der Kinder anderen Sinnes geworden?«

»Nein. Es bleibt bei dem längst zwischen uns Besprochenen, und nur wegen Axel schwankt es noch mit dem Wohin. Aber auch das wird sich unschwer regeln. Nein, Julie, was mich in meinem Gemüte seit heute früh beschäftigt, ist einfach das: ich durfte Holk nicht reisen lassen oder doch nicht allein. Ich habe diese sonderbare Stellung immer mit Unbehagen und Mißtrauen angesehen, und wenn er auch diesmal wieder hinüber mußte, weil sein Nichterscheinen eine Beleidigung gewesen wäre, so mußte ich mit ihm gehen...«

Die Dobschütz, überrascht, mühte sich, ein Lächeln zu unterdrücken.

»Eifersüchtig?« Und während sie so fragte, nahm sie die Hand der Gräfin und fühlte, daß diese zitterte. »Du schweigst. Also getroffen, also wirklich eifersüchtig, sonst würdest du sprechen und mich auslachen. Man lernt doch nie aus, auch nicht in dem Herzen seiner besten Freundin.«

Eine Pause trat ein, für beide peinlich, besonders für die Dobschütz, die das alles so ganz wider Wunsch und Willen heraufbeschworen hatte. Ja, Verlegenheit auf beiden Seiten, soviel war gewiß, und diese Verlegenheit wieder aus dem Wege zu räumen, das war nur möglich, wenn das Gespräch, wie es begonnen, mit allem Freimut fortgesetzt wurde.

»Gönnst du mir noch ein Wort?«

Die Gräfin nickte.

»Nun denn, Christine, ich war in vielen Häusern und habe manches gesehen, was ich lieber nicht gesehen hätte. Die Herrensitze lassen oft viel zu wünschen übrig. Aber wenn ich je umgekehrt ein zuverlässiges Haus gefunden habe, so ist es das euere. Du bist ein Engel, wie alle schönen Frauen, wenn sie nicht bloß schön, sondern auch gut sind, ein Fall, der freilich selten eintritt, und ich persönlich wenigstens habe nichts Besseres kennengelernt als dich. Aber gleich nach dir kommt dein Mann. Er ist in dem, um das sich's hier handelt, ein Muster, und wenn ich einem Fremden zeigen sollte, was ein deutsches Haus und deutsche Sitte sei, so nähm' ich ihn beim Schopf und brächt' ihn einfach hierher nach Holkenäs.«

Der Gräfin Antlitz verklärte sich.

»Ja, Christine, du bist alles in allem doch eine sehr bevorzugte Frau. Holk ist aufrichtig und zuverlässig, und wenn drüben in Kopenhagen auch jede dritte Frau die Frau Potiphar in Person wäre, du wärest seiner doch sicher. Und schließlich, Christine, wenn dir trotz alledem immer noch ein Zweifel käme...«

»Was dann?«

»Dann müßtest du den Zweifel nicht aufkommen lassen und dir's klug und liebevoll einreden, es sei anders. Ein schöner Glaube beglückt und bessert und stellt wieder her, und ein schlimmer Argwohn verdirbt alles.«

»Ach, meine liebe Julie, das sagst du so hin, weil du, so viel du von unserem Haus und Leben kennst, doch nicht recht weißt (und du sagtest eben selbst so was), wie's in meinem Herzen eigentlich aussieht. Du weißt alles und doch auch wieder nicht. Ich glaube, wie Ehen sind, das wissen immer nur die Eheleute selbst, und mitunter wissen's auch die nicht. Wer draußen steht, der sieht jeden Mißmut und hört jeden Streit; denn, sonderbar zu sagen, von ihren Fehden und Streitigkeiten verbergen die Eheleute meistens nicht viel vor der Welt, ja, mitunter ist es fast, als sollten es andere hören und als würde das Heftigste gerade für andere gesprochen. Aber das gibt doch ein falsches Bild, denn eine Ehe, wenn nur noch etwas Liebe da ist, hat doch auch immer noch eine andere Seite. Sieh, Julie, wenn ich Holk in irgendeiner Sache sprechen will und such' ihn in seinem Zimmer auf und sehe, daß er rechnet oder schreibt, so nehme ich ein Buch und setze mich ihm gegenüber und sage: ›Laß dich nicht stören, Holk, ich warte.‹ Und dann, während ich lese oder auch nur so tue, seh' ich oft über das Buch fort und freue mich über sein gutes, liebes Gesicht und möchte auf ihn zufliegen und ihm sagen: ›Bester Holk‹. Sieh, Julie, das kommt auch vor; aber niemand sieht es und niemand hört es.«

»Ach, Christine, daß ich das aus deinem Munde höre, das freut mich mehr, als ich dir sagen kann. Ich habe mich manchmal um euch und euer Glück geängstigt. Aber wenn es *so* ist...«

»Es ist so, Julie, ganz so, mitunter mir selbst zum Trotz. Aber gerade weil es so ist, deshalb hast du doch unrecht mit deinem Rate, daß man immer das Beste glauben und mitunter sogar die Augen schließen müsse. Das geht nicht so, wenn man wen liebt. Und dann, liebe Julie, hast du doch auch unrecht, oder wenigstens ein halbes, mit dem, was du über Holk sagst. Er ist gut und treu, der beste Mann von der Welt, das ist richtig, aber doch auch schwach und eitel, und Kopenhagen ist nicht der Ort, einen schwachen Charakter fest zu machen. Sieh, Julie, du machst seinen Advokaten und tust es mit aller Überzeugung, aber du sprichst doch auch von Möglichkeiten, und die gerade lasten mir jetzt auf der Seele...«

Die Dobschütz wollte weiter beruhigen, aber Philipp kam und übergab einen Brief, den ein Bote von Arnewiek her eben überbracht hatte. Die Gräfin nahm an, daß er von ihrem Bruder sei, als sie aber die Aufschrift überflog, sah sie, daß er von Schwarzkoppen kam. Und nun las sie:

»Gnädigste Frau. Ich habe mich seit vorgestern eingehender mit der zwischen uns verhandelten Frage beschäftigt und bin die Reihe der Erziehungsinstitute durchgegangen, die für Axel in Betracht kommen können. Einige der besten sind zu streng, nicht bloß in der Disziplin, sondern wohl auch kirchlich, und so möchte ich denn annehmen, daß das Bunzlauer Pädagogium den zu stellenden Anforderungen am meisten entspricht. Ich kenne den Vorstand und würde mir die Erlaubnis, in dieser Angelegenheit ein paar einführende Worte an denselben schreiben zu dürfen, zur Ehre schätzen. Außerdem ist Gnadenfrei verhältnismäßig nah, so daß die Geschwister sich öfter sehen, auch die Sommerferienreise gemeinschaftlich machen können. Gnädigste Gräfin, in vorzüglicher Ergebenheit
Ihr Schwarzkoppen.«

»Nun, Julie, das trifft sich gut. Ich verlasse mich in dieser Frage ganz auf unseren Freund drüben, und Holk hat mir ja freie Hand gegeben. Wie gut, daß wir nun etwas vorhaben. Heute noch schreiben wir auf, was jedes der Kinder braucht, es wird eine Welt von Sachen sein. Und dann kommt die Reise, und du mußt uns natürlich begleiten. Ich freue mich von ganzem Herzen, und du wirst es auch, mein geliebtes Gnadenfrei wiederzusehen. Und wenn ich dann daran denke, wie mein Bruder, ach, lang ist's her, mich von dort abholte und Holk mit ihm... Fast war es wie der Leuchtturm, von dem Kapitän Brödstedt seine Bornholmerin herunterholte. Nun, ein Leuchtturm war es gewiß, für dich und mich, ein Licht fürs Leben und hoffentlich bis in den Tod.«

ZEHNTES KAPITEL

Die Dampfschiffahrt ging gut, und es war noch nicht neun Uhr abends heran, als der »König Christian« zwischen Nyholm und Tolboden in den Kopenhagener Hafen einbog. Holk stand auf Deck und genoß eines herrlichen Anblickes; über ihm funkelten die Sterne in fast schon winterlicher Klarheit, und mit ihnen zugleich spiegelten sich die Uferlichter in der schimmernden Wasserfläche. Schiffsvolk und Kommissionäre drängten sich heran, die Kutscher hoben ihre Peitschen und warteten eines zustimmenden Winkes, Holk aber, der es vorzog, die wenigen hundert Schritte bis zur Dronningens-Tvergade zu Fuß zu machen, lehnte alle Dienste ab und gab dem Schiffssteward nur Weisung, ihm sein Gepäck so bald wie möglich bis in die Wohnung der Witwe Hansen zu schicken. Dann ging er, nach einem freundlichen Abschiede vom Kapitän, das Bollwerk entlang, erst auf den Sankt Annenplatz und von hier aus in kurzer Biegung auf die Dronningens-Tvergade zu, wo gleich links das zweistöckige Haus der Witwe Hansen gelegen war. Als er hier, nach wenigen Minuten, von der anderen Seite der Straße her seiner Wohnung ansichtig wurde, sah er musternd hinüber und freute sich des sauberen und anheimelnden Eindrucks, den das Ganze machte. Der erste Stock, in dem sich seine zwei Zimmer befanden, war schon erleuchtet, und die Schiebefenster, um frische Luft einzulassen, waren ein wenig geöffnet. »Ich wette, es brennt auch ein Feuer im Kamin. Ein Ideal von einer Wirtin.« Unter diesen Betrachtungen schritt er über den Damm auf das Haus zu und tat mit dem Klopfer einen guten Schlag, nicht zu laut und nicht zu leise. Gleich danach wurde denn auch geöffnet, und Witwe Hansen in Person, eine noch hübsche Frau von beinah fünfzig, begrüßte den Grafen mit einer Art Herzlichkeit und sprach ihm ihre Freude aus, ihn noch in diesem Jahre wiederzusehen, während sie doch frühestens von Neujahr an darauf gerechnet habe. »Daß Baron Bille, der doch kein Kind mehr, auch gerade die Masern kriegen mußte! Aber so ist es im Leben, dem einen sein Schad' ist dem anderen sein Nutz.«

Unter diesen Worten war die Wirtin in den Flur zurückgetreten, um, vorangehend, dem Grafen hinaufzuleuchten. Dieser folgte denn auch. Unten an der Treppe aber blieb er einen Augenblick stehen, was, nach dem Anblick, der sich ihm bot, kaum ausbleiben konnte. Die zweite Hälfte des nur schmalen Hausflures lag nach hinten zu wie in Nacht, ganz zuletzt aber, da, wo mutmaßlich eine zur Küche führende Tür aufstand, fiel ein Lichtschein in den dunklen Flur hinein, und in diesem Lichtscheine stand eine junge Frau, vielleicht um zu sehen, noch wahrscheinlicher, um gesehen zu werden. Holk war betroffen und sagte: »Wohl Ihre Frau Tochter? Ich habe schon davon gehört, und daß sie diesmal ihren Ehemann nicht begleitet hat.« Die Witwe Hansen bestätigte Holks Frage nur ganz kurz, mutmaßlich, weil sie durch eine längere Mitteilung ihrerseits die Wirkung des Bildes nicht abschwächen wollte.

Oben in den Zimmern, die mit schweren Teppichen ausgelegt und mit Vasen und anderen chinesisch-japanischen Porzellansachen reich, aber nicht überladen geschmückt waren, zeigte sich alles so, wie's Holk vermutet hatte: die Lichter brannten, das Feuer im Kamin war da, und auf dem Sofatische standen Früchte, mehr wohl um den anheimelnden Eindruck eines Stillebens zu steigern, als um gegessen zu werden. Neben der Fruchtschale lagen die Karten von Baron Pentz und Baron Erichsen, die beide vor einer Stunde bereits dagewesen waren und nach dem Grafen gefragt hatten. »Sie würden wiederkommen.«

In diesem Augenblick hörte man unten auf dem Hausflur sprechen. »Es werden meine Sachen sein«, sagte Holk und erwartete, die junge Frau, deren Bild ihn noch beschäftigte, samt ein paar koffertragenden Schiffsleuten eintreten zu sehen. Aber die junge Frau kam nicht, auch nicht das Gepäck, wohl aber erschienen beide Freiherren, mit denen sich nun Holk begrüßte, mit Pentz herzlich und jovial, mit Erichsen artig und etwas zurückhaltend. Frau Hansen machte Miene, sich zurückzuziehen, und fragte nur noch, was der Herr Graf für den Abend befehle. Holk wollte auch darauf antworten, Pentz aber ließ es nicht dazu kommen und sagte: »Liebe Frau Hansen, Graf Holk hat für heute gar keine Wünsche mehr, ausgenommen den, uns zu Vincents zu begleiten. Sie müssen sich's gefallen lassen, daß wir ihn Ihnen gleich im ersten Moment wieder entführen, Ihnen und der Frau Tochter. Wobei mir einfällt, sind denn Nachrichten von Kapitän Hansen da, diesem glücklichsten und beneidenswertesten und zugleich leichtsinnigsten aller Ehemänner? Wenn ich solche Frau hätte, hätt' ich mich für ein Metier entschieden, das mich jeden Tag runde vierundzwanzig Stunden ans Haus fesselte; Schiffskapitän wäre jedenfalls das letzte gewesen.«

Witwe Hansen war sichtlich erheitert, rückte sich aber doch einigermaßen ernsthaft zurecht und sagte mit einer gewissen Matronenwürde: »Ach, Herr Baron, wer immer auf seinen Mann wartet, der denkt nicht an andere. Mein Seliger war ja auch Kapitän. Und ich habe immer bloß an ihn gedacht...«

Pentz lachte. »Nun, Frau Hansen, was einem die Frauen sagen, das muß man glauben, das geht nicht anders. Und ich will's auch versuchen.«

Und dabei nahm er Holk am Arm, um ihn zu gemeinschaftlichem Abendessen und obligater Plauderei zu Vincents Restaurant zu führen. Baron Erichsen folgte mit einem Gesichtsausdruck, der die voraufgegangenen Kordialitäten mit der Wirtin zu mißbilligen schien, trotzdem er sie als Pentzsche Verkehrsform genugsam kannte.

Die Witwe Hansen ihrerseits aber hatte bereits die Glocke von einer der beiden Lampen genommen und leuchtete hinab, bis die drei Herren das Haus verlassen hatten.

Pentz und Erichsen waren Gegensätze, was nicht ausschloß, daß sie sich ziemlich gut standen. Mit Pentz stand sich übrigens jeder gut, weil er nicht bloß zu dem holländischen Sprichworte: »Wundere dich allenfalls, aber ärgere dich nicht« vc ganzem Herzen hielt, sondern diesen Weisheitssatz auch noch überbot. Er hatte nämlich auch das »Sichwundern« schon hinter sich; auch das war ihm schon um einen Grad zuviel. Er bekannte sich vielmehr zu »ride si sapis« und nahm alles von der heiteren Seite. Dem alten Pilatusworte »Was ist Wahrheit?« gab er in Leben, Politik und Kirche die weiteste Ausdehnung, und sich über Moralfragen zu erhitzen – bei deren Erörterung er regelmäßig die Griechen, Ägypter, Inder und Tscherkessen als Vertreter *jeder* Richtung in Leben und Liebe zitierte – war ihm einfach ein Beweis tiefer Nichtbildung und äußerster Unvertrautheit mit den »wechselnden Formen menschlicher Vergesellschaftung«, wie er sich, unter Lüftung seiner kleinen Goldbrille, gern ausdrückte. Man sah dann jedesmal, wie die kleinen Augen pfiffig und überlegen lächelten. Er war ein Sechziger, unverheiratet und natürlich Gourmand; die Prinzessin hielt auf ihn, weil er sie nie gelangweilt und sein nicht leichtes Amt anscheinend spielend und doch immer mit großer Akkuratesse verwaltet hatte. Das ließ manches andere vergessen, vor allem auch das, daß er, all seiner Meriten unerachtet, doch eigentlich in allem, was Erscheinung anging, eine komische Figur war. Solange er bei Tische saß, ging es; wenn er dann aber aufstand, zeigte sich's, was die Natur einerseits zu viel und andererseits zu wenig für ihn getan hatte. Seine Sockelpartie nämlich ließ viel zu wünschen übrig, was die Prinzessin dahin ausdrückte, »sie habe nie einen Menschen gesehen, der so wenig auf Stelzen ginge wie Baron Pentz«. Da sie dies Wort immer nur zitierte, wenn in seinem Sprechen etwas moralisch sehr »Ungestelztes« vorausgegangen war, so genoß sie dabei die Doppelfreude, ihn mit ein und demselben Worte ridikülisiert und beglückt zu haben. Er war von großer Beweglichkeit und hätte danach ein ewiges Leben versprochen, wenn nicht sein Embonpoint, sein kurzer Hals und sein geröteter Teint gewesen wären, drei Dinge, die den Apoplektikus verrieten.

Als Pentz' Gegenstück konnte Erichsen gelten; wie jener ein Apoplektikus, so war dieser ein geborener Hektikus. Er stammte aus einer Schwindsuchtsfamilie, die, weil sie sehr reich war, die Kirchhöfe sämtlicher klimatischer Kurorte mit Denkmälern aus Marmor, Syenit und Bronze versorgt hatte. Die Zeichen der Unsterblichkeit auf ebendiesen Denkmälern waren aber überall dieselben, und in Nizza, San Remo, Funchal und Kairo, ja prosaischerweise auch in Görbersdorf, schwebte der Schmetterling, als wenn er das Wappen der Erichsen gewesen wäre, himmelan. Auch unser gegenwärtiger Kammerherr Erichsen, seit etwa zehn Jahren im Dienste der Prinzessin, hatte den ganzen Kursus »durchschmarutzt«, ihn aber glücklicher absolviert als andere seines Namens. Von seinem vierzigsten Jahre an war er seßhaft geworden und konnte sich die ruhigen Tage gönnen, was er so weit trieb, daß er kaum noch Kopenhagen verließ. Er hatte das Reisen satt bekommen, zugleich aber aus seinen ärztlich verordneten Entsagungstagen auch eine Abneigung gegen alle Extravaganzen in sein derzeitiges Hofleben mit herübergenommen. Daran gewöhnt, von Milch, Hühnerbrust und Emser Kränchen zu leben, fiel ihm, wie Pentz sagte, bei Festmahlen und Freudenfeiern immer nur die Aufgabe zu, durch seine lange, einem Ausrufungszeichen gleichende Gestalt vor allem, was an Bacchuskultus erinnern konnte, zu warnen. »Erichsen das Gewissen« war einer der vielen Beinamen, die Pentz ihm gegeben hatte.

Von dem Hause der Witwe Hansen in der Dronningens-Tvergade bis zu Vincents Restaurant am Kongens Nytorv war nur ein Weg von fünf Minuten. Erichsen mußte, nach Pentz' Weisung, rekognoszierend vorangehen, »weil ihm seine sechs Fuß einen besseren Überblick über die Vincentschen Platzzustände gestatten würden«. Und zu dieser vorsichtigen Weisung, so scherzhaft sie gegeben war, war nur zu guter Grund vorhanden; denn als eine Minute nach Erichsen auch Pentz und Holk in das Lokal eintraten, schien es unmöglich, einen noch unbesetzten Tisch zu finden. Aber schließlich entdeckte man doch eine gute Ecke, die nicht nur ein paar bequeme Plätze, sondern auch ein behagliches Beobachten versprach.

»Ich denke, wir beginnen mit einem mittleren Rüdesheimer. Doktor Grämig, beiläufig der lustigste Mensch von der Welt, sagte mir neulich, es sei merkwürdig, daß ich noch ohne Podagra sei, worauf ich nicht bloß meiner Lebensweise, sondern ganz besonders auch meiner Lebensstellung nach einen sozusagen historisch verbrieften Anspruch hätte. Je mehr er aber damit recht haben mochte, je mehr gilt es für mich, die noch freie Spanne Zeit zu nutzen. Erichsen, was darf ich für Sie bestellen? Biliner oder Selters oder phosphorsaures Eisen...«

Ein Kellner kam, und eine kleine Weile danach, so stießen alle drei mit ihren prächtig geschliffenen Römern an, denn auch Erichsen hatte von dem Rüdesheimer genommen, nachdem er sich vorher einer Wasserkaraffe versichert hatte.

»Gamle Danmark«, sagte Pentz, worauf Holk, ein zweites Mal anstoßend, erwiderte: »Gewiß, Pentz, Gamle Danmark. Und je ›gamler‹ desto mehr. Denn was uns je trennen könnte – gebe Gott, daß der Tag fern sei –, das ist das neue Dänemark. Das alte, da bin ich mit dabei, dem trink' ich zu. Friedrich VII. und unsere Prinzessin... Aber sagen Sie, Pentz, was ist nur in meine guten Kopenhagener gefahren und vor allem in diese gemütliche Weinstube? Sehen Sie doch nur da drüben, wie das alles aufgeregt ist und sich die Blätter aus den Händen reißt. Und Oberstlieutenant Faaborg, ja es ist Faaborg, den muß ich nachher begrüßen, sehen Sie doch nur, der glüht ja wie ein Puter und fuchtelt mit dem Zeitungsstock in der Luft umher, als ob es ein Dragonersäbel wäre. Auf wen redet er denn eigentlich ein?«

»Auf den armen Thott.«

»Arm? Warum?«

»Weil man, soviel ich weiß, Thott im Verdacht hat, daß er auch mit im Komplott sei.«

»In welchem Komplott?«

»Aber Holk, Sie sind ja wenigstens um ein Menschenalter zurück. Freilich, da Sie gestern gepackt haben und heute gereist sind, so sind Sie halb entschuldigt. Wir haben hier allerdings so was wie ein Komplott: Hall soll über die Klinge springen.«

»Und das nennen Sie Komplott. Ich entsinne mich übrigens, Sie schrieben mir schon davon... Ich bitte Sie, lassen Sie den guten Hall doch springen. Er wird sich selber nicht viel daraus machen, das aus den Fugen gehende Dänemark, woran ich übrigens noch lange nicht glaube, wieder einzurenken. Schon Hamlet wollte nicht. Und nun gar Hall.«

»Nun, der will auch nicht, darin haben Sie recht. Aber unsere Prinzessin will es, und das gibt den Ausschlag. So wenig Vertrauen sie zu dem König hat, was mit ihrer Abneigung gegen die Danner zusammenhängt, so viel Vertrauen hat sie nun mal zu Hall; nur Hall kann retten, und deshalb muß er im Amte bleiben. Und wie die Prinzessin denkt – ich bitte Sie, sich mit Ihrer entgegengesetzten Meinung ihr gegenüber nicht etwa decouvrieren zu wollen –, so denken viele. Hall soll bleiben. Und deshalb sehen Sie auch Faaborg mit seinem Zeitungsstock wie einen Gladiator fechten.«

Erichsen war der erregten Szene drüben ebenfalls gefolgt. »Ein Glück, daß de Meza am Nachbartische sitzt«, sagte er, »der wird es wieder in Ordnung bringen.«

»Ach, gehen Sie mir, Erichsen, mit wieder in Ordnung bringen. Als ob Faaborg, dieser Stockdäne, der Mann wäre, sich beruhigen zu lassen, wenn er mal in Unruhe ist. Und nun gar von de Meza.«

»De Meza ist sein Vorgesetzter.«

»Ja, was heißt Vorgesetzter? Er ist sein Vorgesetzter, wenn er die Brigade inspiziert, aber nicht sein Vorgesetzter hier bei Vincent oder irgendsonstwo, geschweige wenn es sich um Politik handelt, um dänische Politik, von der de Meza nichts versteht, wenigstens nicht in Faaborgs Augen. De Meza ist ihm ein Fremder, und es hat auch was für sich. De Mezas Vater war ein portugiesischer Jude, alle Portugiesen sind eigentlich Juden, und kam, was Holk vielleicht nicht weiß, vor soundso viel Jahren als ein Schiffsdoktor hier nach Kopenhagen herüber. Und wenn es auch nicht sicher verbürgt wäre, Sie können es übrigens in jedem Buche nachschlagen, und de Meza selbst macht auch gar kein Hehl daraus – so könnten Sie ihm die Abstammung von der Stirne lesen. Und dazu dieser Portugiesenteint.«

Erichsen hatte seine Freude daran und nickte zustimmend.

»Und wenn er bloß den südlichen Teint hätte«, fuhr Pentz fort, »er ist aber überhaupt auf den Süden, um nicht zu sagen auf den Orient eingerichtet, und Wetterglas und Windfahne sind so ziemlich die größten Unentbehrlichkeiten für ihn. Er friert immer, und was andere frische Luft nennen, das nennt er Zug oder Wind oder Orkan. Ich möchte wohl wissen, wie sich unser König Waldemar, der Sieger, der alle Jahre wenigstens dreiundfünfzig Wochen auf See war, zu de Meza gestellt hätte.«

Bis dahin war Erichsen unter Zustimmung gefolgt, aber all dies letzte war doch wieder sehr unvorsichtig gesprochen und traf den angekränkelten langen Kammerherrn viel, viel mehr noch, als es de Meza traf.

»Ich begreife Sie nicht, Pentz«, nahm er, der sonst nie sprach, jetzt empfindlich das Wort. »Sie werden schließlich noch beweisen wollen, daß man absolut ohne Wolle leben muß, um überhaupt als Soldat zu gelten. Ich weiß, de Meza steckt in Flanell, weil er immer friert, aber sein fröstelnder Zustand hat ihn nicht abgehalten, bei Fridericia anno 49 sehr viel und bei

Idstedt, das Jahr darauf, eigentlich alles zu tun. Ich für meine Person bezweifle nicht, daß Napoleon geradesogut nach dem Thermometer gesehen hat wie andere Menschen; in Rußland war es freilich unnötig. Übrigens seh' ich, daß man drüben in der Offiziersecke wieder beim Zeitunglesen ist und das Streiten uns überläßt. Ob wir hinübergehen und de Meza begrüßen?«

»Ich denke, wir lassen es«, sagte Holk. »Er könnte nach diesem und jenem fragen, worauf ich gerade heute nicht antworten möchte. Nicht de Mezas wegen bin ich ängstlich, der jede Meinung respektiert, aber der andern Herrn halber, unter denen, nach meiner freilich schwachen Personalkenntnis, einige Durchgänger sind. So, wenn ich recht sehe, Oberstlieutenant Tersling, da links am Fenster. Und dann denk' ich auch an unsre Prinzessin, der als einer politischen Dame alles gleich zugetragen wird. Ich bange ohnehin vor dem Kreuzverhör, dem ich morgen oder in den nächsten Tagen ausgesetzt sein werde.«

Pentz lachte. »Lieber Holk, Sie kennen doch hoffentlich die Frauen...«

Erichsen machte schelmische Augen, weil er wußte, daß Pentz, trotz seines Glaubens, er kenne sie, sie sicherlich *nicht* kannte.

»... die Frauen, sag' ich. Und wenn nicht die Frauen, so doch die Prinzessinnen, und wenn nicht die Prinzessinnen, so doch *unsre* Prinzessin. Sie haben ganz recht, es ist eine politische Dame, und mit einem schleswig-holsteinschen Programm dürfen Sie ihr nicht kommen. Darin ist nichts geändert, aber auch nichts verschlimmert, weil sie, trotz aller Politikmacherei, nach wie vor ganz Ancien régime ist.«

»Zugegeben. Aber was soll ich für meine Person daraus gewinnen?«

»Alles. Und ich wundre mich, daß ich Sie darüber erst aufklären muß. Was heißt Ancien régime? Die Leute des Ancien régime waren auch politisch, aber sie machten alles aus dem Sentiment heraus, die Frauen gewiß, und vielleicht war es das Richtige. Jedenfalls war es das Amüsantere. Da haben sie das Wort, auf das es ankommt. Denn das Amüsante, was in der

Politik wenigstens immer gleichbedeutend ist mit Chronique scandaleuse, spielte damals die Hauptrolle, wie's bei unsrer Prinzessin noch heute der Fall, und wenn Sie sich vor einem politischen Kreuzverhör fürchten, so brauchen Sie nur von Berling oder der Danner oder von Blixen-Fineke zu sprechen und nur anzudeuten, was in Skodsborg oder in der Villa der guten Frau Rasmussen an Schäfer- und Satyrspielen gespielt worden ist, so fällt jedes politische Gespräch sofort zu Boden, und Sie sind aus der Zwickmühle heraus. Hab' ich recht, Erichsen?«

Erichsen bestätigte.

»Ja, meine Herren«, lachte Holk, »ich will das alles gelten lassen, aber ich kann leider nicht zugeben, daß meine Situation dadurch sonderlich gebessert wird. Die Schwierigkeiten lösen sich bloß ab. Was mich vor dem politischen Gespräch bewahren soll, ist fast noch schwieriger als das politische Gespräch selber. Wenigstens für mich. Sie vergessen, daß ich kein Eingeweihter bin und daß ich Ihr Kopenhagener Leben, trotz gelegentlicher Aufenthalte, doch eigentlich nur ganz oberflächlich aus ›Dagbladet‹ oder ›Flyveposten‹ kennenlerne. Die Danner und Berling oder die Danner und Blixen-Fineke – davon soll ich mit einem Male sprechen; aber was weiß ich davon? Nichts, gar nichts; nicht als was ich dem neusten Witzblatt entnommen, und das weiß die Prinzessin auch, denn sie liest ja Witzblätter und Zeitungen bis in die Nacht hinein. Ich habe nichts als die Witwe Hansen, die mir doch als Bezugsquelle nicht ausreicht.«

»Ganz mit Unrecht, Holk. Da haben Sie keine richtige Vorstellung von der Witwe Hansen und ihrer Tochter. Die sind ein Nachschlagebuch für alle Kopenhagner Geschichten. Wo sie's hernehmen, ist ein süßes Geheimnis. Einige sprechen von Dionysosohren, andere von einem unterirdischen Gange, noch andere von einem Hansenschen Teleskop, das alles, was sich gewöhnlichen Sterblichen verbirgt, aus seiner Verborgenheit herauszuholen weiß. Und endlich noch andere sprechen von einem Polizeichef. Mir die verständlichste der Annahmen. Aber ob es nun das eine sei oder das andere, soviel ist gewiß, beide Frauen, oder auch Damen, wenn Sie wollen, denn ihr Rang ist schwer festzustellen, wissen alles, und wenn Sie jeden Morgen mit einer Frau Hansenschen Ausrüstung zum Dienst erscheinen, so verbürg' ich mich, daß Sie gefeit sind gegen intrikate politische Gespräche. Die Hansens, und speziell die junge, wissen mehr von der Gräfin Danner als die Danner selbst. Denn Polizeibeamte haben auf diesem interessanten Gebiete sozusagen etwas Divinatorisches oder Dichterisches, und wenn nichts vorliegt, so wird was erfunden.«

»Aber da lerne ich ja meine gute Frau Hansen von einer ganz neuen Seite kennen. Ich vermutete höchste Respektabilität...«

»Ist auch da in gewissem Sinne... Wo kein Kläger ist, ist kein Richter...«

»Und ich werde mich, unter diesen Umständen, zu besondrer Vorsicht bequemen müssen...«

»Wovon ich Ihnen durchaus abreden möchte. Die Nachteile davon liegen obenauf, und die Vorteile sind mehr als fraglich. Sie können in diesem Hause nichts verbergen, selbst wenn Ihr Charakter das zuließe; die Hansens lesen Ihnen doch alles aus der Seele heraus, und das Beste, was ich Ihnen raten kann, heißt Freiheit und Unbefangenheit und viel sprechen. Viel sprechen ist überhaupt ein Glück und unter Umständen die wahre diplomatische Klugheit; es ist dann das einzelne nicht mehr recht festzustellen oder noch besser, das eine hebt das andere wieder auf.«

Erichsen lächelte.

»Sie lächeln, Erichsen, und es kleidet Ihnen. Außerdem aber mahnt es mich – denn ein Lächeln, weil es in seinen Zielen meist unbestimmt bleibt, kritisiert immer nach vielen Seiten hin –, daß es Zeit ist, unsren Holk freizugeben; es ist schon ein Viertel nach elf, und die Hansens sind reputierliche Leute, die die Mitternacht nicht gern heranwachen, wenigstens nicht nach vorn heraus und mit Flurlampe. Drüben am Tisch ist übrigens auch schon alles aufgebrochen. Ich werde inzwischen die Berechnung machen; erwarten Sie mich draußen an der Hauptwache.«

Holk und Erichsen schlenderten denn auch draußen auf und ab. Als sich ihnen Pentz wieder zugesellt hatte, gingen sie auf die Dronningens-Tvergade zu, wo man sich, gegenüber dem Hause der Frau Hansen, verabschiedete. Das Haus lag im Dunkel, und nur das Mondlicht blickte, wenn die Wolken es freigaben, in die Scheiben der oberen Etage. Holk hob den Klopfer, aber eh er ihn fallen lassen konnte, tat sich auch schon die Tür auf, und die junge Frau Hansen empfing ihn. Sie trug Rock und Jacke von ein und demselben einfachen und leichten Stoff, aber alles, auf Wirkung hin, klug berechnet. In der Hand hielt sie eine Lampe von ampelartiger Form, wie man ihnen auf Bildern der Antike begegnet. Alles in allem eine merkwürdige Mischung von Froufrou und Lady Macbeth. Holk, einigermaßen in Verwirrung, suchte nach einer Anrede, die junge Frau Hansen kam ihm aber zuvor und sagte, während ihr die Augen vor anscheinender Übermüdung halb zufielen, ihre Mutter lasse sich entschuldigen; so rüstig sie sei, so brauche sie doch den Schlaf vor Mitternacht. Holk gab nun seinem Bedauern Ausdruck, daß er sich verplaudert habe, zugleich die dringende Bitte hinzufügend, ihn, wenn es wieder vorkäme, nicht erwarten zu wollen. Aber die junge Frau, ohne direkt es auszusprechen, deutete wenigstens an, daß man sich ein jedesmaliges Erwarten ihres Hausgastes nicht nehmen lassen werde. Zugleich ging sie mit ihrer Ampel langsamen Schritts voraus, blieb aber, als sie bis unten an die Treppe gekommen war, neben derselben stehen und leuchtete, die Linke auf das Geländer stützend, mit ihrer hocherhobenen Rechten dem Grafen hinauf. Dabei fiel der weite Ärmel zurück und zeigte den schönen Arm. Holk, als er oben war, grüßte noch einmal und sah, als sich gleich danach auch die junge Frau langsam und leise zurückzog, wie das Spiel der Lichter und Schatten auf Flur und Treppe geringer wurde. Horchend stand er noch ein paar Augenblicke bei halb geöffneter Tür, und erst, als es unten dunkel geworden war, ließ er auch seinerseits die Tür ins Schloß fallen.

»Eine schöne Person. Aber unheimlich. Ich darf ihrer in meinem Brief an Christine gar nicht erwähnen, sonst schreibt sie mir einen Schreckbrief und läßt alle fraglichen Frauengestalten des Alten und Neuen Testaments an mir vorüberziehen.«

ELFTES KAPITEL

Holk hatte sich vorm Einschlafen, trotz aller Ermüdung von der Reise, mit dem Bilde der jungen Frau Hansen beschäftigt, jedenfalls mehr als mit Politik und Prinzessin. Am anderen Morgen aber war alles verflogen, und wenn er der Erscheinung mit der Ampel auch jetzt noch gedachte, so war es unter Lächeln. Er sann dabei nach, welche Göttin oder Liebende, mit der Ampel umhersuchend, auf antiken Wandbildern abgebildet zu werden pflege, konnt' es aber nicht finden und gab schließlich alles Suchen danach auf. Dann zog er die Klingel und öffnete das Fenster, um noch vor dem Erscheinen des Frühstücks einen Zug frische Luft nehmen und einen Blick auf die Straße tun zu können. Es waren nur wenige, die zu so verhältnismäßig früher Stunde die Dronningens-Tvergade passierten, aber jedes einzelnen Haltung war gut, alles blühend und frisch, und er begriff den Stolz der Dänen, die sich als die Pariser des Nordens fühlen und nur den Unterschied gelten lassen, ihrem Vorbild noch überlegen zu sein. In diesem Augenblicke bauschten die Gardinen am Fenster, und als er sich umsah, sah er, daß Witwe Hansen mit dem Frühstückstablett eingetreten war. Man begrüßte sich, und nach der selbstverständlichen Frage, wie der Herr Graf geschlafen und was er geträumt habe, »denn der erste Traum gehe immer in Erfüllung«, legte die Hansen das Tuch und baute dann alles, was eben noch auf dem Tablett gestanden hatte, auf dem Frühstückstisch auf. Holk musterte die ganze Herrlichkeit und sagte dann: »Man ist doch nirgends besser aufgehoben als bei Witwe Hansen; es lacht einen alles an, alles so blink und blank und am meisten Witwe Hansen selbst. Und das chinesische Geschirr zu dem Tee! Man merkt an allem, daß ihr Seliger ein Chinafahrer war, und Ihr Schwiegersohn, wie mir Baron Pentz gestern abend erzählt hat, ist es auch und heißt auch Hansen; derselbe Name, derselbe Titel, so daß es einem passieren kann, Mutter und Tochter zu verwechseln.«

»Ach, Herr Graf«, sagte die Hansen, »wer soll uns verwechseln? Ich, eine alte Frau, mit einem langen und schweren Leben...«

»Nun, nun.«

»... Und Brigitte, die morgen erst dreißig wird! Aber Sie dürfen mich nicht verraten, Herr Graf, daß ich es gesagt habe und daß morgen Brigittens Geburtstag ist.«

»Verraten? Ich? Ich bitte Sie, Frau Hansen ... Aber Sie stehen so auf dem Sprunge; das nimmt mir die Ruhe. Wissen Sie was, Sie müssen sich zu mir setzen und mir etwas erzählen, vorausgesetzt, daß ich Sie mit dieser Bitte nicht in Ihrer Wirtschaft oder in noch Wichtigerem störe.«

Die Hansen tat, als ob sie zögere.

»Wirklich, lassen Sie dies Ihren ersten Besuch sein, den Sie mir in Ihrer Güte ja regelmäßig machen; ich habe ohnehin so viele Fragen auf dem Herzen. Bitte, hier, hier auf diesen Stuhl, da seh' ich Sie am besten, und gut sehen ist das halbe Hören. Ich hörte sonst so gut, aber seit kurzem versagt es dann und wann; das sind so die ersten Alterszeichen.«

»Wer's Ihnen glaubt, Herr Graf. Ich glaube, Sie hören alles, was Sie hören wollen, und sehen alles, was Sie sehen wollen.«

»Ich seh' und höre nichts, Frau Hansen, und wenn ich etwas gesehen habe, so vergess' ich es wieder. Freilich nicht alles. Da hab' ich gestern abend Ihre Frau Tochter gesehen, Brigitte nannten Sie sie; zum Überfluß auch noch ein wundervoller Name. Nun, die vergißt man nicht wieder. Sie können stolz sein, eine so schöne Tochter zu haben, und nur den Ehemann begreif' ich nicht, daß er seine Frau hier in aller Ruhe zurückläßt und zwischen Singapor und Shanghai hin- und herfährt. So nehm' ich wenigstens an, denn da fahren sie so ziemlich alle. Ja, Frau Hansen, solche schöne Frau, mein' ich, die nimmt man mit vom Nordpol bis an den Südpol, und wenn man's nicht aus Liebe tut, so tut man's aus Angst und Eifersucht. Und ich für mein Teil, soviel weiß ich, ich würde mir immer sagen, man muß auch von der Jugend nicht mehr verlangen, als sie leisten kann. Nicht wahr? In diesem Punkte, denk' ich, sind wir einig; Sie denken auch so. Also warum nimmt er sie nicht mit? Warum bringt er sie in Gefahr? Und natürlich sich erst recht.«

»Ach, das ist eine lange Geschichte, Herr Graf...«

»Desto besser. Eine Liebesgeschichte dauert nie zu lang, und eine Liebesgeschichte wird es doch wohl sein.«

»Ich weiß nicht recht, Herr Graf, ob ich es so nennen kann; es ist wohl so was dabei, aber eigentlich ist es doch keine rechte Liebesgeschichte... bloß daß es eine werden konnte.«

»Sie machen mich immer neugieriger... Übrigens ein kapitaler Tee; man merkt auch daran den Chinafahrer, und wenn Sie mir eine besondere Freude machen wollen, so gestatten Sie mir, Ihnen von Ihrem eigenen Tee einzuschenken.«

Damit stand er auf und nahm aus einer in der Nähe des Fensters stehenden Etagère eine Tasse heraus, darauf in Goldbuchstaben stand: Dem glücklichen Brautpaare. »Dem glücklichen Brautpaare«, wiederholte Holk. »Wem gilt das? Vielleicht Ihnen, liebe Frau Hansen; Sie lachen... Aber man ist nie zu alt, um einen vernünftigen Schritt zu tun, und das Vernünftigste, was eine Witwe tun kann, ist immer...«

»Eine Witwe bleiben.«

»Nun meinetwegen, Sie sollen recht haben. Aber die Geschichte, die Geschichte. Kapitän Hansen, Ihr Schwiegersohn, wird doch wohl ein hübscher Mann sein, alle Kapitäne sind hübsch, und Frau Brigitte wird ihn doch wohl aus Liebe genommen haben.«

»Das hat sie, wenigstens hat sie mir nie was anderes gesagt, außer ein einziges Mal. Aber das war erst später, und ich spreche jetzt von damals, von der ersten Zeit, als sie sich eben geheiratet hatten. Da war wirklich eine große Zärtlichkeit, und wohin es ging, und wenn es eine gelbe Fiebergegend war, immer war sie mit ihm an Bord, und wenn sie wieder hier in Kopenhagen zurück war... sie hatte aber damals eine selbständige Wohnung, denn mein alter Hansen, dessen sich der Herr Graf ja wohl noch von Glücksburg her erinnern werden, lebte damals noch... ja, was ich sagen wollte, immer wenn sie nach einer langen, langen Reise wieder hier war, wollte sie gleich wieder fort, weil sie jedesmal meinte: die Menschen hier gefielen ihr nicht, und draußen in der Welt sei's am schönsten.«

»Das ist aber doch wunderbar. War sie denn so wenig eitel? Hatte sie denn gar kein Verlangen, sich umschmeichelt und umworben zu sehen, woran es doch nicht gefehlt haben wird? Ich wette, die Kopenhagener werden es ihr wohl schon an ihrem Konfirmationstage gezeigt haben.«

»Das haben sie freilich. Aber Brigitte war immer gleichgültig dagegen und blieb es auch in ihrer Ehe. Nur mitunter war sie so rabiat. Und so ging es bis anno 54, was ich so genau weiß, weil es gerade das Jahr war, wo die englische Flotte, die nach Rußland ging, hier vorüberkam. Und in demselben Sommer hatten wir hier in Kopenhagen einen blutjungen Offizier von der Leibgarde, der bei der Rasmussen – ich meine die Gräfin Danner, aber wir nennen sie noch immer so – aus- und einging, und steckte so tief in Schulden, daß er nicht mehr zu halten war, und mußte den Abschied nehmen. Aber weil er so klug war und alles wußte, denn er kannte jedes reiche Haus und besonders die Frauen, so sagte Baron Scheele, der damals Minister war: ›er wolle den Lieutenant in den inneren Dienst herübernehmen‹. Und er nahm ihn auch wirklich in den inneren Dienst herüber, und in diesem Dienst ist er noch und auch schon sehr vornehm geworden. Damals aber war er noch ein halber Schlingel und bloß sehr hübsch, und als Brigitte den sah, es war gerade an dem Tage, als die Nachricht von dem Bombardement da oben hier ankam, den Namen hab' ich leider vergessen, da gestand sie mir, ›*der* gefiele ihr‹. Und sie zeigte es auch gleich. Und als Hansen in demselben Herbste wieder nach China mußte, da sagte sie ihm grad heraus: ›sie wolle nicht mit‹, und sagte ihm auch, warum sie nicht wolle. Oder vielleicht haben es ihm auch andere gesagt. Kurz und gut, als der Tag kam, wo das Schiff fort sollte, da wurde Hansen doch ganz ernsthaft und verstand keinen Spaß mehr und sagte: ›Brigitte, du mußt nun mit.‹ Und wenn er sie vorher aus Liebe mitgenommen hatte, so nahm er sie jetzt, gerade wie der Herr Graf gesagt haben, aus Vorsicht mit oder aus Eifersucht.«

»Und half es? Und wurde sie durch diese Reise von ihrer Liebe geheilt? Ich meine von der Liebe zu dem ›im inneren Dienst‹?«

»Ja, das wurde sie, wiewohl man's bei Brigitte nie so ganz sicher wissen kann. Denn sie spricht wohl mancherlei, aber sie schweigt auch viel. Und ist auch insoweit ganz gleich, als wir die Hauptsache ja doch gehabt haben.«

»Und was war die Hauptsache?«

»Daß mein Schwiegersohn seinen Glauben wieder hat, ganz und gar. Hansen ist nämlich ein sehr guter Mensch und ist wieder ruhig und vernünftig und fährt auch wieder auf seiner alten Chinatour.«

»Ich freue mich aufrichtig, das zu hören. Aber wir dürfen in dieser Sache doch nichts auslassen oder vergessen. Ich glaube nämlich, liebe Frau Hansen, Sie wollten mir eigentlich erzählen, wie's kam, daß sich Ihr Schwiegersohn von seiner Eifersucht wieder erholte...«

»Ja, das wollt' ich, und ich sage immer, der Mensch denkt und Gott lenkt, und wenn die Not am größten ist, dann ist die Hülfe am nächsten. Denn das darf ich wohl sagen, ich ängstigte mich; eine Mutter ängstigt sich immer um ihr Kind und macht keinen Unterschied, ob verheiratet oder nicht; ja, ich ängstigte mich um Brigitten, weil ich dachte, das gibt eine Scheidung, denn sie hat einen sehr festen Willen, man könnte beinah schon sagen eigensinnig, und ist sehr erregbar, so still und schläfrig sie auch mitunter aussieht...«

»Ja, ja«, lachte Holk, »das ist immer so, stille Wasser sind tief.«

»Also ich ängstigte mich. Aber es kam alles ganz anders, und das war gerade damals, als Brigitte sozusagen zwangsweise mitgemußt hatte. Und das machte sich so. Hansen kriegte damals auf seiner Reise Rückfracht nach Bangkok, einer großen Stadt in Siam, in der ich selber vor vielen Jahren mit meinem Manne gewesen bin. Und als Hansen da ankam und ein oder zwei Tage schon vor dem kaiserlichen Palaste gelegen hatte, denn die Siamschen haben einen Kaiser, kam ein Minister an Bord und lud Hansen und seine Frau zu einer großen Hoftafel ein. Der Kaiser mußte sie wohl gesehen haben. Und Brigitte saß neben ihm und sprach Englisch mit ihm, und der Kaiser sah sie immer an. Und als die Tafel aufgehoben war, war er wieder sehr huldvoll und gnädig und ließ kein Auge von ihr, und als man sich verabschieden wollte, sagte er zu Hansen: ›Es läge ihm sehr daran, daß die Frau Kapitänin am anderen Tage noch einmal in den Palast käme, damit seine Getreuen im Volke, und vor allem seine Frauen (wovon er sehr viele hatte), die schöne German lady noch einmal von Angesicht zu Angesicht sehen könnten.‹ Einen Augenblick erschrak Hansen über die fortgesetzte Ehre, die ja Verrat sein konnte, denn rund um den ganzen Palast herum waren Köpfe aufgesteckt, ganz so wie wir Ananas aufstecken; aber Brigitte, die das Gespräch gehört hatte, verneigte sich vor dem Kaiser und sagte mit der richtigen Miene, denn sie hat so was Sicheres und Vornehmes, daß sie zu der festgesetzten Stunde kommen werde.«

»Gewagt, sehr gewagt.«

»Und sie kam auch wirklich und nahm einen erhöhten Platz ein, der vor dem Portal des Schlosses und gerade so, daß das Portal ihr Schatten gab, eigens für sie errichtet worden war, und auf diesem Throne saß sie mit einem Pfauenwedel, nachdem sie vorher der Kaiser mit einer Perlenkette geschmückt hatte. Die Kette soll wunderschön gewesen sein. Und nun zogen alle feinen Leute von Bangkok und dann das Volk an ihr vorüber und verneigten sich, und zum Schluß kamen die Frauen, und als die letzte vorüber war, erhob sich Brigitte und schritt auf den Kaiser zu, um den Pfauenwedel und die Perlenkette, womit sie sich bloß für die Zeremonie geschmückt glaubte, vor ihm niederzulegen. Und der Kaiser nahm auch beides wieder an, gab ihr aber die Kette zurück, zum Zeichen, daß sie dieselbe zum ewigen Gedächtnis tragen solle. Und gleich danach kehrte sie, während die Minister sie führten und die Leibgarde Spalier bildete, bis an die Landungsbrücke zurück, von der aus Hansen Zeuge des Ganzen gewesen war.«

»Und nun?«

»Und von dem Tage an war eine große Sinnesänderung an ihr wahrzunehmen, und als sie den nächsten Winter wieder hier war und der, um dessentwillen sie beinahe unglücklich geworden wäre, seine Werbungen erneuern wollte, wies sie diese Werbungen, soviel ich sehen konnte, kalt und gleichgültig zurück. Und als Hansen ein halbes Jahr später wieder an Bord ging und Brigitte ihm erklärte, daß sie, vorausgesetzt, daß er nichts dawider habe, doch lieber zu Hause bleiben wollte, weil es ihr, nach solcher kaiserlichen Auszeichnung, etwas sonderbar vorkäme, noch wieder unter Matrosen leben und vielleicht in einem Hafenwirtshause schlafen zu sollen, wo man nur Negermusik höre und alles nach Gin rieche, da war Hansen nicht bloß einverstanden damit, sondern auch ganz entzückt darüber, daß sie die Reise nicht mehr mitmachen wollte, diese nicht und alle folgenden nicht. Denn von Eifersucht war keine Spur mehr an ihm wahrzunehmen. Er sah ja, was aus Brigitten geworden war, und äußerte nur noch Furcht, daß es doch wohl zuviel gewesen und ihr der siamesische Kaiser zu sehr zu Kopfe gestiegen sei.«

Holk war in Zweifel, ob er die Geschichte glauben oder als eine kühne Phantasieleistung und zugleich als dreistes Spiel mit seiner Leichtgläubigkeit ansehen solle. Nach allem, was Pentz gestern angedeutet, war das letztere das Wahrscheinlichere. Schließlich konnt' es aber auch wahr sein. Was kommt nicht alles vor? Und so frug er denn, um sich durch etwas Ironie wenigstens vor sich selber zu rechtfertigen: »wo denn die weißen Elefanten gewesen seien?«

»Die waren wohl in ihrem Stall«, sagte die Hansen und lachte schalkhaft.

»Und dann die Perlenschnur, liebe Frau Hansen, *die* müssen Sie mir zeigen.«

»Ja, wenn das ginge...«

»Wenn das ginge? Warum nicht?«

»Weil, als Brigitte wieder an Bord war, die Schnur mit einem Male fehlte; sie mußte sie verloren oder in der Aufregung im Palast vergessen haben.«

»Aber da hätt' ich doch sofort nachgefragt.«

»Ich auch. Aber Brigitte hat so was Sonderbares, und als Hansen, wie ich nachher gehört habe, darauf bestehen wollte, sagte sie nur: ›das sei so gewöhnlich und gegen den Anstand bei Hofe‹.«

»Ja«, sagte Holk, der jetzt klarer zu sehen anfing, »das ist richtig. Und solche Gefühle muß man respektieren.«

ZWÖLFTES KAPITEL

Gleich nach dieser Erzählung, die schließlich, als sich's von der verlorenen Perlenschnur handelte, selbst dem leichtgläubigen Holk etwas märchenhaft vorgekommen war, erhob sich Frau Hansen, »um nicht länger zu stören«, und sah sich auch nicht weiter zurückgehalten. Nicht als ob Holks Geduld erschöpft gewesen wäre, ganz im Gegenteil, er ließ sich gern dergleichen vorplaudern, und das suspekte Halbdunkel, in dem alles ruhte, steigerte eigentlich nur sein Interesse. Nein, es war einfach ein Blick auf die Konsoluhr, was ihn von unbedingter weiterer Hingebung an die Erzählungskunst der Witwe Hansen Abstand nehmen ließ; um elf Uhr war er bei der Prinzessin erwartet, keine volle Stunde mehr, und vorher mußte noch ein kurzer Brief mit der Meldung seiner glücklichen Ankunft an seine Frau geschrieben werden. Es hieß also sich eilen, was er unter Umständen verstand, und fünf Minuten vor elf stieg er in den Wagen, der ihn nach dem nur zwei Minuten entfernten Prinzessinnen-Palais hinüberführte.

Die Zimmer der Prinzessin lagen im ersten Stock. Holk, in Kammerherrnuniform, in der er sich selbst nicht ungern sah, stieg die Treppe hinauf und trat in ein Vorgemach und gleich danach in ein behagliches, mit Boiserien und Teppichen reich ausgestattetes, im übrigen aber, den Schreibtisch abgerechnet, mit nur wenig Gegenständen ausgestattetes Wohnzimmer, darin die Prinzessin Besuche zu empfangen oder Audienz zu erteilen pflegte. Der Kammerdiener versprach sogleich zu melden. Holk trat an eins der Fenster, das der Tür, durch welche die Prinzessin eintreten mußte, gerade gegenüber lag, und sah auf Platz und Straße hinunter. Der Platz unten war wie ausgestorben, vornehm, aber langweilig, und nichts ließ sich beobachten als abgefallene Blätter, die der mäßige Wind, der ging, über die Steine hinwirbelte. Ein Gefühl von Einöde und Verlassenheit überkam Holk, und er wandte sich wieder in das Zimmer zurück, um seinen Blick auf die beiden einzigen Porträtbilder zu richten, die die glatten Stuckwände schmückten. Das eine, über dem Polstersofa, war ein Bildnis des Oheims der Prinzessin, des hochseligen Königs Christians VII., das andere, über dem Schreibtisch, das Porträt eines anderen nahen Verwandten, eines ebenfalls schon verstorbenen thüringischen Landgrafen. Der Goldrahmen, der es einfaßte, war mit einem verstaubten Flor überzogen, und der Staub machte, daß der Flor nicht wie Flor, sondern fast wie ein Spinnweb wirkte. Des Landgrafen Gesicht war gut und tapfer, aber durchschnittsmäßig, und Holk stellte sich unwillkürlich die Frage, welche volksbeglückenden Regierungsgedanken der Verstorbene wohl gehabt haben möge. Das einzige, was sich mit einer Art Sicherheit herauslesen ließ, war Ausschau nach den Töchtern des Landes.

Ehe Holks Betrachtungen hierüber noch abgeschlossen hatten, öffnete sich eine ziemlich kleine Tür in der rechten Ecke der Hinterwand, und die Prinzessin trat ein, ganz so, wie man sie nach Einrichtung dieses ihres Zimmers erwarten mußte: bequem und beinahe unsorglich gekleidet und jedenfalls mit einer völligen Gleichgültigkeit gegen Eleganz. Holk ging seiner Herrin entgegen, um ihr die bis zu den Fingern in einem seidenen Handschuh steckende Hand zu küssen, und führte sie dann, ihrem Auge folgend, bis zu dem dunkelfarbigen, etwas eingesessenen Sofa.

»Nehmen Sie Platz, lieber Holk. Dieser Fauteuil wird wohl keine Gnade vor Ihnen finden, aber der hohe Lehnstuhl da...«

Holk schob den Stuhl heran, und die Prinzessin, die sich am Anblick des schönen Mannes sichtlich erfreute, fuhr, als er sich gesetzt hatte, mit vieler Bonhomie und wie eine gute alte Freundin fort: »Welche frische Farbe Sie mitbringen, lieber Holk. Was ich hier um mich habe, sind immer Stadtgesichter; können Sie sich Pentz als einen Gentlemanfarmer oder gar Erichsen als einen Hopfenzüchter vorstellen? Sie lachen, und ich weiß, was Sie denken... woran der Hopfen rankt... ja, lang genug ist er dazu. Stadtgesichter, sagt' ich. Da freut mich Ihre gute schleswigsche Farbe, rot und weiß, wie die Landesfarben. Und was macht Ihre liebe Frau, die Gräfin? Ich weiß, sie liebt uns nicht sonderlich, aber wir lieben sie desto mehr, und das muß sie sich gefallen lassen.«

Holk verneigte sich.

»Und was sagen Sie zu dem Lärm, den Sie hier vorfinden?

Ein wahres Sturmlaufen gegen den armen Hall, der doch schließlich der Klügste und auch eigentlich der Beste ist, und dem ich es fast verzeihe, daß er zu der putzmacherlichen Gräfin hält, der ich, beiläufig, wenn ich jemals darüber zu bestimmen gehabt hätte, ein entsprechendes gräfliches Wappen aus einem Haubenstock und einer Krinoline zusammengestellt hätte, vielleicht mit der Devise: ›Je weiter, je leerer.‹ Ich werde mich in dieser Geschmacksverirrung meines Neffen, wenn ich auch nur seine Halbtante bin, nie zurechtfinden können; um die Gräfin archäologisch oder, was dasselbe sagen will, als ausgegrabenes vaterländisches Altertum anzusehen, ein Standpunkt, von dem aus mein Neffe so ziemlich alles betrachtet, dazu ist sie, trotz ihrer Vierzig, doch schließlich noch nicht alt genug. Aber was wundere ich mich noch? Georg II., von dem mir mein Großvater in meinen jungen Tagen oft erzählte, hielt auch zu dem Satze: ›fair, fat and forty‹. Warum nicht auch mein Neffe, der König? Übrigens, haben Sie den gestrigen Sitzungsbericht schon gelesen? Eine wahre Skandalszene voller Gehässigkeiten. An der Spitze natürlich immer dieser Thompsen-Oldensworth, Ihr halber Landsmann, ein mir unerträglicher Schreier und Schwätzer in seiner Mischung von Advokatenpfiffigkeit und biedermännischem Holsteinismus...«

Holk war verlegen, das Gespräch mit der Prinzessin so von vornherein einen politischen Charakter annehmen zu sehen, und in seinem Gesichte mochte sich etwas von dieser Verlegenheit spiegeln, weshalb die Prinzessin fortfuhr: »Aber lassen wir die leidige Politik. Ich will Ihnen keine Verlegenheiten machen, noch dazu gleich in dieser ersten Stunde, weiß ich doch, daß Sie ein ketzerischer Schleswig-Holsteiner sind, einer von denen, mit denen man nie fertig wird und von denen man immer dann am weitesten ab ist, wenn man eben glaubt, mit ihnen Frieden geschlossen zu haben. Antworten Sie nichts, sagen Sie nichts von Ihrer Loyalität; ich weiß, Sie haben so viel davon, wie Sie haben können, aber wenn es zum letzten kommt, ist doch der alte Stein des Anstoßes immer wieder da, und jenes furchtbare ›sallen blewen ungedeelt‹, dieses Zitat ohne Ende, dieser Gemeinplatz ohnegleichen, zieht wieder die Scheidelinie.«

Holk lächelte.

»Freilich ist dies des Pudels Kern. Wohin gehört Schleswig? *Ihr* Schleswig, lieber Holk. Das ist die ganze Frage. Hall hat den Mut gehabt, die Frage zu beantworten, wie's einem Dänen zukommt, und weil er es mit Klugheit tun und nicht gleich das Schwert in die Waage werfen will, deshalb dieser Sturm auf ihn, an dem Freund und Feind gleichmäßig teilnehmen. Und das ist das Schlimmste. Daß Ihr Thompsen Sturm läuft, kann mich weder wundern noch erschrecken; aber daß gute treue Dänen, die mit Hall, mit dem Könige, mit mir selber einer Meinung sind und nur leider den durchgängerischen Zug haben, daß, sag' ich, gute treue Dänen, wie Studenten und Professoren, immer nur ihr Programm wollen und drauf und dran sind, den besten Mann zu stürzen, den einzigen, der eine Idee von Politik hat und zu warten versteht, was das erste Gesetz aller Politik ist – das bringt mich in Erregung.«

Ehe sie den Satz endete, wurde Baron Pentz gemeldet... »sehr willkommen«, rief die Prinzessin... und im selben Augenblicke, wo Pentz unter die Portière der Flügeltür trat, erschien von der anderen Seite her, ganz in Nähe der kleinen Tür, durch die die Prinzessin eingetreten war, eine junge blonde Dame, von schöner Figur und schönem Teint, aber sonst wenig regelmäßigen Zügen, und schritt auf die Prinzessin zu, während Pentz noch auf halbem Wege stehen blieb und seine Verbeugung wiederholte.

»Soyez le bienvenu«, sagte die Prinzessin unter leichtem Handgruße. »Sie kommen zu guter Stunde, Pentz, denn Sie machen einem politischen Vortrag ein Ende, eine Mission, zu der niemand berufener ist als Sie. Denn sobald ich Ihrer ansichtig werde, verklärt sich mir die Welt in eine Welt des Friedens, und wenn ich eben von Heinrich IV. und Ravaillac gesprochen hätte, so spräch' ich, nach Ihrem Eintreten, nur noch von Heinrich IV. und dem Huhn im Topf. Ein sehr wesentlicher Unterschied.«

»Und ein sehr angenehmer dazu, gnädigste Prinzessin. Ich bin glücklich, mich, ohne mein Dazutun, als ein Träger und Bringer alles Idyllischen installiert zu sehen. Aber«... und sein Auge bewegte sich zwischen Holk und der jungen Blondine hin und her... »auch in Arkadien soll die Sitte der Vorstellung zu Hause gewesen sein. Ich weiß nicht, ob ich von meiner Pflicht als Introducteur Gebrauch machen...«

»Oder beides an Königliche Hoheit abtreten soll«, lachte die Prinzessin. »Ich glaube, lieber Pentz, daß Recht und Pflicht auf Ihrer Seite sind, aber ich will mir die Freude nicht versagen, zwei mir so werte Personen allerpersönlichst miteinander bekannt gemacht zu haben: Graf Holk... Fräulein Ebba von Rosenberg.«

Beide verneigten sich gegeneinander, Holk etwas steif und mit widerstreitenden Empfindungen, das Fräulein leicht und mit einem Ausdruck humoristisch angeflogener Suffisance. Die Prinzessin aber, die diesem Vorstellungsakte geringe Teilnahme schenkte, wandte sich sofort wieder an Pentz und sagte: »Dies wäre nun also aus der Welt geschafft, und dem Zeremoniell, worüber Sie zu wachen haben, Genüge getan. Aber Sie werden mich doch nicht glauben machen wollen, Pentz, daß Sie hier erschienen sind, um dem stattgehabten Vorstellungsakte feierlichst beizuwohnen oder ihn selbst zu vollziehen. Sie haben was anderes auf dem Herzen, und zum Vortrag Ihrer eigentlichen Angelegenheit haben Sie nunmehr das Wort. Wenn man so viel Parlamentsberichte liest, wird man schließlich selber virtuos in parlamentarischen Wendungen.«

»Ich komme, gnädigste Prinzessin, um gehorsamst zu vermelden, daß heute nachmittag ein großes militärisches Festessen in Klampenborg ist...«

»Und zu welchem Zweck? Oder wem zu Ehren?«

»General de Meza zu Ehren, der gestern früh aus Jütland hier eingetroffen ist.«

»De Meza. Nun gut, sehr gut. Aber, lieber Pentz, offen gestanden, was sollen wir damit? Ich kann doch nicht einem Kasinofeste präsidieren und de Meza leben lassen.«

»Es fragte sich, ob es nicht doch vielleicht ginge. Königliche Hoheit haben Überraschlicheres getan. Und daß Sie's getan, das ist es grade, was Sie dem Volke verbindet.«

»Ach, dem Volke. Das ist ein eigen Kapitel. Sie wissen, was ich von der sogenannten Popularität halte. Mein Neffe, der König, ist populär; aber ich sehne mich nicht danach, das Ideal unserer Blaujacken oder gar unserer Damen aus der Halle zu sein. Nein, Pentz, nichts von Popularität! Aber, da Sie Klampenborg genannt haben, die Sonne lacht und der Nachmittag ist frei, vielleicht, daß wir hinausfahren, nicht um des Festessens willen, sondern trotz ihm; es ist ohnehin eine ganze Woche, daß wir eingesessen und nicht recht frische Luft gehabt haben, und meine liebe Rosenberg wäre bleichsüchtig, wenn sie nicht so viel Eisen im Blut hätte.«

Das Gesicht des Fräuleins erheiterte sich sichtlich bei der Aussicht, dem öden Einerlei des Prinzessinnenpalais auf einen ganzen Nachmittag entfliehen zu können, und Pentz, der als angehender Asthmatikus ohnehin immer für frische Luft war, trotzdem ihm Autoritäten versichert hatten, Seewind verschlimmere den Zustand, griff ebenfalls mit Begierde zu und fragte, zu welcher Stunde Königliche Hoheit die Wagen beföhle?

»Sagen wir zwei und ein halb, aber nicht später. Wir fahren fünfviertel Stunden, und schon um fünf beginnt es zu dunkeln. Und wenn wir erst in Klampenborg sind, müssen wir doch natürlich auch einen Spaziergang bis zur Eremitage machen, wär' es auch nur, um meiner lieben Ebba meine Lieblinge selbst vorzustellen. Wer diese Lieblinge sind, das wird vorläufig nicht verraten. Ich hoffe, Graf Holk ist mit von der Partie, trotzdem morgen erst sein Dienst beginnt, und bringt seiner alten Freundin dies Opfer an Zeit.«

»Und befehlen Königliche Hoheit noch andere Begleitung?«

»Nur Gräfin Schimmelmann und Erichsen. Zwei Wagen. Und die Verteilung der Plätze behalte ich mir vor. Au revoir, lieber Holk. Und wenn Sie, wie gewöhnlich, eine starke Korrespondenz pflegen...«

Er lächelte.

»Ah, ich sehe, Sie haben schon geschrieben. Da komme ich mit meinen Empfehlungen an die Gräfin zu spät. Liebe Rosenberg, Ihren Arm.«

Und während sie langsam auf die kleine Tür zuschritt, die zu ihrem eigentlichen Wohnzimmer führte, blieben die beiden Kammerherren in respektvoller Verbeugung.

DREIZEHNTES KAPITEL

Punkt zwei und ein halb fuhren die Wagen vor, offen, das Verdeck zurückgeschlagen; neben der Prinzessin nahm die Gräfin Schimmelmann Platz, beiden Damen gegenüber Holk. Im Fond des zweiten Wagens saß das Fräulein von Rosenberg, auf dem Rücksitze Pentz und Erichsen.

Die Schimmelmann, eine Dame von vierzig, erinnerte einigermaßen an Erichsen; sie war hager und groß wie dieser und von einem ähnlichen Ernste; während Erichsens Ernst aber einfach ins Feierliche spielte, spielte der der Schimmelmann stark ins Verdrießliche. Sie war früher Hofschönheit gewesen, und die dann und wann aufblitzenden schwarzen Augen erinnerten noch daran, alles andere aber war in Migräne und gelbem Teint untergegangen. Man sprach von einer unglücklichen Liebe. Gesamthaltung: Hof Philipps von Spanien, so daß man unwillkürlich nach der Halskrause suchte. Sonst war die Gräfin gut und charaktervoll und unterschied sich von anderen bei Hofe dadurch sehr vorteilhaft, daß sie gegen alles Klatschen und Medisieren war. Sie sagte den Leuten die Wahrheit ins Gesicht, und wenn sie das nicht konnte, so schwieg sie. Sie war nicht geliebt, aber sehr geachtet, und verdiente es auch.

Im ersten Wagen wurde, solange man innerhalb der Stadt war, kein Wort gesprochen; Holk und die Schimmelmann saßen aufrecht einander gegenüber, während sich die Prinzessin in den Fond zurückgelehnt hatte. So ging es durch die Bred- und Ny Öster-Gade zunächst auf die Österbroer Vorstadt, und als man diese passiert, auf den am Sunde hinlaufenden Strandweg zu. Holk war entzückt von dem Bilde, das sich ihm darbot; unmittelbar links die Reihe schmucker Landhäuser mit ihren jetzt herbstlichen, aber noch immer in Blumen stehenden Gärten und nach rechts hin die breite, wenig bewegte Wasserfläche mit der schwedischen Küste drüben und dazwischen Segel- und Dampfboote, die nach Klampenborg und Skodsborg und bis hinauf nach Helsingör fuhren.

Holk würde sich diesem Anblick noch voller hingegeben haben, wenn nicht das Leben auf der Chaussee, drauf sie hinfuhren, ihn von dem Landschaftlichen immer wieder abgezogen hätte. Fuhrwerke mannigfachster Art kamen ihnen nicht bloß entgegen, sondern überholten auch die Prinzessin, die, wenn sie Spazierfahrten machte, kein allzurasches Tempo liebte. Da gab es dann in einem fort Begegnungen und Erkennungsmomente. »Das war ja Marstrand«, sagte die Prinzessin. »Und wenn ich recht gesehen habe, neben ihm Worsaae. Der fehlt auch nie. Was will er nur bei dem de-Meza-Fest? De Meza soll gefeiert, aber nicht ausgegraben werden. Er lebt noch und hat auch nicht einmal das Maß für Hünengräber.« Es schien, daß die Prinzessin dies Thema noch weiter ausspinnen wolle; sie kam aber nicht dazu, weil im selben Augenblicke mehrere Offiziere bis ganz in die Nähe des Wagens gekommen waren und die Prinzessin von links und rechts her zu cotoyieren begannen. Unter diesen war auch Oberstleutnant Tersling, unser Bekannter von Vincents Restaurant her, ein schöner großer Mann von ausgesprochen militärischen Allüren. Er sah sich mit besonderer Freundlichkeit seitens der Prinzessin begrüßt und erkundigte sich seinerseits nach dem Befinden derselben.

»Es geht mir gut, doppelt gut an einem Tage wie heute. Denn ich höre, daß Sie und die anderen Herren de Meza ein Fest geben wollen. Das hat mich herausgelockt; ich will mit dabei sein.«

Tersling lächelte verlegen, und die Prinzessin, die sich dessen freute, fuhr erst nach einer Weile fort: »Ja, mit dabei sein; aber erschrecken Sie nicht, lieber Tersling, nur an der Peripherie. Wenn Sie den Toast auf den König oder den zu Feiernden ausbringen, werd' ich mich mit meiner lieben Gräfin hier und mit Ebba Rosenberg, die Sie wohl schon in dem zweiten Wagen gesehen haben werden, in unserem Klampenborger Tiergarten ergehen und mich freuen, wenn das Hoch gut dänischer Kehlen zu mir herüberklingt. Übrigens bitte ich Sie, de Meza meine Grüße bringen und ihm sagen zu wollen, daß ich immer noch an alter Stelle wohne. Generäle sind freilich nie leicht zu Hofe zu bringen, und wenn sie gar noch Beethoven Konkurrenz machen und Symphonien komponieren, so ist es vollends vorbei damit; indessen, wenn er von Ihnen hört, daß ich Idstedt immer noch in gutem Gedächtnis habe, so hält er es vielleicht für der Mühe wert, sich meiner zu erinnern. Und nun will ich Sie nicht länger an diesen Wagenschlag fesseln.«

Tersling küßte der Prinzessin die Hand und eilte, die versäumte Zeit wieder einzubringen; die Prinzessin aber, während sie sich zu Holk wandte, fuhr fort: »Dieser Tersling, schöner Mann; er war einmal Prinzessinentänzer und Kavalier comme il faut, die spitzeste Zunge, der spitzeste Degen, und Sie werden sich vielleicht noch des Duells erinnern, das er schon vor 48 mit Kapitän Dahlberg hatte? Dahlberg kam damals mit einem Streifschuß am Hals davon, aber nun liegt er lange schon vor Fridericia. Pardon, liebe Schimmelmann, daß ich dies alles in Ihrer Gegenwart berühre; mir fällt eben ein, Sie waren selbst die Veranlassung zu dem Duell. Offen gestanden, ich wüßte gern mehr davon. Aber nicht heute, das ist Frauensache.«

Holk wollte seine Diskretion versichern, und daß er Dinge, die nicht direkt für ihn gesprochen würden, überhaupt gar nicht höre; die Prinzessin blieb aber bei ihrem Satz und sagte: »Nein, nichts heute davon, verschieben wir's! Und dann Diskretion, lieber Holk, das ist ein langes und schweres Kapitel. Ich beobachte diese Dinge nun seit fünfundfünfzig Jahren, denn mit fünfzehn wurd' ich schon eingeführt.«

»Aber Königliche Hoheit werden sich doch der Diskretion Ihrer Umgebung versichert halten.«

»Gott sei Dank, nein«, erwiderte die Prinzessin. »Und Sie können sich gar nicht vorstellen, mit wieviel Ernst ich das sage. Diskretion à tout prix kommt freilich vor, aber gerade, wenn sie so bedingungslos vorkommt, ist sie furchtbar; sie darf eben nicht bedingungslos auftreten. Die Menschen, und vor allem die Menschen bei Hofe, müssen durchaus ein Unterscheidungsvermögen ausbilden, was gesagt werden darf und was nicht; wer aber dies Unterscheidungsvermögen nicht hat und immer nur schweigt, der ist nicht bloß langweilig, der ist auch gefährlich. Es liegt etwas Unmenschliches darin, denn das Menschlichste, was wir haben, ist doch die Sprache, und wir haben sie, um zu sprechen... Ich weiß, daß ich meinerseits einen ausgiebigen Gebrauch davon mache, aber ich schäme mich dessen nicht, im Gegenteil, ich freue mich darüber.«

In dem zweiten Wagen hatte man ähnliche Begegnungen und Begrüßungen gehabt; aber das Hauptgespräch drehte sich doch um Holk, bei welcher Gelegenheit Pentz von dem Fräulein von Rosenberg erfahren wollte, wie der Graf ihr bei der Vormittagsaudienz eigentlich gefallen habe. Erichsen mischte sich in diese Fragen und Antworten nicht mit ein, hörte aber doch aufmerksam zu, weil er solche Schraubereien sehr liebte, vielleicht um so mehr, je mehr er seine persönliche Unfähigkeit dazu empfand.

»Er ist ein Schleswig-Holsteiner«, sagte Ebba. »Die Deutschen sind keine Hofleute...«

Pentz lachte. »Da merkt man nun aber wirklich, meine Gnädigste, daß Dänemark nicht des Vorzugs genießt, Sie geboren zu haben. Die Schleswig-Holsteiner keine Hofleute! Die Rantzaus, die Bernstorffs, die Moltkes...«

»Waren Minister, aber keine Hofleute.«

»Das ist aber doch nahezu dasselbe.«

»Mitnichten, mein lieber Baron. Ich lese viel Geschichte, wenn auch nur aus französischen Romanen, aber für eine Hofdame muß das ausreichen, und ich wage die Behauptung, daß ein Gegensatz existiert zwischen einem Minister und einem Hofmann. Wenigstens dann, wenn jeder seinen Namen ehrlich verdienen soll. Die Deutschen haben ein gewisses brutales Talent zum Regieren – gönnen Sie mir das harte Beiwort, denn ich kann die Deutschen nicht leiden –, aber gerade weil sie zu regieren verstehen, sind sie schlechte Hofleute. Das Regieren ist ein grobes Geschäft. Fragen Sie Erichsen, ob ich recht habe...«

Dieser nickte gravitätisch, und das Fräulein, das lachend darauf hinwies, fuhr fort: »Und das alles paßt mehr oder weniger auch auf den Grafen. Es ließe sich vielleicht ein Minister aus ihm machen...«

»Um Gottes willen...«

»... Aber der Kavalier einer Prinzessin zu sein, dazu fehlt ihm nicht mehr als alles. Er steht da mit der Feierlichkeit eines

Oberpriesters und weiß nie, wann er lachen soll. Und dies ist etwas sehr Wichtiges. Unsere gnädigste Prinzessin, ich denke, daß wir einig darüber sind, hat einige kleine Schwächen, darunter auch die, sich auf die geistreiche Frau des vorigen Jahrhunderts hin auszuspielen. Sie hat infolge davon eine Vorliebe für ältere Anekdoten und Zitate und verlangt, daß man beide nicht bloß versteht, sondern sie auch zustimmend belächelt. Aber von diesem Abc der Sache hat der Graf keine Vorstellung.«

»Und das haben Sie während einer Audienz von kaum zehn Minuten dem armen Grafen alles von der Stirn gelesen?«

»Ich weiß nicht, ob ich diesen Ausdruck gelten lassen darf, denn das Wesentliche lag darin, daß ihm, all die Zeit über, überhaupt nichts von der Stirne zu lesen war. Und das ist das Schlimmste. Da sprach beispielsweise die Prinzessin von König Heinrich dem Vierten und kam auf das ›Huhn im Topf‹, von dem man füglich nicht mehr sprechen sollte. Aber gerade, weil es so schwach mit diesem Huhn steht, hat ein Hofmann doppelt die Verpflichtung, zu lächeln und nicht leblos dabei zu stehen und eine sich nach Beifall umsehende Prinzessin im Stich zu lassen.«

Über Erichsens ernstes Gesicht glitt ein stilles Behagen.

»Und dann sprach die Prinzessin huldvoll von meiner Bleichsucht, oder daß ich sie beinahe haben müßte. Nun, ich bitte Sie, Baron, bei Bleichsucht muß immer gelächelt werden, das ist einmal so herkömmlich, und wenn eine Prinzessin die Gnade hat, noch etwas von ›Eisen im Blut‹ hinzuzusetzen und dadurch anzudeuten, daß sie Darwin oder irgendeinen anderen großen Forscher gelesen hat, so muß sich zu dem Heiterkeitslächeln auch noch ein Bewunderungslächeln gesellen, und wenn das alles ausbleibt und ein Kammerherr so nüchtern dasteht, als würde bloß zehn Uhr ausgerufen, so muß ich solchem Kammerherrn allen hofmännischen Beruf absprechen.«

Es war gegen vier, als man in Klampenborg hielt. Holk war der Prinzessin behülflich, und nachdem man die Frage, wo der Kaffee zu nehmen sei, zugunsten der »Eremitage« entschieden hatte, brach man rasch nach dem unmittelbar angrenzenden Tiergarten auf, an dessen nördlichem Rande die Eremitage gelegen war. Der Weg dahin führte zunächst an einem großen Klampenborger Hotel vorüber, in dessen Front, auf einem zwischen Weg und Strand gelegenen Wiesenstreifen, ein wohl hundert Schritt langes, nach drei Seiten hin geschlossenes Leinwandzelt errichtet war. Die offene Seite lag gerade dem Wege zu, darauf die Prinzessin jetzt herankam. Das Festmahl selbst hatte noch nicht begonnen, aber zahlreiche, den verschiedensten Truppenteilen der Kopenhagener Garnison angehörige Offiziere waren bereits beisammen; überall sah man die glänzenden Uniformen sowohl der Leibgarde zu Pferde, wie der Gardehusaren, und noch bunter als das Bunt der Uniformen waren die Flaggen und Wimpel, die zu Häupten des Zeltes wehten. Als die Prinzessin bis auf hundert Schritte heran war, bog sie scharf links in einen Kiesweg ein, weil sie die sichtlich unmittelbar vor der Eröffnung stehende Festlichkeit nicht stören wollte; sie war aber bereits erkannt worden, und de Meza, den man auf ihr Erscheinen aufmerksam gemacht hatte, säumte nicht, über den Lawn heranzukommen und die Prinzessin respektvollst zu begrüßen.

»Lieber General«, sagte diese, »so war es nicht gemeint. Eben schlägt es vier, und ich sehe bereits, wie sich die Suppenkolonne vom Hotel her in Bewegung setzt. Und eine kalt gewordene Suppe, das mag ich nicht verantworten. Am wenigsten an einem Oktobertage mit frischer Brise. Das liebt General de Meza nur ausnahmsweise, nur wenn er zu Felde zieht und mit seinen Leuten im Biwak liegt.«

Sie sagte das alles mit einer gewissen prinzeßlichen Grazie, worauf sie den General, der nicht unempfindlich dagegen war, unter erneuten Huldbeweisen entließ. Vom Zelt her aber klangen bereits allerlei Hochs, und die Musik intonierte das nationale »König Christian stand am hohen Mast«, bis es in den »dappren Landsoldaten« überging.

Und nun hatte die Prinzessin samt Gefolge den Tiergarten erreicht, der gleich hinter Klampenborg mit seiner Südspitze die Chaussee berührte. Hier gab sie Erichsen ihren Arm. Dann folgte die Schimmelmann mit Pentz, weiter zurück Holk mit

Ebba, Holk in sichtlicher Verlegenheit, wie das Gespräch einzuleiten sei. Denn ihm war nicht entgangen, daß er am Vormittage, während der Audienz bei der Prinzessin, von seiten Ebbas mit einem leisen Anfluge von Spott und Überlegenheit beobachtet worden war, während der Nachmittagsfahrt aber hatte sich die Gelegenheit zu irgendwelcher Anknüpfung noch nicht finden lassen wollen.

Endlich begann er: »Wir werden einen wundervollen Sonnenuntergang haben. Und kein schönerer Platz dazu als dieser. Diese prächtige Plaine! Es sind jetzt sieben Jahr, daß ich in Klampenborg war, und in der Eremitage nie.«

»Schreckte Sie der Name?«

»Nein. Denn ich bin meiner Neigung und Lebensweise nach mehr oder weniger Eremit, und wäre nicht die Prinzessin, die mich dann und wann in die Welt ruft, ich könnte mich den Eremiten von Holkenäs nennen. Himmel und Meer und ein einsames Schloß auf der Düne.«

»Auf der Düne«, wiederholte das Fräulein. »Und ein einsames Schloß. Beneidenswert und romantisch. Es liegt so was Balladenhaftes darin, so was vom König von Thule. Freilich der König von Thule, wenn mir recht ist, war unverheiratet.«

»Ich weiß doch nicht«, sagte Holk, den der Ton des Fräuleins sofort aus aller Verlegenheit riß. »Ich weiß doch nicht. Wirklich eine Doktorfrage. War er unverheiratet? Wenn mir recht ist, heißt es, er gönnte alles seinen Erben, was doch auf Familie zu deuten scheint. Freilich, es kann eine Nebenlinie gewesen sein. Trotzdem möchte ich vermuten, er war verheiratet und im Besitz einer klugen Frau, die dem Alten, über den sie vielleicht, oder sagen wir sehr wahrscheinlich, lächelte, seine Jugendschwärmerei mit dem Becher gönnte.«

»Das läßt sich hören«, sagte das Fräulein, während ihr der Übermut aus den Augen lachte. »Sonderbar. Bisher erschien mir die Ballade so rund und abgeschlossen wie nur möglich: der König tot, der Becher getrunken und gesunken und das Reich (vom Balladenstandpunkte aus immer das Gleichgültigste) jedem gegönnt und an alle verteilt. Aber wenn wir an das Vorhandensein einer Königin glauben, und ich stehe darin nachträglich ganz auf Ihrer Seite, so fängt die Sache mit dem

Tode des Alten erst recht eigentlich an, und der ›König von Thule‹, das Geringste zu sagen, ist unfertig und fortsetzungsbedürftig. Und warum auch nicht? Ein Page wird sich am Ende doch wohl finden lassen, der sich bis dahin verzehrt hat und nun wieder Farbe kriegt oder ›Eisen im Blut‹, um mit einem Zitat unserer gnädigsten Prinzessin zu schließen.«

»Ach, meine Gnädigste«, sagte Holk, »Sie spotten über Romantik und vergessen dabei, daß Ihr eigener Name mit einem sehr romantischen Hergange, der wohl eine Ballade verdient hätte, verflochten ist.«

»Mein Name?« lachte das Fräulein. »Und mit einem romantischen Hergange verflochten? Bezieht es sich auf Ebba? Nun, das würde sich hören lassen, das ginge; denn schließlich laufen alle Balladen auf etwas Ebba hinaus. Ebba ist Eva, wie Sie wissen, und bekanntlich gibt es nichts Romantisches ohne den Apfel. Aber ich sehe, Sie schütteln den Kopf und meinen also nicht Ebba und nicht Eva, sondern Rosenberg.«

»Gewiß, mein gnädigstes Fräulein, ich meine Rosenberg. Genealogisches zählt nämlich zu meinen kleinen Liebhabereien, und die zweite Frau meines Großonkels war eine Rosenberg; so bin ich denn in Ihre Geschlechtssagen einigermaßen eingeweiht. Alle Rosenbergs, wenigstens alle die, die sich Rosenberg-Gruszczynski nennen, bei den Lipinskis steht es aber etwas anders, stammen von einem Bruder des Erzbischofs Adalbert von Prag, der, an der sogenannten Bernsteinküste, von der Kanzel herabgerissen und von den heidnischen Preußen erschlagen wurde. Diese Kanzel, wenn auch zerstückelt und zermürbt, existiert noch und ist das Palladium der Familie ...«

»Wovon ich leider nie gehört habe«, sagte das Fräulein in anscheinendem oder vielleicht auch wirklichem Ernste.

»Woraus mir nur hervorgehen würde, daß Sie, statt dem Gruszczynskischen, wahrscheinlich dem Lipinskischen Zweige der Familie zugehören.«

»Zu meinem Bedauern auch das nicht. Freilich, wenn ich Lipinski mit Lipesohn übersetzen darf, ein Unterfangen, das mir die berühmte Familie verzeihen wolle, so würde sich, von dem in dieser Form auftretenden Namen aus, vielleicht eine Brücke zu mir und meiner Familie herüber schlagen lassen. Ich bin nämlich eine Rosenberg-Meyer oder richtiger eine Meyer-Rosenberg, Enkeltochter des in der schwedischen Geschichte wohlbekannten Meyer-Rosenberg, Lieblings- und Leibjuden König Gustavs III.«

Holk schrak ein wenig zusammen, das Fräulein aber fuhr in einem affektiert ruhigen Tone fort: »Enkeltochter Meyer-Rosenbergs, den König Gustav später unter dem Namen eines Baron Rosenberg nobilitierte, Baron Rosenberg von Filehne, welchem preußisch-polnischen Ort wir entstammen. Es war der Sitz unserer Familie durch mehrere Jahrhunderte hin. Und nun lassen Sie mich, da Sie sich für genealogisch Anekdotisches interessieren, noch in Kürze hinzusetzen, daß es mit diesem Nobilitierungsakte allerdings eilte, denn drei Tage später wurde der ritterliche und für unser Haus so unvergeßliche König von Lieutenant Anckarström erschossen. Ein ebenso balladenhafter Hergang, wie der ermordete Bischof, aber freilich nur im allerlosesten Zusammenhang mit meiner Familie. Sie dürfen mich aber darum nicht aufgeben. Über all das ist Gras gewachsen, und mein Vater verheiratete sich bereits mit einer Wrangel, noch dazu in Paris, wo ich auch geboren bin, und zwar am Tage der Julirevolution. Einige sagen, man merke mir's an. Unter allen Umständen aber können Sie mein Alter danach berechnen.«

Holk war krasser Aristokrat, der nie zögerte, den Fortbestand seiner Familie mit dem Fortbestand der göttlichen Weltordnung in den innigsten Zusammenhang zu bringen, und der im gewöhnlichen Verkehr über diese Dinge nur schwieg, weil es ihm eine zu heilige Sache war. Er war in diesem Punkte für Wiedereinführung aller nur möglichen Mittelalterlichkeiten, und einer je strengeren Ahnenprobe man ihn und die Seinen unterworfen hätte, je lieber wäre es ihm gewesen, denn um so glänzender wäre sein Name daraus hervorgegangen. Seine leichten und angenehmen, auch die bürgerliche Welt befriedigenden Umgangsformen waren nichts als ein Resultat seines Sich-sicher-Fühlens in dieser hochwichtigen Angelegenheit. Aber so sicher er über seinen eigenen Stammbaum war, so zweifelvoll verhielt er sich gegen alle andern, die fürstlichen

Häuser nicht ausgeschlossen, was denn auch Grund war, daß man über all derlei Dinge sehr frei mit ihm sprechen konnte, wenn nur die Holks außer Frage blieben. Und so geschah's denn auch heute, daß er sich von dem ersten Schreck, den ihm der schwedische Rosenberg mit seinem unheimlichen Epitheton ornans eingejagt hatte, nicht nur rasch erholte, sondern es sogar höchst pikant fand, diese doch in der Mehrzahl der Fälle nicht leicht genug zu nehmende Frage von einer augenscheinlich so klugen Person auch wirklich leicht behandelt zu sehen.

VIERZEHNTES KAPITEL

Der Weg, den man einzuschlagen hatte, lief am Ostrande des Tiergartens hin, meist unter hochstämmigen Platanen, deren herabhängende, vielfach noch mit gelbem Laub geschmückten Zweige die Aussicht derart hinderten, daß man der inmitten einer lichten Waldwiese stehenden »Eremitage« erst ansichtig wurde, als man aus der Platanenallee heraus war. Für die beiden vorderen Paare, die diese Szenerie längst kannten, bedeutete das wenig, Holk und das Fräulein aber, die des Anblicks zum ersten Male genossen, blieben unwillkürlich stehen und sahen fast betroffen auf das in einiger Entfernung in den klaren Herbsthimmel aufragende, von allem Zauber der Einsamkeit umgebene Schloß. Kein Rauch stieg auf, und nur die Sonne lag auf der weiten, mit einem dichten, immer noch frischen Gras überdeckten »Plaine«, während oben am stahlblauen Himmel Hunderte von Möwen schwebten und in langem Zuge, vom Sunde her, nach dem ihnen wohlbekannten, weiter landeinwärts gelegenen Furesee hinüberflogen. »Ihr Schloß auf der Düne kann nicht einsamer sein«, sagte das Fräulein, als man jetzt einen schmalen Pfad einschlug, der, quer über die Wiese hin, beinahe gradlinig auf die Eremitage zuführte.

»Nein, nicht einsamer und nicht schöner. Aber so schön dies ist, ich möchte dennoch nicht tauschen. Diese Stelle hier bedrückt mich in ihrer Stille. In Holkenäs ist immer eine leichte Brandung, und eine Brise kommt von der See her und bewegt die Spitzen meiner Parkbäume. Hier aber zittert kein Grashalm, und jedes Wort, das wir sprechen, klingt, als wenn es die Welt belauschen könne.«

»Ein Glück, daß wir nicht Schaden dabei nehmen«, lachte das Fräulein, »denn eine mehr für die Öffentlichkeit geeignete Unterhaltung als die unsere kann ich mir nicht denken.«

Holk war nicht angenehm berührt von dieser Entgegnung und stand auf dem Punkt, seiner kleinen Verstimmung Ausdruck zu geben; aber ehe er antworten konnte, hatte man die breiten Stufen der Freitreppe erreicht, die zu dem Jagdschlosse hinaufführte. Vor derselben stand ein zugleich als Kastellan installierter alter Waldhüter, und an diesen, der respektvoll seine Kappe gezogen hatte, trat jetzt die Prinzessin heran, um ihm Ordres zu geben. Diese gingen zunächst dahin, oben, im großen Mittelsaale, den Kaffee servieren zu lassen. Das sprach sie mit lauter Stimme, so daß jeder es hören konnte. Dann aber nahm sie den Waldhüter noch einen Augenblick beiseite, um eine weitere Verabredung mit ihm zu treffen. »Und nicht später als fünf«, so schloß sie das geheim geführte Gespräch. »Der Abend ist da, man weiß nicht wie, und wir brauchen gute Beleuchtung.«

Der Alte verneigte sich, und die Prinzessin trat gleich danach in das Schloß ein und stieg, auf die Schimmelmann sich stützend, in den oberen Stock hinauf.

Hier, im Mittelsaale, hatten dienstbeflissene Hände bereits hohe Lehnstühle um einen langen eichenen Tisch gerückt und die nach Ost und West hin einander gegenüberliegenden Balkonfenster geöffnet, so daß die ganze landschaftliche Herrlichkeit wie durch zwei große Bilderrahmen bewundert werden konnte. Freilich die das Schloß unmittelbar und nach allen Seiten hin umgebende Wiesenplaine war, weil zu nahe, wie in der Tiefe verschwunden, dafür aber zeigte sich alles Fernergelegene klar und deutlich, und während, nach links hinüber, die Wipfel eines weiten Waldzuges in der niedergehenden Sonne blinkten, sah man nach rechts hin die blauflimmernde Fläche des Meeres. Holk und Ebba wollten aufstehen, um erst von dem einen und dann vom andern Fenster aus das Bild voller genießen zu können, die Prinzessin aber litt es nicht, sie verstände sich auch auf Landschaft und könne versichern, daß gerade so, wie's jetzt sei, das Bild am schönsten wäre. Zudem habe der Kaffee (die Kastellanin erschien eben mit einem mit dem schönsten Meißner Service besetzten Tablett) auch sein Recht, und was die Pracht der momentan allerdings unsichtbar gewordenen Plaine betreffe, so würde diese schon wieder zutagetreten, wenn auch erst später. Alles zu seiner Zeit. »Und nun, liebe Schimmelmann, bitte machen Sie die Honneurs. Offen gestanden, ich sehne mich nach einer Erfrischung; so nah der Weg war, so war er doch gerade weit genug. Wenigstens für mich.«

Die Prinzessin schien bei bester Laune, was sich neben anderem auch in ihrer noch gesteigerten Gesprächigkeit zeigte. Sie scherzte denn auch darüber und suchte bei Pentz, der heute gar nicht zu Worte komme, Indemnität nach. »Indemnität«, fuhr sie dann fort, »auch solch Wort aus dem ewig Parlamentarischen. Aber, parlamentarisch oder nicht, auf die Sache selbst, auf Straferlaß, hab' ich insoweit einen wirklichen Anspruch, als es keinen Platz gibt, selbst mein geliebtes Frederiksborg nicht ausgenommen, wo mir so plauderhaft zumut sein dürfte, wie gerade an dieser Stelle. Es gab Zeiten, wo ich beinah täglich hier war und mich stundenlang dieser Meer- und Waldherrlichkeit freute. Freilich, wenn ich sagen sollte, daß diese Freude das gewesen wäre, was man so landläufig ›Glück‹ nennt, so würd' ich's damit nicht treffen. Ich habe nur immer erquickliche Ruhe hier gefunden, Ruhe, die weniger ist als Glück, aber auch mehr. Die Ruh' ist wohl das Beste.«

Holk horchte auf. Ihm war, als ob er dieselben Worte ganz vor kurzem erst gehört habe. Aber wo? Und suchend und sinnend fand er's auch wirklich, und der Abend auf Holkenäs und das Bild Elisabeth Petersens traten mit einem Male vor ihn hin, und er hörte wieder das Lied und die klare Stimme. Das war noch keine Woche, und schon klang es ihm wie aus weiter, weiter Ferne.

Die Prinzessin mußte bemerkt haben, daß Holks Aufmerksamkeit abirrte. Sie ließ deshalb das Allgemeine fallen und fuhr fort: »Sie werden kaum erraten, lieber Holk, welcher Küstensaum es ist, der da, von drüben her, uns ins Fenster sieht.«

»Ich dachte Schweden.«

»Doch nicht eigentlich das. Es ist Hveen, das Inselchen, darauf unser Tycho de Brahe seinen astronomischen Turm baute, sein ›Sternenschloß‹, wie's die Welt nannte ... Ja, die Brahes, auch um meiner eigenen Person willen muß ich ihrer immer in Anhänglichkeit und Liebe gedenken. Es sind nun gerade fünfundvierzig Jahre, daß Ebba Brahe, die damals bewunderte Schönheit bei Hofe, mein Hoffräulein war und meine Freundin dazu, was mir mehr bedeutete. Denn wir bedürfen einer Freundin, immer und allezeit« (die Prinzessin reichte der Schimmelmann die Hand), »und nun gar, wenn wir jung sind und im ersten Jahr unserer Ehe. Pentz lächelt natürlich; er kennt nicht das erste Jahr einer Ehe.«

Der Baron verneigte sich und schien nicht bloß seine Zustimmung, sondern auch eine gewisse humoristische Befriedigung über diesen Tatbestand ausdrücken zu wollen, die Prinzessin ließ es aber nicht dazu kommen und sagte: »Doch ich wollte von Ebba Brahe sprechen. Auf manchem Namen liegt ein Segen, und mit den Ebbas habe ich immer Glück gehabt. Wie wenn es gestern gewesen wäre, steht der Tag vor mir, an dem ich, von eben dieser Stelle aus, nach Hveen hinüberwies und zu Ebba Brahe sagte: ›Nun Ebba, möchtest du nicht tauschen? Hast du keine Sehnsucht nach dem Schloß deiner Ahnen da drüben?‹ Aber sie wollte von keinem Tausche wissen, und ich höre noch, wie sie mit ihrer bezaubernden Stimme sagte: ›Der Blick von der Eremitage nach Hveen ist mir doch lieber als der von Hveen nach der Eremitage.‹ Und dann begann sie zu scherzen und zu behaupten, daß sie ganz irdisch sei, viel zu sehr, um sich für das ›Sternenschloß‹ begeistern zu können. Unter allen Sternen interessiere sie nur die Erde, zu deren nächtlicher Beleuchtung die andern bloß da seien ... Oh, sie war charmant, einschmeichelnd, Liebling aller, und ich möchte beinahe sagen, sie war mehr noch eine Ebba als eine Brahe, während unsere neue Ebba ...«

Die Prinzessin stockte ...

»Mehr eine Rosenberg ist als eine Ebba«, warf das Fräulein ein und verneigte sich unbefangen gegen die Prinzessin.

Herzliche Heiterkeit, an der selbst die beiden Pagoden der Gesellschaft, Erichsen und die Schimmelmann, teilnahmen, belohnte diese Selbstpersiflierung, denn jeder kannte nur zu gut den Stammbaum des Fräuleins und verstand durchaus den Sinn ihrer Worte. Nicht zum wenigsten die Prinzessin selbst, die denn auch eben darauf aus war, sich mit einer besonderen Freundlichkeit an Ebba zu wenden, als der alte Waldhüter in der Tür erschien und durch sein Erscheinen das mit der Prinzessin verabredete Zeichen gab. Und eine kleine Weile, so traten alle, vom Saal her, auf einen vorgebauten Balkon hinaus, von dem aus man einen prächtigen Fernblick auf die große, das Gesamtbild nach Westen hin abschließende Waldmasse hatte. Der zwischenliegende Wiesengrund war von einer beträchtlichen Ausdehnung, an ein paar Stellen aber schoben sich Waldvorsprünge bis weit in die Wiese vor, und aus eben diesen Vorsprüngen traten jetzt Rudel Hirsche, zu zehn und zwanzig, auf die Plaine hinaus und setzten sich in einem spielenden Tempo, nicht rasch und nicht langsam, auf die Eremitage zu in Bewegung. Ebba war entzückt, aber ehe sie's noch aussprechen konnte, sah sie schon, daß sich, im Hintergrunde, der ganze weite Waldbogen wie zu beleben begann, und in gleicher Weise wie bis dahin nur vereinzelte Rudel aus den vorgeschobenen Stellen herausgetreten waren, traten jetzt viele Hunderte von Hirschen aus der zurückgelegenen Waldestiefe hervor und setzten sich, weil sie bei der unmittelbar bevorstehenden Defiliercour nicht fehlen wollten, in einen lebhaften Trab, anfänglich wirr und beinahe wild durcheinander, bis sie sich, im Näherkommen, ordnungsmäßig gruppierten und nun sektionsweise an der Eremitage vorüberzogen. Endlich, als auch die letzten vorbei waren, zerstreuten sie sich wieder über die Wiese hin, und nun erst ermöglichte sich ein vollkommener Überblick über die Gesamtheit. Alle Größen und Farben waren vertreten, und wenn schon die schwarzen Hirsche von Ebba bewundert worden waren, so viel mehr noch die weißen, die sich in verhältnismäßig großer Zahl in dem Wildbestande vorfanden. Aber diese Stimmung Ebbas verflog, wie gewöhnlich, sehr rasch wieder, und alsbald zur Zitierung von allerlei Strophen aus dänischen und deutschen Volksliedern übergehend, versicherte sie, daß der weiße Hirsch, in allem, was Ballade betreffe, nach wie vor die Hauptrolle spiele, natürlich mit Ausnahme der ›weißen Hinde‹, die noch höher stünde. Pentz seinerseits wollte dies nicht wahr haben und versicherte mit vieler Emphase, daß ›die Prinzessin und der Page‹ den Vortritt hätten und ihn auch ewig behaupten würden, eine Bemerkung, der die Prinzessin zustimmte, freilich mit einem Anfluge von Wehmut. »Ich akzeptiere das, was Pentz sagt, und möchte nicht, daß ihm widersprochen würde. Wir armen Prinzessinnen, wir haben schon nicht viel, und aus der Welt der Wirklichkeiten sind wir so gut wie verdrängt; nimmt man uns auch noch die Märchen- und Balladenstelle, so weiß ich nicht, was wir überhaupt noch wollen.« Alle schweigen, weil sie zu sehr empfanden, wie richtig es war, und nur Ebba küßte die Hand ihrer Wohltäterin und sagte: »Gnädigste Prinzessin, es bleibt Gott sei Dank noch vieles übrig; es bleibt noch: Zufluchtsstätte sein und andere beglücken und über Vorurteile lachen.« Es war ersichtlich, daß der Prinzessin diese Worte wohltaten, vielleicht weil sie heraushörte, daß es, trotzdem sie von Ebba kamen, mehr als bloße Worte waren; aber sie schüttelte doch den Kopf und sagte: »Liebe Ebba, auch *das* wird bald Märchen sein.«

Während sie so sprachen, waren die Wagen, denen man eigentlich entgegengehen wollte, bis dicht an die Freitreppe herangefahren, und als die Prinzessin gleichzeitig wahrnahm, daß die Dämmerung und mit ihr die Abendkühle mehr und mehr hereinbrach, erklärte sie, von einem weiteren Spaziergang Abstand nehmen und die Rückfahrt unmittelbar antreten zu wollen. »Aber wir arrangieren uns anders, und ich verzichte auf die Begleitung meiner Kavaliere.«

Das kam allen erwünscht. Die Prinzessin nahm ihren Platz, die Schimmelmann ihr zur Seite, das Fräulein gegenüber; Pentz und Holk und Erichsen folgten im zweiten Wagen. Als man Klampenborg passierte, war das Offizierszelt auch in seiner Front mit Segeltüchern geschlossen, und nur aus einem schmalen Spalt ergoß sich ein Lichtstreifen auf den dunklen Vordergrund. Einzelnes aus einer Rede, die gerade gehalten wurde, trug der Wind herüber, und nun schwieg auch das, und nur zustimmende Rufe klangen noch in den Abend hinaus.

FÜNFZEHNTES KAPITEL

Die Rückfahrt war ohne weitere Zwischenfälle verlaufen, aber natürlich nicht ohne Medisance, darin sich Ebba nicht leicht zuviel tun konnte. Die Geschichte mit den »Rosenbergs« und den verschiedenen Verzweigungen der Familie war ihr dabei das denkbar glücklichste Thema. »Der arme Graf«, sagte sie, »das muß wahr sein, er geht allem so gründlich auf den Grund. Natürlich, dafür ist er ein Deutscher, und nun gar bei genealogischen Fragen, da kommt er aus dem Bohren und Untersuchen gar nicht mehr heraus. An jeden Namen knüpft er an, und wenn ich zum Unglück auf den Namen Cordelia getauft worden wäre, so biet' ich jede Wette, daß er sich ohne weiteres, nach dem alten Lear bei mir erkundigt haben würde.« Die Prinzessin gab Ebba einen Zärtlichkeitsschlag auf die Hand, der mehr ermutigte als ablehnte, und so fuhr diese denn fort: »Er hat etwas von einem Museumskatalog mit historischen Anmerkungen, und ich sehe noch sein Gesicht, als Königliche Hoheit von Tycho de Brahe sprachen und nach der Insel Hveen hinüberzeigten; er war ganz benommen davon, und seine Seele drängte sichtlich nach einem Gespräch über Weltsysteme. Das wäre so was für ihn gewesen, zurück bis Ptolomäus. Gott sei Dank kam etwas dazwischen, denn, offen gestanden, Astronomie geht mir noch über Genealogie.«

Auch der folgende Tag verlief unter ähnlichem Geplauder, was übrigens nicht hinderte, daß Holk, von seiten der Damen, einem allerfreundlichsten Entgegenkommen begegnete, so freundlich, daß es ihm nicht bloß schmeichelte, sondern ihn auch in die denkbar beste Stimmung versetzte.

Diese Stimmung nahm er dann mit nach Haus, in seine behagliche Hansensche Wohnung, und als er tags darauf bei seinem Frühstücke saß, kam ihm das prickelnd Anregende des Kopenhagener Hoflebens so recht aufs neue zum Bewußtsein. Wie öde waren daneben die Tage daheim, und wenn er sich dann vergegenwärtigte, daß er sich innerhalb zehn Minuten an den Schreibtisch zu setzen und über die gehabten Eindrücke nach Holkenäs hin zu berichten habe, so erschrak er fast, weil er fühlte, wie schwer es sein würde, den rechten Ton dafür zu finden. Und doch war dieser Ton noch wichtiger als der Inhalt, da Christine zwischen den Zeilen zu lesen verstand.

Er überlegte noch, als es klopfte. »Herein.« Und Frau Kapitän Hansen trat ein, diesmal nicht die Mutter, sondern Brigitte, die Tochter. Er hatte sie seit dem Abend seiner Ankunft kaum wiedergesehen, aber ihr Bild war er nicht losgeworden, selbst nicht in den Gesprächen mit Ebba. Brigittens Erscheinung in diesem Augenblicke verriet eine gewisse herabgestimmte Grandezza, darin das auf Hochgefühl Gestellte dem Gefühl ihrer Macht und Schönheit, das Herabgestimmte der Einsicht ihrer bescheidenen Lebensstellung entstammte, bescheiden wenigstens, solange der Graf der Mieter ihres Hauses war. Ohne mehr als einen kurzen Morgengruß zu bieten, schritt sie gerade und aufrecht und beinahe statuarisch bis an den Tisch heran und begann hier das Frühstücksservice zusammenzuschieben, während sie das mitgebrachte große Tablett, die Brust damit bedeckend, noch immer in ihrer Linken hielt. Holk seinerseits hatte sich inzwischen von seinem Fensterplatz erhoben und ging ihr entgegen, um ihr freundlich die Hand zu reichen.

»Seien Sie mir willkommen, liebe Frau Hansen, und wenn Ihre Zeit es zuläßt...«, und dabei wies er mit verbindlicher Handbewegung auf einen Stuhl, während er selbst an seinen Fensterplatz zurückkehrte. Die junge Frau blieb aber, das japanische Tablett nach wie vor schildartig vorhaltend, an ihrer Stelle stehen und sah ruhig und ohne jeden Ausdruck von Verlegenheit nach dem Grafen hinüber, von dem sie sichtlich ein weiteres Wort erwartete. Diesem konnte nicht entgehen, wie berechnet alles in ihrer Haltung war, vor allem auch in ihrer Kleidung. Sie trug dasselbe Hauskostüm, das sie schon am ersten Abend getragen hatte, weit und bequem, nicht Manschetten, nicht Halskragen, aber nur deshalb nicht, weil all dergleichen die Wirkung ihrer selbst nur gemindert hätte. Denn gerade ihr Hals war von besonderer Schönheit und hatte, sozusagen, einen Teint für sich. Dieselbe Berechnung zeigte sich in all und jedem. Ihre weite Schoßjacke mit losem Gürtel von gleichem Stoff schien ohne Schnitt und Form, aber auch nur, um ihre eigenen Formen desto deutlicher zu zeigen. In ihrer Gesamterscheinung war sie das Bild einer schönen Holländerin, und unwillkürlich sah Holk nach ihren Schläfen, ob er nicht die herkömmlichen Goldplatten daran entdecke.

»Sie ziehen vor«, nahm er, als sie seinem Blick unausgesetzt begegnete, wieder das Wort, »Sie ziehen vor, sich nicht zu setzen und in ganzer Figur zu bleiben, und Sie wissen sehr wohl, meine schöne Frau Brigitte, was Sie dabei tun. Wirklich, wenn ich bei Gelegenheit der Reise von Shanghai nach Bangkok — von der mir Ihre Frau Mutter gestern erzählte — der Kaiser von Siam gewesen wäre, so wäre das mit dem Thronsessel vor dem Palast alles sehr anders angeordnet worden, und Sie hätten, statt zu sitzen, was nie kleidet, neben dem Thronsessel gestanden und nur Ihren Arm auf die weiße Elfenbeinlehne gelehnt. Und da hätte sich's dann zeigen müssen, wer Sieger bliebe, das Elfenbein oder der Arm der schönen Frau Hansen.«

»Ach«, sagte Brigitte mit gut aufgesetzter Verlegenheit, »die Mutter spricht immer davon, als ob es etwas Besonderes gewesen wäre. Und es war doch bloß Spielerei.«

»Ja, Spielerei, Frau Brigitte, weil es in Siam war. Aber wir sind nicht immer in Siam. Und nur das haben wir in unserem guten Kopenhagen auch, daß wir ein Auge haben für die Schönheit. Und wer es am meisten und in seiner hohen Stellung auch wohl am eindringlichsten hat ... Aber es ist nicht nötig, Namen zu nennen, liebe Frau Kapitän Hansen, und ich bewundere nur Ihren teueren Gatten, von dem ich so viel Rühmliches gehört habe ...«

»Von Hansen. Ja. Nun, der kennt seine Brigitte«, sagte sie, während sie das Auge schamhaft niederschlug.

»Er kennt Sie, liebe Frau Hansen, und weiß, welches unbedingte Vertrauen er Ihnen entgegenbringen darf. Und ich möchte sagen, ich weiß es auch. Denn wenn Schönheit einerseits eine Gefahr ist, so ist sie doch kaum weniger auch ein Schild«, und dabei glitt sein Auge nach dem Tablett hinüber. »Es genügt ein Blick auf Ihre weiße Stirn, um zu wissen, daß Sie den Schwächen Ihres Geschlechts nicht unterworfen sind ...«

Frau Brigitte schwankte, wie sie sich zu diesen Auslassungen stellen solle; plötzlich aber wahrnehmend, daß Holks Auge leise hin und her zwinkerte, war es ihr klar, daß Pentz oder Erichsen oder vielleicht auch beide gesprochen haben müßten, und so ließ sie denn die Komödie der Würdigkeit fallen und begegnete seinem Lächeln mit einem Lächeln des Einverständnisses, während sie, wie gleich am ersten Abend, den linken Ellbogen, so daß der weite Ärmel zurückfiel, auf den hohen Kaminsims stützte.

Das wäre nun sicher der geeignete Moment gewesen, dem Gespräch eine Wendung zur Intimität zu geben; Holk zog es aber vor, wenn auch scherzhaft und ironisch, sich vorläufig noch auf den Sittenvormund hin aufzuspielen, und sagte: »Ja, liebe Frau Hansen, daß ich es noch einmal sage, nicht unterworfen den Schwächen Ihres Geschlechts. Dabei bleibt es. Und doch möcht' ich die Stimme des Warners erheben dürfen. Es ist, wie ich mir schon anzudeuten erlaubte, immer gefährlich, in einer Stadt zu leben, wo die Könige den ausgesprochenen Sinn für die Schönheit haben. Der Liebe dieser Mächtigen der Erde läßt sich vielleicht widerstehen, aber nicht ihrer Macht... Und was die Gräfin Danner angeht, mit der vorläufig freilich noch zu rechnen ist, nun, sie wird doch am Ende nicht ewig leben...«

»O doch.«

»Nun, so stirbt vielleicht die Neigung ihres königlichen Anbeters...«

»Auch das nicht, Herr Graf. Denn die Danner hat einen Zauber, und man hört darüber so dies und das.«

»Kann man es nicht erfahren?«

»Nein. Meine Mutter sagt zwar immer: ›Höre, Brigitte, du sagst auch alles‹; aber das mit der Danner, das ist doch zuviel.«

»Nun, dann werd' ich Baron Pentz fragen.«

»Ja, der kann es sagen, der weiß es... Einige sagen, sie habe den Schönheitsapfel, ich meine die Danner; aber das ist nicht der große Zauber, den sie hat, das ist höchstens der kleine...«

»Glaub' ich unbedingt. Und überhaupt, offen gestanden, ich weiß nicht, was immer der Apfel soll. Er ist mir immer halb unverständlich erschienen. Unter Kirschen kann ich mir etwas denken, aber Apfel...«

»Ich weiß doch nicht, Herr Graf«, sagte Brigitte, während

sie die Schoßjacke glatt zog, um ihrer Figur die rechte Linie zu geben. »Ich weiß doch nicht, ob Sie darin recht haben...« Und einmal angelangt auf dieser abschüssigen Ebene, schien sie durchaus geneigt, das Thema weiter fortzuführen. Aber ehe sie dazu kommen konnte, hörte sie, von der Treppe her, den halblauten Ruf: »Brigitte.«

»Das ist die Mutter«, sagte sie verdrossen und stellte das Geschirr auf das Tablett. Dann aber sich würdevoll verneigend, als ob Staats- und Kirchenfragen zwischen ihnen verhandelt worden wären, verließ sie das Zimmer.

Holk, als Brigitte die Tür ins Schloß gedrückt hatte, schritt auf und ab, sehr verschiedenen Gefühlen hingegeben. Er war nicht unempfindlich gegen die Schönheit und Koketterie dieser berückenden Person, die wie geschaffen schien, allerlei Verwirrungen anzurichten; aber daß sie den Willen dazu so deutlich zeigte, das minderte doch auch wieder die Gefahr. Allerlei Widersprechendes bekämpfte sich in ihm, bis endlich seine gute Natur den Sieg gewann und ihm die Kraft gab, das während dieser Tage Erlebte mit einem gewissen darüberstehenden Humor zu betrachten. Und damit war denn auch die Stimmung gewonnen, nach Holkenäs hin zu schreiben und seinen ersten Zeilen, in denen er nur seine Ankunft angezeigt hatte, einen längeren Brief folgen zu lassen. Einen Augenblick erschrak er freilich wieder vor der Menge dessen, was zu berichten war, denn unter dem, was ihm fehlte, war auch die Briefschreibepassion. Endlich aber nahm er seinen Platz an dem Zylinderbureau, schob die Bogen zurecht und schrieb.

»*Kopenhagen*, 3. Oktober 1859.
Dronningens Tvergade 4.

Meine liebe Christine. Die wenigen Zeilen, in denen ich Dir meine glückliche Ankunft meldete, wirst Du erhalten haben; es ist Zeit, daß ich nun ein weiteres Lebenszeichen gebe und, wie ich glücklicherweise gleich hinzusetzen darf, ein Zeichen meines Wohlergehens. Laß mich mit dem Nächstliegenden, mit meiner Wohnung bei der Witwe Hansen beginnen. Es ist alles, wie's früher war, nur eleganter, so daß man deutlich sieht, wie sich ihre Verhältnisse gehoben haben. Vielleicht ist alles dem Umstande zuzuschreiben, daß sie jetzt mit ihrer Tochter, ebenfalls einer Frau Kapitän Hansen (die früher ihren Mann auf seinen Chinafahrten begleitete), zusammenwohnt. Es stehen dadurch wohl größere Mittel zur Verfügung. Frau Kapitän Hansen ist eine schöne Frau, so schön, daß sie dem Kaiser von Siam vorgestellt wurde, bei welcher Gelegenheit sie zugleich der Gegenstand einer siamesischen Hofovation wurde. Sie hat eine statuarische Ruhe, rotblondes Haar (etwas wenig, aber sehr geschickt arrangiert) und natürlich den Teint, der solch rotblondes Haar zu begleiten pflegt. Ich würde sie Rubensch nennen, wenn nicht alles Rubensche doch aus gröberem Stoffe geschaffen wäre. Doch lassen wir Frau Kapitän Hansen. Du wirst lachen, und darfst es auch, über das Interesse, das aus dem Vergleich mit Rubens zu sprechen scheint. Und Rubens noch übertroffen! Ich war gleich am ersten Abend bei Vincents auf dem Kongens Nytorv, wohin ich durch Pentz und Erichsen abgeholt wurde. Viele Bekannte gesehen — auch de Meza, der von Jütland herübergekommen war –, aber niemanden gesprochen, was in einer großen politischen Aufregung, die ich hier vorgefunden, seinen Grund hat. Hall soll gestürzt und Rottwig an seine Stelle gesetzt werden. Natürlich nur Übergangsministerium, wenn es überhaupt glückt, was auch noch die Frage. Lies die Berichte, die ›Dagbladet‹ bringt, sie sind ausführlicher und minder parteiisch als die von ›Flyveposten‹. Am andern Vormittage war ich bei der Prinzessin, um mich ihr vorzustellen. Ihr Benehmen gegen mich genau dasselbe wie früher; sie kennt meinen abweichenden politischen Standpunkt, aber sie verzeiht es mir, daß ich mehr für das alte Dänemark bin als für das neue. Meiner Loyalität ist sie sicher und meiner Anhänglichkeit an ihre Person doppelt und dreifach. Das läßt sie vieles übersehen, wenigstens solange der König lebt und von einer ernsten politischen Krise keine Rede sein kann. So sind wir in der angenehmen Lage, auf einem völligen Friedensfuße miteinander verkehren zu können.

In der Umgebung der Prinzessin hat sich nichts geändert, fast zu wenig. Alles ist bequem und behaglich, aber doch zugleich auch ergraut und verstaubt; die Prinzessin hat kein Auge dafür, und Pentz, der vielleicht Wandel schaffen könnte, hält es für klug, die Dinge ruhig weiter gehen zu lassen. Die Schimmelmann ist nach wie vor würdig und wohlwollend, an Charakter ein Schatz, aber ein wenig bedrückend. An Stelle der Gräfin Frijs, die, während der letzten zehn Jahre, der Liebling der Prinzessin war, ist ein Fräulein von Rosenberg getreten. Ihre Mutter war eine Wrangel. Diese Rosenbergs stammen aus dem westpreußischen Städtchen Filehne, wurden erst unter Gustav III. baronisiert und haben keine Verwandtschaft weder mit den böhmischen noch mit den schlesischen Rosenbergs. Das Fräulein selbst — nur immer der älteste Sohn führt den Baronstitel — ist klug und espritvoll und beherrscht die Prinzessin, soweit sich Prinzessinnen beherrschen lassen. Unzweifelhaft, und dafür haben wir ihr alle zu danken, hat sie dem kleinen Nebenhof im Prinzessinnenpalais den Charakter der Langenweile genommen, der früher der vorherrschende war. Ich konnte mich gestern, wo ich Dienst hatte, von diesem Wandel der Dinge überzeugen, mehr noch vorgestern, wo wir eine Wagenpartie nach Klampenborg und der Eremitage machten. Es war ein wundervoller Tag, und als bei Sonnenuntergang an die zweitausend Hirsche geschwaderweise bei uns vorbeidefilierten — ein Schauspiel, von dem ich oft gehört, aber das ich nie gesehen habe —, schlug mir das Herz vor Entzücken, und ich wünschte Dich und die Kinder herbei, um Zeuge davon sein zu können. Es verlangt mich übrigens lebhaft, von Euch zu hören. Was hast Du hinsichtlich der Pensionen beschlossen? Ich habe Dir gern und voll Vertrauen freie Hand gelassen, aber ich hoffe, Du wirst nichts übereilen. Das Hinaussenden der Kinder in die Welt hat seine Vorzüge, das soll unbestritten bleiben, aber das Beste bleibt doch das, was die Familie bietet, das elterliche Haus. Und wenn eine Hand wie die Deine das Haus bestellt, so verdoppelt sich nur die Wahrheit dieses Satzes. Grüße die Dobschütz und Alfred, wenn er von Arnewiek herüberkommt, was hoffentlich recht oft geschieht; denn ich weiß, Du liebst ihn, und ebenso weiß ich, wie sehr er diese Liebe verdient. Wenn Asta bei Petersens vorspricht, laß sie dem Alten meine Grüße bringen und ihm wie der Enkelin alles mögliche Freundliche sagen. Strehlke soll Axel nicht mit Mathematik und Algebra quälen, aber den Charakter soll er bilden. Leider hat er selber keinen, ein so guter Kerl er im übrigen ist. Freilich, wer hat Charakter? Es ist nicht jedem so gut geworden wie Dir, Du hast das, was den meisten fehlt; aber, wenn mich nicht alles täuscht, erfüllt Dich selber mitunter der leise Wunsch, etwas weniger von dem zu haben, was Dich auszeichnet. Irr' ich darin? Laß bald von Dir und den Kindern hören und, wenn es sein kann, Erfreuliches.

Dein
Helmuth H.«

Und nun legte er die Feder aus der Hand und überflog das Geschriebene noch einmal. Einiges mit Zufriedenheit. Als er aber gegen das Ende hin die Worte las: »das Beste bleibt doch immer das elterliche Haus« ... und dann: »wenn eine Hand wie die Deine dies Haus bestellt« ... da überkam ihn eine leise Rührung, von der er sich kaum Ursach' und Rechenschaft zu geben vermochte. Hätt' er es gekonnt, so hätt' er gewußt, daß ihn sein guter Engel warne.

SECHZEHNTES KAPITEL

Holk gab den Brief selbst zur Post, dann ging er zu Pentz, der ihn in seine Wohnung zum Frühstück geladen hatte. Von den Ministern war niemand da, auch Hall nicht, trotzdem er zugesagt hatte, wohl aber Reichstagsmitglieder und Militärs: General Bülow, Oberst du Plat, Oberstleutnant Tersling, Kapitän Lundbye, selbstverständlich Worsaae, der als Esprit fort und Anekdotenerzähler nicht fehlen durfte. Tersling hatte seinen guten Tag, Worsaae auch, was bei den Schraubereien, in denen man sich gefiel, am besten zutage trat; aber so vergnüglich diese Kämpfe waren, so sah sich doch gerade Holk nur mäßig dadurch unterhalten, teils weil ihm, als einem Nicht-Kopenhagener, manches von den Pointen entging, teils weil er Fragen auf dem Herzen hatte, die zu stellen sich bei dem beständigen

Wortgefecht der beiden humoristischen Gegner keine rechte Gelegenheit für ihn bieten wollte. Denn Pentz war ganz Ohr und hörte nur auf die gegenseitigen Sticheleien. Das Frühstück, wie jedes gute Frühstück, dauerte bis Abend. Als es beendet war, gingen etliche von den Jüngeren noch nach Tivoli hinaus, um einem letzten Operettenakt beizuwohnen; Holk aber, an großstädtisches Leben nicht gewöhnt und immer beflissen, sich in beinah philiströser Weise bei guter Gesundheit zu halten, begleitete Bülow und du Plat bis an das Kriegsministerium und ging dann auf seine Wohnung zu. Die ältere Frau Hansen empfing ihn aufmerksam und artig wie immer, fragte nach seinen Befehlen und brachte den Tee. Das Gespräch, das sie dabei führte, war nur kurz, und alles, was sie sagte, lag heute nach der gefühlvollen Seite hin: ihrer Tochter Brigitte sei nicht recht wohl, und wenn sie dann bedenke, daß die arme junge Frau, denn sie sei doch eigentlich noch jung, und der Mann schon im siebenten Monat fort und käm' auch noch lange nicht wieder zurück, ja, wenn sie das alles so bedenke, und daß Brigitte doch ernstlich krank werden und aus dieser Zeitlichkeit scheiden könne, da wolle sie doch lieber gleich selber sterben. »Und was ist es denn auch am Ende? Wenn man fünfzig ist und Witwe dazu, ja, Herr Graf« (und sie trocknete sich eine Träne), »was hat man da noch vom Leben? Je früher es kommt, desto besser. Armut ist nicht das Schlimmste, schlimmer ist Einsamkeit, immer einsam und ohne Liebe...« Holk, den diese Sentimentalität amüsierte, bestätigte selbstverständlich alles. »Jawohl, liebe Frau Hansen, es ist ganz so, wie Sie sagen. Aber Sie dürfen es nicht so schwer nehmen. Ein bißchen Liebe findet sich immer noch.«

Sie sah ihn von der Seite her an und freute sich seines Verständnisses.

Am anderen Tage war Holk wieder in Dienst, was am Hofe der Prinzessin nicht viel besagen wollte. Die fast Siebzigjährige, die — darin noch ganz das Kind des vorigen Jahrhunderts — immer spät zur Ruhe ging und noch später aufstand, erschien nie vor Mittag in ihren Empfangsräumen; die Kammerherren vom Dienst hatten also bis dahin nichts anderes zu tun, als im

Vorzimmer zu warten. Da wurden denn Zeitungen gelesen, auch wohl Briefe geschrieben, und wenn, lange vor Sichtbarwerden der Prinzessin, der Kammerdiener ein gut arrangiertes Frühstück brachte, so rückte Pentz in die tiefe, mit einem kleinen Diwan in Hufeisenform halb ausgefüllte Fensternische, wo sich dann Holk oder Erichsen ihm gesellte. So war es auch heute, und als man von dem Sherry genippt und Pentz ein sehr anerkennendes Wort über die Sardinen geäußert hatte, sagte Holk: »Ja, vorzüglich. Und doch, lieber Pentz, ich möchte heute, wenn es geht, etwas anderes von Ihnen hören als Kulinarisches oder Frühstückliches. Ich hatte mir schon gestern ein paar Fragen an Sie vorgenommen, aber die beiden Kampfhähne nahmen Sie ja ganz in Anspruch. Worsaae war übrigens wirklich sehr amüsant. Und dann mußt' ich mir auch sagen, wer so glänzender Wirt ist wie Sie, der ist eben Wirt und nichts weiter und hat nicht Zeit zu Privatgesprächen in einer verschwiegenen Ecke.«

»Sehr liebenswürdig, lieber Holk. Ich habe mich nicht recht um Sie gekümmert, und anstatt mir einen Vorwurf daraus zu machen, machen Sie mir Elogen über meine Wirtlichkeit. Übrigens muß ich Ihnen bekennen, wenn ich gestern um ein Privatgespräch mit Ihnen, und noch dazu, wenn ich recht gehört, ›um ein Privatgespräch in einer verschwiegenen Ecke‹ gekommen bin, so verwünsche ich alle Repräsentationstugenden, die Sie mir gütigst zudiktieren. ›In einer verschwiegenen Ecke‹ — da darf man etwas erwarten, was jenseits des Gewöhnlichen liegt.«

»Ich bin darüber doch selbst im Zweifel. Auf den ersten Blick ist es jedenfalls was sehr Gewöhnliches und betrifft ein Thema, das schon gleich am ersten Abend zwischen uns verhandelt wurde. Hab' ich dann aber wieder gegenwärtig, wie sich alles in der Sache so mysteriös verschleiert, so hört es doch auch wieder auf, was Alltägliches und Triviales zu sein. Kurzum, ich weiß selber nicht recht, wie's steht, ausgenommen, daß ich neugierig bin, und nun sagen Sie mir, was ist es mit den zwei Frauen, Mutter und Tochter?«

Pentz verstand entweder wirklich nicht oder gab sich doch das Ansehen davon, weshalb Holk fortfuhr: »Ich meine natürlich die beiden Hansens. Eigentlich, auch ganz abgesehen von dem, was Sie mir schon erzählt haben, sollt' ich darüber so gut unterrichtet sein wie Sie selbst; denn beide Frauen sind schleswigsches Gewächs, ich glaub' aus Husum gebürtig und dann später in Glücksburg, und bei der Mutter, wie Sie ja wissen, hab' ich auch schon gewohnt, als ich das letztemal hier war und meinen Dienst tat. Aber ich muß damals schlecht beobachtet haben, oder die Tochter, die jetzt da ist, hat dem Hausstand ein anderes Wesen gegeben. Soviel bleibt, ich schwanke nach wie vor hin und her, was ich eigentlich daraus machen soll. Manchmal glaub' ich in meiner Annahme raffiniertester Komödianterei ganz sicher zu sein; dann aber seh' ich wieder hohe Mienen, vollkommene ›Airs‹, und wenn ich auch sehr wohl weiß, daß man hohe Mienen aufsetzten kann, so bringen sie mich doch immer wieder ins Unsichere. Da gibt es beispielsweise eine wundervolle Geschichte von dem Kaiser von Siam, mit märchenhaften Huldigungen und Geschenken und sogar einer prachtvollen Perlenschnur. Ist das nun Wahrheit oder Lüge? Vielleicht ist es Größenwahn. Die Tochter ist sicherlich eine sehr schöne Person, und wer um seiner Schönheit willen, wie ich nicht zweifle, gelegentlich große Triumphe feiert und dann doch auch wieder stillsitzen und brüten und abwarten muß, der spinnt sich in seiner Einsamkeit seine Triumphe leicht weiter aus, und da haben wir denn einen Kaiser von Siam mit Perlenschnur und Elefanten, wir wissen nicht wie.«

Pentz lächelte vor sich hin, aber schwieg weiter, weil er wohl sah, daß Holk, mit dem, was er sagen wollte, noch nicht voll am Ende war. Dieser fuhr denn auch weiter fort: »So kann denn alles Halluzination sein, Ausgeburt einer erhitzten Phantasie. Wenn ich dann aber an das Augenaufleuchten und Kichern, was beides gelegentlich vorkommt, und zugleich an die Worte denke, die Sie gleich den ersten Abend bei Vincent gegen mich äußerten, Bemerkungen, in denen so was von ›Sicherheitsbehörde‹ vorkam, so kommt mir, ehrlich gestanden, ein leiser Märchengrusel. Und wenn es bloß Märchengrusel wäre, nein, eine richtige Angst und Sorge. Denn, lieber Pentz, was heißt Sicherheitsbehörde? Sicherheitsbehörde heißt doch einfach Polizei, deren geschickteste und dienstbeflissenste Mitglieder mitunter Mitglieder einer unsichtbaren politischen Loge sind. Und das macht mir einigermaßen Herzensbeklemmungen. Ist da wirklich was von Beziehungen zwischen einem Sicherheitsassessor und der Tochter oder gar zwischen dem Polizeichef selbst und der Mutter – denn auch das kommt vor, und Polizeichefs sind unberechenbar in ihrem Geschmack –, so bin ich da bei dieser Hansensippe nicht viel anders untergebracht als in einer Spelunke. Daß Goldleisten und türkische Teppiche da sind und Mutter und Tochter einen Tee zubereiten, der, weit über Siam hinaus, direkt aus dem himmlischen Reich kommen könnte, kann mich für die Dauer nicht trösten. Es schien mir auch, als ob die Prinzessin, wie sie den Namen der Frau Hansen hörte, nicht gerade erbaulich dreinblickte. Kurzum, was ist es damit? Und nun heraus mit der Sprache.«

Pentz, mit seinem Sherryglase leise anklingend, lachte herzlich und sagte dann: »Ich will Ihnen was sagen, Holk, Sie sind bis über die Ohren in diese schöne Person verliebt, und weil Sie sich vor ihr fürchten oder, was dasselbe ist, sich persönlich nicht recht trauen, so wünschen Sie, daß ich Ihnen eine furchtbare Geschichte zum besten gebe, die Sie jederzeit als Sicherheitsvademekum aus der Tasche holen und wie einen Schirm zwischen sich und der schönen Frau Hansen aufrichten können. Mit solch furchtbarer Geschichte kann ich Ihnen aber beim besten Willen nicht dienen. Und bedenken Sie, wie würd' ich es, als Sie vor zwei Jahren das erstemal, auf meine Empfehlung hin, bei der Frau Hansen Wohnung nahmen, wie würd' ich es gewagt haben, Sie, den Grafen Holk und Kammerherrn unserer Prinzessin, in einer Chambre garnie unterzubringen, für die Sie, frisch, fromm und frei, das Wort ›Spelunke‹ dem Sprachschatz deutscher Nation entnommen haben...«

»Sie dürfen nicht empfindlich werden, Pentz. Um so weniger, als Sie mit Ihren Anspielungen eigentlich schuld an meinem Argwohn sind. Warum sprachen Sie von ›Sicherheitsbehörde‹?«

»Weil es sich so verhält. Warum soll ich nicht von Sicherheitsbehörde sprechen? Warum soll ein Mitglied dieser Behörde die schöne Frau Brigitte nicht ebenso schön finden, wie Sie sie finden? Er ist vielleicht ein Vetter von ihr oder auch von der Alten, der ich beiläufig noch weniger traue als der Jüngeren ...«

Holk nickte zustimmend.

»Im übrigen dürfen Sie sich über dies und vieles andere nicht den Kopf zerbrechen. Das ist so Kopenhagensch, das war hier immer so; schon vor dreihundert Jahren hatten wir die Düveke-Geschichte, Mutter und Tochter, und ob nun Hansen oder Düveke, macht keinen rechten Unterschied. Beiläufig, daß Düveke nicht Name, sondern bloß Epitheton ornans war, werden Sie wissen. Und war klug genug gewählt. ›Täubchen‹, Täubchen von Amsterdam — kann man sich etwas Unschuldigeres denken?«

Holk konnte nur bestätigen; Pentz aber, der nicht bloß ein lebendiges Nachschlagebuch für die hauptstädtische Chronique scandaleuse, sondern ganz besonders auch für die Liebesgeschichten alter und neuer Könige war, war nicht unfroh, ein Thema, das er ausgiebig beherrschte, weiter ausspinnen zu können. »Es ist was ganz Eigenes mit dieser Düveke-Geschichte. Sie wissen, daß sie durch rote Kirschen vergiftet sein soll. Aber so oder so, die Geschichte war schon so gut wie halb vergessen, und man zerbrach sich nicht sonderlich den Kopf mehr über die Düveke, hielt es vielmehr mit anderen, nicht ganz so weit abliegenden Vorbildern, als mit einem Male unsere gute Putzmacherin Rasmussen in eine dänische Gräfin umgebacken wurde. Und wollen Sie mir's glauben, Holk, von dem Tage an ist all das alte Zeug wieder lebendig geworden, und alles, was in Dänemark ein paar rote Backen hat oder gar so hübsch ist wie diese Frau Brigitte mit dem ewig müden Augenaufschlag, das will nun wieder ›Düveke‹ werden und sich adeln lassen und eine Strandvilla haben und legt die Hände in den Schoß und putzt sich und wartet. Und dabei denken alle, wenn nicht der König kommt, unser allergnädigster Matrosenkönig Friedrich der Siebente — denn soviel sehen sie wohl, die Danner weiß ihn zu halten und muß einen Charme haben, den der Rest der Menschheit noch nicht entdecken konnte —, wenn, sag' ich, der König nicht kommt, so kommt ein anderer, so kommt Holk oder Pentz, wobei Sie mir verzeihen müssen, daß ich mich so ohne weiteres an Ihre Seite dränge. Nein, Holk, nichts von Spelunke. Diese schöne Capitana, deren Mann ich übrigens nicht beneide, beiläufig soll er immer unter Rum stehen, ist nicht schlimmer als andere, nur ein bißchen gefährlicher ist sie, weil sie schöner ist, mit ihrem Rotblond und der Volljacke, die nirgends schließt. Ihrer Ritterlichkeit, lieber Holk, brauch' ich es übrigens nicht erst anzuempfehlen, daß Sie darauf verzichten, diese Ärmste ...«

»Spotten Sie nur, Pentz. Aber Sie gehen durchaus in die Irre und vergessen, daß ich fünfundvierzig bin.«

»Und ich, lieber Holk, bin fünfundsechzig. Und wenn ich danach die Berechnung mache, so kann es um Sie, beziehungsweise um die schöne Brigitte, gerade noch schlecht genug stehen.«

Er wollte sichtlich in diesem Tone noch weiter sprechen, aber im selben Augenblicke trat ein Kammerdiener aus den Gemächern der Prinzessin und meldete, daß Königliche Hoheit die Herren zu sprechen wünsche.

Pentz und Holk traten ein. Die Prinzessin hielt ein Zeitungsblatt in der Hand und war augenscheinlich nicht bloß in Erregung, sondern in geradezu schlechter Laune. Sie warf das Blatt beiseite, und statt der sonst üblichen gnädigen Begrüßung erfolgte nur die Frage: »Haben Sie schon gelesen, meine Herren?«

Holk, dem als einem halben Fremden keine besondere Leseverpflichtung oblag, blieb ruhig; Pentz aber kam in Verlegenheit, um so mehr, als er neuerdings öfters auf solchen Unterlassungssünden ertappt worden war. Diese sehr sichtbare Verlegenheit stellte aber die gute Stimmung der Prinzessin sofort wieder her. »Nun, lieber Pentz, erschrecken Sie nicht zu sehr und lassen Sie mich zu Ihrer Beruhigung sagen, daß mir, im langen Laufe der Jahre – und nach solchen müssen wir doch nachgerade rechnen – ein Mann der Trüffel- und Wildbretpastete wie Sie viel, viel lieber ist als ein Mann der Politik und des Zeitungsklatsches oder gar der Zeitungsmalice. Denn mit einer solchen haben wir's hier zu tun. Es wird zwar ein Handelshaus vorgeschoben, noch dazu ein Handelshaus in Kokkegarde, aber es bedarf nicht vieler Einsicht und Vertrautheit, um die Personen zu erraten, die diesen Skandal in Szene gesetzt haben.«

In Pentz' Gesicht verschwand der Ausdruck der Verlegenheit, und der der Neugierde trat an seine Stelle. »Mutmaßlich Unpassendheiten über die Gräfin . . .«

»O nein«, lachte die Prinzessin herzlich. »Unpassendheiten über die Gräfin gibt es erstlich überhaupt nicht, und wenn Sie das Muster eines Kammerherrn wären, Gott sei Dank sind Sie's nicht, so würden Sie meinen Ihnen wohlbekannten Gefühlen für die Gräfin etwas ausgiebiger Rechnung tragen. Aber so sind Sie, Baron, und vergessen im Hinblick auf das Frühstück, wenn Sie's nicht schon genommen, daß ein Pasquill über die Danner meine gute, nicht aber meine schlechte Laune geweckt haben könnte. Ja, lieber Pentz, da haben Sie sich verfahren oder vielleicht selbst verraten, und lebten wir in anderen Zeiten, so begäb' ich mich recte zum König und ging' ihn an, Ihnen einen Struensee-Prozeß zu machen und Sie der unerlaubten Beziehungen zur Gräfin-Putzmacherin zu zeihen. Denken Sie, wenn dann Ihr Haupt fiele! Doch ich will Sie so weit nicht bedrohen und verurteile Sie nur, den Artikel zu lesen, hier *den;* Ebba hat jede Zeile rot unterstrichen, sie liebt dergleichen, und dann mögen Sie sich wundern, wie weit wir in Dänemark mit unserem Regiment der Gasse bereits gekommen sind. Regiment der Gasse, leider; — vor Holk sollten wir uns freilich sträuben, es zuzugestehen, denn es stellt uns bloß und ist nur Wasser auf seine schleswig-holsteinische Mühle. Doch was hilft es, der Artikel ist nun mal da, und wenn er ihn hier nicht liest, so liest er ihn in seiner Wohnung, oder die Frau Kapitän Hansen liest ihn ihm wohl gar vor. Leute, die selber Anspruch auf einen ›Artikel‹ oder Ähnliches haben, sind immer am durstigsten nach allem, was Sensation macht.«

Holk fühlte sich unangenehm berührt, weil er aus dieser Schlußbemerkung aufs neue heraushörte, daß der gute Leumund der Hansens ein großes Fragezeichen habe; es war aber nicht Zeit, sich diesem Gefühle hinzugeben, denn Pentz hatte das Blatt bereits in die Hand genommen und begann, während er sein Pincenez hin und her schob: »Erbprinzlich Ferdinandsche Wechsel zu verkaufen!«

»Nun, Pentz, Sie stocken ja schon und ziehen Ihr Taschentuch, mutmaßlich um Ihre Gläser zu putzen und sich zu vergewissern, daß Sie recht gelesen haben. Aber Sie haben recht gelesen. Fahren Sie nur fort.«

».... Verschiedene vom Prinzen Ferdinand, Königliche Hoheit, und zwar unter dem Zusatze: ›bei meiner königlichen Ehre‹ ausgestellte Wechsel, indossiert von seinem Kammerassessor Plöther, sind zu verkaufen, und zwar für den Wert, den eventuelle Liebhaber, beziehungsweise Sammel- und Kuriositätenamateurs, Papieren von solcher Bedeutung beimessen wollen, doch nicht unter fünfzig Prozent. Man beliebe sich an das Comptoir Kokkegarde 143 zu wenden ...«

Pentz legte das Blatt nieder; der Artikel war zu Ende.

»Nun, meine Herren, was sagen Sie zu diesem Vorkommnis, von dem ich behaupten darf, ähnliches in meinen siebzig Jahren noch nicht erlebt zu haben. Sie schweigen, und Holk ist mutmaßlich der Meinung: wie man sich bettet, so liegt man; wer Wechsel ausstellt, und noch dazu ›bei seiner königlichen Ehre‹, hat die Wechsel einzulösen, und unterläßt er's, so muß er sich's gefallen lassen, wie's hier geschieht, von Kokkegarde 143 aus an den Pranger gestellt zu werden. So denkt mutmaßlich Holk, und er hat recht; gewiß, es liegt so. Der Prinz ist mir auch durchaus gleichgültig, und je mehr er sich ruiniert, je mehr kommt es dem zustatten, der bestimmt ist, an dieses sogenannten Erbprinzen Stelle, wirklich der Erbe dieses Landes zu sein. Aber ich kann mich der egoistischen Freude darüber, meine politischen Pläne gefördert zu sehen, doch nicht ganz hingeben, wenn so viel anderes und schließlich Wichtigeres dabei verloren geht ... Kein Vogel beschmutzt das eigene Nest, und es gibt eine Solidarität der Interessen, die das Königtum als solches anerkennen muß, sonst ist es um das Königtum geschehen. Ich könnte mich über ›Dagbladet‹ aigrieren, und ich gestehe, mein erster Unmut ging nach dieser Seite hin. Aber was ist eine Zeitung? Nichts. Aigriert bin ich über den König, dem dies Gefühl der Solidarität abhanden gekommen ist. Er denkt an nichts als an die Danner und an das Ausgraben von Riesenbetten, an und für sich sehr verschiedene Dinge, die sich freilich vielleicht auch wieder in der Vorstellung der Zukunft zu einer seltsamen Einheit zusammentun werden. Vor allem denkt er: après nous le déluge. Und das ist ein Unglück. Ich hasse Moralpredigten und Tugendsimpeleien, aber andererseits bleibt doch auch bestehen: es ist nichts mit den laxen Grundsätzen — Grundsätze sind wichtiger als das Tatsächliche. Das sag' ich Ihnen, lieber Pentz. Mit Holk liegt es anders, er ist ein Deutscher, und wenn er auch vielleicht ins Schwanken kommt (die Rosenberg hat mir wahre Wunderdinge von der Frau Brigitte Hansen erzählt), so hat er eben seine Frau Christine daheim. Und ich müßte mich sehr in ihr irren, wenn sie nicht mit ihrer Macht von Holkenäs bis Kopenhagen reichen sollte. Und nun au revoir, meine Herren.«

SIEBZEHNTES KAPITEL

Holk hatte nicht Zeit, sich Betrachtungen über das eben Gehörte hinzugeben, denn es war ein besuchreicher und überhaupt ein ziemlich unruhiger Tag. Um zwölf erschienen zwei bildschöne »petit-nièces« der Prinzessin, noch halbe Kinder, um die Großtante zum Besuch einer historischen Ausstellung abzuholen, die die Professoren Marstrand und Melbye seit dem 1. Oktober in einigen Nebensälen des Museums eröffnet hatten. Die ganze Stadt sprach von dieser Ausstellung, und wie gewöhnlich trat das Politische daneben zurück, trotzdem es gerade Tage waren, in denen nicht nur ein Ministerium, sondern fast auch die Monarchie in Frage stand. Aber was bedeutete das neben großstädtischer und nun gar Kopenhagener Vergnügungssucht, die sich diesmal außerdem noch hinter einem großen Worte verstecken und als Patriotismus ausgeben konnte. Denn was es da zu sehen gab, war etwas nie Dagewesenes, eine dänische *National*ausstellung, zu der man alles, was an historischen Porträts in Stadt und Land existierte, sorglich zusammengetragen hatte. Mit Kniestücken Christians II. und seiner Gemahlin Isabella fing es an und schloß mit drei lebensgroßen Porträts Friedrichs VII., des jetzt regierenden Königs Majestät, ab. In einiger Entfernung war auch das Bildnis der Danner. Dazwischen endlose Schlachten zu Land und zu See, Kämpfe mit den Lübischen, Erstürmung von Wisby, Bombardement von Kopenhagen, überall rotröckige Generäle, noch mehr aber Seehelden aus mindestens drei Jahrhunderten, und natürlich auch Thorwaldsen und Oehlenschläger und der häßliche alte Grundtvig. Die Prinzessin zeigte nur ein mäßiges Interesse, weil das meiste, was sie sah, den zahlreichen über Seeland hin zerstreuten königlichen Schlössern entnommen, ihr also seit lange bekannt war; die jungen Großnichten aber waren Feuer und Flamme, fragten hierhin und dorthin und konnten einen Augenblick wirklich die Vorstellung wecken, als ob sie jedem alten Admiral, von denen einer der berühmtesten ein Pflaster über dem einen Auge hatte, die vollste Bewunderung entgegenbrächten. Aber auf die Dauer entging es doch niemandem, weder der Prinzessin noch ihrer Umgebung, daß das ganze Interesse für Admiräle nur Schein und Komödie war, und daß die jungen Prinzessinnen immer nur andächtig vor den Bildnissen solcher Personen verweilten, die, gleichviel ob Männer oder Frauen, mit irgendeiner romantisch-mysteriösen Liebesgeschichte verknüpft waren.

»Sonderbar«, sagte Pentz zu Ebba und wies auf die ältere der beiden Prinzessinnen, die, wie's schien, von dem Struensee-Porträt gar nicht los konnte.

»Nein«, lachte Ebba. »Nicht sonderbar. Durchaus nicht. Oder verlangen Sie, daß sich junge Prinzessinnen für den alten Grundtvig oder gar für den Bischof Monrad interessieren sollen? Das Bischöfliche wiegt nicht schwer, wenn man vierzehn ist.«

»Aber das Struenseesche?«

»Sans doute.«

Am Nachmittage machte die Prinzessin, was nicht oft vorkam, einen Ausflug in die Umgegend, und am Abend, etwas noch Selteneres, erschien sie sogar in ihrer Theaterloge, hinter ihr die Schimmelmann und Ebba, hinter diesen Pentz und Holk. Es wurde der zweite Teil von Shakespeares Heinrich IV. gegeben, und nach dem dritten Akte, dem eine längere Pause folgte, nahm man den Tee, wobei wie gewöhnlich fleißig kritisiert wurde, denn die Prinzessin hatte noch die literarischen Allüren des vorigen Jahrhunderts. Es erheiterte sie, daß man nicht bloß zu keinem einheitlichen Urteil kommen konnte, sondern daß jeder seinen Liebling und seine Renonce hatte, nicht bloß hinsichtlich der Schauspieler, sondern auch in Rücksicht auf die Shakespeareschen Figuren. Die Prinzessin selbst, die immer was Besonderes haben mußte, war am meisten für die beiden Friedensrichter eingenommen und erklärte, diesen Geschmack schon in ihren jungen Jahren gehabt zu haben; eine vollendete Darstellung des Philisteriums habe sie von jeher mehr entzückt als alles andere, und nicht bloß auf der Bühne. Solche Friedensrichter liefen auch in der hohen Politik umher, und in jedem Ministerium — ja, sie könne selbst ihren Freund Hall nicht ganz ausnehmen —, zumal aber in jeder Synode säße mindestens ein halbes Dutzend Figuren wie Schaal und Stille. Von Falstaff wollte niemand etwas wissen, vielleicht weil er nicht ganz gut gegeben wurde, wogegen Holk für Fähnrich Pistol und Pentz für Dorchen Lakenreißer schwärmte. Doch unterließ er es, den vollen Namen zu nennen und sprach immer nur von »Dorchen«. Die Prinzessin ließ ihm, wie sie sagte, diese Geschmacksverirrung ruhig hingehen, ja, hatte Worte halber Anerkennung für ihn, weil er wenigstens ehrlich und konsequent bleibe; zudem sei es das Klügste; jede andere Versicherung seinerseits würde doch nur ihrem Mißtrauen begegnet sein. Ebba mühte sich, auf diesen scherzhaften Ton der Prinzessin einzugehen, scheiterte aber völlig damit und verfiel schließlich in ein sich immer steigerndes nervöses Zucken und Zittern. Holk, der es sah, versuchte dem Gespräch eine andere Wendung zu geben, kam aber nicht weit damit und war herzensfroh, als das Spiel auf der Bühne wieder seinen Anfang nahm. Man blieb indessen nicht lange mehr, kaum noch bis zum Schlusse des nächsten Aktes, dann wurde der Wagen befohlen, und Pentz und Holk, nachdem sie seitens der Prinzessin gnädig entlassen waren, schlenderten, auf einem Umweg, auf Vincents Restaurant zu, wo sie, bei schwedischem Punsch, eine Plauderstunde zu haben wünschten.

Unterwegs sagte Holk: »Sagen Sie, Pentz, was war das mit der Rosenberg? Sie war dicht vor einem hysterischen Anfall. Peinlich und noch mehr verwunderlich.«

»Ja, peinlich. Aber verwunderlich gar nicht.«

»Wie das?«

Pentz lachte. »Lieber Holk, ich sehe, daß Sie die Weiber doch herzlich schlecht kennen.«

»Ich mag nicht das Gegenteil behaupten, denn ich hasse Renommistereien, und am meisten auf diesem Gebiete. Aber über die Rosenberg glaubte ich im klaren zu sein und glaub' es noch. Ich halte das Fräulein für freigeistig und übermütig und behaupte ganz ernsthaft, wer mit Glaubens- und Moralfragen so zu spielen weiß, der ist auch sozusagen verpflichtet, an Falstaffs Dorchen eine helle Freude zu haben oder doch mindestens keinen Anstoß daran zu nehmen.«

»Ja, das denken Sie, Holk. Aber das ist es ja eben, weshalb ich Ihnen die Weiberkenntnis abspreche. Wenn Sie die hätten, so würden Sie wissen, daß gerade die, die dies und das auf dem Kerbholz haben, sich durch nichts so sehr verletzt fühlen wie durch ein grobes und unter Umständen selbst durch ein leises Zerrbild ihrer selbst. Mit ihrem richtigen Spiegelbilde leben sie sich ein, auch wenn ihnen gelegentlich ein Zweifel an der besonderen Berechtigung ihrer moralischen Physiognomie kommen mag; taucht aber neben diesem Bilde noch ein zweites auf, das die schon zweifelhaften Stellen auch noch mit einem Agio wiedergibt, so hat es mit der Selbstgefälligkeit ein Ende. Mit anderen Worten, das Stücklein Eva, das solche suspekte Damen repräsentieren, sind sie geneigt, noch gerade passieren zu lassen, aber nun auch kein Deutchen mehr davon, ein Mehr ist schlechterdings unzulässig, und tritt es ihnen trotzdem entgegen, so schrecken sie zusammen und kriegen den Weinkrampf.«

Holk blieb stehen und sagte dann: »Liegt es *so*? Sagen Sie da nicht mehr, Pentz, als Sie verantworten können? Ich kann doch, um nur eins zu nennen, nicht wohl annehmen, daß die Prinzessin, als sie das Fräulein an den Hof zog, eine Wahl getroffen hat, die sich, anderer Bedenken zu geschweigen, schon mit Rücksicht auf die Danner, diesen Gegenstand ihrer beständigen moralischen Angriffe, verboten haben würde.«

»Und doch ist es so. Zurückzunehmen ist meinerseits nichts. Ebba wünscht sich eine Zukunft, das ist gewiß, und nur eins ist noch gewisser — sie hat eine Vergangenheit.«

»Können Sie darüber sprechen?«

»Ja. Ich bin in der angenehmen Lage, vor nichts haltmachen zu müssen, und am wenigsten vor Fräulein Ebba. Wer selbst so wenig Schonung übt, hat Schonung verwirkt, und der beständige Spötter über Diskretion, was hab' ich nicht alles aus dem Munde dieses Sprühteufels hören müssen, darf seinerseits keinen Anspruch auf Diskretion erheben.«

»Und was war es?« unterbrach Holk, der immer neugieriger wurde.

»Wenn Sie wollen, nichts oder doch jedenfalls nicht viel. Alles Durchschnittsgeschichte. Sie war Hofdame bei der Königin Josephina drüben in Stockholm. Die Leuchtenbergs, wie Sie wissen, sind alle sehr liebenswürdig. Nun, es ist ein Jahr jetzt oder etwas länger, daß man sich über die Zärtlichkeiten und Aufmerksamkeiten zu wundern anfing, die mit einem Male der jüngste Sohn der Königin ...«

»Der Herzog von Jämtland ...«

»Eben der ... die mit einem Male der jüngste Sohn der Königin für seine Mutter an den Tag legte. Die Verwunderung indes währte nicht allzu lange. Sie kennen die kleinen Boote, die zwischen den Liebesinseln des Mälarsees hin- und herfahren, und da man die Stockholmer Gondolieri so gut bestechen kann wie die venetianischen, so lagen die Motive für des Prinzen Aufmerksamkeiten sehr bald offen zutage; sie hießen einfach: Fräulein Ebba. Da gab es denn selbstverständlich eine Szene. Trotz alledem wollte die Königin, die geradeso vernarrt in das Fräulein war wie unsere Prinzessin, von Entlassung oder gar Ungnade nichts wissen und gab nur ungern und sehr widerstrebend einer Pression von seiten des Hofes nach. Am meisten gegen sie war der König, der in allem klar sah ...«

»Also daher so leidenschaftlich antibernadottisch«, sagte Holk, der sich plötzlich einiger Bemerkungen erinnerte, die das Fräulein auf dem Wege zur Eremitage gemacht hatte. »Daher die glühende Begeisterung für Haus Wasa.«

»Haus Wasa«, lachte Pentz. »Ja, das ist jetzt ihre Lieblingswendung. Und doch, glauben Sie mir, hat es Stunden und Tage gegeben, wo die Rosenberg das ganze Haus Wasa, den großen Gustav Adolf mit eingerechnet, für den Ringfinger eines jüngsten Bernadotte hingegeben hätte. Vielleicht ist es noch so, vielleicht sind die Brücken nach Schweden hinüber noch immer nicht ganz abgebrochen, wenigstens bis ganz vor kurzem ging noch eine Korrespondenz. Erst seit diesem Herbst schweigt alles und treffen, soviel ich weiß, keine Briefe mehr ein. Mutmaßlich ist was anderes im Werke. Ebba hat nämlich immer mehrere Eisen im Feuer.«

»Und weiß die Prinzessin davon?«

»Was diese schwedische Vergangenheit betrifft, gewiß alles, ja vielleicht noch mehr als alles. Denn mitunter empfiehlt es sich auch, aus purer Erfindung noch was hinzuzutun. Das steigert dann das Pikante. Liebesgeschichten dürfen nicht halb sein, und wenn es sich so trifft, daß die mitleidslose Wirklichkeit den Faden vor der Zeit abschnitt, so muß er künstlich weitergesponnen werden. Das verlangt jeder Leser im Roman, und das verlangt auch unsere Prinzessin.«

An dieser Stelle brach das Geplauder ab, denn man hatte Vincent erreicht, und als man, eine Stunde später, das Restaurant wieder verließ, geschah es in Gesellschaft anderer, so daß das Gespräch nicht wieder aufgenommen werden konnte.

Witwe Hansen zeigte sich ziemlich einsilbig, als Holk in den Hausflur eintrat, und beschränkte sich auf Behändigung eines Telegramms, das im Laufe des Nachmittags eingetroffen war. Es bestand aus wenig Worten, in denen Christine mit einer Kürze, die jedem Geschäftsmanne zur Zierde gereicht haben würde, nur drei Dinge an Holk vermeldete: Dank für seine Zeilen, Genugtuung über sein Wohlergehen und Inaussichtstellung eines längeren Briefes ihrerseits. Holk hatte das Telegramm noch unten im Flur überflogen, bot gleich danach, unter Ablehnung ihrer Begleitung, der Frau Hansen eine gute Nacht und stieg dann in seine Zimmer hinauf, wo die Lampe schon brannte. Daß ihn Christinens Worte besonders beschäftigt hätten, ließ sich nicht sagen, er dachte mehr an Pentz als an das Telegramm und sah weiteren Mitteilungen über Ebba mit mehr Neugierde entgegen als dem in Aussicht gestellten Briefe. Vor dem Einschlafen schwanden aber auch diese Gedanken wieder, denn mit einem Male war ihm, als ob er ganz deutlich ein Gekicher und dazwischen einen feinen durchdringenden Ton wie vom Anstoßen geschliffener Gläser höre. War es im Hause nebenan oder war es direkt unter ihm? Es berührte ihn wenig angenehm und um so weniger, als er sich nicht verhehlen konnte, daß etwas von Eifersucht mit im Spiele war, Eifersucht auf die »Sicherheitsbehörde«. Dies Wort indessen barg auch wieder die Heilung in sich, und als er es vor sich hingesprochen, kam ihm seine gute Laune wieder und bald danach auch der Schlaf.

Am andern Morgen erschien die jüngere Hansen mit dem Frühstück, und als Holk sie musterte, war er fast beschämt über die Gedanken, mit denen er gestern eingeschlafen war. Brigitte sah aus wie der helle Tag, Teint und Auge klar, und eine ruhige frauenhafte Schönheit, fast wie Unschuld, war über sie ausgegossen. Dabei war sie schweigsam wie gewöhnlich, und nur als sie gehen wollte, wandte sie sich noch einmal und sagte: »Der Herr Graf sind hoffentlich nicht gestört worden. Mutter und ich haben bis nach zwölf kein Auge zugetan. Es sind so sonderbare Leute nebenan, unruhig bis in die Nacht hinein, und man hört jedes Wort an der Wand hin. Und wenn es dabei bliebe . . .« Der Graf versicherte, nichts gehört zu haben, und als Brigitte fort war, war er wieder ganz unter ihrem Eindruck. »Ich trau' ihr nicht, fast so wenig wie der Alten, aber eigentlich weiß ich doch nichts weiter, als daß sie sehr hübsch ist. Das Gespräch, das ich gestern oder vorgestern mit ihr hatte, ja, was bedeutet das am Ende? Solch Gespräch kann man mit jeder jungen Frau führen oder doch mit sehr vielen. Eigentlich hat sie nichts gesagt, was andere nicht auch sagen könnten; Blicke sind immer unsicher, und mitunter ist mir's, als ob alles, was Pentz da so hingesprochen, bloß Klatsch und Unsinn sei. Das mit der Ebba wird wohl auch noch anders liegen.«

Eine Stunde später kam der Postbote, der den telegraphisch angekündigten Brief brachte. Holk freute sich, weil ihm aufrichtig daran lag, all den unliebsamen Betrachtungen, wie sie diese Weiber, Ebba mit eingerechnet, in ihm angeregt hatten, entrissen zu werden. Und dazu war nichts geeigneter als ein Brief von Christine. Der kam aus einem zuverlässigen Herzen, und er atmete auf, als er das Kuvert geöffnet und den Brief herausgenommen hatte. Aber er ging einer Täuschung entgegen, der Brief war von einer solchen Nüchternheit, daß er nur imstande war, ein Mißbehagen an die Stelle des anderen zu setzen.

»Ich hatte vor, lieber Holk«, so vermeldete Christine, »Dir einen längeren Brief zu schreiben, aber Alfred, den Du für die Wochen Deiner Abwesenheit als Dein alter ego eingesetzt hast, ist eben von Arnewiek herübergekommen, und so gilt es denn, Deinem Stellvertreter Rapport abzustatten. Natürlich ist auch Schwarzkoppen mit da, was mir sehr lieb, aber doch auch wieder zeitraubend ist, und so muß ich mich denn kurz fassen und Dich hinsichtlich eingehenderer Mitteilungen bis auf weiteres vertrösten. Allzu groß wird Dein Verlangen danach nicht sein, denn ich weiß, daß Du Dich allemal von dem einnehmen läßt, was Dich unmittelbar umgibt. Und wenn das, was Dich umgibt, so schön ist wie die Frau Kapitän Hansen und so pikant wie das Fräulein Ebba, das nur leider Deinen Abstammungserwartungen nicht ganz entsprochen hat, so wirst Du nach Mitteilungen aus unserem stillen Holkenäs, wo's schon ein Ereignis ist, wenn die schwarze Henne sieben Küchlein ausbrütet, nicht sonderlich begierig sein. Mit Schwarzkoppen hoffe ich das Thema, das Du kennst, endgültig erledigen zu können. Ich schreibe Dir darüber erst, wenn ganz bestimmte Festsetzungen getroffen sind, zu denen ich ja Deine Ermächtigung habe. Gesundheitlich geht alles gut. Der alte Petersen hatte vorgestern eine schlimme Ohnmacht, und wir dachten schon, es ginge zu Ende; er hat sich aber vollkommen wieder erholt und besuchte mich heute früh heiterer und aufgeräumter denn je. Hinter dem Wirtschaftshofe, zwischen dem kleinen Teich und der alten Pappelweide mit den vielen Krähennestern, will er graben lassen und ist sicher, etwas zu finden, Urnen oder Steingräber oder beides. Ich habe ihm ohne weiteres die Erlaubnis dazu erteilt, und Alfred, der Regente, wird, denk' ich, zustimmen und Du auch. Meine gute Dobschütz hat wieder viel gehustet, aber Emser-Brunnen und Molke haben wie gewöhnlich wahre Wunder getan. Axel ist frisch und munter, was wohl daran liegt, daß Strehlke mehr an Jagd als an Grammatik denkt. Ich lass' es vorläufig gehen, aber es muß anders werden. Asta ist halbe Tage lang unten bei Elisabeth. Beide Kinder lieben sich zärt-

lich, was mich unendlich glücklich macht. Denn von Jugend
auf gepflegte Herzensbeziehungen sind doch das Schönste, was
das Leben hat. Gott sei Dank, daß ich mich darin einig mit Dir
weiß. Wie immer Deine Christine.«

Holk legte den Brief aus der Hand. »Was soll das? Ich erwarte Zärtlichkeiten und finde Sticheleien. Daß sie sich verklausulieren, macht die Sache nur noch schlimmer. ›Alfred, der Regente‹ und vorher ›so schön wie Frau Kapitän Hansen oder so pikant wie Fräulein Ebba‹, das wäre gerade genug. Aber die Schlußbetrachtung ist doch die Hauptsache, ›daß von Jugend auf gepflegte Herzensbeziehungen das Schönste sind‹. Alles wie Honig, der bitter schmeckt. Und dazu die Pensions- und Erziehungsfragen en vue. Vielleicht ist das der Punkt, der alles erklärt, und sie schlägt einen spöttisch herben Ton an, um mich einzuschüchtern und mehr freie Hand zu haben. Aber wahrhaftig, sie hätte nicht nötig, nach diesem Mittel zu greifen. Es geschieht doch, was sie will. Am liebsten freilich behielt' ich die Kinder um mich; sind sie fort, so hab' ich nichts als eine furchtbar vorzügliche Frau, die mich bedrückt. Sie weiß das auch, und mitunter, glaub' ich, wird ihr selber vor ihrer Vorzüglichkeit bange. Sollen die Kinder aber fort, und ich habe mich darin ergeben, so macht es mir keinen Deut, ob sie nach Gnadau oder nach Gnadenberg oder nach Gnadenfrei kommen, ein bißchen Gnade wird wohl immer dabei sein. Für Asta mag's ohnehin passieren; warum nicht? Und Axel? Nun, meinetwegen auch der; der ist ein Holk, und wenn er vorläufig auch ganz verherrnhutert und Missionar wird und in Grönland vielleicht ein Triennium durchmacht, er wird sich schon wieder erholen.«

ACHTZEHNTES KAPITEL

Das Wetter schlug um, und es folgten mehrere Regentage. Die Prinzessin hielt sich zurückgezogen, und flüchtige Begegnungen abgerechnet, sah sie Holk nur abends, wo man, nach einer Partie Whist, den Tee gemeinschaftlich einnahm. In dem Verkehr änderte sich nichts, am wenigsten zwischen Holk und Ebba. Diese wurde vielmehr mit jedem Tage kecker und übermütiger, und als ihr klar war, daß Pentz über die Stockholmer

Vorgänge geplaudert haben müsse, machte sie selber Andeutungen nach dieser Seite hin und sprach über Liebesverhältnisse, besonders aber über Liebesverhältnisse bei Hofe, wie wenn das nicht bloß statthafte, sondern geradezu pflichtmäßige Dinge wären. »Es gibt so viel Formen des Lebens«, sagte sie, »man kann Gräfin Aurora Schimmelmann und man kann Ebba Rosenberg sein; ein jedes hat seine Berechtigung, aber man darf nicht beides zugleich sein wollen.« Holk, einigermaßen frappiert, sah sie halb erheitert und halb erschreckt an, Ebba aber fuhr fort: »Es gibt viele Maßstäbe für die Menschen, und einer der besten und sichersten ist, wie sie sich zu Liebesverhältnissen stellen. Da gibt es Personen, die, wenn sie von einem Rendezvous oder einem Billetdoux hören, sofort eine Gänsehaut verspüren; was mich persönlich angeht, so fühl' ich mich frei von dieser Schwäche. Was wäre das Leben ohne Liebesverhältnisse? Versumpft, öde, langweilig. Aber verständnis- und liebevoll beobachten, wie sich aus den flüchtigsten Begegnungen und Blicken etwas aufbaut, das dann stärker ist als der Tod — oh, es gibt nur eines, das noch schöner ist, als es zu beobachten, und das ist, es zu durchleben. Ich bedaure jeden, dem der Sinn dafür fehlt oder der, wenn er ihn besitzt, sich nicht offen und freudig dazu bekennt. Wer den Mut einer Meinung hat, wird auch immer ein paar zustimmende Herzen finden, und schließlich genügt es, wenn es eines ist.« Es verging kein Abend, wo nicht derlei Worte fielen, gegen die sich Holk, mit freilich immer schlechterem Erfolg, eine Weile zu wehren suchte. Mit jedem Tage wurd ihm klarer, wie richtig und zutreffend Pentz über die Macht sogenannter pikanter Verhältnisse gesprochen hatte, Verhältnisse, denen etwas hinzuzutun den Weibern oft geratener erscheine, als Abzüge davon zu machen. Ja, Pentz hatte recht, und mit einem ganz eigenen Mischgefühl von Behagen, Ärger und Bangen nahm er mehr und mehr wahr, wie das Fräulein mit ihm spielte. Das sah aber freilich auch die Prinzessin und beschloß, mit Ebba darüber zu sprechen.

»Ebba«, sagte sie, »Holk ist nun vierzehn Tage lang um uns, und ich möchte wohl hören, wie du über ihn denkst. Ich habe Vertrauen zu deinen guten Augen...«

»In Politik?«

»Ach, Schelmin, du weißt, daß mir seine Politik gleichgültig ist, sonst wär' er überhaupt nicht in meinem Dienst. Ich meine seinen Charakter, und ich möchte fast hinzusetzen sein Herz.«

»Ich glaube, er hat ein gutes schwaches Herz.«

Die Prinzessin lachte. »Gewiß, das hat er. Aber damit kommen wir nicht weiter. Also sage mir etwas über seinen Charakter. Der Charakter ist wichtiger als das Herz. Es kann jemand ein schwaches Herz haben, aber doch zugleich einen starken Charakter, weil er Grundsätze hat. Und dieser starke Charakter kann ihn dann retten.«

»Dann ist Holk verloren«, lachte Ebba. »Denn ich glaube, sein Charakter ist noch viel schwächer als sein Herz; sein Charakter ist das recht eigentlich Schwache an ihm. Und was das Schlimmste ist, er weiß es nicht einmal. Weil er wie ein Mann aussieht, so hält er sich auch dafür. Aber er ist bloß ein schöner Mann, was meist soviel bedeutet wie gar keiner. Alles in allem, er hat nicht die rechte Schule gehabt und seine bescheidenen Talente nicht nach der ihm entsprechenden Seite hin entwickeln können. Er mußte Sammler werden oder Altertumsforscher oder Vorstand eines Asyls für gefallene Mädchen oder auch bloß Pomologe.«

»Nun, nun«, sagte die Prinzessin, »das ist viel auf einmal. Aber sprich nur weiter.«

»Er ist unklar und halb, und diese Halbheit wird ihn noch in Ungelegenheiten bringen. Er geriert sich als Schleswig-Holsteiner und steht doch als Kammerherr im Dienst einer ausgesprochen dänischen Prinzessin; er ist der leibhafte genealogische Kalender, der alle Rosenberge, den Filehner Zweig abgerechnet, am Schnürchen herzuzählen weiß, und spielt sich trotzdem auf Liberalismus und Aufklärung aus. Ich kenn' ihn noch nicht lange genug, um ihn auf all seinen Halbheiten ertappt zu haben, aber ich bin ganz sicher, daß sie sich auf jedem Gebiete finden. Ich bezweifle zum Beispiel keinen Augenblick, daß er jeden Sonntag in seiner Dorfkirche sitzt und jedesmal aus seinem Halbschlummer auffährt, wenn die Glaubensartikel verlesen werden, aber ich bezweifle, daß er weiß, was drin steht, und wenn er's weiß, so glaubt er's nicht. Trotzdem aber schnellt er in die Höh' oder vielleicht auch gerade deshalb.«

»Ebba, du gehst zu weit.«

»O durchaus nicht. Ich will vielmehr eine noch viel gewichtigere Halbheit nennen. Er ist moralisch, ja beinah tugendhaft und schielt doch begehrlich nach der Lebemannschaft hinüber. Und diese Halbheit ist die schlimmste, schlimmer als die Halbheit in den sogenannten großen Fragen, die meistens keine sind.«

»Nur zu wahr. Aber hier, liebe Ebba, hab' ich dich just da, wo ich dich haben und halten will. Er schielt begehrlich nach der Lebemannschaft hinüber, sagst du. Leider hast du's damit getroffen; ich seh' es mit jedem Tage mehr. Aber weil er diese Schwäche hat, müssen wir ihm goldene Brücken bauen, nicht zum Angriff, wohl aber zum Rückzug. Du darfst ihm nicht, wie du jetzt tust, unausgesetzt etwas irrlichterlich vorflackern. Er ist schon geblendet genug. Solange er hier ist, mußt du dein Licht unter den Scheffel stellen. Ich weiß wohl, daß das viel gefordert ist, denn wer ein Licht hat, der will es auch leuchten lassen; aber du mußt mir das Opfer bringen, und wenn es dir schwer fällt, so behalte zu deinem Trost im Auge, daß seines Bleibens hier nicht ewig sein wird. Um Neujahr geht er zurück, und haben wir erst wieder, wohl oder übel, unsere alte Trias um uns her, so tu, was du willst, heirate Pentz oder mache mit Erichsen oder gar mit Bille, dessen Masern doch mal ein Ende nehmen müssen, eine Eskapade, mir soll es recht sein. Vielleicht verdrängst du auch noch die Gräfin, ich meine nicht die Holk, sondern die Danner, und das wäre vielleicht das Beste.«

Ebba schüttelte den Kopf. »Das darf nicht sein, die Danner verdrängen, da wär' ich nicht mehr die dankbar ergebene Dienerin meiner gnädigsten Prinzessin.«

»Ach Ebba, sprich nicht so, du täuschst mich dadurch nicht. Ich habe soviel Dank von dir, wie dir gerade paßt. Ich tu auch nichts um Dankes willen. Das Undankbarste, weil Unklügste, was es gibt, ist Dank erwarten. Aber das mit Holk, das überlege.«

»Verzeihung, gnädigste Prinzessin. Aber was soll ich überlegen? Solang ich denken kann, heißt es: ›ein Mädchen soll sich selber schützen‹ und ist auch recht so; man muß es können. Und wer es nicht kann, nun, der will es nicht. Also gut, wir sollen uns schützen. Aber was ist ein junges Mädchen gegen einen ausgewachsenen Grafen von Fünfundvierzig, der jeden Tag ein Enkelkind über die Taufe halten kann. Wenn sich wer selber schützen muß, so ist es ein Graf, der, glaub' ich, siebzehn Jahre verheiratet ist und eine tüchtige und ausgezeichnete Frau hat und eine sehr hübsche dazu, wie mir Pentz erst heute noch versicherte.«

»Gerade dieser Frau halber ist es, daß ich in dich dringe...«

»Nun, wenn gnädigste Prinzessin befehlen, so werd' ich zu gehorchen suchen. Aber bin ich die richtige Adresse? Nun und nimmermehr. Holk ist es. *Er* ist seiner Frau Treue schuldig, nicht ich, und wenn er diese nicht hält, so kommt es auf ihn und nicht auf mich. Soll ich meines Bruders Hüter sein?«

»Ach, daß du recht hast«, sagte die Prinzessin und fuhr mit der Hand über das blonde Wellenhaar Ebbas. »Aber wie's auch sei, du weißt, man beobachtet uns, weil wir unsrerseits auch alles beobachten, und ich möchte nicht gern, daß wir uns vor dem König und seiner Gräfin eine Blöße gäben.«

An dem dienstfreien Tage, der diesem Gespräche folgte, hatte Holk vor, allerlei Briefschulden abzutragen.

Vor ihm lag die ganze Korrespondenz der letzten vierzehn Tage, darunter auch Briefe der Gräfin. Er überflog sie, was nicht viel Zeit in Anspruch nahm, da ihrer nur wenige waren, und dann, als letztes, ein neues Telegramm, darin sie sich entschuldigte, seit vier Tagen nicht geschrieben zu haben. Das war alles, und so wenig es dem Umfange nach war, so wenig war es inhaltlich. Es verdroß ihn, weil er der Frage, wer eigentlich die Schuld trage, klüglich aus dem Wege ging. Er sagte sich nur, und dazu war er freilich berechtigt, daß es früher sehr anders gewesen sei. Früher, ja noch bei seiner letzten Anwesenheit in Kopenhagen, waren die zwischen ihnen gewechselten Briefe wahre Liebesbriefe gewesen, in denen, aller Meinungsverschiedenheiten unerachtet, die große Neigung, die sie bei jungen Jahren füreinander gehegt hatten, immer wieder zum Ausdruck gekommen war. Aber diesmal fehlte jede Zärtlichkeit, alles war frostig, und wenn ein Scherz versucht wurde, so war ihm etwas Herbes oder Spöttisches beigemischt, das ihm alles Erquickliche nahm. Ja, so war es leider, und doch mußte geschrieben werden. Aber was? Er sann noch hin und her, als die Hansen eintrat und ihm Briefe behändigte, die der Postbote eben gebracht hatte. Zwei davon waren Kopenhagener Stadtbriefe, der dritte, von Christinens Handschrift, hatte nicht das gewöhnliche Format und statt des Poststempels Glücksburg den Poststempel Hamburg. Holk war einen Augenblick überrascht, erriet aber den Zusammenhang der Dinge, noch eh er geöffnet hatte. »Natürlich, Christine macht ihre Pensionsreise.« So war es denn auch wirklich, und was sie schrieb, war das Folgende.

»*Hamburg*, Streits Hotel,
den 14. Oktober 59.

Lieber Holk. Mein Telegramm, in dem ich mich wegen meines mehrtägigen Schweigens entschuldigte, wirst Du erhalten haben. Nun siehst Du schon aus dem Poststempel, was die Veranlassung zu diesem Schweigen war: ich war in Reisevorbereitungen, die, trotz der Hülfe meiner guten Dobschütz und trotzdem ich alles auf das bloß Nötigste beschränkte, meine ganze Kraft in Anspruch nahmen. Wir fuhren bis Schleswig zu Wagen, von da per Bahn, und seit heute mittag sind wir hier in Streits Hotel, an das uns so viele freundliche Erinnerungen knüpfen. Wenn Dir an solchen Erinnerungen noch liegt! Ich habe Zimmer im zweiten Stock genommen, Blick auf das Bassin, seinen Pavillon und seine Brücken, und habe mich, als die Dämmerung kam, in das Fenster gelegt und das schöne Bild, wie früher, auf mich wirken lassen. Nur Asta war bei mir, Axel in die Stadt gegangen; er wollte mit Strehlke, der uns bis hierher begleitet hat, erst nach der Uhlenhorst und dann zu Rainvilles. Von da dann nach Ottensen, um sich Meta Klopstocks Grab anzusehen. Ich habe gern zugestimmt, weil ich weiß, daß solche Momente bleiben und das Leben vertiefen. Und das wäre nun wohl der Zeitpunkt, Dich wissen zu lassen, welche Beschlüsse, nach nochmaliger eingehender Beratung, hinsichtlich der Kinder von mir gefaßt wurden. Auch Alfred stimmte bei, wenn er auch die Bedeutung der Frage bestreitet. Asta natürlich nach Gnadenfrei. Daß es füglich nicht anders kommen konnte, damit wirst auch Du Dich vertraut gemacht haben. Ich habe glückliche Jahre dort verbracht, ich sage nicht, die glücklichsten (Du weißt, welche Jahre mir die glücklichsten waren), und ich wünsche meinem Kinde das gleich beneidenswerte Los, die gleich harmonische Jugend. Was Axel angeht, so hab' ich mich, auf Schwarzkoppens Rat, für das Bunzlauer Pädagogium entschieden. Es hat den besten Ruf und bleibt in der Strenge der Grundsätze hinter den thüringischen Lehranstalten nicht zurück, läßt aber diese Strenge da fallen, wo nicht Prinzipien in Frage kommen. Strehlke, der erst nach Malchin wollte, wird nun bei seinem Bruder in Mölln vikarieren; in den großen Ferien hat er mir versprechen müssen, unser Gast zu sein und sich um Axel zu kümmern. Er ist ein guter Mensch und wäre vorzüglich, wenn er, eh er seine Studien in Berlin abschloß, die vorhergehenden Jahre, statt in Jena, lieber in Halle verbracht hätte. Das Jenasche, mit seinen Einflüssen, ist nie ganz wieder zu tilgen. Ich wüßte nicht, was ich hinsichtlich der Kinder diesen Zeilen noch hinzuzusetzen hätte. Vielleicht das eine, daß mich eine gewisse Freudigkeit an ihnen schmerzlich überraschte, als es feststand, daß sie das elterliche Haus verlassen sollten. Der aller Jugend angeborne Hang nach dem Neuen, nach einem Wechsel der Dinge, scheint mir dabei nicht mitzusprechen oder wenigstens nicht allein. Aber wenn es das nicht ist, was dann? Haben wir es doch vielleicht an etwas in unserer Liebe fehlen lassen? Oder sehnen sich die Kinder danach, aus dem Widerstreit der Meinungen, davon sie nur allzuoft Zeuge waren, herauszukommen? Ach, lieber Holk, ich hätte diesen Widerstreit gern vermieden, aber es wollte mir nicht gelingen, und so wählte ich das, was ich für das kleinere Übel hielt. Ich mag dadurch manches verscherzt haben, aber ich habe getan, was mir mein Gewissen vorschrieb, und lebe der Überzeugung, daß Du bereit bist, mir dies Zugeständnis zu machen. Meine Reise wird mich nicht länger als fünf oder sechs Tage von Haus fern halten, und etwa am 20. hoffe ich in Holkenäs zurück zu sein, wo unterdessen meine gute Dobschütz das Regiment führt. Sprich der Prinzessin, die sich meiner so gnädig erinnert, meine Devotion aus und empfiehl mich Pentz und dem Fräulein v. Rosenberg, wennschon ich Dir bekenne, daß sie meine Sympathien nicht hat. Ich liebe nicht diese freigeistigen Allüren. Ich sehne das neue Jahr herbei, wo ich Dich, vielleicht schon am Silvesterabend, wiederzusehen hoffe. Laß die diesmaligen Kopenhagener Tage Deine letzten in der Hauptstadt sein, wenigsten in *der* Stellung, die Du jetzt darin einnimmst. Wozu diese Dienstlichkeiten, wenn man frei sein kann?

In aller Liebe
Deine Christine.«

Holk fühlte sich, als er gelesen, einer gewissen Rührseligkeit hingegeben. Es war so viel Liebes in dem Briefe, daß er alte Zeiten und altes Glück wieder heraufsteigen fühlte. Sie war doch die Beste. Was bedeutete daneben die schöne Brigitte? Ja, was bedeutete daneben selbst Ebba? Ebba war eine Rakete, die man, solange sie stieg, mit einem staunenden »Ah« begleitete, dann aber war's wieder vorbei, schließlich doch alles nur Feuerwerk, alles künstlich; Christine dagegen war wie das einfache Licht des Tages. Und diesem Gefühle hingegeben, überflog er den Brief noch einmal. Aber da schwand es wieder, alle freundlichen Eindrücke waren wieder hin, und was er heraushörte, war nur noch, oder doch sehr vorwiegend, der Ton der Rechthaberei. Und so kamen ihm denn auch die hundertmal gemachten Betrachtungen wieder. »Oh, diese tugendhaften Frauen; immer erhaben und immer im Dienste der Wahrhaftigkeit. Es mag ihnen auch so ums Herze sein. Aber ohne betrügen zu wollen, betrügen sie sich selbst, und nur eines ist gewiß: das Schrecknis ihrer Vorzüglichkeit.«

NEUNZEHNTES KAPITEL

Vier Wochen waren seitdem vergangen, und Mitte November war heran. Holk hatte sich kopenhagensch eingelebt, nahm teil an dem kleinen und großen Klatsch der Stadt und dachte mitunter nicht ohne Bangen daran, daß in abermals sechs Wochen das eintönige Leben auf Holkenäs wieder in Aussicht stehe. Die Briefe, die von dorther eintrafen, waren nicht geeignet, ihn andren Sinnes zu machen; Christine, seit sie von der Pensionsreise zurück war, schrieb zwar regelmäßiger und unterließ sogar alle verdrießlichen Betrachtungen; aber eine gewisse Nüchternheit blieb und vor allem der doktrinäre Ton, der ihr nun einmal eigen war. Und gerade dieser Ton, mit seiner Beigabe von Unfehlbarkeit, war es, wogegen Holk sich innerlich immer wieder auflehnte. Christine war in allem so sicher; was stand denn aber fest? Nichts, gar nichts, und jedes Gespräch mit der Prinzessin oder gar mit Ebba war nur zu sehr dazu angetan, ihn in dieser Anschauung zu bestärken. Alles war Abkommen auf Zeit, alles jeweiliger Majoritätsbeschluß; Moral, Dogma, Geschmack, alles schwankte, und nur für Christine waren alle Fragen gelöst, nur Christine wußte ganz genau, daß die Prädestinationslehre falsch und zu verwerfen und die kalvinistische Abendmahlsform ein »Affront« sei; sie wußte mit gleicher Bestimmtheit, welche Bücher gelesen und nicht gelesen, welche Menschen und Grundsätze gesucht und nicht gesucht werden müßten, und vor allem wußte sie, wie man Erziehungsfragen zu behandeln habe. Gott, wie klug die Frau war! Und wenn sie dann wirklich einmal zugab, eine Sache nicht zu wissen, so begleitete sie dies Zugeständnis mit einer Miene, die nur zu deutlich ausdrückte: solche Dinge braucht man auch nicht zu wissen.

In dieser Richtung gingen Holks Betrachtungen, wenn er des Morgens von seinem Fenster aus auf die stille Dronningens-Tvergade herniedersah, die, so still sie war, doch immer noch einen lebhaften Verkehr hatte, verglichen mit der einsamen Fahrstraße, die von Schloß Holkenäs nach Dorf Holkeby hinunterführte. Und wenn er so sann und dachte, dann klopfte es, und die Witwe Hansen oder auch wohl die schöne Brigitte trat ein, um den Frühstückstisch abzuräumen, und war es die gesprächige Witwe, so war er ganz Ohr bei allem, was sie sagte, und war es die schweigsame Brigitte, so war er ganz Auge und ihrem Bilde hingegeben. Es lag etwas in diesem Verkehr, das, trotzdem beide Frauen, und besonders Brigitte, keineswegs interessant waren, unsren Holk doch immer wieder anregte, wenngleich er in der Hansenfrage längst klar sah und von Geheimnisvollem keine Rede mehr sein konnte. Der Kaiser von

Siam war immer unsichrer, der »Sicherheitsbeamte« dagegen immer sichrer geworden; alles war genauso, wie's Pentz erzählt, indessen die Dehors blieben gewahrt und ebenso die kleinen Aufmerksamkeiten, die beide dem Holkschen Geschmack geschickt anzupassen wußten, und so kam es denn, daß dieser den allmorgendlichen Begegnungen mit Mutter und Tochter mit einer Art Behagen entgegensah, besonders seit er fühlte, daß diese Begegnungen aufgehört hatten, irgendwie gefährlich für ihn zu sein. Ob er sich bewußt war, worin dies Aufhören aller Gefahr eigentlich wurzelte? Vielleicht sah er persönlich nicht klar darin, aber andre sahen nur zu deutlich, daß es Ebba war.

In der Politik ging inzwischen alles ruhig seinen Gang. Erst für Anfang Dezember war ein neuer Ansturm geplant, hinsichtlich dessen die Meinung der Prinzessin dahin lautete, daß für diesmal, und zwar aus Klugheit, dem Ansturme nachzugeben sei; im selben Augenblicke, wo Hall gehe, werde das Land auch schon einsehen, was es an ihm gehabt habe. Dieser Ansicht schloß sich der prinzliche Hof natürlich an, und Holk war eben im Begriff, in eben diesem Sinne an Christine zu schreiben und ihr die staatsmännische Bedeutung Halls auseinanderzusetzen, als Pentz eintrat.

»Nun, Pentz, was gibt mir so früh schon die Ehre...«

»Große Neuigkeit.«

»Louis Napoleon tot?«

»Wichtiger.«

»Nun, dann muß das Tivoli abgebrannt oder die Nielsen katarrhalisch affiziert sein.«

»Es hält sich zwischen beiden: wir gehen morgen nach Frederiksborg.«

»Wir? wer sind ›wir‹?«

»Nun, die Prinzessin und alles, was ihr zugehört.«

»Und morgen schon?«

»Ja. Die Prinzessin ist nicht für Halbheiten, und wenn sie etwas vorhat, so müssen Plan und Ausführung womöglich zusammenfallen. Ich bekenne, daß ich lieber hier geblieben wäre. Sie kennen Frederiksborg noch nicht, weil Sie sich als dänischer Kammerherr der Aufgabe, dänische Schlösser *nicht* kennenzulernen, mit einer merkwürdigen Nachhaltigkeit unterzogen haben. Und weil Sie Frederiksborg noch nicht kennen, so können Sie's drei Tage lang dort aushalten oder im Studium von allerlei Krimskrams, von Perückenbildern und Runensteinen auch wohl drei Wochen lang. Denn es gibt manches derartige da zu sehen: einen Elfenbeinkamm von Thyra Danebod, einen Haarbüschel à la Chinoise von Gorm dem Alten und einen eigentümlich geformten Backzahn, in betreff dessen die Gelehrten sich streiten, ob er von König Harald Blauzahn oder von einem Eber der Alluvialperiode herstammt. Ich persönlich bin für das erstere. Denn was heißt Eber? Eber ist eigentlich gar nichts, schon deshalb nicht, weil die historische Notiz im Katalog immer die Hauptsache bleibt und über einen Eber meistens nur sehr wenig, über einen halb sagenhaften Seekönig aber sehr viel zu sagen ist. Ich bin Ihres Interesses für derlei Dinge ziemlich sicher, und als Genealoge werden Sie die Harald Blauzahnschen Verwandtschaftsgrade zu Ragnar Lodbrok oder vielleicht sogar zu Rolf Krake feststellen können. Also für Sie, Holk, ist am Ende gesorgt. Aber was mich angeht, ich bin nun mal mehr für Lucile Grahn und für Vincent und, wenn es nicht anders sein kann, selbst für eine ganz alltägliche Harlekin-Pantomime.«

»Glaub's«, lachte Holk.

»Ja, Sie lachen, Holk. Aber wir sprechen uns wieder. Ich redete da vorhin was von drei Wochen; nun ja, drei Wochen mögen gehen, aber sechs und richtig gerechnet beinah sieben — denn die Prinzessin schenkt einem keine Stunde und hat kein Fiduzit zum neuen Jahr, wenn sie das alte nicht in Frederiksborg zu Grabe geläutet hat —, sieben Wochen, sag' ich, das ist mutmaßlich auch für Sie zuviel, trotzdem Pastor Schleppegrell ein Charakter und sein Schwager Doktor Bie eine komische Figur ist. Mißverstehen Sie mich übrigens nicht, ich weiß recht gut, was ein Charakter, und noch mehr, was eine komische Figur unter Umständen wert ist; aber für sieben Wochen ist das alles zu wenig. Und wenn es nicht schneit, so regnet es, und wenn Regen und Schnee versagen, so stürmt es. Ich habe schon viele Windfahnen quietschen und viele Dachrinnen und Blitzableiter klappern hören, aber solch Geklapper wie in Frederiksborg gibt es nirgends mehr in der Welt. Und hat man Glück, so spukt es auch noch, und ist es keine tote Prinzessin, so ist es eine lebendige Kammerfrau oder eine Hofdame mit wasserblauen Stechaugen..."

"Ach, Pentz, daß Sie nichts sprechen können, ohne dem armen Fräulein einen Tort anzutun. Denn die Hofdame mit den Stechaugen, das soll doch natürlich die Rosenberg sein. Wären Sie nicht fünfundsechzig und wüßt' ich nicht, daß Sie zu andern Göttern schwören, ich glaubte wahrhaftig, Sie wären in Ebba verliebt."

"Das überlasse ich andern."

"Erichsen?"

"Versteht sich, Erichsen." Und er lachte herzlich.

Tags darauf, gerad um die Mittagsstunde, hielten zwei Wagen vor dem Palais der Prinzessin, deren Dienerschaft mit samt dem Gepäck schon eine Stunde vorher, und zwar unter Benutzung der nach Helsingör führenden Eisenbahn, aufgebrochen war. Man verteilte sich in den zwei Wagen wie damals auf der Rückfahrt von der Eremitage her; im ersten Wagen saß die Prinzessin mit der Schimmelmann und Ebba, im zweiten die drei Herren. Es war ein sonnenloser Tag, und graue mächtige Wolkenmassen zogen am Himmel hin. Aber der Ton, den diese Wolkenmassen der Landschaft gaben, ließ den Reiz derselben nur um so größer erscheinen, und als man den Furesee, der etwa halber Weg war, an seinem Ufer hin passierte, hob sich Ebba von ihrem Sitz und konnte sich nicht satt sehen an der stahlfarbenen leisgekräuselten Fläche, die die drüberhin fliegenden Möwen mit ihren Fügeln fast berührten. Das Ufer stand in dichtem und weit in den See hineinwachsendem Schilf, und nur dann und wann kamen Weiden, deren blätterlose Zweige bis tief herab hingen. An der andern Seite des Sees aber zog sich ein dunkler Waldstrich, drüber ein Kirchturm aufragte. Dazu tiefe Stille, nur unterbrochen, wenn aus dem Walde ein vereinzelter Schuß fiel oder das Gerassel des auf tausend Schritt Entfernung vorüberfahrenden Eisenbahnzuges hörbar wurde. Ebba machte diese Fahrt zum erstenmal. "Ich kenne den Süden nicht", sagte sie, "aber er kann nicht schöner sein als das hier. Alles wirkt so geheimnisvoll, als berge jeder Fußbreit Erde eine Geschichte oder ein Geheimnis. Alles ist wie Opferstätte, gewesene, oder vielleicht auch noch gegenwärtige, und die Wolken, die so grotesk drüber hinziehn — es ist, als wüßten sie von dem allen.«

Die Prinzessin lachte. »Daß ich ein so romantisches Fräulein um mich habe! Wer hätte das gedacht; meine gute Rosenberg mit ossianischen Anwandlungen! Oder, um ein Wortspiel zu wagen, meine Ebba auf Edda-Wegen.«

Ebba lächelte, weil sie sich in ihrer romantischen Rolle selber ein wenig fremd vorkommen mochte; die Prinzessin aber fuhr fort: »Und das alles schon angesichts dieses Furesees, der doch eigentlich nur ein See ist wie hundert andre; was steht uns da noch bevor, wenn wir erst in Frederiksborg an unserem Reiseziel sein werden, den Esromsee zur Rechten und den Arresee zur Linken, den großen Arresee, der schon Verbindung hat mit dem Kattegat und dem Meer. Und er friert auch nie zu, die Schmalungen und die Buchten abgerechnet. Aber was spreche ich von den Seen, die Hauptsache bleibt doch immer das Schloß selbst, mein liebes, altes Frederiksborg, mit seinen Giebeln und Türmen und seinen hundert Wunderlichkeiten an jedem Tragstein und Kapitell. Und wo sich andre Schlösser mit einem einfachen Abzugsrohr begnügen, da springt in Frederiksborg die Dachrinne zehn Fuß weit vor, und an ihrem Ausgange sitzt ein Basilisk mit drei Eisenstäben im weitgeöffneten Rachen, und an den Stäben vorbei schießt das Wasser auf den Schloßhof. Und wenn dann das Wetter wechselt und der Vollmond blank und grell darübersteht und alles so unheimlich still ist und das ganze höllische Getier aus allen Ecken und Vorsprüngen einen anstarrt, als ob es bloß auf seine Zeit warte, da kann einem schon ein Grusel kommen. Aber dieser Grusel ist es gerade, der mir das Schloß so lieb macht.«

»Ich dachte, Frederiksborg wäre eins von den ›guten Schlössern‹, ein Schloß ohne Spuk und Gespenster, weil ohne Blut und Mord und vielleicht überhaupt ohne große Schuld und Sünde.«

»Nein, da hoffst du mehr, als dir mein schönes Frederiksborg erfüllen kann. Ohne Blut und Mord, das möchte sein. Aber ohne Schuld und Sünde! Meine liebe Ebba, was lebt zweihundert Jahr' ohne Schuld und Sünde! Mir schwebt gerade nichts vor, nichts, wo man schaudert und klagt, aber an Schuld und Sünde wird's nicht gefehlt haben.«

»Ich möchte doch beinah widersprechen dürfen, gnädigste Prinzeß«, sagte hier die Schimmelmann. »Ebba, denk' ich, hat recht, wenn sie von einem ›guten Schlosse‹ spricht. Unser liebes Frederiksborg ist doch eigentlich nur ein Museum, und ein Museum, denk' ich, ist immer das Allerunschuldigste ...«

»... was es gibt«, lachte die Prinzessin. »Ja, das sagt man und ist auch wohl die Regel. Aber es gibt auch Ausnahmen. Altar, Sakristei, Grab und natürlich auch Museum — alles kann entheiligt werden, alles hat seine Sakrilegien erlebt. Und dann bleibt auch immer noch die Frage, *was* ein Museum alles beherbergt und aufweist. Da gibt es oft wunderliche Dinge, von denen ich nicht sagen möchte, sie seien unschuldig. Oder zum mindesten sind sie trüb und traurig genug. Als ich noch eine junge Prinzessin war, war ich einmal in London und habe da das Beil gesehen, womit Anna Bulen hingerichtet wurde. Das war auch in einem Museum, freilich im Tower, aber das ändert nicht viel; Museum ist Museum. Im übrigen, wir wollen unserer lieben Ebba nicht unser schönstes Schloß verleiden, unser schönstes und mein Lieblingsschloß dazu, denn ich habe, durch viele Jahre hin, immer gute Tage darin verlebt. Und wie's auch sein mag, gruselig und gespenstig oder nicht, du, liebe Ebba, sollst es wenigstens sicher darin haben, denn ich habe mich für deine Unterbringung im Turm entschieden.«

»Im Turm?«

»Allerdings im Turm, aber nicht in einem Turm mit Schlangen. Denn unter dir wird dein schwedisches Mädchen wohnen und über dir Holk. Ich denke, das wird dich beruhigen. Und jeden Morgen, wenn du ans Turmfenster trittst, hast du den schönsten Blick auf See und Stadt und auf den Schloßhof und alles, was ihn umgibt, und wenn sich meine Wünsche erfüllen, so sollst du glückliche Stunden in deinem Turmverlies verleben ... Ich weiß auch schon, was ich dir als Julklapp beschere.«

Während sie noch so sprachen, waren sie bereits bis weit über die Nordostecke des Furesees hinaus und näherten sich auf der fast gradlinigen Chaussee, deren Ebereschenbäume hier und da noch in roten Fruchtbüscheln standen, mehr und mehr dem Ziel ihrer Reise: Schloß Frederiksborg. Was zunächst sichtbar wurde, war freilich nicht das Schloß selbst, sondern das dem Schlosse vorgelegene Städtchen Hilleröd, und als sie bis dicht heran waren und schon zwischen den Mühlen und Scheunen des Städtchens hinfuhren, begann ein schwaches Schneetreiben. Aber eine Brise, die sich plötzlich aufmachte, vertrieb die Schneeflocken wieder, und als der Wagen der Prinzessin auf den Hilleröder Marktplatz hinauffuhr, klärte sich's mit einem Mal auf, und ein Stück blauer Himmel wurde sichtbar, darunter ein verblassendes Abendrot. Inmitten dieses Abendrots aber stand das hohe, turmreiche Schloß Frederiksborg und spiegelte sich still und märchenhaft in einem kleinen vorgelegenen See, der den schmalen Raum zwischen dem Städtchen und dem Schloß ausfüllte. Hinter dem Schlosse lag der Park, der mit einigen vorgeschobenen Bäumen von links und rechts her bis an den See herantrat, herrliche Platanen, deren vom Herbstwind abgeschüttelte Blätter zahlreich auf der stillen Seefläche trieben. Inzwischen war auch der zweite Wagen herangekommen, und Holk, der sich, weil auf Landfahrten alles erlaubt sei, wohlweislich den Platz neben dem Kutschersitz gewählt hatte, sprang jetzt herab, um an den Wagenschlag der Prinzessin zu treten und ihr auszusprechen, wie ländlich idyllisch dieser Marktplatz und wie schön der Anblick des Schlosses sei, Worte, die der Prinzessin sichtlich wohltaten und einer gnädigen Antwort gewiß gewesen wären, wenn nicht im selben Augenblicke, von einem dem Platz zunächstgelegenen Hause her, ein andrer Herr ebenfalls an den Wagenschlag der Prinzessin herangetreten wäre. Dieser andre war Pastor Schleppegrell von Hilleröd, ein stattlicher Funfziger, der seine Stattlichkeit durch seinen langen Predigerrock noch um ein erhebliches gesteigert sah. Er küßte der Prinzessin die Hand, aber mit mehr Ritterlichkeit als Devotion, und betonte dann seine Freude, seine Gönnerin wiederzusehen.

»Sie wissen, daß es ohne Sie nicht geht«, sagte die Prinzessin, »und ich habe hier auf Ihrem immer noch entsetzlich zugigen Marktplatz (denn es weht wieder von allen vier Seiten her) bloß halten lassen, um mich Ihres Besuches und zwar für heut' abend noch, zu versichern... Aber ich vergesse die Herren miteinander bekannt zu machen, Pastor Schleppegrell, Graf Holk...«

Beide verneigten sich.

»Und seien Sie, lieber Pastor, bei Geduld und guter Laune. Graf Holk ist übrigens Genealog, also Bruchstück eines Historikers, und wird Ihnen als solcher, und als ein vorzüglicher Frager, der er ist, Gelegenheit zu gelehrter Unterhaltung bieten. Denn man unterhält sich am besten, wenn man gefragt wird und antworten kann. Daß ich selber neugierig bin, wissen Sie; für etwas Beßres mag ich meine Fragelust nicht ausgeben. Und bringen Sie die liebe Frau mit. In Hilleröd und Frederiksborg schmeckt mir der Tee nur, wenn ihn mir meine liebe Freundin aus dem Pastorhause präsentiert. Ja, Ebba, das ist nun mal so, darin mußt du dich finden und darfst nicht eifersüchtig sein. Aber ich ertappe mich wieder auf einer zweiten Unterlassungssünde: Pastor Schleppegrell, Fräulein Ebba von Rosenberg.«

Der Pastor begrüßte das Fräulein und versprach nicht nur zu kommen, sondern auch seine Frau mitzubringen, und gleich danach setzte sich die Fahrt vom Marktplatz aus nach dem Schlosse hin fort, nachdem Holk, der Aufforderung der Prinzessin gehorchend, für die verbleibende kurze Strecke den Rücksitz des Wagens eingenommen hatte. Hier saß er neben Ebba, der Schimmelmann gegenüber, und fühlte sich angeregt genug, um noch den Versuch einer Konversation zu machen.

»Pastor Schleppegrell hat etwas Imponierendes in seiner Erscheinung und dabei doch eine Gemütlichkeit, die das Imponierende wieder dämpft. Ich habe wenig Menschen so ruhig und so sicher mit einer Prinzessin sprechen sehen. Ist er ein Demokrat? Oder ein Dissentergeneral?«

»Nein«, lachte die Prinzessin. »Schleppegrell ist kein Dissentergeneral, aber er ist freilich der Bruder eines wirklichen Generals, der Bruder von General Schleppegrell, der bei Idstedt fiel. Vielleicht zu rechter Zeit. Denn de Meza übernahm das Kommando.«

»Ah«, sagte Holk. »Also daher.«

»Nein, lieber Holk, auch nicht *daher;* ich muß leider noch einmal widersprechen. Das, was Sie ›seine Sicherheit‹ nennen, hat einen ganz andern Grund. Er kam mit zwanzig Jahren an den Hof, als Lehrer, sogar als Religionslehrer, verschiedener junger Prinzessinnen, und das andre können Sie sich denken. Er hat zu viel junge Prinzessinnen gesehen, um sich durch alte noch imponieren zu lassen. Übrigens sind wir ihm und seiner klugen Zurückhaltung zu großem Danke verpflichtet, denn es lag dreimal so, daß er, wenn er gewollt hätte, jetzt mit zur Familie zählen würde. Schleppegrell war immer sehr verständig. Nebenher habe ich nicht den Mut, den Prinzessinnen von damals einen besondern Vorwurf zu machen. Er war wirklich ein sehr schöner Mann und dabei christlich und ablehnend zugleich. Da widerstehe, wer mag.«

Holk erheiterte sich, Ebba mit ihm, und selbst über die Züge der Schimmelmann ging ein Lächeln. Man sah, die Prinzessin war in bester Stimmung und nahm es als ein gutes Zeichen für die Tage, die bevorstanden. Und während man noch so plauderte, fuhr der Wagen über ein paar schmale Brücken in den Schloßhof ein und hielt gleich danach vor dem Portale von Frederiksborg.

ZWANZIGSTES KAPITEL

Dienerschaften mit Windlichtern warteten schon und schritten voran, als die Prinzessin die breite, vom ersten Podest an doppelarmige Treppe hinaufstieg, um oben ihre nicht allzu zahlreichen Gemächer in dem von zwei Türmen flankierten Mittelteile des Schlosses zu beziehen. Diese Türme standen in zwei scharfen Ecken, die durch die vorspringenden Seitenflügel gebildet wurden, zwischen denen wiederum eine die Verbindung herstellende Kolonnade lief.

Auf dem ersten Podest, und zwar auf einem daselbst aufgestellten kleinen Rokoko-Kanapee, nahm die Prinzessin, asthmatisch wie sie war, einen Augenblick Platz und entließ dann die Herren und Damen ihres Gefolges mit der Aufforderung, sich's in ihren Turmzimmern nach Möglichkeit bequem zu machen. Um sieben, so setzte sie zu Holk gewandt hinzu, sei wie gewöhnlich die Teestunde; Pastor Schleppegrell und Frau kämen allerdings etwas früher, um ihr die Hilleröder Neuigkeiten mitzuteilen, worauf sie sich aufrichtig freue; kleinstädtische Vorgänge seien eigentlich immer das Interessanteste, man müsse so herzlich darüber lachen, und wenn man alt geworden, sei das Lachen über seine lieben Mitmenschen so ziemlich das Vergnüglichste, was man haben könne. Nach diesen gnädigen Worten trennte man sich, und eine halbe Stunde später konnte jeder, der über den Schloßhof ging, deutlich erkennen, welche Zimmer von den Neuangekommenen bezogen worden waren. In dem von der Prinzessin selbst bewohnten ersten Stockwerke des Corps de logis sah man nur zwei hohe gotische Fenster schwach erleuchtet, während die beiden flankierenden Türme bis hoch hinauf in hellem Lichterglanze standen. Im wesentlichen war alles bei den ersten, von der Prinzessin gegebenen Anordnungen geblieben: unten wohnten die Dienerinnen, in der ersten Etage die beiden Hofdamen, über der Schimmelmann Pentz und Erichsen, und über Ebba Holk.

Sieben Uhr rückte heran; die Schloßuhr schlug halb, als das Schleppegrellsche Ehepaar, eine Magd mit einer Laterne vorauf, von Hilleröd her über den Schloßhof kam. Bald danach rüstete sich auch Holk. Unten im Flur des von ihm bewohnten Rechtsturmes traf er Ebbas Jungfer und beinah Freundin, Karin, eine Stockholmerin, von der er erfuhr, daß das Fräulein schon bei der Prinzessin sei. Der noch zurückzulegende Weg an der halben Front des Hauptgebäudes hin war nur kurz, und als Holk eine Minute später die Treppe hinauf war, trat er in eine hohe Halle, die, solange sich die Prinzessin in Frederiksborg aufhielt, als Empfangs- und Gesellschaftszimmer diente. Nach dem Schloßhof, wie rückseitig nach dem Park hin, hatte diese Halle nur eine schmale Front, trotzdem war es ein großer Raum, weil er an Tiefe ersetzte, was ihm an Breite abging. In der Mitte der einen Längswand befand sich ein hoher Renaissancekamin und über demselben ein überlebensgroßes Bildnis König Christians IV., der Schloß Frederiksborg seinerzeit sehr geliebt und diese Halle, ganz wie jetzt die Prinzessin, allen anderen Räumen im Schlosse vorgezogen hatte. Links neben dem Kamine standen Körbe, teils mit großen Holzscheiten, teils mit Tannäpfeln und Wacholderzweigen gefüllt, während zur Rechten, außer einem mächtigen Schüreisen, ein paar Kienfackeln lagen, die den Zweck hatten, spät abends, beim Aufbruch über die dunklen Korridore hin, den Gästen zu leuchten. Alles in der Ausschmückung der Halle war noch halb mittelalterlich wie die Halle selbst, über deren Paneelen, des König-Christians-Porträts über dem Kamine zu geschweigen, große, stark nachgedunkelte Bilder sichtbar wurden. Weit zurück stand ein Schenktisch; die sonst üblichen hohen Stühle fehlten, und statt ihrer war eine Anzahl moderner Fauteuils um die Feuerstelle herum gruppiert.

Holk schritt auf die Prinzessin zu, verbeugte sich und sprach ihr aus, wie schön er die Halle fände, darin müsse sich ein wunderbares Julfest feiern lassen, alles sei da, nicht bloß große Kienfackeln, sondern auch Tannäpfel und Wacholder. Die Prinzessin antwortete, daß sie solche Feier auch vorhabe; Weihnachten in Frederiksborg sei ihr der beste Tag im Jahr, und nachdem sie noch ein paar weitere Worte gesprochen und schon für den nächsten Tag eine Art Julvorfeier angekündigt hatte, forderte sie die Frau Pastorin Schleppegrell auf, an ihrer Seite Platz zu nehmen. Die Pastorin war eine kleine dicke Frau mit aufgesetztem schwarzen Scheitel und roten Backen, überhaupt von großer Unscheinbarkeit, aber nie darunter leidend, weil sie zu den Glücklichen gehörte, die sich gar nicht mit sich selbst und am wenigsten mit ihrer äußeren Erscheinung beschäftigen. Ebba hatte dies gleich herausgefühlt und eine Vorliebe für sie gefaßt.

»Wird es Ihnen nicht schwer, liebe Frau Pastorin«, so wandte sie sich an diese, »sich einen ganzen Abend lang von Ihren Kindern zu trennen?«

»Ich habe keine«, sagte diese und lachte dabei so herzlich, daß die Prinzessin fragte, was es eigentlich sei. Da gab es denn eine allgemeine Heiterkeit, in die schließlich auch Schleppegrell mit einstimmen mußte, trotzdem er sich, weil ihn die Komik in erster Reihe mittraf, ein wenig unbehaglich dabei fühlte. Holk, dies wahrnehmend, hielt es für seine Pflicht, dem Gespräch eine andere Wendung zu geben, und fragte leicht und wie von ungefähr nach dem Porträt über dem Kamin. »Ich sehe, daß es König Christian ist (wo begegnete man ihm nicht), und so kann von einem besonderen Interesse kaum die Rede sein. Aber desto mehr interessiert mich die Frage, von wem es herrührt. Ich würde einen Spanier vermuten, wenn ich nur wüßte, daß wir jemals einen spanischen Maler in Kopenhagen gehabt hätten.«

Schleppegrell wollte Rede stehen, aber Ebba schnitt ihm das Wort ab und sagte: »Das geht nicht, daß wir, wenn nun mal über Kunst und Bilder gesprochen werden soll, mit einem Bilde König Christians beginnen, auch wenn es wirklich von einem Spanier herrühren sollte, was ich bezweifeln möchte, genau so wie Graf Holk, mit dem ich mich wenigstens in Kunstsachen öfters zusammenfinde. Lassen wir also den unvermeidlichen König. Ich meinerseits erführe lieber« (und dabei zeigte sie nach der Wand gegenüber), »wer die beiden da sind? der Alte mit dem Spitzbart und die vornehme Dame mit der weißen Kapuze?«

»Der mit dem Spitzbart ist Admiral Herluf Trolle, derselbe, von dem unser König Frederik der Zweite dies Schloß hier in Kauf oder Tausch nahm und es dann Frederiksborg taufte, nach seinem eigenen Namen. Von dem alten Schloß blieb kein Stein auf dem andern, und nichts wurde mit herübergenommen, als diese Schildereien hier rechts und links, die den großen Seesieg bei Öland unter Admiral Herluf Trolle verherrlichen, und mit den Schildereien zugleich die dazwischen hängenden Bildnisse von Herluf Trolle selbst und von Brigitte Goje, seiner Eheliebsten, die wegen ihrer protestantischen Frömmigkeit fast noch gefeierter war als ihr Gemahl.«

»Was, wenn sie wirklich so fromm war, niemanden überraschen darf«, sagte Pentz mit Emphase. »Denn so gewiß es mir ist, daß Schauspielerinnen und Fürstengeliebte die populärsten Erscheinungen sind, gleich nach ihnen kommen die Frommen, und mitunter sind sie sogar um einen Schritt voraus.«

»Ja, mitunter«, lachte Ebba. »Mitunter, aber selten. Und nun, Pastor Schleppegrell, was ist es mit dieser Herluf Trolleschen

Seeschlacht? Ich fürchte zwar, daß sie gegen meine lieben Landsleute, die Schweden, geschlagen wurde, jedenfalls aber, den Kostümen nach zu schließen, in einer vor-rosenbergschen Zeit, und so seh' ich denn meinen Patriotismus nicht allzu direkt herausgefordert. Überdies Seeschlachten! Seeschlachten sind immer etwas, wo Freund und Feind gleichmäßig ertrinken und ein wohltätiger Pulverdampf über allem derart ausgebreitet liegt, daß ein Plus oder Minus an Toten, was man dann Sieg oder Niederlage nennt, nie festgestellt werden kann. Und nun gar hier, wo wir zu dem Pulverdampf auch noch die dreihundertjährige Nachdunkelung haben.«

»Und doch«, sagte Holk, »scheint mir noch alles leidlich erkennbar, und wenn wir nachhelfen... Aber freilich, wo das nötige Licht dazu hernehmen?«

»Oh, hier«, sagte die Prinzessin und wies auf die Stelle, wo die Kienfackeln lagen. »Es wird etwas Blak geben, aber das steigert nur die Illusion, und wenn ich mir dann sage, daß unser Pastor und Cicerone vielleicht seinen guten Tag hat, so werden wir die Seeschlacht noch mal wie miterleben. Also, Schleppegrell, ans Werk und tun Sie Ihr Bestes, das sind wir einer Historiker vom Range Holks schuldig. Und vielleicht bekehren wir ihn auch noch aus dem Schleswig-Holsteinismus in den Danismus hinüber.«

Alles stimmte zu, während Pentz mit zwei Fingern einen leisen Beifall klatschte, Schleppegrell aber, der Bilderkustode von Passion war, nahm eine der großen Kienfackeln und fuhr damit, nachdem er sie angezündet, über die linke Bildhälfte hin, auf der man nun, in düsterer und doch greller Beleuchtung, die Segel zahlloser Schiffe, Flaggen und Wimpel und vergoldete Galions, dazu die weißen Wogenkämme, nichts aber von Schlacht und Pulverdampf erkennen konnte.

»Das ist aber doch sicher keine Schlacht«, sagte Ebba.

»Nein, aber die Vorbereitung dazu. Die Schlacht kommt erst; die Schlacht ist an der anderen Seite, gleich rechts neben der Brigitte Goje.«

»Ah«, sagte Ebba. »Ich versteh'; ein Doppelschlachtbild, Anfang und Ende. Nun, ich bin Aug' und Ohr. Und immer, wenn Ihr Kienspan an dem Schiffe vorbeifährt, darauf Herluf Trolle kommandiert, dann muß ich bitten, ihm (oder auch mir) eine Viertelminute zu gönnen, damit ich ihm Reverenz machen und mir sein Bild, auch inmitten der Schlacht, einprägen kann.«

»Das wird dir nicht glücken, Ebba«, sagte die Prinzessin. »Herluf Trolle steckt viel zu sehr im Pulverqualm oder ist in der Nachdunkelung untergegangen, und du mußt dir an seinem regelrechten Porträt da genug sein lassen... Aber nun beginnen Sie, Schleppegrell, und treffen Sie's im Maß, nicht so kurz, daß es nichts ist, und nicht so lang, daß wir uns ängstlich ansehen. Holk ist ein Kenner, Gott sei Dank einer von denen, die den Erzähler nicht befangen machen; — er weiß, Kunst ist schwer.«

Unter diesen gnädigen Worten war Schleppegrell wieder an den Kreis der um den Kamin Versammelten herangetreten und sagte: »Gnädigste Prinzessin befehlen, und ich gehorche. Was wir da sehen oder vielleicht auch nicht sehen«, und er wies auf die zweite, nicht einmal vom Widerschein des Feuers getroffene Hälfte des großen Wandbildes, »was wir da sehen, ist der entscheidende Moment, wo der ›Makellos‹ in die Luft fliegt.«

»Der ›Makellos‹?«

»Ja, der ›Makellos‹. Das war nämlich das Admiralschiff der Schweden, die gerade damals, trotz ihres irrsinnigen Königs (denn es waren die Tage von König Erich XIV.) auf der Höhe ihrer Macht standen. Und gegen die Schweden und ihre Flotte, die sehr stark und überlegen war und neben dem ›Makellos‹ auch noch andere große Schiffe hatte, gegen diese schwedische Flotte, sag' ich, gingen die Unsrigen unter Segel, und der, der sie kommandierte, war unser großer Herluf Trolle. Und als sie aus der Kjöge-Bucht heraus und auf hoher See waren, segelten sie scharf östlich auf Bornholm zu, wo Herluf Trolle die schwedische Flotte vermutete. Die lag aber nicht mehr bei Bornholm, sondern vor Stralsund unter Admiral Jakob Bagge. Und kaum, daß Jakob Bagge vernommen, daß die Dänen ihn suchten, so gab er auch schon seinen Ankergrund vor Stralsund auf und fuhr nordöstlich, um sich dem Feinde zu stellen. Und kurz vor Öland trafen beide Flotten aufeinander, und eine dreitägige Schlacht, wie sie die Ostsee noch nicht gesehen hatte, nahm ihren Anfang. Und am dritten Tage war es, als ob der Sieg den Schwedischen zufallen solle. Da rief Herluf Trolle, dessen eigenes Schiff übel zugerichtet war, seinen Unteradmiral Otto Rud heran und gab ihm Befehl, es koste, was es wolle, den ›Makellos‹ zu entern. Und Otto Rud war's auch zufrieden und fuhr an den Feind. Aber kaum, daß sein Schiff, das nur klein war, die Enterhaken geworfen hatte, so ließ Admiral Jakob Bagge das ganze Segelwerk des ›Makellos‹ beisetzen, um so mit fliegenden Segeln das kleine dänische Schiff, das sich an ihn gehängt hatte, mit in die schwedische Flotte hineinzureißen. Das war ein schwerer Augenblick für Otto Rud. Aber er ließ von dem Sturm auf die Enterbrücke nicht ab, und als etliche von den Unseren drüben waren, schoß einer eine Feuerkugel in die Rüstkammer, und als das Feuer, das ausbrach, auch die Pulverkammer ergriff, ging der ›Makellos‹ mit Freund und Feind in die Luft, und Claus Flemming übernahm das Kommando der Schwedischen und führte den Rest der Flotte nach Stockholm hin zurück.«

Eine kurze Pause folgte, dann sagte Holk: »Der eigentliche Held der Geschichte scheint mir aber Otto Rud zu sein. Indessen, ich will darüber nicht streiten, Herluf Trolle wird wohl auch sein Teil getan haben, und ich möchte nur noch fragen, was wurd' aus ihm, und wie war sein Ende?«

»Wie sich's ziemt. Er starb das Jahr darauf an einer in einer Seeschlacht, hart an der Küste von Pommern, erhaltenen Wunde. Die Wunde war an sich nicht tödlich. Aber es war jener merkwürdige Krieg, wo jeder, der eine Wunde davontrug, schwer oder leicht, an dieser Wunde sterben mußte. So wenigstens steht in den Büchern.«

Pentz sprach von »vergifteten Kugeln«, aber Ebba wies das zurück (Schweden sei kein Giftland) und wollte, nach soviel Heldischem, lieber etwas von Brigitte Goje hören, von der Pastor Schleppegrell ja ohnehin schon gesagt habe, daß sie fast gefeierter gewesen sei als ihr Seeheld und Gemahl. »Ich sehe nicht ein, warum wir uns immer um die Männer oder gar um ihre Seeschlachten kümmern sollen; die Geschichte der Frauen ist meist viel interessanter. Und vielleicht auch in diesem Falle. Was war es mit dieser Brigitte?«

»Sie war sehr schön . . .«

»Das scheint im Namen zu liegen«, sagte Ebba und sah zu Holk hinüber. »Aber Schönheit bedeutet nicht viel, wenn man tot ist...«

»Und wurde durch eben ihre Schönheit«, fuhr Schleppegrell unerschüttert fort, »die Stütze der neuen Lehre, so daß einige sagen, ohne Brigitte Goje wäre Dänemark in der papistischen Finsternis geblieben.«

»Schrecklich... Und wie kam es anders?«

»Es war die Zeit der Befehdungen um Glaubens willen, und unserem um diese Zeit schon in der neuen Lehre stehenden Volke standen der dänische Adel und die dänische hohe Geistlichkeit gegenüber, vor allem Joachim Rönnow, Bischof von Roeskilde, der den Brand austreten und die kleineren und ärmeren lutherischen Geistlichen, so viel ihrer auch schon waren, aus dem Lande jagen wollte. Da trat Brigitte Goje vor den Bischof hin und bat für die bedrängten Lutherschen und daß sie bleiben dürften, und weil ihre Schönheit den Bischof rührte, so nahm er den Befehl zurück, und sein Herz und seine Seele waren so getroffen, daß er bei Mogen Goje, dem Vater Brigittens, um ihre Hand warb und sie zu seinem Weibe machen wollte.«

»Nicht möglich«, sagte die Prinzessin. »Ein katholischer Bischof!«

Schleppegrell lächelte. »Vielleicht, daß er aus der neuen Lehre dies eine wenigstens mit herübernehmen wollte. Just so wie drüben in England. Jedenfalls aber haben wir Berichte, die von der Werbung um das schöne Fräulein mit einer Ausführlichkeit sprechen, als ob es schon die Hochzeitsfeierlichkeiten gewesen wären.«

»Und kam es nicht dazu?«

»Nein. Es zerschlug sich, und sie nahm schließlich den Herluf Trolle.«

»Da tat sie recht. Nicht wahr, Ebba?«

»Vielleicht, gnädigste Prinzessin, vielleicht auch nicht. Ich bin eigentlich nicht für Bischöfe, wenn es aber Ausnahmebischöfe sind wie dieser von Roeskilde, so weiß ich nicht, ob sie nicht im Range noch über die Seehelden gehen. Ein Bischof, der heiraten will, hat neben dem Imponierenden, das darin liegt, auch etwas Versöhnliches, und scheint mir fast die ganze Beilegung des Kirchenstreites zu bedeuten.«

Die kleine Pastorsfrau war entzückt und näherte sich Ebba, um dieser eine kleine Liebeserklärung ins Ohr zu flüstern. Aber eh sie dazu kommen konnte, veränderte sich die Szene, gedeckte Tische wurden durch eine niedrige, ganz im Hintergrunde befindliche Seitentür herzugetragen, und als gleich danach auch doppelarmige, mit Lichtern reichbesetzte Leuchter aufgestellt wurden, erhellte sich die bis dahin ganz im Dunkel gelegene zweite Hälfte der Halle, was nicht bloß dem gesamten Raume, sondern vor allem auch dem großen Wandbilde samt den dazwischen eingelassenen Porträtbildnissen erheblich zustatten kam.

Pentz war es, der zuerst diese Wahrnehmung machte. »Sehen Sie, Holk, wie Brigitte Goje lächelt. Alle Brigitten haben so was Sonderbares, auch wenn sie fromm sind.«

Holk lachte. Die Tage, wo solche Bemerkung ihn hätte verlegen machen können, lagen zurück.

EINUNDZWANZIGSTES KAPITEL

Man war bis nach elf beisammen, trotzdem bestand Holk darauf, das Schleppegrellsche Paar eine Strecke Wegs begleiten zu dürfen. Natürlich wurde dies dankbarst angenommen, und erst als man die Stelle, wo der Weg um die Seespitze bog, erreicht hatte, verabschiedete sich Holk wieder, der vorher die Begleitung Ebbas, sehr zur Verwunderung dieser, an Erichsen abgetreten hatte.

Von der Seespitze bis zurück auf den Schloßhof war nicht weit, aber doch weit genug, um Holks Verwunderung gerechtfertigt erscheinen zu lassen, als er beim Hinaufsteigen in seinen Turm Erichsen und Ebba, vor dem Zimmer dieser, in noch lebhaftem Gespräche fand. Aber freilich seine Verwunderung konnte nicht lange dauern, denn es war ganz ersichtlich, daß das Fräulein den armen Baron nur festgehalten hatte, um Holk bei seiner Rückkehr in der einen oder anderen Weise bemerkbar zu machen, daß sie nicht daran gewöhnt sei, sich irgendwem zuliebe vernachlässigt zu sehen, am wenigsten aber um dieser kleinstädtischen Schleppegrells willen. »Ach, daß ich Sie noch sehe«, wandte sie sich an den Grafen, als dieser unter verbindlichem, aber lächelndem Gruß an ihr und Erichsen vorüber wollte. »Ja, diese Schleppegrells... Und nun gar er! In seiner Jugend, wie mir die Prinzessin versicherte, war es sein Apostelkopf, womit er siegte, jetzt, in seinem Alter, ist es Herluf Trolle. Daß sich ein Fortschritt darin ausspräche, kann ich nicht zugeben.«

Und damit verneigte sie sich und zog sich in ihr Zimmer zurück, wo Karin ihrer Herrin bereits wartete.

Nun war Morgen; — er schien so hell ins Fenster, wie ein Novembermorgen nur irgendwie scheinen kann, aber die Nacht, die zurücklag, war stundenlang eine sehr stürmische gewesen. Ein Südoster hatte den am Turme hinlaufenden und hier und da locker gewordenen Blitzableiter unter wütendem Gerassel gepackt und hin und her geschüttelt; was aber für Holk am störendsten gewesen war, das war, daß der Mond, alles Sturmes unerachtet, bis in seinen zurückgelegenen und tief in die Wand eingebauten Alkoven geschienen hatte. Holk hätte sich durch Zuziehen der Gardine vor diesem unheimlichen Blicke schützen können, aber das widerstand ihm noch mehr; er wollte *den* wenigstens sehen, der da draußen stand und ihm den Schlaf raubte. Gegen Morgen erst schlief er ein, auch da noch unruhig und unter allerlei ängstlichen Träumen. Er war mit dem »Makellos«, darauf sich Admiral Jakob Bagge befand, in die Luft geflogen, und als er ein Stück Mast gepackt hatte, um sich daran zu retten, war Ebba von der anderen Seite her, ganz wie ein Meerweib, aufgetaucht und hatte ihn von dem Mast fort und in die Flut zurückgerissen. Darüber war er erwacht. Er überlegte sich jetzt den Traum und sagte: »Sie wär' es imstande.«

Diesem Gedanken nachzuhängen, war er durchaus in der Laune; doch verbot sich ein Verweilen dabei, denn ein alter Gärtner, der jedesmal, wenn die Prinzessin im Schloß war, die Morgenbedienung in den beiden Türmen zu machen hatte, kam gerade mit dem Frühstück und entschuldigte sich, während er den Tisch ordnete, daß es so spät geworden sei. Das Fräulein von Rosenberg habe denn auch schon gescholten und mit gutem Recht. Aber es werde schon anders werden; nur vorläufig

sei noch nichts in der rechten Ordnung. Dabei übergab er zugleich die Zeitungen, die für Holk eingetroffen waren, und einen Brief.
Holk nahm den Brief und sah, daß der Poststempel fehlte. »Ja, der fehlt«, bestätigte der Gärtner. »Es ist kein Postbrief; Pastor Schleppegrell hat ihn abgeben lassen. Und einen anderen für das Fräulein.« Und damit ging der Alte wieder.
»Ah, von Pastor Schleppegrell«, sagte Holk, als er wieder allein war. »Das freut mich, da bin ich doch neugierig, was er schreibt.«
Aber diese Neugierde konnte nicht übergroß sein, denn er legte den Brief eine gute Weile beiseite, und erst als er sein Frühstück, das ihm sichtlich mundete, beendet hatte, nahm er den Brief wieder zur Hand und setzte sich in einen in der Nähe seines Schreibtisches stehenden Schaukelstuhl, der zu der übrigen Einrichtung des Turmzimmers nicht recht passen wollte. Hier erst erbrach er den Brief. Und nun las er:
»Hochgeehrter Herr Graf. Ihr Interesse, das Sie gestern so freundlich für meinen Freund Herluf Trolle zeigten, gibt mir den Mut, Ihnen ein sich mit eben diesem Freunde beschäftigendes Balladenbruchstück zu schicken, das ich vor Jahr und Tag gefunden und aus dem Altdänischen übertragen habe. Kaum ist es nötig, Ihr Wohlwollen dafür anzurufen, denn wo wir mit Liebe lesen, lesen wir auch mit Milde. — Gegen elf haben wir vor, meine Frau und ich, Sie und das Fräulein von Rosenberg, das ich gleichzeitig davon benachrichtige, zu einem gemeinschaftlichen Gange durch den Park abzuholen. Vielleicht auf Fredensborg zu. Wir werden freilich kaum das erste Drittel des Weges bezwingen, aber gerade dies erste Drittel ist von besonderer Schönheit und vielleicht um diese Jahreszeit schöner als zu jeder anderen. Um zwölf sind wir zurück, um pünktlich bei der Prinzessin, unserer gnädigen Herrin, erscheinen und an ihrem festlichen Lunch teilnehmen zu können. Denn ein kleines Fest wird es wohl sein.
Ihr ergebenster Arvid Schleppegrell.«

Eingelegt in den Brief war ein rosafarbenes Blatt, darauf von Frauenhand geschriebene Verse standen. »Ach, mutmaßlich die

Handschrift meiner kleinen Freundin, der Frau Pastorin. Sie scheint zu den Liebenswürdigen zu gehören, die sich überall durch kleine Dienste nützlich zu machen wissen, denn daß sie persönlich eine Passion für Herluf Trolle haben sollte, will mir nicht recht einleuchten. Aber wie dem auch sein möge, zunächst bin ich neugierig, in Erfahrung zu bringen, wie Pastor Schleppegrell sein Balladenbruchstück getauft hat.« Und dabei nahm Holk das rosafarbene Blatt wieder in die Hand und überflog den Titel. Der lautete: »Wie Herr Herluf Trolle begraben wurde.« »Das ist gut, da weiß man doch, was kommt.« Und nun schob er den Schaukelstuhl bis dicht ans Fenster und las:

> »Ein Bote mit Meldung ritt ihnen voraus.
> Und als in den Schloßhof sie schritten,
> Brigitte stand vor dem Trauerhaus
> In ihrer Frauen Mitten.

Ah, das ist Brigitte Goje, sein fromm Gemahl, von der wir gestern schon gehört haben; fromm und schön und eine Klippe für den Roeskilder Bischof. Aber sehen wir, was Schleppegrell und sein Balladenbruchstück weiter von ihr zu berichten haben.

> Am Eingange stand sie, grüßte den Zug,
> Aufrecht und ungebrochen,
> Und der erste (der das Bahrtuch trug)
> Trat vor und hat gesprochen:
>
> Was geschehen, wir sandten die Meldung dir,
> Eh den Weg wir selber gingen,
> Seine Seel' ist frei, seine Hüll' ist hier,
> Du weißt, *wen* wir dir bringen.
>
> An der pommerschen Küste vor Pudagla-Golm,
> Um den schwankenden Sieg uns zu retten,
> So fiel er. Nun, Herrin von Herlufsholm,
> Sage, wohin wir ihn betten.
>
> Betten wir ihn in den Totensaal
> Von Thorslund oder Olafskirke?

Betten wir ihn in Gjeddesdal
Unter der Trauerbirke?

Betten wir ihn in die Kryptkapell'n
In Roeskilde, Leire, Ringstede?
Sage, Herrin, wohin wir ihn stell'n,
Eine Ruhestätt' für ihn hat jede.

Jeder Kirche gab er, um was sie bat,
Altäre, Türme, Glocken,
Und jede, wenn sie hört, ,er naht',
Wird in Leide frohlocken.

Eine jede ladet ihn zu sich ein
In ihrer Pfeiler Schatten...‹
Da sprach Brigitte: ›*Hier* soll es sein,
Hier wollen wir ihn bestatten.

Wohl hat er hier keine Kirche gebaut —
Die stand schon viel hundert Jahre —,
Hier aber, als Herluf Trolles Braut,
Stand ich mit ihm am Altare.

Vor demselben Altar, auf selbem Stein,
Steh' er wieder in aller Stille,
Nichts soll dabei gesprochen sein,
Als, Herr, es geschehe dein Wille.

Morgen aber, eh noch der Tag erstand,
In seinen Kirchen allen,
Weit über die See, weit über das Land,
Soll'n alle Glocken erschallen.

Und zittert himmelan die Luft,
Als ob Schlachtendonner rolle,
Dann in die Herlufsholmer Gruft
Senken wir *Herluf Trolle*.‹«

Holk schob das Blatt wieder in den Brief und den Brief wieder in das Kuvert und wiederholte dabei leise vor sich hin: »Und in die Herlufsholmer Gruft senken wir Herluf Trolle ... Hm, gefällt mir, gefällt mir gut. Es hat eigentlich keinen rechten Inhalt und ist bloß eine Situation und kein Gedicht, aber das tut nichts. Es hat den Ton, und wie das Kolorit das Bild macht, so wenigstens hat mir Schwager Arne mehr als einmal versichert, so macht der Ton das Gedicht. Und Alfred wird wohl recht haben, wie gewöhnlich. Ich will's heute noch abschreiben und an Christine schicken. Oder noch besser, ich schick' ihr gleich das rote Blatt. Daß es aus einem Pastorhause kommt, wird ihr das Gedicht noch besonders empfehlen. Aber freilich, ich werde die kleine Frau vorher doch noch bitten müssen, ihren Namen und vor allem auch ihren Stand mit darunter zu schreiben, sonst mißglückt am Ende das Ganze. Das Rosapapier ist ohnehin suspekt genug, und die steife Waschzettelhandschrift, ja wer will sagen, wo sie herstammt; Hofdamen haben auch merkwürdige Handschriften.«

Er unterbrach sich in diesen Betrachtungen, weil er nach der Uhr sah und wahrnahm, daß es bereits auf elf ging. Er hatte sich also zu beeilen, wenn er bis zum Eintreffen des Schleppegrellschen Ehepaares angekleidet und marschfähig sein wollte. Wie mochten übrigens draußen die Wege sein? Kurz vor Mitternacht war Regen gefallen, und wenn der Südost ein gut Teil davon auch wieder aufgetrocknet hatte, so wußte er doch von Holkenäs her, daß Parkwege nach Regenwetter meist schwer passierbar sind. Er wählte denn auch die Kleidung danach, und kaum, daß er mit seiner Toilette fertig war, so kamen beide Schleppegrells auch schon über den Schloßhof. Er rief hinunter, daß sie sich nicht hinauf bemühen sollten, er werde das Fräulein abholen und gleich bei ihnen sein. Und so geschah es denn auch, und ehe fünf Minuten um waren, durchschritt man, vom großen Frontportal her, die ganze Tiefe des Schlosses und trat, an dessen Rückseite, durch ein gleich großes Portal in den Park ein. Hier traf man auch Erichsen, der eben von einem anderthalbstündigen Gesundheitsspaziergange zurückkehrte, sofort aber Bereitwilligkeit zeigte, sich an dem neuen Spaziergange zu beteiligen. Das wurde begrüßt und bewundert. Erichsen bot

Ebba seinen Arm, und Holk folgte mit der kleinen Pastorsfrau, während Schleppegrell die Führung nahm. Er trug, wie bei der ersten Begrüßung auf dem Hilleröder Marktplatze, einen mantelartigen Rock, der, ohne Taille, von den Schultern bis auf die Füße ging, dazu Schlapphut und Eichenstock, mit welch letztrem er allerhand große Schwingbewegungen machte, wenn er es nicht vorzog, ihn in die Luft zu werfen und wieder aufzufangen.

Holk, soviel lieber er an Ebbas Seite gewesen wäre, war doch sehr verbindlich gegen die Pastorin und bat sie, für den Fall, daß er persönlich nicht dazu kommen sollte, ihrem Manne sagen zu wollen, wie sehr er sich über die Zusendung gefreut habe; kaum minder freilich hab' er ihr selber zu danken, denn daß die Abschrift von ihrer Hand sei, das sei doch wohl sicher.

»Ja«, sagte sie. »Man muß sich untereinander helfen, das ist eigentlich das Beste von der Ehe. Sich helfen und unterstützen und vor allem nachsichtig sein und sich in das Recht des andern einleben. Denn was ist Recht? Es schwankt eigentlich immer. Aber Nachgiebigkeit einem guten Menschen gegenüber ist immer recht.«

Holk schwieg. Die kleine Frau sprach noch so weiter, ohne jede Ahnung davon, welche Bilder sie heraufbeschwor und welche Betrachtungen sie in ihm angeregt hatte. Die Sonne, die frühmorgens so hell geschienen, war wieder fort, der Wind hatte sich abermals gedreht, und ein feines Grau bedeckte den Himmel; aber gerade diese Beleuchtung ließ die Baumgruppen, die sich über die große Parkwiese hin verteilten, in um so wundervollerer Klarheit erscheinen. Die Luft war weich und erfrischend zugleich, und am Abhang einer windgeschützten Terrasse gewahrte man allerlei Beete mit Spätastern; überall aber, wo die Parkwiese tiefere Stellen hatte, zeigten sich große und kleine Teiche, mit Kiosks und Pavillons am Ufer, von deren phantastischen Dächern allerlei blattloses Gezweige herniederhing. Überhaupt alles kahl. Nur die Platanen hielten ihr Laub noch fest, aber jeder stärkere Windstoß, der kam, löste etliche von den großen gelben Blättern und streute sie weit über Weg und Wiese hin. In nicht allzu großer Entfernung vom Schloß lief ein breiter Graben, über den verschiedene Birkenbrücken führten; gerade an dem Punkt aber, wo Schleppegrell, an der Spitze der anderen, den Grabenrand erreichte, fehlte jeder Brückensteg, und statt dessen war eine Fähre da, mit einem zwischen hüben und drüben ausgespannten Seil, an dem entlang man das Flachboot mühelos hinüberzog. Als man drüben war, war es nur noch eine kleine Strecke bis an einen aufgeschütteten Hügel, von dem aus man, nach Schleppegrells Versicherung, einen gleich freien Blick nach Norden hin auf Schloß Fredensborg und nach Süden hin auf Schloß Frederiksborg habe. Und diesen Punkt wollte man erreichen. Aber mit Rücksicht auf die knapp zugemessene Zeit mußte dieses Ziel sehr bald aufgegeben und sogar ein näherer Rückweg eingeschlagen werden.

Holk war bis dahin keinen Augenblick von der Seite der Frau Pastorin gewichen, als man aber die Fähre zum zweiten Mal passiert und das andre Ufer wiedergewonnen hatte, wechselte man mit den Damen, und während Erichsen der Pastorin den Arm bot, folgten Holk und Ebba, die bis dahin kaum noch Gelegenheit zu einem Begrüßungsworte gefunden hatten, in immer größer werdender Entfernung.

»Ich glaubte schon ganz ein Opfer Ihrer neuesten Neigung zu sein«, sagte Ebba. »Ein gefährliches Paar, diese Schleppegrells; gestern *er*, heute *sie*.«

»Ach, meine Gnädigste, nichts Schmeichelhafteres für mich, als mir eine derartige Don Juan-Rolle zugewiesen zu sehen.«

»Und um welcher Zerline willen! Eigentlich Zerlinens Großtante. Wovon hat sie mit Ihnen gesprochen? Es ging ja, soviel ich sehen konnte, wie eine Mühle . . .«

»Nun, von allerlei; von Hilleröd und seinem winterlichen Leben, und daß sich die Stadt in eine Ressourcen- und eine Kasinohälfte teile. Man konnte beinah glauben, in Deutschland zu sein. Übrigens eine charmante kleine Frau, voller bon sens, aber doch auch wieder von einer großen Einfachheit und Enge, so daß ich nicht recht weiß, wie der Pastor mit ihr auskommt, und noch weniger, wie die Prinzessin ihre Stunden so mit ihr hinplaudert.«

Ebba lachte. »Wie wenig Sie doch Bescheid wissen. Man merkt an allem, daß Sie nur alle Jubeljahr einmal eine Fühlung mit Prinzessinnen haben. Glauben Sie mir, es ist nichts so nichtig, daß es nicht eine Prinzessin interessieren könnte. Je mehr Klatsch, desto besser. Tom Jensen war in Indien und hat eine Schwarze geheiratet, und die Töchter sind alle schwarz, und die Söhne sind alle weiß; oder Apotheker Brodersen hat seine Frau vergiftet, es heißt mit Nikotin; oder Forstgehülfe Holmsen, als er gestern abend aus Liebchens Fenster stieg, ist in eine Kalkgrube gefallen – ich kann Ihnen versichern, dergleichen interessiert unsre Prinzessin mehr als die ganze schleswigholsteinsche Frage, trotzdem einige behaupten, sie sei die Seele davon.«

»Ach, Ebba, Sie sagen das so hin, weil Sie mokant sind und sich darin gefallen, alles auf die Spitze zu treiben.«

»Ich will das hinnehmen, weil es mir lieber ist, ich bin so, als das Gegenteil davon. Gut also, ich bin mokant und medisant und was Sie sonst noch wollen; aber von dem, was ich da eben über die Prinzessinnen gesagt habe, davon geht kein Tüttelchen ab. Und je klüger und witziger die Hochgestellten sind und je mehr Sinn und Auge sie für das Lächerliche haben, desto sicherer und rascher kommen sie dazu, die langweiligen Menschen geradeso nett und unterhaltlich zu finden wie die interessanten.«

»Und das sagen Sie! Sind Sie nicht selbst die Widerlegung davon? Was hat Ihnen denn Ihren Platz im Herzen der Prinzessin erobert? Doch nur das, daß Sie klug und gescheit sind, Einfälle haben und zu sprechen verstehen und mit einem Wort interessanter sind als die Schimmelmann.«

»Nein, einfach weil ich anders bin als die Schimmelmann, die der Prinzessin geradeso nötig ist wie ich oder wie Erichsen oder wie Pentz oder vielleicht auch ...«

»... wie Holk.«

»Ich will es nicht gesagt haben. Aber brechen wir ab und rasten wir, trotzdem wir ohnehin schon zurückgeblieben sind, einen kleinen Augenblick an dieser entzückenden Stelle, von der aus wir einen guten Blick auf die Rückseite des Schlosses haben. Sehen Sie nur, alles hebt sich so wundervoll voneinander ab, das Hauptdach und die spitzen Turmdächer links und rechts, trotzdem alles dieselbe graue Farbe hat.«

»Ja«, sagte Holk. »Es hebt sich alles trefflich voneinander

ab. Aber das tut die Beleuchtung, und auf solche besondre Beleuchtung hin dürfen Schlösser nicht gebaut werden. Ich meine, die zwei Backsteintürme, drin wir wohnen, die hätten mit ihrem prächtigen Rot etwas höher hinaufgeführt werden müssen, und dann erst die Schiefer- oder Schindelspitze. Jetzt sieht es aus, als solle man aus der untersten Turmluke gleich auf das große Schrägdach hinaustreten, um draußen, an der Dachrinne hin, eine Promenade zu machen.«

Ebba nickte, vielleicht weil ihr das Endergebnis dieser Bau- und Beleuchtungsfrage gleichgültig war, und gleich danach eilten beide rasch weiter, weil sie wahrzunehmen glaubten, daß der Pastor anhielt, um auf sie zu warten. Im Herankommen aber sahen sie, daß es etwas anderes war und daß Schleppegrell, sosehr die Zeit drängte, doch noch auf eine besondere Sehenswürdigkeit aufmerksam machen wollte. Diese Sehenswürdigkeit war nicht mehr und nicht weniger als ein am Wege liegender, etwas ausgehöhlter Riesenstein, in dessen flache Mulde die Worte gemeißelt waren: »Christian IV. 1628.« Holk sprach im Herantreten die Meinung aus, daß es mutmaßlich ein bevorzugter Sitz- und Ruheplatz des Königs gewesen sei, wozu Schleppegrell bemerkte: »Ja, so war es; es war ein Ruheplatz. Aber nicht ein regelmäßiger, sondern nur ein einmaliger. Und es knüpft sich auch eine kleine Geschichte daran...«

»Erzählen!« riefen alle dem Pastor zu. Dieser aber zog seine silberne Gehäuseuhr, daran, an einer etwas abgetragenen grünen Schnur, ein großer Uhrschlüssel hing, und wies auf das Zifferblatt, das bereits auf zehn Minuten vor zwölf zeigte. »Wir müssen uns eilen, oder wir kommen zu spät. Ich will es beim Lunch erzählen, vorausgesetzt, daß es sich erzählen läßt, worüber ich in Zweifel bin.«

»Ein Pastor kann alles erzählen«, sagte Ebba, »zumal in Gegenwart einer Prinzessin. Denn Prinzessinnen sind sich selber Gesetz, und was sie gutheißen, das geht und das gilt. Und nun gar die unsre! Daß sie nicht nein sagen wird, dafür will ich mich verbürgen.«

Und in gesteigert raschem Tempo schritt man auf das Schloß zu.

ZWEIUNDZWANZIGSTES KAPITEL

Kurz vor zwölf war man im Schlosse zurück, gerade noch früh genug, um rechtzeitig bei der Prinzessin erscheinen zu können. Pentz und die Schimmelmann, die den Dienst hatten, empfingen die Geladenen, und nachdem die bald danach eintretende Prinzessin an jeden einzelnen ein Wort der Begrüßung gerichtet hatte, verließ man die Wohn- und Empfangszimmer, um sich über einen mit Karyatiden reich geschmückten und augenscheinlich einer späteren Zeit angehörigen Korridor hin in die große Herluf-Trolle-Halle zu begeben, dieselbe Halle, darin man, am Abend vorher, bei Kaminfeuer und Kienfackeln erst die großen Bilder, so gut es ging, betrachtet und dann dem erklärenden Schleppegrellschen Vortrage zugehört hatte. Ja, die Halle war dieselbe; trotzdem zeigte sich seit gestern insoweit eine Veränderung, als jetzt helles Tageslicht einfiel (die Mittagsstunde hatte wieder Sonnenschein gebracht) und allem etwas Heitres lieh, ein Eindruck, der durch eine mit Blumen und altnordischen Trinkgefäßen beinah phantastisch geschmückte Prunktafel noch gesteigert wurde. Schmuck überall, geschmückt auch die Wände. Da, wo sich die hohen Paneele mit den breiten Barockrahmen der Wandbilder berührten, hingen Mistel- und Ebereschenbündel an Girlanden von Eichenlaub, während eine quer durch die Halle gezogene Wand von Zypressen und jungen Tannenbäumen den dunklen Hinterraum von dem festlich hergerichteten Vorderraum abtrennte. Das Ganze, soviel war augenscheinlich, sollte den Weihnachtscharakter tragen oder, wie die Prinzessin sich ausgedrückt hatte, wenigstens ein Vorspiel zum Julfeste sein. Orangen, in fast überreicher Zahl, waren überall in das Tannengezweige gehängt, und kleine wächserne Christengel schwenkten ihre Fahne, während über das blitzende weiße Tischtuch hin Stechpalmenzweige lagen mit roten Beeren daran.

Und nun forderte die Prinzessin die Geladenen durch eine gnädige Handbewegung auf, ihre Plätze zu nehmen. Minutenlang verblieben alle schweigend oder kamen über ein Flüstern nicht hinaus; als aber das erste Glas Cyper geleert war, war auch die fröhliche Laune wieder da, die diesen kleinen Kreis auszeichnete. Jeder, nach voraufgegangener Aufforderung der Prinzessin, ließ sich's zunächst angelegen sein, über seine Schicksale während der letzten Sturmnacht zu berichten, und alle waren einig darin, daß das schöne Schloß, darin nur leider alle Fenster klapperten und in dem man in jedem Augenblicke fürchten müsse, von einem Nordwester gepackt und weggeweht zu werden, doch mehr ein Sommer- als ein Winterschloß sei. »Ja«, sagte die Prinzessin, »das ist leider so, davon kann ich mein liebes Frederiksborg nicht freisprechen; und was fast noch schlimmer ist, ich kann auch nichts dagegen tun und muß eben alles lassen, wie's ist.« Und nun erzählte sie mit der ihr eigenen Jovialität, wie sie vor Jahr und Tag schon einen feierlichen Antrag auf »schließende Türen und Fenster« gestellt habe, was ihr aber von der betreffenden Verwaltungs- oder Baukommission rund abgeschlagen worden sei, weil die Bewohnbarkeit des Schlosses oder doch wenigstens die Brauchbarkeit der Kamine mit dem Fortbestand undichter Fenster im nächsten Zusammenhange stehe; schließende Fenster würden gleichbedeutend sein mit Kaminen, die nicht brennen. »Und seitdem ich das weiß, hab' ich mich in mein Schicksal ergeben; ja nach allem, was ich bei der Gelegenheit gehört habe, will ich noch froh sein, wenn wir durch einen fortgesetzten guten Tür- und Fensterzug vor verstopften Feueressen und allen sich daraus ergebenden Fährlichkeiten bewahrt bleiben. Offen gestanden, mitunter steh' ich unter der Furcht, es könne mal so was kommen. In den Schornsteinen hier herum wird es schlimm genug aussehen, und speziell in dem unsrigen vermut' ich eine Rußkruste womöglich noch aus König Christians Zeiten her.«

Es war nach Nennung des Namens »König Christian« so gut wie selbstverständlich, daß sich das Gespräch den Frederiksborger Tagen dieses dänischen Lieblingskönigs zuwenden mußte, von dem Schleppegrell, fast noch selbstverständlicher, eine Fülle von Lokalanekdoten sofort zur Stelle hatte. Nach einiger Zeit aber unterbrach Holk und sagte: »Da stecken wir nun schon eine Viertelstunde lang in König-Christian-Anekdoten und haben immer noch nicht die Geschichte von dem Stein draußen gehört mit seiner Namensinschrift und seiner

Jahreszahl 1628. Was ist es damit? Sie haben uns draußen im Park versprochen...«

Schleppegrell wiegte den Kopf zweifelnd hin und her. »Allerdings«, nahm er das Wort, »hab' ich davon erzählen wollen. Aber es ist nicht viel damit und wird Sie mutmaßlich enttäuschen. Man erzählt sich nämlich, es sei der Stein, wo Christian IV., als er, nach seinem Regierungsantritt, den großen Umbau des Schlosses zu leiten begann, gleich am ersten Samstage die Arbeiter um sich versammelt und ihnen allerpersönlichst den Wochenlohn ausgezahlt habe.«

»Das ist alles?«

»Ja«, sagte Schleppegrell.

Ebba aber wollte davon nichts wissen. »Nein, Pastor Schleppegrell, so leichten Kaufs kommen Sie nicht los; was Sie da sagen, das kann einfach nicht sein. Sie vergessen, daß jeder, der sich herauswinden oder andere hinters Licht führen will, vor allem ein gutes Gedächtnis haben muß. Es ist noch keine zwei Stunden, daß wir aus Ihrem Munde gehört, Sie würden von dem Stein erzählen, wenn die Prinzessin ihre Zustimmung dazu gäbe. Nun, Sie werden doch nicht geglaubt haben, die Prinzessin könne vorhaben, Ihren Bericht über eine samstägliche Lohnauszahlung verbieten zu wollen.«

Die Prinzessin weidete sich an Schleppegrells Verlegenheit, und Ebba, nicht willens, ihren Vorteil aus der Hand zu geben, fuhr fort: »Sie sehen, Sie können aus Ihrer schrecklichen Lage nur heraus, wenn Sie sich rundweg entschließen, Farbe zu bekennen, und uns die Geschichte so geben, wie sie wirklich gewesen.«

Schleppegrell, der sich altmodischerweise die Serviette quer über die Brust gebunden hatte, löste mechanisch den Knoten, legte die Serviette neben sich und sagte: »Nun gut, wenn Sie befehlen; es gibt noch eine zweite Lesart, von der es allerdings heißt, daß sie die richtigere sei. Der König ging mit Christine Munk, die seine Gemahlin war und auch wieder nicht war, etwas, das in unsrer Geschichte leider mehrfach vorkommt, im Schloßgarten spazieren, und mit den beiden war Prinz Ullrich und Prinzessin Fritz-Anna, und als sie bis an diesen Stein gekommen waren, setzten sie sich, um eine Plauderei zu haben. Und der König war so gnädig und liebenswürdig wie nie zuvor. Aber Christine Munk, aus Gründen, die bis diesen Augenblick niemand weiß oder auch nur ahnen kann (oder vielleicht auch hatte sie keine), schwieg in einem fort und sah so sauertöpfisch und griesgrämig drein, daß es eine große Verlegenheit gab. Und was das Schlimmste von der Sache war, diese Verstimmung Christinens hatte Dauer und war noch nicht vorüber, als der Abend herankam und der König in das Schlafgemach wollte. Da fand er die Tür verriegelt und verschlossen und mußte seine Ruh' an einer andern Stelle nehmen. Und da solches dem Könige vordem nie widerfahren war, weil Christine nicht nur zu den bestgelaunten, sondern auch zu den allerzärtlichsten Frauen gehörte, so beschloß der König, diesen merkwürdigen Ausnahmetag zu verewigen und ließ Namen und Jahreszahl in den Stein einmeißeln, wo der rätselvolle eheliche Zwist seinen Anfang genommen hatte.«

»Nun«, sagte die Prinzessin, »das ist freilich um einen Grad intrikater, aber doch auch noch lange nicht dazu angetan, mich als Schreckgespenst der Prüderie heraufzubeschwören, wie mein lieber Schleppegrell heute vormittag getan zu haben scheint. Übrigens apropos Prüderie! Da habe ich gestern in einem französischen Buche gefunden, ›Prüderie, wenn man nicht mehr jung und schön sei, sei nichts als eine bis nach der Ernte noch stehengebliebene Vogelscheuche‹. Nicht übel; die Franzosen verstehen sich auf dergleichen. Was aber, um unser Thema nicht zu vergessen, die Geschichte vom König Christian und seinem ›Ausgeschlossensein‹ angeht, so wünschte ich wohl, all unsere Königs- und Prinzengeschichten, die jetzt nur das Gegenteil davon kennen, wiesen eine ähnliche Harmlosigkeit auf, ein Wunsch, in dem mir Graf Holk sicherlich zustimmen wird. Sagen Sie, Graf, wie finden Sie die Geschichte?«

»Die Wahrheit zu gestehen, gnädigste Prinzessin, ich finde die Geschichte zu kleinen Stils und überhaupt etwas zu wenig.«

»Zu wenig«, wiederholte Ebba. »Da möcht' ich doch widersprechen dürfen. Das mit der samstäglichen Lohnauszahlung, das war zu wenig, aber nicht *dies*. Eine Frau, die griesgrämig und sauertöpfisch dreinsieht, ist nie wenig, und wenn ihre schlechte Laune so weit geht, ihren Eheherrn von ihrer Kammer auszuschließen (ich bedaure, diesen Punkt berühren zu müssen, aber die Historie verlangt Wahrheit und nicht Verschleierungen), so ist das vollends nicht wenig. Ich rufe meine gnädigste Prinzessin zum Zeugen auf und flüchte mich unter ihren Schutz. Aber so sind die Herren von heutzutage; König Christian läßt das Ereignis in Stein eingraben, als eine merkwürdige Sache, die zu den fernsten Zeiten sprechen soll, und Graf Holk findet es wenig und zu ›kleinen Stils‹.«

Holk sah sich in die Enge getrieben, und zugleich wahrnehmend, daß die Prinzessin augenscheinlich in der Laune war, auf Ebbas Seite zu treten, fuhr er unsicher hin und her und versicherte, während er abwechselnd einen ernsthaften und dann wieder ironischen Ton anzuschlagen versuchte, daß man in solcher Angelegenheit einen privaten und einen historischen Standpunkt durchaus unterscheiden müsse; vom privaten Standpunkt aus sei solch »Ausgeschlossensein« etwas tief Betrübliches und beinah Tragisches, ein ausgeschlossener König aber sei ganz unstatthaft, ja dürfe gar nicht vorkommen, und wenn die Geschichte dennoch dergleichen berichte, so begäbe sie sich eben ihrer Hoheit und Würde und gerate in das hinein, was er wohl oder übel »kleinen Stil« genannt habe.

»Er zieht sich gut heraus«, sagte die Prinzessin. »Nun, Ebba, führe deine Sache weiter.«

»Ja, gnädigste Prinzessin, das will ich auch, und wenn ich es als ein deutsches Fräulein vielleicht nicht könnte, so kann ich es doch als eine reine Skandinavin.«

Alles erheiterte sich.

»Als eine reine Skandinavin«, wiederholte Ebba, »natürlich mütterlicherseits, was immer das Entscheidende ist; der Vater bedeutet nie viel. Und nun also unsere These. Ja, was Graf Holk da sagt ... nun ja, von seinem schleswig-holsteinschen Standpunkt aus mag er recht haben mit seiner Vorliebe für das Große. Denn sein Protest gegen den kleinen Stil bedeutet doch natürlich, daß er den großen will. Aber was heißt großer Stil? Großer Stil heißt soviel, wie vorbeigehen an allem, was die Menschen eigentlich interessiert. Christine Munk interessiert uns, und ihre Verstimmung interessiert uns, und was dieser Verstimmung an jenem denkwürdigen Abend folgte, das interessiert uns noch viel mehr ...«

»Und am meisten interessiert uns Fräulein Ebba in ihrer übermütigen Laune ...«

»Von der ich in diesem Augenblicke vielleicht weniger habe als sonst. Soweit ich ernsthaft sein kann, so weit bin ich es. Jedenfalls aber behaupte ich mit jedem erdenklichen Grade von Ernst und Aufrichtigkeit und will in jeder Mädchenpension darüber abstimmen lassen, daß König Heinrich VIII. mit seinen sechs Frauen alle Konkurrenz ›großen Stils‹ aus dem Felde schlägt und nicht wegen der paar Enthauptungen, die finden sich auch anderswo, sondern wegen der intrikaten Kleinigkeiten, die diesen Enthauptungen vorausgingen. Und nach Heinrich VIII. kommt Maria Stuart, und nach ihr kommt Frankreich mit seiner Fülle der Gesichte, von Agnes Sorel an bis auf die Pompadour und Dubarry, und dann kommt Deutschland noch lange nicht. Und als allerletztes kommt Preußen, Preußen mit seinem großen Manko auf diesem Gebiet, mit dem es auch zusammenhängt, daß einige Schriftstellerinnen von Genie dem großen Friedrich ein halbes Dutzend Liebesabenteuer angedichtet haben, alles nur, weil sie ganz richtig fühlten, daß es ohne dergleichen eigentlich nicht geht.«

Pentz nickte zustimmend, während Holk den Kopf hin und her wiegte.

»Sie drücken Zweifel aus, Graf, vor allem vielleicht einen Zweifel an meiner Überzeugung. Aber es ist, wie ich sage. Großer Stil! Bah, ich weiß wohl, die Menschen sollen tugendhaft sein, aber sie sind es nicht, und da, wo man sich drin ergibt, sieht es im ganzen genommen besser aus als da, wo man die Moral bloß zur Schau stellt. Leichtes Leben verdirbt die Sitten, aber die Tugendkomödie verdirbt den ganzen Menschen.«

Und als sie so sprach, fiel aus einem der die Tafel umstehenden Tannenbäumchen ein Wachsengel nieder, just da, wo Pentz saß. Der nahm ihn auf und sagte: »Ein gefallener Engel; es geschehen Zeichen und Wunder. Wer es wohl sein mag?«

»Ich nicht«, lachte Ebba.

»Nein«, bestätigte Pentz, und der Ton, in dem es geschah, machte, daß sich Ebba verfärbte. Aber ehe sie den Übeltäter dafür abstrafen konnte, ward es hinter der Tannen- und Zypressenwand wie von trippelnden Füßen lebendig. Zugleich wurden Anordnungen laut, wenn auch nur mit leiser Stimme gegeben, und alsbald intonierten Kinderstimmen ein Lied, und ein paar von Schleppegrell zu dieser Weihnachtsvorfeier gedichtete Strophen klangen durch die Halle.

»Noch ist Herbst nicht ganz entflohn,
Aber als Knecht Ruprecht schon
Kommt der Winter hergeschritten,
Und alsbald aus Schnee'es Mitten
Klingt des Schlittenglöckleins Ton.

Und was jüngst noch, fern und nah,
Bunt auf uns herniedersah,
Weiß sind Türme, Dächer, Zweige,
Und das Jahr geht auf die Neige,
Und das schönste Fest ist da.

Tag du der Geburt des Herrn,
Heute bist du uns noch fern,
Aber Tannen, Engel, Fahnen
Lassen uns den Tag schon ahnen,
Und wir sehen schon den Stern.«

DREIUNDZWANZIGSTES KAPITEL

Die kleine Weihnachtsvorfeier, die mit einem Geplauder am Kamin (Grundtvig war das Hauptthema gewesen) abgeschlossen hatte, hatte sich bis Dunkelwerden hingezogen, und die sechste Stunde war schon vorüber, als man aufbrach, nachdem sich die Prinzessin kurz vorher in ihre Gemächer zurückgezogen. Holk begleitete wieder das Schleppegrellsche Paar, diesmal aber bis in die Stadt selbst hinein und kehrte erst, nachdem er zugesagt hatte, bei nächster freier Zeit einen Besuch im Pfarrhause machen und daselbst Schleppegrells Sammlungen besichtigen zu wollen, in sein Turmzimmer zurück, um hier, im Laufe des Abends, verschiedene Briefe zu schreiben, an Asta, an Axel, an die Dobschütz. Von dieser letzteren waren am voraufgegangenen Tage, fast unmittelbar vor Aufbruch des prinzeßlichen Hofes nach Frederiksborg, einige Zeilen eingetroffen, in denen ihm mitgeteilt wurde, daß Christine nicht schreiben könne, weil sie krank sei. Daß diese Mitteilung einen großen Eindruck auf ihn gemacht hätte, konnte nicht behauptet werden. Er kannte seiner Frau Wahrheitsliebe, trotzdem sagte er: »Sie wird verstimmt sein, und das heißt dann Krankheit. Wenn man will, ist man immer krank und erfreut sich des Vorzugs, jede Laune rechtfertigen zu können.«

Der andere Morgen führte wieder einen klaren und wolkenlosen Tag herauf; kein Wind ging, und Holk, der sich in der Mittagsstunde zum Dienst zu melden hatte, saß in Nähe des Fensters und sah nach dem Hilleröder Kirchturm hinüber, dessen Wetterhahn in der Sonne blitzte; still lagen die Häuser da, die Dächer blink und blank, und wäre nicht der Rauch gewesen, der aus den hohen Topfschornsteinen aufstieg, so hätte man glauben können, es sei eine verwunschene Stadt. Nirgends Menschen. »In solcher Stille zu leben«, sprach er vor sich hin, »welch Glück!« und als er sich dann vergegenwärtigte, daß Holkenäs dieselbe Stille habe, setzte er hinzu: »Ja, dieselbe Stille, aber nicht denselben Frieden. Wie beneidenswert dieser Pastor! Er hat seine Gemeinde, seine Steingräber und seine Moorfunde, den Herluf Trolle ganz ungerechnet, und läßt die Welt draußen ihren Gang gehen. Hilleröd ist seine Welt. Freilich, wer will sagen, was in ihm vorgeht? Er scheint so ruhig und abgeklärt, so ganz in Frieden, aber ist er's? Wenn es wahr ist, daß drei Prinzessinnen hintereinanderweg, oder vielleicht auch a tempo, sich in ihn verliebten, so will mir solch Idyll, als Ausgang von dem allem, doch als ein fragliches Glück erscheinen. Eine Prinzessin zu heiraten ist freilich ein noch viel fraglicheres, aber wenn man's klug unterläßt und als einzigen Lohn seiner Klugheit nichts hat als solche Hilleröder Kleinstädterei, so muß einem doch immer so was wie Sehnsucht bleiben. Eine prächtige Frau, diese kleine dicke Kugel von Pastorin, aber ganz unangetan, einen Mann wie Schleppegrell seine Vergangenheit vergessen zu machen. Zuletzt hat doch jeder seine Eitelkeit, und Pastoren sollen in diesem Punkte nicht gerade die letzten sein.«

Er phantasierte noch eine Weile so weiter und ging bei der Gelegenheit noch einmal alles durch, was ihm der gestrige Tag, abgesehen von der kleinen Festlichkeit bei der Prinzessin, an Bildern und Erlebnissen gebracht hatte: den Spaziergang auf Fredensborg zu, das flache Fährboot mit seinem ausgespannten Seil, daran man sich über den Parkgraben ans andere Ufer zog, den wundervollen Blick auf die Rückseite des Schlosses mit seinem Steildach und seinen Türmen und endlich den Muldenstein und das Gespräch mit Ebba. »Ebba spricht doch nicht liebevoll genug von der Prinzessin und ist mir darin wieder ein rechter Beweis, wie schlecht sich Esprit und Dankbarkeit vertragen. Ist ihr etwas Pikantes auf der Zunge, so muß es heraus, und die Pietät wird zu Grabe geläutet. Die Stockholmer Geschichte, ... nun von der will ich nicht reden, die mag auf sich beruhen, wiewohl auch da viel Grund zur Dankbarkeit vorliegen mag; aber auch jetzt noch, alles, was die Prinzessin sagt oder tut, ist eine Verwöhnung, und Ebba nimmt es hin, nicht bloß als selbstverständlich, sondern als wäre sie der Prinzessin überlegen. Und das ist sie nicht, die Prinzessin ist nur von einer schlichteren Ausdrucksweise. Wie gut war das alles wieder, was sie gestern, aus der Fülle der Erfahrung, über den alten Grundtvig sagte, wobei mir einfällt, daß ich daraus eine gute Nachschrift für meinen Brief an die Dobschütz machen könnte. Der Brief ist ohnehin etwas mager ausgefallen.«

Und während er das sagte, nahm er seinen Platz an dem rechts neben dem Fenster stehenden Schreibtisch und schrieb auf die noch leer gebliebene Seite: »Noch eine kleine Nachschrift, meine liebe Dobschütz. Unter unseren gestrigen Gesprächen bei der Prinzessin war auch eins über Grundtvig. Schleppegrell hatte nicht übel Lust, einen halben Heiligen aus ihm zu machen, worin ihn, natürlich ironisch, Pentz und die Rosenberg unterstützten. Die Prinzessin aber nahm die Sache ganz ernsthaft, fast so ernsthaft wie Schleppegrell und sagte: »Grundtvig ist ein bedeutender Mann und so recht angetan, ein Dänenstolz zu sein. Aber einen Fehler hat er doch, er muß immer etwas Apartes haben und sich von dem Rest der Menschheit, auch selbst der dänischen, unterscheiden, und wiewohl ihm nachgesagt wird, er stelle Dänemark so hoch, daß er ganz ernsthaft glaube, der liebe Gott spräche dänisch, so bin ich doch sicher, daß er von dem Tag an, wo dies ganz allgemein feststände, mit allem Nachdruck behaupten und beweisen würde: der liebe Gott spräche preußisch. Grundtvig kann nicht ertragen, mit irgend jemandem in Übereinstimmung zu sein. Hieraus, liebe Dobschütz, spricht ganz und gar der Ton unserer Tisch- und Abendunterhaltungen, und ich füge diese kleine Geschichte meinem Briefe mit allem Vorbedacht hinzu, weil ich weiß, wie sich Christine für Pastoralanekdoten und theologische Streitigkeiten interessiert. Und die Frage nach der Intimsprache Gottes kann vielleicht dafür gelten. Nochmals die herzlichsten Grüße. An Christine schreibe ich morgen, wenn auch nur einige Zeilen.«

Er kuvertierte nun diesen Brief an die Dobschütz, zugleich die beiden andern an Asta und Axel und war eben damit fertig, als es klopfte. »Herein.« Aber das Klopfen wiederholte sich nur, so daß Holk aufstand, um zu sehen, was es sei. Draußen stand Karin, die verlegen vor sich hin sah, trotzdem Verlegenheit zu den letzten ihrer Eigenschaften zählte. Sie behändigte Holk einige Zeitungen und Briefe, die der Postbote, der sehr eilig gewesen, um Zeitersparnisses willen unten beim gnädigen Fräulein mit abgegeben habe. Das gnädige Fräulein lasse sich dem Herrn Grafen empfehlen und habe vor, mit Baron Pentz einen Spaziergang zu dem »Stein« im Park zu machen, – der Herr Graf wüßten schon bis zu welchem Stein. Holk lächelte, ließ sich entschuldigen und nahm dann seinen Platz wieder ein, um zu sehen, was die neueste Post gebracht habe. Die Zeitungen, die bei der momentan herrschenden politischen Windstille wenig versprachen, schob er beiseite und musterte dabei schon die Handschriften der eingetroffenen Briefe. Sie ließen sich alle leicht erkennen; das war die des alten Petersen, das die seines Gärtners und diese hier die Handschrift Arnes, seines Schwagers. Der Poststempel »Arnewiek« bestätigte nur.

»Von Alfred? Was will er? Er faßt doch sonst die Machtvollkommenheiten seiner Majordomusschaft weitgehend genug auf, um mich durch Anfragen nicht groß zu stören. Und ein wahres Glück, daß er so verfährt und überhaupt so ist, wie er ist. Ich habe nicht Lust, mich hier um Wollpreise zu kümmern oder um die Frage, wieviel Fetthämmel nach England verladen werden sollen. Das ist seine Sache bzw. Christinens, und beide verstehen es außerdem viel besser als ich; die Arnes waren immer Agrikulturgrößen, was ich von den Holks eigentlich nicht sagen kann; ich meinerseits habe immer nur den Anlauf dazu genommen. Also was will er? Aber wozu mir den Kopf mit Vermutungen zerbrechen.« Und dabei nahm er den Brief und schnitt ihn mit einem kleien Elfenbeinmesser auf, aber langsam, denn er stand unter einem Vorgefühl, daß ihm der Brief nicht viel Erfreuliches bringen werde.

Und nun las er:

»Lieber Holk! Ich unterlasse es, wie Du weißt, grundsätzlich, Dir, in Deinen Kopenhagener Tagen, mit wirtschaftlichen Angelegenheiten aus Holkenäs beschwerlich zu fallen. Es war auch bisher nie nötig, da Dein liebenswürdiger Charakter es leicht macht, an Deiner Stelle zu regieren; Du hast nicht bloß die glückliche Gabe, mit dem, was andre tun, einverstanden zu sein, sondern die noch glücklichere, wenn der Ausnahmefall mal eintritt, fünf gerade sein zu lassen. Und um es gleich vorweg zu sagen, ich schreibe Dir auch heute nicht um pressanter wirtschaftlicher Dinge willen und habe noch weniger vor, ganz allgemein auf meine Lieblingspläne zurückzukommen, die, wie Du weißt, dahin gehen: lieber Shorthorns als Oldenburger (die Milchwirtschaft hat sich überlebt) und lieber Southdowns als Rambouillet. Was soll uns noch die Wollproduktion? Ein längst überwundener Standpunkt, der für die Lüneburger Heide passen mag, aber nicht für uns. Der Londoner cattle-market, *der* allein ist es, der für Güter, wie die unsrigen, in Betracht kommt. Meat, meat! Aber nichts mehr davon. Ich schreibe Dir wegen wichtigerer Dinge, wegen Christine. Christine, wie Dir die Dobschütz schon mitgeteilt haben wird, ist leidend, ernst und nicht ernst, wie Du's nehmen willst. Sie braucht weder nach Karlsbad noch nach Nizza geschickt zu werden, aber doch ist sie krank, krank im Gemüt. Und daran, lieber Holk, bist Du schuld. Was sind das für Briefe, die Du nun schon seit sechs Wochen schreibst oder fast ließe sich sagen auch nicht schreibst. Ich verstehe Dich nicht, und wenn ich Dir, von Anbeginn unserer Freundschaft an, immer vorgeworfen habe: ›Du kenntest die Frauen nicht‹, muß ich jetzt alles Scherzhafte, was sich früher bei dieser Bemerkung mit einmischte, daraus streichen und Dir im bittersten Ernste sagen: Du verstehst die Frauen wirklich nicht, am wenigsten aber Deine eigene, meine teure Christine. *Unsere* teure Christine, wage ich, bei der Haltung, die Du zeigst, kaum noch zu sagen. Ich sehe nun freilich deutlich, wie Du hier ungeduldig wirst und nicht übel Lust hast, gerade mich als den Anstifter und Begründer all der Behandlungssonderbarkeiten zu verklagen, in denen Du Dich seit Deiner Abreise von Holkenäs mit ebensoviel Virtuosität wie Konsequenz ergehst. Und wenn Du Dich mir und meinen früheren Ratschlägen gegenüber durchaus auf Deinen Schein stellen willst, so kann ich Dir ein bestimmtes Recht dazu nicht absprechen. Ja, es ist richtig, ich habe Dir mehr als einmal zu dem Wege geraten, den Du nun eingeschlagen hast. Aber, mein lieber Schwager, muß ich Dir zurufen: est modus in rebus? Muß ich Dich darauf aufmerksam machen, daß in all unserem Tun das *Maß* entscheidet und daß der klügste Rat, Pardon, daß ich den meinigen darunter zu verstehen scheine, sicherlich in sein Gegenteil verkehrt wird, wenn der, der ihn befolgt, das richtige Maß nicht hält und den Bogen einfach überspannt? Und das hast Du getan und tust es noch. Ich habe Dich beschworen, Christinens Eigenwillen gegenüber auf der Hut zu sein und ihrem Herrschergelüste, das sich hinter ihrer Kirchlichkeit verbirgt und zugleich immer neue Kraft daraus saugt, energisch entgegenzutreten, und ich habe Dir, so ganz nebenher, auch wohl den Rat gegeben, es mit Eifersucht zu versuchen und in Deiner Frau, meiner geliebten Schwester, die Vorstellung zu wecken: auch der sicherste Besitz sei nicht unerschütterlich sicher, und auch der beste Mann könne seine schwache Stunde haben. Ja, lieber Holk, in diesem Sinne habe ich zu Dir gesprochen, nicht leichtfertig, sondern, wenn mir der Ausdruck gestattet ist, aus einer gewissen pädagogischen Erwägung, und ich bedaure nichts davon und habe auch nicht nötig, irgendwas davon zurückzunehmen. Aber was hast Du nun in Anwendung dieser, glaub' ich, richtigen Sätze tatsächlich daraus gemacht? Aus Prickeleien, die vielleicht gut gewesen wären, sind Verletzungen, aus Nadelstichen sind giftige Pfeile geworden und, was schlimmer ist als alles, an die Stelle einer gewissen Zurückhaltung, der man den Kampf und die Mühe der Durchführung hätte ansehen müssen, an die Stelle solcher Zurückhaltung ist Nüchternheit getreten und ein nicht immer glückliches, weil forciertes Bestreben, diese Nüchternheit hinter Stadtklatsch- und Hofklatschgeschichten zu verbergen. Ich habe Deine Briefe gelesen — es waren ihrer nicht allzuviel, und keinen einzigen traf der Vorwurf, zu lang gewesen zu sein —, aber die Hälfte dieser wenigen beschäftigt sich mit der märchenhaften Schönheit der doch mindestens etwas sonderbaren Frau Brigitte Hansen und die zweite Hälfte mit den Geistreichigkeiten des ebenfalls etwas sonderbaren Fräulein Ebba von Rosenberg. Für Deine Frau, Deine Kinder hast Du während dieser langen Zeit keine zwanzig Zeilen gehabt, immer nur Fragen, denen man abfühlte, daß sie nach Antwort nicht sonderlich begierig waren. Ich glaube, lieber Holk, daß es genügt, Dich auf all das einfach aufmerksam gemacht zu haben. Du bist zu gerecht, um Dich gegen das Recht der hier vorgebrachten Klage zu verschließen, und bist zu gütigen und edlen Herzens, um, wenn Du das Recht dieser Klage zugestanden hast, nicht auf der Stelle für Abhülfe zu sorgen. Die Stunde, wo solcher Brief auf Holkenäs eintrifft, wird zugleich die Stunde von Christinens Genesung sein; laß mich hoffen, daß sie nahe liegt. Wie immer

        Dein Dir treu und herzlich ergebener Schwager
        Alfred Arne.«

Holk war so getroffen von dem Inhalt dieses Briefes, daß er darauf verzichtete, die beiden andern zu lesen. Petersen schrieb vielleicht ähnliches. Zudem war die Stunde da, wo er bei der Prinzessin erscheinen mußte, vor der er ohnehin fürchtete, seine Erregung nicht recht verbergen zu können. Und er wäre auch wirklich damit gescheitert, wenn bei seinem Erscheinen alles wie sonst und die Prinzessin bei freiem Blick gewesen wäre. Dies war aber nicht der Fall, weil der Prinzessin selber inzwischen ein Brief zugegangen war, der ihr Gemüt gefangen nahm und ihr die Fähigkeit raubte, sich um Holks Benommenheit zu kümmern.

VIERUNDZWANZIGSTES KAPITEL

Der bei der Prinzessin eingetroffene Brief war ein Brief des Kammerherrn Baron Blixen-Fineke und lautete:
»Eurer Königl. Hoheit in aller Eile die gehorsamste Mitteilung, daß Se. Majestät der König, der heute noch von Glücksburg nach Kopenhagen zurückkehrt, mit der Absicht umgeht, die nächsten Wochen in Schloß Frederiksborg zu verbringen, wahrscheinlich bis Neujahr; jedenfalls gedenkt er das Weihnachtsfest daselbst zu feiern. Es werden ihn nur wenige Personen aus seiner nächsten Umgebung begleiten: Oberst du Plat vielleicht, Kapitän Westergaard und Kapitän Lundbye gewiß. Ich hielt es für angezeigt, Eure Königl. Hoheit von diesem Entschlusse Sr. Majestät in Kenntnis zu setzen.

Eurer Königl. Hoheit untertänigster
Blixen-Fineke.«

Der erste Gedanke nach Lesung dieser Zeilen war gewesen, das Feld zu räumen und noch vor Eintreffen des Königs, also womöglich noch vor Ablauf der nächsten vierundzwanzig Stunden, nach Kopenhagen zurückzukehren. War der König erst da, so war solcher Rückzug, wenn nicht unmöglich, so doch sehr erschwert, weil, bei den persönlich guten Beziehungen zwischen Neffen und Tante, zu klar zutage getreten wäre, daß die Prinzessin nur vermeiden wolle, mit der von ihr gehaßten Gräfin Danner unter einem Dache zu sein. Also rasches Entschließen war unerläßlich, und »Abreise oder nicht« die Frage, die den um die Prinzessin versammelten Kreis beschäftigte, vor allem Ebba, die mehr Hoffnungen als Befürchtungen an die Möglichkeit einer raschen Rückkehr knüpfte. Denn einen so fein ausgebildeten Natursinn sie hatte, und so gut ihr Schleppegrell, trotz gelegentlicher Auflehnung gegen ihn und seine ewige Altertümlerei, gefiel, so war ihr alles in allem die Hauptstadt, wo man die Neuigkeiten sechs Stunden früher und außerdem abends eine Theaterloge hatte, doch um ein erhebliches lieber. Die große Frederiksborger Halle war in ihrer Art ein Prachtstück, gewiß, und wenn die Lichter und Schatten an Wand und Decke hinliefen, so hatte das seine Romantik und seinen kleinen Schauer; aber man konnte doch nicht sechs Stunden lang, von Dunkelwerden bis Schlafenszeit, mit immer gleichem Interesse nach Herluf Trolle hinüberblicken und noch weniger auf die große Seeschlacht und den in die Luft fliegenden »Makellos«.

Ja, die Rückkehr, wenn die Entscheidung bei Ebba gelegen hätte, wäre rasch beschlossen worden; die Prinzessin aber, die schon aus Aberglauben von einem Platze nicht gern fortwollte, den sie sich durch Jahrzehnte hin als ihren Weihnachtsplatz anzusehen gewöhnt hatte, verharrte, ganz gegen ihren sonstigen Charakter, in einer gewissen Unschlüssigkeit und war froh, als Holk bemerkte: »Verzeihung, Königliche Hoheit, aber steht es denn überhaupt fest, daß die Gräfin den König begleiten wird? Seine Majestät, soviel ich weiß, ist voll Rücksicht gegen Eure Königliche Hoheit und kennt nicht nur Dero Gefühle, sondern respektiert sie auch. Er läßt sich dadurch in seiner Neigung nicht beirren und kann auch nicht, wenn das Volk recht hat, das an eine Art Hexenzauber glaubt, worin ihn die Danner eingesponnen; aber er kann in seiner Neigung durchaus beharren und die Gräfin doch drüben in Skodsborg belassen. Er besucht sie dann jeden Tag, was ihm vielleicht noch besser behagt, als sie von Morgen bis Abend um sich zu haben. Denn jede Stunde sie mit Liebesaugen anzusehen, wenn es solche Zeiten überhaupt für ihn gegeben hat —, das sind doch wohl Tempi passati.«

»Wer weiß«, lachte die Prinzessin. »Sie sehen, lieber Holk, in dem Behextsein etwas wie etwa das intermittierende Fieber und glauben an freie Tage. Das leuchtet mir aber nicht ein. Ein richtiger Zauber pausiert nicht und setzt nicht aus. Gib mir übrigens, liebe Ebba, noch einmal Blixen-Finekes Brief herüber;

ich will genau lesen, was er schreibt. Er ist der Mann des vorsichtigen Ausdrucks.«

Ebba brachte den Brief, und die Prinzessin las: ».... es werden ihn nur wenige Personen aus seiner nächsten Umgebung begleiten, Oberst du Plat vielleicht, Kapitän Westergaard und Kapitän Lundbye gewiß...« »Holk hat recht; Blixen-Fineke weiß zu gut, wie wir stehen, als daß er nicht wenigstens eine Andeutung gemacht haben sollte. Die Gräfin kommt *nicht,* und mit meinem Neffen weiß ich mich gut zu stellen. Er ist eine Seele, gütig, der beste Mensch von der Welt. Jedenfalls brauchen wir nicht heute schon an Abreise denken. Aller Wahrscheinlichkeit nach wird auch Berling noch schreiben, und der wird sich weniger diplomatisch ausdrücken als Fineke.«

Wirklich, am andern Tage kam ein Billet vom Kammerherrn Berling, das zunächst die Bestätigung von dem noch bevorstehenden Eintreffen des Königs, zugleich aber, hinsichtlich der Danner, vollkommene Beruhigung brachte. Die Gräfin werde wieder, nach eigenem Wunsch, in Skodsborg Wohnung nehmen und daselbst die Besuche des Königs empfangen. Damit war der Schwankezustand, in dem man sich einen Tag lang befunden hatte, völlig beseitigt, und es stand fest, man blieb. Aber auch wenn das Entgegengesetzte beschlossen worden wäre, so würde sich doch der Ausführung dieses Beschlusses ein unübersteigliches Hindernis entgegengestellt haben: die Prinzessin erkrankte. Der Charakter der Krankheit blieb freilich unaufgeklärt, was es aber auch sein mochte (man hatte zuletzt von einem versteckten, aber gutartigen Nervenfieber gesprochen), Doktor Bie von Hilleröd sprach dreimal des Tages vor und nahm regelmäßig an dem für die Personen des Hofstaates servierten Lunch und meist auch an den anderen Tagesmahlzeiten teil. Doktor Bie war der Bruder der Frau Pastorin Schleppegrell, mit der er die kleine Figur, das Embonpoint und die klugen, freundlichen Augen gemein hatte, zugleich die Wohlgelittenheit bei der Prinzessin. Er trug einen Bambus mit Goldknopf und eine goldene Brille, die er regelmäßig abnahm, wenn er etwas sehen wollte, zählte den Puls laut, wie ein Klavierlehrer die Takte, und plauderte gern von Island und Grönland, wo er vierzehn Jahre lang Schiffsarzt gewesen war. Gegen die Residenzler war er im allgemeinen sehr eingenommen. »Es ist in Kopenhagen Sitte geworden, über die Isländer zu lachen; aber ich nenne da nur den Are Marson, der Amerika fünfhundert Jahr vor Kolumbus entdeckte, und Erik den Roten und Ulf den Schieler und seine ganze Sippe, lauter Helden und weise Männer — das alles waren Isländer, und ich beklage, daß Königliche Hoheit die Insel nie besucht haben. Es ist ein ganz eigen Gefühl, ein Ei zu essen, das im Geiser gekocht wurde, vielleicht in einem Augenblicke, wo die beiden Feuerspeier dazu leuchteten. Daß die Isländer unsere Zeitungen um zwölf Monate zu spät lesen, immer gerade die Nummer vom Jahre vorher, das ist alles eine hochmütige Kopenhagener Einbildung; die Isländer schreiben sich ihre Zeitungen selbst, können auch, denn jeden dritten Tag kommt ein englisches oder amerikanisches Schiff, und wenn in Reykjavik ein Stiftsamtmann oder auch bloß ein Sysselmann gewählt wird, so ist das geradeso interessant, wie wenn sich die Kopenhagner einen neuen Burgemeister wählen. Ach, Königliche Hoheit, ich möchte beinah sagen, es ist überhaupt kein Unterschied zwischen einem Dorf und einer Residenz; überall wohnen Menschen und hassen und lieben sich, und ob eine Sängerin eine Minute lang einen Triller schlägt oder ob ein Fiedler den »dappren Landsoldaten« spielt, das macht keinen großen Unterschied, wenigstens mir nicht.« Bei solchen Betrachtungen war er der heitersten Zustimmung der Prinzessin allemal sicher, und wenn Pentz und Ebba fragten: »ob Königliche Hoheit nicht doch vielleicht Ihren Leibarzt, Doktor Wilkins, beföhlen, der ohnehin nichts zu tun habe und dann und wann daran erinnert werden müsse, daß er sein Gehalt eigentlich doch bloß für eine Sinekure bezöge«, so lehnte die Prinzessin dies ab und sagte: »Nein, am Sterben bin ich noch nicht. Und wenn ich am Sterben wäre, so würde mich Doktor Wilkins, der alles liest, aber nicht viel weiß, auch nicht zurückhalten können. Was irgend ein Mensch für mich tun kann, das tut Bie für mich, und wenn ich ihm eine halbe Stunde zugehört und während seiner Erzählungen im Renntierschlitten mit ihm gesessen oder wohl gar bei Missionar Dahlström eine rote Grütze mit ihm gegessen habe, so habe ich bei solcher Gelegenheit allemal das gehabt, was man die heilsame Gegenwart des

Arztes nennt; ›medico praesente‹, so heißt es ja wohl, da ruht die Krankheit. Nein, Bie muß bleiben. Und was würde seine Schwester zu solcher Kränkung sagen, die gute, kleine Pastorin, die ihn für so berühmt hält wie Boerhave und ganz aufrichtig denkt, daß man die alte Geschichte wieder beleben und mit voller Sicherheit des Eintreffens vom Nord- oder Südpol aus an ihn schreiben könnte: ›An Doktor Bie in Europa‹.«

Die Krankheit der Prinzessin, so wenig gefährlich sie war, zog sich hin. Der König, inzwischen eingetroffen, hatte mit den Personen seiner nächsten Umgebung den linken Flügel bezogen und beschränkte sich, was die Prinzessin anging, darauf, sich jeden Tag nach dem Befinden derselben erkundigen zu lassen. Sonst wurde man seiner kaum gewahr, was teils mit seiner häufigen Anwesenheit drüben in Skodsborg, teils mit seiner Lebensweise zusammenhing. Er liebte nun mal die Vergnügungen im Freien. War nicht Hetzjagd, so war Pirschjagd, und war nicht Dachsgraben, so war Graben nach Steinbetten und Moorfunden, ja mitunter war er bis Vinderöd und Arreseedal hinüber, um von dort aus, wo seine Boote lagen, auf dem großen Arresee zu segeln.

Holk, der die Kapitäne Westergaard und Lundbye noch von Schleswig und Flensburg her, wo sie vorübergehend in Garnison gestanden hatten, gut kannte, suchte den Verkehr mit ihnen zu erneuern, was auch gelang und ihm dann und wann ein paar vergnügliche Plauderstunden eintrug; aber wenn er dann wieder allein war und nach Holkenäs hinüber dachte, kam ihm ein Gefühl schwerer Verlegenheit und Sorge. Das ging nicht so weiter. Die Korrespondenz zwischen ihm und Christine stockte völlig; aber auch die Briefe von Petersen und Arne waren noch unerledigt. Dieser letztere wenigstens mußte beantwortet werden (schon eine Woche war seit seinem Empfange vergangen), wenn er's nicht auch mit *dem* noch verderben wollte, der allezeit sein bester Freund und Berater und vielleicht nur zu oft sein Anwalt in seinen früheren kleinen Kämpfen mit Christine gewesen war.

Es war ein dienstfreier Tag, hell und klar, und Doktor Bie, von der Prinzessin kommend, hatte bei ihm vorgesprochen und ihn durch Hilleröder Stadtklatsch und kleine Doktorgeschichten in eine behagliche Stimmung versetzt. Diese Stimmung wollte er nicht ungenutzt vorübergehen lassen; Stimmung war schon der halbe Brief. Und was war es denn auch am Ende? Christine war eine Frau mit weniger Vergnüglichkeit als wünschenswert und mit mehr Grundsätzen als nötig; das war eine alte Geschichte, die von niemandem bestritten wurde, kaum von Christine selbst. In diesem Sinne sprach er noch eine Weile vor sich hin, und als er sich mehr und mehr in die Vorstellung hineingeredet hatte, daß alles, genau betrachtet, eine bloß aufgebauschte Geschichte sei, weil ja doch eigentlich nichts vorläge, nahm er schließlich seinen Platz am Schreibtisch und schrieb:

»Lieber Arne! Sei herzlich bedankt für Deinen lieben Brief vom 23. v. M., um so herzlicher, als ich, nach so vielen Beweisen Deiner freundschaftlichen Gefühle für mich, sehr wohl weiß, daß Du, bei starker Hervorhebung Deiner Bedenken über mein Tun und Lassen, nur der Vorstellung einer Pflicht gehorchtest. Aber, lieber Arne, laß mich Dich fragen, lag eine solche Pflicht wirklich vor? Hast Du nicht, um diesmal als Christinens Anwalt (sonst warst Du der meine) das Recht Deiner Klientin gegen mich zu wahren, mich in ein Unrecht gesetzt, das gar nicht existiert? Alles Anklagematerial gegen mich ist meinen eigenen Briefen entnommen. Nun, diese Briefe liegen jetzt drüben in Holkenäs und sind mir nicht mehr in jedem Einzelpunkt gegenwärtig, aber wenn ich ihren Inhalt aus dem Gedächtnis rekapituliere, so kann ich nichts finden, was eine Beschuldigung rechtfertigte. Da sind die Hansens, und da ist das Fräulein von Rosenberg, bei deren Schilderung ich, wie ein englisches Sprüchwort sagt, ›mehr Petersilie an das Hühnchen gelegt haben mag, als unbedingt nötig war‹; aber ein solches Zuviel hätte mir entweder auf Unbefangenheit gedeutet werden müssen oder auf einen Hang, das Ridiküle durch sich selber wirken zu lassen. Ich entsinne mich, in einem meiner Briefe von einer halb märchenhaften Audienz der schönen Capitana beim Kaiser von Siam und in einem andern von dem pikanten und allerdings etwas freisinnigen Fräulein von Rosenberg als von einem ›David Straußschen Amanuensis‹ gesprochen zu haben, und nun frag' ich Dich, lieber Arne, ob das

Auslassungen sind, die Christinens Empfindlichkeiten und im weitern Verlauf Deine brieflichen Vorwürfe rechtfertigen? Ich sprach eben von meiner Unbefangenheit, die mir zum Guten gedeutet werden müsse, will aber im Gegensatze dazu einräumen — und das ist das einzige Zugeständnis, das ich machen kann —, daß mir in meiner Korrespondenz mit Christine der richtige Ton schließlich verloren gegangen ist. Von dem Augenblick an, wo man sich beargwohnt sieht, ist es schwer, in Ton und Haltung korrekt zu bleiben, und um so schwerer, als es *den* Unschuldsgrad gar nicht gibt, der einen, wenn erst mal Zweifel angeregt wurden, gegen Bedenken und kleine Vorwürfe seiner selbst ein für allemal sicherstellte. Was wandelt uns nicht alles an, was beschleicht uns nicht alles? Vieles, alles. Aber schon Martin Luther, dies weiß ich aus der Traktätchenliteratur, die immer nur zu fleißig in unser Haus kam, hat einmal ausgesprochen: ›Wir können nicht hindern, daß die bösen Vögel über uns hinfliegen, wir können nur hindern, daß sie Nester auf unserm Haupte bauen.‹ Ja, Schwager, es bleibt dabei, Christine, so vieler Tugenden sie sich rühmen darf, *eine* hat sie nicht, sie hat nicht die der Demut, und genährt und großgezogen in der Vorstellung einer besonderen Rechtgläubigkeit, von der sie beständig Heilswirkungen und Erleuchtungen erwartet, kommt sie natürlich nicht auf den Gedanken, daß sie, gleich anderen, auch irren könnte. Sie hat Asta nach Gnadenfrei gebracht und Axel nach Bunzlau, das sind Taten, die Schwächen und Irrtümer ausschließen, Irrtümer, denen andere, die statt nach Herrnhut nach Kopenhagen reisen, ein für allemal unterworfen sind. Und nachdem ich so meine Verteidigung geführt und gegen den Schluß hin, mehr als mir lieb ist, die Rolle des Angeklagten mit der des Anklägers vertauscht habe, verabschiede ich mich und lege meine Sache in Deine Hand, vollkommen sicher darin, daß Deine Klugheit und vor allem auch die Liebe, die Du gleichmäßig für mich wie für Christine hegst, alles zum Guten hinausführen wird. Und damit Gott befohlen. Wie immer

Dein Dir herzlich ergebener
Holk.«

Als er die Feder aus der Hand gelegt hatte, nahm er den Bogen und stellte sich ans Fenster, um alles, Zeile für Zeile, noch einmal durchzusehen. Er fand manches auszusetzen und murmelte, wenn ihm dies und das nicht zusagte, »fast so doktrinär wie Christine«; der Schluß aber von der »besonderen Rechtgläubigkeit« gefiel ihm und mehr noch die Stelle von der »eingebüßten Unbefangenheit«, eingebüßt, »weil es, sobald man erst unter Anklage stehe, keinen Unschuldsgrad gäbe, der einen gegen Zweifel und gelegentliche Selbstvorwürfe sicherstelle.«

Sein Auge weilte wie gebannt darauf, bis zuletzt die Befriedigung darüber hinschwand und ihn nichts mehr daraus ansah als das Bekenntnis seiner Schuld.

FÜNFUNDZWANZIGSTES KAPITEL

Die schönen Tage, die, seinem Ruf zum Trotz, fast den ganzen November über angedauert hatten, schlossen mit dem Monatswechsel ab, und heftige Nordweststürme setzten ein, nur dann und wann von Regenschauern unterbrochen, die freilich oft schon nach wenig Stunden einem neuen Nordwester Platz machten. Dieser Wetterumschlag änderte natürlich auch das Leben im Schloß; alle Spaziergänge, die sich nicht selten bis Fredensborg und südlich bis Lilleröd ausgedehnt hatten, hörten auf, und an die Stelle der halb dienstlichen Vereinigungen in der großen Herluf-Trolle-Halle traten jetzt kleine Reunions, die sich zwischen »hüben und drüben« oder, was dasselbe sagen wollte, zwischen den beiden Türmen teilten und an einem Abend bei der einen, am andern bei der anderen der beiden Hofdamen stattfanden. Die Prinzessin hatte dies eigens so gewünscht, und die Schimmelmann, so steif und zeremoniell sie sonst sein mochte, war als Wirtin von großer Liebenswürdigkeit, so daß ihre »Abende« mit denen Ebbas wetteifern durften. Die Zusammensetzung der Gesellschaft war immer dieselbe: voran der Hofhalt der Prinzessin, dazu das Schleppegrellsche Paar und die beiden Adjutanten des Königs, von denen Lundbye sich auf den Hof- und Lebemann, Westergaard auf den Freisinnigen hin ausspielte, kleine gesellschaftliche Nuancen, die den Reiz des Verkehrs mit ihnen nur noch steigerten. Ja, man sah sich täglich, immer nur zwischen dem Links- und Rechtsturm wechselnd, und wie die Zusammensetzung der Gesellschaft dieselbe war, so war es auch die Form der Unterhaltung, die sich auf Lustspiele-Lesen und Deklamation und, wenn es hoch kam, auf ein Stellen von Bildern beschränkte. Dann und und wann, schon um Pentz und der Schimmelmann willen, wurde auch eine Whistpartie beliebt, die dann, nach dem Abendbrot, in ein kleines, sehr harmloses Hasard überging. Ebba gewann immer, »weil sie«, wie sie sagte, »Unglück in der Liebe habe«. Man war heiter bis zur Ausgelassenheit, und während selbstverständlich über das ewige Sturm- und Regenwetter und mehr noch über die nicht endenwollende Krankheit der Prinzessin geklagt wurde, gestand man sich doch gleichzeitig, daß man diesem angeblichen Unglück all das Glück verdanke, dessen man sich erfreute.

So ging es bis den zweiten Advent; da schlug das Wetter abermals um, und mit dem scharfen Nordost, der jetzt einsetzte, kam sofort auch bittre Kälte, die, gleich in der ersten Nacht, alle Tümpel und Regenlachen und schon den Tag darauf auch den kleinen Schloßsee mit Eis bedeckte. Dem Schloßsee folgte dann der breite, nach Ost und West hin mit dem Esrom- und Arresee Verbindung haltende Parkgraben, und als abermals eine Woche später die Nachricht kam, daß auch die großen Seen selbst, an ihren Ufern wenigstens, mit starkem Eise belegt seien, wurde — nachdem Doktor Bie beschworen hatte, daß ein Ausflug bei blankem Wetter genau *das* sei, was die von »Schloß-Malaria«, so war sein Ausdruck, herrührenden Zustände der Prinzessin am ehesten beseitigen werde — der nächste Tag schon für eine Schlitten-, beziehungsweise Schlittschuhpartie nach dem Arresee hin festgesetzt.

Und nun war dieser Tag da, sonniger und frischer als alle voraufgegangenen, und kurz vor zwei traf man sich an der uns wohlbekannten Stelle, wo jetzt die Strickfähre eingefroren im Eise lag. Die, die sich daselbst zusammenfanden, waren zunächst die Prinzessin selbst mit Holk und Ebba, dann Schleppegrell und die beiden Adjutanten. Pentz fehlte, weil er zu alt, die Pastorin, weil sie zu korpulent war, während sich Erichsen und die Schimmelmann dem ziemlich scharfen Nordost, der ging, nicht aussetzen mochten. Aber auch diese vier hatten auf ein bestimmtes Maß von Teilnahme nicht verzichten wollen und waren in eine geschlossene Kutsche gestiegen, um, vorausfahrend, die wetterfestere Hälfte der Gesellschaft in einem kleinen, dicht an der Einmündung des Parkgrabens in den Arresee gelegenen Gasthause zu erwarten.

Neben der Fähre, die durch vorausgeschickte Dienerschaften in ein Empfangs- und Unterkunftszelt verwandelt worden war, stand ein eleganter Stuhlschlitten, und als die Prinzessin darin untergebracht und mit Hülfe von allerhand Pelzwerk vor Erkältung geschützt worden war, handelte sich's für die begleitenden Schlittschuhläufer nur noch um die Frage, wer die Führung übernehmen und zweitens, wer mit der Ehre, den Schlitten der Prinzessin über das Eis hinzusteuern, betraut werden sollte. Rasch entschied man sich, daß Schleppegrell, als Ortskundigster, den Zug zu führen, Holk aber den Schlitten der Prinzessin zu steuern habe, während, dicht aufschließend, das Fräulein an der Hand der beiden Offiziere folgen sollte. Nach dieser Anordnung wurde denn auch wirklich aufgebrochen, und weil alle sehr geschickte Läufer, außerdem auch die Kostüme gut und kleidsam gewählt waren, so war es eine Freude, den Zug über die glatte Eisfläche hinschießen zu sehen. Am imponierendsten wirkte Schleppegrell, der heute mehr einem heidnischen Wotan als einem christlichen Apostel glich; sein Mantelkragen bauschte sich über dem Krempenhut hoch im Winde, während er den Pikenstock, um die Schnelligkeit zu steigern, immer kraftvoller ins Eis stieß. Die Prinzessin war erfreut und sprach es zu Holk auch aus, ihren »Pfadfinder« so phantastisch vor sich herfahren zu sehen, aber ihr Schönheitssinn, der ihr, trotz des ihr fehlenden Sinnes für Ordnung und Eleganz, in hohem Maße zu eigen war, würde doch noch erfreuter gewesen sein, wenn sie, gelegentlich rückwärts blickend, auch das Bild der ihr folgenden drei hätte vor Augen haben können. Ebba, das Kleid geschürzt und in hohen Schlittschuhstiefeln, trug eine schottische Mütze, deren Bänder im Winde flatterten, und jetzt rechts dem einen und dann wieder links dem andern ihrer Partner die Hand reichend, glich ihr Eislauf einer Tanztour, darin sie sich, trotz weitausholender Seitenbewegungen, in wachsender Raschheit vorwärts bewegte. Der zurückzulegende Weg war nicht viel kürzer als eine Meile, aber ehe noch eine halbe Stunde um war, wurde man schon des hochgelegenen Gasthauses, daraus ein heller Rauch aufstieg, ansichtig und dahinter der weiten Fläche des Arresees, blinkend und blitzend, soweit das Eis ging, und dann bläulich zitternd, wo der See, noch eisfrei, dem Meere sich zudehnte.

Schleppegrell, als er das Ziel vor Augen hatte, schwenkte triumphierend den Pikenstock, und das ohnehin schon rasche Tempo womöglich noch beschleunigend, war er in kürzester Frist bis an das Gasthaus heran, auf dessen vorgebauter Treppe Pentz und die Schimmelmann und mit ihnen auch die kleine Pastorsfrau schon standen und die Herankommenden mit Tücherwehen begrüßten. Nur Erichsen, eine Schachtel Cachou in Händen, war, wie sich später ergab, in der Gaststube zurückgeblieben. Holk, die eine Hand auf die Rücklehne des Schlittens gelegt, lüpfte mit der andern den Hut, und im nächsten Augenblick schon hielt er an einem kleinen Wassersteg, dessen Bretterlage bis zu dem Gasthause hinauf sich fortsetzte. Pentz, mittlerweile herangekommen, bot der Prinzessin seinen Arm, um sie, während Schleppegrell und die beiden Kapitäne folgten, die Düne hinaufzuführen, und nur Holk und Ebba standen noch an dem Wassersteg und sahen erst den Voraufgehenden nach und dann einander an. In Holks Blick lag etwas wie von Eifersucht, und als Ebbas Auge mit einem halb spöttischen: »Ein jeder ist seines Glückes Schmied« darauf zu antworten schien, ergriff er ungestüm ihre Hand und wies nach Westen zu, weit hinaus, wo die Sonne sich neigte. Sie nickte zustimmend und beinah übermütig, und nun flogen sie, wie wenn die Verwunderung der Zurückbleibenden ihnen nur noch ein Sporn mehr sei, der Stelle zu, wo sich der eisblinkende, mit seinen Ufern immer mehr zurücktretende Wasserarm in der weiten Fläche des Arresees verlor. Immer näher rückten sie der Gefahr, und jetzt schien es in der Tat, als ob beide, quer über den nur noch wenig hundert Schritte breiten Eisgürtel hinweg, in den offnen See hinauswollten; ihre Blicke suchten einander und schienen zu fragen: »Soll es so sein?« Und die Antwort war zum mindesten keine Verneinung. Aber im selben Augenblicke, wo sie die durch eine Reihe kleiner Kiefern als letzte Sicherheitsgrenze bezeichnete Linie passieren wollten, bog Holk mit rascher Wendung rechts und riß auch Ebba mit sich herum.

»Hier ist die Grenze, Ebba. Wollen wir darüber hinaus?« Ebba stieß den Schlittschuh ins Eis und sagte: »Wer an zurück *denkt, der will* zurück. Und ich bin's zufrieden. Erichsen und die Schimmelmann werden uns ohnehin erwarten —, die Prinzessin vielleicht nicht.«

SECHSUNDZWANZIGSTES KAPITEL

Eine Stunde nach Sonnenuntergang, als, um Pentz zu zitieren, Holk und Ebba von ihrer »Eismeerexpedition wieder in gesicherte Verhältnisse zurückgekehrt waren«, trat man in einem geschützten und mit Decken wohl versehenen Char-à-banc, der Platz für alle hatte, den Heimweg nach Frederiksborg an. Unterwegs wurde der »romantischen Eskapade«, trotz der Gegenwart der beiden Flüchtlinge, mit sichtlicher Vorliebe gedacht, und der Ton, in dem es geschah, ließ keinen Zweifel darüber, daß man alles als etwas vergleichsweise Harmloses, als einen bloßen Übermutsstreich ansah, zu dem Ebba den armen Holk gedrängt habe, der nun, wohl oder übel, habe nachgeben müssen. In diesem Sinne sprachen die meisten, und nur die Prinzessin konnte sich, ganz gegen ihre Gewohnheit, nicht entschließen, in den heitren Ton mit einzustimmen, schwieg vielmehr, was, wenn auch sonst niemandem, so doch den beiden Adjutanten auffiel, die sich bei diesem Schweigen einiger schon vorher von seiten der Prinzessin gemachter, halb ängstlicher, halb mißbilligender Bemerkungen erinnern mochten. »Ebba liebt mit der Gefahr zu spielen«, so hatte das Gespräch drinnen im Gasthause begonnen, »und sie darf es auch, weil sie ein Talent hat, ihren Kopf klug aus der Schlinge zu ziehen. Sie wird wohl für alle Fälle einen Rettungsgürtel unter der Pelzjacke tragen. Aber nicht jeder ist so klug und so vorsichtig und am wenigsten unser guter Holk.« Dies alles war am Kaffeetische so halb scherzhaft hingesagt worden, während Holk und Ebba noch draußen waren; aber hinter dem Scherze hatte sich offenbar ein Ernst versteckt.

Gegen sechs war man im Schlosse zurück, und als man sich gleich darauf von der Prinzessin, die noch immer die Abende allein zuzubringen liebte, getrennt hatte, nahm man auch untereinander Abschied, aber allerdings unter dem gleichzeitigen Zuruf: »Auf Wiedersehen heut' abend.«

»Und in welchem Turm?« fragten die beiden Kapitäne, die, Dienstes halber, während der letzten Abende in dem kleinen Kreise gefehlt hatten.

»Nun, im Ebba-Turm. Und nicht später als acht. Wer später kommt, zahlt Strafe.«

»Welche?«

»Das findet sich.«

Und danach ging jeder auf sein Zimmer, nachdem noch Schleppegrell versprochen hatte, seinen Schwager, Doktor Bie, mitzubringen.

Die beiden Schleppegrells und Bie, die den weitesten Weg hatten, waren natürlich die Pünktlichsten und ersten und trafen, weil es inzwischen leise zu schneien begonnen hatte, von kleinen Flocken überstäubt auf dem untern Turmflur ein, von dem aus eine Wendeltreppe zunächst in Ebbas und dann höher hinauf in Holks Zimmer führte. Was dann im dritten und vierten Stocke noch folgte, darum hatte sich von allen Turmbewohnern bis dahin niemand gekümmert, nicht einmal Karin, die sich's, seitdem es kalt geworden, nur noch angelegen sein ließ, möglichst warm zu sitzen, erst um ihret- und zum zweiten um eines jungen Gärtnerburschen willen, mit dem sie, gleich während der ersten vierundzwanzig Stunden ihres Frederiksborger Aufenthalts, ein intimes Verhältnis angeknüpft hatte. Sie war darin überaus erfahren, und Wärme, wie sie wußte, kam der Liebe zustatten. Auch heute wieder hatte sie für eine rechte Behaglichkeit gesorgt, und als sich die Hilleröder Gäste von der auf dem Flur herrschenden Temperatur angeheimelt fühlten, sagte Doktor Bie, während er Karin die Hand patschelte: »Das ist recht, Karin. Ihr schwedischen Mädel, ihr versteht es. Aber wie fängst du's nur an, es hier auf dem Flur so warm zu haben? Es ist ja, daß man sich gleich hier auf die Treppe setzen und den Abend bei dir zubringen möchte.«

Schleppegrell, der die schiffsärztlichen Verkehrsformen seines Schwagers nur zu gut kannte, warf diesem einen zu minderer Vertraulichkeit auffordernden Blick zu, Karin aber, die sich mit jedem und nicht zum wenigsten mit alten Schiffschirurgen auf einen guten Fuß zu stellen liebte, wies auf eine hinter dem Treppenaufgang gelegene Wandstelle, die gerad in der Mitte zu glühen schien. Und im Nähertreten sah unser Freund Bie denn auch, daß sich hier ein in die Wand hineingebauter mächtiger Ofen befand, dessen Front natürlich in Karins Zimmer ging, während die schmucklose, nur aus Backsteinen und einer großen Eisenplatte hergestellte Hinterwand den ganzen Unterflur und mit ihm zugleich das halbe Treppenhaus heizte. »Vorzüglich«, sagte Bie, »vorzüglich. Das werd' ich bei der Schloßverwaltung anregen und zur Nacheiferung empfehlen. Eiserner Ofen mit sozusagen Doppelheizung, Flur und Stube zugleich. Drüben bei der Schimmelmann, die freilich keine Karin zur Aushülfe hat, herrscht immer eine grimmige Kälte; man friert Stein und Bein und die Schimmelmann natürlich mit. Und da soll man dann helfen bei den ewigen Katarrhen, von erfrornen Händen und roter Nase gar nicht zu sprechen. Ein Glück, daß die Danner nicht hier ist. Die hat freilich ihren Leibarzt, und nicht zu vergessen, auch mehr natürliche Wärme. Sonst wäre sie nicht die, die sie ist.«

Schleppegrell war mit dem, was sein Schwager an baulichen Verbesserungsvorschlägen vorbrachte, sichtlich uneinverstanden und sagte, während alle drei jetzt die Treppe hinaufstiegen: »Ich bin ganz dagegen, Bie. Laß die Türme genauso, wie sie sind.«

»Ach«, lachte Bie. »Du hast wieder historische Bedenken. Ein Turm, in dem man zweihundert Jahre lang gefroren hat, in dem muß weitergefroren werden. Das nennt ihr dann Pietät, und die Pastoren haben vielleicht noch ein größeres Wort dafür. Ich für meine Person, ich bin für warm sitzen.«

»Ja«, sagte Schleppegrell, »das ist das Vorrecht aller Nordpolfahrer. Je näher dem Nordpol, je mehr Ofenhocker. Und

Schloßverwaltung sagst du, da willst du hingehen und die Neuerung anempfehlen. Nun, ich werde mitgehen, wenn du gehst, und während du den Doppelofen, der noch dazu halb ein eiserner ist, beantragst, werde *ich* beantragen, diesen einen aus der Wand herauszureißen. Es ist der größte Leichtsinn. Und überall Tannäpfel und kienen Holz und die Dielen und Verschläge so wurmstichig wie Pfeifenzunder.«

Unter diesen Worten waren sie die Treppe hinauf und traten bei Ebba ein, wo schon alles in festlicher Vorbereitung war: die Lampen und Lichter brannten, und der bereits gedeckte Tisch war, soweit es ging, in die tiefe Fensternische geschoben. Alles geräumig und übersichtlich. Aber ehe zehn Minuten um waren, herrschte durch den ganzen Raum hin ein summendes Durcheinander, und ein Überblick ermöglichte sich erst wieder, als die Mehrzahl an zwei rasch zurechtgemachten Spieltischen Platz genommen hatte, links die Schimmelmann mit Pentz und Lundbye, rechts die Pastorin mit Erichsen und Westergaard. Holk und Bie, die gern mitgespielt und das Whist mit dem Strohmann zu einem richtigen Whist erhoben hätten, mußten auf Mitspiel verzichten, weil Schleppegrell, den man doch nicht allein lassen konnte, grundsätzlich keine Karte nahm. Nun war freilich noch Ebba da; diese hatte sich aber, als Wirtin, jedem einzelnen auf wenigstens Augenblicke zu widmen, und trotzdem der Tisch vorsorglich im voraus gedeckt war, gab es doch noch vielerlei zu tun, und die Weisungen an Karin und den zur Aushülfe mit herangezogenen Gärtner nahmen kein Ende.

Holk und Bie, nachdem sie sich in den Verzicht gefunden, hatten sich schließlich in eine Ecke zurückgezogen, die dicht neben der Alkovennische durch einen vorspringenden Mauerpfeiler gebildet wurde. Hier war man denn auch bald in einer intimen Unterhaltung, die der allzeit wißbegierige Holk natürlich nach Island hinüberzuspielen wußte.

»Wissen Sie, Doktor Bie, daß ich Sie wegen Ihres schiffsärztlichen Aufenthalts da oben geradezu beneide, nicht wegen Skorbut und der Amputationen, die ja dabei vorkommen sollen, aber doch wegen des Ethnographischen ...«

Bie, nur höherer Feldscher, der das Wort »ethnographisch« vielleicht noch nie gehört, jedenfalls aber über seine Bedeutung nie nachgedacht hatte, schrak etwas zusammen und hätte so ohne weiters nicht Red' und Antwort stehen können; der ganz in Fragelust aufgehende Holk aber sah nichts davon und fuhr fort: »Und wenn uns Island bloß ein beliebiges Etwas wäre, das uns so eigentlich nichts anginge, nun, so könnte man mit seinem Interesse zurückhalten; aber die Isländer sind doch unsre halben Brüder und beten jeden Sonntag für König Friedrich geradesogut wie wir und vielleicht noch besser. Denn es sind ernste und fromme Männer. Und wenn ich dann denke, daß man so in den Tag hineinlebt und gerade von dem nichts weiß, von dem man recht eigentlich was wissen müßte, dann schäme ich mich und mache mir beinah Vorwürfe. Was wäre, wie mir mein alter Pastor Petersen drüben wohl hundert Male versichert hat, was wäre beispielsweise die ganze germanisch-skandinavische Literatur, wenn wir den Snorre Sturleson, diesen Stolz der Isländer, nicht gehabt hätten? Was wäre es mit der Edda und vielem andren? Nichts wär' es damit. Und nun frag' ich Sie, Doktor Bie, sind Sie während Ihrer isländischen Tage diesen Dingen als einem Etwas begegnet, das noch jeder kennt und liebt und singt und sagt, die Frauen und Mädchen in den Spinnstuben und die Männer, wenn sie auf den Robbenfang ziehen?«

Schleppegrell, der all diese Fragen mit angehört hatte, wurde verlegen in die Seele seines Schwagers hinein, Bie selbst aber hatte sich inzwischen erholt und sagte mit gutem Humor: »Ja, das weiß eigentlich alles mein Schwager Schleppegrell viel besser, der *nicht* da war; Personen, die nicht da waren, wissen immer alles am besten. Ich weiß von den Isländern bloß, daß ihre Betten besser sein könnten, trotzdem sie die Eidergans sozusagen vor der Tür haben. Und die Federn sind auch wirklich gut, und man liegt auch warm darin, was da oben, um recht und billig zu sein, doch immer die Hauptsache bleibt. Aber das Linnen, das ist die schwache Seite. Daß die Fäden mitunter wie Bindfaden nebeneinander liegen, nun, das möchte gehen; aber was die Engländer die cleanliness nennen, damit hapert es. Man merkt zu sehr, daß es da mehr Eis als Wasser gibt und daß die Wäscherinnen froh sind, wenn sie die Hände wieder in ihren Pelzhandschuhen haben. Es ist kein Land der Reinlichkeiten, soviel ist zuzugeben. Aber einen Lachs gibt es comme il faut. Und dann was das Getränk angeht! Einige denken bloß immer an Isländisch Moos; nun, das gibt es auch, aber ich kann Ihnen versichern, Herr Graf, einen besseren Whisky hab' ich nirgends in der Welt gefunden, nicht in Kopenhagen und nicht in London, und nicht einmal in Glasgow, wo doch das Feinste davon zu Hause ist.«

Das isländische Gespräch setzte sich noch eine Weile fort, und der anfangs immer nur verlegen dreinschauende Schleppegrell hatte schließlich seine Freude daran, Holks unausgesetzt auf das »Höhere« gerichteten Fragen von Bie geschickt umgangen zu sehen. Ebba, von Zeit zu Zeit hinzutretend, lachte, wenn sie das Gespräch immer noch auf dem alten Flecke fand, und wandte sich dann rasch wieder den Spieltischen zu, wo sie mal zu Nutz und Frommen der Frau Pastorin und dann wieder für die Schimmelmann die Strohmannkarten aufnahm und auf den Tisch legte, bis der beständig in Verlust stehende Pentz dagegen protestierte. Nichts war Ebba willkommner, und ihre Spieltischgastrolle wieder aufgebend, machte sie sich bei dem Kamin zu schaffen und schüttete Kohlen und Wacholdergezweig auf das verlöschende Feuer, freilich immer nur wenig, weil die vielen Lichter, die brannten, ohnehin dafür sorgten, daß von der draußen herrschenden Kälte nichts fühlbar wurde. Zudem hatte der den Tag über herrschende Frost, seit den ersten Flocken, die fielen, erheblich nachgelassen, und nur der Wind war stärker geworden, was man wahrnehmen konnte, wenn die lächelnd und gewandt die Bedienung machende Karin mit dem einen oder andern Tablett in die Tür trat.

Nun aber war es zehn, das Spiel beendet, und während man, um Platz zu schaffen, die Spieltische beiseiteschob, wurde der nur an drei Seiten gedeckte Eßtisch, weil niemand das Kaminfeuer im Rücken haben wollte, quer durch das Zimmer gestellt. Die Schimmelmann hatte den Ehrenplatz in der Mitte der Tafel, Holk und Pentz neben ihr; dann kamen, nach rechts und links hin, die vier andern Herren, während die Pastorin und Ebba an den zwei Schmalseiten saßen, um von hier aus den Tisch am besten überblicken und, wenn's not tat, wirtschaftlich eingreifen zu können. Und war schon vorher die Stimmung eine gute gewesen, so wuchs sie jetzt noch, wozu Doktor Bie durch seine nach den verschiedensten Seiten hin gelegenen Tafelvorzüge das meiste beitrug. Er war nämlich nicht bloß Geschichtenerzähler und Toastausbringer, sondern vor allem auch ausgesprochener Lachvirtuose, was ihn in den Stand setzte, nicht bloß seine eignen, sondern auch andrer Leute Anekdoten mit wahren Lachsalven unkritischen Beifalls zu begleiten und dadurch alle mit fortzureißen, auch solche, die gar nicht wußten, um was sich's eigentlich handelte. Selbst die Schimmelmann hatte, zur Genugtuung aller, ihre ganz unverkennbare Freude daran, was übrigens nicht ausschloß, daß nach ihrem Rückzuge, der jedesmal um elf Uhr erfolgte, die Heiterkeit der Tafel eine noch erhebliche Steigerung erfuhr. Zu dieser Steigerung wirkte freilich auch noch ein andres mit, und dies andre war der schwedische Punsch, der nicht regelmäßig, aber heute wenigstens in einer großen silbernen Bowle aufgetragen wurde. Jeder war seines Lobes voll, am meisten Bie, der denn auch beim fünften Glase, bei dem er verhältnismäßig rasch angelangt war, sich erhob, um unter gnädiger Erlaubnis der Damen einen Toast auszubringen. »Ja, einen Toast, meine Damen. Aber wem soll er gelten? Natürlich unsrer liebenswürdigen Wirtin, in der unser schwedisches Brudervolk — wie wir ein Meervolk, ein Volk der See — sozusagen seinen höchsten Ausdruck findet. Aus dem Meere, wie wir alle wissen, ist die Schönheit geboren, aber aus dem Nordmeer auch der nordische Mut, der schwedische Mut. Ich war nicht Zeuge von dem, was dieser Nachmittag von einem solchen echten Nordlandsmut gesehen hat, aber ich habe davon gehört. Und am Rande des Todes hinzuschweben, ein Fehltritt, und die Tiefe hat uns für immer, das ist des Lebens höchster Reiz. Und dies Leben ist ein Nordlandsleben. Wo das Eis beginnt, da hat das Herz seine höchste Flamme. Hoch Nordland und hoch seine schöne, seine mutige Tochter!«

Alle Gläser klangen zusammen, und die »Eskapade nach dem Arresee«, wie sie schon mehrfach an diesem Tage der Gegenstand scherzhafter Bemerkungen gewesen war, wurd' es aufs neue. Pentz, der weder Holk noch Ebba traute, gefiel sich in Fortsetzung seiner Spöttereien und malte mit Behagen aus, was aus beiden geworden wäre, wenn sich eine Eisscholle, mit einem Tannenbaum darauf, unter ihnen losgelöst und sie aufs hohe Meer hinausgetragen hätte. Vielleicht wären sie dann in Thule gelandet. Oder vielleicht auch nicht und hätten auf ihrer Scholle nichts gehabt als den kleinen Weihnachtsbaum ohne Nuß und Marzipan. Und Holk hätte sich dann getötet und sein Herzblut angeboten, unter Anklängen an den unvermeidlichen Pelikan. In alten Zeiten wären solche Dinge vorgekommen.

»In alten Zeiten«, lachte Ebba. »Ja, was ist in alten Zeiten nicht alles vorgekommen! Ich habe nicht die Prätension, mich auf Geschichte hin auszuspielen, das überlaß' ich andern, und auf alte Geschichte nun schon gewiß nicht; aber man braucht nur ein bißchen Trojanischen Krieg zu kennen, um vor den alten Zeiten und ihrem Mut einen sehr bedeutenden Respekt zu haben, einen noch bedeutenderen als vor dem skandinavischen Mut, von dem Doktor Bie so schön und in für mich persönlich so schmeichelhafter Weise gesprochen hat.«

Westergaard und Lundbye versicherten a tempo, daß sich die Zeiten in dem wichtigsten Punkte, nämlich in dem Heldenmute der Leidenschaft, immer gleich blieben, und daß sie sich für ihre Person dafür verbürgen wollten, die Liebe schaffe noch dieselben Wunder wie früher.

Alles teilte sich sofort in zwei Lager, in solche, die derselben Meinung waren (unter diesen, strahlenden Gesichts, die kleine Frau Pastorin), und in solche, die rund heraus verneinten. An der Spitze dieser stand natürlich Ebba. »Dieselben Wunder«, wiederholte sie. »Das ist unmöglich, denn diese Wunder sind Produkte dessen, was der Welt verloren gegangen ist, Produkte großer erhabner Rücksichtslosigkeiten. Ich wähle dies Wort, weil ich das Wort ›Leidenschaft‹, das freilich von andrer Seite schon gefallen ist, gern vermeiden möchte, von Rücksichtslosigkeiten aber läßt sich sprechen, ja, man braucht nicht einmal rot dabei zu werden. Und nun frage ich Sie, und die Herren Capitanos an der Spitze, wer unter Ihnen hat Lust, um Helenas willen einen Trojanischen Krieg anzuzetteln? Wer tötet um Klytämnestras willen Agamemnon?«

»Wir, wir.« Und Pentz, eine vierzinkige Gabel zückend, setzte sogar hinzu: »Ich bin Ägisth.«

Alles lachte, Ebba ihrerseits aber fuhr in immer wachsendem Übermute fort: »Nein, meine Herren, es bleibt dabei, die Rücksichtslosigkeiten sind aus der Welt gegangen. Allerdings, soviel ist einzuräumen (und es steht bei Ihnen, dies gegen mich auszunutzen), allerdings finden sich auch im Altertum vereinzelte Anfälle von Schwäche. So entsinn' ich mich, vor grauen Jahren, denn ich war noch im Flügelkleide, die Racinesche ›Phädra‹ gesehen zu haben, mit der berühmten Rachel in der Titelrolle; — sie kam von Petersburg und nahm unser armes Stockholm nur so nebenher mit. Nun denn, besagte Phädra liebt ihren Stiefsohn, also sozusagen einen ganz fremden Menschen, der gar kein Recht hat, die Blutsfrage zu betonen, und dieser Stiefsohn verweigert sein Ja, lehnt die Liebe einer schönen Königin ab. Vielleicht der erste Décadencefall, erstes Vorspuken des schwächlich Modernen.«

»Oh, nicht doch«, versicherte Lundbye. »Nicht des Modernen. Das Moderne verurteilt solche Schwäche von Grund aus«, und Pentz seinerseits setzte hinzu: »Schade, daß wir keine Phädra zur Hand haben, um die Streitfrage sofort zum Austrag zu bringen; man müßte denn vielleicht von Skodsborg her ...« Aber hier unterbrach er sich, weil er inmitten seiner Rede wahrnahm, daß ihn die beiden Offiziere scharf fixierten, um ihn wissen zu lassen, daß er in ihrer Gegenwart den Namen der Danner, der ihm schon auf der Zunge schwebte, nicht spöttisch ins Gespräch ziehen dürfe.

Gleich danach wurde die Tafel aufgehoben, und alles rüstete sich zum Aufbruch, wobei sich Holk, als einziger Mitbewohner des Ebba-Turmes, wie halb verpflichtet fühlte, die Gäste bis in das als Garderobe dienende Flurzimmer Karins zu begleiten. Hier blieb er auch, bis alle sich entfernt hatten. Dann aber gab er Karin die Hand, schlug vor, Fenster und Tür zu öffnen, da sie's mit dem Ofen zu gut gemeint habe, und stieg rasch wieder die Treppe hinauf.

Oben in der offnen Tür stand Ebba, die Lichter brannten noch auf dem Tisch, und es mochte Holk, als er sie so sah, zweifelhaft sein, ob sie, vom Treppengeländer her, nur auf das Abschiednehmen unten oder aber auf seine Rückkehr gewartet hatte. »Gute Nacht«, sagte sie und schien sich, unter einer scherzhaft feierlichen Verbeugung, von der Schwelle her in ihr Zimmer zurückziehen zu wollen. Aber Holk ergriff ihre Hand und sagte: »Nein, Ebba, nicht so; Sie müssen mich hören.« Und mit eintretend sah er sie verwirrt und leidenschaftlich an.

Sie aber entwand sich ihm leicht, und anknüpfend an das vor wenig Minuten erst geführte Gespräch, sagte sie: »Nun, Holk, in welcher Rolle? Paris oder Ägisth? Sie haben gehört, daß sich Pentz dazu gemeldet.«

Und dabei lachte sie.

Diese Heiterkeit aber steigerte nur seine Verwirrung, an der sie sich eine Weile weidete, bis sie zuletzt halb mitleidig bemerkte: »Holk, Sie sind doch beinah deutscher als deutsch ... Es dauerte zehn Jahre vor Troja. Das scheint Ihr Ideal.«

SIEBENUNDZWANZIGSTES KAPITEL

Eine Stunde war vergangen, als es klopfte. Holk fuhr zusammen. Ebba aber, ihrer ganzen Natur nach vor dem Lächerlichen eines ängstlichen Versteckspiels mehr als vor einer Entdeckung erschreckend, schritt rasch auf die Tür zu und öffnete.

Karin stand da.

»Was bringst du, Karin?«

»Nichts Gutes. In meiner Stube qualmt es, und ein wahres Glück, daß ein Stück Ruß den Rauchfang herunterkam und mich geweckt hat. Ich habe Tür und Fenster aufgerissen und Zug gemacht; aber es hilft nicht, es ist, als ob es aus Wand und Dielen käme.«

»Was wird es sein?« sagte Ebba, die zunächst nur annahm, es sei Neugier, was Karin heraufgeführt habe. »Der Wind drückt auf den Schornstein. Ich werde nachsehen, will aber erst ein Tuch umnehmen und Licht machen; du hast dich ja so im Dunkeln heraufgetappt.« Und damit trat sie wieder zurück und ließ die Tür ins Schloß fallen. Aber keine halbe Minute, so war sie wieder da, ein Licht in der Hand, und leuchtete voraus, während Karin folgte. Diese hatte nicht zuviel gesagt, Qualm und Rauch erfüllten schon das Treppenhaus, und ehe beide noch halb hinab waren, ward ihnen das Atmen schon fast unmöglich. »Rasch durch«, sagte Karin und stürzte sich über den Flur fort, aus dessen Dielen schon kleine Flammen aufschlugen, auf den glücklicherweise nicht verschlossenen Türeingang zu. Und gleich danach klang es »Feuer« über den Schloßhof hin. Ebba wollte nach und wie Karin ihr Heil in der Flucht suchen. Aber im nächsten Augenblicke gedachte sie Holks, und schnell entschlossen, ihn nicht im Stiche zu lassen, eilte sie wieder treppauf und in ihr Zimmer zurück. Umsonst, er war nicht mehr da. »Der Tor, er will meinen Ruf retten, oder vielleicht auch seinen, und bringt sich um und mich mit.« Und während sie so sprach, stieg sie raschen Trittes die zweite Treppe hinauf, um ihn in seinem eigenen Zimmer aufzusuchen. Da stand er an der Türschwelle. Vom Hof her hörte man fortgesetzt Karins Feuerruf, in den jetzt auch andere Stimmen einstimmten. »Rasch, Holk, oder wir sind des Todes. Karin hat sich gerettet. Versuchen wir's auch.« Und ohne ein Ja oder Nein abzuwarten, faßte sie seinen Arm und riß ihn mit sich fort, die beiden Treppen wieder hinunter. Aber so schnell dies alles ging, das Unheil unten war noch schneller gegangen, und was vor einer Minute oder zwei noch möglich gewesen wäre, war es jetzt nicht mehr. »Wir sind verloren«, und Ebba schien auf der Treppe zusammenbrechen zu wollen. Aber Holk umfaßte die halb bewußtlos Gewordene, und mit all der Kraft, wie sie die Verzweiflung gibt, trug er sie jetzt die Wendeltreppe wieder hinauf, von Stockwerk zu Stockwerk, bis er zuletzt mit ihr unter dem von Balken und Latten durchzogenen Turmdache stand. Eine offene Luke gab gerade Licht genug, um sich in dem wirren Durcheinander mühsam zurechtzufinden, und zwischen dem Gebälk hin auf die Lichtöffnung zusteuernd, trat er jetzt, Ebba nach sich ziehend, ins Freie hinaus. Hier waren sie für den Augenblick gerettet, und hätte das beinahe senkrecht ansteigende Schloßdach eine nur etwas stärkere Schrägung gehabt, so hätte diese vorläufige Rettung die Rettung überhaupt bedeutet; aber bei der Steile des Schloßdaches, die keine rechte Bewegung an ihm entlang gestattete, war mit dem allen doch nur wenig gewonnen, etwa den Blitzableiter abgerechnet, an dem man sich halten, und eine starke Dachrinne, gegen die sie die Füße stemmen konnten. Auch das war ein Glück, daß der

Wind, der ging, den Qualm nach der entgegengesetzten Seite trieb.

Ja, das alles war ein Glück, aber doch immer nur eine Frist. Was half es ihnen, wenn sie von unten her nicht bemerkt wurden oder wenn der Wind herum ging und das Dach, an das sie sich jetzt lehnten, in Flammen setzte.

»Willst du's wagen?« sagte Holk und wies auf den Blitzableiter, an dem es bei der nötigen Entschlossenheit immer noch möglich gewesen wäre, sich herabzulassen. Aber Ebba, deren Kraft hin war, schüttelte nur den Kopf. »Dann laß uns sehen, daß wir das Dach entlang bis an die nächste Mansarde kommen, da wollen wir einsteigen«, und sich vorsichtig zurücklehnend, schoben sie sich, an der steilen Schrägung hin, langsam vorwärts, die Füße gegen die Dachrinne gestemmt. Es waren keine zehn Schritte, und alles ließ sich gut an; aber ehe sie noch den halben Weg bis an die Mansarde gemacht hatten, sagte Ebba: »Es geht nicht, ich bin gelähmt.« Holk wollte rufen und mit einem Tuche wehen, nahm aber bald wahr, daß es nutzlos sein werde, weil er um Sicherheits willen in einer zurückgelehnten Stellung, die jedes Gesehenwerden vom Schloßhof ausschloß, verbleiben mußte. So stand denn alle Hoffnung bei Karin, von der sich annehmen ließ, daß sie nicht bloß persönlich nach ihnen aussehen, sondern auch anderer Blicke nach dem Turmdach hinauflenken würde. Und wirklich, so geschah es, und so kam ihnen zuletzt auch die Rettung aus ihrer furchtbaren Lage. Schon eine Viertelstunde mochte vergangen sein, als sie wahrnahmen, daß etliche Personen um die Seespitze herumgegangen waren, und fast im selben Augenblick hörten sie auch schon Zurufe von der einen besseren Überblick gewährenden Hilleröder Uferseite her, Zurufe, deren Worte sie freilich nicht verstanden, deren freudiger Ton aber keinen Zweifel ließ, daß man nun sicher sei, sie aus der Gefahr befreien zu können. Und nicht lange mehr, so hörten sie hinter sich auch schon ein Schlagen wie von Hämmern und Äxten, und gleich danach wurden allerlei Köpfe sichtbar, die durch die gewonnene Dachöffnung hindurch nach ihnen ausschauten. Freilich man hatte die rechte Stelle verfehlt, aber das war leicht ausgeglichen, und nur eine kleine Weile noch, so streckten sich ihnen starke Arme

von innen her entgegen und zogen erst Ebba und dann Holk
auf den Schloßboden hinauf, von wo aus man beide wie im
Triumph erst die Treppen hinunter und dann auf den Schloßhof trug. Der erste, der ihnen hier entgegentrat, war der König.
Erst um Mitternacht, eine Stunde vor Ausbruch des Feuers,
von Skodsborg nach Frederiksborg zurückgekehrt, war er doch
der gewesen, der, allen anderen vorauf, die Rettungsarbeiten
geleitet und sich an Bergung seiner geliebten Altertumsschätze
glücklicher und erfolgreicher als irgend sonst wer beteiligt hatte. Was gerettet worden, war persönlich sein Werk. Die beiden
Adjutanten waren ihm zur Seite.

»Sieh da, Holk«, sagte der König, als er des Grafen gewahr
wurde. »Und als Ritter seiner Dame. Ich werde drüben in Skodsborg ein Rühmens davon machen.« Und in die leicht hingewor-
fenen Worte mischte sich, trotz des Ernstes der Situation, ein
Anflug von Spott.

Westergaard und Lundbye mühten sich um Ebba. »Wo ist
die Prinzessin?« fragte diese.

»Auf dem Bahnhofe«, war die Antwort; »man will einen
Extrazug für sie einstellen. Der Boden brennt ihr hier unter
den Füßen.«

Es war ein ganz unbeabsichtigtes Wortspiel, und niemand
nahm es als solches. Nur Ebba, die selbst in diesem Augenblicke noch auf zugespitzte Worte gestellt blieb, hörte heraus,
was gar nicht hineingelegt war, und sagte: »Ja, der Boden unter den Füßen! Die Prinzessin darf es kaum sagen ... aber Holk
und ich.«

ACHTUNDZWANZIGSTES KAPITEL

Ebba, voll Verlangen, den Extrazug mit zu benutzen, wollte
nach dem Bahnhof; aber ihr Schwächezustand war doch so
groß, daß sowohl Holk wie die beiden jungen Adjutanten in
sie drangen, davon Abstand zu nehmen. Sie willigte denn auch
ein und ließ sich nach dem vom Feuer verschont gebliebenen
linken Flügel des Schlosses hinüberführen. In diesem befand
sich die vorläufig als Unterkunftsstätte dienende Schloßkirche,

deren Altarlichter brannten, während um den Altar selbst herum die Frauen und Kinder der Beamten und Schloßdienerschaften saßen oder lagerten, die Kinder mit allerlei Gewändern zugedeckt, darunter auch Meßgewänder noch aus der katholischen Zeit her, die man aus der Sakristei herbeigeholt hatte. Für Ebba war nichts mehr da; nur ein paar Kissen fanden sich, um sie wenigstens gegen die bittere Kälte des Fußbodens zu schützen. Aber es war zu wenig, und als Holk in dem kleinen angrenzenden Kastellanshause vergeblich nach etwas Besserem gesucht hatte, schlug er der immer heftiger fröstelnden Ebba vor, den Weg nach dem Bahnhofe hin, von dem man vorher ihrer Erschöpfung halber Abstand genommen hatte, doch lieber wagen zu wollen. Ein alter Schloßdiener war auch bereit, den nächsten Weg zu zeigen, und so brach man denn auf und hörte die Bahnhofsuhr eben sechs schlagen, als man ankam. Die Prinzessin war schon seit länger als einer Stunde fort, und der nächste von Helsingör her erwartete Zug kam erst in dreißig Minuten. Auf dem Bahnhofe selbst lief alles durcheinander, und das kleine Wartezimmer bot keinen Platz mehr, war vielmehr überfüllt von Hillerödern, alten und jungen, die sämtlich nach Kopenhagen hinein wollten, um über alle vorgekommene Schrecknisse, deren sensationellste glücklicherweise meist erfunden waren, so schnell wie möglich berichten zu können. In dem einen Turme, so hieß es mit aller Bestimmtheit, seien alle verbrannt, drei Personen vom Hofstaat und außerdem ein Gärtner. Ebba, die sich nur mühsam aufrechthielt, hörte das alles, und ihre Lage wäre kaum besser gewesen als vorher in der kalten Kirche, wenn nicht einer der Stationsbeamten ein Einsehen gehabt und das für den königlichen Hof bestimmte Separatzimmer für Holk und Ebba geöffnet hätte. Hier war es nicht bloß warm und geräumig, hier fand man auch Pentz und Erichsen, die zurückgeblieben waren, um über die Schicksale der Verlorengeglaubten an die Prinzessin berichten zu können. So war es von dieser ganz zuletzt noch angeordnet worden, als sie mit der Schimmelmann schon das Kupee bestiegen hatte. Die Begrüßung Holks und Ebbas von seiten der beiden Kammerherren war, da man nicht ohne Sorge gewesen, aufrichtig herzlich; aber diese Herzlichkeit wurde doch sehr übertroffen, als gleich danach Karin hereinstürzte, die bis dahin zusammengekauert in einer Ecke des daneben befindlichen Wartezimmers gesessen hatte. »Laß doch, Kind«, versuchte Ebba zu scherzen. »Was war es denn groß? Erst etwas zu heiß und dann etwas zu kalt.« Aber Karin, so gerne sie sonst lachte, wollte diesmal von einem Eingehen auf Ebbas scherzhaften Ton nichts wissen und hörte nicht auf, unter Schluchzen und Weinen ihrer Herrin die Hände zu küssen. Von Pentz' Seite, wie sich denken läßt, wurden allerlei Fragen gestellt, aber ehe Holk, an den sie sich vorzugsweise richteten, darauf antworten konnte, hörte man aus der Ferne schon den Pfiff der Lokomotive, ein Zeichen, daß der erwartete Helsingörer Zug herankäme. Noch eine Minute, so hielt er, und trotzdem Wagenmangel war, gelang es doch, für Ebba ein besonderes Kupee zu finden, worein sie gebettet und mit Plaids und Mänteln zugedeckt wurde. Karin setzte sich zu ihr, während die drei Herren in ein Nachbarkupee stiegen.

Um acht hielt man auf dem Kopenhagener Bahnhofe, Wagen wurden heranbeordert, und als diese da waren, fuhr Pentz mit Ebba und Karin ins Palais der Prinzessin, während sich Erichsen und Holk in ihre Privatwohnungen begaben. Holk klopfte. Die schöne Frau Brigitte stand vor ihm und sagte: »Gott sei Dank, Herr Graf, daß Sie wieder da sind.« Aber etwas von Enttäuschung mischte sich doch sichtlich mit ein, was auch kaum anders sein konnte, denn gerüchtweise war gleich nach Eintreffen des Extrazuges von dem schrecklichen Ende des Grafen Holk und des Fräuleins von Rosenberg gesprochen worden, eine Sensationsgeschichte, wie sie sich Mutter und Tochter nicht schöner wünschen konnten. Und nun war der Graf *doch* am Leben und das Fräulein vielleicht auch oder wohl eigentlich ganz gewiß. Es war doch auf nichts Verlaß mehr, und gerade immer das Interessanteste versagte. Brigitte bezwang sich aber und wiederholte: »Gott sei Dank, Herr Graf. Wie wir in Angst um Sie gewesen sind ... Und um das schöne schwedische Fräulein ...«
Und bei diesen Worten ließ sie kein Auge von Holk, denn ihr nach einer bestimmten Seite hin geradezu phänomenal aus-

gebildetes Ahnungsvermögen ließ sie das gesamte Geschehnis, besonders aber das Intime darin, mit einer Deutlichkeit erkennen, als ob sie dabei gewesen wäre.

»Ja, meine schöne Frau Brigitte«, sagte Holk, der entweder wirklich nur heraushörte, was wie Teilnahme klang, oder es heraushören wollte, »ja, meine schöne Frau Hansen, das waren böse Stunden, wie man sie seinem Todfeinde nicht gönnen mag, am wenigsten aber sich selber und ...«

»... einer so schönen Dame.«

»Nun ja, wenn Sie wollen. Das Fräulein ist aber nicht so schön, wie Sie immer annehmen, und jedenfalls lange nicht so schön wie andere, die ich nicht nennen will. Aber davon sprechen wir ein andermal und entscheiden dann die Frage. Jetzt bin ich todmüde, liebe Frau Hansen, und will den Schlaf nachholen, den ich versäumt habe. Bitte, weisen Sie jeden ab, auch Baron Pentz, wenn er nachfrägt. Aber um zwölf bitt' ich zu klopfen. Und dann bald das Frühstück.«

Holk schlief fest, und erst als er das Klopfen hörte, stand er auf, um in aller Eile seine Morgentoilette zu machen. Er war noch wie unter einem Druck, so daß alles Geschehene halb schemenhaft an ihm vorüberzog, und erst als er an das Fenster trat und auf die Straße hinunterblickte, kam ihm das Zurückliegende wieder zu klarem Bewußtsein. Und jetzt erschien auch Brigitte mit dem Frühstück und wartete, daß Holk ein Gespräch beginnen solle, zu welchem Zwecke sie das Teegeschirr nicht nur sehr langsam aufbaute, sondern sich, was sie sonst nicht leicht tat, sogar zu direkten Fragen bequemte. Holk aber blieb diesmal unzugänglich, antwortete nur ganz kurz und gab überhaupt durch seine ganze Haltung zu verstehen, daß er es vorziehen würde, allein zu sein, was alles die schöne Frau Hansen nicht nur aufs äußerste verwunderte, sondern ihre Gefühle für das schwedische Fräulein, das natürlich daran schuld sein mußte, noch tiefer herabstimmte. Nichts davon entging Holk; weil er aber schon aus Klugheit die schöne Brigitte nicht in schlechte Laune bringen mochte, so bat er sie, seine Zerstreutheit entschuldigen zu wollen und zu bedenken, daß er noch ganz unter dem Eindrucke all des Schrecklichen sei, was er erlebt habe.

»Ja«, sagte die Hansen, »schrecklich; es muß wirklich schrecklich gewesen sein und dazu die Verantwortung und helfen sollen und nicht können. Und so vor aller Augen und vielleicht in einem ganz leichten Kleide... wenn es ein Kleid war.«

Sie sagte das alles mit dem ernstesten Gesichtsausdruck und in einem so glücklichen Rührtone, daß Holk, als sie das Zimmer verließ, doch wieder in Zweifel war, ob er es durchaus für Bosheit und perfide Komödie halten müsse. Vielleicht mischte sich doch auch was von wirklicher Teilnahme mit ein; es heißt ja, Personen der Art seien immer gutmütig. Gleichviel indes, er war nicht in der Lage, dem nachzuhängen, und kaum daß er wieder allein war, so war er auch schon wieder unter dem Ansturm all der Bilder und Vorstellungen, die das Erscheinen Brigittens nur unterbrochen hatte. Noch war kein voller Tag um, daß man die Partie nach dem kleinen Gasthaus am Arresee hin unternommen, und was war seitdem alles geschehen! Erst die Schlittschuhfahrt mit Ebba ganz dicht an dem abgebröckelten und durchlöcherten Eise hin und danach die Heimfahrt und die kleinen Neckereien und dann Ebbas Übermut bei Tisch... und dann wie Karin kam und die Flammen aus Wand und Diele schlugen und wie sie zuletzt hinaustraten auf das Schloßdach, unter sich Tod und Verderben, und wie dieses Hinaustreten ihnen doch die Rettung bedeutet hatte.

»Ja, die Rettung«, sprach er vor sich hin. »Alles hängt an einem Haar; so war es diesmal, und so ist es immer. Was hat uns gerettet? Daß wir gleich am ersten Tage an den Teichen und Pavillons vorüber einen Spaziergang bis an die Parkfähre machten und daß an demselben Tage die Sonne schien und daß mein Blick auf das hellerleuchtete Schloß fiel und daß ich, weil alles so hell und klar dalag, in aller Deutlichkeit sehen konnte, wie das Fußende des Turmdaches mit dem Fußende des Schloßdaches zusammenlief. Ja, das hat uns gerettet. Ein Zufall, wenn es einen Zufall gibt. Aber es gibt keinen Zufall, es hat so sein sollen, eine höhere Hand hat es so gefügt. Und daran muß ich mich aufrichten, und daran hab' ich auch eine Anlehne für das, was ich noch vorhabe. Wenn wir in Not und Zweifel gestellt werden, da warten wir auf ein Zeichen, um ihm zu entnehmen, was das Rechte sei. Und solch Zeichen habe ich nun darin, daß eine höhere Hand uns aus der Gefahr hinausführte. Wäre der Weg, den mein Herz all diese Zeit ging, ein falscher gewesen, so hätte mich die Strafe getroffen, mich und Ebba, und wir wären ohnmächtig zusammengesunken und erstickt und hätten uns nicht in die Luft und Freiheit hinaus gerettet. Und Christine selbst, wenn ich ihre letzten Zeilen richtig verstanden habe, Christine selbst hat ein Gefühl davon, daß es so das beste sei. Die guten Tage sollen nicht vergessen sein, nein, nein, und eine dankbare Erinnerung soll der Trennung alles Bittere nehmen; aber die Trennung selbst ist nötig, und ich darf wohl hinzusetzen, ist Pflicht, weil wir uns innerlich fremd geworden sind. Ach, all diese Herbheiten. Ich sehne mich nach einem anderen Leben, nach Tagen, die nicht mit Traktätchen anfangen und ebenso aufhören; ich will kein Harmonium im Hause, sondern Harmonie, heitere Übereinstimmung der Seelen, Luft, Licht, Freiheit. Das alles will ich und hab' es gewollt vom ersten Tage an, daß ich hier bin. Und ich habe nun ein Zeichen, daß ich es darf.«

Er brach ab, aber nur auf Augenblicke, dann war er wieder am alten Fleck. In einem Kreise drehten sich all seine Vorstellungen, und das Ziel blieb dasselbe: Beschwichtigung einer inneren Stimme, die nicht schweigen wollte. Denn während er sich alles bewiesen zu haben glaubte, war er doch im letzten Winkel seines Herzens von der Nichtstichhaltigkeit seiner Beweise durchdrungen, und wenn er sich außerhalb seiner selbst hätte stellen und seinem eigenen Gespräche zuhören können, so würde er bemerkt haben, daß er in allem, was er sich vorredete, zwei Worte geflissentlich vermied: Gott und Himmel. Er rief beide nicht an, weil er unklar, aber doch ganz bestimmt herausfühlte, daß er im Dienst einer schlechten Sache focht und nicht wagen dürfe, den Namen seines Gottes mißbräuchlich ins Spiel zu ziehen. Ja, das alles würde er gesehen haben, wenn er sich wie ein Draußenstehender hätte beobachten können; aber das war ihm nicht gegeben, und so schwamm er denn im Strome falscher Beweisführungen dahin, Träumen nachhängend und sein Gewissen einlullend und schrieb sich ein gutes Zeugnis nach dem anderen. Warum auch nicht? Es ließ sich ja, das durft' er sich sagen, so gut mit ihm leben, man mußt' es nur verstehen; aber Christine verstand es nicht und wollt' es auch nicht verstehen, ja, er war ein Opfer ihrer christlichen Redensarten, das stand ihm fest, oder sollt' ihm wenigstens feststehen, und immer mehr von dem Verlangen erfüllt, seine gute, seine gerechte Sache so rasch wie möglich zum Schluß zu bringen, verlor er zuletzt alles Urteil und jede ruhige Überlegung. Er wollte zu Ebba, diese Stunde noch, und dann wollt' er mit ihr vor die Prinzessin treten und alles bekennen und erst ihre Verzeihung und dann ihre Zustimmung anrufen. Und ihr auch sagen, daß Christine selbst bereits in diesem Sinne geschrieben oder wenigstens Andeutungen gemacht habe. Von einem Widerstande drüben in Holkenäs könne keine Rede sein, die Trennung sei so gut wie da, nur noch eine Formalität, und er bäte sie, den Schritt, den er vorhabe, gutheißen und sein Verhältnis zu Ebba als eine vorläufige Verlobung ansehen zu wollen.

Er fühlte sich wie erleichtert, als dieser Plan in ihm feststand; Ebba sollte diese Stunde noch davon hören; er sah kein Hindernis oder übersprang jedes in seinen Gedanken.

Es schlug zwei vom Rathausturm, als er sich nach dem Palais auf den Weg machte. Zwei-, dreimal sah er sich aufgehalten, weil ihm Bekannte begegneten, die von der Gefahr, der er wie durch ein Wunder entronnen sei, gehört hatten; Holk stand ihnen auch Rede, brach aber jedesmal rasch ab, sich mit »Dienst« bei der Prinzessin entschuldigend.

Ebba wohnte im Palais selbst, über den Zimmern der Prinzessin. Holk zog die Glocke; niemand kam. Endlich erschien Karin. Aber was sie sagte, konnte Holk in seiner gegenwärtigen Stimmung, in der alles nach raschem Abschluß drängte, wenig befriedigen. Er hörte nur, daß das Fräulein, nach mehrstündigem Fieber, eben eingeschlafen sei und nicht geweckt werden dürfe. »So werd' ich wieder anfragen. Und vergessen Sie nicht, Karin, dem Fräulein zu sagen, daß ich da war und nachfragen wollte.« Karin versprach alles und lächelte. Sie hatte keine Vorstellung von dem, was in Holks Seele vorging, und sah nichts anderes in ihm als den stürmischen Liebhaber, der nach neuen Zärtlichkeiten dürstete.

Holk stieg die Treppe langsam hinab, und erst als er den langen Gang passierte, daran die Zimmer der Prinzessin gelegen waren, entsann er sich, alles, was das pflichtmäßig Nächstliegende für ihn gewesen wäre, versäumt zu haben. Aber war es das Nächstliegende? Für ihn gewiß nicht. Für ihn war der Gesundheitszustand der Prinzessin in seiner gegenwärtigen Stimmung so gut wie gleichgültig, für ihn war sie nur noch dazu da, den Segen zu spenden und ihn und Ebba glücklich zu machen. Und mit einem Male (denn daß Ebba dieselben Gedanken habe, stand ihm fest) kam ihm das Verlangen, sich schon heute Gewißheit über das Ja der Prinzessin verschaffen zu wollen. Und so trat er in eins der Vorzimmer und erfuhr hier von der diensthabenden Kammerfrau, daß Königliche Hoheit das Bett hüte. Neue Verstimmung. Wenn die Prinzessin das Bett hütete, so konnte von Entscheidung, was ihm gleichbedeutend mit Gutheißung war, natürlich keine Rede sein. Wie lästig; nichts ging nach Wunsch. Pentz und Erichsen waren im Nebenzimmer, aber er mochte sie nicht sehen und brach rasch auf, um erst einen Spaziergang nach der Zitadelle zu machen und schließlich eine Stunde lang in der Ostergaade zu flanieren. Um fünf war er wieder im Palais oben und fragte zum zweiten Male nach Ebba. »Der Doktor sei dagewesen«, hieß es, »und habe zweierlei verordnet: eine Medizin und eine Pflegerin für die Nacht. Denn das Fräulein fiebere wieder stark und sei nicht zu verwundern nach solcher Gefahr und nach allem ...« Die letzten Worte setzte Karin nur halblaut und wie von ungefähr hinzu, weil sie sich nicht versagen mochte, Holk ihre Gedanken erraten zu lassen.

Holk sah seine Geduld auf eine harte Probe gestellt. Er hatte gehofft, in einer einzigen Stunde sein Schicksal entschieden zu sehen, und nun Hindernis über Hindernis. Ebba krank, die Prinzessin krank. Ebbas war er in seinem Gemüte sicher, Ebba also — das mochte gehen; aber die Prinzessin! Er wußte nicht, wie die Stunden, Stunden, aus denen Tage werden konnten, hinzubringen seien, und wenn er dann im Fluge durchnahm, was in dem lebenslustigen und zerstreuungsreichen Kopenhagen als Zeitvertreib zu gelten pflegte, so erschrak er, wie sehr ihm alle diese Dinge widerstanden. Alhambra und Tivoli, Harlekin und Kolombine, Thorwaldsen-Museum und Klampenborg, alles, die schöne Frau Brigitte mit eingerechnet, hatte gleichmäßig seinen Reiz für ihn verloren, und wenn er gar an Pentz dachte, befiel ihn ein Grauen. Das war das letzte, was er aushalten konnte; lieber wollte er die Nichtigkeiten Erichsens und die Steifheiten der Schimmelmann ertragen als die Pentzschen Bonmots und Wortspiele.

Die Nacht verging ihm unter Kopfdruck und wenig Schlaf, woran Erkältung und Aufregung gleichen Anteil haben mochten, und er war froh, als die Morgensonne drüben die Dächer rötete. Das Frühstück kam und die Zeitungen und mit den Zeitungen ausführliche Schilderungen über den Frederiksborger Schloßbrand. Er las alles, erheiterte sich und vergaß beinahe, was ihn quälte, wenigstens solange die Lektüre dauerte. Die wirklichen Hergänge waren sehr zu seinen Gunsten ausgeschmückt; er habe sich, so hieß es in zwei fast gleichlautenden Berichten, an dem Blitzableiter herablassen wollen, um dann, unten angekommen, Hülfe für das unglückliche Fräulein herbeizuschaffen; als er aber in die Feuerregion des brennenden Turmes gekommen sei, habe sich ein weiteres Hinabgleiten an der nach unten zu schon halb glühend gewordenen Eisenstange verboten, und er sei wieder mit ebensoviel Mut und Kraft wie Geschicklichkeit hinaufgeklettert. Er las dies und sagte sich, daß er nach dem allen notwendig der Held des Tages sein müsse. Der Held! Und wie wenig heldisch war ihm zumute. Er fühlte, daß seine Nerven zu versagen drohten, und daß er in Krankheit oder geistige Störung fallen würde, wenn es ihm nicht gelänge, das, was er gestern vergeblich in die rechten Wege zu leiten gesucht hatte, noch heute zum Abschluß zu bringen. Daß Ebba wieder gesund sein werde, war nicht anzunehmen; aber doch die Prinzessin, was auch eigentlich wichtiger war. Alles, was sie seit vorgestern durchzumachen gehabt hatte, war doch nur etwas vergleichsweise Geringes gewesen, und wenn sie, wie sehr wahrscheinlich, wieder außer Bett war, so mußte sie ihn hören und über ihn entscheiden. »Und über mich entscheiden, das heißt mein Glück besiegeln, denn sie ist gütig und in ihren Anschauungen unbeengt.«

Ja, so sollte es sein, und um zehn Uhr war er auch schon wieder im Palais, wo er zu seiner unendlichen Freude vernahm, daß die Prinzessin eine leidlich gute Nacht gehabt habe. Durch ebendieselbe Kammerfrau, mit der er schon gestern gesprochen, ließ er anfragen, ob Königliche Hoheit seine Gegenwart zu befehlen geruhe. Und gleich danach trat er bei ihr ein, denn sie hatte ihn wissen lassen, sie wünsche dringend, ihn zu sprechen.

Das Zimmer war dasselbe, darin er, gleich am Tage nach seiner Ankunft, seine erste Audienz bei der Prinzessin gehabt hatte. Da hing noch das große Bild König Christians VIII. und gerade gegenüber das des verstorbenen Landgrafen, der Flor um den Rahmen noch grauer und verstaubter als damals. Auf dem Sofa, unter dem Bilde des Königs, saß die alte Dame, verfallen und zusammengeduckt, von Prinzessin nicht viel und von esprit fort keine Spur. Es war ersichtlich, daß sie — wenn auch von ihrer eigentlichen Krankheit so gut wie genesen — den Schreck und die Aufregung der letzten Frederiksborger Stunden noch keineswegs überwunden hatte. Jede Spannkraft fehlte, das Auge war matt und müde.

»Das war eine schlimme Nacht, lieber Holk. Sie sehen mich noch unter der Nachwirkung von dem allen. Und doch, was bedeutet es neben dem, was *Sie* durchzumachen hatten. Und Ebba mit Ihnen. Ein Wunder, daß Sie gerettet wurden, wie man mir übrigens erzählt hat, durch Ihre Geistesgegenwart. Ich habe Sie sehen und Ihnen bei der Gelegenheit aussprechen wollen, wie groß meine Dankbarkeit ist. Solche Dinge bleiben unvergessen. Und nun gar erst von seiten Ebbas selbst. Sie kann Ihnen dies nie vergessen und wird sich Ihnen, dessen bin ich sicher, durchs Leben hin verbunden fühlen.«

Es waren dies Worte, die, nach ihrem Inhalte, für Holk und alles das, was schon auf seiner Lippe zitterte, nicht glücklicher gewählt sein konnten, und einen Augenblick stand er auch wirklich auf dem Punkte, an die Prinzessin heranzutreten und unter Wiederholung und Ausdeutung ihrer eigenen Worte sein Herz vor ihr auszuschütten und seine Pläne sie wissen zu lassen. Aber sosehr der Inhalt der Worte dazu auffordern mochte, nicht die Haltung der Prinzessin, nicht der Ton, in dem ihre Worte gesprochen waren. Alles klang beinahe leblos, und Holk, so stark seine Seele nach Gewißheit und Abschluß drängte, fühlte doch deutlich, daß dies nicht der denkbar beste, sondern umgekehrt eher der denkbar schlechteste Moment für sein Geständnis sein würde. Von der freigeistigen Prinzessin, die sonst ein Herz oder doch mindestens ein Interesse für Eskapaden und Mesalliancen, für Ehescheidungen und Ehekämpfe hatte, war in der alten Dame, die da vollkommen greisenhaft unter dem feierlichen Königsbilde saß, auch nicht das geringste mehr wahrzunehmen, und was statt dessen aus ihrem eingefallenen Gesicht herauszulesen war, das predigte nur das eine, daß bei Lebenskühnheiten und Extravaganzen in der Regel nicht viel herauskomme, und daß Worthalten und Gesetzerfüllen das allein Empfehlenswerte, vor allem aber eine richtige Ehe (nicht eine gewaltsame) der einzig sichere Hafen sei. Holk hätte die Schrift gern anders entziffert, es war aber nicht möglich und verbot sich in so hohem Grade, daß er, statt irgendwelche Confessions zu machen, sich darauf beschränkte, die Prinzessin um einen mehrtägigen Urlaub anzugehen. Ein klarer Plan stand ihm dabei keineswegs vor der Seele, so wenig, daß er auf eine diesbezügliche Frage nicht Antwort gewußt hätte; die Prinzessin aber, von Anfang an nur von dem Verlangen erfüllt, sich baldmöglichst wieder in ihr Kabinett zurückziehen zu können, verzichtete gern auf neugierige Fragen und gewährte huldvoll, um was sie gebeten war.

Und nun noch ein gnädiges Kopfnicken, und die Audienz, wenn man ihr diesen Namen geben durfte, war zu Ende.

NEUNUNDZWANZIGSTES KAPITEL

Als Holk um Urlaub gebeten, hatte nur das eine für ihn festgestanden, daß etwas geschehen müsse. Nun war, er beurlaubt, und im selben Augenblicke war auch die Frage da: *was* soll nun geschehen? Aussprache mit Ebba, sosehr er ihrer Übereinstimmung sicher war, Verabredungen mit ihr für die Zukunft — das wäre das Natürlichste gewesen; aber Ebba war krank, und was Karin, wenn er vorsprach, antwortete, blieb dasselbe: das Fräulein dürfe niemanden sprechen. So ging er denn einer wahren Prüfungszeit entgegen, Tagen, in denen er nichts zu tun als zu warten hatte. Und das war ihm in seiner Seelenstimmung das Schwerste. Zuletzt ergab er sich darin und beschloß sich einzuschließen, niemanden zu sehen, Zeitungen zu lesen, Briefe zu schreiben. Aber an wen? Er sah bald, daß er an niemanden schreiben könne. Petersen, Arne, die Kinder — alles verbot sich. Noch mehr die Dobschütz. Blieb nur noch Christine selbst. Er stand von dem Schreibtisch auf, an dem er eine Weile grübelnd gesessen, und schritt auf und ab. »Christine. Ja, das wäre das beste. Sie muß es schließlich doch wissen und lieber heut als morgen ... Aber ihr schreiben? Muß durchaus geschrieben sein, als ob ich nicht den Mut hätte, ihr unter die Augen zu treten? Ich habe den Mut, denn was ich will, ist mein gutes Recht. Man lebt nicht zusammen, um immer zweierlei Meinung zu haben und zweierlei Wege zu gehen. Christine hat mich von sich weg erkältet. Ja, das ist das rechte Wort, und solche sich mehrende Kälte, das ist schlimmer als Streiten und Heftigsein. Eine Frau soll eine Temperatur haben, ein Temperament und Leben und Sinne. Aber was soll ich mit einem Eisberg? Und wenn er das klarste Eis hat, das klarste ist gerade das kälteste, und ich will nicht erfrieren. Ja, das paßt, das ist ein gutes Einleitungsthema, damit werd' ich ihr kommen, aber von Mund zu Mund; ich will es ihr nicht schreiben, ich will es ihr sagen. Ihr eigener Brief hat mir goldne Brücken gebaut. Und wenn ich dann frei bin und wieder hier ... Ach, wie sehne ich mich nach Leben, Wärme, Freude. Meine Tage sind mir vergangen, als ob Unterweltsschatten neben mir herschwebten. Die gute Dobschütz war auch solch Schatten. Ich bin noch nicht alt genug, um auf Fleisch und Blut zu verzichten.«

Und er klingelte. Die Witwe Hansen kam.

»Liebe Frau Hansen, ich will auf einen Tag hinüber nach Holkenäs ...«

»Ah, zur Christbescherung. Da wird sich die gnädigste Frau Gräfin freuen, die jetzt so allein ist, seit auch die Kinder fort sind, wie mir der Herr Graf erzählt haben.«

»Ja, nach Holkenäs«, sagte Holk. »Wissen Sie, wie die Dampfschiffe gehen? Ich meine die nach Glücksburg und Flensburg. Am liebsten wäre es mir, ich könnte noch heute mittag fort oder doch gegen Abend. Dann bin ich morgen zu guter Stunde da.

Vielleicht, liebe Frau Hansen, können Sie jemand nach dem Hafen schicken und anfragen lassen. Aber es muß ein Bote sein, auf den Verlaß ist, denn mir liegt daran, sicherzugehen.«

Frau Hansen sagte, sie würde sich selber auf den Weg machen, und nach weniger als einer Stunde war sie von ihrem Gange wieder zurück und brachte die Nachricht, heute gehe kein Schiff mehr, aber morgen gegen Abend gehe der »Holger Danske« und sei zehn Uhr vormittags vor Holkenäs.

»Das ist übermorgen. Welchen Tag haben wir heute?«

»Den einundzwanzigsten, gerade den kürzesten...«

Holk dankte für ihre Bemühung und war in seinem Herzen froh, daß es nicht Heiligenabend war, an dem das Schiff an dem Wasserstege von Holkenäs anlegen würde.

Den 23. kam die Küste von Angeln in Sicht, und als zehn Uhr heran war, sah man, von Deck aus, Schloß Holkenäs auf seiner Düne. Die Linien waren verschwommen, denn ein leiser Nebel zog, und einen Augenblick begann es sogar zu schneien. Aber der Flockentanz hörte bald wieder auf, und auch der Nebel war so gut wie verschwunden, als die Schiffsglocke zu läuten anhob und der stattliche Dampfer anlegte. Holk überschritt die kleine Geländerbrücke, die man vom Deck her nach dem Wassersteg hinübergeschoben hatte, dann schaffte der Steward sein Gepäck nach, und ehe fünf Minuten um waren, dampfte der »Holger Danske« weiter auf Glücksburg zu. Holk sah dem Schiff eine Weile nach, dann warf er seinen Mantel, der ihn, beim Ersteigen der Terrasse, nur behindert haben würde, zwischen die beiden Koffer und schickte sich an, den Steg entlang zu gehen. Dann und wann blieb er stehen und sah nach Holkenäs hinauf. Es lag jetzt, wo der Nebel sich momentan verzogen hatte, klar vor ihm, aber öd und einsam, und der dünne Rauch, der aufstieg, wirkte, wie wenn nur noch ein halbes Leben da oben zu finden sei. Die ziemlich zahlreichen Sträucher in Front der Vorhalle waren, ein paar kleine Zypressen abgerechnet, alle kahl und entblättert, und die Vorhalle selbst zeigte sich mit Brettern verkleidet und mit Matten verhängt, um die hinter gelegenen Räume nach Möglichkeit gegen den Nordost zu schützen. Alles still und schwermütig, aber ein Friede, wie der Nachglanz eines früheren Glücks, war doch darüber ausgebreitet, und diesen kam er jetzt zu stören. Eine Furcht befiel ihn plötzlich vor dem, was er vorhatte; Zweifel kamen, und sein Gewissen, so gut er's einzulullen wußte, wollte nicht ganz schweigen. Aber so oder so, jedenfalls war es zu spät, und er konnte nicht mehr zurück. Es mußte sein. Wie würde Ebba ihn ausgelacht und ihm den Rücken gekehrt haben, wenn er bei seinem Wiedereintreffen in Kopenhagen ihr gesagt hätte: »Ich wollt' es tun, aber ich konnt' es nicht.« Und so nahm er denn seinen Weg wieder auf und stieg endlich langsam die Terrasse hinauf. Als er oben war, rief er einen alten, zufällig des Weges kommenden Diener an, der in einem Nebenhause seit Jahr und Tag schon das Gnadenbrot aß, und fragte ihn, »ob die Gräfin im Schloß sei«. »Gewiß, Herr Graf«, sagte der Alte fast erschrocken, »in ihrem Schlafzimmer oben. Ich will voraus und der Frau Gräfin melden, daß der Herr Graf angekommen sind.« »Nein laß«, sagte Holk, »ich will selber gehen.« Und nun ging er, sich zunächst seitwärts haltend, auf die Rückfront des Schlosses zu, die den Blick landeinwärts auf die bergabsteigenden Park- und Gartenanlagen hatte.

Hier angekommen, nahm sich alles wärmer und wohnlicher aus, und Holk, als er einen Augenblick Umschau gehalten hatte, stieg die drei Marmorstufen hinauf, die, zwischen zwei Säulen hindurch, auf die Tür des Gartensalons zuführten. Und nun trat er in den Salon selbst ein, in dem sich alles, trotzdem die Kinder nicht da waren, in weihnachtlicher Vorbereitung zu befinden schien. Auf dem Ecktisch mit der türkischen Decke, daran vordem Christine mit der Dobschütz und Asta zu sitzen und Handarbeiten zu machen pflegte, stand eine figurenreiche, schon durch Jahre hin gebrauchte, aber immer noch sehr wohl erhaltene Weihnachtskrippe, während in der Ecke schräg gegenüber ein Christbaum aufragte, noch ganz schmucklos, aber sehr hoch, so daß seine Spitze fast bis an die Decke reichte. Nach allem mußte hier irgendwer eben noch tätig gewesen sein, nur daß sich niemand zeigte. War man vor ihm geflohen? Aber eh er sich selbst darauf antworten konnte, sah er, daß er sich geirrt hatte, wenigstens in dem, was das Fliehen vor ihm anging; denn aus der dunklen Hintergrundsecke, die der vorgestellte

Christbaum bildete, trat jetzt eine schwarz gekleidete Dame hervor. Es war die Dobschütz, eine Schale mit vergoldeten und versilberten Nüssen in der Hand, mit denen sie den Baum zu schmücken eben begonnen haben mochte. Sie fuhr zusammen, als sie den Grafen erkannte. »Was ist geschehen? Soll ich Christine rufen?«

»Nein, liebe Dobschütz«, sagte Holk. »Lassen wir Christine noch eine Weile. Was sie hören muß, hört sie früh genug. Ich bin früher hier als erwartet und hätte gern einen andern Tag gewählt als diesen. Aber ich bleibe nicht lange.«

Die Dobschütz wußte, wie's stand und welche sich immer steigernden Ernüchterungen und Kränkungen diese letzten Wochen gebracht hatten; aber das, was sie da eben von Holk selbst hörte, war doch noch mehr, ging darüber hinaus. Was sollten diese Worte, die nichts und alles bedeuteten? Und dabei stand er vor ihr mit einem halb trotzigen und doch zugleich verlegenen Gesichtsausdruck, wie wenn er als Ankläger andrer und zugleich seiner selbst käme.

»Ich will doch lieber gehen und Christine sagen, daß Sie da sind.«

Er nickte, als ob er andeuten wollte: nun gut, auch das; es ist gleichgültig, jetzt oder nach einer Viertelstunde.

Dabei schritt er auf die Krippe zu, nahm etliche von den Figuren in die Hand und sah sich um, ob die Dobschütz mittlerweile das Zimmer verlassen habe oder nicht.

Ja, sie war fort. Und nun erst ließ er sein Auge umhergleiten, Großes und Kleines halb gleichgültig musternd, und sah bei der Gelegenheit auch auf die Parkgänge hinaus, darin ein paar Hühner spazieren gingen, weil niemand da war, der's ihnen wehrte. Dann erst trat er wieder zurück und an den offenstehenden Flügel, denselben, daran Elisabeth Petersen und Asta so oft gesessen und vierhändig gespielt oder auch ihre Lieder gesungen hatten, eins am letzten oder vorletzten Tage vor seiner Abreise. Und mit einem Male war es ihm, als hör' er's noch, aber aus weiter, weiter Ferne.

So stand er und träumte vor sich hin, in halbem Vergessen dessen, um was er eigentlich hierher gekommen, als er zu bemerken glaubte, daß die Tür ging. Und nun wandte er sich und sah, daß Christine eingetreten war. Sie blieb stehen und hatte die Hand der Dobschütz genommen, wie um sich zu halten. Holk ging auf sie zu. »Guten Tag, Christine. Du siehst mich früher wieder, als ich erwartete.«

»Ja«, sagte sie, »früher.« Und sie gab ihm die Hand und wartete, was er tun würde. Das sollte ihr dann ein Zeichen sein, wie's stünde, denn sie wußte, daß er, trotz aller seiner Schwächen, ehrlich war und sich nicht gut verstellen konnte.

Holk hielt ihre Hand in der seinen und wollte sie fest ansehen. Aber er konnte den ruhigen Blick, der dem seinen begegnete, nicht ertragen, und so wandt' er sein Auge wieder beiseite, um es nicht niederschlagen zu müssen, und sagte, während sie in ihrem Schweigen verharrte: »Wollen wir uns nicht setzen, Christine?«

Dabei schritten beide auf den Ecktisch zu. Die Dobschütz folgte, blieb aber stehen, während sich die Gräfin setzte, Holk ihr gegenüber, nachdem er einen Lehnstuhl herangeschoben hatte. Die Weihnachtskrippe stand zwischen ihnen, und über die Krippe fort fragen sich ihre Blicke.

»Geh, liebe Julie«, sagte die Gräfin nach einer Pause. »Wir sind wohl besser allein. Ich glaube, daß mir Holk etwas sagen will.«

Die Dobschütz zögerte, nicht weil sie Zeuge des Peinlichen zu sein wünschte, was sich sichtlich vorbereitete, sondern aus Liebe zu Christine, hinsichtlich deren sie fürchtete, daß sie ihres Beistandes bedürftig sein würde. Zuletzt aber ging sie.

Holk seinerseits schien die letzten Worte seiner Frau, »daß er ihr mutmaßlich etwas zu sagen habe«, zunächst wenigstens widerlegen zu wollen; er schwieg und spielte dabei mit dem Christkind, das er, ohne recht zu wissen, was er tat, der Jungfrau Maria vom Schoß genommen hatte.

Christine sah ihn an und fühlte beinah Mitleid mit ihm. »Ich will es dir leicht machen, Holk«, sagte sie. »Was du nicht sagen magst, *ich* will es sagen. Am Silvester oder am Neujahrstage haben wir dich erwartet, nun kommst du zu Weihnacht. Ich glaube nicht, daß du der Krippe wegen gekommen bist, auch nicht des Christkindes wegen, mit dem du spielst. Es liegt dir etwas sehr andres am Herzen als das Christkind, und es kann nur noch die Frage sein, wie dein Glück heißt, ob Brigitte oder Ebba. Eigentlich ist es gleich. Du bist gekommen, um auf das, was ich dir als Letztes und Äußerstes vorschlug, einzugehen und mir dabei zu sagen: ›ich hätt' es ja so gewollt‹. Und wenn du das sagen willst, so sag es; du darfst es. Ja, ich hab' es so gewollt, denn ich bin nicht für halbe Verhältnisse. Zu den vielen Selbstsüchtigkeiten, die mich auszeichnen, gehört auch *die*, nicht teilen zu wollen, ich will einen ganzen Mann und ein ganzes Herz und mag nicht eines Mannes Sommerfrau sein, während andere die Winterfrau spielen und sich untereinander ablösen. Also sprich es aus, daß du gekommen bist, um mit mir von Trennung zu sprechen.«

Es war nicht gut, daß die Gräfin ihr Herz nicht bezwingen konnte. Vielleicht, daß sie, bei milderer Sprache, den so Bestimmbaren doch umgestimmt und ihn zur Erkenntnis seines Irrtums geführt hätte. Denn die Stimme von Recht und Gewissen sprach ohnehin beständig in ihm, und es gebrach ihm nur an Kraft, dieser Stimme zum Siege zu verhelfen. Gelang es Christinen, diese Kraft zu stärken, so war Umkehr immer noch möglich, auch jetzt noch; aber sie versah es im Ton und rief dadurch all das wieder wach, was ihn, ach so lange schon, gereizt und, seit er Ebba kannte, so willfährig gemacht hatte, sich selber Absolution zu erteilen.

Und so warf er denn, als Christine jetzt schwieg, das Christkind wieder in die Krippe, gleichgültig, wo die Puppe hinfiel, und sagte: »Du willst es mir leicht machen, so glaub' ich, waren deine Worte. Nun, ich bin dir das Anerkenntnis schuldig, daß du hinter deinem guten Willen nicht zurückgeblieben bist. Immer derselbe Ton der Überhebung. Daß ich dir's offen bekenne, ich war erschüttert, als ich dich da vorhin eintreten und, auf die gute Dobschütz gestützt, auf mich zukommen sah. Aber ich bin es nicht mehr. Du hast nichts von dem, was wohltut und tröstet und einem eine Last von den Schultern nimmt oder wohl gar Blumen auf unsren Weg streut. Du hast nichts von Licht und Sonne. Dir fehlt alles Weibliche, du bist herb und moros...«

»Und selbstgerecht...«

»Und selbstgerecht. Und vor allem so glaubenssicher in allem, was du sagst und tust, daß man es eine Weile selber zu glauben anfängt und glaubt und glaubt, bis es einem eines Tages wie Schuppen von den Augen fällt und man außer sich über sich selbst gerät und vor allem darüber, daß man den Ausblick auf einen engen, auf kaum zehn Schritt errichteten Plankenzaun mit einem Grabtuch darüber für den Blick in die schöne Gotteswelt halten konnte. Ja, Christine, es gibt eine schöne Gotteswelt, hell und weit, und in dieser Welt will ich leben, in einer Welt, die nicht das Paradies ist, aber doch ein Abglanz davon, und in dieser hellen und heitern Welt will ich die Nachtigallen schlagen hören, statt einen Steinadler oder meinetwegen auch einen Kondor ewig feierlich in den Himmel steigen zu sehen.«

»Nun, Holk, laß es genug davon sein, ich will dir dein Paradies nicht länger verschließen, denn das mit dem bloßen ›Abglanz‹ davon, das redest du nur so hin; du willst dein richtiges irdisches Paradies haben und willst, wie du dich eigentümlich genug ausdrückst, die Nachtigallen darin schlagen hören. Aber sie werden über kurz oder lang verstummen, und du wirst dann nur noch *eine* Vogelstimme hören und nicht zu deiner Freude, leiser und immer schmerzlicher, und du wirst dann auf ein unglückliches Leben zurückblicken. Von den Kindern spreche ich dir nicht, ich mag sie nicht in ein Gespräch wie dieses hineinziehen; ein Mann, der der Stimme seiner Frau kein Ohr leiht, einer Frau, die den Anspruch auf seine Liebe hatte, weil sie in Liebe für ihn aufging — der hört auch nicht auf das, was ihm die bloßen Namen seiner Kinder zurufen. Ich gehe. Mein Bruder wird von Arnewiek aus meine Sache führen, aber nicht etwa in dem Sinn eines Widerstandes oder Protestes gegen das, was du vorhast, davor sei Gott, nur zur Regelung dessen, was geregelt werden muß und wo obenan steht, ob die Kinder deine sein sollen oder meine. Du wirst (und sie lächelte bitter), soweit ich dich kenne, keine Schwierigkeiten nach *dieser* Seite hin machen; es gab wohl Zeiten, wo dir die Kinder etwas bedeuteten, aber das liegt zurück. Die Zeiten ändern sich, und was dir eine Freude war, ist dir eine Last geworden. Ich will deine künftige Hausführung nach Möglichkeit aller Mühewaltungen überheben, auch der Mühewaltung der Stiefmutterschaft. Und nun lebe wohl und werde nicht zu hart gestraft für diese Stunde.«

Dabei hatte sie sich von ihrem Platz erhoben und ging, sie wollte ihm nicht ausweichen, scharf an ihm vorüber auf die Tür zu. Von der Schwäche, die sie bei ihrem Eintreten gezeigt hatte, war in ihrer ganzen Haltung nichts mehr; die Empörung, die ihr Herz füllte, gab ihr Kraft zu allem.

Auch Holk erhob sich. Eine Welt widerstreitender Empfindungen regte sich in seiner Seele, was aber nach allem, was er eben wieder gehört hatte, doch vorwog, war ein Gefühl bitterer Verdrossenheit. Eine ganze Weile schritt er auf und ab, und dann erst trat er an die Balkontür heran und sah wieder auf den Parkgang hinaus, der, mit Blättern und Tannäpfeln überstreut, in leiser Schrägung bergab und zuletzt links einbiegend nach Holkeby führte. Der Himmel hatte sich wieder bezogen, und eh eine Minute um war, begann ein heftiges Schneetreiben, ein Tanzen und Wirbeln, bis der Windzug plötzlich nachließ und die Flocken schwer und dicht herniederfielen.

Holk konnte nur wenig Schritte weit sehen, aber so dicht die Flocken fielen, sie ließen ihn doch zwei Frauengestalten erkennen, die jetzt, von der rechten Seite des Schloses her, in den Parkweg einbogen und auf Holkeby zu hinunterschritten.

Es waren die Gräfin und die Dobschütz.

Niemand begleitete sie.

DREISSIGSTES KAPITEL

Holk, als er Christine so den Parkweg hinabschreiten und gleich danach in dem Flockentanze verschwinden sah, war erschüttert, aber doch nur in seinem Herzen, nicht in seinen Entschlüssen, nicht in dem, was er vorhatte. Das Glück vergangener Jahre lag hinter ihm, das war gewiß, und er setzte hinzu: »durch meine Schuld vielleicht, aber sicher auch durch ihre. Sie hat es so gewollt, sie hat mich gereizt und gepeinigt, erst durch Überheblichkeit und dann durch Eifersucht, und zuletzt hat sie mir zugerufen ›geh‹. Und hat auch nicht einlenken wollen; im Gegenteil, sie hat sich selber noch übertrumpft und statt der üblichen Hochfahrenheitsmiene zuletzt auch noch die Mitleidsmiene aufgesetzt, und dann ist sie gegangen ... Ich mag gegen sie gefehlt haben, in diesen letzten Wochen gewiß, aber der Anfang lag bei ihr, sie hat sich mir entfremdet, immer mehr und mehr, und das ist nun das Ende. Ja, das Ende vom Lied, aber nicht vom Leben. Nein, es soll umgekehrt der Anfang von etwas anderem, etwas Besserem und Freudigerem werden, und wenn ich aus allem, was zurückliegt, eine Bitterkeit mit in das Neue hinübernehme, so soll mir doch dies Bittere die Freude nicht für immer vergällen. Wie verlangt's mich nach einem lachenden Gesicht! Ach, diese ewige Schmerzensmutter mit dem Schwert im Herzen, während es doch bloß Nadelstiche waren. Wirklich, es war schwer zu tragen, und jedenfalls ich war es müde.«

Der alte Diener, der mittlerweile das Gepäck von der Landungsstelle heraufgeschafft hatte, trat jetzt ein und fragte den Grafen, ob er ein Frühstück befehle. »Nein, Dooren, jetzt nicht; ich werde klingeln.« Und als er wieder allein war, überkam ihn die Frage, was er nun eigentlich solle. »Soll ich hier bleiben und einen Wachsstock zerschneiden und den Christbaum da, bei dessen Ausputz ich die gute Dobschütz gestört habe, mit einem Dutzend Freudenlichter besetzen und dann morgen abend die Lichter anzünden und mir mein Glück bescheren? Es geht nicht. Und ich kann auch nicht hierbleiben, bloß um hier oben und im Dorf unten den leutseligen und schenkefrohen Gutsherrn zu spielen und dabei den Mägden einen Speziestaler in den Apfel zu stecken und den Michel nach seiner Annemarie oder die Annemarie nach ihrem Michel zu fragen und ob die Hochzeit zu Ostern oder zu Pfingsten sein werde. Und wenn ich so was selbst wollte, darüber verginge ja noch ein ganzer Tag oder eigentlich zwei, denn sie bescheren hier erst in der Frühe. Zwei Tage, das geht nicht, womit soll ich die zubringen? Das ist eine kleine Ewigkeit, und ich bin nicht in der Stimmung, inzwischen Wirtschaftsbücher zu revidieren und über Raps und Rübsen zu sprechen. Und zu Petersen? Er würde mir ins Gewissen reden und doch nichts zustande bringen. Und dann ist auch mutmaßlich Christine noch da; sie wird unten Station gemacht und einen Boten nach Arnewiek geschickt haben, und Alfred wird kommen und sie abholen. Ich habe nicht Lust, dabei zugegen zu sein oder auch nur in der Nähe. Nein, ich will lieber nach Flensburg hinüber, vielleicht geht heute noch ein Kopenhagener Schiff. Und wenn auch nicht, *hier* kann ich nicht bleiben; ich muß fort.«

Und er zog die Klingel. »Sage, daß Johann anspannt. Den kleinen Wagen und die Ponies. Ich will nach Flensburg.«

Es schlug drei, als Holk in Flensburg einfuhr, und bald danach hielt er vor dem Hillmannschen Gasthause, darin er, bei seinen häufigen Anwesenheiten in der Stadt, regelmäßig Wohnung zu nehmen pflegte. Der Wirt war einigermaßen überrascht, ihn zu sehen, bis er erfuhr, daß der Graf, dessen Stellung am Hofe der Prinzessin er kannte, nur auf kurzen Urlaub in Holkenäs gewesen sei.

»Wann geht das nächste Kopenhagner Schiff, lieber Hillmann?«

Hillmann holte die Tabelle herbei, darauf Abfahrt und Ankunft der Dampfer genau verzeichnet waren, und glitt mit dem Finger über die Rubriken hin: »Richtig, Iversens Schiff ist an der Reihe und müßte morgen fahren. Aber der 24. fällt aus; das ist altes Herkommen, und Iversen, der bei seiner Tochter wohnt und schon Enkel hat, wird an dem Herkommen nichts ändern; er steht am Christabend auch lieber unterm Weihnachtsbaum als auf Deck. Ist aber sonst ein guter Kapitän, noch einer von den alten, die von der Pike an gedient haben. Er fährt also den 25., ersten Feiertag, sieben Uhr abends.«

»Und kommt an?«

»Und kommt an in Kopenhagen zweiten Feiertag früh. Das heißt um neun, oder vielleicht auch eine Stunde später.«

Holk zeigte sich wenig erbaut von dem allen, und nur, wenn er an Holkenäs zurückdachte, war er doch herzlich froh, die lange Zeit von mehr als zwei Tagen in Flensburg verbringen zu können. Er bezog ein Zimmer im zweiten Stock, das auf den Rathausplatz hinaussah, und nachdem er mit leidlichem Appetit — denn er hatte seit dem Abend vorher so gut wie nichts genossen — eine verspätete Mittagsmahlzeit eingenommen, verließ er das Gasthaus, um an der Flensburger Bucht hin einen langen Spaziergang zu machen. Erst herrschte Dämmerung; aber nicht lange, so zogen im winterlichen Glanze die Sterne herauf und spiegelten sich auf der weiten Wasserfläche. Holk fühlte, wie der auf ihm lastende Druck von Minute zu Minute geringer ward, und wenn er sich auch nach wie vor keineswegs in einem Zustand von Seelenruhe befand, so galt das, was ihm von Unruhe verblieb, doch mehr der Zukunft als der Vergangenheit und hatte vorwiegend den Charakter einer gewissen erwartungsvollen Erregung. Er malte sich allerlei anheimelnde Bilder aus, wie sie spätestens der nächste Mai heraufführen sollte. Bis dahin mußte alles geordnet sein; die Hochzeit war festgesetzt, und er sah sich in der von Menschen überfüllten Hilleröder Kirche. Schleppegrell hielt die Traurede; die gute Pastorsfrau war ergriffen von der Beredsamkeit ihres Gatten, und Doktor Bie freute sich, daß mit Hülfe einer schönen Schwedin ein schleswig-holsteinisches Herz für Dänemark erobert worden sei. In der kleinen Hofloge aber paradierte die Prinzessin, neben ihr die Schimmelmann und hinter beiden Pentz und Erichsen. Und dann verabschiedeten sie sich von Hilleröd und der Gesamtheit der Brautzeugen und fuhren in einem Extrazuge nach Kopenhagen und am selben Abend noch nach Korsör und Kiel, und in Hamburg war erste Rast. Und dann kam Dresden und München und dann der Gardasee mit einem Ausfluge nach Mantua, wo sie sonderbarerweise den Wallgraben, in dem Hofer erschossen wurde, besuchen wollten, und dann ging es immer südlicher bis nach Neapel und Sorrent. Da sollte die Fahrt abschließen, und den Blick rechts nach dem Vesuv und links nach Capri hinüber, wollt' er die quälerische Welt vergessen und sich selbst und seiner Liebe leben. Ja, in Sorrent! Da war auch eine so prächtige Bucht wie die Flensburger hier, und da schienen auch die Sterne hernieder, aber sie hatten einen helleren Glanz, und wenn dann die Sonne den neuen Tag heraufführte, da war es eine wirkliche Sonne und ein wirklicher Tag.

So kamen ihm die Bilder, und während er sie greifbar vor sich sah, flutete das Wasser der Bucht dicht neben ihm, ernst und dunkel, trotz der Lichtstreifen, die darauf fielen.

Erst zu später Stunde war er wieder in seinem Gasthaus, und unter Lesen und gelegentlichem Geplauder mit Hillmann verging ihm der andere Tag. Als aber der Abend hereinbrach, trieb es ihn doch hinaus, durch die Straßen und Gassen der Stadt, und überall wo die Fensterläden noch offen oder nicht dicht geschlossen waren, tat er einen Blick hinein, und vor mehr als einem Hause, wenn er das Glück da drinnen und das Kind auf dem Arm der Mutter sah, und wie der Vater seiner Frau die Hand entgegenstreckte, wandelte ihn doch plötzlich eine Furcht vor dem Kommenden an, und auf Augenblicke stand nur all das vor ihm, was er verloren hatte, nicht das, was er gewinnen wollte.

Welch Heiligabend! Aber er verging, und nun war erster Feiertag, und so langsam sich seine Stunden auch hinschleppten, endlich war doch sieben Uhr heran und die Schiffsglocke läutete. Holk stand neben dem alten Kapitän, und als man eine Stunde später in freies Fahrwasser kam, ließ sich schon ungefährdet ein Faden spinnen, und Iversen erzählte von Altem und Neuem. Es war eine schöne Fahrt, dazu eine milde Luft, und bis über Mitternacht hinaus stand man unter dem Sternenhimmel und berechnete, daß man mutmaßlich eine halbe Stunde vor der Zeit in Kopenhagen eintreffen werde. Dazu beglückwünschte man sich, und gleich danach zogen sich die wenigen Passagiere, die die Fahrt überhaupt mitmachten, in ihre Schlafkojen zurück. Aber bald änderte sich das Wetter draußen, und als man um fünf Uhr in Höhe von Möen war oder doch zu sein vermeinte, da war der Seenebel so dicht geworden, daß man das Feuer unter dem Dampfkessel ausgehen und die Anker fallen lassen mußte. Die Stille, wie gewöhnlich, weckte die Schläfer, und als man eine Viertelstunde später auf Deck kam und nach der Küste von Seeland hinüberschauen wollte, hörte man von dem Mann am Steuer, daß das Schiff festliege.

»Wie lange?«

»Nun, Mittag wird wohl herankommen.«

Und Mittag war auch wirklich vorüber, als der Nebel endlich wich und die Fahrt wieder aufgenommen werden konnte. Verlorener Tag und von einem Vorsprechen im Palais der Prinzessin keine Rede mehr. Die Laternen brannten schon überall am Hafen, als man bald nach fünf an der Dampfschiffsbrücke anlegte.

In seiner Wohnung wurde Holk, statt wie gewöhnlich von Brigitte, diesmal von der alten Frau Hansen empfangen; sie ging ihm voran die Treppe hinauf und zündete die Lampen an, ohne nach etwas anderem als nach dem Wetter zu fragen, und ob er eine gute Fahrt gehabt habe. Davon, ob die Frau Gräfin bei guter Gesundheit gewesen und ob das Christfest froh und glücklich verlaufen sei, davon war mit keinem Worte die Rede, und als Holk seinerseits erst nach dem Befinden der beiden Hansenschen Frauen und dann nach dem der Prinzessin frug, antwortete die alte Hansen in jenem eigentümlichen Unschuldston, worin sie der Tochter womöglich noch überlegen war: »Das *Fräulein* ist wieder außer Bett.« Es kam so heraus, daß es selbst Holk auffiel, er war aber in diesem Augenblick von viel zuviel andern Dingen in Anspruch genommen, um seinerseits einen Gegenzug zu tun, und so ließ er's denn gehen und bat nur um die Zeitungen und einen guten Tee. »Denn ihn fröstle von dem langen Stehen auf Deck.« Die Hansen brachte beides. Der Zeitungen waren der Festtage halber nur wenige; Holk flog sie durch und ging dann früh zu Bett. Er schlief auch gleich ein, denn die letzten Tage hatten seine Nerven erschöpft.

Bei guter Zeit war er wieder auf. Frau Hansen (Brigitte ließ sich auch heute nicht sehen) brachte das Frühstück, und weil sie fühlen mochte, den Abend vorher zu weit gegangen zu sein, befleißigte sie sich der größten Unbefangenheit und trug ihren Stadtklatsch harmlos und mit so viel glücklicher Laune vor, daß sich Holk nicht bloß seinem Mißmut über die voraufgegangene Perfidie der Alten, sondern zu seiner eigenen Überraschung auch seiner trüben Stimmung zu gutem Teil entrissen sah. Alles, auch das Heikelste, gewann in der Erzählung der guten Hansen etwas durchaus Heitres und durchaus Selbstverständliches, und als sie wieder fort war, war es ihm, als ob er eine freilich nicht sehr moralische, dafür aber desto lebensweisere Predigt über das, was Leben sei, vernommen habe. Wenn er das eben Gehörte zusammenfaßte, so hieß es etwa: ja, Graf Holk, so war es immer und so wird es immer sein. Es läßt sich alles schwer nehmen, aber es läßt sich auch alles leicht nehmen. Und wer die Kunst des Leichtnehmens versteht, *der* lebt, und wer alles schwer nimmt, der lebt nicht und ängstigt sich vor Gespenstern, die gar nicht da sind. »Ja, die gute Frau Hansen hat recht«, so schloß Holk seine Betrachtungen über das, was er eben vernommen hatte. »Leicht nehmen, alles leicht nehmen, dabei fährt man am besten, das haben auch die Menschen am liebsten, und ein lachendes Gesicht ist der erste Schritt zum Siege.«

Zwölf hatte noch nicht ausgeschlagen, als er aus seiner Wohnung in die Dronningens-Tvergade hinaustrat und auf das Palais zuschritt. Es war dritter Feiertag, das Wetter hatte sich geklärt, und die Wintersonne lag auf Platz und Straße. »Das Fräulein ist wieder außer Bett« — so waren gestern abend die Worte der Frau Hansen gewesen, und an der Richtigkeit dieser Mitteilung ließ sich nicht wohl zweifeln; daß aber das Fräulein nach einem so heftigen Fieberanfall auch schon wieder im Dienst sein sollte, das war freilich sehr unwahrscheinlich, und so stieg er denn, ohne vorgängiges Anfragen in den Gemächern der Prinzessin, in das von Ebba bewohnte zweite Stockwerk hinauf. Karin öffnete. »Das Fräulein zu sprechen?« »Ja.« Und Karin ging voraus, während Holk folgte.

Das Fräulein saß in einem Lehnstuhl am Fenster und sah auf den Platz, auf dem keine Spur von Leben war, nicht einmal die Herbstblätter tanzten mehr darüber hin. Als Holk eingetreten, erhob sich Ebba von ihrem Lehnstuhl und schritt auf ihn zu, freundlich, aber matt und nüchtern. Sie gab ihm die Hand, nahm dann, abseits vom Fenster, auf einem weiter zurück stehenden Sofa Platz und wies auf einen Stuhl, ihn auffordernd, damit in ihre Nähe zu rücken.

»Ich erwarte den Arzt«, begann sie leise, mit mehr erkünstelter als wirklicher Anstrengung. »Aber der gute Doktor, er kommt immer noch früh genug, und so freu' ich mich denn aufrichtig, Sie zu sehen. Es läßt sich doch mal von etwas andrem sprechen. Immer über sein Befinden rapportieren zu müssen — es ist so langweilig, für den Doktor gewiß, aber auch für den Kranken ... Sie haben das Fest drüben zugebracht. Ich hoffe, daß Sie die Gräfin bei wünschenswerter Gesundheit fanden und daß Sie gute Festtage hatten.«

»Ich hatte sie *nicht*«, sagte Holk.

»Dann kann ich nur wünschen, daß Sie nicht die Schuld daran trugen. Ich hörte so viel Gutes von der Gräfin; die Prinzessin, die mich gestern besuchte, war voll ihres Lobes. ›Eine charaktervolle Frau‹, sagte sie.«

Holk zwang sich zu lächeln. »Eine charaktervolle Frau — ja, die Prinzessin liebt diese Wendung, ich weiß, und will damit andeuten, daß nicht jeder charaktervoll sei. Darin mag sie recht haben. Aber Prinzessinnen haben es leicht, für ›Charakter‹ zu schwärmen, weil sie selten in die Lage kommen, Charaktere kennenzulernen. Charaktervolle Leute mögen hundert Vorzüge haben, haben sie gewiß, aber sie sind unbequem, und das ist das letzte, was Prinzessinnen zu lieben pflegen.«

»Alle Welt rühmt Ihre Galanterie, lieber Holk, und ich bin, weil ich keinen Grund dazu habe, die letzte, dem zu widersprechen; aber Sie sind ungalant gegen Ihre eigene Frau. Warum wollen Sie das Lob verkürzen, das die Prinzessin ihr spendet? Prinzessinnen loben in der Regel nicht viel, und man darf ihrem Lobe wohl zulegen, aber nichts abziehen. Ich empfinde ganz wie die Prinzessin und bin voll Sympathie für die Gräfin und, wenn dies das rechte Wort nicht sein sollte, voll Teilnahme.«

Holk riß die Geduld. »Die Gräfin wird Ihnen dankbar dafür sein. Aber das darf ich sagen, ihre Dankbarkeit wird von ihrer Verwunderung noch übertroffen werden. Ebba, was soll diese Komödie? Gräfin und wieder Gräfin und dann charaktervoll und dann sympathisch und zuletzt Gegenstand Ihrer Teilnahme. Wollen Sie, daß ich das alles glaube? Was ist vorgefallen? Aus welcher Veranlassung hat sich der Wind gedreht? Warum plötzlich diese Förmlichkeit, diese Nüchternheit? Eh ich abreiste, hab' ich Sie sprechen wollen, nicht um eine Gewißheit meines Glückes zu haben, diese Gewißheit hatte ich, oder glaubte wenigstens sie haben zu dürfen, nein, es trieb mich einfach, Sie zu sehen und mich, eh ich hinüberging, über Ihr Ergehen zu beruhigen, und so bin ich abgereist und habe drüben einen Tag erlebt und einen Kampf gekämpft und Worte gesprochen, Worte, nun rund heraus, die Sie kennen müssen, als ob Sie Zeuge der ganzen Szene gewesen wären.«

Ebba warf den Kopf zurück. Holk aber fuhr fort: »Sie werfen hochmütig den Kopf zurück, Ebba, wie wenn Sie mir sagen wollten: ich weiß, was da gesprochen worden ist, aber ich will es nicht wissen, und ich mißbillige jedes dieser Worte.«

Sie nickte.

»Nun, wenn ich es damit getroffen, so frag' ich Sie noch einmal, was soll das? Sie wissen, wie's mit mir steht; wissen, daß ich vom ersten Tag an in Ihrem Netze war, daß ich alles, und vielleicht mehr als ich durfte, darangesetzt habe, Sie zu besitzen. Und daß ich das alles tat und hier vor Ihnen stehe, wie ich stehe, schuldig oder nicht, dazu haben Sie mir den Weg gezeigt — leugnen Sie's, wenn Sie's können. Jedes Ihrer Worte hat sich mir in die Seele eingeschrieben, und Ihre Blicke sprachen es mit, und beide, Worte und Blicke, sagten es mir, daß Sie's durch alle Tage hin beklagen würden, auf der abgebröckelten Eisscholle nicht ins Meer und in den Tod hinausgetrieben zu sein, wenn ich Sie verließe. Leugnen Sie's, Ebba — das waren Ihre Worte.«

Ebba hatte, während Holk so sprach, sich zurückgelehnt und die Augen geschlossen. Als er jetzt schwieg, richtete sie sich wieder auf, nahm seine Hand und sagte: »Freund, Sie sind unverbesserlich. Ich entsinne mich, Ihnen gleich am Anfang unserer Bekanntschaft und dann auch später noch, jedenfalls mehr als einmal gesagt zu haben, Sie stünden nicht am richtigen Fleck. Und davon kann ich nichts zurücknehmen; im Gegenteil. Alles, was ich damals in übermütiger Laune nur so hinsprach, bloß um Sie zu necken und ein wenig zu reizen, das muß ich Ihnen in vollem Ernst und in mindestens halber Anklage wiederholen. Sie wollen Hofmann und Lebemann sein und sind weder das eine noch das andre. Sie sind ein Halber und versündigen sich nach beiden Seiten hin gegen das Einmaleins, das nun mal jede Sache hat und nun gar *die* Sache, die uns hier beschäftigt. Wie kann man sich einer Dame gegenüber auf Worte berufen, die die Dame töricht oder vielleicht auch liebenswürdig genug war, in einer unbewachten Stunde zu sprechen? Es fehlt nur noch, daß Sie sich auch auf Geschehnisse berufen, und der Kavalier ist fertig. Unterbrechen Sie mich nicht, Sie müssen noch Schlimmeres hören. Allmutter Natur hat Ihnen, wenn man von der Beständigkeit absieht, das Material zu einem guten Ehemanne gegeben, und dabei mußten

Sie bleiben. Auf dem Nachbargebiete sind Sie fremd und verfallen aus Fehler in Fehler. In der Liebe regiert der Augenblick, und man durchlebt ihn und freut sich seiner, aber wer den Augenblick verewigen oder gar Rechte daraus herleiten will, Rechte, die, wenn anerkannt, alle besseren, alle wirklichen Rechte, mit einem Wort die eigentlichen Legitimitäten auf den Kopf stellen würden, wer das tut und im selben Augenblicke, wo sein Partner klug genug ist, sich zu besinnen, feierlich auf seinem Scheine besteht, als ob es ein Trauschein wäre, der ist kein Held der Liebe, der ist bloß ihr Don Quixote.«

Holk sprang auf. »Ich weiß nun genug; also alles nur Spiel, alles nur Farce.«

»Nein, lieber Holk, nur *dann*, wenn Ihre deplacierte Feierlichkeit das, was leicht war, schwer genommen haben sollte, was Gott verhüten wolle.«

Holk sah schweigend vor sich hin und bestätigte dadurch aufs neue, daß sie's getroffen. »Nun gut dann«, fuhr Ebba fort. »Also das Törichtste ist schon geschehen! Ich lehne jede Verantwortung dafür ab. Ich habe mich nie besser gemacht, als ich bin, und niemand wird mir nachsagen, daß ich mich ernsthaft auf etwas Falsches hin ausgespielt hätte. Worte waren Worte; soviel mußten selbst *Sie* wissen. Ja, Holk, Hofleben ist öd und langweilig, hier wie überall, und weil es langweilig ist, ist man entweder so fromm wie die Schimmelmann, oder ... nun, wie sag' ich ... so *nicht* fromm wie Ebba. Und nun, statt alle Treibhäuser des Landes zu plündern und mir Blumen auf den Weg zu streuen oder wie ein Troubadour das Lob seiner Dame zu singen und dann weiterzuziehen und weiter sein Glück zu versuchen, statt dessen wollen Sie mich einschwören auf ein einzig Wort oder doch auf nicht viel mehr und wollen aus einem bloßen Spiel einen bittern Ernst machen, alles auf Kosten einer Frau, die besser ist als Sie und ich, und die Sie tödlich kränken, bloß weil Sie sich in einer Rolle gefallen, zu der Sie nicht berufen sind. Noch einmal, ich lehne jede Verantwortung ab. Ich bin jung und Sie sind es nicht mehr, und so war es nicht an mir, Ihnen Moral zu predigen und Sie, während ich mich hier langweilte, mit ängstlicher Sorgfalt auf dem Tugendpfade zu halten; — das war nicht meine Sache, das war Ihre. Meine

Schuld bestreit' ich, und wenn es doch so was war (und es mag darum sein), nun, so hab' ich nicht Lust, diese Schuld zu verzehn- und zu verhundertfachen und aus einem bloßen Schuldchen eine wirkliche Schuld zu machen, eine, die ich selber dafür halte.«

In Holk drehte sich alles im Kreise. *Das* also war sein erträumtes Glück! Als er sich zu diesem Gang anschickte, war er wohl von einem unsicheren und quälenden Gefühl erfüllt gewesen, von der Frage, was die Welt, die Kinder, die sich notwendig ihm entfremden mußten, und über kurz oder lang vielleicht auch sein eigenes Herz dazu sagen würde. *Das* hatte vor seiner Seele gestanden, aber auch das nur allein. Und nun ein Korb, der rundesten einer, sein Antrag abgelehnt und seine Liebe zurückgewiesen, und das alles mit einer Entschiedenheit, die jeden Versuch einer weiteren Werbung ausschloß. Und wenn er wenigstens in einer plötzlich erwachten Empörung etwas wie ein Gegengewicht in sich hätte finden können; aber auch das blieb ihm versagt, so völlig, daß er sie, während sie so dastand und ihn durch ihren überheblichen Ton vernichtete, bezaubernder fand denn je.

»So schließt denn alles«, nahm er nach einer kurzen Pause das Wort, »mit einer Demütigung für mich ab, mit einer Demütigung, die zum Überfluß auch noch den Fluch der Lächerlichkeit trägt; — alles nur pour passer le temps. Alles nur ein Triumph Ihrer Eitelkeit. Ich muß es hinnehmen und mich Ihrem neuen Willen unterwerfen. Aber in einem, Ebba, kann ich Ihnen nicht zu Diensten sein; ich kann nicht erkennen, daß mir eine Pflicht vorlag, den Ernst Ihrer Gefühle zu bezweifeln; im Gegenteil, ich glaubte den Glauben daran haben zu dürfen, und ich glaub' es noch. Sie sind einfach andern Sinnes geworden und haben sich — ich habe nicht nach den Gründen zu forschen — inzwischen entschlossen, es lieber ein Spiel sein zu lassen. Nun denn, wenn es ein solches war und nur ein solches, und Sie sagen es ja, so haben Sie gut gespielt.«

Und sich gegen Ebba verbeugend, verließ er das Zimmer. Draußen stand Karin, die gehorcht hatte. Sie sprach kein Wort, ganz gegen ihre Gewohnheit, aber ihre Haltung, während sie Holk durch den langen Korridor hin begleitete, zeigte deutlich, daß sie das Tun ihrer Herrin mißbilligte. Sie hielt eben zu dem Grafen, auf dessen Gütigkeit und wohl auch Schwäche sie manchen Zukunftsplan aufgebaut haben mochte.

EINUNDDREISSIGSTES KAPITEL

Nahezu anderthalb Jahre waren seitdem vergangen, Ende Mai war, und die Londoner Squares boten das hübsche Bild, das sie zur Pfingstzeit immer zu bieten pflegen. Das galt im besonderen auch von Tavistock-Square; der eingegitterte, sorglich bewässerte Rasen zeigte das frischeste Frühlingsgrün, die Fliederbüsche standen in Blütenpracht, und die gelben Rispen des Goldregens hingen über das Gitter fort in die breite, dicht daran vorüberführende Straße hinein.

Es war ein reizendes Bild, und dieses Bildes freute sich auch Holk, der in einem alten, übrigens sehr wohl erhaltenen und in seiner doppelten Front von einem Balkon umgebenen Eckhause die Zimmer des ersten Stocks innehatte. Er liebte diese Gegend noch aus der nun zwanzig Jahre zurückliegenden Zeit her, wo er, als junger Attaché der dänischen Gesandtschaft, in eben diesem Stadtteile gewohnt hatte, und nahm es, als er im Laufe des letzten Novembers in London eintraf, als ein gutes Zeichen, daß es ihm gelungen war, gerade hier eine ihm zusagende Wohnung zu finden.

Ja, seit November war Holk in London, nachdem er bis dahin in der Welt umhergefahren und an all den berühmten Schönheitsplätzen gewesen war, an denen jahraus, jahrein viele Tausende Zerstreuung suchen, um schließlich die Wahrnehmung zu machen, daß auch das ödeste Daheim immer noch besser ist als das wechselvolle Draußen. Er hatte sich nach schriftlicher Verabschiedung von der Prinzessin und nach einem ausführlichen und herzlichen Briefe an Arne, den er anrief, ihn in diesen schweren Tagen nicht verlassen zu wollen, erst nach Brüssel und dann nach Paris begeben, aber so wenig zu seiner Zufriedenheit, daß er um Ostern bereits in Rom und einige Wochen später auch schon in Sorrent eingetroffen war, in demselben Sorrent, in dem er gehofft hatte mit Ebba glückliche

Tage verleben zu können. Diese glücklichen Tage waren nun freilich ausgeblieben; aber der all die Zeit über auf ihm lastende Druck war im Verkehr mit einer liebenswürdigen englischen Familie, mit der er gemeinschaftlich eine Dependance des Tramontana-Hotels bewohnte, doch schließlich von ihm abgefallen, und er hatte wieder leben und, was noch wichtiger, sich um das Leben anderer kümmern gelernt. So waren Wochen vergangen, unter Wagenfahrten nach Amalfi und unter Bootfahrten nach Capri hinüber, wobei die Schiffer ihre Lieder sangen; aber die heiße Jahreszeit, die bald einsetzte, vertrieb ihn, früher als ihm lieb war, aus dem ihm zusagenden Idyll bis in die Schweiz hinauf, die es ihm diesmal freilich, sosehr er sie sonst liebte, nirgends ganz recht machen konnte: der Genfer See blendete zu sehr, der Rigi war zu sehr Karawanserei und Pfäffers zu sehr Hospital. So beschloß er denn, weil's ihn, wenn nicht in die Heimat, so doch wenigstens weiter nordwärts in die germanische Welt überhaupt zurückzog, es mit London zu versuchen, an das ihn freundliche Jugenderinnerungen knüpften und wohin ihn die mit ihm zugleich von Sorrent aus abgereisten englischen Freunde mit einer Art Dringlichkeit geladen hatten. Nach London also! Und da war er nun seit einem halben Jahr und empfand unter Verhältnissen und Lebensformen, die den schleswig-holsteinischen einigermaßen verwandt waren, so viel von Heimatlichkeit, wie sie der Heimatlose gewärtigen konnte. Ja, die gesellschaftlichen Verhältnisse konnten ihn befriedigen, und manches andere kam hinzu, das wohl angetan war, ihn von dem immer wachsenden Gefühl seiner Einsamkeit auf wenigstens Stunden und Tage freizumachen. Eine kleine Theaterpassion, die schon in zurückliegender Zeit die Tage seiner Londoner Attachéschaft so angenehm gemacht hatte, wurde wieder lebendig, und das ganz in der Nähe von Tavistock-Square gelegene Prinzeßtheater sah ihn regelmäßig auf einem seiner Parkettplätze, wenn der gerade damals mit seinen Shakespeare-Revivals epochemachende Charles Kean heute den »Sommernachtstraum« oder das »Wintermärchen« und morgen den »Sturm« oder »König Heinrich VIII.« in bis dahin unerhörter Pracht auf die Bühne brachte. Zu diesem Charles Kean trat er denn auch im Laufe des Winters in persönliche Beziehungen, und als er schließlich in dem von Künstlern und Schriftstellern vielbesuchten Hause des berühmten Tragöden auch noch die Bekanntschaft von Charles Dickens gemacht hatte, sah er sich, übrigens ohne deshalb seine dem Landadel angehörigen Freunde Sorrentiner Angedenkens vernachlässigen zu müssen, in allerlei Theater- und Literaturkreise hineingezogen, deren lebhaftes und von heiterster Laune getragenes Treiben ihn ungemein sympathisch berührte. Namentlich Dickens selbst war seine Schwärmerei geworden, und bei Gelegenheit eines Whitebait-Dinners in Greenwich ließ er seinen neugewonnenen Freund leben, den großen Erzähler, von dem er zwar nur den »David Copperfield« kenne, der aber als Verfasser dieses Buches auch der Sanspareil aller lebenden Schriftsteller sei. Mehr von ihm zu lesen, wozu er von den übrigen Anwesenden am Schluß seines Toastes unter Lachen aufgefordert wurde, behauptete er ablehnen zu müssen, da Copperfield auch von Dickens selbst schwerlich übertroffen worden sei, weshalb ein weiteres Lesen eigentlich nur zur Herabminderung seiner Begeisterung führen könne.

Reunions wie diese, daran auch gefeierte Damen aus der Künstlerwelt, namentlich die schöne und vielumworbene Miß Heath und vor allem die geniale Lady-Macbeth-Spielerin Miß Atkinson beinahe regelmäßig teilnahmen, waren mehr als eine bloße Zerstreuung für Holk, und er hätte sich durch diesen Verkehr nicht bloß seiner Einsamkeit entrissen, sondern auch geradezu gehoben und erquickt fühlen können, wenn er sich einigermaßen frei gefühlt hätte. Dies war aber genau das, was ihm fehlte; denn gerade der Fleck Erde, daran er mit ganzer Seele hing, auf dem er geboren und durch Jahrzehnte hin glücklich gewesen war, gerade *der* Fleck Erde war ihm verschlossen und blieb es auch mutmaßlich, wenn es ihm nicht glückte, seinen Frieden mit der Gesellschaft zu machen, einen Frieden, der wiederum eine Versöhnung mit Christine zur Voraussetzung hatte. Daran war aber nach allem, was er aus der Heimat hörte, nicht wohl zu denken: denn sosehr die Gräfin darauf hielt, daß seitens der Kinder an schuldiger Rücksicht nichts versäumt und beispielsweise jeder Brief des Vaters (er schrieb oft, weil ihn ein Gefühl der Verlassenheit dazu drängte) respektvoll erwidert wurde, so vergeblich waren doch andererseits alle bisher unternommenen Schritte zur Herbeiführung eines Ausgleichs gewesen. Mit der ihr eigenen Offenheit hatte sich Christine, dem Bruder gegenüber, über diese Frage verbreitet, und zwar diesmal unter Beiseitehaltung alles moralischen Hochmuts. »Ihr alle«, so schrieb sie, »habt Euch daran gewöhnt, mich als abstrakt und doktrinär anzusehen, und ich mag davon in zurückliegenden Jahren mehr gehabt haben, als recht war, jedenfalls mehr, als die Männer lieben. Aber das darf ich Dir versichern, in erster Reihe bin ich doch immer eine Frau. Und weil ich das bin, verbleibt mir in all dem Zurückliegenden ein Etwas, das mich in meiner Eitelkeit oder meinem Selbstgefühl bedrückt. Ich mag es für nichts Besseres ausgeben. Holk, um es rundheraus zu sagen, ist nicht recht geheilt. Wenn er das Fräulein drüben geheiratet und über kurz oder lang eingesehen hätte, daß er sich geirrt, so fände ich mich vielleicht zurecht. Aber so verlief es nicht. Sie hat ihn einfach nicht gewollt, und so besteht denn für mich, um das mindeste zu sagen, die schmerzliche Möglichkeit fort, daß das Stück, *wenn* sie ihn gewollt, einen ganz anderen Verlauf genommen hätte. Die Reihe wäre dann mutmaßlich nie wieder an mich gekommen. Ich spiele in dieser Tragikomödie ein bißchen die faute de mieux-Rolle, und das ist nicht angenehm.« Von diesem Briefe Christinens hatte Holk die Hauptsache wieder erfahren, und was sich darin aussprach, das stand beständig vor seiner Seele, trotzdem der alte Petersen und Arne gemeinschaftlich bemüht waren, seine Hoffnung auf einen guten Ausgang wieder zu beleben. »Du darfst Dich diesem Gefühle von Hoffnungslosigkeit nicht hingeben«, schrieb Petersen an Holk. »Ich kenne Christine besser als ihr alle, selbst besser als ihr Bruder, und ich muß Dir sagen, daß sie, neben ihrer christlichen Liebe, die ja Verzeihung für den Schuldigen lehrt, auch noch eine rechte und echte Frauenliebe hegt, so sehr, daß sie Dir gegenüber in einer gewissen liebenswürdigen Schwäche befangen ist. Ich sehe das aus den Briefen, die von Zeit zu Zeit aus Gnadenfrei bei mir eintreffen. Es liegt alles günstiger für Dich, als Du's glaubst und als Du's verdienst, und es würde mir meine letzte Stunde verderben, wenn's anders wäre. Mit achtzig weiß man übrigens, wie's kommt, und dafür verbürge ich mich, Helmuth, daß ich Eure Hände noch einmal wieder ineinander lege, wie ich's vordem getan, und das soll meine letzte heilige Handlung sein, und dann will ich aus meinem Amt treten und abwarten, bis Gott mich ruft.«

Das war Anfang April gewesen, daß Petersen so geschrieben, und wenn Holk der mehr als halben Sicherheit, die sich darin aussprach, für seine Person auch mißtraute, so kamen ihm doch immer wieder Stunden, in denen er sich daran aufrichtete. So war es auch heute wieder, und von heiteren Bildern erfüllt, saß er auf dem Vorderbalkon seines Hauses, unter dem Gezweig einer schönen alten Platane, die hier schon gestanden haben mochte, als, vor nun gerade hundert Jahren, dieser ganze Stadtteil erst errichtet wurde. Die hohen, bis auf die Diele niedergehenden und nach unten zu halb geöffneten Schiebefenster gestatteten einen freien Verkehr zwischen Zimmer und Balkon, und das Feuer in seinem Drawingroom, das mehr des Anblicks als der Wärme halber brannte, dazu die Morgenzigarre, steigerte das Behagen, das er momentan empfand. Neben ihm, auf einem leichten Rohrstuhl, lag die »Times«, die, weil das anmutige Frühlingsbild vor ihm ihn bis dahin abgezogen hatte, heute, sehr ausnahmsweise, beiseitegeschoben war. Nun aber nahm er sie zur Hand und begann seine Lektüre wie gewöhnlich in der linken Ecke der großen Anzeigebeilage, wo, durch schärfste Diamantschrift ausgezeichnet, die Familiennachrichten aus dem Londoner High Life verzeichnet standen: geboren, gestorben, verheiratet. Auch heute lösten sich die drei Rubriken untereinander ab, und als Holk bis zu den Eheschließungen gekommen war, las er: »Miss Ebba Rosenberg, Lady of the Bedchamber to Princess Mary Ellinor of Denmark, married to Lord Randolph Ashingham formerly 2d. Secretary of the British Legation at Copenhague.«

»Also doch«, sagte Holk, sich verfärbend, im übrigen aber nicht sonderlich bewegt, und legte das Blatt aus der Hand. Vielleicht, daß es ihn tiefer getroffen hätte, wenn's plötzlich und als ein ganz Unerwartetes an ihn herangetreten wäre. Dies war aber nicht der Fall. Schon Ausgang des Winters hatte der ihn in seinen Briefen »au courant« erhaltende Pentz diese Vermählung als etwas über kurz oder lang Bevorstehendes angemeldet, und zwar in folgenden Schlußzeilen eines längeren Anschreibens: »Und nun, lieber Holk, eine kurze Mitteilung, die Sie mehr interessieren wird, als alle diese Geschichten aus dem Hause Hansen, – Ebba Rosenberg hat gestern der Prinzessin Anzeige von ihrer Verlobung gemacht, die jedoch, zu leichterer Beseitigung entgegenstehender Schwierigkeiten, vorläufig noch geheim bleiben müsse. Der, den sie durch ihre Hand zu beglücken gedenkt, ist niemand Geringeres als Lord Randolph Ashingham, dessen Sie sich, wenn nicht von Vincent, so doch vielleicht von einer Abendgesellschaft bei der Prinzessin her erinnern werden. Es war gleich zu Beginn der Saison von neunundfünfzig auf sechzig. Lord Randolph, von dem es heißt, daß er den Grund und Boden eines ganzen Londoner Stadtteils (vielleicht gerade *des* Stadtteils, den Sie zurzeit bewohnen) und außerdem einen Waldbestand von fünfzehn Millionen Tannen in Fifeshire besitze – Lord Randolph, sag' ich, hat sich ein Jahr lang in dieser Angelegenheit besonnen oder wohl richtiger besinnen müssen, weil von seiten eines noch viel reicheren Erbonkels allerlei Bedenken erhoben wurden. Und diese Bedenken existieren in der Tat noch. Aber Ebba müßte nicht Ebba sein, wenn es ihr nicht glücken sollte, dem stark exzentrischen Erbonkel den Beweis ihrer Tugenden auf dem Gebiete des Chic und High Life zu geben, und so wird denn die Verlobung ehestens proklamiert werden. Alles nur Frage der Zeit. Übrigens haben sich beide, der Lord und Ebba, nichts vorzuwerfen; er, wie so viele seinesgleichen, soll schon mit vierzehn ein ausgebrannter Krater gewesen sein und heiratet Ebba nur, um sich etwas vorplaudern zu lassen, und von diesem Standpunkt aus angesehen, hat er eine gute Wahl getroffen. Sie wird jeden Tag Dinge sagen und später auch wohl Dinge tun, die Seine Lordschaft frappieren, und vielleicht zündet sie mal die fünfzehn Millionen Tannen an und stellt bei der Gelegenheit sich und den Eheliebsten in die rechte Beleuchtung. Und nun tout à vous, beau Tristan. Ihr Pentz.«

So hatte damals der Brief gelautet, und die zwei Zeilen in der »Times« waren nichts als die Bestätigung. »Es ist gut so«, sagte Holk nach einer Weile. »Das gibt reinen Tisch. Ihr Gespenst ging immer noch in mir um und war nicht ganz zu bannen. Nun ist es geschehen durch sie selbst; alles fort, alles verflogen, und ob Christine mir auch verloren bleibt, vielleicht verloren bleiben muß, ihr Bild soll wenigstens in meinem Herzen wieder den ihm gebührenden Platz haben.«

Unter diesem Selbstgespräche nahm er die beiseitegelegte Zeitung wieder in die Hand und wollte sich ernsthaft in eine Berliner Korrespondenz vertiefen, die ziemlich ausführlich, so schien es, von einer Heeresverdoppelung und einer sich dagegen bildenden Oppositionspartei sprach. Aber er hatte heut' keinen Sinn dafür und sah bald über das Blatt fort. Von der nahen Sankt Pancras-Kirche, deren Turm er dicht vor Augen hatte, schlug's eben neun, und durch die Southamptonstraße, die den Square an der ihm zugekehrten Seite begrenzte, rollten Cabs und wieder Cabs, die von der Euston-Square-Station herkamen und dem Mittelpunkt der Stadt zufuhren. Er brach, um damit zu spielen, ein dicht herabhängendes Platanenblatt ab, und erst als er die Spatzen über sich immer lauter quirilieren hörte, nahm er etliche Krumen und streute sie vor sich hin auf den Balkon. Sofort fuhren die Spatzen aus dem Gezweig hernieder, pickend und kriegführend untereinander, aber schon im nächsten Augenblicke huschten sie wieder auf, denn von der Haustür her klang ein rasch wiederholtes Klopfen, das Zeichen, daß der »Postman« an der Tür sei; Holk, der am folgenden Tage Geburtstag hatte, horchte neugierig hinunter, und gleich darauf trat Jane ein und überreichte ihm vier Briefe.

Schon die vier Poststempel Gnadenfrei, Bunzlau, Glücksburg, Arnewiek ließen Holk keinen Augenblick in Zweifel, von wem die Briefe kamen, und auch ihr Inhalt schien ihm nicht viel Neues bringen zu sollen. Asta und Axel sprachen steif und förmlich und jedenfalls ziemlich kurz ihre Gratulationen aus, und auch Petersen, der sonst ausführlich zu schreiben pflegte, beschränkte sich heut auf eine Darbringung seiner Glückwünsche. Holk war nicht angenehm davon berührt und fand seine gute Stimmung erst wieder, als er auch Arnes Brief geöffnet und gleich den ersten Zeilen allerlei Liebes und Freundliches entnommen hatte. »Ja«, sagte Holk, »der hält aus. Unverändert derselbe. Und wäre doch eigentlich *der*, der am ehesten mit mir zürnen dürfte. Der Bruder seiner geliebten Schwester. Aber freilich, da liegt auch wieder Grund und Erklärung. Er liebt die Schwester und vergöttert sie fast. Aber er hat lange genug gelebt, um, trotz aller Junggesellenschaft, sehr wohl zu wissen, was es heißt, an eine heilige Elisabeth verheiratet zu sein. Und wenn sie noch die heilige Elisabeth wäre! Die war sanft und nachgiebig... Aber nichts mehr davon«, unterbrach er sich, »ich verbittere mich bloß wieder, statt mich ruhig und versöhnlich zu stimmen. Es ist besser, ich lese, was er schreibt.«

»Arnewiek, 27. Mai 61.
Lieber Holk!

Dein Geburtstag ist vor der Tür, und meine Glückwünsche sollen Dir nicht fehlen. Kommen sie einen Tag zu früh, wie ich fast vermute, so nimm es als ein Zeichen, wie dringlich ich es habe, Dir alles Beste zu wünschen. Ist es nötig, Dir die Wünsche herzuzählen, die mich für Dich erfüllen? Sie gipfeln auch heute wieder in dem einen, daß der Moment Eurer Aussöhnung nahe sein möge. Wohl weiß ich, daß Du dieser Möglichkeit mißtraust und Dein Mißtrauen aus dem Charakter Christinens zu begründen suchst. Und eine innere Stimme, die Dir zuflüstert, ›daß ihre Haltung ihr gutes Recht sei‹, kann Dich in Deinem Mangel an Vertrauen allerdings nur bestärken. Aber es liegt doch günstiger. Du hast unter Deiner Frau Dogmenstrenge gelitten, und ich habe Christine, als an ernste Konflikte noch nicht zu denken war, liebevoll gewarnt, Dich nicht in ein auf Leineweber berechnetes Konventikeltum oder wohl gar in eine Deiner Natur total widerstrebende Askese hineinzwingen zu wollen. Was darin von Anklage gegen Christine lag, das war berechtigt, und ich habe, um oft Gesagtes noch einmal zu sagen, weder Willen noch Veranlassung, etwas davon zurückzunehmen. Aber gerade in dieser ihrer Bekenntnisstrenge, darunter wir alle gelitten, haben wir auch das Heilmittel. Ob ihre noch immer lebendige Liebe zu Dir, wie sie sich in ihren Briefen, oft wohl gegen ihren Willen, zu erkennen gibt, die Kraft zu Verzeihung und Versöhnung besitzen würde, lass' ich dahingestellt sein, ich sage nicht ja und nicht nein; aber was ihre Liebe vielleicht nicht vermöchte, dazu wird sie sich, wenn alles erst in die rechten Hände gelegt ist, durch ihre Vorstellung von Pflicht gedrängt fühlen. In die rechten Hände, sag' ich. Noch kämpft es in ihr, und die brieflichen Vorstellungen unseres guten alten Petersen, der übrigens persönlich in seiner Zuversicht verharrt, haben bis zur Stunde wenig Erfolg gehabt, jedenfalls keinen Sieg errungen. Aber was dem alten rationalistischen Freunde, den sie so sehr liebt und den sie nur kirchlich nicht für voll ansieht, was unserem alten Petersen nicht gelingen wollte, das, denk' ich, soll im rechten Augenblick unserem seit vier Wochen zum Generalsuperintendenten ernannten Schwarzkoppen ein leichtes, oder doch wenigstens ein nicht allzuschweres sein. An Schwarzkoppen, den ich in der letzten Woche beinahe täglich gesehen, hab' ich mich mit der dringenden Bitte gewandt, die Sache, bevor er uns und unsere Gegend verläßt, seinerseits in die Hand nehmen zu wollen, und da sich seine kirchlichen Überzeugungen mit seinen persönlichen Wünschen für Dich und Christine decken, so bezweifle ich keinen Augenblick, daß er da reüssieren wird, wo Petersen bisher scheiterte. Wenn Schwarzkoppen schon immer entscheidende Instanz für Christine war, wie jetzt erst, wo der Arnewieker Seminardirektor ein wirkliches Kirchenlicht geworden ist. Er ist nach Stettin, in seine heimatliche Provinz Pommern, berufen worden und wird uns Ende September verlassen, um am 1. Oktober sein neues Amt daselbst anzutreten. Ich mag diesen Brief nicht weiter ausdehnen, am wenigsten aber Wirtschaftliches berühren. Davon ein andermal. Gräfin Brockdorff seh' ich jetzt häufig, teils in ihrem Hause, teils bei Rantzaus, aber auch gelegentlich hier in Arnewiek, wenn wir die Missionssitzungen haben, deren einer ich, freilich als ein sehr Unwürdiger, neulich präsidieren mußte. Christine hat meine Pfingsteinladung abgelehnt, angeblich weil die Dobschütz seit Frühjahr kränkle und der Pflege bedürfe. Der wahre Grund ist aber wohl der, daß sie nicht an Örtlichkeiten und in Kreise zurückkehren mag, die nur schmerzliche Erinnerungen in ihr wachrufen. In ihren Augen hat Gnadenfrei so viele Vorzüge und nicht zum wenigsten den, sich vor der Welt verbergen zu können. Aber ich getröste mich, daß das Bedürfnis nach dieser Weltabgeschiedenheit in ihr hinschwinden soll, und daß wir sie recht bald in die Welt und in ein neues altes Glück zurückkehren sehen, in ein Glück, das nur ein Wahn unterbrach. Ein Wahn, aus dem zuletzt eine Schuld wurde. Was gäb' ich darum, wenn dieses Pfingstfest schon Euern Einzug gesehen und die ganze Säulenhalle von Holkenäs in grünen Maien gestanden hätte, das alte Wappen über dem Eingang in einem wieder von Rosen durchflochtenen Kranz. Daß die Zukunft es so bringen möge, die nächste schon, mit diesem Wunsche laß mich schließen. Dein Arne.«

Holk legte den Brief aus der Hand und sah freudig aufatmend nach dem Square hinüber, wo alles grünte und blühte. Der Eindruck, unter dem er stand, war der der reinsten Freude; Möglichkeiten, an deren Verwirklichung er kaum noch geglaubt hatte, nahmen Gestalt an, begrabene Hoffnungen standen wieder auf und wollten Gewißheit werden, und die durch Jahre hin äußerlich und innerlich Getrennten zogen wieder ein in das »Schloß am Meere«, und das alte Glück war wieder da.

ZWEIUNDDREISSIGSTES KAPITEL

Und was Holk geträumt, es erfüllte sich oder schien sich doch erfüllen zu wollen.

Johannistag war, und ein sonniger blauer Himmel stand über ganz Angeln, am sonnigsten aber über Schloß Holkenäs. Wagen in langer Reihe hielten an den Treib- und Gartenhäusern hin, und das Holksche Wappen über dem Portale trug einen Efeukranz, in den weiße und rote Rosen eingeflochten waren. Arne hatte Myrte gewollt, aber Christine war dabei geblieben, daß es Efeu sein solle.

Und nun schlug es zwölf von Holkeby her, und kaum, daß die zwölf Hammerschläge verklungen waren, so kam auch schon ein allmähliches Schwingen in die mächtige, jetzt von zwei Männern gezogene Glocke, die nun weit ins Land hinein verkündete, daß die Feier, zu der sich alle befreundeten Familien von nah und fern her versammelt hatten, ihren Anfang nehme. So war es denn auch, und nicht lange mehr, so öffnete sich die hohe, nach dem Park hinausführende Glastür, und wer von Neugierigen, und ihrer waren viele, draußen zwischen den Gartenbeeten einen guten Stand genommen hatte, der sah jetzt, wie sich drinnen im Saal alles zu einem Zuge ordnete, an dessen Spitze zunächst Holk und Christine erschienen, die Gräfin in weißem Atlas und einem Orangeblütenkranz im Haar, von dem ein Schleier niederhing. Hinter dem Paare, das nun wie zu neuem Ehebunde den Segen der Kirche empfangen sollte, schritten Asta und Axel, dann Arne, der die ältere Gräfin Brockdorff, und dann Schwarzkoppen, der die Dobschütz führte, viel andere mit ihnen, und zuletzt alle die, die gebeten hatten, der Feier im Festzuge beiwohnen zu dürfen, und deren Teilnahme, weil es Fernerstehende waren, die Herzen der wieder zu Trauenden besonders beglückt hatte. Dienerschaften schlossen sich an, und als der Zug, der sich auf Holkeby zu in Bewegung setzte, den zwischen den Tannen des Parkes hinlaufenden Kiesweg passiert hatte, trat man in ein Spalier ein, das die Holkebyer Bauerntöchter samt den Mädchen aus den Nachbardörfern gebildet hatten. Alle hielten Körbe in Händen und streuten Blumen über den Weg, einige aber, die dem Ansturm ihrer Gefühle nicht wehren konnten, warfen die Körbe beiseite und drängten sich an Christine heran, um ihr die Hand oder auch nur den Saum des Kleides zu küssen. »Sie machen eine Heilige aus mir«, sagte die Gräfin und suchte zu lächeln; aber Holk, dem sie die Worte zugeflüstert hatte, sah wohl, daß ihr dies alles mehr Pein als Freude schuf und daß sie, wie das in ihrer Natur lag, ängstlich schmerzliche Betrachtungen oder vielleicht selbst trübe Zukunftsgedanken an dies Übermaß von Huldigung knüpfte. Das volle Leben um sie her indes entriß sie dem wieder, und als sie jetzt deutlich hörte, daß der Glocken immer mehr wurden und daß es klang, als ob alle Kirchen im Angliter Lande das seltene Versöhnungsfest mitfeiern wollten, da fiel, auf Augenblicke wenigstens, alles Trübe von ihr ab, und ihr Herz ging auf in dem Klange, der gen Himmel stieg.

Und nun waren sie bis an die niedrige Kirchhofsmauer gekommen, an der entlang, wie damals, wo Asta und Elisabeth hier gesessen hatten, wieder hohe Nesseln standen und zerschnittene Stämme hoch aufgeschichtet lagen, und als die vordersten daran vorüber waren, bog der Zug in das Portal ein und bewegte sich, zwischen Gräbern hin, auf die Kirche zu, die weit aufstand und einen freien Blick auf den erleuchteten Altar am Ende des Mittelganges gestattete.

Da stand Petersen.

Er war hinfällig gewesen all die Zeit über, und zu der Last seiner Jahre war schließlich auch noch die Last schwerer Krankheit gekommen. Als er aber vernommen hatte, daß »Schwarzkoppen, wenn Petersen bis Johannistag nicht wieder genesen sei, die Traurede halten solle«, da war er wieder gesund geworden und hatte denen, die zu Vorsicht und Schonung mahnen wollten, beteuert, daß er, und wenn's vom Sterbebett aus wäre, seine geliebte Christine wieder zum Glücke führen müsse. Das hatte alle Welt gerührt, ihm aber die Kraft seiner besten Jahre wiedergegeben, und da stand er nun so grad und aufrecht wie vor neunzehn Jahren, als er, auch an einem Johannistage, die Hände beider ineinandergelegt hatte.

Gesang hatte begonnen im selben Augenblick, wo der Zug in den Mittelgang eintrat, und als das Singen nun schwieg, nahm Petersen zu kurzer Rede das Wort, alles Persönliche vermeidend, am meisten aber jeden Hinweis auf den »Ungerechten, über den mehr Freude sei im Himmel als über hundert Gerechte«. Statt dessen rief er in einem schlichten, aber gerade dadurch alle Versammelten tief ergreifenden Gebet die Gnade des Himmels auf die Wiedervereinten herab und sprach dann den Segen.

Und nun fiel die Orgel ein, und die Glocke draußen hob wieder an, und der lange Zug der Trauzeugen nahm jetzt den Rückweg dicht am Strande hin und stieg, als man den zur Dampfschiffanlegestelle führenden Brettersteg erreicht hatte, links einbiegend die Terrasse nach Schloß Holkenäs hinauf.

Da war die hochzeitliche Tafel unter der vorderen Halle gedeckt, derart, daß alle Gäste den Blick auf das Meer hin frei hatten, und als der Augenblick nun gekommen war, wo, wenn nicht ein Toast, so doch ein kurzes Festeswort gesprochen werden mußte, erhob sich Arne von seinem Platz und sagte, während er sich gegen Schwester und Schwager verneigte: »Auf das Glück von Holkenäs.«

Alle waren eigentümlich von den beinah schwermütig klingenden Worten berührt, und die, die dem Bräutigam zunächst saßen, stießen leise mit ihm an.

Aber eine rechte Freude wollte nicht laut werden, und jedem Anwesenden kam ein banges Gefühl davon, daß man das »Glück von Holkenäs«, wenn es überhaupt da war, nur heute noch in Händen hielt, um es vielleicht morgen schon zu begraben.

DREIUNDDREISSIGSTES KAPITEL

Das Gefühl der Trauer, das bei der schönen Feier vorgeherrscht hatte, schien sich aber als ungerechtfertigt erweisen und »das Glück von Holkenäs« sich wirklich erneuern zu wollen. Diesen Eindruck empfingen wenigstens alle Fernerstehenden. Man lebte sich zu Liebe, sah viel Gesellschaft (mehr als sonst) und machte Nachbarbesuche, bei denen es von seiten Holks an Unbefangenheit und guter Laune nie gebrach, und nur wer schärfer zusah, sah deutlich, daß diesem allen doch das rechte Leben fehlte. Friede herrschte, nicht Glück, und ehe der Herbst da war, war namentlich für die Dobschütz und Arne kein Zweifel mehr, daß, was Christine anging, nichts da war als der gute Wille zum Glück. Ja, der gute Wille! Von Meinungsverschiedenheiten war keine Rede mehr, und wenn sich Holk, was gelegentlich noch geschah, in genealogischen Exkursen oder in Musterwirtschaftsplänen erging, so zeigte die Gräfin nichts von jenem Lächeln der Überlegenheit, das für Holk so viele Male der Grund zu Verstimmung und Gereiztheit gewesen war; aber dies ängstliche Vermeiden alles dessen, was den Frieden hätte stören können, das Abbrechen im Gespräch, wenn doch einmal ein Zufall ein heikles Thema heraufbeschworen hatte, gerade die beständige Vorsicht und Kontrolle brachte so viel Bedrückkendes mit sich, daß selbst die letzten Jahre vor der Katastrophe, wo das eigentliche Glück ihrer Ehe schon zurücklag, als vergleichsweise glückliche Zeiten daneben erscheinen konnten.

Holk, bei seinem frischen, sanguinischen Naturell, wehrte sich eine Zeitlang gegen diese Wahrnehmung und ließ sich's angelegen sein, über die Zurückhaltung und beinahe Scheu hinwegzusehen, womit Christine seinem Entgegenkommen begegnete. Schließlich aber ward er ungeduldig, und als Ende September heran war, beschloß er in einem Gemütszustande, darin Mißmut und tiefe Teilnahme sich ablösten, mit der Dobschütz zu sprechen und ihre Meinung und wenn tunlich auch ihren Rat einzuholen.

Über Schloß und Park lag ein klarer frischer Herbstmorgen, und die Sommerfäden hingen ihr Gespinst an das hier und da schon blattlose Gesträuch. Asta war den Abend vorher aus der Pension eingetroffen und brannte darauf, gleich nach beendigtem Frühstück, zu dem man sich eben gesetzt hatte, nach Holkeby hinunterzusteigen und der Freundin unten im Dorf ihren Besuch zu machen. »Ich komme mit«, sagte Holk, und da die Dobschütz schon vorher zugesagt hatte, Asta begleiten zu wollen, so stiegen nun alle drei die Terrasse hinunter, um, am Strande hin, den etwas näheren und schöneren Weg zu nehmen. Die breite Wasserfläche lag beinahe unbewegt, und nur dann und wann schob eine schwache Brandung ihren Schaum bis dicht an die Düne heran. Asta war glücklich, das Meer wiederzusehen, und brach oft ab in Erzählung ihrer Pensionserlebnisse, wenn dann und wann ein wunderbarer Lichtschimmer gerade über die stille Flut hinglitt oder die Möwen ihre Flügel darin eintauchten; aber mit einem Male war ihr Interesse für Meer und Lichtreflexe hin, und Elisabeth Petersen ansichtig werdend, die, von der Düne her, auf den Strand hinaustrat, eilte sie der Freundin entgegen und umarmte und küßte sie. Holk und die Dobschütz waren in diesem Augenblicke zurückgeblieben, was den beiden vor ihnen herschreitenden Freundinnen, die sich natürlich eine Welt von Dingen zu sagen hatten, sehr zupaß kam, aber auch Holk war es zufrieden, weil ihm der sich rasch erweiternde Zwischenraum eine lang herbeigewünschte gute Gelegenheit bot, mit der Dobschütz ungezwungen über Christine zu sprechen.

»Es ist mir lieb, liebe Dobschütz«, begann er, »daß wir einen Augenblick allein sind. Ich habe schon längst mit Ihnen sprechen wollen. Was ist das mit Christine? Sie wissen, daß ich nicht aus Neugier frage, noch weniger, um zu klagen, und am allerwenigsten, um anzuklagen. Es hat Zeiten gegeben, wo Sie dergleichen mit anhören mußten, wo Sie schlichten sollten; aber wie Sie wissen, liebe Freundin, diese Zeiten liegen zurück und kehren nicht wieder. Aller Streit ist aus der Welt, und wenn ich mit Christine durch den Park gehe, wie's noch heute vor dem Frühstück der Fall war, und das Eichhörnchen läuft über den Weg und der Schwan fährt über den Teich und Rustan, der uns begleitet, rührt sich nicht, vielleicht auch dann nicht, wenn ein Volk Hühner auffliegen sollte – so fällt mir immer ein Bild ein, auf dem ich mal das Paradies abgebildet gesehen habe; alles auf dem Bilde schritt in Frieden einher, der Löwe neben dem Lamm, und der liebe Gott kam des Weges und sprach mit Adam und Eva. Ja, liebe Dobschütz, daran erinnert mich jetzt mein Leben, und ich könnte zufrieden sein und sollt' es vielleicht. Aber ich bin es nicht, ich bin umgekehrt bedrückt und geängstigt. Handelte sich's dabei nur um mich, so würd' ich kein Wort verlieren und in dem, was mir, trotz des vorhandenen Friedens, an Behagen und Freude fehlt, einfach eine mir auferlegte Buße sehen und nicht murren, ja vielleicht im Gegenteil etwas wie Genugtuung empfinden. Denn ein Unrecht fordert nicht bloß seine Sühne, sondern diese Sühne befriedigt uns auch, weil sie unserem Rechtsgefühl entspricht. Also noch einmal, wenn ich jetzt spreche, so sprech' ich nicht um meinet-, sondern um Christinens willen, und weil jeder Tag mir zeigt, daß sie wohl vergessen möchte, aber nicht vergessen kann. Und nun sagen Sie mir Ihre Meinung.«

»Ich glaube, lieber Holk, daß Sie's mit Ihrem Wort getroffen haben – Christine will vergessen, aber sie kann es nicht.«

»Und hat sie sich in diesem Sinne gegen Sie geäußert? Hat sie zu verstehen gegeben, daß alles doch umsonst sei?«

»Das nicht.«

»Und doch leben Sie dieser Überzeugung?«

»Ja, lieber Holk, leider. Aber Sie dürfen aus diesem mich allerdings beherrschenden Gefühle nichts Schmerzlicheres und namentlich auch nichts Gewisseres ableiten wollen, als nötig, als zulässig ist. Ich weiß nichts Gewisses. Denn wenn ich auch nach wie vor der Gegenstand von Christinens Freundschaft bin – und wie könnt es auch anders sein, zeigt ihr doch jede Stunde, wie sehr ich sie liebe –, so bin ich doch nicht mehr der Gegenstand ihrer Mitteilsamkeit. Wie sie gegen alle schweigt, so auch gegen mich. Das ist freilich etwas tief Trauriges. Sie war daran gewöhnt, ihr Herz gegen mich auszuschütten, und als wir damals, ein unvergeßlich schmerzlicher Tag, aus dem Hause gingen und erst im Dorfe unten und dann in Arnewiek und zuletzt in Gnadenfrei die schwere Zeit gemeinschaftlich durchlebten, da hat sie nichts gedacht und nichts gefühlt, was ich nicht gewußt hätte. Wir waren zwei Menschen, aber wir führten nur *ein* Leben, so ganz verstanden wir uns. Aber das war von dem Tage an vorbei, wo Christine wieder hier einzog. In ihrem feinen Sinn sagte sie sich, daß nun wieder eine neue Glücks- und Freudenzeit angebrochen sei oder wenigstens anbrechen müsse, und weil ihr – Verzeihung, lieber Holk, wenn ich dies ausspreche –, weil ihr die rechte Freude doch wohl ausblieb und ihr andererseits ein weiteres Klagen unschicklich oder wohl gar undankbar gegen Gott erscheinen mochte, so gewöhnte sie sich daran, zu schweigen, und bis diesen Tag muß ich erraten, was in ihrer Seele vorgeht.«

Holk blieb stehen und sah vor sich hin. Dann sagte er: »Liebe Dobschütz, ich kam, um Trost und Rat bei Ihnen zu suchen, aber ich sehe wohl, ich finde davon nichts. Ist es so, wie Sie sagen, so weiß ich nicht, wie Hülfe kommen soll.«

»Die Zeit, die Zeit, lieber Holk. Des Menschen guter Engel ist die Zeit.«

»Ach, daß Sie recht hätten. Aber ich glaub' es nicht; die Zeit wird nicht Zeit dazu haben. Ich bin nicht Arzt, und vor allem verzicht' ich darauf, in Herz und Seele lesen zu wollen. Trotzdem, soviel seh' ich klar, wir treiben einer Katastrophe zu. Man kann glücklich leben, und man kann unglücklich leben, und Glück und Unglück können zu hohen Jahren kommen. Aber diese Resignation und dieses Lächeln – das alles dauert nicht lange. Das Licht unseres Lebens heißt die Freude, und lischt es aus, so ist die Nacht da, und wenn diese Nacht der Tod ist, ist es noch am besten.«

Eine Woche später war eine kleine Festlichkeit auf Holkenäs, nur der nächste Freundeskreis war geladen, unter ihnen Arne und Schwarzkoppen, auch Petersen und Elisabeth. Man saß bis Dunkelwerden im Freien, denn es war trotz vorgerückter Jahreszeit eine milde Luft, und erst als drinnen die Lichter angezündet wurden, verließ man den Platz unter der Halle draußen, um in dem großen Gartensalon zunächst den Tee zu nehmen und dann ein wenig zu musizieren. Denn Asta hatte sich während ihrer Pensionstage zu einer kleinen Virtuosin auf dem Klavier ausgebildet, was, seit sie zurück war, zu fast täglichen Begegnungen und Übungsstunden mit Elisabeth geführt hatte. Heute nun sollte dem innerhalb der nächsten Tage aus seiner Arnewieker Stellung scheidenden Schwarzkoppen zu Ehren mancherlei Neues zum Vortrag kommen, und als das Hin- und Herlaufen der Dienerschaften und das Geklapper des Teegeschirrs endlich ein Ende genommen hatte, begannen beide Freundinnen ziemlich hastig in der Musikmappe zu suchen, bis sie, was sie brauchten, gefunden hatten, nur zwei, drei Sachen, weil Holk alles Musizieren als eine gesellschaftliche Störung ansah. Das erste, was zum Vortrag kam, war ein Lied aus Flotows »Martha«, woran sich das Robert Burnssche »Und säh' ich auf der Heide dort« unmittelbar anschloß, und als die letzten Zeilen auch dieses Liedes unter allseitigem Beifall verklungen waren, kündete Asta der immer aufmerksamer gewordenen Zuhörerschaft an, daß nun ein wirkliches Volkslied folgen solle; denn Robert Burns sei doch eigentlich auch nur ein Kunstdichter.

Schwarzkoppen bestritt dies entschieden und sah sich dabei von seiten Arnes unterstützt, der, in seiner Eigenschaft als Oheim, hinzusetzen durfte: »das sei so moderner Pensionsgeschmack«, und einmal im Zuge, wär' er sicher noch weiter gegangen und hätte der derartig herausfordernden Bemerkungen noch mehrere gemacht, wenn nicht Holk im selben Augenblicke mit der wiederholten Frage, wie das vorzutragende Volkslied denn eigentlich heiße, dazwischengefahren wäre.

»Das Lied heißt gar nicht«, antwortete Asta.

»Unsinn. Jedes Lied muß doch einen Namen haben.«

»Das war früher so. Jetzt nimmt man die erste Zeile als Überschrift und macht Gänsefüßchen.«

»Jawohl«, lachte Holk, »das glaub' ich.«

Und nun schwieg der Streit, und nach einem kurzen Vorspiel Astas begann Elisabeth mit ihrer schönen, dem Text wie der Komposition gleich angepaßten Stimme:

> »Denkst du verschwundener Tage, Marie,
> Wenn du starrst ins Feuer bei Nacht?
> Wünschst du die Stunden und Tage zurück,
> Wo du froh und glücklich gelacht?«
>
> »Ich denke verschwundener Tage, John,
> Und sie sind allezeit mein Glück,
> Doch die mir die liebsten gewesen sind,
> Ich wünsche sie *nicht* zurück...«

Als dies Lied schwieg und gleich danach auch die Begleitung, eilten alle, sogar Holk, auf den Flügel zu, um Elisabeth, die verlegen die Huldigungen in Empfang nahm, ein freundliches Wort zu sagen. »Ja«, sagte Asta, die sich des Triumphes der Freundin freute, »so schön hast du's noch nie gesungen.« Alle wünschten denn auch die Strophe noch einmal zu hören, und nur eine war da, die sich dem Wunsche nicht anschloß, weil ihr inmitten des allgemeinen Aufstandes nicht entgangen war, daß Christine, ganz so wie vor zwei Jahren bei Vortrag des schwermütigen Waiblingerschen Liedes, den Salon in aller Stille verlassen hatte.

Die, die dies wahrnahm, war natürlich die Dobschütz, der zugleich ein Zweifel kam, ob sie der Freundin folgen solle oder nicht. Zuletzt entschied sie sich dafür und stieg die Treppe hinauf, um Christine in ihrem Schlafzimmer aufzusuchen. Da saß sie denn auch, die Hände gefaltet, die Augen starr zu Boden gerichtet.

»Was ist dir, Christine? was hast du?«

Und die Dobschütz kniete vor ihr nieder und nahm ihre Hand und bedeckte sie mit Küssen und Tränen.

»Was hast du?« wiederholte sie ihre Frage und sah zu ihr auf. Christine aber, während sie die Hand aus der Hand der Freundin löste, sagte leise vor sich hin:

> »Und die mir die liebsten gewesen sind,
> Ich wünsche sie *nicht* zurück.«

VIERUNDDREISSIGSTES KAPITEL

Eine Woche war vorüber seitdem.

Es war eine milde Luft, und wäre nicht der wilde Wein gewesen, der sich mit seinen schon herbstlich roten Blättern um einzelne Säulen von Schloß Holkenäs emporrankte, so hätte man glauben können, es sei wieder Johannistag und das schöne Fest, das ein Vierteljahr vorher ganz Angeln mit begangen hatte, werde noch einmal gefeiert. Denn nicht nur lag es hell und beinahe sommerlich, wie damals bei der Wiedertrauung des gräflichen Paares, über Schloß und Park, auch die lange festliche Wagenreihe, die heute, genau wie am Tage der erneuten Trauung, zahlreiche Gäste gebracht hatte, war wieder da. Dazu klangen auch die Glocken wieder weit ins Land hinein, und die Mädchen von Holkeby standen, wie damals beim Erscheinen des hochzeitlichen Zuges, das Dorf entlang und streuten ihre Blumen. Aber heute waren es weiße Astern, die sie streuten, und *die*, die vom Schlosse her des Weges kam, war eine Tote; vorauf Musik, hinter dem Sarge Holk und die Kinder und dann in langem Zuge die Verwandten und Freunde. Petersen stand am Kirchhofseingang, und dem Zuge vorauf schritt er jetzt auf das Grab zu, das neben der baufälligen alten Gruft bereitet war. Hier angekommen, schwieg der Choral, alle Häupter entblößten sich, und dann senkten sie den Sarg hernieder, und die Erde schloß sich über Christine Holk. Ein Herz, das sich nach Ruhe sehnte, hatte Ruhe gefunden.

Julie von Dobschütz
an Generalsuperintendent Schwarzkoppen

»Schloß Holkenäs, den 14. Oktober 1861.
Ew. Hochwürden wollen von unserer Freundin hören, deren Tod das erste war, was Sie, nach Ihrem Amtsantritt in Ihrer alten Heimat, von hier aus erfuhren. Ich komme Ihrem Wunsche freudig nach, denn neben allem Schmerzlichen ist es mir immer wieder ein Trost und eine Erhebung, von der teuren Toten sprechen zu dürfen.

An dem Tage, wo Sie sie zuletzt sahen, reifte wohl ein Gedanke in ihr, den sie lange mit sich umhertragen mochte. Vielleicht entsinnen Sie sich des elegischen, beinahe schwermütigen Volksliedes, das Elisabeth Petersen an jenem Abende vortrug — Christine verließ gleich danach das Zimmer, und ich glaube, daß es von dem Augenblicke an in ihr feststand. Ich fand sie tief erschüttert und bekenne, daß bange Ahnungen sofort mein Herz erfüllten, Ahnungen, die niederzukämpfen mir nur dadurch gelang, daß ich mir den christlichen Sinn und die ganze Glaubensfestigkeit der teuren Entschlafenen vergegenwärtigte, den christlichen Sinn, der das Leben trägt, solange Gott es will.

Der nächste Tag schien mir auch ein Recht zu diesem meinem Vertrauen geben zu sollen. Christine hatte sich, wie sie mir sagte, spät erst zur Ruhe begeben, aber ihr Aussehen zeigte nichts von Überwachtsein, im Gegenteil, eine Frische gab sich zu erkennen, wie ich sie, seit dem Tage ihrer Wiedervereinigung, nicht mehr an ihr wahrgenommen hatte. Sie war, als sie zum Frühstück kam, entgegenkommender und freundlicher als gewöhnlich, schlug einen beinah herzlichen Ton an und redete Holk zu, sich an einer für den zweitnächsten Tag festgesetzten Jagdpartie zu beteiligen, zu der er eben eine Einladung von Graf Baudissin erhalten hatte. Dann besprachen sie sonderbarerweise Toilettenangelegenheiten, sogar ganz ausführlich, aber freilich nur mit Rücksicht auf Asta, die nun über siebzehn sei und in die Gesellschaft eingeführt werden müsse, bei welchem Worte sich ihr Auge mit Tränen füllte.

So verging der Tag, und die Sonne stand schon tief, als sie mich aufforderte, mit ihr an den Strand zu gehen. ›Aber‹, setzte sie hinzu, ›wir müssen uns eilen und unten sein, eh es dunkel wird.‹

Und gleich danach stiegen wir die Terrasse hinab. Unten angekommen, war ihr der Weg am Strande hin nicht recht, der Sand sei so feucht und ihr Schuhzeug so leicht, und so gingen wir denn auf den Steg hinauf, in einem Gespräch, in dem die Gräfin absichtlich jedes ernstere Thema zu vermeiden schien. Als wir endlich bis an die Plattform und die kleine Treppe gekommen waren, an der die Dampfschiffe anlegen, setzten wir uns auf eine Holzbank, die Holk seit kurzem erst an dieser Stelle hat aufstellen lassen, und sahen in die Sonne, deren Widerschein auf dem nur wenig bewegten Meere fast noch schöner war als ihre Farbenpracht in dem Gewölk darüber. ›Wie schön‹, sagte Christine. ›Laß uns den Untergang hier abwarten. Freilich, es wird schon kalt, und du könntest uns wohl unsere Mäntel holen. Aber bitte, spare dir die Stufen und ruf es bloß die Terrasse hinauf. Asta wird es schon hören.‹

Sie sprach das alles mit einem Anflug von Verlegenheit, denn etwas Unwahres sagen widerstrebte ihrer Natur; aber wenn diese Verlegenheit auch gefehlt hätte, so wäre mir das Ganze doch aufgefallen, weil ihre fast zu weit gehende Zartheit und Güte gegen mich es immer ängstlich vermied, irgendeinen Dienst von mir zu fordern. Sie sah auch, welche Richtung meine Gedanken nahmen, aber ich durfte sie's doch nicht klar und unumwunden wissen lassen, was an Besorgnis in meiner Seele vorging, und so ging ich denn den Steg wieder zurück und die Terrasse hinauf, denn das mit dem ›Hinaufrufen, bis Asta es höre‹, war nur so hingesagt worden.

Als ich wieder am Ausgang des Steges ankam, fand ich die Gräfin nicht mehr und wußte nun, was geschehen. Ich eilte zurück, um Hülfe zu holen, trotzdem ich sicher war, daß alles nutzlos sein würde. Holk war wie betäubt und wußte sich nicht Rat. Endlich aber wurde das Dorf alarmiert, und bis in die Nacht hinein suchte man an Steg und Strand. Auch Boote wurden abgelassen und fuhren ins Meer hinein, auf eine nur von wenig Wasser überspülte Sandbank zu, die dem Stege quer vorliegt. Aber durch Stunden hin ohne jeden Erfolg, und erst am andern Morgen kamen Holkebyer Fischer aufs Schloß und meldeten, daß sie die Gräfin gefunden hätten. Wir gingen nun alle hinunter. Der Ausdruck stillen Leidens, den ihr Gesicht so lange getragen hatte, war dem einer beinah heiteren Verklärung gewichen, so sehr bedürftig war ihr Herz der Ruhe gewesen. Und auf einer Bahre, die man aus der Kirche herbeigeschafft hatte, trug man sie nun, weil man die Steigung der Terrasse vermeiden wollte, durch die Düne bis ins Dorf und dann den mäßig ansteigenden Parkweg hinauf. Alles drängte herzu, die armen Leute, für die sie gesorgt, wehklagten, und bittere

Worte wurden laut, die der Graf, so hoffe ich, nicht hörte.

Wie das Begräbnis war und wie Petersen sprach, der an diesem Tage, daß muß ich bezeugen, auch das rechtgläubigste Herz zufriedenstellen konnte, das haben Sie gelesen in dem ›Arnewieker Boten‹, den Ihnen Baron Arne geschickt hat, und vielleicht auch in den ›Flensburger Nachrichten‹.

Ich habe nur noch hinzuzufügen, was vielleicht angetan ist, uns über den Seelenzustand der Gräfin und über das, was sie den letzten Schritt tun ließ, ins klare zu bringen. In derselben Stunde noch, als wir sie vom Strand heraufgebracht hatten, gingen wir auf ihr Zimmer und suchten, ob sich nicht ein Abschiedswort fände. Wir fanden auch wirklich mehrere Briefbogen, deren Anredeworte zeigten, daß sie den Willen gehabt hatte, von den ihr Zunächststehenden, von Holk, von Arne und auch von mir, Abschied zu nehmen. Den Überschriften an Arne und mich waren ein paar Worte wie ›Habe Dank‹ und ›Wenn Du diese Zeilen liest‹ hinzugefügt, aber alles war wieder durchstrichen, und dem Bogen mit der Anrede ›Lieber Holk‹ fehlte auch *das*. Dafür war dem für Holk bestimmten Bogen ein zerknittertes und dann wieder sorgsam glattgestrichenes Blatt eingelegt, darauf das Lied stand, das Elisabeth Petersen, unmittelbar vor Holks Abreise nach Kopenhagen, gesungen und dessen Vortrag damals, ähnlich wie jetzt das vorerwähnte Volkslied aus dem Englischen, einen so tiefen Eindruck auf Christine gemacht hatte. Dieses jüngst gehörten Volksliedes werden sich Ew. Hochwürden sicherlich noch erinnern, aber das früher gehörte wird Ihrem Gedächtnis entschwunden sein, weshalb es mir gestattet sein mag, der ersten Strophe desselben hier eine Stelle zu geben. Diese Strophe lautete:

> Die Ruh' ist wohl das Beste
> Von allem Glück der Welt;
> Was bleibt vom Erdenfeste,
> Was bleibt uns unvergällt?
> Die Rose welkt in Schauern,
> Die uns der Frühling gibt;
> Wer haßt, ist zu bedauern,
> Und mehr noch fast, wer liebt.

Die letzte Zeile war leis und kaum sichtbar unterstrichen. Eine ganze Geschichte lag in diesen verschämten Strichelchen.

Ihnen wird Ihr Amt und Ihr Glaube die Kraft geben, den Tod der Freundin zu verwinden, aus meinem Leben aber ist das Liebste dahin, und was mir bleibt, ist arm und schal. Asta bittet, sich Ihnen empfehlen zu dürfen, ebenso Elisabeth Petersen.

Ew. Hochwürden ergebenste
Julie von Dobschütz.«

FRAU JENNY TREIBEL
oder
»Wo sich Herz zum Herzen find't«
Roman

ERSTES KAPITEL

An einem der letzten Maitage, das Wetter war schon sommerlich, bog ein zurückgeschlagener Landauer vom Spittelmarkt her in die Kur- und dann in die Adlerstraße ein und hielt gleich danach vor einem, trotz seiner Front von nur fünf Fenstern, ziemlich ansehnlichen, im übrigen aber altmodischen Hause, dem ein neuer, gelbbrauner Ölfarbenanstrich wohl etwas mehr Sauberkeit, aber keine Spur von gesteigerter Schönheit gegeben hatte, beinahe das Gegenteil. Im Fond des Wagens saßen zwei Damen mit einem Bologneserhündchen, das sich der hell und warm scheinenden Sonne zu freuen schien. Die links sitzende Dame von etwa dreißig, augenscheinlich eine Erzieherin oder Gesellschafterin, öffnete, von ihrem Platz aus, zunächst den Wagenschlag und war dann der anderen, mit Geschmack und Sorglichkeit gekleideten und trotz ihrer hohen Fünfzig noch sehr gut aussehenden Dame beim Aussteigen behülflich. Gleich danach aber nahm die Gesellschafterin ihren Platz wieder ein, während die ältere Dame auf eine Vortreppe zuschritt und nach Passierung derselben in den Hausflur eintrat. Von diesem aus stieg sie, so schnell ihre Korpulenz es zuließ, eine Holzstiege mit abgelaufenen Stufen hinauf, unten von sehr wenig Licht, weiter oben aber von einer schweren Luft umgeben, die man füglich als eine Doppelluft bezeichnen konnte. Gerade der Stelle gegenüber, wo die Treppe mündete, befand sich eine Entreetür mit Guckloch, und neben diesem ein grünes, knittriges Blechschild, darauf »Professor Wilibald Schmidt« ziemlich undeutlich zu lesen war. Die ein wenig asthmatische Dame fühlte zunächst das Bedürfnis, sich auszuruhen und musterte bei der Gelegenheit den ihr übrigens von langer Zeit her bekannten Vorflur, der vier gelbgestrichene Wände mit etlichen Haken und Riegeln und dazwischen einen hölzernen Halbmond zum Bürsten und Ausklopfen der Röcke zeigte. Dazu wehte, der ganzen Atmosphäre auch hier den Charakter gebend, von einem nach hinten zu führenden Korridor her ein sonderbarer Küchengeruch heran, der, wenn nicht alles täuschte, nur auf Rührkartoffeln und Karbonade gedeutet werden konnte, beides mit Seifenwrasen untermischt. »Also kleine Wäsche«, sagte die von dem allen wieder ganz eigentümlich berührte stattliche Dame still vor sich hin, während sie zugleich weit zurückliegender Tage gedachte, wo sie selbst hier, in eben dieser Adlerstraße, gewohnt und in dem gerade gegenüber gelegenen Materialwarenladen ihres Vaters mit im Geschäft geholfen und auf einem über zwei Kaffeesäcke gelegten Brett kleine und große Düten geklebt hatte, war ihr jedesmal mit »zwei Pfennig fürs Hundert« gutgetan worden war. »Eigentlich viel zuviel, Jenny«, pflegte dann der Alte zu sagen, »aber du sollst mit Geld umgehen lernen.« Ach, waren das Zeiten gewesen! Mittags, Schlag zwölf, wenn man zu Tisch ging, saß sie zwischen dem Kommis Herrn Mielke und dem Lehrling Louis, die beide, so verschieden sie sonst waren, dieselbe hochstehende Kammtolle und dieselben erfrorenen Hände hatten. Und Louis schielte bewundernd nach ihr hinüber, aber wurde jedesmal verlegen, wenn er sich auf seinen Blicken ertappt sah. Denn er war zu niedrigen Standes, aus einem Obstkeller in der Spreegasse. Ja, das alles stand jetzt wieder vor ihrer Seele, während sie sich auf dem Flur umsah und endlich die Klingel neben der Tür zog. Der überall verbogene Draht raschelte denn auch, aber kein Anschlag ließ sich hören, und so faßte sie schließlich den Klingelgriff noch einmal und zog stärker. Jetzt klang auch ein Bimmelton von der Küche her bis auf den Flur herüber, und ein paar Augenblicke später ließ sich erkennen, daß eine hinter dem Guckloch befindliche kleine Holzklappe beiseitegeschoben wurde. Sehr wahrscheinlich war es des Professors Wirtschafterin, die jetzt, von ihrem Beobachtungsposten aus, nach Freund oder Feind aussah, und als diese Beobachtung ergeben hatte, daß es »gut Freund« sei, wurde der Türriegel ziemlich geräuschvoll zurückgeschoben, und eine ramassierte Frau von ausgangs Vierzig, mit einem ansehnlichen Haubenbau auf ihrem vom Herdfeuer geröteten Gesicht, stand vor ihr.

»Ach, Frau Treibel... Frau Kommerzienrätin... Welche Ehre...«

»Guten Tag, liebe Frau Schmolke. Was macht der Professor? Und was macht Fräulein Corinna? Ist das Fräulein zu Hause?«

»Ja, Frau Kommerzienrätin. Eben wieder nach Hause gekommen aus der Philharmonie. Wie wird sie sich freuen.«

Und dabei trat Frau Schmolke zur Seite, um den Weg nach dem einfenstrigen, zwischen den zwei Vorderstuben gelegenen und mit einem schmalen Leinwandläufer belegten Entree freizugeben. Aber ehe die Kommerzienrätin noch eintreten konnte, kam ihr Fräulein Corinna schon entgegen und führte die »mütterliche Freundin«, wie sich die Rätin gern selber nannte, nach rechts hin in das eine Vorderzimmer.

Dies war ein hübscher, hoher Raum, die Jalousien herabgelassen, die Fenster nach innen auf, vor deren einem eine Blumenestrade mit Goldlack und Hyazinthen stand. Auf dem Sofatische präsentierte sich gleichzeitig eine Glasschale mit Apfelsinen, und die Porträts der Eltern des Professors, des Rechnungsrats Schmidt aus der Heroldskammer und seiner Frau, geb. Schwerin, sahen auf die Glasschale hernieder – der alte Rechnungsrat in Frack und rotem Adlerorden, die geborene Schwerin mit starken Backenknochen und Stubsnase, was, trotz einer ausgesprochenen Bürgerlichkeit, immer noch mehr auf die pommersch-uckermärkischen Träger des berühmten Namens als auf die spätere, oder, wenn man will, auch *viel* frühere posensche Linie hindeutete.

»Liebe Corinna, wie nett du dies alles zu machen verstehst und wie hübsch es doch bei euch ist, so kühl und so frisch – und die schönen Hyazinthen. Mit den Apfelsinen verträgt es sich freilich nicht recht, aber das tut nichts, es sieht so gut aus... Und nun legst du mir in deiner Sorglichkeit auch noch das Sofakissen zurecht! Aber verzeih, ich sitze nicht gern auf dem Sofa; das ist immer so weich, und man sinkt dabei so tief ein. Ich setze mich lieber hier in den Lehnstuhl und sehe zu den alten, lieben Gesichtern da hinauf. Ach, war das ein Mann; gerade wie dein Vater. Aber der alte Rechnungsrat war beinah noch verbindlicher, und einige sagten auch immer, er sei so gut wie von der Colonie. Was auch stimmte. Denn seine Großmutter, wie du freilich besser weißt als ich, war ja eine Charpentier, Stralauer Straße.«

Unter diesen Worten hatte die Kommerzienrätin in einem hohen Lehnstuhle Platz genommen und sah mit dem Lorgnon nach den »lieben Gesichtern« hinauf, deren sie sich eben so huldvoll erinnert hatte, während Corinna fragte, ob sie nicht etwas Mosel und Selterwasser bringen dürfe, es sei so heiß.

»Nein, Corinna, ich komme eben vom Lunch, und Selterwasser steigt mir immer so zu Kopf. Sonderbar, ich kann Sherry vertragen und auch Port, wenn er lange gelagert hat, aber Mosel und Selterwasser, das benimmt mich... Ja, sieh Kind, dies Zimmer hier, das kenne ich nun schon vierzig Jahre und darüber, noch aus Zeiten her, wo ich ein halbwachsen Ding war, mit kastanienbraunen Locken, die meine Mutter, soviel sie sonst zu tun hatte, doch immer mit rührender Sorgfalt wickelte. Denn damals, meine liebe Corinna, war das Rotblonde noch nicht so Mode wie jetzt, aber kastanienbraun galt schon, besonders wenn es Locken waren, und die Leute sahen mich auch immer darauf an. Und dein Vater auch. Er war damals noch ein Student und dichtete. Du wirst es kaum glauben, wie reizend und wie rührend das alles war, denn die Kinder wollen es immer nicht wahr haben, daß die Eltern auch einmal jung waren und gut aussahen und ihre Talente hatten. Und ein paar Gedichte waren an mich gerichtet, die hab' ich mir aufgehoben bis diesen Tag, und wenn mir schwer ums Herz ist, dann nehme ich das kleine Buch, das ursprünglich einen blauen Deckel hatte (jetzt aber hab' ich es in grünen Maroquin binden lassen), und setze mich ans Fenster und sehe auf unsern Garten und weine mich still aus, ganz still, daß es niemand sieht, am wenigsten Treibel oder die Kinder. Ach Jugend! Meine liebe Corinna, du weißt gar nicht, welch ein Schatz die Jugend ist, und wie die reinen Gefühle, die noch kein rauher Hauch getrübt hat, doch unser Bestes sind und bleiben.«

»Ja«, lachte Corinna, »die Jugend ist gut. Aber ›Kommerzienrätin‹ ist auch gut und eigentlich noch besser. Ich bin für einen Landauer und einen Garten um die Villa herum. Und wenn Ostern ist und Gäste kommen, natürlich recht viele, so werden Ostereier in dem Garten versteckt, und jedes Ei ist eine Attrappe voll Konfitüren von Hövell oder Kranzler, oder auch ein kleines Necessaire ist drin. Und wenn dann all die Gäste die Eier gefunden haben, dann nimmt jeder Herr seine Dame, und man geht zu Tisch. Ich bin durchaus für Jugend, aber für Jugend mit Wohlleben und hübschen Gesellschaften.«

»Das höre ich gern, Corinna, wenigstens gerade jetzt; denn ich bin hier, um dich einzuladen, und zwar auf morgen schon; es hat sich so rasch gemacht. Ein junger Mr. Nelson ist nämlich bei Otto Treibels angekommen (das heißt aber, er wohnt nicht bei ihnen), ein Sohn von Nelson & Co. aus Liverpool, mit denen mein Sohn Otto seine Hauptgeschäftsverbindung hat. Und Helene kennt ihn auch. Das ist so hamburgisch, die kennen alle Engländer, und wenn sie sie nicht kennen, so tun sie wenigstens so. Mir unbegreiflich. Also Mr. Nelson, der übermorgen schon wieder abreist, um den handelt es sich; ein lieber Geschäftsfreund, den Ottos durchaus einladen mußten. Das verbot sich aber leider, weil Helene mal wieder Plättag hat, was nach ihrer Meinung allem anderen vorgeht, sogar im Geschäft. Da haben *wir*'s denn übernommen, offen gestanden nicht allzu gern, aber doch auch nicht geradezu ungern. Otto war nämlich, während seiner englischen Reise, wochenlang in dem Nelsonschen Hause zu Gast. Du siehst daraus, wie's steht und wie sehr mir an deinem Kommen liegen muß; du sprichst Englisch und hast alles gelesen und hast vorigen Winter auch Mr. Booth als Hamlet gesehen. Ich weiß noch recht gut, wie du davon schwärmtest. Und englische Politik und Geschichte wirst du natürlich auch wissen, dafür bist du ja deines Vaters Tochter.«

»Nicht viel weiß ich davon, nur ein bißchen. Ein bißchen lernt man ja.«

»Ja, jetzt, liebe Corinna. Du hast es gut gehabt, und alle haben es jetzt gut. Aber zu meiner Zeit, da war es anders, und wenn mir nicht der Himmel, dem ich dafür danke, das Herz für das Poetische gegeben hätte, was, wenn es mal in einem lebt, nicht wieder auszurotten ist, so hätte ich nichts gelernt und wüßte nichts. Aber, Gott sei Dank, ich habe mich an Gedichten herangebildet, und wenn man viele davon auswendig weiß, so weiß man doch manches. Und daß es so ist, sieh, das verdanke ich nächst Gott, der es in meine Seele pflanzte, deinem Vater. Der hat das Blümlein großgezogen, das sonst drüben in dem Ladengeschäft unter all den prosaischen Menschen − und du glaubst gar nicht, wie prosaische Menschen es gibt − verkümmert wäre... Wie geht es denn mit deinem Vater? Es muß ein Vierteljahr sein oder länger, daß ich ihn nicht gesehen habe, den 14. Februar, an Ottos Geburtstag. Aber er ging so früh, weil so viel gesungen wurde.«

»Ja, das liebt er nicht. Wenigstens dann nicht, wenn er damit überrascht wird. Es ist eine Schwäche von ihm, und manche nennen es eine Unart.«

»Oh, nicht doch, Corinna, das darfst du nicht sagen. Dein Vater ist bloß ein origineller Mann. Ich bin unglücklich, daß man seiner so selten habhaft werden kann. Ich hätt' ihn auch zu morgen gerne mit eingeladen, aber ich bezweifle, daß Mr. Nelson ihn interessiert, und von den anderen ist nun schon gar nicht zu sprechen; unser Freund Krola wird morgen wohl wieder singen und Assessor Goldammer seine Polizeigeschichten erzählen und sein Kunststück mit dem Hut und den zwei Talern machen.«

»Oh, da freu' ich mich. Aber freilich, Papa tut sich nicht gerne Zwang an, und seine Bequemlichkeit und seine Pfeife sind ihm lieber als ein junger Engländer, der vielleicht dreimal um die Welt gefahren ist. Papa ist gut, aber einseitig und eigensinnig.«

»Das kann ich nicht zugeben, Corinna. Dein Papa ist ein Juwel, das weiß ich am besten.«

»Er unterschätzt alles Äußerliche, Besitz und Geld, und überhaupt alles, was schmückt und schön macht.«

»Nein, Corinna, sage das nicht. Er sieht das Leben von der richtigen Seite an; er weiß, daß Geld eine Last ist, und daß das Glück ganz woanders liegt.« Sie schwieg bei diesen Worten und seufzte nur leise. Dann aber fuhr sie fort: »Ach, meine liebe Corinna, glaube mir, kleine Verhältnisse, das ist *das*, was allein glücklich macht.«

Corinna lächelte. »Das sagen alle die, die drüber stehen und die kleinen Verhältnisse nicht kennen.«

»Ich kenne sie, Corinna.«

»Ja, von früher her. Aber das liegt nun zurück und ist vergessen oder wohl gar verklärt. Eigentlich liegt es doch so: alles möchte reich sein, und ich verdenke es keinem. Papa freilich, der schwört noch auf die Geschichte von dem Kamel und dem Nadelöhr. Aber die junge Welt...«

»...Ist leider anders. Nur zu wahr. Aber so gewiß das ist, so ist es doch nicht so schlimm damit, wie du dir's denkst. Es wäre auch zu traurig, wenn der Sinn für das Ideale verloren ginge, vor allem in der Jugend. Und in der Jugend lebt er auch noch. Da ist zum Beispiel dein Vetter Marcell, den du beiläufig morgen auch treffen wirst (er hat schon zugesagt), und an dem ich wirklich nichts weiter zu tadeln wüßte, als daß er Wedderkopp heißt. Wie kann ein so feiner Mann einen so störrischen Namen führen! Aber wie dem auch sein möge, wenn ich ihn bei Ottos treffe, so spreche ich immer so gern mit ihm. Und warum? Bloß weil er die Richtung hat, die man haben soll. Selbst unser guter Krola sagte mir erst neulich, Marcell sei eine von Grund aus ethische Natur, was er noch höher stelle als das Moralische; worin ich ihm, nach einigen Aufklärungen von seiner Seite, beistimmen mußte. Nein, Corinna, gib den Sinn, der sich nach oben richtet, nicht auf, jenen Sinn, der von dorther allein das Heil erwartet. Ich habe nur meine beiden Söhne, Geschäftsleute, die den Weg ihres Vaters gehen, und ich muß es geschehen lassen; aber wenn mich Gott durch eine Tochter gesegnet hätte, *die* wäre *mein* gewesen, auch im Geist, und wenn sich ihr Herz einem armen, aber edlen Manne, sagen wir einem Manne wie Marcell Wedderkopp, zugeneigt hätte...«

»...So wäre das ein Paar geworden«, lachte Corinna. »Der arme Marcell! Da hätt' er nun sein Glück machen können, und muß gerade die Tochter fehlen.«

Die Kommerzienrätin nickte.

»Überhaupt ist es schade, daß es so selten klappt und paßt«, fuhr Corinna fort. »Aber Gott sei Dank, gnädigste Frau haben ja noch den Leopold, jung und unverheiratet, und da Sie solche Macht über ihn haben – so wenigstens sagt er selbst, und sein Bruder Otto sagt es auch, und alle Welt sagt es –, so könnt' er Ihnen, da der ideale Schwiegersohn nun mal eine Unmöglichkeit ist, wenigstens eine ideale Schwiegertochter ins Haus führen, eine reizende, junge Person, vielleicht eine Schauspielerin...«

»Ich bin nicht für Schauspielerinnen...«

»Oder eine Malerin, oder eine Pastors- oder eine Professorentochter...«

Die Kommerzienrätin stutzte bei diesem letzten Worte und streifte Corinna stark, wenn auch flüchtig. Indessen wahrnehmend, daß diese heiter und unbefangen blieb, schwand ihre Furchtanwandlung ebenso schnell, wie sie gekommen war. »Ja, Leopold«, sagte sie, »den hab' ich noch. Aber Leopold ist ein Kind. Und seine Verheiratung steht jedenfalls noch in weiter Ferne. Wenn er aber käme...« Und die Kommerzienrätin schien sich allen Ernstes – vielleicht weil es sich um etwas noch »in so weiter Ferne« Liegendes handelte – der Vision einer idealen Schwiegertochter hingeben zu wollen, kam aber nicht dazu, weil in eben diesem Augenblicke der aus seiner Obersekunda kommende Professor eintrat und seine Freundin, die Rätin, mit vieler Artigkeit begrüßte.

»Stör' ich?«

»In Ihrem eigenen Hause? Nein, lieber Professor; Sie können überhaupt nie stören. Mit Ihnen kommt immer das Licht. Und wie Sie waren, so sind Sie geblieben. Aber mit Corinna bin ich nicht zufrieden. Sie spricht so modern und verleugnet ihren Vater, der immer nur in einer schönen Gedankenwelt lebte...«

»Nun ja, ja«, sagte der Professor. »Man kann es so nennen. Aber ich denke, sie wird sich noch wieder zurückfinden. Freilich, einen Stich ins Moderne wird sie wohl behalten. Schade. Das war anders, als wir jung waren, da lebte man noch in Phantasie und Dichtung...«

Er sagte das so hin, mit einem gewissen Pathos, als ob er seinen Sekundanern eine besondere Schönheit aus dem Horaz oder aus dem Parzival (denn er war Klassiker und Romantiker zugleich) zu demonstrieren hätte. Sein Pathos war aber doch etwas theatralisch gehalten und mit einer feinen Ironie gemischt, die die Kommerzienrätin auch klug genug war herauszuhören. Sie hielt es indessen trotzdem für angezeigt, einen guten Glauben zu zeigen, nickte deshalb nur und sagte: »Ja, schöne Tage, die nie wiederkehren.«

»Nein«, sagte der in seiner Rolle mit dem Ernst eines Großinquisitors fortfahrende Wilibald. »Es ist vorbei damit; aber man muß eben weiterleben.«

Eine halbverlegene Stille trat ein, während welcher man, von der Straße her, einen scharfen Peitschenknips hörte.

»Das ist ein Mahnzeichen«, warf jetzt die Kommerzienrätin ein, eigentlich froh der Unterbrechung. »Johann unten wird ungeduldig. Und wer hätte den Mut, es mit einem solchen Machthaber zu verderben.«

»Niemand«, erwiderte Schmidt. »An der guten Laune unserer Umgebung hängt unser Lebensglück; ein Minister bedeutet mir wenig, aber die Schmolke...«

»Sie treffen es wie immer, lieber Freund.«

Und unter diesen Worten erhob sich die Kommerzienrätin und gab Corinna einen Kuß auf die Stirn, während sie Wilibald die Hand reichte. »Mit uns, lieber Professor, bleibt es beim alten, unentwegt.« Und damit verließ sie das Zimmer, von Corinna bis auf den Flur und die Straße begleitet.

»Unentwegt«, wiederholte Wilibald, als er allein war. »Herrliches Modewort, und nun auch schon bis in die Villa Treibel gedrungen... Eigentlich ist meine Freundin Jenny noch geradeso wie vor vierzig Jahren, wo sie die kastanienbraunen Locken schüttelte. Das Sentimentale liebte sie schon damals, aber doch immer unter Bevorzugung von Courmachen und Schlagsahne. Jetzt ist sie nun rundlich geworden und beinah gebildet, oder doch, was man so gebildet zu nennen pflegt, und Adolar Krola trägt ihr Arien aus Lohengrin und Tannhäuser vor. Denn ich denke mir, daß das ihre Lieblingsopern sind. Ach, ihre Mutter, die gute Frau Bürstenbinder, die das Püppchen drüben im Apfelsinenladen immer so hübsch herauszuputzen wußte, sie hat in ihrer Weiberklugheit damals ganz richtig gerechnet. Nun ist das Püppchen eine Kommerzienrätin und kann sich alles gönnen, auch das Ideale, und sogar ›unentwegt‹. Ein Musterstück von einer Bourgeoise.«

Und dabei trat er ans Fenster, hob die Jalousien ein wenig

und sah, wie Corinna, nachdem die Kommerzienrätin ihren Sitz wieder eingenommen hatte, den Wagenschlag ins Schloß warf. Noch ein gegenseitiger Gruß, an dem die Gesellschaftsdame mit sauersüßer Miene teilnahm, und die Pferde zogen an und trabten langsam auf die nach der Spree hin gelegene Ausfahrt zu, weil es schwer war, in der engen Adlerstraße zu wenden.

Als Corinna wieder oben war, sagte sie: »Du hast doch nichts dagegen, Papa. Ich bin morgen zu Treibels zu Tisch geladen. Marcell ist auch da, und ein junger Engländer, der sogar Nelson heißt.«

»Ich was dagegen? Gott bewahre. Wie könnt' ich was dagegen haben, wenn ein Mensch sich amüsieren will. Ich nehme an, du amüsierst dich.«

»Gewiß amüsier' ich mich. Es ist doch mal was anderes. Was Distelkamp sagt und Rindfleisch und der kleine Friedeberg, das weiß ich ja schon alles auswendig. Aber was Nelson sagen wird, denk' dir, Nelson, das weiß ich nicht.«

»Viel Gescheites wird es wohl nicht sein.«

»Das tut nichts. Ich sehne mich manchmal nach Ungescheitheiten.«

»Da hast du recht, Corinna.«

ZWEITES KAPITEL

Die Treibelsche Villa lag auf einem großen Grundstücke, das, in bedeutender Tiefe, von der Köpnicker Straße bis an die Spree reichte. Früher hatten hier in unmittelbarer Nähe des Flusses nur Fabrikgebäude gestanden, in denen alljährlich ungezählte Zentner von Blutlaugensalz und später, als sich die Fabrik erweiterte, kaum geringere Quantitäten von Berlinerblau hergestellt worden waren. Als aber nach dem siebziger Kriege die Milliarden ins Land kamen und die Gründeranschauungen selbst die nüchternsten Köpfe zu beherrschen anfingen, fand auch Kommerzienrat Treibel sein bis dahin in der Alten Jakobstraße gelegenes Wohnhaus, trotzdem es von Gontard, ja nach einigen sogar von Knobelsdorff herrühren sollte, nicht mehr zeit- und standesgemäß und baute sich auf seinem Fabrikgrundstück eine modische Villa mit kleinem Vorder- und parkartigem Hintergarten. Diese Villa war ein Hochparterrebau mit aufgesetztem ersten Stock, welcher letztere jedoch, um seiner niedrigen Fenster willen, eher den Eindruck eines Mezzanin als einer Beletage machte. Hier wohnte Treibel seit sechzehn Jahren und begriff nicht, daß er es, einem noch dazu bloß gemutmaßten friderizianischen Baumeister zuliebe, so lange Zeit hindurch in der unvornehmen und aller frischen Luft entbehrenden Alten Jakobstraße ausgehalten habe; Gefühle, die von seiner Frau Jenny mindestens geteilt wurden. Die Nähe der Fabrik, wenn der Wind ungünstig stand, hatte freilich auch allerlei Mißliches im Geleite; Nordwind aber, der den Qualm herantrieb, war notorisch selten, und man brauchte ja die Gesellschaften nicht gerade bei Nordwind zu geben. Außerdem ließ Treibel die Fabrikschornsteine mit jedem Jahre höher hinaufführen und beseitigte damit den anfänglichen Übelstand immer mehr.

Das Diner war zu sechs Uhr festgesetzt; aber bereits eine Stunde vorher sah man Hustersche Wagen mit runden und viereckigen Körben vor dem Gittereingange halten. Die Kommerzienrätin, schon in voller Toilette, beobachtete von dem Fenster ihres Boudoirs aus all diese Vorbereitungen und nahm auch heute wieder, und zwar nicht ohne eine gewisse Berechtigung, Anstoß daran. »Daß Treibel es auch versäumen mußte, für einen Nebeneingang Sorge zu tragen! Wenn er damals nur ein vier Fuß breites Terrain von dem Nachbargrundstück zukaufte, so hätten wir einen Eingang für derart Leute gehabt. Jetzt marschiert jeder Küchenjunge durch den Vorgarten, gerade auf unser Haus zu, wie wenn er miteingeladen wäre. Das sieht lächerlich aus und auch anspruchsvoll, als ob die ganze Köpnicker Straße wissen solle: Treibels geben heut' ein Diner. Außerdem ist es unklug, dem Neid der Menschen und dem sozialdemokratischen Gefühl so ganz nutzlos neue Nahrung zu geben.«

Sie sagte sich das ganz ernsthaft, gehörte jedoch zu den Glücklichen, die sich nur weniges andauernd zu Herzen nehmen, und so kehrte sie denn vom Fenster zu ihrem Toilettentisch zurück, um noch einiges zu ordnen und den Spiegel zu befragen, ob sie sich neben ihrer Hamburger Schwiegertochter auch werde behaupten können. Helene war freilich nur halb so alt, ja kaum das; aber die Kommerzienrätin wußte recht gut, daß Jahre nichts bedeuten und daß Konversation und Augenausdruck und namentlich die »Welt der Formen« im einen und im andern Sinne, ja im »andern« Sinne noch mehr, den Ausschlag zu geben pflegen. Und hierin war die schon stark an der Grenze des Embonpoint angelangte Kommerzienrätin ihrer Schwiegertochter unbedingt überlegen.

In dem mit dem Boudoir korrespondierenden, an der andern Seite des Frontsaales gelegenen Zimmer saß Kommerzienrat Treibel und las das »Berliner Tageblatt«. Es war gerade eine Nummer, der der »Ulk« beilag. Er weidete sich an dem Schlußbild und las dann einige von Nunnes philosophischen Betrachtungen. »Ausgezeichnet... Sehr gut ... Aber ich werde das Blatt doch beiseiteschieben oder mindestens das ›Deutsche Tageblatt‹ darüber legen müssen. Ich glaube, Vogelsang gibt mich sonst auf. Und ich kann ihn, wie die Dinge mal liegen, nicht mehr entbehren, so wenig, daß ich ihn zu heute habe einladen müssen. Überhaupt eine sonderbare Gesellschaft! Erst dieser Mr. Nelson, den sich Helene, weil ihre Mädchen mal wieder am Plättbrett stehen, gefälligst abgewälzt hat, und zu diesem Nelson dieser Vogelsang, dieser Lieutenant a. D. und agent provocateur in Wahlsachen. Er versteht sein Metier, so sagt man mir allgemein, und ich muß es glauben. Jedenfalls scheint mir das sicher: hat er mich erst in Teupitz-Zossen und an den Ufern der wendischen Spree durchgebracht, so bringt er mich auch *hier* durch. Und das ist die Hauptsache. Denn schließlich läuft doch alles darauf hinaus, daß ich in Berlin selbst, wenn die Zeit dazu gekommen ist, den Singer oder irgendeinen andern von der Couleur beiseiteschiebe. Nach der Beredsamkeitsprobe neulich bei Buggenhagen ist ein Sieg sehr wohl möglich, und so muß ich ihn mir warm halten. Er hat einen Sprechanismus, um den ich ihn beneiden könnte, trotzdem ich doch auch nicht in einem Trappistenkloster geboren und großgezogen bin. Aber neben Vogelsang? Null. Und kann auch nicht anders sein; denn bei Lichte besehen, hat der ganze Kerl nur drei Lieder auf seinem Kasten und dreht eins nach dem andern von der Walze herunter, und wenn er damit fertig ist, fängt er wieder an. So steht es mit ihm, und darin steckt seine Macht, gutta cavat lapidem; der alte Wilibald Schmidt würde sich freuen, wenn er mich so zitieren hörte, vorausgesetzt, daß es richtig ist. Oder vielleicht auch umgekehrt; wenn drei Fehler drin sind, amüsiert er sich noch mehr; Gelehrte sind nun mal so... Vogelsang, das muß ich ihm lassen, hat freilich noch eines, was wichtiger ist als das ewige Wiederholen, er hat den Glauben an sich und ist überhaupt ein richtiger Fanatiker. Ob es wohl mit allem Fanatismus ebenso steht? Mir sehr wahrscheinlich. Ein leidlich gescheites Individuum kann eigentlich gar nicht fanatisch sein. Wer an einen Weg und eine Sache glaubt, ist allemal ein Poveretto, und ist seine Glaubenssache zugleich er selbst, so ist er gemeingefährlich und eigentlich reif für Dalldorf. Und von solcher Beschaffenheit ist just der Mann, dem zu Ehren ich, wenn ich von Mr. Nelson absehe, heute mein Diner gebe und mir zwei adlige Fräuleins eingeladen habe, blaues Blut, das hier in der Köpnicker Straße so gut wie gar nicht vorkommt und deshalb aus Berlin W von mir verschrieben werden mußte, ja zur Hälfte sogar aus Charlottenburg. O Vogelsang! Eigentlich ist mir der Kerl ein Greuel. Aber was tut man nicht alles als Bürger und Patriot.«

Und dabei sah Treibel auf das zwischen den Knopflöchern ausgespannte Kettchen mit drei Orden en miniature, unter denen ein rumänischer der vollgültigste war, und seufzte, während er zugleich auch lachte. »Rumänien, früher Moldau und Walachei. Es ist mir wirklich zu wenig.«

Das erste Coupé, das vorfuhr, war das seines ältesten Sohnes Otto, der sich selbständig etabliert und ganz am Ausgange der Köpnicker Straße, zwischen dem zur Pionierkaserne gehörigen Pontonhaus und dem Schlesischen Tor, einen Holzhof errichtet hatte, freilich von der höheren Observanz, denn es waren Farbehölzer, Fernambuk- und Campecheholz, mit denen er handelte. Seit etwa acht Jahren war er auch verheiratet. Im selben Augenblicke, wo der Wagen hielt, zeigte er sich seiner jungen Frau beim Aussteigen behülflich, bot ihr verbindlich den Arm und schritt, nach Passierung des Vorgartens, auf die Freitreppe zu, die zunächst zu einem verandaartigen Vorbau der väterlichen Villa hinaufführte. Der alte Kommerzienrat stand schon in der Glastür und empfing die Kinder mit der ihm eigenen Jovialität. Gleich darauf erschien auch die Kommerzienrätin aus dem seitwärts angrenzenden und nur durch eine Portière von dem großen Empfangssaal geschiedenen Zimmer und reichte der Schwiegertochter die Backe, während ihr Sohn Otto ihr die Hand küßte. »Gut, daß du kommst, Helene«, sagte sie mit einer glücklichen Mischung von Behaglichkeit und Ironie, worin sie, wenn sie wollte, Meisterin war. »Ich fürchtete schon, du würdest dich auch vielleicht behindert sehen.«

»Ach, Mama, verzeih ... Es war nicht bloß des Plättags halber; unsere Köchin hat zum ersten Juni gekündigt, und wenn sie kein Interesse mehr haben, so sind sie so unzuverlässig; und auf Elisabeth ist nun schon gar kein Verlaß mehr. Sie ist ungeschickt bis zur Unschicklichkeit und hält die Schüsseln immer so dicht über den Schultern, besonders der Herren, als ob sie sich ausruhen wollte ...«

Die Kommerzienrätin lächelte halb versöhnt, denn sie hörte gern dergleichen.

»... Und aufschieben«, fuhr Helene fort, »verbot sich auch. Mr. Nelson, wie du weißt, reist schon morgen abend wieder. Übrigens ein charmanter junger Mann, der euch gefallen wird. Etwas kurz und einsilbig, vielleicht weil er nicht recht weiß, ob er sich deutsch oder englisch ausdrücken soll; aber was er sagt, ist immer gut und hat ganz die Gesetztheit und Wohlerzogenheit, die die meisten Engländer haben. Und dabei immer wie aus dem Ei gepellt. Ich habe nie solche Manschetten gesehen, und es bedrückt mich geradezu, wenn ich dann sehe, womit sich mein armer Otto behelfen muß, bloß weil man die richtigen Kräfte beim besten Willen nicht haben kann. Und so sauber wie die Manschetten, so sauber ist alles an ihm, ich meine an Mr. Nelson, auch sein Kopf und sein Haar. Wahrscheinlich, daß er es mit Honey-water bürstet, oder vielleicht ist es auch bloß mit Hilfe von Shampooing.«

Der so rühmlich Gekennzeichnete war der nächste, der am Gartengitter erschien und schon im Herankommen die Kommerzienrätin einigermaßen in Erstaunen setzte. Diese hatte, nach der Schilderung ihrer Schwiegertochter, einen Ausbund von Eleganz erwartet; statt dessen kam ein Menschenkind daher, an dem, mit Ausnahme der von der jungen Frau Treibel gerühmten Manschettenspezialität, eigentlich alles die Kritik herausforderte. Den ungebürsteten Zylinder im Nacken und reisemäßig in einem gelb- und braunquadrierten Anzuge steckend, stieg er, von links nach rechts sich wiegend, die Freitreppe herauf, und grüßte mit der bekannten heimatlichen Mischung von Selbstbewußtsein und Verlegenheit. Otto ging ihm entgegen, um ihn seinen Eltern vorzustellen.

»Mr. Nelson from Liverpool – derselbe, lieber Papa, mit dem ich...«

»Ah, Mr. Nelson. Sehr erfreut. Mein Sohn spricht noch oft von seinen glücklichen Tagen in Liverpool und von dem Ausfluge, den er damals mit Ihnen nach Dublin und, wenn ich nicht irre, auch nach Glasgow machte. Das geht jetzt ins neunte Jahr; Sie müssen damals noch sehr jung gewesen sein.«

»O nicht sehr jung, Mr. Treibel... about sixteen...«

»Nun, ich dächte doch, sechzehn...«

»Oh, sechzehn, nicht sehr jung... nicht für uns.«

Diese Versicherungen klangen um so komischer, als Mr. Nelson, auch jetzt noch, wie ein Junge wirkte. Zu weiteren Betrachtungen darüber war aber keine Zeit, weil eben jetzt eine Droschke zweiter Klasse vorfuhr, der ein langer, hagerer Mann in Uniform entstieg. Er schien Auseinandersetzungen mit dem Kutscher zu haben, während deren er übrigens eine beneidenswert sichere Haltung beobachtete, und nun rückte er sich zurecht und warf die Gittertür ins Schloß. Er war in Helm und Degen; aber ehe man noch der »Schilderhäuser« auf seiner Achselklappe gewahr werden konnte, stand es für jeden mit militärischem Blick nur einigermaßen Ausgerüsteten fest, daß er seit wenigstens dreißig Jahren außer Dienst sein müsse. Denn die Grandezza, mit der er daherkam, war mehr die Steifheit eines alten, irgendeiner ganz seltenen Sekte zugehörigen Torf- oder Salzinspektors als die gute Haltung eines Offiziers.

Alles gab sich mehr oder weniger automatenhaft, und der in zwei gewirbelten Spitzen auslaufende schwarze Schnurrbart wirkte nicht nur gefärbt, was er natürlich war, sondern zugleich auch wie angeklebt. Desgleichen der Henriquatre. Dabei lag sein Untergesicht im Schatten zweier vorspringender Bakkenknochen. Mit der Ruhe, die sein ganzes Wesen auszeichnete, stieg er jetzt die Freitreppe hinauf und schritt auf die Kommerzienrätin zu. »Sie haben befohlen, meine Gnädigste...« »Hoch erfreut, Herr Lieutenant...« Inzwischen war auch der alte Treibel herangetreten und sagte: »Lieber Vogelsang, erlauben Sie mir, daß ich Sie mit den Herrschaften bekannt mache; meinen Sohn Otto kennen Sie, aber nicht seine Frau, meine liebe Schwiegertochter, – Hamburgerin, wie Sie leicht erkennen werden... Und hier«, und dabei schritt er auf Mr. Nelson zu, der sich mit dem inzwischen ebenfalls erschienenen Leopold Treibel gemütlich und ohne jede Rücksicht auf den Rest der Gesellschaft unterhielt, »und hier ein junger lieber Freund unseres Hauses, Mr. Nelson from Liverpool.«

Vogelsang zuckte bei dem Worte »Nelson« zusammen und schien einen Augenblick zu glauben – denn er konnte die Furcht des Gefopptwerdens nie ganz loswerden –, daß man sich einen Witz mit ihm erlaube. Die ruhigen Mienen aller aber belehrten ihn bald eines Besseren, weshalb er sich artig verbeugte und zu dem jungen Engländer sagte: »Nelson. Ein großer Name. Sehr erfreut, Mr. Nelson.«

Dieser lachte dem alt und aufgesteift vor ihm stehenden Lieutenant ziemlich ungeniert ins Gesicht, denn solche komische Person war ihm noch gar nicht vorgekommen. Daß er in seiner Art ebenso komisch wirkte, dieser Grad der Erkenntnis lag ihm fern. Vogelsang biß sich auf die Lippen und befestigte sich, unter dem Eindruck dieser Begegnung, in der lang gehegten Vorstellung von der Impertinenz englischer Nation. Im übrigen war jetzt der Zeitpunkt da, wo das Eintreffen immer neuer Ankömmlinge von jeder anderen Betrachtung abzog und die Sonderbarkeiten eines Engländers rasch vergessen ließ.

Einige der befreundeten Fabrikbesitzer aus der Köpnicker Straße lösten in ihren Chaisen mit niedergeschlagenem Verdeck die, wie es schien, noch immer sich besinnende Vogelsangsche Droschke rasch und beinahe gewaltsam ab; dann kam Corinna samt ihrem Vetter Marcell Wedderkopp (beide zu Fuß), und schließlich fuhr Johann, der Kommerzienrat Treibelsche Kutscher, vor, und dem mit blauem Atlas ausgeschlagenen Landauer – derselbe, darin gestern die Kommerzienrätin ihren Besuch bei Corinna gemacht hatte – entstiegen zwei alte Damen, die von Johann mit ganz besonderem und beinahe überraschlichem Respekt behandelt wurden. Es erklärte sich dies aber einfach daraus, daß Treibel, gleich bei Beginn dieser ihm wichtigen und jetzt etwa um dritthalb Jahre zurückliegenden Bekanntschaft, zu seinem Kutscher gesagt hatte: »Johann, ein für allemal, diesen Damen gegenüber immer Hut in Hand. Das andere, du verstehst mich, ist *meine* Sache.« Dadurch waren die guten Manieren Johanns außer Frage gestellt. Beiden alten Damen ging Treibel jetzt bis in die Mitte des Vorgartens entgegen, und nach lebhaften Bekomplimentierungen, an denen auch die Kommerzienrätin teilnahm, stieg man wieder die Gartentreppe hinauf und trat, von der Veranda her, in den großen Empfangssalon ein, der bis dahin, weil das schöne Wetter zum Verweilen im Freien einlud, nur von wenigen betreten worden war. Fast alle kannten sich von früheren Treibelschen Diners her; nur Vogelsang und Nelson waren Fremde, was den partiellen Vorstellungsakt erneuerte. »Darf ich Sie«, wandte sich Treibel an die zuletzt erschienenen alten Damen, »mit zwei Herren bekannt machen, die mir heute zum ersten Male die Ehre ihres Besuchs geben: Lieutenant Vogelsang, Präsident unseres Wahlkomitees, und Mr. Nelson from Liverpool.« Man verneigte sich gegenseitig. Dann nahm Treibel Vogelsangs Arm und flüsterte diesem, um ihn einigermaßen zu orientieren, zu: »Zwei Damen vom Hofe; die korpulente: Frau Majorin von Ziegenhals, die *nicht*korpulente (worin Sie mir zustimmen werden): Fräulein Edwine von Bomst.«

»Merkwürdig«, sagte Vogelsang. »Ich würde, die Wahrheit zu gestehen...«

»Eine Vertauschung der Namen für angezeigt gehalten haben. Da treffen Sie's, Vogelsang. Und es freut mich, daß Sie ein Auge für solche Dinge haben. Da bezeugt sich das alte Lieutenantsblut. Ja, diese Ziegenhals; einen Meter Brustweite wird sie wohl haben, und es lassen sich allerhand Betrachtungen darüber anstellen, werden auch wohl seinerzeit angestellt worden sein. Im übrigen, es sind das so die scherzhaften Widerspiele, die das Leben erheitern. Klopstock war Dichter, und ein anderer, den ich noch persönlich gekannt habe, hieß Griepenkerl... Es trifft sich, daß uns beide Damen ersprießliche Dienste leisten können.«

»Wie das? wieso?«

»Die Ziegenhals ist eine rechte Cousine von dem Zossener Landesältesten, und ein Bruder der Bomst hat sich mit einer Pastorstochter aus der Storkower Gegend ehelich vermählt. Halbe Mesalliance, die wir ignorieren müssen, weil wir Vorteil daraus ziehen. Man muß, wie Bismarck, immer ein Dutzend Eisen im Feuer haben... Ah, Gott sei Dank. Johann hat den Rock gewechselt und gibt das Zeichen. Allerhöchste Zeit... Eine Viertelstunde warten, geht; aber zehn Minuten darüber ist zuviel... Ohne mich ängstlich zu belauschen, ich höre, wie der Hirsch nach Wasser schreit. Bitte, Vogelsang, führen Sie meine Frau... Liebe Corinna, bemächtigen Sie sich Nelsons... Victory and Westminster-Abbey: das Entern ist diesmal an Ihnen. Und nun, meine Damen... darf ich um Ihren Arm bitten, Frau Majorin?... und um den Ihren, mein gnädigstes Fräulein?«

Und die Ziegenhals am rechten, die Bomst am linken Arm, ging er auf die Flügeltür zu, die sich, während dieser seiner letzten Worte, mit einer gewissen langsamen Feierlichkeit geöffnet hatte.

DRITTES KAPITEL

Das Eßzimmer entsprach genau dem vorgelegenen Empfangszimmer und hatte den Blick auf den großen, parkartigen Hintergarten mit plätscherndem Springbrunnen, ganz in der Nähe des Hauses; eine kleine Kugel stieg auf dem Wasserstrahl auf und ab, und auf dem Querholz einer zur Seite stehenden Stange saß ein Kakadu und sah, mit dem bekannten Auge voll Tiefsinn, abwechselnd auf den Strahl mit der balancierenden

Kugel und dann wieder in den Eßsaal, dessen oberes Schiebefenster, der Ventilation halber, etwas herabgelassen war. Der Kronleuchter brannte schon, aber die niedrig geschraubten Flämmchen waren in der Nachmittagssonne kaum sichtbar und führten ihr schwaches Vorleben nur deshalb, weil der Kommerzienrat, um ihn selbst sprechen zu lassen, nicht liebte, »durch Manipulationen im Laternenansteckerstil in seiner Dinerstimmung gestört zu werden«. Auch der bei der Gelegenheit hörbar werdende kleine Puff, den er gern als »moderierten Salutschuß« bezeichnete, konnte seine Gesamtstellung zu der Frage nicht ändern. Der Speisesaal selbst war von schöner Einfachheit: gelber Stuck, in dem einige Reliefs eingelegt waren, reizende Arbeiten von Professor Franz. Seitens der Kommerzienrätin war, als es sich um diese Ausschmückung handelte, Reinhold Begas in Vorschlag gebracht, aber von Treibel, als seinen Etat überschreitend, abgelehnt worden. »Das ist für die Zeit, wo wir Generalkonsuls sein werden...« »Eine Zeit, die nie kommt«, hatte Jenny geantwortet. »Doch, doch Jenny; Teupitz-Zossen ist die erste Staffel dazu.« Er wußte, wie zweifelhaft seine Frau seiner Wahlagitation und allen sich daran knüpfenden Hoffnungen gegenüberstand, weshalb er gern durchklingen ließ, daß er von dem Baum seiner Politik auch für die weibliche Eitelkeit noch goldene Früchte zu heimsen gedenke.

Draußen setzte der Wasserstrahl sein Spiel fort. Drinnen im Saal aber, in der Mitte der Tafel, die statt der üblichen Riesenvase mit Flieder und Goldregen ein kleines Blumenparkett zeigte, saß der alte Treibel, neben sich die beiden adligen Damen, ihm gegenüber seine Frau zwischen Lieutenant Vogelsang und dem ehemaligen Opernsänger Adolar Krola. Krola war seit fünfzehn Jahren Hausfreund, worauf ihm dreierlei einen gleichmäßigen Anspruch gab: sein gutes Äußere, seine gute Stimme und sein gutes Vermögen. Er hatte sich nämlich kurz vor seinem Rücktritt von der Bühne mit einer Millionärstochter verheiratet. Allgemein zugestanden war er ein sehr liebenswürdiger Mann, was er vor manchen seiner ehemaligen Kollegen ebensosehr voraus hatte wie die mehr als gesicherte Finanzlage.

Frau Jenny präsentierte sich in vollem Glanz, und ihre Herkunft aus dem kleinen Laden in der Adlerstraße war in ihrer Erscheinung bis auf den letzten Rest getilgt. Alles wirkte reich und elegant; aber die Spitzen auf dem veilchenfarbenen Brokatkleide, soviel mußte gesagt werden, taten es nicht allein, auch nicht die kleinen Brillantohrringe, die bei jeder Bewegung hin- und herblitzten; nein, was ihr mehr als alles andere eine gewisse Vornehmheit lieh, war die sichere Ruhe, womit sie zwischen ihren Gästen thronte. Keine Spur von Aufregung gab sich zu erkennen, zu der allerdings auch keine Veranlassung vorlag. Sie wußte, was in einem reichen und auf Repräsentation gestellten Hause brauchbare Dienstleute bedeuten, und so wurde denn alles, was sich nach dieser Seite hin nur irgendwie bewährte, durch hohen Lohn und gute Behandlung festgehalten. Alles ging infolge davon wie am Schnürchen, auch heute wieder, und ein Blick Jennys regierte das Ganze, wobei das untergeschobene Luftkissen, das ihr eine dominierende Stellung gab, ihr nicht wenig zustatten kam. In ihrem Sicherheitsgefühl war sie zugleich die Liebenswürdigkeit selbst. Ohne Furcht, wirtschaftlich irgend etwas ins Stocken kommen zu sehen, konnte sie sich selbstverständlich auch den Pflichten einer gefälligen Unterhaltung widmen, und weil sie's störend empfinden mochte – den ersten Begrüßungsmoment abgerechnet –, zu keinem einzigen intimeren Gesprächsworte mit den adligen Damen gekommen zu sein, so wandte sie sich jetzt über den Tisch hin an die Bomst und fragte voll anscheinender oder vielleicht auch voll wirklicher Teilnahme: »Haben Sie, mein gnädigstes Fräulein, neuerdings etwas von Prinzeß Anisettchen gehört? Ich habe mich immer für diese junge Prinzessin lebhaft interessiert, ja, für die ganze Linie des Hauses. Sie soll glücklich verheiratet sein. Ich höre so gern von glücklichen Ehen, namentlich in der Obersphäre der Gesellschaft, und ich möchte dabei bemerken dürfen, es scheint mir eine törichte Annahme, daß auf den Höhen der Menschheit das Eheglück ausgeschlossen sein solle.«

»Gewiß«, unterbrach hier Treibel übermütig, »ein solcher Verzicht auf das denkbar Höchste...«

»Lieber Treibel«, fuhr die Rätin fort, »ich richtete mich an das Fräulein v. Bomst, das, bei jedem schuldigen Respekt vor deiner sonstigen Allgemeinkenntnis, mir in allem, was ›Hof‹ angeht, doch um ein Erhebliches kompetenter ist als du.«

»Zweifellos«, sagte Treibel. Und die Bomst, die dies eheliche Intermezzo mit einem sichtlichen Behagen begleitet hatte, nahm nun ihrerseits das Wort und erzählte von der Prinzessin, die ganz die Großmutter sei, denselben Teint und vor allem dieselbe gute Laune habe. Das wisse, soviel dürfe sie wohl sagen, niemand besser als sie, denn sie habe noch des Vorzugs genossen, unter den Augen der Hochseligen, die eigentlich ein Engel gewesen, ihr Leben bei Hofe beginnen zu dürfen, bei welcher Gelegenheit sie so recht die Wahrheit begriffen habe, daß die Natürlichkeit nicht nur das Beste, sondern auch das Vornehmste sei.

»Ja«, sagte Treibel, »das Beste und das Vornehmste. Da hörst du's, Jenny, von einer Seite her, die du, Pardon, mein gnädigstes Fräulein, eben selbst als ›kompetenteste Seite‹ bezeichnet hast.«

Auch die Ziegenhals mischte sich jetzt mit ein, und das Gesprächsinteresse der Kommerzienrätin, die, wie jede geborene Berlinerin, für Hof und Prinzessinnen schwärmte, schien sich mehr und mehr ihren beiden Visavis zuwenden zu wollen, als plötzlich ein leises Augenzwinkern Treibels ihr zu verstehen gab, daß auch noch andere Personen zu Tische säßen und daß des Landes der Brauch sei, sich, was Gespräch angehe, mehr mit seinem Nachbar zu Linken und Rechten als mit seinem Gegenüber zu beschäftigen. Die Kommerzienrätin erschrak denn auch nicht wenig, als sie wahrnahm, wie sehr Treibel mit seinem stillen, wenn auch halb scherzhaften Vorwurf im Rechte sei. Sie hatte Versäumtes nachholen wollen und war dadurch in eine neue, schwerere Versäumnis hineingeraten. Ihr linker Nachbar, Krola – nun, das mochte gehn, der war Hausfreund und harmlos und nachsichtig von Natur. Aber Vogelsang! Es kam ihr mit einem Male zum Bewußtsein, daß sie während des Prinzessinnengesprächs von der rechten Seite her immer etwas wie einen sich einbohrenden Blick empfunden hatte. Ja, das war Vogelsang gewesen, Vogelsang, dieser furchtbare Mensch, dieser Mephisto mit Hahnenfeder und

Hinkefuß, wenn auch beides nicht recht zu sehen war. Er war ihr widerwärtig, und doch mußte sie mit ihm sprechen; es war die höchste Zeit.

»Ich habe, Herr Lieutenant, von Ihren beabsichtigten Reisen in unsere liebe Mark Brandenburg gehört; Sie wollen bis an die Gestade der wendischen Spree vordringen, ja, noch darüber hinaus. Eine höchst interessante Gegend, wie mir Treibel sagt, mit allerlei Wendengöttern, die sich, bis diesen Tag, in dem finsteren Geiste der Bevölkerung aussprechen sollen.«

»Nicht, daß ich wüßte, meine Gnädigste.«

»So zum Beispiel in dem Städtchen Storkow, dessen Burgemeister, wenn ich recht unterrichtet bin, der Burgemeister Tschech war, jener politische Rechtsfanatiker, der auf König Friedrich Wilhelm IV. schoß, ohne Rücksicht auf die nebenstehende Königin. Es ist eine lange Zeit, aber ich entsinne mich der Einzelheiten, als ob es gestern gewesen wäre, und entsinne mich auch noch des eigentümlichen Liedes, das damals auf diesen Vorfall gedichtet wurde.«

»Ja«, sagte Vogelsang, »ein erbärmlicher Gassenhauer, darin ganz der frivole Geist spukte, der die Lyrik jener Tage beherrschte. Was sich anders in dieser Lyrik gibt, ganz besonders auch in dem in Rede stehenden Gedicht, ist nur Schein, Lug und Trug. ›Er erschoß uns auf ein Haar unser teures Königspaar.‹ Da haben Sie die ganze Perfidie. Das sollte loyal klingen und unter Umständen vielleicht auch den Rückzug decken, ist aber schnöder und schändlicher als alles, was jene verlogene Zeit sonst noch hervorgebracht hat, den großen Hauptsünder auf diesem Gebiete nicht ausgenommen. Ich meine natürlich Herwegh, George Herwegh.«

»Ach, da treffen Sie mich, Herr Lieutenant, wenn auch ungewollt, an einer sehr empfindlichen Stelle. Herwegh war nämlich in der Mitte der vierziger Jahre, wo ich eingesegnet wurde, mein Lieblingsdichter. Es entzückte mich, weil ich immer sehr protestantisch fühlte, wenn er seine ›Flüche gegen Rom‹ herbeischleppte, worin Sie mir vielleicht beistimmen werden. Und ein anderes Gedicht, worin er uns aufforderte, die Kreuze aus der Erde zu reißen, las ich beinah mit gleichem Vergnügen. Ich muß freilich einräumen, daß es keine Lektüre für eine

Konfirmandin war. Aber meine Mutter sagte: ›Lies es nur, Jenny; der König hat es auch gelesen, und Herwegh war sogar bei ihm in Charlottenburg, und die besseren Klassen lesen es alle.‹ Meine Mutter, wofür ich ihr noch im Grabe danke, war immer für die besseren Klassen. Und das sollte jede Mutter, denn es ist bestimmend für unseren Lebensweg. Das Niedere kann dann nicht heran und bleibt hinter uns zurück.«

Vogelsang zog die Augenbrauen zusammen, und jeder, den die Vorstellung von seiner Mephistophelesschaft bis dahin nur gestreift hatte, hätte bei diesem Mienenspiel unwillkürlich nach dem Hinkefuß suchen müssen. Die Kommerzienrätin aber fuhr fort: »Im übrigen wird mir das Zugeständnis nicht schwer, daß die patriotischen Grundsätze, die der große Dichter predigte, vielleicht sehr anfechtbar waren. Wiewohl auch *das* nicht immer das Richtige ist, was auf der großen Straße liegt...«

Vogelsang, der stolz darauf war, durchaus eine Nebenstraße zu wandeln, nickte jetzt zustimmend.

»...Aber lassen wir die Politik, Herr Lieutenant. Ich gebe Ihnen Herwegh als politischen Dichter preis, da das Politische nur ein Tropfen fremden Blutes in seinen Adern war. Indessen groß ist er, wo er nur Dichter ist. Erinnern Sie sich? ›Ich möchte hingehn wie das Abendrot und wie der Tag mit seinen letzten Gluten...‹«

»›...Mich in den Schoß des Ewigen verbluten...‹ Ja, das kenn' ich, meine Gnädigste, das hab' ich damals auch nachgebetet. Aber wer sich, als es galt, durchaus nicht verbluten wollte, das war der Herr Dichter selbst. Und so wird es immer sein. Das kommt von den hohlen, leeren Worten und der Reimsucherei. Glauben Sie mir, Frau Rätin, das sind überwundene Standpunkte. Der Prosa gehört die Welt.«

»Jeder nach seinem Geschmack, Herr Lieutenant Vogelsang«, sagte die durch diese Worte verletzte Jenny. »Wenn Sie Prosa vorziehen, so kann ich Sie daran nicht hindern. Aber mir gilt die poetische Welt, und vor allem gelten mir auch die Formen, in denen das Poetische herkömmlich seinen Ausdruck findet. Ihm allein verlohnt es sich zu leben. Alles ist nichtig; am nichtigsten aber ist das, wonach alle Welt so begehrlich drängt:

äußerlicher Besitz, Vermögen, Gold. ›Gold ist nur Chimäre‹, da haben Sie den Ausspruch eines großen Mannes und Künstlers, der, seinen Glücksgütern nach, ich spreche von Meyerbeer, wohl in der Lage war, zwischen dem Ewigen und Vergänglichen unterscheiden zu können. Ich für meine Person verbleibe dem Ideal und werde nie darauf verzichten. Am reinsten aber hab' ich das Ideal im Liede, vor allem in dem Liede, das gesungen wird. Denn die Musik hebt es noch in eine höhere Sphäre. Habe ich recht, lieber Krola?«

Krola lächelte gutmütig verlegen vor sich hin, denn als Tenor und Millionär saß er zwischen zwei Stühlen. Endlich aber nahm er seiner Freundin Hand und sagte: »Jenny, wann hätten Sie je *nicht* recht gehabt?«

Der Kommerzienrat hatte sich mittlerweile ganz der Majorin von Ziegenhals zugewandt, deren »Hoftage« noch etwas weiter zurücklagen als die der Bomst. Ihm, Treibel, war dies natürlich gleichgültig; denn so sehr ihm ein gewisser Glanz paßte, den das Erscheinen der Hofdamen, trotz ihrer Außerdienststellung, seiner Gesellschaft immer noch lieh, so stand er doch auch wieder völlig darüber, ein Standpunkt, den ihm die beiden Damen selbst eher zum Guten als zum Schlechten anrechneten. Namentlich die den Freuden der Tafel überaus zugeneigte Ziegenhals nahm ihrem kommerzienrätlichen Freunde nichts übel, am wenigsten aber verdroß es sie, wenn er, außer Adels- und Geburtsfragen, allerlei Sittlichkeitsprobleme streifte, zu deren Lösung er sich, als geborener Berliner, besonders berufen fühlte. Die Majorin gab ihm dann einen Tipp mit dem Finger und flüsterte ihm etwas zu, das vierzig Jahre früher bedenklich gewesen wäre, *jetzt* aber – beide renommierten beständig mit ihrem Alter – nur Heiterkeit weckte. Meist waren es harmlose Sentenzen aus Büchmann oder andere geflügelte Worte, denen erst der Ton, aber dieser oft sehr entschieden, den erotischen Charakter aufdrückte.

»Sagen Sie, cher Treibel«, hob die Ziegenhals an, »wie kommen Sie zu dem Gespenst da drüben; er scheint noch ein Vorachtundvierziger; das war damals die Epoche des sonderbaren Lieutenants, aber dieser übertreibt es. Karikatur durch und durch. Entsinnen Sie sich noch eines Bildes aus jener Zeit, das den Don Quixote mit einer langen Lanze darstellte, dicke Bücher rings um sich her. Das ist er, wie er leibt und lebt.«

Treibel fuhr mit dem linken Zeigefinger am Innenrand seiner Krawatte hin und her und sagte: »Ja, wie ich zu ihm komme, meine Gnädigste. Nun, jedenfalls mehr der Not gehorchend als dem eigenen Triebe. Seine gesellschaftlichen Meriten sind wohl eigentlich gering, und seine menschlichen werden dasselbe Niveau haben. Aber er ist ein Politiker.«

»Das ist unmöglich. Er kann doch nur als Warnungsschatten vor den Prinzipien stehen, die das Unglück haben, von ihm vertreten zu werden. Überhaupt, Kommerzienrat, warum verirren Sie sich in die Politik? Was ist die Folge? Sie verderben sich Ihren guten Charakter, Ihre guten Sitten und Ihre gute Gesellschaft. Ich höre, daß Sie für Teupitz-Zossen kandidieren wollen. Nun meinetwegen. Aber wozu? Lassen Sie doch die Dinge gehen. Sie haben eine charmante Frau, gefühlvoll und hochpoetisch, und haben eine Villa wie diese, darin wir eben ein Ragout fin einnehmen, das seinesgleichen sucht, und haben draußen im Garten einen Springbrunnen und einen Kakadu, um den ich Sie beneiden könnte, denn meiner, ein grüner, verliert gerade die Federn und sieht aus wie die schlechte Zeit. Was wollen Sie mit Politik? was wollen Sie mit Teupitz-Zossen? Ja mehr, um Ihnen einen Vollbeweis meiner Vorurteilslosigkeit zu geben, was wollen Sie mit Konservatismus? Sie sind ein Industrieller und wohnen in der Köpnickerstraße. Lassen Sie doch diese Gegend ruhig bei Singer oder Ludwig Löwe, oder wer sonst hier gerade das Prä hat. Jeder Lebensstellung entsprechen auch bestimmte politische Grundsätze. Rittergutsbesitzer sind agrarisch, Professoren sind nationale Mittelpartei und Industrielle sind fortschrittlich. Seien Sie doch Fortschrittler. Was wollen Sie mit dem Kronenorden? Ich, wenn ich an Ihrer Stelle wäre, lancierte mich ins Städtische hinein und ränge nach der Bürgerkrone.«

Treibel, sonst unruhig, wenn einer lange sprach – was er nur sich selbst ausgiebig gestattete –, war diesmal doch aufmerksam gefolgt und winkte zunächst einen Diener heran, um der Majorin ein zweites Glas Chablis zu präsentieren. Sie nahm auch, er mit, und nun stieß er mit ihr an und sagte:

»Auf gute Freundschaft und noch zehn Jahre so wie heut! Aber das mit dem Fortschrittlertum und der Bürgerkrone – was ist da zu sagen, meine Gnädigste! Sie wissen, unsereins rechnet und rechnet und kommt aus der Regula-de-tri gar nicht mehr heraus, aus dem alten Ansatze: ›wenn das und das soviel bringt, wieviel bringt das und das.‹ Und sehen Sie, Freundin und Gönnerin, nach demselben Ansatz hab' ich mir auch den Fortschritt und den Konservatismus berechnet und bin dahinter gekommen, daß mir der Konservatismus, ich will nicht sagen mehr abwirft, das wäre vielleicht falsch, aber besser zu mir paßt, mir besser kleidet. Besonders seitdem ich Kommerzienrat bin, ein Titel von fragmentischem Charakter, der doch natürlich seiner Vervollständigung entgegensieht.«

»Ah, ich verstehe.«

»Nun sehen Sie, l'appétit vient en mangeant, und wer A sagt, will auch B sagen. Außerdem aber, ich erkenne die Lebensaufgabe des Weisen vor allen Dingen in Herstellung des sogenannten Harmonischen, und dies Harmonische, wie die Dinge nun mal liegen, oder vielleicht kann ich auch sagen, wie die Zeichen nun mal sprechen, schließt in meinem Spezialfalle die fortschrittliche Bürgerkrone so gut wie aus.«

»Sagen Sie das im Ernste?«

»Ja, meine Gnädigste. Fabriken im allgemeinen neigen der Bürgerkrone zu, Fabriken im besonderen aber – und dahin gehört ausgesprochenermaßen die meine – konstatieren den Ausnahmefall. Ihr Blick fordert Beweise. Nun denn, ich will es versuchen. Ich frage Sie, können Sie sich einen Handelsgärtner denken, der, sagen wir auf der Lichtenberger oder Rummelsburger Gemarkung, Kornblumen im großen zieht, Kornblumen, dies Symbol königlich preußischer Gesinnung, und der zugleich Petroleur und Dynamitarde ist? Sie schütteln den Kopf und bestätigen dadurch mein ›nein‹. Und nun frage ich Sie weiter, was sind alle Kornblumen der Welt gegen eine Berlinerblaufabrik? Im Berlinerblau haben Sie das symbolisch Preußische sozusagen in höchster Potenz, und je sicherer und unanfechtbarer das ist, desto unerläßlicher ist auch mein Verbleiben auf dem Boden des Konservatismus. Der Ausbau des Kommerzienrätlichen bedeutet in meinem Spezialfalle das natürlich Gegebene... jedenfalls mehr als die Bürgerkrone.«

Die Ziegenhals schien überwunden und lachte, während Krola, der mit halbem Ohr zugehört hatte, zustimmend nickte.

So ging das Gespräch in der Mitte der Tafel, aber noch heiterer verlief es am unteren Ende derselben, wo sich die junge Frau Treibel und Corinna gegenübersaßen, die junge Frau zwischen Marcell Wedderkopp und dem Referendar Enghaus, Corinna zwischen Mr. Nelson und Leopold Treibel, dem jüngeren Sohne des Hauses. An der Schmalseite des Tisches, mit dem Rücken gegen das breite Gartenfenster, war das Gesellschaftsfräulein, Fräulein Honig, plaziert worden, deren herbe Züge sich wie ein Protest gegen ihren Namen ausnahmen. Je mehr sie zu lächeln suchte, je sichtbarer wurde der sie verzehrende Neid, der sich nach rechts hin gegen die hübsche Hamburgerin, nach links hin, in fast noch ausgesprochenerer Weise, gegen Corinna richtete, diese halbe Kollegin, die sich trotzdem mit einer Sicherheit benahm, als ob sie die Majorin von Ziegenhals oder doch mindestens das Fräulein von Bomst gewesen wäre.

Die junge Frau Treibel sah sehr gut aus, blond, klar, ruhig. Beide Nachbarn machten ihr den Hof, Marcell freilich nur mit erkünsteltem Eifer, weil er eigentlich Corinna beobachtete, die sich aus dem einen oder andern Grunde die Eroberung des jungen Engländers vorgesetzt zu haben schien. Bei diesem Vorgehen voll Koketterie sprach sie übrigens so lebhaft, so laut, als ob ihr daran läge, daß jedes Wort auch von ihrer Umgebung und ganz besonders von ihrem Vetter Marcell gehört werde.

»Sie führen einen so schönen Namen«, wandte sie sich an Mr. Nelson, »so schön und berühmt, daß ich wohl fragen möchte, ob Ihnen nie das Verlangen gekommen ist...«

»O yes, yes...«

»...sich der Fernambuk- und Campecheholzbranche, darin Sie, soviel ich weiß, auch tätig sind, für immer zu entschlagen? Ich fühle deutlich, daß ich, wenn ich Nelson hieße, keine ruhige Stunde mehr haben würde, bis ich meine Battle at the

Nile ebenfalls geschlagen hätte. Sie kennen natürlich die Einzelheiten der Schlacht...«

»O, to be sure.«

»Nun, da wär' ich denn endlich – denn hierlandes weiß niemand etwas Rechtes davon – an der richtigen Quelle. Sagen Sie, Mr. Nelson, wie war das eigentlich mit der Idee, der Anordnung zur Schlacht? Ich habe die Beschreibung vor einiger Zeit im Walter Scott gelesen und war seitdem immer im Zweifel darüber, was eigentlich den Ausschlag gegeben habe, ob mehr eine geniale Disposition oder ein heroischer Mut...«

»I should rather think, a heroical courage... British oaks and british hearts...«

»Ich freue mich, diese Frage durch Sie beglichen zu sehen und in einer Weise, die meinen Sympathien entspricht. Denn ich bin für das Heroische, weil es so selten ist. Aber ich möchte doch auch annehmen, daß das geniale Kommando...«

»Certainly, Miss Corinna. No doubt... England expects that every man will do his duty...«

»Ja, das waren herrliche Worte, von denen ich übrigens bis heute geglaubt hatte, daß sie bei Trafalgar gesprochen seien. Aber warum nicht auch bei Abukir? Etwas Gutes kann immer zweimal gesagt werden. Und dann... eigentlich ist eine Schlacht wie die andere, besonders Seeschlachten – ein Knall, eine Feuersäule, und alles geht in die Luft. Es muß übrigens großartig sein und entzückend für alle die, die zusehen können; ein wundervoller Anblick.«

»O, splendid...«

»Ja, Leopold«, fuhr Corinna fort, indem sie sich plötzlich an ihren andern Tischnachbar wandte, »da sitzen Sie nun und lächeln. Und warum lächeln Sie? Weil Sie hinter diesem Lächeln Ihre Verlegenheit verbergen wollen. Sie haben eben nicht jene ›heroical courage‹, zu der sich dear Mr. Nelson so bedingungslos bekannt hat. Ganz im Gegenteil. Sie haben sich aus Ihres Vaters Fabrik, die doch in gewissem Sinne, wenn auch freilich nur geschäftlich, die Blut- und Eisentheorie vertritt – ja, es klang mir vorhin fast, als ob Ihr Papa der Frau Majorin von Ziegenhals etwas von diesen Dingen erzählt hätte –, Sie haben sich, sag' ich, aus dem Blutlaugenhof, in dem Sie verbleiben mußten, in den Holzhof Ihres Bruders Otto zurückgezogen. Das war nicht gut, auch wenn es Fernambukholz ist. Da sehen Sie meinen Vetter Marcell drüben, der schwört jeden Tag, wenn er mit seinen Hanteln umherficht, daß es auf das Reck und das Turnen ankomme, was ihm ein für allemal die Heldenschaft bedeutet, und daß Vater Jahn doch schließlich noch über Nelson geht.«

Marcell drohte halb ernst-, halb scherzhaft mit dem Finger zu Corinna hinüber und sagte: »Cousine, vergiß nicht, daß der Repräsentant einer andern Nation dir zur Seite sitzt und daß du die Pflicht hast, einigermaßen für deutsche Weiblichkeit einzutreten.«

»O, no, no«, sagte Nelson: »Nichts Weiblichkeit; always quick and clever..., das is, was wir lieben an deutsche Frauen. Nichts Weiblichkeit. Fräulein Corinna is quite in the right way.«

»Da hast du's, Marcell. Mr. Nelson, für den du so sorglich eintrittst, damit er nicht falsche Bilder mit in sein meerumgürtetes Albion hinübernimmt, Mr. Nelson läßt dich im Stich, und Frau Treibel, denk' ich, läßt dich auch im Stich und Herr Enghaus auch und mein Freund Leopold auch. Und so bin ich gutes Muts, und bleibt nur noch Fräulein Honig...«

Diese verneigte sich und sagte: »Ich bin gewohnt, mit der Majorität zu gehen«, und ihre ganze Verbittertheit lag in diesem Tone der Zustimmung.

»Ich will mir meines Vetters Mahnung aber doch gesagt sein lassen«, fuhr Corinna fort. »Ich bin etwas übermütig, Mr. Nelson, und außerdem aus einer plauderhaften Familie...«

»Just what I like, Miss Corinna. ›Plauderhafte Leute, gute Leute‹, so sagen wir in England.«

»Und das sag' ich auch, Mr. Nelson. Können Sie sich einen immer plaudernden Verbrecher denken?«

»O, no; certainly not...«

»Und zum Zeichen, daß ich, trotz ewigen Schwatzens, doch eine weibliche Natur und eine richtige Deutsche bin, soll Mr. Nelson von mir hören, daß ich auch noch nebenher kochen, nähen und plätten kann und daß ich im Lette-Verein die Kunststopferei gelernt habe. Ja, Mr. Nelson, so steht es mit mir. Ich bin ganz deutsch und ganz weiblich, und bleibt eigentlich nur noch die Frage: kennen Sie den Lette-Verein und kennen Sie die Kunststopferei?«

»No, Fräulein Corinna, neither the one nor the other.«

»Nun sehen Sie, dear Mr. Nelson, der Lette-Verein ist ein Verein oder ein Institut oder eine Schule für weibliche Handarbeit. Ich glaube sogar nach englischem Muster, was noch ein besonderer Vorzug wäre.«

»Not at all; German schools are always to be preferred.«

»Wer weiß, ich möchte das nicht so schroff hinstellen. Aber lassen wir das, um uns mit dem weit Wichtigeren zu beschäftigen, mit der Kunststopfereifrage. Das ist wirklich was. Bitte, wollen Sie zunächst das Wort nachsprechen...«

Mr. Nelson lächelte gutmütig vor sich hin.

»Nun, ich sehe, daß es Ihnen Schwierigkeiten macht. Aber diese Schwierigkeiten sind nichts gegen die der Kunststopferei selbst. Sehen Sie, hier ist mein Freund Leopold Treibel und trägt, wie Sie sehen, einen untadeligen Rock mit einer doppelten Knopfreihe, und auch wirklich zugeknöpft, ganz wie es sich für einen Gentleman und einen Berliner Kommerzienratssohn geziemt. Und ich taxiere den Rock auf wenigstens hundert Mark.«

»Überschätzung.«

»Wer weiß. Du vergißt, Marcell, daß es verschiedene Skalen auch auf diesem Gebiete gibt, eine für Oberlehrer und eine für Kommerzienräte. Doch lassen wir die Preisfrage. Jedenfalls ein feiner Rock, prima. Und nun, wenn wir aufstehen, Mr. Nelson, und die Zigarren herumgereicht werden – ich denke, Sie rauchen doch –, werde ich Sie um Ihre Zigarre bitten und meinem Freunde Leopold Treibel ein Loch in den Rock brennen, hier gerade, wo sein Herz sitzt, und dann werd' ich den Rock in einer Droschke mit nach Hause nehmen, und morgen um dieselbe Zeit wollen wir uns hier im Garten wieder versammeln und um das Bassin herum Stühle stellen, wie bei einer Aufführung. Und der Kakadu kann auch dabei sein. Und dann werd' ich auftreten wie eine Künstlerin, die ich in der Tat auch bin, und werde den Rock herumgehen lassen, und wenn Sie, dear Mr. Nelson, dann noch imstande sind, die

Stelle zu finden, wo das Loch war, so will ich Ihnen einen Kuß geben und Ihnen als Sklavin nach Liverpool hin folgen. Aber es wird nicht dazu kommen. Soll ich sagen leider? Ich habe zwei Medaillen als Kunststopferin gewonnen, und Sie werden die Stelle sicherlich *nicht* finden...«

»O, ich werde finden, no doubt, I will find it«, entgegnete Mr. Nelson leuchtenden Auges, und weil er seiner immer wachsenden Bewunderung, passend oder nicht, einen Ausdruck geben wollte, schloß er, mit einem in kurzen Ausrufungen gehaltenen Hymnus auf die Berlinerinnen und der sich daran anschließenden und mehrfach wiederholten Versicherung, daß sie decidedly clever seien.

Leopold und der Referendar vereinigten sich mit ihm in diesem Lob, und selbst Fräulein Honig lächelte, weil sie sich als Landsmännin mitgeschmeichelt fühlen mochte. Nur im Auge der jungen Frau Treibel sprach sich eine leise Verstimmung darüber aus, eine Berlinerin und kleine Professorstochter in dieser Weise gefeiert zu sehen. Auch Vetter Marcell, sosehr er zustimmte, war nicht recht zufrieden, weil er davon ausging, daß seine Cousine ein solches Hasten und Sich-in-Szene-Setzen nicht nötig habe; sie war ihm zu schade für die Rolle, die sie spielte. Corinna ihrerseits sah auch ganz deutlich, was in ihm vorging, und würde sich ein Vergnügen daraus gemacht haben, ihn zu necken, wenn nicht in ebendiesem Momente – das Eis wurde schon herumgereicht – der Kommerzienrat an das Glas geklopft und sich, um einen Toast auszubringen, von seinem Platz erhoben hätte: »Meine Herren und Damen, Ladies and Gentlemen...«

»Ah, *das* gilt Ihnen«, flüsterte Corinna Mr. Nelson zu.

»...Ich bin«, fuhr Treibel fort, »an dem Hammelrücken vorübergegangen und habe diese verhältnismäßig späte Stunde für einen meinerseits auszubringenden Toast herankommen lassen – eine Neuerung, die mich in diesem Augenblicke freilich vor die Frage stellt, ob der Schmelzezustand eines rot und weißen Panaché nicht noch etwas Vermeidenswerteres ist als der Hammelrücken im Zustande der Erstarrung...«

»O, wonderfully good...«

»... Wie dem aber auch sein möge, jedenfalls gibt es zurzeit nur *ein* Mittel, ein vielleicht schon angerichtetes Übel auf ein Mindestmaß herabzudrücken: Kürze. Genehmigen Sie denn, meine Herrschaften, in Ihrer Gesamtheit meinen Dank für Ihr Erscheinen, und gestatten Sie mir des ferneren und im besonderen Hinblick auf zwei liebe Gäste, die hier zu sehen ich heute zum ersten Male die Ehre habe, meinen Toast in die britischerseits nahezu geheiligte Formel kleiden zu dürfen: ›on our army and navy‹, auf Heer und Flotte also, die wir das Glück haben, hier an dieser Tafel, *einer*seits (er verbeugte sich gegen Vogelsang) durch Beruf und Lebensstellung, *anderer*seits (Verbeugung gegen Nelson) durch einen weltberühmten Heldennamen vertreten zu sehen. Noch einmal also: ›our army and navy!‹ Es lebe Lieutenant Vogelsang, es lebe Mr. Nelson.«

Der Toast fand allseitige Zustimmung, und der in eine nervöse Unruhe geratene Mr. Nelson wollte sofort das Wort nehmen, um zu danken. Aber Corinna hielt ihn ab, Vogelsang sei der ältere und würde vielleicht den Dank für ihn mit aussprechen.

»O, no, no, Fräulein Corinna, not he... not such an ugly old fellow... please, look at him«, und der zapplige Heldennamensvetter machte wiederholte Versuche, sich von seinem Platze zu erheben und zu sprechen. Aber Vogelsang kam ihm wirklich zuvor, und nachdem er den Bart mit der Serviette geputzt und in nervöser Unruhe seinen Waffenrock erst auf- und dann wieder zugeknöpft hatte, begann er mit einer an Komik streifenden Würde: »Meine Herren. Unser liebenswürdiger Wirt hat die Armee leben lassen und mit der Armee meinen Namen verknüpft. Ja, meine Herren, ich *bin* Soldat...«

»O, for shame!« brummte der über das wiederholte ›meine Herren‹ und das gleichzeitige Unterschlagen aller anwesenden Damen aufrichtig empörte Mr. Nelson, »o, for shame«, und ein Kichern ließ sich allerseits hören, das auch anhielt, bis des Redners immer finsterer werdendes Augenrollen eine wahre Kirchenstille wiederhergestellt hatte. Dann erst fuhr dieser fort: »Ja, meine Herren, ich *bin* Soldat... Aber mehr als das, ich bin auch Streiter im Dienst einer Idee. Zwei große Mächte sind es, denen ich diene: Volkstum und Königtum. Alles andere stört, schädigt, verwirrt. Englands Aristokratie, die mir, von meinem Prinzip ganz abgesehen, auch persönlich widerstreitet, veranschaulicht eine solche Schädigung, eine solche Verwirrung; ich verabscheue Zwischenstufen und überhaupt die feudale Pyramide. Das sind Mittelalterlichkeiten. Ich erkenne mein Ideal in einem Plateau, mit einem einzigen, aber alles überragenden Pic.«

Die Ziegenhals wechselte hier Blicke mit Treibel.

»... Alles sei von Volkesgnaden, bis zu der Stelle hinauf, wo die Gottesgnadenschaft beginnt. Dabei streng geschiedene Machtbefugnisse. Das Gewöhnliche, das Massenhafte, werde bestimmt durch die Masse, das Ungewöhnliche, das Große, werde bestimmt durch das Große. Das ist Thron und Krone. Meiner politischen Erkenntnis nach ruht alles Heil, alle Besserungsmöglichkeit in der Aufrichtung einer Royaldemokratie, zu der sich, soviel ich weiß, auch unser Kommerzienrat bekennt. Und in diesem Gefühle, darin wir uns eins wissen, erhebe ich das Glas und bitte Sie, mit mir auf das Wohl unseres hochverehrten Wirtes zu trinken, zugleich unseres Gonfaloniere, der uns die Fahne trägt. Unser Kommerzienrat Treibel, er lebe hoch!«

Alles erhob sich, um mit Vogelsang anzustoßen und ihn als Erfinder der Royaldemokratie zu beglückwünschen. Einige konnten als aufrichtig entzückt gelten, besonders das Wort »Gonfaloniere« schien gewirkt zu haben, andere lachten still in sich hinein, und nur drei waren direkt unzufrieden: Treibel, weil er sich von den eben entwickelten Vogelsangschen Prinzipien praktisch nicht viel versprach, die Kommerzienrätin, weil ihr das Ganze nicht fein genug vorkam, und drittens Mr. Nelson, weil er sich aus dem gegen die englische Aristokratie gerichteten Satze Vogelsangs einen neuen Haß gegen eben diesen gesogen hatte. »Stuff and nonsense! What does he know of our aristocracy? To be sure, he doesn't belong to it; – that's all.«

»Ich weiß doch nicht«, lachte Corinna. »Hat er nicht was von einem Peer of the Realm?«

Nelson vergaß über dieser Vorstellung beinahe all seinen Groll und bot Corinna, während er eine Knackmandel von einem der Tafelaufsätze nahm, eben ein Vielliebchen an, als die Kommerzienrätin den Stuhl schob und dadurch das Zeichen zur Aufhebung der Tafel gab. Die Flügeltüren öffneten sich, und in derselben Reihenfolge, wie man zu Tisch gegangen war, schritt man wieder auf den mittlerweile gelüfteten Frontsaal zu, wo die Herren, Treibel an der Spitze, den älteren und auch einigen jüngeren Damen respektvoll die Hand küßten.

Nur Mr. Nelson verzichtete darauf, weil er die Kommerzienrätin »a little pompous« und die beiden Hofdamen »a little ridiculous« fand, und begnügte sich, an Corinna herantretend, mit einem kräftigen »shaking hands«.

VIERTES KAPITEL

Die große Glastür, die zur Freitreppe führte, stand auf; dennoch war es schwül, und so zog man es vor, den Kaffee draußen zu nehmen, die einen auf der Veranda, die andern im Vorgarten selbst, wobei sich die Tischnachbarn in kleinen Gruppen wieder zusammenfanden und weiterplauderten. Nur als sich die beiden adligen Damen von der Gesellschaft verabschiedeten, unterbrach man sich in diesem mit Medisance reichlich gewürzten Gespräch und sah eine kleine Weile dem Landauer nach, der, die Köpnickerstraße hinauf, erst auf die Frau von Ziegenhalssche Wohnung, in unmittelbarer Nähe der Marschallsbrücke, dann aber auf Charlottenburg zu fuhr, wo die seit fünfunddreißig Jahren in einem Seitenflügel des Schlosses einquartierte Bomst ihr Lebensglück und zugleich ihren besten Stolz aus der Betrachtung zog, in erster Zeit mit des hochseligen Königs Majestät, dann mit der Königin Witwe, und zuletzt mit den Meiningenschen Herrschaften dieselbe Luft geatmet zu haben. Es gab ihr all das etwas Verklärtes, was auch zu ihrer Figur paßte.

Treibel, der die Damen bis an den Wagenschlag begleitet, hatte mittlerweile, vom Straßendamm her, die Veranda wieder erreicht, wo Vogelsang, etwas verlassen, aber mit uneingebüßter Würde, seinen Platz behauptete. »Nun ein Wort unter uns, Lieutenant, aber nicht hier; ich denke, wir absentieren uns einen Augenblick und rauchen ein Blatt, das nicht alle Tage wächst, und namentlich nicht überall.« Dabei nahm er Vogelsang unter den Arm und führte den Gerngehorchenden in sein neben dem Saale gelegenes Arbeitszimmer, wo der geschulte, diesen Lieblingsmoment im Dinerleben seines Herrn von lang her kennende Diener bereits alles zurechtgestellt hatte: das Zigarrenkistchen, den Likörkasten und die Karaffe mit Eiswasser. Die gute Schulung des Dieners beschränkte sich aber nicht auf diese Vorarrangements, vielmehr stand er im selben Augenblick, wo beide Herren ihre Plätze genommen hatten, auch schon mit dem Tablett vor ihnen und präsentierte den Kaffee.

»Das ist recht, Friedrich, auch der Aufbau hier, alles zu meiner Zufriedenheit; aber gib doch lieber die andere Kiste her, die flache. Und dann sage meinem Sohn Otto, ich ließe ihn bitten... Ihnen doch recht, Vogelsang? Oder wenn du Otto nicht triffst, so bitte den Polizeiassessor, ja, lieber *den*, er weiß doch besser Bescheid. Sonderbar, alles, was in der Molkenmarktluft großgeworden, ist dem Rest der Menschheit um ein Beträchtliches überlegen. Und dieser Goldammer hat nun gar noch den Vorteil, ein richtiger Pastorssohn zu sein, was all seinen Geschichten einen eigentümlich pikanten Beigeschmack gibt.« Und dabei klappte Treibel den Kasten auf und sagte: »Kognak oder Allasch? Oder das eine tun und das andere nicht lassen?«

Vogelsang lächelte, schob den Zigarrenabknipser ziemlich demonstrativ beiseite und biß die Spitze mit seinen Raffzähnen ab. Dann griff er nach einem Streichhölzchen. Im übrigen schien er abwarten zu wollen, womit Treibel beginnen würde. Der ließ denn auch nicht lange warten: »Eh bien, Vogelsang, wie gefielen Ihnen die beiden alten Damen? Etwas Feines, nicht wahr? Besonders die Bomst. Meine Frau würde sagen: ätherisch. Nun, durchsichtig genug ist sie. Aber offen gestanden, die Ziegenhals ist mir lieber, drall und prall, kapitales Weib, und muß ihrerzeit ein geradezu formidables Festungsviereck gewesen sein. Rasse, Temperament, und wenn ich recht gehört habe, so pendelt ihre Vergangenheit zwischen verschiedenen kleinen Höfen hin und her. Lady Milford, aber weniger sentimental. Alles natürlich alte Geschichten, alles beglichen, man könnte beinahe sagen, schade. Den Sommer über ist sie jetzt regelmäßig bei den Kraczinskis, in der Zossener Gegend; weiß der Teufel, wo seit kurzem all die polnischen Namen herkommen. Aber schließlich ist es gleichgültig. Was meinen Sie, wenn ich die Ziegenhals, in Anbetracht dieser Kraczinskischen Bekanntschaft, unsern Zwecken dienstbar zu machen suchte?«

»Kann zu nichts führen.«

»Warum nicht? Sie vertritt einen richtigen Standpunkt.«

»Ich würde mindestens sagen müssen, einen *nicht* richtigen.«

»Wieso?«

»Sie vertritt einen durchaus beschränkten Standpunkt, und wenn ich das Wort wähle, so bin ich noch ritterlich. Übrigens wird mit diesem ›ritterlich‹ ein wachsender und geradezu horrender Mißbrauch getrieben; ich glaube nämlich nicht, daß unsere Ritter sehr ritterlich, das heißt ritterlich im Sinne von artig und verbindlich, gewesen sind. Alles bloß historische Fälschungen. Und was diese Ziegenhals angeht, die wir uns, wie Sie sagen, dienstbar machen sollen, so vertritt sie natürlich den Standpunkt des Feudalismus, den der Pyramide. Daß sie zum Hofe steht, ist gut und ist das, was sie mit uns verbindet; aber das ist nicht genug. Personen wie diese Majorin und selbstverständlich auch ihr adliger Anhang, gleichviel ob er polnischen oder deutschen Ursprungs ist – alle leben mehr oder weniger in einem Wust von Einbildungen, will sagen von mittelalterlichen Standesvorurteilen, und das schließt ein Zusammengehen aus, trotzdem wir die Königsfahne mit ihnen gemeinsam haben. Aber diese Gemeinsamkeit frommt nicht, schadet uns nur. Wenn wir rufen: ›Es lebe der König‹, so geschieht es, vollkommen selbstsuchtslos, um einem großen Prinzip die Herrschaft zu sichern; für mich bürge ich, und ich hoffe, daß ich es auch für *Sie* kann ...«

»Gewiß, Vogelsang, gewiß.«

»Aber diese Ziegenhals – von der ich beiläufig fürchte, daß Sie nur zu sehr recht haben mit der von Ihnen angedeuteten, wenn auch, Gott sei Dank, weit zurückliegenden Auflehnung gegen Moral und gute Sitte – diese Ziegenhals und ihresgleichen, wenn die rufen: ›Es lebe der König‹, so heißt das immer nur, es lebe der, der für uns sorgt, unser Nährvater; sie kennen nichts als ihren Vorteil. Es ist ihnen versagt, in einer Idee aufzugehen, und sich auf Personen stützen, die nur *sich* kennen, das heißt unsre Sache verloren geben. Unsre Sache besteht nicht bloß darin, den fortschrittlichen Drachen zu bekämpfen, sie besteht auch in der Bekämpfung des Vampir-Adels, der immer bloß saugt und saugt. Weg mit der ganzen Interessenpolitik. In dem Zeichen absoluter Selbstlosigkeit müssen wir siegen, und dazu brauchen wir das Volk, nicht das Quitzowtum, das seit dem gleichnamigen Stücke wieder obenauf ist und das Heft in die Hände nehmen möchte. Nein, Kommerzienrat, nichts von Pseudo-Konservatismus, kein Königtum auf falscher Grundlage; das Königtum, wenn wir es konservieren wollen, muß auf etwas Soliderem ruhen als auf einer Ziegenhals oder einer Bomst.«

»Nun, hören Sie, Vogelsang, die Ziegenhals wenigstens...«

Und Treibel schien ernstlich gewillt, diesen Faden, der ihm paßte, weiterzuspinnen. Aber ehe er dazu kommen konnte, trat der Polizeiassessor vom Salon her ein, die kleine Meißner Tasse noch in der Hand, und nahm zwischen Treibel und Vogelsang Platz. Gleich nach ihm erschien auch Otto, vielleicht von Friedrich benachrichtigt, vielleicht auch aus eigenem Antriebe, weil er von langer Zeit her die der Erotik zugewendeten Wege kannte, die Goldammer, bei Likör und Zigarren, regelmäßig und meist sehr rasch, so daß jede Versäumnis sich strafte, zu wandeln pflegte.

Der alte Treibel wußte dies selbstverständlich noch viel besser, hielt aber ein auch seinerseits beschleunigtes Verfahren doch für angezeigt, und hob deshalb ohne weiteres an: »Und nun sagen Sie, Goldammer, was gibt es? Wie steht es mit dem Lützowplatz? Wird die Panke zugeschüttet, oder, was so ziemlich dasselbe sagen will, wird die Friedrichstraße sittlich gereinigt? Offen gestanden, ich fürchte, daß unsre pikanteste Verkehrsader nicht allzuviel dabei gewinnen wird; sie wird um ein Geringes moralischer und um ein Beträchtliches langweiliger werden. Da das Ohr meiner Frau bis hierher nicht trägt, so läßt sich dergleichen allenfalls aufs Tapet bringen; im übrigen soll Ihnen meine gesamte Fragerei keine Grenzen ziehen. Je freier, je besser. Ich habe lange genug gelebt, um zu wissen, daß alles, was aus einem Polizeimunde kommt, immer Stoff ist, immer frische Brise, freilich mitunter auch Scirocco, ja geradezu Samum. Sagen wir Samum. Also was schwimmt obenauf?«

»Eine neue Soubrette.«

»Kapital. Sehen Sie, Goldammer, jede Kunstrichtung ist gut, weil jede das Ideal im Auge hat. Und das Ideal ist die Hauptsache, soviel weiß ich nachgerade von meiner Frau. Aber das Idealste bleibt doch immer eine Soubrette. Name?«

»Grabillon. Zierliche Figur, etwas großer Mund, Leberfleck.«

»Um Gotteswillen, Goldammer, das klingt ja wie ein Steckbrief. Übrigens Leberfleck ist reizend; großer Mund Geschmackssache. Und Protégée von wem?«

Goldammer schwieg.

»Ah, ich verstehe. Obersphäre. Je höher hinauf, je näher dem Ideal. Übrigens da wir mal bei Obersphäre sind, wie steht es denn mit der Grußgeschichte? Hat er wirklich nicht gegrüßt? Und ist es wahr, daß er, natürlich der Nichtgrüßer, einen Urlaub hat antreten müssen? Es wäre eigentlich das beste, weil es so nebenher einer Absage gegen den ganzen Katholizismus gleichkäme, sozusagen zwei Fliegen mit einer Klappe.«

Goldammer, heimlicher Fortschrittler, aber offener Antikatholik, zuckte die Achseln und sagte: »So gut steht es leider nicht und kann auch nicht. Die Macht der Gegenströmung ist zu stark. Der, der den Gruß verweigerte, wenn Sie wollen der Wilhelm Tell der Situation, hat zu gute Rückendeckung. Wo? Nun, das bleibt in der Schwebe; gewisse Dinge darf man nicht bei Namen nennen, und ehe wir nicht der bekannten Hydra den Kopf zertreten oder, was dasselbe sagen will, dem altenfritzischen ›Écrasez l'infâme‹ zum Siege verholfen haben...«

In diesem Augenblicke hörte man nebenan singen, eine bekannte Komposition, und Treibel, der eben eine neue Zigarre nehmen wollte, warf sie wieder in das Kistchen zurück und sagte: »Meine Ruh' ist hin... Und mit der Ihrigen, meine Herren, steht es nicht viel besser. Ich glaube, wir müssen wieder bei den Damen erscheinen, um an der Ära Adolar Krola teilzunehmen. Denn *die* beginnt jetzt.«

Damit erhoben sich alle vier und kehrten unter Vortritt

Treibels in den Saal zurück, wo wirklich Krola am Flügel saß und seine drei Hauptstücke, mit denen er rasch hintereinander aufzuräumen pflegte, vollkommen virtuos, aber mit einer gewissen absichtlichen Klapprigkeit zum besten gab. Es waren: »Der Erlkönig«, »Herr Heinrich saß am Vogelherd« und »Die Glocken von Speyer«. Diese letztere Nummer, mit dem geheimnisvoll einfallenden Glockenbimbam, machte jedesmal den größten Eindruck und bestimmte selbst Treibel zu momentan ruhigem Zuhören. Er sagte dann auch wohl mit einer gewissen höheren Miene: »Von Löwe, ex ungue Leonem; das heißt von Karl Löwe, Ludwig komponiert nicht.«

Viele von denen, die den Kaffee im Garten oder auf der Veranda genommen hatten, waren, gleich als Krola begann, ebenfalls in den Saal getreten, um zuzuhören, andere dagegen, die die drei Balladen schon von zwanzig Treibelschen Diners her kannten, hatten es doch vorgezogen, im Freien zu bleiben und ihre Gartenpromenade fortzusetzen, unter ihnen auch Mr. Nelson, der, als ein richtiger Vollblut-Engländer, musikalisch auf schwächsten Füßen stand und rundheraus erklärte, das liebste sei ihm ein Nigger mit einer Pauke zwischen den Beinen: »I can't see, what it means; music is nonsense.« So ging er denn mit Corinna auf und ab, Leopold an der anderen Seite, während Marcell mit der jungen Frau Treibel in einiger Entfernung folgte, beide sich über Nelson und Leopold halb ärgernd, halb erheiternd, die, wie schon bei Tische, von Corinna nicht los konnten.

Es war ein prächtiger Abend draußen, von der Schwüle, die drinnen herrschte, keine Spur, und schräg über den hohen Pappeln, die den Hintergarten von den Fabrikgebäuden abschnitten, stand die Mondsichel; der Kakadu saß ernst und verstimmt auf seiner Stange, weil es versäumt worden war, ihn zu rechter Zeit in seinen Käfig zurückzunehmen, und nur der Wasserstrahl stieg so lustig in die Höhe wie zuvor.

»Setzen wir uns«, sagte Corinna, »wir promenieren schon, ich weiß nicht wie lange«, und dabei ließ sie sich ohne weiteres auf den Rand der Fontaine nieder. »Take a seat, Mr. Nelson. Sehen Sie nur den Kakadu, wie bös er aussieht. Er ist ärgerlich, daß sich keiner um ihn kümmert.«

»To be sure, und sieht aus wie Lieutenant Sangevogel. Doesn't he?«

»Wir nennen ihn für gewöhnlich Vogelsang. Aber ich habe nichts dagegen, ihn umzutaufen. Helfen wird es freilich nicht viel.«

»No, no, there's no help for him; Vogelsang, ah, ein häßlicher Vogel, kein Singevogel, no finch, no trussel.«

»Nein, er ist bloß ein Kakadu, ganz wie Sie sagen.«

Aber kaum, daß dies Wort gesprochen war, so folgte nicht nur ein lautes Kreischen von der Stange her, wie wenn der Kakadu gegen den Vergleich protestieren wolle, sondern auch Corinna schrie laut auf, freilich nur, um im selben Augenblicke wieder in ein helles Lachen auszubrechen, in das gleich danach auch Leopold und Mr. Nelson einstimmten. Ein plötzlich sich aufmachender Windstoß hatte nämlich dem Wasserstrahl eine Richtung genau nach der Stelle hin gegeben, wo sie saßen, und bei der Gelegenheit allesamt, den Vogel auf seiner Stange mit eingeschlossen, mit einer Flut von Spritzwasser überschüttet. Das gab nun ein Klopfen und Abschütteln, an dem auch der Kakadu teilnahm, freilich ohne seinerseits seine Laune dabei zu verbessern.

Drinnen hatte Krola mittlerweile sein Programm beendet und stand auf, um andern Kräften den Platz einzuräumen. Es sei nichts mißlicher als ein solches Kunstmonopol; außerdem dürfe man nicht vergessen, der Jugend gehöre die Welt. Dabei verbeugte er sich huldigend gegen einige junge Damen, in deren Familien er ebenso verkehrte wie bei den Treibels. Die Kommerzienrätin ihrerseits aber übertrug diese ganz allgemein gehaltene Huldigung gegen die Jugend in ein bestimmteres Deutsch und forderte die beiden Fräulein Felgentreus auf, doch einige der reizenden Sachen zu singen, die sie neulich, als Ministerialdirektor Stoeckenius in ihrem Hause gewesen, so schön vorgetragen hätten; Freund Krola werde gewiß die Güte haben, die Damen am Klavier zu begleiten. Krola, sehr erfreut, einer gesanglichen Mehrforderung, die sonst die Regel war, entgangen zu sein, drückte sofort seine Zustimmung aus und setzte sich an seinen eben erst aufgegebenen Platz, ohne ein Ja oder Nein der beiden Felgentreus abzuwarten. Aus seinem ganzen Wesen sprach eine Mischung von Wohlwollen und Ironie. Die Tage seiner eignen Berühmtheit lagen weit zurück; aber je weiter sie zurücklagen, desto höher waren seine Kunstansprüche geworden, so daß es ihm, bei dem totalen Unerfülltbleiben derselben, vollkommen gleichgültig erschien, *was* zum Vortrage kam und *wer* das Wagnis wagte. Von Genuß konnte keine Rede für ihn sein, nur von Amüsement, und weil er einen angeborenen Sinn für das Heitere hatte, durfte man sagen, sein Vergnügen stand jedesmal dann auf der Höhe, wenn seine Freundin Jenny Treibel, wie sie das liebte, durch Vortrag einiger Lieder den Schluß der musikalischen Soiree machte. Das war aber noch weit im Felde, vorläufig waren noch die beiden Felgentreus da, von denen denn auch die ältere Schwester, oder, wie es zu Krolas jedesmaligem Gaudium hieß, »die weitaus talentvollere«, mit »Bächlein, laß dein Rauschen sein« ohne weiteres einsetzte. Daran reihte sich: »Ich schnitt' es gern in alle Rinden ein«, was, als allgemeines Lieblingsstück, zu der Kommerzienrätin großem, wenn auch nicht geäußertem Verdruß, von einigen indiskreten Stimmen im Garten begleitet wurde. Dann folgte die Schlußnummer, ein Duett aus »Figaros Hochzeit«. Alles war hingerissen, und Treibel sagte zu Vogelsang: »er könne sich nicht erinnern, seit den Tagen der Milanollos, etwas so Liebliches von Schwestern gesehen und gehört zu haben«, woran er die weitere, allerdings unüberlegte Frage knüpfte: ob Vogelsang seinerseits sich noch der Milanollos erinnern könne? »Nein«, sagte dieser barsch und peremptorisch. – »Nun, dann bitt' ich um Entschuldigung.«

Eine Pause trat ein, und einige Wagen, darunter auch der Felgentreusche, waren schon angefahren; trotzdem zögerte man noch mit dem Aufbruch, weil das Fest immer noch seines Abschlusses entbehrte. Die Kommerzienrätin nämlich hatte noch nicht gesungen, ja war unerhörterweise noch nicht einmal zum Vortrag eines ihrer Lieder aufgefordert worden – ein Zustand der Dinge, der so rasch wie möglich geändert werden mußte. Dies erkannte niemand klarer als Adolar Krola, der, den Polizeiassessor beiseitenehmend, ihm eindringlichst vorstellte, daß durchaus etwas geschehen und das hinsichtlich Jennys Versäumte sofort nachgeholt werden müsse. »Wird Jenny *nicht* aufgefordert, so seh' ich die Treibelschen Diners, oder wenigstens unsere Teilnahme daran, für alle Zukunft in Frage gestellt, was doch schließlich einen Verlust bedeuten würde...«

»Dem wir unter allen Umständen vorzubeugen haben, verlassen Sie sich auf mich.« Und die beiden Felgentreus an der Hand nehmend, schritt Goldammer, rasch entschlossen, auf die Kommerzienrätin zu, um, wie er sich ausdrückte, als erwählter Sprecher des Hauses, um ein Lied zu bitten. Die Kommerzienrätin, der das Abgekartete der ganzen Sache nicht entgehen konnte, kam in ein Schwanken zwischen Ärger und Wunsch, aber die Beredsamkeit des Antragstellers siegte doch schließlich; Krola nahm wieder seinen Platz ein, und einige Augenblicke später erklang Jennys dünne, durchaus im Gegensatz zu ihrer sonstigen Fülle stehende Stimme durch den Saal hin, und man vernahm die in diesem Kreise wohlbekannten Liedesworte:

> Glück, von deinen tausend Losen
> Eines nur erwähl ich mir,
> Was soll Gold? Ich liebe Rosen
> Und der Blumen schlichte Zier.
>
> Und ich höre Waldesrauschen,
> Und ich seh' ein flatternd Band –
> Aug' in Auge Blicke tauschen,
> Und ein Kuß auf deine Hand.
>
> Geben nehmen, nehmen geben,
> Und dein Haar umspielt der Wind,
> Ach, nur das, nur das ist Leben,
> Wo *sich Herz zum Herzen find't*.

Es braucht nicht gesagt zu werden, daß ein rauschender Beifall folgte, woran sich, von des alten Felgentreu Seite, die Bemerkung schloß, »die damaligen Lieder« (er vermied eine bestimmte Zeitangabe) »wären doch schöner gewesen, namentlich inniger«, eine Bemerkung, die von dem direkt zur Meinungsäußerung aufgeforderten Krola schmunzelnd bestätigt wurde.

Mr. Nelson seinerseits hatte von der Veranda dem Vortrage zugehört und sagte jetzt zu Corinna: »Wonderfully good. Oh, these Germans, they know everything... even such an old lady.«

Corinna legte ihm den Finger auf den Mund.

Kurze Zeit danach war alles fort, Haus und Park leer, und man hörte nur noch, wie drinnen im Speisesaal geschäftige Hände den Ausziehtisch zusammenschoben und wie draußen im Garten der Strahl des Springbrunnens plätschernd ins Bassin fiel.

FÜNFTES KAPITEL

Unter den letzten, die, den Vorgarten passierend, das kommerzienrätliche Haus verließen, waren Marcell und Corinna. Diese plauderte nach wie vor in übermütiger Laune, was des Vetters mühsam zurückgehaltene Verstimmung nur noch steigerte. Zuletzt schwiegen beide.

So gingen sie schon fünf Minuten nebeneinander her, bis Corinna, die sehr gut wußte, was in Marcells Seele vorging, das Gespräch wieder aufnahm. »Nun, Freund, was gibt es?«

»Nichts.«

»Nichts?«

»Oder, wozu soll ich es leugnen, ich bin verstimmt.«

»Worüber?«

»Über dich. Über dich, weil du kein Herz hast.«

»Ich? Erst recht hab' ich...«

»Weil du kein Herz hast, sag' ich, keinen Sinn für Familie, nicht einmal für deinen Vater...«

»Und nicht einmal für meinen Vetter Marcell...«

»Nein, den laß aus dem Spiel, von dem ist nicht die Rede. Mir gegenüber kannst du tun, was du willst. Aber dein Vater. Da läßt du nun heute den alten Mann einsam und allein und kümmerst dich sozusagen um gar nichts. Ich glaube, du weißt nicht einmal, ob er zu Haus ist oder nicht.«

»Freilich ist er zu Haus. Er hat ja heut' seinen ›Abend‹, und wenn auch nicht alle kommen, etliche vom hohen Olymp werden wohl da sein.«

»Und du gehst aus und überlässest alles der alten guten Schmolke?«

»Weil ich es ihr überlassen kann. Du weißt das ja so gut wie ich; es geht alles wie am Schnürchen, und in diesem Augenblick essen sie wahrscheinlich Oderkrebse und trinken Mosel. Nicht Treibelschen, aber doch Professor Schmidtschen, einen edlen Trarbacher, von dem Papa behauptet, er sei der einzige reine Wein in Berlin. Bist du nun zufrieden?«

»Nein.«

»Dann fahre fort.«

»Ach, Corinna, du nimmst alles so leicht und denkst, wenn du's leicht nimmst, so hast du's aus der Welt geschafft. Aber es glückt dir nicht. Die Dinge bleiben doch schließlich, was und wie sie sind. Ich habe dich nun bei Tisch beobachtet...«

»Unmöglich, du hast ja der jungen Frau Treibel ganz intensiv den Hof gemacht, und ein paarmal wurde sie sogar rot...«

»Ich habe dich beobachtet, sag' ich, und mit einem wahren Schrecken das Übermaß von Koketterie gesehen, mit dem du nicht müde wirst, dem armen Jungen, dem Leopold, den Kopf zu verdrehen...«

Sie hatten, als Marcell dies sagte, gerade die platzartige Verbreiterung erreicht, mit der die Köpnicker Straße, nach der Inselbrücke hin, abschließt, eine verkehrslose und beinahe menschenleere Stelle. Corinna zog ihren Arm aus dem des Vetters und sagte, während sie nach der anderen Seite der Straße zeigte: »Sieh, Marcell, wenn da drüben nicht der einsame Schutzmann stände, so stellt' ich mich jetzt mit verschränkten Armen vor dich hin und lachte dich fünf Minuten lang aus. Was soll das heißen, ich sei nicht müde geworden, dem armen Jungen, dem Leopold, den Kopf zu verdrehen? Wenn du nicht ganz in Huldigung gegen Helenen aufgegangen wärst, so hättest du sehen müssen, daß ich kaum zwei Worte mit ihm gesprochen. Ich habe mich nur mit Mr. Nelson unterhalten, und ein paarmal hab' ich mich ganz ausführlich an dich gewandt.«

»Ach, das sagst du so, Corinna, und weißt doch, wie falsch es ist. Sieh, du bist sehr gescheit und weißt es auch; aber du hast doch den Fehler, den viele gescheite Leute haben, daß sie die anderen für ungescheiter halten, als sie sind. Und so denkst du, du kannst mir ein X für ein U machen und alles so drehen und beweisen, wie du's drehen und beweisen willst. Aber man hat doch auch so seine Augen und Ohren und ist also, mit deinem Verlaub, hinreichend ausgerüstet, um zu hören und zu sehen.«

»Und was ist es denn nun, was der Herr Doktor gehört und gesehen haben?«

»Der Herr Doktor haben gehört und gesehen, daß Fräulein Corinna mit ihrem Redekatarakt über den unglücklichen Mr. Nelson hergefallen ist...«

»Sehr schmeichelhaft...«

»Und daß sie – wenn ich das mit dem Redekatarakt aufgeben und ein anderes Bild dafür einstellen will –, daß sie, sag' ich, zwei Stunden lang die Pfauenfeder ihrer Eitelkeit auf dem Kinn oder auf der Lippe balanciert und überhaupt in den feineren akrobatischen Künsten ein Äußerstes geleistet hat. Und das alles vor wem? Etwa vor Mr. Nelson? Mitnichten. Der gute Nelson, der war nur das Trapez, daran meine Cousine herumturnte; *der*, um dessentwillen das alles geschah, der zusehen und bewundern sollte, der hieß Leopold Treibel, und ich habe wohl bemerkt, wie mein Cousinchen auch ganz richtig gerechnet hatte; denn ich kann mich nicht entsinnen, einen Menschen gesehen zu haben, der, verzeih den Ausdruck, durch einen ganzen Abend hin so ›total weg‹ gewesen wäre wie dieser Leopold.«

»Meinst du?«

»Ja, das mein' ich.«

»Nun, darüber ließe sich reden... Aber sieh nur...«

Und dabei blieb sie stehen und wies auf das entzückende Bild, das sich – sie passierten eben die Fischerbrücke – drüben vor ihnen ausbreitete. Dünne Nebel lagen über den Strom hin, sogen aber den Lichterglanz nicht ganz auf, der von rechts und links her auf die breite Wasserfläche fiel, während die Mondsichel oben im Blauen stand, keine zwei Handbreit von dem etwas schwerfälligen Parochialkirchturm entfernt, dessen Schattenriß am anderen Ufer in aller Klarheit aufragte. »Sieh nur«, wiederholte Corinna, »nie hab' ich den Singuhrturm in solcher Schärfe gesehen. Aber ihn schön finden, wie seit kurzem Mode geworden, das kann ich doch nicht; er hat so etwas Halbes, Unfertiges, als ob ihm auf dem Wege nach oben die Kraft ausgegangen wäre. Da bin ich doch mehr für die zugespitzten, langweiligen Schindeltürme, die nichts wollen als hoch sein und in den Himmel zeigen.«

Und in demselben Augenblicke, wo Corinna dies sagte, begannen die Glöckchen drüben ihr Spiel.

»Ach«, sagte Marcell, »sprich doch nicht so von dem Turm und ob er schön ist oder nicht. Mir ist es gleich, und dir auch; das mögen die Fachleute miteinander ausmachen. Und du sagst das alles nur, weil du von dem eigentlichen Gespräch los willst. Aber höre lieber zu, was die Glöckchen drüben spielen. Ich glaube, sie spielen: ›Üb immer Treu und Redlichkeit.‹«

»Kann sein, und ist nur schade, daß sie nicht auch die berühmte Stelle von dem Kanadier spielen können, der noch Europens übertünchte Höflichkeit nicht kannte. So was Gutes bleibt leider immer unkomponiert, oder vielleicht geht es auch nicht. Aber nun sage mir, Freund, was soll das alles heißen? Treu und Redlichkeit. Meinst du wirklich, daß mir die fehlen? Gegen wen versünd'ge ich mich denn durch Untreue? Gegen dich? Hab' ich Gelöbnisse gemacht? Hab' ich dir etwas versprochen und das Versprechen nicht gehalten?«

Marcell schwieg.

»Du schweigst, weil du nichts zu sagen hast. Ich will dir aber noch allerlei mehr sagen, und dann magst du selber entscheiden, ob ich treu und redlich oder doch wenigstens aufrichtig bin, was so ziemlich dasselbe bedeutet.«

»Corinna...«

»Nein, jetzt will *ich* sprechen, in aller Freundschaft, aber auch in allem Ernst. Treu und redlich. Nun, ich weiß wohl, daß du treu und redlich bist, was beiläufig nicht viel sagen will; ich für meine Person kann dir nur wiederholen, ich bin es auch.«

»Und spielst doch beständig eine Komödie.«

»Nein, das tu ich nicht. Und *wenn* ich es tue, so doch so, daß jeder es merken kann. Ich habe mir, nach reiflicher Überlegung, ein bestimmtes Ziel gesteckt, und wenn ich nicht mit dürren Worten sage: ›dies *ist* mein Ziel‹, so unterbleibt das nur, weil es einem Mädchen nicht kleidet, mit solchen Plänen aus sich herauszutreten. Ich erfreue mich, dank meiner Erziehung, eines guten Teils von Freiheit, einige werden vielleicht sagen von Emanzipation, aber trotzdem bin ich durchaus kein emanzipiertes Frauenzimmer. Im Gegenteil, ich habe gar keine Lust, das alte Herkommen umzustoßen, alte, gute Sätze, zu denen auch der gehört: ein Mädchen wirbt nicht, um ein Mädchen *wird* geworben.«

»Gut, gut; alles selbstverständlich...«

»...Aber freilich, das ist unser altes Evarecht, die großen Wasser spielen zu lassen und unsere Kräfte zu gebrauchen, bis *das* geschieht, um dessentwillen wir da sind, mit anderen Worten, bis man um uns wirbt. Alles gilt diesem Zweck. Du nennst das, je nachdem dir der Sinn steht, Raketensteigenlassen oder Komödie, mitunter auch Intrigue, und immer Koketterie.«

Marcell schüttelte den Kopf. »Ach, Corinna, du darfst mir darüber keine Vorlesung halten wollen und zu mir sprechen, als ob ich erst gestern auf die Welt gekommen wäre. Natürlich hab' ich oft von Komödie gesprochen und noch öfter von Koketterie. Wovon spricht man nicht alles. Und wenn man dergleichen hinspricht, so widerspricht man sich auch wohl, und was man eben noch getadelt hat, das lobt man im nächsten Augenblick. Um's rundheraus zu sagen, spiele soviel Komödie, wie du willst, sei so kokett, wie du willst, ich werde doch nicht so dumm sein, die Weiberwelt und die Welt überhaupt ändern zu wollen, ich will sie wirklich nicht ändern, auch dann nicht, wenn ich's könnte; nur um eines muß ich dich angehen, du mußt, wie du dich vorhin ausdrücktest, die großen Wasser an der rechten Stelle, das heißt also vor den rechten Leuten springen lassen, vor solchen, wo's paßt, wo's hingehört, wo sich's lohnt. Du gehst aber mit deinen Künsten nicht an die richtige Adresse, denn du kannst doch nicht ernsthaft daran denken, diesen Leopold Treibel heiraten zu wollen?«

»Warum nicht? Ist er zu jung für mich? Nein. Er stammt aus dem Januar und ich aus dem September; er hat also noch einen Vorsprung von acht Monaten.«

»Corinna, du weißt ja recht gut, wie's liegt und daß er einfach für dich nicht paßt, weil er zu unbedeutend für dich ist. Du bist eine aparte Person, vielleicht ein bißchen zu sehr, und er ist kaum Durchschnitt. Ein sehr guter Mensch, das muß ich zugeben, hat ein gutes, weiches Herz, nichts von dem Kiesel, den die Geldleute sonst hier links haben, hat auch leidlich weltmännische Manieren und kann vielleicht einen Dürerschen Stich von einem Ruppiner Bilderbogen unterscheiden, aber du würdest dich doch totlangweilen an seiner Seite. Du, deines Vaters Tochter, und eigentlich noch klüger als der Alte, du wirst doch nicht dein eigentliches Lebensglück wegwerfen wollen, bloß um in einer Villa zu wohnen und einen Landauer zu haben, der dann und wann ein paar alte Hofdamen abholt, oder um Adolar Krolas ramponierten Tenor alle vierzehn Tage den ›Erlkönig‹ singen zu hören. Es ist nicht möglich, Corinna; du wirst dich doch, wegen solches Bettels von Mammon, nicht einem unbedeutenden Menschen an den Hals werfen wollen.«

»Nein, Marcell, das letztere gewiß nicht; ich bin nicht für Zudringlichkeiten. Aber wenn Leopold morgen bei meinem Vater antritt – denn ich fürchte beinah, daß er noch zu denen gehört, die sich, statt der Hauptperson, erst der Nebenpersonen versichern –, wenn er also morgen antritt und um diese rechte Hand deiner Cousine Corinna anhält, so nimmt ihn Corinna und fühlt sich als Corinne au Capitole.«

»Das ist nicht möglich; du täuschest dich, du spielst mit der Sache. Es ist eine Phantasterei, der du nach deiner Art nachhängst.«

»Nein, Marcell, *du* täuschest dich, nicht ich; es ist mein vollkommener Ernst, so sehr, daß ich ein ganz klein wenig davor erschrecke.«

»Das ist dein Gewissen.«

»Vielleicht. Vielleicht auch nicht. Aber soviel will ich dir ohne weiteres zugeben, *das*, wozu der liebe Gott mich so recht eigentlich schuf, das hat nichts zu tun mit einem Treibelschen Fabrikgeschäft, oder mit einem Holzhof und vielleicht am wenigsten mit einer Hamburger Schwägerin. Aber ein Hang nach Wohlleben, der jetzt alle Welt beherrscht, hat mich auch in der Gewalt, ganz so wie alle anderen, und so lächerlich und verächtlich es in deinem Oberlehrersohre klingen mag, ich halt' es mehr mit Bonwitt und Littauer als mit einer kleinen Schneiderin, die schon um acht Uhr früh kommt und eine merkwürdige Hof- und Hinterstubenatmosphäre mit ins Haus bringt und zum zweiten Frühstück ein Brötchen mit Schlackwurst und vielleicht auch einen Gilka kriegt. Das alles widersteht mir im höchsten Maße; je weniger ich davon sehe, desto besser. Ich find' es ungemein reizend, wenn so die kleinen Brillanten im Ohre blitzen, etwa wie bei meiner Schwiegermama in spe... ›Sich einschränken‹, ach, ich kenne das Lied, das immer gesungen und immer gepredigt wird, aber wenn ich bei Papa die dicken Bücher abstäube, drin niemand hineinsieht, auch er selber nicht, und wenn dann die Schmolke sich abends auf mein Bett setzt und mir von ihrem verstorbenen Manne, dem Schutzmann, erzählt, und daß er, wenn er noch lebte, jetzt ein Revier hätte, denn Madai hätte große Stücke auf ihn gehalten, und wenn sie dann zuletzt sagt: ›Aber, Corinnchen, ich habe ja noch gar nicht mal gefragt, was wir morgen essen wollen?... Die Teltower sind jetzt so schlecht und eigentlich alle schon madig, und ich möchte dir vorschlagen, Wellfleisch und Wruken, das aß Schmolke auch immer so gern‹ – ja, Marcell, in solchem Augenblicke wird mir immer ganz sonderbar zumut, und Leopold Treibel erscheint mir dann mit einemmal als der Rettungsanker meines Lebens, oder wenn du willst, wie das aufzusetzende große Marssegel, das bestimmt ist, mich bei gutem Wind an ferne, glückliche Küsten zu führen.«

»Oder, wenn es stürmt, dein Lebensglück zum Scheitern zu bringen.«

»Warten wir's ab, Marcell.«

Und bei diesen Worten bogen sie, von der Alten Leipziger Straße her, in Raules Hof ein, von dem aus ein kleiner Durchgang in die Adlerstraße führte.

SECHSTES KAPITEL

Um dieselbe Stunde, wo man sich bei Treibels vom Diner erhob, begann Professor Schmidts »Abend«. Dieser »Abend«, auch wohl Kränzchen genannt, versammelte, wenn man vollzählig war, um einen runden Tisch und eine mit einem roten Schleier versehene Moderateurlampe sieben Gymnasiallehrer, von denen die meisten den Professortitel führten. Außer unserem Freunde Schmidt waren es noch folgende: Friedrich Distelkamp, emeritierter Gymnasialdirektor, Senior des Kreises; nach ihm die Professoren Rindfleisch und Hannibal Kuh, zu welchen beiden sich noch Oberlehrer Immanuel Schultze gesellte, sämtlich vom Großen-Kurfürsten-Gymnasium. Den Schluß machte Doktor Charles Etienne, Freund und Studiengenosse Marcells, zur Zeit französischer Lehrer an einem vornehmen Mädchenpensionat, und endlich Zeichenlehrer Friedeberg, dem, vor ein paar Jahren erst – niemand wußte recht, warum und woher – der die Mehrheit des Kreises auszeichnende Professortitel angeflogen war, übrigens ohne sein Ansehen zu heben. Er wurde vielmehr, nach wie vor, für nicht ganz voll angesehen, und eine Zeitlang war aufs ernsthafteste die Rede davon gewesen, ihn, wie sein Hauptgegner Immanuel Schultze vorgeschlagen, aus ihrem Kreise »herauszugraulen«, was unser Wilibald Schmidt indessen mit der Bemerkung bekämpft hatte, daß Friedeberg, trotz seiner wissenschaftlichen Nichtzugehörigkeit, eine nicht zu unterschätzende Bedeutung für ihren »Abend« habe. »Seht, lieben Freunde«, so etwa waren seine Worte gewesen, »wenn wir unter uns sind, so folgen wir unseren Auseinandersetzungen eigentlich immer nur aus Rücksicht und Artigkeit und leben dabei mehr oder weniger der Überzeugung, alles, was seitens des anderen gesagt wurde, *viel* besser oder – wenn wir bescheiden sind – wenigstens ebensogut sagen zu können. Und das lähmt immer. Ich für mein Teil wenigstens bekenne offen, daß ich, wenn ich mit meinem Vortrage gerade an der Reihe war, das Gefühl eines gewissen Unbehagens, ja zuzeiten einer geradezu hochgradigen Beklemmung nie ganz losgeworden bin. Und in einem so bedrängten Augenblicke seh' ich dann unseren immer zu spät kommenden Friedeberg eintreten, verlegen lächelnd natürlich, und empfinde sofort, wie meiner Seele die Flügel wieder wachsen; ich spreche freier, intuitiver, klarer, denn ich habe wieder ein Publikum, wenn auch nur ein ganz kleines. *Ein* andächtiger Zuhörer, anscheinend so wenig, ist doch schon immer was und mitunter sogar sehr viel.« Auf diese warme Verteidigung Wilibald Schmidts hin war Friedeberg dem Kreise verblieben. Schmidt durfte sich überhaupt als die Seele des Kränzchens betrachten, dessen Namensgebung: »Die sieben Waisen Griechenlands« ebenfalls auf ihn zurückzuführen war. Immanuel Schultze, meist in der Opposition und außerdem ein Gottfried-Keller-Schwärmer, hatte seinerseits »Das Fähnlein der sieben Aufrechten« vorgeschlagen, war aber damit nicht durchgedrungen, weil, wie Schmidt betonte, diese Bezeichnung einer Entlehnung gleichgekommen wäre. »Die sieben Waisen« klängen freilich ebenfalls entlehnt, aber das sei bloß Ohr- und Sinnestäuschung; das »a«, worauf es recht eigentlich ankomme, verändere nicht nur mit einem Schlage die ganze Situation, sondern erziele sogar den denkbar höchsten Standpunkt, den der Selbstironie.

Wie sich von selbst versteht, zerfiel die Gesellschaft, wie jede Vereinigung der Art, in fast ebensoviele Parteien, wie sie Mitglieder zählte, und nur dem Umstande, daß die drei vom Großen-Kurfürsten-Gymnasium, außer der Zusammengehörigkeit, die diese gemeinschaftliche Stellung gab, auch noch verwandt und verschwägert waren (Kuh war Schwager, Immanuel Schultze Schwiegersohn von Rindfleisch), nur diesem Umstande war es zuzuschreiben, daß die vier anderen, und zwar aus einer Art Selbsterhaltungstrieb, ebenfalls eine Gruppe bildeten und bei Beschlußfassungen meist zusammengingen. Hinsichtlich Schmidts und Distelkamps konnte dies nicht weiter überraschen, da sie von alter Zeit her Freunde waren, zwischen Etienne und Friedeberg aber klaffte für gewöhnlich ein tiefer Abgrund, der sich ebensosehr in ihrer voneinander abweichenden Erscheinung wie in ihren verschiedenen Lebensgewohnheiten aussprach. Etienne, sehr elegant, versäumte nie, während der großen Ferien, mit Nachurlaub nach Paris zu gehen, während sich Friedeberg, angeblich um seiner Malstudien willen, auf die Woltersdorfer Schleuse (die landschaftlich unerreicht dastände) zurückzog. Natürlich war dies alles nur Vorgabe. Der wirkliche Grund war der, daß Friedeberg, bei ziemlich beschränkter Finanzlage, nach dem erreichbar Nächstliegenden griff und überhaupt Berlin nur verließ, um von seiner Frau – mit der er seit Jahren immer dicht vor der Scheidung stand – auf einige Wochen loszukommen. In einem sowohl die Handlungen wie die Worte seiner Mitglieder kritischer prüfenden Kreise hätte diese Finte notwendig verdrießen müssen, indessen Offenheit und Ehrlichkeit im Verkehr mit- und untereinander war keineswegs ein hervorstechender Zug der »sieben Waisen«, eher das Gegenteil. So versicherte beispielsweise jeder, »ohne den ›Abend‹ eigentlich nicht leben zu können«, was in Wahrheit nicht ausschloß, daß immer nur *die* kamen, die nichts Besseres vorhatten. Theater und Skat gingen weit vor und sorgten dafür, daß Unvollständigkeit der Versammlung die Regel war und nicht mehr auffiel.

Heute aber schien es sich schlimmer als gewöhnlich gestalten zu wollen. Die Schmidtsche Wanduhr, noch ein Erbstück vom Großvater her, schlug bereits halb, halb neun, und noch war niemand da außer Etienne, der, wie Marcell, zu den Intimen des Hauses zählend, kaum als Gast und Besuch gerechnet wurde.

»Was sagst du, Etienne«, wandte sich jetzt Schmidt an diesen, »was sagst du zu dieser Saumseligkeit? Wo bleibt Distelkamp? Wenn auch auf *den* kein Verlaß mehr ist (›die Douglas waren immer treu‹), so geht der ›Abend‹ aus den Fugen, und ich werde Pessimist und nehme für den Rest meiner Tage Schopenhauer und Eduard von Hartmann untern Arm.«

Während er noch so sprach, ging draußen die Klingel, und einen Augenblick später trat Distelkamp ein.

»Entschuldige, Schmidt, ich habe mich verspätet. Die Details erspar' ich dir und unserem Freunde Etienne. Auseinandersetzungen, weshalb man zu spät kommt, selbst wenn sie wahr, sind nicht viel besser als Krankengeschichten. Also lassen wir's. Inzwischen bin ich überrascht, trotz meiner Verspätung immer noch der eigentlich erste zu sein. Denn Etienne gehört ja so gut wie zur Familie. Die Großen Kurfürstlichen aber! Wo sind sie? Nach Kuh und unserem Freunde Immanuel frag' ich nicht erst, die sind bloß ihres Schwagers und Schwiegervaters Klientel. Rindfleisch selbst aber – wo steckt er?«

»Rindfleisch hat abgeschrieben; er sei heut' in der ›Griechischen‹.«

»Ach, das ist Torheit. Was will er in der Griechischen? Die sieben Waisen gehen vor. Er findet hier wirklich mehr.«

»Ja, das sagst du so, Distelkamp. Aber es liegt doch wohl anders. Rindfleisch hat nämlich ein schlechtes Gewissen, ich könnte vielleicht sagen: mal wieder ein schlechtes Gewissen.«

»Dann gehört er erst recht hierher; hier kann er beichten. Aber um was handelt es sich denn eigentlich? was ist es?«

»Er hat da mal wieder einen Schwupper gemacht, irgendwas verwechselt, ich glaube Phrynichos den Tragiker mit Phrynichos dem Lustspieldichter. War es nicht so, Etienne? (dieser nickte), und die Sekundaner haben nun mit lirum larum einen Vers auf ihn gemacht...«

»Und?«

»Und da gilt es denn, die Scharte, so gut es geht, wieder auszuwetzen, wozu die ›Griechische‹ mit dem Lustre, das sie gibt, das immerhin beste Mittel ist.«

Distelkamp, der sich mittlerweile seinen Meerschaum angezündet und in die Sofaecke gesetzt hatte, lächelte bei der ganzen Geschichte behaglich vor sich hin und sagte dann: »Alles Schnack. Glaubst du's? Ich nicht. Und wenn es zuträfe, so bedeutet es nicht viel, eigentlich gar nichts. Solche Schnitzer kommen immer vor, passieren jedem. Ich will dir mal was erzählen, Schmidt, was, als ich noch jung war und in Quarta brandenburgische Geschichte vortragen mußte – was damals, sag' ich, einen großen Eindruck auf mich machte.«

»Nun, laß hören. Was war's?«

»Ja, was war's. Offengestanden, meine Wissenschaft, zum wenigsten was unser gutes Kurbrandenburg anging, war nicht weit her, ist es auch jetzt noch nicht, und als ich so zu Hause saß und mich notdürftig vorbereitete, da las ich – denn wir waren gerade beim ersten König – allerhand Biographisches und darunter auch was vom alten General Barfus, der, wie die meisten damaligen, das Pulver nicht erfunden hatte, sonst aber ein kreuzbraver Mann war. Und dieser Barfus präsidierte, während der Belagerung von Bonn, einem Kriegsgericht, drin über einen jungen Offizier abgeurteilt werden sollte.«

»So, so. Nun, was war es denn?«

»Der Abzuurteilende hatte sich, das Mindeste zu sagen, etwas unheldisch benommen, und alle waren für Schuldig und Totschießen. Nur der alte Barfus wollte nichts davon wissen und sagte: ›Drücken wir ein Auge zu, meine Herren. Ich habe dreißig Rencontres mitgemacht, und ich muß Ihnen sagen, ein Tag ist nicht wie der andere, und der Mensch ist ungleich und das Herz auch und der Mut erst recht. Ich habe mich manches Mal auch feige gefühlt. Solange es geht, muß man Milde walten lassen, denn jeder kann sie brauchen.‹«

»Höre, Distelkamp«, sagte Schmidt, »das ist eine gute Geschichte, dafür dank' ich dir, und so alt ich bin, *die* will ich mir doch hinter die Ohren schreiben. Denn weiß es Gott, ich habe mich auch schon blamiert, und wiewohl es die Jungens nicht bemerkt haben, wenigstens ist mir nichts aufgefallen, so hab' ich es doch selber bemerkt und mich hinterher riesig geärgert und geschämt. Nicht wahr, Etienne, so was ist immer fatal; oder kommt es im Französischen nicht vor, wenigstens dann nicht, wenn man alle Juli nach Paris reist und einen neuen Band Maupassant mit heimbringt? Das ist ja wohl jetzt das Feinste? Verzeih die kleine Malice. Rindfleisch ist überdies ein kreuzbraver Kerl, nomen et omen, und eigentlich der beste, besser als Kuh und namentlich besser als unser Freund Immanuel Schultze. Der hat's hinter den Ohren und ist ein Schlieker. Er grient immer und gibt sich das Ansehen, als ob er dem Bilde zu Sais irgendwie und -wo unter den Schleier geguckt hätte, wovon er weit ab ist. Denn er löst nicht mal das Rätsel von seiner eigenen Frau, an der manches verschleierter oder auch nicht verschleierter sein soll, als ihm, dem Ehesponsen, lieb sein kann.«

»Schmidt, du hast heute mal wieder deinen medisanten Tag. Eben hab' ich den armen Rindfleisch aus deinen Fängen gerettet, ja, du hast sogar Besserung versprochen, und schon stürzest du dich wieder auf den unglücklichen Schwiegersohn.

Im übrigen, wenn ich an Immanuel etwas tadeln sollte, so läge es nach einer ganz anderen Seite hin.«

»Und das wäre?«

»Daß er keine Autorität hat. Wenn er sie zu Hause nicht hat, nun, traurig genug. Indessen das geht uns nichts an. Aber daß er sie, nach allem, was ich höre, auch in der Klasse nicht hat, *das* ist schlimm. Sieh, Schmidt, das ist die Kränkung und der Schmerz meiner letzten Lebensjahre, daß ich den kategorischen Imperativ immer mehr hinschwinden sehe. Wenn ich da an den alten Weber denke! Von dem heißt es, wenn er in die Klasse trat, so hörte man den Sand durch das Stundenglas fallen, und kein Primaner wußte mehr, daß es überhaupt möglich sei, zu flüstern oder gar vorzusagen. Und außer seinem eigenen Sprechen, ich meine Webers, war nichts hörbar als das Knistern, wenn die Horaz-Seiten umgeblättert wurden. Ja, Schmidt, *das* waren Zeiten, da verlohnte sich's, ein Lehrer und ein Direktor zu sein. Jetzt treten die Jungens in der Konditorei an einen heran und sagen: ›Wenn Sie gelesen haben, Herr Direktor, dann bitt' ich...‹«

Schmidt lachte. »Ja, Distelkamp, so sind sie jetzt, das ist die neue Zeit, das ist wahr. Aber ich kann mich nicht darüber aigrieren. Wie waren denn, bei Lichte besehen, die großen Würdenträger mit ihrem Doppelkinn und ihren Pontacnasen? Schlemmer waren es, die den Burgunder viel besser kannten als den Homer. Da wird immer von alten, einfachen Zeiten geredet; dummes Zeug! sie müssen ganz gehörig gepichelt haben, das sieht man noch an ihren Bildern in der Aula. Nu ja, Selbstbewußtsein und eine steifleinene Grandezza, das alles hatten sie, das soll ihnen zugestanden sein. Aber wie sah es sonst aus?«

»Besser als heute.«

»Kann ich nicht finden, Distelkamp. Als ich noch unsere Schulbibliothek unter Aufsicht hatte, Gott sei Dank, daß ich nichts mehr damit zu tun habe, da hab' ich öfter in die Schulprogramme hineingeguckt, und in die Dissertationen und ›Aktusse‹, wie sie vordem im Schwang waren. Nun, ich weiß wohl, jede Zeit denkt, sie sei was Besonderes, und die, die kommen, mögen meinetwegen auch über uns lachen; aber sieh, Distelkamp, vom gegenwärtigen Standpunkt unseres Wissens, oder sag' ich auch bloß unseres Geschmacks aus, darf doch am Ende gesagt werden, es war etwas Furchtbares mit dieser Perückengelehrsamkeit, und die stupende Wichtigkeit, mit der sie sich gab, kann uns nur noch erheitern. Ich weiß nicht, unter wem es war, ich glaube unter Rodegast, da kam es in Mode – vielleicht weil er persönlich einen Garten vorm Rosentaler hatte –, die Stoffe für die öffentlichen Reden und ähnliches aus der Gartenkunde zu nehmen, und sieh, da hab' ich Dissertationen gelesen über das Hortikulturliche des Paradieses, über die Beschaffenheit des Gartens zu Gethsemane und über die mutmaßlichen Anlagen im Garten des Joseph von Arimathia. Garten und immer wieder Garten. Nun, was sagst du dazu?«

»Ja, Schmidt, mit dir ist schlecht fechten. Du hast immer das Auge für das Komische gehabt. Das greifst du nun heraus, spießest es auf deine Nadel und zeigst es der Welt. Aber was daneben lag und viel richtiger war, das lässest du liegen. Du hast schon sehr richtig hervorgehoben, daß man über unsere Lächerlichkeiten auch lachen wird. Und wer bürgt uns dafür, daß wir nicht jeden Tag in Untersuchungen eintreten, die noch viel toller sind als die hortikulturlichen Untersuchungen über das Paradies. Lieber Schmidt, das Entscheidende bleibt doch immer der Charakter, nicht der eitle, wohl aber der gute, ehrliche Glaube an uns selbst. Bona fide müssen wir vorgehen. Aber mit unsrer ewigen Kritik, eventuell auch Selbstkritik, geraten wir in eine mala fides hinein und mißtrauen uns selbst und dem, was wir zu sagen haben. Und ohne Glauben an uns und unsere Sache keine rechte Lust und Freudigkeit, und auch kein Segen, am wenigsten Autorität. Und das ist es, was ich beklage. Denn wie kein Heerwesen ohne Disziplin, so kein Schulwesen ohne Autorität. Es ist damit wie mit dem Glauben. Es ist nicht nötig, daß das Richtige geglaubt wird, aber daß überhaupt geglaubt wird, darauf kommt es an. In jedem Glauben stecken geheimnisvolle Kräfte und ebenso in der Autorität.«

Schmidt lächelte. »Distelkamp, ich kann da nicht mit. Ich kann's in der Theorie gelten lassen, aber in der Praxis ist es bedeutungslos geworden. Gewiß kommt es auf das Ansehen vor den Schülern an. Wir gehen nur darin auseinander, aus welcher Wurzel das Ansehen kommen soll. Du willst alles auf den Charakter zurückführen und denkst, wenn du es auch nicht aussprichst: ›Und wenn ihr euch nur selbst vertraut, vertrauen euch auch die anderen Seelen.‹ Aber, teurer Freund, das ist just das, was ich bestreite. Mit dem bloßen Glauben an sich oder gar, wenn du den Ausdruck gestattest, mit der geschwollenen Wichtigtuerei, mit der Pomposität ist es heutzutage nicht mehr getan. An die Stelle dieser veralteten Macht ist die reelle Macht des wirklichen Wissens und Könnens getreten, und du brauchst nur Umschau zu halten, so wirst du jeden Tag sehen, daß Professor Hammerstein, der bei Spichern mitgestürmt und eine gewisse Premierlieutenantshaltung von daher beibehalten hat, daß Hammerstein, sag' ich, seine Klasse *nicht* regiert, während unser Agathon Knurzel, der aussieht wie Mr. Punch und einen Doppelbuckel, aber freilich auch einen Doppelgrips hat, die Klasse mit seinem kleinen Raubvogelgesicht in der Furcht des Herrn hält. Und nun besonders unsere Berliner Jungens, die gleich weghaben, wie schwer einer wiegt. Wenn einer von den Alten aus dem Grabe käme, mit Stolz und Hoheit angetan, und eine hortikulturelle Beschreibung des Paradieses forderte, wie würde der fahren mit all seiner Würde? Drei Tage später wär er im Kladderadatsch, und die Jungens selber hätten das Gedicht gemacht.«

»Und doch bleibt es dabei, Schmidt, mit den Traditionen der alten Schule steht und fällt die höhere Wissenschaft.«

»Ich glaub' es nicht. Aber wenn es wäre, wenn die höhere Weltanschauung, d. h. das, was wir so nennen, wenn das alles fallen müßte, nun, so laß es fallen. Schon Attinghausen, der doch selber alt war, sagte: ›Das Alte fällt, es ändert sich die Zeit.‹ Und wir stehen sehr stark vor solchem Umwandlungsprozeß, oder richtiger, wir sind schon drin. Muß ich dich daran erinnern, es gab eine Zeit, wo das Kirchliche Sache der Kirchenleute war. Ist es noch so? Nein. Hat die Welt verloren? Nein. Es ist vorbei mit den alten Formen, und auch unsere Wissenschaftlichkeit wird davon keine Ausnahme machen. Sieh hier...«, und er schleppte von einem kleinen Nebentisch ein großes Prachtwerk herbei, »...sieh hier *das*. Heute mir zugeschickt, und ich werd' es behalten, so teuer es ist. Heinrich Schliemanns Ausgrabungen zu Mykenä. Ja, Distelkamp, wie stehst du dazu?«

»Zweifelhaft genug.«

»Kann ich mir denken. Weil du von den alten Anschauungen nicht los willst. Du kannst dir nicht vorstellen, daß jemand, der Tüten geklebt und Rosinen verkauft hat, den alten Priamus ausbuddelt, und kommt er nun gar ins Agamemnonsche hinein und sucht nach dem Schädelriß, aegisthschen Angedenkens, so gerätst du in helle Empörung. Aber ich kann mir nicht helfen, du hast unrecht. Freilich, man muß was leisten, hic Rhodus, hic salta; aber wer springen kann, der springt, gleichviel ob er's aus der Georgia-Augusta oder aus der Klippschule hat. Im übrigen will ich abbrechen; am wenigsten hab' ich Lust, dich mit Schliemann zu ärgern, der von Anfang an deine Renonce war. Die Bücher liegen hier bloß wegen Friedeberg, den ich der beigegebenen Zeichnungen halber fragen will. Ich begreife nicht, daß er nicht kommt, oder richtiger nicht schon da ist. Denn daß er kommt, ist unzweifelhaft, er hätte sonst abgeschrieben, artiger Mann, der er ist.«

»Ja, das ist er«, sagte Etiennne, »das hat er noch aus dem Semitismus mit rübergenommen.«

»Sehr wahr«, fuhr Schmidt fort, »aber wo er's her hat, ist am Ende gleichgültig. Ich bedauere mitunter, Urgermane, der ich bin, daß wir nicht auch irgendwelche Bezugsquelle für ein bißchen Schliff und Politesse haben; es braucht ja nicht gerade dieselbe zu sein. Diese schreckliche Verwandtschaft zwischen Teutoburger Wald und Grobheit ist doch mitunter störend. Friedeberg ist ein Mann, der, wie Max Piccolomini – sonst nicht gerade sein Vorbild, auch nicht mal in der Liebe –, der ›Sitten Freundlichkeit‹ allerzeit kultiviert hat, und es bleibt eigentlich nur zu beklagen, daß seine Schüler nicht immer das richtige Verständnis dafür haben. Mit anderen Worten, sie spielen ihm auf der Nase...«

»Das uralte Schicksal der Schreib- und Zeichenlehrer...«

»Freilich. Und am Ende muß es auch so gehen und geht auch. Aber lassen wir die heikle Frage. Laß mich lieber auf Mykenä zurückkommen und sage mir deine Meinung über die Goldmasken. Ich bin sicher, wir haben da ganz was Besonderes, so das recht Eigentlichste. Jeder Beliebige kann doch nicht bei seiner Bestattung eine Goldmaske getragen haben, doch immer nur die Fürsten, also mit höchster Wahrscheinlichkeit Orests und Iphigenies unmittelbare Vorfahren. Und wenn ich mir dann vorstelle, daß diese Goldmasken genau nach dem Gesicht geformt wurden, gerade wie wir jetzt eine Gips- oder Wachsmaske formen, so hüpft mir das Herz bei der doch mindestens zulässigen Idee, daß *dies* hier« – und er wies auf eine aufgeschlagene Bildseite –, »daß dies hier das Gesicht des Atreus ist oder seines Vaters oder seines Onkels...«

»Sagen wir seines Onkels.«

»Ja, du spottest wieder, Distelkamp, trotzdem du mir doch selber den Spott verboten hast. Und das alles bloß, weil du der ganzen Sache mißtraust und nicht vergessen kannst, daß er, ich meine natürlich Schliemann, in seinen Schuljahren über Strelitz und Fürstenberg nicht rausgekommen ist. Aber lies nur, was Virchow von ihm sagt. Und Virchow wirst du doch gelten lassen.«

In diesem Augenblicke hörte man draußen die Klingel gehen. »Ah, lupus in fabula. Das ist er. Ich wußte, daß er uns nicht im Stiche lassen würde...«

Und kaum, daß Schmidt diese Worte gesprochen, trat Friedeberg auch schon herein, und ein reizender, schwarzer Pudel, dessen rote Zunge, wahrscheinlich von angestrengtem Laufe, weit heraushing, sprang auf die beiden alten Herren zu und umschmeichelte abwechselnd Schmidt und Distelkamp. An Etienne, der ihm zu elegant war, wagte er sich nicht heran.

»Aber alle Wetter, Friedeberg, wo kommen Sie so spät her?«

»Freilich, freilich, und sehr zu meinem Bedauern. Aber der Fips hier treibt es zu arg oder geht in seiner Liebe zu mir zu weit, wenn ein Zuweitgehen in der Liebe überhaupt möglich ist. Ich bildete mir ein, ihn eingeschlossen zu haben, und mache mich zu rechter Zeit auf den Weg. Gut. Und nun denken Sie, was geschieht? Als ich hier ankomme, wer ist da, wer wartet auf mich? Natürlich Fips. 'Ich bring' ihn wieder zurück bis in meine Wohnung und übergeb' ihn dem Portier, meinem guten Freunde – man muß in Berlin eigentlich sagen, meinem

Gönner. Aber, aber, was ist das Resultat all meiner Anstrengungen und guten Worte? Kaum bin ich wieder hier, so ist auch Fips wieder da. Was sollt' ich am Ende machen? Ich hab' ihn wohl oder übel mit hereingebracht und bitt' um Entschuldigung für ihn und für mich.«

»Hat nichts auf sich«, sagte Schmidt, während er sich zugleich freundlich mit dem Hunde beschäftigte. »Reizendes Tier und so zutunlich und fidel. Sagen Sie, Friedeberg, wie schreibt er sich eigentlich? f oder ph? Phips mit ph ist englisch, also vornehmer. Im übrigen ist er, wie seine Rechtschreibung auch sein möge, für heute abend mit eingeladen und ein durchaus willkommener Gast, vorausgesetzt, daß er nichts dagegen hat, in der Küche sozusagen am Trompetertisch Platz zu nehmen. Für meine gute Schmolke bürge ich. Die hat eine Vorliebe für Pudel, und wenn sie nun gar von seiner Treue hört...«

»So wird sie«, warf Distelkamp ein, »ihm einen Extrazipfel schwerlich versagen.«

»Gewiß nicht. Und darin stimme ich meiner guten Schmolke von Herzen bei. Denn die Treue, von der heutzutage jeder red't, wird in Wahrheit immer rarer, und Fips predigt in seiner Stadtgegend, soviel ich weiß, umsonst.«

Diese von Schmidt anscheinend leicht und wie im Scherze hingesprochenen Worte richteten sich doch ziemlich ernsthaft an den sonst gerade von ihm protegierten Friedeberg, dessen stadtkundig unglückliche Ehe, neben anderem, auch mit einem entschiedenen Mangel an Treue, besonders während seiner Mal- und Landschaftsstudien auf der Woltersdorfer Schleuse, zusammenhing. Friedeberg fühlte den Stich auch sehr wohl heraus und wollte sich durch eine Verbindlichkeit gegen Schmidt aus der Affäre ziehen, kam aber nicht dazu, weil in ebendiesem Augenblicke die Schmolke eintrat und, unter einer Verbeugung gegen die anderen Herren, ihrem Professor ins Ohr flüsterte, »daß angerichtet sei«.

»Nun, lieben Freunde, dann bitt' ich...« Und Distelkamp an der Hand nehmend, schritt er, unter Passierung des Entrees, auf das Gesellschaftszimmer zu, drin die Abendtafel gedeckt war. Ein eigentliches Eßzimmer hatte die Wohnung nicht. Friedeberg und Etienne folgten.

SIEBENTES KAPITEL

Das Zimmer war dasselbe, in welchem Corinna, am Tage zuvor, den Besuch der Kommerzienrätin empfangen hatte. Der mit Lichtern und Weinflaschen gut besetzte Tisch stand, zu vieren gedeckt, in der Mitte; darüber hing eine Hängelampe. Schmidt setzte sich mit dem Rücken gegen den Fensterpfeiler, seinem Freunde Friedeberg gegenüber, der seinerseits von seinem Platz aus zugleich den Blick in den Spiegel hatte. Zwischen den blanken Messingleuchtern standen ein paar auf einem Basar gewonnene Porzellanvasen, aus deren halb gezahnter, halb wellenförmiger Öffnung – dentatus et undulatus, sagte Schmidt – kleine Marktsträuße von Goldlack und Vergißmeinnicht hervorwuchsen. Quer vor den Weingläsern lagen lange Kümmelbrote, denen der Gastgeber, wie allem Kümmlichen, eine ganz besondere Fülle gesundheitlicher Gaben zuschrieb.

Das eigentliche Gericht fehlte noch, und Schmidt, nachdem er sich von dem statutarisch festgesetzten Trarbacher bereits zweimal eingeschenkt, auch beide Knusperspitzen von seinem Kümmelbrötchen abgebrochen hatte, war ersichtlich auf dem Punkte, starke Spuren von Mißstimmung und Ungeduld zu zeigen, als sich endlich die zum Entree führende Tür auftat und die Schmolke, rot von Erregung und Herdfeuer, eintrat, eine mächtige Schüssel mit Oderkrebsen vor sich her tragend. »Gott sei Dank«, sagte Schmidt, »ich dachte schon, alles wäre den Krebsgang gegangen«, eine unvorsichtige Bemerkung, die die Kongestionen der Schmolke nur noch steigerte, das Maß ihrer guten Laune aber ebensosehr sinken ließ. Schmidt, seinen Fehler rasch erkennend, war kluger Feldherr genug, durch einige Verbindlichkeiten die Sache wieder auszugleichen. Freilich nur mit halbem Erfolg.

Als man wieder allein war, unterließ es Schmidt nicht, sofort den verbindlichen Wirt zu machen. Natürlich auf seine Weise. »Sieh, Distelkamp, dieser hier ist für dich. Er hat eine große und eine kleine Schere, und das sind immer die besten. Es gibt Spiele der Natur, die mehr sind als bloßes Spiel und dem Weisen als Wegweiser dienen; dahin gehören beispielsweise die Pontacapfelsinen, und die Borsdorfer mit einer Pocke. Denn es steht fest, je pockenreicher, desto schöner... Was wir hier vor uns haben, sind Oderbruchkrebse; wenn ich recht berichtet bin, aus der Küstriner Gegend. Es scheint, daß durch die Vermählung von Oder und Warthe besonders gute Resultate vermittelt werden. Übrigens, Friedeberg, sind Sie nicht eigentlich da zu Haus? Ein halber Neumärker oder Oderbrücher.« Friedeberg bestätigte. »Wußt' es; mein Gedächtnis täuscht mich selten. Und nun sagen Sie, Freund, ist dies nach Ihren persönlichen Erfahrungen, mutmaßlich als streng lokale Produktion anzusehen, oder ist es mit den Oderbruchkrebsen wie mit den Werderschen Kirschen, deren Gewinnungsgebiet sich nächstens über die ganze Provinz Brandenburg erstrecken wird?«

»Ich glaube doch«, sagte Friedeberg, während er durch eine geschickte, durchaus den Virtuosen verratende Gabelwendung einen weiß und rosa schimmernden Krebsschwanz aus seiner Stachelschale hob, »ich glaube doch, daß hier ein Segeln unter zuständiger Flagge stattfindet und daß wir auf dieser Schüssel wirkliche Oderkrebse vor uns haben, echteste Ware, nicht bloß dem Namen nach, sondern auch de facto.«

»De facto«, wiederholte der in Friedebergs Latinität eingeweihte Schmidt unter behaglichem Schmunzeln.

Friedeberg aber fuhr fort: »Es werden nämlich, um Küstrin herum, immer noch Massen gewonnen, trotzdem es nicht mehr das ist, was es war. Ich habe selbst noch Wunderdinge davon gesehen, aber freilich nichts in Vergleich zu dem, was die Leute von alten Zeiten her erzählten. Damals, vor hundert Jahren, oder vielleicht auch noch länger, gab es so viele Krebse, daß sie durchs ganze Bruch hin, wenn sich im Mai das Überschwemmungswasser wieder verlief, von den Bäumen geschüttelt wurden, zu vielen Hunderttausenden.«

»Dabei kann einem ja ordentlich das Herz lachen«, sagte Etienne, der ein Feinschmecker war.

»Ja, hier an diesem Tisch; aber dort in der Gegend lachte man nicht darüber. Die Krebse waren wie eine Plage, natürlich ganz entwertet, und bei der dienenden Bevölkerung, die damit geatzt werden sollte, so verhaßt und dem Magen der Leute so widerwärtig, daß es verboten war, dem Gesinde *mehr* als dreimal wöchentlich Krebse vorzusetzen. Ein Schock Krebse kostete einen Pfennig.«

»Ein Glück, daß das die Schmolke nicht hört«, warf Schmidt ein, »sonst würd' ihr ihre Laune zum zweiten Male verdorben. Als richtige Berlinerin ist sie nämlich für ewiges Sparen, und ich glaube nicht, daß sie die Tatsache ruhig verwinden würde, die Epoche von ›ein Pfennig pro Schock‹ so total versäumt zu haben.«

»Darüber darfst du nicht spotten, Schmidt«, sagte Distelkamp. »Das ist eine Tugend, die der modernen Welt, neben vielem anderen, immer mehr verloren geht.«

»Ja, da sollst du recht haben. Aber meine gute Schmolke hat doch auch in diesem Punkte les défauts de ses vertus. So heißt es ja wohl, Etienne?«

»Gewiß«, sagte dieser. »Von der George Sand. Und fast ließe sich sagen, ›les défauts de ses vertus‹ und ›comprendre c'est pardonner‹ – das sind so recht eigentlich die Sätze, wegen deren sie gelebt hat.«

»Und dann vielleicht auch von wegen dem Alfred de Musset«, ergänzte Schmidt, der nicht gern eine Gelegenheit vorübergehen ließ, sich, aller Klassizität unbeschadet, auch ein modern literarisches Ansehen zu geben.

»Ja, wenn man will, auch von wegen dem Alfred de Musset. Aber das sind Dinge, daran die Literaturgeschichte glücklicherweise vorübergeht.«

»Sage das nicht, Etienne, nicht glücklicherweise, sage leider. Die Geschichte geht fast immer an dem vorüber, was sie vor allem festhalten sollte. Daß der Alte Fritz am Ende seiner Tage dem damaligen Kammergerichtspräsidenten, Namen hab' ich vergessen, den Krückstock an den Kopf warf, und, was mir noch wichtiger ist, daß er durchaus bei seinen Hunden begraben sein wollte, weil er die Menschen, diese ›mechante Rasse‹, so gründlich verachtete – sieh, Freund, das ist mir mindestens ebensoviel wert wie Hohenfriedberg oder Leuthen. Und die berühmte Torgauer Ansprache ›Rackers, wollt ihr denn ewig leben‹ geht mir eigentlich noch über Torgau selbst.«

Distelkamp lächelte. »Das sind so Schmidtiana. Du warst

immer fürs Anekdotische, fürs Genrehafte. Mir gilt in der Geschichte nur das Große, nicht das Kleine, das Nebensächliche.«

»Ja und nein, Distelkamp. Das Nebensächliche, soviel ist richtig, gilt nichts, wenn es bloß nebensächlich ist, wenn nichts drin steckt. Steckt aber was drin, dann ist es die Hauptsache, denn es gibt einem dann immer das eigentlich Menschliche.«

»Poetisch magst du recht haben.«

»Das Poetische — vorausgesetzt, daß man etwas anderes darunter versteht als meine Freundin Jenny Treibel —, das Poetische hat immer recht; es wächst weit über das Historische hinaus...«

Es war dies ein Schmidtsches Lieblingsthema, drin der alte Romantiker, der er eigentlich mehr als alles andere war, jedesmal so recht zur Geltung kam; aber heute sein Steckenpferd zu reiten verbot sich ihm doch, denn ehe er noch zu wuchtiger Auseinandersetzung ausholen konnte, hörte man Stimmen vom Entree her, und im nächsten Augenblicke traten Marcell und Corinna ein, Marcell befangen und fast verstimmt, Corinna nach wie vor in bester Laune. Sie ging zur Begrüßung auf Distelkamp zu, der ihr Pate war und ihr immer kleine Verbindlichkeiten sagte. Dann gab sie Friedeberg und Etienne die Hand und machte den Schluß bei ihrem Vater, dem sie, nachdem er sich auf ihre Ordre mit der breit vorgebundenen Serviette den Mund abgeputzt hatte, einen herzhaften Kuß gab.

»Nun, Kinder, was bringt ihr? Rückt hier ein. Platz die Hülle und Fülle. Rindfleisch hat abgeschrieben... Griechische Gesellschaft... und die beiden anderen fehlen als Anhängsel natürlich von selbst. Aber kein anzügliches Wort mehr, ich habe ja Besserung geschworen und will's halten. Also, Corinna, du drüben neben Distelkamp, Marcell hier zwischen Etienne und mir. Ein Besteck wird die Schmolke wohl gleich bringen... So; so ist's recht... Und wie sich das gleich anders ausnimmt! Wenn so Lücken klaffen, denk' ich immer, Banquo steigt auf. Nun, Gott sei Dank, Marcell, von Banquo hast du nicht viel, oder wenn doch vielleicht, so verstehst du's, deine Wunden zu verbergen. Und nun erzählt, Kinder. Was macht Treibel? Was macht meine Freundin Jenny? Hat sie gesungen?

Ich wette, das ewige Lied, *mein* Lied, die berühmte Stelle ›Wo sich Herzen finden‹, und Adolar Krola hat begleitet. Wenn ich dabei nur mal in Krolas Seele lesen könnte. Vielleicht aber steht er doch milder und menschlicher dazu. Wer jeden Tag zu zwei Diners geladen ist und mindestens anderthalb mitmacht... Aber bitte, Corinna, klingle.«

»Nein, ich gehe lieber selbst, Papa. Die Schmolke läßt sich nicht gerne klingeln; sie hat so ihre Vorstellungen von dem, was sie sich und ihrem Verstorbenen schuldig ist. Und ob ich wiederkomme, die Herren wollen verzeihen, weiß ich auch nicht; ich glaube kaum. Wenn man solchen Treibelschen Tag hinter sich hat, ist es das schönste, darüber nachzudenken, wie das alles so kam und was einem alles gesagt wurde. Marcell kann ja statt meiner berichten. Und nur noch so viel, ein höchst interessanter Engländer war mein Tischnachbar, und wer es von Ihnen vielleicht nicht glauben will, daß er so sehr interessant gewesen, dem brauche ich bloß den Namen zu nennen, er hieß nämlich Nelson. Und nun Gott befohlen.«

Und damit verabschiedete sich Corinna.

Das Besteck für Marcell kam, und als dieser, nur um des Onkels gute Laune nicht zu stören, um einen Kost- und Probekrebs gebeten hatte, sagte Schmidt: »Fange nur erst an. Artischocken und Krebse kann man immer essen, auch wenn man von einem Treibelschen Diner kommt. Ob sich vom Hummer dasselbe sagen läßt, mag dahingestellt bleiben. Mir persönlich ist allerdings auch der Hummer immer gut bekommen. Ein eigen Ding, daß man aus Fragen der Art nie herauswächst, sie wechseln bloß ab im Leben. Ist man jung, so heißt es ›hübsch oder häßlich‹, ›brünett oder blond‹, und liegt dergleichen hinter einem, so steht man vor der vielleicht wichtigeren Frage ›Hummer oder Krebse‹. Wir könnten übrigens darüber abstimmen. Andererseits, so viel muß ich zugeben, hat Abstimmung immer was Totes, Schablonenhaftes und paßt mir außerdem nicht recht; ich möchte nämlich Marcell gern ins Gespräch ziehen, der eigentlich dasitzt, als sei ihm die Gerste verhagelt. Also lieber Erörterung der Frage, Debatte. Sage, Marcell, was ziehst du vor?«

»Versteht sich, Hummer.«

»Schnell fertig ist die Jugend mit dem Wort. Auf den ersten Anlauf, mit ganz wenig Ausnahmen, ist jeder für Hummer, schon weil er sich auf Kaiser Wilhelm berufen kann. Aber so schnell erledigt sich das nicht. Natürlich, wenn solch ein Hummer aufgeschnitten vor einem liegt, und der wundervolle rote Rogen, ein Bild des Segens und der Fruchtbarkeit, einem zu allem anderen auch noch die Gewißheit gibt, ›es wird immer Hummer geben‹, auch nach Äonen noch, gerade so wie heute...«

Distelkamp sah seinen Freund Schmidt von der Seite her an.

»... Also einem die Gewißheit gibt, auch nach Äonen noch werden Menschenkinder sich dieser Himmelsgabe freuen – ja, Freunde, wenn man sich mit diesem Gefühl des Unendlichen durchdringt, so kommt das darin liegende Humanitäre dem Hummer und unserer Stellung zu ihm unzweifelhaft zugute. Denn jede philanthropische Regung, weshalb man die Philanthropie schon aus Selbstsucht kultivieren sollte, bedeutet die Mehrung eines gesunden und zugleich verfeinerten Appetits. Alles Gute hat seinen Lohn in sich, so viel ist unbestreitbar.«

»Aber...«

»Aber es ist trotzdem dafür gesorgt, auch hier, daß die Bäume nicht in den Himmel wachsen, und neben dem Großen hat das Kleine nicht bloß seine Berechtigung, sondern auch seine Vorzüge. Gewiß, dem Krebse fehlt dies und das, er hat sozusagen nicht das ›Maß‹, was, in einem Militärstaate wie Preußen, immerhin etwas bedeutet, aber demohnerachtet, auch *er* darf sagen: ich habe nicht umsonst gelebt. Und wenn er dann, er, der Krebs, in Petersilienbutter geschwenkt, im allerappetitlichsten Reize vor uns hintritt, so hat er Momente wirklicher Überlegenheit, vor allem auch darin, daß sein Bestes nicht eigentlich gegessen, sondern geschlürft, gesogen wird. Und daß gerade das, in der Welt des Genusses, seine besonderen Meriten hat, wer wollte das bestreiten? Es ist, sozusagen, das natürlich Gegebene. Wir haben da in erster Reihe den Säugling, für den saugen zugleich leben heißt. Aber auch in den höheren Semestern...«

»Laß es gut sein, Schmidt«, unterbrach Distelkamp. »Mir ist nur immer merkwürdig, daß du, neben Homer und sogar neben Schliemann, mit solcher Vorliebe Kochbuchliches behandelst, reine Menufragen, als ob du zu den Bankiers und Geldfürsten gehörtest, von denen ich bis auf weiteres annehme, daß sie gut essen...«

»Mir ganz unzweifelhaft.«

»Nun, sieh, Schmidt, diese Herren von der hohen Finanz, darauf möcht' ich mich verwetten, sprechen nicht mit halb soviel Lust und Eifer von einer Schildkrötensuppe wie du.«

»Das ist richtig, Distelkamp, und sehr natürlich. Sieh, ich habe die Frische, die macht's; auf die Frische kommt es an, in allem. Die Frische gibt einem die Lust, den Eifer, das Interesse, und wo die Frische nicht ist, da ist gar nichts. Das ärmste Leben, das ein Menschenkind führen kann, ist das des petit crevé. Lauter Zappeleien; nichts dahinter. Hab' ich recht, Etienne?«

Dieser, der in allem Parisischen regelmäßig als Autorität angerufen wurde, nickte zustimmend, und Distelkamp ließ die Streitfrage fallen oder war geschickt genug, ihr eine neue Richtung zu geben, indem er aus dem allgemein Kulinarischen auf einzelne berühmte kulinarische Persönlichkeiten überlenkte, zunächst auf den Freiherrn von Rumohr, und im raschen Anschluß an diesen auf den ihm persönlich befreundet gewesenen Fürsten Pückler-Muskau. Besonders dieser letztere war Distelkamps Schwärmerei. Wenn man dermaleinst das Wesen des modernen Aristokratismus an einer historischen Figur werde nachweisen wollen, so werde man immer den Fürsten Pückler als Musterbeispiel nehmen müssen. Dabei sei er durchaus liebenswürdig gewesen, allerdings etwas launenhaft, eitel und übermütig, aber immer grundgut. Es sei schade, daß solche Figuren ausstürben. Und nach diesen einleitenden Sätzen begann er speziell von Muskau und Branitz zu erzählen, wo er vordem oft tagelang zu Besuch gewesen war und sich mit der märchenhaften, von »Semilassos Weltfahrten« mit heimgebrachten Abessinierin über Nahes und Fernes unterhalten hatte.

Schmidt hörte nichts Lieberes als Erlebnisse der Art, und nun gar von Distelkamp, vor dessen Wissen und Charakter er überhaupt einen ungeheuchelten Respekt hatte.

Marcell teilte ganz und gar diese Vorliebe für den alten Direktor und verstand außerdem – obwohl geborner Berliner – gut und mit Interesse zuzuhören; trotzdem tat er heute Fragen über Fragen, die seine volle Zerstreutheit bewiesen. Er war eben mit anderem beschäftigt.

So kam elf heran, und mit dem Glockenschlage – ein Satz von Schmidt wurde mitten durchgeschnitten – erhob man sich und trat aus dem Eßzimmer in das Entree, darin seitens der Schmolke die Sommerüberzieher samt Hut und Stock schon in Bereitschaft gelegt waren. Jeder griff nach dem seinen, und nur Marcell nahm den Oheim einen Augenblick beiseite und sagte: »Onkel, ich spräche gerne noch ein Wort mit dir«, ein Ansinnen, zu dem dieser, jovial und herzlich wie immer, seine volle Zustimmung ausdrückte. Dann, unter Vorantritt der Schmolke, die mit der Linken den messingenen Leuchter über den Kopf hielt, stiegen Distelkamp, Friedeberg und Etienne zunächst treppab und traten gleich danach in die muffig schwüle Adlerstraße hinaus. Oben aber nahm Schmidt seines Neffen Arm und schritt mit ihm auf seine Studierstube zu.

»Nun, Marcell, was gibt es? Rauchen wirst du nicht, du siehst mir viel zu bewölkt aus; aber verzeih, *ich* muß mir erst eine Pfeife stopfen.« Und dabei ließ er sich, den Tabakskasten vor sich herschiebend, in eine Sofaecke nieder. »So! Marcell... Und nun nimm einen Stuhl und setz dich und schieße los. Was gibt es?«

»Das alte Lied.«

»Corinna?«

»Ja.«

»Ja, Marcell, nimm mir's nicht übel, aber das ist ein schlechter Liebhaber, der immer väterlichen Vorspann braucht, um von der Stelle zu kommen. Du weißt, ich bin dafür. Ihr seid wie geschaffen für einander. Sie übersieht dich und uns alle; das Schmidtsche strebt in ihr nicht bloß der Vollendung zu, sondern, ich muß das sagen, trotzdem ich ihr Vater bin, kommt auch ganz nah ans Ziel. Nicht jede Familie kann das ertragen. Aber das Schmidtsche setzt sich aus solchen Ingredienzien zusammen, daß die Vollendung, von der ich spreche, nie bedrücklich wird. Und warum nicht? Weil die Selbstironie, in der wir, glaube ich, groß sind, immer wieder ein Fragezeichen hinter der Vollendung macht. Das ist recht eigentlich das, was ich das Schmidtsche nenne. Folgst du?«

»Gewiß, Onkel. Sprich nur weiter.«

»Nun, sieh, Marcell, ihr paßt ganz vorzüglich zusammen. Sie hat die genialere Natur, hat so den letzten Knips von der Sache weg, aber das gibt keineswegs das Übergewicht im Leben. Fast im Gegenteil. Die Genialen bleiben immer halbe Kinder, in Eitelkeit befangen, und verlassen sich immer auf Intuition und bon sens und Sentiment und wie all die französischen Worte heißen mögen. Oder wir können auch auf gut Deutsch sagen, sie verlassen sich auf ihre guten Einfälle. Damit ist es nun aber soso; manchmal wetterleuchtet es freilich eine halbe Stunde lang oder auch noch länger, gewiß, das kommt vor; aber mit einem Male ist das Elektrische wie verblitzt, und nun bleibt nicht bloß der Esprit aus wie Röhrwasser, sondern auch der gesunde Menschenverstand. Ja, der erst recht. Und so ist es auch mit Corinna. Sie bedarf einer verständigen Leitung, das heißt sie bedarf eines Mannes von Bildung und Charakter. Das bist du, das hast du. Du hast also meinen Segen; alles andere mußt du dir selber besorgen.«

»Ja, Onkel, das sagst du immer. Aber wie soll ich das anfangen? Eine lichterlohe Leidenschaft kann ich in ihr nicht entzünden. Vielleicht ist sie solcher Leidenschaft nicht einmal fähig; aber wenn auch, wie soll ein Vetter seine Cousine zur Leidenschaft anstacheln? Das kommt gar nicht vor. Die Leidenschaft ist etwas Plötzliches, und wenn man von seinem fünften Jahr an immer zusammen gespielt und sich, sagen wir, hinter den Sauerkrauttonnen eines Budikers oder in einem Torf- und Holzkeller unzählige Male stundenlang versteckt hat, immer gemeinschaftlich und immer glückselig, daß Richard oder Arthur, trotzdem sie dicht um einen herum waren, einen doch nicht finden konnten, ja, Onkel, da ist von Plötzlichkeit, dieser Vorbedingung der Leidenschaft, keine Rede mehr.«

Schmidt lachte. »Das hast du gut gesagt, Marcell, eigentlich über deine Mittel. Aber es steigert nur meine Liebe zu dir. Das Schmidtsche steckt doch auch in dir und ist nur unter dem steifen Wedderkoppschen etwas vergraben. Und *das* kann ich dir sagen, wenn du diesen Ton Corinna gegenüber festhältst, dann bist du durch, dann hast du sie sicher.«

»Ach, Onkel, glaube doch das nicht. Du verkennst Corinna. Nach der einen Seite hin kennst du sie ganz genau, aber nach der anderen Seite hin kennst du sie gar nicht. Alles, was klug und tüchtig und, vor allem, was espritvoll an ihr ist, das siehst du mit beiden Augen, aber was äußerlich und modern an ihr ist, das siehst du nicht. Ich kann nicht sagen, daß sie jene niedrigstehende Gefallsucht hat, die jeden erobern will, er sei, wer er sei; von dieser Koketterie hat sie nichts. Aber sie nimmt sich erbarmungslos *einen* aufs Korn, einen, an dessen Spezialeroberung ihr gelegen ist, und du glaubst gar nicht, mit welcher grausamen Konsequenz, mit welcher infernalen Virtuosität sie dies von ihr erwählte Opfer in ihre Fäden einzuspinnen weiß.«

»Meinst du?«

»Ja, Onkel. Heute bei Treibels hatten wir wieder ein Musterbeispiel davon. Sie saß zwischen Leopold Treibel und einem Engländer, dessen Namen sie dir ja schon genannt hat, einem Mr. Nelson, der, wie die meisten Engländer aus guten Häusern, einen gewissen Naivitätscharme hatte, sonst aber herzlich wenig bedeutete. Nun hättest du Corinna sehen sollen. Sie beschäftigte sich anscheinend mit niemand anderem als diesem Sohn Albions, und es gelang ihr auch, ihn in Staunen zu setzen. Aber glaube nur ja nicht, daß ihr an dem flachsblonden Mr. Nelson im geringsten gelegen gewesen wäre; gelegen war ihr bloß an Leopold Treibel, an den sie kein einziges Wort, oder wenigstens nicht viele, direkt richtete, und dem zu Ehren sie doch eine Art von französischem Proverbe aufführte, kleine Komödie, dramatische Szene. Und wie ich dir versichern kann, Onkel, mit vollständigstem Erfolg. Dieser unglückliche Leopold hängt schon lange an ihren Lippen und saugt das süße Gift ein, aber so wie heute habe ich ihn doch noch nicht gesehen. Er war von Kopf bis zu Fuß die helle Bewunderung, und jede Miene schien ausdrücken zu wollen: ›Ach, wie langweilig ist Helene (das ist, wie du dich vielleicht erinnerst, die Frau seines Bruders), und wie wundervoll ist diese Corinna.‹«

»Nun gut, Marcell, aber das alles kann ich so schlimm nicht finden. Warum soll sie nicht ihren Nachbar zur Rechten unterhalten, um auf ihren Nachbar zur Linken einen Eindruck zu machen? Das kommt alle Tage vor, das sind so kleine Capricen, an denen die Frauennatur reich ist.«

»Du nennst es Capricen, Onkel. Ja, wenn die Dinge so lägen! Es liegt aber anders. Alles ist Berechnung: sie will den Leopold heiraten.«

»Unsinn, Leopold ist ein Junge.«

»Nein, er ist fünfundzwanzig, gerade so alt wie Corinna selbst. Aber wenn er auch noch ein bloßer Junge wäre, Corinna hat sich's in den Kopf gesetzt und wird es durchführen.«

»Nicht möglich.«

»Doch, doch. Und nicht bloß möglich, sondern ganz gewiß. Sie hat es mir, als ich sie zur Rede stellte, selber gesagt. Sie will Leopold Treibels Frau werden, und wenn der Alte das Zeitliche segnet, was doch, wie sie mir versicherte, höchstens noch zehn Jahre dauern könne, und wenn er in seinem Zossener Wahlkreise gewählt würde, keine fünfe mehr, so will sie die Villa beziehen, und wenn ich sie recht taxiere, so wird sie zu dem grauen Kakadu noch einen Pfauhahn anschaffen.«

»Ach, Marcell, das sind Visionen.«

»Vielleicht von ihr, wer will's sagen? aber sicherlich nicht von mir. Denn all das waren ihre eigensten Worte. Du hättest sie hören sollen, Onkel, mit welcher Suffisance sie von ›kleinen Verhältnissen‹ sprach und wie sie das dürftige Kleinleben ausmalte, für das sie nun mal nicht geschaffen sei; sie sei nicht für Speck und Wruken und all dergleichen ... und du hättest nur hören sollen, *wie* sie das sagte, nicht bloß so drüber hin, nein, es klang geradezu was von Bitterkeit mit durch, und ich sah zu meinem Schmerz, wie veräußerlicht sie ist und wie die verdammte neue Zeit sie ganz in Banden hält.«

»Hm«, sagte Schmidt, »das gefällt mir nicht, namentlich das mit den Wruken. Das ist bloß ein dummes Vornehmtun und ist auch kulinarisch eine Torheit; denn alle Gerichte, die Friedrich Wilhelm I. liebte, so zum Beispiel Weißkohl mit Hammelfleisch oder Schlei mit Dill – ja, lieber Marcell, was will dagegen aufkommen? Und dagegen Front zu machen, ist einfach Unverstand. Aber glaube mir, Corinna macht auch nicht Front dagegen, dazu ist sie viel zu sehr ihres Vaters Tochter, und wenn sie sich darin gefallen hat, dir von Modernität zu sprechen und dir vielleicht eine Pariser Hutnadel oder eine Sommerjacke, dran alles chic und wieder chic ist, zu beschreiben und so zu tun, als ob es in der ganzen Welt nichts gäbe, was an Wert und Schönheit damit verglichen werden könnte, so ist das alles bloß Feuerwerk, Phantasietätigkeit, jeu d'esprit, und wenn es ihr morgen paßt, dir einen Pfarramtskandidaten in der Jasminlaube zu beschreiben, der selig in Lottchens Armen ruht, so leistet sie das mit demselben Aplomb und mit derselben Virtuosität. Das ist, was ich das Schmidtsche nenne. Nein, Marcell, darüber darfst du dir keine grauen Haare wachsen lassen; das ist alles nicht ernstlich gemeint...«

»Es *ist* ernstlich gemeint...«

»Und *wenn* es ernstlich gemeint ist – was ich vorläufig noch nicht glaube, denn Corinna ist eine sonderbare Person –, so nutzt ihr dieser Ernst nichts, gar nichts, und es wird *doch* nichts draus. Darauf verlaß dich, Marcell. Denn zum Heiraten gehören zwei.«

»Gewiß, Onkel. Aber Leopold will womöglich noch mehr als Corinna...«

»Was gar keine Bedeutung hat. Denn laß dir sagen, und damit sprech' ich ein großes Wort gelassen aus: die Kommerzienrätin will *nicht*.«

»Bist du dessen so sicher?«

»Ganz sicher.«

»Und hast auch Zeichen dafür?«

»Zeichen und Beweise, Marcell. Und zwar Zeichen und Beweise, die du in deinem alten Onkel Wilibald Schmidt hier leibhaftig vor dir siehst...«

»Das wäre?«

»Ja, Freund, leibhaftig vor dir siehst. Denn ich habe das Glück gehabt, an mir selbst, und zwar als Objekt und Opfer, das Wesen meiner Freundin Jenny studieren zu können. Jenny Bürstenbinder, das ist ihr Vatersname, wie du vielleicht schon weißt, ist der Typus einer Bourgeoise. Sie war talentiert dafür, von Kindesbeinen an, und in jenen Zeiten, wo sie noch drüben in ihres Vaters Laden, wenn der Alte gerade nicht hinsah, von den Traubenrosinen naschte, da war sie schon geradeso wie heut' und deklamierte den ›Taucher‹ und den ›Gang nach dem Eisenhammer‹ und auch allerlei kleine Lieder, und wenn es recht was Rührendes war, so war ihr Auge schon damals immer in Tränen, und als ich eines Tages mein berühmtes Gedicht gedichtet hatte, du weißt schon, das Unglücksding, das sie seitdem immer singt und vielleicht auch heute wieder gesungen hat, da warf sie sich mir an die Brust und sagte: ›Wilibald, einziger, das kommt von Gott.‹ Ich sagte halb verlegen etwas von meinem Gefühl und meiner Liebe, sie blieb aber dabei, es sei von Gott, und dabei schluchzte sie dermaßen, daß ich, so glücklich ich einerseits in meiner Eitelkeit war, doch auch wieder einen Schreck kriegte vor der Macht dieser Gefühle. Ja, Marcell, das war so unsere stille Verlobung, ganz still, aber doch immerhin eine Verlobung; wenigstens nahm ich's dafür und strengte mich riesig an, um so rasch wie möglich mit meinem Studium am Ende zu sein und mein Examen zu machen. Und ging auch alles vortrefflich. Als ich nun aber kam, um die Verlobung perfekt zu machen, da hielt sie mich hin, war abwechselnd vertraulich und dann wieder fremd, und während sie nach wie vor das Lied sang, *mein* Lied, liebäugelte sie mit jedem, der ins Haus kam, bis endlich Treibel erschien und dem Zauber ihrer kastanienbraunen Locken und mehr noch ihrer Sentimentalitäten erlag. Denn der Treibel von damals war noch nicht der Treibel von heut', und am andern Tag kriegte ich die Verlobungskarten. Alles in allem eine sonderbare Geschichte, daran, das glaub' ich sagen zu dürfen, andere Freundschaften gescheitert wären; aber ich bin kein Übelnehmer und Spielverderber, und in dem Liede, drin sich, wie du weißt, ›die Herzen finden‹ – beiläufig eine himmlische Trivialität und ganz wie geschaffen für Jenny Treibel –, in dem Liede lebt unsre Freundschaft fort bis diesen Tag, ganz so, als sei nichts vorgefallen. Und am Ende, warum auch nicht? Ich persönlich bin drüber weg, und Jenny Treibel hat ein Talent, alles zu vergessen, was sie vergessen will. Es ist eine gefährliche Person, und um so gefährlicher, als sie's selbst nicht recht weiß und sich aufrichtig einbildet, ein gefühlvolles

Herz und vor allem ein Herz ›für das Höhere‹ zu haben. Aber sie hat nur ein Herz für das Ponderable, für alles, was ins Gewicht fällt und Zins trägt, und für viel weniger als eine halbe Million gibt sie den Leopold nicht fort, die halbe Million mag herkommen, woher sie will. Und dieser arme Leopold selbst. Soviel weißt du doch, der ist nicht der Mensch des Aufbäumens oder der Eskapade nach Gretna Green. Ich sage dir, Marcell, unter Brückner tun es Treibels nicht, und Koegel ist ihnen noch lieber. Denn je mehr es nach Hof schmeckt, desto besser. Sie liberalisieren und sentimentalisieren beständig, aber das alles ist Farce; wenn es gilt Farbe zu bekennen, dann heißt es: ›Gold ist Trumpf‹ und weiter nichts.«

»Ich glaube, daß du Leopold unterschätzest.«

»Ich fürchte, daß ich ihn noch überschätze. Ich kenn' ihn noch aus der Untersekunda her. Weiter kam er nicht; wozu auch? Guter Mensch, Mittelgut, und als Charakter noch unter mittel.«

»Wenn du mit Corinna sprechen könntest.«

»Nicht nötig, Marcell. Durch Dreinreden stört man nur den natürlichen Gang der Dinge. Mag übrigens alles schwanken und unsicher sein, eines steht fest: der Charakter meiner Freundin Jenny. Da ruhen die Wurzeln deiner Kraft. Und wenn Corinna sich in Tollheiten überschlägt, laß sie; den Ausgang der Sache kenn' ich. Du sollst sie haben, und du wirst sie haben, und vielleicht eher, als du denkst.«

ACHTES KAPITEL

Treibel war ein Frühauf, wenigstens für einen Kommerzienrat, und trat nie später als acht Uhr in sein Arbeitszimmer, immer gestiefelt und gespornt, immer in sauberster Toilette. Er sah dann die Privatbriefe durch, tat einen Blick in die Zeitungen und wartete, bis seine Frau kam, um mit dieser gemeinschaftlich das erste Frühstück zu nehmen. In der Regel erschien die Rätin sehr bald nach ihm, heut aber verspätete sie sich, und weil der eingegangenen Briefe nur ein paar waren, die Zeitungen aber, in denen schon der Sommer vorspukte, wenig Inhalt hatten, so geriet Treibel in einen leisen Zustand von Unge-

duld und durchmaß, nachdem er sich rasch von seinem kleinen
Ledersofa erhoben hatte, die beiden großen nebenan gelege‑
nen Räume, darin sich die Gesellschaft vom Tage vorher ab‑
gespielt hatte. Das obere Schiebefenster des Garten- und Eß‑
saales war ganz heruntergelassen, so daß er, mit den Armen
sich auflehnend, in bequemer Stellung in den unter ihm gele‑
genen Garten hinabsehen konnte. Die Szenerie war wie ge‑
stern, nur statt des Kakadu, der noch fehlte, sah man draußen
die Honig, die, den Bologneser der Kommerzienrätin an einer
Strippe führend, um das Bassin herumschritt. Dies geschah
jeden Morgen und dauerte Mal für Mal, bis der Kakadu seinen
Stangenplatz einnahm oder in seinem blanken Käfig ins Freie
gestellt wurde, worauf sich dann die Honig mit dem Bologne‑
ser zurückzog, um einen Ausbruch von Feindseligkeiten zwi‑
schen den beiden gleichmäßig verwöhnten Lieblingen des
Hauses zu vermeiden. Das alles indessen stand heute noch
aus. Treibel, immer artig, erkundigte sich, von seiner Fenster‑
stellung aus, erst nach dem Befinden des Fräuleins – was die
Kommerzienrätin, wenn sie's hörte, jedesmal sehr überflüssig
fand – und fragte dann, als er beruhigende Versicherungen
darüber entgegengenommen hatte, wie sie Mr. Nelsons eng‑
lische Aussprache gefunden habe, dabei von der mehr oder
weniger überzeugten Ansicht ausgehend, daß es jeder von
einem Berliner Schulrat examinierten Erzieherin ein kleines
sein müsse, dergleichen festzustellen. Die Honig, die diesen
Glauben nicht gern zerstören wollte, beschränkte sich darauf,
die Korrektheit von Mr. Nelsons A anzuzweifeln und diesem
seinem A eine nicht ganz statthafte Mittelstellung zwischen der
englischen und schottischen Aussprache dieses Vokals zuzuer‑
kennen, eine Bemerkung, die Treibel ganz ernsthaft hinnahm
und weiter ausgesponnen haben würde, wenn er nicht im sel‑
ben Moment ein leises Insschloßfallen einer der Vordertüren,
also mutmaßlich das Eintreten der Kommerzienrätin, erlauscht
hätte. Treibel hielt es auf diese Wahrnehmung hin für ange‑
zeigt, sich von der Honig zu verabschieden, und schritt wieder
auf sein Arbeitszimmer zu, in das in der Tat die Rätin eben
eingetreten war. Das auf einem Tablett wohl arrangierte Früh‑
stück stand schon da.

»Guten Morgen, Jenny... Wie geruht?«

»Doch nur passabel. Dieser furchtbare Vogelsang hat wie ein Alp auf mir gelegen.«

»Ich würde gerade diese bildersprachliche Wendung doch zu vermeiden suchen. Aber wie du darüber denkst... Im übrigen wollen wir das Frühstück nicht lieber draußen nehmen?«

Und der Diener, nachdem Jenny zugestimmt und ihrerseits auf den Knopf der Klingel gedrückt hatte, erschien wieder, um das Tablett auf einen der kleinen, in der Veranda stehenden Tische hinauszutragen. »Es ist gut, Friedrich«, sagte Treibel und schob jetzt höchst eigenhändig eine Fußbank heran, um es dadurch zunächst seiner Frau, zugleich aber auch sich selber nach Möglichkeit bequem zu machen. Denn Jenny bedurfte solcher Huldigungen, um bei guter Laune zu bleiben.

Diese Wirkung blieb denn auch heute nicht aus. Sie lächelte, rückte die Zuckerschale näher zu sich heran und sagte, während sie die gepflegte weiße Hand über den großen Blockstücken hielt: »Eins oder zwei?«

»Zwei, Jenny, wenn ich bitten darf. Ich sehe nicht ein, warum ich, der ich zur Runkelrübe, Gott sei Dank, keine Beziehungen unterhalte, die billigen Zuckerzeiten nicht fröhlich mitmachen soll.«

Jenny war einverstanden, tat den Zucker ein und schob gleich danach die kleine, genau bis an den Goldstreifen gefüllte Tasse dem Gemahl mit dem Bemerken zu: »Du hast die Zeitungen schon durchgesehen? Wie steht es mit Gladstone?«

Treibel lachte mit ganz ungewöhnlicher Herzlichkeit. »Wenn es dir recht ist, Jenny, bleiben wir vorläufig noch diesseits des Kanals, sagen wir in Hamburg oder doch in der Welt des Hamburgischen, und transponieren uns die Frage nach Gladstones Befinden in eine Frage nach unserer Schwiegertochter Helene. Sie war offenbar verstimmt, und ich schwanke nur noch, was in ihren Augen die Schuld trug. War es, daß sie selber nicht gut genug placiert war, oder war es, daß wir Mr. Nelson, ihren uns gütigst überlassenen oder, um es berlinisch zu sagen, ihren uns aufgepuckelten Ehrengast, so ganz einfach zwischen die Honig und Corinna gesetzt hatten?«

»Du hast eben gelacht, Treibel, weil ich nach Gladstone

fragte, was du nicht hättest tun sollen, denn wir Frauen dürfen so was fragen, wenn wir auch was ganz anderes meinen; aber ihr Männer dürft uns das nicht nachmachen wollen. Schon deshalb nicht, weil es euch nicht glückt oder doch jedenfalls noch weniger als uns. Denn soviel ist doch gewiß und kann dir nicht entgangen sein, ich habe niemals einen entzückteren Menschen gesehen als den guten Nelson; also wird Helene wohl nichts dagegen gehabt haben, daß wir ihren Protégé geradeso placierten, wie geschehen. Und wenn das auch eine ewige Eifersucht ist zwischen ihr und Corinna, die sich, ihrer Meinung nach, zuviel herausnimmt und...«

»...Und unweiblich ist und unhamburgisch, was nach ihrer Meinung so ziemlich zusammenfällt...«

»...So wird sie's ihr gestern«, fuhr Jenny, der Unterbrechung nicht achtend, fort, »wohl zum erstenmal verziehen haben, weil es ihr selber zugute kam oder ihrer Gastlichkeit, von der sie persönlich freilich so mangelhafte Proben gegeben hat. Nein, Treibel, nichts von Verstimmung über Mr. Nelsons Platz. Helene schmollt mit uns beiden, weil wir alle Anspielungen nicht verstehen wollen und ihre Schwester Hildegard noch immer nicht eingeladen haben. Übrigens ist Hildegard ein lächerlicher Name für eine Hamburgerin. Hildegard heißt man in einem Schlosse mit Ahnenbildern oder wo eine weiße Frau spukt. Helene schmollt mit uns, weil wir hinsichtlich Hildegards so schwerhörig sind.«

»Worin sie recht hat.«

»Und ich finde, daß sie darin unrecht hat. Es ist eine Anmaßung, die an Insolenz grenzt. Was soll das heißen? Sind wir in einem fort dazu da, dem Holzhof und seinen Angehörigen Honneurs zu machen? Sind wir dazu da, Helenens und ihrer Eltern Pläne zu begünstigen? Wenn unsre Frau Schwiegertochter durchaus die gastliche Schwester spielen will, so kann sie Hildegard ja jeden Tag von Hamburg her verschreiben und das verwöhnte Püppchen entscheiden lassen, ob die Alster bei der Uhlenhorst oder die Spree bei Treptow schöner ist. Aber was geht *uns* das alles an? Otto hat seinen Holzhof so gut wie du deinen Fabrikhof, und seine Villa finden viele Leute hübscher als die unsre, was auch zutrifft. Unsre ist beinah altmodisch und jedenfalls viel zu klein, so daß ich oft nicht aus noch ein weiß. Es bleibt dabei, mir fehlen wenigstens zwei Zimmer. Ich mag davon nicht viel Worte machen, aber wie kommen wir dazu, Hildegard einzuladen, als ob uns daran läge, die Beziehungen der beiden Häuser aufs eifrigste zu pflegen, und wie wenn wir nichts sehnlicher wünschten, als noch mehr Hamburger Blut in die Familie zu bringen...«

»Aber Jenny...«

»Nichts von ›aber‹, Treibel. Von solchen Sachen versteht ihr nichts, weil ihr kein Auge dafür habt. Ich sage dir, auf solche Pläne läuft es hinaus, und deshalb sollen wir die Einladenden sein. Wenn Helene Hildegarden einlädt, so bedeutet das so wenig, daß es nicht einmal die Trinkgelder wert ist, und die neuen Toiletten nun schon gewiß nicht. Was hat es für eine Bedeutung, wenn sich zwei Schwestern wiedersehen? Gar keine, sie passen nicht mal zusammen und schrauben sich beständig; aber wenn *wir* Hildegard einladen, so heißt das, die Treibels sind unendlich entzückt über ihre erste Hamburger Schwiegertochter und würden es für ein Glück und eine Ehre ansehen, wenn sich das Glück erneuern und verdoppeln und Fräulein Hildegard Munk Frau Leopold Treibel werden wollte. Ja, Freund, darauf läuft es hinaus. Es ist eine abgekartete Sache. Leopold soll Hildegard oder eigentlich Hildegard soll Leopold heiraten; denn Leopold ist bloß passiv und hat zu gehorchen. Das ist das, was die Munks wollen, was Helene will, und was unser armer Otto, der, Gott weiß es, nicht viel sagen darf, schließlich auch wird wollen müssen. Und weil wir zögern und mit der Einladung nicht recht heraus wollen, deshalb schmollt und grollt Helene mit uns und spielt die Zurückhaltende und Gekränkte und gibt die Rolle nicht einmal auf an einem Tage, wo ich ihr einen großen Gefallen getan und ihr den Mr. Nelson hierher eingeladen habe, bloß damit ihr die Plättbolzen nicht kalt werden.«

Treibel lehnte sich weiter zurück in den Stuhl und blies kunstvoll einen kleinen Ring in die Luft. »Ich glaube nicht, daß du recht hast. Aber wenn du recht hättest, was täte es? Otto lebt seit acht Jahren in einer glücklichen Ehe mit Helenen, was auch nur natürlich ist; ich kann mich nicht entsinnen, daß irgendwer aus meiner Bekanntschaft mit einer Hamburgerin in einer unglücklichen Ehe gelebt hätte. Sie sind alle so zweifelsohne, haben innerlich und äußerlich so was ungewöhnlich Gewaschenes und bezeugen in allem, was sie tun und nicht tun, die Richtigkeit der Lehre vom Einfluß der guten Kinderstube. Man hat sich ihrer nie zu schämen, und ihrem zwar bestrittenen, aber im stillen immer gehegten Herzenswunsche, ›für eine Engländerin gehalten zu werden‹, diesem Ideale kommen sie meistens sehr nah. Indessen das mag auf sich beruhen. Soviel steht jedenfalls fest, und ich muß es wiederholen, Helene Munk hat unsern Otto glücklich gemacht, und es ist mir höchst wahrscheinlich, daß Hildegard Munk unsren Leopold auch glücklich machen würde, ja noch glücklicher. Und wär' auch keine Hexerei, denn einen besseren Menschen als unsren Leopold gibt es eigentlich überhaupt nicht; er ist schon beinah eine Suse...«

»Beinah?« sagte Jenny. »Du kannst ihn dreist für voll nehmen. Ich weiß nicht, wo beide Jungen diese Milchsuppenschaft herhaben. Zwei geborene Berliner, und sind eigentlich, wie wenn sie von Herrnhut oder Gnadenfrei kämen. Sie haben doch beide was Schläfriges, und ich weiß wirklich nicht, Treibel, auf wen ich es schieben soll...«

»Auf mich, Jenny, natürlich auf mich...«

»Und wenn ich auch sehr wohl weiß«, fuhr Jenny fort, »wie nutzlos es ist, sich über diese Dinge den Kopf zu zerbrechen, und leider auch weiß, daß sich solche Charaktere nicht ändern lassen, so weiß ich doch auch, daß man die Pflicht hat, da zu helfen, wo noch geholfen werden kann. Bei Otto haben wir's versäumt und haben zu seiner eignen Temperamentlosigkeit diese temperamentlose Helene hinzugetan, und was dabei herauskommt, das siehst du nun an Lizzi, die doch die größte Puppe ist, die man nur sehen kann. Ich glaube, Helene wird sie noch, auf Vorderzähnezeigen hin, englisch abrichten. Nun, meinetwegen. Aber ich bekenne dir, Treibel, daß ich an *einer* solchen Schwiegertochter und *einer* solchen Enkelin gerade genug habe, und daß ich den armen Jungen, den Leopold, etwas passender als in der Familie Munk unterbringen möchte.«

»Du möchtest einen forschen Menschen aus ihm machen, einen Kavalier, einen sportsman...«

»Nein, einen forschen Menschen nicht, aber einen Menschen überhaupt. Zum Menschen gehört Leidenschaft, und wenn er eine Leidenschaft fassen könnte, sieh, das wäre was, das würd' ihn rausreißen, und sosehr ich allen Skandal hasse, ich könnte mich beinah freuen, wenn's irgend so was gäbe, natürlich nichts Schlimmes, aber doch wenigstens was Apartes.«

»Male den Teufel nicht an die Wand, Jenny. Daß er sich aufs Entführen einläßt, ist mir, ich weiß nicht, soll ich sagen leider oder glücklicherweise, nicht sehr wahrscheinlich; aber man hat Exempel von Beispielen, daß Personen, die zum Entführen durchaus nicht das Zeug hatten, gleichsam, wie zur Strafe dafür, entführt *wurden*. Es gibt ganz verflixte Weiber, und Leopold ist gerade schwach genug, um vielleicht einmal in den Sattel einer armen und etwas emanzipierten Edeldame, die natürlich auch Schmidt heißen kann, hineingehoben und über die Grenze geführt zu werden...«

»Ich glaub es nicht«, sagte die Kommerzienrätin, »er ist leider auch dafür zu stumpf.« Und sie war von der Ungefährlichkeit der Gesamtlage so fest überzeugt, daß sie nicht einmal der vielleicht bloß zufällig, aber vielleicht auch absichtlich gesprochene Name »Schmidt« stutzig gemacht hatte. »Schmidt«, das war nur so herkömmlich hingeworfen, weiter nichts, und in einem halb übermütigen Jugendanfluge gefiel sich die Rätin sogar in stiller Ausmalung einer Eskapade: Leopold, mit aufgesetztem Schnurrbart, auf dem Wege nach Italien und mit ihm eine Freiin aus einer pommerschen oder schlesischen Verwogenheitsfamilie, die Reiherfeder am Hut und den schottisch karierten Mantel über den etwas fröstelnden Liebhaber ausgebreitet. All das stand vor ihr, und beinah traurig sagte sie zu sich selbst: »Der arme Junge. Ja, wenn er *dazu* das Zeug hätte!«

Es war um die neunte Stunde, daß die alten Treibels dies Gespräch führten, ohne jede Vorstellung davon, daß um eben diese Zeit auch die auf ihrer Veranda das Frühstück nehmenden jungen Treibels der Gesellschaft vom Tage vorher gedachten. Helene sah sehr hübsch aus, wozu nicht nur die kleidsame Morgentoilette, sondern auch eine gewisse Belebtheit in ihren sonst matten und beinah vergißmeinnichtblauen Augen ein

Erhebliches beitrug. Es war ganz ersichtlich, daß sie bis diese Minute mit ganz besonderem Eifer auf den halb verlegen vor sich hinsehenden Otto eingepredigt haben mußte; ja, wenn nicht alles täuschte, wollte sie mit diesem Ansturm eben fortfahren, als das Erscheinen Lizzis und ihrer Erzieherin, Fräulein Wulsten, dies Vorhaben unterbrach.

Lizzi, trotz früher Stunde, war schon in vollem Staate. Das etwas gewellte blonde Haar des Kindes hing bis auf die Hüften herab; im übrigen aber war alles weiß, das Kleid, die hohen Strümpfe, der Überfallkragen, und nur um die Taille herum, wenn sich von einer solchen sprechen ließ, zog sich eine breite rote Schärpe, die von Helenen selbstverständlich nie »rote Schärpe«, sondern immer nur »pink-coloured scarf« genannt wurde. Die Kleine, wie sie sich da präsentierte, hätte sofort als symbolische Figur auf den Wäscheschrank ihrer Mutter gestellt werden können, so sehr war sie der Ausdruck von Weißzeug mit einem roten Bändchen drum. Lizzi galt im ganzen Kreise der Bekannten als Musterkind, was das Herz Helenens einerseits mit Dank gegen Gott, andrerseits aber auch mit Dank gegen Hamburg erfüllte, denn zu den Gaben der Natur, die der Himmel hier so sichtlich verliehen, war auch noch eine Mustererziehung hinzugekommen, wie sie eben nur die Hamburger Tradition geben konnte. Diese Mustererziehung hatte gleich mit dem ersten Lebenstage des Kindes begonnen. Helene, »weil es unschön sei« – was übrigens von seiten des damals noch um sieben Jahre jüngeren Krola bestritten wurde –, war nicht zum Selbstnähren zu bewegen gewesen, und da bei den nun folgenden Verhandlungen eine seitens des alten Kommerzienrats in Vorschlag gebrachte Spreewälderamme mit dem Bemerken, »es gehe bekanntlich so viel davon auf das unschuldige Kind über«, abgelehnt worden war, war man zu dem einzig verbleibenden Auskunftsmittel übergegangen. Eine verheiratete, von dem Geistlichen der Thomasgemeinde warm empfohlene Frau hatte das Aufpäppeln mit großer Gewissenhaftigkeit und mit der Uhr in der Hand übernommen, wobei Lizzi so gut gediehen war, daß sich eine Zeitlang sogar kleine Grübchen auf der Schulter gezeigt hatten. Alles normal und beinah über das Normale hinaus. Unser alter Kommerzienrat hatte denn auch der Sache nie so recht getraut, und erst um ein Erhebliches später, als sich Lizzi mit einem Trennmesser in den Finger geschnitten hatte (das Kindermädchen war dafür entlassen worden), hatte Treibel beruhigt ausgerufen: »Gott sei Dank, soviel ich sehen kann, es ist wirkliches Blut.«

Ordnungsmäßig hatte Lizzis Leben begonnen, und ordnungsmäßig war es fortgesetzt worden. Die Wäsche, die sie trug, führte durch den Monat hin die genau korrespondierende Tageszahl, so daß man ihr, wie der Großvater sagte, das jedesmalige Datum vom Strumpf lesen konnte. »Heut' ist der Siebzehnte.« Der Puppenkleiderschrank war an den Riegeln numeriert, und als es geschah (und dieser schreckliche Tag lag noch nicht lange zurück), daß Lizzi, die sonst die Sorglichkeit selbst war, in ihrer, mit allerlei Kästen ausstaffierten Puppenküche Grieß in den Kasten getan hatte, der doch ganz deutlich die Aufschrift »Linsen« trug, hatte Helene Veranlassung genommen, ihrem Liebling die Tragweite solchen Fehlgriffs auseinanderzusetzen. »Das ist nichts Gleichgültiges, liebe Lizzi. Wer Großes hüten will, muß auch das Kleine zu hüten verstehen. Bedenke, wenn du ein Brüderchen hättest, und das Brüderchen wäre vielleicht schwach, und du willst es mit Eau de Cologne bespritzen, und du bespritzest es mit Eau de Javelle, ja, meine Lizzi, so kann dein Brüderchen blind werden, oder wenn es ins Blut geht, kann es sterben. Und doch wäre es noch eher zu entschuldigen, denn beides ist weiß und sieht aus wie Wasser; aber Grieß und Linsen, meine liebe Lizzi, das ist doch ein starkes Stück von Unaufmerksamkeit oder, was noch schlimmer wäre, von Gleichgültigkeit.«

So war Lizzi, die übrigens zu weiterer Genugtuung der Mutter einen Herzmund hatte. Freilich, die zwei blanken Vorderzähne waren immer noch nicht sichtbar genug, um Helenen eine recht volle Herzensfreude gewähren zu können, und so wandten sich ihre mütterlichen Sorgen auch in diesem Augenblicke wieder der ihr so wichtigen Zahnfrage zu, weil sie davon ausging, daß es hier dem von der Natur so glücklich gegebenen Material bis dahin nur an der rechten erziehlichen Aufmerksamkeit gefehlt habe. »Du kneifst wieder die Lippen so zusammen, Lizzi; das darf nicht sein. Es sieht besser aus, wenn der Mund sich halb öffnet, fast so wie zum Sprechen. Fräulein Wulsten, ich möchte Sie doch bitten, auf diese Kleinigkeit, die keine Kleinigkeit ist, mehr achten zu wollen... Wie steht es denn mit dem Geburtstagsgedicht?«

»Lizzi gibt sich die größte Mühe.«

»Nun, dann will ich dir deinen Wunsch auch erfüllen, Lizzi. Lade dir die kleine Felgentreu zu heute nachmittag ein. Aber natürlich erst die Schularbeiten... Und jetzt kannst du, wenn Fräulein Wulsten es erlaubt« (diese verbeugte sich), »im Garten spazieren gehen, überall, wo du willst, nur nicht nach dem Hof zu, wo die Bretter über der Kalkgrube liegen. Otto, du solltest das ändern; die Bretter sind ohnehin so morsch.«

Lizzi war glücklich, eine Stunde frei zu haben, und nachdem sie der Mama die Hand geküßt und noch die Warnung, sich vor der Wassertonne zu hüten, mit auf den Weg gekriegt hatte, brachen das Fräulein und Lizzi auf, und das Elternpaar blickte dem Kinde nach, das sich noch ein paarmal umsah und dankbar der Mutter zunickte.

»Eigentlich«, sagte diese, »hätte ich Lizzi gern hier behalten und eine Seite Englisch mit ihr gelesen; die Wulsten versteht es nicht und hat eine erbärmliche Aussprache, so low, so vulgar. Aber ich bin gezwungen, es bis morgen zu lassen, denn wir müssen das Gespräch durchaus zu Ende bringen. Ich sage nicht gern etwas gegen deine Eltern, denn ich weiß, daß es sich nicht schickt, und weiß auch, daß es dich bei deinem eigentümlich starren Charakter« (Otto lächelte) »nur noch in dieser deiner Starrheit bestärken wird; aber man darf die Schicklichkeitsfragen, ebenso wie die Klugheitsfragen, nicht über alles stellen. Und das täte ich, wenn ich länger schwiege. Die Haltung deiner Eltern ist in dieser Frage geradezu kränkend für mich und fast mehr noch für meine Familie. Denn, sei mir nicht böse, Otto, aber wer sind am Ende die Treibels? Es ist mißlich, solche Dinge zu berühren, und ich würde mich hüten, es zu tun, wenn du mich nicht geradezu zwängest, zwischen unsren Familien abzuwägen.«

Otto schwieg und ließ den Teelöffel auf seinem Zeigefinger balancieren, Helene aber fuhr fort: »Die Munks sind ursprünglich dänisch, und ein Zweig, wie du recht gut weißt, ist unter

König Christian gegraft worden. Als Hamburgerin und Tochter einer Freien Stadt will ich nicht viel davon machen, aber es ist doch immerhin was. Und nun gar von meiner Mutter Seite! Die Thompsons sind eine Syndikatsfamilie. Du tust, als ob das nichts sei. Gut, es mag auf sich beruhen, und nur so viel möcht' ich dir noch sagen dürfen, unsre Schiffe gingen schon nach Messina, als deine Mutter noch in dem Apfelsinenladen spielte, draus dein Vater sie hervorgeholt hat. Material- und Kolonialwaren. Ihr nennt das hier auch Kaufmann... ich sage nicht du... aber Kaufmann und Kaufmann ist ein Unterschied.«

Otto ließ alles über sich ergehen und sah den Garten hinunter, wo Lizzi Fangball spielte.

»Hast du noch überhaupt vor, Otto, auf das, was ich sagte, mir zu antworten?«

»Am liebsten nein, liebe Helene. Wozu auch? Du kannst doch nicht von mir verlangen, daß ich in dieser Sache deiner Meinung bin, und wenn ich es *nicht* bin und das ausspreche, so reize ich dich nur noch mehr. Ich finde, daß du doch mehr forderst, als du fordern solltest. Meine Mutter ist von großer Aufmerksamkeit gegen dich und hat dir noch gestern einen Beweis davon gegeben; denn ich bezweifle sehr, daß ihr das *unsrem* Gast zu Ehren gegebene Diner besonders zupaß kam. Du weißt außerdem, daß sie sparsam ist, wenn es nicht ihre Person gilt.«

»Sparsam«, lachte Helene.

»Nenn es Geiz; mir gleich. Sie läßt es aber trotzdem nie an Aufmerksamkeiten fehlen, und wenn die Geburtstage da sind, so sind auch ihre Geschenke da. Das stimmt dich aber alles nicht um, im Gegenteil, du wächst in deiner beständigen Auflehnung gegen die Mama, und das alles nur, weil sie dir durch ihre Haltung zu verstehen gibt, daß das, was Papa die ›Hamburgerei‹ nennt, nicht das höchste in der Welt ist, und daß der liebe Gott seine Welt nicht um der Munks willen geschaffen hat...«

»Sprichst du das deiner Mutter nach, oder tust du von deinem Eignen noch was hinzu? Fast klingt es so; deine Stimme zittert ja beinah.«

»Helene, wenn du willst, daß wir die Sache ruhig durchsprechen und alles in Billigkeit und mit Rücksicht für hüben und drüben abwägen, so darfst du nicht beständig Öl ins Feuer gießen. Du bist so gereizt gegen die Mama, weil sie deine Anspielungen nicht verstehen will und keine Miene macht, Hildegard einzuladen. Darin hast du aber unrecht. Soll das Ganze bloß etwas Geschwisterliches sein, so muß die Schwester die Schwester einladen; das ist dann eine Sache, mit der meine Mama herzlich wenig zu tun hat...«

»Sehr schmeichelhaft für Hildegard und auch für mich...«

»...Soll aber ein andrer Plan damit verfolgt werden, und du hast mir zugestanden, daß dies der Fall ist, so muß das, so wünschenswert solche zweite Familienverbindung ganz unzweifelhaft auch für die Treibels sein würde, so muß das unter Verhältnissen geschehen, die den Charakter des Natürlichen und Ungezwungenen haben. Lädst *du* Hildegard ein und führt das, sagen wir einen Monat später oder zwei, zur Verlobung mit Leopold, so haben wir genau das, was ich den natürlichen und ungezwungenen Weg nenne; schreibt aber meine *Mama* den Einladungsbrief an Hildegard und spricht sie darin aus, wie glücklich sie sein würde, die Schwester ihrer lieben Helene recht, recht lange bei sich zu sehen und sich des Glücks der Geschwister mitfreuen zu können, so drückt sich darin ziemlich unverblümt eine Huldigung und ein aufrichtiges Sichbemühen um deine Schwester Hildegard aus, und das will die Firma Treibel vermeiden.«

»Und das billigst du?«

»Ja.«

»Nun, das ist wenigstens deutlich. Aber weil es deutlich ist, darum ist es noch nicht richtig. Alles, wenn ich dich recht verstehe, dreht sich also um die Frage, wer den ersten Schritt zu tun habe.«

Otto nickte.

»Nun, wenn dem so ist, warum wollen die Treibels sich sträuben, diesen ersten Schritt zu tun? Warum, frage ich. Solange die Welt steht, ist der Bräutigam oder der Liebhaber der, der wirbt...«

»Gewiß, liebe Helene. Aber bis zum Werben sind wir noch nicht. Vorläufig handelt es sich noch um Einleitungen, um ein

Brückenbauen, und dies Brückenbauen ist an denen, die das größere Interesse daran haben.«

»Ah«, lachte Helene. »Wir, die Munks... und das größere Interesse! Otto, das hättest du nicht sagen sollen, nicht weil es mich und meine Familie herabsetzt, sondern weil es die ganze Treibelei und dich an der Spitze mit einem Ridikül ausstattet, das dem Respekt, den die Männer doch beständig beanspruchen, nicht allzu vorteilhaft ist. Ja, Freund, du forderst mich heraus, und so will ich dir denn offen sagen, auf eurer Seite liegt Interesse, Gewinn, Ehre. Und daß ihr das empfindet, das müßt ihr eben bezeugen, dem müßt ihr einen nicht mißzuverstehenden Ausdruck geben. Das ist der erste Schritt, von dem ich gesprochen. Und da ich mal bei Bekenntnissen bin, so laß mich dir sagen, Otto, daß diese Dinge, neben ihrer ernsten und geschäftlichen Seite, doch auch noch eine persönliche Seite haben, und daß es dir, so nehm' ich vorläufig an, nicht in den Sinn kommen kann, unsre Geschwister in ihrer äußeren Erscheinung miteinander vergleichen zu wollen. Hildegard ist eine Schönheit und gleicht ganz ihrer Großmutter Elisabeth Thompson (nach der wir ja auch unsere Lizzi getauft haben) und hat den Chic einer Lady; du hast mir das selber früher zugestanden. Und nun sieh deinen Bruder Leopold! Er ist ein guter Mensch, der sich ein Reitpferd angeschafft hat, weil er's durchaus zwingen will, und schnallt sich nun jeden Morgen die Steigbügel so hoch wie ein Engländer. Aber es nutzt ihm nichts. Er ist und bleibt doch unter Durchschnitt, jedenfalls weitab vom Kavalier, und wenn Hildegard ihn nähme (ich fürchte, sie nimmt ihn nicht), so wäre das wohl der einzige Weg, noch etwas wie einen perfekten Gentleman aus ihm zu machen. Und das kannst du deiner Mama sagen.«

»Ich würde vorziehen, *du* tätest es.«

»Wenn man aus einem guten Hause stammt, vermeidet man Aussprachen und Szenen...«

»Und macht sie dafür dem Manne.«

»Das ist etwas anderes.«

»Ja«, lachte Otto. Aber in seinem Lachen war etwas Melancholisches.

Leopold Treibel, der im Geschäft seines älteren Bruders tätig war, während er im elterlichen Hause wohnte, hatte sein Jahr bei den Gardedragonern abdienen wollen, war aber, wegen zu flacher Brust, nicht angenommen worden, was die ganze Familie schwer gekränkt hatte. Treibel selbst kam schließlich drüber weg, weniger die Kommerzienrätin, am wenigsten Leopold selbst, der – wie Helene bei jeder Gelegenheit und auch an diesem Morgen wieder zu betonen liebte – zur Auswetzung der Scharte wenigstens Reitstunde genommen hatte. Jeden Tag war er zwei Stunden im Sattel und machte dabei, weil er sich wirklich Mühe gab, eine ganz leidliche Figur.

Auch heute wieder, an demselben Morgen, an dem die alten und jungen Treibels ihren Streit über dasselbe gefährliche Thema führten, hatte Leopold, ohne die geringste Ahnung davon, sowohl Veranlassung wie Mittelpunkt derartiger heikler Gespräche zu sein, seinen wie gewöhnlich auf Treptow zu gerichteten Morgenausflug angetreten und ritt von der elterlichen Wohnung aus die zu so früher Stunde noch wenig belebte Köpnicker Straße hinunter, erst an seines Bruders Villa, dann an der alten Pionierkaserne vorüber. Die Kasernenuhr schlug eben sieben, als er das Schlesische Tor passierte. Wenn ihn dies Imsattelsein ohnehin schon an jedem Morgen erfreute, so besonders heut', wo die Vorgänge des voraufgegangenen Abends, am meisten aber die zwischen Mr. Nelson und Corinna geführten Gespräche, noch stark in ihm nachwirkten, so stark, daß er mit dem ihm sonst wenig verwandten Ritter Karl von Eichenhorst wohl den gemeinschaftlichen Wunsch des »Sich-Ruhe-Reitens« in seinem Busen hegen durfte. Was ihm equestrisch dabei zur Verfügung stand, war freilich nichts weniger als ein Dänenroß voll Kraft und Feuer, sondern nur ein schon lange Zeit in der Manege gehender Graditzer, dem etwas Extravagantes nicht mehr zugemutet werden konnte. Leopold ritt denn auch Schritt, sosehr er sich wünschte, davonstürmen zu können. Erst ganz allmählich fiel er in einen leichten Trab und blieb darin, bis er den Schafgraben und gleich danach den in geringer Entfernung gelegenen »Schlesischen Busch« erreicht hatte, drin am Abend vorher, wie ihm Johann noch im Momente des Abreitens erzählt hatte, wieder zwei

Frauenzimmer und ein Uhrmacher beraubt worden waren. »Daß dieser Unfug auch gar kein Ende nehmen will! Schwäche, Polizeiversäumnis.« Indessen bei hellem Tageslichte bedeutete das alles nicht allzuviel, weshalb Leopold in der angenehmen Lage war, sich der ringsumher schlagenden Amseln und Finken unbehindert freuen zu können. Und kaum minder genoß er, als er aus dem »Schlesischen Busche« wieder heraus war, der freien Straße, zu deren Rechten sich Saat- und Kornfelder dehnten, während zur Linken die Spree mit ihren nebenherlaufenden Parkanlagen den Weg begrenzte. Das alles war so schön, so morgenfrisch, daß er das Pferd wieder in Schritt fallen ließ. Aber freilich, so langsam er ritt, bald war er trotzdem an der Stelle, wo, vom andern Ufer her, das kleine Fährboot herüberkam, und als er anhielt, um dem Schauspiele besser zusehen zu können, trabten von der Stadt her auch schon einige Reiter auf der Chaussee heran, und ein Pferdebahnwagen glitt vorüber, drin, soviel er sehen konnte, keine Morgengäste für Treptow saßen. Das war so recht, was ihm paßte, denn sein Frühstück im Freien, was ihn dort regelmäßig erquickte, war nur noch die halbe Freude, wenn ein halb Dutzend echte Berliner um ihn herumsaßen und ihren mitgebrachten Affenpinscher über die Stühle springen oder vom Steg aus apportieren ließen. Das alles, wenn dieser leere Wagen nicht schon einen vollbesetzten Vorläufer gehabt hatte, war für heute nicht zu befürchten.

Gegen halb acht war er draußen, und einen halbwachsenen Jungen mit nur einem Arm und dem entsprechenden losen Ärmel (den er beständig in der Luft schwenkte) heranwinkend, stieg er jetzt ab und sagte, während er dem Einarmigen die Zügel gab: »Führ es unter die Linde, Fritz. Die Morgensonne sticht hier so.« Der Junge tat auch, wie ihm geheißen, und Leopold seinerseits ging nun an einem von Liguster überwachsenen Staketenzaun auf den Eingang des Treptower Etablissements zu. Gott sei Dank, hier war alles wie gewünscht, sämtliche Tische leer, die Stühle umgekippt und auch von Kellnern niemand da als sein Freund Mützell, ein auf sich haltender Mann von Mitte der Vierzig, der schon in den Vormittagsstunden einen beinahe fleckenlosen Frack trug und die Trinkgelderfrage mit einer erstaunlichen, übrigens von Leopold (der immer sehr splendid war) nie herausgeforderten Gentilezza behandelte. »Sehen Sie, Herr Treibel«, so waren, als das Gespräch einmal in dieser Richtung lief, seine Worte gewesen, »die meisten wollen nicht recht und streiten einem auch noch was ab, besonders die Damens, aber viele sind auch wieder gut und manche sogar sehr gut und wissen, daß man von einer Zigarre nicht leben kann und die Frau zu Hause mit ihren drei Kindern erst recht nicht. Und sehen Sie, Herr Treibel, die geben, und besonders die kleinen Leute. Da war erst gestern wieder einer hier, der schob mir aus Versehen ein Fünfzigpfennigstück zu, weil er's für einen Zehner hielt, und als ich's ihm sagte, nahm er's nicht wieder und sagte bloß: ›Das hat so sein sollen, Freund und Kupferstecher; mitunter fällt Ostern und Pfingsten auf einen Dag.‹«

Das war vor Wochen gewesen, daß Mützell so zu Leopold Treibel gesprochen hatte. Beide standen überhaupt auf einem Plauderfuß, was aber für Leopold noch angenehmer als diese Plauderei war, war, daß er über Dinge, die sich von selbst verstanden, gar nicht erst zu sprechen brauchte. Mützell, wenn er den jungen Treibel in das Lokal eintreten und über den frischgeharkten Kies hin auf seinen Platz in unmittelbarer Nähe des Wassers zuschreiten sah, salutierte bloß von fern und zog sich dann ohne weiteres in die Küche zurück, von der aus er nach drei Minuten mit einem Tablett, auf dem eine Tasse Kaffee mit ein paar englischen Biskuits und ein großes Glas Milch stand, wieder unter den Frontbäumen erschien. Das große Glas Milch war Hauptsache, denn Sanitätsrat Lohmeyer hatte noch nach der letzten Auskultation zur Kommerzienrätin gesagt: »Meine gnädigste Frau, noch hat es nichts zu bedeuten, aber man muß vorbeugen, dazu sind wir da; im übrigen ist unser Wissen Stückwerk. Also wenn ich bitten darf, so wenig Kaffee wie möglich und jeden Morgen ein Liter Milch.«

Auch heute hatte bei Leopolds Erscheinen die sich täglich wiederholende Begegnungsszene gespielt: Mützell war auf die Küche zu verschwunden und tauchte jetzt in Front des Hauses wieder auf, das Tablett auf den fünf Fingerspitzen seiner linken Hand mit beinahe zirkushafter Virtuosität balancierend.

»Guten Morgen, Herr Treibel. Schöner Morgen heute morgen.«

»Ja, lieber Mützell. Sehr schön. Aber ein bißchen frisch. Besonders hier am Wasser. Mich schuddert ordentlich, und ich bin schon auf- und abgegangen. Lassen Sie sehen, Mützell, ob der Kaffee warm ist.« Und ehe der so freundlich Angesprochene das Tablett auf den Tisch setzen konnte, hatte Leopold die kleine Tasse schon herabgenommen und sie mit einem Zuge geleert.

»Ah, brillant. Das tut einem alten Menschen wohl. Und nun will ich die Milch trinken, Mützell; aber mit Andacht. Und wenn ich damit fertig bin – die Milch ist immer ein bißchen labbrig, was aber kein Tadel sein soll, gute Milch muß eigentlich immer ein bißchen labbrig sein –, wenn ich damit fertig bin, bitt' ich noch um eine...«

»Kaffee?«

»Freilich, Mützell.«

»Ja, Herr Treibel...«

»Nun, was ist? Sie machen ja ein ganz verlegenes Gesicht, Mützell, als ob ich was ganz Besonderes gesagt hätte.«

»Ja, Herr Treibel...«

»Nun, zum Donnerwetter, was ist denn los?«

»Ja, Herr Treibel, als die Frau Mama vorgestern hier waren und der Herr Kommerzienrat auch, und auch das Gesellschaftsfräulein, und Sie, Herr Leopold; eben nach dem Sperl und dem Karussell gegangen waren, da hat mir die Frau Mama gesagt: ›Hören Sie, Mützell, ich weiß, er kommt beinahe jeden Morgen, und ich mache Sie verantwortlich... *eine* Tasse; nie mehr... Sanitätsrat Lohmeyer, der ja auch mal Ihre Frau behandelt hat, hat es mir im Vertrauen, aber doch mit allem Ernste gesagt: *zwei* sind Gift...‹«

»So... und hat meine Mama vielleicht noch mehr gesagt?«

»Die Frau Kommerzienrätin sagten auch noch: ›Ihr Schade soll es nicht sein, Mützell... Ich kann nicht sagen, daß mein Sohn ein passionierter Mensch ist, er ist ein guter Mensch, ein lieber Mensch...‹ Sie verzeihen, Herr Treibel, daß ich Ihnen das alles, was Ihre Frau Mama gesagt hat, hier so ganz simplement wiederhole, ›... aber er hat die Kaffeepassion. Und das ist immer das Schlimme, daß die Menschen grade *die* Passion haben, die sie nicht haben sollen. Also, Mützell, eine Tasse mag gehen, aber nicht zwei.‹«

Leopold hatte mit sehr geteilten Empfindungen zugehört und nicht gewußt, ob er lachen oder verdrießlich werden solle. »Nun, Mützell, dann also lassen wir's; keine zweite.« Und damit nahm er seinen Platz wieder ein, während sich Mützell in seine Wartestellung an der Hausecke zurückzog.

»Da hab' ich nun mein Leben auf einen Schlag«, sagte Leopold, als er wieder allein war. »Ich habe mal von einem gehört, der bei Josty, weil er so gewettet hatte, zwölf Tassen Kaffee hintereinander trank und dann tot umfiel. Aber was beweist das? Wenn ich zwölf Käsestullen esse, fall' ich auch tot um; alles Verzwölffachte tötet einen Menschen. Aber welcher vernünftige Mensch verzwölffacht auch sein Speis und Trank. Von jedem vernünftigen Menschen muß man annehmen, daß er Unsinnigkeiten unterlassen und seine Gesundheit befragen und seinen Körper nicht zerstören wird. Wenigstens für mich kann ich einstehen. Und die gute Mama sollte wissen, daß ich dieser Kontrolle nicht bedarf, und sollte mir diesen meinen Freund Mützell nicht so naiv zum Hüter bestellen. Aber sie muß immer die Fäden in der Hand haben, sie muß alles bestimmen, alles anordnen, und wenn ich eine baumwollene Jacke will, so muß es eine wollene sein.«

Er machte sich nun an die Milch und mußte lächeln, als er die lange Stange mit dem schon niedergesunkenen Milchschaum in die Hand nahm. »Mein eigentliches Getränk. ›Milch der frommen Denkungsart‹ würde Papa sagen. Ach, es ist zum Ärgern, alles zum Ärgern. Bevormundung, wohin ich sehe, schlimmer, als ob ich gestern meinen Einsegnungstag gehabt hätte. Helene weiß alles besser, Otto weiß alles besser, und nun gar erst die Mama. Sie möchte mir am liebsten vorschreiben, ob ich einen blauen oder grünen Schlips und einen graden oder schrägen Scheitel tragen soll. Aber ich will mich nicht ärgern. Die Holländer haben ein Sprichwort: ›Ärgere dich nicht, wundere dich bloß.‹ Und auch *das* werd' ich mir schließlich noch abgewöhnen.«

Er sprach noch so weiter in sich hinein, abwechselnd die

Menschen und die Verhältnisse verklagend, bis er mit einemmal all seinen Unmut gegen sich selber richtete: »Torheit. Die Menschen, die Verhältnisse, das alles ist es nicht; nein, nein. Andre haben auch eine auf ihr Hausregiment eifersüchtige Mama und tun doch, was sie wollen; es liegt an mir. ›Pluck, dear Leopold, that's it‹, das hat mir der gute Nelson noch gestern abend zum Abschied gesagt, und er hat ganz recht. Da liegt es; nirgend anders. Mir fehlt es an Energie und Mut, und das Aufbäumen hab' ich nun schon gewiß nicht gelernt.«

Er blickte, während er so sprach, vor sich hin, knipste mit seiner Reitgerte kleine Kiesstücke fort und malte Buchstaben in den frischgestreuten Sand. Und als er nach einer Weile wieder aufblickte, sah er zahlreiche Boote, die vom Stralauer Ufer her herüberkamen, und dazwischen einen mit großem Segel flußabwärts fahrenden Spreekahn. Wie sehnsüchtig richtete sich sein Blick darauf.

»Ach, ich muß aus diesem elenden Zustande heraus, und wenn es wahr ist, daß einem die Liebe Mut und Entschlossenheit gibt, so muß noch alles gut werden. Und nicht bloß gut, es muß mir auch leicht werden und mich geradezu zwingen und drängen, den Kampf aufzunehmen und ihnen allen zu zeigen, und der Mama voran, daß sie mich denn doch verkannt und unterschätzt haben. Und wenn ich in Unentschlossenheit zurückfalle, was Gott verhüte, so wird *sie* mir die nötige Kraft geben. Denn sie hat all das, was mir fehlt, und weiß alles und kann alles. Aber bin ich ihrer sicher? Da steh' ich wieder vor der Hauptfrage. Mitunter ist es mir freilich, als kümmere sie sich um mich und als spräche sie eigentlich nur zu mir, wenn sie zu anderen spricht. So war es noch gestern abend wieder, und ich sah auch, wie Marcell sich verfärbte, weil er eifersüchtig war. Etwas anderes konnte es nicht sein. Und das alles ...«

Er unterbrach sich, weil eben jetzt die sich um ihn her sammelnden Sperlinge mit jedem Augenblicke zudringlicher wurden. Einige kamen bis auf den Tisch und mahnten ihn durch Picken und dreistes Ansehen, daß er ihnen noch immer ihr Frühstück schulde. Lächelnd zerbrach er ein Biskuit und warf ihnen die Stücke hin, mit denen zunächst die Sieger und, alsbald auch ihnen folgend, die anderen in die Lindenbäume zurückflogen. Aber kaum, daß die Störenfriede fort waren, so waren für ihn auch die alten Betrachtungen wieder da. »Ja, das mit Marcell, das darf ich mir zum Guten deuten und manches andere noch. Aber es kann auch alles bloß Spiel und Laune gewesen sein. Corinna nimmt nichts ernsthaft und will eigentlich immer nur glänzen und die Bewunderung oder das Verwundertsein ihrer Zuhörer auf sich ziehen. Und wenn ich mir diesen ihren Charakter überlege, so muß ich an die Möglichkeit denken, daß ich schließlich auch noch heimgeschickt und ausgelacht werde. Das ist hart. Und doch muß ich es wagen... Wenn ich nur wen hätte, dem ich mich anvertrauen könnte, der mir riete. Leider hab' ich niemanden, keinen Freund; dafür hat Mama auch gesorgt, und so muß ich mir, ohne Rat und Beistand, allerpersönlichst ein doppeltes ›Ja‹ holen. Erst bei Corinna. Und wenn ich dies erste ›Ja‹ habe, so hab' ich noch lange nicht das zweite. Das seh ich nur zu klar. Aber das zweite kann ich mir wenigstens erkämpfen und will es auch... Es gibt ihrer genug, für die das alles eine Kleinigkeit wäre, für mich aber ist es schwer; ich weiß, ich bin kein Held, und das Heldische läßt sich nicht lernen. ›Jeder nach seinen Kräften‹, sagte Direktor Hilgenhahn immer. Ach, ich finde doch beinahe, daß mir mehr aufgelegt wird, als meine Schultern tragen können.«

Ein mit Personen besetzter Dampfer kam in diesem Augenblicke den Fluß herauf und fuhr, ohne an dem Wassersteg anzulegen, auf den »Neuen Krug« und »Sadowa« zu; Musik war an Bord, und dazwischen wurden allerlei Lieder gesungen. Als das Schiff erst den Steg und bald auch die »Liebesinsel« passiert hatte, fuhr auch Leopold aus seinen Träumereien auf und sah, nach der Uhr blickend, daß es höchste Zeit sei, wenn er noch pünktlich auf dem Kontor eintreffen und sich eine Reprimande, oder, was schlimmer, eine spöttische Bemerkung von seiten seines Bruders Otto ersparen wollte. So schritt er denn unter freundlichem Gruß an dem immer noch an seiner Ecke stehenden Mützell vorüber und auf die Stelle zu, wo der Einarmige sein Pferd hielt. »Da, Fritz!« Und nun hob er sich in den Sattel, machte den Rückweg in einem guten Trab und bog, als er das Tor und gleich danach die Pionierkaserne wieder passiert hatte, nach rechts hin in einen neben dem Otto Treibelschen Holzhofe sich hinziehenden, schmalen Gang ein, über dessen Heckenzaun fort man auf den Vorgarten und die zwischen den Bäumen gelegene Villa sah. Bruder und Schwägerin saßen noch beim Frühstück. Leopold grüßte hinüber: »Guten Morgen, Otto; guten Morgen, Helene!« Beide erwiderten den Gruß, lächelten aber, weil sie diese tägliche Reiterei ziemlich lächerlich fanden. Und gerade Leopold! Was er sich eigentlich dabei denken mochte!

Leopold selbst war inzwischen abgestiegen und gab das Pferd einem an der Hintertreppe der Villa schon wartenden Diener, der es, die Köpnicker Straße hinauf, nach dem elterlichen Fabrikhof und dem dazu gehörigen Stallgebäude führte – stableyard, sagte Helene.

NEUNTES KAPITEL

Eine Woche war vergangen, und über dem Schmidtschen Hause lag eine starke Verstimmung; Corinna grollte mit Marcell, weil er mit ihr grollte (so wenigstens mußte sie sein Ausbleiben deuten), und die gute Schmolke wiederum grollte mit Corinna wegen ihres Grollens auf Marcell. »Das tut nicht gut, Corinna, so sein Glück von sich zu stoßen. Glaube mir, das Glück wird ärgerlich, wenn man es wegjagt, und kommt dann nicht wieder. Marcell ist, was man einen Schatz nennt oder auch ein Juwel, Marcell ist ganz so, wie Schmolke war.« So hieß es jeden Abend. Nur Schmidt selbst merkte nichts von der über seinem Hause lagernden Wolke, studierte sich vielmehr immer tiefer in die Goldmasken hinein und entschied sich, in einem mit Distelkamp immer heftiger geführten Streite, auf das bestimmteste hinsichtlich der einen für Aegisth. Aegisth sei doch immerhin sieben Jahre lang Klytämnestras Gemahl gewesen, außerdem naher Anverwandter des Hauses, und wenn er, Schmidt, auch seinerseits zugeben müsse, daß der Mord Agamemnons einigermaßen gegen seine Aegisth-

Hypothese spreche, so sei doch andererseits nicht zu vergessen, daß die ganze Mordaffaire mehr oder weniger etwas Internes, sozusagen eine reine Familienangelegenheit gewesen sei, wodurch die nach außen hin auf Volk und Staat berechnete Beisetzungs- und Zeremonialfrage nicht eigentlich berührt werden könne. Distelkamp schwieg und zog sich unter Lächeln aus der Debatte zurück.

Auch bei den alten und jungen Treibels herrschte eine gewisse schlechte Laune vor: Helene war unzufrieden mit Otto, Otto mit Helenen, und die Mama wiederum mit beiden. Am unzufriedensten, wenn auch nur mit sich selber, war Leopold, und nur der alte Treibel merkte von der ihn umgebenden Verstimmung herzlich wenig oder wollte nichts davon merken, erfreute sich vielmehr einer ungewöhnlich guten Laune. Daß dem so war, hatte, wie bei Wilibald Schmidt, darin seinen Grund, daß er all die Zeit über sein Steckenpferd tummeln und sich einiger schon erzielter Triumphe rühmen durfte. Vogelsang war nämlich, unmittelbar nach dem zu seinen und Mr. Nelsons Ehren stattgehabten Diner, in den für Treibel zu erobernden Wahlkreis abgegangen, und zwar um hier in einer Art Vorkampagne die Herzen und Nieren der Teupitz-Zossener und ihre mutmaßliche Haltung in der entscheidenden Stunde zu prüfen. Es muß gesagt werden, daß er, bei Durchführung dieser seiner Aufgabe, nicht bloß eine bemerkenswerte Tätigkeit entfaltet, sondern auch beinahe täglich etliche Telegramme geschickt hatte, darin er über die Resultate seines Wahlfeldzuges, je nach der Bedeutung der Aktion, länger oder kürzer berichtete. Daß diese Telegramme mit denen des ehemaligen Bernauer Kriegskorrespondenten eine verzweifelte Ähnlichkeit hatten, war Treibel nicht entgangen, aber von diesem, weil er schließlich nur auf das achtete, was ihm persönlich gefiel, ohne sonderliche Beanstandung hingenommen worden. In einem dieser Telegramme hieß es: »Alles geht gut. Bitte, Geldanweisung nach Teupitz hin. Ihr V.« Und dann: »Die Dörfer am Schermützelsee sind unser. Gott sei Dank. Überall dieselbe Gesinnung wie am Teupitzsee. Anweisung noch nicht eingetroffen. Bitte dringend. Ihr V.« ... »Morgen nach Storkow! Dort muß es sich entscheiden. Anweisung inzwischen empfangen. Aber deckt nur gerade das schon Verausgabte. Montecuculis Wort über Kriegführung gilt auch für Wahlfeldzüge. Bitte weiteres nach Groß-Rietz hin. Ihr V.« Treibel, in geschmeichelter Eitelkeit, betrachtete hiernach den Wahlkreis als für ihn gesichert, und in den Becher seiner Freude fiel eigentlich nur ein Wermutstropfen: er wußte, wie kritisch ablehnend Jenny zu dieser Sache stand, und sah sich dadurch gezwungen, sein Glück allein zu genießen. Friedrich, überhaupt sein Vertrauter, war ihm auch jetzt wieder »unter Larven die einzig fühlende Brust«, ein Zitat, das er nicht müde wurde, sich zu wiederholen. Aber eine gewisse Leere blieb doch. Auffallend war ihm außerdem, daß die Berliner Zeitungen gar nichts brachten, und zwar war ihm dies um so auffallender, als von scharfer Gegnerschaft, allen Vogelsangschen Berichten nach, eigentlich keine Rede sein konnte. Die Konservativen und Nationalliberalen, und vielleicht auch ein paar Parlamentarier von Fach, mochten gegen ihn sein, aber was bedeutete das? Nach einer ohngefähren Schätzung, die Vogelsang angestellt und in einem eingeschriebenen Briefe nach Villa Treibel hin adressiert hatte, besaß der ganze Kreis nur sieben Nationalliberale: drei Oberlehrer, einen Kreisrichter, einen rationalistischen Superintendenten und zwei studierte Bauergutsbesitzer, während die Zahl der Orthodox-Konservativen noch hinter diesem bescheidenen Häuflein zurückblieb. »Ernst zu nehmende Gegnerschaft, vacat.« So schloß Vogelsangs Brief, und »vacat« war unterstrichen. Das klang hoffnungsreich genug, ließ aber inmitten aufrichtiger Freude doch einen Rest von Unruhe fortbestehen, und als eine runde Woche seit Vogelsangs Abreise vergangen war, brach denn auch wirklich der große Tag an, der die Berechtigung der instinktiv immer wieder sich einstellenden Ängstlichkeit und Sorge dartun sollte. Nicht unmittelbar, nicht gleich im ersten Moment, aber die Frist war nur eine nach Minuten ganz kurz bemessene.

Treibel saß in seinem Zimmer und frühstückte. Jenny hatte sich mit Kopfweh und einem schweren Traum entschuldigen lassen. »Sollte sie wieder von Vogelsang geträumt haben?« Er ahnte nicht, daß dieser Spott sich in derselben Stunde noch an ihm rächen würde. Friedrich brachte die Postsachen, unter denen diesmal wenig Karten und Briefe, dafür aber desto mehr Zeitungen unter Kreuzband waren, einige, soviel sich äußerlich erkennen ließ, mit merkwürdigen Emblemen und Stadtwappen ausgerüstet.

All dies (zunächst nur Vermutung) sollte sich, bei schärferem Zusehen, rasch bestätigen, und als Treibel die Kreuzbänder entfernt und das weiche Löschpapier über den Tisch hin ausgebreitet hatte, las er mit einer gewissen heiteren Andacht: »Der Wächter an der wendischen Spree«, »Wehrlos, ehrlos«, »Alltied Vorupp« und »Der Storkower Bote« – zwei davon waren cis-, zwei transspreeanischen Ursprunges. Treibel, sonst ein Feind alles überstürzten Lesens, weil er von jedem blinden Eifer nur Unheil erwartete, machte sich diesmal mit bemerkenswerter Raschheit über die Blätter und überflog die blau angestrichenen Stellen. Lieutenant Vogelsang (so hieß es in jedem in wörtlicher Wiederholung), ein Mann, der schon anno 48 gegen die Revolution gestanden und der Hydra das Haupt zertreten, hätte sich an drei hintereinander folgenden Tagen dem Kreise vorgestellt, nicht um seiner selbst, sondern um seines politischen Freundes, des Kommerzienrats Treibel willen, der später den Kreis besuchen und bei der Gelegenheit die von Lieutenant Vogelsang ausgesprochenen Grundsätze wiederholen werde, was, soviel lasse sich schon heute sagen, als die wärmste Empfehlung des eigentlichen Kandidaten anzusehen sei. Denn das Vogelsangsche Programm laufe darauf hinaus, daß zuviel und namentlich unter zu starker Wahrnehmung persönlicher Interessen regiert werde, daß also demgemäß alle kostspieligen »Zwischenstufen« fallen müßten (was wiederum gleichbedeutend sei mit Herabsetzung der Steuern) und daß von den gegenwärtigen, zum Teil unverständlichen Kompliziertheiten *nichts* übrigbleiben dürfe als ein freier Fürst und ein freies Volk. Damit seien freilich *zwei* Dreh- oder Mittelpunkte gegeben, aber nicht zum Schaden der Sache. Denn wer die Tiefe des Lebens ergründet oder ihr auch nur nachgespürt habe, der wisse, daß die Sache mit dem einfachen Mittelpunkt – er vermeide mit Vorbedacht das Wort Zentrum – falsch sei, und daß sich das Leben nicht im Kreise, wohl aber in der Ellipse bewege. Weshalb zwei Drehpunkte das natürlich Gegebene seien.

»Nicht übel«, sagte Treibel, als er gelesen, »nicht übel. Es hat so was Logisches; ein bißchen verrückt, aber doch logisch. Das einzige, was mich stutzig macht, ist, daß es alles klingt, als ob es Vogelsang selber geschrieben hätte. Die zertretene Hydra, die herabgesetzten Steuern, das gräßliche Wortspiel mit dem Zentrum und zuletzt der Unsinn mit dem Kreis und der Ellipse, das alles ist Vogelsang. Und der Einsender an die vier Spreeblätter ist natürlich wiederum Vogelsang. Ich kenne meinen Pappenheimer.« Und dabei schob Treibel den »Wächter an der wendischen Spree« samt dem ganzen Rest vom Tisch auf das Sofa hinunter und nahm eine halbe »Nationalzeitung« zur Hand, die gleichfalls mit den anderen Blättern unter Kreuzband eingegangen war, aber der Handschrift und ganzen Adresse nach von jemand anderem als Vogelsang aufgegeben sein mußte. Früher war der Kommerzienrat Abonnent und eifriger Leser der »Nationalzeitung« gewesen, und es kamen ihm auch jetzt noch tagtäglich Viertelstunden, in denen er den Wechsel in seiner Lektüre bedauerte.

»Nun laß sehn«, sagte er schließlich und ging, das Blatt aufschlagend, mit lesegewandtem Auge die drei Spalten hinunter, und richtig, da war es: »Parlamentarische Nachrichten. Aus dem Kreise Teupitz-Zossen.« Als er den Kopftitel gelesen, unterbrach er sich. »Ich weiß nicht, es klingt so sonderbar. Und doch auch wieder, wie soll es am Ende anders klingen? Es ist der natürlichste Anfang von der Welt; also nur vorwärts.«

Und so las er denn weiter: »Seit drei Tagen haben in unserem stillen und durch politische Kämpfe sonst wenig gestörten Kreise die Wahlvorbereitungen begonnen, und zwar seitens einer Partei, die sich augenscheinlich vorgesetzt hat, das, was ihr an historischer Kenntnis und politischer Erfahrung, ja, man darf füglich sagen, an gesundem Menschenverstande fehlt, durch ›Fixigkeit‹ zu ersetzen. Eben diese Partei, die sonst nichts weiß und kennt, kennt augenscheinlich das Märchen vom ›Swinegel und siner Fru‹ und scheint gewillt, an dem Tage, wo der Wettbewerb mit den wirklichen Parteien zu beginnen hat, eine jede derselben mit dem aus jenem Märchen wohlbekannten Swinegelzurufe: ›Ick bin all hier‹ empfangen zu wollen. Nur so vermögen wir uns dies überfrühe Zurstellesein zu erklären. Alle Plätze scheinen, wie bei Theaterpremieren, von Lieutenant Vogelsang und den Seinen im voraus belegt werden zu sollen. Aber man wird sich täuschen. Es fehlt dieser Partei nicht an Stirn, wohl aber an dem, was noch mit dazu gehört; der Kasten ist da, nicht der Inhalt...«

»Alle Wetter«, sagte Treibel, »der setzt scharf ein... Was davon auf mein Teil kommt, ist mir nicht eben angenehm, aber dem Vogelsang gönn' ich es. Etwas ist in seinem Programm, das blendet, und damit hat er mich eingefangen. Indessen, je mehr ich mir's ansehe, desto fraglicher erscheint es mir. Unter diesen Knickstiebeln, die sich einbilden, schon vor vierzig Jahren die Hydra zertreten zu haben, sind immer etliche Zirkelquadratur- und Perpetuum-mobile-Sucher, immer solche, die das Unmögliche, das Sich- in-sich-Widersprechende zustande bringen wollen. Vogelsang gehört dazu. Vielleicht ist es auch bloß Geschäft; wenn ich mir zusammenrechne, was ich in diesen acht Tagen... Aber ich bin erst bis an den ersten Absatz der Korrespondenz gekommen; die zweite Hälfte wird ihm wohl noch schärfer zu Leibe gehen oder vielleicht auch mir.« Und Treibel las weiter:

»Es ist kaum möglich, den Herrn, der uns gestern und vorgestern – seiner in unserem Kreise voraufgegangenen Taten zu geschweigen – zunächst in Markgraf-Pieske, dann aber in Storkow und Groß-Rietz beglückt hat, ernsthaft zu nehmen, und zwar um so weniger, je ernsthafter das Gesicht ist, das er macht. Er gehört in die Klasse der Malvoglios, der feierlichen Narren, deren Zahl leider größer ist, als man gewöhnlich annimmt. Wenn sein Galimathias noch keinen Namen hat, so könnte man ihn das Lied vom dreigestrichenen C nennen, denn Cabinet, Churbrandenburg und Cantonale-Freiheit, das sind die drei großen C, womit dieser Kurpfuscher die Welt oder doch wenigstens den Preußischen Staat retten will. Eine gewisse Methode läßt sich darin nicht verkennen, indessen, Methode hat auch der Wahnsinn. Lieutenant Vogelsangs Sang hat uns aufs äußerste mißfallen. Alles in seinem Programm ist gemeingefährlich. Aber was wir am meisten beklagen, ist das, daß er nicht für sich und in seinem Namen sprach, sondern im Namen eines unserer geachtetsten Berliner Industriellen, des Kommerzienrats Treibel (Berlinerblaufabrik, Köpnicker Straße), von dem wir uns eines Besseren versehen hätten. Ein neuer Beweis dafür, daß man ein guter Mensch und doch ein schlechter Musikant sein kann, und desgleichen ein Beweis, wohin der politische Dilettantismus führt.«

Treibel klappte das Blatt wieder zusammen, schlug mit der Hand darauf und sagte: »Nun, soviel ist gewiß, in Teupitz-Zossen ist das nicht geschrieben. Das ist Tells Geschoß. Das kommt aus nächster Nähe. Das ist von dem nationalliberalen Oberlehrer, der uns neulich bei Buggenhagen nicht bloß Opposition machte, sondern uns zu verhöhnen suchte. Drang aber nicht durch. Alles in allem, ich mag ihm nicht unrecht geben, und jedenfalls gefällt er mir besser als Vogelsang. Außerdem sind sie jetzt bei der ›Nationalzeitung‹ halbe Hofpartei, gehen mit den Freikonservativen zusammen. Es war eine Dummheit von mir, mindestens eine Übereilung, daß ich abschwenkte. Wenn ich gewartet hätte, könnt' ich jetzt, in viel besserer Gesellschaft, auf seiten der Regierung stehen. Statt dessen bin ich auf den dummen Kerl und Prinzipienreiter eingeschworen. Ich werde mich aber aus der ganzen Geschichte herausziehen, und zwar für immer; der Gebrannte scheut das Feuer... Eigentlich könnt' ich mich noch beglückwünschen, so mit tausend Mark, oder doch nicht viel mehr, davongekommen zu sein, wenn nur nicht mein Name genannt wäre. Mein Name. Das ist fatal...« Und dabei schlug er das Blatt wieder auf. »Ich will die Stelle noch einmal lesen: ›einer unserer geachtetsten Berliner Industriellen, der Kommerzienrat Treibel‹ – ja, das lass' ich mir gefallen, das klingt gut. Und nun lächerliche Figur von Vogelsangs Gnaden.«

Und unter diesen Worten stand er auf, um sich draußen im Garten zu ergehen und in der frischen Luft seinen Ärger nach Möglichkeit loszuwerden.

Es schien aber nicht recht glücken zu sollen, denn im selben Augenblick, wo er, um den Giebel des Hauses herum, in den Hintergarten einbog, sah er die Honig, die, wie jeden Morgen, so auch heute wieder das Bologneser Hündchen um das Bassin führte. Treibel prallte zurück, denn nach einer Unterhaltung mit dem aufgesteiften Fräulein stand ihm durchaus nicht der Sinn. Er war aber schon gesehen und begrüßt worden, und da große Höflichkeit und mehr noch große Herzensgüte zu seinen Tugenden zählte, so gab er sich einen Ruck und ging guten Muts auf die Honig zu, zu deren Kenntnissen und Urteilen er übrigens ein aufrichtiges Vertrauen hegte.

»Sehr erfreut, mein liebes Fräulein, Sie mal allein und zu so guter Stunde zu treffen... Ich habe seit lange so dies und das auf dem Herzen, mit dem ich gern herunter möchte...«

Die Honig errötete, weil sie trotz des guten Rufes, dessen sich Treibel erfreute, doch von einem ängstlich süßen Gefühl überrieselt wurde, dessen äußerste Nichtberechtigung ihr freilich im nächsten Moment schon in beinahe grausamer Weise klar werden sollte.

»... Mich beschäftigt nämlich meiner lieben kleinen Enkelin Erziehung, an der ich denn doch das Hamburgische sich in einem Grade vollstrecken sehe – ich wähle diesen Schafottausdruck absichtlich –, der mich von meinem einfacheren Berliner Standpunkt aus mit einiger Sorge erfüllt.«

Das Bologneser Hündchen, das Czicka hieß, zog in diesem Augenblick an der Schnur und schien einem Perlhuhn nachlaufen zu wollen, das sich, vom Hof her, in den Garten verirrt hatte; die Honig verstand aber keinen Spaß und gab dem Hündchen einen Klaps. Czicka seinerseits tat einen Blaff und warf den Kopf hin und her, so daß die seinem Röckchen (eigentlich bloß eine Leibbinde) dicht aufgenähten Glöckchen in ein Klingen kamen. Dann aber beruhigte sich das Tierchen wieder, und die Promenade um das Bassin herum begann aufs neue.

»Sehen Sie, Fräulein Honig, so wird auch das Lizzichen erzogen. Immer an einer Strippe, die die Mutter in Händen hält, und wenn mal ein Perlhuhn kommt und das Lizzichen fort will, dann gibt es auch einen Klaps, aber einen ganz, ganz kleinen, und der Unterschied ist bloß, daß Lizzi keinen Blaff tut und nicht den Kopf wirft und natürlich auch kein Schellengeläut hat, das ins Klingen kommen kann.«

»Lizzichen ist ein Engel«, sagte die Honig, die während

einer sechzehnjährigen Erzieherinnenlaufbahn Vorsicht im Ausdruck gelernt hatte.

»Glauben Sie das wirklich?«

»Ich glaub' es wirklich, Herr Kommerzienrat, vorausgesetzt, daß wir uns über ›Engel‹ einigen.«

»Sehr gut, Fräulein Honig, das kommt mir zupaß. Ich wollte nur über Lizzi mit Ihnen sprechen und höre nun auch noch was über Engel. Im ganzen genommen ist die Gelegenheit, sich über Engel ein festes Urteil zu bilden, nicht groß. Nun sagen Sie, was verstehen Sie unter Engel? Aber kommen Sie mir nicht mit Flügel.«

Die Honig lächelte. »Nein, Herr Kommerzienrat, nichts von Flügel, aber ich möchte doch sagen dürfen, ›Unberührtheit vom Irdischen‹, das ist ein Engel.«

»Das läßt sich hören. Unberührtheit vom Irdischen – nicht übel. Ja, noch mehr, ich will es ohne weiteres gelten lassen und will es schön finden, und wenn Otto und meine Schwiegertochter Helene sich klar und zielbewußt vorsetzen würden, eine richtige kleine Genoveva auszubilden oder eine kleine keusche Susanna, Pardon, ich kann im Augenblicke kein besseres Beispiel finden, oder wenn alles ganz ernsthaft darauf hinausliefe, sagen wir für irgendeinen Thüringer Landgrafen oder meinetwegen auch für ein geringeres Geschöpf Gottes einen Abklatsch der heiligen Elisabeth herzustellen, so hätte ich nichts dagegen. Ich halte die Lösung solcher Aufgabe für sehr schwierig, aber nicht für unmöglich, und wie so schön gesagt worden ist und immer noch gesagt wird, solche Dinge auch bloß gewollt zu haben, ist schon etwas Großes.«

Die Honig nickte, weil sie der eigenen, nach dieser Seite hin liegenden Anstrengungen gedenken mochte.

»Sie stimmen mir zu«, fuhr Treibel fort. »Nun, das freut mich. Und ich denke, wir sollen auch in dem Zweiten einig bleiben. Sehen Sie, liebes Fräulein, ich begreife vollkommen, trotzdem es meinem persönlichen Geschmack widerspricht, daß eine Mutter ihr Kind auf einen richtigen Engel hin erzieht; man kann nie ganz genau wissen, wie diese Dinge liegen, und wenn es zum Letzten kommt, so ganz zweifelsohne vor seinem Richter zu stehen, wer sollte sich das nicht wünschen? Ich möchte beinah sagen, ich wünsch' es mir selber. Aber, mein liebes Fräulein, Engel und Engel ist ein Unterschied, und wenn der Engel weiter nichts ist als ein Waschengel und die Fleckenlosigkeit der Seele nach dem Seifenkonsum berechnet und die ganze Reinheit des werdenden Menschen auf die Weißheit seiner Strümpfe gestellt wird, so erfüllt mich dies mit einem leisen Grauen. Und wenn es nun gar das eigene Enkelkind ist, dessen flachsene Haare, Sie werden es auch bemerkt haben, vor lauter Pflege schon halb ins Kakerlakige fallen, so wird einem alten Großvater himmelangst dabei. Könnten Sie sich nicht hinter die Wulsten stecken? Die Wulsten ist eine verständige Person und bäumt, glaub' ich, innerlich gegen diese Hamburgereien auf. Ich würde mich freuen, wenn Sie Gelegenheit nähmen...«

In diesem Augenblicke wurde Czicka wieder unruhig und blaffte lauter als zuvor. Treibel, der sich in Auseinandersetzungen der Art nicht gern unterbrochen sah, wollte verdrießlich werden, aber ehe er noch recht dazu kommen konnte, wurden drei junge Damen von der Villa her sichtbar, zwei von ihnen ganz gleichartig in bastfarbene Sommerstoffe gekleidet. Es waren die beiden Felgentreus, denen Helene folgte.

»Gott sei Dank, Helene«, sagte Treibel, der sich – vielleicht weil er ein schlechtes Gewissen hatte – zunächst an die Schwiegertochter wandte, »Gott sei Dank, daß ich dich einmal wiedersehe. Du warst eben der Gegenstand unseres Gesprächs, oder mehr noch dein liebes Lizzichen, und Fräulein Honig stellte fest, daß Lizzichen ein Engel sei. Du kannst dir denken, daß ich nicht widersprochen habe. Wer ist nicht gern der Großvater eines Engels? Aber, meine Damen, was verschafft mir so früh diese Ehre? Oder gilt es meiner Frau? Sie hat ihre Migräne. Soll ich sie rufen lassen...?«

»O nein, Papa«, sagte Helene mit einer Freundlichkeit, die nicht immer ihre Sache war. »Wir kommen zu *dir*. Felgentreus haben nämlich vor, heute nachmittag eine Partie nach Halensee zu machen, aber nur wenn alle Treibels, von Otto und mir ganz abgesehen, daran teilnehmen.« Die Felgentreuschen Schwestern bestätigten dies alles durch Schwenken ihrer Sonnenschirme, während Helene fortfuhr: »Und nicht später als drei. Wir müssen also versuchen, unserem Lunch einen kleinen Dinner-Charakter zu geben, oder aber unser Dinner bis auf acht Uhr abends hinauszuschieben. Elfriede und Blanca wollen noch in die Adlerstraße, um auch Schmidts aufzufordern, zum mindesten Corinna; der Professor kommt dann vielleicht nach. Krola hat schon zugesagt und will ein Quartett mitbringen, darunter zwei Referendare von der Potsdamer Regierung...«

»Und Reserveoffiziere«, ergänzte Blanca, die jüngere Felgentreu...

»Reserveoffiziere«, wiederholte Treibel ernsthaft. »Ja, meine Damen, *das* gibt den Ausschlag. Ich glaube nicht, daß ein hierlandes lebender Familienvater, auch wenn ihm ein grausames Schicksal eigene Töchter versagte, den Mut haben wird, eine Landpartie mit zwei Reservelieutenants auszuschlagen. Also bestens akzeptiert. Und drei Uhr. Meine Frau wird zwar verstimmt sein, daß, über ihr Haupt hinweg, endgültige Beschlüsse gefaßt worden sind, und ich fürchte beinah ein momentanes Wachsen des tic douloureux. Trotzdem bin ich ihrer sicher. Landpartie mit Quartett und von solcher gesellschaftlichen Zusammensetzung – die Freude darüber bleibt prädominierendes Gefühl. Dem ist keine Migräne gewachsen. Darf ich Ihnen übrigens meine Melonenbeete zeigen? Oder nehmen wir lieber einen leichten Imbiß, ganz leicht, ohne jede ernste Gefährdung des Lunch?«

Alle drei dankten, die Felgentreus, weil sie sich direkt zu Corinna begeben wollten, Helene, weil sie Lizzis halber wieder nach Hause müsse. Die Wulsten sei nicht achtsam genug und lasse Dinge durchgehen, von denen sie nur sagen könne, daß sie »shocking« seien. Zum Glück sei Lizzichen ein so gutes Kind, sonst würde sie sich ernstlicher Sorge darüber hingeben müssen.

»Lizzichen ist ein Engel, die ganze Mutter«, sagte Treibel und wechselte, während er das sagte, Blicke mit der Honig, welche die ganze Zeit über in einer gewissen reservierten Haltung seitab gestanden hatte.

ZEHNTES KAPITEL

Auch Schmidts hatten zugesagt, Corinna mit besonderer Freudigkeit, weil sie sich seit dem Dinertage bei Treibels in ihrer häuslichen Einsamkeit herzlich gelangweilt hatte; die großen Sätze des Alten kannte sie längst auswendig, und von den Erzählungen der guten Schmolke galt dasselbe. So klang denn »ein Nachmittag in Halensee« fast so poetisch wie »vier Wochen auf Capri«, und Corinna beschloß daraufhin, ihr Bestes zu tun, um sich bei dieser Gelegenheit auch äußerlich neben den Felgentreus behaupten zu können. Denn in ihrer Seele dämmerte eine unklare Vorstellung davon, daß diese Landpartie nicht gewöhnlich verlaufen, sondern etwas Großes bringen werde. Marcell war zur Teilnahme nicht aufgefordert worden, womit seine Cousine, nach der eine ganze Woche lang von ihm beobachteten Haltung, durchaus einverstanden war. Alles versprach einen frohen Tag, besonders auch mit Rücksicht auf die Zusammensetzung der Gesellschaft. Unter dem, was man im voraus vereinbart hatte, war, nach Verwerfung eines von Treibel in Vorschlag gebrachten Kremsers, »der immer das Eigentliche sei«, *das* die Hauptsache gewesen, daß man auf gemeinschaftliche Fahrt verzichten, dafür aber männiglich sich verpflichten wolle, Punkt vier Uhr und jedenfalls nicht mit Überschreitung des akademischen Viertels, in Halensee zu sein.

Und wirklich um vier Uhr war alles versammelt oder doch fast alles. Alte und junge Treibels, desgleichen die Felgentreus, hatten sich in eigenen Equipagen eingefunden, während Krola, von seinem Quartett begleitet, aus nicht aufgeklärten Gründen die neue Dampfbahn, Corinna aber mutterwindallein – der Alte wollte nachkommen – die Stadtbahn benutzt hatte. Von den Treibels fehlten nur Leopold, der sich, weil er durchaus an Mr. Nelson zu schreiben habe, wegen einer halben Stunde Verspätung im voraus entschuldigen ließ. Corinna war momentan verstimmt darüber, bis ihr der Gedanke kam, es sei wohl eigentlich besser so; kurze Begegnungen seien inhaltsreicher als lange.

»Nun, lieben Freunde«, nahm Treibel das Wort, »alles nach

der Ordnung. Erste Frage, wo bringen wir uns unter? Wir haben verschiedenes zur Wahl. Bleiben wir hier Parterre, zwischen diesen formidablen Tischreihen, oder rücken wir auf die benachbarte Veranda hinauf, die Sie, wenn Sie Gewicht darauf legen, auch als Altan oder als Söller bezeichnen können? Oder bevorzugen Sie vielleicht die Verschwiegenheit der inneren Gemächer, irgendeiner Kemenate von Halensee? Oder endlich, viertens und letztens, sind Sie für Turmbesteigung und treibt es Sie, diese Wunderwelt, in der keines Menschen Auge bisher einen frischen Grashalm entdecken konnte, treibt es Sie, sag' ich, dieses von Spargelbeeten und Eisenbahndämmen durchsetzte Wüstenpanorama zu Ihren Füßen ausgebreitet zu sehen?«

»Ich denke«, sagte Frau Felgentreu, die, trotzdem sie kaum ausgangs Vierzig war, schon das Embonpoint und das Asthma einer Sechzigerin hatte, »ich denke, lieber Treibel, wir bleiben, wo wir sind. Ich bin nicht für Steigen, und dann mein' ich auch immer, man muß mit dem zufrieden sein, was man gerade hat«.

»Eine merkwürdig bescheidene Frau«, sagte Corinna zu Krola, der seinerseits mit einfacher Zahlennennung antwortete, leise hinzusetzend, »aber Taler«.

»Gut denn«, fuhr Treibel fort, »wir bleiben also in der Tiefe. Wozu dem Höheren zustreben? Man muß zufrieden sein mit dem durch Schicksalsbeschluß Gegebenen, wie meine Freundin Felgentreu soeben versichert hat. Mit anderen Worten: ›Genieße fröhlich, was du hast.‹ Aber, liebe Festgenossen, was tun wir, um unsere Fröhlichkeit zu beleben, oder, richtiger und artiger, um ihr Dauer zu geben? Denn von Belebung unserer Fröhlichkeit sprechen, hieße das augenblickliche Vorhandensein derselben in Zweifel ziehen – eine Blasphemie, deren ich mich nicht schuldig machen werde. Landpartien sind immer fröhlich. Nicht wahr, Krola?«

Krola bestätigte mit einem verschmitzten Lächeln, das für den Eingeweihten eine stille Sehnsucht nach Siechen oder dem schweren Wagner ausdrücken sollte.

Treibel verstand es auch so. »Landpartien also sind immer fröhlich, und dann haben wir das Quartett in Bereitschaft und haben Professor Schmidt in Sicht, und Leopold auch. Ich finde, daß dies allein schon ein Programm ausdrückt.« Und nach diesen Einleitungsworten einen in der Nähe stehenden mittelalterlichen Kellner heranwinkend, fuhr er in einer anscheinend an diesen, in Wahrheit aber an seine Freunde gerichteten Rede fort: »Ich denke, Kellner, wir rücken zunächst einige Tische zusammen, hier zwischen Brunnen und Fliederbosquet; da haben wir frische Luft und etwas Schatten. Und dann, Freund, sobald die Lokalfrage geregelt und das Aktionsfeld abgesteckt ist, dann etwelche Portionen Kaffee, sagen wir vorläufig fünf, Zucker doppelt, und etwas Kuchiges, gleichviel was, mit Ausnahme von altdeutschem Napfkuchen, der mir immer eine Mahnung ist, es mit dem neuen Deutschland ernst und ehrlich zu versuchen. Die Bierfrage können wir später regeln, wenn unser Zuzug eingetroffen ist.«

Dieser Zuzug war nun in der Tat näher, als die ganze Gesellschaft zu hoffen gewagt hatte. Schmidt, in einer ihn begleitenden Wolke herankommend, war müllergrau von Chausseestaub und mußte es sich gefallen lassen, von den jungen, dabei nicht wenig kokettierenden Damen abgeklopft zu werden, und kaum daß er instand gesetzt und in den Kreis der übrigen eingereiht war, so ward auch schon Leopold in einer langsam herantrottenden Droschke sichtbar, und beide Felgentreus (Corinna hielt sich zurück) liefen auch ihm bis auf die Chaussee hinaus entgegen und schwenkten dieselben kleinen Batisttücher zu seiner Begrüßung, mit denen sie eben den alten Schmidt restituiert und wieder leidlich gesellschaftsfähig gemacht hatten.

Auch Treibel hatte sich erhoben und sah der Anfahrt seines Jüngsten zu. »Sonderbar«, sagte er zu Schmidt und Felgentreu, zwischen denen er saß, »sonderbar; es heißt immer, der Apfel fällt nicht weit vom Stamm. Aber mitunter tut er's doch. Alle Naturgesetze schwanken heutzutage. Die Wissenschaft setzt ihnen zu arg zu. Sehen Sie, Schmidt, wenn *ich* Leopold Treibel wäre (mit *meinem* Vater war das etwas anderes, der war noch aus der alten Zeit), so hätte mich doch kein Deubel davon abgehalten, hier heute hoch zu Roß vorzureiten, und hätte mich graziös – denn, Schmidt, wir haben doch auch unsere Zeit gehabt –, hätte mich graziös, sag' ich, aus dem Sattel geschwungen und mir mit der Badine die Stiefel und die Unaussprechlichen abgeklopft und wäre hier, schlecht gerechnet, wie ein junger Gott erschienen, mit einer roten Nelke im Knopfloch, ganz wie Ehrenlegion oder ein ähnlicher Unsinn. Und nun sehen Sie sich den Jungen an. Kommt er nicht an, als ob er hingerichtet werden sollte? Denn das ist ja gar keine Droschke, das ist ein Karren, eine Schleife. Weiß der Himmel, wo's nicht drin steckt, da kommt es auch nicht.«

Unter diesen Worten war Leopold herangekommen, untergefaßt von den beiden Felgentreus, die sich vorgesetzt zu haben schienen, à tout prix für das »Landpartieliche« zu sorgen. Corinna, wie sich denken läßt, gefiel sich in Mißbilligung dieser Vertraulichkeit und sagte vor sich hin: »Dumme Dinger!« Dann aber erhob auch sie sich, um Leopold gemeinschaftlich mit den andern zu begrüßen.

Die Droschke draußen hielt noch immer, was dem alten Treibel schließlich auffiel. »Sage, Leopold, warum hält er noch? Rechnet er auf Rückfahrt?«

»Ich glaube, Papa, daß er futtern will.«

»Wohl und weise. Freilich mit seinem Häckselsack wird er nicht weit kommen. Hier müssen energischere Belebungsmittel angewandt werden, sonst passiert was. Bitte, Kellner, geben Sie dem Schimmel ein Seidel. Aber Löwenbräu. Dessen ist er am bedürftigsten.«

»Ich wette«, sagte Krola, »der Kranke wird von Ihrer Arznei nichts wissen wollen.«

»Ich verbürge mich für das Gegenteil. In dem Schimmel steckt was; bloß heruntergekommen.«

Und während das Gespräch noch andauerte, folgte man dem Vorgange draußen und sah, wie das arme verschmachtete Tier mit Gier das Seidel austrank und in ein schwaches Freudengewieher ausbrach.

»Da haben wir's«, triumphierte Treibel. »Ich bin ein Menschenkenner; *der* hat bessere Tage gesehen und mit diesem Seidel zogen alte Zeiten in ihm herauf. Und Erinnerungen sind immer das Beste. Nicht wahr, Jenny?«

Die Kommerzienrätin antwortete mit einem langgedehnten

»Ja, Treibel«, und deutete durch den Ton an, daß er besser täte, sie mit solchen Betrachtungen zu verschonen.

Eine Stunde verging unter allerhand Plaudereien, und wer gerade schwieg, der versäumte nicht, das Bild auf sich wirken zu lassen, das sich um ihn her ausbreitete. Da stieg zunächst eine Terrasse nach dem See hinunter, von dessen anderm Ufer her man den schwachen Knall einiger Teschings hörte, mit denen in einer dort etablierten Schießbude nach der Scheibe geschossen wurde, während man aus verhältnismäßiger Nähe das Kugelrollen einer am diesseitigen Ufer sich hinziehenden Doppelkegelbahn und dazwischen die Rufe des Kegeljungen vernahm. Den See selbst aber sah man nicht recht, was die Felgentreuschen Mädchen zuletzt ungeduldig machte. »Wir müssen doch den See sehen. Wir können doch nicht in Halensee gewesen sein, ohne den Halensee gesehen zu haben!« Und dabei schoben sie zwei Stühle mit den Lehnen zusammen und kletterten hinauf, um so den Wasserspiegel vielleicht entdecken zu können. »Ach, da ist er. Etwas klein.«

»Das ›Auge der Landschaft‹ muß klein sein«, sagte Treibel. »Ein Ozean ist kein Auge mehr.«

»Und wo nur die Schwäne sind?« fragte die ältere Felgentreu neugierig. »Ich sehe doch zwei Schwanenhäuser.«

»Ja, liebe Elfriede«, sagte Treibel. »Sie verlangen zuviel. Das ist immer so; wo Schwäne sind, sind keine Schwanenhäuser, und wo Schwanenhäuser sind, sind keine Schwäne. Der eine hat den Beutel, der andre hat das Geld. Diese Wahrnehmung, meine junge Freundin, werden Sie noch verschiedentlich im Leben machen. Lassen Sie mich annehmen, nicht zu sehr zu Ihrem Schaden.«

Elfriede sah ihn groß an. »Worauf bezog sich das und auf wen? Auf Leopold? oder auf den früheren Hauslehrer, mit dem sie sich noch schrieb, aber doch nur so, daß es nicht völlig einschlief. Oder auf den Pionierlieutenant? Es konnte sich auf alle drei beziehen. Leopold hatte das Geld ... Hm.«

»Im übrigen«, fuhr Treibel an die Gesamtheit gewendet fort, »ich habe mal wo gelesen, daß es immer das Geratenste sei, das Schönste nicht auszukosten, sondern mitten im Genusse dem Genuß Valet zu sagen. Und dieser Gedanke kommt mir auch jetzt wieder. Es ist kein Zweifel, daß dieser Fleck Erde mit zu dem Schönsten zählt, was die norddeutsche Tiefebene besitzt, durchaus angetan, durch Sang und Bild verherrlicht zu werden, wenn es nicht schon geschehen ist, denn wir haben jetzt eine märkische Schule, vor der nichts sicher ist, Beleuchtungskünstler ersten Ranges, wobei Wort oder Farbe keinen Unterschied macht. Aber eben *weil* es so schön ist, gedenken wir jenes vorzitierten Satzes, der von einem letzten Auskosten nichts wissen will, mit andern Worten beschäftigen wir uns mit dem Gedanken an Aufbruch. Ich sage wohlüberlegt ›Aufbruch‹, nicht Rückfahrt, nicht vorzeitige Rückkehr in die alten Geleise, das sei ferne von mir; dieser Tag hat sein letztes Wort noch nicht gesprochen. Nur ein Scheiden speziell aus diesem Idyll, eh es uns ganz umstrickt! Ich proponiere Waldpromenade bis Paulsborn oder, wenn dies zu kühn erscheinen sollte, bis Hundekehle. Die Prosa des Namens wird ausgeglichen durch die Poesie der größeren Nähe. Vielleicht, daß ich mir den besonderen Dank meiner Freundin Felgentreu durch diese Modifikation verdiene.«

Frau Felgentreu, der nichts ärgerlicher war als Anspielungen auf ihre Wohlbeleibtheit und Kurzatmigkeit, begnügte sich, ihrem Freunde Treibel den Rücken zu kehren.

»Dank vom Hause Österreich. Aber es ist immer so, der Gerechte muß viel leiden. Ich werde mich auf einem verschwiegenen Waldwege bemühen, Ihrem schönen Unmut die Spitze abzubrechen. Darf ich um Ihren Arm bitten, liebe Freundin?«

Und alles erhob sich, um in Gruppen zu zweien und dreien die Terrasse hinabzusteigen und zu beiden Seiten des Sees auf den schon im halben Dämmer liegenden Grunewald zuzuschreiten.

Die Hauptkolonne hielt sich links. Sie bestand, unter Vorantritt des Felgentreuschen Ehepaares (Treibel hatte sich von seiner Freundin wieder frei gemacht), aus dem Krolaschen Quartett, in das sich Elfriede und Blanca Felgentreu derart eingereiht hatten, daß sie zwischen den beiden Referendarien und zwei jungen Kaufleuten gingen. Einer der jungen Kaufleute war ein berühmter Jodler und trug auch den entsprechenden Hut. Dann kamen Otto und Helene, während Treibel und Krola abschlossen.

»Es geht doch nichts über eine richtige Ehe«, sagte Krola zu Treibel und wies auf das junge Paar vor ihnen. »Sie müssen sich doch aufrichtig freuen, Kommerzienrat, wenn Sie Ihren Ältesten so glücklich und so zärtlich neben dieser hübschen und immer blink und blanken Frau einherschreiten sehen. Schon oben saßen sie dicht beisammen, und nun gehen sie Arm in Arm. Ich glaube beinah, sie drücken sich leise.«

»Mir ein sichrer Beweis, daß sie sich vormittags gezankt haben. Otto, der arme Kerl, muß nun Reugeld zahlen.«

»Ach, Treibel, Sie sind ewig ein Spötter. Ihnen kann es keiner recht machen und am wenigsten die Kinder. Glücklicherweise sagen Sie das so hin, ohne recht dran zu glauben. Mit einer Dame, die so gut erzogen wurde, kann man sich überhaupt nicht zanken.«

In diesem Augenblicke hörte man den Jodler einige Juchzer ausstoßen, so tirolerhaft echt, daß sich das Echo der Pichelsberge nicht veranlaßt sah, darauf zu antworten.

Krola lachte. »Das ist der junge Metzner. Er hat eine merkwürdig gute Stimme, wenigstens für einen Dilettanten, und hält eigentlich das Quartett zusammen. Aber sowie er eine Prise frische Luft wittert, ist es mit ihm vorbei. Dann faßt ihn das Schicksal mit rasender Gewalt, und er muß jodeln... Aber wir wollen von den Kindern nicht abkommen. Sie werden mir doch nicht weismachen wollen« – Krola war neugierig und hörte gern Intimitäten –, »Sie werden mir doch nicht weismachen wollen, daß die beiden da vor uns in einer unglücklichen Ehe leben. Und was das Zanken angeht, so kann ich nur wiederholen, Hamburgerinnen stehen auf einer Bildungsstufe, die den Zank ausschließt.«

Treibel wiegte den Kopf. »Ja, sehen Sie, Krola, Sie sind nun ein so gescheiter Kerl und kennen die Weiber, ja, wie soll ich sagen, Sie kennen sie, wie sie nur ein Tenor kennen kann. Denn ein Tenor geht noch weit übern Lieutenant. Und doch offenbaren Sie hier in dem speziell Ehelichen, was noch wieder ein Gebiet für sich ist, ein furchtbares Manquement. Und warum? Weil Sie's in Ihrer eigenen Ehe, gleichviel nun, ob durch Ihr oder Ihrer Frau Verdienst, ausnahmsweise gut getroffen haben. Natürlich, wie Ihr Fall beweist, kommt auch *das* vor. Aber die Folge davon ist einfach die, daß Sie – auch das Beste hat seine Kehrseite –, daß Sie, sag' ich, kein richtiger Ehemann sind, daß Sie keine volle Kenntnis von der Sache haben; Sie kennen den Ausnahmefall, aber nicht die Regel. Über Ehe kann nur sprechen, wer sie durchgefochten hat, nur der Veteran, der auf Wundenmale zeigt... Wie heißt es doch? ›Nach Frankreich zogen zwei Grenadier, die ließen die Köpfe hangen‹... Da haben Sie's.«

»Ach, das sind Redensarten, Treibel...«

»...Und die schlimmsten Ehen sind die, lieber Krola, wo furchtbar ›gebildet‹ gestritten wird, wo, wenn Sie mir den Ausdruck gestatten wollen, eine Kriegsführung mit Sammethandschuhen stattfindet, oder richtiger noch, wo man sich, wie beim römischen Karneval, Konfetti ins Gesicht wirft. Es sieht hübsch aus, aber verwundet doch. Und in dieser Kunst anscheinend gefälligen Konfettiwerfens ist meine Schwiegertochter eine Meisterin. Ich wette, daß mein armer Otto schon oft bei sich gedacht hat, wenn sie dich doch kratzte, wenn sie doch mal außer sich wäre, wenn sie doch mal sagte: Scheusal oder Lügner oder elender Verführer...«

»Aber Treibel, das kann sie doch nicht sagen. Das wäre ja Unsinn. Otto ist ja doch kein Verführer, also auch kein Scheusal...«

»Ach, Krola, darauf kommt es ja gar nicht an. Worauf es ankommt, ist, sie muß sich dergleichen wenigstens denken können, sie muß eine eifersüchtige Regung haben, und in solchem Momente muß es afrikanisch aus ihr losbrechen. Aber alles, was Helene hat, hat höchstens die Temperatur der Uhlenhorst. Sie hat nichts als einen unerschütterlichen Glauben an Tugend und Windsorsoap.«

»Nun meinetwegen. Aber wenn es so ist, wo kommt dann der Zank her?«

»Der kommt doch. Er tritt nur anders auf, anders, aber nicht besser. Kein Donnerwetter, nur kleine Worte mit dem Giftgehalt eines halben Mückenstichs, oder aber Schweigen,

Stummheit, Muffeln, das innere Düppel der Ehe, während nach außen hin das Gesicht keine Falte schlägt. Das sind so die Formen. Und ich fürchte, die ganze Zärtlichkeit, die wir da vor uns wandeln sehen und die sich augenscheinlich sehr einseitig gibt, ist nichts als ein Bußetun – Otto Treibel im Schloßhof zu Canossa und mit Schnee unter den Füßen. Sehen Sie nun den armen Kerl; er biegt den Kopf in einem fort nach rechts, und Helene rührt sich nicht und kommt aus der graden Hamburger Linie nicht heraus... Aber jetzt müssen wir schweigen. Ihr Quartett hebt eben an. Was ist es denn?«

»Es ist das bekannte: ›Ich weiß nicht, was soll es bedeuten?‹«

»Ah, das ist recht. Eine jederzeit wohl aufzuwerfende Frage, besonders auf Landpartien.«

Rechts um den See hin gingen nur zwei Paare, vorauf der alte Schmidt und seine Jugendfreundin Jenny und in einiger Entfernung hinter ihnen Leopold und Corinna.

Schmidt hatte seiner Dame den Arm gereicht und zugleich gebeten, ihr die Mantille tragen zu dürfen, denn es war etwas schwül unter den Bäumen. Jenny hatte das Anerbieten auch dankbar angenommen; als sie aber wahrnahm, daß der gute Professor den Spitzenbesatz immer nachschleppen und sich abwechselnd in Wacholder und Heidekraut verfangen ließ, bat sie sich die Mantille wieder aus. »Sie sind noch geradeso wie vor vierzig Jahren, lieber Schmidt. Galant, aber mit keinen rechten Erfolge.«

»Ja, gnädigste Frau, diese Schuld kann ich nicht von mir abwälzen, und sie war zugleich mein Schicksal. Wenn ich mit meinen Huldigungen erfolgreicher gewesen wäre, denken Sie, wie ganz anders sich mein Leben und auch das Ihrige gestaltet hätte...«

Jenny seufzte leise.

»Ja, gnädigste Frau, dann hätten Sie das Märchen Ihres Lebens nie begonnen. Denn alles große Glück ist ein Märchen.«

»Alles große Glück ist ein Märchen«, wiederholte Jenny langsam und gefühlvoll. »Wie wahr, wie schön! Und sehen Sie, Wilibald, daß das beneidete Leben, das ich jetzt führe, meinem Ohr und meinem Herzen solche Worte versagt, daß lange Zeiten vergehen, ehe Aussprüche von solcher poetischen Tiefe zu mir sprechen, das ist für eine Natur, wie sie mir nun mal geworden, ein ewig zehrender Schmerz. Und Sie sprechen dabei von Glück, Wilibald, sogar von großem Glück! Glauben Sie mir, mir, die ich dies alles durchlebt habe, diese so vielbegehrten Dinge sind wertlos für den, der sie hat. Oft, wenn ich nicht schlafen kann und mein Leben überdenke, wird es mir klar, daß das Glück, das anscheinend so viel für mich tat, mich nicht *die* Wege geführt hat, die für mich paßten, und daß ich in einfacheren Verhältnissen und als Gattin eines in der Welt der Ideen und vor allem auch des Idealen stehenden Mannes wahrscheinlich glücklicher geworden wäre. Sie wissen, wie gut Treibel ist und daß ich ein dankbares Gefühl für seine Güte habe. Trotzdem muß ich es leider aussprechen, es fehlt mir, meinem Manne gegenüber, jene hohe Freude der Unterordnung, die doch unser schönstes Glück ausmacht und so recht gleichbedeutend ist mit echter Liebe. Niemandem darf ich dergleichen sagen; aber vor Ihnen, Wilibald, mein Herz auszuschütten, ist, glaub' ich, mein schön menschliches Recht und vielleicht sogar meine Pflicht...«

Schmidt nickte zustimmend und sprach dann ein einfaches: »Ach, Jenny...« mit einem Tone, drin er den ganzen Schmerz eines verfehlten Lebens zum Ausdruck zu bringen trachtete. Was ihm auch gelang. Er lauschte selber dem Klang und beglückwünschte sich im stillen, daß er sein Spiel so gut gespielt habe. Jenny, trotz aller Klugheit, war doch eitel genug, an das »Ach« ihres ehemaligen Anbeters zu glauben.

So gingen sie, schweigend und anscheinend ihren Gefühlen hingegeben, nebeneinander her, bis Schmidt die Notwendigkeit fühlte, mit irgendeiner Frage das Schweigen zu brechen. Er entschied sich dabei für das alte Rettungsmittel und lenkte das Gespräch auf die Kinder. »Ja, Jenny«, hob er mit immer noch verschleierter Stimme an, »was versäumt ist, ist versäumt. Und wer fühlte das tiefer als ich selbst. Aber eine Frau wie Sie, die das Leben begreift, findet auch im Leben selbst ihren Trost, vor allem in der Freude täglicher Pflichterfüllung. Da sind in erster Reihe die Kinder, ja, schon ein Enkelkind ist da, wie Milch und Blut, das liebe Lizzichen, und das sind dann, mein' ich, die Hülfen, daran Frauenherzen sich aufrichten müssen. Und wenn ich auch Ihnen gegenüber, teure Freundin, von einem eigentlichen Eheglücke nicht sprechen will, denn wir sind wohl einig in dem, was Treibel ist und nicht ist, so darf ich doch sagen, Sie sind eine glückliche Mutter. Zwei Söhne sind Ihnen herangewachsen, gesund oder doch was man so gesund zu nennen pflegt, von guter Bildung und guten Sitten. Und bedenken Sie, was allein dies letzte heutzutage bedeuten will. Otto hat sich nach Neigung verheiratet und sein Herz einer schönen und reichen Dame geschenkt, die, soviel ich weiß, der Gegenstand allgemeiner Verehrung ist, und wenn ich recht berichtet bin, so bereitet sich im Hause Treibel ein zweites Verlöbnis vor, und Helenens Schwester steht auf dem Punkte, Leopolds Braut zu werden...«

»Wer sagt das?« fuhr jetzt Jenny heraus, plötzlich aus dem sentimental Schwärmerischen in den Ton ausgesprochenster Wirklichkeit verfallend. »Wer sagt das?«

Schmidt geriet, diesem erregten Tone gegenüber, in eine kleine Verlegenheit. Er hatte sich das so gedacht oder vielleicht auch mal etwas Ähnliches gehört und stand nun ziemlich ratlos vor der Frage »Wer sagt das?« Zum Glück war es damit nicht sonderlich ernsthaft gemeint, so wenig, daß Jenny, ohne eine Antwort abgewartet zu haben, mit großer Lebhaftigkeit fortfuhr: »Sie können gar nicht ahnen, Freund, wie mich das alles reizt. Das ist so die seitens des Holzhofs beliebte Art, mir die Dinge über den Kopf wegzunehmen. Sie, lieber Schmidt, sprechen nach, was Sie hören, aber die, die solche Dinge wie von ungefähr unter die Leute bringen, mit denen hab' ich ernstlich ein Hühnchen zu pflücken. Es ist eine Insolenz. Und Helene mag sich vorsehen.«

»Aber, Jenny, liebe Freundin, Sie dürfen sich nicht so erregen. Ich habe das so hingesagt, weil ich es als selbstverständlich annahm.«

»Als selbstverständlich«, wiederholte Jenny spöttisch, die, während sie das sagte, die Mantille wieder abriß und dem Professor über den Arm warf. »Als selbstverständlich. Soweit also hat es der Holzhof schon gebracht, daß die nächsten

Freunde solche Verlobung als eine Selbstverständlichkeit ansehen. Es ist aber keine Selbstverständlichkeit, ganz im Gegenteil, und wenn ich mir vergegenwärtige, daß Ottos alles besser wissende Frau neben ihrer Schwester Hildegard ein bloßer Schatten sein soll – und ich glaub' es gern, denn sie war schon als Backfisch von einer geradezu ridikülen Überheblichkeit –, so muß ich sagen, ich habe an einer Hamburger Schwiegertochter aus dem Hause Munk gerade genug.«

»Aber, teuerste Freundin, ich begreife Sie nicht. Sie setzen mich in das aufrichtigste Erstaunen. Es ist doch kein Zweifel, daß Helene eine schöne Frau ist und von einer, wenn ich mich so ausdrücken darf, ganz aparten Appetitlichkeit...«

Jenny lachte.

»...Zum Anbeißen, wenn Sie mir das Wort gestatten«, fuhr Schmidt fort, »und von jenem eigentümlichen Charme, den schon, von alters her, alles besitzt, was mit dem flüssigen Element in eine konstante Berührung kommt. Vor allem aber ist mir kein Zweifel darüber, daß Otto seine Frau liebt, um nicht zu sagen in sie verliebt ist. Und *Sie*, Freundin, Ottos leibliche Mutter, fechten gegen dies Glück an und sind empört, dies Glück in Ihrem Hause vielleicht verdoppelt zu sehen. Alle Männer sind abhängig von weiblicher Schönheit; ich war es auch, und ich möchte beinah sagen dürfen, ich bin es noch, und wenn nun diese Hildegard, wie mir durchaus wahrscheinlich – denn die Nestküken sehen immer am besten aus –, wenn diese Hildegard noch über Helenen hinauswächst, so weiß ich nicht, was Sie gegen sie haben können. Leopold ist ein guter Junge, von vielleicht nicht allzu feurigem Temperament; aber ich denke mir, daß er doch nichts dagegen haben kann, eine sehr hübsche Frau zu heiraten. Sehr hübsch und reich dazu.«

»Leopold ist ein Kind und darf sich überhaupt nicht nach eigenem Willen verheiraten, am wenigsten aber nach dem Willen seiner Schwägerin Helene. Das fehlte noch, das hieße denn doch abdanken und mich ins Altenteil setzen. Und wenn es sich noch um eine junge Dame handelte, der gegenüber einen allenfalls die Lust anwandeln könnte, sich unterzuordnen, also eine Freiin oder eine wirkliche, ich meine eine richtige

Geheimratstochter oder die Tochter eines Oberhofpredigers...
Aber ein unbedeutendes Ding, das nichts kennt, als mit Ponies
nach Blankenese fahren, und sich einbildet, mit einem Goldfaden in der Plattstichnadel eine Wirtschaft führen oder wohl
gar Kinder erziehen zu können, und ganz ernsthaft glaubt,
daß wir hierzulande nicht einmal eine Seezunge von einem
Steinbutt unterscheiden können, und immer von Lobster
spricht, wo wir Hummer sagen, und Curry-Powder und Soja
wie höhere Geheimnisse behandelt, – ein solcher eingebildeter
Quack, lieber Wilibald, das ist nichts für meinen Leopold.
Leopold, trotz allem, was ihm fehlt, soll höher hinaus. Er ist
nur einfach, aber er ist gut, was doch auch einen Anspruch
gibt. Und deshalb soll er eine kluge Frau haben, eine wirklich
kluge; Wissen und Klugheit und überhaupt das Höhere – darauf kommt es an. Alles andere wiegt keinen Pfifferling. Es
ist ein Elend mit den Äußerlichkeiten. Glück, Glück! Ach Wilibald, daß ich es in solcher Stunde gerade vor Ihnen bekennen
muß, das Glück, es ruht *hier* allein.«

Und dabei legte sie die Hand aufs Herz.

Leopold und Corinna waren in einer Entfernung von etwa
fünfzig Schritt gefolgt und hatten ihr Gespräch in herkömmlicher Art geführt, das heißt Corinna hatte gesprochen. Leopold war aber fest entschlossen, auch zu Worte zu kommen,
wohl oder übel. Der quälende Druck der letzten Tage machte,
daß er vor dem, was er vorhatte, nicht mehr so geängstigt
stand wie früher; – er mußte sich eben Ruhe schaffen. Ein
paarmal schon war er nahe daran gewesen, eine wenigstens
auf sein Ziel überleitende Frage zu tun; wenn er dann aber der
Gestalt seiner stattlich vor ihm dahinschreitenden Mutter ansichtig wurde, gab er's wieder auf, so daß er schließlich den
Vorschlag machte, eine gerade vor ihnen liegende Waldlichtung in schräger Linie zu passieren, damit sie, statt immer zu
folgen, auch mal an die Tête kämen. Er wußte zwar, daß er
infolge dieses Manövers den Blick der Mama vom Rücken
oder von der Seite her haben würde, aber etwas auf den Vogel
Strauß hin angelegt, fand er doch eine Beruhigung in dem
Gefühl, die seinen Mut beständig lähmende Mama nicht im-

mer gerade vor Augen haben zu müssen. Er konnte sich über diesen eigentümlichen Nervenzustand keine rechte Rechenschaft geben und entschied sich einfach für das, was ihm von zwei Übeln als das kleinere erschien.

Die Benutzung der Schräglinie war geglückt, sie waren jetzt um ebensoviel voraus, als sie vorher zurück gewesen waren, und ein Gleichgültigkeitsgespräch fallen lassend, das sich, ziemlich gezwungen, um die Spargelbeete von Halensee samt ihrer Kultur und ihrer sanitären Bedeutung gedreht hatte, nahm Leopold einen plötzlichen Anlauf und sagte: »Wissen Sie, Corinna, daß ich Grüße für Sie habe?«

»Von wem?«

»Raten Sie.«

»Nun, sagen wir Mr. Nelson.«

»Aber das geht doch nicht mit rechten Dingen zu, das ist ja wie Hellseherei; nun können Sie auch noch Briefe lesen, von denen Sie nicht einmal wissen, daß sie geschrieben wurden.«

»Ja, Leopold, dabei könnt' ich Sie nun belassen und mich vor Ihnen als Seherin etablieren. Aber ich werde mich hüten. Denn vor allem, was so mystisch und hypnotisch und geisterseherig ist, haben gesunde Menschen bloß ein Grauen. Und ein Grauen einzuflößen ist nicht das, was ich liebe. Mir ist es lieber, daß mir die Herzen guter Menschen zufallen.«

»Ach, Corinna, das brauchen Sie sich doch nicht erst zu wünschen. Ich kann mir keinen Menschen denken, dessen Herz Ihnen nicht zufiele. Sie sollten nur lesen, was Mr. Nelson über Sie geschrieben hat; mit amusing fängt er an, und dann kommt charming und high-spirited, und mit fascinating schließt er ab. Und dann erst kommen die Grüße, die sich, nach allem, was voraufgegangen, beinahe nüchtern und alltäglich ausnehmen. Aber wie wußten Sie, daß die Grüße von Mr. Nelson kämen?«

»Ein leichteres Rätsel ist mir nicht bald vorgekommen. Ihr Papa teilte mit, Sie kämen erst später, weil Sie nach Liverpool zu schreiben hätten. Nun, Liverpool heißt Mr. Nelson. Und hat man erst Mr. Nelson, so gibt sich das andere von selbst. Ich glaube, daß es mit aller Hellseherei ganz ähnlich liegt. Und sehen Sie, Leopold, mit derselben Leichtigkeit, mit der ich

Mr. Nelsons Briefe gelesen habe, mit derselben Sicherheit lese ich zum Beispiel Ihre Zukunft.«

Ein tiefes Aufatmen Leopolds war die Antwort, und sein Herz hätte jubeln mögen, in einem Gefühl von Glück und Erlösung. Denn wenn Corinna richtig las, und sie mußte richtig lesen, so war er allem Anfragen und allen damit verknüpften Ängsten überhoben, und *sie* sprach dann aus, was er zu sagen noch immer nicht den Mut finden konnte. Wie beseligt nahm er ihre Hand und sagte: »Das können Sie nicht.«

»Ist es so schwer?«

»Nein, es ist eigentlich leicht. Aber leicht oder schwer, Corinna, lassen Sie mich's hören. Und ich will auch ehrlich sagen, ob Sie's getroffen haben oder nicht. Nur keine ferne Zukunft, bloß die nächste, allernächste.«

»Nun denn«, hob Corinna schelmisch und hier und da mit besonderer Betonung an, »was ich sehe, ist das: zunächst ein schöner Septembertag, und vor einem schönen Hause halten viele schöne Kutschen, und die vorderste, mit einem Perückenkutscher auf dem Bock und zwei Bedienten hinten, das ist eine Brautkutsche. Der Straßendamm aber steht voller Menschen, die die Braut sehen wollen, und nun kommt die Braut, und neben ihr schreitet ihr Bräutigam, und dieser Bräutigam ist mein Freund Leopold Treibel. Und nun fährt die Brautkutsche, während die anderen Wagen folgen, an einem breiten, breiten Wasser hin...«

»Aber Corinna, Sie werden doch unsere Spree zwischen Schleuse und Jungfernbrücke nicht ein breites Wasser nennen wollen...«

»...An einem breiten Wasser hin und hält endlich vor einer gotischen Kirche.«

»Zwölf Apostel...«

»Und der Bräutigam steigt aus und bietet der Braut seinen Arm, und so schreitet das junge Paar der Kirche zu, drin schon die Orgel spielt und die Lichter brennen.«

»Und nun...«

»Und nun stehen sie vor dem Altar, und nach dem Ringewechsel wird der Segen gesprochen und ein Lied gesungen oder doch der letzte Vers. Und nun geht es wieder zurück, an demselben breiten Wasser entlang, aber nicht dem Stadthause zu, von dem sie ausgefahren waren, sondern immer weiter ins Freie, bis sie vor einer Cottagevilla halten...«

»Ja, Corinna, so soll es sein...«

»Bis sie vor einer Cottagevilla halten und vor einem Triumphbogen, an dessen oberster Wölbung ein Riesenkranz hängt, und in dem Kranze leuchten die beiden Anfangsbuchstaben: L und H.«

»L und H?«

»Ja, Leopold, L und H. Und wie könnte es auch anders sein. Denn die Brautkutsche kam ja von der Uhlenhorst her und fuhr die Alster entlang und nachher die Elbe hinunter, und nun halten sie vor der Munkschen Villa draußen in Blankenese und L heißt Leopold und H heißt Hildegard.«

Einen Augenblick überkam es Leopold wie wirkliche Verstimmung. Aber, sich rasch besinnend, gab er der vorgeblichen Seherin einen kleinen Liebesklaps und sagte: »Sie sind immer dieselbe, Corinna. Und wenn der gute Nelson, der der beste Mensch und mein einziger Vertrauter ist, wenn er dies alles gehört hätte, so würd' er begeistert sein und von ›capital fun‹ sprechen, weil Sie mir so gnädig die Schwester meiner Schwägerin zuwenden wollen.«

»Ich bin eben eine Prophetin«, sagte Corinna.

»Prophetin«, wiederholte Leopold. »Aber diesmal eine falsche. Hildegard ist ein schönes Mädchen, und Hunderte würden sich glücklich schätzen. Aber Sie wissen, wie meine Mama zu dieser Frage steht; sie leidet unter dem beständigen Sichbesserdünken der dortigen Anverwandten und hat es wohl hundertmal geschworen, daß ihr *eine* Hamburger Schwiegertochter, *eine* Repräsentantin aus dem großen Hause Thompson-Munk, gerade genug sei. Sie hat ganz ehrlich einen halben Haß gegen die Munks, und wenn ich mit Hildegard so vor sie hinträte, so weiß ich nicht, was geschähe; sie würde ›nein‹ sagen, und wir hätten eine furchtbare Szene.«

»Wer weiß«, sagte Corinna, die jetzt das entscheidende Wort ganz nahe wußte.

»...Sie würde ›nein‹ sagen und immer wieder ›nein‹, das ist so sicher wie Amen in der Kirche«, fuhr Leopold mit gehobener

Stimme fort. »Aber dieser Fall kann sich gar nicht ereignen. Ich werde nicht mit Hildegard vor sie hintreten und werde statt dessen näher und besser wählen... Ich weiß, und Sie wissen es auch, das Bild, das Sie da gemalt haben, es war nur Scherz und Übermut, und vor allem wissen Sie, wenn mir Armen überhaupt noch eine Triumphpforte gebaut werden soll, daß der Kranz, der dann zu Häupten hängt, einen ganz anderen Buchstaben als das Hildegard-H in hundert und tausend Blumen tragen müßte. Brauch' ich zu sagen, welchen? Ach, Corinna, ich kann ohne Sie nicht leben, und diese Stunde muß über mich entscheiden. Und nun sagen Sie ja oder nein.« Und unter diesen Worten nahm er ihre Hand und bedeckte sie mit Küssen. Denn sie gingen im Schutz einer Haselnußhecke.

Corinna – nach Confessions, wie diesen, die Verlobung mit gutem Rechte als ein fait accompli betrachtend – nahm klugerweise von jeder weiteren Auseinandersetzung Abstand und sagte nur kurzerhand: »Aber eines, Leopold, dürfen wir uns nicht verhehlen, uns stehen noch schwere Kämpfe bevor. Deine Mama hat an einer Munk genug, das leuchtet mir ein; aber ob ihr eine Schmidt recht ist, ist noch sehr die Frage. Sie hat zwar mitunter Andeutungen gemacht, als ob ich ein Ideal in ihren Augen wäre, vielleicht weil ich das habe, was dir fehlt, und vielleicht auch was Hildegard fehlt. Ich sage ›vielleicht‹ und kann dies einschränkende Wort nicht genug betonen. Denn die Liebe, das seh' ich klar, ist demütig, und ich fühle, wie meine Fehler von mir abfallen. Es soll dies ja ein Kennzeichen sein. Ja, Leopold, ein Leben voll Glück und Liebe liegt vor uns, aber es hat deinen Mut und deine Festigkeit zur Voraussetzung, und hier unter diesem Waldesdom, drin es geheimnisvoll rauscht und dämmert, hier, Leopold, mußt du mir schwören, ausharren zu wollen in deiner Liebe.«

Leopold beteuerte, daß er nicht bloß wolle, daß er es auch werde. Denn wenn die Liebe demütig und bescheiden mache, was gewiß richtig sei, so mache sie sicherlich auch stark. Wenn Corinna sich geändert habe, *er* fühle sich auch ein anderer. »Und«, so schloß er, »das eine darf ich sagen, ich habe nie große Worte gemacht, und Prahlereien werden mir auch meine Feinde nicht nachsagen; aber glaube mir, mir schlägt das Herz so hoch, so glücklich, daß ich mir Schwierigkeiten und Kämpfe beinah herbeiwünsche. Mich drängt es, dir zu zeigen, daß ich deiner wert bin...«

In diesem Augenblick wurde die Mondsichel zwischen den Baumkronen sichtbar, und von Schloß Grunewald her, vor dem das Quartett eben angekommen war, klang es über den See herüber:

> Wenn nach *dir* ich oft vergebens
> In die Nacht gesehn,
> Scheint der dunkle Strom des Lebens
> Trauernd stillzustehn...

Und nun schwieg es, oder der Abendwind, der sich aufmachte, trug die Töne nach der anderen Seite hin.

Eine Viertelstunde später hielt alles vor Paulsborn, und nachdem man sich daselbst wieder begrüßt und bei herumgereichtem Crème de Cacao (Treibel selbst machte die Honneurs) eine kurze Rast genommen hatte, brach man – die Wagen waren von Halensee her gefolgt – nach einigen Minuten endgültig auf, um die Rückfahrt anzutreten. Die Felgentreus nahmen bewegten Abschied von dem Quartett, jetzt lebhaft beklagend, den von Treibel vorgeschlagenen Kremser abgelehnt zu haben.

Auch Leopold und Corinna trennten sich, aber doch nicht eher, als bis sie sich im Schatten des hochstehenden Schilfes noch einmal fest und verschwiegen die Hände gedrückt hatten.

ELFTES KAPITEL

Leopold, als man zur Abfahrt sich anschickte, mußte sich mit einem Platz vorn auf dem Bock des elterlichen Landauers begnügen, was ihm, alles in allem, immer noch lieber war als innerhalb des Wagens selbst, en vue seiner Mutter zu sitzen, die doch vielleicht, sei's im Wald, sei's bei der kurzen Rast in Paulsborn, etwas bemerkt haben mochte; Schmidt benutzte wieder den Vorortszug, während Corinna bei den Felgentreus mit einstieg. Man placierte sie, so gut es ging, zwischen das den Fond des Wagens redlich ausfüllende Ehepaar, und weil sie nach all dem Voraufgegangenen eine geringere Neigung zum Plaudern als sonst wohl hatte, so kam es ihr außerordentlich zupaß, sowohl Elfriede wie Blanca doppelt redelustig und noch ganz voll und beglückt von dem Quartett zu finden. Der Jodler, eine sehr gute Partie, schien über die freilich nur in Zivil erschienenen Sommerlieutenants einen entschiedenen Sieg davongetragen zu haben. Im übrigen ließen es sich die Felgentreus nicht nehmen, in der Adlerstraße vorzufahren und ihren Gast daselbst abzusetzen. Corinna bedankte sich herzlich und stieg, noch einmal grüßend, erst die drei Steinstufen und gleich danach vom Flur aus die alte Holztreppe hinauf.

Sie hatte den Drücker zum Entree nicht mitgenommen und so blieb ihr nichts anderes übrig, als zu klingeln, was sie nicht gerne tat. Alsbald erschien denn auch die Schmolke, die die Abwesenheit der »Herrschaft«, wie sie mitunter mit Betonung sagte, dazu benutzt hatte, sich ein bißchen sonntäglich herauszuputzen. Das Auffallendste war wieder die Haube, deren Rüschen eben aus dem Tolleisen zu kommen schienen.

»Aber liebe Schmolke«, sagte Corinna, während sie die Tür wieder ins Schloß zog, »was ist denn los? Ist Geburtstag? Aber nein, den kenn' ich ja. Oder seiner?«

»Nein«, sagte die Schmolke, »seiner is auch nich. Und da werd' ich auch nicht solchen Shlips umbinden und solch Band.«

»Aber wenn kein Geburtstag ist, was ist dann?«

»Nichts, Corinna. Muß denn immer was sein, wenn man sich mal ordentlich macht? Sieh, du hast gut reden; du sitzst jeden Tag, den Gott werden läßt, eine halbe Stunde vorm Spiegel, und mitunter auch noch länger, und brennst dir dein Wuschelhaar...«

»Aber, liebe Schmolke...«

»Ja, Corinna, du denkst, ich seh' es nicht. Aber ich sehe alles und seh' noch viel mehr... Und ich kann dir auch sagen, Schmolke sagte mal, er fänd' es eigentlich hübsch, solch Wuschelhaar...«

»Aber war denn Schmolke so?«

»Nein, Corinna, Schmolke war *nich* so. Schmolke war ein

sehr anständiger Mann, und wenn man so was Sonderbares und eigentlich Unrechtes sagen darf, er war beinah zu anständig. Aber nun gib erst deinen Hut und deine Mantille. Gott, Kind, wie sieht denn das alles aus? Is denn solch furchtbarer Staub? Un noch ein Glück, daß es nich gedrippelt hat, denn is der Samm't hin. Un so viel hat ein Professor auch nich, un wenn er auch nich geradezu klagt, Seide spinnen kann er nich.«

»Nein, nein«, lachte Corinna.

»Nu höre, Corinna, da lachst du nu wieder. Das ist aber gar nicht zum Lachen. Der Alte quält sich genug, und wenn er so die Bündel ins Haus kriegt und die Strippe mitunter nich ausreicht, so viele sind es, denn tut es mir mitunter ordentlich weh hier. Denn Papa is ein sehr guter Mann, und seine Sechzig drücken ihn nu doch auch schon ein bißchen. Er will es freilich nich wahr haben und tut immer noch so, wie wenn er zwanzig wäre. Ja, hat sich was. Un neulich ist er von der Pferdebahn runtergesprungen, un ich muß auch gerade dazu kommen; na, ich dachte doch gleich, der Schlag soll mich rühren... Aber nu sage, Corinna, was soll ich dir bringen? Oder hast du schon gegessen und bist froh, wenn du nichts siehst...«

»Nein, ich habe nichts gegessen. Oder doch so gut wie nichts; die Zwiebacke, die man kriegt, sind immer so alt. Und dann in Paulsborn einen kleinen süßen Likör. Das kann man doch nicht rechnen. Aber ich habe auch keinen rechten Appetit, und der Kopf ist mir so benommen; ich werde am Ende krank...«

»Ach, dummes Zeug, Corinna. Das ist auch eine von deinen Nücken; wenn du mal Ohrensausen hast oder ein bißchen heiße Stirn, dann redest du immer gleich von Nervenfieber. Un das is eigentlich gottlos, denn man muß den Teufel nich an die Wand malen. Es wird wohl ein bißchen feucht gewesen sein, ein bißchen neblig und Abenddunst.«

»Ja, neblig war es gerade, wie wir neben dem Schilf standen, und der See war eigentlich gar nicht mehr zu sehen. Davon wird es wohl sein. Aber der Kopf ist mir wirklich benommen, und ich möchte zu Bett gehen und mich einmummeln. Und dann mag ich auch nicht mehr sprechen, wenn Papa nach

Hause kommt. Und wer weiß wann, und ob es nicht zu spät wird.«
»Warum ist er denn nicht gleich mitgekommen?«
»Er wollte nicht und hat ja auch seinen ›Abend‹ heut'. Ich glaube bei Kuhs. Und da sitzen sie meist lange, weil sich die Kälber mit einmischen. Aber mit Ihnen, liebe, gute Schmolke, möchte ich wohl noch eine halbe Stunde plaudern. Sie haben ja immer so was Herzliches...«
»Ach, rede doch nich, Corinna. Wovon soll ich denn was Herzliches haben? Oder eigentlich, wovon soll ich denn was Herzliches *nich* haben. Du warst ja noch so, als ich ins Haus kam.«
»Nun, also was Herzliches oder nicht was Herzliches«, sagte Corinna, »gefallen wird es mir schon. Und wenn ich liege, liebe Schmolke, dann bringen Sie mir meinen Tee ans Bett, die kleine Meißner Kanne und die andere kleine Kanne, die nehmen Sie sich, und bloß ein paar Teebrötchen, recht dünn geschnitten und nicht zuviel Butter. Denn ich muß mich mit meinem Magen in acht nehmen, sonst wird es gastrisch und man liegt sechs Wochen.«
»Is schon gut«, lachte die Schmolke und ging in die Küche, um den Kessel noch wieder in die Glut zu setzen. Denn heißes Wasser war immer da, und es bullerte nur noch nicht.

Eine Viertelstunde später trat die Schmolke wieder ein und fand ihren Liebling schon im Bette. Corinna saß mehr auf, als sie lag, und empfing die Schmolke mit der trostreichen Versicherung, »es sei ihr schon viel besser«; was man so immer zum Lobe der Bettwärme sage, das sei doch wahr, und sie glaube jetzt beinahe, daß sie noch mal durchkommen und alles glücklich überstehen werde.
»Glaub' ich auch«, sagte die Schmolke, während sie das Tablett auf den kleinen, am Kopfende stehenden Tisch setzte. »Nun, Corinna, von welchem soll ich dir einschenken? Der hier, mit der abgebrochenen Tülle, hat länger gezogen, und ich weiß, du hast ihn gern stark und bitterlich, so daß er schon ein bißchen nach Tinte schmeckt...«
»Versteht sich, ich will von dem starken. Und dann ordent-

lich Zucker; aber ganz wenig Milch, Milch macht immer gastrisch.«

»Gott, Corinna, laß doch das Gastrische. Du liegst da wie ein Borsdorfer Apfel und redst immer, als ob dir der Tod schon um die Nase säße. Nein, Corinnchen, so schnell geht es nich. Un nu nimm dir ein Teebrötchen. Ich habe sie so dünn geschnitten, wie's nur gehen wollte...«

»Das ist recht. Aber da haben Sie ja eine Schinkenstulle mit reingebracht.«

»Für mich, Corinnchen. Ich will doch auch was essen.«

»Ach, liebe Schmolke, da möcht' ich mich aber doch zu Gaste laden. Die Teebrötchen sehen ja nach gar nichts aus, und die Schinkenstulle lacht einen ordentlich an. Und alles schon so appetitlich durchgeschnitten. Nun merk' ich erst, daß ich eigentlich hungrig bin. Geben Sie mir ein Schnittchen ab, wenn es Ihnen nicht sauer wird.«

»Wie du nur redest, Corinna. Wie kann es mir denn sauer werden. Ich führe ja bloß die Wirtschaft und bin bloß eine Dienerin.«

»Ein Glück, daß Papa das nicht hört. Sie wissen, das kann er nicht leiden, daß Sie so von Dienerin reden, und er nennt es eine falsche Bescheidenheit...«

»Ja, ja, so sagt er. Aber Schmolke, der auch ein ganz kluger Mann war, wenn er auch nicht studiert hatte, der sagte immer, ›höre, Rosalie, Bescheidenheit ist gut, und eine falsche Bescheidenheit (denn die Bescheidenheit ist eigentlich immer falsch) ist immer noch besser als gar keine‹.«

»Hm«, sagte Corinna, die sich etwas getroffen fühlte, »das läßt sich hören. Überhaupt, liebe Schmolke, Ihr Schmolke muß eigentlich ein ausgezeichneter Mann gewesen sein. Und Sie sagten ja auch vorhin schon, er habe so etwas Anständiges gehabt und beinah *zu* anständig. Sehen Sie, so was höre ich gern, und ich möchte mir wohl etwas dabei denken können. Worin war er denn nun eigentlich so sehr anständig... Und dann, er war ja doch bei der Polizei. Nun, offen gestanden, ich bin zwar froh, daß wir eine Polizei haben, und freue mich über jeden Schutzmann, an den ich herantreten und den ich nach dem Weg fragen und um Auskunft bitten kann, und das muß wahr sein, alle sind artig und manierlich, wenigstens hab' ich es immer so gefunden. Aber das von der Anständigkeit und von *zu* anständig...«

»Ja, liebe Corinna, das is schon richtig. Aber da sind ja Unterschiedlichkeiten, und was sie Abteilungen nennen. Und Schmolke war bei solcher Abteilung.«

»Natürlich. Er kann doch nicht überall gewesen sein.«

»Nein, nicht überall. Und er war gerade bei der allerschwersten, die für den Anstand und die gute Sitte zu sorgen hat.«

»Und so was gibt es?«

»Ja, Corinna, so was gibt es und muß es auch geben. Und wenn nu – was ja doch vorkommt, und auch bei Frauen und Mädchen vorkommt, wie du ja wohl gesehen und gehört haben wirst, denn Berliner Kinder sehen und hören alles –, wenn nu solch armes und unglückliches Geschöpf (denn manche sind wirklich bloß arm und unglücklich) etwas gegen den Anstand und die gute Sitte tut, dann wird sie vernommen und bestraft. Und da, wo die Vernehmung is, da gerade saß Schmolke...«

»Merkwürdig. Aber davon haben Sie mir ja noch nie was erzählt. Und Schmolke, sagen Sie, war mit dabei? Wirklich, sehr sonderbar. Und Sie meinen, daß er gerade deshalb so sehr anständig und so solide war?«

»Ja, Corinna, das mein' ich.«

»Nun, wenn Sie's sagen, liebe Schmolke, so will ich es glauben. Aber ist es nicht eigentlich zum Verwundern? Denn Ihr Schmolke war ja damals noch jung oder so ein Mann in seinen besten Jahren. Und viele von unserem Geschlecht, und gerade solche, sind ja doch oft bildhübsch. Und da sitzt nun einer, wie Schmolke da gesessen, und muß immer streng und ehrbar aussehen, bloß weil er da zufällig sitzt. Ich kann mir nicht helfen, ich finde das schwer. Denn das ist ja gerade so wie der Versucher in der Wüste: ›Dies alles schenke ich dir.‹«

Die Schmolke seufzte. »Ja, Corinna, daß ich es dir offen gestehe, ich habe auch manchmal geweint, und mein furchtbares Reißen, hier gerad im Nacken, das is noch von der Zeit her. Und zwischen das zweite und dritte Jahr, daß wir verheiratet waren, da hab' ich beinah elf Pfund abgenommen, und wenn wir damals schon die vielen Wiegewaagen gehabt hätten, da wär' es wohl eigentlich noch mehr gewesen, denn als ich zu's Wiegen kam, da setzte ich schon wieder an.«

»Arme Frau«, sagte Corinna. »Ja, das müssen schwere Tage gewesen sein. Aber wie kamen Sie denn darüber hin? Und wenn Sie wieder ansetzten, so muß doch so was von Trost und Beruhigung gewesen sein.«

»War auch, Corinnchen. Und weil du ja nu alles weißt, will ich dir auch erzählen, wie's kam un wie ich meine Ruhe wieder kriegte. Denn ich kann dir sagen, es war schlimm, und ich habe mitunter viele Wochen lang kein Auge zugetan. Na, zuletzt schläft man doch ein bißchen; die Natur will es und is auch zuletzt noch stärker als die Eifersucht. Aber Eifersucht ist sehr stark, viel stärker als Liebe. Mit Liebe is es nich so schlimm. Aber was ich sagen wollte, wie ich nu so ganz runter war und man bloß noch so hing und bloß noch soviel Kraft hatte, daß ich ihm doch sein Hammelfleisch un seine Bohnen vorsetzen konnte, das heißt, geschnitzelte mocht' er nich un sagte immer, sie schmeckten nach Messer, da sah er doch wohl, daß er mal mit mir reden müsse. Denn *ich* red'te nich, dazu war ich viel zu stolz. Also er wollte reden mit mir, und als es nu soweit war und er die Gelegenheit auch ganz gut abgepaßt hatte, nahm er einen kleinen vierbeinigen Schemel, der sonst immer in der Küche stand, un is mir, als ob es gestern gewesen wäre, un rückte den Schemel zu mir ran und sagte: ›Rosalie, nu sage mal, was hast du denn eigentlich?‹«

Um Corinnas Mund verlor sich jeder Ausdruck von Spott; sie schob das Tablett etwas beiseite, stützte sich, während sie sich aufrichtete, mit dem rechten Arm auf den Tisch und sagte: »Nun weiter, liebe Schmolke.«

»›Also, was hast du eigentlich?‹ sagte er zu mir. Na, da stürzten mir denn die Tränen man so pimperlings raus, und ich sagte: ›Schmolke, Schmolke‹, und dabei sah ich ihn an, als ob ich ihn ergründen wollte. Un ich kann wohl sagen, es war ein scharfer Blick, aber doch immer noch freundlich. Denn ich liebte ihn. Und da sah ich, daß er ganz ruhig blieb und sich gar nicht verfärbte. Un dann nahm er meine Hand, streichelte sie ganz zärtlich und sagte: ›Rosalie, das is alles Unsinn. Davon verstehst du nichts, weil du nicht in der ›Sitte‹

bist. Denn ich sage dir, wer da so tagaus, tagein in der ›Sitte‹ sitzen muß, dem vergeht es, dem stehen die Haare zu Berge über all das Elend und all den Jammer, und wenn dann welche kommen, die nebenher auch noch ganz verhungert sind, was auch vorkommt, und wo wir ganz genau wissen, da sitzen nu die Eltern zu Hause un grämen sich Tag und Nacht über die Schande, weil sie das arme Wurm, das mitunter sehr merkwürdig dazu gekommen ist, immer noch liebhaben und helfen und retten möchten, wenn zu helfen und zu retten noch menschenmöglich wäre – ich sage dir, Rosalie, wenn man das jeden Tag sehen muß, un man hat ein Herz im Leibe un hat bei's erste Garderegiment gedient un is für Proppertät und Strammheit und Gesundheit, na, ich sage dir, denn is es mit Verführung un all so was vorbei, un man möchte rausgehn und weinen, un ein paarmal hab' ich's auch, alter Kerl, der ich bin, und von Karessieren und ›Fräuleinchen‹ steht nichts mehr drin, un man geht nach Hause und is froh, wenn man sein Hammelfleisch kriegt und eine ordentliche Frau hat, die Rosalie heißt. Bist du nu zufrieden, Rosalie?‹ Und dabei gab er mir einen Kuß...«

Die Schmolke, der bei der Erzählung wieder ganz weh ums Herz geworden war, ging an Corinnas Schrank, um sich ein Taschentuch zu holen. Und als sie sich nun wieder zurechtgemacht hatte, so daß ihr die Worte nicht mehr in der Kehle blieben, nahm sie Corinnas Hand und sagte: »Sieh, so war Schmolke. Was sagst du dazu?«

»Ein sehr anständiger Mann.«

»Na ob.«

In diesem Augenblicke hörte man die Klingel. »Der Papa«, sagte Corinna, und die Schmolke stand auf, um dem Herrn Professor zu öffnen. Sie war auch bald wieder zurück und erzählte, daß sich der Papa nur gewundert habe, Corinnchen nicht mehr zu finden; was denn passiert sei? Wegen ein bißchen Kopfweh gehe man doch nicht gleich zu Bett. Und dann habe er sich seine Pfeife angesteckt und die Zeitung in die Hand genommen und habe dabei gesagt: »Gott sei Dank, liebe Schmolke, daß ich wieder da bin; alle Gesellschaften sind

Unsinn; diesen Satz vermache ich Ihnen auf Lebenszeit.« Er habe aber ganz fidel dabei ausgesehen, und sie sei überzeugt, daß er sich eigentlich sehr gut amüsiert habe. Denn er habe den Fehler, den so viele hätten, und die Schmidts voran: sie red'ten über alles und wüßten alles besser. »Ja, Corinnchen, in diesem Belange bist du auch ganz Schmidtsch.«

Corinna gab der guten Alten die Hand und sagte: »Sie werden wohl recht haben, liebe Schmolke, und es ist ganz gut, daß Sie mir's sagen. Wenn *Sie* nicht gewesen wären, wer hätte mir denn überhaupt was gesagt? Keiner. Ich bin ja wie wild aufgewachsen, und ist eigentlich zu verwundern, daß ich nicht noch schlimmer geworden bin, als ich bin. Papa ist ein guter Professor, aber kein guter Erzieher, und dann war er immer zu sehr von mir eingenommen und sagte: ›das Schmidtsche hilft sich selbst‹ oder ›es wird schon zum Durchbruch kommen‹.«

»Ja, so was sagt er immer. Aber mitunter ist eine Maulschelle besser.«

»Um Gottes willen, liebe Schmolke, sagen Sie doch so was nicht. Das ängstigt mich.«

»Ach, du bist närrisch, Corinna. Was soll dich denn ängstigen. Du bist ja nun eine große, forsche Person und hast die Kinderschuhe längst ausgetreten und könntest schon sechs Jahre verheiratet sein.«

»Ja«, sagte Corinna, »das könnt' ich, wenn mich wer gewollt hätte. Aber dummerweise hat mich noch keiner gewollt. Und da habe ich denn für mich selber sorgen müssen ...«

Die Schmolke glaubte nicht recht gehört zu haben und sagte: »Du hast für dich selber sorgen müssen? Was meinst du damit, was soll das heißen?«

»Es soll heißen, liebe Schmolke, daß ich mich heut' abend verlobt habe.«

»Himmlischer Vater, is es möglich. Aber sei nicht böse, daß ich mich so verfiere... Denn es is ja doch eigentlich was Gutes. Na, mit wem denn?«

»Rate.«

»Mit Marcell.«

»Nein, mit Marcell nicht.«

»Mit Marcell nich? Ja, Corinna, dann weiß ich es nich und

will es auch nich wissen. Bloß wissen muß ich es am Ende doch. Wer is es denn?«

»Leopold Treibel.«

»Herr, du meine Güte...«

»Findest du's so schlimm? Hast du was dagegen?«

»I bewahre, wie werd' ich denn. Und würde sich auch gar nich for mir passen. Un denn die Treibels, die sind alle gut un sehr proppre Leute, der alte Kommerzienrat voran, der immer so spaßig is und immer sagt: ›Je später der Abend, je schöner die Leute‹ un ›noch fufzig Jahre so wie heut'‹ und so was. Und der älteste Sohn is auch sehr gut und Leopold auch. Ein bißchen spitzer, das is wahr, aber heiraten is ja nich bei Renz in'n Zirkus. Und Schmolke sagte oft: ›Höre, Rosalie, das laß gut sein, so was täuscht, da kann man sich irren; die Dünnen und die so schwach aussehn, die sind oft gar nich so schwach.‹ Ja, Corinna, die Treibels sind gut, un bloß die Mama, die Kommerzienrätin, ja höre, da kann ich mir nich helfen, die Rätin, die hat so was, was mir nich recht paßt, un ziert sich immer un tut so, un wenn was Weinerliches erzählt wird von einem Pudel, der ein Kind aus dem Kanal gezogen, oder wenn der Professor was vorpredigt un mit seiner Baßstimme so vor sich hinbrummelt: ›wie der Unsterbliche sagt‹... un dann kommt immer ein Name, den kein Christenmensch kennt und die Kommerzienrätin woll auch nich – dann hat sie gleich immer ihre Träne un sind immer wie Stehtränen, die gar nich runter wolln.«

»Daß sie so weinen kann, is aber doch eigentlich was Gutes, liebe Schmolke.«

»Ja, bei manchem is es was Gutes und zeigt ein weiches Herz. Un ich will auch weiter nichts sagen un lieber an meine eigne Brust schlagen, un muß auch, denn mir sitzen sie auch man lose... Gott, wenn ich daran denke, wie Schmolke noch lebte, na, da war vieles anders, un Billetter für den dritten Rang hatte Schmolke jeden Tag un mitunter auch für den zweiten. Un da machte ich mich denn fein, Corinna, denn ich war damals noch keine dreißig un noch ganz gut im Stande. Gott, Kind, wenn ich daran denke! Da war damals eine, die hieß die Erharten, die nachher einen Grafen geheiratet. Ach,

Corinnchen, da hab' ich auch manche schöne Träne vergossen. Ich sage schöne Träne, denn es erleichtert einen. Un in ›Maria Stuart‹ war es am meisten. Da war denn doch eine Schnauberei, daß man gar nichts mehr verstehn konnte, das heißt aber bloß ganz zuletzt, wie sie von all ihre Dienerinnen und von ihrer alten Amme Abschied nimmt, alle ganz schwarz, un sie selber immer mit's Kreuz ganz wie'ne Katholsche. Aber die Erharten war keine. Und wenn ich mir das alles wieder so denke un wie ich da aus der Träne gar nich rausgekommen bin, da kann ich auch gegen die Kommerzienrätin eigentlich nichts sagen.«

Corinna seufzte, halb im Scherz und halb im Ernst.

»Warum seufzst du, Corinna?«

»Ja, warum seufze ich, liebe Schmolke? Ich seufze, weil ich glaube, daß Sie recht haben, und daß sich gegen die Rätin eigentlich nichts sagen läßt, bloß weil sie so leicht weint oder immer einen Flimmer im Auge hat. Gott, den hat mancher. Aber die Rätin ist freilich eine ganz eigene Frau, und ich trau' ihr nicht, und der arme Leopold hat eigentlich eine große Furcht vor ihr und weiß auch noch nicht, wie er da heraus will. Es wird eben noch allerlei harte Kämpfe geben. Aber ich laß es darauf ankommen und halt ihn fest, und wenn meine Schwiegermutter gegen mich ist, so schad't es am Ende nicht allzuviel. Die Schwiegermütter sind eigentlich immer dagegen, und jede denkt, ihr Püppchen ist zu schade. Na, wir werden ja sehn; ich habe sein Wort, und das andere muß sich finden.«

»Das ist recht, Corinna, halt ihn fest. Eigentlich hab' ich ja einen Schreck gekriegt, und glaube mir, Marcell wäre besser gewesen, denn ihr paßt zusammen. Aber das sag' ich so bloß zu dir. Und da du nu mal den Treibelschen hast, na, so hast du'n, un da hilft kein Präzelbacken, un er muß stillhalten und die Alte auch. Ja, die Alte erst recht. Der gönn ich's.«

Corinna nickte.

»Un nu schlafe, Kind. Ausschlafen is immer gut, denn man kann nie wissen, wie's kommt un wie man den andern Tag seine Kräfte braucht.«

ZWÖLFTES KAPITEL

Ziemlich um dieselbe Zeit, wo der Felgentreusche Wagen in der Adlerstraße hielt, um Corinna daselbst abzusetzen, hielt auch der Treibelsche Wagen vor der kommerzienrätlichen Wohnung, und die Rätin samt ihrem Sohne Leopold stiegen aus, während der alte Treibel auf seinem Platze blieb und das junge Paar – das wieder die Pferde geschont hatte – die Köpnicker Straße hinunter bis an den ›Holzhof‹ begleitete. Von dort aus, nach einem herzhaften Schmatz (denn er spielte gern den zärtlichen Schwiegervater), ließ er sich zu Buggenhagens fahren, wo Parteiversammlung war. Er wollte doch mal wieder sehen, wie's stünde, und, wenn nötig, auch zeigen, daß ihn die Korrespondenz in der »Nationalzeitung« nicht niedergeschmettert habe.

Die Kommerzienrätin, die für gewöhnlich die politischen Gänge Treibels belächelte, wenn nicht beargwohnte – was auch vorkam –, heute segnete sie Buggenhagen und war froh, ein paar Stunden allein sein zu können. Der Gang mit Wilibald hatte so vieles wieder in ihr angeregt. Die Gewißheit, sich verstanden zu sehen – es war doch eigentlich das Höhere. »Viele beneiden mich, aber was hab' ich am Ende? Stuck und Goldleisten und die Honig mit ihrem sauersüßen Gesicht. Treibel ist gut, besonders auch gegen mich; aber die Prosa lastet bleischwer auf ihm, und wenn *er* es nicht empfindet, *ich* empfinde es... Und dabei Kommerzienrätin und immer wieder Kommerzienrätin. Es geht nun schon in das zehnte Jahr, und er rückt nicht höher hinauf, trotz aller Anstrengungen. Und wenn es so bleibt, und es wird so bleiben, so weiß ich wirklich nicht, ob nicht das andere, das auf Kunst und Wissenschaft deutet, doch einen feineren Klang hat. Ja, den hat es... Und mit den ewigen guten Verhältnissen! Ich kann doch auch nur eine Tasse Kaffee trinken, und wenn ich mich zu Bett lege, so kommt es darauf an, daß ich schlafe. Birkenmaser oder Nußbaum macht keinen Unterschied, aber Schlaf oder Nichtschlaf, das macht einen, und mitunter flieht mich der Schlaf, der des Lebens Bestes ist, weil er uns das Leben vergessen läßt... Und auch die Kinder wären anders. Wenn ich die Corinna ansehe, das sprüht alles von Lust und Leben, und wenn sie bloß so macht, so steckt sie meine beiden Jungen in die Tasche. Mit Otto ist nicht viel, und mit Leopold ist gar nichts.«

Jenny, während sie sich in süße Selbsttäuschungen wie diese versenkte, trat ans Fenster und sah abwechselnd auf den Vorgarten und die Straße. Drüben, im Hause gegenüber, hoch oben in der offenen Mansarde, stand, wie ein Schattenriß in hellem Licht, eine Plätterin, die mit sicherer Hand über das Plättbrett hinfuhr – ja, es war ihr, als höre sie das Mädchen singen. Der Kommerzienrätin Auge mochte von dem anmutigen Bilde nicht lassen, und etwas wie wirklicher Neid überkam sie.

Sie sah erst fort, als sie bemerkte, daß hinter ihr die Tür ging. Es war Friedrich, der den Tee brachte. »Setzen Sie hin, Friedrich, und sagen Sie Fräulein Honig, es wäre nicht nötig.«

»Sehr wohl, Frau Kommerzienrätin. Aber hier ist ein Brief.«

»Ein Brief?« fuhr die Rätin heraus. »Von wem?«

»Vom jungen Herrn.«

»Von Leopold?«

»Ja, Frau Kommerzienrätin... Und es wäre Antwort...«

»Brief... Antwort... Er ist nicht recht gescheit«, und die Kommerzienrätin riß das Kuvert auf und überflog den Inhalt. »Liebe Mama! Wenn es Dir irgend paßt, ich möchte heute noch eine kurze Unterredung mit Dir haben. Laß mich durch Friedrich wissen, ja oder nein. Dein Leopold.«

Jenny war derart betroffen, daß ihre sentimentalen Anwandlungen auf der Stelle hinschwanden. Soviel stand fest, daß das alles nur etwas sehr Fatales bedeuten konnte. Sie raffte sich aber zusammen und sagte: »Sagen Sie Leopold, daß ich ihn erwarte.«

Das Zimmer Leopolds lag über dem ihrigen; sie hörte deutlich, daß er rasch hin- und herging und ein paar Schubkästen, mit einer ihm sonst nicht eigenen Lautheit, zuschob. Und gleich danach, wenn nicht alles täuschte, vernahm sie seinen Schritt auf der Treppe.

Sie hatte recht gehört, und nun trat er ein und wollte (sie stand noch in der Nähe des Fensters) durch die ganze Länge des Zimmers auf sie zuschreiten, um ihr die Hand zu küssen; der Blick aber, mit dem sie ihm begegnete, hatte etwas so Abwehrendes, daß er stehen blieb und sich verbeugte.

»Was bedeutet das, Leopold? Es ist jetzt zehn, also nachtschlafende Zeit, und da schreibst du mir ein Billet und willst mich sprechen. Es ist mir neu, daß du was auf der Seele hast, was keinen Aufschub bis morgen früh duldet. Was hast du vor? Was willst du?«

»Mich verheiraten, Mutter. Ich habe mich verlobt.«

Die Kommerzienrätin fuhr zurück, und ein Glück war es, daß das Fenster, an dem sie stand, ihr eine Lehne gab. Auf viel Gutes hatte sie nicht gerechnet, aber eine Verlobung über ihren Kopf weg, das war doch mehr, als sie gefürchtet. War es eine der Felgentreus? Sie hielt beide für dumme Dinger und die ganze Felgentreuerei für erheblich unterm Stand; er, der Alte, war Lageraufseher in einem großen Ledergeschäft gewesen und hatte schließlich die hübsche Wirtschaftsmamsell des Prinzipals, eines mit seiner weiblichen Umgebung oft wechselnden Witwers, geheiratet. So hatte die Sache begonnen und ließ in ihren Augen viel zu wünschen übrig. Aber verglichen mit den Munks, war es noch lange das Schlimmste nicht, und so sagte sie denn: »Elfriede oder Blanca?«

»Keine von beiden.«

»Also...«

»Corinna.«

Das war zuviel. Jenny kam in ein halb ohnmächtiges Schwanken, und sie wäre, angesichts ihres Sohnes, zu Boden gefallen, wenn sie der schnell Herzuspringende nicht aufgefangen hätte. Sie war nicht leicht zu halten und noch weniger leicht zu tragen; aber der arme Leopold, den die ganze Situation über sich selbst hinaushob, bewährte sich auch physisch und trug die Mama bis ans Sofa. Danach wollte er auf den Knopf der elektrischen Klingel drücken, Jenny war aber, wie die meisten ohnmächtigen Frauen, doch nicht ohnmächtig genug, um nicht genau zu wissen, was um sie her vorging, und so faßte sie denn seine Hand, zum Zeichen, daß das Klingeln zu unterbleiben habe.

Sie erholte sich auch rasch wieder, griff nach dem vor ihr

stehenden Flakon mit Kölnischem Wasser und sagte, nachdem sie sich die Stirn damit betupft hatte: »Also mit Corinna.«

»Ja, Mutter.«

»Und alles nicht bloß zum Spaß. Sondern um euch wirklich zu heiraten.«

»Ja, Mutter.«

»Und hier in Berlin und in der Luisenstädtschen Kirche, darin dein guter, braver Vater und ich getraut wurden?«

»Ja, Mutter.«

»Ja, Mutter, und immer wieder ja, Mutter. Es klingt, als ob du nach Kommando sprächst und als ob dir Corinna gesagt hätte, sage nur immer: Ja, Mutter. Nun, Leopold, wenn es so ist, so können wir beide unsre Rollen rasch auswendig lernen. Du sagst in einem fort ›ja, Mutter‹, und ich sage in einem fort ›nein, Leopold‹. Und dann wollen wir sehen, was länger vorhält, dein ›Ja‹ oder mein ›Nein‹.«

»Ich finde, daß du es dir etwas leicht machst, Mama.«

»Nicht daß ich wüßte. Wenn es aber so sein sollte, so bin ich bloß deine gelehrige Schülerin. Jedenfalls ist es ein Operieren ohne Umschweife, wenn ein Sohn vor seine Mutter hintritt und ihr kurzweg erklärt: ›Ich habe mich verlobt‹. So geht das nicht in guten Häusern. Das mag beim Theater so sein oder vielleicht auch bei Kunst und Wissenschaft, worin die kluge Corinna ja großgezogen ist, und einige sagen sogar, daß sie dem Alten die Hefte korrigiert. Aber wie dem auch sein möge, bei Kunst und Wissenschaft mag das gehen, meinetwegen, und wenn sie den alten Professor, ihren Vater (übrigens ein Ehrenmann), auch ihrerseits mit einem ›ich habe mich verlobt‹ überrascht haben sollte, nun, so mag *der* sich freuen; er hat auch Grund dazu, denn die Treibels wachsen nicht auf den Bäumen und können nicht von jedem, der vorbeigeht, heruntergeschüttelt werden. Aber ich, ich freue mich *nicht* und verbiete dir diese Verlobung. Du hast wieder gezeigt, wie ganz unreif du bist, ja, daß ich es ausspreche, Leopold, wie knabenhaft.«

»Liebe Mama, wenn du mich etwas mehr schonen könntest...«

»Schonen? Hast du mich geschont, als du dich auf diesen

Unsinn einließest? Du hast dich verlobt, sagst du. Wem willst du das weismachen? *Sie* hat sich verlobt, und *du* bist bloß verlobt worden. Sie spielt mit dir, und anstatt dir das zu verbitten, küssest du ihr die Hand und lässest dich einfangen wie die Gimpel. Nun, ich hab' es nicht hindern können, aber das Weitere, das kann ich hindern und werde es hindern. Verlobt euch, soviel ihr wollt, aber wenn ich bitten darf, im Verschwiegenen und Verborgenen; an ein Heraustreten damit ist nicht zu denken. Anzeigen erfolgen nicht, und wenn du deinerseits Anzeigen machen willst, so magst du die Gratulationen in einem Hotel garni in Empfang nehmen. In meinem Hause nicht. In meinem Hause existiert keine Verlobung und keine Corinna. Damit ist es vorbei. Das alte Lied vom Undank erfahr' ich nun an mir selbst und muß erkennen, daß man unklug daran tut, Personen zu verwöhnen und gesellschaftlich zu sich heraufzuziehen. Und mit dir steht es nicht besser. Auch du hättest mir diesen Gram ersparen können und diesen Skandal. Daß du verführt bist, entschuldigt dich nur halb. Und nun kennst du meinen Willen, und ich darf wohl sagen, auch deines Vaters Willen, denn soviel Torheiten er begeht, in *den* Fragen, wo die Ehre seines Hauses auf dem Spiele steht, ist Verlaß auf ihn. Und nun geh, Leopold, und schlafe, wenn du schlafen kannst. Ein gut Gewissen ist ein gutes Ruhekissen...«

Leopold biß sich auf die Lippen und lächelte verbittert vor sich hin.

»...Und bei dem, was du vielleicht vorhast – denn du lächelst und stehst so trotzig da, wie ich dich noch gar nicht gesehen habe, was auch bloß der fremde Geist und Einfluß ist –, bei dem, was du vielleicht vorhast, Leopold, vergiß nicht, daß der Segen der Eltern den Kindern Häuser baut. Wenn ich dir raten kann, sei klug und bringe dich nicht um einer gefährlichen Person und einer flüchtigen Laune willen um die Fundamente, die das Leben tragen und ohne die es kein rechtes Glück gibt.«

Leopold, der sich, zu seinem eigenen Erstaunen, all die Zeit über durchaus nicht niedergeschmettert gefühlt hatte, schien einen Augenblick antworten zu wollen; ein Blick auf die Mutter aber, deren Erregung, während sie sprach, nur immer noch gewachsen war, ließ ihn erkennen, daß jedes Wort die Schwierigkeit der Lage bloß steigern würde; so verbeugte er sich denn ruhig und verließ das Zimmer.

Er war kaum hinaus, als sich die Kommerzienrätin von ihrem Sofaplatz erhob und über den Teppich hin auf- und abzugehen begann. Jedesmal, wenn sie wieder in die Nähe des Fensters kam, blieb sie stehen und sah nach der Mansarde und der immer noch in vollem Lichte dastehenden Plätterin hinüber, bis ihr Blick sich wieder senkte und dem bunten Treiben der vor ihr liegenden Straße zuwandte. Hier, in ihrem Vorgarten, den linken Arm von innen her auf die Gitterstäbe gestützt, stand ihr Hausmädchen, eine hübsche Blondine, die mit Rücksicht auf Leopolds »mores« beinahe nicht engagiert worden wäre, und sprach lebhaft und unter Lachen mit einem draußen auf dem Trottoir stehenden »Cousin«, zog sich aber zurück, als der eben von Buggenhagen kommende Kommerzienrat in einer Droschke vorfuhr und auf seine Villa zuschritt. Treibel, einen Blick auf die Fensterreihe werfend, sah sofort, daß nur noch in seiner Frau Zimmer Licht war, was ihn mitbestimmte, gleich bei ihr einzutreten, um noch über den Abend und seine mannigfachen Erlebnisse berichten zu können. Die flaue Stimmung, der er anfänglich infolge der »Nationalzeitungs«-Korrespondenz bei Buggenhagens begegnet war, war unter dem Einfluß seiner Liebenswürdigkeit rasch gewichen, und das um so mehr, als er den auch hier wenig gelittenen Vogelsang schmunzelnd preisgegeben hatte.

Von diesem Siege zu erzählen, trieb es ihn, trotzdem er wußte, wie Jenny zu diesen Dingen stand; als er aber eintrat und die Aufregung gewahr wurde, darin sich seine Frau ganz ersichtlich befand, erstarb ihm das joviale »Guten Abend, Jenny« auf der Zunge, und ihr die Hand reichend, sagte er nur: »Was ist vorgefallen, Jenny? Du siehst ja aus wie das Leiden... nein, keine Blasphemie... Du siehst ja aus, als wäre dir die Gerste verhagelt.«

»Ich glaube, Treibel«, sagte sie, während sie ihr Auf und Ab im Zimmer fortsetzte, »du könntest dich mit deinen Vergleichen etwas höher hinaufschrauben; ›verhagelte Gerste‹ hat einen überaus ländlichen, um nicht zu sagen bäuerlichen Beigeschmack. Ich sehe, das Teupitz-Zossensche trägt bereits seine Früchte...«

»Liebe Jenny, die Schuld liegt, glaube ich, weniger an mir als an dem Sprach- und Bilderschatze deutscher Nation. Alle Wendungen, die wir als Ausdruck für Verstimmungen und Betrübnisse haben, haben einen ausgesprochenen Unterschichtscharakter, und ich finde da zunächst nur noch den Lohgerber, dem die Felle weggeschwommen.«

Er stockte, denn es traf ihn ein so böser Blick, daß er es doch für angezeigt hielt, auf das Suchen nach weiteren Vergleichen zu verzichten. Auch nahm Jenny selbst das Wort und sagte: »Deine Rücksichten gegen mich halten sich immer auf derselben Höhe. Du siehst, daß ich eine Alteration gehabt habe, und die Form, in die du deine Teilnahme kleidest, ist *die* geschmackloser Vergleiche. Was meiner Erregung zugrunde liegt, scheint deine Neugier nicht sonderlich zu wecken.«

»Doch, doch, Jenny... Du darfst das nicht übelnehmen; du kennst mich und weißt, wie das alles gemeint ist. Alteration! Das ist ein Wort, das ich nicht gern höre. Gewiß wieder was mit Anna, Kündigung oder Liebesgeschichte. Wenn ich nicht irre, stand sie...«

»Nein, Treibel, das ist es nicht. Anna mag tun, was sie will, und meinetwegen ihr Leben als Spreewälderin beschließen. Ihr Vater, der alte Schulmeister, kann dann an seinem Enkel erziehen, was er an seiner Tochter versäumt hat. Wenn mich Liebesgeschichten alterieren sollen, müssen sie von anderer Seite kommen...«

»Also doch Liebesgeschichten. Nun sage wer?«

»Leopold.«

»Alle Wetter...« Und man konnte nicht heraushören, ob Treibel bei dieser Namensnennung mehr in Schreck oder Freude geraten war. »Leopold? Ist es möglich?«

»Es ist mehr als möglich, es ist gewiß; denn vor einer Viertelstunde war er selber hier, um mich diese Liebesgeschichte wissen zu lassen...«

»Merkwürdiger Junge...«

»Er hat sich mit Corinna verlobt.«

Es war ganz unverkennbar, daß die Kommerzienrätin eine große Wirkung von dieser Mitteilung erwartete, welche Wirkung aber durchaus ausblieb. Treibels erstes Gefühl war das einer heiter angeflogenen Enttäuschung. Er hatte was von kleiner Soubrette, vielleicht auch von »Jungfrau aus dem Volk« erwartet und stand nun vor einer Ankündigung, die, nach seinen unbefangenen Anschauungen, alles andere als Schreck und Entsetzen hervorrufen konnte. »Corinna«, sagte er. »Und schlankweg verlobt und ohne Mama zu fragen. Teufelsjunge. Man unterschätzt doch immer die Menschen und am meisten seine eigenen Kinder.«

»Treibel, was soll das? Dies ist keine Stunde, wo sich's für dich schickt, in einer noch nach Buggenhagen schmeckenden Stimmung ernste Fragen zu behandeln. Du kommst nach Haus und findest mich in einer großen Erregung, und im Augenblicke, wo ich dir den Grund dieser Erregung mitteile, findest du's angemessen, allerlei sonderbare Scherze zu machen. Du mußt doch fühlen, daß das einer Lächerlichmachung meiner Person und meiner Gefühle ziemlich gleichkommt, und wenn ich deine ganze Haltung recht verstehe, so bist du weitab davon, in dieser sogenannten Verlobung einen Skandal zu sehen. Und darüber möchte ich Gewißheit haben, eh wir weitersprechen. Ist es ein Skandal oder nicht?«

»Nein.«

»Und du wirst Leopold nicht darüber zur Rede stellen?«

»Nein.«

»Und bist nicht empört über diese Person?«

»Nicht im geringsten.«

»Über diese Person, die deiner und meiner Freundlichkeit sich absolut unwert macht, und nun ihre Bettlade – denn um viel was anderes wird es sich nicht handeln – in das Treibelsche Haus tragen will.«

Treibel lachte. »Sieh, Jenny, diese Redewendung ist dir gelungen, und wenn ich mir mit meiner Phantasie, die mein Unglück ist, die hübsche Corinna vorstelle, wie sie, sozusagen zwischen die Längsbretter eingeschirrt, ihre Bettlade hierher ins Treibelsche Haus trägt, so könnte ich eine Viertelstunde lang lachen. Aber ich will doch lieber nicht lachen und dir, da du so sehr fürs Ernste bist, nun auch ein ernsthaftes Wort sagen. Alles, was du da so hinschmetterst, ist erstens unsinnig und zweitens empörend. Und was es außerdem noch alles ist, blind, vergeßlich, überheblich, davon will ich gar nicht reden...«

Jenny war ganz blaß geworden und zitterte, weil sie wohl wußte, worauf das »blind und vergeßlich« abzielte. Treibel aber, der ein guter und auch ganz kluger Kerl war und sich aufrichtig gegen all den Hochmut aufrichtete, fuhr jetzt fort: »Du sprichst da von Undank und Skandal und Blamage, und fehlt eigentlich bloß noch das Wort ›Unehre‹, dann hast du den Gipfel der Herrlichkeit erklommen. Undank. Willst du der klugen, immer heitren, immer unterhaltlichen Person, die wenigstens sieben Felgentreus in die Tasche steckt – nächststehender Anverwandten ganz zu geschweigen –, willst du der die Datteln und Apfelsinen nachrechnen, die sie von unserer Majolikaschüssel, mit einer Venus und einem Cupido darauf, beiläufig eine lächerliche Pinselei, mit ihrer zierlichen Hand heruntergenommen hat? Und waren wir nicht bei dem guten alten Professor unsererseits auch zu Gast, bei Wilibald, der doch sonst dein Herzblatt ist, und haben wir uns seinen Brauneberger, der ebenso gut war wie meiner, oder doch nicht viel schlechter, nicht schmecken lassen? Und warst du nicht ganz ausgelassen und hast du nicht an dem Klimperkasten, der da in der Putzstube steht, deine alten Lieder runtergesungen? Nein, Jenny, komme mir nicht mit solchen Geschichten. Da kann ich auch mal ärgerlich werden...«

Jenny nahm seine Hand und wollte ihn hindern weiterzusprechen.

»Nein, Jenny, noch nicht, noch bin ich nicht fertig. Ich bin nun mal im Zuge. Skandal sagst du und Blamage. Nun, *ich* sage dir, nimm dich in acht, daß aus der bloß eingebildeten Blamage nicht eine wirkliche wird und daß – ich sage das, weil du solche Bilder liebst – der Pfeil nicht auf den Schützen zurückfliegt. Du bist auf dem besten Wege, mich und dich in eine unsterbliche Lächerlichkeit hineinzubugsieren. Wer sind wir denn? Wir sind weder die Montmorencys noch die Lusignans – von denen, nebenher bemerkt, die schöne Melusine herstammen soll, was dich vielleicht interessiert –, wir sind auch nicht die Bismarcks oder die Arnims oder sonst was Märkisches von Adel, wir sind die Treibels, Blutlaugensalz und Eisenvitriol, und du bist eine geborene Bürstenbinder aus der Adlerstraße. Bürstenbinder ist ganz gut, aber der erste Bürstenbinder kann unmöglich höher gestanden haben als der erste Schmidt. Und so bitt' ich dich denn, Jenny, keine Übertreibungen. Und wenn es sein kann, laß den ganzen Kriegsplan fallen und nimm Corinna mit soviel Fassung hin, wie du Helene hingenommen hast. Es ist ja nicht nötig, daß sich Schwiegermutter und Schwiegertochter furchtbar lieben, sie heiraten sich ja nicht; es kommt auf *die* an, die den Mut haben, sich dieser ernsten und schwierigen Aufgabe allerpersönlichst unterziehen zu wollen...«

Jenny war während dieser zweiten Hälfte von Treibels Philippika merkwürdig ruhig geworden, was in einer guten Kenntnis des Charakters ihres Mannes seinen Grund hatte. Sie wußte, daß er in einem überhohen Grade das Bedürfnis und die Gewohnheit des Sichaussprechens hatte und daß sich mit ihm erst wieder reden ließ, wenn gewisse Gefühle von seiner Seele heruntergeredet waren. Es war ihr schließlich ganz recht, daß dieser Akt innerlicher Selbstbefreiung so rasch und so gründlich begonnen hatte; was jetzt gesagt worden war, brauchte morgen nicht mehr gesagt zu werden, war abgetan und gestattete den Ausblick auf friedlichere Verhandlungen. Treibel war sehr der Mann der Betrachtung aller Dinge von zwei Seiten her, und so war Jenny denn völlig überzeugt davon, daß er über Nacht dahin gelangen würde, die ganze Leopoldsche Verlobung auch mal von der Kehrseite her anzusehen. Sie nahm deshalb seine Hand und sagte: »Treibel, laß uns das Gespräch morgen früh fortsetzen. Ich glaube, daß du, bei ruhigerem Blute, die Berechtigung meiner Anschauungen nicht verkennen wirst. Jedenfalls rechne nicht darauf, mich anderen Sinnes zu machen. Ich wollte dir, als dem Manne, der zu handeln hat, selbstverständlich auch in dieser Angelegenheit nicht vorgreifen; lehnst du jedoch jedes Handeln ab, so handle *ich*. Selbst auf die Gefahr deiner Nichtzustimmung.«

»Tu, was du willst.«

Und damit warf Treibel die Tür ins Schloß und ging in sein Zimmer hinüber. Als er sich in den Fauteuil warf, brummte er vor sich hin: »Wenn sie am Ende doch recht hätte!«

Und konnte es anders sein? Der gute Treibel, er war doch auch seinerseits das Produkt dreier im Fabrikbetrieb immer reicher gewordenen Generationen, und aller guten Geistes- und Herzensanlagen unerachtet und trotz seines politischen Gastspiels auf der Bühne Teupitz-Zossen – der Bourgeois steckte ihm wie seiner sentimentalen Frau tief im Geblüt.

DREIZEHNTES KAPITEL

Am andern Morgen war die Kommerzienrätin früher auf als gewöhnlich und ließ von ihrem Zimmer aus zu Treibel hinüber sagen, daß sie das Frühstück allein nehmen wolle. Treibel schob es auf die Verstimmung vom Abend vorher, ging aber darin fehl, da Jenny ganz aufrichtig vorhatte, die durch Verbleib auf ihrem Zimmer frei gewordene halbe Stunde zu einem Briefe an Hildegard zu benutzen. Es galt eben Wichtigeres heute, als den Kaffee mußevoll und friedlich oder vielleicht auch unter fortgesetzter Kriegführung einzunehmen, und wirklich, kaum daß sie die kleine Tasse geleert und auf das Tablett zurückgeschoben hatte, so vertauschte sie auch schon den Sofaplatz mit ihrem Platz am Schreibtisch und ließ die Feder mit rasender Schnelligkeit über verschiedene kleine Bogen hingleiten, von denen jeder nur die Größe einer Handfläche, Gott sei Dank aber die herkömmlichen vier Seiten hatte. Briefe, wenn ihr die Stimmung nicht fehlte, gingen ihr immer leicht von der Hand, aber nie so wie heute, und ehe noch die kleine Konsoluhr die neunte Stunde schlug, schob sie schon die Bogen zusammen, klopfte sie auf der Tischplatte wie ein Spiel Karten zurecht und überlas noch einmal mit halblauter Stimme das Geschriebene.

»Liebe Hildegard! Seit Wochen tragen wir uns damit, unsren seit lange gehegten Wunsch erfüllt und Dich mal wieder unter unsrem Dache zu sehen. Bis in den Mai hinein hatten wir schlechtes Wetter, und von einem Lenz, der mir die schönste Jahreszeit bedeutet, konnte kaum die Rede sein. Aber seit beinah vierzehn Tagen ist es anders, in unsrem Garten schlagen die Nachtigallen, was Du, wie ich mich sehr wohl erinnere, so sehr liebst, und so bitten wir Dich herzlich, Dein schönes Hamburg auf ein paar Wochen verlassen und uns Deine Gegenwart schenken zu wollen. Treibel vereinigt seine Wünsche mit den meinigen, und Leopold schließt sich an. Von Deiner Schwester Helene bei dieser Gelegenheit und in diesem Sinne zu sprechen ist überflüssig, denn ihre herzlichen Gefühle für Dich kennst Du so gut, wie wir sie kennen, Gefühle, die, wenn ich recht beobachtet habe, gerade neuerdings wieder in einem beständigen Wachsen begriffen sind. Es liegt so, daß ich, soweit das in einem Briefe möglich, ausführlicher darüber zu Dir sprechen möchte. Mitunter, wenn ich sie so blaß sehe, so gut ihr gerade diese Blässe kleidet, tut mir doch das innerste Herz weh, und ich habe nicht den Mut, nach der Ursache zu fragen. Otto ist es *nicht*, dessen bin ich sicher, denn er ist nicht nur gut, sondern auch rücksichtsvoll, und ich empfinde dann allen Möglichkeiten gegenüber ganz deutlich, daß es nichts anderes sein kann als Heimweh. Ach, mir nur zu begreiflich, und ich möchte dann immer sagen, ›reise, Helene, reise heute, reise morgen, und sei versichert, daß ich mich, wie des Wirtschaftlichen überhaupt, so auch namentlich der Weißzeugplätterei nach besten Kräften annehmen werde, geradeso, ja mehr noch, als wenn es für Treibel wäre, der in diesen Stücken auch so diffizil ist, diffiziler als viele andere Berliner‹. Aber ich sage das alles nicht, weil ich ja weiß, daß Helene lieber auf jedes andere Glück verzichtet als auf das Glück, das in dem Bewußtsein erfüllter Pflicht liegt. Vor allem dem Kinde gegenüber. Lizzi mit auf die Reise zu nehmen, wo dann doch die Schulstunden unterbrochen werden müßten, ist fast ebenso undenkbar, wie Lizzi zurückzulassen. Das süße Kind! Wie wirst Du Dich freuen, sie wiederzusehen, immer vorausgesetzt, daß ich mit meiner Bitte keine Fehlbitte tue. Denn Photographien geben doch nur ein sehr ungenügendes Bild, namentlich bei Kindern, deren ganzer Zauber in einer durchsichtigen Hautfarbe liegt; der Teint nüanciert nicht nur den Ausdruck, er ist der Ausdruck selbst. Denn wie Krola, dessen Du Dich vielleicht noch erinnerst, erst neulich wieder behauptete, der Zusammenhang zwischen Teint und Seele sei geradezu merkwürdig. Was wir Dir bieten können, meine süße Hildegard? Wenig; eigentlich nichts. Die Beschränktheit unsrer Räume kennst Du; Treibel hat außerdem eine neue Passion ausgebildet und will sich wählen lassen, und zwar in einem Landkreise, dessen sonderbaren, etwas wendisch klingenden Namen ich Deiner Geographiekenntnis nicht zumute, trotzdem ich wohl weiß, daß auch Eure Schulen – wie mir Felgentreu (freilich keine Autorität auf diesem Gebiete) erst ganz vor kurzem wieder versicherte – den unsrigen überlegen sind. Wir haben zur Zeit eigentlich nichts als die Jubiläumsausstellung, in der die Firma Dreher aus Wien die Bewirtung übernommen hat und hart angegriffen wird. Aber was griffe der Berliner nicht an – daß die Seidel zu klein sind, kann einer Dame wenig bedeuten –, und ich wüßte wirklich kaum etwas, was vor der Eingebildetheit unserer Bevölkerung sicher wäre. Nicht einmal Euer Hamburg, an das ich nicht denken kann, ohne daß mir das Herz lacht. Ach, Eure herrliche Buten-Alster! Und wenn dann abends die Lichter und die Sterne darin flimmern – ein Anblick, der den, der sich seiner freuen darf, jedesmal dem Irdischen wie entrückt. Aber vergiß es, liebe Hildegard, sonst haben wir wenig Aussicht, Dich hier zu sehen, was doch ein aufrichtiges Bedauern bei allen Treibels hervorrufen würde, am meisten bei Deiner Dich innig liebenden Freundin und Tante   Jenny Treibel.«

»*Nachschrift.* Leopold reitet jetzt viel, jeden Morgen nach Treptow und auch nach dem Eierhäuschen. Er klagt, daß er keine Begleitung dabei habe. Hast Du noch Deine alte Passion? Ich sehe Dich noch so hinfliegen, Du Wildfang. Wenn ich ein Mann wäre, *Dich* einzufangen würde mir das Leben bedeuten. Übrigens bin ich sicher, daß andere ebenso denken, und wir würden längst den Beweis davon in Händen haben, wenn Du weniger wählerisch wärst. Sei es nicht fürder und vergiß die Ansprüche, die Du machen darfst.   Deine J.T.«

Jenny faltete jetzt die kleinen Bogen und tat sie in ein Kuvert, das, vielleicht um auch schon äußerlich ihren Friedenswunsch anzudeuten, eine weiße Taube mit einem Ölzweig zeigte. Dies war um so angebrachter, als Hildegard mit Helenen in lebhafter Korrespondenz stand und recht gut wußte, wie, bisher wenigstens, die wahren Gefühle der Treibels und besonders die der Frau Jenny gewesen waren.

Die Rätin hatte sich eben erhoben, um nach der am Abend vorher etwas angezweifelten Anna zu klingeln, als sie, wie von ungefähr, ihren Blick auf den Vorgarten richtend, ihrer Schwiegertochter ansichtig wurde, die rasch vom Gitter her auf das Haus zuschritt. Draußen hielt eine Droschke zweiter Klasse, geschlossen und das Fenster in die Höhe gezogen, trotzdem es sehr warm war.

Einen Augenblick danach trat Helene bei der Schwiegermutter ein und umarmte sie stürmisch. Dann warf sie Sommermantel und Gartenhut beiseite und sagte, während sie ihre Umarmung wiederholte: »Ist es denn wahr? Ist es denn möglich?«

Jenny nickte stumm und sah nun erst, daß Helene noch im Morgenkleide und ihr Scheitel noch eingeflochten war. Sie hatte sich also, wie sie da ging und stand, im selben Moment, wo die große Nachricht auf dem Holzhofe bekannt geworden war, sofort auf den Weg gemacht, und zwar in der ersten besten Droschke. Das war etwas, und angesichts dieser Tatsache fühlte Jenny das Eis hinschmelzen, das acht Jahre lang ihr Schwiegermutterherz umgürtet hatte. Zugleich traten ihr Tränen in die Augen. »Helene«, sagte sie, »was zwischen uns gestanden hat, ist fort. Du bist ein gutes Kind, du fühlst mit uns. Ich war mitunter gegen dies und das, untersuchen wir nicht, ob mit Recht oder Unrecht; aber in *solchen* Stücken ist Verlaß auf euch, und ihr wißt Sinn von Unsinn zu unterscheiden. Von deinem Schwiegervater kann ich dies leider nicht sagen. Indessen ich denke, das ist nur Übergang, und er wird sich geben. Unter allen Umständen laß uns zusammenhalten. Mit Leopold persönlich, das hat nichts zu bedeuten. Aber diese gefährliche Person, die vor nichts erschrickt und dabei ein Selbstbewußtsein hat, daß man drei Prinzessinnen damit ausstaffieren könnte, gegen *die* müssen wir uns rüsten. Glaube nicht, daß sie's uns leicht machen wird. Sie hat ganz den Professorentochterdünkel und ist imstande, sich einzubilden, daß sie dem Hause Treibel noch eine Ehre antut.«

»Eine schreckliche Person«, sagte Helene. »Wenn ich an den Tag denke mit dear Mr. Nelson. Wir hatten eine Todesangst, daß Nelson seine Reise verschieben und um sie anhalten würde. Was daraus geworden wäre, weiß ich nicht; bei den Beziehungen Ottos zu der Liverpooler Firma vielleicht verhängnisvoll für uns.«

»Nun, Gott sei Dank, daß es vorübergegangen. Vielleicht immer noch besser so, so können wir's en famille austragen. Und den alten Professor fürcht' ich nicht, den habe ich von alter Zeit her am Bändel. Er muß mit in unser Lager hinüber. Und nun muß ich fort, Kind, um Toilette zu machen... Aber noch ein Hauptpunkt. Eben habe ich an deine Schwester Hildegard geschrieben und sie herzlich gebeten, uns mit nächstem ihren Besuch zu schenken. Bitte, Helene, füge ein paar Worte an deine Mama hinzu und tue beides in das Kuvert und adressiere.«

Damit ging die Rätin, und Helene setzte sich an den Schreibtisch. Sie war so bei der Sache, daß nicht einmal ein triumphierendes Gefühl darüber, mit ihren Wünschen für Hildegard nun endlich am Ziele zu sein, in ihr aufdämmerte; nein, sie hatte angesichts der gemeinsamen Gefahr nur Teilnahme für ihre Schwiegermutter, als der »Trägerin des Hauses«, und nur Haß für Corinna. Was sie zu schreiben hatte, war rasch geschrieben. Und nun adressierte sie mit schöner englischer Handschrift in normalen Schwung- und Rundlinien: »Frau Konsul Thora Munk, geb. Thompson. Hamburg. Uhlenhorst.«

Als die Aufschrift getrocknet und der ziemlich ansehnliche Brief mit zwei Marken frankiert war, brach Helene auf, klopfte nur noch leise an Frau Jennys Toilettenzimmer und rief hinein: »Ich gehe jetzt, liebe Mama. Den Brief nehme ich mit.« Und gleich danach passierte sie wieder den Vorgarten, weckte den Droschkenkutscher und stieg ein.

Zwischen neun und zehn waren zwei Rohrpostbriefe bei Schmidts eingetroffen, ein Fall, der, in dieser seiner Gedoppeltheit, noch nicht dagewesen war. Der eine dieser Briefe richtete sich an den Professor und hatte folgenden kurzen Inhalt: »Lieber Freund! Darf ich darauf rechnen, Sie heute zwischen zwölf und eins in Ihrer Wohnung zu treffen? Keine Antwort, gute Antwort. Ihre ganz ergebene Jenny Treibel.« Der andere, nicht viel längere Brief war an Corinna adressiert und lautete: »Liebe Corinna! Gestern abend noch hatte ich ein Gespräch mit der Mama. Daß ich auf Widerstand stieß, brauche ich Dir nicht erst zu sagen, und es ist mir gewisser denn je, daß wir schweren Kämpfen entgegengehen. Aber nichts soll uns trennen. In meiner Seele lebt eine hohe Freudigkeit und gibt mir Mut zu allem. Das ist das Geheimnis und zugleich die Macht der Liebe. Diese Macht soll mich auch weiter führen und festigen. Trotz aller Sorge Dein überglücklicher Leopold.« Corinna legte den Brief aus der Hand. »Armer Junge! Was er da schreibt, ist ehrlich gemeint, selbst das mit dem Mut. Aber ein Hasenohr guckt doch durch. Nun, wir müssen sehen. Halte, was du hast. *Ich* gebe nicht nach.«

Corinna verbrachte den Vormittag unter fortgesetzten Selbstgesprächen. Mitunter kam die Schmolke, sagte aber nichts und beschränkte sich auf kleine wirtschaftliche Fragen. Der Professor seinerseits hatte zwei Stunden zu geben, eine griechische: Pindar, und eine deutsche: romantische Schule (Novalis), und war bald nach zwölf wieder zurück. Er schritt in seinem Zimmer auf und ab, abwechselnd mit einem ihm in seiner Schlußwendung absolut unverständlich gebliebenen Novalis-Gedicht und dann wieder mit dem so feierlich angekündigten Besuche seiner Freundin Jenny beschäftigt. Es war kurz vor eins, als ein Wagengerumpel auf dem schlechten Steinpflaster unten ihn annehmen ließ, sie werde es sein. Und sie war es, diesmal allein, ohne Fräulein Honig und ohne den Bologneser. Sie öffnete selbst den Schlag und stieg dann langsam und bedächtig, als ob sie sich ihre Rolle noch einmal überhöre, die Steinstufen der Außentreppe hinauf. Eine Minute später hörte Schmidt die Klingel gehen, und gleich danach meldete die Schmolke: »Frau Kommerzienrätin Treibel.«

Schmidt ging ihr entgegen, etwas weniger unbefangen als sonst, küßte ihr die Hand und bat sie, auf seinem Sofa, dessen tiefste Kesselstelle durch ein großes Lederkissen einigermaßen applaniert war, Platz zu nehmen. Er selber nahm einen Stuhl, setzte sich ihr gegenüber und sagte: »Was verschafft mir die Ehre, liebe Freundin? Ich nehme an, daß etwas Besonderes vorgefallen ist.«

»Das ist es, lieber Freund. Und Ihre Worte lassen mir keinen Zweifel darüber, daß Fräulein Corinna noch nicht für gut befunden hat, Sie mit dem Vorgefallenen bekannt zu machen. Fräulein Corinna hat sich nämlich gestern abend mit meinem Sohne Leopold verlobt.«

»Ah«, sagte Schmidt in einem Tone, der ebensogut Freude wie Schreck ausdrücken konnte.

»Fräulein Corinna hat sich gestern auf unsrer Grunewaldpartie, die vielleicht besser unterblieben wäre, mit meinem Sohne Leopold verlobt, nicht umgekehrt. Leopold tut keinen Schritt ohne mein Wissen und Willen, am wenigsten einen so wichtigen Schritt wie eine Verlobung, und so muß ich denn, zu meinem lebhaften Bedauern, von etwas Abgekartetem oder einer gestellten Falle, ja, Verzeihung, lieber Freund, von einem wohlüberlegten Überfall sprechen.«

Dies starke Wort gab dem alten Schmidt nicht nur seine Seelenruhe, sondern auch seine gewöhnliche Heiterkeit wieder. Er sah, daß er sich in seiner alten Freundin nicht getäuscht hatte, daß sie, völlig unverändert, die, trotz Lyrik und Hochgefühle, ganz ausschließlich auf Äußerlichkeiten gestellte Jenny Bürstenbinder von ehedem war und daß seinerseits, unter selbstverständlicher Wahrung artiger Formen und anscheinend vollen Entgegenkommens, ein Ton superioren Übermutes angeschlagen und in die sich nun höchstwahrscheinlich entspinnende Debatte hineingetragen werden müsse. Das war er sich, das war er Corinna schuldig.

»Ein Überfall, meine gnädigste Frau. Sie haben vielleicht nicht ganz unrecht, es so zu nennen. Und daß es gerade auf diesem Terrain sein mußte. Sonderbar genug, daß Dinge der Art ganz bestimmten Lokalitäten unveräußerlich anzuhaften scheinen. Alle Bemühungen, durch Schwanenhäuser und Kegelbahnen im stillen zu reformieren, der Sache friedlich beizukommen, erweisen sich als nutzlos, und der frühere Charakter dieser Gegenden, insonderheit unseres alten übelbeleumdeten Grunewalds, bricht immer wieder durch. Immer wieder aus dem Stegreif. Erlauben Sie mir, gnädigste Frau, daß ich den derzeitigen Junker generis feminini herbeirufe, damit er seiner Schuld geständig werde.«

Jenny biß sich auf die Lippen und bedauerte das unvorsichtige Wort, das sie nun dem Spotte preisgab. Es war aber zu spät zur Umkehr, und so sagte sie nur: »Ja, lieber Professor, es wird das beste sein, Corinna selbst zu hören. Und ich denke, sie wird sich mit einem gewissen Stolz dazu bekennen, dem armen Jungen das Spiel über den Kopf weggenommen zu haben.«

»Wohl möglich«, sagte Schmidt und stand auf und rief in das Entree hinein: »Corinna.«

Kaum, daß er seinen Platz wieder eingenommen hatte, so stand die von ihm Gerufene auch schon in der Tür, verbeugte sich artig gegen die Kommerzienrätin und sagte: »Du hast gerufen, Papa?«

»Ja, Corinna, das hab' ich. Eh wir aber weitergehen, nimm einen Stuhl und setze dich in einiger Entfernung von uns. Denn ich möchte es auch äußerlich markieren, daß du vorläufig eine Angeklagte bist. Rücke in die Fensternische, da sehen wir dich am besten. Und nun sage mir, hat es seine Richtigkeit damit, daß du gestern abend im Grunewald, in dem ganzen Junkerübermut einer geborenen Schmidt, einen friedlich und unbewaffnet seines Weges ziehenden Bürgersohn, namens Leopold Treibel, seiner besten Barschaft beraubt hast?«

Corinna lächelte. Dann trat sie vom Fenster her an den Tisch heran und sagte: »Nein, Papa, das ist grundfalsch. Es hat alles den landesüblichen Verlauf genommen, und wir sind so regelrecht verlobt, wie man nur verlobt sein kann.«

»Ich bezweifle das nicht, Fräulein Corinna«, sagte Jenny. »Leopold selbst betrachtet sich als Ihren Verlobten. Ich sage nur das eine, daß Sie das Überlegenheitsgefühl, das Ihnen Ihre Jahre...«

»*Nicht* meine Jahre. Ich bin jünger...«

»...das Ihnen Ihre Klugheit und Ihr Charakter gegeben, daß Sie diese Überlegenheit dazu benutzt haben, den armen Jungen willenlos zu machen und ihn für sich zu gewinnen.«

»Nein, meine gnädigste Frau, das ist ebenfalls nicht ganz richtig, wenigstens zunächst nicht. Daß es schließlich doch vielleicht richtig sein wird, darauf müssen Sie mir erlauben, weiterhin zurückzukommen.«

»Gut, Corinna, gut«, sagte der Alte. »Fahre nur fort. Also zunächst...«

»Also zunächst unrichtig, meine gnädigste Frau. Denn wie kam es? Ich sprach mit Leopold von seiner nächsten Zukunft und beschrieb ihm einen Hochzeitszug, absichtlich in unbestimmten Umrissen und ohne Namen zu nennen. Und als ich zuletzt Namen nennen mußte, da war es Blankenese, wo die Gäste zum Hochzeitsmahle sich sammelten, und war es die schöne Hildegard Munk, die, wie eine Königin gekleidet, als Braut neben ihrem Bräutigam saß. Und dieser Bräutigam war Ihr Leopold, meine gnädigste Frau. Selbiger Leopold aber wollte von dem allen nichts wissen und ergriff meine Hand und machte mir einen Antrag in aller Form. Und nachdem ich ihn an seine Mutter erinnert und mit dieser Erinnerung kein Glück gehabt hatte, da haben wir uns verlobt...«

»Ich glaube das, Fräulein Corinna«, sagte die Rätin. »Ich glaube das ganz aufrichtig. Aber schließlich ist das alles doch nur eine Komödie. Sie wußten ganz gut, daß er Ihnen vor Hildegard den Vorzug gab, und Sie wußten nur zu gut, daß Sie, je mehr Sie das arme Kind, die Hildegard, in den Vordergrund stellten, desto gewisser – um nicht zu sagen desto leidenschaftlicher, denn er ist nicht eigentlich der Mann der Leidenschaften –, desto gewisser, sag' ich, würd' er sich auf Ihre Seite stellen und sich zu Ihnen bekennen.«

»Ja, gnädigste Frau, das wußt' ich oder wußt' es doch beinah. Es war noch kein Wort in diesem Sinne zwischen uns gesprochen worden, aber ich glaubte trotzdem, und seit längerer Zeit schon, daß er glücklich sein würde, mich seine Braut zu nennen.«

»Und durch die klug und berechnend ausgesuchte Geschichte mit dem Hamburger Hochzeitszuge haben Sie eine Erklärung herbeizuführen gewußt...«

»Ja, meine gnädigste Frau, das hab' ich, und ich meine, das alles war mein gutes Recht. Und wenn Sie nun dagegen, und wie mir's scheint ganz ernsthaft, Ihren Protest erheben wollen, erschrecken Sie da nicht vor Ihrer eignen Forderung, vor der Zumutung, ich hätte mich jedes Einflusses auf Ihren Sohn enthalten sollen? Ich bin keine Schönheit, habe nur eben das Durchschnittsmaß. Aber nehmen Sie, so schwer es Ihnen werden mag, für einen Augenblick einmal an, ich wäre wirklich so was wie eine Schönheit, eine Beauté, der Ihr Herr Sohn nicht hätte widerstehen können, würden Sie von mir verlangt haben, mir das Gesicht mit Ätzlauge zu zerstören, bloß damit Ihr Sohn, mein Verlobter, nicht in eine durch mich gestellte Schönheitsfalle fiele?«

»Corinna«, lächelte der Alte, »nicht zu scharf. Die Rätin ist unter unserm Dache.«

»Sie würden das *nicht* von mir verlangt haben, so wenigstens nehme ich vorläufig an, vielleicht in Überschätzung Ihrer freundlichen Gefühle für mich, und doch verlangen Sie von mir, daß ich mich dessen begebe, was die Natur *mir* gegeben hat. Ich habe meinen guten Verstand und bin offen und frei und übe damit eine gewisse Wirkung auf die Männer aus, mitunter auch gerade auf solche, denen das fehlt, was ich habe, – soll ich mich dessen entkleiden? soll ich mein Pfund vergraben? soll ich das bißchen Licht, das *mir* geworden, unter den Scheffel stellen? Verlangen Sie, daß ich bei Begegnungen mit Ihrem Sohne wie eine Nonne dasitze, bloß damit das Haus Treibel vor einer Verlobung mit mir bewahrt bleibe? Erlauben Sie mir, gnädigste Frau, und Sie müssen meine Worte meinem erregten Gefühle, das Sie herausgefordert, zugute halten, erlauben Sie mir, Ihnen zu sagen, daß ich das nicht bloß hochmütig und höchst verwerflich, daß ich es vor allem auch ridikül finde. Denn wer sind die Treibels? Berlinerblaufabrikanten mit einem Ratstitel, und ich, ich bin eine Schmidt.«

»Eine Schmidt«, wiederholte der alte Wilibald freudig, gleich danach hinzufügend: »Und nun sagen Sie, liebe Freundin, wollen wir nicht lieber abbrechen und alles den Kindern und einer gewissen ruhigen historischen Entwicklung überlassen?«

»Nein, mein lieber Freund, das wollen wir *nicht*. Wir wollen nichts der historischen Entwicklung und noch weniger der Entscheidung der Kinder überlassen, was gleichbedeutend wäre mit Entscheidung durch Fräulein Corinna. Dies zu hindern, deshalb eben bin ich hier. Ich hoffte bei den Erinnerungen, die zwischen uns leben, Ihrer Zustimmung und Unterstützung sicher zu sein, sehe mich aber getäuscht und werde meinen Einfluß, der hier gescheitert, auf meinen Sohn Leopold beschränken müssen.«

»Ich fürchte«, sagte Corinna, »daß er auch da versagt...«

»Was lediglich davon abhängen wird, ob er Sie sieht oder nicht.«

»Er wird mich sehen!«

»Vielleicht. Vielleicht auch nicht.«

Und darauf erhob sich die Kommerzienrätin und ging, ohne dem Professor die Hand gereicht zu haben, auf die Tür zu. Hier wandte sie sich noch einmal und sagte zu Corinna: »Corinna, lassen Sie uns vernünftig reden. Ich will alles vergessen. Lassen Sie den Jungen wieder los. Er paßt nicht einmal für Sie. Und was das Haus Treibel angeht, so haben Sie's eben in einer Weise charakterisiert, daß es Ihnen kein Opfer kosten kann, darauf zu verzichten...«

»Aber meine Gefühle, gnädigste Frau...«

»Bah«, lachte Jenny, »daß Sie so sprechen können, zeigt mir deutlich, daß Sie keine haben und daß alles bloßer Übermut oder vielleicht auch Eigensinn ist. Daß Sie sich dieses Eigensinns begeben mögen, wünsche ich Ihnen und uns. Denn es kann zu nichts führen. Eine Mutter hat *auch* Einfluß auf einen schwachen Menschen, und ob Leopold Lust hat, seine Flitterwochen in einem Ahlbecker Fischerhause zu verbringen, ist mir doch zweifelhaft. Und daß das Haus Treibel Ihnen keine Villa in Capri bewilligen wird, dessen dürfen Sie gewiß sein.«

Und dabei verneigte sie sich und trat in das Entree hinaus. Corinna blieb zurück, Schmidt aber gab seiner Freundin das Geleit bis an die Treppe.

»Adieu«, sagte hier die Rätin. »Ich bedaure, lieber Freund, daß dies zwischen uns treten und die herzlichen Beziehungen so vieler, vieler Jahre stören mußte. Meine Schuld ist es nicht. Sie haben Corinna verwöhnt, und das Töchterchen schlägt nun einen spöttischen und überheblichen Ton an und ignoriert, wenn nichts andres, so doch die Jahre, die mich von ihr trennen. Impietät ist der Charakter unserer Zeit.«

Schmidt, ein Schelm, gefiel sich darin, bei dem Wort »Impietät« ein betrübtes Gesicht aufzusetzen. »Ach, liebe Freundin«, sagte er, »Sie mögen wohl recht haben, aber nun ist es zu spät. Ich bedaure, daß es unserm Hause vorbehalten war, Ihnen einen Kummer wie diesen, um nicht zu sagen eine Kränkung, anzutun. Freilich, wie Sie schon sehr richtig bemerkt haben, die Zeit... alles will über sich hinaus und strebt höheren Staffeln zu, die die Vorsehung sichtbarlich nicht wollte.«

Jenny nickte. »Gott bessre es.«

»Lassen Sie uns das hoffen.«

Und damit trennten sie sich.

In das Zimmer zurückgekehrt, umarmte Schmidt seine Tochter, gab ihr einen Kuß auf die Stirn und sagte: »Corinna, wenn ich nicht Professor wäre, so würd' ich am Ende Sozialdemokrat.«

Im selben Augenblick kam auch die Schmolke. Sie hatte nur das letzte Wort gehört, und erratend, um was es sich handle, sagte sie: »Ja, das hat Schmolke auch immer gesagt.«

VIERZEHNTES KAPITEL

Der nächste Tag war ein Sonntag, und die Stimmung, in der sich das Treibelsche Haus befand, konnte nur noch dazu beitragen, dem Tage zu seiner herkömmlichen Ödheit ein Beträchtliches zuzulegen. Jeder mied den andern. Die Kommerzienrätin beschäftigte sich damit, Briefe, Karten und Photographien zu ordnen, Leopold saß auf seinem Zimmer und las Goethe (*was*, ist nicht nötig zu verraten), und Treibel selbst ging im Garten um das Bassin herum und unterhielt sich, wie meist in solchen Fällen, mit der Honig. Er ging dabei so weit, sie ganz ernsthaft nach Krieg und Frieden zu fragen, allerdings mit der Vorsicht, sich eine Art Präliminarantwort gleich selbst zu geben. In erster Reihe stehe fest, daß es niemand wisse, »selbst der leitende Staatsmann nicht« (er hatte sich diese

Phrase bei seinen öffentlichen Reden angewöhnt), aber eben weil es niemand wisse, sei man auf Sentiments angewiesen, und darin sei niemand größer und zuverlässiger als die Frauen. Es sei nicht zu leugnen, das weibliche Geschlecht habe was Pythisches, ganz abgesehen von jenem Orakelhaften niederer Observanz, das noch so nebenherlaufe. Die Honig, als sie schließlich zu Worte kam, faßte ihre politische Diagnose dahin zusammen: sie sähe nach Westen hin einen klaren Himmel, während es im Osten finster braue, ganz entschieden, und zwar oben sowohl wie unten. »Oben wie unten«, wiederholte Treibel. »Oh, wie wahr. Und das Oben bestimmt das Unten und das Unten das Oben. Ja, Fräulein Honig, damit haben wir's getroffen.« Und Czicka, das Hündchen, das natürlich auch nicht fehlte, blaffte dazu. So ging das Gespräch zu gegenseitiger Zufriedenheit. Treibel aber schien doch abgeneigt, aus diesem Weisheitsquell andauernd zu schöpfen, und zog sich nach einiger Zeit auf sein Zimmer und seine Zigarre zurück, ganz Halensee verwünschend, das mit seiner Kaffeeklappe diese häusliche Mißstimmung und diese Sonntagsextralangeweile heraufbeschworen habe. Gegen Mittag traf ein an ihn adressiertes Telegramm ein: »Dank für Brief. Ich komme morgen mit dem Nachmittagszug. Eure Hildegard.« Er schickte das Telegramm, aus dem er überhaupt erst von der erfolgten Einladung erfuhr, an seine Frau hinüber und war, trotzdem er das selbständige Vorgehen derselben etwas sonderbar fand, doch auch wieder aufrichtig froh, nunmehr einen Gegenstand zu haben, mit dem er sich in seiner Phantasie beschäftigen konnte. Hildegard war sehr hübsch, und die Vorstellung, innerhalb der nächsten Wochen ein anderes Gesicht als das der Honig auf seinen Gartenspaziergängen um sich zu haben, tat ihm wohl. Er hatte nun auch einen Gesprächsstoff, und während ohne diese Depesche die Mittagsunterhaltung wahrscheinlich sehr kümmerlich verlaufen oder vielleicht ganz ausgefallen wäre, war es jetzt wenigstens möglich, ein paar Fragen zu stellen. Er stellte diese Fragen auch wirklich, und alles machte sich ganz leidlich; nur Leopold sprach kein Wort und war froh, als er sich vom Tisch erheben und zu seiner Lektüre zurückkehren konnte.

Leopolds ganze Haltung gab überhaupt zu verstehen, daß er über sich bestimmen zu lassen fürder nicht mehr willens sei; trotzdem war ihm klar, daß er sich den Repräsentationspflichten des Hauses nicht entziehen und also nicht unterlassen dürfe, Hildegard am andern Nachmittag auf dem Bahnhof zu empfangen. Er war pünktlich da, begrüßte die schöne Schwägerin und absolvierte die landesübliche Fragenreihe nach dem Befinden und den Sommerplänen der Familie, während einer der von ihm engagierten Gepäckträger erst die Droschke, dann das Gepäck besorgte. Dasselbe bestand nur aus einem einzigen Koffer mit Messingbeschlag: dieser aber war von solcher Größe, daß er, als er hinaufgewuchtet war, der dahinrollenden Droschke den Charakter eines Baus von zwei Etagen gab.

Unterwegs wurde das Gespräch von seiten Leopolds wieder aufgenommen, erreichte seinen Zweck aber nur unvollkommen, weil seine stark hervortretende Befangenheit seiner Schwägerin nur Grund zur Heiterkeit gab. Und nun hielten sie vor der Villa. Die ganze Treibelei stand am Gitter, und als die herzlichsten Begrüßungen ausgetauscht und die nötigsten Toiletten-Arrangements in fliegender Eile, das heißt ziemlich mußevoll, gemacht worden waren, erschien Hildegard auf der Veranda, wo man inzwischen den Kaffee serviert hatte. Sie fand alles »himmlisch«, was auf Empfang strenger Instruktionen von seiten der Frau Konsul Thora Munk hindeutete, die sehr wahrscheinlich Unterdrückung alles Hamburgischen und Achtung vor Berliner Empfindlichkeiten als erste Regel empfohlen hatte. Keine Parallelen wurden gezogen und beispielsweise gleich das Kaffeeservice rundweg bewundert. »Eure Berliner Muster schlagen jetzt alles aus dem Felde, selbst Sèvres. Wie reizend diese Grecborte.« Leopold stand in einiger Entfernung und hörte zu, bis Hildegard plötzlich abbrach und allem, was sie gesagt, nur noch hinzusetzte: »Scheltet mich übrigens nicht, daß ich in einem fort von Dingen spreche, für die sich ja morgen auch noch die Zeit finden würde: Grecborte und Sèvres und Meißen und Zwiebelmuster. Aber Leopold ist schuld; er hat unsere Konversation in der Droschke so streng wissenschaftlich geführt, daß ich beinahe in Verlegenheit kam; ich wollte gern von Lizzi hören, und denkt euch, er sprach nur von Anschluß und Radialsystem, und ich geniere mich zu fragen, was es sei.«

Der alte Treibel lachte; die Kommerzienrätin aber verzog keine Miene, während über Leopolds blasses Gesicht eine leichte Röte flog.

So verging der erste Tag, und Hildegards Unbefangenheit, die man sich zu stören wohl hütete, schien auch noch weiter leidliche Tage bringen zu sollen, alles um so mehr, als es die Kommerzienrätin an Aufmerksamkeiten jeder Art nicht fehlen ließ. Ja, sie verstieg sich zu höchst wertvollen Geschenken, was sonst ihre Sache nicht war. Ungeachtet all dieser Anstrengungen aber und trotzdem dieselben, wenn man nicht tiefer nachforschte, von wenigstens halben Erfolgen begleitet waren, wollte sich ein recht eigentliches Behagen nicht einstellen, selbst bei Treibel nicht, auf dessen rasch wiederkehrende gute Laune bei seinem glücklichen Naturell mit einer Art Sicherheit gerechnet war. Ja, diese gute Laune, sie blieb aus mancherlei Gründen aus, unter denen gerade jetzt auch *der* war, daß die Zossen-Teupitzer Wahlkampagne mit einer totalen Niederlage Vogelsangs geendigt hatte. Dabei mehrten sich die persönlichen Angriffe gegen Treibel. Anfangs hatte man diesen, wegen seiner großen Beliebtheit, rücksichtsvoll außer Spiel gelassen, bis die Taktlosigkeiten seines Agenten ein weiteres Schonen unmöglich machten. »Es ist zweifellos ein Unglück«, so hieß es in den Organen der Gegenpartei, »so beschränkt zu sein wie Lieutenant Vogelsang; aber eine solche Beschränktheit in seinen Dienst zu nehmen, ist eine Mißachtung gegen den gesunden Menschenverstand unseres Kreises. Die Kandidatur Treibel scheitert einfach an diesem Affront.«

Es sah nicht allzu heiter aus bei den alten Treibels, was Hildegard allmählich so sehr zu fühlen begann, daß sie halbe Tage bei den Geschwistern zubrachte. Der Holzhof war überhaupt hübscher als die Fabrik und Lizzi geradezu reizend mit ihren langen weißen Strümpfen. Einmal waren sie auch rot. Wenn sie so herankam und die Tante Hildegard mit einem Knix begrüßte, flüsterte diese der Schwester zu: »quite english, Helen«, und man lächelte sich dann glücklich an. Ja, es waren

Lichtblicke. Wenn Lizzi dann aber wieder fort war, war auch zwischen den Schwestern von unbefangener Unterhaltung keine Rede mehr, weil das Gespräch die zwei wichtigsten Punkte nicht berühren durfte: die Verlobung Leopolds und den Wunsch, aus dieser Verlobung mit guter Manier herauszukommen.

Ja, es sah nicht heiter aus bei den Treibels, aber bei den Schmidts auch nicht. Der alte Professor war eigentlich weder in Sorge noch in Verstimmung, lebte vielmehr umgekehrt der Überzeugung, daß sich nun alles bald zum Besseren wenden werde; diesen Prozeß aber sich still vollziehen zu lassen, schien ihm ganz unerläßlich, und so verurteilte er sich, was ihm nicht leicht wurde, zu unbedingtem Schweigen. Die Schmolke war natürlich ganz entgegengesetzter Ansicht und hielt, wie die meisten alten Berlinerinnen, außerordentlich viel von »Sichaussprechen«, je mehr und je öfter, desto besser. Ihre nach dieser Seite hin abzielenden Versuche verliefen aber resultatlos, und Corinna war nicht zum Sprechen zu bewegen, wenn die Schmolke begann: »Ja, Corinna, was soll denn nun eigentlich werden? Was denkst du dir denn eigentlich?«

Auf all das gab es keine rechte Antwort, vielmehr stand Corinna wie am Roulette und wartete mit verschränkten Armen, wohin die Kugel fallen würde. Sie war nicht unglücklich, aber äußerst unruhig und unmutig, vor allem, wenn sie der heftigen Streitszene gedachte, bei der sie doch vielleicht zuviel gesagt hatte. Sie fühlte ganz deutlich, daß alles anders gekommen wäre, wenn die Rätin etwas weniger Herbheit, sie selber aber etwas mehr Entgegenkommen gezeigt hätte. Ja, da hätte sich dann ohne sonderliche Mühe Frieden schließen und das Bekenntnis einer gewissen Schuld, weil alles bloß Berechnung gewesen, allenfalls ablegen lassen. Aber freilich im selben Augenblicke, wo sie, neben dem Bedauern über die hochmütige Haltung der Rätin, vor allem und in erster Reihe sich selber der Schuld zieh, in ebendiesem Augenblicke mußte sie sich doch auch wieder sagen, daß ein Wegfall alles dessen, was ihr vor ihrem eigenen Gewissen in dieser Angelegenheit als fragwürdig erschien, in den Augen der Rätin nichts gebessert haben würde. Diese schreckliche Frau, trotzdem sie beständig so tat und sprach, war ja weitab davon, ihr wegen ihres Spiels mit Gefühlen einen ernsthaften Vorwurf zu machen. Das war ja Nebensache, da lag es nicht. Und wenn sie diesen lieben und guten Menschen, wie's ja doch möglich war, aufrichtig und von Herzen geliebt hätte, so wäre das Verbrechen genau dasselbe gewesen. »Diese Rätin, mit ihrem überheblichen Nein, hat mich nicht da getroffen, wo sie mich treffen konnte, sie weist diese Verlobung nicht zurück, weil mir's an Herz und Liebe gebricht, nein, sie weist sie nur zurück, weil ich arm oder wenigstens nicht dazu angetan bin, das Treibelsche Vermögen zu verdoppeln, um nichts, nichts weiter; und wenn sie vor anderen versichert oder vielleicht auch sich selber einredet, ich sei ihr zu selbstbewußt und zu professorlich, so sagt sie das nur, weil's ihr gerade paßt. Unter andern Verhältnissen würde meine Professorlichkeit mir nicht nur nicht schaden, sondern ihr umgekehrt die Höhe der Bewunderung bedeuten.«

So gingen Corinnas Reden und Gedanken, und um sich ihnen nach Möglichkeit zu entziehen, tat sie, was sie seit lange nicht mehr getan, und machte Besuche bei den alten und jungen Professorenfrauen. Am besten gefiel ihr wieder die gute, ganz von Wirtschaftlichkeit in Anspruch genommene Frau Rindfleisch, die jeden Tag, ihrer vielen Pensionäre halber, in die große Markthalle ging und immer die besten Quellen und die billigsten Preise wußte, Preise, die dann später der Schmolke mitgeteilt, in erster Reihe den Ärger derselben, zuletzt aber ihre Bewunderung vor einer höheren wirtschaftlichen Potenz weckten. Auch bei Frau Immanuel Schultze sprach Corinna vor und fand dieselbe, vielleicht weil Friedebergs nahe bevorstehende Ehescheidung ein sehr dankbares Thema bildete, auffallend nett und gesprächig, Immanuel selbst aber war wieder so großsprecherisch und zynisch, daß sie doch fühlte, den Besuch nicht wiederholen zu können. Und weil die Woche so viele Tage hatte, so mußte sie sich zuletzt zu Museum und Nationalgalerie bequemen. Aber sie hatte keine rechte Stimmung dafür. Im Corneliussaal interessierte sie, vor dem einen großen Wandbilde, nur die ganz kleine Predelle, wo Mann und Frau den Kopf aus der Bettdecke strecken, und im Ägyptischen

Museum fand sie eine merkwürdige Ähnlichkeit zwischen Ramses und Vogelsang.

Wenn sie dann nach Hause kam, fragte sie jedesmal, ob wer dagewesen sei, was heißen sollte: »War Leopold da?«, worauf die Schmolke regelmäßig antwortete: »Nein, Corinna, keine Menschenseele.« Wirklich, Leopold hatte nicht den Mut zu kommen und beschränkte sich darauf, jeden Abend einen kleinen Brief zu schreiben, der dann am andern Morgen auf ihrem Frühstückstische lag. Schmidt sah lächelnd drüber hin, und Corinna stand dann wie von ungefähr auf, um das Briefchen in ihrem Zimmer zu lesen. »Liebe Corinna. Der heutige Tag verlief wie alle. Die Mama scheint in ihrer Gegnerschaft verharren zu wollen. Nun, wir wollen sehen, wer siegt. Hildegard ist viel bei Heléne, weil niemand hier ist, der sich recht um sie kümmert. Sie kann mir leid tun, ein so junges und hübsches Mädchen. Alles das Resultat solcher Anzettelungen. Meine Seele verlangt, Dich zu sehen, und in der nächsten Woche werden Entschlüsse von mir gefaßt werden, die volle Klarheit schaffen. Mama wird sich wundern. Nur soviel, ich erschrecke vor nichts, auch vor dem Äußersten nicht. Das mit dem vierten Gebot ist recht gut, aber es hat seine Grenzen. Wir haben auch Pflichten gegen uns selbst und gegen die, die wir über alles lieben, die Leben und Tod in unseren Augen bedeuten. Ich schwanke noch, wohin, denke aber England; da haben wir Liverpool und Mr. Nelson, und in zwei Stunden sind wir an der schottischen Grenze. Schließlich ist es gleich, wer uns äußerlich vereinigt, sind wir es doch längst in uns. Wie mir das Herz dabei schlägt. Ewig der Deine. Leopold.«

Corinna zerriß den Brief in kleine Streifen und warf sie draußen ins Kochloch. »Es ist am besten so; dann vergeß' ich wieder, was er heute geschrieben, und kann morgen nicht mehr vergleichen. Denn mir ist, als schriebe er jeden Tag dasselbe. Sonderbare Verlobung. Aber soll ich ihm einen Vorwurf machen, daß er kein Held ist? Und mit meiner Einbildung, ihn zum Helden umschaffen zu können, ist es auch vorbei. Die Niederlagen und Demütigungen werden nun wohl ihren Anfang nehmen. Verdient? Ich fürchte.«

Anderthalb Wochen waren um, und noch hatte sich im Schmidtschen Hause nichts verändert; der Alte schwieg nach wie vor, Marcell kam nicht und Leopold noch weniger, und nur seine Morgenbriefe stellten sich mit großer Pünktlichkeit ein; Corinna las sie schon längst nicht mehr, überflog sie nur und schob sie dann lächelnd in ihre Morgenrocktasche, wo sie zersessen und zerknittert wurden. Sie hatte zum Troste nichts als die Schmolke, deren gesunde Gegenwart ihr wirklich wohltat, wenn sie's auch immer noch vermied, mit ihr zu sprechen.

Aber auch das hatte seine Zeit.

Der Professor war eben nach Hause gekommen, schon um elf, denn es war Mittwoch, wo die Klasse, für ihn wenigstens, um eine Stunde früher schloß. Corinna sowohl wie die Schmolke hatten ihn kommen und die Drückertür geräuschvoll ins Schloß fallen hören, nahmen aber beide keine Veranlassung, sich weiter um ihn zu kümmern, sondern blieben in der Küche, drin der helle Julisonnenschein lag und alle Fensterflügel geöffnet waren. An einem der Fenster stand auch der Küchentisch. Draußen, an zwei Haken, hing ein kastenartiges Blumenbrett, eine jener merkwürdigen Schöpfungen der Holzschneidekunst, wie sie Berlin eigentümlich sind: kleine Löcher zu Sternblumen zusammengestellt; Anstrich dunkelgrün. In diesem Kasten standen mehrere Geranium- und Goldlacktöpfe, zwischen denen hindurch die Sperlinge huschten und sich in großstädtischer Dreistigkeit auf den am Fenster stehenden Küchentisch setzten. Hier pickten sie vergnügt an allem herum, und niemand dachte daran, sie zu stören. Corinna, den Mörser zwischen den Knien, war mit Zimmetstoßen beschäftigt, während die Schmolke grüne Kochbirnen der Länge nach durchschnitt und beide gleiche Hälften in eine große braune Schüssel, eine sogenannte Reibesatte, fallen ließ. Freilich, zwei ganz gleiche Hälften waren es nicht, konnten es nicht sein, weil natürlich nur eine Hälfte den Stengel hatte, welcher Stengel denn auch Veranlassung zu Beginn einer Unterhaltung wurde, wonach sich die Schmolke schon seit lange sehnte.

»Sieh, Corinna«, sagte die Schmolke, »dieser hier, dieser lange, das ist so recht ein Stengel nach dem Herzen deines Vaters...«

Corinna nickte.

»...Den kann er anfassen wie 'ne Maccaroni und hochhalten und alles von unten her aufessen... Es ist doch ein merkwürdiger Mann...«

»Ja, das ist er!«

»Ein merkwürdiger Mann und voller Schrullen, und man muß ihn erst ausstudieren. Aber das Merkwürdigste, das ist doch das mit den langen Stengeln, un daß wir sie, wenn es Semmelpudding un Birnen gibt, nicht schälen dürfen, un daß der ganze Kriepsch mit Kerne und alles drin bleiben muß. Er is doch ein Professor un ein sehr kluger Mann, aber das muß ich dir sagen, Corinna, wenn ich meinem guten Schmolke, der doch nur ein einfacher Mann war, mit so lange Stengel un ungeschält un den ganzen Kriepsch drin gekommen wär', ja, da hätt' es was gegeben. Denn so gut er war, wenn er dachte, ›sie denkt woll, das is gut genug‹, dann wurd' er falsch un machte sein Dienstgesicht un sah aus, als ob er mich arretieren wollte...«

»Ja, liebe Schmolke«, sagte Corinna, »das ist eben einfach die alte Geschichte vom Geschmack und daß sich über Geschmäcker nicht streiten läßt. Und dann ist es auch wohl die Gewohnheit und vielleicht auch von Gesundheits wegen.«

»Von Gesundheits wegen«, lachte die Schmolke. »Na, höre, Kind, wenn einem so die Hacheln in die Kehle kommen un man sich verschluckert un man mitunter zu 'nem ganz fremden Menschen sagen muß: ›Bitte, kloppen Sie mir mal en bißchen, aber hier ordentlich ins Kreuz‹, – nein, Corinna, da bin ich doch mehr für eine ausgekernte Malvasier, die runter geht wie Butter. Gesundheit...! Stengel und Schale, was da von Gesundheit is, das weiß ich nich...«

»Doch, liebe Schmolke. Manche können Obst nicht vertragen und fühlen sich geniert, namentlich wenn sie, wie Papa, hinterher auch noch die Sauce löffeln. Und da gibt es nur ein Mittel dagegen: alles muß dran bleiben, der Stengel und die grüne Schale. Die beiden, die haben das Adstringens...«

»Was?«

»Das Adstringens, das heißt das, was zusammenzieht, erst bloß die Lippen und den Mund, aber dieser Prozeß des Zusammenziehens setzt sich dann durch den ganzen inneren Menschen hin fort, und das ist dann das, was alles wieder in Ordnung bringt und vor Schaden bewahrt.«

Ein Sperling hatte zugehört, und wie durchdrungen von der Richtigkeit von Corinnas Auseinandersetzungen, nahm er einen Stengel, der zufällig abgebrochen war, in den Schnabel und flog damit auf das andere Dach hinüber. Die beiden Frauen aber verfielen in Schweigen und nahmen erst nach einer Viertelstunde das Gespräch wieder auf.

Das Gesamtbild war nicht mehr ganz dasselbe, denn Corinna hatte mittlerweile den Tisch abgeräumt und einen blauen Zuckerbogen darüber ausgebreitet, auf welchem zahlreiche alte Semmeln lagen und daneben ein großes Reibeisen. Dies letztere nahm sie jetzt in die Hand, stemmte sich mit der linken Schulter dagegen und begann nun ihre Reibetätigkeit mit solcher Vehemenz, daß die geriebene Semmel über den ganzen blauen Bogen hinstäubte. Dann und wann unterbrach sie sich und schüttete die Bröckchen nach der Mitte hin zu einem Berg zusammen, aber gleich danach begann sie von neuem, und es hörte sich wirklich an, als ob sie bei dieser Arbeit allerlei mörderische Gedanken habe.

Die Schmolke sah ihr von der Seite her zu. Dann sagte sie: »Corinna, wen zerreibst du denn eigentlich?«

»Die ganze Welt.«

»Das is viel... un dich mit?«

»Mich zuerst.«

»Das is recht. Denn wenn du nur erst recht zerrieben un recht mürbe bist, dann wirst du wohl wieder zu Verstande kommen.«

»Nie.«

»Man muß nie ›nie‹ sagen, Corinna. Das war ein Hauptsatz von Schmolke. Un das muß wahr sein, ich habe noch jedesmal gefunden, wenn einer ›nie‹ sagte, dann is es immer dicht vorm Umkippen. Un ich wollte, daß es mit dir auch so wäre.«

Corinna seufzte.

»Sieh, Corinna, du weißt, daß ich immer dagegen war. Denn es is ja doch ganz klar, daß du deinen Vetter Marcell heiraten mußt.«

»Liebe Schmolke, nur kein Wort von *dem*.«

»Ja, das kennt man, das is das Unrechtsgefühl. Aber ich will nichts weiter sagen un will nur sagen, was ich schon gesagt habe, daß ich immer dagegen war, ich meine gegen Leopold, un daß ich einen Schreck kriegte, als du mir's sagtest. Aber als du mir dann sagtest, daß die Kommerzienrätin sich ärgern würde, da gönnt' ich's ihr un dachte, ›warum nich? warum soll es nich gehen? Un wenn der Leopold auch bloß ein Wickelkind is, Corinnchen wird ihn schon aufpäppeln und ihn zu Kräften bringen.‹ Ja, Corinna, so dacht' ich un hab' es dir auch gesagt. Aber es war ein schlechter Gedanke, denn man soll seinen Mitmenschen nicht ärgern, auch wenn man ihn nich leiden kann, un was mir zuerst kam, der Schreck über deine Verlobung, das war doch das Richtige. Du mußt einen klugen Mann haben, einen, der eigentlich klüger ist als du – du bist übrigens gar nich mal so klug – un der was Männliches hat, so wie Schmolke, un vor dem du Respekt hast. Un vor Leopold kannst du keinen Respekt haben. Liebst du'n denn noch immer?«

»Ach, ich denke ja gar nicht dran, liebe Schmolke.«

»Na, Corinna, denn is es Zeit, un denn mußt du nu Schicht damit machen. Du kannst doch nich die ganze Welt auf den Kopp stellen un dein un andrer Leute Glück, worunter auch dein Vater un deine alte Schmolke is, verschütten un verderben wollen, bloß um der alten Kommerzienrätin mit ihrem Puffscheitel und ihren Brillantbommeln einen Tort anzutun. Es is eine geldstolze Frau, die den Apfelsinenladen vergessen hat un immer bloß ötepotöte tut un den alten Professor anschmachtet un ihn auch ›Wilibald‹ nennt, als ob sie noch auf'n Hausboden Versteck miteinander spielten un hinterm Torf stünden, denn damals hatte man noch Torf auf'm Boden, un wenn man runter kam, sah man immer aus wie'n Schornsteinfeger, – ja, sieh, Corinna, das hat alles seine Richtigkeit, un ich hätt' ihr so was gegönnt, un Ärger genug wird sie woll auch gehabt haben. Aber wie der alte Pastor Thomas zu Schmolke un mir in unserer Traurede gesagt hat: ›Liebet euch untereinander, denn der Mensch soll sein Leben nich auf den Haß, sondern auf die Liebe stellen‹ (dessen Schmolke un ich auch immer eingedenk gewesen sind) – so, meine liebe Corinna, sag' ich es auch zu dir, man soll sein Leben nich auf den Haß stellen. Hast du denn wirklich einen solchen Haß auf die Rätin, das heißt einen richtigen?«

»Ach, ich denke ja gar nicht dran, liebe Schmolke.«

»Ja, Corinna, da kann ich dir bloß noch mal sagen, dann is es wirklich die höchste Zeit, daß was geschieht. Denn wenn du *ihn* nicht liebst und *ihr* nich haßt, denn weiß ich nich, was die ganze Geschichte überhaupt noch soll.«

»Ich auch nicht.«

Und damit umarmte Corinna die gute Schmolke, und diese sah denn auch gleich an einem Flimmer in Corinnas Augen, daß nun alles vorüber und daß der Sturm gebrochen sei.

»Na, Corinna, denn wollen wir's schon kriegen, un es kann noch alles gut werden. Aber nu gib die Form her, daß wir ihn eintun, denn eine Stunde muß er doch wenigstens kochen. Un vor Tisch sag' ich deinem Vater kein Wort, weil er sonst vor Freude nich essen kann...«

»Ach, der äße doch.«

»Aber nach Tisch sag' ich's ihm, wenn er auch um seinen Schlaf kommt. Und geträumt hab' ich's auch schon un habe dir nur nichts davon sagen wollen. Aber nun kann ich es ja. Sieben Kutschen und die beiden Kälber von Professor Kuh waren Brautjungfern. Natürlich, Brautjungfern möchten sie immer alle sein, denn auf die kuckt alles, beinah mehr noch als auf die Braut, weil die ja schon weg ist; un meistens kommen sie auch bald ran. Un bloß den Pastor konnt' ich nich recht erkennen. Thomas war es nich. Aber vielleicht war es Souchon, bloß daß er ein bißchen zu dicklich war.«

FÜNFZEHNTES KAPITEL

Der Pudding erschien Punkt zwei, und Schmidt hatte sich denselben munden lassen. In seiner behaglichen Stimmung entging es ihm durchaus, daß Corinna für alles, was er sagte, nur ein stummes Lächeln hatte; denn er war ein liebenswürdiger Egoist, wie die meisten seines Zeichens, und kümmerte sich nicht sonderlich um die Stimmung seiner Umgebung, solange nichts passierte, was dazu angetan war, *ihm* die Laune direkt zu stören.

»Und nun laß abdecken, Corinna; ich will, eh ich mich ein bißchen ausstrecke, noch einen Brief an Marcell schreiben oder doch wenigstens ein paar Zeilen. Er hat nämlich die Stelle. Distelkamp, der immer noch alte Beziehungen unterhält, hat mich's heute vormittag wissen lassen.« Und während der Alte das sagte, sah er zu Corinna hinüber, weil er wahrnehmen wollte, wie diese wichtige Nachricht auf seiner Tochter Gemüt wirke. Er sah aber nichts, vielleicht weil nichts zu sehen war, vielleicht auch, weil er kein scharfer Beobachter war, selbst dann nicht, wenn er's ausnahmsweise mal sein wollte.

Corinna, während der Alte sich erhob, stand ebenfalls auf und ging hinaus, um draußen die nötigen Ordres zum Abräumen an die Schmolke zu geben. Als diese bald danach eintrat, setzte sie mit jenem absichtlichen und ganz unnötigen Lärmen, durch den alte Dienerinnen ihre dominierende Hausstellung auszudrücken lieben, die herumstehenden Teller und Bestecke zusammen, derart, daß die Messer- und Gabelspitzen nach allen Seiten hin herausstarrten, und drückte diesen Stachelturm im selben Augenblicke, wo sie sich zum Hinausgehen anschickte, fest an sich.

»Pieken Sie sich nicht, liebe Schmolke«, sagte Schmidt, der sich gern einmal eine kleine Vertraulichkeit erlaubte.

»Nein, Herr Professor, von Pieken is keine Rede nich mehr, schon lange nich. Un mit der Verlobung is es auch vorbei.«

»Vorbei. Wirklich? Hat sie was gesagt?«

»Ja, wie sie die Semmeln zu den Pudding rieb, is es mit eins rausgekommen. Es stieß ihr schon lange das Herz ab, und sie wollte bloß nichts sagen. Aber nu is es ihr zu langweilig geworden, das mit Leopolden. Immer bloß kleine Billetter mit'n Vergißmeinnicht draußen un'n Veilchen drin; da sieht sie nu doch wohl, daß er keine rechte Courage hat un daß seine Furcht vor der Mama noch größer is als seine Liebe zu ihr.«

»Nun, das freut mich. Und ich hab' es auch nicht anders erwartet. Und Sie wohl auch nicht, liebe Schmolke. Der Marcell ist doch ein andres Kraut. Und was heißt gute Partie? Marcell ist Archäologe.«

»Versteht sich«, sagte die Schmolke, die sich dem Professor gegenüber grundsätzlich nie zur Unvertrautheit mit Fremdwörtern bekannte.

»Marcell, sag' ich, ist Archäologe. Vorläufig rückt er an Hedrichs Stelle. Gut angeschrieben ist er schon lange, seit Jahr und Tag. Und dann geht er mit Urlaub und Stipendium nach Mykenä...«

Die Schmolke drückte auch jetzt wieder ihr volles Verständnis und zugleich ihre Zustimmung aus.

»Und vielleicht«, fuhr Schmidt fort, »auch nach Tiryns oder wo Schliemann grade steckt. Und wenn er von da zurück ist und mir einen Zeus für diese meine Stube mitgebracht hat...« und er wies dabei unwillkürlich nach dem Ofen oben, als dem einzigen für Zeus noch leeren Fleck, »...wenn er von da zurück ist, sag' ich, so ist ihm eine Professur gewiß. Die Alten können nicht ewig leben. Und sehen Sie, liebe Schmolke, das ist das, was *ich* eine gute Partie nenne.«

»Versteht sich, Herr Professor. Wovor sind denn auch die Examens un all das? Un Schmolke, wenn er auch kein Studierter war, sagte auch immer...«

»Und nun will ich an Marcell schreiben und mich dann ein Viertelstündchen hinlegen. Und um halb vier den Kaffee. Aber nicht später.«

Um halb vier kam der Kaffee. Der Brief an Marcell, ein Rohrpostbrief, zu dem sich Schmidt nach einigem Zögern entschlossen hatte, war seit wenigstens einer halben Stunde fort, und wenn alles gut ging und Marcell zu Hause war, so las er vielleicht in diesem Augenblicke schon die drei lapidaren Zeilen, aus denen er seinen Sieg entnehmen konnte. Gymnasial-Oberlehrer! Bis heute war er nur deutscher Literaturlehrer an einer höheren Mädchenschule gewesen und hatte manchmal grimmig in sich hineingelacht, wenn er über den Codex argenteus, bei welchem Worte die jungen Dinger immer kicherten, oder über den Heliand und Beowulf hatte sprechen müssen. Auch hinsichtlich Corinnas waren ein paar dunkle Wendungen in den Brief eingeflochten worden, und alles in allem ließ sich annehmen, daß Marcell binnen kürzester Frist erscheinen würde, seinen Dank auszusprechen.

Und wirklich, fünf Uhr war noch nicht heran, als die Klingel ging und Marcell eintrat. Er dankte dem Onkel herzlich für seine Protektion, und als dieser das alles mit der Bemerkung ablehnte, daß, wenn von solchen Dingen überhaupt die Rede sein könne, jeder Dankesanspruch auf Distelkamp falle, sagte Marcell: »Nun, dann also Distelkamp. Aber daß du mir's gleich geschrieben, dafür werd' ich mich doch auch bei dir bedanken dürfen. Und noch dazu mit Rohrpost!«

»Ja, Marcell, das mit Rohrpost, das hat vielleicht Anspruch; denn eh wir Alten uns zu was Neuem bequemen, das dreißig Pfennig kostet, da kann mitunter viel Wasser die Spree runterfließen. Aber was sagst du zu Corinna?«

»Lieber Onkel, du hast da so eine dunkle Wendung gebraucht..., ich habe sie nicht recht verstanden. Du schriebst: ›Kenneth von Leoparden sei auf dem Rückzug‹. Ist Leopold gemeint? Und muß es Corinna jetzt als Strafe hinnehmen, daß sich Leopold, den sie so sicher zu haben glaubte, von ihr abwendet?«

»Es wäre so schlimm nicht, wenn es so läge. Denn in diesem Falle wäre die Demütigung, von der man doch wohl sprechen muß, noch um einen Grad größer. Und sosehr ich Corinna liebe, so muß ich doch zugeben, daß ihr ein Denkzettel wohl not täte.«

Marcell wollte zum Guten reden...

»Nein, verteidige sie nicht, sie hätte so was verdient. Aber die Götter haben es doch milder mit ihr vor und diktieren ihr statt der ganzen Niederlage, die sich in Leopolds selbstgewolltem Rückzuge aussprechen würde, nur die halbe Niederlage zu, nur die, daß die Mutter nicht will und daß meine gute Jenny, trotz Lyrik und obligater Träne, sich ihrem Jungen gegenüber doch mächtiger erweist als Corinna.«

»Vielleicht nur, weil Corinna sich noch rechtzeitig besann und nicht alle Minen springen lassen wollte.«

»Vielleicht ist es so. Aber wie es auch liegen mag, Marcell, wir müssen uns nun darüber schlüssig machen, wie du zu dieser ganzen Tragikomödie dich stellen willst, so oder so. Ist dir Corinna, die du vorhin so großmütig verteidigen wolltest, verleidet oder nicht? Findest du, daß sie wirklich eine gefährliche Person ist, voll Oberflächlichkeit und Eitelkeit, oder meinst du, daß alles nicht so schlimm und ernsthaft war, eigentlich nur bloße Marotte, die verziehen werden kann? Darauf kommt es an.«

»Ja, lieber Onkel, ich weiß wohl, wie ich dazu stehe. Aber ich bekenne dir offen, ich hörte gern erst deine Meinung. Du hast es immer gut mit mir gemeint und wirst Corinna nicht mehr loben, als sie verdient. Auch schon aus Selbstsucht nicht, weil du sie gern im Hause behieltest. Und ein bißchen Egoist bist du ja wohl. Verzeih, ich meine nur so dann und wann und in einzelnen Stücken...«

»Sage dreist, in allen. Ich weiß das auch und getröste mich damit, daß es in der Welt öfters vorkommt. Aber das sind Abschweifungen. Von Corinna soll ich sprechen und will auch. Ja, Marcell, was ist da zu sagen? Ich glaube, sie war ganz ernsthaft dabei, hat dir's ja auch damals ganz frank und frei erklärt, und du hast es auch geglaubt, mehr noch als ich. Das war die Sachlage, so stand es vor ein paar Wochen. Aber jetzt, darauf möcht' ich mich verwetten, jetzt ist sie gänzlich umgewandelt, und wenn die Treibels ihren Leopold zwischen lauter Juwelen und Goldbarren setzen wollten, ich glaube, sie nähm' ihn nicht mehr. Sie hat eigentlich ein gesundes und ehrliches und aufrichtiges Herz, auch einen feinen Ehrenpunkt, und nach einer kurzen Abirrung ist ihr mit einem Male klar geworden, was es eigentlich heißt, wenn man mit zwei Familienporträts und einer väterlichen Bibliothek in eine reiche Familie hineinheiraten will. Sie hat den Fehler gemacht, sich einzubilden, ›das ginge so‹, weil man ihrer Eitelkeit beständig Zuckerbrot gab und so tat, als bewerbe man sich um sie. Aber bewerben und bewerben ist ein Unterschied. Gesellschaftlich, das geht eine Weile; nur nicht fürs Leben. In eine Herzogsfamilie kann man allenfalls hineinkommen, in eine Bourgeoisfamilie nicht. Und wenn *er*, der Bourgeois, es auch wirklich übers Herz brächte – seine Bourgeoise gewiß nicht, am wenigsten wenn sie Jenny Treibel, née Bürstenbinder heißt. Rund heraus, Corinnas Stolz ist endlich wachgerufen, laß mich hinzusetzen: Gott sei dank, und gleichviel nun, ob sie's noch hätte durchsetzen können oder nicht, sie mag es und will es nicht mehr, sie hat es satt. Was vordem halb Berechnung, halb Übermut war, das sieht sie jetzt in einem andern Licht und ist ihr Gesinnungssache geworden. Da hast du meine Weisheit. Und nun laß mich noch einmal fragen, wie gedenkst du dich zu stellen? Hast du Lust und Kraft, ihr die Torheit zu verzeihen?«

»Ja, lieber Onkel, das hab' ich. Natürlich, soviel ist richtig, es wäre mir ein gut Teil lieber, die Geschichte hätte *nicht* gespielt; aber da sie nun einmal gespielt hat, nehm' ich mir das Gute daraus. Corinna hat nun wohl für immer mit der Modernität und dem krankhaften Gewichtlegen aufs Äußerliche gebrochen, und hat statt dessen die von ihr verspotteten Lebensformen wieder anerkennen gelernt, in denen sie großgeworden ist.«

Der Alte nickte.

»Mancher«, fuhr Marcell fort, »würde sich anders dazu stellen, das ist mir völlig klar; die Menschen sind eben verschieden, das sieht man alle Tage. Da hab' ich beispielsweise ganz vor kurzem erst eine kleine reizende Geschichte von Heyse gelesen, in der ein junger Gelehrter, ja, wenn mir recht ist, sogar ein archäologisch Angekränkelter, also eine Art Spezialkollege von mir, eine junge Baronesse liebt und auch herzlich und aufrichtig wieder geliebt wird; er weiß es nur noch nicht recht, ist ihrer noch nicht ganz sicher. Und in diesem Unsicherheitszustande hört er in der zufälligen Verborgenheit einer Taxushecke, wie die mit einer Freundin im Park lustwandelnde Baronesse eben dieser ihrer Freundin allerhand Confessions macht, von ihrem Glück und ihrer Liebe plaudert und sich's nur leider nicht versagt, ein paar scherzhaft übermütige Bemerkungen über ihre Liebe mit einzuflechten. Und dieses hören und sein Ränzel schnüren und sofort das Weite suchen, ist für den Liebhaber und Archäologen eins. Mir ganz unverständlich. Ich, lieber Onkel, hätt' es anders gemacht, *ich* hätte nur die Liebe herausgehört und nicht den Scherz und nicht den Spott, und wäre, statt abzureisen, meiner geliebten Baronesse wahnsinnig glücklich zu Füßen gestürzt, von nichts sprechend als von meinem unendlichen Glück. Da hast du meine Situation, lieber Onkel. Natürlich kann man's auch anders machen;

ich bin für mein Teil indessen herzlich froh, daß ich nicht zu den Feierlichen gehöre. Respekt vor dem Ehrenpunkt, gewiß; aber zuviel davon ist vielleicht überall vom Übel, und in der Liebe nun schon ganz gewiß.«

»Bravo, Marcell. Hab' es übrigens nicht anders erwartet und seh' auch darin wieder, daß du meiner leiblichen Schwester Sohn bist. Sieh, das ist das Schmidtsche in dir, daß du so sprechen kannst; keine Kleinlichkeit, keine Eitelkeit, immer aufs Rechte, und immer aufs Ganze. Komm her, Junge, gib mir einen Kuß. Einer ist eigentlich zu wenig, denn wenn ich bedenke, daß du mein Neffe und Kollege, und nun bald auch mein Schwiegersohn bist, denn Corinna wird doch wohl nicht nein sagen, dann sind auch zwei Backenküsse kaum noch genug. Und *die* Genugtuung sollst du haben, Marcell, Corinna muß an dich schreiben und sozusagen beichten und Vergebung der Sünden bei dir anrufen.«

»Um Gottes willen, Onkel, mache nur nicht so was. Zunächst wird sie's nicht tun, und wenn sie's tun wollte, so würd' ich doch das nicht mit ansehen können. Die Juden, so hat mir Friedeberg erst ganz vor kurzem erzählt, haben ein Gesetz oder einen Spruch, wonach es als ganz besonders strafwürdig gilt, ›einen Mitmenschen zu beschämen‹, und ich finde, das ist ein kolossal feines Gesetz und beinah schon christlich. Und wenn man niemanden beschämen soll, nicht einmal seine Feinde, ja, lieber Onkel, wie käm' ich dann dazu, meine liebe Cousine Corinna beschämen zu wollen, die vielleicht schon nicht weiß, wo sie vor Verlegenheit hinsehen soll. Denn wenn die Nichtverlegenen mal verlegen werden, dann werden sie's auch ordentlich, und ist einer in solch peinlicher Lage wie Corinna, da hat man die Pflicht, ihm goldne Brücken zu baun. *Ich* werde schreiben, lieber Onkel.«

»Bist ein guter Kerl, Marcell; komm her, noch einen. Aber sei nicht *zu* gut, das können die Weiber nicht vertragen, nicht einmal die Schmolke.«

SECHZEHNTES KAPITEL

Und Marcell schrieb wirklich, und am andern Morgen lagen zwei an Corinna adressierte Briefe auf dem Frühstückstisch, einer in kleinem Format mit einem Landschaftsbildchen in der linken Ecke, Teich und Trauerweide, worin Leopold, zum ach, wievielsten Male, von seinem »unerschütterlichen Entschlusse« sprach, der andere, ohne malerische Zutat, von Marcell. Dieser lautete:

»Liebe Corinna! Der Papa hat gestern mit mir gesprochen und mich zu meiner innigsten Freude wissen lassen, daß, verzeih, es sind seine eignen Worte, ›Vernunft wieder an zu sprechen fange‹. ›Und‹, so setzte er hinzu, ›die rechte Vernunft käme aus dem Herzen.‹ Darf ich es glauben? ist ein Wandel eingetreten, die Bekehrung, auf die ich gehofft? Der Papa wenigstens hat mich dessen versichert. Er war auch der Meinung, daß Du bereit sein würdest, dies gegen mich auszusprechen, aber ich habe feierlichst dagegen protestiert, denn mir liegt gar nicht daran, Unrechts- oder Schuldgeständnisse zu hören; – *das*, was ich jetzt weiß, wenn auch noch nicht aus Deinem Munde, genügt mir völlig, macht mich unendlich glücklich und löscht alle Bitterkeit aus meiner Seele. Manch einer würde mir in diesem Gefühl nicht folgen können, aber ich habe da, wo mein Herz spricht, nicht das Bedürfnis, zu einem Engel zu sprechen, im Gegenteil, mich bedrücken Vollkommenheiten, vielleicht weil ich nicht an sie glaube; Mängel, die ich menschlich begreife, sind mir sympathisch, auch dann noch, wenn ich unter ihnen leide. Was Du mir damals sagtest, als ich Dich an dem Mr. Nelson-Abend von Treibels nach Hause begleitete, das weiß ich freilich noch alles, aber es lebt nur in meinem Ohr, nicht in meinem Herzen. In meinem Herzen steht nur das eine, das immer darin stand, von Anfang an, von Jugend auf.

Ich hoffe Dich heute noch zu sehen. Wie immer Dein Marcell.«

Corinna reichte den Brief ihrem Vater. Der las nun auch und blies dabei doppelte Dampfwolken; als er aber fertig war, stand er auf und gab seinem Liebling einen Kuß auf die Stirn: »Du bist ein Glückskind. Sieh, das ist das, was man das Höhere nennt, das wirklich Ideale, nicht das von meiner Freundin Jenny. Glaube mir, das Klassische, was sie jetzt verspotten, das ist das, was die Seele frei macht, das Kleinliche nicht kennt und das Christliche vorahnt und vergeben und vergessen lehrt, weil wir alle des Ruhmes mangeln. Ja, Corinna, das Klassische, das hat Sprüche wie Bibelsprüche. Mitunter beinah noch etwas drüber. Da haben wir zum Beispiel den Spruch: ›Werde, der du bist‹, ein Wort, das nur ein Grieche sprechen konnte. Freilich, dieser Werdeprozeß, der hier gefordert wird, muß sich verlohnen, aber wenn mich meine väterliche Befangenheit nicht täuscht, bei *dir* verlohnt es sich. Diese Treibelei war ein Irrtum, ein ›Schritt vom Wege‹, wie jetzt, wie du wissen wirst, auch ein Lustspiel heißt, noch dazu von einem Kammergerichtsrat. Das Kammergericht, Gott sei Dank, war immer literarisch. Das Literarische macht frei... Jetzt hast du das Richtige wiedergefunden und dich selbst dazu... ›Werde, der du bist‹, sagt der große Pindar, und deshalb muß auch Marcell, um der zu werden, der er ist, in die Welt hinaus, an die großen Stätten, und besonders an die ganz alten. Die ganz alten, das ist immer wie das Heilige Grab; dahin gehen die Kreuzzüge der Wissenschaft, und seid ihr erst von Mykenä wieder zurück – ich sage ›ihr‹, denn du wirst ihn begleiten, die Schliemann ist auch immer dabei –, so müßte keine Gerechtigkeit sein, wenn ihr nicht übers Jahr Privatdozent wärt oder Extraordinarius.«

Corinna dankte ihm, daß er sie gleich mit ernenne, vorläufig indes sei sie mehr für Haus- und Kinderstube. Dann verabschiedete sie sich und ging in die Küche, setzte sich auf einen Schemel und ließ die Schmolke den Brief lesen. »Nun, was sagen Sie, liebe Schmolke?«

»Ja, Corinna, was soll ich sagen? Ich sage bloß, was Schmolke immer sagte: Manchen gibt es der liebe Gott im Schlaf. Du hast ganz unverantwortlich un beinahe schauderöse gehandelt un kriegst ihn nu doch. Du bist ein Glückskind.«

»Das hat mir Papa auch gesagt.«

»Na, denn muß es wahr sein, Corinna. Denn was ein Professor sagt, is immer wahr. Aber nu keine Flausen mehr und keine Witzchen, davon haben wir nu genug gehabt mit dem armen Leopold, der mir doch eigentlich leid tun kann, denn er hat sich ja nich selber gemacht, un der Mensch is am Ende, wie er is. Nein, Corinna, nu wollen wir ernsthaft werden. Und wenn meinst du denn, daß es los geht oder in die Zeitung kommt? Morgen?«

»Nein, liebe Schmolke, so schnell geht es nicht. Ich muß ihn doch erst sehn und ihm einen Kuß geben...«

»Versteht sich, versteht sich. Eher geht es nich...«

»Und dann muß ich doch auch dem armen Leopold erst abschreiben. Er hat mir ja erst heute wieder versichert, daß er für mich leben und sterben will...«

»Ach Jott, der arme Mensch.«

»Am Ende ist er auch ganz froh...«

»Möglich is es.«

Noch am selben Abend, wie sein Brief es angezeigt, kam Marcell und begrüßte zunächst den in seine Zeitungslektüre vertieften Onkel, der ihm denn auch – vielleicht weil er die Verlobungsfrage für erledigt hielt – etwas zerstreut und das Zeitungsblatt in der Hand mit den Worten entgegentrat: »Und nun sage, Marcell, was sagst du dazu? Summus Episcopus... Der Kaiser, unser alter Wilhelm, entkleidet sich davon, und will es nicht mehr, und Kögel wird es. Oder vielleicht Stöcker...«

»Ach, lieber Onkel, erstlich glaub' ich es nicht. Und dann, ich werde ja doch schwerlich im Dom getraut werden...«

»Hast recht. Ich habe den Fehler aller Nichtpolitiker, über einer Sensationsnachricht, die natürlich hinterher immer falsch ist, alles Wichtigere zu vergessen. Corinna sitzt drüben in ihrem Zimmer und wartet auf dich, und ich denke mir, es wird wohl das beste sein, ihr macht es untereinander ab; ich bin auch mit der Zeitung noch nicht ganz fertig, und ein dritter geniert bloß, auch wenn es der Vater ist.«

Corinna, als Marcell eintrat, kam ihm herzlich und freundlich entgegen, etwas verlegen, aber doch zugleich sichtlich gewillt, die Sache nach ihrer Art zu behandeln, also so wenig tragisch wie möglich. Von drüben her fiel der Abendschein ins Fenster, und als sie sich gesetzt hatten, nahm sie seine Hand

und sagte: »Du bist so gut, und ich hoffe, daß ich dessen immer eingedenk sein werde. Was ich wollte, war nur Torheit.«
»Wolltest du's denn wirklich?«
Sie nickte.
»Und liebtest ihn ganz ernsthaft?«
»Nein. Aber ich wollte ihn ganz ernsthaft heiraten. Und mehr noch, Marcell, ich glaube auch nicht, daß ich sehr unglücklich geworden wäre, das liegt nicht in mir, freilich auch wohl nicht sehr glücklich. Aber wer ist glücklich? Kennst du wen? Ich nicht. Ich hätte Malstunden genommen und vielleicht auch Reitunterricht, und hätte mich an der Riviera mit ein paar englischen Familien angefreundet, natürlich solche mit einer Pleasure-Yacht, und wäre mit ihnen nach Korsika oder nach Sizilien gefahren, immer der Blutrache nach. Denn ein Bedürfnis nach Aufregung würd' ich doch wohl zeitlebens gehabt haben; Leopold ist etwas schläfrig. Ja, so hätt' ich gelebt.«
»Du bleibst immer dieselbe und malst dich schlimmer, als du bist.«
»Kaum; aber freilich auch nicht besser. Und deshalb glaubst du mir wohl auch, wenn ich dir jetzt versichre, daß ich froh bin, aus dem allen heraus zu sein. Ich habe von früh an den Sinn für Äußerlichkeiten gehabt und hab' ihn vielleicht noch, aber seine Befriedigung kann doch zu teuer erkauft werden, das hab' ich jetzt einsehen gelernt.«
Marcell wollte noch einmal unterbrechen, aber sie litt es nicht.
»Nein, Marcell, ich muß noch ein paar Worte sagen. Sieh, das mit dem Leopold, das wäre vielleicht gegangen, warum am Ende nicht? Einen schwachen, guten, unbedeutenden Menschen zur Seite zu haben kann sogar angenehm sein, kann einen Vorzug bedeuten. Aber diese Mama, diese furchtbare Frau! Gewiß, Besitz und Geld haben einen Zauber, wär' es nicht so, so wäre mir meine Verirrung erspart geblieben; aber wenn Geld alles ist und Herz und Sinn verengt und zum Überfluß Hand in Hand geht mit Sentimentalität und Tränen – dann empört sich's hier, und *das* hinzunehmen wäre mir hart angekommen, wenn ich's auch vielleicht ertragen hätte. Denn ich

gehe davon aus, der Mensch in einem guten Bett und in guter
Pflege kann eigentlich viel ertragen.«

Den zweiten Tag danach stand es in den Zeitungen, und zugleich mit den öffentlichen Anzeigen trafen Karten ein. Auch bei Kommerzienrats. Treibel, der, nach vorgängigem Einblick in das Kuvert, ein starkes Gefühl von der Wichtigkeit dieser Nachricht und ihrem Einfluß auf die Wiederherstellung häuslichen Friedens und passabler Laune hatte, säumte nicht, in das Damenzimmer hinüberzugehen, wo Jenny mit Hildegard frühstückte. Schon beim Eintreten hielt er den Brief in die Höhe und sagte: »Was kriege ich, wenn ich euch den Inhalt dieses Briefes mitteile?«

»Fordere«, sagte Jenny, in der vielleicht eine Hoffnung dämmerte.

»Einen Kuß.«

»Keine Albernheiten, Treibel.«

»Nun, wenn es von dir nicht sein kann, dann wenigstens von Hildegard.«

»Zugestanden«, sagte diese. »Aber nun lies.«

Und Treibel las: »›Die am heutigen Tage stattgehabte Verlobung meiner Tochter...‹ ja, meine Damen, *welcher* Tochter? Es gibt viele Töchter. Noch einmal also, ratet. Ich verdopple den von mir gestellten Preis... also ›meiner Tochter Corinna mit dem Doktor Marcell Wedderkopp, Oberlehrer und Lieutenant der Reserve im brandenburgischen Füsilier-Regiment Nr. 35, habe ich die Ehre, hiermit ganz ergebenst anzuzeigen. Doktor Wilibald Schmidt, Professor und Oberlehrer am Gymnasium zum Heiligen Geist.‹«

Jenny, durch Hildegards Gegenwart behindert, begnügte sich, ihrem Gatten einen triumphierenden Blick zuzuwerfen. Hildegard selbst aber, die sofort wieder auf Suche nach einem Formfehler war, sagte nur: »Ist das alles? Soviel ich weiß, pflegt es Sache der Verlobten zu sein, auch ihrerseits noch ein Wort zu sagen. Aber die Schmidt-Wedderkopps haben am Ende darauf verzichtet.«

»Doch nicht, teure Hildegard. Auf dem zweiten Blatt, das ich unterschlagen habe, haben auch die Brautleute gesprochen.

Ich überlasse dir das Schriftstück als Andenken an deinen Berliner Aufenthalt und als Beweis für den allmähligen Fortschritt hiesiger Kulturformen. Natürlich stehen wir noch eine gute Strecke zurück, aber es macht sich allmählig. Und nun bitt' ich um meinen Kuß.«

Hildegard gab ihm zwei, und so stürmisch, daß ihre Bedeutung klar war. Dieser Tag bedeutete *zwei* Verlobungen.

Der letzte Sonnabend im Juli war als Marcells und Corinnas Hochzeitstag angesetzt worden; »nur keine langen Verlobungen«, betonte Wilibald Schmidt, und die Brautleute hatten begreiflicherweise gegen ein beschleunigtes Verfahren nichts einzuwenden. Einzig und allein die Schmolke, die's mit der Verlobung so eilig gehabt hatte, wollte von solcher Beschleunigung nicht viel wissen und meinte, bis dahin sei ja bloß noch drei Wochen, also nur gerade noch Zeit genug, »um dreimal von der Kanzel zu fallen«, und das ginge nicht, das sei zu kurz, darüber redeten die Leute; schließlich aber gab sie sich zufrieden oder tröstete sich wenigstens mit dem Satze: geredet wird doch.

Am siebenundzwanzigsten war kleiner Polterabend in der Schmidtschen Wohnung, den Tag darauf Hochzeit im »Englischen Hause«. Prediger Thomas traute. Drei Uhr fuhren die Wagen vor der Nikolaikirche vor, sechs Brautjungfern, unter denen die beiden Kuhschen Kälber und die zwei Felgentreus waren. Letztere, wie schon hier verraten werden mag, verlobten sich in einer Tanzpause mit den zwei Referendarien vom Quartett, denselben jungen Herren, die die Halenseepartie mitgemacht hatten. Der natürlich auch geladene Jodler wurde von den Kuhs heftig in Angriff genommen, widerstand aber, weil er, als Eckhaussohn, an solche Sturmangriffe gewöhnt war. Die Kuhschen Töchter selbst fanden sich ziemlich leicht in diesen Echec – »er war der erste nicht, er wird der letzte nicht sein«, sagte Schmidt – und nur die Mutter zeigte bis zuletzt eine starke Verstimmung.

Sonst war es eine durchaus heitere Hochzeit, was zum Teil damit zusammenhing, daß man von Anfang an alles auf die leichte Schulter genommen hatte. Man wollte vergeben und vergessen, hüben und drüben, und so kam es denn auch, daß, um die Hauptsache vorweg zu nehmen, alle Treibels nicht nur geladen, sondern mit alleiniger Ausnahme von Leopold, der an demselben Nachmittage nach dem Eierhäuschen ritt, auch vollzählig erschienen waren. Allerdings hatte die Kommerzienrätin anfänglich stark geschwankt, ja, sogar von Taktlosigkeit und Affront gesprochen, aber ihr zweiter Gedanke war doch der gewesen, den ganzen Vorfall als eine Kinderei zu nehmen und dadurch das schon hier und da laut gewordene Gerede der Menschen auf die leichteste Weise totzumachen. Bei diesem zweiten Gedanken blieb es denn auch; die Rätin, freundlich-lächelnd wie immer, trat in pontificalibus auf und bildete ganz unbestritten das Glanz- und Repräsentationsstück der Hochzeitstafel. Selbst die Honig und die Wulsten waren auf Corinnas dringenden Wunsch eingeladen worden; erstere kam auch; die Wulsten dagegen entschuldigte sich brieflich, »weil sie Lizzi, das süße Kind, doch nicht allein lassen könne«. Dicht unter der Stelle »das süße Kind« war ein Fleck, und Marcell sagte zu Corinna: »Eine Träne, und ich glaube, eine echte.« Von den Professoren waren, außer den schon genannten Kuhs, nur Distelkamp und Rindfleisch zugegen, da sich die mit jüngerem Nachwuchs Gesegneten sämtlich in Kösen, Ahlbeck und Stolpemünde befanden. Trotz dieser Personaleinbuße war an Toasten kein Mangel; der Distelkampsche war der beste, der Felgentreusche der logisch ungeheuerlichste, weshalb ihm ein hervorragender, vom Ausbringer allerdings unbeabsichtigter Lacherfolg zuteil wurde.

Mit dem Herumreichen des Konfekts war begonnen, und Schmidt ging eben von Platz zu Platz, um den älteren und auch einigen jüngeren Damen allerlei Liebenswürdiges zu sagen, als der schon vielfach erschienene Telegraphenbote noch einmal in den Saal und gleich danach an den alten Schmidt herantrat. Dieser, von dem Verlangen erfüllt, den Überbringer so vieler Herzenswünsche schließlich wie den Goetheschen Sänger königlich zu belohnen, füllte ein neben ihm stehendes Becherglas mit Champagner und kredenzte es dem Boten, der es, unter vorgängiger Verbeugung gegen das Brautpaar, mit einem gewissen Avec leerte. Großer Beifall. Dann öffnete Schmidt das

Telegramm, überflog es und sagte: »Vom stammverwandten Volk der Briten.«
»Lesen, lesen.«
»... To Doctor Marcell Wedderkopp.«
»Lauter.«
»England expects that every man will do his duty... Unterzeichnet John Nelson.«
Im Kreise der sachlich und sprachlich Eingeweihten brach ein Jubel aus, und Treibel sagte zu Schmidt: »Ich denke mir, Marcell ist Bürge dafür.«
Corinna selbst war ungemein erfreut und erheitert über das Telegramm, aber es gebrach ihr bereits an Zeit, ihrer glücklichen Stimmung Ausdruck zu geben, denn es war acht Uhr, und um neuneinhalb Uhr ging der Zug, der sie zunächst bis München und von da nach Verona oder, wie Schmidt mit Vorliebe sich ausdrückte, »bis an das Grab der Julia« führen sollte. Schmidt nannte das übrigens alles nur Kleinkram und »Vorschmack«, sprach überhaupt ziemlich hochmütig und orakelte, zum Ärger Kuhs, von Messenien und dem Taygetos, darin sich gewiß noch ein paar Grabkammern finden würden, wenn nicht von Aristomenes selbst, so doch von seinem Vater. Und als er endlich schwieg und Distelkamp ein vergnügtes Lächeln über seinen mal wieder sein Steckenpferd tummelnden Freund Schmidt zeigte, nahm man wahr, daß Marcell und Corinna den Saal inzwischen verlassen hatten.

Die Gäste blieben noch. Aber gegen zehn Uhr hatten sich die Reihen doch stark gelichtet; Jenny, die Honig, Helene waren aufgebrochen, und mit Helene natürlich auch Otto, trotzdem er gern noch eine Stunde zugegeben hätte. Nur der alte Kommerzienrat hatte sich emanzipiert und saß neben seinem Bruder Schmidt, eine Anekdote nach der anderen aus dem »Schatzkästlein deutscher Nation« hervorholend, lauter blutrote Karfunkelsteine, von deren »reinem Glanze« zu sprechen Vermessenheit gewesen wäre. Treibel, trotzdem Goldammer fehlte, sah sich dabei von verschiedenen Seiten her unterstützt, am ausgiebigsten von Adolar Krola, dem denn auch Fachmänner wahrscheinlich den Preis zuerkannt haben würden.

Längst brannten die Lichter, Zigarrenwölkchen kräuselten sich in großen und kleinen Ringen, und junge Paare zogen sich mehr und mehr in ein paar Saalecken zurück, in denen ziemlich unmotiviert vier, fünf Lorbeerbäume zusammenstanden und eine gegen Profanblicke schützende Hecke bildeten. Hier wurden auch die Kuhschen gesehen, die noch einmal, vielleicht auf Rat der Mutter, einen energischen Vorstoß auf den Jodler unternahmen, aber auch diesmal umsonst. Zu gleicher Zeit klimperte man bereits auf dem Flügel, und es war sichtlich der Zeitpunkt nahe, wo die Jugend ihr gutes Recht beim Tanze behaupten würde.

Diesen gefahrdrohenden Moment ergriff der schon vielfach mit »du« und »Bruder« operierende Schmidt mit einer gewissen Feldherrngeschicklichkeit und sagte, während er Krola eine neue Zigarrenkiste zuschob: »Hören Sie, Sänger und Bruder, carpe diem. Wir Lateiner legen den Akzent auf die letzte Silbe. Nutze den Tag. Über ein kleines, und irgendein Klavierpauker wird die Gesamtsituation beherrschen und uns unsere Überflüssigkeit fühlen lassen. Also noch einmal, was du tun willst, tue bald. Der Augenblick ist da; Krola, du mußt mir einen Gefallen tun und Jennys Lied singen. Du hast es hundertmal begleitet und wirst es wohl auch singen können. Ich glaube, Wagnersche Schwierigkeiten sind nicht drin. Und unser Treibel wird es nicht übelnehmen, daß wir das Herzenslied seiner Eheliebsten in gewissem Sinne profanieren. Denn jedes Schaustellen eines Heiligsten ist das, was ich Profanierung nenne. Hab' ich recht, Treibel, oder täusch' ich mich in dir? Ich *kann* mich in dir nicht täuschen. In einem Manne wie du kann man sich nicht täuschen, du hast ein klares und offenes Gesicht. Und nun komm, Krola. ›Mehr Licht‹ – das war damals ein großes Wort unseres Olympiers; aber wir bedürfen seiner nicht mehr, wenigstens hier nicht, hier sind Lichter die Hülle und Fülle. Komm. Ich möchte diesen Tag als ein Ehrenmann beschließen und in Freundschaft mit aller Welt und nicht zum wenigsten mit dir, mit Adolar Krola.«

Dieser, der an hundert Tafeln wetterfest geworden und im Vergleich zu Schmidt noch ganz leidlich im Stande war, schritt, ohne langes Sträuben, auf den Flügel zu, während ihm Schmidt und Treibel Arm in Arm folgten, und ehe der Rest der Gesellschaft noch eine Ahnung haben konnte, daß der Vortrag eines Liedes geplant war, legte Krola die Zigarre beiseite und hob an:

> Glück, von allen deinen Losen
> Eines nur erwähl' ich mir,
> Was soll Gold? Ich liebe Rosen
> Und der Blumen schlichte Zier.
>
> Und ich höre Waldesrauschen,
> Und ich seh' ein flatternd Band –
> Aug' in Auge Blicke tauschen,
> Und ein Kuß auf deine Hand.
>
> Geben, nehmen, nehmen, geben,
> Und dein Haar umspielt der Wind.
> Ach, nur das, nur das ist Leben,
> *Wo sich Herz zum Herzen find't.*

Alles war heller Jubel, denn Krolas Stimme war immer noch voll Kraft und Klang, wenigstens verglichen mit dem, was man sonst in diesem Kreise hörte. Schmidt weinte vor sich hin. Aber mit einem Male war er wieder da. »Bruder«, sagte er, »das hat mir wohlgetan. Bravissimo. Treibel, unsere Jenny hat doch recht. Es ist was damit, es ist was drin; ich weiß nicht genau was, aber das ist es eben – es ist ein wirkliches Lied. Alle echte Lyrik hat was Geheimnisvolles. Ich hätte doch am Ende dabei bleiben sollen...«

Treibel und Krola sahen sich an und nickten dann zustimmend.

»...Und die arme Corinna! Jetzt ist sie bei Trebbin, erste Etappe zu Julias Grab... Julia Capulet, wie das klingt. Es soll übrigens eine ägyptische Sargkiste sein, was eigentlich noch interessanter ist... Und dann alles in allem, ich weiß nicht, ob es recht ist, die Nacht so durchzufahren; früher war das nicht Brauch, früher war man natürlicher, ich möchte sagen sittlicher. Schade, daß meine Freundin Jenny fort ist, die sollte darüber entscheiden. Für mich persönlich steht es fest, Natur ist Sittlichkeit und überhaupt die Hauptsache. Geld ist Unsinn,

Wissenschaft ist Unsinn, alles ist Unsinn. Professor auch. Wer es bestreitet, ist ein pecus. Nicht wahr, Kuh... Kommen Sie, meine Herren, komm, Krola... Wir wollen nach Hause gehen.«

EFFI BRIEST

Roman

ERSTES KAPITEL

In Front des schon seit Kurfürst Georg Wilhelm von der Familie von Briest bewohnten Herrenhauses zu Hohen-Cremmen fiel heller Sonnenschein auf die mittagsstille Dorfstraße, während nach der Park- und Gartenseite hin ein rechtwinklig angebauter Seitenflügel einen breiten Schatten erst auf einen weiß und grün quadrierten Fliesengang und dann über diesen hinaus auf ein großes, in seiner Mitte mit einer Sonnenuhr und an seinem Rande mit Canna indica und Rhabarberstauden besetztes Rondell warf. Einige zwanzig Schritte weiter, in Richtung und Lage genau dem Seitenflügel entsprechend, lief eine, ganz in kleinblättrigem Efeu stehende, nur an einer Stelle von einer kleinen weißgestrichenen Eisentür unterbrochene Kirchhofsmauer, hinter der der Hohen-Cremmener Schindelturm mit seinem blitzenden, weil neuerdings erst wieder vergoldeten Wetterhahn aufragte. Fronthaus, Seitenflügel und Kirchhofsmauer bildeten ein einen kleinen Ziergarten umschließendes Hufeisen, an dessen offener Seite man eines Teiches mit Wassersteg und angekettetem Boot und dicht daneben einer Schaukel gewahr wurde, deren horizontal gelegtes Brett zu Häupten und Füßen an je zwei Stricken hing – die Pfosten der Balkenlage schon etwas schief stehend. Zwischen Teich und Rondell aber und die Schaukel halb versteckend standen ein paar mächtige alte Platanen.

Auch die Front des Herrenhauses – eine mit Aloekübeln und ein paar Gartenstühlen besetzte Rampe – gewährte bei bewölktem Himmel einen angenehmen und zugleich allerlei Zerstreuung bietenden Aufenthalt; an Tagen aber, wo die Sonne niederbrannte, wurde die Gartenseite ganz entschieden bevorzugt, besonders von Frau und Tochter des Hauses, die denn auch heute wieder auf dem im vollen Schatten liegenden Fliesengange saßen, in ihrem Rücken ein paar offene, von wildem Wein umrankte Fenster, neben sich eine vorspringende kleine Treppe, deren vier Steinstufen vom Garten aus in das Hochparterre des Seitenflügels hinaufführten. Beide, Mutter und Tochter, waren fleißig bei der Arbeit, die der Herstellung eines aus Einzelquadraten zusammenzusetzenden Altarteppichs galt; ungezählte Wollsträhnen und Seidendocken lagen auf einem großen, runden Tisch bunt durcheinander, dazwischen, noch vom Lunch her, ein paar Dessertteller und eine mit großen, schönen Stachelbeeren gefüllte Majolikaschale. Rasch und sicher ging die Wollnadel der Damen hin und her, aber während die Mutter kein Auge von der Arbeit ließ, legte die Tochter, die den Rufnamen Effi führte, von Zeit zu Zeit die Nadel nieder und erhob sich, um unter allerlei kunstgerechten Beugungen und Streckungen den ganzen Kursus der Heil- und Zimmergymnastik durchzumachen. Es war ersichtlich, daß sie sich diesen absichtlich ein wenig ins Komische gezogenen Übungen mit ganz besonderer Liebe hingab, und wenn sie dann so dastand und, langsam die Arme hebend, die Handflächen hoch über dem Kopf zusammenlegte, so sah auch wohl die Mama von ihrer Handarbeit auf, aber immer nur flüchtig und verstohlen, weil sie nicht zeigen wollte, wie entzückend sie ihr eigenes Kind finde, zu welcher Regung mütterlichen Stolzes sie vollberechtigt war. Effi trug ein blau- und weißgestreiftes, halb kittelartiges Leinwandkleid, dem erst ein fest zusammengezogener, bronzefarbener Ledergürtel die Taille gab; der Hals war frei, und über Schulter und Nacken fiel ein breiter Matrosenkragen. In allem, was sie tat, paarte sich Übermut und Grazie, während ihre lachenden braunen Augen eine große, natürliche Klugheit und viel Lebenslust und Herzensgüte verrieten. Man nannte sie die »Kleine«, was sie sich nur gefallen lassen mußte, weil die schöne, schlanke Mama noch um eine Handbreit höher war.

Eben hatte sich Effi wieder erhoben, um abwechselnd nach links und rechts ihre turnerischen Drehungen zu machen, als die von ihrer Stickerei gerade wieder aufblickende Mama ihr zurief: »Effi, eigentlich hättest du doch wohl Kunstreiterin werden müssen. Immer am Trapez, immer Tochter der Luft. Ich glaube beinah, daß du so was möchtest.«

»Vielleicht, Mama. Aber wenn es so wäre, wer wäre schuld? Von wem hab' ich es? Doch nur von dir. Oder meinst du von Papa? Da mußt du nun selber lachen. Und dann, warum steckst du mich in diesen Hänger, in diesen Jungenskittel? Mitunter denk' ich, ich komme noch wieder in kurze Kleider. Und wenn ich *die* erst wieder habe, dann knix' ich auch wieder wie ein Backfisch, und wenn dann die Rathenower herüberkommen, setze ich mich auf Oberst Goetzes Schoß und reite hopp, hopp. Warum auch nicht? Drei Viertel ist er Onkel und nur ein Viertel Courmacher. Du bist schuld. Warum kriege ich keine Staatskleider? Warum machst du keine Dame aus mir?«

»Möchtest du's?«

»Nein.« Und dabei lief sie auf die Mama zu und umarmte sie stürmisch und küßte sie.

»Nicht so wild, Effi, nicht so leidenschaftlich. Ich beunruhige mich immer, wenn ich dich so sehe...« Und die Mama schien ernstlich willens, in Äußerung ihrer Sorgen und Ängste fortzufahren. Aber sie kam nicht weit damit, weil in ebendiesem Augenblicke drei junge Mädchen aus der kleinen, in der Kirchhofsmauer angebrachten Eisentür in den Garten eintraten und einen Kiesweg entlang auf das Rondell und die Sonnenuhr zuschritten. Alle drei grüßten mit ihren Sonnenschirmen zu Effi herüber und eilten dann auf Frau von Briest zu, um dieser die Hand zu küssen. Diese tat rasch ein paar Fragen und lud dann die Mädchen ein, ihnen oder doch wenigstens Effi auf eine halbe Stunde Gesellschaft zu leisten. »Ich habe ohnehin noch zu tun, und junges Volk ist am liebsten unter sich. Gehabt euch wohl.« Und dabei stieg sie die vom Garten in den Seitenflügel führende Steintreppe hinauf.

Und da war nun die Jugend wirklich allein.

Zwei der jungen Mädchen – kleine, rundliche Persönchen, zu deren krausem, rotblondem Haar ihre Sommersprossen und ihre gute Laune ganz vorzüglich paßten – waren Töchter des auf Hansa, Skandinavien und Fritz Reuter eingeschworenen Kantors Jahnke, der denn auch, unter Anlehnung an seinen mecklenburgischen Landsmann und Lieblingsdichter und nach dem Vorbilde von Mining und Lining, seinen eigenen Zwillingen die Namen Bertha und Hertha gegeben hatte. Die dritte

junge Dame war Hulda Niemeyer, Pastor Niemeyers einziges
Kind; sie war damenhafter als die beiden anderen, dafür aber
langweilig und eingebildet, eine lymphatische Blondine, mit
etwas vorspringenden, blöden Augen, die trotzdem beständig
nach was zu suchen schienen, weshalb denn auch Klitzing von
den Husaren gesagt hatte: »Sieht sie nicht aus, als erwarte sie
jeden Augenblick den Engel Gabriel?« Effi fand, daß der etwas
kritische Klitzing nur zu sehr recht habe, vermied es aber
trotzdem, einen Unterschied zwischen den drei Freundinnen
zu machen. Am wenigsten war ihr in diesem Augenblicke
danach zu Sinn, und während sie die Arme auf den Tisch
stemmte, sagte sie: »Diese langweilige Stickerei. Gott sei
Dank, daß ihr da seid.«

»Aber deine Mama haben wir vertrieben«, sagte Hulda.

»Nicht doch. Wie sie euch schon sagte, sie wäre doch gegangen; sie erwartet nämlich Besuch, einen alten Freund aus ihren
Mädchentagen her, von dem ich euch nachher erzählen muß,
eine Liebesgeschichte mit Held und Heldin, und zuletzt mit
Entsagung. Ihr werdet Augen machen und euch wundern.
Übrigens habe ich Mamas alten Freund schon drüben in
Schwantikow gesehen; er ist Landrat, gute Figur und sehr
männlich.«

»Das ist die Hauptsache«, sagte Hertha.

»Freilich ist das die Hauptsache, ›Weiber weiblich, Männer
männlich‹ – das ist, wie ihr wißt, einer von Papas Lieblingssätzen. Und nun helft mir erst Ordnung schaffen auf dem
Tisch hier, sonst gibt es wieder eine Strafpredigt.«

Im Nu waren die Docken in den Korb gepackt, und als alle
wieder saßen, sagte Hulda: »Nun aber, Effi, nun ist es Zeit,
nun die Liebesgeschichte mit Entsagung. Oder ist es nicht so
schlimm?«

»Eine Geschichte mit Entsagung ist nie schlimm. Aber ehe
Hertha nicht von den Stachelbeeren genommen, eh kann ich
nicht anfangen – sie läßt ja kein Auge davon. Übrigens nimm
so viel du willst, wir können ja hinterher neue pflücken; nur
wirf die Schalen weit weg oder noch besser, lege sie hier auf
die Zeitungsbeilage, wir machen dann eine Tüte daraus und
schaffen alles beiseite. Mama kann es nicht leiden, wenn die

Schlusen so überall umherliegen, und sagt immer, man könne dabei ausgleiten und ein Bein brechen.«

»Glaub' ich nicht«, sagte Hertha, während sie den Stachelbeeren fleißig zusprach.

»Ich auch nicht«, bestätigte Effi. »Denkt doch mal nach, ich falle jeden Tag wenigstens zwei-, dreimal, und noch ist mir nichts gebrochen. Was ein richtiges Bein ist, das bricht nicht so leicht, meines gewiß nicht und deines auch nicht, Hertha. Was meinst du, Hulda?«

»Man soll sein Schicksal nicht versuchen; Hochmut kommt vor dem Fall.«

»Immer Gouvernante; du bist doch die geborene alte Jungfer.«

»Und hoffe mich doch noch zu verheiraten. Und vielleicht eher als du.«

»Meinetwegen. Denkst du, daß ich darauf warte? Das fehlte noch. Übrigens, ich kriege schon einen, und vielleicht bald. Da ist mir nicht bange. Neulich erst hat mir der kleine Ventivegni von drüben gesagt: ›Fräulein Effi, was gilt die Wette, wir sind hier noch in diesem Jahre zu Polterabend und Hochzeit‹.«

»Und was sagtest du da?«

»›Wohl möglich‹, sagt' ich, ›wohl möglich; Hulda ist die älteste und kann sich jeden Tag verheiraten.‹ Aber er wollte davon nichts wissen und sagte: ›Nein, bei einer anderen jungen Dame, die geradeso brünett ist, wie Fräulein Hulda blond ist.‹ Und dabei sah er mich ganz ernsthaft an... Aber ich komme vom Hundertsten aufs Tausendste und vergesse die Geschichte.«

»Ja, du brichst immer wieder ab; am Ende willst du nicht.«

»Oh, ich will schon, aber freilich, ich breche immer wieder ab, weil es alles ein bißchen sonderbar ist, ja, beinah romantisch.«

»Aber du sagtest doch, er sei Landrat.«

»Allerdings, Landrat. Und er heißt Geert von Innstetten, Baron von Innstetten.«

Alle drei lachten.

»Warum lacht ihr?« sagte Effi pikiert. »Was soll das heißen?«

»Ach, Effi, wir wollen dich ja nicht beleidigen, und auch den Baron nicht. Innstetten sagtest du? Und Geert? So heißt doch hier kein Mensch. Freilich, die adeligen Namen haben oft so was Komisches.«

»Ja, meine Liebe, das haben sie. Dafür sind es eben Adelige. Die dürfen sich das gönnen, und je weiter zurück, ich meine der Zeit nach, desto mehr dürfen sie sich's gönnen. Aber davon versteht ihr nichts, was ihr mir nicht übelnehmen dürft. Wir bleiben doch gute Freunde. Geert von Innstetten also und Baron. Er ist geradeso alt wie Mama, auf den Tag.«

»Und wie alt ist denn eigentlich deine Mama?«

»Achtunddreißig.«

»Ein schönes Alter.«

»Ist es auch, namentlich wenn man noch so aussieht wie die Mama. Sie ist doch eigentlich eine schöne Frau, findet ihr nicht auch? Und wie sie alles so weg hat, immer so sicher und dabei so fein und nie unpassend wie Papa. Wenn ich ein junger Leutnant wäre, so würd' ich mich in die Mama verlieben.«

»Aber Effi, wie kannst du nur so was sagen«, sagte Hulda. »Das ist ja gegen das vierte Gebot.«

»Unsinn. Wie kann das gegen das vierte Gebot sein? Ich glaube, Mama würde sich freuen, wenn sie wüßte, daß ich so was gesagt habe.«

»Kann schon sein«, unterbrach hierauf Hertha. »Aber nun endlich die Geschichte.«

»Nun, gib dich zufrieden, ich fange schon an... Also Baron Innstetten! Als er noch keine Zwanzig war, stand er drüben bei den Rathenowern und verkehrte viel auf den Gütern hier herum, und am liebsten war er in Schwantikow drüben bei meinem Großvater Belling. Natürlich war es nicht des Großvaters wegen, daß er so oft drüben war, und wenn die Mama davon erzählt, so kann jeder leicht sehen, um wen es eigentlich war. Und ich glaube, es war auch gegenseitig.«

»Und wie kam es nachher?«

»Nun, es kam, wie's kommen mußte, wie's immer kommt. Er war ja noch viel zu jung, und als mein Papa sich einfand, der schon Ritterschaftsrat war und Hohen-Cremmen hatte, da war kein langes Besinnen mehr, und sie nahm ihn und wurde

Frau von Briest... Und das andere, was sonst noch kam, nun, das wißt ihr... das andere bin ich.«

»Ja, das andere bist du, Effi«, sagte Bertha. »Gott sei Dank; wir hätten dich nicht, wenn es anders gekommen wäre. Und nun sage, was tat Innstetten, was wurde aus ihm? Das Leben hat er sich nicht genommen, sonst könntet ihr ihn heute nicht erwarten.«

»Nein, das Leben hat er sich nicht genommen. Aber ein bißchen war es doch so was.«

»Hat er einen Versuch gemacht?«

»Auch das nicht. Aber er mochte doch nicht länger hier in der Nähe bleiben, und das ganze Soldatenleben überhaupt muß ihm damals wie verleidet gewesen sein. Es war ja auch Friedenszeit. Kurz und gut, er nahm den Abschied und fing an, Juristerei zu studieren, wie Papa sagt, mit einem ›wahren Biereifer‹; nur als der Siebziger Krieg kam, trat er wieder ein, aber bei den Perlebergern statt bei seinem alten Regiment, und hat auch das Kreuz. Natürlich, denn er ist sehr schneidig. Und gleich nach dem Kriege saß er wieder bei seinen Akten, und es heißt, Bismarck halte große Stücke von ihm und auch der Kaiser, und so kam es denn, daß er Landrat wurde, Landrat im Kessiner Kreise.«

»Was ist Kessin? Ich kenne hier kein Kessin.«

»Nein, hier in unserer Gegend liegt es nicht; es liegt eine hübsche Strecke von hier fort in Pommern, in Hinterpommern sogar, was aber nichts sagen will, weil es ein Badeort ist (alles da herum ist Badeort), und die Ferienreise, die Baron Innstetten jetzt macht, ist eigentlich eine Vetternreise oder doch etwas Ähnliches. Er will hier alte Freundschaft und Verwandtschaft wiedersehen.«

»Hat er denn hier Verwandte?«

»Ja und nein, wie man's nehmen will. Innstettens gibt es hier nicht, gibt es, glaub' ich, überhaupt nicht mehr. Aber er hat hier entfernte Vettern von der Mutter Seite her, und vor allem hat er wohl Schwantikow und das Bellingsche Haus wiedersehen wollen, an das ihn so viel Erinnerungen knüpfen. Da war er denn vorgestern drüben, und heute will er hier in Hohen-Cremmen sein.«

»Und was sagt dein Vater dazu?«

»Gar nichts. Der ist nicht so. Und dann kennt er ja doch die Mama. Er neckt sie bloß.«

In diesem Augenblick schlug es Mittag, und ehe es noch ausgeschlagen, erschien Wilke, das alte Briestsche Haus- und Familienfaktotum, um an Fräulein Effi zu bestellen: »Die gnädige Frau ließe bitten, daß das gnädige Fräulein zu rechter Zeit auch Toilette mache; gleich nach eins würde der Herr Baron wohl vorfahren.« Und während Wilke dies noch vermeldete, begann er auch schon auf dem Arbeitstisch der Damen abzuräumen und griff dabei zunächst nach dem Zeitungsblatt, auf dem die Stachelbeerschalen lagen.

»Nein, Wilke, nicht so; das mit den Schlusen, das ist unsere Sache... Hertha, du mußt nun die Tüte machen und einen Stein hineintun, daß alles besser versinken kann. Und dann wollen wir in einem langen Trauerzug aufbrechen und die Tüte auf offener See begraben.«

Wilke schmunzelte. »Is doch ein Daus, unser Fräulein«, so etwa gingen seine Gedanken; Effi aber, während sie die Tüte mitten auf die rasch zusammengeraffte Tischdecke legte, sagte: »Nun fassen wir alle vier an, jeder an einem Zipfel und singen was Trauriges.«

»Ja, das sagst du wohl, Effi. Aber was sollen wir denn singen?«

»Irgendwas; es ist ganz gleich, es muß nur einen Reim auf ›u‹ haben; ›u‹ ist immer Trauervokal. Also singen wir:

Flut, Flut
Mach alles wieder gut...«,

und während Effi diese Litanei feierlich anstimmte, setzten sich alle vier auf den Steg hin in Bewegung, stiegen in das dort angekettelte Boot und ließen von diesem aus die mit einem Kiesel beschwerte Tüte langsam in den Teich niedergleiten.

»Hertha, nun ist deine Schuld versenkt«, sagte Effi, »wobei mir übrigens einfällt, so vom Boot aus sollen früher auch arme unglückliche Frauen versenkt worden sein, natürlich wegen Untreue.«

»Aber doch nicht hier.«

»Nein, nicht hier«, lachte Effi, »hier kommt so was nicht vor. Aber in Konstantinopel, und du mußt ja, wie mir eben einfällt, auch davon wissen, so gut wie ich, du bist ja mit dabei gewesen, als uns Kandidat Holzapfel in der Geographiestunde davon erzählte.«

»Ja«, sagte Hulda, »der erzählte immer so was. Aber so was vergißt man doch wieder.«

»Ich nicht. Ich behalte so was.«

ZWEITES KAPITEL

Sie sprachen noch eine Weile so weiter, wobei sie sich ihrer gemeinschaftlichen Schulstunden und einer ganzen Reihe Holzapfelscher Unpassendheiten mit Empörung und Behagen erinnerten. Ja, man konnte sich nicht genug tun damit, bis Hulda mit einem Male sagte: »Nun aber ist es höchste Zeit, Effi; du siehst ja aus, ja, wie sag' ich nur, du siehst ja aus, wie wenn du vom Kirschenpflücken kämst, alles zerknittert und zerknautscht; das Leinenzeug macht immer so viele Falten, und der große, weiße Klappkragen... ja, wahrhaftig, jetzt hab' ich es, du siehst aus wie ein Schiffsjunge.«

»Midshipman, wenn ich bitten darf. Etwas muß ich doch von meinem Adel haben. Übrigens Midshipman oder Schiffsjunge, Papa hat mir erst neulich wieder einen Mastbaum versprochen, hier dicht neben der Schaukel, mit Raaen und einer Strickleiter. Wahrhaftig, das sollte mir gefallen, und den Wimpel oben selbst anzumachen, das ließ' ich mir nicht nehmen. Und du, Hulda, du kämst dann von der anderen Seite her herauf, und oben in der Luft wollten wir Hurra rufen und uns einen Kuß geben. Alle Wetter, das sollte schmecken.«

»›Alle Wetter...‹, wie das nun wieder klingt... Du sprichst wirklich wie ein Midshipman. Ich werde mich aber hüten, dir nachzuklettern, ich bin nicht so waghalsig. Jahnke hat ganz recht, wenn er immer sagt, du hättest zuviel von dem Bellingschen in dir, von deiner Mama her. Ich bin bloß ein Pastorskind.«

»Ach, geh mir. Stille Wasser sind tief. Weißt du noch, wie du damals, als Vetter Briest als Kadett hier war, aber doch schon groß genug, wie du damals auf dem Scheunendach entlangrutschtest. Und warum? Nun, ich will es nicht verraten. Aber kommt, wir wollen uns schaukeln, auf jeder Seite zwei; reißen wird es ja wohl nicht, oder wenn ihr nicht Lust habt, denn ihr macht wieder lange Gesichter, dann wollen wir Anschlag spielen. Eine Viertelstunde hab' ich noch. Ich mag noch nicht hineingehen, und alles bloß, um einem Landrat guten Tag zu sagen, noch dazu einem Landrat aus Hinterpommern. Ältlich ist er auch, er könnte ja beinah mein Vater sein, und wenn er wirklich in einer Seestadt wohnt, Kessin soll ja so was sein, nun, da muß ich ihm in diesem Matrosenkostüm eigentlich am besten gefallen und muß ihm beinah wie eine große Aufmerksamkeit vorkommen. Fürsten, wenn sie wen empfangen, soviel weiß ich von meinem Papa her, legen auch immer die Uniform aus der Gegend des anderen an. Also nur nicht ängstlich... rasch, rasch, ich fliege aus, und neben der Bank hier ist frei.«

Hulda wollte noch ein paar Einschränkungen machen, aber Effi war schon den nächsten Kiesweg hinauf, links hin, rechts hin, bis sie mit einem Male verschwunden war. »Effi, das gilt nicht; wo bist du? Wir spielen nicht Versteck, wir spielen Anschlag«, unter diesen und ähnlichen Vorwürfen eilten die Freundinnen ihr nach, weit über das Rondell und die beiden seitwärts stehenden Platanen hinaus, bis die Verschwundene mit einem Male aus ihrem Verstecke hervorbrach und mühelos, weil sie schon im Rücken ihrer Verfolger war, mit »eins, zwei, drei« den Freiplatz neben der Bank erreichte.

»Wo warst du?«

»Hinter den Rhabarberstauden; die haben so große Blätter, noch größer als ein Feigenblatt...«

»Pfui...«

»Nein, pfui für euch, weil ihr verspielt habt. Hulda, mit ihren großen Augen, sah wieder nichts, immer ungeschickt.« Und dabei flog Effi von neuem über das Rondell hin, auf den Teich zu, vielleicht weil sie vorhatte, sich erst hinter einer dort aufwachsenden dichten Haselnußhecke zu verstecken, um dann, von dieser aus, mit einem weiten Umweg um Kirchhof und Fronthaus, wieder bis an den Seitenflügel und seinen Freiplatz zu kommen. Alles war gut berechnet; aber freilich, ehe sie noch halb um den Teich herum war, hörte sie schon vom Hause her ihren Namen rufen und sah, während sie sich umwandte, die Mama, die, von der Steintreppe her, mit ihrem Taschentuche winkte. Noch einen Augenblick, und Effi stand vor ihr.

»Nun bist du doch noch in deinem Kittel, und der Besuch ist da. Nie hältst du Zeit.«

»*Ich* halte schon Zeit, aber der Besuch hat nicht Zeit gehalten. Es ist noch nicht eins; noch lange nicht«, und sich nach den Zwillingen hin umwendend (Hulda war noch weiter zurück), rief sie diesen zu:

»Spielt nur weiter; ich bin gleich wieder da.«

Schon im nächsten Augenblicke trat Effi mit der Mama in den großen Gartensaal, der fast den ganzen Raum des Seitenflügels füllte.

»Mama, du darfst mich nicht schelten. Es ist wirklich erst halb. Warum kommt er so früh? Kavaliere kommen nicht zu spät, aber noch weniger zu früh.«

Frau von Briest war in sichtlicher Verlegenheit; Effi aber schmiegte sich liebkosend an sie und sagte: »Verzeih, ich will mich nun eilen; du weißt, ich kann auch rasch sein, und in fünf Minuten ist Aschenpuddel in eine Prinzessin verwandelt. So lange kann er warten oder mit dem Papa plaudern.«

Und der Mama zunickend, wollte sie leichten Fußes eine kleine eiserne Stiege hinauf, die aus dem Saal in den Oberstock hinaufführte. Frau von Briest aber, die unter Umständen auch unkonventionell sein konnte, hielt plötzlich die schon forteilende Effi zurück, warf einen Blick auf das jugendlich reizende Geschöpf, das, noch erhitzt von der Aufregung des Spiels, wie ein Bild frischesten Lebens vor ihr stand, und sagte beinahe vertraulich: »Es ist am Ende das beste, du bleibst wie du bist. Ja, bleibe so. Du siehst gerade sehr gut aus. Und wenn es auch nicht wäre, du siehst so unvorbereitet aus, so gar nicht zurechtgemacht, und darauf kommt es in diesem Augenblicke an. Ich muß dir nämlich sagen, meine süße Effi...«, und sie nahm ihres Kindes beide Hände, »... ich muß dir nämlich sagen...«

»Aber Mama, was hast du nur? Mir wird ja ganz angst und bange.«

»... Ich muß dir nämlich sagen, Effi, daß Baron Innstetten eben um deine Hand angehalten hat.«

»Um meine Hand angehalten? Und im Ernst?«

»Es ist keine Sache, um einen Scherz daraus zu machen. Du hast ihn vorgestern gesehen, und ich glaube, er hat dir auch gut gefallen. Er ist freilich älter als du, was alles in allem ein Glück ist, dazu ein Mann von Charakter, von Stellung und guten Sitten, und wenn du nicht ›nein‹ sagst, was ich mir von meiner klugen Effi kaum denken kann, so stehst du mit zwanzig Jahren da, wo andere mit vierzig stehen. Du wirst deine Mama weit überholen.«

Effi schwieg und suchte nach einer Antwort. Aber ehe sie diese finden konnte, hörte sie schon des Vaters Stimme von dem angrenzenden, noch im Fronthause gelegenen Hinterzimmer her, und gleich danach überschritt Ritterschaftsrat von Briest, ein wohlkonservierter Fünfziger von ausgesprochener Bonhommie, die Gartensalonschwelle, – mit ihm Baron Innstetten, schlank, brünett und von militärischer Haltung.

Effi, als sie seiner ansichtig wurde, kam in ein nervöses Zittern; aber nicht auf lange, denn im selben Augenblicke fast, wo sich Innstetten unter freundlicher Verneigung ihr näherte, wurden an dem mittleren der weit offenstehenden und von wildem Wein halb überwachsenen Fenster die rotblonden Köpfe der Zwillinge sichtbar, und Hertha, die Ausgelassenste, rief in den Saal hinein: »Effi, komm.«

Dann duckte sie sich, und beide Schwestern sprangen von der Banklehne, darauf sie gestanden, wieder in den Garten hinab, und man hörte nur noch ihr leises Kichern und Lachen.

DRITTES KAPITEL

Noch an demselben Tage hatte sich Baron Innstetten mit Effi Briest verlobt. Der joviale Brautvater, der sich nicht leicht in seiner Feierlichkeitsrolle zurechtfand, hatte bei dem Verlobungsmahl, das folgte, das junge Paar leben lassen, was auf Frau von Briest, die dabei der nun um kaum achtzehn Jahre zurückliegenden Zeit gedenken mochte, nicht ohne herzbeweglichen Eindruck geblieben war. Aber nicht auf lange; *sie* hatte es nicht sein können, nun war es statt ihrer die Tochter – alles in allem ebensogut oder vielleicht noch besser. Denn mit Briest ließ sich leben, trotzdem er ein wenig prosaisch war und dann und wann einen kleinen frivolen Zug hatte. Gegen Ende der Tafel, das Eis wurde schon herumgereicht, nahm der alte Ritterschaftsrat noch einmal das Wort, um in einer zweiten Ansprache das allgemeine Familien-Du zu proponieren. Er umarmte dabei Innstetten und gab ihm einen Kuß auf die linke Backe. Hiermit war aber die Sache für ihn noch nicht abgeschlossen, vielmehr fuhr er fort, außer dem »Du« zugleich intimere Namen und Titel für den Hausverkehr zu empfehlen, eine Art Gemütlichkeitsrangliste aufzustellen, natürlich unter Wahrung berechtigter, weil wohlerworbener Eigentümlichkeiten. Für seine Frau, so hieß es, würde der Fortbestand von »Mama« (denn es gäbe auch junge Mamas) wohl das beste sein, während er für seine Person, unter Verzicht auf den Ehrentitel »Papa«, das einfache Briest entschieden bevorzugen müsse, schon weil es so hübsch kurz sei. Und was nun die Kinder angehe – bei welchem Wort er sich, Aug' in Auge mit dem nur etwa um ein Dutzend Jahre jüngeren Innstetten, einen Ruck geben mußte –, nun, so sei Effi eben Effi und Geert Geert. Geert, wenn er nicht irre, habe die Bedeutung von einem schlank aufgeschossenen Stamm, und Effi sei dann also der Efeu, der sich darum zu ranken habe. Das Brautpaar sah sich bei diesen Worten etwas verlegen an, Effi zugleich mit einem Ausdruck kindlicher Heiterkeit, Frau von Briest aber sagte: »Briest, sprich, was du willst, und formuliere deine Toaste nach Gefallen, nur poetische Bilder, wenn ich bitten darf, laß beiseite, das liegt jenseits deiner Sphäre.« Zurechtweisende

Worte, die bei Briest mehr Zustimmung als Ablehnung gefunden hatten. »Es ist möglich, daß du recht hast, Luise.«

Gleich nach Aufhebung der Tafel beurlaubte sich Effi, um einen Besuch drüben bei Pastors zu machen. Unterwegs sagte sie sich: »Ich glaube, Hulda wird sich ärgern. Nun bin ich ihr doch zuvorgekommen – sie war immer zu eitel und eingebildet.« Aber Effi traf es mit ihrer Erwartung nicht ganz; Hulda, durchaus Haltung bewahrend, benahm sich sehr gut und überließ die Bezeugung von Unmut und Ärger ihrer Mutter, der Frau Pastorin, die denn auch sehr sonderbare Bemerkungen machte. »Ja, ja, so geht es. Natürlich. Wenn's die Mutter nicht sein konnte, muß es die Tochter sein. Das kennt man. Alte Familien halten immer zusammen, und wo was is, kommt was dazu.« Der alte Niemeyer kam in arge Verlegenheit über diese fortgesetzten spitzen Redensarten ohne Bildung und Anstand und beklagte mal wieder, eine Wirtschafterin geheiratet zu haben.

Von Pastors ging Effi natürlich auch zu Kantor Jahnkes; die Zwillinge hatten schon nach ihr ausgeschaut und empfingen sie im Vorgarten.

»Nun, Effi«, sagte Hertha, während alle drei zwischen den rechts und links blühenden Studentenblumen auf- und abschritten, »nun, Effi, wie ist dir eigentlich?«

»Wie mir ist? Oh, ganz gut. Wir nennen uns auch schon du und bei Vornamen. Er heißt nämlich Geert, was ich euch, wie mir einfällt, auch schon gesagt habe.«

»Ja, das hast du. Mir ist aber doch so bange dabei. Ist es denn auch der Richtige?«

»Gewiß ist es der Richtige. Das verstehst du nicht, Hertha. Jeder ist der Richtige. Natürlich muß er von Adel sein und eine Stellung haben und gut aussehen.«

»Gott, Effi, wie du nur sprichst. Sonst sprachst du doch ganz anders.«

»Ja, sonst.«

»Und bist du auch schon ganz glücklich?«

»Wenn man zwei Stunden verlobt ist, ist man immer ganz glücklich. Wenigstens denk' ich es mir so.«

»Und ist es dir denn gar nicht, ja, wie sag' ich nur, ein bißchen genant?«

»Ja, ein bißchen genant ist es mir, aber doch nicht sehr. Und ich denke, ich werde darüber wegkommen.«

Nach diesem, im Pfarr- und Kantorhause gemachten Besuche, der keine halbe Stunde gedauert hatte, war Effi wieder nach drüben zurückgekehrt, wo man auf der Gartenveranda eben den Kaffee nehmen wollte. Schwiegervater und Schwiegersohn gingen auf dem Kieswege zwischen den zwei Platanen auf und ab. Briest sprach von dem Schwierigen einer landrätlichen Stellung; sie sei ihm verschiedentlich angetragen worden, aber er habe jedesmal gedankt. »So nach meinem eigenen Willen schalten und walten zu können ist mir immer das liebste gewesen, jedenfalls lieber – pardon, Innstetten – als so die Blicke beständig nach oben richten zu müssen. Man hat dann bloß immer Sinn und Merk für hohe und höchste Vorgesetzte. Das ist nichts für mich. Hier leb' ich so freiweg und freue mich über jedes grüne Blatt und über den wilden Wein, der da drüben in die Fenster wächst.«

Er sprach noch mehr dergleichen, allerhand Antibeamtliches, und entschuldigte sich von Zeit zu Zeit mit einem kurzen, verschiedentlich wiederkehrenden »Pardon, Innstetten«. Dieser nickte mechanisch zustimmend, war aber eigentlich wenig bei der Sache, sah vielmehr, wie gebannt, immer aufs neue nach dem drüben am Fenster rankenden wilden Wein hinüber, von dem Briest eben gesprochen, und während er dem nachhing, war es ihm, als säh' er wieder die rotblonden Mädchenköpfe zwischen den Weinranken und höre dabei den übermütigen Zuruf: »Effi, komm.«

Er glaubte nicht an Zeichen und Ähnliches, im Gegenteil, wies alles Abergläubische weit zurück. Aber er konnte trotzdem von den zwei Worten nicht los, und während Briest immer weiterperorierte, war es ihm beständig, als wäre der kleine Hergang doch mehr als ein bloßer Zufall gewesen.

Innstetten, der nur einen kurzen Urlaub genommen, war schon am folgenden Tage wieder abgereist, nachdem er versprochen hatte, jeden Tag schreiben zu wollen. »Ja, das mußt du«, hatte Effi gesagt, ein Wort, das ihr von Herzen kam, da sie seit Jahren nichts Schöneres kannte als beispielsweise den Empfang vieler Geburtstagsbriefe. Jeder mußte ihr zu diesem Tage schreiben. In den Brief eingestreute Wendungen, etwa wie »Gertrud und Klara senden dir mit mir ihre herzlichsten Glückwünsche«, waren verpönt; Gertrud und Klara, wenn sie Freundinnen sein wollten, hatten dafür zu sorgen, daß ein Brief mit selbständiger Marke daläge, womöglich – denn ihr Geburtstag fiel noch in die Reisezeit – mit einer fremden, aus der Schweiz oder Karlsbad.

Innstetten, wie versprochen, schrieb wirklich jeden Tag; was aber den Empfang seiner Briefe ganz besonders angenehm machte, war der Umstand, daß er allwöchentlich nur einmal einen ganz kleinen Antwortbrief erwartete. Den erhielt er denn auch, voll reizend nichtigen und ihn jedesmal entzückenden Inhalts. Was es von ernsteren Dingen zu besprechen gab, das verhandelte Frau von Briest mit ihrem Schwiegersohne: Festsetzungen wegen der Hochzeit, Ausstattungs- und Wirtschafts-Einrichtungsfragen. Innstetten, schon an die drei Jahre im Amt, war in seinem Kessiner Hause nicht glänzend, aber doch sehr standesgemäß eingerichtet, und es empfahl sich, in der Korrespondenz mit ihm, ein Bild von allem, was da war, zu gewinnen, um nichts Unnützes anzuschaffen. Schließlich, als Frau von Briest über all diese Dinge genugsam unterrichtet war, wurde seitens Mutter und Tochter eine Reise nach Berlin beschlossen, um, wie Briest sich ausdrückte, den »trousseau« für Prinzessin Effi zusammenzukaufen. Effi freute sich sehr auf den Aufenthalt in Berlin, um so mehr, als der Vater darein gewilligt hatte, im Hôtel du Nord Wohnung zu nehmen. »Was es koste, könne ja von der Ausstattung abgezogen werden; Innstetten habe ohnehin alles.« Effi – ganz im Gegensatze zu der solche »Mesquinerien« ein für allemal sich verbittenden Mama – hatte dem Vater, ohne jede Sorge darum, ob er's scherz- oder ernsthaft gemeint hatte, freudig zugestimmt und beschäftigte sich in ihren Gedanken viel, viel mehr mit dem Eindruck, den sie beide, Mutter und Tochter, bei ihrem Erscheinen an der Table d'hôte machen würden, als mit Spinn und Mencke, Goschenhofer und ähnlichen Firmen, die vorläufig notiert worden waren. Und diesen ihren heiteren Phantasien entsprach denn auch ihre Haltung, als die große Berliner

Woche nun wirklich da war. Vetter Briest vom Alexander-Regiment, ein ungemein ausgelassener, junger Leutnant, der die »Fliegenden Blätter« hielt und über die besten Witze Buch führte, stellte sich den Damen für jede dienstfreie Stunde zur Verfügung, und so saßen sie denn mit ihm bei Kranzler am Eckfenster oder zu statthafter Zeit auch wohl im Café Bauer und fuhren nachmittags in den Zoologischen Garten, um da die Giraffen zu sehen, von denen Vetter Briest, der übrigens Dagobert hieß, mit Vorliebe behauptete: »sie sähen aus wie adlige alte Jungfern.« Jeder Tag verlief programmäßig, und am dritten oder vierten Tage gingen sie, wie vorgeschrieben, in die Nationalgalerie, weil Vetter Dagobert seiner Cousine die »Insel der Seligen« zeigen wollte. »Fräulein Cousine stehe zwar auf dem Punkte, sich zu verheiraten, es sei aber doch vielleicht gut, die ›Insel der Seligen‹ schon vorher kennengelernt zu haben.« Die Tante gab ihm einen Schlag mit dem Fächer, begleitete diesen Schlag aber mit einem so gnädigen Blick, daß er keine Veranlassung hatte, den Ton zu ändern. Es waren himmlische Tage für alle drei, nicht zum wenigsten für den Vetter, der so wundervoll zu chaperonnieren und kleine Differenzen immer rasch auszugleichen verstand. An solchen Meinungsverschiedenheiten zwischen Mutter und Tochter war nun, wie das so geht, all die Zeit über kein Mangel, aber sie traten glücklicherweise nie bei den zu machenden Einkäufen hervor. Ob man von einer Sache sechs oder drei Dutzend erstand, Effi war mit allem gleichmäßig einverstanden, und wenn dann auf dem Heimwege von dem Preise der eben eingekauften Gegenstände gesprochen wurde, so verwechselte sie regelmäßig die Zahlen. Frau von Briest, sonst so kritisch, auch ihrem eigenen geliebten Kinde gegenüber, nahm dies anscheinend mangelnde Interesse nicht nur von der leichten Seite, sondern erkannte sogar einen Vorzug darin. »Alle diese Dinge«, so sagte sie sich, »bedeuten Effi nicht viel. Effi ist anspruchslos; sie lebt in ihren Vorstellungen und Träumen, und wenn die Prinzessin Friedrich Karl vorüberfährt und sie von ihrem Wagen aus freundlich grüßt, so gilt ihr das mehr als eine ganze Truhe voll Weißzeug.«

Das alles war auch richtig, aber doch nur halb. An dem Besitze mehr oder weniger alltäglicher Dinge lag Effi nicht viel, aber wenn sie mit der Mama die Linden hinauf- und hinunterging und nach Musterung der schönsten Schaufenster in den Demuthschen Laden eintrat, um für die gleich nach der Hochzeit geplante italienische Reise allerlei Einkäufe zu machen, so zeigte sich ihr wahrer Charakter. Nur das Eleganteste gefiel ihr, und wenn sie das Beste nicht haben konnte, so verzichtete sie auf das Zweitbeste, weil ihr dies Zweite nun nichts mehr bedeutete. Ja, sie konnte verzichten, darin hatte die Mama recht, und in diesem Verzichtenkönnen lag etwas von Anspruchslosigkeit; wenn es aber ausnahmsweise mal wirklich etwas zu besitzen galt, so mußte dies immer was ganz Apartes sein. Und *darin* war sie anspruchsvoll.

VIERTES KAPITEL

Vetter Dagobert war am Bahnhof, als die Damen ihre Rückreise nach Hohen-Cremmen antraten. Es waren glückliche Tage gewesen, vor allem auch darin, daß man nicht unter unbequemer und beinahe unstandesgemäßer Verwandtschaft gelitten hatte. »Für Tante Therese«, so hatte Effi gleich nach der Ankunft gesagt, »müssen wir diesmal inkognito bleiben. Es geht nicht, daß sie hier ins Hotel kommt. Entweder Hôtel du Nord oder Tante Therese; beides zusammen paßt nicht.« Die Mama hatte sich schließlich einverstanden damit erklärt, ja dem Liebling zur Besiegelung des Einverständnisses einen Kuß auf die Stirn gegeben.

Mit Vetter Dagobert war das natürlich etwas ganz anderes gewesen, der hatte nicht bloß den Gardepli, der hatte vor allem auch mit Hülfe jener eigentümlich guten Laune, wie sie bei den Alexanderoffizieren beinahe traditionell geworden, sowohl Mutter wie Tochter von Anfang an anzuregen und aufzuheitern gewußt, und diese gute Stimmung dauerte bis zuletzt. »Dagobert«, so hieß es noch beim Abschied, »du kommst also zu meinem Polterabend, und natürlich mit Cortege. Denn nach den Aufführungen (aber kommt mir nicht mit Dienstmann oder Mausefallenhändler) ist Ball. Und du mußt bedenken, mein erster großer Ball ist vielleicht auch mein letzter. Unter sechs Kameraden – natürlich beste Tänzer – wird gar nicht angenommen. Und mit dem Frühzug könnt ihr wieder zurück.« Der Vetter versprach alles, und so trennte man sich.

Gegen Mittag trafen beide Damen an ihrer havelländischen Bahnstation ein, mitten im Luch, und fuhren in einer halben Stunde nach Hohen-Cremmen hinüber. Briest war sehr froh, Frau und Tochter wieder zu Hause zu haben, und stellte Fragen über Fragen, deren Beantwortung er meist nicht abwartete. Statt dessen erging er sich in Mitteilung dessen, was er inzwischen erlebt. »Ihr habt mir da vorhin von der Nationalgalerie gesprochen und von der ›Insel der Seligen‹ – nun, wir haben hier, während ihr fort wart, auch so was gehabt: unser Inspektor Pink und die Gärtnersfrau. Natürlich habe ich Pink entlassen müssen, übrigens ungern. Es ist sehr fatal, daß solche Geschichten fast immer in die Erntezeit fallen. Und Pink war sonst ein ungewöhnlich tüchtiger Mann, hier leider am unrechten Fleck. Aber lassen wir das; Wilke wird schon unruhig.«

Bei Tische hörte Briest besser zu; das gute Einvernehmen mit dem Vetter, von dem ihm viel erzählt wurde, hatte seinen Beifall, weniger das Verhalten gegen Tante Therese. Man sah aber deutlich, daß er inmitten seiner Mißbilligung sich eigentlich darüber freute; denn ein kleiner Schabernack entsprach ganz seinem Geschmack, und Tante Therese war wirklich eine lächerliche Figur. Er hob sein Glas und stieß mit Frau und Tochter an. Auch als nach Tisch einzelne der hübschesten Einkäufe vor ihm ausgepackt und seiner Beurteilung unterbreitet wurden, verriet er viel Interesse, das selbst noch anhielt oder wenigstens nicht ganz hinstarb, als er die Rechnung überflog. »Etwas teuer, oder sagen wir lieber sehr teuer; indessen es tut nichts. Es hat alles so viel Chic, ich möchte sagen so viel Animierendes, daß ich deutlich fühle, wenn du mir solchen Koffer und solche Reisedecke zu Weihnachten schenkst, so sind wir zu Ostern auch in Rom und machen nach achtzehn Jahren unsere Hochzeitsreise. Was meinst du, Luise? Wollen wir nachexerzieren? Spät kommt ihr, doch ihr kommt.«

Frau von Briest machte eine Handbewegung, wie wenn sie

sagen wollte: »unverbesserlich«, und überließ ihn im übrigen seiner eigenen Beschämung, die aber nicht groß war.

Ende August war da, der Hochzeitstag (3. Oktober) rückte näher und sowohl im Herrenhause wie in der Pfarre und Schule war man unausgesetzt bei den Vorbereitungen zum Polterabend. Jahnke, getreu seiner Fritz Reuter-Passion, hatte sich's als etwas besonders »Sinniges« ausgedacht, Bertha und Hertha als Lining und Mining auftreten zu lassen, natürlich plattdeutsch, während Hulda das Käthchen von Heilbronn in der Holunderbaumszene darstellen sollte, Leutnant Engelbrecht von den Husaren als Wetter vom Strahl. Niemeyer, der sich den Vater der Idee nennen durfte, hatte keinen Augenblick gesäumt, auch die verschämte Nutzanwendung auf Innstetten und Effi hinzuzudichten. Er selbst war mit seiner Arbeit zufrieden und hörte, gleich nach der Leseprobe, von allen Beteiligten viel Freundliches darüber, freilich mit Ausnahme seines Patronatsherrn und alten Freundes Briest, der, als er die Mischung von Kleist und Niemeyer mit angehört hatte, lebhaft protestierte, wenn auch keineswegs aus literarischen Gründen. »Hoher Herr und immer wieder Hoher Herr — was soll das? Das leitet in die Irre, das verschiebt alles. Innstetten, unbestritten, ist ein famoses Menschenexemplar, Mann von Charakter und Schneid, aber die Briests — verzeih den Berolinismus, Luise — die Briests sind schließlich auch nicht von schlechten Eltern. Wir sind doch nun mal eine historische Familie, laß mich hinzufügen Gott sei Dank, und die Innstettens sind es *nicht;* die Innstettens sind bloß alt, meinetwegen Uradel, aber was heißt Uradel? Ich will nicht, daß eine Briest oder doch wenigstens eine Polterabendfigur, in der jeder das Widerspiel unserer Effi erkennen muß — ich will nicht, daß eine Briest mittelbar oder unmittelbar in einem fort von ›Hoher Herr‹ spricht. Da müßte denn doch Innstetten wenigstens ein verkappter Hohenzoller sein, es gibt ja dergleichen. Das ist er aber nicht, und so kann ich nur wiederholen, es verschiebt die Situation.«

Und wirklich, Briest hielt mit besonderer Zähigkeit eine ganze Zeitlang an dieser Anschauung fest. Erst nach der zwei-

ten Probe, wo das »Käthchen«, schon halb im Kostüm, ein sehr
eng anliegendes Sammetmieder trug, ließ er sich – der es auch
sonst nicht an Huldigungen gegen Hulda fehlen ließ – zu der
Bemerkung hinreißen, »das Käthchen liege sehr gut da«,
welche Wendung einer Waffenstreckung ziemlich gleichkam
oder doch zu solcher hinüberleitete. Daß alle diese Dinge vor
Effi geheimgehalten wurden, braucht nicht erst gesagt zu werden.
Bei mehr Neugier auf seiten dieser letzteren wäre das
nun freilich ganz unmöglich gewesen, aber Effi hatte so wenig
Verlangen, in die Vorbereitungen und geplanten Überraschungen
einzudringen, daß sie der Mama mit allem Nachdruck erklärte,
»sie könne es abwarten«, und wenn diese dann zweifelte,
so schloß Effi mit der wiederholten Versicherung: es wäre
wirklich so, die Mama könne es glauben. Und warum auch nicht?
Es sei ja doch alles nur Theateraufführung und hübscher und
poetischer als »Aschenbrödel«, das sie noch am letzten Abend
in Berlin gesehen hätte, hübscher und poetischer könne es ja
doch nicht sein. Da hätte sie wirklich selber mitspielen mögen,
wenn auch nur, um dem lächerlichen Pensionslehrer einen
Kreidestrich auf den Rücken zu machen. »Und wie reizend im
letzten Akt ›Aschenbrödels Erwachen als Prinzessin‹ oder doch
wenigstens als Gräfin; wirklich, es war ganz wie ein Märchen.«
In dieser Weise sprach sie oft, war meist ausgelassener
als vordem und ärgerte sich bloß über das beständige Tuscheln
und Geheimtun der Freundinnen. »Ich wollte, sie hätten sich
weniger wichtig und wären mehr für mich da. Nachher bleiben
sie doch bloß stecken, und ich muß mich um sie ängstigen und
mich schämen, daß es meine Freundinnen sind.«

So gingen Effis Spottreden, und es war ganz unverkennbar,
daß sie sich um Polterabend und Hochzeit nicht allzusehr
kümmerte. Frau von Briest hatte so ihre Gedanken darüber,
aber zu Sorgen kam es nicht, weil sich Effi, was doch ein gutes
Zeichen war, ziemlich viel mit ihrer Zukunft beschäftigte und
sich, phantasiereich wie sie war, viertelstundenlang in Schilderungen
ihres Kessiner Lebens erging, Schilderungen, in
denen sich nebenher und sehr zur Erheiterung der Mama eine
merkwürdige Vorstellung von Hinterpommern aussprach oder
vielleicht auch, mit kluger Berechnung, aussprechen sollte. Sie

gefiel sich nämlich darin, Kessin als einen halbsibirischen Ort aufzufassen, wo Eis und Schnee nie recht aufhörten.

»Heute hat Goschenhofer das letzte geschickt«, sagte Frau von Briest, als sie wie gewöhnlich in Front des Seitenflügels mit Effi am Arbeitstische saß, auf dem die Leinen- und Wäschevorräte beständig wuchsen, während der Zeitungen, die bloß Platz wegnahmen, immer weniger wurden. »Ich hoffe, du hast nun alles, Effi. Wenn du aber noch kleine Wünsche hegst, so mußt du sie jetzt aussprechen, womöglich in dieser Stunde noch. Papa hat den Raps vorteilhaft verkauft und ist ungewöhnlich guter Laune.«

»Ungewöhnlich? Er ist immer in guter Laune.«

»In ungewöhnlich guter Laune«, wiederholte die Mama. »Und die muß benutzt werden. Sprich also. Mehrmals, als wir noch in Berlin waren, war es mir, als ob du doch nach dem einen oder anderen noch ein ganz besonderes Verlangen gehabt hättest.«

»Ja, liebe Mama, was soll ich da sagen. Eigentlich habe ich ja alles, was man braucht, ich meine, was man *hier* braucht. Aber da mir's nun mal bestimmt ist, so hoch nördlich zu kommen... ich bemerke, daß ich nichts dagegen habe, im Gegenteil, ich freue mich darauf, auf die Nordlichter und auf den helleren Glanz der Sterne..., da mir's nun mal so bestimmt ist, so hätte ich wohl gern einen Pelz gehabt.«

»Aber Effi, Kind, das ist doch alles bloß leere Torheit. Du kommst ja nicht nach Petersburg oder nach Archangel.«

»Nein; aber ich bin doch auf dem Wege dahin...«

»Gewiß, Kind. Auf dem Wege dahin bist du; aber was heißt das? Wenn du von hier nach Nauen fährst, bist du auch auf dem Wege nach Rußland. Im übrigen, wenn du's wünschst, so sollst du einen Pelz haben. Nur das laß mich im voraus sagen, ich rate dir davon ab. Ein Pelz ist für ältere Personen, selbst deine alte Mama ist noch zu jung dafür, und wenn du mit deinen siebzehn Jahren in Nerz oder Marder auftrittst, so glauben die Kessiner, es sei eine Maskerade.«

Das war am 2. September, daß sie so sprachen, ein Gespräch, das sich wohl fortgesetzt hätte, wenn nicht gerade Sedantag gewesen wäre. So aber wurden sie durch Trommel- und Pfeifenklang unterbrochen, und Effi, die schon vorher von dem beabsichtigten Aufzuge gehört, aber es wieder vergessen hatte, stürzte mit einem Male von dem gemeinschaftlichen Arbeitstische fort und an Rondell und Teich vorüber auf einen kleinen, an die Kirchhofsmauer angebauten Balkon zu, zu dem sechs Stufen, nicht viel breiter als Leitersprossen, hinaufführten. Im Nu war sie oben, und richtig, da kam auch schon die ganze Schuljugend heran, Jahnke gravitätisch am rechten Flügel, während ein kleiner Tambourmajor, weit voran, an der Spitze des Zuges marschierte, mit einem Gesichtsausdruck, als ob ihm obläge, die Schlacht bei Sedan noch einmal zu schlagen. Effi winkte mit dem Taschentuch, und der Begrüßte versäumte nicht, mit seinem blanken Kugelstock zu salutieren.

Eine Woche später saßen Mutter und Tochter wieder am alten Fleck, auch wieder mit ihrer Arbeit beschäftigt. Es war ein wunderschöner Tag; der in einem zierlichen Beet um die Sonnenuhr herumstehende Heliotrop blühte noch, und die leise Brise, die ging, trug den Duft davon zu ihnen herüber.

»Ach, wie wohl ich mich fühle«, sagte Effi, »so wohl und so glücklich; ich kann mir den Himmel nicht schöner denken. Und am Ende, wer weiß, ob sie im Himmel so wundervollen Heliotrop haben.«

»Aber Effi, so darfst du nicht sprechen; das hast du von deinem Vater, dem nichts heilig ist, und der neulich sogar sagte: Niemeyer sähe aus wie Lot. Unerhört. Und was soll es nur heißen? Erstlich weiß er nicht, wie Lot ausgesehen hat, und zweitens ist es eine grenzenlose Rücksichtslosigkeit gegen Hulda. Ein Glück, daß Niemeyer nur die einzige Tochter hat, dadurch fällt es eigentlich in sich zusammen. In einem freilich hat er nur zu sehr recht gehabt, in all und jedem, was er über ›Lots Frau‹, unsere gute Frau Pastorin, sagte, die uns denn auch wirklich wieder mit ihrer Torheit und Anmaßung den ganzen Sedantag ruinierte. Wobei mir übrigens einfällt, daß wir, als Jahnke mit der Schule vorbeikam, in unserem Gespräche unterbrochen wurden – wenigstens kann ich mir nicht denken, daß der Pelz, von dem du damals sprachst, dein einziger Wunsch gewesen sein sollte. Laß mich also wissen, Schatz, was du noch weiter auf dem Herzen hast?«

»Nichts, Mama.«

»Wirklich nichts?«

»Nein, wirklich nichts; ganz im Ernste... Wenn es aber doch am Ende was sein sollte...«

»Nun...«

»...So müßt' es ein japanischer Bettschirm sein, schwarz und goldene Vögel darauf, alle mit einem langen Kranichschnabel... Und dann vielleicht auch noch eine Ampel für unser Schlafzimmer, mit rotem Schein.«

Frau von Briest schwieg.

»Nun siehst du, Mama, du schweigst und siehst aus, als ob ich etwas besonders Unpassendes gesagt hätte.«

»Nein, Effi, nichts Unpassendes. Und vor deiner Mutter nun schon gewiß nicht. Denn ich kenne dich ja. Du bist eine phantastische kleine Person, malst dir mit Vorliebe Zukunftsbilder aus, und je farbenreicher sie sind, desto schöner und begehrlicher erscheinen sie dir. Ich sah das so recht, als wir die Reisesachen kauften. Und nun denkst du dir's ganz wundervoll, einen Bettschirm mit allerhand fabelhaftem Getier zu haben, alles im Halblicht einer roten Ampel. Es kommt dir vor wie ein Märchen, und du möchtest eine Prinzessin sein.«

Effi nahm die Hand der Mama und küßte sie. »Ja, Mama, so bin ich.«

»Ja, so bist du. Ich weiß es wohl. Aber meine liebe Effi, wir müssen vorsichtig im Leben sein, und zumal wir Frauen. Und wenn du nun nach Kessin kommst, einem kleinen Ort, wo nachts kaum eine Laterne brennt, so lacht man über dergleichen. Und wenn man bloß lachte. Die, die dir ungewogen sind, und solche gibt es immer, sprechen von schlechter Erziehung, und manche sagen auch wohl noch Schlimmeres.«

»Also nichts Japanisches und auch keine Ampel. Aber ich bekenne dir, ich hatte es mir so schön und poetisch gedacht, alles in einem roten Schimmer zu sehen.«

Frau von Briest war bewegt. Sie stand auf und küßte Effi. »Du bist ein Kind. Schön und poetisch. Das sind so Vorstellungen. Die Wirklichkeit ist anders, und oft ist es gut, daß es statt Licht und Schimmer ein Dunkel gibt.«

Effi schien antworten zu wollen, aber in diesem Augenblicke kam Wilke und brachte Briefe. Der eine war aus Kessin von Innstetten. »Ach, von Geert«, sagte Effi, und während sie den Brief beiseitesteckte, fuhr sie in ruhigem Tone fort: »Aber das wirst du doch gestatten, daß ich den Flügel schräg in die Stube stelle. Daran liegt mir mehr als an einem Kamin, den mir Geert versprochen hat. Und das Bild von dir, das stell' ich dann auf eine Staffelei; ganz ohne dich kann ich nicht sein. Ach, wie werd' ich mich nach euch sehnen, vielleicht auf der Reise schon und dann in Kessin ganz gewiß. Es soll ja keine Garnison haben, nicht einmal einen Stabsarzt, und ein Glück, daß es wenigstens ein Badeort ist. Vetter Briest, und daran will ich mich aufrichten, dessen Mutter und Schwester immer nach Warnemünde gehen – nun, ich sehe doch wirklich nicht ein, warum der die lieben Verwandten nicht auch einmal nach Kessin hin dirigieren sollte. Dirigieren, das klingt ohnehin so nach Generalstab, worauf er, glaub' ich, ambiert. Und dann kommt er natürlich mit und wohnt bei uns. Übrigens haben die Kessiner, wie mir neulich erst wer erzählt hat, ein ziemlich großes Dampfschiff, das zweimal die Woche nach Schweden hinüberfährt. Und auf dem Schiffe ist dann Ball (sie haben da natürlich auch Musik), und er tanzt sehr gut...«

»Wer?«

»Nun, Dagobert.«

»Ich dachte, du meintest Innstetten. Aber jedenfalls ist es an der Zeit, endlich zu wissen, was er schreibt... Du hast ja den Brief noch in der Tasche.«

»Richtig. Den hätt' ich fast vergessen.« Und sie öffnete den Brief und überflog ihn.

»Nun, Effi, kein Wort? Du strahlst nicht und lachst nicht einmal. Und er schreibt doch immer so heiter und unterhaltlich und gar nicht väterlich weise.«

»Das würd' ich mir auch verbitten. Er hat sein Alter, und ich habe meine Jugend. Und ich würde ihm mit dem Finger drohen und ihm sagen: ›Geert, überlege, was besser ist‹.«

»Und dann würde er dir antworten: ›Was *du* hast, Effi, das

ist das Bessere.‹ Denn er ist nicht nur ein Mann der feinsten Formen, er ist auch gerecht und verständig und weiß recht gut, was Jugend bedeutet. Er sagt sich das immer und stimmt sich auf das Jugendliche hin, und wenn er in der Ehe so bleibt, so werdet ihr eine Musterehe führen.«

»Ja, das glaube ich auch, Mama. Aber kannst du dir vorstellen, und ich schäme mich fast, es zu sagen, ich bin nicht so sehr für das, was man eine Musterehe nennt.«

»Das sieht dir ähnlich. Und nun sage mir, wofür bist du denn eigentlich?«

»Ich bin... nun, ich bin für gleich und gleich und natürlich auch für Zärtlichkeit und Liebe. Und wenn es Zärtlichkeit und Liebe nicht sein können, weil Liebe, wie Papa sagt, doch nur ein Papperlapapp ist (was ich aber nicht glaube), nun, dann bin ich für Reichtum und ein vornehmes Haus, ein *ganz* vornehmes, wo Prinz Friedrich Karl zur Jagd kommt, auf Elchwild oder Auerhahn, oder wo der alte Kaiser vorfährt und für jede Dame, auch für die jungen, ein gnädiges Wort hat. Und wenn wir dann in Berlin sind, dann bin ich für Hofball und Galaoper, immer dicht neben der großen Mittelloge.«

»Sagst du das so bloß aus Übermut und Laune?«

»Nein, Mama, das ist mein völliger Ernst. Liebe kommt zuerst, aber gleich hinterher kommt Glanz und Ehre, und dann kommt Zerstreuung – ja, Zerstreuung, immer was Neues, immer was, daß ich lachen oder weinen muß. Was ich nicht aushalten kann, ist Langeweile.«

»Wie bist du da nur mit uns fertig geworden?«

»Ach, Mama, wie du nur so was sagen kannst. Freilich, wenn im Winter die liebe Verwandtschaft vorgefahren kommt und sechs Stunden bleibt oder wohl auch noch länger, und Tante Gundel und Tante Olga mich mustern und mich naseweis finden – und Tante Gundel hat es mir auch mal gesagt –, ja, da macht sich's mitunter nicht sehr hübsch, das muß ich zugeben. Aber sonst bin ich hier immer glücklich gewesen, *so* glücklich...«

Und während sie das sagte, warf sie sich heftig weinend vor der Mama auf die Knie und küßte ihre beiden Hände.

»Steh auf, Effi. Das sind so Stimmungen, die über einen

kommen, wenn man so jung ist wie du und vor der Hochzeit steht und vor dem Ungewissen. Aber nun lies mir den Brief vor, wenn er nicht was ganz Besonderes enthält oder vielleicht Geheimnisse.«

»Geheimnisse«, lachte Effi und sprang in plötzlich veränderter Stimmung wieder auf. »Geheimnisse! Ja, er nimmt immer einen Anlauf, aber das meiste könnt' ich auf dem Schulzenamt anschlagen lassen, da, wo immer die landrätlichen Verordnungen stehen. Nun, Geert ist ja auch Landrat.«

»Lies, lies.«

»›Liebe Effi...‹ So fängt es nämlich immer an, und manchmal nennt er mich auch seine ›kleine Eva‹.«

»Lies, lies... Du sollst ja lesen.«

»Also: ›Liebe Effi! Je näher wir unsrem Hochzeitstage kommen, je sparsamer werden Deine Briefe. Wenn die Post kommt, suche ich immer zuerst nach Deiner Handschrift, aber wie Du weißt (und ich hab' es ja auch nicht anders gewollt), in der Regel vergeblich. Im Hause sind jetzt die Handwerker, die die Zimmer, freilich nur wenige, für Dein Kommen herrichten sollen. Das Beste wird wohl erst geschehen, wenn wir auf der Reise sind. Tapezierer Madelung, der alles liefert, ist ein Original, von dem ich Dir mit nächstem erzähle, vor allem aber, wie glücklich ich bin über Dich, über meine süße, kleine Effi. Mir brennt hier der Boden unter den Füßen, und dabei wird es in unserer guten Stadt immer stiller und einsamer. Der letzte Badegast ist gestern abgereist; er badete zuletzt bei neun Grad, und die Badewärter waren immer froh, wenn er wieder heil heraus war. Denn sie fürchteten einen Schlaganfall, was dann das Bad in Mißkredit bringt, als ob die Wellen hier schlimmer wären als woanders. Ich juble, wenn ich denke, daß ich in vier Wochen schon mit Dir von der Piazetta aus nach dem Lido fahre oder nach Murano hin, wo sie Glasperlen machen und schönen Schmuck. Und der schönste sei für Dich. Viele Grüße den Eltern und den zärtlichsten Kuß Dir von Deinem Geert.‹«

Effi faltete den Brief wieder zusammen, um ihn in das Kuvert zu stecken.

»Das ist ein sehr hübscher Brief«, sagte Frau von Briest,

»und daß er in allem das richtige Maß hält, das ist ein Vorzug mehr.«

»Ja, das rechte Maß, das hält er.«

»Meine liebe Effi, laß mich eine Frage tun; wünschtest du, daß der Brief *nicht* das richtige Maß hielte, wünschtest du, daß er zärtlicher wäre, vielleicht überschwenglich zärtlich?«

»Nein, nein, Mama. Wahr und wahrhaftig nicht, das wünsche ich nicht. Da ist es doch besser so.«

»Da ist es doch besser so. Wie das nun wieder klingt. Du bist so sonderbar. Und daß du vorhin weintest. Hast du was auf deinem Herzen? Noch ist es Zeit. Liebst du Geert nicht?«

»Warum soll ich ihn nicht lieben? Ich liebe Hulda, und ich liebe Bertha, und ich liebe Hertha. Und ich liebe auch den alten Niemeyer. Und daß ich euch liebe, davon spreche ich gar nicht erst. Ich liebe alle, die's gut mit mir meinen und gütig gegen mich sind und mich verwöhnen. Und Geert wird mich auch wohl verwöhnen. Natürlich auf seine Art. Er will mir ja schon Schmuck schenken in Venedig. Er hat keine Ahnung davon, daß ich mir nichts aus Schmuck mache. Ich klettre lieber, und ich schaukle mich lieber, und am liebsten immer in der Furcht, daß es irgendwo reißen oder brechen und ich niederstürzen könnte. Den Kopf wird es ja nicht gleich kosten.«

»Und liebst du vielleicht auch deinen Vetter Briest?«

»Ja, sehr. Der erheitert mich immer.«

»Und hättest du Vetter Briest heiraten mögen?«

»Heiraten? Um Gottes willen nicht. Er ist ja noch ein halber Junge. Geert ist ein Mann, ein schöner Mann, ein Mann, mit dem ich Staat machen kann und aus dem was wird in der Welt. Wo denkst du hin, Mama.«

»Nun, das ist recht, Effi, das freut mich. Aber du hast noch was auf der Seele.«

»Vielleicht.«

»Nun, sprich.«

»Sieh, Mama, daß er älter ist als ich, das schadet nichts, das ist vielleicht recht gut: er ist ja doch nicht alt und ist gesund und frisch und so soldatisch und so schneidig. Und ich könnte beinah sagen, ich wäre ganz und gar für ihn, wenn er nur... ja, wenn er nur ein bißchen anders wäre.«

»Wie denn, Effi?«

»Ja, wie. Nun, du darfst mich nicht auslachen. Es ist etwas, was ich erst ganz vor kurzem aufgehorcht habe, drüben im Pastorhause. Wir sprachen da von Innstetten, und mit einem Male zog der alte Niemeyer seine Stirn in Falten, aber in Respekts- und Bewunderungsfalten, und sagte: ›Ja, der Baron! Das ist ein Mann von Charakter, ein Mann von Prinzipien.‹«

»Das ist er auch, Effi.«

»Gewiß. Und ich glaube, Niemeyer sagte nachher sogar, er sei auch ein Mann von Grundsätzen. Und das ist, glaub' ich, noch etwas mehr. Ach, und ich... ich habe keine. Sieh, Mama, da liegt etwas, was mich quält und ängstigt. Er ist so lieb und gut gegen mich und so nachsichtig, aber ... ich fürchte mich vor ihm.«

FÜNFTES KAPITEL

Die Hohen-Cremmer Festtage lagen zurück; alles war abgereist, auch das junge Paar, noch am Abend des Hochzeitstages.

Der Polterabend hatte jeden zufriedengestellt, besonders die Mitspielenden, und Hulda war dabei das Entzücken aller jungen Offiziere gewesen, sowohl der Rathenower Husaren wie der etwas kritischer gestimmten Kameraden vom Alexander-Regiment. Ja, alles war gut und glatt verlaufen, fast über Erwarten. Nur Bertha und Hertha hatten so heftig geschluchzt, daß Jahnkes plattdeutsche Verse so gut wie verloren gegangen waren. Aber auch das hatte wenig geschadet. Einige feine Kenner waren sogar der Meinung gewesen, »das sei das Wahre; Steckenbleiben und Schluchzen und Unverständlichkeit – in *diesem* Zeichen (und nun gar, wenn es so hübsche rotblonde Krausköpfe wären) werde immer am entschiedensten gesiegt«. Eines ganz besonderen Triumphes hatte sich Vetter Briest in seiner selbstgedichteten Rolle rühmen dürfen. Er war als Demuthscher Kommis erschienen, der in Erfahrung gebracht, die junge Braut habe vor, gleich nach der Hochzeit nach Italien zu reisen, weshalb er einen Reisekoffer abliefern wolle. Dieser Koffer entpuppte sich natürlich als eine Riesenbonbonnière von Hövel. Bis um drei Uhr war getanzt worden,

bei welcher Gelegenheit der sich mehr und mehr in eine
höchste Champagnerstimmung hineinredende alte Briest allerlei Bemerkungen über den an manchen Höfen immer noch
üblichen Fackeltanz und die merkwürdige Sitte des Strumpfband-Austanzens gemacht hatte, Bemerkungen, die nicht abschließen wollten und, sich immer mehr steigernd, am Ende
so weit gingen, daß ihnen durchaus ein Riegel vorgeschoben
werden mußte. »Nimm dich zusammen, Briest«, war ihm in
ziemlich ernstem Tone von seiner Frau zugeflüstert worden;
»du stehst hier nicht, um Zweideutigkeiten zu sagen, sondern
um die Honneurs des Hauses zu machen. Wir haben eben eine
Hochzeit und nicht eine Jagdpartie.« Worauf Briest geantwortet, »er sähe darin keinen so großen Unterschied; übrigens sei
er glücklich«.

Auch der Hochzeitstag selbst war gut verlaufen. Niemeyer
hatte vorzüglich gesprochen, und einer der alten Berliner
Herren, der halb und halb zur Hofgesellschaft gehörte, hatte
sich auf dem Rückwege von der Kirche zum Hochzeitshause
dahin geäußert, es sei doch merkwürdig, wie reich gesät in
einem Staate, wie der unsrige, die Talente seien. »Ich sehe
darin einen Triumph unserer Schulen und vielleicht mehr noch
unserer Philosophie. Wenn ich bedenke, dieser Niemeyer, ein
alter Dorfpastor, der anfangs aussah wie ein Hospitalit... ja,
Freund, sagen Sie selbst, hat er nicht gesprochen wie ein Hofprediger? Dieser Takt und diese Kunst der Antithese, ganz wie
Kögel, und an Gefühl ihm noch über. Kögel ist zu kalt. Freilich ein Mann in seiner Stellung muß kalt sein. Woran scheitert man denn im Leben überhaupt? Immer nur an der Wärme.« Der noch unverheiratete, aber wohl eben deshalb zum
vierten Male in einem »Verhältnis« stehende Würdenträger,
an den sich diese Worte gerichtet hatten, stimmte selbstverständlich zu. »Nur zu wahr, lieber Freund«, sagte er. »Zuviel
Wärme!... ganz vorzüglich... Übrigens muß ich Ihnen nachher eine Geschichte erzählen.«

Der Tag nach der Hochzeit war ein heller Oktobertag. Die
Morgensonne blinkte; trotzdem war es schon herbstlich frisch,
und Briest, der eben gemeinschaftlich mit seiner Frau das

Frühstück genommen, erhob sich von seinem Platz und stellte sich, beide Hände auf dem Rücken, gegen das mehr und mehr verglimmende Kaminfeuer. Frau von Briest, eine Handarbeit in Händen, rückte gleichfalls näher an den Kamin und sagte zu Wilke, der gerade eintrat, um den Frühstückstisch abzuräumen: »Und nun, Wilke, wenn Sie drin im Saal, aber das geht vor, alles in Ordnung haben, dann sorgen Sie, daß die Torten nach drüben kommen, die Nußtorte zu Pastors und die Schüssel mit kleinen Kuchen zu Jahnkes. Und nehmen Sie sich mit den Gläsern in acht. Ich meine die dünngeschliffenen.«

Briest war schon bei der dritten Zigarette, sah sehr wohl aus und erklärte, »nichts bekomme einem so gut wie eine Hochzeit, natürlich die eigene ausgenommen«.

»Ich weiß nicht, Briest, wie du zu solcher Bemerkung kommst. Mir war ganz neu, daß du darunter gelitten haben willst. Ich wüßte auch nicht warum.«

»Luise, du bist eine Spielverderberin. Aber ich nehme nichts übel, auch nicht einmal so was. Im übrigen, was wollen wir von uns sprechen, die wir nicht einmal eine Hochzeitsreise gemacht haben. Dein Vater war dagegen. Aber Effi macht nun eine Hochzeitsreise. Beneidenswert. Mit dem Zehnuhrzug ab. Sie müssen jetzt schon bei Regensburg sein, und ich nehme an, daß er ihr – selbstverständlich ohne auszusteigen – die Hauptkunstschätze der Walhalla herzählt. Innstetten ist ein vorzüglicher Kerl, aber er hat so was von einem Kunstfex, und Effi, Gott, unsere arme Effi, ist ein Naturkind. Ich fürchte, daß er sie mit seinem Kunstenthusiasmus etwas quälen wird.«

»Jeder quält seine Frau. Und Kunstenthusiasmus ist noch lange nicht das Schlimmste.«

»Nein, gewiß nicht; jedenfalls wollen wir darüber nicht streiten; es ist ein weites Feld. Und dann sind auch die Menschen so verschieden. Du, nun ja, du hättest dazu getaugt. Überhaupt hättest du besser zu Innstetten gepaßt als Effi. Schade, nun ist es zu spät.«

»Überaus galant, abgesehen davon, daß es nicht paßt. Unter allen Umständen aber, was gewesen ist, ist gewesen. Jetzt ist er mein Schwiegersohn, und es kann zu nichts führen, immer auf Jugendlichkeiten zurückzuweisen.«

»Ich habe dich nur in eine animierte Stimmung bringen wollen.«

»Sehr gütig. Übrigens nicht nötig. Ich *bin* in animierter Stimmung.«

»Und auch in guter?«

»Ich kann es fast sagen. Aber du darfst sie nicht verderben. Nun, was hast du noch? Ich sehe, daß du was auf dem Herzen hast.«

»Gefiel dir Effi? Gefiel dir die ganze Geschichte? Sie war so sonderbar, halb wie ein Kind, und dann wieder sehr selbstbewußt und durchaus nicht so bescheiden, wie sie's solchem Manne gegenüber sein müßte. Das kann doch nur so zusammenhängen, daß sie noch nicht recht weiß, was sie an ihm hat. Oder ist es einfach, daß sie ihn nicht recht liebt? Das wäre schlimm. Denn bei all seinen Vorzügen, er ist nicht der Mann, sich diese Liebe mit leichter Manier zu gewinnen.«

Frau von Briest schwieg und zählte die Stiche auf dem Kanevas. Endlich sagte sie: »Was du da sagst, Briest, ist das Gescheiteste, was ich seit drei Tagen von dir gehört habe, deine Rede bei Tisch mit eingerechnet. Ich habe auch so meine Bedenken gehabt. Aber ich glaube, wir können uns beruhigen.«

»Hat sie dir ihr Herz ausgeschüttet?«

»So möcht' ich es nicht nennen. Sie hat wohl das Bedürfnis zu sprechen, aber sie hat nicht das Bedürfnis, sich so recht von Herzen auszusprechen, und macht vieles in sich selber ab; sie ist mitteilsam und verschlossen zugleich, beinah versteckt; überhaupt ein ganz eigenes Gemisch.«

»Ich bin ganz deiner Meinung. Aber wenn sie dir nichts gesagt hat, woher weißt du's?«

»Ich sagte nur, sie habe mir nicht ihr Herz ausgeschüttet. Solche Generalbeichte, so alles von der Seele herunter, das liegt nicht in ihr. Es fuhr alles so bloß ruckweis und plötzlich aus ihr heraus, und dann war es wieder vorüber. Aber gerade weil es so ungewollt und wie von ungefähr aus ihrer Seele kam, deshalb war es mir so wichtig.«

»Und wann war es denn und bei welcher Gelegenheit?«

»Es werden jetzt gerade drei Wochen sein, und wir saßen im

Garten, mit allerhand Ausstattungsdingen, großen und kleinen, beschäftigt, als Wilke einen Brief von Innstetten brachte. Sie steckte ihn zu sich, und ich mußte sie eine Viertelstunde später erst erinnern, daß sie ja einen Brief habe. Dann las sie ihn, aber verzog kaum eine Miene. Ich bekenne dir, daß mir bang ums Herz dabei wurde, so bang, daß ich gern eine Gewißheit haben wollte, so viel, wie man in diesen Dingen haben kann.«

»Sehr wahr, sehr wahr.«

»Was meinst du damit?«

»Nun, ich meine nur... Aber das ist ja ganz gleich. Sprich nur weiter; ich bin ganz Ohr.«

»Ich fragte also rund heraus, wie's stünde, und weil ich bei ihrem eigenen Charakter einen feierlichen Ton vermeiden und alles so leicht wie möglich, ja beinah scherzhaft nehmen wollte, so warf ich die Frage hin, ob sie vielleicht den Vetter Briest, der ihr in Berlin sehr stark den Hof gemacht hatte, ob sie den vielleicht lieber heiraten würde...«

»Und?«

»Da hättest du sie sehen sollen. Ihre nächste Antwort war ein schnippisches Lachen. Der Vetter sei doch eigentlich nur ein großer Kadett in Leutnantsuniform. Und einen Kadetten könne sie nicht einmal lieben, geschweige heiraten. Und dann sprach sie von Innstetten, der ihr mit einem Male der Träger aller männlichen Tugenden war.«

»Und wie erklärst du dir das?«

»Ganz einfach. So geweckt und temperamentvoll und beinahe leidenschaftlich sie ist, oder vielleicht auch weil sie es ist, sie gehört nicht zu denen, die so recht eigentlich auf Liebe gestellt sind, wenigstens nicht auf das, was den Namen ehrlich verdient. Sie redet zwar davon, sogar mit Nachdruck und einem gewissen Überzeugungston, aber doch nur, weil sie irgendwo gelesen hat, Liebe sei nun mal das Höchste, das Schönste, das Herrlichste. Vielleicht hat sie's auch bloß von der sentimentalen Person, der Hulda, gehört und spricht es ihr nach. Aber sie empfindet nicht viel dabei. Wohl möglich, daß es alles mal kommt, Gott verhüte es, aber noch ist es nicht da.«

»Und was ist da? Was hat sie?«

»Sie hat nach meinem und auch nach ihrem eigenen Zeugnis zweierlei: Vergnügungssucht und Ehrgeiz.«

»Nun, das kann passieren. Da bin ich beruhigt.«

»Ich nicht. Innstetten ist ein Karrieremacher – vom Streber will ich nicht sprechen, das ist er auch nicht, dazu ist er zu wirklich vornehm – also Karrieremacher, und das wird Effis Ehrgeiz befriedigen.«

»Nun also. Das ist doch gut.«

»Ja, das ist gut! Aber es ist erst die Hälfte. Ihr Ehrgeiz wird befriedigt werden, aber ob auch ihr Hang nach Spiel und Abenteuer? Ich bezweifle. Für die stündliche kleine Zerstreuung und Anregung, für alles, was die Langeweile bekämpft, diese Todfeindin einer geistreichen kleinen Person, dafür wird Innstetten sehr schlecht sorgen. Er wird sie nicht in einer geistigen Öde lassen, dazu ist er zu klug und zu weltmännisch, aber er wird sie auch nicht sonderlich amüsieren. Und was das Schlimmste ist, er wird sich nicht einmal recht mit der Frage beschäftigen, wie das wohl anzufangen sei. Das wird eine Weile so gehen, ohne viel Schaden anzurichten, aber zuletzt wird sie's merken, und dann wird es sie beleidigen. Und dann weiß ich nicht, was geschieht. Denn so weich und nachgiebig sie ist, sie hat auch was Rabiates und läßt es auf alles ankommen.«

In diesem Augenblicke trat Wilke vom Saal her ein und meldete, daß er alles nachgezählt und alles vollzählig gefunden habe; nur von den feinen Weingläsern sei eins zerbrochen, aber schon gestern, als das Hoch ausgebracht wurde – Fräulein Hulda habe mit Leutnant Nienkerken zu scharf angestoßen.

»Versteht sich, von alter Zeit her immer im Schlaf, und unterm Holunderbaum ist es natürlich nicht besser geworden. Eine alberne Person, und ich begreife Nienkerken nicht.«

»Ich begreife ihn vollkommen.«

»Er kann sie doch nicht heiraten.«

»Nein.«

»Also zu was?«

»Ein weites Feld, Luise.«

Dies war am Tage nach der Hochzeit. Drei Tage später kam eine kleine gekritzelte Karte aus München, die Namen alle nur mit zwei Buchstaben angedeutet. »Liebe Mama! Heute vormittag die Pinakothek besucht. Geert wollte auch noch nach dem andern hinüber, das ich hier nicht nenne, weil ich wegen der Rechtschreibung in Zweifel bin, und fragen mag ich ihn nicht. Er ist übrigens engelsgut gegen mich und erklärt mir alles. Überhaupt alles sehr schön, aber anstrengend. In Italien wird es wohl nachlassen und besser werden. Wir wohnen in den ›Vier Jahreszeiten‹, was Geert veranlaßte, mir zu sagen, ›draußen sei Herbst, aber er habe in mir den Frühling‹. Ich finde es sehr sinnig. Er ist überhaupt sehr aufmerksam. Freilich ich muß es *auch* sein, namentlich wenn er was sagt oder erklärt. Er weiß übrigens alles so gut, daß er nicht einmal nachzuschlagen braucht. Mit Entzücken spricht er von Euch, namentlich von Mama. Hulda findet er etwas zierig; aber der alte Niemeyer hat es ihm ganz angetan. Tausend Grüße von Eurer ganz berauschten, aber auch etwas müden Effi.«

Solche Karten trafen nun täglich ein, aus Innsbruck, aus Verona, aus Vicenza, aus Padua, eine jede fing an: »Wir haben heute vormittag die hiesige berühmte Galerie besucht«, oder wenn es nicht die Galerie war, so war es eine Arena oder irgendeine Kirche »Santa Maria« mit einem Zunamen. Aus Padua kam, zugleich mit der Karte, noch ein wirklicher Brief. »Gestern waren wir in Vicenza. Vicenza muß man sehen wegen des Palladio; Geert sagte mir, daß in ihm alles Moderne wurzele. Natürlich nur in bezug auf Baukunst. Hier in Padua (wo wir heute früh ankamen) sprach er im Hotelwagen etliche Male vor sich hin: ›Er liegt in Padua begraben‹, und war überrascht, als er von mir vernahm, daß ich diese Worte noch nie gehört hätte. Schließlich aber sagte er, es sei eigentlich ganz gut und ein Vorzug, daß ich nichts davon wüßte. Er ist überhaupt sehr gerecht. Und vor allem ist er engelsgut gegen mich und gar nicht überheblich und auch gar nicht alt. Ich habe noch immer das Ziehen in den Füßen, und das Nachschlagen und das lange Stehen vor den Bildern strengt mich an. Aber es muß ja sein. Ich freue mich sehr auf Venedig. Da bleiben wir fünf Tage, ja, vielleicht eine ganze Woche. Geert hat mir schon von den Tauben auf dem Markusplatze vorgeschwärmt, und daß man sich da Tüten mit Erbsen kauft und dann die schönen Tiere damit füttert. Es soll Bilder geben, die das darstellen, schöne blonde Mädchen, ›ein Typus wie Hulda‹, sagte er. Wobei mir denn auch die Jahnkeschen Mädchen einfallen. Ach, ich gäbe was drum, wenn ich mit ihnen auf unserm Hof auf einer Wagendeichsel sitzen und *unsere* Tauben füttern könnte. Die Pfauentaube mit dem starken Kropf dürft ihr aber nicht schlachten, die will ich noch wiedersehen. Ach, es ist so schön hier. Es soll ja auch das Schönste sein. Eure glückliche, aber etwas müde Effi.«

Frau von Briest, als sie den Brief vorgelesen hatte, sagte: »Das arme Kind. Sie hat Sehnsucht.«

»Ja«, sagte Briest, »sie hat Sehnsucht. Diese verwünschte Reiserei...«

»Warum sagst du das jetzt? Du hättest es ja hindern können. Aber das ist so deine Art, hinterher den Weisen zu spielen. Wenn das Kind in den Brunnen gefallen ist, decken die Ratsherren den Brunnen zu.«

»Ach, Luise, komme mir doch nicht mit solchen Geschichten. Effi ist unser Kind, aber seit dem 3. Oktober ist sie Baronin Innstetten. Und wenn ihr Mann, unser Herr Schwiegersohn, eine Hochzeitsreise machen und bei der Gelegenheit jede Galerie neu katalogisieren will, so kann ich ihn daran nicht hindern. Das ist eben das, was man sich verheiraten nennt.«

»Also jetzt gibst du das zu. Mir gegenüber hast du's immer bestritten, immer bestritten, daß die Frau in einer Zwangslage sei.«

»Ja, Luise, das hab' ich. Aber wozu das jetzt. Das ist wirklich ein zu weites Feld.«

SECHSTES KAPITEL

Mitte November – sie waren bis Capri und Sorrent gekommen – lief Innstettens Urlaub ab, und es entsprach seinem Charakter und seinen Gewohnheiten, genau Zeit und Stunde zu halten. Am 14. früh traf er denn auch mit dem Kurierzuge in Berlin ein, wo Vetter Briest ihn und die Cousine begrüßte und vorschlug, die zwei bis zum Abgange des Stettiner Zuges noch zur Verfügung bleibenden Stunden zum Besuche des St. Privat-Panoramas zu benutzen und diesem Panoramabesuch ein kleines Gabelfrühstück folgen zu lassen. Beides wurde dankbar akzeptiert. Um Mittag war man wieder auf dem Bahnhof und nahm hier, nachdem, wie herkömmlich, die glücklicherweise nie ernst gemeinte Aufforderung, »doch auch mal herüberzukommen«, ebenso von Effi wie von Innstetten ausgesprochen worden war, unter herzlichem Händeschütteln Abschied voneinander. Noch als der Zug sich schon in Bewegung setzte, grüßte Effi vom Kupee aus. Dann machte sie sich's bequem und schloß die Augen; nur von Zeit zu Zeit richtete sie sich wieder auf und reichte Innstetten die Hand.

Es war eine angenehme Fahrt, und pünktlich erreichte der Zug den Bahnhof Klein-Tantow, von dem aus eine Chaussee nach dem noch zwei Meilen entfernten Kessin hinüberführte. Bei Sommerzeit, namentlich während der Bademonate, benutzte man statt der Chaussee lieber den Wasserweg und fuhr, auf einem alten Raddampfer, das Flüßchen Kessine, dem Kessin selbst seinen Namen verdankte, hinunter; am 1. Oktober aber stellte der »Phönix«, von dem seit lange vergeblich gewünscht wurde, daß er in einer passagierfreien Stunde sich seines Namens entsinnen und verbrennen möge, regelmäßig seine Fahrten ein, weshalb denn auch Innstetten bereits von Stettin aus an seinen Kutscher Kruse telegraphiert hatte: »Fünf Uhr Bahnhof Klein-Tantow. Bei gutem Wetter offener Wagen.«

Und nun *war* gutes Wetter, und Kruse hielt in offenem Gefährt am Bahnhof und begrüßte die Ankommenden mit dem vorschriftsmäßigen Anstand eines herrschaftlichen Kutschers.

»Nun, Kruse, alles in Ordnung?«

»Zu Befehl, Herr Landrat.«

»Dann, Effi, bitte, steig ein.« Und während Effi dem nachkam und einer von den Bahnhofsleuten einen kleinen Handkoffer vorn beim Kutscher unterbrachte, gab Innstetten Weisung, den Rest des Gepäcks mit dem Omnibus nachzuschikken. Gleich danach nahm auch er seinen Platz, bat, sich populär machend, einen der Umstehenden um Feuer und rief Kruse zu: »Nun vorwärts, Kruse.« Und über die Schienen weg, die vielgleisig an der Übergangsstelle lagen, ging es in Schräglinie den Bahndamm hinunter und gleich danach an einem schon an der Chaussee gelegenen Gasthause vorüber, das den Namen »Zum Fürsten Bismarck« führte. Denn an eben dieser Stelle gabelte der Weg und zweigte, wie rechts nach Kessin, so links nach Varzin hin ab. Vor dem Gasthofe stand ein mittelgroßer breitschultriger Mann in Pelz und Pelzmütze, welch letztere er, als der Herr Landrat vorüberfuhr, mit vieler Würde vom Haupte nahm. »Wer war denn das?« sagte Effi, die durch alles, was sie sah, aufs höchste interessiert und schon deshalb bei bester Laune war. »Er sah ja aus wie ein Starost, wobei ich freilich bekennen muß, nie einen Starosten gesehen zu haben.«

»Was auch nicht schadet, Effi. Du hast es trotzdem sehr gut getroffen. Er sieht wirklich aus wie ein Starost und ist auch so was. Er ist nämlich ein halber Pole, heißt Golchowski, und wenn wir hier Wahl haben oder eine Jagd, dann ist er obenauf. Eigentlich ein ganz unsicherer Passagier, dem ich nicht über den Weg traue und der wohl viel auf dem Gewissen hat. Er spielt sich aber auf den Loyalen hin aus, und wenn die Varziner Herrschaften hier vorüberkommen, möcht' er sich am liebsten vor den Wagen werfen. Ich weiß, daß er dem Fürsten auch widerlich ist. Aber was hilft's? Wir dürfen es nicht mit ihm verderben, weil wir ihn brauchen. Er hat hier die ganze Gegend in der Tasche und versteht die Wahlmache wie kein anderer, gilt auch für wohlhabend. Dabei leiht er auf Wucher, was sonst die Polen nicht tun; in der Regel das Gegenteil.«

»Er sah aber gut aus.«

»Ja, gut aussehen tut er. Gut aussehen tun die meisten hier. Ein hübscher Schlag Menschen. Aber das ist auch das Beste, was man von ihnen sagen kann. Eure märkischen Leute sehen unscheinbarer aus und verdrießlicher, und in ihrer Haltung sind sie weniger respektvoll, eigentlich gar nicht, aber ihr Ja ist Ja und Nein ist Nein, und man kann sich auf sie verlassen. Hier ist alles unsicher.«

»Warum sagst du mir das? Ich muß nun doch hier mit ihnen leben.«

»Du nicht, du wirst nicht viel von ihnen hören und sehen. Denn Stadt und Land hier sind sehr verschieden, und du wirst nur unsere Städter kennenlernen, unsere guten Kessiner.«

»Unsere guten Kessiner. Ist es Spott, oder sind sie wirklich so gut?«

»Daß sie wirklich gut sind, will ich nicht gerade behaupten, aber sie sind doch anders als die andern; ja, sie haben gar keine Ähnlichkeit mit der Landbevölkerung hier.«

»Und wie kommt das?«

»Weil es eben ganz andere Menschen sind, ihrer Abstammung nach und ihren Beziehungen nach. Was du hier landeinwärts findest, das sind sogenannte Kaschuben, von denen du vielleicht gehört hast, slawische Leute, die hier schon tausend Jahre sitzen und wahrscheinlich noch viel länger. Alles aber, was hier an der Küste hin in den kleinen See- und Handelsstädten wohnt, das sind von weither Eingewanderte, die sich um das kaschubische Hinterland wenig kümmern, weil sie wenig davon haben und auf etwas ganz anderes angewiesen sind. Worauf sie angewiesen sind, das sind die Gegenden, mit denen sie Handel treiben, und da sie das mit aller Welt tun und mit aller Welt in Verbindung stehen, so findest du zwischen ihnen auch Menschen aus aller Welt Ecken und Enden. Auch in unserem guten Kessin, trotzdem es eigentlich nur ein Nest ist.«

»Aber das ist ja entzückend, Geert. Du sprichst immer von Nest, und nun finde ich, wenn du nicht übertrieben hast, eine ganz neue Welt hier. Allerlei Exotisches. Nicht wahr, so was Ähnliches meintest du doch?«

Er nickte.

»Eine ganz neue Welt, sag' ich, vielleicht einen Neger oder einen Türken, oder vielleicht sogar einen Chinesen.«

»Auch einen Chinesen. Wie gut du raten kannst. Es ist möglich, daß wir wirklich noch einen haben, aber jedenfalls haben wir einen gehabt; jetzt ist er tot und auf einem kleinen eingegitterten Stück Erde begraben, dicht neben dem Kirchhof. Wenn du nicht furchtsam bist, will ich dir bei Gelegenheit mal sein Grab zeigen; es liegt zwischen den Dünen, bloß Strandhafer drum rum und dann und wann ein paar Immortellen, und immer hört man das Meer. Es ist sehr schön und sehr schauerlich.«

»Ja, schauerlich, und ich möchte wohl mehr davon wissen. Aber doch lieber nicht, ich habe dann immer gleich Visionen und Träume und möchte doch nicht, wenn ich diese Nacht hoffentlich gut schlafe, gleich einen Chinesen an mein Bett treten sehen.«

»Das wird er auch nicht.«

»Das wird er auch nicht. Höre, das klingt ja sonderbar, als ob es doch möglich wäre. Du willst mir Kessin interessant machen, aber du gehst darin ein bißchen weit. Und solche fremde Leute habt ihr viele in Kessin?«

»Sehr viele. Die ganze Stadt besteht aus solchen Fremden, aus Menschen, deren Eltern oder Großeltern noch ganz woanders saßen.«

»Höchst merkwürdig. Bitte, sage mir mehr davon. Aber nicht wieder was Gruseliges. Ein Chinese, find' ich, hat immer was Gruseliges.«

»Ja, das hat er«, lachte Geert. »Aber der Rest ist, Gott sei Dank, von ganz anderer Art, lauter manierliche Leute, vielleicht ein bißchen zu sehr Kaufmann, ein bißchen zu sehr auf ihren Vorteil bedacht, und mit Wechseln von zweifelhaftem Wert immer bei der Hand. Ja, man muß sich vorsehen mit ihnen. Aber sonst ganz gemütlich. Und damit du siehst, daß ich dir nichts vorgemacht habe, will ich dir nur so eine kleine Probe geben, so eine Art Register oder Personenverzeichnis.«

»Ja, Geert, das tu.«

»Da haben wir beispielsweise keine fünfzig Schritt von uns, und unsere Gärten stoßen sogar zusammen, den Maschinen- und Baggermeister Macpherson, einen richtigen Schotten und Hochländer.«

»Und trägt sich auch noch so?«

»Nein, Gott sei Dank nicht, denn es ist ein verhutzeltes Männchen, auf das weder sein Clan noch Walter Scott besonders stolz sein würden. Und dann haben wir in demselben Hause, wo dieser Macpherson wohnt, auch noch einen alten Wundarzt, Beza mit Namen, eigentlich bloß Barbier; der stammt aus Lissabon, gerade daher, wo auch der berühmte

General de Meza herstammt, – Meza, Beza, du hörst die Landesverwandtschaft heraus. Und dann haben wir flußaufwärts am Bollwerk – das ist nämlich der Kai, wo die Schiffe liegen – einen Goldschmied namens Stedingk, der aus einer alten schwedischen Familie stammt; ja, ich glaube, es gibt sogar Reichsgrafen, die so heißen, und des weiteren, und damit will ich dann vorläufig abschließen, haben wir den guten alten Doktor Hannemann, der natürlich ein Däne ist und lange in Island war und sogar ein kleines Buch geschrieben hat über den letzten Ausbruch des Hekla oder Krabla.«

»Das ist ja aber großartig, Geert. Das ist ja wie sechs Romane, damit kann man ja gar nicht fertig werden. Es klingt erst spießbürgerlich und ist doch hinterher ganz apart. Und dann müßt ihr ja doch auch Menschen haben, schon weil es eine Seestadt ist, die nicht bloß Chirurgen oder Barbiere sind oder sonst dergleichen. Ihr müßt doch auch Kapitäne haben, irgendeinen fliegenden Holländer oder...«

»Da hast du ganz recht. Wir haben sogar einen Kapitän, der war Seeräuber unter den Schwarzflaggen.«

»Kenn' ich nicht. Was sind Schwarzflaggen?«

»Das sind Leute weit dahinten in Tonkin und an der Südsee... Seit er aber wieder unter Menschen ist, hat er auch wieder die besten Formen und ist ganz unterhaltlich.«

»Ich würde mich aber doch vor ihm fürchten.«

»Was du nicht nötig hast, zu keiner Zeit, und auch dann nicht, wenn ich über Land bin oder zum Tee beim Fürsten, denn zu allem anderen, was wir haben, haben wir ja Gott sei Dank auch Rollo...«

»Rollo?«

»Ja, Rollo. Du denkst dabei, vorausgesetzt, daß du bei Niemeyer oder Jahnke von dergleichen gehört hast, an den Normannenherzog, und unserer hat auch so was. Es ist aber bloß ein Neufundländer, ein wunderschönes Tier, das mich liebt und dich auch lieben wird. Denn Rollo ist ein Kenner. Und solange du den um dich hast, so lange bist du sicher und kann nichts an dich heran, kein Lebendiger und kein Toter. Aber sieh mal den Mond da drüben. Ist es nicht schön?«

Effi, die, still in sich versunken, jedes Wort halb ängstlich, halb begierig eingesogen hatte, richtete sich jetzt auf und sah nach rechts hinüber, wo der Mond, unter weißem, aber rasch hinschwindendem Gewölk, eben aufgegangen war. Kupferfarben stand die große Scheibe hinter einem Erlengehölz und warf ihr Licht auf eine breite Wasserfläche, die die Kessine hier bildete. Oder vielleicht war es auch schon ein Haff, an dem das Meer draußen seinen Anteil hatte.

Effi war wie benommen. »Ja, du hast recht, Geert, wie schön; aber es hat zugleich so was Unheimliches. In Italien habe ich nie solchen Eindruck gehabt, auch nicht als wir von Mestre nach Venedig hinüberfuhren. Da war auch Wasser und Sumpf und Mondschein, und ich dachte, die Brücke würde brechen; aber es war nicht so gespenstig. Woran liegt es nur? Ist es doch das Nördliche?«

Innstetten lachte. »Wir sind hier fünfzehn Meilen nördlicher als in Hohen-Cremmen, und eh der erste Eisbär kommt, mußt du noch eine Weile warten. Ich glaube, du bist nervös von der langen Reise und dazu das St. Privat-Panorama und die Geschichte von dem Chinesen.«

»Du hast mir ja gar keine erzählt.«

»Nein, ich hab' ihn nur eben genannt. Aber ein Chinese ist schon an und für sich eine Geschichte...«

»Ja«, lachte sie.

»Und jedenfalls hast du's bald überstanden. Siehst du da vor dir das kleine Haus mit dem Licht? Es ist eine Schmiede. Da biegt der Weg. Und wenn wir die Biegung gemacht haben, dann siehst du schon den Turm von Kessin oder richtiger beide...«

»Hat es denn zwei?«

»Ja, Kessin nimmt sich auf. Es hat jetzt auch eine katholische Kirche.«

Eine halbe Stunde später hielt der Wagen an der ganz am entgegengesetzten Ende der Stadt gelegenen landrätlichen Wohnung, einem einfachen, etwas altmodischen Fachwerkhause, das mit seiner Front auf die nach den Seebädern hinausführende Hauptstraße, mit seinem Giebel aber auf ein zwischen der Stadt und den Dünen liegendes Wäldchen, das die »Plantage« hieß, herniederblickte. Dies altmodische Fachwerkhaus war übrigens nur Innstettens Privatwohnung, nicht das eigentliche Landratsamt, welches letztere, schräg gegenüber, an der anderen Seite der Straße lag.

Kruse hatte nicht nötig, durch einen dreimaligen Peitschenknips die Ankunft zu vermelden; längst hatte man von Tür und Fenstern aus nach den Herrschaften ausgeschaut, und ehe noch der Wagen heran war, waren bereits alle Hausinsassen auf dem die ganze Breite des Bürgersteiges einnehmenden Schwellstein versammelt, vorauf Rollo, der im selben Augenblicke, wo der Wagen hielt, diesen zu umkreisen begann. Innstetten war zunächst seiner jungen Frau beim Aussteigen behilflich und ging dann, dieser den Arm reichend, unter freundlichem Gruß an der Dienerschaft vorüber, die nun dem jungen Paare in den mit prächtigen alten Wandschränken umstandenen Hausflur folgte. Das Hausmädchen, eine hübsche, nicht mehr ganz jugendliche Person, der ihre stattliche Fülle fast ebenso gut kleidete wie das zierliche Mützchen auf dem blonden Haar, war der gnädigen Frau beim Ablegen von Muff und Mantel behilflich und bückte sich eben, um ihr auch die mit Pelz gefütterten Gummistiefel auszuziehen. Aber ehe sie noch dazu kommen konnte, sagte Innstetten: »Es wird das beste sein, ich stelle dir gleich hier unsere gesamte Hausgenossenschaft vor, mit Ausnahme der Frau Kruse, die sich – ich vermute sie wieder bei ihrem unvermeidlichen schwarzen Huhn – nicht gerne sehen läßt.« Alles lächelte. »Aber lassen wir Frau Kruse... Dies hier ist mein alter Friedrich, der schon mit mir auf der Universität war... Nicht wahr, Friedrich, gute Zeiten damals... und dies hier ist Johanna, märkische Landsmännin von dir, wenn du, was aus Pasewalker Gegend stammt, noch für voll gelten lassen willst, und dies ist Christel, der wir mittags und abends unser leibliches Wohl anvertrauen, und die zu kochen versteht, das kann ich dir versichern. Und dies hier ist Rollo. Nun, Rollo, wie geht's?«

Rollo schien nur auf diese spezielle Ansprache gewartet zu haben, denn im selben Augenblicke, wo er seinen Namen hörte, gab er einen Freudenblaff, richtete sich auf und legte die Pfoten auf seines Herrn Schulter.

»Schon gut, Rollo, schon gut. Aber sieh da, das ist die Frau; ich hab' ihr von dir erzählt und ihr gesagt, daß du ein schönes Tier seiest und sie schützen würdest.« Und nun ließ Rollo ab und setzte sich vor Innstetten nieder, zugleich neugierig zu der jungen Frau aufblickend. Und als diese ihm die Hand hinhielt, umschmeichelte er sie.

Effi hatte während dieser Vorstellungsszene Zeit gefunden, sich umzuschauen. Sie war wie gebannt von allem, was sie sah, und dabei geblendet von der Fülle von Licht. In der vorderen Flurhälfte brannten vier, fünf Wandleuchter, die Leuchter selbst sehr primitiv, von bloßem Weißblech, was aber den Glanz und die Helle nur noch steigerte. Zwei mit roten Schleiern bedeckte Astrallampen, Hochzeitsgeschenk von Niemeyer, standen auf einem zwischen zwei Eichenschränken angebrachten Klapptisch, in Front davon das Teezeug, dessen Lämpchen unter dem Kessel schon angezündet war. Aber noch viel, viel anderes und zum Teil sehr Sonderbares kam zu dem allen hinzu. Quer über den Flur fort liefen drei, die Flurdecke in ebenso viele Felder teilende Balken; an dem vordersten hing ein Schiff mit vollen Segeln, hohem Hinterdeck und Kanonenluken, während weiterhin ein riesiger Fisch in der Luft zu schwimmen schien. Effi nahm ihren Schirm, den sie noch in Händen hielt, und stieß leis an das Ungetüm an, so daß es sich in eine langsam schaukelnde Bewegung setzte.

»Was ist das, Geert?« fragte sie.

»Das ist ein Haifisch.«

»Und ganz dahinten das, was aussieht wie eine große Zigarre vor einem Tabaksladen?«

»Das ist ein junges Krokodil. Aber das kannst du dir alles morgen viel besser und genauer ansehen; jetzt komm und laß uns eine Tasse Tee nehmen. Denn trotz aller Plaids und Decken wirst du gefroren haben. Es war zuletzt empfindlich kalt.«

Er bot nun Effi den Arm, und während sich die beiden Mädchen zurückzogen und nur Friedrich und Rollo folgten, trat man, nach links hin, in des Hausherrn Wohn- und Arbeitszimmer ein. Effi war hier ähnlich überrascht wie draußen im Flur; aber ehe sie sich darüber äußern konnte, schlug Innstetten eine Portiere zurück, hinter der ein zweites, etwas größeres Zimmer, mit Blick auf Hof und Garten, gelegen war. »Das, Effi, ist nun also dein. Friedrich und Johanna haben es, so gut es ging, nach meinen Anordnungen herrichten müssen. Ich finde es ganz erträglich und würde mich freuen, wenn es dir auch gefiele.«

Sie nahm ihren Arm aus dem seinigen und hob sich auf die Fußspitzen, um ihm einen herzlichen Kuß zu geben.

»Ich armes kleines Ding, wie du mich verwöhnst. Dieser Flügel und dieser Teppich, ich glaube gar, es ist ein türkischer, und das Bassin mit den Fischchen und dazu der Blumentisch. Verwöhnung, wohin ich sehe.«

»Ja, meine liebe Effi, das mußt du dir nun schon gefallen lassen, dafür ist man jung und hübsch und liebenswürdig, was die Kessiner wohl auch schon erfahren haben werden, Gott weiß woher. Denn an dem Blumentisch wenigstens bin ich unschuldig. Friedrich, wo kommt der Blumentisch her?«

»Apotheker Gieshübler... Es liegt auch eine Karte bei.«

»Ah, Gieshübler, Alonzo Gieshübler«, sagte Innstetten und reichte lachend und in beinahe ausgelassener Laune die Karte mit dem etwas fremdartig klingenden Vornamen zu Effi hinüber. »Gieshübler, von dem hab' ich dir zu erzählen vergessen – beiläufig, er führt auch den Doktortitel, hat's aber nicht gern, wenn man ihn dabei nennt, das ärgere, so meint er, die richtigen Doktors bloß, und darin wird er wohl recht haben. Nun, ich denke, du wirst ihn kennenlernen, und zwar bald; er ist unsere beste Nummer hier, Schöngeist und Original und vor allem Seele von Mensch, was doch immer die Hauptsache bleibt. Aber lassen wir das alles und setzen uns und nehmen unsern Tee. Wo soll es sein? Hier bei dir oder drin bei mir? Denn eine weitere Wahl gibt es nicht. Eng und klein ist meine Hütte.«

Sie setzte sich ohne Besinnen auf ein kleines Ecksofa. »Heute bleiben wir hier, heute bist du bei mir zu Gast. Oder lieber so: den Tee regelmäßig bei mir, das Frühstück bei dir; dann kommt jeder zu seinem Recht, und ich bin neugierig, wo mir's am besten gefallen wird.«

»Das ist eine Morgen- und Abendfrage.«

»Gewiß. Aber wie sie sich stellt, oder richtiger, wie wir uns dazu stellen, das ist es eben.«

Und sie lachte und schmiegte sich an ihn und wollte ihm die Hand küssen.

»Nein, Effi, um Himmels willen nicht, nicht so. Mir liegt nicht daran, die Respektsperson zu sein, das bin ich für die Kessiner. Für dich bin ich...«

»Nun was?«

»Ach laß. Ich werde mich hüten, es zu sagen.«

SIEBENTES KAPITEL

Es war schon heller Tag, als Effi am andern Morgen erwachte. Sie hatte Mühe, sich zurechtzufinden. Wo war sie? Richtig, in Kessin, im Hause des Landrats von Innstetten, und sie war seine Frau, Baronin Innstetten. Und sich aufrichtend, sah sie sich neugierig um; am Abend vorher war sie zu müde gewesen, um alles, was sie da halb fremdartig, halb altmodisch umgab, genauer in Augenschein zu nehmen. Zwei Säulen stützten den Deckenbalken, und grüne Vorhänge schlossen den alkovenartigen Schlafraum, in welchem die Betten standen, von dem Rest des Zimmers ab; nur in der Mitte fehlte der Vorhang oder war zurückgeschlagen, was ihr von ihrem Bette aus eine bequeme Orientierung gestattete. Da, zwischen den zwei Fenstern, stand der schmale, bis hoch hinaufreichende Trumeau, während rechts daneben, und schon an der Flurwand hin, der große schwarze Kachelofen aufragte, der noch (soviel hatte sie schon am Abend vorher bemerkt) nach alter Sitte von außen her geheizt wurde. Sie fühlte jetzt, wie seine Wärme herüberströmte. Wie schön es doch war, im eigenen Hause zu sein; soviel Behagen hatte sie während der ganzen Reise nicht empfunden, nicht einmal in Sorrent.

Aber wo war Innstetten? Alles still um sie her, niemand da. Sie hörte nur den Ticktackschlag einer kleinen Pendule und dann und wann einen dumpfen Ton im Ofen, woraus sie schloß, daß vom Flur her ein paar neue Scheite nachgeschoben würden. Allmählich entsann sie sich auch, daß Geert am Abend vorher von einer elektrischen Klingel gesprochen hatte, nach der sie denn auch nicht lange mehr zu suchen brauchte; dicht neben ihrem Kissen war der kleine weiße Elfenbeinknopf, auf den sie nun leise drückte.

Gleich danach erschien Johanna. »Gnädige Frau haben befohlen.«

»Ach, Johanna, ich glaube, ich habe mich verschlafen. Es muß schon spät sein.«

»Eben neun.«

»Und der Herr...«, es wollte ihr nicht glücken, so ohne weiteres von ihrem »Manne« zu sprechen, »...der Herr, er muß sehr leise gemacht haben; ich habe nichts gehört.«

»Das hat er gewiß. Und gnäd'ge Frau werden fest geschlafen haben. Nach der langen Reise...«

»Ja, das hab' ich. Und der Herr, ist er immer so früh auf?«

»Immer, gnäd'ge Frau. Darin ist er streng; er kann das lange Schlafen nicht leiden, und wenn er drüben in sein Zimmer tritt, da muß der Ofen warm sein, und der Kaffee darf auch nicht auf sich warten lassen.«

»Da hat er also schon gefrühstückt?«

»Oh, nicht doch, gnäd'ge Frau... der gnäd'ge Herr...«

Effi fühlte, daß sie die Frage nicht hätte tun und die Vermutung, Innstetten könne nicht auf sie gewartet haben, lieber nicht hätte aussprechen sollen. Es lag ihr denn auch daran, diesen ihren Fehler so gut es ging wieder auszugleichen, und als sie sich erhoben und vor dem Trumeau Platz genommen hatte, nahm sie das Gespräch wieder auf und sagte: »Der Herr hat übrigens ganz recht. Immer früh auf, das war auch Regel in meiner Eltern Hause. Wo die Leute den Morgen verschlafen, da gibt es den ganzen Tag keine Ordnung mehr. Aber der Herr wird es so streng mit mir nicht nehmen; eine ganze Weile hab' ich diese Nacht nicht schlafen können und habe mich sogar ein wenig geängstigt.«

»Was ich hören muß, gnäd'ge Frau! Was war es denn?«

»Es war über mir ein ganz sonderbarer Ton, nicht laut, aber doch sehr eindringlich. Erst klang es, wie wenn lange Schleppenkleider über die Diele hinschleiften, und in meiner Erregung war es mir ein paarmal, als ob ich kleine weiße Atlasschuhe sähe. Es war, als tanze man oben, aber ganz leise.«

Johanna, während das Gespräch so ging, sah über die Schulter der jungen Frau fort in den hohen schmalen Spiegel hinein, um die Mienen Effis besser beobachten zu können. Dann sagte sie: »Ja, das ist oben im Saal. Früher hörten wir es in der Küche auch. Aber jetzt hören wir es nicht mehr; wir haben uns daran gewöhnt.«

»Ist es denn etwas Besonderes damit?«

»O Gott bewahre, nicht im geringsten. Eine Weile wußte man nicht recht, woher es käme, und der Herr Prediger machte ein verlegenes Gesicht, trotzdem Doktor Gieshübler immer nur darüber lachte. Nun aber wissen wir, daß es die Gardinen sind. Der Saal ist etwas multrig und stockig und deshalb stehen immer die Fenster auf, wenn nicht gerade Sturm ist. Und da ist denn fast immer ein starker Zug oben und fegt die alten, weißen Gardinen, die außerdem viel zu lang sind, über die Dielen hin und her. Das klingt dann so wie seidne Kleider, oder auch wie Atlasschuhe, wie die gnäd'ge Frau eben bemerkten.«

»Natürlich ist es das. Aber ich begreife nur nicht, warum dann die Gardinen nicht abgenommen werden. Oder man könnte sie ja kürzer machen. Es ist ein so sonderbares Geräusch, das einem auf die Nerven fällt. Und nun, Johanna, bitte, geben Sie mir noch das kleine Tuch und tupfen Sie mir die Stirn. Oder nehmen Sie lieber den Rafraichisseur aus meiner Reisetasche... Ach, das ist schön und erfrischt mich. Nun werde ich hinübergehen. Er ist doch noch da, oder war er schon aus?«

»Der gnäd'ge Herr war schon aus, ich glaube drüben auf dem Amt. Aber seit einer Viertelstunde ist er zurück. Ich werde Friedrich sagen, daß er das Frühstück bringt.«

Und damit verließ Johanna das Zimmer, während Effi noch einen Blick in den Spiegel tat und dann über den Flur fort, der bei der Tagesbeleuchtung viel von seinem Zauber vom Abend vorher eingebüßt hatte, bei Geert eintrat.

Dieser saß an seinem Schreibtisch, einem etwas schwerfälligen Zylinderbureau, das er aber, als Erbstück aus dem elterlichen Hause, nicht missen mochte. Effi stand hinter ihm und umarmte und küßte ihn, noch ehe er sich von seinem Platz erheben konnte.

»Schon?«

»Schon, sagst du. Natürlich um mich zu verspotten.«
Innstetten schüttelte den Kopf. »Wie werd' ich das?« Effi fand aber ein Gefallen daran, sich anzuklagen, und wollte von den Versicherungen ihres Mannes, daß sein »schon« ganz aufrichtig gemeint gewesen sei, nichts hören. »Du mußt noch von der Reise her wissen, daß ich morgens nie habe warten lassen. Im Laufe des Tages, nun ja, da ist es etwas anderes. Es ist wahr, ich bin nicht sehr pünktlich, aber ich bin keine Langschläferin. Darin, denk' ich, haben mich die Eltern gut erzogen.«

»Darin? In allem, meine süße Effi.«

»Das sagst du so, weil wir noch in den Flitterwochen sind ..., aber nein, wir sind ja schon heraus. Ums Himmels willen, Geert, daran habe ich noch gar nicht gedacht, wir sind ja schon über sechs Wochen verheiratet, sechs Wochen und einen Tag. Ja, das ist etwas anderes; da nehme ich es nicht mehr als Schmeichelei, da nehme ich es als Wahrheit.«

In diesem Augenblicke trat Friedrich ein und brachte den Kaffee. Der Frühstückstisch stand in Schräglinie vor einem kleinen rechtwinkligen Sofa, das gerade die eine Ecke des Wohnzimmers ausfüllte. Hier setzten sich beide.

»Der Kaffee ist ja vorzüglich«, sagte Effi, während sie zugleich das Zimmer und seine Einrichtung musterte. »Das ist noch Hotelkaffee oder wie der bei Bottegone ... erinnerst du dich noch, in Florenz, mit dem Blick auf den Dom. Davon muß ich der Mama schreiben, solchen Kaffee haben wir in Hohen-Cremmen nicht. Überhaupt, Geert, ich sehe nun erst, wie vornehm ich mich verheiratet habe. Bei uns konnte alles nur so gerade passieren.«

»Torheit, Effi. Ich habe nie eine bessere Hausführung gesehen als bei euch.«

»Und dann, wie du wohnst. Als Papa sich den neuen Gewehrschrank angeschafft und über seinem Schreibtisch einen Büffelkopf und dicht darunter den alten Wrangel angebracht hatte (er war nämlich mal Adjutant bei dem Alten), da dacht' er, wunder was er getan; aber wenn ich mich hier umsehe, daneben ist unsere ganze Hohen-Cremmener Herrlichkeit ja bloß dürftig und alltäglich. Ich weiß gar nicht, womit ich das alles vergleichen soll; schon gestern abend, als ich nur so flüchtig darüber hinsah, kamen mir allerhand Gedanken.«

»Und welche, wenn ich fragen darf?«

»Ja, welche. Du darfst aber nicht darüber lachen. Ich habe mal ein Bilderbuch gehabt, wo ein persischer oder indischer Fürst (denn er trug einen Turban) mit untergeschlagenen Beinen auf einem roten Seidenkissen saß, und in seinem Rücken war außerdem noch eine große rote Seidenrolle, die links und rechts ganz bauschig zum Vorschein kam, und die Wand hinter dem indischen Fürsten starrte von Schwertern und Dolchen und Parderfellen und Schilden und langen türkischen Flinten. Und sieh, ganz so sieht es hier bei dir aus, und wenn du noch die Beine unterschlägst, ist die Ähnlichkeit vollkommen.«

»Effi, du bist ein entzückendes, liebes Geschöpf. Du weißt gar nicht, wie sehr ich's finde und wie gern ich dir in jedem Augenblicke zeigen möchte, daß ich's finde.«

»Nun, dazu ist ja noch vollauf Zeit; ich bin ja erst siebzehn und habe noch nicht vor zu sterben.«

»Wenigstens nicht vor mir. Freilich, wenn ich dann stürbe, nähme ich dich am liebsten mit. Ich will dich keinem andern lassen; was meinst du dazu?«

»Das muß ich mir doch noch überlegen. Oder lieber, lassen wir's überhaupt. Ich spreche nicht gern von Tod, ich bin für Leben. Und nun sage mir, wie leben wir hier? Du hast mir unterwegs allerlei Sonderbares von Stadt und Land erzählt, aber wie wir selber hier leben werden, davon kein Wort. Daß hier alles anders ist als in Hohen-Cremmen und Schwantikow, das seh' ich wohl, aber wir müssen doch in dem ›guten Kessin‹, wie du's immer nennst, auch etwas wie Umgang und Gesellschaft haben können. Habt ihr denn Leute von Familie in der Stadt?«

»Nein, meine liebe Effi; nach dieser Seite hin gehst du großen Enttäuschungen entgegen. In der Nähe haben wir ein paar Adlige, die du kennenlernen wirst, aber hier in der Stadt ist gar nichts.«

»Gar nichts? das kann ich nicht glauben. Ihr seid doch bis zu dreitausend Menschen, und unter dreitausend Menschen muß es doch außer so kleinen Leuten wie Barbier Beza (so hieß er ja wohl) doch auch noch eine Elite geben, Honoratioren oder dergleichen.«

Innstetten lachte. »Ja, Honoratioren, die gibt es. Aber bei Lichte besehen, ist es nicht viel damit. Natürlich haben wir einen Prediger und einen Amtsrichter und einen Rektor und einen Lotsenkommandeur, und von solchen beamteten Leuten findet sich schließlich wohl ein ganzes Dutzend zusammen, aber die meisten davon: gute Menschen und schlechte Musikanten. Und was dann noch bleibt, das sind bloß Konsuln.«

»Bloß Konsuln. Ich bitte dich, Geert, wie kannst du nur sagen ›bloß Konsuln‹. Das ist doch etwas sehr Hohes und Großes und ich möcht' beinah sagen Furchtbares. Konsuln, das sind doch die mit dem Rutenbündel, draus, glaub' ich, ein Beil heraussah.«

»Nicht ganz, Effi. Die heißen Liktoren.«

»Richtig, die heißen Liktoren. Aber Konsuln ist doch auch etwas sehr Vornehmes und Hochgesetzliches. Brutus war doch ein Konsul.«

»Ja, Brutus war ein Konsul. Aber unsere sind ihm nicht sehr ähnlich und begnügen sich damit, mit Zucker und Kaffee zu handeln oder eine Kiste mit Apfelsinen aufzubrechen und verkaufen dir dann das Stück pro zehn Pfennige.«

»Nicht möglich.«

»Sogar gewiß. Es sind kleine, pfiffige Kaufleute, die, wenn fremdländische Schiffe hier einlaufen und in irgendeiner Geschäftsfrage nicht recht aus noch ein wissen, die dann mit ihrem Rate zur Hand sind, und wenn sie diesen Rat gegeben und irgendeinem holländischen oder portugiesischen Schiff einen Dienst geleistet haben, so werden sie zuletzt zu beglaubigten Vertretern solcher fremder Staaten, und gerade so viele Botschafter und Gesandte, wie wir in Berlin haben, so viele Konsuln haben wir auch in Kessin, und wenn irgendein Festtag ist, und es gibt hier viel Festtage, dann werden alle Wimpel gehißt, und haben wir gerad eine grelle Morgensonne, so siehst du an solchem Tage ganz Europa von unsern Dächern flaggen und das Sternenbanner und den chinesischen Drachen dazu.«

»Du bist in einer spöttischen Laune, Geert, und magst auch

wohl recht haben. Aber ich, für meine kleine Person, muß dir gestehen, daß ich dies alles entzückend finde und daß unsere havelländischen Städte daneben verschwinden. Wenn sie da Kaisers Geburtstag feiern, so flaggt es immer bloß schwarz und weiß und allenfalls ein bißchen rot dazwischen, aber das kann sich doch nicht vergleichen mit der Welt von Flaggen, von der du sprichst. Überhaupt, wie ich dir schon sagte, ich finde immer wieder und wieder, es hat alles so was Fremdländisches hier, und ich habe noch nichts gehört und gesehen, was mich nicht in eine gewisse Verwunderung gesetzt hätte, gleich gestern abend das merkwürdige Schiff draußen im Flur und dahinter der Haifisch und das Krokodil und hier dein eigenes Zimmer. Alles so orientalisch, und ich muß es wiederholen, alles wie bei einem indischen Fürsten...«

»Meinetwegen. Ich gratuliere, Fürstin...«

»Und dann oben der Saal mit seinen langen Gardinen, die über die Diele hinfegen.«

»Aber was weißt du denn von dem Saal, Effi?«

»Nichts, als was ich dir eben gesagt habe. Wohl eine Stunde lang, als ich in der Nacht aufwachte, war es mir, als ob ich Schuhe auf der Erde schleifen hörte und als würde getanzt und fast auch wie Musik. Aber alles ganz leise. Und das hab' ich dann heute früh an Johanna erzählt, bloß um mich zu entschuldigen, daß ich hinterher so lange geschlafen. Und da sagte sie mir, das sei von den langen Gardinen oben im Saal. Ich denke, wir machen kurzen Prozeß damit und schneiden die Gardinen etwas ab oder schließen wenigstens die Fenster; es wird ohnehin bald stürmisch genug werden. Mitte November ist ja die Zeit.«

Innstetten sah in einer kleinen Verlegenheit vor sich hin und schien schwankend, ob er auf all das antworten solle. Schließlich entschied er sich für Schweigen. »Du hast ganz recht, Effi, wir wollen die langen Gardinen oben kürzer machen. Aber es eilt nicht damit, um so weniger, als es nicht sicher ist, ob es hilft. Es kann auch was anderes sein, im Rauchfang, oder der Wurm im Holz oder ein Iltis. Wir haben nämlich hier Iltisse. Jedenfalls aber, eh wir Änderungen vornehmen, mußt du dich in unserem Hauswesen erst umsehen, natürlich unter meiner Führung; in einer Viertelstunde zwingen wir's. Und dann machst du Toilette, nur ein ganz klein wenig, denn eigentlich bist du so am reizendsten – Toilette für unseren Freund Gieshübler; es ist jetzt zehn vorüber, und ich müßte mich sehr in ihm irren, wenn er nicht um elf oder doch spätestens um die Mittagsstunde hier antreten und dir seinen Respekt devotest zu Füßen legen sollte. Das ist nämlich die Sprache, drin er sich ergeht. Übrigens, wie ich dir schon sagte, ein kapitaler Mann, der dein Freund werden wird, wenn ich ihn und dich recht kenne.«

ACHTES KAPITEL

Elf war es längst vorüber; aber Gieshübler hatte sich noch immer nicht sehen lassen. »Ich kann nicht länger warten«, hatte Geert gesagt, den der Dienst abrief. »Wenn Gieshübler noch erscheint, so sei möglichst entgegenkommend, dann wird es vorzüglich gehen; er darf nicht verlegen werden; ist er befangen, so kann er kein Wort finden oder sagt die sonderbarsten Dinge; weißt du ihn aber in Zutrauen und gute Laune zu bringen, dann redet er wie ein Buch. Nun, du wirst es schon machen. Erwarte mich nicht vor drei; es gibt drüben allerlei zu tun. Und das mit dem Saal oben wollen wir noch überlegen; es wird aber wohl am besten sein, wir lassen es beim alten.«

Damit ging Innstetten und ließ seine junge Frau allein. Diese saß, etwas zurückgelehnt, in einem lauschigen Winkel am Fenster und stützte sich, während sie hinaussah, mit ihrem linken Arm auf ein kleines Seitenbrett, das aus dem Zylinderbureau herausgezogen war. Die Straße war die Hauptverkehrsstraße nach dem Strande hin, weshalb denn auch in Sommerzeit ein reges Leben hier herrschte, jetzt aber, um Mitte November, war alles leer und still, und nur ein paar arme Kinder, deren Eltern in etlichen ganz am äußersten Rande der »Plantage« gelegenen Strohdachhäusern wohnten, klappten in ihren Holzpantinen an dem Innstettenschen Hause vorüber. Effi empfand aber nichts von dieser Einsamkeit, denn ihre Phantasie war noch immer bei den wunderlichen Dingen, die sie, kurz vorher, während ihrer Umschau haltenden Musterung im Hause gesehen hatte. Diese Musterung hatte mit der Küche begonnen, deren Herd eine moderne Konstruktion aufwies, während an der Decke hin, und zwar bis in die Mädchenstube hinein, ein elektrischer Draht lief – beides vor kurzem erst hergerichtet. Effi war erfreut gewesen, als ihr Innstetten davon erzählt hatte, dann aber waren sie von der Küche wieder in den Flur zurück- und von diesem in den Hof hinausgetreten, der in seiner ersten Hälfte nicht viel mehr als ein zwischen zwei Seitenflügeln hinlaufender ziemlich schmaler Gang war. In diesen Flügeln war alles untergebracht, was sonst noch zu Haushalt und Wirtschaftsführung gehörte, rechts Mädchenstube, Bedientenstube, Rollkammer, links eine zwischen Pferdestall und Wagenremise gelegene, von der Familie Kruse bewohnte Kutscherwohnung. Über dieser, in einem Verschlage, waren die Hühner einlogiert, und eine Dachklappe über dem Pferdestall bildete den Aus- und Einschlupf für die Tauben. All dies hatte sich Effi mit vielem Interesse angesehen, aber dies Interesse sah sich doch weit überholt, als sie, nach ihrer Rückkehr vom Hof ins Vorderhaus, unter Innstettens Führung die nach oben führende Treppe hinaufgestiegen war. Diese war schief, baufällig, dunkel; der Flur dagegen, auf den sie mündete, wirkte beinah heiter, weil er viel Licht und einen guten landschaftlichen Ausblick hatte: nach der einen Seite hin, über die Dächer des Stadtrandes und die »Plantage« fort, auf eine hoch auf einer Düne stehende holländische Windmühle, nach der anderen Seite hin auf die Kessine, die hier, unmittelbar vor ihrer Einmündung, ziemlich breit war und einen stattlichen Eindruck machte. Diesem Eindruck konnte man sich unmöglich entziehen, und Effi hatte denn auch nicht gesäumt, ihrer Freude lebhaften Ausdruck zu geben. »Ja, sehr schön, sehr malerisch«, hatte Innstetten, ohne weiter darauf einzugehen, geantwortet und dann eine mit ihren Flügeln etwas schief hängende Doppeltür geöffnet, die nach rechts hin in den sogenannten Saal führte. Dieser lief durch die ganze Etage; Vorder- und Hinterfenster standen auf, und die mehrerwähnten langen Gardinen bewegten sich in dem starken Luftzuge hin und her. In der Mitte der einen Längswand sprang ein Kamin vor mit einer großen Steinplatte, während an der Wand gegenüber ein paar blecherne Leuchter hingen, jeder mit zwei Lichtöffnungen, ganz so wie unten im Flur, aber alles stumpf und ungepflegt. Effi war einigermaßen enttäuscht, sprach es auch aus und erklärte, statt des öden und ärmlichen Saales doch lieber die Zimmer an der gegenübergelegenen Flurseite sehen zu wollen. »Da ist nun eigentlich vollends nichts«, hatte Innstetten geantwortet, aber doch die Türen geöffnet. Es befanden sich hier vier einfenstrige Zimmer, alle gelb getüncht, gerade wie der Saal, und ebenfalls ganz leer. Nur in einem standen drei Binsenstühle, die durchgesessen waren, und an die Lehne des einen war ein kleines, nur einen halben Finger langes Bildchen geklebt, das einen Chinesen darstellte, blauer Rock mit gelben Pluderhosen und einen flachen Hut auf dem Kopf. Effi sah es und sagte: »Was soll der Chinese?« Innstetten selber schien von dem Bildchen überrascht und versicherte, daß er es nicht wisse. »Das hat Christel angeklebt oder Johanna. Spielerei. Du kannst sehen, es ist aus einer Fibel herausgeschnitten.« Effi fand es auch und war nur verwundert, daß Innstetten alles so ernsthaft nahm, als ob es doch etwas sei. Dann hatte sie noch einmal einen Blick in den Saal getan und sich dabei dahin geäußert, wie es doch eigentlich schade sei, daß das alles leerstehe. »Wir haben unten ja nur drei Zimmer und wenn uns wer besucht, so wissen wir nicht aus, noch ein. Meinst du nicht, daß man aus dem Saal zwei hübsche Fremdenzimmer machen könnte? Das wäre so was für die Mama; nach hinten heraus könnte sie schlafen und hätte den Blick auf den Fluß und die beiden Molen, und vorn hätte sie die Stadt und die holländische Windmühle. In Hohen-Cremmen haben wir noch immer bloß eine Bockmühle. Nun sage, was meinst du dazu? Nächsten Mai wird doch die Mama wohl kommen.«

Innstetten war mit allem einverstanden gewesen und hatte nur zum Schlusse gesagt: »Alles ganz gut. Aber es ist doch am Ende besser, wir logieren die Mama drüben ein, auf dem Landratsamt; die ganze erste Etage steht da leer, gerade so wie hier, und sie ist da noch mehr für sich.«

Das war so das Resultat des ersten Umgangs im Hause gewesen; dann hatte Effi drüben ihre Toilette gemacht, nicht ganz so schnell wie Innstetten angenommen, und nun saß sie in ihres Gatten Zimmer und beschäftigte sich in ihren Gedanken abwechselnd mit dem kleinen Chinesen oben und mit Gieshübler, der noch immer nicht kam. Vor einer Viertelstunde war freilich ein kleiner, schiefschultriger und fast schon so gut wie verwachsener Herr in einem kurzen eleganten Pelzrock und einem hohen, sehr glatt gebürsteten Zylinder an der anderen Seite der Straße vorbeigegangen und hatte nach ihrem Fenster hinübergesehen. Aber das konnte Gieshübler wohl nicht gewesen sein! Nein, dieser schiefschultrige Herr, der zugleich etwas so Distinguiertes hatte, das mußte der Herr Gerichtspräsident gewesen sein, und sie entsann sich auch wirklich, in einer Gesellschaft bei Tante Therese, mal einen solchen gesehen zu haben, bis ihr mit einem Male einfiel, daß Kessin bloß einen Amtsrichter habe.

Während sie diesen Betrachtungen noch nachhing, wurde der Gegenstand derselben, der augenscheinlich erst eine Morgen- oder vielleicht auch eine Ermutigungspromenade um die Plantage herum gemacht hatte, wieder sichtbar, und eine Minute später erschien Friedrich, um Apotheker Gieshübler anzumelden.

»Ich lasse sehr bitten.«

Der armen jungen Frau schlug das Herz, weil es das erstemal war, daß sie sich als Hausfrau und noch dazu als erste Frau der Stadt zu zeigen hatte.

Friedrich half Gieshübler den Pelzrock ablegen und öffnete dann wieder die Tür.

Effi reichte dem verlegen Eintretenden die Hand, die dieser mit einem gewissen Ungestüm küßte. Die junge Frau schien sofort einen großen Eindruck auf ihn gemacht zu haben.

»Mein Mann hat mir bereits gesagt... Aber ich empfange Sie hier in meines Mannes Zimmer... er ist drüben auf dem Amt und kann jeden Augenblick zurück sein... Darf ich Sie bitten, bei mir eintreten zu wollen?«

Gieshübler folgte der voranschreitenden Effi ins Nebenzimmer, wo diese auf einen der Fauteuils wies, während sie sich selbst ins Sofa setzte. »Daß ich Ihnen sagen könnte, welche Freude Sie mir gestern durch die schönen Blumen und Ihre Karte gemacht haben. Ich hörte sofort auf, mich hier als eine Fremde zu fühlen, und als ich dies Innstetten aussprach, sagte er mir, wir würden überhaupt gute Freunde sein.«

»Sagte er so? Der gute Herr Landrat. Ja, der Herr Landrat und Sie, meine gnädigste Frau, da sind, das bitte ich sagen zu dürfen, zwei liebe Menschen zueinander gekommen. Denn wie Ihr Herr Gemahl ist, das weiß ich, und wie Sie sind, meine gnädigste Frau, das sehe ich.«

»Wenn Sie nur nicht mit zu freundlichen Augen sehen. Ich bin so sehr jung. Und Jugend...«

»Ach, meine gnädigste Frau, sagen Sie nichts gegen die Jugend. Die Jugend, auch in ihren Fehlern ist sie noch schön und liebenswürdig, und das Alter, auch in seinen Tugenden taugt es nicht viel. Persönlich kann ich in dieser Frage freilich nicht mitsprechen, vom Alter wohl, aber von der Jugend nicht, denn ich bin eigentlich nie jung gewesen. Personen meines Schlages sind nie jung. Ich darf wohl sagen, das ist das traurigste von der Sache. Man hat keinen rechten Mut, man hat kein Vertrauen zu sich selbst, man wagt kaum, eine Dame zum Tanz aufzufordern, weil man ihr eine Verlegenheit ersparen will, und so gehen die Jahre hin, und man wird alt, und das Leben war arm und leer.«

Effi gab ihm die Hand. »Ach, Sie dürfen so was nicht sagen. Wir Frauen sind gar nicht so schlecht.«

»O nein, gewiß nicht...«

»Und wenn ich mir so zurückrufe«, fuhr Effi fort, »was ich alles erlebt habe... viel ist es nicht, denn ich bin wenig herausgekommen und habe fast immer auf dem Lande gelebt... aber wenn ich es mir zurückrufe, so finde ich doch, daß wir immer das lieben, was liebenswert ist. Und dann sehe ich doch auch gleich, daß Sie anders sind als andere, dafür haben wir Frauen ein scharfes Auge. Vielleicht ist es auch der Name, der in Ihrem Falle mitwirkt. Das war immer eine Lieblingsbehauptung unseres alten Pastors Niemeyer; der Name, so liebte er zu sagen, besonders der Taufname, habe was geheimnisvoll Bestimmendes, und Alonzo Gieshübler, so mein' ich, schließt eine ganz neue Welt vor einem auf, ja, fast möcht' ich sagen dürfen, Alonzo ist ein romantischer Name, ein Preziosaname.«

Gieshübler lächelte mit einem ganz ungemeinen Behagen und fand den Mut, seinen für seine Verhältnisse viel zu hohen Zylinder, den er bis dahin in der Hand gedreht hatte, beiseitezustellen. »Ja, meine gnädigste Frau, da treffen Sie's.«

»Oh, ich verstehe. Ich habe von den Konsuln gehört, deren Kessin so viele haben soll, und in dem Hause des spanischen Konsuls hat Ihr Herr Vater mutmaßlich die Tochter eines seemännischen Capitanos kennengelernt, wie ich annehme irgendeine schöne Andalusierin. Andalusierinnen sind immer schön.«

»Ganz wie Sie vermuten, meine Gnädigste. Und meine Mutter war wirklich eine schöne Frau, so schlecht es mir persönlich zusteht, die Beweisführung zu übernehmen. Aber als Ihr Herr Gemahl vor drei Jahren hierher kam, lebte sie noch und hatte noch ganz die Feueraugen. Er wird es mir bestätigen. Ich persönlich bin mehr ins Gieshüblersche geschlagen, Leute von wenig Exterieur, aber sonst leidlich im Stande. Wir sitzen hier schon in der vierten Generation, volle hundert Jahre, und wenn es einen Apothekeradel gäbe...«

»So würden Sie ihn beanspruchen dürfen. Und ich meinerseits nehme ihn für bewiesen an und sogar für bewiesen ohne jede Einschränkung. Uns, aus den alten Familien, wird das am leichtesten, weil wir, so wenigstens bin ich von meinem Vater und auch von meiner Mutter her erzogen, jede gute Gesinnung, sie komme woher sie wolle, mit Freudigkeit gelten lassen. Ich bin eine geborene Briest und stamme von dem Briest ab, der, am Tage vor der Fehrbelliner Schlacht, den Überfall von Rathenow ausführte, wovon Sie vielleicht einmal gehört haben...«

»O gewiß, meine Gnädigste, das ist ja meine Spezialität.«

»Eine Briest also. Und mein Vater, da reichen keine hundert Male, daß er zu mir gesagt hat: Effi (so heiße ich nämlich), Effi, *hier* sitzt es, bloß hier, und als Froben das Pferd tauschte, da war er von Adel, und als Luther sagte ›hier stehe ich‹, da war er erst recht von Adel. Und ich denke, Herr Gieshübler, Innstetten hatte ganz recht, als er mir versicherte, wir würden gute Freundschaft halten.«

Gieshübler hätte nun am liebsten gleich eine Liebeserklärung gemacht und gebeten, daß er als Cid oder irgend sonst ein Campeador für sie kämpfen und sterben könne. Da dies alles aber nicht ging und sein Herz es nicht mehr aushalten konnte, so stand er auf, suchte nach seinem Hut, den er auch glücklicherweise gleich fand, und zog sich, nach wiederholtem Handkuß, rasch zurück, ohne weiter ein Wort gesagt zu haben.

NEUNTES KAPITEL

So war Effis erster Tag in Kessin gewesen. Innstetten gab ihr noch eine halbe Woche Zeit, sich einzurichten und die verschiedensten Briefe nach Hohen-Cremmen zu schreiben, an die Mama, an Hulda und die Zwillinge; dann aber hatten die Stadtbesuche begonnen, die zum Teil (es regnete gerade so, daß man sich diese Ungewöhnlichkeit schon gestatten konnte) in einer geschlossenen Kutsche gemacht wurden. Als man damit fertig war, kam der Landadel an die Reihe. Das dauerte länger, da sich, bei den meist großen Entfernungen, an jedem Tage nur eine Visite machen ließ. Zuerst war man bei den Borckes in Rothenmoor, dann ging es nach Morgnitz, Dabergotz und Kroschentin, wo man bei den Ahlemanns, den Jatzkows und den Grasenabbs den pflichtschuldigen Besuch abstattete. Noch ein paar andere folgten, unter denen auch der alte Baron von Güldenklee auf Papenhagen war. Der Eindruck, den Effi empfing, war überall derselbe: mittelmäßige Menschen, von meist zweifelhafter Liebenswürdigkeit, die, während sie vorgaben, über Bismarck und die Kronprinzessin zu sprechen, eigentlich nur Effis Toilette musterten, die von einigen als zu prätentiös für eine so jugendliche Dame, von andern als zu wenig dezent für eine Dame von gesellschaftlicher Stellung befunden wurde. Man merke doch an allem die Berliner Schule: Sinn für Äußerliches und eine merkwürdige Verlegenheit und Unsicherheit bei Berührung großer Fragen. In Rothenmoor bei den Borckes und dann auch bei den Familien in Morgnitz und Dabergotz war sie für »rationalistisch angekränkelt«, bei den Grasenabbs in Kroschentin aber rundweg für eine »Atheistin« erklärt worden. Allerdings hatte die alte Frau von Grasenabb, eine Süddeutsche (geborene Stiefel von Stiefelstein), einen schwachen Versuch gemacht, Effi wenigstens für den Deismus zu retten; Sidonie von Grasenabb aber, eine dreiundvierzigjährige alte Jungfer, war barsch dazwischengefahren: »Ich sage dir, Mutter, einfach Atheistin, kein Zoll breit weniger, und dabei bleibt es«, worauf die Alte, die sich vor ihrer eigenen Tochter fürchtete, klüglich geschwiegen hatte.

Die ganze Tournee hatte so ziemlich zwei Wochen gedauert, und es war am 2. Dezember, als man, zu schon später Stunde, von dem letzten dieser Besuche nach Kessin zurückkehrte. Dieser letzte Besuch hatte den Güldenklees auf Papenhagen gegolten, bei welcher Gelegenheit Innstetten dem Schicksal nicht entgangen war, mit dem alten Güldenklee politisieren zu müssen. »Ja, teuerster Landrat, wenn ich so den Wechsel der Zeiten bedenke! Heute vor einem Menschenalter oder ungefähr so lange, ja, da war auch ein 2. Dezember und der gute Louis und Napoleonsneffe – *wenn* er so was war und nicht eigentlich ganz woanders herstammte –, der kartätschte damals auf die Pariser Kanaille. Na, das mag ihm verziehen sein, für so was war er der rechte Mann, und ich halte zu dem Satze: ›Jeder hat es gerade so gut und so schlecht, wie er's verdient.‹ Aber daß er nachher alle Schätzung verlor und anno 70 so mir nichts, dir nichts auch mit *uns* anbinden wollte, sehen Sie, Baron, das war, ja wie sag' ich, das war eine Insolenz. Es ist ihm aber auch heimgezahlt worden. Unser Alter da oben läßt sich nicht spotten, *der* steht zu uns.«

»Ja«, sagte Innstetten, der klug genug war, auf solche Philistereien anscheinend ernsthaft einzugehen: »Der Held und Eroberer von Saarbrücken wußte nicht, was er tat. Aber Sie dürfen nicht zu streng mit ihm persönlich abrechnen. Wer ist am Ende Herr in seinem Hause? Niemand. Ich richte mich auch schon darauf ein, die Zügel der Regierung in andere Hände zu legen, und Louis Napoleon, nun, der war vollends ein Stück Wachs in den Händen seiner katholischen Frau, oder sagen wir lieber, seiner jesuitischen Frau.«

»Wachs in den Händen seiner Frau, die ihm dann eine Nase drehte. Natürlich Innstetten, *das* war er. Aber damit wollen

Sie diese Puppe doch nicht etwa retten? Er ist und bleibt gerichtet. An und für sich ist es übrigens noch gar nicht mal erwiesen«, und sein Blick suchte bei diesen Worten etwas ängstlich nach dem Auge seiner Ehehälfte, »ob nicht Frauenherrschaft eigentlich als ein Vorzug gelten kann; nur freilich, die Frau muß danach sein. Aber wer war diese Frau? Sie war überhaupt keine Frau, im günstigsten Falle war sie eine Dame, das sagt alles; ›Dame‹ hat beinah immer einen Beigeschmack. Diese Eugenie – über deren Verhältnis zu dem jüdischen Bankier ich hier gern hingehe, denn ich hasse Tugendhochmut – hatte was vom Café chantant, und wenn die Stadt, in der sie lebte, das Babel war, so war sie das Weib von Babel. Ich mag mich nicht deutlicher ausdrücken, denn ich weiß«, und er verneigte sich gegen Effi, »was ich deutschen Frauen schuldig bin. Um Vergebung, meine Gnädigste, daß ich diese Dinge vor Ihren Ohren überhaupt berührt habe.«

So war die Unterhaltung gegangen, nachdem man vorher von Wahl, Nobiling und Raps gesprochen hatte, und nun saßen Innstetten und Effi wieder daheim und plauderten noch eine halbe Stunde. Die beiden Mädchen im Hause waren schon zu Bett, denn es war nah an Mitternacht.

Innstetten, in kurzem Hausrock und Saffianschuhen, ging auf und ab; Effi war noch in ihrer Gesellschaftstoilette; Fächer und Handschuhe lagen neben ihr.

»Ja«, sagte Innstetten, während er sein Auf- und Abschreiten im Zimmer unterbrach, »diesen Tag müßten wir nun wohl eigentlich feiern, und ich weiß nur noch nicht womit. Soll ich dir einen Siegesmarsch vorspielen oder den Haifisch draußen in Bewegung setzen oder dich im Triumph über den Flur tragen? Etwas muß doch geschehen, denn du mußt wissen, das war nun heute die letzte Visite.«

»Gott sei Dank, war sie's«, sagte Effi. »Aber das Gefühl, daß wir nun Ruhe haben, ist, denk' ich, gerade Feier genug. Nur einen Kuß könntest du mir geben. Aber daran denkst du nicht. Auf dem ganzen weiten Wege nicht gerührt, frostig wie ein Schneemann. Und immer nur die Zigarre.«

»Laß, ich werde mich schon bessern und will vorläufig nur wissen, wie stehst du zu dieser ganzen Umgangs- und Verkehrsfrage? Fühlst du dich zu dem einen oder anderen hingezogen? Haben die Borckes die Grasenabbs geschlagen, oder umgekehrt, oder hältst du's mit dem alten Güldenklee? Was er da über die Eugenie sagte, machte doch einen sehr edlen und reinen Eindruck.«

»Ei, sieh, Herr von Innstetten, auch medisant! Ich lerne Sie von einer ganz neuen Seite kennen.«

»Und wenn's unser Adel nicht tut«, fuhr Innstetten fort, ohne sich stören zu lassen, »wie stehst du zu den Kessiner Stadthonoratioren? wie stehst du zur Ressource? Daran hängt doch am Ende Leben und Sterben. Ich habe dich da neulich mit unserem reserveleutnantlichen Amtsrichter sprechen sehen, einem zierlichen Männchen, mit dem sich vielleicht durchkommen ließe, wenn er nur endlich von der Vorstellung los könnte, die Wiedereroberung von Le Bourget durch sein Erscheinen in der Flanke zustande gebracht zu haben. Und seine Frau! sie gilt als die beste Bostonspielerin und hat auch die hübschesten Anlegemarken. Also nochmals, Effi, wie wird es werden in Kessin? Wirst du dich einleben? Wirst du populär werden und mir die Majorität sichern, wenn ich in den Reichstag will? Oder bist du für Einsiedlertum, für Abschluß von der Kessiner Menschheit, so Stadt wie Land?«

»Ich werde mich wohl für Einsiedlertum entschließen, wenn mich die Mohrenapotheke nicht herausreißt. Bei Sidonie werd' ich dadurch freilich noch etwas tiefer sinken, aber darauf muß ich es ankommen lassen; dieser Kampf muß eben gekämpft werden. Ich steh' und falle mit Gieshübler. Es klingt etwas komisch, aber er ist wirklich der einzige, mit dem sich ein Wort reden läßt, der einzige richtige Mensch hier.«

»Das ist er«, sagte Innstetten. »Wie gut du zu wählen verstehst.«

»Hätte ich sonst *dich*?« sagte Effi und hing sich an seinen Arm.

Das war am 2. Dezember. Eine Woche später war Bismarck in Varzin, und nun wußte Innstetten, daß bis Weihnachten und vielleicht noch drüber hinaus, an ruhige Tage für ihn gar nicht mehr zu denken sei. Der Fürst hatte noch von Versailles her eine Vorliebe für ihn und lud ihn, wenn Besuch da war, häufig zu Tisch, aber auch allein, denn der jugendliche, durch Haltung und Klugheit gleich ausgezeichnete Landrat stand ebenso in Gunst bei der Fürstin.

Zum 14. erfolgte die erste Einladung. Es lag Schnee, weshalb Innstetten die fast zweistündige Fahrt bis an den Bahnhof, von wo noch eine Stunde Eisenbahn war, im Schlitten zu machen vorhatte. »Warte nicht auf mich, Effi. Vor Mitternacht kann ich nicht zurück sein; wahrscheinlich wird es zwei oder noch später. Ich störe dich aber nicht. Gehab dich wohl und auf Wiedersehen morgen früh.« Und damit stieg er ein, und die beiden isabellfarbenen Graditzer jagten im Fluge durch die Stadt hin und dann landeinwärts auf den Bahnhof zu. Das war die erste lange Trennung, fast auf zwölf Stunden. Arme Effi. Wie sollte sie den Abend verbringen? Früh zu Bett, das war gefährlich, dann wachte sie auf und konnte nicht wieder einschlafen und horchte auf alles. Nein, erst recht müde werden und dann ein fester Schlaf, das war das beste. Sie schrieb einen Brief an die Mama und ging dann zu der Frau Kruse, deren gemütskranker Zustand – sie hatte das schwarze Huhn oft bis in die Nacht hinein auf ihrem Schoß – ihr Teilnahme einflößte. Die Freundlichkeit indessen, die sich darin aussprach, wurde von der in ihrer überheizten Stube sitzenden und nur still und stumm vor sich hinbrütenden Frau keinen Augenblick erwidert, weshalb Effi, als sie wahrnahm, daß ihr Besuch mehr als Störung wie als Freude empfunden wurde, wieder ging und nur noch fragte, ob die Kranke etwas haben wolle. Diese lehnte aber alles ab.

Inzwischen war es Abend geworden, und die Lampe brannte schon. Effi stellte sich ans Fenster ihres Zimmers und sah auf das Wäldchen hinaus, auf dessen Zweigen der glitzernde Schnee lag. Sie war von dem Bilde ganz in Anspruch genommen und kümmerte sich nicht um das, was hinter ihr in dem Zimmer vorging. Als sie sich wieder umsah, bemerkte sie, daß Friedrich still und geräuschlos ein Kuvert gelegt und ein Kabarett auf den Sofatisch gestellt hatte. »Ja so, Abendbrot... Da werd' ich mich nun wohl setzen müssen.« Aber es wollte nicht schmecken, und so stand sie wieder auf und las den an die Mama geschriebenen Brief noch einmal durch. Hatte sie schon vorher ein Gefühl der Einsamkeit gehabt, so jetzt doppelt. Was hätte sie darum gegeben, wenn die beiden Jahnkeschen Rotköpfe jetzt eingetreten wären oder selbst Hulda. Die war freilich immer so sentimental und beschäftigte sich meist nur mit ihren Triumphen, aber so zweifelhaft und anfechtbar diese Triumphe waren, sie hätte sich in diesem Augenblicke doch gern davon erzählen lassen. Schließlich klappte sie den Flügel auf, um zu spielen; aber es ging nicht. »Nein, dabei werd' ich vollends melancholisch; lieber lesen.« Und so suchte sie nach einem Buche. Das erste, was ihr zu Händen kam, war ein dickes, rotes Reisehandbuch, alter Jahrgang, vielleicht schon aus Innstettens Leutnantstagen her. »Ja, darin will ich lesen; es gibt nichts Beruhigenderes als solche Bücher. Das Gefährliche sind bloß immer die Karten; aber vor diesem Augenpulver, das ich hasse, werd' ich mich schon hüten.« Und so schlug sie denn auf gut Glück auf: Seite 153. Nebenan hörte sie das Ticktack der Uhr und draußen Rollo, der, seit es dunkel war, seinen Platz in der Remise aufgegeben und sich, wie jeden Abend, so auch heute wieder, auf die große geflochtene Matte, die vor dem Schlafzimmer lag, ausgestreckt hatte. Das Bewußtsein seiner Nähe minderte das Gefühl ihrer Verlassenheit, ja, sie kam fast in Stimmung, und so begann sie denn auch unverzüglich zu lesen. Auf der gerade vor ihr aufgeschlagenen Seite war von der »Eremitage«, dem bekannten markgräflichen Lustschloß in der Nähe von Bayreuth, die Rede; das lockte sie, Bayreuth, Richard Wagner, und so las sie denn: »Unter den Bildern in der Eremitage nennen wir noch eins, das nicht durch seine Schönheit, wohl aber durch sein Alter und durch die Person, die es darstellt, ein Interesse beansprucht. Es ist dies ein stark nachgedunkeltes Frauenporträt, kleiner Kopf, mit herben, etwas unheimlichen Gesichtszügen und einer Halskrause, die den Kopf zu tragen scheint. Einige meinen, es sei eine alte Markgräfin aus dem Ende des fünfzehnten Jahrhunderts, andere sind der Ansicht, es sei die Gräfin von Orlamünde; darin aber sind beide einig, daß es das Bildnis der Dame sei, die seither in der Geschichte der Hohenzollern unter dem Namen der ›weißen Frau‹ eine gewisse Berühmtheit erlangt hat.«

»Das hab' ich gut getroffen«, sagte Effi, während sie das Buch beiseiteschob; »ich will mir die Nerven beruhigen, und das erste, was ich lese, ist die Geschichte von der ›weißen Frau‹, vor der ich mich gefürchtet habe, solang ich denken kann. Aber da nun das Gruseln mal da ist, will ich doch auch zu Ende lesen.«

Und sie schlug wieder auf und las weiter: »... Eben dies alte Porträt (dessen *Original* in der Hohenzollernschen Familiengeschichte solche Rolle spielt) spielt als *Bild* auch eine Rolle in der Spezialgeschichte des Schlosses Eremitage, was wohl damit zusammenhängt, daß es an einer dem Fremden unsichtbaren Tapetentür hängt, hinter der sich eine vom Souterrain her hinaufführende Treppe befindet. Es heißt, daß, als Napoleon hier übernachtete, die ›weiße Frau‹ aus dem Rahmen herausgetreten und auf sein Bett zugeschritten sei. Der Kaiser, entsetzt auffahrend, habe nach seinem Adjutanten gerufen und bis an sein Lebensende mit Entrüstung von diesem ›maudit château‹ gesprochen.«

»Ich muß es aufgeben, mich durch Lektüre beruhigen zu wollen«, sagte Effi. »Lese ich weiter, so komm' ich gewiß noch nach einem Kellergewölbe, wo der Teufel auf einem Weinfaß davongeritten ist. Es gibt, glaub' ich, in Deutschland viel dergleichen, und in einem Reisehandbuch muß es sich natürlich alles zusammenfinden. Ich will also lieber wieder die Augen schließen und mir, so gut es geht, meinen Polterabend vorstellen: die Zwillinge, wie sie vor Tränen nicht weiterkonnten, und dazu den Vetter Briest, der, als sich alles verlegen anblickte, mit erstaunlicher Würde behauptete, solche Tränen öffneten einem das Paradies. Er war wirklich charmant und immer so übermütig... Und nun ich! Und gerade hier. Ach, ich tauge doch gar nicht für eine große Dame. Die Mama, ja, die hätte hierher gepaßt, die hätte, wie's einer Landrätin zukommt, den Ton angegeben, und Sidonie Grasenabb wäre ganz Huldigung gegen sie gewesen und hätte sich über ihren Glauben oder Unglauben nicht groß beunruhigt. Aber ich ... ich bin ein Kind und werd' es auch wohl bleiben. Einmal hab' ich gehört, das sei ein Glück. Aber ich weiß doch nicht, ob das wahr ist. Man muß doch immer dahin passen, wohin man nun mal gestellt ist.« In diesem Augenblicke kam Friedrich, um den Tisch abzuräumen.

»Wie spät ist es, Friedrich?«

»Es geht auf neun, gnäd'ge Frau.«

»Nun, das läßt sich hören. Schicken Sie mir Johanna.«

»Gnäd'ge Frau haben befohlen.«

»Ja, Johanna. Ich will zu Bett gehen. Es ist eigentlich noch früh. Aber ich bin so allein. Bitte, tun Sie den Brief erst ein, und wenn Sie wieder da sind, nun, dann wird es wohl Zeit sein. Und wenn auch nicht.«

Effi nahm die Lampe und ging in ihr Schlafzimmer hinüber. Richtig, auf der Binsenmatte lag Rollo. Als er Effi kommen sah, erhob er sich, um den Platz freizugeben, und strich mit seinem Behang an ihrer Hand hin. Dann legte er sich wieder nieder.

Johanna war inzwischen nach dem Landratsamt hinübergegangen, um da den Brief einzustecken. Sie hatte sich drüben nicht sonderlich beeilt, vielmehr vorgezogen, mit der Frau Paaschen, des Amtsdieners Frau, ein Gespräch zu führen. Natürlich über die junge Frau.

»Wie ist sie denn?« fragte die Paaschen.

»Sehr jung ist sie.«

»Nun, das ist kein Unglück, eher umgekehrt. Die Jungen, und das ist eben das Gute, stehen immer bloß vorm Spiegel und zupfen und stecken sich was vor und sehen nicht viel und hören nicht viel, und sind noch nicht so, daß sie draußen immer die Lichtstümpfe zählen und einem nicht gönnen, daß man einen Kuß kriegt, bloß weil sie selber keinen mehr kriegen.«

»Ja«, sagte Johanna, »so war meine vorige Madam, und ganz ohne Not. Aber davon hat unsere Gnäd'ge nichts.«

»Ist er denn sehr zärtlich?«

»Oh, sehr. Das können Sie doch wohl denken.«

»Aber daß er sie so allein läßt...«

»Ja, liebe Paaschen, Sie dürfen nicht vergessen... der Fürst. Und dann, er ist ja doch am Ende Landrat. Und vielleicht will er auch noch höher.«

»Gewiß, will er. Und er wird auch noch. Er hat so was. Paaschen sagt es auch immer, und der kennt seine Leute.«

Während dieses Ganges drüben nach dem Amt hinüber war wohl eine Viertelstunde vergangen, und als Johanna wieder zurück war, saß Effi schon vor dem Trumeau und wartete.

»Sie sind lange geblieben, Johanna.«

»Ja, gnäd'ge Frau... Gnäd'ge Frau wollen entschuldigen... Ich traf drüben die Frau Paaschen, und da hab' ich mich ein wenig verweilt. Es ist so still hier. Man ist immer froh, wenn man einen Menschen trifft, mit dem man ein Wort sprechen kann. Christel ist eine sehr gute Person, aber sie spricht nicht, und Friedrich ist so dusig und auch so vorsichtig und will mit der Sprache nie recht heraus. Gewiß, man muß auch schweigen können, und die Paaschen, die so neugierig und so ganz gewöhnlich ist, ist eigentlich gar nicht nach meinem Geschmack; aber man hat es doch gern, wenn man mal was hört und sieht.«

Effi seufzte. »Ja, Johanna, das ist auch das beste...«

»Gnäd'ge Frau haben so schönes Haar, so lang und so seidenweich.«

»Ja, es ist sehr weich. Aber das ist nicht gut, Johanna. Wie das Haar ist, ist der Charakter.«

»Gewiß, gnäd'ge Frau. Und ein weicher Charakter ist doch besser als ein harter. Ich habe auch weiches Haar.«

»Ja, Johanna. Und Sie haben auch blondes. Das haben die Männer am liebsten.«

»Ach, das ist doch sehr verschieden, gnäd'ge Frau. Manche sind doch auch für das schwarze.«

»Freilich«, lachte Effi, »das habe ich auch schon gefunden. Es wird wohl an was ganz anderem liegen. Aber die, die blond sind, die haben auch immer einen weißen Teint, Sie auch, Johanna, und ich möchte mich wohl verwetten, daß Sie viel Nachstellung haben. Ich bin noch sehr jung, aber das weiß ich doch auch. Und dann habe ich eine Freundin, die war auch so blond, ganz flachsblond, noch blonder als Sie, und war eine Predigerstochter...«

»Ja, denn...«

»Aber ich bitte Sie, Johanna, was meinen Sie mit ›ja denn‹. Das klingt ja ganz anzüglich und sonderbar, und Sie werden doch nichts gegen Predigertöchter haben... Es war ein sehr hübsches Mädchen, was selbst unsere Offiziere – wir hatten nämlich Offiziere, noch dazu rote Husaren – auch immer fanden, und verstand sich dabei sehr gut auf Toilette, schwarzes Sammetmieder und eine Blume, Rose oder auch Heliotrop, und wenn sie nicht so vorstehende große Augen gehabt hätte... ach, die hätten Sie sehen sollen, Johanna, wenigstens so groß« (und Effi zog unter Lachen an ihrem rechten Augenlid), »so wäre sie geradezu eine Schönheit gewesen. Sie hieß Hulda, Hulda Niemeyer, und wir waren nicht einmal so ganz intim; aber wenn ich sie jetzt hier hätte und sie da säße, da in der kleinen Sofaecke, so wollte ich bis Mitternacht mit ihr plaudern oder noch länger. Ich habe solche Sehnsucht und...«, und dabei zog sie Johannas Kopf dicht an sich heran, »...ich habe solche Angst.«

»Ach, das gibt sich, gnäd'ge Frau, die hatten wir alle.«

»Die hattet ihr alle? Was soll das heißen, Johanna?«

»... Und wenn die gnäd'ge Frau wirklich solche Angst haben, so kann ich mir ja ein Lager hier machen. Ich nehme die Strohmatte und kehre einen Stuhl um, daß ich eine Kopflehne habe, und dann schlafe ich hier bis morgen früh oder bis der gnäd'ge Herr wieder da ist.«

»Er will mich nicht stören. Das hat er mir eigens versprochen.«

»Oder ich setze mich bloß in die Sofaecke.«

»Ja, das ginge vielleicht. Aber nein, es geht auch nicht. Der Herr darf nicht wissen, daß ich mich ängstige, das liebt er nicht. Er will immer, daß ich tapfer und entschlossen bin, so wie er. Und das kann ich nicht; ich war immer etwas anfällig... Aber freilich, ich sehe wohl ein, ich muß mich bezwingen und ihm in solchen Stücken und überhaupt zu Willen sein... Und dann habe ich ja auch Rollo. Der liegt ja vor der Türschwelle.«

Johanna nickte zu jedem Wort und zündete dann das Licht an, das auf Effis Nachttisch stand. Dann nahm sie die Lampe.

»Befehlen gnäd'ge Frau noch etwas?«

»Nein, Johanna. Die Läden sind doch fest geschlossen?«

»Bloß angelegt, gnäd'ge Frau. Es ist sonst so dunkel und so stickig.«

»Gut, gut.«

Und nun entfernte sich Johanna; Effi aber ging auf ihr Bett zu und wickelte sich in ihre Decken.

Sie ließ das Licht brennen, weil sie gewillt war, nicht gleich einzuschlafen, vielmehr vorhatte, wie vorhin ihren Polterabend, so jetzt ihre Hochzeitsreise zu rekapitulieren und alles an sich vorüberziehen zu lassen. Aber es kam anders, wie sie gedacht, und als sie bis Verona war und nach dem Hause der Julia Capulet suchte, fielen ihr schon die Augen zu. Das Stümpfchen Licht in dem kleinen Silberleuchter brannte allmählich nieder, und nun flackerte es noch einmal auf und erlosch.

Effi schlief eine Weile ganz fest. Aber mit einem Male fuhr sie mit einem lauten Schrei aus ihrem Schlafe auf, ja, sie hörte selber noch den Aufschrei und auch wie Rollo draußen anschlug; – »wau, wau« klang es den Flur entlang, dumpf und selber beinah ängstlich. Ihr war, als ob ihr das Herz stillstände; sie konnte nicht rufen, und in diesem Augenblicke huschte was an ihr vorbei, und die nach dem Flur hinausführende Tür sprang auf. Aber eben dieser Moment höchster Angst war auch der ihrer Befreiung, denn statt etwas Schrecklichem kam jetzt Rollo auf sie zu, suchte mit seinem Kopf nach ihrer Hand und legte sich, als er diese gefunden, auf den vor ihrem Bett ausgebreiteten Teppich nieder. Effi selber aber hatte mit der andern Hand dreimal auf den Knopf der Klingel gedrückt, und keine halbe Minute, so war Johanna da, barfüßig, den Rock über dem Arm und ein großes, kariertes Tuch über Kopf und Schulter geschlagen.

»Gott sei Dank, Johanna, daß Sie da sind.«

»Was war denn, gnäd'ge Frau? Gnäd'ge Frau haben geträumt.«

»Ja, geträumt. Es muß so was gewesen sein... aber es war doch auch noch was anderes.«

»Was denn, gnäd'ge Frau?«

»Ich schlief ganz fest, und mit einem Male fuhr ich auf und schrie... vielleicht, daß es ein Alpdruck war... Alpdruck ist in unserer Familie, mein Papa hat es auch und ängstigt uns damit, und nur die Mama sagt immer, er solle sich nicht so gehen lassen; aber das ist leicht gesagt... ich fuhr also auf aus dem Schlaf und schrie, und als ich mich umsah, so gut es eben ging in dem Dunkel, da strich was an meinem Bett vorbei, gerade da, wo Sie jetzt stehen, Johanna, und dann war es weg. Und wenn ich mich recht frage, was es war...«

»Nun was denn, gnäd'ge Frau?«

»Und wenn ich mich recht frage... ich mag es nicht sagen, Johanna... aber ich glaube der Chinese.«

»Der von oben?« und Johanna versuchte zu lachen, »unser kleiner Chinese, den wir an die Stuhllehne geklebt haben, Christel und ich. Ach, gnäd'ge Frau haben geträumt, und wenn Sie schon wach waren, so war es doch alles noch aus dem Traum.«

»Ich würd' es glauben. Aber es war genau derselbe Augenblick, wo Rollo draußen anschlug, der muß es also auch gesehen haben, und dann flog die Tür auf, und das gute, treue Tier sprang auf mich los, als ob es mich zu retten käme. Ach, meine liebe Johanna, es war entsetzlich. Und ich so allein, und so jung. Ach, wenn ich doch wen hier hätte, bei dem ich weinen könnte. Aber so weit von Hause... Ach, von Hause...«

»Der Herr kann jede Stunde kommen.«

»Nein, er soll nicht kommen; er soll mich so nicht sehen. Er würde mich vielleicht auslachen, und das könnt' ich ihm nie verzeihen. Denn es war so furchtbar, Johanna... Sie müssen nun hierbleiben... Aber lassen Sie Christel schlafen und Friedrich auch. Es soll es keiner wissen.«

»Oder vielleicht kann ich auch die Frau Kruse holen; die schläft doch nicht, die sitzt die ganze Nacht da.«

»Nein, nein, die ist selber so was. Das mit dem schwarzen Huhn, das ist auch so was; die darf nicht kommen. Nein, Johanna, Sie bleiben allein hier. Und wie gut, daß Sie die Läden nur angelegt. Stoßen Sie sie auf, recht laut, daß ich einen Ton höre, einen menschlichen Ton... ich muß es so nennen, wenn es auch sonderbar klingt... und dann machen Sie das Fenster ein wenig auf, daß ich Luft und Licht habe.« Johanna tat, wie ihr geheißen, und Effi fiel in ihre Kissen zurück und bald danach in einen lethargischen Schlaf.

ZEHNTES KAPITEL

Innstetten war erst sechs Uhr früh von Varzin zurückgekommen und hatte sich, Rollos Liebkosungen abwehrend, so leise wie möglich in sein Zimmer zurückgezogen. Er machte sich's hier bequem und duldete nur, daß ihn Friedrich mit einer Reisedecke zudeckte. »Wecke mich um neun!« Und um diese Stunde war er denn auch geweckt worden. Er stand rasch auf und sagte: »Bringe das Frühstück!«

»Die gnädige Frau schläft noch.«

»Aber es ist ja schon spät. Ist etwas passiert?«

»Ich weiß es nicht; ich weiß nur, Johanna hat die Nacht über im Zimmer der gnädigen Frau schlafen müssen.«

»Nun, dann schicke Johanna.«

Diese kam denn auch. Sie hatte denselben rosigen Teint wie immer, schien sich also die Vorgänge der Nacht nicht sonderlich zu Gemüte genommen zu haben.

»Was ist das mit der gnäd'gen Frau? Friedrich sagt mir, es sei was passiert und Sie hätten drüben geschlafen.«

»Ja, Herr Baron. Gnäd'ge Frau klingelte dreimal ganz rasch hintereinander, daß ich gleich dachte, es bedeutet was. Und so war es auch. Sie hat wohl geträumt oder vielleicht war es auch das andere.«

»Welches andere?«

»Ach, der gnäd'ge Herr wissen ja.«

»Ich weiß nichts. Jedenfalls muß ein Ende damit gemacht werden. Und wie fanden Sie die Frau?«

»Sie war wie außer sich und hielt das Halsband von Rollo, der neben dem Bett der gnäd'gen Frau stand, fest umklammert. Und das Tier ängstigte sich auch.«

»Und was hatte sie geträumt oder, meinetwegen auch, was hatte sie gehört oder gesehen? Was sagte sie?«

»Es sei so hingeschlichen, dicht an ihr vorbei.«

»Was? Wer?«

»Der von oben. Der aus dem Saal oder aus der kleinen Kammer.«

»Unsinn, sag' ich. Immer wieder das alberne Zeug; ich mag davon nicht mehr hören. Und dann blieben Sie bei der Frau?«

»Ja, gnäd'ger Herr. Ich machte mir ein Lager an der Erde dicht neben ihr. Und ich mußte ihre Hand halten, und dann schlief sie ein.«

»Und sie schläft noch?«

»Ganz fest.«

»Das ist mir ängstlich, Johanna. Man kann sich gesund schlafen, aber auch krank. Wir müssen sie wecken, natürlich vorsichtig, daß sie nicht wieder erschrickt. Und Friedrich soll das Frühstück nicht bringen; ich will warten, bis die gnäd'ge Frau da ist. Und machen Sie's geschickt.«

Eine halbe Stunde später kam Effi. Sie sah reizend aus, ganz blaß, und stützte sich auf Johanna. Als sie aber Innstettens ansichtig wurde, stürzte sie auf ihn zu und umarmte und küßte ihn. Und dabei liefen ihr die Tränen übers Gesicht. »Ach, Geert, Gott sei Dank, daß du da bist. Nun ist alles wieder gut. Du darfst nicht wieder fort, du darfst mich nicht wieder allein lassen.«

»Meine liebe Effi... stellen Sie hin, Friedrich, ich werde schon alles zurechtmachen... meine liebe Effi, ich lasse dich ja nicht allein aus Rücksichtslosigkeit oder Laune, sondern weil es so sein muß; ich habe keine Wahl, ich bin ein Mann im Dienst, ich kann zum Fürsten oder auch zur Fürstin nicht sagen: Durchlaucht, ich kann nicht kommen, meine Frau ist so allein, oder meine Frau fürchtet sich. Wenn ich das sagte, würden wir in einem ziemlich komischen Lichte dastehen, ich gewiß, und du auch. Aber nimm erst eine Tasse Kaffee.«

Effi trank, was sie sichtlich belebte. Dann ergriff sie wieder ihres Mannes Hand und sagte: »Du sollst recht haben; ich sehe ein, das geht nicht. Und dann wollen wir ja auch höher hinauf. Ich sage wir, denn ich bin eigentlich begieriger danach als du...«

»So sind alle Frauen«, lachte Innstetten.

»Also abgemacht; du nimmst die Einladungen an nach wie vor, und ich bleibe hier und warte auf meinen ›hohen Herrn‹, wobei mir Hulda unterm Holunderbaum einfällt. Wie's ihr wohl gehen mag?«

»Damen wie Hulda geht es immer gut. Aber was wolltest du noch sagen?«

»Ich wollte sagen, ich bleibe hier und auch allein, wenn es sein muß. Aber nicht in diesem Hause. Laß uns die Wohnung wechseln. Es gibt so hübsche Häuser am Bollwerk, eins zwischen Konsul Martens und Konsul Grützmacher und eins am Markt, gerade gegenüber von Gieshübler; warum können wir da nicht wohnen? Warum gerade hier? Ich habe, wenn wir Freunde und Verwandte zum Besuch hatten, oft gehört, daß in Berlin Familien ausziehen wegen Klavierspiel oder wegen Schwaben oder wegen einer unfreundlichen Portiersfrau; wenn das um solcher Kleinigkeit willen geschieht...«

»Kleinigkeiten? Portiersfrau? das sage nicht...«

»Wenn das um solcher Dinge willen möglich ist, so muß es doch auch hier möglich sein, wo du Landrat bist und die Leute dir zu Willen sind und viele selbst zu Dank verpflichtet. Gieshübler würde uns gewiß dabei behülflich sein, wenn auch nur um meinetwegen, denn er wird Mitleid mit mir haben. Und nun sage, Geert, wollen wir dies verwunschene Haus aufgeben, dies Haus mit dem...«

»...Chinesen willst du sagen. Du siehst, Effi, man kann das furchtbare Wort aussprechen, ohne daß er erscheint. Was du da gesehen hast oder was da, wie du meinst, an deinem Bette vorüberschlich, das war der kleine Chinese, den die Mädchen oben an die Stuhllehne geklebt haben; ich wette, daß er einen blauen Rock anhatte und einen ganz flachen Deckelhut mit einem blanken Knopf oben.«

Sie nickte.

»Nun siehst du, Traum, Sinnestäuschung. Und dann wird dir Johanna wohl gestern abend was erzählt haben, von der Hochzeit hier oben...«

»Nein.«

»Desto besser.«

»Kein Wort hat sie mir erzählt. Aber ich sehe doch aus dem allen, daß es hier etwas Sonderbares gibt. Und dann das Krokodil; es ist alles so unheimlich hier.«

»Den ersten Abend, als du das Krokodil sahst, fandest du's märchenhaft...«

»Ja, damals...«

»...Und dann, Effi, kann ich hier nicht gut fort, auch wenn

es möglich wäre, das Haus zu verkaufen oder einen Tausch zu machen. Es ist damit ganz wie mit einer Absage nach Varzin hin. Ich kann hier in der Stadt die Leute nicht sagen lassen, Landrat Innstetten verkauft sein Haus, weil seine Frau den aufgeklebten Chinesen als Spuk an ihrem Bette gesehen hat. Dann bin ich verloren, Effi. Von solcher Lächerlichkeit kann man sich nie wieder erholen.«

»Ja, Geert, bist du denn so sicher, daß es so was nicht gibt?«

»Will ich nicht behaupten. Es ist eine Sache, die man glauben und noch besser nicht glauben kann. Aber angenommen, es gäbe dergleichen, was schadet es? Daß in der Luft Bazillen herumfliegen, von denen du gehört haben wirst, ist viel schlimmer und gefährlicher als diese ganze Geistertummelage. Vorausgesetzt, daß sie sich tummeln, daß so was wirklich existiert. Und dann bin ich überrascht, solcher Furcht und Abneigung gerade bei *dir* zu begegnen, bei einer Briest. Das ist ja, wie wenn du aus einem kleinen Bürgerhause stammtest. Spuk ist ein Vorzug, wie Stammbaum und dergleichen, und ich kenne Familien, die sich ebensogern ihr Wappen nehmen ließen als ihre ›weiße Frau‹, die natürlich auch eine schwarze sein kann.«

Effi schwieg.

»Nun, Effi. Keine Antwort?«

»Was soll ich antworten? Ich habe dir nachgegeben und mich willig gezeigt, aber ich finde doch, daß du deinerseits teilnahmsvoller sein könntest. Wenn du wüßtest, wie mir gerade danach verlangt. Ich habe sehr gelitten, wirklich sehr, und als ich dich sah, da dacht' ich, nun würd' ich frei werden von meiner Angst. Aber du sagst mir bloß, daß du nicht Lust hättest, dich lächerlich zu machen, nicht vor dem Fürsten und auch nicht vor der Stadt. Das ist ein geringer Trost. Ich finde es wenig und um so weniger, als du dir schließlich auch noch widersprichst und nicht bloß persönlich an diese Dinge zu glauben scheinst, sondern auch noch einen adligen Spukstolz von mir forderst. Nun, den hab' ich nicht. Und wenn du von Familien sprichst, denen ihr Spuk so viel wert sei wie ihr Wappen, so ist das Geschmackssache; mir gilt mein Wappen mehr. Gott sei Dank haben wir Briests keinen Spuk. Die Briests waren immer sehr gute Leute, und damit hängt es wohl zusammen.«

Der Streit hätte wohl noch angedauert und vielleicht zu einer ersten ernstlichen Verstimmung geführt, wenn Friedrich nicht eingetreten wäre, um der gnädigen Frau einen Brief zu überreichen. »Von Herrn Gieshübler. Der Bote wartet auf Antwort.«

Aller Unmut auf Effis Antlitz war sofort verschwunden; schon bloß Gieshüblers Namen zu hören tat Effi wohl, und ihr Wohlgefühl steigerte sich, als sie jetzt den Brief musterte. Zunächst war es gar kein Brief, sondern ein Billet, die Adresse »Frau Baronin von Innstetten, geb. von Briest« in wundervoller Kanzleihandschrift, und statt des Siegels ein aufgeklebtes rundes Bildchen, eine Lyra, darin ein Stab steckte. Dieser Stab konnte aber auch ein Pfeil sein. Sie reichte das Billet ihrem Manne, der es ebenfalls bewunderte.

»Nun lies aber.«

Und nun löste Effi die Oblate und las: »Hochverehrteste Frau, gnädigste Frau Baronin! Gestatten Sie mir, meinem respektvollsten Vormittagsgruß eine ganz gehorsamste Bitte hinzufügen zu dürfen. Mit dem Mittagszuge wird eine vieljährige liebe Freundin von mir, eine Tochter unserer guten Stadt Kessin, Fräulein Marietta Trippelli, hier eintreffen und bis morgen früh unter uns weilen. Am 17. will sie in Petersburg sein, um daselbst bis Mitte Januar zu konzertieren. Fürst Kotschukoff öffnet ihr auch diesmal wieder sein gastliches Haus. In ihrer immer gleichen Güte gegen mich hat die Trippelli mir zugesagt, den heutigen Abend bei mir zubringen und einige Lieder ganz nach meiner Wahl (denn sie kennt keine Schwierigkeiten) vortragen zu wollen. Könnten sich Frau Baronin dazu verstehen, diesem Musikabende beizuwohnen? Sieben Uhr. Ihr Herr Gemahl, auf dessen Erscheinen ich mit Sicherheit rechne, wird meine gehorsamste Bitte unterstützen. Anwesend nur Pastor Lindequist (der begleitet) und natürlich die verwitwete Frau Pastorin Trippel. In vorzüglicher Ergebenheit A. Gieshübler.«

»Nun –«, sagte Innstetten, »ja oder nein?«

»Natürlich ja. Das wird mich herausreißen. Und dann kann ich doch meinem lieben Gieshübler nicht gleich bei seiner ersten Einladung einen Korb geben.«

»Einverstanden. Also Friedrich, sagen Sie Mirambo, der doch wohl das Billet gebracht haben wird, wir würden die Ehre haben.«

Friedrich ging. Als er fort war, fragte Effi: »Wer ist Mirambo?«

»Der echte Mirambo ist Räuberhauptmann in Afrika... Tanganjika-See, wenn deine Geographie so weit reicht ... unserer aber ist bloß Gieshüblers Kohlenprovisor und Faktotum und wird heute abend in Frack und baumwollenen Handschuhen sehr wahrscheinlich aufwarten.«

Es war ganz ersichtlich, daß der kleine Zwischenfall auf Effi günstig eingewirkt und ihr ein gut Teil ihrer Leichtlebigkeit zurückgegeben hatte, Innstetten aber wollte das seine tun, diese Rekonvaleszenz zu steigern. »Ich freue mich, daß du ja gesagt hast und so rasch und ohne Besinnen, und nun möcht' ich dir noch einen Vorschlag machen, um dich ganz wieder in Ordnung zu bringen. Ich sehe wohl, es schleicht dir noch von der Nacht her etwas nach, das zu meiner Effi nicht paßt, das durchaus wieder fort muß, und dazu gibt es nichts Besseres als frische Luft. Das Wetter ist prachtvoll, frisch und milde zugleich, kaum daß ein Lüftchen geht; was meinst du, wenn wir eine Spazierfahrt machten, aber eine lange, nicht bloß so durch die Plantage hin, und natürlich im Schlitten, und das Geläut auf und die weißen Schneedecken, und wenn wir dann um vier zurück sind, dann ruhst du dich aus, und um sieben sind wir bei Gieshübler und hören die Trippelli.«

Effi nahm seine Hand. »Wie gut du bist, Geert, und wie nachsichtig. Denn ich muß dir ja kindisch oder doch wenigstens sehr kindlich vorgekommen sein; erst das mit meiner Angst und dann hinterher, daß ich dir einen Hausverkauf, und was noch schlimmer ist, das mit dem Fürsten ansinne. Du sollst ihm den Stuhl vor die Tür setzen – es ist zum Lachen. Denn schließlich ist er doch der Mann, der über uns entscheidet. Auch über mich. Du glaubst gar nicht, wie ehrgeizig ich bin. Ich habe dich eigentlich bloß aus Ehrgeiz geheiratet. Aber du mußt nicht solch ernstes Gesicht dabei machen. Ich liebe dich ja... wie heißt es doch, wenn man einen Zweig abbricht und die Blätter abreißt? Von Herzen, mit Schmerzen, über alle Maßen.«

Und sie lachte hell auf. »Und nun sage mir«, fuhr sie fort, als Innstetten noch immer schwieg, »wo soll es hingehen?«

»Ich habe mir gedacht, nach der Bahnstation, aber auf einem Umwege, und dann auf der Chaussee zurück. Und auf der Station essen wir oder noch besser bei Golchowski, in dem Gasthofe ›Zum Fürsten Bismarck‹, dran wir, wenn du dich vielleicht erinnerst, am Tage unserer Ankunft vorüberkamen. Solch Vorsprechen wirkt immer gut, und ich habe dann mit dem Starosten von Effis Gnaden ein Wahlgespräch, und wenn er auch persönlich nicht viel taugt, seine Wirtschaft hält er in Ordnung und seine Küche noch besser. Auf Essen und Trinken verstehen sich die Leute hier.«

Es war gegen elf, daß sie dies Gespräch führten. Um zwölf hielt Kruse mit dem Schlitten vor der Tür, und Effi stieg ein. Johanna wollte Fußsack und Pelze bringen, aber Effi hatte nach allem, was noch auf ihr lag, so sehr das Bedürfnis nach frischer Luft, daß sie alles zurückwies und nur eine doppelte Decke nahm. Innstetten aber sagte zu Kruse: »Kruse, wir wollen nun also nach dem Bahnhof, wo wir zwei beide heute früh schon mal waren. Die Leute werden sich wundern, aber es schadet nichts. Ich denke, wir fahren hier an der Plantage lang und dann links auf den Kroschentiner Kirchturm zu. Lassen Sie die Pferde laufen. Um eins müssen wir am Bahnhof sein.«

Und so ging die Fahrt. Über den weißen Dächern der Stadt stand der Rauch, denn die Luftbewegung war gering. Auch Utpatels Mühle drehte sich nur langsam, und im Fluge fuhren sie daran vorüber, dicht am Kirchhofe hin, dessen Berberitzensträucher über das Gitter hinauswuchsen und mit ihren Spitzen Effi streiften, so daß der Schnee auf ihre Reisedecke fiel. An der anderen Seite des Wegs war ein eingefriedeter Platz, nicht viel größer als ein Gartenbeet, und innerhalb nichts sichtbar als eine junge Kiefer, die mitten daraus hervorragte.

»Liegt da auch wer begraben?« fragte Effi.

»Ja. Der Chinese.«

Effi fuhr zusammen; es war ihr wie ein Stich. Aber sie hatte doch Kraft genug, sich zu beherrschen und fragte mit anscheinender Ruhe: »Unserer?«

»Ja, unserer. Auf dem Gemeindekirchhof war er natürlich

nicht unterzubringen, und da hat denn Kapitän Thomsen, der so was wie sein Freund war, diese Stelle gekauft und ihn hier begraben lassen. Es ist auch ein Stein da mit Inschrift. Alles natürlich vor meiner Zeit. Aber es wird noch immer davon gesprochen.«

»Also es ist doch was damit. Eine Geschichte. Du sagtest schon heute früh so was. Und es wird am Ende das beste sein, ich höre, was es ist. Solang ich es nicht weiß, bin ich, trotz aller guten Vorsätze, doch immer ein Opfer meiner Vorstellungen. Erzähle mir das Wirkliche. Die Wirklichkeit kann mich nicht so quälen wie meine Phantasie.«

»Bravo, Effi. Ich wollte nicht davon sprechen. Aber nun macht es sich so von selbst, und das ist gut. Übrigens ist es eigentlich gar nichts.«

»Mir gleich; gar nichts oder viel oder wenig. Fange nur an.«

»Ja, das ist leicht gesagt. Der Anfang ist immer das schwerste, auch bei Geschichten. Nun, ich denke, ich beginne mit Kapitän Thomsen.«

»Gut, gut.«

»Also Thomsen, den ich dir schon genannt habe, war viele Jahre lang ein sogenannter Chinafahrer, immer mit Reisfracht zwischen Schanghai und Singapur, und mochte wohl schon sechzig sein, als er hier ankam. Ich weiß nicht, ob er hier geboren war oder ob er andere Beziehungen hier hatte. Kurz und gut, er war nun da und verkaufte sein Schiff, einen alten Kasten, draus er nicht viel herausschlug und kaufte sich ein Haus, dasselbe, drin wir jetzt wohnen. Denn er war draußen in der Welt ein vermögender Mann geworden. Und von daher schreibt sich auch das Krokodil und der Haifisch und natürlich auch das Schiff... Also Thomsen war nun da, ein sehr adretter Mann (so wenigstens hat man mir gesagt) und wohlgelitten. Auch beim Bürgermeister Kirstein, und vor allem bei dem damaligen Pastor in Kessin, einem Berliner, der kurz vor Thomsen auch hierher gekommen war und viel Anfeindung hatte.«

»Glaub' ich. Ich merke das auch; sie sind hier so streng und selbstgerecht. Ich glaube, das ist pommersch.«

»Ja und nein, je nachdem. Es gibt auch Gegenden, wo sie gar nicht streng sind und wo's drunter und drüber geht...

Aber sieh nur, Effi, da haben wir gerade den Kroschentiner Kirchturm dicht vor uns. Wollen wir nicht den Bahnhof aufgeben und lieber bei der alten Frau von Grasenabb vorfahren? Sidonie, wenn ich recht berichtet bin, ist nicht zu Hause. Wir könnten es also wagen...«

»Ich bitte dich, Geert, wo denkst du hin? Es ist ja himmlisch, so hinzufliegen, und ich fühle ordentlich, wie mir so frei wird und wie alle Angst von mir abfällt. Und nun soll ich das alles aufgeben, bloß um den alten Leuten eine Stippvisite zu machen und ihnen sehr wahrscheinlich eine Verlegenheit zu schaffen. Um Gottes willen nicht. Und dann will ich vor allem auch die Geschichte hören. Also wir waren bei Kapitän Thomsen, den ich mir als einen Dänen oder Engländer denke, sehr sauber, mit weißen Vatermördern und ganz weißer Wäsche...«

»Ganz richtig. So soll er gewesen sein. Und mit ihm war eine junge Person von etwa zwanzig, von der einige sagen, sie sei seine Nichte gewesen, aber die meisten sagen seine Enkelin, was übrigens den Jahren nach kaum möglich. Und außer der Enkelin oder der Nichte war da auch noch ein Chinese, derselbe, der da zwischen den Dünen liegt und an dessen Grab wir eben vorübergekommen sind.«

»Gut, gut.«

»Also dieser Chinese war Diener bei Thomsen, und Thomsen hielt so große Stücke auf ihn, daß er eigentlich mehr Freund als Diener war. Und das ging so Jahr und Tag. Da mit einem Mal hieß es, Thomsens Enkelin, die, glaub' ich, Nina hieß, solle sich, nach des Alten Wunsche, verheiraten, auch mit einem Kapitän. Und richtig, so war es auch. Es gab eine große Hochzeit im Hause, der Berliner Pastor tat sie zusammen, und Müller Utpatel, der ein Konventikler war, und Gieshübler, dem man in der Stadt in kirchlichen Dingen auch nicht recht traute, waren geladen, und vor allem viele Kapitäne mit ihren Frauen und Töchtern. Und wie man sich denken kann, es ging hoch her. Am Abend aber war Tanz, und die Braut tanzte mit jedem und zuletzt auch mit dem Chinesen. Da mit einem Mal hieß es, sie sei fort, die Braut nämlich. Und sie war auch wirklich fort, irgendwohin, und niemand weiß, was da vorgefallen. Und nach vierzehn Tagen starb der Chinese; Thomsen kaufte die Stelle, die ich dir gezeigt habe, und da wurd' er begraben. Der Berliner Pastor aber soll gesagt haben: Man hätte ihn auch ruhig auf dem christlichen Kirchhof begraben können, denn der Chinese sei ein sehr guter Mensch gewesen und geradesogut wie die anderen. Wen er mit den ›anderen‹ eigentlich gemeint hat, sagte mir Gieshübler, das wisse man nicht recht.«

»Aber ich bin in dieser Sache doch ganz und gar gegen den Pastor; so was darf man nicht aussprechen, weil es gewagt und unpassend ist. Das würde selbst Niemeyer nicht gesagt haben.«

»Und ist auch dem armen Pastor, der übrigens Trippel hieß, sehr verdacht worden, so daß es eigentlich ein Glück war, daß er drüber hinstarb, sonst hätte er seine Stelle verloren. Denn die Stadt, trotzdem sie ihn gewählt, war doch auch gegen ihn, gerade so wie du, und das Konsistorium natürlich erst recht.«

»Trippel sagst du? Dann hängt er am Ende mit der Frau Pastor Trippel zusammen, die wir heute abend sehen sollen?«

»Natürlich hängt er mit der zusammen. Er war ihr Mann und ist der Vater von der Trippelli.«

Effi lachte. »Von der Trippelli! Nun sehe ich erst klar in allem. Daß sie in Kessin geboren, schrieb ja schon Gieshübler; aber ich dachte, sie sei die Tochter von einem italienischen Konsul. Wir haben ja so viele fremdländische Namen hier. Und nun ist sie gut deutsch und stammt von Trippel. Ist sie denn so vorzüglich, daß sie wagen konnte, sich so zu italienisieren?«

»Dem Mutigen gehört die Welt. Übrigens ist sie ganz tüchtig. Sie war ein paar Jahr lang in Paris bei der berühmten Viardot, wo sie auch den russischen Fürsten kennenlernte, denn die russischen Fürsten sind sehr aufgeklärt, über kleine Standesvorurteile weg, und Kotschukoff und Gieshübler – den sie übrigens ›Onkel‹ nennt, und man kann fast von ihm sagen, er sei der geborne Onkel –, diese beiden sind es recht eigentlich, die die kleine Marie Trippel zu dem gemacht haben, was sie jetzt ist. Gieshübler war es, durch den sie nach Paris kam, und Kotschukoff hat sie dann in die Trippelli transponiert.«

»Ach, Geert, wie reizend ist das alles und welch Alltagsleben habe ich doch in Hohen-Cremmen geführt! Nie was Apartes.«

Innstetten nahm ihre Hand und sagte: »So darfst du nicht sprechen, Effi. Spuk, dazu kann man sich stellen, wie man will. Aber hüte dich vor dem Aparten oder was man so das Aparte nennt. Was dir so verlockend erscheint – und ich rechne auch ein Leben dahin, wie's die Trippelli führt –, das bezahlt man in der Regel mit seinem Glück. Ich weiß wohl, wie sehr du dein Hohen-Cremmen liebst und daran hängst, aber du spottest doch auch oft darüber und hast keine Ahnung davon, was stille Tage, wie die Hohen-Cremmner, bedeuten.«

»Doch, doch«, sagte sie. »Ich weiß es wohl. Ich höre nur gern einmal von etwas anderem, und dann wandelt mich die Lust an, mit dabei zu sein. Aber du hast ganz recht. Und eigentlich hab' ich doch eine Sehnsucht nach Ruh' und Frieden.«

Innstetten drohte ihr mit dem Finger. »Meine einzig liebe Effi, das denkst du dir nun auch wieder so aus. Immer Phantasien, mal so, mal so.«

ELFTES KAPITEL

Die Fahrt verlief ganz wie geplant. Um ein Uhr hielt der Schlitten unten am Bahndamm vor dem Gasthause »Zum Fürsten Bismarck«, und Golchowski, glücklich, den Landrat bei sich zu sehen, war beflissen, ein vorzügliches Dejeuner herzurichten. Als zuletzt das Dessert und der Ungarwein aufgetragen wurden, rief Innstetten den von Zeit zu Zeit erscheinenden und nach der Ordnung sehenden Wirt heran und bat ihn, sich mit an den Tisch zu setzen und ihnen was zu erzählen. Dazu war Golchowski denn auch der rechte Mann; auf zwei Meilen in der Runde wurde kein Ei gelegt, von dem er nicht wußte. Das zeigte sich auch heute wieder. Sidonie Grasenabb, Innstetten hatte recht vermutet, war, wie vorige Weihnachten, so auch diesmal wieder auf vier Wochen zu »Hofpredigers« gereist; Frau von Palleske, so hieß es weiter, habe ihre Jungfer wegen einer fatalen Geschichte Knall und Fall entlassen müssen, und mit dem alten Fraude steh' es schlecht – es werde zwar in Kurs gesetzt, er sei bloß ausgeglitten, aber es sei ein Schlaganfall gewesen, und der Sohn, der in Lissa bei den Husaren stehe, werde jede Stunde erwartet. Nach diesem Geplänkel war man dann, zu Ernsthafterem übergehend, auf Varzin gekommen. »Ja«, sagte Golchowski, »wenn man sich den Fürsten so als Papiermüller denkt! Es ist doch alles sehr merkwürdig; eigentlich kann er die Schreiberei nicht leiden, und das bedruckte Papier erst recht nicht, und nun legt er doch selber eine Papiermühle an.«

»Schon recht, lieber Golchowski«, sagte Innstetten, »aber aus solchen Widersprüchen kommt man im Leben nicht heraus. Und da hilft auch kein Fürst und keine Größe.«

»Nein, nein, da hilft keine Größe.«

Wahrscheinlich, daß sich dies Gespräch über den Fürsten noch fortgesetzt hätte, wenn nicht in eben diesem Augenblicke die von der Bahn her herüberklingende Signalglocke einen bald eintreffenden Zug angemeldet hätte. Innstetten sah nach der Uhr.

»Welcher Zug ist das, Golchowski?«

»Das ist der Danziger Schnellzug; er hält hier nicht, aber ich gehe doch immer hinauf und zähle die Wagen, und mitunter steht auch einer am Fenster, den ich kenne. Hier gleich hinter meinem Hofe führt eine Treppe den Damm hinauf, Wärterhaus 417...«

»Oh, das wollen wir uns zunutze machen«, sagte Effi. »Ich sehe so gern Züge...«

»Dann ist es die höchste Zeit, gnäd'ge Frau.«

Und so machten sich denn alle drei auf den Weg und stellten sich, als sie oben waren, in einem neben dem Wärterhause gelegenen Gartenstreifen auf, der jetzt freilich unter Schnee lag, aber doch eine freigeschaufelte Stelle hatte. Der Bahnwärter stand schon da, die Fahne in der Hand. Und jetzt jagte der Zug über das Bahnhofsgeleise hin und im nächsten Augenblick an dem Häuschen und an dem Gartenstreifen vorüber. Effi war so erregt, daß sie nichts sah und nur dem letzten Wagen, auf dessen Höhe ein Bremser saß, ganz wie benommen nachblickte.

»Sechs Uhr fünfzig ist er in Berlin«, sagte Innstetten, »und noch eine Stunde später, so können ihn die Hohen-Cremmner, wenn der Wind so steht, in der Ferne vorbeiklappern hören. Möchtest du mit, Effi?«

Sie sagte nichts. Als er aber zu ihr hinüberblickte, sah er, daß eine Träne in ihrem Auge stand.

Effi war, als der Zug vorbeijagte, von einer herzlichen Sehnsucht erfaßt worden. So gut es ihr ging, sie fühlte sich trotzdem wie in einer fremden Welt. Wenn sie sich eben noch an dem einen oder andern entzückt hatte, so kam ihr doch gleich nachher zum Bewußtsein, was ihr fehlte. Da drüben lag Varzin, und da nach der anderen Seite hin blitzte der Kroschentiner Kirchturm auf, und weiter hin der Morgenitzer, und da saßen die Grasenabbs und die Borckes, *nicht* die Bellings und *nicht* die Briests. »Ja, die!« Innstetten hatte ganz recht gehabt mit dem raschen Wechsel ihrer Stimmung, und sie sah jetzt wieder alles, was zurücklag, wie in einer Verklärung. Aber so gewiß sie voll Sehnsucht dem Zuge nachgesehen, sie war doch andererseits viel zu beweglichen Gemüts, um lange dabei zu verweilen, und schon auf der Heimfahrt, als der rote Ball der niedergehenden Sonne seinen Schimmer über den Schnee ausgoß, fühlte sie sich wieder freier; alles erschien ihr schön und frisch, und als sie, nach Kessin zurückgekehrt, fast mit dem Glockenschlage sieben in den Gieshüblerschen Flur eintrat, war ihr nicht bloß behaglich, sondern beinah übermütig zu Sinn, wozu die das Haus durchziehende Baldrian- und Veilchenwurzelluft das ihrige beitragen mochte.

Pünktlich waren Innstetten und Frau erschienen, aber trotz dieser Pünktlichkeit immer noch hinter den anderen Geladenen zurückgeblieben; Pastor Lindequist, die alte Frau Trippel und die Trippelli selbst waren schon da. Gieshübler – im blauen Frack mit mattgoldenen Knöpfen, dazu Pincenez an einem breiten, schwarzen Bande, das wie ein Ordensband auf der blendendweißen Piquéweste lag – Gieshübler konnte seiner Erregung nur mit Mühe Herr werden. »Darf ich die Herrschaften miteinander bekannt machen; Baron und Baronin Innstetten, Frau Pastor Trippel, Fräulein Marietta Trippelli.« Pastor Lindequist, den alle kannten, stand lächelnd beiseite.

Die Trippelli, Anfang der Dreißig, stark männlich und von ausgesprochen humoristischem Typus, hatte bis zu dem Momente der Vorstellung den Sofa-Ehrenplatz innegehabt. Nach der Vorstellung aber sagte sie, während sie auf einen in der Nähe stehenden Stuhl mit hoher Lehne zuschritt: »Ich bitte Sie nunmehro, gnäd'ge Frau, die Bürden und Fährlichkeiten Ihres Amtes auf sich nehmen zu wollen. Denn von ›Fährlichkeiten‹« – und sie wies auf das Sofa – »wird sich in diesem Falle wohl sprechen lassen. Ich habe Gieshübler schon vor Jahr und Tag darauf aufmerksam gemacht, aber leider vergeblich; so gut er ist, so eigensinnig ist er auch.«

»Aber Marietta...«

»Dies Sofa nämlich, dessen Geburt um wenigstens fünfzig Jahre zurückliegt, ist noch nach einem altmodischen Versenkungsprinzip gebaut, und wer sich ihm anvertraut, ohne vorher einen Kissenturm untergeschoben zu haben, sinkt ins Bodenlose, jedenfalls aber gerade tief genug, um die Knie wie ein Monument aufragen zu lassen.« All dies wurde seitens der Trippelli mit ebensoviel Bonhommie wie Sicherheit hingesprochen, in einem Tone, der ausdrücken sollte: »Du bist die Baronin Innstetten, ich bin die Trippelli.«

Gieshübler liebte seine Künstlerfreundin enthusiastisch und dachte hoch von ihren Talenten; aber all seine Begeisterung konnte ihn doch nicht blind gegen die Tatsache machen, daß ihr von gesellschaftlicher Feinheit nur ein bescheidenes Maß zuteil geworden war. Und diese Feinheit war gerade das, was er persönlich kultivierte. »Liebe Marietta«, nahm er das Wort, »Sie haben eine so reizend heitere Behandlung solcher Fragen; aber was mein Sofa betrifft, so haben Sie wirklich unrecht, und jeder Sachverständige mag zwischen uns entscheiden. Selbst ein Mann wie Fürst Kotschukoff...«

»Ach, ich bitte Sie, Gieshübler, lassen Sie doch *den*. Immer Kotschukoff. Sie werden mich bei der gnäd'gen Frau hier noch in den Verdacht bringen, als ob ich bei diesem Fürsten – der übrigens nur zu den kleineren zählt und nicht mehr als tausend Seelen hat, das heißt *hatte* (früher, wo die Rechnung noch nach Seelen ging) –, als ob ich stolz wäre, seine tausendundeinste Seele zu sein. Nein, es liegt wirklich anders; ›immer freiweg‹, Sie kennen meine Devise, Gieshübler. Kotschukoff ist ein guter Kamerad und mein Freund, aber von Kunst und ähnlichen Sachen versteht er gar nichts, von Musik gewiß nicht, wiewohl er Messen und Oratorien komponiert – die meisten russischen Fürsten, wenn sie Kunst treiben, fallen ein bißchen nach der geistlichen oder orthodoxen Seite hin –, und zu den vielen Dingen, von denen er nichts versteht, gehören auch unbedingt Einrichtungs- und Tapezierfragen. Er ist gerade vornehm genug, um sich alles als schön aufreden zu lassen, was bunt aussieht und viel Geld kostet.«

Innstetten amüsierte sich, und Pastor Lindequist war in einem allersichtlichsten Behagen. Die gute alte Trippel aber geriet über den ungenierten Ton ihrer Tochter aus einer Verlegenheit in die andere, während Gieshübler es für angezeigt hielt, eine so schwierig werdende Unterhaltung zu kupieren. Dazu waren etliche Gesangspiecen das beste. Daß Marietta Lieder von anfechtbarem Inhalt wählen würde, war nicht anzunehmen, und selbst wenn dies sein sollte, so war ihre Vortragskunst so groß, daß der Inhalt dadurch geadelt wurde.

»Liebe Marietta«, nahm er also das Wort, »ich habe unser kleines Mahl zu acht Uhr bestellt. Wir hätten also noch drei Viertelstunden, wenn Sie nicht vielleicht vorziehen, während Tisch ein heitres Lied zu singen oder vielleicht erst, wenn wir von Tisch aufgestanden sind...«

»Ich bitte Sie, Gieshübler! Sie, der Mann der Ästhetik. Es gibt nichts Unästhetischeres als einen Gesangsvortrag mit vollem Magen. Außerdem – und ich weiß, Sie sind ein Mann der ausgesuchten Küche, ja, Gourmand –, außerdem schmeckt es besser, wenn man die Sache hinter sich hat. Erst Kunst und dann Nußeis, das ist die richtige Reihenfolge.«

»Also ich darf Ihnen die Noten bringen, Marietta?«

»Noten bringen. Ja, was heißt das, Gieshübler? Wie ich Sie kenne, werden Sie ganze Schränke voll Noten haben, und ich kann Ihnen doch nicht den ganzen Bock und Bote vorspielen. Noten! *Was* für Noten, Gieshübler, darauf kommt es an. Und dann, daß es richtig liegt, Altstimme...«

»Nun, ich werde schon bringen.«

Und er machte sich an einem Schranke zu schaffen, ein Fach

nach dem andern herausziehend, während die Trippelli ihren Stuhl weiter links um den Tisch herum schob, so daß sie nun dicht neben Effi saß.

»Ich bin neugierig, was er bringen wird«, sagte sie. Effi geriet dabei in eine kleine Verlegenheit.

»Ich möchte annehmen«, antwortete sie befangen, »etwas von Gluck, etwas ausgesprochen Dramatisches... Überhaupt, mein gnädigstes Fräulein, wenn ich mir die Bemerkung erlauben darf, ich bin überrascht zu hören, daß Sie lediglich Konzertsängerin sind. Ich dächte, daß Sie, wie wenige, für die Bühne berufen sein müßten. Ihre Erscheinung, Ihre Kraft, Ihr Organ... ich habe noch so wenig derart kennengelernt, immer nur auf kurzen Besuchen in Berlin... und dann war ich noch ein halbes Kind. Aber ich dächte ›Orpheus‹ oder ›Chrimhild‹ oder die ›Vestalin‹.«

Die Trippelli wiegte den Kopf und sah in Abgründe, kam aber zu keiner Entgegnung, weil eben jetzt Gieshübler wieder erschien und ein halbes Dutzend Notenhefte vorlegte, die seine Freundin in rascher Reihenfolge durch die Hand gleiten ließ. »›Erlkönig‹... ah, bah; ›Bächlein, laß dein Rauschen sein...‹ Aber Gieshübler, ich bitte Sie, Sie sind ein Murmeltier, Sie haben sieben Jahre lang geschlafen... Und hier Löwesche Balladen; auch nicht gerade das Neueste. ›Glocken von Speier‹... Ach, dies ewige Bim-Bam, das beinah einer Kulissenreißerei gleichkommt, ist geschmacklos und abgestanden. Aber hier ›Ritter Olaf‹... nun, das geht.«

Und sie stand auf, und während der Pastor begleitete, sang sie den ›Olaf‹ mit großer Sicherheit und Bravour und erntete allgemeinen Beifall.

Es wurde dann noch ähnlich Romantisches gefunden, einiges aus dem ›Fliegenden Holländer‹ und aus ›Zampa‹, dann der ›Heideknabe‹, lauter Sachen, die sie mit ebensoviel Virtuosität wie Seelenruhe vortrug, während Effi von Text und Komposition wie benommen war.

Als die Trippelli mit dem ›Heideknaben‹ fertig war, sagte sie: »Nun ist es genug«, eine Erklärung, die so bestimmt von ihr abgegeben wurde, daß weder Gieshübler noch ein anderer den Mut hatte, mit weiteren Bitten in sie zu dringen. Am wenigsten Effi. Diese sagte nur, als Gieshüblers Freundin wieder neben ihr saß: »Daß ich Ihnen doch sagen könnte, mein gnädigstes Fräulein, wie dankbar ich Ihnen bin! Alles so schön, so sicher, so gewandt. Aber eines, wenn Sie mir verzeihen, bewundere ich fast noch mehr, das ist die Ruhe, womit Sie diese Sachen vorzutragen wissen. Ich bin so leicht Eindrücken hingegeben, und wenn ich die kleinste Gespenstergeschichte höre, so zittere ich und kann mich kaum wieder zurechtfinden. Und Sie tragen das so mächtig und erschütternd vor und sind selbst ganz heiter und guter Dinge.«

»Ja, meine gnädigste Frau, das ist in der Kunst nicht anders. Und nun gar erst auf dem Theater, vor dem ich übrigens glücklicherweise bewahrt geblieben bin. Denn so gewiß ich mich persönlich gegen seine Versuchungen gefeit fühle – es verdirbt den Ruf, also das Beste, was man hat. Im übrigen stumpft man ab, wie mir Kolleginnen hundertfach versichert haben. Da wird vergiftet und erstochen, und der toten Julia flüstert Romeo einen Kalauer ins Ohr oder wohl auch eine Malice, oder er drückt ihr einen kleinen Liebesbrief in die Hand.«

»Es ist mir unbegreiflich. Und um bei dem stehenzubleiben, was ich Ihnen diesen Abend verdanke, beispielsweise bei dem Gespenstischen im ›Olaf‹, ich versichere Ihnen, wenn ich einen ängstlichen Traum habe, oder wenn ich glaube, über mir hörte ich ein leises Tanzen oder Musizieren, während doch niemand da ist, oder es schleicht wer an meinem Bette vorbei, so bin ich außer mir und kann es tagelang nicht vergessen.«

»Ja, meine gnädigste Frau, was Sie da schildern und beschreiben, das ist auch etwas anderes, das ist ja wirklich oder kann wenigstens etwas Wirkliches sein. Ein Gespenst, das durch die Ballade geht, da graule ich mich gar nicht, aber ein Gespenst, das durch meine Stube geht, ist mir, geradeso wie andern, sehr unangenehm. Darin empfinden wir also ganz gleich.«

»Haben Sie denn dergleichen auch einmal erlebt?«

»Gewiß. Und noch dazu bei Kotschukoff. Und ich habe mir auch ausbedungen, daß ich diesmal anders schlafe, vielleicht mit der englischen Gouvernante zusammen. Das ist nämlich eine Quäkerin, und da ist man sicher.«

»Und Sie halten dergleichen für möglich?«

»Meine gnädigste Frau, wenn man so alt ist wie ich und viel rumgestoßen wurde und in Rußland war und sogar auch ein halbes Jahr in Rumänien, da hält man alles für möglich. Es gibt so viel schlechte Menschen, und das andere findet sich dann auch, das gehört dann sozusagen mit dazu.«

Effi horchte auf.

»Ich bin«, fuhr die Trippelli fort, »aus einer sehr aufgeklärten Familie (bloß mit Mutter war es immer nicht so recht), und doch sagte mir mein Vater, als das mit dem Psychographen aufkam: ›Höre Marie, das ist was.‹ Und er hat recht gehabt, es ist auch was damit. Überhaupt, man ist links und rechts umlauert, hinten und vorn. Sie werden das noch kennenlernen.«

In diesem Augenblicke trat Gieshübler heran und bot Effi den Arm, Innstetten führte Marietta, dann folgte Pastor Lindequist und die verwitwete Trippel. So ging man zu Tisch.

ZWÖLFTES KAPITEL

Es war spät, als man aufbrach. Schon bald nach zehn hatte Effi zu Gieshübler gesagt: »es sei nun wohl Zeit; Fräulein Trippelli, die den Zug nicht versäumen dürfe, müsse ja schon um sechs von Kessin aufbrechen«, die daneben stehende Trippelli aber, die diese Worte gehört, hatte mit der ihr eigenen ungenierten Beredsamkeit gegen solche zarte Rücksichtsnahme protestiert. »Ach, meine gnädigste Frau, Sie glauben, daß unsereins einen regelmäßigen Schlaf braucht, das trifft aber nicht zu; was wir regelmäßig brauchen, heißt Beifall und hohe Preise. Ja, lachen Sie nur. Außerdem (so was lernt man) kann ich auch im Kupee schlafen, in jeder Situation und sogar auf der linken Seite und brauche nicht einmal das Kleid aufzumachen. Freilich bin ich auch nie eingepreßt; Brust und Lunge müssen immer frei sein, und vor allem das Herz. Ja, meine gnädigste Frau, das ist die Hauptsache. Und dann das Kapitel Schlaf überhaupt – die Menge tut es nicht, was entscheidet, ist die Qualität; ein guter Nicker von fünf Minuten ist besser als fünf Stunden unruhige Rumdreherei, mal links, mal rechts. Übrigens schläft man in Rußland wundervoll, trotz des starken Tees. Es muß die Luft machen oder das späte Diner oder weil man so verwöhnt wird. Sorgen gibt es in Rußland nicht; darin – im Geldpunkt sind beide gleich – ist Rußland noch besser als Amerika.«

Nach dieser Erklärung der Trippelli hatte Effi von allen Mahnungen zum Aufbruch Abstand genommen, und so war Mitternacht herangekommen. Man trennte sich heiter und herzlich und mit einer gewissen Vertraulichkeit.

Der Weg von der Mohrenapotheke bis zur landrätlichen Wohnung war ziemlich weit; er kürzte sich aber dadurch, daß Pastor Lindequist bat, Innstetten und Frau eine Strecke begleiten zu dürfen; ein Spaziergang unterm Sternenhimmel sei das beste, um über Gieshüblers Rheinwein hinwegzukommen. Unterwegs wurde man natürlich nicht müde, die verschiedensten Trippelliana heranzuziehen; Effi begann mit dem, was ihr in Erinnerung geblieben, und gleich nach ihr kam der Pastor an die Reihe. Dieser, ein Ironikus, hatte die Trippelli, wie nach vielem sehr Weltlichem, so schließlich auch nach ihrer kirchlichen Richtung gefragt und dabei von ihr in Erfahrung gebracht, daß sie nur *eine* Richtung kenne, die orthodoxe. Ihr Vater sei freilich ein Rationalist gewesen, fast schon ein Freigeist, weshalb er auch den Chinesen am liebsten auf dem Gemeindekirchhof gehabt hätte; sie ihrerseits sei aber ganz entgegengesetzter Ansicht, trotzdem sie persönlich des großen Vorzugs genieße, gar nichts zu glauben. Aber sie sei sich in ihrem entschiedenen Nichtglauben doch auch jeden Augenblick bewußt, daß das ein Spezialluxus sei, den man sich nur als Privatperson gestatten könne. Staatlich höre der Spaß auf, und wenn ihr das Kultusministerium oder gar ein Konsistorialregiment unterstünde, so würde sie mit unnachsichtiger Strenge vorgehen. »Ich fühle so was von einem Torquemada in mir.«

Innstetten war sehr erheitert und erzählte seinerseits, daß er etwas so Heikles, wie das Dogmatische, geflissentlich vermieden, aber dafür das Moralische desto mehr in den Vordergrund gestellt habe. Hauptthema sei das Verführerische gewesen, das beständige Gefährdetsein, das in allem öffentlichen Auftreten liege, worauf die Trippelli leichthin und nur mit Betonung der zweiten Satzhälfte geantwortet habe: »Ja, beständig gefährdet; am meisten die Stimme.«

Unter solchem Geplauder war, ehe man sich trennte, der Trippelli-Abend noch einmal an ihnen vorübergezogen, und erst drei Tage später hatte sich Gieshüblers Freundin durch ein von Petersburg aus an Effi gerichtetes Telegramm noch einmal in Erinnerung gebracht. Es lautete: Madame la Baronne d'Innstetten, née de Briest. Bien arrivée. Prince K. à la gare. Plus épris de moi que jamais. Mille fois merci de votre bon accueil. Compliments empressés à Monsieur le Baron. Marietta Trippelli.

Innstetten war entzückt und gab diesem Entzücken lebhafteren Ausdruck, als Effi begreifen konnte.

»Ich verstehe dich nicht, Geert.«

»Weil du die Trippelli nicht verstehst. Mich entzückt die Echtheit; alles da, bis auf das Pünktchen überm i.«

»Du nimmst also alles als eine Komödie?«

»Aber als was sonst? Alles berechnet für dort und für hier, für Kotschukoff und für Gieshübler. Gieshübler wird wohl eine Stiftung machen, vielleicht auch bloß ein Legat für die Trippelli.«

Die musikalische Soiree bei Gießhübler hatte Mitte Dezember stattgefunden, gleich danach begannen die Vorbereitungen für Weihnachten, und Effi, die sonst schwer über diese Tage hingekommen wäre, segnete es, daß sie selber einen Hausstand hatte, dessen Ansprüche befriedigt werden mußten. Es galt nachsinnen, fragen, anschaffen, und das alles ließ trübe Gedanken nicht aufkommen. Am Tage vor Heiligabend trafen Geschenke von den Eltern aus Hohen-Cremmen ein, und mit in die Kiste waren allerhand Kleinigkeiten aus dem Kantorhause gepackt: wunderschöne Reinetten von einem Baum, den Effi und Jahnke vor mehreren Jahren gemeinschaftlich okuliert hatten, und dazu braune Puls- und Kniewärmer von Bertha und Hertha. Hulda schrieb nur wenige Zeilen, weil sie, wie sie sich entschuldigte, für X. noch eine Reisedecke zu stricken habe. »Was einfach nicht wahr ist«, sagte Effi. »Ich wette, X.

existiert gar nicht. Daß sie nicht davon lassen kann, sich mit Anbetern zu umgeben, die nicht da sind!«

Und so kam Heiligabend heran.

Innstetten selbst baute auf für seine junge Frau, der Baum brannte, und ein kleiner Engel schwebte oben in Lüften. Auch eine Krippe war da mit hübschen Transparenten und Inschriften, deren eine sich in leiser Andeutung auf ein dem Innstettenschen Hause für nächstes Jahr bevorstehendes Ereignis bezog. Effi las es und errötete. Dann ging sie auf Innstetten zu, um ihm zu danken, aber eh sie dies konnte, flog nach altpommerschem Weihnachtsbrauch, ein Julklapp in den Hausflur: eine große Kiste, drin eine Welt von Dingen steckte. Zuletzt fand man die Hauptsache, ein zierliches, mit allerlei japanischen Bildchen überklebtes Morsellenkästchen, dessen eigentlichem Inhalt auch noch ein Zettelchen beigegeben war. Es hieß da:

> Drei Könige kamen zum Heiligenchrist,
> Mohrenkönig einer gewesen ist; —
> Ein Mohrenapothekerlein
> Erscheinet heute mit Spezerein,
> Doch statt Weihrauch und Myrrhen, die nicht zur Stelle,
> Bringt er Pistazien- und Mandel-Morselle.

Effi las es zwei-, dreimal und freute sich darüber. »Die Huldigungen eines guten Menschen haben doch etwas besonders Wohltuendes. Meinst du nicht auch, Geert?«

»Gewiß meine ich das. Es ist eigentlich das einzige, was einem Freude macht oder wenigstens Freude machen sollte. Denn jeder steckt noch so nebenher in allerhand dummem Zeuge drin. Ich auch. Aber freilich, man ist, wie man ist.«

Der erste Feiertag war Kirchtag, am zweiten war man bei Borckes draußen, alles zugegen, mit Ausnahme von Grasenabbs, die nicht kommen wollten, »weil Sidonie nicht da sei«, was man als Entschuldigung allseitig ziemlich sonderbar fand. Einige tuschelten sogar: »Umgekehrt; gerade deshalb hätten sie kommen sollen.« Am Silvester war Ressourcenball, auf dem Effi nicht fehlen durfte und auch nicht wollte, denn der Ball gab ihr Gelegenheit, endlich einmal die ganze Stadtflora beisammen zu sehen. Johanna hatte mit den Vorbereitungen zum Ballstaate für ihre Gnädige vollauf zu tun, Gieshübler, der, wie alles, so auch ein Treibhaus hatte, schickte Kamelien, und Innstetten, so knapp bemessen die Zeit für ihn war, fuhr am Nachmittage noch über Land nach Papenhagen, wo drei Scheunen abgebrannt waren.

Es war ganz still im Hause. Christel, beschäftigungslos, hatte sich schläfrig eine Fußbank an den Herd gerückt, und Effi zog sich in ihr Schlafzimmer zurück, wo sie sich, zwischen Spiegel und Sofa, an einen kleinen, eigens zu diesem Zweck zurechtgemachten Schreibtisch setzte, um von hier aus an die Mama zu schreiben, der sie für Weihnachtsbrief und Weihnachtsgeschenke bis dahin bloß in einer Karte gedankt, sonst aber seit Wochen keine Nachricht gegeben hatte.

»Kessin, 31. Dezember. Meine liebe Mama! Das wird nun wohl ein langer Schreibebrief werden, denn ich habe – die Karte rechnet nicht – lange nichts von mir hören lassen. Als ich das letztemal schrieb, steckte ich noch in den Weihnachtsvorbereitungen, jetzt liegen die Weihnachtstage schon zurück. Innstetten und mein guter Freund Gieshübler hatten alles aufgeboten, mir den Heiligen Abend so angenehm wie möglich zu machen, aber ich fühlte mich doch ein wenig einsam und bangte mich nach Euch. Überhaupt, so viel Ursache ich habe, zu danken und froh und glücklich zu sein, ich kann ein Gefühl des Alleinseins nicht ganz loswerden, und wenn ich mich früher, vielleicht mehr als nötig, über Huldas ewige Gefühlsträne mokiert habe, so werde ich jetzt dafür bestraft und habe selber mit dieser Träne zu kämpfen. Denn Innstetten darf es nicht sehen. Ich bin aber sicher, daß das alles besser werden wird, wenn unser Hausstand sich mehr belebt, und das wird der Fall sein, meine liebe Mama. Was ich neulich andeutete, das ist nun Gewißheit, und Innstetten bezeugt mir täglich seine Freude darüber. Wie glücklich ich selber im Hinblick darauf bin, brauche ich nicht erst zu versichern, schon weil ich dann Leben und Zerstreuung um mich her haben werde oder, wie Geert sich ausdrückt, ein ›liebes Spielzeug‹. Mit diesem Worte wird er wohl recht haben, aber er sollte es lieber nicht gebrauchen, weil es mir immer einen kleinen Stich gibt und mich

daran erinnert, wie jung ich bin, und daß ich noch halb in die
Kinderstube gehöre. Diese Vorstellung verläßt mich nicht
(Geert meint, es sei krankhaft) und bringt es zuwege, daß das,
was mein höchstes Glück sein sollte, doch fast noch mehr eine
beständige Verlegenheit für mich ist. Ja, meine liebe Mama,
als die guten Flemmingschen Damen sich neulich nach allem
möglichen erkundigten, war mir zumut, als stünd' ich schlecht
vorbereitet in einem Examen, und ich glaube auch, daß ich
recht dumm geantwortet habe. Verdrießlich war ich auch.
Denn manches, was wie Teilnahme aussieht, ist doch bloß
Neugier und wirkt um so zudringlicher, als ich ja noch lange,
bis in den Sommer hinein, auf das frohe Ereignis zu warten
habe. Ich denke, die ersten Julitage. Dann mußt Du kommen,
oder noch besser, sobald ich einigermaßen wieder bei Wege
bin, komme *ich*, nehme hier Urlaub und mache mich auf nach
Hohen-Cremmen. Ach, wie ich mich darauf freue, und auf die
havelländische Luft – hier ist es fast immer rauh und kalt –
und dann jeden Tag eine Fahrt ins Luch, alles rot und gelb,
und ich sehe schon, wie das Kind die Hände danach streckt,
denn es wird doch wohl fühlen, daß es eigentlich da zu Hause
ist. Aber das schreibe ich nur *Dir*. Innstetten darf nicht davon
wissen, und auch Dir gegenüber muß ich mich wie entschuldigen, daß ich mit dem Kinde nach Hohen-Cremmen will und
mich heute schon anmelde, statt Dich, meine liebe Mama, dringend und herzlich nach Kessin hin einzuladen, das ja doch jeden Sommer fünfzehnhundert Badegäste hat und Schiffe mit
allen möglichen Flaggen und sogar ein Dünenhotel. Aber daß
ich so wenig Gastlichkeit zeige, das macht nicht, daß ich un-
gastlich wäre, so sehr bin ich nicht aus der Art geschlagen, das
macht einfach unser landrätliches Haus, das, so viel Hübsches
und Apartes es hat, doch eigentlich gar kein richtiges Haus ist,
sondern nur eine Wohnung für zwei Menschen, und auch das
kaum, denn wir haben nicht einmal ein Eßzimmer, was doch
genant ist, wenn ein paar Personen zu Besuch sich einstellen.
Wir haben freilich noch Räumlichkeiten im ersten Stock, einen
großen Saal und vier kleine Zimmer, aber sie haben alle etwas
wenig Einladendes, und ich würde sie Rumpelkammer nennen, wenn sich etwas Gerümpel darin vorfände; sie sind aber

ganz leer, ein paar Binsenstühle abgerechnet, und machen, das mindeste zu sagen, einen sehr sonderbaren Eindruck. Nun wirst Du wohl meinen, das alles sei ja leicht zu ändern. Aber es ist nicht zu ändern; denn das Haus, das wir bewohnen, ist ... ist ein Spukhaus; da ist es heraus. Ich beschwöre Dich übrigens, mir auf diese meine Mitteilung nicht zu antworten, denn ich zeige Innstetten immer Eure Briefe, und er wäre außer sich, wenn er erführe, daß ich Dir das geschrieben. Ich hätte es auch nicht getan, und zwar um so weniger, als ich seit vielen Wochen in Ruhe geblieben bin und aufgehört habe, mich zu ängstigen; aber Johanna sagt mir, es käme immer mal wieder, namentlich wenn wer Neues im Hause erschiene. Und ich kann Dich doch einer solchen Gefahr oder, wenn das zu viel gesagt ist, einer solchen eigentümlichen und unbequemen Störung nicht aussetzen! Mit der Sache selber will ich Dich heute nicht behelligen, jedenfalls nicht ausführlich. Es ist eine Geschichte von einem alten Kapitän, einem sogenannten Chinafahrer, und seiner Enkelin, die mit einem hiesigen jungen Kapitän eine kurze Zeit verlobt war und an ihrem Hochzeitstage plötzlich verschwand. Das möchte hingehn. Aber was wichtiger ist, ein junger Chinese, den ihr Vater aus China mit zurückgebracht hatte und der erst der Diener und dann der Freund des Alten war, der starb kurze Zeit danach und ist an einer einsamen Stelle neben dem Kirchhof begraben worden. Ich bin neulich da vorübergefahren, wandte mich aber rasch ab und sah nach der andern Seite, weil ich glaube, ich hätte ihn sonst auf dem Grabe sitzen sehen. Denn ach, meine liebe Mama, ich habe ihn einmal wirklich gesehen, oder es ist mir wenigstens so vorgekommen, als ich fest schlief und Innstetten auf Besuch beim Fürsten war. Es war schrecklich; ich möchte so was nicht wieder erleben. Und in ein solches Haus, so hübsch es sonst ist (es ist sonderbarerweise gemütlich und unheimlich zugleich), kann ich Dich doch nicht gut einladen. Und Innstetten, trotzdem ich' ihm schließlich in vielen Stücken zustimmte, hat sich dabei, soviel möcht' ich sagen dürfen, auch nicht ganz richtig benommen. Er verlangte von mir, ich solle das alles als Alten-Weiberunsinn ansehn und darüber lachen, aber mit einemmal schien er doch auch wieder selber daran zu glauben und stellte mir zugleich die sonderbare Zumutung, einen solchen Hausspuk als etwas Vornehmes und Altadliges anzusehen. Das kann ich aber nicht und will es auch nicht. Er ist in diesem Punkte, so gütig er sonst ist, nicht gütig und nachsichtig genug gegen mich. Denn daß es etwas damit ist, das weiß ich von Johanna und weiß es auch von unserer Frau Kruse. Das ist nämlich unsere Kutscherfrau, die mit einem schwarzen Huhn beständig in einer überheizten Stube sitzt. Dies allein schon ist ängstlich genug. Und nun weißt Du, warum *ich* kommen will, wenn es erst soweit ist. Ach, wäre es nur erst soweit. Es sind so viele Gründe, warum ich es wünsche. Heute abend haben wir Silvesterball, und Gieshübler – der einzig nette Mensch hier, trotzdem er eine hohe Schulter hat, oder eigentlich schon etwas mehr –, Gieshübler hat mir Kamelien geschickt. Ich werde doch vielleicht tanzen. Unser Arzt sagt, es würde mir nichts schaden, im Gegenteil. Und Innstetten, was mich fast überraschte, hat auch eingewilligt. Und nun grüße und küsse Papa und all die andern Lieben. Glückauf zum neuen Jahr. Deine Effi.«

DREIZEHNTES KAPITEL

Der Silvesterball hatte bis an den frühen Morgen gedauert, und Effi war ausgiebig bewundert worden, freilich nicht ganz so anstandslos wie das Kamelienbukett, von dem man wußte, daß es aus dem Gieshüblerschen Treibhause kam. Im übrigen blieb auch nach dem Silvesterball alles beim alten, kaum daß Versuche gesellschaftlicher Annäherung gemacht worden wären, und so kam es denn, daß der Winter als recht lange dauernd empfunden wurde. Besuche seitens der benachbarten Adelsfamilien fanden nur selten statt, und dem pflichtschuldigen Gegenbesuche ging in einem halben Trauertone jedesmal die Bemerkung voraus: »Ja, Geert, wenn es durchaus sein muß, aber ich vergehe vor Langeweile.« Worte, denen Innstetten nur immer zustimmte. Was an solchen Besuchsnachmittagen über Familie, Kinder, auch Landwirtschaft gesagt wurde, mochte gehen; wenn dann aber die kirchlichen Fragen an die Reihe kamen und die mitanwesenden Pastoren wie kleine

Päpste behandelt wurden, oder sich auch wohl selbst als solche
ansahen, dann riß Effi der Faden der Geduld, und sie dachte
mit Wehmut an Niemeyer, der immer zurückhaltend und anspruchslos war, trotzdem es bei jeder größeren Feierlichkeit
hieß, er habe das Zeug, an den »Dom« berufen zu werden.
Mit den Borckes, den Flemmings, den Grasenabbs, so freundlich die Familien, von Sidonie Grasenabb abgesehen, gesinnt
waren — es wollte mit allen nicht so recht gehen, und es hätte
mit Freude, Zerstreuung und auch nur leidlichem Sich-behag-
lich-Fühlen manchmal recht schlimm gestanden, wenn Gieshübler nicht gewesen wäre. Der sorgte für Effi wie eine kleine
Vorsehung, und sie wußte es ihm auch Dank. Natürlich war er
neben allem andern auch ein eifriger und aufmerksamer Zei-
tungsleser, ganz zu geschweigen, daß er an der Spitze des Jour-
nalzirkels stand, und so verging denn fast kein Tag, wo nicht
Mirambo ein großes, weißes Kuvert gebracht hätte, mit allerhand Blättern und Zeitungen, in denen die betreffenden Stellen angestrichen waren, meist eine kleine, feine Bleistiftlinie,
mitunter aber auch dick mit Blaustift und ein Ausrufungs-
oder Fragezeichen daneben. Und dabei ließ er es nicht bewenden; er schickte auch Feigen und Datteln, Schokoladentafeln
in Satineepapier und ein rotes Bändchen drum, und wenn
etwas besonders Schönes in seinem Treibhaus blühte, so brachte er es selbst und hatte dann eine glückliche Plauderstunde
mit der ihm so sympathischen jungen Frau, für die er alle
schönen Liebesgefühle durch- und nebeneinander hatte, die des
Vaters und Onkels, des Lehrers und Verehrers. Effi war gerührt von dem allen und schrieb öfters darüber nach Hohen-
Cremmen, so daß die Mama sie mit ihrer »Liebe zum Alchi-
misten« zu necken begann; aber diese wohlgemeinten Neckereien verfehlten ihren Zweck, ja berührten sie beinahe schmerzlich, weil ihr, wenn auch unklar, dabei zum Bewußtsein kam,
was ihr in ihrer Ehe eigentlich fehlte: Huldigungen, Anregungen, kleine Aufmerksamkeiten. Innstetten war lieb und gut,
aber ein Liebhaber war er nicht. Er hatte das Gefühl, Effi zu
lieben, und das gute Gewissen, daß es so sei, ließ ihn von besonderen Anstrengungen absehen. Es war fast zur Regel geworden, daß er sich, wenn Friedrich die Lampe brachte, aus

seiner Frau Zimmer in sein eigenes zurückzog. »Ich habe da noch eine verzwickte Geschichte zu erledigen.« Und damit ging er. Die Portiere blieb freilich zurückgeschlagen, so daß Effi das Blättern in dem Aktenstück oder das Kritzeln seiner Feder hören konnte, aber das war auch alles. Rollo kam dann wohl und legte sich vor sie hin auf den Kaminteppich, als ob er sagen wolle: »Muß nur mal wieder nach dir sehen; ein anderer tut's doch nicht.« Und dann beugte sie sich nieder und sagte leise: »Ja, Rollo, wir sind allein.« Um neun erschien dann Innstetten wieder zum Tee, meist die Zeitung in der Hand, sprach vom Fürsten, der wieder viel Ärger habe, zumal über diesen Eugen Richter, dessen Haltung und Sprache ganz unqualifizierbar seien, und ging dann die Ernennungen und Ordensverleihungen durch, von denen er die meisten beanstandete. Zuletzt sprach er von den Wahlen, und daß es ein Glück sei, einem Kreise vorzustehen, in dem es noch Respekt gäbe. War er damit durch, so bat er Effi, daß sie was spiele, aus Lohengrin oder aus der Walküre, denn er war ein Wagner-Schwärmer. Was ihn zu diesem hinübergeführt hatte, war ungewiß; einige sagten, seine Nerven, denn so nüchtern er schien, eigentlich war er nervös; andere schoben es auf Wagners Stellung zur Judenfrage. Wahrscheinlich hatten beide recht. Um zehn war Innstetten dann abgespannt und erging sich in ein paar wohlgemeinten, aber etwas müden Zärtlichkeiten, die sich Effi gefallen ließ, ohne sie recht zu erwidern.

So verging der Winter, der April kam, und in dem Garten hinter dem Hofe begann es zu grünen, worüber sich Effi freute; sie konnte gar nicht abwarten, daß der Sommer komme mit seinen Spaziergängen am Strand und seinen Badegästen. Wenn sie so zurückblickte, der Trippelli-Abend bei Gieshübler und dann der Silvesterball, ja, das ging, das war etwas Hübsches gewesen; aber die Monate, die dann gefolgt waren, die hatten doch viel zu wünschen übriggelassen, und vor allem waren sie so monoton gewesen, daß sie sogar mal an die Mama geschrieben hatte: »Kannst Du Dir denken, Mama, daß ich mich mit unsrem Spuk beinah ausgesöhnt habe? Natürlich die schreckliche Nacht, wo Geert drüben beim Fürsten war, die möcht' ich nicht noch einmal durchmachen, nein, gewiß nicht; aber immer das Alleinsein und so gar nichts erleben, das hat doch auch sein Schweres, und wenn ich dann in der Nacht aufwache, dann horche ich mitunter hinauf, ob ich nicht die Schuhe schleifen höre, und wenn alles still bleibt, so bin ich fast wie enttäuscht und sage mir: wenn es doch nur wiederkäme, nur nicht zu arg und nicht zu nah.«

Das war im Februar, daß Effi so schrieb, und nun war beinahe Mai. Drüben in der Plantage belebte sich's schon wieder, und man hörte die Finken schlagen. Und in derselben Woche war es auch, daß die Störche kamen, und einer schwebte langsam über ihr Haus hin und ließ sich dann auf einer Scheune nieder, die neben Utpatels Mühle stand. Das war seine alte Raststätte. Auch über dies Ereignis berichtete Effi, die jetzt überhaupt häufiger nach Hohen-Cremmen schrieb, und es war in demselben Briefe, daß es am Schlusse hieß: »Etwas, meine liebe Mama, hätte ich beinah vergessen: den neuen Landwehrbezirkskommandeur, den wir nun schon beinah vier Wochen hier haben. Ja, haben wir ihn wirklich? Das ist die Frage, und eine Frage von Wichtigkeit dazu, sosehr Du darüber lachen wirst und auch lachen mußt, weil Du den gesellschaftlichen Notstand nicht kennst, in dem wir uns nach wie vor befinden. Oder wenigstens *ich*, die ich mich mit dem Adel hier nicht gut zurechtfinden kann. Vielleicht meine Schuld. Aber das ist gleich. Tatsache bleibt: Notstand, und deshalb sah ich, durch all diese Winterwochen hin, dem neuen Bezirkskommandeur wie einem Trost- und Rettungsbringer entgegen. Sein Vorgänger war ein Greuel, von schlechten Manieren und noch schlechteren Sitten, und zum Überfluß auch noch immer schlecht bei Kasse. Wir haben all die Zeit über unter ihm gelitten, Innstetten noch mehr als ich, und als wir Anfang April hörten, Major von Crampas sei da, das ist nämlich der Name des neuen, da fielen wir uns in die Arme, als könne uns nun nichts Schlimmes mehr in diesem lieben Kessin passieren. Aber, wie schon kurz erwähnt, es scheint, trotzdem er da ist, wieder nichts werden zu wollen. Crampas ist verheiratet, zwei Kinder von zehn und acht Jahren, die Frau ein Jahr älter als er, also sagen wir fünfundvierzig. Das würde nun an und für sich nicht viel schaden, warum soll ich mich nicht mit einer mütterlichen Freundin wundervoll unterhalten können? Die Trippelli war auch nahe an Dreißig, und es ging ganz gut. Aber mit der Frau von Crampas, übrigens keine Geborene, kann es nichts werden. Sie ist immer verstimmt, beinahe melancholisch (ähnlich wie unsere Frau Kruse, an die sie mich überhaupt erinnert), und das alles aus Eifersucht. Er, Crampas, soll nämlich ein Mann vieler Verhältnisse sein, ein Damenmann, etwas was mir immer lächerlich ist und mir auch in diesem Falle lächerlich sein würde, wenn er nicht, um eben solcher Dinge willen, ein Duell mit einem Kameraden gehabt hätte. Der linke Arm wurde ihm dicht unter der Schulter zerschmettert, und man sieht es sofort, trotzdem die Operation, wie mir Innstetten erzählt (ich glaube, sie nennen es Resektion, damals noch von Wilms ausgeführt), als ein Meisterstück der Kunst gerühmt wurde. Beide, Herr und Frau von Crampas, waren vor vierzehn Tagen bei uns, um uns ihren Besuch zu machen; es war eine sehr peinliche Situation, denn Frau von Crampas beobachtete ihren Mann so, daß *er* in eine halbe und *ich* in eine ganze Verlegenheit kam. Daß er selbst sehr anders sein kann, ausgelassen und übermütig, davon überzeugte ich mich, als er vor drei Tagen mit Innstetten allein war, und ich, von meinem Zimmer her, dem Gang ihrer Unterhaltung folgen konnte. Nachher sprach auch ich ihn. Vollkommener Kavalier, ungewöhnlich gewandt. Innstetten war während des Krieges in derselben Brigade mit ihm, und sie haben sich im Norden von Paris bei Graf Gröben öfter gesehen. Ja, meine liebe Mama, das wäre nun also etwas gewesen, um in Kessin ein neues Leben beginnen zu können; er, der Major, hat auch nicht die pommerschen Vorurteile, trotzdem er in Schwedisch-Pommern zu Hause sein soll. Aber die Frau! Ohne sie geht es natürlich nicht, und mit ihr erst recht nicht.«

Effi hatte ganz recht gehabt, und es kam wirklich zu keiner weiteren Annäherung mit dem Crampasschen Paare. Man sah sich mal bei der Borckeschen Familie draußen, ein andermal ganz flüchtig auf dem Bahnhof und wenige Tage später auf einer Boot- und Vergnügungsfahrt, die nach einem am Breitling gelegenen großen Buchen- und Eichenwalde, der »der Schnatermann« hieß, gemacht wurde; es kam aber über kurze Begrüßungen nicht hinaus, und Effi war froh, als Anfang Juni die Saison sich ankündigte. Freilich fehlte es noch an Badegästen, die vor Johanni überhaupt nur in Einzelexemplaren einzutreffen pflegten, aber schon die Vorbereitungen waren eine Zerstreuung. In der Plantage wurden Karussell und Scheibenstände hergerichtet, die Schiffersleute kalfaterten und strichen ihre Boote, jede kleine Wohnung erhielt neue Gardinen, und die Zimmer, die feucht lagen, also den Schwamm unter der Diele hatten, wurden ausgeschwefelt und dann gelüftet.

Auch in Effis eigener Wohnung, freilich um eines anderen Ankömmlings als der Badegäste willen, war alles in einer gewissen Erregung; selbst Frau Kruse wollte mittun, so gut es ging. Aber davor erschrak Effi lebhaft und sagte: »Geert, daß nur die Frau Kruse nichts anfaßt; da kann nichts werden, und ich ängstige mich schon gerade genug.« Innstetten versprach auch alles, Christel und Johanna hätten ja Zeit genug, und um seiner jungen Frau Gedanken überhaupt in eine andere Richtung zu bringen, ließ er das Thema der Vorbereitungen ganz fallen und fragte statt dessen, ob sie denn schon bemerkt habe, daß drüben ein Badegast eingezogen sei, nicht gerade der erste, aber doch einer der ersten.

»Ein Herr?«

»Nein, eine Dame, die schon früher hier war, jedesmal in derselben Wohnung. Und sie kommt immer so früh, weil sie's nicht leiden kann, wenn alles schon so voll ist.«

»Das kann ich ihr nicht verdenken. Und wer ist es denn?«

»Die verwitwete Registrator Rode.«

»Sonderbar. Ich habe mir Registratorwitwen immer arm gedacht.«

»Ja«, lachte Innstetten, »das ist die Regel. Aber hier hast du eine Ausnahme. Jedenfalls hat sie mehr als ihre Witwenpension. Sie kommt immer mit viel Gepäck, unendlich viel mehr, als sie gebraucht, und scheint überhaupt eine ganz eigene Frau, wunderlich, kränklich und namentlich schwach auf den Füßen. Sie mißtraut sich deshalb auch und hat immer eine ältliche Dienerin um sich, die kräftig genug ist, sie zu schützen oder sie zu tragen, wenn ihr was passiert. Diesmal hat sie eine neue. Aber doch auch wieder eine ganz ramassierte Person, ähnlich wie die Trippelli, nur noch stärker.«

»Oh, die hab' ich schon gesehen. Gute braune Augen, die einen treu und zuversichtlich ansehen. Aber ein klein bißchen dumm.«

»Richtig, das ist sie.«

Das war Mitte Juni, daß Innstetten und Effi dies Gespräch hatten. Von da ab brachte jeder Tag Zuzug, und nach dem Bollwerk hin spazierengehen, um daselbst die Ankunft des Dampfschiffes abzuwarten, wurde, wie immer um diese Zeit, eine Art Tagesbeschäftigung für die Kessiner. Effi freilich, weil Innstetten sie nicht begleiten konnte, mußte darauf verzichten, aber sie hatte doch wenigstens die Freude, die nach dem Strand und dem Strandhotel hinausführende, sonst so menschenleere Straße sich beleben zu sehen, und war denn auch, um immer wieder Zeuge davon zu sein, viel mehr als sonst in ihrem Schlafzimmer, von dessen Fenstern aus sich alles am besten beobachten ließ. Johanna stand dann neben ihr und gab Antwort auf ziemlich alles, was sie wissen wollte; denn da die meisten alljährlich wiederkehrende Gäste waren, so konnte das Mädchen nicht bloß die Namen nennen, sondern mitunter auch eine Geschichte dazu geben.

Das alles war unterhaltlich und erheiternd für Effi. Grade am Johannistage aber traf es sich, daß kurz vor elf Uhr vormittags, wo sonst der Verkehr vom Dampfschiff her am buntesten vorüberflutete, statt der mit Ehepaaren, Kindern und Reisekoffern besetzten Droschken, aus der Mitte der Stadt her ein schwarz verhangener Wagen (dem sich zwei Trauerkutschen anschlossen) die zur Plantage führende Straße herunterkam und vor dem der landrätlichen Wohnung gegenüber gelegenen Hause hielt. Die verwitwete Frau Registrator Rode war nämlich drei Tage vorher gestorben, und nach Eintreffen der in aller Kürze benachrichtigten Berliner Verwandten war seitens eben dieser beschlossen worden, die Tote nicht nach Berlin hin überführen, sondern auf dem Kessiner Dünenkirchhof begraben zu wollen. Effi stand am Fenster und sah neugierig auf die sonderbar feierliche Szene, die sich drüben abspielte. Die zum Begräbnis von Berlin her Eingetroffenen waren zwei Neffen mit ihren Frauen, alle gegen Vierzig, etwas mehr oder weniger, und von beneidenswert gesunder Gesichtsfarbe. Die Neffen, in gutsitzenden Fracks, konnten passieren, und die nüchterne Geschäftsmäßigkeit, die sich in ihrem gesamten Tun ausdrückte, war im Grunde mehr kleidsam als störend. Aber die beiden Frauen! Sie waren ganz ersichtlich bemüht, den Kessinern zu zeigen, was eigentlich Trauer sei, und trugen denn auch lange, bis an die Erde reichende schwarze Kreppschleier, die zugleich ihr Gesicht verhüllten. Und nun wurde der Sarg, auf dem einige Kränze und sogar ein Palmenwedel lagen, auf den Wagen gestellt, und die beiden Ehepaare setzten sich in die Kutschen. In die erste – gemeinschaftlich mit dem einen der beiden leidtragenden Paare – stieg auch Lindequist, hinter der zweiten Kutsche aber ging die Hauswirtin und neben dieser die stattliche Person, die die Verstorbene zur Aushülfe mit nach Kessin gebracht hatte. Letztere war sehr aufgeregt und schien durchaus ehrlich darin, wenn dies Aufgeregtsein auch vielleicht nicht gerade Trauer war; der sehr heftig schluchzenden Hauswirtin aber, einer Witwe, sah man dagegen fast allzu deutlich an, daß sie sich beständig die Möglichkeit eines Extrageschenkes berechnete, trotzdem sie in der bevorzugten und von anderen Wirtinnen auch sehr beneideten Lage war, die für den ganzen Sommer vermietete Wohnung noch einmal vermieten zu können.

Effi, als der Zug sich in Bewegung setzte, ging in ihren hinter dem Hofe gelegenen Garten, um hier, zwischen den Buchsbaumbeeten, den Eindruck des Lieb- und Leblosen, den die ganze Szene drüben auf sie gemacht hatte, wieder loszuwerden. Als dies aber nicht glücken wollte, kam ihr die Lust, statt ihrer eintönigen Gartenpromenade lieber einen weiteren Spaziergang zu machen, und zwar um so mehr, als ihr der Arzt gesagt hatte, viel Bewegung im Freien sei das beste, was sie, bei dem, was ihr bevorstände, tun könne. Johanna, die mit im Garten war, brachte ihr denn auch Umhang, Hut und Entoutcas, und mit einem freundlichen »Guten Tag« trat Effi aus dem Hause heraus und ging auf das Wäldchen zu, neben dessen breitem chaussierten Mittelweg ein schmaler Fußsteig auf die Dünen und das am Strand gelegene Hotel zulief. Unterwegs standen Bänke, von denen sie jede benutzte, denn das Gehen griff sie an, und um so mehr, als inzwischen die heiße Mittagsstunde herangekommen war. Aber wenn sie saß und von ihrem bequemen Platz aus die Wagen und die Damen in Toilette beobachtete, die da hinausfuhren, so belebte sie sich wieder. Denn Heiteres sehen war ihr wie Lebensluft. Als das Wäldchen aufhörte, kam freilich noch eine allerschlimmste Wegstelle, Sand und wieder Sand, und nirgends eine Spur von Schatten; aber glücklicherweise waren hier Bohlen und Bretter gelegt, und so kam sie, wenn auch erhitzt und müde, doch in guter Laune bei dem Strandhotel an. Drinnen im Saal wurde schon gegessen, aber hier draußen um sie her war alles still und leer, was ihr in diesem Augenblicke denn auch das liebste war. Sie ließ sich ein Glas Sherry und eine Flasche Biliner Wasser bringen und sah auf das Meer hinaus, das im hellen Sonnenlichte schimmerte, während es am Ufer in kleinen Wellen brandete. »Da drüben liegt Bornholm und dahinter Wisby, wovon mir Jahnke vor Zeiten immer Wunderdinge vorschwärmte. Wisby ging ihm fast noch über Lübeck und Wullenweber. Und hinter Wisby kommt Stockholm, wo das Stockholmer Blutbad war, und dann kommen die großen Ströme und dann das Nordkap und dann die Mitternachtssonne.« Und im Augenblick erfaßte sie eine Sehnsucht, das alles zu sehen. Aber dann gedachte sie wieder dessen, was ihr so nahe bevorstand, und sie erschrak fast. »Es ist eine Sünde, daß ich so leichtsinnig bin und solche Gedanken habe und mich wegträume, während ich doch an das nächste denken müßte. Vielleicht bestraft es sich auch noch, und alles stirbt hin, das Kind und ich. Und der Wagen und die zwei Kutschen, die halten dann nicht drüben vor dem Hause, die halten dann bei uns... Nein, nein, ich mag hier nicht sterben, ich will hier nicht begraben sein, ich will nach Hohen-Cremmen. Und Lindequist, so gut er ist – aber Niemeyer ist mir lieber; er hat mich getauft und eingesegnet und getraut, und Niemeyer soll mich auch begraben.« Und dabei fiel eine Träne auf ihre Hand. Dann aber lachte sie wieder. »Ich lebe ja noch und bin erst siebzehn, und Niemeyer ist siebenundfünfzig.«

In dem Eßsaal hörte sie das Geklapper des Geschirrs. Aber mit einem Male war es ihr, als ob die Stühle geschoben würden; vielleicht stand man schon auf, und sie wollte jede Begegnung vermeiden. So erhob sie sich auch ihrerseits rasch wieder von ihrem Platz, um auf einem Umweg nach der Stadt zurückzukehren. Dieser Umweg führte sie dicht an dem Dünenkirchhof vorüber, und weil der Torweg des Kirchhofs gerade offenstand, trat sie ein. Alles blühte hier, Schmetterlinge flogen über die Gräber hin, und hoch in den Lüften standen ein paar Möwen. Es war so still und schön, und sie hätte hier gleich bei den ersten Gräbern verweilen mögen; aber weil die Sonne mit jedem Augenblick heißer niederbrannte, ging sie höher hinauf, auf einen schattigen Gang zu, den Hängeweiden und etliche an den Gräbern stehende Trauereschen bildeten. Als sie bis an das Ende dieses Ganges gekommen, sah sie zur Rechten einen frisch aufgeworfenen Sandhügel, mit vier, fünf Kränzen darauf, und dicht daneben eine schon außerhalb der Baumreihe stehende Bank, darauf die gute, robuste Person saß, die an der Seite der Hauswirtin dem Sarge der verwitweten Registratorin als letzte Leidtragende gefolgt war. Effi erkannte sie sofort wieder und war in ihrem Herzen bewegt, die gute, treue Person, denn dafür mußte sie sie halten, in sengender Sonnenhitze hier vorzufinden. Seit dem Begräbnis waren wohl an zwei Stunden vergangen.

»Es ist eine heiße Stelle, die Sie sich da ausgesucht haben«, sagte Effi, »viel zu heiß. Und wenn ein Unglück kommen soll, dann haben Sie den Sonnenstich.«

»Das wär' auch das beste.«

»Wie das?«

»Dann wär' ich aus der Welt.«

»Ich meine, das darf man nicht sagen, auch wenn man unglücklich ist oder wenn einem wer gestorben ist, den man liebhatte. Sie hatten sie wohl sehr lieb?«

»Ich? *Die?* I, Gott bewahre.«

»Sie sind aber doch sehr traurig. Das muß doch einen Grund haben.«

»Den hat es auch, gnädigste Frau.«

»Kennen Sie mich?«

»Ja. Sie sind die Frau Landrätin von drüben. Und ich habe mit der Alten immer von Ihnen gesprochen. Zuletzt konnte sie nicht mehr, weil sie keine rechte Luft mehr hatte, denn es saß ihr hier und wird wohl Wasser gewesen sein; aber solange sie noch reden konnte, redete sie immerzu. Es war 'ne richtige Berlinsche...«

»Gute Frau?«

»Nein; wenn ich das sagen wollte, müßt' ich lügen. Da liegt sie nun, und man soll von einem Toten nichts Schlimmes sagen, und erst recht nicht, wenn er so kaum seine Ruhe hat. Na, die wird sie ja wohl haben! Aber sie taugte nichts und war zänkisch und geizig, und für mich hat sie auch nicht gesorgt. Und die Verwandtschaft, die da gestern von Berlin gekommen... gezankt haben sie sich bis in die sinkende Nacht...na, die taugt auch nichts, die taugt erst recht nichts. Lauter schlechtes Volk, happig und gierig und hartherzig, und haben mir barsch und unfreundlich und mit allerlei Redensarten meinen Lohn ausgezahlt, bloß weil sie mußten und weil es bloß noch sechs Tage sind bis zum Vierteljahrsersten. Sonst hätte ich nichts gekriegt, oder bloß halb oder bloß ein Viertel. Nichts aus freien Stücken. Und einen eingerissenen Fünfmarkschein haben sie mir gegeben, daß ich nach Berlin zurückreisen kann; na, es reicht so gerade für die vierte Klasse, und ich werde wohl auf meinem Koffer sitzen müssen. Aber ich will auch gar nicht; ich will hier sitzenbleiben und warten, bis ich sterbe... Gott, ich dachte nun mal Ruhe zu haben und hätte auch ausgehalten bei der Alten. Und nun ist es wieder nichts und soll mich wieder rumstoßen lassen. Und kattolsch bin ich auch noch. Ach, ich hab' es satt und läg' am liebsten, wo die Alte liegt, und sie könnte meinetwegen weiterleben... Sie hätte gerne noch weitergelebt; solche Menschenschikanierer, die nich mal Luft haben, die leben immer am liebsten.«

Rollo, der Effi begleitet hatte, hatte sich mittlerweile vor die Person hingesetzt, die Zunge weit heraus, und sah sie an. Als sie jetzt schwieg, erhob er sich, ging einen Schritt vor und legte seinen Kopf auf ihre Knie.

Mit einem Male war die Person wie verwandelt. »Gott, das bedeutet mir was. Da ist ja 'ne Kreatur, die mich leiden

kann, die mich freundlich ansieht und ihren Kopf auf meine
Knie legt. Gott, das ist lange her, daß ich so was gehabt habe.
Nu, mein Alterchen, wie heißt du denn? Du bist ja ein Prachtkerl.«

»Rollo«, sagte Effi.

»Rollo; das ist sonderbar. Aber der Name tut nichts. Ich
habe auch einen sonderbaren Namen, das heißt Vornamen.
Und einen anderen hat unsereins ja nicht.«

»Wie heißen Sie denn?«

»Ich heiße Roswitha.«

»Ja, das ist selten, das ist ja...«

»Ja, ganz recht, gnädige Frau, das ist ein kattolscher Name.
Und das kommt auch noch dazu, daß ich eine Kattolsche bin.
Aus'n Eichsfeld. Und das Kattolsche, das macht es einem immer noch schwerer und saurer. Viele wollen keine Kattolsche,
weil sie so viel in die Kirche rennen. ›Immer in die Beichte;
und die Hauptsache sagen sie doch nich‹ – Gott, wie oft hab'
ich das hören müssen, erst als ich in Giebichenstein im Dienst
war und dann in Berlin. Ich bin aber eine schlechte Katholikin
und bin ganz davon abgekommen, und vielleicht geht es mir
deshalb so schlecht; ja, man darf nicht von seinem Glauben
lassen und muß alles ordentlich mitmachen.«

»Roswitha«, wiederholte Effi den Namen und setzte sich zu
ihr auf die Bank. »Was haben Sie nun vor?«

»Ach, gnäd'ge Frau, was soll ich vorhaben. Ich habe gar
nichts vor. Wahr und wahrhaftig, ich möchte hier sitzen bleiben und warten, bis ich tot umfalle. Das wär' mir das liebste.
Und dann würden die Leute noch denken, ich hätte die Alte so
geliebt wie ein treuer Hund und hätte von ihrem Grabe nicht
weggewollt und wäre da gestorben. Aber das ist falsch, für
solche Alte stirbt man nicht; ich will bloß sterben, weil ich
nicht leben kann.«

»Ich will Sie was fragen, Roswitha. Sind Sie, was man so
›kinderlieb‹ nennt? Waren Sie schon mal bei kleinen Kindern?«

»Gewiß, war ich. Das ist ja mein Bestes und Schönstes. Solche alte Berlinsche – Gott verzeih mir die Sünde, denn sie ist
nun tot und steht vor Gottes Thron und kann mich da verklagen –, solche Alte, wie die da, ja, das ist schrecklich, was

man da alles tun muß, und steht einem hier vor Brust und Magen, aber solch kleines, liebes Ding, solch Dingelchen wie'ne Puppe, das einen mit seinen Guckäugelchen ansieht, ja, das ist was, da geht einem das Herz auf. Als ich in Halle war, da war ich Amme bei der Frau Salzdirektorin, und in Giebichenstein, wo ich nachher hinkam, da hab' ich Zwillinge mit der Flasche großgezogen; ja, gnäd'ge Frau, das versteh' ich, da drin bin ich wie zu Hause.«

»Nun, wissen Sie was, Roswitha, Sie sind eine gute, treue Person, das seh' ich Ihnen an, ein bißchen gradezu, aber das schadet nichts, das sind mitunter die Besten, und ich habe gleich ein Zutrauen zu Ihnen gefaßt. Wollen Sie mit zu mir kommen? Mir ist, als hätte Gott Sie mir geschickt. Ich erwarte nun bald ein Kleines, Gott gebe mir seine Hülfe dazu, und wenn das Kind da ist, dann muß es gepflegt und abgewartet werden und vielleicht auch gepäppelt. Man kann das ja nicht wissen, wiewohl ich es anders wünsche. Was meinen Sie, wollen Sie mit zu mir kommen? Ich kann mir nicht denken, daß ich mich in Ihnen irre.«

Roswitha war aufgesprungen und hatte die Hand der jungen Frau ergriffen und küßte sie mit Ungestüm. »Ach, es ist doch ein Gott im Himmel, und wenn die Not am größten ist, ist die Hülfe am nächsten. Sie sollen sehn, gnäd'ge Frau, es geht; ich bin eine ordentliche Person und habe gute Zeugnisse. Das können Sie sehn, wenn ich Ihnen mein Buch bringe. Gleich den ersten Tag, als ich die gnäd'ge Frau sah, da dacht' ich: ›ja, wenn du mal solchen Dienst hättest‹. Und nun soll ich ihn haben. O du lieber Gott, o du heil'ge Jungfrau Maria, wer mir das gesagt hätte, wie wir die Alte hier unter der Erde hatten und die Verwandten machten, daß sie wieder fortkamen und mich hier sitzenließen.«

»Ja, unverhofft kommt oft, Roswitha, und mitunter auch im Guten. Und nun wollen wir gehen. Rollo wird schon ungeduldig und läuft immer auf das Tor zu.«

Roswitha war gleich bereit, trat aber noch einmal an das Grab, brummelte was vor sich hin und machte ein Kreuz. Und dann gingen sie den schattigen Gang hinunter und wieder auf das Kirchhofstor zu.

Drüben lag die eingegitterte Stelle, deren weißer Stein in der Nachmittagssonne blinkte und blitzte. Effi konnte jetzt ruhiger hinsehen. Eine Weile noch führte der Weg zwischen Dünen hin, bis sie, dicht vor Utpatels Mühle, den Außenrand des Wäldchens erreichte. Da bog sie links ein, und unter Benutzung einer schräglaufenden Allee, die die »Reeperbahn« hieß, ging sie mit Roswitha auf die landrätliche Wohnung zu.

VIERZEHNTES KAPITEL

Keine Viertelstunde, so war die Wohnung erreicht. Als beide hier in den kühlen Flur traten, war Roswitha beim Anblick all des Sonderbaren, das da umherhing, wie befangen; Effi aber ließ sie nicht zu weiteren Betrachtungen kommen und sagte: »Roswitha, nun gehen Sie da hinein. Das ist das Zimmer, wo wir schlafen. Ich will erst zu meinem Manne nach dem Landratsamt hinüber – das große Haus da neben dem kleinen, in dem Sie gewohnt haben – und will ihm sagen, daß ich Sie zur Pflege haben möchte bei dem Kinde. Er wird wohl mit allem einverstanden sein, aber ich muß doch erst seine Zustimmung haben. Und wenn ich die habe, dann müssen wir ihn ausquartieren, und Sie schlafen mit mir in dem Alkoven. Ich denke, wir werden uns schon vertragen.«

Innstetten, als er erfuhr, um was sich's handle, sagte rasch und in guter Laune: »Das hast du recht gemacht, Effi, und wenn ihr Gesindebuch nicht zu schlimme Sachen sagt, so nehmen wir sie auf ihr gutes Gesicht hin. Es ist doch, Gott sei Dank, selten, daß einen das täuscht.«

Effi war sehr glücklich, so wenig Schwierigkeiten zu begegnen und sagte: »Nun wird es gehen. Ich fürchte mich jetzt nicht mehr.«

»Um was, Effi?«

»Ach, du weißt ja... Aber Einbildungen sind das schlimmste, mitunter schlimmer als alles.«

Roswitha zog in selbiger Stunde noch mit ihren paar Habseligkeiten in das landrätliche Haus hinüber und richtete sich in dem kleinen Alkoven ein. Als der Tag um war, ging sie früh zu Bett und schlief, ermüdet wie sie war, gleich ein.

Am andern Morgen erkundigte sich Effi – die seit einiger Zeit (denn es war gerade Vollmond) wieder in Ängsten lebte –, wie Roswitha geschlafen und ob sie nichts gehört habe?

»Was?« fragte diese.

»Oh, nichts. Ich meine nur so; so was wie wenn ein Besen fegt oder wie wenn einer über die Diele schlittert.«

Roswitha lachte, was auf ihre junge Herrin einen besonders guten Eindruck machte. Effi war fest protestantisch erzogen und würde sehr erschrocken gewesen sein, wenn man an und in ihr was Katholisches entdeckt hätte; trotzdem glaubte sie, daß der Katholizismus uns gegen solche Dinge »wie da oben« besser schütze; ja, diese Betrachtung hatte bei dem Plane, Roswitha ins Haus zu nehmen, ganz erheblich mitgewirkt.

Man lebte sich schnell ein, denn Effi hatte ganz den liebenswürdigen Zug der meisten märkischen Landfräulein, sich gern allerlei kleine Geschichten erzählen zu lassen, und die verstorbene Frau Registratorin und ihr Geiz und ihre Neffen und deren Frauen boten einen unerschöpflichen Stoff. Auch Johanna hörte dabei gerne zu.

Diese, wenn Effi bei den drastischen Stellen oft laut lachte, lächelte freilich und verwunderte sich im stillen, daß die gnädige Frau an all dem dummen Zeuge so viel Gefallen finde; diese Verwunderung aber, die mit einem starken Überlegenheitsgefühle Hand in Hand ging, war doch auch wieder ein Glück und sorgte dafür, daß keine Rangstreitigkeiten aufkommen konnten. Roswitha war einfach die komische Figur, und Neid gegen sie zu hegen wäre für Johanna nichts anderes gewesen, wie wenn sie Rollo um seine Freundschaftsstellung beneidet hätte.

So verging eine Woche, plauderhaft und beinahe gemütlich, weil Effi dem, was ihr persönlich bevorstand, ungeängstigter als früher entgegensah. Auch glaubte sie nicht, daß es so nahe sei. Den neunten Tag aber war es mit dem Plaudern und den Gemütlichkeiten vorbei; da gab es ein Laufen und Rennen, Innstetten selbst kam ganz aus seiner gewohnten Reserve heraus, und am Morgen des 3. Juli stand neben Effis Bett eine

Wiege. Doktor Hannemann patschelte der jungen Frau die Hand und sagte: »Wir haben heute den Tag von Königgrätz; schade, daß es ein Mädchen ist. Aber das andere kann ja nachkommen, und die Preußen haben viele Siegestage.« Roswitha mochte wohl Ähnliches denken, freute sich indessen vorläufig ganz uneingeschränkt über das, was da war, und nannte das Kind ohne weiteres »Lütt-Annie«, was der jungen Mutter als ein Zeichen galt. »Es müsse doch wohl eine Eingebung gewesen sein, daß Roswitha gerade auf diesen Namen gekommen sei.« Selbst Innstetten wußte nichts dagegen zu sagen, und so wurde schon von Klein-Annie gesprochen, lange bevor der Tauftag da war. Effi, die von Mitte August an bei den Eltern in Hohen-Cremmen sein wollte, hätte die Taufe gern bis dahin verschoben. Aber es ließ sich nicht tun; Innstetten konnte nicht Urlaub nehmen, und so wurde denn der 15. August, trotzdem es der Napoleonstag war (was denn auch von seiten einiger Familien beanstandet wurde), für diesen Taufakt festgesetzt, natürlich in der Kirche. Das sich anschließende Festmahl, weil das landrätliche Haus keinen Saal hatte, fand in dem großen Ressourcen-Hotel am Bollwerk statt, und der gesamte Nachbaradel war geladen und auch erschienen. Pastor Lindequist ließ Mutter und Kind in einem liebenswürdigen und allseitig bewunderten Toaste leben, bei welcher Gelegenheit Sidonie von Grasenabb zu ihrem Nachbar, einem adligen Assessor von der strengen Richtung, bemerkte: »Ja, seine Kasualreden, das geht. Aber seine Predigten kann er vor Gott und Menschen nicht verantworten; er ist ein Halber, einer von denen, die verworfen sind, weil sie lau sind. Ich mag das Bibelwort hier nicht wörtlich zitieren.« Gleich danach nahm auch der alte Herr von Borcke das Wort, um Innstetten leben zu lassen. »Meine Herrschaften, es sind schwere Zeiten, in denen wir leben, Auflehnung, Trotz, Indisziplin, wohin wir blicken. Aber solange wir noch Männer haben, und ich darf hinzusetzen, Frauen und Mütter (und hierbei verbeugte er sich mit einer eleganten Handbewegung gegen Effi) ... solange wir noch Männer haben wie Baron Innstetten, den ich stolz bin meinen Freund nennen zu dürfen, so lange geht es noch, so lange hält unser altes Preußen noch. Ja, meine Freunde, Pommern und Brandenburg, damit zwingen wir's und zertreten dem Drachen der Revolution das giftige Haupt. Fest und treu, so siegen wir. Die Katholiken, unsere Brüder, die wir, auch wenn wir sie bekämpfen, achten müssen, haben den ›Felsen Petri‹, wir aber haben den ›Rocher de bronce‹. Baron Innstetten, er lebe hoch!« Innstetten dankte ganz kurz. Effi sagte zu dem neben ihr sitzenden Major von Crampas: Das mit dem »Felsen Petri« sei wahrscheinlich eine Huldigung gegen Roswitha gewesen; sie werde nachher an den alten Justizrat Gadebusch herantreten und ihn fragen, ob er nicht ihrer Meinung sei. Crampas nahm diese Bemerkung unerklärlicherweise für Ernst und riet von einer Anfrage bei dem Justizrat ab, was Effi ungemein erheiterte. »Ich habe Sie doch für einen besseren Seelenleser gehalten.«

»Ach, meine Gnädigste, bei schönen, jungen Frauen, die noch nicht achtzehn sind, scheitert alle Lesekunst.«

»Sie verderben sich vollends, Major. Sie können mich eine Großmutter nennen, aber Anspielungen darauf, daß ich noch nicht achtzehn bin, das kann Ihnen nie verziehen werden.«

Als man von Tisch aufgestanden war, kam der Spätnachmittagsdampfer die Kessine herunter und legte an der Landungsbrücke, gegenüber dem Hotel, an. Effi saß mit Crampas und Gieshübler beim Kaffee, alle Fenster auf, und sah dem Schauspiel drüben zu. »Morgen früh um neun führt mich dasselbe Schiff den Fluß hinauf, und zu Mittag bin ich in Berlin, und am Abend bin ich in Hohen-Cremmen, und Roswitha geht neben mir und hält das Kind auf dem Arme. Hoffentlich schreit es nicht. Ach, wie mir schon heute zumute ist! Lieber Gieshübler, sind Sie auch mal so froh gewesen, Ihr elterliches Haus wiederzusehen?«

»Ja, ich kenne das auch, gnädigste Frau. Nur bloß, ich brachte kein Anniechen mit, weil ich keins hatte.«

»Kommt noch«, sagte Crampas. »Stoßen Sie an, Gieshübler; Sie sind der einzige vernünftige Mensch hier.«

»Aber, Herr Major, wir haben ja bloß noch den Cognac.«

»Desto besser.«

FÜNFZEHNTES KAPITEL

Mitte August war Effi abgereist, Ende September war sie wieder in Kessin. Manchmal in den zwischenliegenden sechs Wochen hatte sie's zurückverlangt; als sie aber wieder da war und in den dunklen Flur eintrat, auf den nur von der Treppenstiege her ein etwas fahles Licht fiel, wurde ihr mit einemmal wieder bang, und sie sagte leise: »Solch fahles, gelbes Licht gibt es in Hohen-Cremmen gar nicht.«

Ja, ein paarmal, während ihrer Hohen-Cremmer Tage, hatte sie Sehnsucht nach dem »verwunschenen Hause« gehabt, alles in allem aber war ihr doch das Leben daheim voller Glück und Zufriedenheit gewesen. Mit Hulda freilich, die's nicht verwinden konnte, noch immer auf Mann oder Bräutigam warten zu müssen, hatte sie sich nicht recht stellen können, desto besser dagegen mit den Zwillingen, und mehr als einmal, wenn sie mit ihnen Ball oder Krocket gespielt hatte, war ihr's ganz aus dem Sinn gekommen, überhaupt verheiratet zu sein. Das waren dann glückliche Viertelstunden gewesen. Am liebsten aber hatte sie wie früher auf dem durch die Luft fliegenden Schaukelbrett gestanden und in dem Gefühle: ›jetzt stürz' ich‹, etwas eigentümlich Prickelndes, einen Schauer süßer Gefahr empfunden. Sprang sie dann schließlich von der Schaukel ab, so begleitete sie die beiden Mädchen bis an die Bank vor dem Schulhause und erzählte, wenn sie dasaßen, dem alsbald hinzukommenden alten Jahnke von ihrem Leben in Kessin, das halb hanseatisch und halb skandinavisch und jedenfalls sehr anders als in Schwantikow und Hohen-Cremmen sei.

Das waren so die täglichen kleinen Zerstreuungen, an die sich gelegentlich auch Fahrten in das sommerliche Luch schlossen, meist im Jagdwagen; allem voran aber standen für Effi doch die Plaudereien, die sie beinahe jeden Morgen mit der Mama hatte. Sie saßen dann oben in der luftigen, großen Stube, Roswitha wiegte das Kind und sang in einem thüringischen Platt allerlei Wiegenlieder, die niemand recht verstand, vielleicht sie selber nicht; Effi und Frau von Briest aber rückten ans offene Fenster und sahen, während sie sprachen, auf den

Park hinunter, auf die Sonnenuhr oder auf die Libellen, die beinahe regungslos über dem Teich standen, oder auch auf den Fliesengang, wo Herr von Briest neben dem Treppenvorbau saß und die Zeitungen las. Immer wenn er umschlug, nahm er zuvor den Kneifer ab und grüßte zu Frau und Tochter hinauf. Kam dann das letzte Blatt an die Reihe, das in der Regel der »Anzeiger fürs Havelland« war, so ging Effi hinunter, um sich entweder zu ihm zu setzen oder um mit ihm durch Garten und Park zu schlendern. Einmal, bei solcher Gelegenheit, traten sie, von dem Kieswege her, an ein kleines, zur Seite stehendes Denkmal heran, das schon Briests Großvater zur Erinnerung an die Schlacht von Waterloo hatte aufrichten lassen, eine verrostete Pyramide mit einem gegossenen Blücher in Front und einem dito Wellington auf der Rückseite.

»Hast du nun solche Spaziergänge auch in Kessin«, sagte Briest, »und begleitet dich Innstetten auch und erzählt dir allerlei?«

»Nein, Papa, solche Spaziergänge habe ich nicht. Das ist ausgeschlossen, denn wir haben bloß einen kleinen Garten hinter dem Hause, der eigentlich kaum ein Garten ist, bloß ein paar Buchsbaumrabatten und Gemüsebeete mit drei, vier Obstbäumen drin. Innstetten hat keinen Sinn dafür und denkt wohl auch nicht sehr lange mehr in Kessin zu bleiben.«

»Aber Kind, du mußt doch Bewegung haben und frische Luft, daran bist du doch gewöhnt.«

»Hab' ich auch. Unser Haus liegt an einem Wäldchen, das sie die Plantage nennen. Und da geh' ich denn viel spazieren und Rollo mit mir.«

»Immer Rollo«, lachte Briest. »Wenn man's nicht anders wüßte, so sollte man beinah glauben, Rollo sei dir mehr ans Herz gewachsen als Mann und Kind.«

»Ach, Papa, das wäre ja schrecklich, wenn's auch freilich – soviel muß ich zugeben – eine Zeit gegeben hat, wo's ohne Rollo gar nicht gegangen wäre. Das war damals... nun, du weißt schon... Da hat er mich so gut wie gerettet, oder ich habe mir's wenigstens eingebildet, und seitdem ist er mein guter Freund und mein ganz besonderer Verlaß. Aber er ist doch bloß ein Hund. Und erst kommen doch natürlich die Menschen.«

»Ja, das sagt man immer, aber ich habe da doch so meine Zweifel. Das mit der Kreatur, damit hat's doch seine eigene Bewandtnis, und was da das Richtige ist, darüber sind die Akten noch nicht geschlossen. Glaube mir, Effi, das ist auch ein weites Feld. Wenn ich mir so denke, da verunglückt einer auf dem Wasser oder gar auf dem schülbrigen Eis, und solch ein Hund, sagen wir so einer wie dein Rollo, ist dabei, ja, der ruht nicht eher, als bis er den Verunglückten wieder an Land hat. Und wenn der Verunglückte schon tot ist, dann legt er sich neben den Toten hin und blafft und winselt so lange, bis wer kommt, und wenn keiner kommt, dann bleibt er bei dem Toten liegen, bis er selber tot ist. Und das tut solch Tier immer. Und nun nimm dagegen die Menschheit! Gott, vergib mir die Sünde, aber mitunter ist mir's doch, als ob die Kreatur besser wäre als der Mensch.«

»Aber, Papa, wenn ich das Innstetten wieder erzählte...«

»Nein, das tu lieber nicht, Effi...«

»Rollo würde mich ja natürlich retten, aber Innstetten würde mich auch retten. Er ist ja ein Mann von Ehre.«

»Das ist er.«

»Und liebt mich.«

»Versteht sich, versteht sich. Und wo Liebe ist, da ist auch Gegenliebe. Das ist nun mal so. Mich wundert nur, daß er nicht mal Urlaub genommen hat und rübergeflitzt ist. Wenn man eine so junge Frau hat...«

Effi errötete, weil sie geradeso dachte. Sie mochte es aber nicht einräumen. »Innstetten ist so gewissenhaft und will, glaub' ich, gut angeschrieben sein, und hat so seine Pläne für die Zukunft; Kessin ist doch bloß eine Station. Und dann am Ende, ich lauf' ihm ja nicht fort. Er hat mich ja. Wenn man zu zärtlich ist... und dazu der Unterschied der Jahre... da lächeln die Leute bloß.«

»Ja, das tun sie, Effi. Aber darauf muß man's ankommen lassen. Übrigens sage nichts darüber, auch nicht zu Mama. Es ist so schwer, was man tun und lassen soll. Das ist auch ein weites Feld.«

Gespräche wie diese waren während Effis Besuch im elterlichen Hause mehr als einmal geführt worden, hatten aber glücklicherweise nicht lange nachgewirkt, und ebenso war auch der etwas melancholische Eindruck rasch verflogen, den das erste Wiederbetreten ihres Kessiner Hauses auf Effi gemacht hatte. Innstetten zeigte sich voll kleiner Aufmerksamkeiten, und als der Tee genommen und alle Stadt- und Liebesgeschichten in heiterster Stimmung durchgesprochen waren, hing sich Effi zärtlich an seinen Arm, um drüben ihre Plaudereien mit ihm fortzusetzen und noch einige Anekdoten von der Trippelli zu hören, die neuerdings wieder mit Gieshübler in einer lebhaften Korrespondenz gestanden hatte, was immer gleichbedeutend mit einer neuen Belastung ihres nie ausgeglichenen Kontos war. Effi war bei diesem Gespräch sehr ausgelassen, fühlte sich ganz als junge Frau und war froh, die nach der Gesindestube hin ausquartierte Roswitha auf unbestimmte Zeit los zu sein.

Am andern Morgen sagte sie: »Das Wetter ist schön und mild, und ich hoffe, die Veranda nach der Plantage hinaus ist noch in gutem Stande, und wir können uns ins Freie setzen und da das Frühstück nehmen. In unsere Zimmer kommen wir ohnehin noch früh genug, und der Kessiner Winter ist wirklich um vier Wochen zu lang.«

Innstetten war sehr einverstanden. Die Veranda, von der Effi gesprochen, und die vielleicht richtiger ein Zelt genannt worden wäre, war schon im Sommer hergerichtet worden, drei, vier Wochen vor Effis Abreise nach Hohen-Cremmen, und bestand aus einem großen, gedielten Podium, vorn offen, mit einer mächtigen Markise zu Häupten, während links und rechts breite Leinwandvorhänge waren, die sich mit Hülfe von Ringen an einer Eisenstange hin- und herschieben ließen. Es war ein reizender Platz, den ganzen Sommer über von allen Badegästen, die hier vorüber mußten, bewundert.

Effi hatte sich in einen Schaukelstuhl gelehnt und sagte, während sie das Kaffeebrett von der Seite her ihrem Manne zuschob: »Geert, du könntest heute den liebenswürdigen Wirt machen; ich für mein Teil find' es so schön in diesem Schaukelstuhl, daß ich nicht aufstehen mag. Also strenge dich an, und wenn du dich recht freust, mich wieder hier zu haben, so werd' ich mich auch zu revanchieren wissen.« Und dabei zupfte sie die weiße Damastdecke zurecht und legte ihre Hand darauf, die Innstetten nahm und küßte.

»Wie bist du nur eigentlich ohne mich fertig geworden?«

»Schlecht genug, Effi.«

»Das sagst du so hin und machst ein betrübtes Gesicht, und ist doch eigentlich alles nicht wahr.«

»Aber Effi...«

»Was ich dir beweisen will. Denn wenn du ein bißchen Sehnsucht nach deinem Kinde gehabt hättest – von mir selber will ich nicht sprechen, was ist man am Ende solchem hohen Herrn, der so lange Junggeselle war und es nicht eilig hatte...«

»Nun?«

»Ja, Geert, wenn du nur ein bißchen Sehnsucht gehabt hättest, so hättest du mich nicht sechs Wochen mutterwindallein in Hohen-Cremmen sitzen lassen wie eine Witwe, und nichts da als Niemeyer und Jahnke und mal die Schwantikower. Und von den Rathenowern ist niemand gekommen, als ob sie sich vor mir gefürchtet hätten oder als ob ich zu alt geworden sei.«

»Ach, Effi, wie du nur sprichst. Weißt du, daß du eine kleine Kokette bist?«

»Gott sei Dank, daß du das sagst. Das ist für euch das Beste, was man sein kann. Und du bist nichts anderes als die anderen, wenn du auch so feierlich und ehrsam tust. Ich weiß es recht gut, Geert... Eigentlich bist du...«

»Nun, was?«

»Nun, ich will es lieber nicht sagen. Aber ich kenne dich recht gut; du bist eigentlich, wie der Schwantikower Onkel mal sagte, ein Zärtlichkeitsmensch und unterm Liebesstern geboren, und Onkel Belling hatte ganz recht, als er das sagte. Du willst es bloß nicht zeigen und denkst, es schickt sich nicht und verdirbt einem die Karriere. Hab' ich's getroffen?«

Innstetten lachte. »Ein bißchen getroffen hast du's. Weißt du was, Effi, du kommst mir ganz anders vor. Bis Anniechen da war, warst du ein Kind. Aber mit einemmal...«

»Nun?«

»Mit einemmal bist du wie vertauscht. Aber es steht dir, du gefällst mir sehr, Effi. Weißt du was?«

»Nun?«

»Du hast was Verführerisches.«

»Ach, mein einziger Geert, das ist ja herrlich, was du da sagst; nun wird mir erst recht wohl ums Herz... Gib mir noch eine halbe Tasse... Weißt du denn, daß ich mir das immer gewünscht habe? Wir müssen verführerisch sein, sonst sind wir gar nichts...«

»Hast du das aus dir?«

»Ich könnt' es wohl auch aus mir haben. Aber ich hab' es von Niemeyer...«

»Von Niemeyer! O du himmlischer Vater, ist *das* ein Pastor. Nein, solche gibt es hier nicht. Aber wie kam denn *der* dazu? Das ist ja, als ob es irgendein Don Juan oder Herzensbrecher gesprochen hätte.«

»Ja, wer weiß«, lachte Effi... »Aber kommt da nicht Crampas? Und vom Strand her. Er wird doch nicht gebadet haben? Am 27. September...«

»Er macht öfter solche Sachen. Reine Renommisterei.«

Derweilen war Crampas bis in nächste Nähe gekommen und grüßte.

»Guten Morgen«, rief Innstetten ihm zu. »Nur näher, nur näher.«

Crampas trat heran. Er war in Zivil und küßte der in ihrem Schaukelstuhl sich weiter wiegenden Effi die Hand. »Entschuldigen Sie mich, Major, daß ich so schlecht die Honneurs des Hauses mache; aber die Veranda ist kein Haus und zehn Uhr früh ist eigentlich gar keine Zeit. Da wird man formlos oder, wenn Sie wollen, intim. Und nun setzen Sie sich und geben Sie Rechenschaft von Ihrem Tun. Denn an Ihrem Haar (ich wünschte Ihnen, daß es mehr wäre) sieht man deutlich, daß Sie gebadet haben.«

Er nickte.

»Unverantwortlich«, sagte Innstetten, halb ernst-, halb scherzhaft. »Da haben Sie nun selber vor vier Wochen die Geschichte mit dem Bankier Heinersdorf erlebt, der auch dachte, das Meer und der grandiose Wellenschlag würden ihn um seiner Million willen respektieren. Aber die Götter sind eifersüchtig untereinander, und Neptun stellte sich ohne weiteres gegen Pluto oder doch wenigstens gegen Heinersdorf.«

Crampas lachte. »Ja, eine Million Mark! Lieber Innstetten, wenn ich *die* hätte, da hätt' ich es am Ende nicht gewagt; denn so schön das Wetter ist, das Wasser hatte nur neun Grad. Aber unsereins mit seiner Million Unterbilanz, gestatten Sie mir diese kleine Renommage, unsereins kann sich so was ohne Furcht vor der Götter Eifersucht erlauben. Und dann muß einen das Sprichwort trösten: ›Wer für den Strick geboren ist, kann im Wasser nicht umkommen.‹«

»Aber, Major, Sie werden sich doch nicht etwas so Urprosaisches, ich möchte beinah sagen an den Hals reden wollen. Allerdings glauben manche, daß... ich meine *das*, wovon Sie eben gesprochen haben... daß ihn jeder mehr oder weniger verdiene. Trotzdem, Major... für einen Major...«

»...Ist es keine herkömmliche Todesart. Zugegeben, meine Gnädigste. Nicht herkömmlich und in meinem Falle auch nicht einmal sehr wahrscheinlich – also alles bloß Zitat oder noch richtiger façon de parler. Und doch steckt etwas Aufrichtiggemeintes dahinter, wenn ich da eben sagte, die See werde mir nichts anhaben. Es steht mir nämlich fest, daß ich einen richtigen und hoffentlich ehrlichen Soldatentod sterben werde. Zunächst bloß Zigeunerprophezeiung, aber mit Resonanz im eigenen Gewissen.«

Innstetten lachte. »Das wird seine Schwierigkeiten haben, Crampas, wenn Sie nicht vorhaben, beim Großtürken oder unterm chinesischen Drachen Dienste zu nehmen. Da schlägt man sich jetzt herum. Hier ist die Geschichte, glauben Sie mir, auf dreißig Jahre vorbei, und wer seinen Soldatentod sterben will...«

»...Der muß sich erst bei Bismarck einen Krieg bestellen. Weiß ich alles, Innstetten. Aber das ist doch für Sie eine Kleinigkeit. Jetzt haben wir Ende September; in zehn Wochen spätestens ist der Fürst wieder in Varzin, und da er ein liking für Sie hat – mit der volkstümlicheren Wendung will ich zurückhalten, um nicht direkt vor Ihren Pistolenlauf zu kommen –, so werden Sie einem alten Kameraden von Vionville her doch wohl ein bißchen Krieg besorgen können. Der Fürst ist auch nur ein Mensch, und Zureden hilft.«

Effi hatte während dieses Gesprächs einige Brotkügelchen gedreht, würfelte damit und legte sie zu Figuren zusammen, um so anzuzeigen, daß ihr ein Wechsel des Themas wünschenswert wäre. Trotzdem schien Innstetten auf Crampas scherzhafte Bemerkungen antworten zu wollen, was denn Effi bestimmte, lieber direkt einzugreifen. »Ich sehe nicht ein, Major, warum wir uns mit Ihrer Todesart beschäftigen sollen; das Leben ist uns näher und zunächst auch eine viel ernstere Sache.«

Crampas nickte.

»Das ist recht, daß Sie mir recht geben. Wie soll man hier leben? *Das* ist vorläufig die Frage, *das* ist wichtiger als alles andere. Gieshübler hat mir darüber geschrieben, und wenn es nicht indiskret und eitel wäre, denn es steht noch allerlei nebenher darin, so zeigte ich Ihnen den Brief... Innstetten braucht ihn nicht zu lesen, der hat keinen Sinn für dergleichen... beiläufig eine Handschrift wie gestochen und Ausdrucksformen, als wäre unser Freund statt am Kessiner Alten Markt an einem altfranzösischen Hofe erzogen. Und daß er verwachsen ist und weiße Jabots trägt wie kein anderer Mensch mehr – ich weiß nur nicht, wo er die Plätterin hernimmt –, das paßt alles so vorzüglich. Nun, also Gieshübler hat mir von Plänen für die Ressourcenabende geschrieben und von einem Entrepreneur, namens Crampas. Sehen Sie, Major, das gefällt mir besser als der Soldatentod oder gar der andere.«

»Mir persönlich nicht minder. Und es muß ein Prachtwinter werden, wenn wir uns der Unterstützung der gnädigen Frau versichert halten dürften. Die Trippelli kommt...«

»Die Trippelli? Dann bin ich überflüssig.«

»Mitnichten, gnädigste Frau. Die Trippelli kann nicht von Sonntag bis wieder Sonntag singen, es wäre zuviel für sie und für uns; Abwechslung ist des Lebens Reiz, eine Wahrheit, die freilich jede glückliche Ehe zu widerlegen scheint.«

»Wenn es glückliche Ehen gibt, die meinige ausgenommen...«, und sie reichte Innstetten die Hand.

»Abwechslung also«, fuhr Crampas fort. »Und diese für uns und unsere Ressource zu gewinnen, deren Vizevorstand zu sein ich zurzeit die Ehre habe, dazu braucht es aller bewährten Kräfte. Wenn wir uns zusammentun, so müssen wir das ganze Nest auf den Kopf stellen. Die Theaterstücke sind schon ausgesucht: ›Krieg im Frieden‹, ›Monsieur Herkules‹, ›Jugendliebe‹ von Wilbrandt, vielleicht auch ›Euphrosyne‹ von Gensichen. Sie die Euphrosine, ich der alte Goethe. Sie sollen staunen, wie gut ich den Dichterfürsten tragiere... wenn ›tragieren‹ das richtige Wort ist.«

»Kein Zweifel. Hab' ich doch inzwischen aus dem Briefe meines alchimistischen Geheimkorrespondenten erfahren, daß Sie neben vielem anderen gelegentlich auch Dichter sind. Anfangs habe ich mich gewundert...«

»Denn Sie haben es mir nicht angesehen.«

»Nein. Aber seit ich weiß, daß Sie bei neun Grad baden, bin ich anderen Sinnes geworden... neun Grad Ostsee, das geht über den kastalischen Quell...«

»Dessen Temperatur unbekannt ist.«

»Nicht für mich; wenigstens wird mich niemand widerlegen. Aber nun muß ich aufstehen. Da kommt ja Roswitha mit Lütt-Annie.«

Und sie erhob sich rasch und ging auf Roswitha zu, nahm ihr das Kind aus dem Arm und hielt es stolz und glücklich in die Höhe.

SECHZEHNTES KAPITEL

Die Tage waren schön und blieben es bis in den Oktober hinein. Eine Folge davon war, daß die halbzeltartige Veranda draußen zu ihrem Rechte kam, so sehr, daß sich wenigstens die Vormittagsstunden regelmäßig darin abspielten. Gegen elf kam dann wohl der Major, um sich zunächst nach dem Befinden der gnädigen Frau zu erkundigen und mit ihr ein wenig zu medisieren, was er wundervoll verstand, danach aber mit Innstetten einen Ausritt zu verabreden, oft landeinwärts, die Kessine hinauf bis an den Breitling, noch häufiger auf die Molen zu. Effi, wenn die Herren fort waren, spielte mit dem Kind oder durchblätterte die von Gieshübler nach wie vor ihr zugeschickten Zeitungen und Journale, schrieb auch wohl einen Brief an die Mama oder sagte: »Roswitha, wir wollen mit Anni spazierenfahren«, und dann spannte sich Roswitha vor den Korbwagen und fuhr, während Effi hinterherging, ein paar hundert Schritt in das Wäldchen hinein, auf eine Stelle zu, wo Kastanien ausgestreut lagen, die man nun auflas, um sie dem Kinde als Spielzeug zu geben. In die Stadt kam Effi wenig; es war niemand recht da, mit dem sie hätte plaudern können, nachdem ein Versuch, mit der Frau von Crampas auf einen Umgangsfuß zu kommen, aufs neue gescheitert war. Die Majorin war und blieb menschenscheu.

Das ging so wochenlang, bis Effi plötzlich den Wunsch äußerte, mit ausreiten zu dürfen; sie habe nun mal die Passion, und es sei doch zu viel verlangt, bloß um des Geredes der Kessiner willen, auf etwas zu verzichten, das einem so viel wert sei. Der Major fand die Sache kapital, und Innstetten, dem es augenscheinlich weniger paßte – so wenig, daß er immer wieder hervorhob, es werde sich kein Damenpferd finden lassen –, Innstetten mußte nachgeben, als Crampas versicherte, »das solle seine Sorge sein«. Und richtig, was man wünschte, fand sich auch, und Effi war selig, am Strande hinjagen zu können, jetzt wo »Damenbad« und »Herrenbad« keine scheidenden Schreckensworte mehr waren. Meist war auch Rollo mit von der Partie, und weil es sich ein paarmal ereignet hatte, daß man am Strande zu rasten oder auch eine Strecke Wegs zu Fuß zu machen wünschte, so kam man überein, sich von entsprechender Dienerschaft begleiten zu lassen, zu welchem Behufe des Majors Bursche, ein alter Treptower Ulan, der Knut hieß, und Innstettens Kutscher Kruse zu Reitknechten umgewandelt wurden, allerdings ziemlich unvollkommen, indem sie, zu Effis Leidwesen, in eine Phantasielivree gesteckt wurden, darin der eigentliche Beruf beider noch nachspukte.

Mitte Oktober war schon heran, als man, so herausstaffiert, zum erstenmal in voller Kavalkade aufbrach, in Front Innstetten und Crampas, Effi zwischen ihnen, dann Kruse und Knut und zuletzt Rollo, der aber bald, weil ihm das Nachtrotten mißfiel, allen vorauf war. Als man das jetzt öde Strandhotel passiert und bald danach, sich rechts haltend, auf dem von einer mäßigen Brandung überschäumten Strandwege den diesseitigen Molendamm erreicht hatte, verspürte man Lust, abzusteigen und einen Spaziergang bis an den Kopf der Mole zu machen. Effi war die erste aus dem Sattel. Zwischen den beiden Steindämmen floß die Kessine breit und ruhig dem Meere zu, das wie eine sonnenbeschienene Fläche, darauf nur hier und da eine leichte Welle kräuselte, vor ihnen lag.

Effi war noch nie hier draußen gewesen, denn als sie vorigen November in Kessin eintraf, war schon Sturmzeit, und als der Sommer kam, war sie nicht mehr imstande, weite Gänge zu machen. Sie war jetzt entzückt, fand alles groß und herrlich, erging sich in kränkenden Vergleichen zwischen dem Luch und dem Meer und ergriff, sooft die Gelegenheit dazu sich bot, ein Stück angeschwemmtes Holz, um es nach links hin in die See oder nach rechts hin in die Kessine zu werfen. Rollo war immer glücklich, im Dienste seiner Herrin sich nachstürzen zu können; mit einem Male aber wurde seine Aufmerksamkeit nach einer ganz anderen Seite hin abgezogen, und sich vorsichtig, ja beinahe ängstlich vorwärts schleichend, sprang er plötzlich auf einen in Front sichtbar werdenden Gegenstand zu, freilich vergeblich, denn im selben Augenblicke glitt von einem sonnenbeschienenen und mit grünem Tang überwachsenen Stein eine Robbe glatt und geräuschlos in das nur etwa fünf Schritt entfernte Meer hinunter. Eine kurze Weile noch sah man den Kopf, dann tauchte auch dieser unter.

Alle waren erregt, und Crampas phantasierte von Robbenjagd, und daß man das nächste Mal die Büchse mitnehmen müsse, »denn die Dinger haben ein festes Fell.«

»Geht nicht«, sagte Innstetten; »Hafenpolizei.«

»Wenn ich so was höre«, lachte der Major. »Hafenpolizei! Die drei Behörden, die wir hier haben, werden doch wohl untereinander die Augen zudrücken können. Muß denn alles so furchtbar gesetzlich sein? Alle Gesetzlichkeiten sind langweilig.«

Effi klatschte in die Hände.

»Ja, Crampas, Sie kleidet das, und Effi, wie Sie sehen

klatscht Ihnen Beifall. Natürlich; die Weiber schreien sofort nach einem Schutzmann, aber von Gesetz wollen sie nichts wissen.«

»Das ist so Frauenrecht von alter Zeit her, und wir werden's nicht ändern, Innstetten.«

»Nein«, lachte dieser, »und ich will es auch nicht. Auf Mohrenwäsche lasse ich mich nicht ein. Aber einer wie Sie, Crampas, der unter der Fahne der Disziplin großgeworden ist und recht gut weiß, daß es ohne Zucht und Ordnung nicht geht, ein Mann wie Sie, der sollte doch eigentlich so was nicht reden, auch nicht einmal im Spaß. Indessen, ich weiß schon, Sie haben einen himmlischen Kehrmichnichtdran und denken, der Himmel wird nicht gleich einstürzen. Nein, gleich nicht. Aber mal kommt es.«

Crampas wurde einen Augenblick verlegen, weil er glaubte, das alles sei mit einer gewissen Absicht gesprochen, was aber nicht der Fall war. Innstetten hielt nur einen seiner kleinen moralischen Vorträge, zu denen er überhaupt hinneigte. »Da lob' ich mir Gieshübler«, sagte er einlenkend, »immer Kavalier und dabei doch Grundsätze.«

Der Major hatte sich mittlerweile wieder zurechtgefunden und sagte in seinem alten Ton: »Ja, Gieshübler; der beste Kerl von der Welt und, wenn möglich, noch bessere Grundsätze. Aber am Ende woher? warum? Weil er einen ›Verdruß‹ hat. Wer gerade gewachsen ist, ist für Leichtsinn. Überhaupt ohne Leichtsinn ist das ganze Leben keinen Schuß Pulver wert.«

»Nun hören Sie, Crampas, geradeso viel kommt mitunter dabei heraus.« Und dabei sah er auf des Majors linken, etwas verkürzten Arm.

Effi hatte von diesem Gespräche wenig gehört. Sie war dicht an die Stelle getreten, wo die Robbe gelegen, und Rollo stand neben ihr. Dann sahen beide, von dem Stein weg, auf das Meer und warteten, ob die ›Seejungfrau‹ noch einmal sichtbar werden würde.

Ende Oktober begann die Wahlkampagne, was Innstetten hinderte, sich ferner an den Ausflügen zu beteiligen, und auch

Crampas und Effi hätten jetzt um der lieben Kessiner willen wohl verzichten müssen, wenn nicht Knut und Kruse als eine Art Ehrengarde gewesen wären. So kam es, daß sich die Spazierritte bis in den November hinein fortsetzten.

Ein Wetterumschlag war freilich eingetreten, ein andauernder Nordwest trieb Wolkenmassen heran, und das Meer schäumte mächtig, aber Regen und Kälte fehlten noch, und so waren diese Ausflüge bei grauem Himmel und lärmender Brandung fast noch schöner, als sie vorher bei Sonnenschein und stiller See gewesen waren. Rollo jagte vorauf, dann und wann von dem Gischt überspritzt, und der Schleier von Effis Reithut flatterte im Winde. Dabei zu sprechen war fast unmöglich; wenn man dann aber, vom Meere fort, in die schutzgebenden Dünen oder noch besser in den weiter zurückgelegenen Kiefernwald einlenkte, so wurd' es still, Effis Schleier flatterte nicht mehr, und die Enge des Weges zwang die beiden Reiter dicht nebeneinander. Das war dann die Zeit, wo man – schon um der Knorren und Wurzeln willen im Schritt reitend – die Gespräche, die der Brandungslärm unterbrochen hatte, wieder aufnehmen konnte. Crampas, ein guter Causeur, erzählte dann Kriegs- und Regimentsgeschichten, auch Anekdoten und kleine Charakterzüge von Innstetten, »der mit seinem Ernst und seiner Zugeknöpftheit in den übermütigen Kreis der Kameraden nie recht hineingepaßt habe, so daß er eigentlich immer mehr respektiert als geliebt worden sei«.

»Das kann ich mir denken«, sagte Effi, »ein Glück nur, daß der Respekt die Hauptsache ist.«

»Ja, zu seiner Zeit. Aber er paßt doch nicht immer. Und zu dem allen kam noch seine mystische Richtung, die mitunter Anstoß gab, einmal weil Soldaten überhaupt nicht sehr für derlei Dinge sind, und dann weil wir die Vorstellung unterhielten, vielleicht mit Unrecht, daß er doch nicht ganz so dazu stände, wie er's uns einreden wollte.«

»Mystische Richtung?« sagte Effi. »Ja, Major, was verstehen Sie darunter? Er kann doch keine Konventikel abgehalten und den Propheten gespielt haben. Auch nicht einmal den aus der Oper... ich habe seinen Namen vergessen.«

»Nein, so weit ging er nicht. Aber es ist vielleicht besser, davon abzubrechen. Ich möchte nicht hinter seinem Rücken etwas sagen, was falsch ausgelegt werden könnte. Zudem sind es Dinge, die sich sehr gut auch in seiner Gegenwart verhandeln lassen, Dinge, die nur, man mag wollen oder nicht, zu was Sonderbarem aufgebauscht werden, wenn er nicht dabei ist und nicht jeden Augenblick eingreifen und uns widerlegen oder meinetwegen auch auslachen kann.«

»Aber das ist ja grausam, Major. Wie können Sie meine Neugier so auf die Folter spannen. Erst ist es was, und dann ist es wieder nichts. Und Mystik! Ist er denn ein Geisterseher?«

»Ein Geisterseher! Das will ich nicht gerade sagen. Aber er hatte eine Vorliebe, uns Spukgeschichten zu erzählen. Und wenn er uns dann in große Aufregung versetzt und manchen auch wohl geängstigt hatte, dann war es mit einem Male wieder, als habe er sich über alle die Leichtgläubigen bloß mokieren wollen. Und kurz und gut, einmal kam es, daß ich ihm auf den Kopf zusagte: ›Ach was, Innstetten, das ist ja alles bloß Komödie. Mich täuschen Sie nicht. Sie treiben Ihr Spiel mit uns. Eigentlich glauben Sie's gradsowenig wie wir, aber Sie wollen sich interessant machen und haben eine Vorstellung davon, daß Ungewöhnlichkeiten nach oben hin besser empfehlen. In höheren Karrieren will man keine Alltagsmenschen. Und da Sie so was vorhaben, so haben Sie sich was Apartes ausgesucht und sind bei der Gelegenheit auf den Spuk gefallen.‹«

Effi sagte kein Wort, was dem Major zuletzt bedrücklich wurde. »Sie schweigen, gnädigste Frau.«

»Ja.«

»Darf ich fragen warum? Hab' ich Anstoß gegeben? Oder finden Sie's unritterlich, einen abwesenden Freund, ich muß das trotz aller Verwahrungen einräumen, ein klein wenig zu hecheln? Aber da tun Sie mir trotz alledem unrecht. Das alles soll ganz ungeniert seine Fortsetzung vor seinen Ohren haben, und ich will ihm dabei jedes Wort wiederholen, was ich jetzt eben gesagt habe.«

»Glaub' es.« Und nun brach Effi ihr Schweigen und erzählte, was sie alles in ihrem Hause erlebt und wie sonderbar sich

Innstetten damals dazu gestellt habe. »Er sagte nicht ja und nicht nein, und ich bin nicht klug aus ihm geworden.«

»Also ganz der alte«, lachte Crampas. »So war er damals auch schon, als wir in Liancourt und dann später in Beauvais mit ihm in Quartier lagen. Er wohnte da in einem alten bischöflichen Palast — beiläufig, was Sie vielleicht interessieren wird, war es ein Bischof von Beauvais, glücklicherweise ›Cochon‹ mit Namen, der die Jungfrau von Orleans zum Feuertod verurteilte —, und da verging denn kein Tag, das heißt keine Nacht, wo Innstetten nicht Unglaubliches erlebt hatte. Freilich immer nur so halb. Es konnte auch nichts sein. Und nach diesem Prinzip arbeitet er noch, wie ich sehe.«

»Gut, gut. Und nun ein ernstes Wort, Crampas, auf das ich mir eine ernste Antwort erbitte: wie erklären Sie sich dies alles?«

»Ja, meine gnädigste Frau...«

»Keine Ausweichungen, Major. Dies alles ist sehr wichtig für mich. Er ist Ihr Freund, und ich bin Ihre Freundin. Ich will wissen, wie hängt dies zusammen? Was denkt er sich dabei?«

»Ja, meine gnädigste Frau, Gott sieht ins Herz, aber ein Major vom Landwehrbezirkskommando, der sieht in gar nichts. Wie soll ich solche psychologischen Rätsel lösen? Ich bin ein einfacher Mann.«

»Ach, Crampas, reden Sie nicht so töricht. Ich bin zu jung, um eine große Menschenkennerin zu sein; aber ich müßte noch vor der Einsegnung und beinah vor der Taufe stehen, um Sie für einen einfachen Mann zu halten. Sie sind das Gegenteil davon, Sie sind gefährlich...«

»Das Schmeichelhafteste, was einem guten Vierziger mit einem a. D. auf der Karte gesagt werden kann. Und nun also, was sich Innstetten dabei denkt...«

Effi nickte.

»Ja, wenn ich durchaus sprechen soll, er denkt sich dabei, daß ein Mann wie Landrat Baron Innstetten, der jeden Tag Ministerialdirektor oder dergleichen werden kann (denn glauben Sie mir, er ist hoch hinaus), daß ein Mann wie Baron Innstetten nicht in einem gewöhnlichen Hause wohnen kann, nicht in einer solchen Kate wie die landrätliche Wohnung, ich bitte um Vergebung, gnädigste Frau, doch eigentlich ist. Da hilft er denn nach. Ein Spukhaus ist nie was Gewöhnliches... Das ist das eine.«

»Das eine? mein Gott, haben Sie noch etwas?«

»Ja.«

»Nun denn, ich bin ganz Ohr. Aber wenn es sein kann, lassen Sie's was Gutes sein.«

»Dessen bin ich nicht ganz sicher. Es ist etwas Heikles, beinah Gewagtes, und ganz besonders vor Ihren Ohren, gnädigste Frau.«

»Das macht mich nur um so neugieriger.«

»Gut denn. Also Innstetten, meine gnädigste Frau, hat außer seinem brennenden Verlangen, es koste, was es wolle, ja, wenn es sein muß unter Heranziehung eines Spuks, seine Karriere zu machen, noch eine zweite Passion: er operiert nämlich immer erzieherisch, ist der geborene Pädagog, und hätte, links Basedow und rechts Pestalozzi (aber doch kirchlicher als beide) eigentlich nach Schnepfenthal oder Bunzlau hingepaßt.«

»Und will er mich auch erziehen? Erziehen durch Spuk?«

»Erziehen ist vielleicht nicht das richtige Wort. Aber doch erziehen auf einem Umweg.«

»Ich verstehe Sie nicht.«

»Eine junge Frau ist eine junge Frau, und ein Landrat ist ein Landrat. Er kutschiert oft im Kreise umher, und dann ist das Haus allein und unbewohnt. Aber solch Spuk ist wie ein Cherub mit dem Schwert...«

»Ah, da sind wir wieder aus dem Walde heraus«, sagte Effi. »Und da ist Utpatels Mühle. Wir müssen nur noch an dem Kirchhof vorüber.«

Gleich danach passierten sie den Hohlweg zwischen dem Kirchhof und der eingegitterten Stelle, und Effi sah nach dem Stein und der Tanne hinüber, wo der Chinese lag.

SIEBZEHNTES KAPITEL

Es schlug zwei Uhr, als man zurück war. Crampas verabschiedete sich und ritt in die Stadt hinein, bis er vor seiner am Marktplatz gelegenen Wohnung hielt. Effi ihrerseits kleidete sich um und versuchte zu schlafen; es wollte aber nicht glükken, denn ihre Verstimmung war noch größer als ihre Müdigkeit. Daß Innstetten sich seinen Spuk parat hielt, um ein nicht ganz gewöhnliches Haus zu bewohnen, das mochte hingehen, das stimmte zu seinem Hange, sich von der großen Menge zu unterscheiden; aber das andere, daß er den Spuk als Erziehungsmittel brauchte, das war doch arg und beinahe beleidigend. Und »Erziehungsmittel«, darüber war sie sich klar, sagte nur die kleinere Hälfte; was Crampas gemeint hatte, war viel, viel mehr, war eine Art Angstapparat aus Kalkül. Es fehlte jede Herzensgüte darin und grenzte schon fast an Grausamkeit. Das Blut stieg ihr zu Kopf, und sie ballte ihre kleine Hand und wollte Pläne schmieden; aber mit einem Male mußte sie wieder lachen. »Ich Kindskopf! Wer bürgt mir denn dafür, daß Crampas recht hat! Crampas ist unterhaltlich, weil er medisant ist, aber er ist unzuverlässig und ein bloßer Haselant, der schließlich Innstetten nicht das Wasser reicht.«

In diesem Augenblick fuhr Innstetten vor, der heute früher zurückkam als gewöhnlich. Effi sprang auf, um ihn schon im Flur zu begrüßen, und war um so zärtlicher, je mehr sie das Gefühl hatte, etwas gutmachen zu müssen. Aber ganz konnte sie das, was Crampas gesagt hatte, doch nicht verwinden, und inmitten ihrer Zärtlichkeiten, und während sie mit anscheinendem Interesse zuhörte, klang es in ihr immer wieder: »Also Spuk aus Berechnung, Spuk, um dich in Ordnung zu halten.« Zuletzt indessen vergaß sie's und ließ sich unbefangen von ihm erzählen.

Inzwischen war Mitte November herangekommen, und der bis zum Sturm sich steigernde Nordwester stand anderthalb Tag lang so hart auf die Molen, daß die mehr und mehr zurückgestaute Kessine das Bollwerk überstieg und in die Straßen trat. Aber nachdem sich's ausgetobt, legte sich das Unwetter, und es kamen noch ein paar sonnige Spätherbsttage. »Wer weiß, wie lange sie dauern«, sagte Effi zu Crampas, und so beschloß man, am nächsten Vormittage noch einmal auszureiten; auch Innstetten, der einen freien Tag hatte, wollte mit. Es sollte zunächst wieder bis an die Mole gehen; da wollte man dann absteigen, ein wenig am Strande promenieren und schließlich im Schutze der Dünen, wo's windstill war, ein Frühstück nehmen.

Um die festgesetzte Stunde ritt Crampas vor dem landrätlichen Hause vor; Kruse hielt schon das Pferd der gnädigen Frau, die sich rasch in den Sattel hob und noch im Aufsteigen Innstetten entschuldigte, der nun doch verhindert sei: letzte Nacht wieder großes Feuer in Morgenitz — das dritte seit drei Wochen, also angelegt —, da habe er hingemußt, sehr zu seinem Leidwesen, denn er habe sich auf diesen Ausritt, der wohl der letzte in diesem Herbste sein werde, wirklich gefreut.

Crampas sprach sein Bedauern aus, vielleicht nur, um was zu sagen, vielleicht aber auch aufrichtig, denn so rücksichtslos er im Punkte chevaleresker Liebesabenteuer war, so sehr war er auch wieder guter Kamerad. Natürlich, alles ganz oberflächlich. Einem Freunde helfen und fünf Minuten später ihn betrügen, waren Dinge, die sich mit seinem Ehrbegriffe sehr wohl vertrugen. Er tat das eine und das andere mit unglaublicher Bonhommie.

Der Ritt ging wie gewöhnlich durch die Plantage hin. Rollo war wieder vorauf, dann kamen Crampas und Effi, dann Kruse. Knut fehlte.

»Wo haben Sie Knut gelassen?«

»Er hat einen Ziegenpeter.«

»Merkwürdig«, lachte Effi. »Eigentlich sah er schon immer so aus.«

»Sehr richtig. Aber Sie sollten ihn jetzt sehen! Oder doch lieber nicht. Denn Ziegenpeter ist ansteckend, schon bloß durch Anblick.«

»Glaub' ich nicht.«

»Junge Frauen glauben vieles nicht.«

»Und dann glauben sie wieder vieles, was sie besser nicht glaubten.«

»An meine Adresse?«

»Nein.«

»Schade.«

»Wie dies ›schade‹ Sie kleidet. Ich glaube wirklich, Major, Sie hielten es für ganz in der Ordnung, wenn ich Ihnen eine Liebeserklärung machte.«

»So weit will ich nicht gehen. Aber ich möchte den sehen, der sich dergleichen nicht wünschte. Gedanken und Wünsche sind zollfrei.«

»Das fragt sich. Und dann ist doch immer noch ein Unterschied zwischen Gedanken und Wünschen. Gedanken sind in der Regel etwas, das noch im Hintergrunde liegt, Wünsche aber liegen meist schon auf der Lippe.«

»Nur nicht gerade *diesen* Vergleich.«

»Ach, Crampas, Sie sind... Sie sind...«

»Ein Narr.«

»Nein. Auch darin übertreiben Sie wieder. Aber Sie sind etwas anderes. In Hohen-Cremmen sagten wir immer, und ich mit, das Eitelste, was es gäbe, das sei ein Husarenfähnrich von achtzehn...«

»Und jetzt?«

»Und jetzt sag' ich, das Eitelste, was es gibt, ist ein Landwehrbezirksmajor von zweiundvierzig.«

»...Wobei die zwei Jahre, die Sie mir gnädigst erlassen, alles wieder gutmachen, – küss' die Hand.«

»Ja, küss' die Hand. Das ist so recht das Wort, das für Sie paßt. Das ist wienerisch. Und die Wiener, die hab' ich kennengelernt in Karlsbad, vor vier Jahren, wo sie mir vierzehnjährigem Dinge den Hof machten. Was ich da alles gehört habe!«

»Gewiß nicht mehr als recht war.«

»Wenn das zuträfe, wäre das, was mir schmeicheln soll, ziemlich ungezogen... Aber sehen Sie da die Bojen, wie die schwimmen und tanzen. Die kleinen roten Fahnen sind eingezogen. Immer, wenn ich diesen Sommer, die paar Mal, wo ich mich bis an den Strand hinauswagte, die roten Fahnen sah, sagt ich mir: da liegt Vineta, da *muß* es liegen, das sind die Turmspitzen...«

»Das macht, weil Sie das Heinesche Gedicht kennen.«

»Welches?«

»Nun, das von Vineta.«

»Nein, das kenne ich nicht; ich kenne überhaupt nur wenig. Leider.«

»Und haben doch Gieshübler und den Journalzirkel! Übrigens hat Heine dem Gedicht einen anderen Namen gegeben, ich glaube ›Seegespenst‹ oder so ähnlich. Aber Vineta hat er gemeint. Und er selber – verzeihen Sie, wenn ich Ihnen so ohne weiteres den Inhalt hier wiedergebe –, der Dichter also, während er die Stelle passiert, liegt auf einem Schiffsdeck und sieht hinunter und sieht da schmale, mittelalterliche Straßen und trippelnde Frauen in Kapothüten, und alle haben ein Gesangbuch in Händen und wollen zur Kirche, und alle Glocken läuten. Und als er das hört, da faßt ihn eine Sehnsucht, auch mit in die Kirche zu gehen, wenn auch bloß um der Kapothüte willen, und vor Verlangen schreit er auf und will sich hinunterstürzen. Aber im selben Augenblicke packt ihn der Kapitän am Bein und ruft ihm zu: ›Doktor, sind Sie des Teufels?‹«

»Das ist ja allerliebst. Das möcht' ich lesen. Ist es lang?«

»Nein, es ist eigentlich kurz, etwas länger als ›Du hast Diamanten und Perlen‹ oder ›Deine weichen Lilienfinger‹...«, und er berührte leise ihre Hand. »Aber lang oder kurz, welche Schilderungskraft, welche Anschaulichkeit! Er ist mein Lieblingsdichter, und ich kann ihn auswendig, sowenig ich mir sonst, trotz gelegentlich eigener Versündigungen, aus der Dichterei mache. Bei Heine liegt es aber anders: alles ist Leben, und vor allem versteht er sich auf die Liebe, die doch die Hauptsache bleibt. Er ist übrigens nicht einseitig darin...«

»Wie meinen Sie das?«

»Ich meine, er ist nicht bloß für die Liebe...«

»Nun, wenn er diese Einseitigkeit auch hätte, das wäre am Ende noch nicht das schlimmste. Wofür ist er denn sonst noch?«

»Er ist auch sehr für das Romantische, was freilich gleich nach der Liebe kommt und nach Meinung einiger sogar damit zusammenfällt. Was ich aber nicht glaube. Denn in seinen späteren Gedichten, die man denn auch die ›romantischen‹ genannt hat, oder eigentlich hat er es selber getan, in diesen romantischen Dichtungen wird in einem fort hingerichtet, allerdings vielfach aus Liebe. Aber doch meist aus anderen, gröberen Motiven, wohin ich in erster Reihe die Politik, die fast immer gröblich ist, rechne. Karl Stuart zum Beispiel trägt in einer dieser Romanzen seinen Kopf unterm Arm, und noch fataler ist die Geschichte vom Vitzliputzli...«

»Von wem?«

»Vom Vitzliputzli. Vitzliputzli ist nämlich ein mexikanischer Gott, und als die Mexikaner zwanzig oder dreißig Spanier gefangengenommen hatten, mußten diese zwanzig oder dreißig dem Vitzliputzli geopfert werden. Das war da nicht anders, Landessitte, Kultus, und ging auch alles im Handumdrehen, Bauch auf, Herz raus...«

»Nein, Crampas, so dürfen Sie nicht weitersprechen. Das ist indezent und degoutant zugleich. Und das alles so ziemlich in demselben Augenblicke, wo wir frühstücken wollen.«

»Ich für meine Person sehe mich dadurch unbeeinflußt und stelle meinen Appetit überhaupt nur in Abhängigkeit vom Menu.«

Während dieser Worte waren sie, ganz wie's das Programm wollte, vom Strand her bis an eine schon halb im Schutze der Dünen aufgeschlagene Bank, mit einem äußerst primitiven Tisch davor, gekommen, zwei Pfosten mit einem Brett darüber. Kruse, der vorausgeritten, hatte hier bereits serviert; Teebrötchen und Aufschnitt von kaltem Braten, dazu Rotwein und neben der Flasche zwei hübsche, zierliche Trinkgläser, klein und mit Goldrand, wie man sie in Badeörtern kauft oder von Glashütten als Erinnerung mitbringt.

Und nun stieg man ab. Kruse, der die Zügel seines eigenen Pferdes um eine Krüppelkiefer geschlungen hatte, ging mit den beiden anderen Pferden auf und ab, während sich Crampas und Effi, die durch eine schmale Dünenöffnung einen freien Blick auf Strand und Mole hatten, vor dem gedeckten Tische niederließen.

Über das von den Sturmtagen her noch bewegte Meer goß die schon halb winterliche Novembersonne ihr fahles Licht aus, und die Brandung ging hoch. Dann und wann kam ein Windzug und trieb den Schaum bis dicht an sie heran. Strand-

hafer stand umher, und das helle Gelb der Immortellen hob sich, trotz der Farbenverwandtschaft, von dem gelben Sande, darauf sie wuchsen, scharf ab. Effi machte die Wirtin. »Es tut mir leid, Major, Ihnen diese Brötchen in einem Korbdeckel präsentieren zu müssen...«
»Ein Korbdeckel ist kein Korb...«
»...Indessen Kruse hat es so gewollt. Und da bist du ja auch, Rollo. Auf dich ist unser Vorrat aber nicht eingerichtet. Was machen wir mit Rollo?«
»Ich denke, wir geben ihm alles; ich meinerseits schon aus Dankbarkeit. Denn sehen Sie, teuerste Effi...«
Effi sah ihn an.
»...Denn sehen Sie, gnädigste Frau, Rollo erinnert mich wieder an das, was ich Ihnen noch als Fortsetzung oder Seitenstück zum Vitzliputzli erzählen wollte, – nur viel pikanter, weil Liebesgeschichte. Haben Sie mal von einem gewissen Pedro dem Grausamen gehört?«
»So dunkel.«
»Eine Art Blaubartskönig.«
»Das ist gut. Von so einem hört man immer am liebsten, und ich weiß noch, daß wir von meiner Freundin Hulda Niemeyer, deren Namen Sie ja kennen, immer behaupteten: sie wisse nichts von Geschichte, mit Ausnahme der sechs Frauen von Heinrich dem Achten, diesem englischen Blaubart, wenn das Wort für ihn reicht. Und wirklich, diese sechs kannte sie auswendig. Und dabei hätten Sie hören sollen, wie sie die Namen aussprach, namentlich den von der Mutter der Elisabeth, – so schrecklich verlegen, als wäre *sie* nun an der Reihe... Aber nun bitte, die Geschichte von Don Pedro...«
»Nun also, an Don Pedros Hofe war ein schöner, schwarzer spanischer Ritter, der das Kreuz von Kalatrava – was ungefähr so viel bedeutet wie Schwarzer Adler und Pour le mérite zusammengenommen – auf seiner Brust trug. Dies Kreuz gehörte mit dazu, das mußten sie immer tragen, und dieser Kalatravaritter, den die Königin natürlich heimlich liebte...«
»Warum natürlich?«
»Weil wir in Spanien sind.«
»Ach so.«

»Und dieser Kalatravaritter, sag' ich, hatte einen wunderschönen Hund, einen Neufundländer, wiewohl es die noch gar nicht gab, denn es war grade hundert Jahre vor der Entdeckung von Amerika. Einen wunderschönen Hund also, sagen wir wie Rollo...«

Rollo schlug an, als er seinen Namen hörte und wedelte mit dem Schweif.

»Das ging so manchen Tag. Aber das mit der heimlichen Liebe, die wohl nicht ganz heimlich blieb, das wurde dem Könige doch zu viel, und weil er den schönen Kalatravaritter überhaupt nicht recht leiden mochte – denn er war nicht bloß grausam, er war auch ein Neidhammel, oder wenn das Wort für einen König und noch mehr für meine liebenswürdige Zuhörerin, Frau Effi, nicht recht passen sollte, wenigstens ein Neidling –, so beschloß er, den Kalatravaritter für die heimliche Liebe heimlich hinrichten zu lassen.«

»Kann ich ihm nicht verdenken.«

»Ich weiß doch nicht, meine Gnädigste. Hören Sie nur weiter. Etwas geht schon, aber es war zu viel, der König, find' ich, ging um ein Erkleckliches zu weit. Er heuchelte nämlich, daß er dem Ritter wegen seiner Kriegs- und Heldentaten ein Fest veranstalten wolle, und da gab es denn eine lange, lange Tafel, und alle Granden des Reichs saßen an dieser Tafel, und in der Mitte saß der König, und ihm gegenüber war der Platz für *den*, dem dies alles galt, also für den Kalatravaritter, für den an diesem Tage zu Feiernden. Und weil der, trotzdem man schon eine ganze Weile seiner gewartet hatte, noch immer nicht kommen wollte, so mußte schließlich die Festlichkeit ohne ihn begonnen werden, und es blieb ein leerer Platz – ein leerer Platz gerade gegenüber dem König.«

»Und nun?«

»Und nun denken Sie, meine gnädigste Frau, wie der König, dieser Pedro, sich eben erheben will, um gleisnerisch sein Bedauern auszusprechen, daß sein ›lieber Gast‹ noch immer fehle, da hört man auf der Treppe draußen einen Aufschrei der entsetzten Dienerschaften, und ehe noch irgendwer weiß, was geschehen ist, jagt etwas an der langen Festestafel entlang, und nun springt es auf den Stuhl und setzt ein abgeschlagenes

Haupt auf den leergebliebenen Platz, und über eben dieses Haupt hinweg starrt Rollo auf sein Gegenüber, den König. Rollo hatte seinen Herrn auf seinem letzten Gange begleitet und im selben Augenblicke, wo das Beil fiel, hatte das treue Tier das fallende Haupt gepackt, und da war er nun, unser Freund Rollo, an der langen Festestafel und verklagte den königlichen Mörder.«

Effi war ganz still geworden. Endlich sagte sie: »Crampas, das ist in seiner Art sehr schön, und weil es sehr schön ist, will ich es Ihnen verzeihen. Aber Sie könnten doch Bessres und zugleich mir Lieberes tun, wenn Sie mir andere Geschichten erzählten. Auch von Heine. Heine wird doch nicht bloß von Vitzliputzli und Don Pedro und *Ihrem* Rollo – denn meiner hätte so was nicht getan – gedichtet haben. Komm, Rollo! Armes Tier, ich kann dich gar nicht mehr ansehen, ohne an den Kalatravaritter zu denken, den die Königin heimlich liebte... Rufen Sie, bitte, Kruse, daß er die Sachen hier wieder in die Halfter steckt, und wenn wir zurückreiten, müssen Sie mir was anderes erzählen, ganz was anderes.«

Kruse kam. Als er aber die Gläser nehmen wollte, sagte Crampas: »Kruse, das eine Glas, *das* da, das lassen Sie stehen. Das werde ich selber nehmen.«

»Zu Befehl, Herr Major.«

Effi, die dies mit angehört hatte, schüttelte den Kopf. Dann lachte sie. »Crampas, was fällt Ihnen nur eigentlich ein? Kruse ist dumm genug, über die Sache nicht weiter nachzudenken, und wenn er darüber nachdenkt, so findet er glücklicherweise nichts. Aber das berechtigt Sie doch nicht, dies Glas... dies Dreißigpfennigglas aus der Josefinenhütte...«

»Daß Sie so spöttisch den Preis nennen, läßt mich seinen Wert um so tiefer empfinden.«

»Immer derselbe. Sie haben so viel von einem Humoristen, aber doch von ganz sonderbarer Art. Wenn ich Sie recht verstehe, so haben Sie vor – es ist zum Lachen, und ich geniere mich fast, es auszusprechen –, so haben Sie vor, sich vor der Zeit auf den König von Thule hin auszuspielen.«

Er nickte mit einem Anfluge von Schelmerei.

»Nun denn, meinetwegen. Jeder trägt seine Kappe; Sie wissen, welche. Nur das muß ich Ihnen doch sagen dürfen, die Rolle, die Sie *mir* dabei zudiktieren, ist mir zu wenig schmeichelhaft. Ich mag nicht als Reimwort auf Ihren König von Thule herumlaufen. Behalten Sie das Glas, aber bitte, ziehen Sie nicht Schlüsse daraus, die mich kompromittieren. Ich werde Innstetten davon erzählen.«

»Das werden Sie nicht tun, meine gnädigste Frau.«

»Warum nicht?«

»Innstetten ist nicht der Mann, solche Dinge *so* zu sehen, wie sie gesehen sein wollen.«

Sie sah ihn einen Augenblick scharf an. Dann aber schlug sie verwirrt und fast verlegen die Augen nieder.

ACHTZEHNTES KAPITEL

Effi war unzufrieden mit sich und freute sich, daß es nunmehr feststand, diese gemeinschaftlichen Ausflüge für die ganze Winterdauer auf sich beruhen zu lassen. Überlegte sie, was während all dieser Wochen und Tage gesprochen, berührt und angedeutet war, so fand sie nichts, um dessentwillen sie sich direkte Vorwürfe zu machen gehabt hätte. Crampas war ein kluger Mann, welterfahren, humoristisch, frei, frei auch im Guten, und es wäre kleinlich und kümmerlich gewesen, wenn sie sich ihm gegenüber aufgesteift und jeden Augenblick die Regeln strengen Anstandes befolgt hätte. Nein, sie konnte sich nicht tadeln, auf seinen Ton eingegangen zu sein, und doch hatte sie ganz leise das Gefühl einer überstandenen Gefahr und beglückwünschte sich, daß das alles nun mutmaßlich hinter ihr läge. Denn an ein häufigeres Sichsehen en famille war nicht wohl zu denken, das war durch die Crampasschen Hauszustände so gut wie ausgeschlossen, und Begegnungen bei den benachbarten adligen Familien, die freilich für den Winter in Sicht standen, konnten immer nur sehr vereinzelt und sehr flüchtige sein. Effi rechnete sich dies alles mit wachsender Befriedigung heraus und fand schließlich, daß ihr der Verzicht auf das, was sie dem Verkehr mit dem Major verdankte, nicht allzu schwer ankommen würde. Dazu kam noch, daß Innstetten ihr mitteilte, seine Fahrten nach Varzin würden in diesem Jahre fortfallen: der Fürst gehe nach Friedrichsruh, das ihm immer lieber zu werden scheine; nach der einen Seite hin bedauere er das, nach der anderen sei es ihm lieb – er könne sich nun ganz seinem Hause widmen, und wenn es ihr recht wäre, so wollten sie die italienische Reise, an der Hand seiner Aufzeichnungen, noch einmal durchmachen. Eine solche Rekapitulation sei eigentlich die Hauptsache, dadurch mache man sich alles erst dauernd zu eigen, und selbst Dinge, die man nur flüchtig gesehen und von denen man kaum wisse, daß man sie in seiner Seele beherberge, kämen einem durch solche nachträglichen Studien erst voll zu Bewußtsein und Besitz. Er führte das noch weiter aus und fügte hinzu, daß ihn Gieshübler, der den ganzen »italienischen Stiefel« bis Palermo kenne, gebeten habe, mit dabei sein zu dürfen. Effi, der ein ganz gewöhnlicher Plauderabend ohne den »italienischen Stiefel« (es sollten sogar Photographien herumgereicht werden) viel, viel lieber gewesen wäre, antwortete mit einer gewissen Gezwungenheit; Innstetten indessen, ganz erfüllt von seinem Plane, merkte nichts und fuhr fort: »Natürlich ist nicht bloß Gieshübler zugegen, auch Roswitha und Annie müssen dabei sein, und wenn ich mir dann denke, daß wir den Canal grande hinauffahren und hören dabei ganz in der Ferne die Gondoliere singen, während drei Schritte von uns Roswitha sich über Annie beugt und ›Buhküken von Halberstadt‹ oder so was Ähnliches zum besten gibt, so können das schöne Winterabende werden, und du sitzest dabei und strickst mir eine große Winterkappe. Was meinst du dazu, Effi?«

Solche Abende wurden nicht bloß geplant, sie nahmen auch ihren Anfang, und sie würden sich, aller Wahrscheinlichkeit nach, über viele Wochen hin ausgedehnt haben, wenn nicht der unschuldige, harmlose Gieshübler trotz größter Abgeneigtheit gegen zweideutiges Handeln, dennoch im Dienste zweier Herren gestanden hätte. Der eine, dem er diente, war Innstetten, der andere war Crampas, und wenn er der Innstettenschen Aufforderung zu den italienischen Abenden, schon um Effis willen, auch mit aufrichtigster Freude Folge leistete, so war die Freude, mit der er Crampas gehorchte, doch noch eine größere. Nach einem Crampasschen Plane nämlich sollte noch vor Weihnachten »Ein Schritt vom Wege« aufgeführt werden, und als man vor dem dritten italienischen Abend stand, nahm Gieshübler die Gelegenheit wahr, mit Effi, die die Rolle der Ella spielen sollte, darüber zu sprechen.

Effi war wie elektrisiert; was wollten Padua, Vicenza daneben bedeuten! Effi war nicht für Aufgewärmtheiten; Frisches war es, wonach sie sich sehnte, Wechsel der Dinge. Aber als ob eine Stimme ihr zugerufen hätte: »Sieh dich vor!« so fragte sie doch, inmitten ihrer freudigen Erregung: »Ist es der Major, der den Plan aufgebracht hat?«

»Ja. Sie wissen, gnädigste Frau, daß er einstimmig in das Vergnügungskomitee gewählt wurde. Wir dürfen uns endlich einen hübschen Winter in der Ressource versprechen. Er ist ja wie geschaffen dazu.«

»Und wird er auch mitspielen?«

»Nein, das hat er abgelehnt. Ich muß sagen, leider. Denn er kann ja alles und würde den Arthur von Schmettwitz ganz vorzüglich geben. Er hat nur die Regie übernommen.«

»Desto schlimmer.«

»Desto schlimmer?« wiederholte Gieshübler.

»Oh, Sie dürfen das nicht so feierlich nehmen; das ist nur so eine Redensart, die eigentlich das Gegenteil bedeutet. Auf der anderen Seite freilich, der Major hat so was Gewaltsames, er nimmt einem die Dinge gern über den Kopf fort. Und man muß dann spielen, wie er will, und nicht wie man selber will.«

Sie sprach so noch weiter und verwickelte sich immer mehr in Widersprüche.

Der »Schritt vom Wege« kam wirklich zustande, und gerade weil man nur noch gute vierzehn Tage hatte (die letzte Woche vor Weihnachten war ausgeschlossen), so strengte sich alles an, und es ging vorzüglich; die Mitspielenden, vor allem Effi, ernteten reichen Beifall. Crampas hatte sich wirklich mit der Regie begnügt, und so streng er gegen alle anderen war, so wenig hatte er auf den Proben in Effis Spiel hineingeredet. Entweder waren ihm von seiten Gieshüblers Mitteilungen über das mit Effi gehabte Gespräch gemacht worden, oder er hatte es auch aus sich selber bemerkt, daß Effi beflissen war, sich von ihm zurückzuziehen. Und er war klug und Frauenkenner genug, um den natürlichen Entwicklungsgang, den er nach seinen Erfahrungen nur zu gut kannte, nicht zu stören.

Am Theaterabend in der Ressource trennte man sich spät, und Mitternacht war vorüber, als Innstetten und Effi wieder zu Hause bei sich eintrafen. Johanna war noch auf, um behülflich zu sein, und Innstetten, der auf seine junge Frau nicht wenig eitel war, erzählte Johanna, wie reizend die gnädige Frau ausgesehen und wie gut sie gespielt habe. Schade, daß er nicht vorher daran gedacht, Christel und sie selber und auch die alte Unke, die Kruse, hätten von der Musikgalerie her sehr gut zusehen können; es seien viele dagewesen. Dann ging Johanna, und Effi, die müde war, legte sich nieder. Innstetten aber, der noch plaudern wollte, schob einen Stuhl heran und setzte sich an das Bett seiner Frau, diese freundlich ansehend und ihre Hand in der seinen haltend.

»Ja, Effi, das war ein hübscher Abend. Ich habe mich amüsiert über das hübsche Stück. Und denke dir, der Dichter ist ein Kammergerichtsrat, eigentlich kaum zu glauben. Und noch dazu aus Königsberg. Aber worüber ich mich am meisten gefreut, das war doch meine entzückende kleine Frau, die allen die Köpfe verdreht hat.«

»Ach, Geert, sprich nicht so. Ich bin schon gerade eitel genug.«

»Eitel genug, das wird wohl richtig sein. Aber doch lange nicht so eitel wie die anderen. Und das ist zu deinen sieben Schönheiten...«

»Sieben Schönheiten haben alle.«

»...Ich habe mich auch bloß versprochen; du kannst die Zahl gut mit sich selbst multiplizieren.«

»Wie galant du bist, Geert. Wenn ich dich nicht kennte, könnt' ich mich fürchten. Oder lauert wirklich was dahinter?«

»Hast du ein schlechtes Gewissen? Selber hinter der Tür gestanden?«

»Ach, Geert, ich ängstige mich wirklich.« Und sie richtete sich im Bett in die Höh' und sah ihn starr an. »Soll ich noch nach Johanna klingeln, daß sie uns Tee bringt? Du hast es so gern vor dem Schlafengehen.«

Er küßte ihr die Hand. »Nein, Effi. Nach Mitternacht kann auch der Kaiser keine Tasse Tee mehr verlangen, und du weißt, ich mag die Leute nicht mehr in Anspruch nehmen als nötig. Nein, ich will nichts, als dich ansehen und mich freuen, daß ich dich habe. So manchmal empfindet man's doch stärker, welchen Schatz man hat. Du könntest ja auch so sein wie die arme Frau Crampas; das ist eine schreckliche Frau, gegen keinen freundlich, und dich hätte sie vom Erdboden vertilgen mögen.«

»Ach, ich bitte dich, Geert, das bildest du dir wieder ein. Die arme Frau! Mir ist nichts aufgefallen.«

»Weil du für derlei keine Augen hast. Aber es war so, wie ich dir sage, und der arme Crampas war wie befangen dadurch und mied dich immer und sah dich kaum an. Was doch ganz unnatürlich ist; denn erstens ist er überhaupt ein Damenmann, und nun gar Damen wie du, das ist seine besondere Passion. Und ich wette auch, daß es keiner besser weiß als meine kleine Frau selber. Wenn ich daran denke, wie, Pardon, das Geschnatter hin und her ging, wenn er morgens in die Veranda kam, oder wenn wir am Strande ritten oder auf der Mole spazierengingen. Es ist, wie ich dir sage, er traute sich heute nicht, er fürchtete sich vor seiner Frau. Und ich kann es ihm nicht verdenken. Die Majorin ist so etwas wie unsere Frau Kruse, und wenn ich zwischen beiden wählen müßte, ich wüßte nicht wen.«

»Ich wüßt' es schon; es ist doch ein Unterschied zwischen den beiden. Die arme Majorin ist unglücklich, die Kruse ist unheimlich.«

»Und da bist du doch mehr für das Unglückliche?«

»Ganz entschieden.«

»Nun höre, das ist Geschmacksache. Man merkt, daß du noch nicht unglücklich warst. Übrigens hat Crampas ein Talent, die arme Frau zu eskamotieren. Er erfindet immer etwas, sie zu Hause zu lassen.«

»Aber heute war sie doch da.«

»Ja, heute. Da ging es nicht anders. Aber ich habe mit ihm

eine Partie zu Oberförster Ring verabredet, er, Gieshübler und der Pastor, auf den dritten Feiertag, und da hättest du sehen sollen, mit welcher Geschicklichkeit er bewies, daß sie, die Frau, zu Hause bleiben müsse.«

»Sind es denn nur Herren?«

»O bewahre. Da würd' ich mich auch bedanken. *Du* bist mit dabei und noch zwei, drei andere Damen, die von den Gütern ungerechnet.«

»Aber dann ist es doch auch häßlich von ihm, ich meine von Crampas, und so was bestraft sich immer.«

»Ja, mal kommt es. Aber ich glaube, unser Freund hält zu denen, die sich über das, was kommt, keine grauen Haare wachsen lassen.«

»Hältst du ihn für schlecht?«

»Nein, für schlecht nicht. Beinah im Gegenteil, jedenfalls hat er gute Seiten. Aber er ist so'n halber Pole, kein rechter Verlaß, eigentlich in nichts, am wenigsten mit Frauen. Eine Spielernatur. Er spielt nicht am Spieltisch, aber er hasardiert im Leben in einem fort, und man muß ihm auf die Finger sehen.«

»Es ist mir doch lieb, daß du mir das sagst. Ich werde mich vorsehen mit ihm.«

»Das tu. Aber nicht zu sehr; dann hilft es nichts. Unbefangenheit ist immer das beste, und natürlich das allerbeste ist Charakter und Festigkeit und, wenn ich solch steifleinenes Wort brauchen darf, eine reine Seele.«

Sie sah ihn groß an. Dann sagte sie: »Ja, gewiß. Aber nun sprich nicht mehr, und noch dazu lauter Dinge, die mich nicht recht frohmachen können. Weißt du, mir ist, als hörte ich oben das Tanzen. Sonderbar, daß es immer wieder kommt. Ich dachte, du hättest mit dem allen nur so gespaßt.«

»Das will ich doch nicht sagen, Effi. Aber so oder so, man muß nur in Ordnung sein und sich nicht zu fürchten brauchen.«

Effi nickte und dachte mit einem Male wieder an die Worte, die ihr Crampas über ihren Mann als »Erzieher« gesagt hatte.

Der Heilige Abend kam und verging ähnlich wie das Jahr vorher; aus Hohen-Cremmen kamen Geschenke und Briefe; Gieshübler war wieder mit einem Huldigungsvers zur Stelle, und Vetter Briest sandte eine Karte: Schneelandschaft mit Telegraphenstangen, auf deren Draht geduckt ein Vögelchen saß. Auch für Annie war aufgebaut: ein Baum mit Lichtern, und das Kind griff mit seinen Händchen danach. Innstetten, unbefangen und heiter, schien sich seines häuslichen Glücks zu freuen und beschäftigte sich viel mit dem Kinde. Roswitha war erstaunt, den gnädigen Herrn so zärtlich und zugleich so aufgeräumt zu sehen. Auch Effi sprach viel und lachte viel, es kam ihr aber nicht aus innerster Seele. Sie fühlte sich bedrückt und wußte nur nicht, wen sie dafür verantwortlich machen sollte, Innstetten oder sich selber. Von Crampas war kein Weihnachtsgruß eingetroffen; eigentlich war es ihr lieb, aber auch wieder nicht, seine Huldigungen erfüllten sie mit einem gewissen Bangen, und seine Gleichgültigkeiten verstimmten sie; sie sah ein, es war nicht alles so, wie's sein sollte.

»Du bist so unruhig«, sagte Innstetten nach einer Weile.

»Ja. Alle Welt hat es so gut mit mir gemeint, am meisten du; das bedrückt mich, weil ich fühle, daß ich es nicht verdiene.«

»Damit darf man sich nicht quälen, Effi. Zuletzt ist es doch so: was man empfängt, das hat man auch verdient.«

Effi hörte scharf hin, und ihr schlechtes Gewissen ließ sie sich selber fragen, ob er das absichtlich in so zweideutiger Form gesagt habe.

Spät gegen Abend kam Pastor Lindequist, um zu gratulieren und noch wegen der Partie nach der Oberförsterei Uvagla hin anzufragen, die natürlich eine Schlittenpartie werden müsse. Crampas habe ihm einen Platz in seinem Schlitten angeboten, aber weder der Major noch sein Bursche, der, wie alles, auch das Kutschieren übernehmen solle, kenne den Weg, und so würde es sich vielleicht empfehlen, die Fahrt gemeinschaftlich zu machen, wobei dann der landrätliche Schlitten die Tête zu nehmen und der Crampassche zu folgen hätte. Wahrscheinlich auch der Gieshüblersche. Denn mit der Wegkenntnis Mirambos, dem sich unerklärlicherweise Freund Alonzo, der doch sonst so vorsichtig, anvertrauen wolle, stehe es wahrscheinlich noch schlechter als mit der des sommersprossigen Treptower Ulanen. Innstetten, den diese kleinen Verlegenheiten erheiterten, war mit Lindequists Vorschlage durchaus einverstanden und ordnete die Sache dahin, daß er pünktlich um zwei Uhr über den Marktplatz fahren und ohne alles Säumen die Führung des Zuges in die Hand nehmen werde.

Nach diesem Übereinkommen wurde denn auch verfahren, und als Innstetten punkt zwei Uhr den Marktplatz passierte, grüßte Crampas zunächst von seinem Schlitten aus zu Effi hinüber und schloß sich dann dem Innstettenschen an. Der Pastor saß neben ihm. Gieshüblers Schlitten, mit Gieshübler selbst und Doktor Hannemann, folgte, jener in einem eleganten Büffelrock mit Marderbesatz, dieser in einem Bärenpelz, dem man ansah, daß er wenigstens dreißig Dienstjahre zählte. Hannemann war nämlich in seiner Jugend Schiffschirurgus auf einem Grönlandfahrer gewesen. Mirambo saß vorn, etwas aufgeregt wegen Unkenntnis im Kutschieren, ganz wie Lindequist vermutet hatte.

Schon nach zwei Minuten war man an Utpatels Mühle vorbei.

Zwischen Kessin und Uvagla (wo, der Sage nach, ein Wendentempel gestanden) lag ein nur etwa tausend Schritt breiter, aber wohl anderthalb Meilen langer Waldstreifen, der an seiner rechten Längsseite das Meer, an seiner linken, bis weit an den Horizont hin, ein großes, überaus fruchtbares und gut angebautes Stück Land hatte. Hier, an der Binnenseite, flogen jetzt die drei Schlitten hin, in einiger Entfernung ein paar alte Kutschwagen vor sich, in denen, aller Wahrscheinlichkeit nach, andere nach der Oberförsterei hin eingeladene Gäste saßen. Einer dieser Wagen war an seinen altmodisch hohen Rädern deutlich zu erkennen, es war der Papenhagensche. Natürlich. Güldenklee galt als der beste Redner des Kreises (noch besser als Borcke, ja selbst besser als Grasenabb) und durfte bei Festlichkeiten nicht leicht fehlen.

Die Fahrt ging rasch – auch die herrschaftlichen Kutscher strengten sich an und wollten sich nicht überholen lassen –, so daß man schon um drei vor der Oberförsterei hielt. Ring, ein stattlicher, militärisch dreinschauender Herr von Mitte fünfzig, der den ersten Feldzug in Schleswig noch unter Wrangel und Bonin mitgemacht und sich bei Erstürmung des Danewerks ausgezeichnet hatte, stand in der Tür und empfing seine Gäste, die, nachdem sie abgelegt und die Frau des Hauses begrüßt hatten, zunächst vor einem langgedeckten Kaffeetische Platz nahmen, auf dem kunstvoll aufgeschichtete Kuchenpyramiden standen. Die Oberförsterin, eine von Natur sehr ängstliche, zum mindesten aber sehr befangene Frau, zeigte sich auch als Wirtin so, was den überaus eitlen Oberförster, der für Sicherheit und Schneidigkeit war, ganz augenscheinlich verdroß. Zum Glück kam sein Unmut zu keinem Ausbruch, denn von dem, was seine Frau vermissen ließ, hatten seine Töchter desto mehr, bildhübsche Backfische von vierzehn und dreizehn, die ganz nach dem Vater schlugen. Besonders die ältere, Cora, kokettierte sofort mit Innstetten und Crampas, und beide gingen auch darauf ein. Effi ärgerte sich darüber und schämte sich dann wieder, daß sie sich geärgert habe. Sie saß neben Sidonie von Grasenabb und sagte: »Sonderbar, so bin ich auch gewesen, als ich vierzehn war.«

Effi rechnete darauf, daß Sidonie dies bestreiten oder doch wenigstens Einschränkungen machen würde. Statt dessen sagte diese: »Das kann ich mir denken.«

»Und wie der Vater sie verzieht«, fuhr Effi halb verlegen, und nur, um doch was zu sagen, fort.

Sidonie nickte. »Da liegt es. Keine Zucht. Das ist die Signatur unserer Zeit.«

Effi brach nun ab.

Der Kaffee war bald genommen, und man stand auf, um noch einen halbstündigen Spaziergang in den umliegenden Wald zu machen, zunächst auf ein Gehege zu, drin Wild eingezäunt war. Cora öffnete das Gatter, und kaum, daß sie eingetreten, so kamen auch schon die Rehe auf sie zu. Es war eigentlich reizend, ganz wie ein Märchen. Aber die Eitelkeit des jungen Dinges, das sich bewußt war, ein lebendes Bild zu stellen, ließ doch einen reinen Eindruck nicht aufkommen, am wenigsten bei Effi. »Nein«, sagte sie zu sich selber, »so bin ich doch nicht gewesen. Vielleicht hat es mir auch an Zucht gefehlt, wie diese furchtbare Sidonie mir eben andeutete, vielleicht auch anderes noch. Man war zu Haus zu gütig gegen mich, man liebte mich zu sehr. Aber das darf ich doch wohl sagen, ich habe mich nie geziert. Das war immer Huldas Sache. Darum gefiel sie mir auch nicht, als ich diesen Sommer sie wiedersah.«

Auf dem Rückwege vom Walde nach der Oberförsterei begann es zu schneien. Crampas gesellte sich zu Effi und sprach ihr sein Bedauern aus, daß er noch nicht Gelegenheit gehabt habe, sie zu begrüßen. Zugleich wies er auf die großen schweren Schneeflocken, die fielen, und sagte: »Wenn das so weiter geht, so schneien wir hier ein.«

»Das wäre nicht das Schlimmste. Mit dem Eingeschneitwerden verbinde ich von langer Zeit her eine freundliche Vorstellung, eine Vorstellung von Schutz und Beistand.«

»Das ist mir neu, meine gnädigste Frau.«

»Ja«, fuhr Effi fort und versuchte zu lachen, »mit den Vorstellungen ist es ein eigen Ding, man macht sie sich nicht bloß nach dem, was man persönlich erfahren hat, auch nach dem, was man irgendwo gehört oder ganz zufällig weiß. Sie sind so belesen, Major, aber mit einem Gedichte – freilich keinem Heineschen, keinem ›Seegespenst‹ und keinem ›Vitzliputzli‹ – bin ich Ihnen, wie mir scheint, doch voraus. Dies Gedicht heißt die ›Gottesmauer‹, und ich hab' es bei unserm Hohen-Cremmner Pastor vor vielen, vielen Jahren, als ich noch ganz klein war, auswendig gelernt.«

»Gottesmauer«, wiederholte Crampas. »Ein hübscher Titel, und wie verhält es sich damit?«

»Eine kleine Geschichte, nur ganz kurz. Da war irgendwo Krieg, ein Winterfeldzug, und eine alte Witwe, die sich vor dem Feinde mächtig fürchtete, betete zu Gott, er möge doch ›eine Mauer um sie bauen‹, um sie vor dem Landesfeinde zu schützen. Und da ließ Gott das Haus einschneien, und der Feind zog daran vorüber.«

Crampas war sichtlich betroffen und wechselte das Gespräch.

Als es dunkelte, waren alle wieder in der Oberförsterei zurück.

NEUNZEHNTES KAPITEL

Gleich nach sieben ging man zu Tisch, und alles freute sich, daß der Weihnachtsbaum, eine mit zahllosen Silberkugeln bedeckte Tanne, noch einmal angesteckt wurde. Crampas, der das Ringsche Haus noch nicht kannte, war helle Bewunderung. Der Damast, die Weinkühler, das reiche Silbergeschirr, alles wirkte herrschaftlich, weit über oberförsterliche Durchschnittsverhältnisse hinaus, was darin seinen Grund hatte, daß Rings Frau, so scheu und verlegen sie war, aus einem reichen Danziger Kornhändlerhause stammte. Von da her rührten auch die meisten der ringsumher hängenden Bilder: der Kornhändler und seine Frau, der Marienburger Remter und eine gute Kopie nach dem berühmten Memlingschen Altarbilde in der Danziger Marienkirche. Kloster Oliva war zweimal da, einmal in Öl und einmal in Kork geschnitzt. Außerdem befand sich über dem Büfett ein sehr nachgedunkeltes Porträt des alten Nettelbeck, das noch aus dem bescheidenen Mobiliar des erst vor anderthalb Jahren verstorbenen Ringschen Amtsvorgängers herrührte. Niemand hatte damals, bei der wie gewöhnlich stattfindenden Auktion, das Bild des Alten haben wollen, bis Innstetten, der sich über diese Mißachtung ärgerte, darauf geboten hatte. Da hatte sich denn auch Ring patriotisch besonnen, und der alte Kolbergverteidiger war der Oberförsterei verblieben.

Das Nettelbeckbild ließ ziemlich viel zu wünschen übrig; sonst aber verriet alles, wie schon angedeutet, eine beinahe an Glanz streifende Wohlhabenheit, und dem entsprach denn auch das Mahl, das aufgetragen wurde. Jeder hatte mehr oder weniger seine Freude daran, mit Ausnahme Sidoniens. Diese saß zwischen Innstetten und Lindequist und sagte, als sie Coras ansichtig wurde: »Da ist ja wieder dies unausstehliche Balg, diese Cora. Sehen Sie nur, Innstetten, wie sie die kleinen Weingläser präsentiert, ein wahres Kunststück, sie könnte jeden Augenblick Kellnerin werden. Ganz unerträglich. Und dazu die Blicke von Ihrem Freunde Crampas! Das ist so die rechte Saat! Ich frage Sie, was soll dabei herauskommen?«

Innstetten, der ihr eigentlich zustimmte, fand trotzdem den

Ton, in dem das alles gesagt wurde, so verletzend herbe, daß er spöttisch bemerkte: »Ja, meine Gnädigste, was dabei herauskommen soll? Ich weiß es *auch* nicht« – worauf sich Sidonie von ihm ab- und ihrem Nachbar zur Linken zuwandte: »Sagen Sie, Pastor, ist diese vierzehnjährige Kokette schon im Unterricht bei Ihnen?«

»Ja, mein gnädigstes Fräulein.«

»Dann müssen Sie mir die Bemerkung verzeihen, daß Sie sie nicht in die richtige Schule genommen haben. Ich weiß wohl, es hält das heutzutage sehr schwer, aber ich weiß auch, daß die, denen die Fürsorge für junge Seelen obliegt, es vielfach an dem rechten Ernste fehlen lassen. Es bleibt dabei, die Hauptschuld tragen die Eltern und Erzieher.«

Lindequist, denselben Ton anschlagend wie Innstetten, antwortete, daß das alles sehr richtig, der Geist der Zeit aber *zu* mächtig sei.

»Geist der Zeit!« sagte Sidonie. »Kommen Sie mir nicht damit. Das kann ich nicht hören, das ist der Ausdruck höchster Schwäche, Bankrutterklärung. Ich kenne das; nie scharf zufassen wollen, immer dem Unbequemen aus dem Wege gehen. Denn Pflicht ist unbequem. Und so wird nur allzuleicht vergessen, daß das uns anvertraute Gut auch mal von uns zurückgefordert wird. Eingreifen, lieber Pastor, Zucht. Das Fleisch ist schwach, gewiß; aber...«

In diesem Augenblicke kam ein englisches Roastbeef, von dem Sidonie ziemlich ausgiebig nahm, ohne Lindequists Lächeln dabei zu bemerken. Und weil sie's nicht bemerkte, so durfte es auch nicht wundernehmen, daß sie mit vieler Unbefangenheit fortfuhr: »Es kann übrigens alles, was Sie hier sehen, nicht wohl anders sein; alles ist schief und verfahren von Anfang an. Ring, Ring – wenn ich nicht irre, hat es drüben in Schweden oder da herum mal einen Sagenkönig dieses Namens gegeben. Nun sehen Sie, benimmt er sich nicht, als ob er von dem abstamme? und seine Mutter, die ich noch gekannt habe, war eine Plättfrau in Köslin.«

»Ich kann darin nichts Schlimmes finden.«

»Schlimmes finden? Ich auch nicht. Und jedenfalls gibt es Schlimmeres. Aber soviel muß ich doch von Ihnen, als einem geweihten Diener der Kirche, gewärtigen dürfen, daß Sie die gesellschaftlichen Ordnungen gelten lassen. Ein Oberförster ist ein bißchen mehr als ein Förster, und ein Förster hat nicht solche Weinkühler und solch Silberzeug; das alles ist ungehörig und zieht dann solche Kinder groß wie dies Fräulein Cora.«

Sidonie, jedesmal bereit, irgendwas Schreckliches zu prophezeien, wenn sie, vom Geist überkommen, die Schalen ihres Zornes ausschüttete, würde sich auch heute bis zum Kassandrablick in die Zukunft gesteigert haben, wenn nicht in ebendiesem Augenblicke die dampfende Punschbowle – womit die Weihnachtsreunions bei Ring immer abschlossen – auf der Tafel erschienen wäre, dazu Krausgebackenes, das, geschickt übereinandergetürmt, noch weit über die vor einigen Stunden aufgetragene Kaffeekuchenpyramide hinauswuchs. Und nun trat auch Ring selbst, der sich bis dahin etwas zurückgehalten hatte, mit einer gewissen strahlenden Feierlichkeit in Aktion und begann die vor ihm stehenden Gläser, große geschliffene Römer, in virtuosem Bogensturz zu füllen, ein Einschenkekunststück, das die stets schlagfertige Frau von Padden, die heute leider fehlte, mal als »Ringsche Füllung en cascade« bezeichnet hatte. Rotgolden wölbte sich dabei der Strahl, und kein Tropfen durfte verloren gehen. So war es auch heute wieder. Zuletzt aber, als jeder, was ihm zukam, in Händen hielt – auch Cora, die sich mittlerweile mit ihrem rotblonden Wellenhaar auf »Onkel Crampas« Schoß gesetzt hatte –, erhob sich der alte Papenhagner, um, wie herkömmlich bei Festlichkeiten der Art, einen Toast auf seinen lieben Oberförster auszubringen. »Es gäbe viele Ringe«, so etwa begann er, »Jahresringe, Gardinenringe, Trauringe, und was nun gar – denn auch davon dürfe sich am Ende wohl sprechen lassen – die Verlobungsringe angehe, so sei glücklicherweise die Gewähr gegeben, daß einer davon in kürzester Frist in diesem Hause sichtbar werden und den Ringfinger (und zwar hier in einem *doppelten* Sinne den Ringfinger) eines kleinen hübschen Pätschelchens zieren werde...«

»Unerhört«, raunte Sidonie dem Pastor zu.

»Ja, meine Freunde«, fuhr Güldenklee mit gehobener Stimme fort, »viele Ringe gibt es, und es gibt sogar eine Geschichte, die wir alle kennen, die die Geschichte von den ›drei Ringen‹ heißt, eine Judengeschichte, die, wie der ganze liberale Krimskrams, nichts wie Verwirrung und Unheil gestiftet hat und noch stiftet. Gott bessere es. Und nun lassen Sie mich schließen, um Ihre Geduld und Nachsicht nicht über Gebühr in Anspruch zu nehmen. Ich bin *nicht* für diese drei Ringe, meine Lieben, ich bin vielmehr für *einen* Ring, für *einen* Ring, der so recht ein Ring ist, wie er sein soll, ein Ring, der alles Gute, was wir in unserm altpommerschen Kessiner Kreise haben, alles, was noch mit Gott für König und Vaterland einsteht – und es sind ihrer noch einige (lauter Jubel) –, an diesem seinem gastlichen Tisch vereinigt sieht. Für *diesen* Ring bin ich. Er lebe hoch!«

Alles stimmte ein und umdrängte Ring, der, solange das dauerte, das Amt des ›Einschenkens en cascade‹ an den ihm gegenübersitzenden Crampas abtreten mußte; der Hauslehrer aber stürzte von seinem Platz am unteren Ende der Tafel an das Klavier und schlug die ersten Takte des Preußenliedes an, worauf alles stehend und feierlich einfiel: »Ich bin ein Preuße... will ein Preuße sein.«

»Es ist doch etwas Schönes«, sagte gleich nach der ersten Strophe der alte Borcke zu Innstetten, »so was hat man in anderen Ländern nicht.«

»Nein«, antwortete Innstetten, der von solchem Patriotismus nicht viel hielt, »in anderen Ländern hat man was anderes.«

Man sang alle Strophen durch, dann hieß es, die Wagen seien vorgefahren, und gleich darnach erhob sich alles, um die Pferde nicht warten zu lassen. Denn diese Rücksicht »auf die Pferde« ging auch im Kreise Kessin allem anderen vor. Im Hausflur standen zwei hübsche Mägde, Ring hielt auf dergleichen, um den Herrschaften beim Anziehen ihrer Pelze behülflich zu sein. Alles war heiter angeregt, einige mehr als das, und das Einsteigen in die verschiedenen Gefährte schien sich schnell und ohne Störung vollziehen zu sollen, als es mit einemmal hieß, der Gieshüblersche Schlitten sei nicht da. Gieshübler selbst war viel zu artig, um gleich Unruhe zu zeigen oder gar Lärm zu machen; endlich aber, weil doch wer das Wort nehmen mußte, fragte Crampas, »was es denn eigentlich sei«.

»Mirambo kann nicht fahren«, sagte der Hofeknecht; »das linke Pferd hat ihm beim Anspannen vor das Schienbein geschlagen. Er liegt im Stall und schreit.«

Nun wurde natürlich nach Doktor Hannemann gerufen, der denn auch hinausging und nach fünf Minuten mit echter Chirurgenruhe versicherte: »Ja, Mirambo müsse zurückbleiben; es sei vorläufig in der Sache nichts zu machen als stilliegen und kühlen. Übrigens von Bedenklichem keine Rede.« Das war nun einigermaßen ein Trost, aber schaffte doch die Verlegenheit, wie der Gieshüblersche Schlitten zurückzufahren sei, nicht aus der Welt, bis Innstetten erklärte, daß er für Mirambo einzutreten und das Zwiegestirn von Doktor und Apotheker persönlich glücklich heimzusteuern gedenke. Lachend und unter ziemlich angeheiterten Scherzen gegen den verbindlichsten aller Landräte, der sich, um hülfreich zu sein, sogar von seiner jungen Frau trennen wolle, wurde dem Vorschlage zugestimmt, und Innstetten, mit Gieshübler und dem Doktor im Fond, nahm jetzt wieder die Tête. Crampas und Lindequist folgten unmittelbar. Und als gleich danach auch Kruse mit dem landrätlichen Schlitten vorfuhr, trat Sidonie lächelnd an Effi heran und bat diese, da ja nun ein Platz frei sei, mit ihr fahren zu dürfen. »In unserer Kutsche ist es immer so stickig; mein Vater liebt das. Und außerdem, ich möchte so gern mit Ihnen plaudern. Aber nur bis Quappendorf. Wo der Morgnitzer Weg abzweigt, steig' ich aus und muß dann wieder in unsern unbequemen Kasten. Und Papa raucht auch noch.«

Effi war wenig erfreut über diese Begleitung und hätte die Fahrt lieber allein gemacht; aber ihr blieb keine Wahl und so stieg denn das Fräulein ein, und kaum daß beide Damen ihre Plätze genommen hatten, so gab Kruse den Pferden auch schon einen Peitschenknips, und von der oberförsterlichen Rampe her, von der man einen prächtigen Ausblick auf das Meer hatte, ging es, die ziemlich steile Düne hinunter, auf den Strandweg zu, der, eine Meile lang, in beinahe gerader Linie bis an das Kessiner Strandhotel, und von dort aus, rechts einbiegend, durch die Plantage hin, in die Stadt führte. Der Schneefall hatte schon seit ein paar Stunden aufgehört, die Luft war frisch, und auf das weite dunkelnde Meer fiel der matte Schein der Mondsichel. Kruse fuhr hart am Wasser hin, mitunter den Schaum der Brandung durchschneidend, und Effi, die etwas fröstelte, wickelte sich fester in ihren Mantel und schwieg noch immer und mit Absicht. Sie wußte recht gut, daß das mit der »stickigen Kutsche« bloß Vorwand gewesen und daß sich Sidonie nur zu ihr gesetzt hatte, um ihr etwas Unangenehmes zu sagen. Und das kam immer noch früh genug. Zudem war sie wirklich müde, vielleicht von dem Spaziergang im Walde, vielleicht auch von dem oberförsterlichen Punsch, dem sie, auf Zureden der neben ihr sitzenden Frau von Flemming, tapfer zugesprochen hatte. Sie tat denn auch, als ob sie schliefe, schloß die Augen und neigte den Kopf immer mehr nach links.

»Sie sollten sich nicht so sehr nach links beugen, meine gnädigste Frau. Fährt der Schlitten auf einen Stein, so fliegen Sie hinaus. Ihr Schlitten hat ohnehin kein Schutzleder und, wie ich sehe, auch nicht einmal die Haken dazu.«

»Ich kann die Schutzleder nicht leiden; sie haben so was Prosaisches. Und dann, wenn ich hinausflöge, mir wär' es recht, am liebsten gleich in die Brandung. Freilich ein etwas kaltes Bad, aber was tut's... Übrigens hören Sie nichts?«

»Nein.«

»Hören Sie nicht etwas wie Musik?«

»Orgel?«

»Nein, nicht Orgel. Da würd' ich denken, es sei das Meer. Aber es ist etwas anderes, ein unendlich feiner Ton, fast wie menschliche Stimme...«

»Das sind Sinnestäuschungen«, sagte Sidonie, die jetzt den richtigen Einsetzemoment gekommen glaubte. »Sie sind nervenkrank. Sie hören Stimmen. Gebe Gott, daß Sie auch die richtige Stimme hören.«

»Ich höre... nun, gewiß, es ist Torheit, ich weiß, sonst würd' ich mir einbilden, ich hätte die Meerfrauen singen hören... Aber, ich bitte Sie, was ist das? Es blitzt ja bis hoch in den Himmel hinauf. Das muß ein Nordlicht sein.«

»Ja«, sagte Sidonie. »Gnädigste Frau tun ja, als ob es ein Weltwunder wäre. Das ist es nicht. Und wenn es dergleichen wäre, wir haben uns vor Naturkultus zu hüten. Übrigens ein wahres Glück, daß wir außer Gefahr sind, unsern Freund Oberförster, diesen eitelsten aller Sterblichen, über dies Nordlicht sprechen zu hören. Ich wette, daß er sich einbilden würde, das tue ihm der Himmel zu Gefallen, um sein Fest noch festlicher zu machen. Er ist ein Narr. Güldenklee konnte Besseres tun, als ihn feiern. Und dabei spielt er sich auf den Kirchlichen aus und hat auch neulich eine Altardecke geschenkt. Vielleicht, daß Cora daran mitgestickt hat. Diese Unechten sind schuld an allem, denn ihre Weltlichkeit liegt immer obenauf und wird denen mit angerechnet, die's ernst mit dem Heil ihrer Seele meinen.«

»Es ist so schwer, ins Herz zu sehen!«

»Ja. Das ist es. Aber bei manchem ist es auch ganz leicht.« Und dabei sah sie die junge Frau mit beinahe ungezogener Eindringlichkeit an.

Effi schwieg und wandte sich ungeduldig zur Seite.

»Bei manchem, sag' ich, ist es ganz leicht«, wiederholte Sidonie, die ihren Zweck erreicht hatte und deshalb ruhig lächelnd fortfuhr: »und zu diesen leichten Rätseln gehört unser Oberförster. Wer seine Kinder so erzieht, den beklag' ich, aber das *eine* Gute hat es, es liegt bei ihm alles klar da. Und wie bei ihm selbst, so bei den Töchtern. Cora geht nach Amerika und wird Millionärin oder Methodistenpredigerin; in jedem Fall ist sie verloren. Ich habe noch keine Vierzehnjährige gesehen...«

In diesem Augenblicke hielt der Schlitten, und als sich beide Damen umsahen, um in Erfahrung zu bringen, was es denn eigentlich sei, bemerkten sie, daß rechts von ihnen, in etwa dreißig Schritt Abstand, auch die beiden anderen Schlitten hielten – am weitesten nach rechts der von Innstetten geführte, näher heran der Crampassche.

»Was ist?« fragte Effi.

Kruse wandte sich halb herum und sagte: »Der Schloon, gnäd'ge Frau.«

»Der Schloon? Was ist das? Ich sehe nichts.«

Kruse wiegte den Kopf hin und her, wie wenn er ausdrükken wollte, daß die Frage leichter gestellt als beantwortet sei. Worin er auch recht hatte. Denn was der Schloon sei, das war nicht so mit drei Worten zu sagen. Kruse fand aber in seiner Verlegenheit alsbald Hülfe bei dem gnädigen Fräulein, das hier mit allem Bescheid wußte und natürlich auch mit dem Schloon.

»Ja, meine gnädigste Frau«, sagte Sidonie, »da steht es schlimm. Für mich hat es nicht viel auf sich, ich komme bequem durch; denn wenn erst die Wagen heran sind, die haben hohe Räder, und unsere Pferde sind außerdem daran gewöhnt. Aber mit solchem Schlitten ist es was anderes; die versinken im Schloon, und Sie werden wohl oder übel einen Umweg machen müssen.«

»Versinken! Ich bitte Sie, mein gnädigstes Fräulein, ich sehe noch immer nicht klar. Ist denn der Schloon ein Abgrund oder irgendwas, drin man mit Mann und Maus zugrunde gehen muß? Ich kann mir so was hierzulande gar nicht denken.«

»Und doch ist es so was, nur freilich im kleinen; dieser Schloon ist eigentlich bloß ein kümmerliches Rinnsaal, das hier rechts vom Gothener See her herunterkommt und sich durch die Dünen schleicht. Und im Sommer trocknet es mitunter ganz aus, und Sie fahren dann ruhig drüber hin und wissen es nicht einmal.«

»Und im Winter?«

»Ja, im Winter, da ist es was anderes; nicht immer, aber doch oft. Da wird es dann ein Sog.«

»Mein Gott, was sind das nur alles für Namen und Wörter!«

»... Da wird es ein Sog, und am stärksten immer dann, wenn der Wind nach dem Lande hin steht. Dann drückt der Wind das Meerwasser in das kleine Rinnsaal hinein, aber nicht so, daß man es sehen kann. Und das ist das Schlimmste von der Sache, darin steckt die eigentliche Gefahr. Alles geht nämlich unterirdisch vor sich, und der ganze Strandsand ist dann bis tief hinunter mit Wasser durchsetzt und gefüllt. Und wenn man dann über solche Sandstelle weg will, die keine mehr ist, dann sinkt man ein, als ob es ein Sumpf oder ein Moor wäre.«

»Das kenn' ich«, sagte Effi lebhaft. »Das ist wie in unsrem

Luch«, und inmitten all ihrer Ängstlichkeit wurde ihr mit einem Male ganz wehmütig freudig zu Sinn.

Während das Gespräch noch so ging und sich fortsetzte, war Crampas aus seinem Schlitten ausgestiegen und auf den am äußersten Flügel haltenden Gieshüblerschen zugeschritten, um hier mit Innstetten zu verabreden, was nun wohl eigentlich zu tun sei. Knut, so vermeldete er, wolle die Durchfahrt riskieren, aber Knut sei dumm und verstehe nichts von der Sache; nur solche, die hier zu Hause seien, müßten die Entscheidung treffen. Innstetten – sehr zu Crampas' Überraschung – war auch fürs »Riskieren«, es müsse durchaus noch mal versucht werden... er wisse schon, die Geschichte wiederhole sich jedesmal: die Leute hier hätten einen Aberglauben und vorweg eine Furcht, während es doch eigentlich wenig zu bedeuten habe. Nicht Knut, der wisse nicht Bescheid, wohl aber Kruse solle noch einmal einen Anlauf nehmen und Crampas derweilen bei den Damen einsteigen (ein kleiner Rücksitz sei ja noch da), um bei der Hand zu sein, wenn der Schlitten umkippe. Das sei doch schließlich das Schlimmste, was geschehen könne.

Mit dieser Innstettenschen Botschaft erschien jetzt Crampas bei den beiden Damen und nahm, als er lachend seinen Auftrag ausgeführt hatte, ganz nach empfangener Ordre den kleinen Sitzplatz ein, der eigentlich nichts als eine mit Tuch überzogene Leiste war, und rief Kruse zu: »Nun, vorwärts, Kruse.«

Dieser hatte denn auch die Pferde bereits um hundert Schritte zurückgezoppt und hoffte, scharf anfahrend, den Schlitten glücklich durchbringen zu können; im selben Augenblick aber, wo die Pferde den Schloon auch nur berührten, sanken sie bis über die Knöchel in den Sand ein, so daß sie nur mit Mühe nach rückwärts wieder heraus konnten.

»Es geht nicht«, sagte Crampas, und Kruse nickte.

Während sich dies abspielte, waren endlich auch die Kutschen herangekommen, die Grasenabbsche vorauf, und als Sidonie, nach kurzem Dank gegen Effi, sich verabschiedet und dem seine türkische Pfeife rauchenden Vater gegenüber ihren Rückplatz eingenommen hatte, ging es mit dem Wagen ohne weiteres auf den Schloon zu; die Pferde sanken tief ein, aber die Räder ließen alle Gefahr leicht überwinden, und ehe eine halbe Minute vorüber war, trabten auch schon die Grasenabbs drüben weiter. Die andern Kutschen folgten. Effi sah ihnen nicht ohne Neid nach. Indessen nicht lange, denn auch für die Schlittenfahrer war in der zwischenliegenden Zeit Rat geschafft worden, und zwar einfach dadurch, daß sich Innstetten entschlossen hatte, statt aller weiteren Forcierung das friedlichere Mittel eines Umwegs zu wählen. Also genau das, was Sidonie gleich anfangs in Sicht gestellt hatte. Vom rechten Flügel her klang des Landrats bestimmte Weisung herüber, vorläufig diesseits zu bleiben und ihm durch die Dünen hin bis an eine weiter hinauf gelegene Bohlenbrücke zu folgen. Als beide Kutscher, Knut und Kruse, so verständigt waren, trat der Major, der, um Sidonie zu helfen, gleichzeitig mit dieser ausgestiegen war, wieder an Effi heran und sagte: »Ich kann Sie nicht allein lassen, gnäd'ge Frau.«

Effi war einen Augenblick unschlüssig, rückte dann aber rasch von der einen Seite nach der anderen hinüber und Crampas nahm links neben ihr Platz.

All dies hätte vielleicht mißdeutet werden können, Crampas selbst aber war zu sehr Frauenkenner, um es sich bloß in Eitelkeit zurechtzulegen. Er sah deutlich, daß Effi nur tat, was, nach Lage der Sache, das einzig Richtige war. Es war unmöglich für sie, sich seine Gegenwart zu verbitten. Und so ging es denn im Fluge den beiden anderen Schlitten nach, immer dicht an dem Wasserlaufe hin, an dessen anderem Ufer dunkle Waldmassen aufragten. Effi sah hinüber und nahm an, daß schließlich an dem landeinwärts gelegenen Außenrande des Waldes hin die Weiterfahrt gehen würde, genau also *den* Weg entlang, auf dem man in früher Nachmittagsstunde gekommen war. Innstetten aber hatte sich inzwischen einen andern Plan gemacht, und im selben Augenblicke, wo sein Schlitten die Bohlenbrücke passierte, bog er, statt den Außenweg zu wählen, in einen schmaleren Weg ein, der mitten durch die dichte Waldmasse hindurchführte. Effi schrak zusammen. Bis dahin waren Luft und Licht um sie her gewesen, aber jetzt war es damit vorbei, und die dunklen Kronen wölbten sich über ihr. Ein Zittern überkam sie, und sie schob die Finger fest ineinander, um sich einen Halt zu geben. Gedanken und

Bilder jagten sich, und eines dieser Bilder war das Mütterchen in dem Gedichte, das die »Gottesmauer« hieß, und wie das Mütterchen, so betete auch sie jetzt, daß Gott eine Mauer um sie her bauen möge. Zwei, drei Male kam es auch über ihre Lippen, aber mit einemmal fühlte sie, daß es tote Worte waren. Sie fürchtete sich und war doch zugleich wie in einem Zauberbann und wollte auch nicht heraus.

»Effi«, klang es jetzt leis an ihr Ohr, und sie hörte, daß seine Stimme zitterte. Dann nahm er ihre Hand und löste die Finger, die sie noch immer geschlossen hielt, und überdeckte sie mit heißen Küssen. Es war ihr, als wandle sie eine Ohnmacht an.

Als sie die Augen wieder öffnete, war man aus dem Walde heraus, und in geringer Entfernung vor sich hörte sie das Geläut der voraufeilenden Schlitten. Immer vernehmlicher klang es, und als man, dicht vor Utpatels Mühle, von den Dünen her in die Stadt einbog, lagen rechts die kleinen Häuser mit ihren Schneedächern neben ihnen.

Effi blickte sich um, und im nächsten Augenblicke hielt der Schlitten vor dem landrätlichen Hause.

ZWANZIGSTES KAPITEL

Innstetten, der Effi, als er sie aus dem Schlitten hob, scharf beobachtet, aber doch ein Sprechen über die sonderbare Fahrt zu zweien vermieden hatte, war am anderen Morgen früh auf und suchte seiner Verstimmung, die noch nachwirkte, so gut es ging Herr zu werden.

»Du hast gut geschlafen?« sagte er, als Effi zum Frühstück kam.

»Ja.«

»Wohl dir. Ich kann dasselbe von mir nicht sagen. Ich träumte, daß du mit dem Schlitten im Schloon verunglückt seist, und Crampas mühte sich, dich zu retten; ich muß es so nennen, aber er versank mit dir.«

»Du sprichst das alles so sonderbar, Geert. Es verbirgt sich ein Vorwurf dahinter, und ich ahne weshalb.«

»Sehr merkwürdig.«

»Du bist nicht einverstanden damit, daß Crampas kam und uns seine Hülfe anbot.«

»Uns?«

»Ja, uns. Sidonien und mir. Du mußt durchaus vergessen haben, daß der Major in deinem Auftrage kam. Und als er mir erst gegenüber saß, beiläufig jämmerlich genug auf der elenden schmalen Leiste, sollte ich ihn da ausweisen, als die Grasenabbs kamen und mit einem Male die Fahrt weiter ging? Ich hätte mich lächerlich gemacht, und dagegen bist du doch so empfindlich. Erinnere dich, daß wir unter deiner Zustimmung viele Male gemeinschaftlich spazierengeritten sind, und nun sollte ich nicht gemeinschaftlich mit ihm fahren? Es ist falsch, so hieß es bei uns zu Haus, einem Edelmanne Mißtrauen zu zeigen.«

»Einem Edelmanne«, sagte Innstetten mit Betonung.

»Ist er keiner? Du hast ihn selbst einen Kavalier genannt, sogar einen perfekten Kavalier.«

»Ja«, fuhr Innstetten fort und seine Stimme wurde freundlicher, trotzdem ein leiser Spott noch darin nachklang. »Kavalier, das ist er, und ein perfekter Kavalier, das ist er nun schon ganz gewiß. Aber Edelmann! Meine liebe Effi, ein Edelmann sieht anders aus. Hast du schon etwas Edles an ihm bemerkt? Ich nicht.«

Effi sah vor sich hin und schwieg.

»Es scheint, wir sind gleicher Meinung. Im übrigen, wie du schon sagtest, ich bin selber schuld; von einem Fauxpas mag ich nicht sprechen, das ist in diesem Zusammenhange kein gutes Wort. Also selber schuld, und es soll nicht wieder vorkommen, so weit ich's hindern kann. Aber auch du, wenn ich dir raten darf, sei auf deiner Hut. Er ist ein Mann der Rücksichtslosigkeiten und hat so seine Ansichten über junge Frauen. Ich kenne ihn von früher.«

»Ich werde mir deine Worte gesagt sein lassen. Nur soviel, ich glaube, du verkennst ihn.«

»Ich verkenne ihn *nicht*.«

»Oder mich«, sagte sie mit einer Kraftanstrengung und versuchte seinem Blicke zu begegnen.

»Auch *dich* nicht, meine liebe Effi. Du bist eine reizende kleine Frau, aber Festigkeit ist nicht eben deine Spezialität.«

Er erhob sich, um zu gehen. Als er bis an die Tür gegangen war, trat Friedrich ein, um ein Gieshüblersches Billet abzugeben, das natürlich an die gnädige Frau gerichtet war.

Effi nahm es. »Eine Geheimkorrespondenz mit Gieshübler«, sagte sie; »Stoff zu neuer Eifersucht für meinen gestrengen Herrn. Oder nicht?«

»Nein, nicht ganz, meine liebe Effi. Ich begehe die Torheit, zwischen Crampas und Gieshübler einen Unterschied zu machen. Sie sind sozusagen nicht von gleichem Karat; nach Karat berechnet man nämlich den reinen Goldeswert, unter Umständen auch der Menschen. Mir persönlich, um auch das noch zu sagen, ist Gieshüblers weißes Jabot, trotzdem kein Mensch mehr Jabots trägt, erheblich lieber als Crampas' rotblonder Sappeurbart. Aber ich bezweifle, daß dies weiblicher Geschmack ist.«

»Du hältst uns für schwächer, als wir sind.«

»Eine Tröstung von praktisch außerordentlicher Geringfügigkeit. Aber lassen wir das. Lies lieber.«

Und Effi las: »Darf ich mich nach der gnäd'gen Frau Befinden erkundigen? Ich weiß nur, daß Sie dem Schloon glücklich entronnen sind: aber es blieb auch durch den Wald immer noch Fährlichkeit genug. Eben kommt Dr. Hannemann von Uvagla zurück und beruhigt mich über Mirambo; gestern habe er die Sache für bedenklicher angesehen, als er uns habe sagen wollen, heute nicht mehr. Es war eine reizende Fahrt. – In drei Tagen feiern wir Silvester. Auf eine Festlichkeit, wie die vorjährige, müssen wir verzichten; aber einen Ball haben wir natürlich, und Sie erscheinen zu sehen würde die Tanzwelt beglücken und nicht am wenigsten Ihren respektvollst ergebenen Alonzo G.«

Effi lachte. »Nun, was sagst du?«

»Nach wie vor nur das eine, daß ich dich lieber mit Gieshübler als mit Crampas sehe.«

»Weil du den Crampas zu schwer und den Gieshübler zu leicht nimmst.«

Innstetten drohte ihr scherzhaft mit dem Finger.

Drei Tage später war Silvester. Effi erschien in einer reizenden Balltoilette, einem Geschenk, das ihr der Weihnachtstisch gebracht hatte; sie tanzte aber nicht, sondern nahm ihren Platz bei den alten Damen, für die, ganz in der Nähe der Musikempore, die Fauteuils gestellt waren. Von den adligen Familien, mit denen Innstettens vorzugsweise verkehrten, war niemand da, weil kurz vorher ein kleines Zerwürfnis mit dem städtischen Ressourcenvorstand, der, namentlich seitens des alten Güldenklee, mal wieder »destruktiver Tendenzen« beschuldigt worden war, stattgefunden hatte; drei, vier andere adlige Familien aber, die nicht Mitglieder der Ressource, sondern immer nur geladene Gäste waren und deren Güter an der anderen Seite der Kessine lagen, waren aus zum Teil weiter Entfernung über das Flußeis gekommen und freuten sich, an dem Feste teilnehmen zu können. Effi saß zwischen der alten Ritterschaftsrätin von Padden und einer etwas jüngeren Frau von Titzewitz. Die Ritterschaftsrätin, eine vorzügliche alte Dame, war in allen Stücken ein Original und suchte das, was die Natur, besonders durch starke Backenknochenbildung, nach der wendisch-heidnischen Seite hin für sie getan hatte, durch christlich-germanische Glaubensstrenge wieder in Ausgleich zu bringen. In dieser Strenge ging sie so weit, daß selbst Sidonie von Grasenabb eine Art esprit fort neben ihr war, wogegen sie freilich – vielleicht weil sich die Radegaster und die Swantowiter Linie des Hauses in ihr vereinigten – über jenen alten Paddenhumor verfügte, der, von langer Zeit her, wie ein Segen auf der Familie ruhte und jeden, der mit derselben in Berührung kam, auch wenn es Gegner in Politik und Kirche waren, herzlich erfreute.

»Nun, Kind«, sagte die Ritterschaftsrätin, »wie geht es Ihnen denn eigentlich?«

»Gut, gnädigste Frau; ich habe einen sehr ausgezeichneten Mann.«

»Weiß ich. Aber das hilft nicht immer. Ich hatte auch einen ausgezeichneten Mann. Wie steht es hier? Keine Anfechtungen?«

Effi erschrak und war zugleich wie gerührt. Es lag etwas ungemein Erquickliches in dem freien und natürlichen Ton, in dem die alte Dame sprach, und daß es eine so fromme Frau war, das machte die Sache nur noch erquicklicher.

»Ach, gnädigste Frau...«

»Da kommt es schon. Ich kenne das. Immer dasselbe. Darin ändern die Zeiten nichts. Und vielleicht ist es auch recht gut so. Denn worauf es ankommt, meine liebe junge Frau, das ist das Kämpfen. Man muß immer ringen mit dem natürlichen Menschen. Und wenn man sich dann so unter hat und beinah schreien möchte, weil's weh tut, dann jubeln die lieben Engel!«

»Ach, gnädigste Frau. Es ist oft recht schwer.«

»Freilich ist es schwer. Aber je schwerer, desto besser. Darüber müssen Sie sich freuen. Das mit dem Fleisch, das bleibt, und ich habe Enkel und Enkelinnen, da seh' ich es jeden Tag. Aber im Glauben sich unterkriegen, meine liebe Frau, darauf kommt es an, das ist das Wahre. Das hat uns unser alter Martin Luther zur Erkenntnis gebracht, der Gottesmann. Kennen Sie seine Tischreden?«

»Nein, gnädigste Frau.«

»Die werde ich Ihnen schicken.«

In diesem Augenblicke trat Major Crampas an Effi heran und bat, sich nach ihrem Befinden erkundigen zu dürfen. Effi war wie mit Blut übergossen, aber ehe sie noch antworten konnte, sagte Crampas: »Darf ich Sie bitten, gnädigste Frau, mich den Damen vorstellen zu wollen?«

Effi nannte nun Crampas' Namen, der seinerseits schon vorher vollkommen orientiert war und in leichtem Geplauder alle Paddens und Titzewitze, von denen er je gehört hatte, Revue passieren ließ. Zugleich entschuldigte er sich, den Herrschaften jenseits der Kessine noch immer nicht seinen Besuch gemacht und seine Frau vorgestellt zu haben; »aber es sei sonderbar, welche trennende Macht das Wasser habe. Es sei dasselbe wie mit dem Canal La Manche...«

»Wie?« fragte die alte Titzewitz.

Crampas seinerseits hielt es für unangebracht, Aufklärungen zu geben, die doch zu nichts geführt haben würden, und fuhr fort: »Auf zwanzig Deutsche, die nach Frankreich gehen, kommt noch nicht einer, der nach England geht. Das macht das Wasser; ich wiederhole, das Wasser hat eine scheidende Kraft.«

Frau von Padden, die darin mit feinem Instinkt etwas Anzügliches witterte, wollte für das Wasser eintreten, Crampas aber sprach mit immer wachsendem Redefluß weiter und lenkte die Aufmerksamkeit der Damen auf ein schönes Fräulein von Stojentin, »das ohne Zweifel die Ballkönigin« sei, wobei sein Blick übrigens Effi bewundernd streifte. Dann empfahl er sich rasch unter Verbeugung gegen alle drei.

»Schöner Mann«, sagte die Padden. »Verkehrt er in Ihrem Hause?«

»Flüchtig.«

»Wirklich«, wiederholte die Padden, »ein schöner Mann. Ein bißchen zu sicher. Und Hochmut kommt vor dem Fall... Aber sehen Sie nur, da tritt er wirklich mit der Grete Stojentin an. Eigentlich ist er doch zu alt; wenigstens Mitte vierzig.«

»Er wird vierundvierzig.«

»Ei, ei, Sie scheinen ihn ja gut zu kennen.«

Es kam Effi sehr zupaß, daß das neue Jahr, gleich in seinem Anfang, allerlei Aufregungen brachte. Seit Silvesternacht ging ein scharfer Nordost, der sich in den nächsten Tagen fast bis zum Sturm steigerte, und am 3. Januar nachmittags hieß es, daß ein Schiff draußen mit der Einfahrt nicht zustande gekommen und hundert Schritt vor der Mole gescheitert sei; es sei ein englisches, von Sunderland her, und soweit sich erkennen lasse, sieben Mann an Bord; die Lotsen könnten beim Ausfahren, trotz aller Anstrengung, nicht um die Mole herum, und vom Strande aus ein Boot abzulassen, daran sei nun vollends nicht zu denken, die Brandung sei viel zu stark. Das klang traurig genug. Aber Johanna, die die Nachricht brachte, hatte doch auch Trost bei der Hand: Konsul Eschrich, mit dem Rettungsapparat und der Raketenbatterie, sei schon unterwegs, und es würde gewiß glücken; die Entfernung sei nicht voll so weit wie Anno 75, wo's doch auch gegangen, und sie hätten damals sogar den Pudel mit gerettet, und es wäre ordentlich rührend gewesen, wie sich das Tier gefreut und die Kapitänsfrau und das liebe, kleine Kind, nicht viel größer als Anniechen, immer wieder mit seiner roten Zunge geleckt habe.

»Geert, da muß ich mit hinaus, das muß ich sehen«, hatte

Effi sofort erklärt, und beide waren aufgebrochen, um nicht zu spät zu kommen, und hatten denn auch den rechten Moment abgepaßt; denn im Augenblick, als sie, von der Plantage her, den Strand erreichten, fiel der erste Schuß, und sie sahen ganz deutlich, wie die Rakete mit dem Fangseil unter dem Sturmgewölk hinflog und über das Schiff weg jenseits niederfiel. Alle Hände regten sich sofort an Bord, und nun holten sie, mit Hülfe der kleinen Leine, das dickere Tau samt dem Korb heran, und nicht lange, so kam der Korb in einer Art Kreislauf wieder zurück, und einer der Matrosen, ein schlanker, bildhübscher Mensch mit einer wachsleinenen Kappe, war geborgen an Land und wurde neugierig ausgefragt, während der Korb aufs neue seinen Weg machte, zunächst den zweiten und dann den dritten heranzuholen und so fort. Alle wurden gerettet, und Effi hätte sich, als sie nach einer halben Stunde mit ihrem Manne wieder heim ging, in die Dünen werfen und sich ausweinen mögen. Ein schönes Gefühl hatte wieder Platz in ihrem Herzen gefunden, und es beglückte sie unendlich, daß es so war.

Das war am 3. gewesen. Schon am 5. kam ihr eine neue Aufregung, freilich ganz anderer Art. Innstetten hatte Gieshübler, der natürlich auch Stadtrat und Magistratsmitglied war, beim Herauskommen aus dem Rathause getroffen und im Gespräche mit ihm erfahren, daß seitens des Kriegsministeriums angefragt worden sei, wie sich die Stadtbehörden eventuell zur Garnisonsfrage zu stellen gedächten. Bei nötigem Entgegenkommen, also bei Bereitwilligkeit zu Stall- und Kasernenbauten, könnten ihnen zwei Schwadronen Husaren zugesagt werden. »Nun, Effi, was sagst du dazu?« – Effi war wie benommen. All das unschuldige Glück ihrer Kinderjahre stand mit einem Male wieder vor ihrer Seele, und im Augenblick war es ihr, als ob rote Husaren – denn es waren auch rote wie daheim in Hohen-Cremmen – so recht eigentlich die Hüter von Paradies und Unschuld seien. Und dabei schwieg sie noch immer.

»Du sagst ja nichts, Effi.«

»Ja, sonderbar, Geert. Aber es beglückt mich so, daß ich vor Freude nichts sagen kann. Wird es denn auch sein? Werden sie denn auch kommen?«

»Damit hat's freilich noch gute Wege, ja, Gieshübler meinte sogar, die Väter der Stadt, seine Kollegen, verdienten es gar nicht. Statt einfach über die Ehre, und wenn nicht über die Ehre, so doch wenigstens über den Vorteil einig und glücklich zu sein, wären sie mit allerlei ›Wenns‹ und ›Abers‹ gekommen und hätten geknausert wegen der neuen Bauten; ja, Pfefferküchler Michelsen habe sogar gesagt, es verderbe die Sitten der Stadt, und wer eine Tochter habe, der möge sich vorsehen und Gitterfenster anschaffen.«

»Es ist nicht zu glauben. Ich habe nie manierlichere Leute gesehen als unsere Husaren; wirklich, Geert. Nun, du weißt es ja selbst. Und nun will dieser Michelsen alles vergittern. Hat er denn Töchter?«

»Gewiß; sogar drei. Aber sie sind sämtlich hors concours.«

Effi lachte so herzlich, wie sie seit lange nicht mehr gelacht hatte. Doch es war von keiner Dauer, und als Innstetten ging und sie allein ließ, setzte sie sich an die Wiege des Kindes, und ihre Tränen fielen auf die Kissen. Es brach wieder über sie herein, und sie fühlte, daß sie wie eine Gefangene sei und nicht mehr heraus könne.

Sie litt schwer darunter und wollte sich befreien. Aber wiewohl sie starker Empfindungen fähig war, so war sie doch keine starke Natur; ihr fehlte die Nachhaltigkeit, und alle guten Anwandlungen gingen wieder vorüber. So trieb sie denn weiter, heute, weil sie's nicht ändern konnte, morgen, weil sie's nicht ändern wollte. Das Verbotene, das Geheimnisvolle hatte seine Macht über sie.

So kam es, daß sie sich, von Natur frei und offen, in ein verstecktes Komödienspiel mehr und mehr hineinlebte. Mitunter erschrak sie, wie leicht es ihr wurde. Nur in einem blieb sie sich gleich: sie sah alles klar und beschönigte nichts. Einmal trat sie spät abends vor den Spiegel in ihrer Schlafstube; die Lichter und Schatten flogen hin und her, und Rollo schlug draußen an, und im selben Augenblicke war es ihr, als sähe ihr wer über die Schulter. Aber sie besann sich rasch. »Ich weiß schon, was es ist; es war nicht *der*«, und sie wies mit dem Finger nach dem Spukzimmer oben. »Es war was anderes... mein Gewissen... Effi, du bist verloren.«

Es ging aber doch weiter so, die Kugel war im Rollen, und was an einem Tage geschah, machte das Tun des andern zur Notwendigkeit.

Um die Mitte des Monats kamen Einladungen aufs Land. Über die dabei innezuhaltende Reihenfolge hatten sich die vier Familien, mit denen Innstettens vorzugsweise verkehrten, geeinigt: die Borckes sollten beginnen, die Flemmings und Grasenabbs folgten, die Güldenklees schlossen ab. Immer eine Woche dazwischen. Alle vier Einladungen kamen am selben Tage; sie sollten ersichtlich den Eindruck des Ordentlichen und Wohlerwogenen machen, auch wohl den einer besonderen freundschaftlichen Zusammengehörigkeit.

»Ich werde nicht dabei sein, Geert, und du mußt mich der Kur halber, in der ich nun seit Wochen stehe, von vornherein entschuldigen.«

Innstetten lachte. »Kur. Ich soll es auf die Kur schieben. Das ist das Vorgebliche; das Eigentliche heißt: du willst nicht.«

»Nein, es ist doch mehr Ehrlichkeit dabei, als du zugeben willst. Du hast selbst gewollt, daß ich den Doktor zu Rate ziehe. Das hab' ich getan, und nun muß ich doch seinem Rate folgen. Der gute Doktor, er hält mich für bleichsüchtig, sonderbar genug, und du weißt, daß ich jeden Tag von dem Eisenwasser trinke. Wenn du dir ein Borckesches Diner dazu vorstellst, vielleicht mit Preßkopf und Aal in Aspik, so mußt du den Eindruck haben, es wäre mein Tod. Und so wirst du dich doch zu deiner Effi nicht stellen wollen. Freilich mitunter ist es mir...«

»Ich bitte dich, Effi...«

»...Übrigens freu' ich mich, und das ist das einzige Gute dabei, dich jedesmal, wenn du fährst, eine Strecke Wegs begleiten zu können, bis an die Mühle gewiß oder bis an den Kirchhof oder auch bis an die Waldecke, da, wo der Morgnitzer Querweg einmündet. Und dann steig' ich ab und schlendere wieder zurück. In den Dünen ist es immer am schönsten.«

Innstetten war einverstanden, und als drei Tage später der Wagen vorfuhr, stieg Effi mit auf und gab ihrem Manne das Geleit bis an die Waldecke. »Hier laß halten, Geert. Du fährst nun links weiter, ich gehe rechts bis an den Strand und durch die Plantage zurück. Es ist etwas weit, aber doch nicht zu weit. Doktor Hannemann sagt mir jeden Tag, Bewegung sei alles, Bewegung und frische Luft. Und ich glaube beinah, daß er recht hat. Empfiehl mich all den Herrschaften; nur bei Sidonie kannst du schweigen.«

Die Fahrten, auf denen Effi ihren Gatten bis an die Waldecke begleitete, wiederholten sich allwöchentlich; aber auch in der zwischenliegenden Zeit hielt Effi darauf, daß sie der ärztlichen Verordnung streng nachkam. Es verging kein Tag, wo sie nicht ihren vorgeschriebenen Spaziergang gemacht hätte, meist nachmittags, wenn sich Innstetten in seine Zeitungen zu vertiefen begann. Das Wetter war schön, eine milde, frische Luft, der Himmel bedeckt. Sie ging in der Regel allein und sagte zu Roswitha: »Roswitha, ich gehe nun also die Chaussee hinunter und dann rechts an den Platz mit dem Karussell; da will ich auf dich warten, da hole mich ab. Und dann gehen wir durch die Birkenallee oder durch die Reeperbahn wieder zurück. Aber komme nur, wenn Annie schläft. Und wenn sie nicht schläft, so schicke Johanna. Oder laß es lieber ganz; es ist nicht nötig, ich finde mich schon zurecht.«

Den ersten Tag, als es so verabredet war, trafen sie sich auch wirklich. Effi saß auf einer an einem langen Holzschuppen sich hinziehenden Bank und sah nach einem niedrigen Fachwerkhause hinüber, gelb mit schwarzgestrichenen Balken, einer Wirtschaft für kleine Bürger, die hier ihr Glas Bier tranken oder Solo spielten. Es dunkelte noch kaum, die Fenster aber waren schon hell, und ihr Lichtschimmer fiel auf die Schneemassen und etliche zur Seite stehende Bäume. »Sieh, Roswitha, wie schön das aussieht.«

Ein paar Tage wiederholte sich das. Meist aber, wenn Roswitha bei dem Karussell und dem Holzschuppen ankam, war niemand da, und wenn sie dann zurückkam und in den Hausflur eintrat, kam ihr Effi schon entgegen und sagte: »Wo du nur bleibst, Roswitha, ich bin schon lange wieder hier.«

In dieser Art ging es durch Wochen hin. Das mit den Husaren hatte sich wegen der Schwierigkeiten, die die Bürgerschaft machte, so gut wie zerschlagen; aber da die Verhandlungen noch nicht geradezu abgeschlossen waren und neuerdings durch eine andere Behörde, das Generalkommando, gingen, so war Crampas nach Stettin berufen worden, wo man seine Meinung in dieser Angelegenheit hören wollte. Von dort schrieb er den zweiten Tag an Innstetten: »Pardon, Innstetten, daß ich mich auf französisch empfohlen. Es kam alles so schnell. Ich werde übrigens die Sache hinauszuspinnen suchen, denn man ist froh, einmal draußen zu sein. Empfehlen Sie mich der gnädigen Frau, meiner liebenswürdigen Gönnerin.«

Er las es Effi vor. Diese blieb ruhig. Endlich sagte sie: »Es ist recht gut so.«

»Wie meinst du das?«

»Daß er fort ist. Er sagt eigentlich immer dasselbe. Wenn er wieder da ist, wird er wenigstens vorübergehend was Neues zu sagen haben.«

Innstettens Blick flog scharf über sie hin. Aber er sah nichts, und sein Verdacht beruhigte sich wieder. »Ich will auch fort«, sagte er nach einer Weile, »sogar nach Berlin; vielleicht kann ich dann, wie Crampas, auch mal was Neues mitbringen. Meine liebe Effi will immer gern was Neues hören; sie langweilt sich in unserm guten Kessin. Ich werde gegen acht Tage fort sein, vielleicht noch einen Tag länger. Und ängstige dich nicht ... es wird ja wohl nicht wiederkommen ... du weißt schon, das da oben ... Und wenn doch, du hast ja Rollo und Roswitha.«

Effi lächelte vor sich hin, und es mischte sich etwas von Wehmut mit ein. Sie mußte des Tages gedenken, wo Crampas ihr zum ersten Male gesagt hatte, daß er mit dem Spuk und ihrer Furcht eine Komödie spiele. Der große Erzieher! Aber hatte er nicht recht? War die Komödie nicht am Platz? Und allerhand Widerstreitendes, Gutes und Böses, ging ihr durch den Kopf.

Den dritten Tag reiste Innstetten ab.

Über das, was er in Berlin vorhabe, hatte er nichts gesagt.

EINUNDZWANZIGSTES KAPITEL

Innstetten war erst vier Tage fort, als Crampas von Stettin wieder eintraf und die Nachricht brachte, man hätte höheren Orts die Absicht, zwei Schwadronen nach Kessin zu legen, endgültig fallen lassen; es gäbe so viele kleine Städte, die sich um eine Kavalleriegarnison, und nun gar um Blüchersche Husaren, bewürben, daß man gewohnt sei, bei solchem Anerbieten einem herzlichen Entgegenkommen, aber nicht einem zögernden zu begegnen. Als Crampas dies mitteilte, machte der Magistrat ein ziemlich verlegenes Gesicht; nur Gieshübler, weil er der Philisterei seiner Kollegen eine Niederlage gönnte, triumphierte. Seitens der kleinen Leute griff beim Bekanntwerden der Nachricht eine gewisse Verstimmung Platz, ja selbst einige Konsuls mit Töchtern waren momentan unzufrieden; im ganzen aber kam man rasch über die Sache hin, vielleicht weil die nebenherlaufende Frage, »was Innstetten in Berlin vorhabe«, die Kessiner Bevölkerung oder doch wenigstens die Honoratiorenschaft der Stadt mehr interessierte. Diese wollte den überaus wohl gelittenen Landrat nicht gern verlieren, und doch gingen darüber ganz ausschweifende Gerüchte, die von Gieshübler, wenn er nicht ihr Erfinder war, wenigstens genährt und weiterverbreitet wurden. Unter anderem hieß es, Innstetten würde als Führer einer Gesandtschaft nach Marokko gehen, und zwar mit Geschenken, unter denen nicht bloß die herkömmliche Vase mit Sanssouci und dem Neuen Palais, sondern vor allem auch eine große Eismaschine sei. Das letztere erschien, mit Rücksicht auf die marokkanischen Temperaturverhältnisse, so wahrscheinlich, daß das Ganze geglaubt wurde.

Effi hörte auch davon. Die Tage, wo sie sich darüber erheitert hätte, lagen noch nicht allzuweit zurück; aber in der Seelenstimmung, in der sie sich seit Schluß des Jahres befand, war sie nicht mehr fähig, unbefangen und ausgelassen über derlei Dinge zu lachen. Ihre Gesichtszüge hatten einen ganz anderen Ausdruck angenommen, und das halb rührend, halb schelmisch Kindliche, was sie noch als Frau gehabt hatte, war hin. Die Spaziergänge nach dem Strand und der Plantage, die sie, während Crampas in Stettin war, aufgegeben hatte, nahm sie nach seiner Rückkehr wieder auf und ließ sich auch durch ungünstige Witterung nicht davon abhalten. Es wurde wie früher bestimmt, daß ihr Roswitha bis an den Ausgang der Reeperbahn oder bis in die Nähe des Kirchhofs entgegenkommen solle, sie verfehlten sich aber noch häufiger als früher. »Ich könnte dich schelten, Roswitha, daß du mich nie findest. Aber es hat nichts auf sich; ich ängstige mich nicht mehr, auch nicht einmal am Kirchhof, und im Walde bin ich noch keiner Menschenseele begegnet.«

Es war am Tage vor Innstettens Rückkehr von Berlin, daß Effi das sagte. Roswitha machte nicht viel davon und beschäftigte sich lieber damit, Girlanden über den Türen anzubringen; auch der Haifisch bekam einen Fichtenzweig und sah noch merkwürdiger aus als gewöhnlich. Effi sagte: »Das ist recht, Roswitha; er wird sich freuen über all das Grün, wenn er morgen wieder da ist. Ob ich heute wohl noch gehe? Doktor Hannemann besteht darauf und meint in einem fort, ich nähme es nicht ernst genug, sonst müßte ich besser aussehen; ich habe aber keine rechte Lust heut', es nieselt und der Himmel ist so grau.«

»Ich werde der gnäd'gen Frau den Regenmantel bringen.«

»Das tu! Aber komme heute nicht nach, wir treffen uns ja doch nicht«, und sie lachte. »Wirklich, du bist gar nicht findig, Roswitha. Und ich mag nicht, daß du dich erkältest und alles um nichts.«

Roswitha blieb denn auch zu Haus, und weil Annie schlief, ging sie zu Kruses, um mit der Frau zu plaudern. »Liebe Frau Kruse«, sagte sie, »Sie wollten mir ja das mit dem Chinesen noch erzählen. Gestern kam die Johanna dazwischen, die tut immer so vornehm, für die ist so was nicht. Ich glaube aber doch, daß es was gewesen ist, ich meine mit dem Chinesen und mit Thomsens Nichte, wenn es nicht seine Enkelin war.«

Die Kruse nickte.

»Entweder«, fuhr Roswitha fort, »war es eine unglückliche Liebe« (die Kruse nickte wieder), »oder es kann auch eine glückliche gewesen sein und der Chinese konnte es bloß nicht aushalten, daß es alles mit einem Mal so wieder vorbei sein sollte. Denn die Chinesen sind doch auch Menschen, und es wird wohl alles ebenso mit ihnen sein wie mit uns.«

»Alles«, versicherte die Kruse und wollte dies eben durch ihre Geschichte bestätigen, als ihr Mann eintrat und sagte: »Mutter, du könntest mir die Flasche mit dem Lederlack geben, ich muß doch das Sielenzeug blank haben, wenn der Herr morgen wieder da ist; der sieht alles, und wenn er auch nichts sagt, so merkt man doch, daß er's gesehen hat.«

»Ich bring' es Ihnen raus, Kruse«, sagte Roswitha. »Ihre Frau will mir bloß noch was erzählen; aber es is gleich aus, und dann komm' ich und bring' es.«

Roswitha, die Flasche mit dem Lack in der Hand, kam denn auch ein paar Minuten danach auf den Hof hinaus und stellte sich neben das Sielenzeug, das Kruse eben über den Gartenzaun gelegt hatte. »Gott«, sagte er, während er ihr die Flasche aus der Hand nahm, »viel hilft es ja nicht, es nieselt in einem weg, und die Blänke vergeht doch wieder. Aber ich denke, alles muß seine Ordnung haben.«

»Das muß es. Und dann, Kruse, es ist ja doch auch ein richtiger Lack, das kann ich gleich sehen, und was ein richtiger Lack ist, der klebt nicht lange, der muß gleich trocknen. Und wenn es dann morgen nebelt oder naß fällt, dann schadet es nich mehr. Aber das muß ich doch sagen, das mit dem Chinesen is eine merkwürdige Geschichte.«

Kruse lachte. »Unsinn is es, Roswitha. Und meine Frau, statt aufs Richtige zu sehen, erzählt immer so was, un wenn ich ein reines Hemd anziehen will, fehlt ein Knopp. Un so is es nu schon, solange wir hier sind. Sie hat immer bloß solche Geschichten in ihrem Kopp und dazu das schwarze Huhn. Un das schwarze Huhn legt nich mal Eier. Un am Ende, wovon soll es auch Eier legen? Es kommt ja nich raus und vons bloße Kikeriki kann doch so was nich kommen. Das is von keinem Huhn nich zu verlangen.«

»Hören Sie, Kruse, das werde ich Ihrer Frau wieder erzählen. Ich habe Sie immer für einen anständigen Menschen gehalten, und nun sagen Sie so was wie das da von Kikeriki. Die Mannsleute sind doch immer noch schlimmer, als man denkt. Un eigentlich müßt' ich nu gleich den Pinsel hier nehmen und Ihnen einen schwarzen Schnurrbart anmalen.«

»Nu von Ihnen, Roswitha, kann man sich das schon gefallen lassen«, und Kruse, der meist den Würdigen spielte, schien in einen mehr und mehr schäkrigen Ton übergehen zu wollen, als er plötzlich der gnädigen Frau ansichtig wurde, die heute von der anderen Seite der Plantage herkam und in ebendiesem Augenblicke den Gartenzaun passierte.

»Guten Tag, Roswitha, du bist ja so ausgelassen. Was macht denn Annie?«

»Sie schläft, gnäd'ge Frau.«

Aber Roswitha, als sie das sagte, war doch rot geworden und ging, rasch abbrechend, auf das Haus zu, um der gnädigen Frau beim Umkleiden behülflich zu sein. Denn ob Johanna da war, das war die Frage. Die steckte jetzt viel auf dem »Amt« drüben, weil es zu Haus weniger zu tun gab, und Friedrich und Christel waren ihr zu langweilig und wußten nie was.

Annie schlief noch. Effi beugte sich über die Wiege, ließ sich dann Hut und Regenmantel abnehmen und setzte sich auf das kleine Sofa in ihrer Schlafstube. Das feuchte Haar strich sie langsam zurück, legte die Füße auf einen niedrigen Stuhl, den Roswitha herangeschoben, und sagte, während sie sichtlich das Ruhebehagen nach einem ziemlich langen Spaziergange genoß: »Ich muß dich darauf aufmerksam machen, Roswitha, daß Kruse verheiratet ist.«

»Ich weiß, gnäd'ge Frau.«

»Ja, was weiß man nicht alles und handelt doch, als ob man es *nicht* wüßte. Das kann nie was werden.«

»Es soll ja auch nichts werden, gnäd'ge Frau...«

»Denn wenn du denkst, sie sei krank, da machst du die Rechnung ohne den Wirt. Die Kranken leben am längsten. Und dann hat sie das schwarze Huhn. Vor dem hüte dich, das weiß alles und plaudert alles aus. Ich weiß nicht, ich habe einen Schauder davor. Und ich wette, daß das alles da oben mit dem Huhn zusammenhängt.«

»Ach, das glaub' ich nicht. Aber schrecklich ist es doch. Und Kruse, der immer gegen seine Frau ist, kann es mir nicht ausreden.«

»Was sagte der?«

»Er sagte, es seien bloß Mäuse.«

»Nun, Mäuse, das ist auch gerade schlimm genug. Ich kann

keine Mäuse leiden. Aber ich sah ja deutlich, wie du mit dem Kruse schwatztest und vertraulich tatest, und ich glaube sogar, du wolltest ihm einen Schnurrbart anmalen. Das ist doch schon sehr viel. Und nachher sitzest du da. Du bist ja noch eine schmucke Person und hast so was. Aber sieh dich vor, soviel kann ich dir bloß sagen. Wie war es denn eigentlich das erstemal mit dir? Ist es so, daß du mir's erzählen kannst?«

»Ach, ich kann schon. Aber schrecklich war es. Und weil es so schrecklich war, drum können gnäd'ge Frau auch ganz ruhig sein, von wegen dem Kruse. Wem es so gegangen ist wie mir, der hat genug davon und paßt auf. Mitunter träume ich noch davon, und dann bin ich den andern Tag wie zerschlagen. Solche grausame Angst...«

Effi hatte sich aufgerichtet und stützte den Kopf auf ihren Arm. »Nun erzähle. Wie kann es denn gewesen sein? Es ist ja mit euch, das weiß ich noch von Hause her, immer dieselbe Geschichte...«

»Ja, zuerst is es wohl immer dasselbe, und ich will mir auch nicht einbilden, daß es mit mir was Besonderes war, ganz und gar nicht. Aber wie sie's mir dann auf den Kopf zusagten und ich mit einem Male sagen mußte: ›ja, es ist so‹, ja, das war schrecklich. Die Mutter, na, das ging noch, aber der Vater, der die Dorfschmiede hatte, der war streng und wütend, und als er's hörte, da kam er mit einer Stange auf mich los, die er eben aus dem Feuer genommen hatte, und wollte mich umbringen. Und ich schrie laut auf und lief auf den Boden und versteckte mich, und da lag ich und zitterte und kam erst wieder nach unten, als sie mich riefen und sagten, ich solle nur kommen. Und dann hatte ich noch eine jüngere Schwester, die wies immer auf mich hin und sagte ›Pfui‹. Und dann, wie das Kind kommen sollte, ging ich in eine Scheune nebenan, weil ich mir's bei uns nicht getraute. Da fanden mich fremde Leute halb tot und trugen mich ins Haus und in mein Bett. Und den dritten Tag nahmen sie mir das Kind fort, und als ich nachher fragte, wo es sei, da hieß es, es sei gut aufgehoben. Ach, gnädigste Frau, die Heil'ge Mutter Gottes bewahre Sie vor solchem Elend.«

Effi fuhr auf und sah Roswitha mit großen Augen an. Aber sie war doch mehr erschrocken als empört. »Was du nur sprichst! Ich bin ja doch eine verheiratete Frau. So was darfst du nicht sagen, das ist ungehörig, das paßt sich nicht.«

»Ach, gnädigste Frau...«

»Erzähle mir lieber, was aus dir wurde. Das Kind hatten sie dir genommen. Soweit warst du...«

»Und dann, nach ein paar Tagen, da kam wer aus Erfurt, der fuhr bei dem Schulzen vor und fragte: ›ob da nicht eine Amme sei‹. Da sagte der Schulze ›ja‹. Gott lohne es ihm, und der fremde Herr nahm mich gleich mit, und von da an hab' ich bessre Tage gehabt; selbst bei der Registratorin war es doch immer noch zum Aushalten, und zuletzt bin ich zu Ihnen gekommen, gnädige Frau. Und das war das Beste, das Allerbeste.« Und als sie das sagte, trat sie an das Sofa heran und küßte Effi die Hand.

»Roswitha, du mußt mir nicht immer die Hand küssen, ich mag das nicht. Und nimm dich nur in acht mit dem Kruse. Du bist doch sonst eine so gute und verständige Person... Mit einem Ehemanne... das tut nie gut.«

»Ach, gnäd'ge Frau, Gott und seine Heiligen führen uns wunderbar, und das Unglück, das uns trifft, das hat doch auch sein Glück. Und wen es nicht bessert, dem is nich zu helfen... Ich kann eigentlich die Mannsleute gut leiden...«

»Siehst du, Roswitha, siehst du.«

»Aber wenn es mal wieder so über mich käme, mit dem Kruse, das is ja nichts, und ich könnte nicht mehr anders, da lief' ich gleich ins Wasser. Es war zu schrecklich. Alles. Und was nur aus dem armen Wurm geworden is? Ich glaube nicht, daß es noch lebt; sie haben es umkommen lassen, aber ich bin doch schuld.« Und sie warf sich vor Annies Wiege nieder und wiegte das Kind hin und her und sang in einem fort ihr »Buhküken von Halberstadt«.

»Laß«, sagte Effi. »Singe nicht mehr; ich habe Kopfweh. Aber bringe mir die Zeitungen. Oder hat Gieshübler vielleicht die Journale geschickt?«

»Das hat er. Und die Modezeitung lag obenauf. Da haben wir drin geblättert, ich und Johanna, eh sie rüberging. Johanna ärgert sich immer, daß sie so was nicht haben kann. Soll ich die Modezeitung bringen?«

»Ja, die bringe und bring auch die Lampe.«

Roswitha ging, und Effi, als sie allein war, sagte: »Womit man sich nicht alles hilft! Eine hübsche Dame mit einem Muff und eine mit einem Halbschleier; Modepuppen. Aber es ist das Beste, mich auf andre Gedanken zu bringen.«

Im Laufe des andern Vormittags kam ein Telegramm von Innstetten, worin er mitteilte, daß er erst mit dem zweiten Zug kommen, also nicht vor Abend in Kessin eintreffen werde. Der Tag verging in ewiger Unruhe; glücklicherweise kam Gieshübler im Laufe des Nachmittags und half über eine Stunde weg. Endlich um sieben Uhr fuhr der Wagen vor, Effi trat hinaus, und man begrüßte sich. Innstetten war in einer ihm sonst fremden Erregung, und so kam es, daß er die Verlegenheit nicht sah, die sich in Effis Herzlichkeit mischte. Drinnen im Flur brannten die Lampen und Lichter, und das Teezeug, das Friedrich schon auf einen der zwischen den Schränken stehenden Tische gestellt hatte, reflektierte den Lichterglanz.

»Das sieht ja ganz so aus wie damals, als wir hier ankamen. Weißt du noch, Effi?«

Sie nickte.

»Nur der Haifisch mit seinem Fichtenzweig verhält sich heute ruhiger, und auch Rollo spielt den Zurückhaltenden und legt mir nicht mehr die Pfoten auf die Schulter. Was ist das mit dir, Rollo?«

Rollo strich an seinem Herrn vorbei und wedelte.

»Der ist nicht recht zufrieden, entweder mit mir nicht oder mit andern. Nun, ich will annehmen, mit mir. Jedenfalls laß uns eintreten.« Und er trat in sein Zimmer und bat Effi, während er sich aufs Sofa niederließ, neben ihm Platz zu nehmen. »Es war so hübsch in Berlin, über Erwarten; aber in all meiner Freude habe ich mich immer zurückgesehnt. Und wie gut du aussiehst! Ein bißchen blaß und auch ein bißchen verändert, aber es kleidet dich.«

Effi wurde rot.

»Und nun wirst du auch noch rot. Aber es ist, wie ich dir sage, du hattest so was von einem verwöhnten Kind, mit einem Mal siehst du aus wie eine Frau.«

»Das hör' ich gern, Geert, aber ich glaube, du sagst es nur so.«

»Nein, nein, du kannst es dir gutschreiben, wenn es etwas Gutes ist...«

»Ich dächte doch.«

»Und nun rate, von wem ich dir Grüße bringe.«

»Das ist nicht schwer, Geert. Außerdem, wir Frauen, zu denen ich mich, seitdem du wieder da bist, ja rechnen darf« (und sie reichte ihm die Hand und lachte), »wir Frauen, wir raten leicht. Wir sind nicht so schwerfällig wie ihr.«

»Nun von wem?«

»Nun natürlich von Vetter Briest. Er ist ja der einzige, den ich in Berlin kenne, die Tanten abgerechnet, die du nicht aufgesucht haben wirst und die viel zu neidisch sind, um mich grüßen zu lassen. Hast du nicht auch gefunden, alle alten Tanten sind neidisch.«

»Ja, Effi, das ist wahr. Und daß du das sagst, das ist ganz meine alte Effi wieder. Denn du mußt wissen, die alte Effi, die noch aussah wie ein Kind, nun, die war auch nach meinem Geschmack. Grad so wie die jetzige gnäd'ge Frau.«

»Meinst du? Und wenn du dich zwischen beiden entscheiden solltest...«

»Das ist eine Doktorfrage, darauf lasse ich mich nicht ein. Aber da bringt Friedrich den Tee. Wie hat's mich nach dieser Stunde verlangt! Und hab' es auch ausgesprochen, sogar zu deinem Vetter Briest, als wir bei Dressel saßen und in Champagner dein Wohl tranken... Die Ohren müssen dir geklungen haben... Und weißt du, was dein Vetter dabei sagte?«

»Gewiß etwas Albernes. Darin ist er groß.«

»Das ist der schwärzeste Undank, den ich all mein Lebtag erlebt habe. ›Lassen wir Effi leben‹, sagte er, ›meine schöne Cousine... Wissen Sie, Innstetten, daß ich Sie am liebsten fordern und totschießen möchte? Denn Effi ist ein Engel, und Sie haben mich um diesen Engel gebracht.‹ Und dabei sah er so ernst und wehmütig aus, daß man's beinah hätte glauben können.«

»Oh, diese Stimmung kenn' ich an ihm. Bei der wievielten wart ihr?«

»Ich hab' es nicht mehr gegenwärtig, und vielleicht hätte ich es auch damals nicht mehr sagen können. Aber das glaub' ich, daß es ihm ganz ernst war. Und vielleicht wäre es auch das Richtige gewesen. Glaubst du nicht, daß du mit ihm hättest leben können?«

»Leben können? Das ist wenig, Geert. Aber beinah möcht' ich sagen, ich hätte auch nicht einmal mit ihm leben können.«

»Warum nicht? Er ist wirklich ein liebenswürdiger und netter Mensch und auch ganz gescheit.«

»Ja, das ist er...«

»Aber...«

»Aber er ist dalbrig. Und das ist keine Eigenschaft, die wir Frauen lieben, auch nicht einmal dann, wenn wir noch halbe Kinder sind, wohin du mich immer gerechnet hast und vielleicht, trotz meiner Fortschritte, auch jetzt noch rechnest. Das Dalbrige, das ist nicht unsre Sache. Männer müssen Männer sein.«

»Gut, daß du das sagst. Alle Teufel, da muß man sich ja zusammennehmen. Und ich kann von Glück sagen, daß ich von so was, das wie Zusammennehmen aussieht oder wenigstens ein Zusammennehmen in Zukunft fordert, so gut wie direkt herkomme... Sage, wie denkst du dir ein Ministerium?«

»Ein Ministerium? Nun, das kann zweierlei sein. Es können Menschen sein, kluge, vornehme Herren, die den Staat regieren, und es kann auch bloß ein Haus sein, ein Palazzo, ein Palazzo Strozzi oder Pitti oder, wenn die nicht passen, irgendein andrer. Du siehst, ich habe meine italienische Reise nicht umsonst gemacht.«

»Und könntest du dich entschließen, in solchem Palazzo zu wohnen? Ich meine in solchem Ministerium?«

»Um Gottes willen, Geert, sie haben dich doch nicht zum Minister gemacht? Gieshübler sagte so was. Und der Fürst kann alles. Gott, der hat es am Ende durchgesetzt, und ich bin erst achtzehn.«

Innstetten lachte. »Nein, Effi, nicht Minister, so weit sind wir noch nicht. Aber vielleicht kommen noch allerhand Gaben in mir heraus, und dann ist es nicht unmöglich.«

»Also jetzt noch nicht, noch nicht Minister?«

»Nein. Und wir werden, die Wahrheit zu sagen, auch nicht einmal in einem Ministerium wohnen, aber ich werde täglich ins Ministerium gehen, wie ich jetzt in unser Landratsamt gehe, und werde dem Minister Vortrag halten und mit ihm reisen, wenn er die Provinzialbehörden inspiziert. Und du wirst eine Ministerialrätin sein und in Berlin leben, und in einem halben Jahre wirst du kaum noch wissen, daß du hier in Kessin gewesen bist und nichts gehabt hast als Gieshübler und die Dünen und die Plantage.«

Effi sagte kein Wort, und nur ihre Augen wurden immer größer; um ihre Mundwinkel war ein nervöses Zucken, und ihr ganzer zarter Körper zitterte. Mit einem Male aber glitt sie von ihrem Sitze vor Innstetten nieder, umklammerte seine Knie und sagte in einem Tone, wie wenn sie betete: »Gott sei Dank!«

Innstetten verfärbte sich. Was war das? Etwas, was seit Wochen flüchtig, aber doch immer sich erneuernd über ihn kam, war wieder da und sprach so deutlich aus seinem Auge, daß Effi davor erschrak. Sie hatte sich durch ein schönes Gefühl, das nicht viel was andres als ein Bekenntnis ihrer Schuld war, hinreißen lassen und dabei mehr gesagt, als sie sagen durfte. Sie mußte das wieder ausgleichen, mußte was finden, irgendeinen Ausweg, es koste, was es wolle.

»Steh auf, Effi. Was hast du?«

Effi erhob sich rasch. Aber sie nahm ihren Platz auf dem Sofa nicht wieder ein, sondern schob einen Stuhl mit hoher Lehne heran, augenscheinlich, weil sie nicht Kraft genug fühlte, sich ohne Stütze zu halten.

»Was hast du?« wiederholte Innstetten. »Ich dachte, du hättest hier glückliche Tage verlebt. Und nun rufst du ›Gott sei Dank‹, als ob dir hier alles nur ein Schrecknis gewesen wäre. War *ich* dir ein Schrecknis? Oder war es was andres? Sprich.«

»Daß du noch fragen kannst, Geert«, sagte sie, während sie mit einer äußersten Anstrengung das Zittern ihrer Stimme zu bezwingen suchte. »Glückliche Tage! Ja, gewiß, glückliche Tage, aber doch auch andre. Nie bin ich die Angst hier ganz los geworden, nie. Noch keine vierzehn Tage, daß es mir wieder über die Schulter sah, dasselbe Gesicht, derselbe fahle Teint. Und diese letzten Nächte, wo du fort warst, war es auch wieder da, nicht das Gesicht, aber es schlurrte wieder, und Rollo schlug wieder an, und Roswitha, die's auch gehört, kam an mein Bett und setzte sich zu mir, und erst, als es schon dämmerte, schliefen wir wieder ein. Es ist ein Spukhaus, und ich hab' es auch glauben sollen, das mit dem Spuk, – denn du bist ein Erzieher. Ja, Geert, das bist du. Aber laß es sein, wie's will, soviel weiß ich, ich habe mich ein ganzes Jahr lang und länger in diesem Hause gefürchtet, und wenn ich von hier fortkomme, so wird es, denk' ich, von mir abfallen, und ich werde wieder frei sein.«

Innstetten hatte kein Auge von ihr gelassen und war jedem Worte gefolgt. Was sollte das heißen: »du bist ein Erzieher«? und dann das andere, was vorausging: »und ich hab' es auch glauben sollen, das mit dem Spuk.« Was war das alles? Wo kam das her? Und er fühlte seinen leisen Argwohn sich wieder regen und fester einnisten. Aber er hatte lange genug gelebt, um zu wissen, daß alle Zeichen trügen, und daß wir in unsrer Eifersucht, trotz ihrer hundert Augen, oft noch mehr in die Irre gehen als in der Blindheit unsres Vertrauens. Es konnte ja so sein, wie sie sagte. Und wenn es so war, warum sollte sie nicht ausrufen: »Gott sei Dank!«

Und so, rasch alle Möglichkeiten ins Auge fassend, wurde er seines Argwohns wieder Herr und reichte ihr die Hand über den Tisch hin: »Verzeih mir, Effi, aber ich war so sehr überrascht von dem allen. Freilich wohl meine Schuld. Ich bin immer zu sehr mit mir beschäftigt gewesen. Wir Männer sind alle Egoisten. Aber das soll nun anders werden. Ein Gutes hat Berlin gewiß: Spukhäuser gibt es da nicht. Wo sollen die auch herkommen? Und nun laß uns hinübergehen, daß ich Annie sehe; Roswitha verklagt mich sonst als einen unzärtlichen Vater.«

Effi war unter diesen Worten allmählich ruhiger geworden, und das Gefühl, aus einer selbstgeschaffenen Gefahr sich glücklich befreit zu haben, gab ihr ihre Spannkraft und gute Haltung wieder zurück.

ZWEIUNDZWANZIGSTES KAPITEL

Am andern Morgen nahmen beide gemeinschaftlich ihr etwas verspätetes Frühstück. Innstetten hatte seine Mißstimmung und Schlimmeres überwunden, und Effi lebte so ganz dem Gefühl ihrer Befreiung, daß sie nicht bloß die Fähigkeit einer gewissen erkünstelten guten Laune, sondern fast auch ihre frühere Unbefangenheit wiedergewonnen hatte. Sie war noch in Kessin, und doch war ihr schon zumute, als läge es weit hinter ihr.

»Ich habe mir's überlegt, Effi«, sagte Innstetten, »du hast nicht so ganz unrecht mit allem, was du gegen unser Haus hier gesagt hast. Für Kapitän Thomsen war es gerade gut genug, aber nicht für eine junge verwöhnte Frau; alles altmodisch, kein Platz. Da sollst du's in Berlin besser haben, auch einen Saal, aber einen andern als hier, und auf Flur und Treppe hohe bunte Glasfenster, Kaiser Wilhelm mit Zepter und Krone oder auch was Kirchliches, heilige Elisabeth oder Jungfrau Maria. Sagen wir Jungfrau Maria, das sind wir Roswitha schuldig.«

Effi lachte. »So soll es sein. Aber wer sucht uns eine Wohnung? Ich kann doch nicht Vetter Briest auf die Suche schicken. Oder gar die Tanten! Die finden alles gut genug.«

»Ja, das Wohnungsuchen. Das macht einem keiner zu Dank. Ich denke, da mußt du selber hin.«

»Und wann meinst du?«

»Mitte März.«

»Oh, das ist viel zu spät, Geert, dann ist ja alles fort. Die guten Wohnungen werden schwerlich auf uns warten!«

»Ist schon recht. Aber ich bin erst seit gestern wieder hier und kann doch nicht sagen ›reise morgen‹. Das würde mich schlecht kleiden und paßte mir auch wenig; ich bin froh, daß ich dich wieder habe.«

»Nein«, sagte sie, während sie das Kaffeegeschirr, um eine aufsteigende Verlegenheit zu verbergen, ziemlich geräuschvoll zusammenrückte, »nein, so soll's auch nicht sein, nicht heut' und nicht morgen, aber doch in den nächsten Tagen. Und wenn ich etwas finde, so bin ich rasch wieder zurück. Aber noch eins, Roswitha und Annie müssen mit. Am schönsten wär' es, du auch. Aber ich sehe ein, das geht nicht. Und ich denke, die Trennung soll nicht lange dauern. Ich weiß auch schon, wo ich miete...«

»Nun?«

»Das bleibt mein Geheimnis. Ich will auch ein Geheimnis haben. Damit will ich dich dann überraschen.«

In diesem Augenblick trat Friedrich ein, um die Postsachen abzugeben. Das meiste war Dienstliches und Zeitungen. »Ah, da ist auch ein Brief für dich«, sagte Innstetten. »Und wenn ich nicht irre, die Handschrift der Mama.«

Effi nahm den Brief. »Ja, von der Mama. Aber das ist ja nicht der Friesacker Poststempel; sieh nur, das heißt ja deutlich Berlin.«

»Freilich«, lachte Innstetten. »Du tust, als ob es ein Wunder wäre. Die Mama wird in Berlin sein und hat ihrem Liebling von ihrem Hotel aus einen Brief geschrieben.«

»Ja«, sagte Effi, »so wird es sein. Aber ich ängstige mich doch beinah und kann keinen rechten Trost darin finden, daß Hulda Niemeyer immer sagte: wenn man sich ängstigt, ist es besser, als wenn man hofft. Was meinst du dazu?«

»Für eine Pastorstochter nicht ganz auf der Höhe. Aber nun lies den Brief. Hier ist ein Papiermesser.«

Effi schnitt das Kuvert auf und las: »Meine liebe Effi. Seit 24 Stunden bin ich hier in Berlin; Konsultationen bei Schweigger. Als er mich sieht, beglückwünscht er mich, und als ich erstaunt ihn frage, wozu, erfahr' ich, daß Ministerialdirektor Wüllersdorf eben bei ihm gewesen und ihm erzählt habe: Innstetten sei ins Ministerium berufen. Ich bin ein wenig ärgerlich, daß man dergleichen von einem Dritten erfahren muß. Aber in meinem Stolz und meiner Freude sei Euch verziehen. Ich habe es übrigens immer gewußt (schon als I. noch bei den Rathenowern war), daß etwas aus ihm werden würde. Nun kommt es *Dir* zugute. Natürlich müßt Ihr eine Wohnung haben und eine andere Einrichtung. Wenn Du, meine liebe Effi, glaubst, meines Rates dabei bedürfen zu können, so komme, so rasch es Dir Deine Zeit erlaubt. Ich bleibe acht Tage hier in Kur, und wenn es nicht anschlägt, vielleicht noch etwas länger; Schweigger drückt sich unbestimmt darüber aus. Ich habe eine Privatwohnung in der Schadowstraße genommen; neben dem meinigen sind noch Zimmer frei. Was es mit meinem Auge ist, darüber mündlich; vorläufig beschäftigt mich nur Eure Zukunft. Briest wird unendlich glücklich sein, er tut immer so gleichgültig gegen dergleichen, eigentlich hängt er aber mehr daran als ich. Grüße Innstetten, küsse Annie, die Du vielleicht mitbringst. Wie immer Deine Dich zärtlich liebende Mutter Luise von B.«

Effi legte den Brief aus der Hand und sagte nichts. Was sie zu tun habe, das stand bei ihr fest; aber sie wollte es nicht selber aussprechen, Innstetten sollte damit kommen, und dann wollte sie zögernd ja sagen.

Innstetten ging auch wirklich in die Falle. »Nun, Effi, du bleibst so ruhig.«

»Ach, Geert, es hat alles so seine zwei Seiten. Auf der einen Seite beglückt es mich, die Mama wiederzusehen, und vielleicht sogar schon in wenig Tagen. Aber es spricht auch so vieles dagegen.«

»Was?«

»Die Mama, wie du weißt, ist sehr bestimmt und kennt nur ihren eignen Willen. Dem Papa gegenüber hat sie alles durchsetzen können. Aber ich möchte gern eine Wohnung haben, die nach *meinem* Geschmack ist, und eine neue Einrichtung, die *mir* gefällt.«

Innstetten lachte. »Und das ist alles?«

»Nun, es wäre grade genug. Aber es ist nicht alles.« Und nun nahm sie sich zusammen und sah ihn an und sagte: »Und dann, Geert, ich möchte nicht gleich wieder von dir fort.«

»Schelm, das sagst du so, weil du meine Schwäche kennst. Aber wir sind alle so eitel, und ich will es glauben. Ich will es glauben und doch zugleich auch den Heroischen spielen, den Entsagenden. Reise, sobald du's für nötig hältst und vor deinem Herzen verantworten kannst.«

»So darfst du nicht sprechen, Geert. Was heißt das ›vor meinem Herzen verantworten‹. Damit schiebst du mir, halb gewaltsam, eine Zärtlichkeitsrolle zu, und ich muß dir dann aus reiner Koketterie sagen: ›Ach, Geert, dann reise ich nie.‹ Oder doch so etwas Ähnliches.«

Innstetten drohte ihr mit dem Finger. »Effi, du bist mir zu fein. Ich dachte immer, du wärst ein Kind, und sehe nun, daß du das Maß hast wie alle andern. Aber lassen wir das, oder wie dein Papa immer sagte: ›das ist ein zu weites Feld‹. Sage lieber, wann willst du fort?«

»Heute haben wir Dienstag. Sagen wir also Freitag mittag mit dem Schiff. Dann bin ich am Abend in Berlin.«

»Abgemacht. Und wann zurück?«

»Nun, sagen wir Montag abend. Das sind dann drei Tage.«

»Geht nicht. Das ist zu früh. In drei Tagen kannst du's nicht zwingen. Und so rasch läßt dich die Mama auch nicht fort.«

»Also auf Diskretion.«

»Gut.«

Und damit erhob sich Innstetten, um nach dem Landratsamte hinüberzugehen.

Die Tage bis zur Abreise vergingen wie im Fluge. Roswitha war sehr glücklich. »Ach, gnädigste Frau, Kessin, nun ja..., aber Berlin ist es nicht. Und die Pferdebahn. Und wenn es dann so klingelt und man nicht weiß, ob man links oder rechts soll, und mitunter ist mir schon gewesen, als ginge alles grad über mich weg. Nein, so was ist hier nicht. Ich glaube, manchen Tag sehen wir keine sechs Menschen. Und immer bloß die Dünen und draußen die See. Und das rauscht und rauscht, aber weiter ist es auch nichts.«

»Ja, Roswitha, du hast recht. Es rauscht und rauscht immer, aber es ist kein richtiges Leben. Und dann kommen einem allerhand dumme Gedanken. Das kannst du doch nicht bestreiten, das mit dem Kruse war nicht in der Richtigkeit.«

»Ach, gnädigste Frau...«

»Nun, ich will nicht weiter nachforschen. Du wirst es natürlich nicht zugeben. Und nimm nur nicht zu wenig Sachen mit. Deine Sachen kannst du eigentlich ganz mitnehmen und Annies auch.«

»Ich denke, wir kommen noch mal wieder.«

»Ja, ich. Der Herr wünscht es. Aber ihr könnt vielleicht dableiben, bei meiner Mutter. Sorge nur, daß sie Anniechen nicht zu sehr verwöhnt. Gegen mich war sie mitunter streng, aber ein Enkelkind...«

»Und dann ist Anniechen ja auch so zum Anbeißen. Da muß ja jeder zärtlich sein.«

Das war am Donnerstag, am Tage vor der Abreise. Innstetten war über Land gefahren und wurde erst gegen Abend zurückerwartet. Am Nachmittag ging Effi in die Stadt, bis auf den Marktplatz, und trat hier in die Apotheke und bat um eine Flasche Sal volatile. »Man weiß nie, mit wem man reist«, sagte sie zu dem alten Gehülfen, mit dem sie auf dem Plauderfuße stand und der sie anschwärmte wie Gieshübler selbst.

»Ist der Herr Doktor zu Hause?« fragte sie weiter, als sie das Fläschchen eingesteckt hatte.

»Gewiß, gnädigste Frau; er ist hier nebenan und liest die Zeitungen.«

»Ich werde ihn doch nicht stören?«

»Oh, nie.«

Und Effi trat ein. Es war eine kleine, hohe Stube, mit Regalen rings herum, auf denen allerlei Kolben und Retorten standen; nur an der einen Wand befanden sich alphabetisch geordnete, vorn mit einem Eisenringe versehene Kästen, in denen die Rezepte lagen.

Gieshübler war beglückt und verlegen. »Welche Ehre. Hier unter meinen Retorten. Darf ich die gnädige Frau auffordern, einen Augenblick Platz zu nehmen?«

»Gewiß, lieber Gieshübler. Aber auch wirklich nur einen Augenblick. Ich will Ihnen Adieu sagen.«

»Aber meine gnädigste Frau, Sie kommen ja doch wieder. Ich habe gehört, nur auf drei, vier Tage...«

»Ja, lieber Freund, ich soll wiederkommen, und es ist sogar verabredet, daß ich spätestens in einer Woche wieder in Kessin bin. Aber ich könnte doch auch *nicht* wiederkommen. Muß ich Ihnen sagen, welche tausend Möglichkeiten es gibt... Ich sehe, Sie wollen mir sagen, daß ich noch zu jung sei..., auch Junge können sterben. Und dann so vieles andere noch. Und da will ich doch lieber Abschied nehmen von Ihnen, als wär' es für immer.«

»Aber meine gnädigste Frau...«

»Als wär' es für immer. Und ich will Ihnen danken, lieber Gieshübler. Denn Sie waren das Beste hier; natürlich, weil Sie der Beste waren. Und wenn ich hundert Jahr alt würde, so werde ich Sie nicht vergessen. Ich habe mich hier mitunter einsam gefühlt, und mitunter war mir so schwer ums Herz, schwerer, als Sie wissen können; ich habe es nicht immer richtig eingerichtet; aber wenn ich Sie gesehen habe, vom ersten Tage an, dann habe ich mich immer wohler gefühlt und auch besser.«

»Aber meine gnädigste Frau.«

»Und dafür wollte ich Ihnen danken. Ich habe mir eben ein Fläschchen mit Sal volatile gekauft; im Kupee sind mitunter so merkwürdige Menschen und wollen einem nicht mal erlauben, daß man ein Fenster aufmacht; und wenn mir dann vielleicht – denn es steigt einem ja ordentlich zu Kopf, ich meine das Salz – die Augen übergehen, dann will ich an Sie denken. Adieu, lieber Freund, und grüßen Sie Ihre Freundin, die Trippelli. Ich habe in den letzten Wochen öfter an sie gedacht und an Fürst Kotschukoff. Ein eigentümliches Verhältnis bleibt es doch. Aber ich kann mich hineinfinden... Und lassen Sie einmal von sich hören. Oder ich werde schreiben.«

Damit ging Effi. Gieshübler begleitete sie bis auf den Platz hinaus. Er war wie benommen, so sehr, daß er über manches Rätselhafte, was sie gesprochen, ganz hinwegsah.

Effi ging wieder nach Haus. »Bringen Sie mir die Lampe, Johanna«, sagte sie, »aber in mein Schlafzimmer. Und dann eine Tasse Tee. Ich hab' es so kalt und kann nicht warten, bis der Herr wieder da ist.«

Beides kam. Effi saß schon an ihrem kleinen Schreibtisch, einen Briefbogen vor sich, die Feder in der Hand. »Bitte, Johanna, den Tee auf den Tisch da.«

Als Johanna das Zimmer wieder verlassen hatte, schloß Effi sich ein, sah einen Augenblick in den Spiegel und setzte sich dann wieder. Und nun schrieb sie: »Ich reise morgen mit dem Schiff, und dies sind Abschiedszeilen. Innstetten erwartet mich in wenig Tagen zurück, aber ich komme *nicht* wieder... Warum ich nicht wiederkomme, Sie wissen es... Es wäre das beste gewesen, ich hätte dies Stück Erde nie gesehen.

Ich beschwöre Sie, dies nicht als einen Vorwurf zu fassen; alle Schuld ist bei mir. Blick' ich auf Ihr Haus..., *Ihr* Tun mag entschuldbar sein, nicht das meine. Meine Schuld ist sehr schwer. Aber vielleicht kann ich noch heraus. Daß wir hier abberufen wurden, ist mir wie ein Zeichen, daß ich noch zu Gnaden angenommen werden kann. Vergessen Sie das Geschehene, vergessen Sie mich. Ihre Effi.«

Sie überflog die Zeilen noch einmal, am fremdesten war ihr das »Sie«; aber auch das mußte sein; es sollte ausdrücken, daß keine Brücke mehr da sei. Und nun schob sie die Zeilen in ein Kuvert und ging auf ein Haus zu, zwischen dem Kirchhof und der Waldecke. Ein dünner Rauch stieg aus dem halb eingefallenen Schornstein. Da gab sie die Zeilen ab.

Als sie wieder zurück war, war Innstetten schon da, und sie setzte sich zu ihm und erzählte ihm von Gieshübler und dem Sal volatile.

Innstetten lachte. »Wo hast du nur dein Latein her, Effi?«

Das Schiff, ein leichtes Segelschiff (die Dampfboote gingen nur sommers), fuhr um zwölf. Schon eine Viertelstunde vorher waren Effi und Innstetten an Bord; auch Roswitha und Annie.

Das Gepäck war größer, als es für einen auf so wenig Tage geplanten Ausflug geboten erschien. Innstetten sprach mit dem Kapitän; Effi, in einem Regenmantel und hellgrauen Reisehut, stand auf dem Hinterdeck, nahe am Steuer, und musterte von hier aus das Bollwerk und die hübsche Häuserreihe, die dem Zuge des Bollwerks folgte. Gerade der Landungsbrücke gegenüber lag Hoppensacks Hotel, ein drei Stock hohes Gebäude, von dessen Giebeldach eine gelbe Flagge, mit Kreuz und Krone darin, schlaff in der stillen, etwas nebeligen Luft herniederhing. Effi sah eine Weile nach der Flagge hinauf, ließ dann aber ihr Auge wieder abwärts gleiten und verweilte zuletzt auf einer Anzahl von Personen, die neugierig am Bollwerk umherstanden. In diesem Augenblicke wurde geläutet. Effi war ganz eigen zumut, das Schiff setzte sich langsam in Bewegung, und als sie die Landungsbrücke noch einmal musterte, sah sie, daß Crampas in vorderster Reihe stand. Sie erschrak bei seinem Anblick und freute sich doch auch. Er seinerseits, in seiner ganzen Haltung verändert, war sichtlich bewegt und grüßte ernst zu ihr hinüber, ein Gruß, den sie ebenso, aber doch zugleich in großer Freundlichkeit, erwiderte; dabei lag etwas Bittendes in ihrem Auge. Dann ging sie rasch auf die Kajüte zu, wo sich Roswitha mit Annie schon eingerichtet hatte. Hier, in dem etwas stickigen Raume, blieb sie, bis man aus dem Fluß in die weite Bucht des Breitling eingefahren war; da kam Innstetten und rief sie nach oben, daß sie sich an dem herrlichen Anblick erfreue, den die Landschaft gerade an dieser Stelle bot. Sie ging dann auch hinauf. Über dem Wasserspiegel hingen graue Wolken, und nur dann und wann schoß ein halb umschleierter Sonnenblick aus dem Gewölk hervor. Effi gedachte des Tages, wo sie, vor jetzt gerade Fünfvierteljahren, im offenen Wagen am Ufer eben dieses Breitlings hin entlanggefahren war. Eine kurze Spanne Zeit, und das Leben oft so still und einsam. Und doch, was war alles seitdem geschehen!

So fuhr man die Wasserstraße hinauf und war um zwei an der Station oder doch ganz in Nähe derselben. Als man gleich danach das Gasthaus des »Fürsten Bismarck« passierte, stand auch Golchowski wieder in der Tür und versäumte nicht, den Herrn Landrat und die gnädige Frau bis an die Stufen der Böschung zu geleiten. Oben war der Zug noch nicht angemeldet, und Effi und Innstetten schritten auf dem Bahnsteig auf und ab. Ihr Gespräch drehte sich um die Wohnungsfrage; man war einig über den Stadtteil, und daß es zwischen dem Tiergarten und dem Zoologischen Garten sein müsse. »Ich will den Finkenschlag hören und die Papageien auch«, sagte Innstetten, und Effi stimmte ihm zu.

Nun aber hörte man das Signal, und der Zug lief ein; der Bahnhofsinspektor war voller Entgegenkommen, und Effi erhielt ein Kupee für sich.

Noch ein Händedruck, ein Wehen mit dem Tuch, und der Zug setzte sich wieder in Bewegung.

DREIUNDZWANZIGSTES KAPITEL

Auf dem Friedrichstraßen-Bahnhofe war ein Gedränge; aber trotzdem, Effi hatte schon vom Kupee aus die Mama erkannt und neben ihr den Vetter Briest. Die Freude des Wiedersehens war groß, das Warten in der Gepäckhalle stellte die Geduld auf keine allzu harte Probe, und nach wenig mehr als fünf Minuten rollte die Droschke neben dem Pferdebahngleise hin in die Dorotheenstraße hinein und auf die Schadowstraße zu, an deren nächstgelegener Ecke sich die »Pension« befand. Roswitha war entzückt und freute sich über Annie, die die Händchen nach den Lichtern ausstreckte.

Nun war man da. Effi erhielt ihre zwei Zimmer, die nicht, wie erwartet, neben denen der Frau von Briest, aber doch auf demselben Korridor lagen, und als alles seinen Platz und Stand hatte und Annie in einem Bettchen mit Gitter glücklich untergebracht war, erschien Effi wieder im Zimmer der Mama, einem kleinen Salon mit Kamin, drin ein schwaches Feuer brannte; denn es war mildes, beinah warmes Wetter. Auf dem runden Tische mit grüner Schirmlampe waren drei Kuverts gelegt, und auf einem Nebentischchen stand das Teezeug.

»Du wohnst ja reizend, Mama«, sagte Effi, während sie dem Sofa gegenüber Platz nahm, aber nur um sich gleich danach an dem Teetisch zu schaffen zu machen. »Darf ich wieder die Rolle des Teefräuleins übernehmen?«

»Gewiß, meine liebe Effi. Aber nur für Dagobert und dich selbst. Ich meinerseits muß verzichten, was mir beinah schwer fällt.«

»Ich versteh', deiner Augen halber. Aber nun sage mir, Mama, was ist es damit? In der Droschke, die noch dazu so klapperte, haben wir immer nur von Innstetten und unserer großen Karriere gesprochen, viel zuviel, und das geht nicht so weiter; glaube mir, deine Augen sind mir wichtiger, und in einem finde ich sie, Gott sei Dank, ganz unverändert, du siehst mich immer noch so freundlich an wie früher.« Und sie eilte auf die Mama zu und küßte ihr die Hand.

»Effi, du bist so stürmisch. Ganz die alte.«

»Ach nein, Mama. Nicht die alte. Ich wollte, es wäre so. Man ändert sich in der Ehe.«

Vetter Briest lachte. »Cousine, ich merke nicht viel davon; du bist noch hübscher geworden, das ist alles. Und mit dem Stürmischen wird es wohl auch noch nicht vorbei sein.«

»Ganz der Vetter«, versicherte die Mama; Effi selbst aber wollte davon nichts hören und sagte: »Dagobert, du bist alles, nur kein Menschenkenner. Es ist sonderbar. Ihr Offiziere seid keine guten Menschenkenner, die jungen gewiß nicht. Ihr guckt euch immer nur selber an oder eure Rekruten, und die von der Kavallerie haben auch noch ihre Pferde. Die wissen nun vollends nichts.«

»Aber Cousine, wo hast du denn diese ganze Weisheit her? Du kennst ja keine Offiziere. Kessin, so habe ich gelesen, hat ja auf die ihm zugedachten Husaren verzichtet, ein Fall, der übrigens einzig in der Weltgeschichte dasteht. Und willst du von alten Zeiten sprechen? Du warst ja noch ein halbes Kind, als die Rathenower zu euch herüberkamen.«

»Ich könnte dir erwidern, daß Kinder am besten beobachten. Aber ich mag nicht, das sind ja alles bloß Allotria. Ich will wissen, wie's mit Mamas Augen steht.«

Frau von Briest erzählte nun, daß es der Augenarzt für Blutandrang nach dem Gehirn ausgegeben habe. Daher käme das Flimmern. Es müsse mit Diät gezwungen werden; Bier, Kaffee, Tee – alles gestrichen und gelegentlich eine lokale Blutentziehung, dann würde es bald besser werden. »Er sprach so von vierzehn Tagen. Aber ich kenne die Doktorangaben; vierzehn Tage heißt sechs Wochen, und ich werde noch hier sein, wenn Innstetten kommt und ihr in eure neue Wohnung einzieht. Ich will auch nicht leugnen, daß das das Beste von der Sache ist und mich über die mutmaßlich lange Kurdauer schon vorweg tröstet. Sucht euch nur recht was Hübsches. Ich habe mir Landgrafen- oder Keithstraße gedacht, elegant und doch nicht allzu teuer. Denn ihr werdet euch einschränken müssen. Innstettens Stellung ist sehr ehrenvoll, aber sie wirft nicht allzuviel ab. Und Briest klagt auch. Die Preise gehen herunter, und er erzählt mir jeden Tag, wenn nicht Schutzzölle kämen, so müss' er mit einem Bettelsack von Hohen-Cremmen abziehen. Du weißt, er übertreibt gern. Aber nun lange zu, Dagobert, und wenn es sein kann, erzähle uns was Hübsches. Krankheitsberichte sind immer langweilig, und die liebsten Menschen hören bloß zu, weil es nicht anders geht. Effi wird wohl auch gern eine Geschichte hören, etwas aus den Fliegenden Blättern oder aus dem Kladderadatsch. Er soll aber nicht mehr so gut sein.«

»Oh, er ist noch ebensogut wie früher. Sie haben immer noch Strudelwitz und Prudelwitz, und da macht es sich von selber.«

»Mein Liebling ist Karlchen Mießnick und Wippchen von Bernau.«

»Ja, das sind die Besten. Aber Wippchen, der übrigens – Pardon, schöne Cousine – keine Kladderadatschfigur ist, Wippchen hat gegenwärtig nichts zu tun, es ist ja kein Krieg mehr. Leider. Unsereins möchte doch auch mal an die Reihe kommen und hier diese schreckliche Leere«, und er strich vom Knopfloch nach der Achsel hinüber, »endlich loswerden.«

»Ach, das sind ja bloß Eitelkeiten. Erzähle lieber. Was ist denn jetzt dran?«

»Ja, Cousine, das ist ein eigen Ding. Das ist nicht für jedermann. Jetzt haben wir nämlich die Bibelwitze.«

»Die Bibelwitze? Was soll das heißen?... Bibel und Witze gehören nicht zusammen.«

»Eben deshalb sagte ich, es sei nicht für jedermann. Aber ob zulässig oder nicht, sie stehen jetzt hoch im Preise. Modesache, wie Kiebitzeier.«

»Nun, wenn es nicht zu toll ist, so gib uns eine Probe. Geht es?«

»Gewiß geht es. Und ich möchte sogar hinzusetzen dürfen, du triffst es besonders gut. Was jetzt nämlich kursiert, ist etwas hervorragend Feines, weil es als Kombination auftritt und in die einfache Bibelstelle noch das dativisch Wrangelsche mit einmischt. Die Fragestellung – alle diese Witze treten nämlich in Frageform auf – ist übrigens in vorliegendem Falle von großer Simplizität und lautet: ›Wer war der erste Kutscher?‹ Und nun rate.«

»Nun, vielleicht Apollo.«

»Sehr gut. Du bist doch ein Daus, Effi. Ich wäre nicht darauf gekommen. Aber trotzdem, du triffst damit nicht ins Schwarze.«

»Nun, wer war es denn?«

»Der erste Kutscher war ›Leid‹. Denn schon im Buche Hiob heißt es: ›Leid soll mir nicht widerfahren‹, oder auch ›wieder fahren‹ in zwei Wörtern und mit einem e.«

Effi wiederholte kopfschüttelnd den Satz, auch die Zubemerkung, konnte sich aber trotz aller Mühe nicht drin zurechtfinden; sie gehörte ganz ausgesprochen zu den Bevorzugten, die für derlei Dinge durchaus kein Organ haben, und so kam denn Vetter Briest in die nicht beneidenswerte Situation, immer erneut erst auf den Gleichklang und dann auch wieder auf den Unterschied von ›widerfahren‹ und ›wieder fahren‹ hinweisen zu müssen.

»Ach, nun versteh' ich. Und du mußt mir verzeihen, daß es so lange gedauert. Aber es ist wirklich *zu* dumm.«

»Ja, dumm ist es«, sagte Dagobert kleinlaut.

»Dumm und unpassend und kann einem Berlin ordentlich verleiden. Da geht man nun aus Kessin fort, um wieder unter Menschen zu sein, und das erste, was man hört, ist ein Bibelwitz. Auch Mama schweigt, und das sagt genug. Ich will dir aber doch den Rückzug erleichtern...«

»Das tu, Cousine.«

»...den Rückzug erleichtern und es ganz ernsthaft als ein gutes Zeichen nehmen, daß mir, als erstes hier, von meinem Vetter Dagobert gesagt wurde: ›Leid soll mir nicht widerfahren‹. Sonderbar, Vetter, so schwach die Sache als Witz ist, ich bin dir doch dankbar dafür.«

Dagobert, kaum aus der Schlinge heraus, versuchte über Effis Feierlichkeit zu spötteln, ließ aber ab davon, als er sah, daß es sie verdroß.

Bald nach zehn Uhr brach er auf und versprach am anderen Tage wiederzukommen, um nach den Befehlen zu fragen.

Und gleich nachdem er gegangen, zog sich auch Effi in ihre Zimmer zurück.

Am andern Tage war das schönste Wetter, und Mutter und Tochter brachen früh auf, zunächst nach der Augenklinik, wo Effi im Vorzimmer verblieb und sich mit dem Durchblättern eines Albums beschäftigte. Dann ging es nach dem Tiergarten und bis in die Nähe des »Zoologischen«, um dort herum nach einer Wohnung zu suchen. Es traf sich auch wirklich so, daß man in der Keithstraße, worauf sich ihre Wünsche von Anfang an gerichtet hatten, etwas durchaus Passendes ausfindig machte, nur daß es ein Neubau war, feucht und noch unfertig. »Es wird nicht gehen, liebe Effi«, sagte Frau von Briest, »schon einfach Gesundheitsrücksichten werden es verbieten. Und dann, ein Geheimrat ist kein Trockenwohner.«

Effi, sosehr ihr die Wohnung gefiel, war um so einverstandener mit diesem Bedenken, als ihr an einer raschen Erledigung überhaupt nicht lag, ganz im Gegenteil: »Zeit gewonnen, alles gewonnen«, und so war ihr denn ein Hinausschieben der ganzen Angelegenheit eigentlich das Liebste, was ihr begegnen konnte. »Wir wollen diese Wohnung aber doch im Auge behalten, Mama, sie liegt so schön und ist im wesentlichen das, was ich mir gewünscht habe.« Dann fuhren beide Damen in die Stadt zurück, aßen im Restaurant, das man ihnen empfohlen, und waren am Abend in der Oper, wozu der Arzt unter der Bedingung, daß Frau von Briest mehr hören als sehen wolle, die Erlaubnis gegeben hatte.

Die nächsten Tage nahmen einen ähnlichen Verlauf; man war aufrichtig erfreut, sich wieder zu haben und nach so langer Zeit wieder ausgiebig miteinander plaudern zu können. Effi, die sich nicht bloß auf Zuhören und Erzählen, sondern wenn ihr am wohlsten war, auch auf Medisieren ganz vorzüglich verstand, geriet mehr als einmal in ihren alten Übermut, und die Mama schrieb nach Hause, wie glücklich sie sei, das »Kind« wieder so heiter und lachlustig zu finden; es wiederhole sich ihnen allen die schöne Zeit von vor fast zwei Jahren, wo man die Ausstattung besorgt habe. Auch Vetter Briest sei ganz der alte. Das war nun auch wirklich der Fall, nur mit dem Unterschiede, daß er sich seltener sehen ließ als vordem, und auf die Frage nach dem »Warum« anscheinend ernsthaft versicherte: »Du bist mir zu gefährlich, Cousine.« Das gab dann jedesmal ein Lachen bei Mutter und Tochter, und Effi sagte: »Dagobert, du bist freilich noch sehr jung, aber zu solcher Form des Courmachens doch nicht mehr jung genug.«

So waren schon beinah vierzehn Tage vergangen. Innstetten schrieb immer dringlicher und wurde ziemlich spitz, fast auch gegen die Schwiegermama, so daß Effi einsah, ein weiteres Hinausschieben sei nicht mehr gut möglich, und es müsse nun wirklich gemietet werden. Aber was dann? Bis zum Umzuge nach Berlin waren immer noch drei Wochen, und Innstetten drang auf rasche Rückkehr. Es gab also nur ein Mittel: sie mußte wieder eine Komödie spielen, mußte krank werden.

Das kam ihr aus mehr als einem Grunde nicht leicht an; aber es mußte sein, und als ihr das feststand, stand ihr auch fest, wie die Rolle, bis in die kleinsten Einzelheiten hinein, gespielt werden müsse.

»Mama, Innstetten, wie du siehst, wird über mein Ausbleiben empfindlich. Ich denke, wir geben also nach und mieten heute noch. Und morgen reise ich. Ach, es wird mir so schwer, mich von dir zu trennen.«

Frau von Briest war einverstanden. »Und welche Wohnung wirst du wählen?«

»Natürlich die erste, die in der Keithstraße, die mir von Anfang an so gut gefiel und dir auch. Sie wird wohl noch nicht ganz ausgetrocknet sein, aber es ist ja das Sommerhalbjahr, was einigermaßen ein Trost ist. Und wird es mit der Feuchtigkeit zu arg und kommt ein bißchen Rheumatismus, so hab' ich ja schließlich immer noch Hohen-Cremmen.«

»Kind, beruf es nicht; ein Rheumatismus ist mitunter da, man weiß nicht wie.«

Diese Worte der Mama kamen Effi sehr zupaß. Sie mietete denselben Vormittag noch und schrieb eine Karte an Innstetten, daß sie den nächsten Tag zurückwolle. Gleich danach wurden auch wirklich die Koffer gepackt und alle Vorbereitungen getroffen. Als dann aber der andere Morgen da war, ließ Effi die Mama an ihr Bett rufen und sagte: »Mama, ich kann nicht reisen. Ich habe ein solches Reißen und Ziehen, es schmerzt mich über den ganzen Rücken hin, und ich glaube beinah, es ist ein Rheumatismus. Ich hätte nicht gedacht, daß das so schmerzhaft sei.«

»Siehst du, was ich dir gesagt habe; man soll den Teufel nicht an die Wand malen. Gestern hast du noch leichtsinnig darüber gesprochen, und heute ist es schon da. Wenn ich Schweigger sehe, werde ich ihn fragen, was du tun sollst.«

»Nein, nicht Schweigger. Der ist ja ein Spezialist. Das geht nicht, und er könnt' es am Ende übelnehmen, in so was anderem zu Rate gezogen zu werden. Ich denke, das beste ist, wir warten es ab. Es kann ja auch vorübergehen. Ich werde den ganzen Tag über von Tee und Sodawasser leben, und wenn ich dann transpiriere, komm' ich vielleicht drüber hin.«

Frau von Briest drückte ihre Zustimmung aus, bestand aber darauf, daß sie sich gut verpflege. Daß man nichts genießen müsse, wie das früher Mode war, das sei ganz falsch und schwäche bloß; in diesem Punkte stehe sie ganz zu der jungen Schule: tüchtig essen.

Effi sog sich nicht wenig Trost aus diesen Anschauungen, schrieb ein Telegramm an Innstetten, worin sie von dem »leidigen Zwischenfall« und einer ärgerlichen, aber doch nur momentanen Behinderung sprach, und sagte dann zu Roswitha: »Roswitha, du mußt mir nun auch Bücher besorgen; es wird nicht schwer halten, ich will alte, ganz alte.«

»Gewiß, gnäd'ge Frau. Die Leihbibliothek ist ja gleich hier nebenan. Was soll ich besorgen?«

»Ich will es aufschreiben, allerlei zur Auswahl, denn mitunter haben sie nicht das eine, was man grade haben will.« Roswitha brachte Bleistift und Papier, und Effi schrieb auf: Walter Scott, Ivanhoe oder Quentin Durward; Cooper, Der Spion; Dickens, David Copperfield; Willibald Alexis, Die Hosen des Herrn von Bredow.

Roswitha las den Zettel durch und schnitt in der anderen Stube die letzte Zeile fort; sie genierte sich ihret- und ihrer Frau wegen, den Zettel in seiner ursprünglichen Gestalt abzugeben.

Ohne besondere Vorkommnisse verging der Tag. Am andern Morgen war es nicht besser und am dritten auch nicht.

»Effi, das geht so nicht länger. Wenn so was einreißt, dann wird man's nicht wieder los; wovor die Doktoren am meisten warnen und mit Recht, das sind solche Verschleppungen.«

Effi seufzte. »Ja, Mama, aber wen sollen wir nehmen? Nur keinen jungen; ich weiß nicht, aber es würde mich genieren.«

»Ein junger Doktor ist immer genant, und wenn er es nicht ist, desto schlimmer. Aber du kannst dich beruhigen; ich komme mit einem ganz alten, der mich schon behandelt hat, als ich noch in der Heckerschen Pension war, also vor etlichen zwanzig Jahren. Und damals war er nah an Fünfzig und hatte schönes graues Haar, ganz kraus. Er war ein Damenmann, aber in den richtigen Grenzen. Ärzte, die das vergessen, gehen unter, und es kann auch nicht anders sein; unsere Frauen, wenigstens die aus der Gesellschaft, haben immer noch einen guten Fond.«

»Meinst du? ich freue mich immer, so was Gutes zu hören. Denn mitunter hört man doch auch andres. Und schwer mag es wohl oft sein. Und wie heißt denn der alte Geheimrat? Ich nehme an, daß es ein Geheimrat ist.«

»Geheimrat Rummschüttel.«

Effi lachte herzlich. »Rummschüttel! Und als Arzt für jemanden, der sich nicht rühren kann.«

»Effi, du sprichst so sonderbar. Große Schmerzen kannst du nicht haben.«

»Nein, in diesem Augenblicke nicht; es wechselt beständig.«

Am anderen Morgen erschien Geheimrat Rummschüttel. Frau von Briest empfing ihn, und als er Effi sah, war sein erstes Wort: »Ganz die Mama.«

Diese wollte den Vergleich ablehnen und meinte, zwanzig Jahre und drüber seien doch eine lange Zeit; Rummschüttel blieb aber bei seiner Behauptung, zugleich versichernd: nicht jeder Kopf präge sich ihm ein, aber wenn er überhaupt erst einen Eindruck empfangen habe, so bleibe der auch für immer. »Und nun, meine gnädigste Frau von Innstetten, wo fehlt es, wo sollen wir helfen?«

»Ach, Herr Geheimrat, ich komme in Verlegenheit, Ihnen auszudrücken, was es ist. Es wechselt beständig. In diesem Augenblick ist es wie weggeflogen. Anfangs habe ich an Rheumatisches gedacht, aber ich möchte beinah glauben, es sei eine Neuralgie, Schmerzen den Rücken entlang, und dann kann ich mich nicht aufrichten. Mein Papa leidet an Neuralgie, da hab' ich es früher beobachten können. Vielleicht ein Erbstück von ihm.«

»Sehr wahrscheinlich«, sagte Rummschüttel, der den Puls gefühlt und die Patientin leicht, aber doch scharf beobachtet hatte. »Sehr wahrscheinlich, meine gnädigste Frau.« Was er aber still zu sich selber sagte, das lautete: »Schulkrank und mit Virtuosität gespielt; Evastochter comme il faut.« Er ließ jedoch nichts davon merken, sondern sagte mit allem wünschenswerten Ernst: »Ruhe und Wärme sind das Beste, was ich anraten kann. Eine Medizin, übrigens nichts Schlimmes, wird das weitere tun.«

Und er erhob sich, um das Rezept aufzuschreiben: Aqua Amygdalarum amararum eine halbe Unze, Syrupus florum Aurantii zwei Unzen. »Hiervon, meine gnädigste Frau, bitte ich Sie, alle zwei Stunden einen halben Teelöffel voll nehmen zu wollen. Es wird Ihre Nerven beruhigen. Und worauf ich noch dringen möchte: keine geistigen Anstrengungen, keine Besuche, keine Lektüre.« Dabei wies er auf das neben ihr liegende Buch.

»Es ist Scott.«

»Oh, dagegen ist nichts einzuwenden. Das beste sind Reisebeschreibungen. Ich spreche morgen wieder vor.«

Effi hatte sich wundervoll gehalten, ihre Rolle gut durchgespielt. Als sie wieder allein war – die Mama begleitete den Geheimrat –, schoß ihr trotzdem das Blut zu Kopf; sie hatte recht gut bemerkt, daß er ihrer Komödie mit einer Komödie begegnet war. Er war offenbar ein überaus lebensgewandter Herr, der alles recht gut sah, aber nicht alles sehen wollte, vielleicht weil er wußte, daß dergleichen auch mal zu respektieren sein könne. Denn gab es nicht zu respektierende Komödien, war nicht die, die sie selber spielte, eine solche?

Bald danach kam die Mama zurück, und Mutter und Tochter ergingen sich in Lobeserhebungen über den feinen alten Herrn, der trotz seiner beinah Siebzig noch etwas Jugendliches habe. »Schicke nur gleich Roswitha nach der Apotheke... Du sollst aber nur alle drei Stunden nehmen, hat er mir draußen noch eigens gesagt. So war er schon damals, er verschrieb nicht oft und nicht viel; aber immer Energisches, und es half auch gleich.«

Rummschüttel kam den zweiten Tag und dann jeden dritten, weil er sah, welche Verlegenheit sein Kommen der jungen Frau bereitete. Dies nahm ihn für sie ein, und sein Urteil stand ihm nach dem dritten Besuche fest: »Hier liegt etwas vor, was die Frau zwingt, so zu handeln, wie sie handelt.« Über solche Dinge den Empfindlichen zu spielen lag längst hinter ihm.

Als Rummschüttel seinen vierten Besuch machte, fand er Effi auf, in einem Schaukelstuhl sitzend, ein Buch in der Hand, Annie neben ihr.

»Ah, meine gnädigste Frau! Hocherfreut. Ich schiebe es nicht auf die Arznei; das schöne Wetter, die hellen, frischen Märztage, da fällt die Krankheit ab. Ich beglückwünsche Sie. Und die Frau Mama?«

»Sie ist ausgegangen, Herr Geheimrat, in die Keithstraße, wo wir gemietet haben. Ich erwarte nun innerhalb weniger Tage meinen Mann, den ich mich, wenn in unserer Wohnung erst alles in Ordnung sein wird, herzlich freue Ihnen vorstellen zu können. Denn ich darf doch wohl hoffen, daß Sie auch in Zukunft sich meiner annehmen werden.«

Er verbeugte sich.

»Die neue Wohnung«, fuhr sie fort, »ein Neubau, macht mir freilich Sorge. Glauben Sie, Herr Geheimrat, daß die feuchten Wände...«

»Nicht im geringsten, meine gnädigste Frau. Lassen Sie drei, vier Tage lang tüchtig heizen und immer Türen und Fenster auf, da können Sie's wagen, auf meine Verantwortung. Und mit Ihrer Neuralgie, das war nicht von solcher Bedeutung. Aber ich freue mich Ihrer Vorsicht, die mir Gelegenheit gegeben hat, eine alte Bekanntschaft zu erneuern und eine neue zu machen.«

Er wiederholte seine Verbeugung, sah noch Annie freundlich in die Augen und verabschiedete sich unter Empfehlungen an die Mama.

Kaum daß er fort war, so setzte sich Effi an den Schreibtisch und schrieb: »Lieber Innstetten! Eben war Rummschüttel hier und hat mich aus der Kur entlassen. Ich könnte nun reisen, morgen etwa; aber heut' ist schon der 24., und am 28.

willst Du hier eintreffen. Angegriffen bin ich ohnehin noch. Ich denke, Du wirst einverstanden sein, wenn ich die Reise ganz aufgebe. Die Sachen sind ja ohnehin schon unterwegs, und wir würden, wenn ich käme, in Hoppensacks Hotel wie Fremde leben müssen. Auch der Kostenpunkt ist in Betracht zu ziehen, die Ausgaben werden sich ohnehin häufen; unter anderem ist Rummschüttel zu honorieren, wenn er uns auch als Arzt verbleibt. Übrigens ein sehr liebenswürdiger alter Herr. Er gilt ärztlich nicht für ersten Ranges, ›Damendoktor‹ sagen seine Gegner und Neider. Aber dies Wort umschließt doch auch ein Lob; es kann eben nicht jeder mit uns umgehen. Daß ich von den Kessinern nicht persönlich Abschied nehme, hat nicht viel auf sich. Bei Gieshübler war ich. Die Frau Majorin hat sich immer ablehnend gegen mich verhalten, ablehnend bis zur Unart; bleibt nur noch der Pastor und Dr. Hannemann und Crampas. Empfiehl mich letzterem. An die Familien auf dem Lande schicke ich Karten; Güldenklees, wie du mir schreibst, sind in Italien (was sie da wollen, weiß ich nicht), und so bleiben nur die drei andern. Entschuldige mich, so gut es geht. Du bist ja der Mann der Formen und weißt das richtige Wort zu treffen. An Frau von Padden, die mir am Silvesterabend so außerordentlich gut gefiel, schreibe ich vielleicht selber noch und spreche ihr mein Bedauern aus. Laß mich in einem Telegramm wissen, ob Du mit allem einverstanden bist. Wie immer Deine Effi.«

Effi brachte selber den Brief zur Post, als ob sie dadurch die Antwort beschleunigen könne, und am nächsten Vormittage traf denn auch das erbetene Telegramm von Innstetten ein: »Einverstanden mit allem.« Ihr Herz jubelte, sie eilte hinunter und auf den nächsten Droschkenstand zu. »Keithstraße 1c.« Und erst die Linden und dann die Tiergartenstraße hinunter flog die Droschke, und nun hielt sie vor der neuen Wohnung.

Oben standen die den Tag vorher eingetroffenen Sachen noch bunt durcheinander, aber es störte sie nicht, und als sie auf den breiten, aufgemauerten Balkon hinaustrat, lag jenseits der Kanalbrücke der Tiergarten vor ihr, dessen Bäume schon überall einen grünen Schimmer zeigten. Darüber aber ein klarer blauer Himmel und eine lachende Sonne.

Sie zitterte vor Erregung und atmete hoch auf. Dann trat sie, vom Balkon her, wieder über die Türschwelle zurück, erhob den Blick und faltete die Hände.

»Nun, mit Gott, ein neues Leben! Es soll anders werden.«

VIERUNDZWANZIGSTES KAPITEL

Drei Tage danach, ziemlich spät, um die neunte Stunde, traf Innstetten in Berlin ein. Alles war am Bahnhof, Effi, die Mama, der Vetter; der Empfang war herzlich, am herzlichsten von seiten Effis, und man hatte bereits eine Welt von Dingen durchgesprochen, als der Wagen, den man genommen, vor der neuen Wohnung in der Keithstraße hielt. »Ach, da hast du gut gewählt, Effi«, sagte Innstetten, als er in das Vestibul eintrat, »kein Haifisch, kein Krokodil und hoffentlich auch kein Spuk.«

»Nein, Geert, damit ist es nun vorbei. Nun bricht eine andere Zeit an, und ich fürchte mich nicht mehr und will auch besser sein als früher und dir mehr zu Willen leben.« Alles das flüsterte sie ihm zu, während sie die teppichbedeckte Treppe bis in den zweiten Stock hinanstiegen. Der Vetter führte die Mama.

Oben fehlte noch manches, aber für einen wohnlichen Eindruck war doch gesorgt, und Innstetten sprach seine Freude darüber aus. »Effi, du bist doch ein kleines Genie«, aber diese lehnte das Lob ab und zeigte auf die Mama, die habe das eigentliche Verdienst. »Hier muß es stehen«, so hab' es unerbittlich geheißen, und immer habe sie's getroffen, wodurch natürlich viel Zeit gespart und die gute Laune nie gestört worden sei. Zuletzt kam auch Roswitha, um den Herrn zu begrüßen, bei welcher Gelegenheit sie sagte: »Fräulein Annie ließe sich für heute entschuldigen« – ein kleiner Witz, auf den sie stolz war und mit dem sie auch ihren Zweck vollkommen erreichte.

Und nun nahmen sie Platz um den schon gedeckten Tisch, und als Innstetten sich ein Glas Wein eingeschenkt und »auf glückliche Tage« mit allen angestoßen hatte, nahm er Effis

Hand und sagte: »Aber Effi, nun erzähle mir, was war das mit deiner Krankheit?«

»Ach, lassen wir doch das, nicht der Rede wert; ein bißchen schmerzhaft und eine rechte Störung, weil es einen Strich durch unsere Pläne machte. Aber mehr war es nicht, und nun ist es vorbei. Rummschüttel hat sich bewährt, ein feiner, liebenswürdiger alter Herr, wie ich dir, glaub' ich, schon schrieb. In seiner Wissenschaft soll er nicht gerade glänzen, aber Mama sagt, das sei ein Vorzug. Und sie wird wohl recht haben wie in allen Stücken. Unser guter Doktor Hannemann war auch kein Licht und traf es doch immer. Und nun sage, was macht Gieshübler und die anderen alle?«

»Ja, wer sind die anderen alle? Crampas läßt sich der gnäd'gen Frau empfehlen...«

»Ah, sehr artig.«

»Und der Pastor will dir desgleichen empfohlen sein; nur die Herrschaften auf dem Lande waren ziemlich nüchtern und schienen auch mich für deinen Abschied ohne Abschied verantwortlich machen zu wollen. Unsere Freundin Sidonie war sogar spitz, und nur die gute Frau von Padden, zu der ich eigens vorgestern noch hinüberfuhr, freute sich aufrichtig über deinen Gruß und deine Liebeserklärung an sie. ›Du seist eine reizende Frau‹, sagte sie, ›aber ich sollte dich gut hüten.‹ Und als ich ihr erwiderte: ›Du fändest schon, daß ich mehr ein ,Erzieher' als ein Ehemann sei‹, sagte sie halblaut und beinahe wie abwesend: ›Ein junges Lämmchen weiß wie Schnee.‹ Und dann brach sie ab.«

Vetter Briest lachte. »›Ein junges Lämmchen weiß wie Schnee...‹ Da hörst du's, Cousine.« Und er wollte sie zu necken fortfahren, gab es aber auf, als er sah, daß sie sich verfärbte.

Das Gespräch, das meist zurückliegende Verhältnisse berührte, spann sich noch eine Weile weiter, und Effi erfuhr zuletzt aus diesem und jenem, was Innstetten mitteilte, daß sich von dem ganzen Kessiner Hausstande nur Johanna bereit erklärt habe, die Übersiedelung nach Berlin mitzumachen. Sie sei natürlich noch zurückgeblieben, werde aber in zwei, drei Tagen mit dem Rest der Sachen eintreffen; er sei froh über ihren Entschluß, denn sie sei immer die Brauchbarste gewesen und von einem ausgesprochen großstädtischen Chic. Vielleicht ein bißchen zu sehr. Christel und Friedrich hätten sich beide für zu alt erklärt, und mit Kruse zu verhandeln habe sich von vornherein verboten. »Was soll uns ein Kutscher hier?« schloß Innstetten, »Pferd und Wagen, das sind tempi passati, mit diesem Luxus ist es in Berlin vorbei. Nicht einmal das schwarze Huhn hätten wir unterbringen können. Oder unterschätz' ich die Wohnung?«

Effi schüttelte den Kopf, und als eine kleine Pause eintrat, erhob sich die Mama; es sei bald elf, und sie habe noch einen weiten Weg, übrigens solle sie niemand begleiten, der Droschkenstand sei ja nah – ein Ansinnen, das Vetter Briest natürlich ablehnte. Bald darauf trennte man sich, nachdem noch Rendez-vous für den andern Vormittag verabredet war.

Effi war ziemlich früh auf und hatte – die Luft war beinahe sommerlich warm – den Kaffeetisch bis nahe an die geöffnete Balkontür rücken lassen, und als Innstetten nun auch erschien, trat sie mit ihm auf den Balkon hinaus und sagte: »Nun, was sagst du? Du wolltest den Finkenschlag aus dem Tiergarten hören und die Papageien aus dem Zoologischen. Ich weiß nicht, ob beide dir den Gefallen tun werden, aber möglich ist es. Hörst du wohl? Das kam von drüben, drüben aus dem kleinen Park. Es ist nicht der eigentliche Tiergarten, aber doch beinah.«

Innstetten war entzückt und von einer Dankbarkeit, als ob Effi ihm das alles persönlich herangezaubert habe. Dann setzten sie sich, und nun kam auch Annie. Roswitha verlangte, daß Innstetten eine große Veränderung an dem Kinde finden solle, was er denn auch schließlich tat. Und dann plauderten sie weiter, abwechselnd über die Kessiner und die in Berlin zu machenden Visiten und ganz zuletzt auch über eine Sommerreise. Mitten im Gespräch aber mußten sie abbrechen, um rechtzeitig beim Rendezvous erscheinen zu können.

Man traf sich, wie verabredet, bei Helms, gegenüber dem Roten Schloß, besuchte verschiedene Läden, aß bei Hiller und war bei guter Zeit wieder zu Haus. Es war ein gelungenes

Beisammensein gewesen, Innstetten herzlich froh, das großstädtische Leben wieder mitmachen und auf sich wirken lassen zu können. Tags darauf, am 1. April, begab er sich in das Kanzlerpalais, um sich einzuschreiben (eine persönliche Gratulation unterließ er aus Rücksicht), und ging dann aufs Ministerium, um sich da zu melden. Er wurde auch angenommen, trotzdem es ein geschäftlich und gesellschaftlich sehr unruhiger Tag war, ja, sah sich seitens seines Chefs durch besonders entgegenkommende Liebenswürdigkeit ausgezeichnet. »Er wisse, was er an ihm habe und sei sicher, ihr Einvernehmen nie gestört zu sehen.«

Auch im Hause gestaltete sich alles zum Guten. Ein aufrichtiges Bedauern war es für Effi, die Mama, nachdem diese, wie gleich anfänglich vermutet, fast sechs Wochen lang in Kur gewesen, nach Hohen-Cremmen zurückkehren zu sehen, ein Bedauern, das nur dadurch einigermaßen gemildert wurde, daß sich Johanna denselben Tag noch in Berlin einstellte. Das war immerhin was, und wenn die hübsche Blondine dem Herzen Effis auch nicht ganz so nahe stand wie die ganz selbstsuchtslose und unendlich gutmütige Roswitha, so war sie doch gleichmäßig angesehen, ebenso bei Innstetten wie bei ihrer jungen Herrin, weil sie sehr geschickt und brauchbar und der Männerwelt gegenüber von einer ausgesprochenen und selbstbewußten Reserviertheit war. Einem Kessiner on dit zufolge ließen sich die Wurzeln ihrer Existenz auf eine längst pensionierte Größe der Garnison Pasewalk zurückführen, woraus man sich auch ihre vornehme Gesinnung, ihr schönes blondes Haar und die besondere Plastik ihrer Gesamterscheinung erklären wollte. Johanna selbst teilte die Freude, die man allerseits über ihr Eintreffen empfand, und war durchaus einverstanden damit, als Hausmädchen und Jungfer, ganz wie früher, den Dienst bei Effi zu übernehmen, während Roswitha, die der Christel in beinahe Jahresfrist ihre Kochkünste so ziemlich abgelernt hatte, dem Küchendepartement vorstehen sollte. Annies Abwartung und Pflege fiel Effi selber zu, worüber Roswitha freilich lachte. Denn sie kannte die jungen Frauen.

Innstetten lebte ganz seinem Dienst und seinem Haus. Er

war glücklicher als vordem in Kessin, weil ihm nicht entging, daß Effi sich unbefangener und heiterer gab. Und das konnte sie, weil sie sich freier fühlte. Wohl blickte das Vergangene noch in ihr Leben hinein, aber es ängstigte sie nicht mehr, oder doch um vieles seltener und vorübergehender, und alles, was davon noch in ihr nachzitterte, gab ihrer Haltung einen eigenen Reiz. In jeglichem, was sie tat, lag etwas Wehmütiges, wie eine Abbitte, und es hätte sie glücklich gemacht, dies alles noch deutlicher zeigen zu können. Aber das verbot sich freilich.

Das gesellschaftliche Leben der großen Stadt war, als sie während der ersten Aprilwochen ihre Besuche machten, noch nicht vorüber, wohl aber im Erlöschen, und so kam es für sie zu keiner rechten Teilnahme mehr daran. In der zweiten Hälfte des Mai starb es dann ganz hin, und mehr noch als vorher war man glücklich, sich in der Mittagsstunde, wenn Innstetten von seinem Ministerium kam, im Tiergarten treffen oder nachmittags einen Spaziergang nach dem Charlottenburger Schloßgarten machen zu können. Effi sah sich, wenn sie die lange Front zwischen dem Schloß und den Orangeriebäumen auf und ab schritt, immer wieder die massenhaft dortstehenden römischen Kaiser an, fand eine merkwürdige Ähnlichkeit zwischen Nero und Titus, sammelte Tannenäpfel, die von den Trauertannen gefallen waren, und ging dann, Arm in Arm mit ihrem Manne, bis auf das nach der Spree hin einsam gelegene »Belvedere« zu.

»Da drin soll es auch einmal gespukt haben«, sagte sie.

»Nein, bloß Geistererscheinungen.«

»Das ist dasselbe.«

»Ja, zuweilen«, sagte Innstetten. »Aber eigentlich ist doch ein Unterschied. Geistererscheinungen werden immer gemacht – wenigstens soll es hier in dem ›Belvedere‹ so gewesen sein, wie mir Vetter Briest erst gestern noch erzählte – Spuk aber wird nie gemacht, Spuk ist natürlich.«

»Also glaubst du doch dran?«

»Gewiß glaub' ich dran. Es gibt so was. Nur an das, was wir in Kessin davon hatten, glaub' ich nicht recht. Hat dir denn Johanna schon ihren Chinesen gezeigt?«

»Welchen?«

»Nun, unsern. Sie hat ihn, eh sie unser altes Haus verließ, oben von der Stuhllehne abgelöst und ihn ins Portemonnaie gelegt. Als ich mir neulich ein Markstück bei ihr wechselte, hab' ich ihn gesehen. Und sie hat es mir auch verlegen bestätigt.«

»Ach, Geert, das hättest du mir nicht sagen sollen. Nun ist doch wieder so was in unserm Hause.«

»Sag ihr, daß sie ihn verbrennt.«

»Nein, das mag ich auch nicht, und das hilft auch nichts. Aber ich will Roswitha bitten...«

»Um was? Ah, ich verstehe schon, ich ahne, was du vorhast. Die soll ein Heiligenbild kaufen und es dann auch ins Portemonnaie tun. Ist es so was?«

Effi nickte.

»Nun, tu, was du willst. Aber sag es niemandem.«

Effi meinte dann schließlich, es lieber doch lassen zu wollen, und unter allerhand kleinem Geplauder, in welchem die Reisepläne für den Sommer mehr und mehr Platz gewannen, fuhren sie bis an den »Großen Stern« zurück und gingen dann durch die Korso-Allee und die breite Friedrich-Wilhelms-Straße auf ihre Wohnung zu.

Sie hatten vor, schon Ende Juli Urlaub zu nehmen und ins bayerische Gebirge zu gehen, wo gerade in diesem Jahre wieder die Oberammergauer Spiele stattfanden. Es ließ sich aber nicht tun; Geheimrat von Wüllersdorf, den Innstetten schon von früher her kannte und der jetzt sein Spezialkollege war, erkrankte plötzlich, und Innstetten mußte bleiben und ihn vertreten. Erst Mitte August war alles wieder beglichen und damit die Reisemöglichkeit gegeben; es war aber nun zu spät geworden, um noch nach Oberammergau zu gehen, und so entschied man sich für einen Aufenthalt auf Rügen. »Zunächst natürlich Stralsund, mit Schill, den du kennst, und mit Scheele, den du nicht kennst und der den Sauerstoff entdeckte, was man aber nicht zu wissen braucht. Und dann von Stralsund nach Bergen und dem Rugard, von wo man, wie mir Wüllersdorf sagte, die ganze Insel übersehen kann, und dann zwischen dem Großen und Kleinen Jasmunder Bodden hin, bis nach Saßnitz.

Denn nach Rügen reisen heißt nach Saßnitz reisen. Binz ginge vielleicht auch noch, aber da sind – ich muß Wüllersdorf noch einmal zitieren – so viele kleine Steinchen und Muschelschalen am Strande, und wir wollen doch baden.«

Effi war einverstanden mit allem, was von seiten Innstettens geplant wurde, vor allem auch damit, daß der ganze Hausstand auf vier Wochen aufgelöst werden und Roswitha mit Annie nach Hohen-Cremmen, Johanna aber zu ihrem etwas jüngeren Halbbruder reisen sollte, der bei Pasewalk eine Schneidemühle hatte. So war alles gut untergebracht. Mit Beginn der nächsten Woche brach man denn auch wirklich auf, und am selben Abende noch war man in Saßnitz. Über dem Gasthause stand »Hotel Fahrenheit«. »Die Preise hoffentlich nach Réaumur«, setzte Innstetten, als er den Namen las, hinzu, und in bester Laune machten beide noch einen Abendspaziergang an dem Klippenstrande hin und sahen von einem Felsenvorsprung aus auf die stille, vom Mondschein überzitterte Bucht. Effi war entzückt. »Ach, Geert, das ist ja Capri, das ist ja Sorrent. Ja, hier bleiben wir. Aber natürlich nicht im Hotel; die Kellner sind mir zu vornehm, und man geniert sich, um eine Flasche Sodawasser zu bitten...«

»Ja, lauter Attachés. Es wird sich aber wohl eine Privatwohnung finden lassen.«

»Denk' ich auch. Und wir wollen gleich morgen danach aussehen.«

Schön wie der Abend war der Morgen, und man nahm das Frühstück im Freien. Innstetten empfing etliche Briefe, die schnell erledigt werden mußten, und so beschloß Effi, die für sie freigewordene Stunde sofort zur Wohnungssuche zu benutzen. Sie ging erst an einer eingepferchten Wiese, dann an Häusergruppen und Haferfeldern vorüber und bog zuletzt in einen Weg ein, der schluchtartig auf das Meer zulief. Da, wo dieser Schluchtenweg den Strand traf, stand ein von hohen Buchen überschattetes Gasthaus, nicht so vornehm wie das Fahrenheitsche, mehr ein bloßes Restaurant, in dem, der frühen Stunde halber, noch alles leer war. Effi nahm an einem Aussichtspunkte Platz, und kaum daß sie von dem Sherry, den sie bestellt, genippt hatte, so trat auch schon der Wirt an sie heran, um halb aus Neugier und halb aus Artigkeit ein Gespräch mit ihr anzuknüpfen.

»Es gefällt uns sehr gut hier«, sagte sie, »meinem Manne und mir; welch prächtiger Blick über die Bucht, und wir sind nur in Sorge wegen einer Wohnung.«

»Ja, gnädigste Frau, das wird schwer halten...«

»Es ist aber schon spät im Jahr...«

»Trotzdem. Hier in Saßnitz ist sicherlich nichts zu finden, dafür möcht' ich mich verbürgen; aber weiterhin am Strand, wo das nächste Dorf anfängt, Sie können die Dächer von hier aus blinken sehen, da möcht' es vielleicht sein.«

»Und wie heißt das Dorf?«

»Crampas.«

Effi glaubte nicht recht gehört zu haben. »Crampas«, wiederholte sie mit Anstrengung. »Ich habe den Namen als Ortsnamen nie gehört... Und sonst nichts in der Nähe?«

»Nein, gnädigste Frau. Hier herum nichts. Aber höher hinauf, nach Norden zu, da kommen noch wieder Dörfer, und in dem Gasthause, das dicht neben Stubbenkammer liegt, wird man Ihnen gewiß Auskunft geben können. Es werden dort von solchen, die gerne noch vermieten wollen, immer Adressen abgegeben.«

Effi war froh, das Gespräch allein geführt zu haben, und als sie bald danach ihrem Manne Bericht erstattet und nur den Namen des an Saßnitz angrenzenden Dorfes verschwiegen hatte, sagte dieser: »Nun, wenn es hier herum nichts gibt, so wird es das beste sein, wir nehmen einen Wagen (wodurch man sich beiläufig einem Hotel immer empfiehlt) und übersiedeln ohne weiteres da höher hinauf, nach Stubbenkammer hin. Irgendwas Idyllisches mit einer Geißblattlaube wird sich da wohl finden lassen, und finden wir nichts, so bleibt uns immer noch das Hotel selbst. Eins ist schließlich wie das andere.«

Effi war einverstanden, und gegen Mittag schon erreichten sie das neben Stubbenkammer gelegene Gasthaus, von dem Innstetten eben gesprochen, und bestellten daselbst einen Imbiß. »Aber erst nach einer halben Stunde; wir haben vor, zunächst noch einen Spaziergang zu machen und uns den Herthasee anzusehen. Ein Führer ist doch wohl da?«

Dies wurde bejaht, und ein Mann von mittleren Jahren trat alsbald an unsere Reisenden heran. Er sah so wichtig und feierlich aus, als ob er mindestens ein Adjunkt bei dem alten Herthadienst gewesen wäre.

Der von hohen Bäumen umstandene See lag ganz in der Nähe, Binsen säumten ihn ein, und auf der stillen, schwarzen Wasserfläche schwammen zahlreiche Mummeln.

»Es sieht wirklich nach so was aus«, sagte Effi, »nach Herthadienst.«

»Ja, gnäd'ge Frau... Dessen sind auch noch die Steine Zeugen.«

»Welche Steine?«

»Die Opfersteine.«

Und während sich das Gespräch in dieser Weise fortsetzte, traten alle drei vom See her an eine senkrecht abgestochene Kies- und Lehmwand heran, an die sich etliche glatt polierte Steine lehnten, alle mit einer flachen Höhlung und etlichen nach unten laufenden Rinnen.

»Und was bezwecken *die*?«

»Daß es besser abliefe, gnäd'ge Frau.«

»Laß uns gehen«, sagte Effi, und den Arm ihres Mannes nehmend, ging sie mit ihm wieder auf das Gasthaus zurück, wo nun, an einer Stelle mit weitem Ausblick auf das Meer, das vorher bestellte Frühstück aufgetragen wurde. Die Bucht lag im Sonnenlichte vor ihnen, einzelne Segelboote glitten darüber hin, und um die benachbarten Klippen haschten sich die Möwen. Es war sehr schön, auch Effi fand es, aber wenn sie dann über die glitzernde Fläche hinwegsah, bemerkte sie, nach Süden zu, wieder die hell aufleuchtenden Dächer des langgestreckten Dorfes, dessen Name sie heute früh so sehr erschreckt hatte.

Innstetten, wenn auch ohne Wissen und Ahnung dessen, was in ihr vorging, sah doch deutlich, daß es ihr an aller Lust und Freude gebrach. »Es tut mir leid, Effi, daß du der Sache hier nicht recht froh wirst. Du kannst den Herthasee nicht vergessen und noch weniger die Steine.«

Sie nickte. »Es ist so, wie du sagst. Und ich muß dir bekennen, ich habe nichts in meinem Leben gesehen, was mich so traurig gestimmt hätte. Wir wollen das Wohnungssuchen ganz aufgeben; ich kann hier nicht bleiben.«

»Und gestern war es dir noch der Golf von Neapel und alles mögliche Schöne.«

»Ja, gestern.«

»Und heute? Heute keine Spur mehr von Sorrent?«

»Eine Spur noch, aber auch nur eine Spur; es ist Sorrent, als ob es sterben wollte.«

»Gut dann, Effi«, sagte Innstetten und reichte ihr die Hand. »Ich will dich mit Rügen nicht quälen, und so geben wir's denn auf. Abgemacht. Es ist nicht nötig, daß wir uns an Stubbenkammer anklammern oder an Saßnitz oder da weiter hinunter. Aber wohin?«

»Ich denke, wir bleiben noch einen Tag und warten das Dampfschiff ab, das, wenn ich nicht irre, morgen von Stettin kommt und nach Kopenhagen hinüberfährt. Da soll es ja so vergnüglich sein, und ich kann dir gar nicht sagen, wie sehr ich mich nach etwas Vergnüglichem sehne. Hier ist mir, als ob ich in meinem ganzen Leben nicht mehr lachen könnte und überhaupt nie gelacht hätte, und du weißt doch, wie gern ich lache.«

Innstetten zeigte sich voll Teilnahme mit ihrem Zustand, und das um so lieber, als er ihr in vielem recht gab. Es war wirklich alles schwermütig, so schön es war.

Und so warteten sie denn das Stettiner Schiff ab und trafen am dritten Tage in aller Frühe in Kopenhagen ein, wo sie auf Kongens Nytorv Wohnung nahmen. Zwei Stunden später waren sie schon im Thorwaldsen-Museum, und Effi sagte: »Ja, Geert, das ist schön, und ich bin glücklich, daß wir uns hierher auf den Weg gemacht haben.« Bald danach gingen sie zu Tisch und machten an der Table d'hôte die Bekanntschaft einer ihnen gegenübersitzenden jütländischen Familie, deren bildschöne Tochter, Thora von Penz, ebenso Innstettens wie Effis beinah bewundernde Aufmerksamkeit sofort in Anspruch nahm. Effi konnte sich nicht satt sehen an den großen, blauen Augen und dem flachsblonden Haar, und als man sich nach anderthalb Stunden von Tisch erhob, wurde seitens der Penzschen Familie – die leider, denselben Tag noch, Kopenhagen wieder verlassen mußte - die Hoffnung ausgesprochen, das junge preußische Paar mit nächstem in Schloß Aggerhuus (eine halbe Meile vom Limfjord) begrüßen zu dürfen, eine Einladung, die von den Innstettens auch ohne langes Zögern angenommen wurde. So vergingen die Stunden im Hotel. Aber damit war es nicht genug des Guten an diesem denkwürdigen Tage, von dem Effi denn auch versicherte, daß er im Kalender rot angestrichen werden müsse. Der Abend brachte, das Maß des Glücks voll zu machen, eine Vorstellung im Tivoli-Theater: eine italienische Pantomime, Arlequin und Colombine. Effi war wie berauscht von den kleinen Schelmereien, und als sie spät am Abend nach ihrem Hotel zurückkehrten, sagte sie: »Weißt du, Geert, nun fühl' ich doch, daß ich allmählich wieder zu mir komme. Von der schönen Thora will ich gar nicht erst sprechen; aber wenn ich bedenke, heute vormittag Thorwaldsen und heute abend diese Colombine...«

»...Die dir im Grunde doch noch lieber war als Thorwaldsen...«

»Offen gestanden, ja. Ich habe nun mal den Sinn für dergleichen. Unser gutes Kessin war ein Unglück für mich. Alles fiel mir da auf die Nerven. Rügen beinah auch. Ich denke, wir bleiben noch ein paar Tage hier in Kopenhagen, natürlich mit Ausflug nach Frederiksborg und Helsingör, und dann nach Jütland hinüber; ich freue mich aufrichtig, die schöne Thora wiederzusehen, und wenn ich ein Mann wäre, so verliebte ich mich in sie.«

Innstetten lachte. »Du weißt noch nicht, was ich tue.«

»Wär' mir schon recht. Dann gibt es einen Wettstreit, und du sollst sehen, dann hab' ich auch noch meine Kräfte.«

»Das brauchst du mir nicht erst zu versichern.«

So verlief denn auch die Reise. Drüben in Jütland fuhren sie den Limfjord hinauf, bis Schloß Aggerhuus, wo sie drei Tage bei der Penzschen Familie verblieben, und kehrten dann mit vielen Stationen und kürzeren und längeren Aufenthalten in Viborg, Flensburg, Kiel, über Hamburg (das ihnen ungemein gefiel) in die Heimat zurück - nicht direkt nach Berlin in die Keithstraße, wohl aber vorher nach Hohen-Cremmen, wo man sich nun einer wohlverdienten Ruhe hingeben wollte. Für Innstetten bedeutete das nur wenige Tage, da sein Urlaub abgelaufen war, Effi blieb aber noch eine Woche länger und sprach es aus, erst zum dritten Oktober, ihrem Hochzeitstage, wieder zu Haus eintreffen zu wollen.

Annie war in der Landluft prächtig gediehen, und was Roswitha geplant hatte, daß sie der Mama in Stiefelchen entgegenlaufen sollte, das gelang auch vollkommen. Briest gab sich als zärtlicher Großvater, warnte vor zuviel Liebe, noch mehr vor zuviel Strenge, und war in allem der alte. Eigentlich aber galt all seine Zärtlichkeit doch nur Effi, mit der er sich in seinem Gemüt immer beschäftigte, zumeist auch, wenn er mit seiner Frau allein war.

»Wie findest du Effi?«

»Lieb und gut wie immer. Wir können Gott nicht genug danken, eine so liebenswürdige Tochter zu haben. Und wie dankbar sie für alles ist und immer so glücklich, wieder unter unserm Dach zu sein.«

»Ja«, sagte Briest, »sie hat von dieser Tugend mehr als mir lieb ist. Eigentlich ist es, als wäre dies hier immer noch ihre Heimstätte. Sie hat doch den Mann und das Kind, und der Mann ist ein Juwel, und das Kind ist ein Engel, aber dabei tut sie, als wäre Hohen-Cremmen immer noch die Hauptsache für sie und Mann und Kind kämen gegen uns beide nicht an. Sie ist eine prächtige Tochter, aber sie ist es mir zu sehr. Es ängstigt mich ein bißchen. Und ist auch ungerecht gegen Innstetten. Wie steht es denn eigentlich damit?«

»Ja, Briest, was meinst du?«

»Nun, ich meine, was ich meine, und du weißt auch was. Ist sie glücklich? Oder ist da doch irgendwas im Wege? Von Anfang an war mir's so, als ob sie ihn mehr schätze als liebe. Und das ist in meinen Augen ein schlimm Ding. Liebe hält auch nicht immer vor, aber Schätzung gewiß nicht. Eigentlich ärgern sich die Weiber, wenn sie wen schätzen müssen; erst ärgern sie sich, und dann langweilen sie sich, und zuletzt lachen sie.«

»Hast du so was an dir selber erfahren?«

»Das will ich nicht sagen. Dazu stand ich nicht hoch genug

in der Schätzung. Aber schrauben wir uns nicht weiter, Luise. Sage, wie steht es?«

»Ja, Briest, du kommst immer auf diese Dinge zurück. Da reicht ja kein dutzendmal, daß wir darüber gesprochen und unsere Meinungen ausgetauscht haben, und immer bist du wieder da mit deinem Alles-wissen-Wollen und fragst dabei so schrecklich naiv, als ob ich in alle Tiefen sähe. Was hast du nur für Vorstellungen von einer jungen Frau und ganz speziell von deiner Tochter? Glaubst du, daß das alles so plan daliegt? Oder daß ich ein Orakel bin (ich kann mich nicht gleich auf den Namen der Person besinnen), oder daß ich die Wahrheit sofort klipp und klar in den Händen halte, wenn mir Effi ihr Herz ausgeschüttet hat? Oder was man wenigstens so nennt. Denn was heißt ausschütten? Das Eigentliche bleibt doch zurück. Sie wird sich hüten, mich in ihre Geheimnisse einzuweihen. Außerdem, ich weiß nicht, von wem sie's hat, sie ist... ja, sie ist eine sehr schlaue kleine Person, und diese Schlauheit an ihr ist um so gefährlicher, weil sie so sehr liebenswürdig ist.«

»Also das gibst du doch zu... liebenswürdig. Und auch gut?«

»Auch gut. Das heißt voll Herzensgüte. Wie's sonst steht, da bin ich mir doch nicht sicher; ich glaube, sie hat einen Zug, den lieben Gott einen guten Mann sein zu lassen und sich zu trösten, er werde wohl nicht allzu streng mit ihr sein.«

»Meinst du?«

»Ja, das mein' ich. Übrigens glaube ich, daß sich vieles gebessert hat. Ihr Charakter ist, wie er ist, aber die Verhältnisse liegen seit ihrer Übersiedlung um vieles günstiger, und sie leben sich mehr und mehr ineinander ein. Sie hat mir so was gesagt, und was mir wichtiger ist, ich hab' es auch bestätigt gefunden, mit Augen gesehen.«

»Nun, was sagte sie?«

»Sie sagte: Mama, es geht jetzt besser. Innstetten war immer ein vortrefflicher Mann, so einer, wie's nicht viele gibt, aber ich konnte nicht recht an ihn heran, er hatte so was Fremdes. Und fremd war er auch in seiner Zärtlichkeit. Ja, dann am meisten; es hat Zeiten gegeben, wo ich mich davor fürchtete.«

»Kenn' ich, kenn' ich.«

»Was soll das heißen, Briest? Soll ich mich gefürchtet haben oder willst du dich gefürchtet haben? Ich finde beides gleich lächerlich...«

»Du wolltest von Effi erzählen.«

»Nun also, sie gestand mir, daß dies Gefühl des Fremden sie verlassen habe, was sie sehr glücklich mache. Kessin sei nicht der rechte Platz für sie gewesen, das spukige Haus und die Menschen da, die einen zu fromm, die andern zu platt, aber seit ihrer Übersiedlung nach Berlin fühle sie sich ganz an ihrem Platz. Er sei der beste Mensch, etwas zu alt für sie und zu gut für sie, aber sie sei nun über den Berg. Sie brauchte diesen Ausdruck, der mir allerdings auffiel.«

»Wieso? Er ist nicht ganz auf der Höhe, ich meine der Ausdruck. Aber...«

»Es steckt etwas dahinter. Und sie hat mir das auch andeuten wollen.«

»Meinst du?«

»Ja, Briest; du glaubst immer, sie könne kein Wasser trüben. Aber darin irrst du. Sie läßt sich gern treiben, und wenn die Welle gut ist, dann ist sie auch selber gut. Kampf und Widerstand sind nicht ihre Sache.«

Roswitha kam mit Annie, und so brach das Gespräch ab.

Dies Gespräch führten Briest und Frau an demselben Tage, wo Innstetten von Hohen-Cremmen nach Berlin hin abgereist war, Effi auf wenigstens noch eine Woche zurücklassend. Er wußte, daß es nichts Schöneres für sie gab, als so sorglos in einer weichen Stimmung hinträumen zu können, immer freundliche Worte zu hören und die Versicherung, wie liebenswürdig sie sei. Ja, das war das, was ihr vor allem wohltat, und sie genoß es auch diesmal wieder in vollen Zügen und aufs dankbarste, trotzdem jede Zerstreuung fehlte; Besuch kam selten, weil es seit ihrer Verheiratung, wenigstens für die junge Welt, an dem rechten Anziehungspunkte gebrach, und selbst die Pfarre und die Schule waren nicht mehr das, was sie noch vor Jahr und Tag gewesen waren. Zumal im Schulhause stand alles halb leer. Die Zwillinge hatten sich im Frühjahr an zwei

Lehrer in der Nähe von Genthin verheiratet, große Doppelhochzeit mit Festbericht im »Anzeiger fürs Havelland«, und Hulda war in Friesack zur Pflege einer alten Erbtante, die sich übrigens, wie gewöhnlich in solchen Fällen, um sehr viel langlebiger erwies, als Niemeyers angenommen hatten. Hulda schrieb aber trotzdem immer zufriedene Briefe, nicht weil sie wirklich zufrieden war (im Gegenteil), sondern weil sie den Verdacht nicht aufkommen lassen wollte, daß es einem so ausgezeichneten Wesen anders als sehr gut ergehen könne. Niemeyer, ein schwacher Vater, zeigte die Briefe mit Stolz und Freude, während der ebenfalls ganz in seinen Töchtern lebende Jahnke sich herausgerechnet hatte, daß beide junge Frauen am selben Tage, und zwar am Weihnachtsheiligabend, ihre Niederkunft halten würden. Effi lachte herzlich und drückte dem Großvater in spe zunächst den Wunsch aus, bei beiden Enkeln zu Gevatter geladen zu werden, ließ dann aber die Familienthemata fallen und erzählte von »Kjöbenhavn« und Helsingör, vom Limfjord und Schloß Aggerhuus, und vor allem von Thora von Penz, die, wie sie nur sagen könne, »typisch skandinavisch« gewesen sei, blauäugig, flachsen und immer in einer roten Plüschtaille, wobei sich Jahnke verklärte und einmal über das andere sagte: »Ja, so sind sie; rein germanisch, viel deutscher als die Deutschen.«

An ihrem Hochzeitstage, dem dritten Oktober, wollte Effi wieder in Berlin sein. Nun war es der Abend vorher, und unter dem Vorgeben, daß sie packen und alles zur Rückreise vorbereiten wolle, hatte sie sich schon verhältnismäßig früh auf ihr Zimmer zurückgezogen. Eigentlich lag ihr aber nur daran, allein zu sein; so gern sie plauderte, so hatte sie doch auch Stunden, wo sie sich nach Ruhe sehnte.

Die von ihr im Oberstock bewohnten Zimmer lagen nach dem Garten hinaus; in dem kleineren schlief Roswitha und Annie, die Tür nur angelehnt, in dem größeren, das sie selber innehatte, ging sie auf und ab; die unteren Fensterflügel waren geöffnet, und die kleinen weißen Gardinen bauschten sich in dem Zuge, der ging, und fielen dann langsam über die Stuhllehne, bis ein neuer Zugwind kam und sie wieder frei machte. Dabei war es so hell, daß man die Unterschriften unter den über dem Sofa hängenden und in schmale Goldleisten eingerahmten Bildern deutlich lesen konnte: »Der Sturm auf Düppel, Schanze V«, und daneben: »König Wilhelm und Graf Bismarck auf der Höhe von Lipa«. Effi schüttelte den Kopf und lächelte. »Wenn ich wieder hier bin, bitt' ich mir andere Bilder aus; ich kann so was Kriegerisches nicht leiden.« Und nun schloß sie das eine Fenster und setzte sich an das andere, dessen Flügel sie offen ließ. Wie tat ihr das alles so wohl. Neben dem Kirchturm stand der Mond und warf sein Licht auf den Rasenplatz mit der Sonnenuhr und den Heliotropbeeten. Alles schimmerte silbern, und neben den Schattenstreifen lagen weiße Lichtstreifen, so weiß, als läge Leinwand auf der Bleiche. Weiterhin aber standen die hohen Rhabarberstauden wieder, die Blätter herbstlich gelb, und sie mußte des Tages gedenken, nun erst wenig über zwei Jahre, wo sie hier mit Hulda und den Jahnkeschen Mädchen gespielt hatte. Und dann war sie, als der Besuch kam, die kleine Steintreppe neben der Bank hinaufgestiegen, und eine Stunde später war sie Braut.

Sie erhob sich und ging auf die Tür zu und horchte: Roswitha schlief schon und Annie auch.

Und mit einem Male, während sie das Kind so vor sich hatte, traten ungerufen allerlei Bilder aus den Kessiner Tagen wieder vor ihre Seele: das landrätliche Haus mit seinem Giebel und die Veranda mit dem Blick auf die Plantage, und sie saß im Schaukelstuhl und wiegte sich; und nun trat Crampas an sie heran, um sie zu begrüßen, und dann kam Roswitha mit dem Kinde, und sie nahm es und hob es hoch in die Höhe und küßte es.

»Das war der erste Tag; da fing es an.« Und während sie dem nachhing, verließ sie das Zimmer, drin die beiden schliefen, und setzte sich wieder an das offene Fenster und sah in die stille Nacht hinaus.

»Ich kann es nicht loswerden«, sagte sie. »Und was das schlimmste ist und mich ganz irremacht an mir selbst...«

In diesem Augenblicke setzte die Turmuhr drüben ein, und Effi zählte die Schläge.

»Zehn... Und morgen um diese Stunde bin ich in Berlin. Und wir sprechen davon, daß unser Hochzeitstag sei, und er sagt mir Liebes und Freundliches und vielleicht Zärtliches. Und ich sitze dabei und höre es und habe die Schuld auf meiner Seele.«

Und sie stützte den Kopf auf ihre Hand und starrte vor sich hin und schwieg.

»Und habe die Schuld auf meiner Seele«, wiederholte sie. »Ja, da hab' ich sie. Aber *lastet* sie auch auf meiner Seele? Nein. Und das ist es, warum ich vor mir selbst erschrecke. Was da lastet, das ist etwas ganz anderes – Angst, Todesangst, und die ewige Furcht: es kommt doch am Ende noch an den Tag. Und dann außer der Angst... Scham. Ich schäme mich. Aber wie ich nicht die rechte Reue habe, so hab' ich auch nicht die rechte Scham. Ich schäme mich bloß von wegen dem ewigen Lug und Trug; immer war es mein Stolz, daß ich nicht lügen könne und auch nicht zu lügen brauche, lügen ist so gemein, und nun habe ich doch immer lügen müssen, vor ihm und vor aller Welt, im großen und im kleinen, und Rummschüttel hat es gemerkt und hat die Achseln gezuckt, und wer weiß, was er von mir denkt, jedenfalls nicht das beste. Ja, Angst quält mich und dazu Scham über mein Lügenspiel. Aber Scham über meine Schuld, die hab' ich *nicht* oder doch nicht so recht oder doch nicht genug, und das bringt mich um, daß ich sie nicht habe. Wenn alle Weiber so sind, dann ist es schrecklich, und wenn sie nicht so sind, wie ich hoffe, dann steht es schlecht um mich, dann ist etwas nicht in Ordnung in meiner Seele, dann fehlt mir das richtige Gefühl. Und das hat mir der alte Niemeyer in seinen guten Tagen noch, als ich noch ein halbes Kind war, mal gesagt: auf ein richtiges Gefühl, darauf käme es an, und wenn man das habe, dann könne einem das Schlimmste nicht passieren, und wenn man es nicht habe, dann sei man in einer ewigen Gefahr, und das, was man den Teufel nenne, das habe dann eine sichere Macht über uns. Um Gottes Barmherzigkeit willen, steht es so mit mir?«

Und sie legte den Kopf in ihre Arme und weinte bitterlich.

Als sie sich wieder aufrichtete, war sie ruhiger geworden und sah wieder in den Garten hinaus. Alles war so still, und ein leiser, feiner Ton, wie wenn es regnete, traf von den Platanen her ihr Ohr.

So verging eine Weile. Herüber von der Dorfstraße klang ein Geplärr: der alte Nachtwächter Kulicke rief die Stunden ab, und als er zuletzt schwieg, vernahm sie von fernher, aber immer näher kommend, das Rasseln des Zuges, der, auf eine halbe Meile Entfernung, an Hohen-Cremmen vorüberfuhr. Dann wurde der Lärm wieder schwächer, endlich erstarb er ganz, und nur der Mondschein lag noch auf dem Grasplatz, und nur auf die Platanen rauschte es nach wie vor wie leiser Regen nieder. Aber es war nur die Nachtluft, die ging.

FÜNFUNDZWANZIGSTES KAPITEL

Am andern Abend war Effi wieder in Berlin, und Innstetten empfing sie am Bahnhof, mit ihm Rollo, der, als sie plaudernd durch den Tiergarten hinfuhren, nebenher trabte.

»Ich dachte schon, du würdest nicht Wort halten.«

»Aber Geert, ich werde doch Wort halten, das ist doch das erste.«

»Sage das nicht. Immer Wort halten ist sehr viel. Und mitunter kann man auch nicht. Denke doch zurück. Ich erwartete dich damals in Kessin, als du die Wohnung mietetest, und wer nicht kam, war Effi.«

»Ja, das war was anderes.«

Sie mochte nicht sagen »ich war krank«, und Innstetten hörte darüber hin. Er hatte seinen Kopf auch voll anderer Dinge, die sich auf sein Amt und seine gesellschaftliche Stellung bezogen. »Eigentlich, Effi, fängt unser Berliner Leben nun erst an. Als wir im April hier einzogen, damals ging es mit der Saison auf die Neige, kaum noch, daß wir unsere Besuche machen konnten, und Wüllersdorf, der einzige, dem wir näherstanden – nun, der ist leider Junggeselle. Von Juni an schläft dann alles ein, und die heruntergelassenen Rouleaux verkünden einem schon auf hundert Schritt ›Alles ausgeflogen‹; ob wahr oder nicht, macht keinen Unterschied... Ja, was blieb da noch? Mal mit Vetter Briest sprechen, mal bei Hiller essen, das ist kein richtiges Berliner Leben. Aber nun soll es anders werden. Ich habe mir die Namen aller Räte notiert, die noch mobil genug sind, um ein Haus zu machen. Und wir wollen es *auch*, wollen auch ein Haus machen, und wenn der Winter dann da ist, dann soll es im ganzen Ministerium heißen: ›Ja, die liebenswürdigste Frau, die wir jetzt haben, das ist doch die Frau von Innstetten.‹«

»Ach, Geert, ich kenne dich ja gar nicht wieder, du sprichst ja wie ein Courmacher.«

»Es ist unser Hochzeitstag, und da mußt du mir schon was zugute halten.«

Innstetten war ernsthaft gewillt, auf das stille Leben, das er in seiner landrätlichen Stellung geführt, ein gesellschaftlich angeregteres folgen zu lassen, um seinet- und noch mehr um Effis willen; es ließ sich aber anfangs nur schwach und vereinzelt damit an, die rechte Zeit war noch nicht gekommen, und das Beste, was man zunächst von dem neuen Leben hatte, war genauso wie während des zurückliegenden Halbjahres, ein Leben im Hause. Wüllersdorf kam oft, auch Vetter Briest, und waren die da, so schickte man zu Gizickis hinauf, einem jungen Ehepaare, das über ihnen wohnte. Gizicki selbst war Landgerichtsrat, seine kluge, aufgeweckte Frau ein Fräulein von Schmettau. Mitunter wurde musiziert, kurze Zeit sogar ein Whist versucht; man gab es aber wieder auf, weil man fand, daß eine Plauderei gemütlicher wäre. Gizickis hatten bis vor kurzem in einer kleinen oberschlesischen Stadt gelebt, und Wüllersdorf war sogar, freilich vor einer Reihe von Jahren schon, in den verschiedensten kleinen Nestern der Provinz Posen gewesen, weshalb er denn auch den bekannten Spottvers:

> Schrimm
> Ist schlimm,
> Rogasen
> Zum Rasen,
> Aber weh dir nach Samter
> Verdammter –

mit ebensoviel Emphase wie Vorliebe zu zitieren pflegte. Niemand erheiterte sich dabei mehr als Effi, was dann meistens Veranlassung wurde, kleinstädtische Geschichten in Hülle und

Fülle folgen zu lassen. Auch Kessin – mit Gieshübler und der Trippelli, mit Oberförster Ring und Sidonie Grasenabb – kam dann wohl an die Reihe, wobei sich Innstetten, wenn er guter Laune war, nicht leicht genug tun konnte. »Ja«, so hieß es dann wohl, »unser gutes Kessin! Das muß ich zugeben, es war eigentlich reich an Figuren, obenan Crampas, Major Crampas, ganz Beau und halber Barbarossa, den meine Frau, ich weiß nicht, soll ich sagen unbegreiflicher- oder begreiflicherweise, stark in Affektion genommen hatte...« – »Sagen wir begreiflicherweise«, warf Wüllersdorf ein, »denn ich nehme an, daß er Ressourcenvorstand war und Komödie spielte, Liebhaber oder Bonvivants. Und vielleicht noch mehr, vielleicht war er auch ein Tenor.« Innstetten bestätigte das eine wie das andere, und Effi suchte lachend darauf einzugehen, aber es gelang ihr nur mit Anstrengung, und wenn dann die Gäste gingen und Innstetten sich in sein Zimmer zurückzog, um noch einen Stoß Akten abzuarbeiten, so fühlte sie sich immer aufs neue von den alten Vorstellungen gequält, und es war ihr zu Sinn, als ob ihr ein Schatten nachginge.

Solche Beängstigungen blieben ihr auch. Aber sie kamen doch seltener und schwächer, was bei der Art, wie sich ihr Leben gestaltete, nicht wundernehmen konnte. Die Liebe, mit der ihr nicht nur Innstetten, sondern auch fernerstehende Personen begegneten, und nicht zum wenigsten die beinah zärtliche Freundschaft, die die Ministerin, eine selbst noch junge Frau, für sie an den Tag legte – all das ließ die Sorgen und Ängste zurückliegender Tage sich wenigstens mindern, und als ein zweites Jahr ins Land gegangen war und die Kaiserin, bei Gelegenheit einer neuen Stiftung, die »Frau Geheimrätin« mit ausgewählt und in die Zahl der Ehrendamen eingereiht, der alte Kaiser Wilhelm aber auf dem Hofball gnädige, huldvolle Worte an die schöne, junge Frau, »von der er schon gehört habe«, gerichtet hatte, da fiel es allmählich von ihr ab. Es war einmal gewesen, aber weit, weit weg, wie auf einem andern Stern, und alles löste sich wie ein Nebelbild und wurde Traum.

Die Hohen-Cremmener kamen dann und wann auf Besuch und freuten sich des Glücks der Kinder, Annie wuchs heran – »schön wie die Großmutter«, sagte der alte Briest –, und wenn es an dem klaren Himmel eine Wolke gab, so war es die, daß es, wie man nun beinahe annehmen mußte, bei Klein-Annie sein Bewenden haben werde; Haus Innstetten (denn es gab nicht einmal Namensvettern) stand also mutmaßlich auf dem Aussterbeetat. Briest, der den Fortbestand anderer Familien obenhin behandelte, weil er eigentlich nur an die Briests glaubte, scherzte mitunter darüber und sagte: »Ja, Innstetten, wenn das so weiter geht, so wird Annie seiner Zeit wohl einen Bankier heiraten (hoffentlich einen christlichen, wenn's deren dann noch gibt) und mit Rücksicht auf das alte freiherrliche Geschlecht der Innstetten wird dann Seine Majestät Annies Haute finance-Kinder unter dem Namen ›von der Innstetten‹ im Gothaischen Kalender, oder was weniger wichtig ist, in der preußischen Geschichte fortleben lassen« – Ausführungen, die von Innstetten selbst immer mit einer kleinen Verlegenheit, von Frau von Briest mit Achselzucken, von Effi dagegen mit Heiterkeit aufgenommen wurden. Denn so adelsstolz sie war, so war sie's doch nur für ihre Person, und ein eleganter und welterfahrener und vor allem sehr, sehr reicher Bankierschwiegersohn wäre durchaus nicht gegen ihre Wünsche gewesen.

Ja, Effi nahm die Erbfolgefrage leicht, wie junge, reizende Frauen das tun; als aber eine lange, lange Zeit – sie waren schon im siebenten Jahre in ihrer neuen Stellung – vergangen war, wurde der alte Rummschüttel, der auf dem Gebiete der Gynäkologie nicht ganz ohne Ruf war, durch Frau von Briest doch schließlich zu Rate gezogen. Er verordnete Schwalbach. Weil aber Effi seit letztem Winter auch an katarrhalischen Affektionen litt und ein paarmal sogar auf Lunge hin behorcht worden war, so hieß es abschließend: »Also zunächst Schwalbach, meine Gnädigste, sagen wir drei Wochen und dann ebensolange Ems. Bei der Emser Kur kann aber der Geheimrat zugegen sein. Bedeutet mithin alles in allem drei Wochen Trennung. Mehr kann ich für Sie nicht tun, lieber Innstetten.«

Damit war man denn auch einverstanden, und zwar sollte Effi, dahin ging ein weiterer Beschluß, die Reise mit einer Geheimrätin Zwicker zusammen machen, wie Briest sagte »zum Schutze dieser letzteren«, worin er nicht ganz unrecht hatte, da die Zwicker, trotz guter Vierzig, eines Schutzes erheblich bedürftiger war als Effi. Innstetten, der wieder viel mit Vertretung zu tun hatte, beklagte, daß er, von Schwalbach gar nicht zu reden, wahrscheinlich auch auf gemeinschaftliche Tage in Ems werde verzichten müssen. Im übrigen wurde der 24. Juni (Johannistag) als Abreisetag festgesetzt, und Roswitha half der gnädigen Frau beim Packen und Aufschreiben der Wäsche. Effi hatte noch immer die alte Liebe für sie, war doch Roswitha die einzige, mit der sie von all dem Zurückliegenden, von Kessin und Crampas, von dem Chinesen und Kapitän Thomsens Nichte frei und unbefangen reden konnte.

»Sage, Roswitha, du bist doch eigentlich katholisch. Gehst du denn nie zur Beichte?«

»Nein.«

»Warum nicht?«

»Ich bin früher gegangen. Aber das Richtige hab' ich doch nicht gesagt.«

»Das ist sehr unrecht. Dann freilich kann es nicht helfen.«

»Ach, gnädigste Frau, bei mir im Dorfe machten es alle so. Und welche waren, die kicherten bloß.«

»Hast du denn nie empfunden, daß es ein Glück ist, wenn man etwas auf der Seele hat, daß es runter kann?«

»Nein, gnädigste Frau. Angst habe ich wohl gehabt, als mein Vater damals mit dem glühenden Eisen auf mich los kam; ja, das war eine große Furcht, aber weiter war es nichts.«

»Nicht vor Gott?«

»Nicht so recht, gnädigste Frau. Wenn man sich vor seinem Vater so fürchtet, wie ich mich gefürchtet habe, dann fürchtet man sich nicht so sehr vor Gott. Ich habe bloß immer gedacht, der liebe Gott sei gut und werde mir armem Wurm schon helfen.«

Effi lächelte und brach ab und fand es auch natürlich, daß die arme Roswitha so sprach, wie sie sprach. Sie sagte aber doch: »Weißt du, Roswitha, wenn ich wiederkomme, müssen wir doch noch mal ernstlich drüber reden. Es war doch eigentlich eine große Sünde.«

»Das mit dem Kinde, und daß es verhungert ist? Ja, gnädigste Frau, das war es. Aber ich war es ja nicht, das waren ja die anderen... Und dann ist es auch schon so sehr lange her.«

SECHSUNDZWANZIGSTES KAPITEL

Effi war nun schon in die fünfte Woche fort und schrieb glückliche, beinahe übermütige Briefe, namentlich seit ihrem Eintreffen in Ems, wo man doch unter Menschen sei, das heißt unter Männern, von denen sich in Schwalbach nur ausnahmsweise was gezeigt habe. Geheimrätin Zwicker, ihre Reisegefährtin, habe freilich die Frage nach dem Kurgemäßen dieser Zutat aufgeworfen und sich aufs entschiedenste dagegen ausgesprochen, alles natürlich mit einem Gesichtsausdrucke, der so ziemlich das Gegenteil versichert habe; die Zwicker sei reizend, etwas frei, wahrscheinlich sogar mit einer Vergangenheit, aber höchst amüsant, und man könne viel, sehr viel von ihr lernen; nie habe sie sich, trotz ihrer Fünfundzwanzig, so als Kind gefühlt, wie nach der Bekanntschaft mit dieser Dame. Dabei sei sie so belesen, auch in fremder Literatur, und als sie, Effi, beispielsweise neulich von Nana gesprochen und dabei gefragt habe, »ob es denn wirklich so schrecklich sei«, habe die Zwicker geantwortet: »Ach, meine liebe Baronin, was heißt schrecklich? Da gibt es noch ganz anderes.« »Sie schien mich auch«, so schloß Effi ihren Brief, »mit diesem ›anderen‹ bekannt machen zu wollen. Ich habe es aber abgelehnt, weil ich weiß, daß du die Unsitte unserer Zeit aus diesem und ähnlichem herleitest, und wohl mit Recht. Leicht ist es mir aber nicht geworden. Dazu kommt noch, daß Ems in einem Kessel liegt. Wir leiden hier außerordentlich unter der Hitze.«

Innstetten hatte diesen letzten Brief mit geteilten Empfindungen gelesen, etwas erheitert, aber doch auch ein wenig mißmutig. Die Zwicker war keine Frau für Effi, der nun mal ein Zug innewohnte, sich nach links hin treiben zu lassen; er gab es aber auf, irgendwas in diesem Sinne zu schreiben, einmal weil er sie nicht verstimmen wollte, mehr noch, weil er sich sagte, daß es doch nichts helfen würde. Dabei sah er der Rückkehr seiner Frau mit Sehnsucht entgegen und beklagte des Dienstes nicht bloß »immer gleichgestellte«, sondern jetzt, wo jeder Ministerialrat fort war oder fort wollte, leider auch auf Doppelstunden gestellte Uhr.

Ja, Innstetten sehnte sich nach Unterbrechung von Arbeit

und Einsamkeit, und verwandte Gefühle hegte man draußen in der Küche, wo Annie, wenn die Schulstunden hinter ihr lagen, ihre Zeit am liebsten verbrachte, was insoweit ganz natürlich war, als Roswitha und Johanna nicht nur das kleine Fräulein in gleichem Maße liebten, sondern auch untereinander nach wie vor auf dem besten Fuße standen. Diese Freundschaft der beiden Mädchen war ein Lieblingsgespräch zwischen den verschiedenen Freunden des Hauses, und Landgerichtsrat Gizicki sagte dann wohl zu Wüllersdorf: »Ich sehe darin nur eine neue Bestätigung des alten Weisheitssatzes: ›Laßt fette Leute um mich sein‹; Cäsar war eben ein Menschenkenner und wußte, daß Dinge, wie Behaglichkeit und Umgänglichkeit, eigentlich nur beim Embonpoint sind.« Von einem solchen ließ sich denn nun bei beiden Mädchen auch wirklich sprechen, nur mit dem Unterschiede, daß das in diesem Falle nicht gut zu umgehende Fremdwort bei Roswitha schon stark eine Beschönigung, bei Johanna dagegen einfach die zutreffende Bezeichnung war. Diese letztere durfte man nämlich nicht eigentlich korpulent nennen, sie war nur prall und drall und sah jederzeit mit einer eigenen, ihr übrigens durchaus kleidenden Siegermiene gradlinig und blauäugig über ihre Normalbüste fort. Von Haltung und Anstand getragen, lebte sie ganz in dem Hochgefühl, die Dienerin eines guten Hauses zu sein, wobei sie das Überlegenheitsbewußtsein über die halb bäuerisch gebliebene Roswitha in einem so hohen Maße hatte, daß sie, was gelegentlich vorkam, die momentan bevorzugte Stellung dieser nur belächelte. Diese Bevorzugung – nun ja, wenn's dann mal so sein sollte, war eine kleine liebenswürdige Sonderbarkeit der gnädigen Frau, die man der guten, alten Roswitha mit ihrer ewigen Geschichte »von dem Vater mit der glühenden Eisenstange« schon gönnen konnte. »Wenn man sich besser hält, so kann dergleichen nicht vorkommen.« Das alles dachte sie, sprach's aber nicht aus. Es war eben ein freundliches Miteinanderleben. Was aber wohl ganz besonders für Frieden und gutes Einvernehmen sorgte, das war der Umstand, daß man sich, nach einem stillen Übereinkommen, in die Behandlung und fast auch Erziehung Annies geteilt hatte. Roswitha hatte das poetische Departement, die Märchen- und Geschichtenerzählung, Johanna dagegen das des Anstands, eine Teilung, die hüben und drüben so fest gewurzelt stand, daß Kompetenzkonflikte kaum vorkamen, wobei der Charakter Annies, die eine ganz entschiedene Neigung hatte, das vornehme Fräulein zu betonen, allerdings mithalf, eine Rolle, bei der sie keine bessere Lehrerin als Johanna haben konnte.

Noch einmal also: beide Mädchen waren gleichwertig in Annies Augen. In diesen Tagen aber, wo man sich auf die Rückkehr Effis vorbereitete, war Roswitha der Rivalin mal wieder um einen Pas voraus, weil ihr, und zwar als etwas *ihr* Zuständiges, die ganze Begrüßungsangelegenheit zugefallen war. Diese Begrüßung zerfiel in zwei Hauptteile: Girlande mit Kranz und dann, abschließend, Gedichtvortrag. Kranz und Girlande – nachdem man über »W.« oder »E. v. I.« eine Zeitlang geschwankt – hatte zuletzt keine sonderlichen Schwierigkeiten gemacht (»W.«, in Vergißmeinnicht geflochten, war bevorzugt worden), aber desto größere Verlegenheit schien die Gedichtfrage heraufbeschwören zu sollen und wäre vielleicht ganz unbeglichen geblieben, wenn Roswitha nicht den Mut gehabt hätte, den von einer Gerichtssitzung heimkehrenden Landgerichtsrat auf der zweiten Treppe zu stellen und ihm mit einem auf einen »Vers« gerichteten Ansinnen mutig entgegenzutreten. Gizicki, ein sehr gütiger Herr, hatte sofort alles versprochen, und noch am selben Spätnachmittage war seitens seiner Köchin der gewünschte Vers, und zwar folgenden Inhalts, abgegeben worden:

> Mama, wir erwarten dich lange schon,
> Durch Wochen und Tage und Stunden,
> Nun grüßen wir dich von Flur und Balkon
> Und haben Kränze gewunden.
> Nun lacht Papa voll Freudigkeit,
> Denn die gattin- und mutterlose Zeit
> Ist endlich von ihm genommen,
> Und Roswitha lacht und Johanna dazu,
> Und Annie springt aus ihrem Schuh
> Und ruft: willkommen, willkommen.

Es versteht sich von selbst, daß die Strophe noch an demselben Abend auswendig gelernt, aber doch nebenher auch auf ihre Schönheit, beziehungsweise Nichtschönheit kritisch geprüft worden war. Das Betonen von Gattin und Mutter, so hatte Johanna sich geäußert, erscheine zunächst freilich in der Ordnung; aber es läge doch auch etwas darin, was Anstoß erregen könne, und sie persönlich würde sich als »Gattin und Mutter« dadurch verletzt fühlen. Annie, durch diese Bemerkung einigermaßen geängstigt, versprach, das Gedicht am andern Tage der Klassenlehrerin vorlegen zu wollen und kam mit dem Bemerken zurück: »Das Fräulein sei mit ›Gattin und Mutter‹ durchaus einverstanden, aber desto mehr gegen ›Roswitha und Johanna‹ gewesen«, – worauf Roswitha erklärt hatte: »Das Fräulein sei eine dumme Gans; das käme davon, wenn man zuviel gelernt habe.«

Es war an einem Mittwoch, daß die Mädchen und Annie das vorstehende Gespräch geführt und den Streit um die bemängelte Zeile beigelegt hatten. Am andern Morgen – ein erwarteter Brief Effis hatte noch den mutmaßlich erst in den Schluß der nächsten Woche fallenden Ankunftstag festzustellen – ging Innstetten auf das Ministerium. Jetzt war Mittag heran, die Schule aus, und als Annie, ihre Mappe auf dem Rücken, eben vom Kanal her auf die Keithstraße zuschritt, traf sie Roswitha vor ihrer Wohnung.

»Nun laß sehen«, sagte Annie, »wer am ehesten von uns die Treppe heraufkommt.« Roswitha wollte von diesem Wettlauf nichts wissen, aber Annie jagte voran, geriet, oben angekommen, ins Stolpern und fiel dabei so unglücklich, daß sie mit der Stirn auf den dicht an der Treppe befindlichen Abkratzer aufschlug und stark blutete. Roswitha, mühevoll nachkeuchend, riß jetzt die Klingel, und als Johanna das etwas verängstigte Kind hineingetragen hatte, beratschlagte man, was nun wohl zu machen sei. »Wir wollen nach dem Doktor schicken, ... wir wollen nach dem gnädigen Herrn schicken ... des Portiers Lene muß ja jetzt auch aus der Schule wieder da sein.« Es wurde aber alles wieder verworfen, weil es zu lange dauere, man müsse gleich was tun, und so packte man denn das Kind aufs Sofa und begann, mit kaltem Wasser zu kühlen. Alles ging auch gut, so daß man sich zu beruhigen begann. »Und nun wollen wir sie verbinden«, sagte schließlich Roswitha. »Da muß ja noch die lange Binde sein, die die gnädige Frau letzten Winter zuschnitt, als sie sich auf dem Eise den Fuß verknickt hatte...« »Freilich, freilich«, sagte Johanna, »bloß wo die Binde hernehmen?... Richtig, da fällt mir ein, die liegt im Nähtisch. Er wird wohl zu sein, aber das Schloß ist Spielerei; holen Sie nur das Stemmeisen, Roswitha, wir wollen den Deckel aufbrechen.« Und nun wuchteten sie auch wirklich den Deckel ab und begannen in den Fächern umherzukramen, oben und unten, die zusammengerollte Binde jedoch wollte sich nicht finden lassen. »Ich weiß aber doch, daß ich sie gesehn habe«, sagte Roswitha, und während sie halb ärgerlich immer weiter suchte, flog alles, was ihr dabei zu Händen kam, auf das breite Fensterbrett: Nähzeug, Nadelkissen, Rollen mit Zwirn und Seide, kleine vertrocknete Veilchensträußchen, Karten, Billets, zuletzt ein kleines Konvolut von Briefen, das unter dem dritten Einsatz gelegen hatte, ganz unten, mit einem roten Seidenfaden umwickelt. Aber die Binde hatte man noch immer nicht.

In diesem Augenblicke trat Innstetten ein.

»Gott«, sagte Roswitha und stellte sich erschreckt neben das Kind. »Es ist nichts, gnädiger Herr; Annie ist auf das Kratzeisen gefallen... Gott, was wird die gnädige Frau sagen. Und doch ist es ein Glück, daß sie nicht mit dabei war.«

Innstetten hatte mittlerweile die vorläufig aufgelegte Kompresse fortgenommen und sah, daß es ein tiefer Riß, sonst aber ungefährlich war. »Es ist nicht schlimm«, sagte er; »trotzdem, Roswitha, wir müssen sehen, daß Rummschüttel kommt. Lene kann ja gehen, die wird jetzt Zeit haben. Aber was in aller Welt ist denn das da mit dem Nähtisch?«

Und nun erzählte Roswitha, wie sie nach der gerollten Binde gesucht hätten; aber sie woll' es nun aufgeben, und lieber eine neue Leinwand schneiden.

Innstetten war einverstanden und setzte sich, als bald danach beide Mädchen das Zimmer verlassen hatten, zu dem Kinde. »Du bist so wild, Annie, das hast du von der Mama.

Immer wie ein Wirbelwind. Aber dabei kommt nichts heraus oder höchstens so was.« Und er wies auf die Wunde und gab ihr einen Kuß. »Du hast aber nicht geweint, das ist brav, und darum will ich dir die Wildheit verzeihen... Ich denke, der Doktor wird in einer Stunde hier sein; tu nur alles, was er sagt, und wenn er dich verbunden hat, so zerre nicht und rücke und drücke nicht dran, dann heilt es schnell, und wenn die Mama dann kommt, dann ist alles wieder in Ordnung oder doch beinah. Ein Glück ist es aber doch, daß es noch bis nächste Woche dauert, Ende nächster Woche, so schreibt sie mir; eben habe ich einen Brief von ihr bekommen; sie läßt dich grüßen und freut sich, dich wiederzusehen.«

»Du könntest mir den Brief eigentlich vorlesen, Papa.«

»Das will ich gern.«

Aber eh er dazu kam, kam Johanna, um zu sagen, daß das Essen aufgetragen sei. Annie, trotz ihrer Wunde, stand mit auf, und Vater und Tochter setzten sich zu Tisch.

SIEBENUNDZWANZIGSTES KAPITEL

Innstetten und Annie saßen sich eine Weile stumm gegenüber; endlich, als ihm die Stille peinlich wurde, tat er ein paar Fragen über die Schulvorsteherin und welche Lehrerin sie eigentlich am liebsten habe. Annie antwortete auch, aber ohne rechte Lust, weil sie fühlte, daß Innstetten wenig bei der Sache war. Es wurde erst besser, als Johanna nach dem zweiten Gericht ihrem Anniechen zuflüsterte, es gäbe noch was. Und wirklich, die gute Roswitha, die dem Liebling an diesem Unglückstage was schuldig zu sein glaubte, hatte noch ein übriges getan und sich zu einer Omelette mit Apfelschnitten aufgeschwungen.

Annie wurde bei diesem Anblicke denn auch etwas redseliger, und ebenso zeigte sich Innstettens Stimmung gebessert, als es gleich danach klingelte und Geheimrat Rummschüttel eintrat. Ganz zufällig. Er sprach nur vor, ohne jede Ahnung, daß man nach ihm geschickt und um seinen Besuch gebeten habe. Mit den aufgelegten Kompressen war er zufrieden.

»Lassen Sie noch etwas Bleiwasser holen und Annie morgen zu Hause bleiben. Überhaupt Ruhe.« Dann frug er noch nach der gnädigen Frau und wie die Nachrichten aus Ems seien; er werde den andern Tag wiederkommen und nachsehen.

Als man von Tisch aufgestanden und in das nebenan gelegene Zimmer – dasselbe, wo man mit so viel Eifer und doch vergebens nach dem Verbandstück gesucht hatte – eingetreten war, wurde Annie wieder auf das Sofa gebettet. Johanna kam und setzte sich zu dem Kinde, während Innstetten die zahllosen Dinge, die bunt durcheinandergewürfelt noch auf dem Fensterbrett umherlagen, wieder in den Nähtisch einzuräumen begann. Dann und wann wußte er sich nicht recht Rat und mußte fragen.

»Wo haben die Briefe gelegen, Johanna?«

»Ganz zuunterst«, sagte diese, »hier in diesem Fach.«

Und während so Frage und Antwort ging, betrachtete Innstetten etwas aufmerksamer als vorher das kleine, mit einem roten Faden zusammengebundene Paket, das mehr aus einer Anzahl zusammengelegter Zettel als aus Briefen zu bestehen schien. Er fuhr, als wäre es ein Spiel Karten, mit dem Daumen und Zeigefinger an der Seite des Päckchens hin und einige Zeilen, eigentlich nur vereinzelte Worte, flogen dabei an seinem Auge vorüber. Von deutlichem Erkennen konnte keine Rede sein, aber es kam ihm doch so vor, als habe er die Schriftzüge schon irgendwo gesehen. Ob er nachsehen solle?

»Johanna, Sie könnten uns den Kaffee bringen. Annie trinkt auch eine halbe Tasse. Der Doktor hat's nicht verboten, und was nicht verboten ist, ist erlaubt.«

Als er das sagte, wand er den roten Faden ab und ließ, während Johanna das Zimmer verließ, den ganzen Inhalt des Päckchens rasch durch die Finger gleiten. Nur zwei, drei Briefe waren adressiert: »An Frau Landrat von Innstetten.« Er erkannte jetzt auch die Handschrift; es war die des Majors. Innstetten wußte nichts von einer Korrespondenz zwischen Crampas und Effi, und in seinem Kopfe begann sich alles zu drehen. Er steckte das Paket zu sich und ging in sein Zimmer zurück.

Etliche Minuten später, und Johanna, zum Zeichen, daß der Kaffee da sei, klopfte leis an die Tür. Innstetten antwortete auch, aber dabei blieb es; sonst alles still. Erst nach einer Viertelstunde hörte man wieder sein Auf- und Abschreiten auf dem Teppich. »Was nur Papa hat?« sagte Johanna zu Annie. »Der Doktor hat ihm doch gesagt, es sei nichts.«

Das Auf- und Abschreiten nebenan wollte kein Ende nehmen. Endlich erschien Innstetten wieder im Nebenzimmer und sagte: »Johanna, achten Sie auf Annie und daß sie ruhig auf dem Sofa bleibt. Ich will eine Stunde gehen oder vielleicht zwei.«

Dann sah er das Kind aufmerksam an und entfernte sich.
»Hast du gesehen, Johanna, wie Papa aussah?«
»Ja, Annie. Er muß einen großen Ärger gehabt haben. Er war ganz blaß. So hab' ich ihn noch nie gesehen.«

Es vergingen Stunden. Die Sonne war schon unter, und nur ein roter Widerschein lag noch über den Dächern drüben, als Innstetten wieder zurückkam. Er gab Annie die Hand, fragte, wie's ihr gehe, und ordnete dann an, daß ihm Johanna die Lampe in sein Zimmer bringe. Die Lampe kam auch. In dem grünen Schirm befanden sich halb durchsichtige Ovale mit Photographien, allerlei Bildnisse seiner Frau, die noch in Kessin, damals, als man den Wichertschen »Schritt vom Wege« aufgeführt hatte, für die verschiedenen Mitspielenden angefertigt waren. Innstetten drehte den Schirm langsam von links nach rechts und musterte jedes einzelne Bildnis. Dann ließ er davon ab, öffnete, weil er es schwül fand, die Balkontür und nahm schließlich das Briefpaket wieder zur Hand. Es schien, daß er gleich beim ersten Durchsehen ein paar davon ausgewählt und obenauf gelegt hatte. Diese las er jetzt noch einmal mit halblauter Stimme.

»Sei heute nachmittag wieder in den Dünen, hinter der Mühle. Bei der alten Adermann können wir uns ruhig sprechen, das Haus ist abgelegen genug. Du mußt Dich nicht um alles so bangen. Wir haben *auch* ein Recht. Und wenn Du Dir das eindringlich sagst, wird, denk' ich, alle Furcht von Dir abfallen. Das Leben wäre nicht des Lebens wert, wenn das alles gelten sollte, was zufällig gilt. Alles Beste liegt jenseits davon. Lerne Dich daran freuen.«

»... Fort, so schreibst Du, Flucht. Unmöglich. Ich kann meine Frau nicht im Stich lassen, zu allem andern auch noch in Not. Es geht nicht, und wir müssen es leicht nehmen, sonst sind wir arm und verloren. Leichtsinn ist das Beste, was wir haben. Alles ist Schicksal. Es hat so sein sollen. Und möchtest Du, daß es anders wäre, daß wir uns nie gesehen hätten?«

Dann kam der dritte Brief.

»... Sei heute noch einmal an der alten Stelle. Wie sollen meine Tage hier verlaufen ohne Dich! In diesem öden Nest. Ich bin außer mir, und nur darin hast Du recht: es ist die Rettung, und wir müssen schließlich doch die Hand segnen, die diese Trennung über uns verhängt.«

Innstetten hatte die Briefe kaum wieder beiseitegeschoben, als draußen die Klingel ging. Gleich danach meldete Johanna: »Geheimrat Wüllersdorf.«

Wüllersdorf trat ein und sah auf den ersten Blick, daß etwas vorgefallen sein müsse.

»Pardon, Wüllersdorf«, empfing ihn Innstetten, »daß ich Sie gebeten habe, noch gleich heute bei mir vorzusprechen. Ich störe niemand gern in seiner Abendruhe, am wenigsten einen geplagten Ministerialrat. Es ging aber nicht anders. Ich bitte Sie, machen Sie sich's bequem. Und hier eine Zigarre.«

Wüllersdorf setzte sich. Innstetten ging wieder auf und ab und wäre bei der ihn verzehrenden Unruhe gern in Bewegung geblieben, sah aber, daß das nicht gehe. So nahm er denn auch seinerseits eine Zigarre, setzte sich Wüllersdorf gegenüber und versuchte, ruhig zu sein. »Es ist«, begann er, »um zweier Dinge willen, daß ich Sie habe bitten lassen: erst um eine Forderung zu überbringen und zweitens um hinterher, in der Sache selbst, mein Sekundant zu sein; das eine ist nicht angenehm und das andere noch weniger. Und nun Ihre Antwort.«

»Sie wissen, Innstetten, Sie haben über mich zu verfügen. Aber eh ich die Sache kenne, verzeihen Sie mir die naive Vorfrage: muß es sein? Wir sind doch über die Jahre weg, *Sie*, um die Pistole in die Hand zu nehmen, und *ich*, um dabei mitzumachen. Indessen mißverstehen Sie mich nicht, alles dies soll kein ›Nein‹ sein. Wie könnte ich Ihnen etwas abschlagen. Aber nun sagen Sie, was ist es?«

»Es handelt sich um einen Galan meiner Frau, der zugleich mein Freund war oder doch beinah.«

Wüllersdorf sah Innstetten an. »Innstetten, das ist nicht möglich.«

»Es ist mehr als möglich, es ist gewiß. Lesen Sie.«

Wüllersdorf flog drüber hin. »Die sind an Ihre Frau gerichtet?«

»Ja. Ich fand sie heut' in ihrem Nähtisch.«

»Und wer hat sie geschrieben?«

»Major Crampas.«

»Also Dinge, die sich abgespielt, als Sie noch in Kessin waren?«

Innstetten nickte.

»Liegt also sechs Jahre zurück oder noch ein halb Jahr länger.«

»Ja.«

Wüllersdorf schwieg. Nach einer Weile sagte Innstetten: »Es sieht fast so aus, Wüllersdorf, als ob die sechs oder sieben Jahre einen Eindruck auf Sie machten. Es gibt eine Verjährungstheorie, natürlich, aber ich weiß doch nicht, ob wir hier einen Fall haben, diese Theorie gelten zu lassen.«

»Ich weiß es auch nicht«, sagte Wüllersdorf. »Und ich bekenne Ihnen offen, um diese Frage scheint sich hier alles zu drehen.«

Innstetten sah ihn groß an. »Sie sagen das in vollem Ernst?«

»In vollem Ernst. Es ist keine Sache, sich in jeu d'esprit oder in dialektischen Spitzfindigkeiten zu versuchen.«

»Ich bin neugierig, wie Sie das meinen. Sagen Sie mir offen, wie stehen Sie dazu?«

»Innstetten, Ihre Lage ist furchtbar, und Ihr Lebensglück ist hin. Aber wenn Sie den Liebhaber totschießen, ist Ihr Lebensglück sozusagen doppelt hin, und zu dem Schmerz über empfangenes Leid kommt noch der Schmerz über getanes Leid. Alles dreht sich um die Frage, müssen Sie's durchaus tun? Fühlen Sie sich so verletzt, beleidigt, empört, daß einer weg muß, er oder Sie? Steht es so?«

»Ich weiß es nicht.«

»Sie müssen es wissen.«

Innstetten war aufgesprungen, trat ans Fenster und tippte voll nervöser Erregung an die Scheiben. Dann wandte er sich rasch wieder, ging auf Wüllersdorf zu und sagte: »Nein, so steht es nicht.«

»Wie steht es denn?«

»Es steht so, daß ich unendlich unglücklich bin; ich bin gekränkt, schändlich hintergangen, aber trotzdem, ich bin ohne jedes Gefühl von Haß oder gar von Durst nach Rache. Und wenn ich mich frage, warum nicht? so kann ich zunächst nichts anderes finden als die Jahre. Man spricht immer von unsühnbarer Schuld; vor Gott ist es gewiß falsch, aber vor den Menschen auch. Ich hätte nie geglaubt, daß die Zeit, rein als Zeit, so wirken könne. Und dann als zweites: ich liebe meine Frau, ja, seltsam zu sagen, ich liebe sie noch, und so furchtbar ich alles finde, was geschehen, ich bin so sehr im Bann ihrer Liebenswürdigkeit, eines ihr eignen heiteren Charmes, daß ich mich, mir selbst zum Trotz, in meinem letzten Herzenswinkel zum Verzeihen geneigt fühle.«

Wüllersdorf nickte. »Kann ganz folgen, Innstetten, würde mir vielleicht ebenso gehen. Aber wenn Sie so zu der Sache stehen und mir sagen: ›Ich liebe diese Frau so sehr, daß ich ihr alles verzeihen kann‹, und wenn wir dann das andere hinzunehmen, daß alles weit, weit zurückliegt, wie ein Geschehnis auf einem andern Stern, ja, wenn es so liegt, Innstetten, so frage ich, wozu die ganze Geschichte?«

»Weil es trotzdem sein muß. Ich habe mir's hin und her überlegt. Man ist nicht bloß ein einzelner Mensch, man gehört einem Ganzen an, und auf das Ganze haben wir beständig Rücksicht zu nehmen, wir sind durchaus abhängig von ihm. Ging es, in Einsamkeit zu leben, so könnt' ich es gehen lassen; ich trüge dann die mir aufgepackte Last, das rechte Glück wäre hin, aber es müssen so viele leben ohne dies ›rechte Glück‹, und ich würde es auch müssen und – auch können. Man braucht nicht glücklich zu sein, am allerwenigsten hat man einen Anspruch darauf, und den, der einem das Glück genommen hat, den braucht man nicht notwendig aus der Welt zu schaffen. Man kann ihn, wenn man weltabgewandt weiterexistieren will, auch laufen lassen. Aber im Zusammenleben mit den Menschen hat sich ein Etwas ausgebildet, das nun mal da ist und nach dessen Paragraphen wir uns gewöhnt haben, alles zu beurteilen, die andern und uns selbst. Und dagegen zu verstoßen geht nicht; die Gesellschaft verachtet uns, und zuletzt tun wir es selbst und können es nicht aushalten und jagen uns die Kugel durch den Kopf. Verzeihen Sie, daß ich Ihnen solche Vorlesung halte, die schließlich doch nur sagt, was sich jeder selber hundertmal gesagt hat. Aber freilich, wer kann was Neues sagen! Also noch einmal, nichts von Haß oder dergleichen, und um eines Glückes willen, das mir genommen wurde, mag ich nicht Blut an den Händen haben; aber jenes, wenn Sie wollen, uns tyrannisierende Gesellschafts-Etwas, das fragt nicht nach Charme und nicht nach Liebe und nicht nach Verjährung. Ich habe keine Wahl. Ich muß.«

»Ich weiß doch nicht, Innstetten...«

Innstetten lächelte. »Sie sollen selbst entscheiden, Wüllersdorf. Es ist jetzt zehn Uhr. Vor sechs Stunden, diese Konzession will ich Ihnen vorweg machen, hatt' ich das Spiel noch in der Hand, konnt' ich noch das eine und noch das andere, da war noch ein Ausweg. Jetzt nicht mehr, jetzt stecke ich in einer Sackgasse. Wenn Sie wollen, so bin ich selber schuld daran; ich hätte mich besser beherrschen und bewachen, alles in mir verbergen, alles im eignen Herzen auskämpfen sollen. Aber es kam mir zu plötzlich, zu stark, und so kann ich mir kaum einen Vorwurf machen, meine Nerven nicht geschickter in Ordnung gehalten zu haben. Ich ging zu Ihnen und schrieb Ihnen einen Zettel, und damit war das Spiel aus meiner Hand. Von dem Augenblicke an hatte mein Unglück und, was schwerer wiegt, der Fleck auf meiner Ehre einen halben Mitwisser, und nach den ersten Worten, die wir hier gewechselt, hat es einen ganzen. Und weil dieser Mitwisser da ist, kann ich nicht mehr zurück.«

»Ich weiß doch nicht«, wiederholte Wüllersdorf. »Ich mag nicht gerne zu der alten abgestandenen Phrase greifen, aber doch läßt sich's nicht besser sagen: Innstetten, es ruht alles in mir wie in einem Grabe.«

»Ja, Wüllersdorf, so heißt es immer. Aber es gibt keine Verschwiegenheit. Und wenn Sie's wahrmachen und gegen andere die Verschwiegenheit selber sind, so wissen *Sie* es, und es rettet mich nicht vor Ihnen, daß Sie mir eben Ihre Zustimmung ausgedrückt und mir sogar gesagt haben: ich kann Ihnen in allem folgen. Ich bin, und dabei bleibt es, von diesem Augenblicke an ein Gegenstand Ihrer Teilnahme (schon nicht etwas sehr Angenehmes), und jedes Wort, das Sie mich mit meiner Frau wechseln hören, unterliegt Ihrer Kontrolle, Sie mögen wollen oder nicht, und wenn meine Frau von Treue spricht oder, wie Frauen tun, über eine andere zu Gericht sitzt, so weiß ich nicht, wo ich mit meinen Blicken hin soll. Und ereignet sich's gar, daß ich in irgendeiner ganz alltäglichen Beleidigungssache zum Guten rede, ›weil ja der dolus fehle‹ oder so was Ähnliches, so geht ein Lächeln über Ihr Gesicht, oder es zuckt wenigstens darin, und in Ihrer Seele klingt es: ›der gute Innstetten, er hat doch eine wahre Passion, alle Beleidigungen auf ihren Beleidigungsgehalt chemisch zu untersuchen, und das richtige Quantum Stickstoff findet er *nie*. Er ist noch nie an einer Sache erstickt‹... Habe ich recht, Wüllersdorf, oder nicht?«

Wüllersdorf war aufgestanden. »Ich finde es furchtbar, daß Sie recht haben, aber Sie *haben* recht. Ich quäle Sie nicht länger mit meinem ›Muß es sein‹. Die Welt ist einmal, wie sie ist, und die Dinge verlaufen nicht, wie *wir* wollen, sondern wie die *andern* wollen. Das mit dem ›Gottesgericht‹, wie manche hochtrabend versichern, ist freilich ein Unsinn, nichts davon, umgekehrt, unser Ehrenkultus ist ein Götzendienst, aber wir müssen uns ihm unterwerfen, solange der Götze gilt.«

Innstetten nickte.

Sie blieben noch eine Viertelstunde miteinander, und es wurde festgestellt, Wüllersdorf solle noch denselben Abend abreisen. Ein Nachtzug ging um zwölf.

Dann trennten sie sich mit einem kurzen: »Auf Wiedersehen in Kessin.«

ACHTUNDZWANZIGSTES KAPITEL

Am andern Abend, wie verabredet, reiste Innstetten. Er benutzte denselben Zug, den am Tage vorher Wüllersdorf benutzt hatte und war bald nach fünf Uhr früh auf der Bahnstation, von wo der Weg nach Kessin links abzweigte. Wie immer, solange die Saison dauerte, ging auch heute, gleich nach Eintreffen des Zuges das mehrerwähnte Dampfschiff, dessen erstes Läuten Innstetten schon hörte, als er die letzten Stufen der vom Bahndamm hinabführenden Treppe erreicht hatte. Der Weg bis zur Anlegestelle war keine drei Minuten; er schritt darauf zu und begrüßte den Kapitän, der etwas verlegen war, also im Laufe des gestrigen Tages von der ganzen Sache schon gehört haben mußte, und nahm dann seinen Platz in der Nähe des Steuers. Gleich danach löste sich das Schiff vom Brückensteg los; das Wetter war herrlich, helle Morgensonne, nur wenig Passagiere an Bord. Innstetten gedachte des Tages, als er, mit Effi von der Hochzeitsreise zurückkehrend, hier am Ufer der Kessine hin in offenem Wagen gefahren war, – ein grauer Novembertag damals, aber er selber froh im Herzen; nun hatte sich's verkehrt: das Licht lag draußen, und der Novembertag war in ihm. Viele, viele Male war er dann des Weges hier gekommen, und der Frieden, der sich über die Felder breitete, das Zuchtvieh in den Koppeln, das aufhorchte, wenn er vorüberfuhr, die Leute bei der Arbeit, die Fruchtbarkeit der Äcker, das alles hatte seinem Sinne wohlgetan, und jetzt, in hartem Gegensatz dazu, war er froh, als etwas Gewölk heranzog und den lachenden blauen Himmel leise zu trüben begann. So fuhren sie den Fluß hinab, und bald nachdem sie die prächtige Wasserfläche des »Breitling« passiert, kam der Kessiner Kirchturm in Sicht und gleich danach auch das Bollwerk und die lange Häuserreihe mit Schiffen und Booten davor. Und nun waren sie heran. Innstetten verabschiedete sich von dem Kapitän und schritt auf den Steg zu, den man, bequemeren Aussteigens halber, herangerollt hatte. Wüllersdorf war schon da. Beide begrüßten sich, ohne zunächst ein Wort zu sprechen, und gingen dann, quer über den Damm, auf den Hoppensackschen Gasthof zu, wo sie unter einem Zeltdach Platz nahmen.

»Ich habe mich gestern früh hier einquartiert«, sagte Wüllersdorf, der nicht gleich mit den Sachlichkeiten beginnen wollte. »Wenn man bedenkt, daß Kessin ein Nest ist, ist es erstaunlich, ein so gutes Hotel hier zu finden. Ich bezweifle nicht, daß mein Freund, der Oberkellner, drei Sprachen spricht; seinem Scheitel und seiner ausgeschnittnen Weste nach können wir dreist auf vier rechnen ... Jean, bitte, wollen Sie uns Kaffee und Cognac bringen.«

Innstetten begriff vollkommen, warum Wüllersdorf diesen Ton anschlug, war auch damit einverstanden, konnte aber seiner Unruhe nicht ganz Herr werden und zog unwillkürlich die Uhr.

»Wir haben Zeit«, sagte Wüllersdorf. »Noch anderthalb Stunden oder doch beinah. Ich habe den Wagen auf acht ein viertel bestellt; wir fahren nicht länger als zehn Minuten.«

»Und wo?«

»Crampas schlug erst ein Waldeck vor, gleich hinter dem Kirchhof. Aber dann unterbrach er sich und sagte: ›Nein, da nicht.‹ Und dann haben wir uns über eine Stelle zwischen den Dünen geeinigt. Hart am Strand; die vorderste Düne hat einen Einschnitt, und man sieht aufs Meer.«

Innstetten lächelte. »Crampas scheint sich einen Schönheitspunkt ausgesucht zu haben. Er hatte immer die Allüren dazu. Wie benahm er sich?«

»Wundervoll.«

»Übermütig? Frivol?«

»Nicht das eine und nicht das andere. Ich bekenne Ihnen offen, Innstetten, daß es mich erschütterte. Als ich Ihren Namen nannte, wurde er totenblaß und rang nach Fassung, und um seine Mundwinkel sah ich ein Zittern. Aber all das dauerte nur einen Augenblick, dann hatte er sich wieder gefaßt, und von da ab war alles an ihm wehmütige Resignation. Es ist mir ganz sicher, er hat das Gefühl, aus der Sache nicht heil herauszukommen, und will auch nicht. Wenn ich ihn richtig beurteile, er lebt gern und ist zugleich gleichgültig gegen das Leben. Er nimmt alles mit und weiß doch, daß es nicht viel damit ist.«

»Wer wird ihm sekundieren? Oder sag' ich lieber, wen wird er mitbringen?«

»Das war, als er sich wieder gefunden hatte, seine Hauptsorge. Er nannte zwei, drei Adlige aus der Nähe, ließ sie dann aber wieder fallen, sie seien zu alt und zu fromm, er werde nach Treptow hin telegraphieren an seinen Freund Buddenbrook. Und der ist auch gekommen, famoser Mann, schneidig und doch zugleich wie ein Kind. Er konnte sich nicht beruhigen und ging in größter Erregung auf und ab. Aber als ich ihm alles gesagt hatte, sagte er geradeso wie wir: ›Sie haben recht, es muß sein!‹«

Der Kaffee kam. Man nahm eine Zigarre, und Wüllersdorf war wieder darauf aus, das Gespräch auf mehr gleichgültige Dinge zu lenken.

»Ich wundere mich, daß keiner von den Kessinern sich einfindet, Sie zu begrüßen. Ich weiß doch, daß Sie sehr beliebt gewesen sind. Und nun gar Ihr Freund Gieshübler...«

Innstetten lächelte. »Da verkennen Sie die Leute hier an der Küste; halb sind es Philister und halb Pfiffici, nicht sehr nach meinem Geschmack; aber eine Tugend haben sie, sie sind alle sehr manierlich. Und nun gar mein alter Gieshübler. Natürlich weiß jeder, um was sich's handelt; aber eben deshalb hütet man sich, den Neugierigen zu spielen.«

In diesem Augenblicke wurde von links her ein zurückgeschlagener Chaisewagen sichtbar, der, weil es noch vor der bestimmten Zeit war, langsam herankam.

»Ist das unsrer?« fragte Innstetten.

»Mutmaßlich.«

Und gleich danach hielt der Wagen vor dem Hotel, und Innstetten und Wüllersdorf erhoben sich.

Wüllersdorf trat an den Kutscher heran und sagte: »Nach der Mole.«

Die Mole lag nach der entgegengesetzten Strandseite, rechts statt links, und die falsche Weisung wurde nur gegeben, um etwaigen Zwischenfällen, die doch immerhin möglich waren, vorzubeugen. Im übrigen, ob man sich nun weiter draußen nach rechts oder links zu halten vorhatte, durch die Plantage mußte man jedenfalls, und so führte denn der Weg unvermeidlich an Innstettens alter Wohnung vorüber. Das Haus lag noch stiller da als früher; ziemlich vernachlässigt sah's in den Parterreräumen aus; wie mocht' es erst da oben sein! Und das Gefühl des Unheimlichen, das Innstetten an Effi so oft bekämpft oder auch wohl belächelt hatte, jetzt überkam es ihn selbst, und er war froh, als sie dran vorüber waren.

»Da hab' ich gewohnt«, sagte er zu Wüllersdorf.

»Es sieht sonderbar aus, etwas öd und verlassen.«

»Mag auch wohl. In der Stadt galt es als ein Spukhaus, und wie's heute daliegt, kann ich den Leuten nicht unrecht geben.«

»Was war es denn damit?«

»Ach, dummes Zeug: alter Schiffskapitän mit Enkelin oder Nichte, die eines schönen Tages verschwand, und dann ein Chinese, der vielleicht ein Liebhaber war, und auf dem Flur ein kleiner Haifisch und ein Krokodil, beides an Strippen und immer in Bewegung. Wundervoll zu erzählen, aber nicht jetzt. Es spukt einem doch allerhand anderes im Kopf.«

»Sie vergessen, es kann auch alles glatt ablaufen.«

»Darf nicht. Und vorhin, Wüllersdorf, als Sie von Crampas sprachen, sprachen Sie selber anders davon.«

Bald danach hatte man die Plantage passiert, und der Kutscher wollte jetzt rechts einbiegen auf die Mole zu. »Fahren Sie lieber links. Das mit der Mole kann nachher kommen.«

Und der Kutscher bog links in eine breite Fahrstraße ein, die hinter dem Herrenbade grad auf den Wald zulief. Als sie bis auf dreihundert Schritt an diesen heran waren, ließ Wüllersdorf den Wagen halten, und beide gingen nun, immer durch mahlenden Sand hin, eine ziemlich breite Fahrstraße hinunter, die die hier dreifache Dünenreihe senkrecht durchschnitt. Überall zur Seite standen dichte Büschel von Strandhafer, um diesen herum aber Immortellen und ein paar blutrote Nelken. Innstetten bückte sich und steckte sich eine der Nelken ins Knopfloch. »Die Immortellen nachher.«

So gingen sie fünf Minuten. Als sie bis an die ziemlich tiefe Senkung gekommen waren, die zwischen den beiden vordersten Dünenreihen hinlief, sahen sie, nach links hin, schon die Gegenpartei: Crampas und Buddenbrook und mit ihnen den guten Doktor Hannemann, der seinen Hut in der Hand hielt, so daß das weiße Haar im Winde flatterte.

Innstetten und Wüllersdorf gingen die Sandschlucht hinauf, Buddenbrook kam ihnen entgegen. Man begrüßte sich, worauf beide Sekundanten beiseitetraten, um noch ein kurzes sachliches Gespräch zu führen. Es lief darauf hinaus, daß man a tempo avancieren und auf zehn Schritt Distance feuern solle. Dann kehrte Buddenbrook an seinen Platz zurück; alles erledigte sich rasch; und die Schüsse fielen. Crampas stürzte.

Innstetten, einige Schritte zurücktretend, wandte sich ab von der Szene. Wüllersdorf aber war auf Buddenbrook zugeschritten, und beide warteten jetzt auf den Ausspruch des Doktors, der die Achseln zuckte. Zugleich deutete Crampas durch eine Handbewegung an, daß er etwas sagen wollte. Wüllersdorf beugte sich zu ihm nieder, nickte zustimmend zu den paar Worten, die kaum hörbar von des Sterbenden Lippen kamen, und ging dann auf Innstetten zu.

»Crampas will Sie noch sprechen, Innstetten. Sie müssen ihm zu Willen sein. Er hat keine drei Minuten Leben mehr.«

Innstetten trat an Crampas heran.

»Wollen Sie...« das waren seine letzten Worte.

Noch ein schmerzlicher und doch beinah freundlicher Schimmer in seinem Antlitz, und dann war es vorbei.

NEUNUNDZWANZIGSTES KAPITEL

Am Abend desselben Tages traf Innstetten wieder in Berlin ein. Er war mit dem Wagen, den er innerhalb der Dünen an dem Querwege zurückgelassen hatte, direkt nach der Bahnstation gefahren, ohne Kessin noch einmal zu berühren, dabei den beiden Sekundanten die Meldung an die Behörden überlassend. Unterwegs (er war allein im Kupee) hing er, alles noch mal überdenkend, dem Geschehenen nach; es waren dieselben Gedanken wie zwei Tage zuvor, nur daß sie jetzt den umgekehrten Gang gingen und mit der Überzeugtheit von seinem Recht und seiner Pflicht anfingen, um mit Zweifeln daran aufzuhören. »Schuld, wenn sie überhaupt was ist, ist nicht an Ort und Stunde gebunden und kann nicht hinfällig werden von heute auf morgen. Schuld verlangt Sühne; das hat einen

Sinn. Aber Verjährung ist etwas Halbes, etwas Schwächliches, zum mindesten was Prosaisches.« Und er richtete sich an dieser Vorstellung auf und wiederholte sich's, daß es gekommen sei, wie's habe kommen müssen. Aber im selben Augenblicke, wo dies für ihn feststand, warf er's auch wieder um. »Es *muß* eine Verjährung geben, Verjährung ist das einzig Vernünftige; ob es nebenher auch noch prosaisch ist, ist gleichgültig; das Vernünftige ist meist prosaisch. Ich bin jetzt fünfundvierzig. Wenn ich die Briefe fünfundzwanzig Jahre später gefunden hätte, so war ich siebzig. Dann hätte Wüllersdorf gesagt: ›Innstetten, seien Sie kein Narr.‹ Und wenn es Wüllersdorf nicht gesagt hätte, so hätt' es Buddenbrook gesagt, und wenn auch *der* nicht, so ich selbst. Dies ist mir klar. Treibt man etwas auf die Spitze, so übertreibt man und hat die Lächerlichkeit. Kein Zweifel. Aber wo fängt es an? Wo liegt die Grenze? Zehn Jahre verlangen noch ein Duell, und da heißt es Ehre, und nach elf Jahren oder vielleicht schon bei zehneinhalb heißt es Unsinn. Die Grenze, die Grenze. Wo ist sie? War sie da? War sie schon überschritten? Wenn ich mir seinen letzten Blick vergegenwärtige, resigniert und in seinem Elend doch noch ein Lächeln, so hieß der Blick: ›Innstetten, Prinzipienreiterei... Sie konnten es mir ersparen und sich selber auch.‹ Und er hatte vielleicht recht. Mir klingt so was in der Seele. Ja, wenn ich voll tödlichem Haß gewesen wäre, wenn mir hier ein tiefes Rachegefühl gesessen hätte... Rache ist nichts Schönes, aber was Menschliches und hat ein natürlich menschliches Recht. So aber war alles einer Vorstellung, einem Begriff zuliebe, war eine gemachte Geschichte, halbe Komödie. Und diese Komödie muß ich nun fortsetzen und muß Effi wegschicken und sie ruinieren und mich mit... Ich mußte die Briefe verbrennen, und die Welt durfte nie davon erfahren. Und wenn sie dann kam, ahnungslos, so mußt' ich ihr sagen: ›Da ist dein Platz‹, und mußte mich innerlich von ihr scheiden. Nicht vor der Welt. Es gibt so viele Leben, die keine sind, und so viele Ehen, die keine sind... dann war das Glück hin, aber ich hätte das Auge mit seinem Frageblicke und mit seiner stummen, leisen Anklage nicht vor mir.«

Kurz vor zehn hielt Innstetten vor seiner Wohnung. Er stieg

die Treppen hinauf und zog die Glocke; Johanna kam und öffnete.

»Wie steht es mit Annie?«

»Gut, gnäd'ger Herr. Sie schläft noch nicht... Wenn der gnäd'ge Herr...«

»Nein, nein, das regt sie bloß auf. Ich sehe sie lieber morgen früh. Bringen Sie mir ein Glas Tee, Johanna. Wer war hier?«

»Nur der Doktor.«

Und nun war Innstetten wieder allein. Er ging auf und ab, wie er's zu tun liebte. »Sie wissen schon alles; Roswitha ist dumm, aber Johanna ist eine kluge Person. Und wenn sie's nicht mit Bestimmtheit wissen, so haben sie sich's zurechtgelegt und wissen es doch. Es ist merkwürdig, was alles zum Zeichen wird und Geschichten ausplaudert, als wäre jeder mit dabei gewesen.«

Johanna brachte den Tee. Innstetten trank. Er war nach der Überanstrengung todmüde und schlief ein.

Innstetten war zu guter Zeit auf. Er sah Annie, sprach ein paar Worte mit ihr, lobte sie, daß sie eine gute Kranke sei und ging dann aufs Ministerium, um seinem Chef von allem Vorgefallenen Meldung zu machen. Der Minister war sehr gnädig. »Ja, Innstetten, wohl dem, der aus allem, was das Leben uns bringen kann, heil herauskommt; *Sie* hat's getroffen.« Er fand alles, was geschehen, in der Ordnung und überließ Innstetten das weitere.

Erst spät nachmittags war Innstetten wieder in seiner Wohnung, in der er ein paar Zeilen von Wüllersdorf vorfand. »Heute früh wieder eingetroffen. Eine Welt von Dingen erlebt; Schmerzliches, Rührendes, Gieshübler an der Spitze. Der liebenswürdigste Pucklige, den ich je gesehen. Von Ihnen sprach er nicht allzuviel, aber die Frau, die Frau! Er konnte sich nicht beruhigen, und zuletzt brach der kleine Mann in Tränen aus. Was alles vorkommt. Es wäre zu wünschen, daß es mehr Gieshübler gäbe. Es gibt aber mehr andere. Und dann die Szene im Hause des Majors... furchtbar. Kein Wort davon. Man hat wieder mal gelernt: aufpassen. Ich sehe Sie morgen. Ihr W.«

Innstetten war ganz erschüttert, als er gelesen. Er setzte sich und schrieb seinerseits ein paar Briefe. Als er damit zu Ende war, klingelte er: »Johanna, die Briefe in den Kasten.«

Johanna nahm die Briefe und wollte gehen.

»... Und dann, Johanna, noch eins: die Frau kommt nicht wieder. Sie werden von anderen erfahren, warum nicht. Annie darf nichts wissen, wenigstens jetzt nicht. Das arme Kind. Sie müssen es ihr allmählich beibringen, daß sie keine Mutter mehr hat. Ich kann es nicht. Aber machen Sie's gescheit. Und daß Roswitha nicht alles verdirbt.«

Johanna stand einen Augenblick ganz wie benommen da. Dann ging sie auf Innstetten zu und küßte ihm die Hand.

Als sie wieder draußen in der Küche war, war sie von Stolz und Überlegenheit ganz erfüllt, ja beinahe von Glück. Der gnädige Herr hatte ihr nicht nur alles gesagt, sondern am Schlusse auch noch hinzugesetzt: »und daß Roswitha nicht alles verdirbt«. Das war die Hauptsache, und ohne daß es ihr an gutem Herzen und selbst an Teilnahme mit der Frau gefehlt hätte, beschäftigte sie doch, über jedes andere hinaus, der Triumph einer gewissen Intimitätsstellung zum gnädigen Herrn.

Unter gewöhnlichen Umständen wäre ihr denn auch die Herauskehrung und Geltendmachung dieses Triumphes ein leichtes gewesen, aber heute traf sich's so wenig günstig für sie, daß ihre Rivalin, ohne Vertrauensperson gewesen zu sein, sich doch als die Eingeweihtere zeigen sollte. Der Portier unten hatte nämlich, so ziemlich um dieselbe Zeit, wo dies spielte, Roswitha in seine kleine Stube hineingerufen und ihr gleich beim Eintreten ein Zeitungsblatt zum Lesen zugeschoben. »Da, Roswitha, das ist was für Sie; Sie können es mir nachher wieder runterbringen. Es ist bloß das Fremdenblatt; aber Lene ist schon hin und holt das Kleine Journal. Da wird wohl schon mehr drin stehen; die wissen immer alles. Hören Sie, Roswitha, wer so was gedacht hätte.«

Roswitha, sonst nicht allzu neugierig, hatte sich doch nach dieser Ansprache so rasch wie möglich die Hintertreppe hinaufbegeben und war mit dem Lesen gerade fertig, als Johanna dazu kam.

Diese legte die Briefe, die ihr Innstetten eben gegeben, auf den Tisch, überflog die Adressen oder tat wenigstens so (denn sie wußte längst, an wen sie gerichtet waren) und sagte mit gut erkünstelter Ruhe: »Einer ist nach Hohen-Cremmen.«

»Das kann ich mir denken«, sagte Roswitha.

Johanna war nicht wenig erstaunt über diese Bemerkung. »Der Herr schreibt sonst nie nach Hohen-Cremmen.«

»Ja, sonst. Aber jetzt... Denken Sie sich, *das* hat mir eben der Portier unten gegeben.«

Johanna nahm das Blatt und las nun halblaut eine mit einem dicken Tintenstrich markierte Stelle: »Wie wir kurz vor Redaktionsschluß von gut unterrichteter Seite her vernehmen, hat gestern früh in dem Badeort Kessin, in Hinterpommern, ein Duell zwischen dem Ministerialrat v. I. (Keithstraße) und dem Major von Crampas stattgefunden. Major von Crampas fiel. Es heißt, daß Beziehungen zwischen ihm und der Rätin, einer schönen und noch sehr jungen Frau, bestanden haben sollen.«

»Was solche Blätter auch alles schreiben«, sagte Johanna, die verstimmt war, ihre Neuigkeit überholt zu sehen.

»Ja«, sagte Roswitha. »Und das lesen nun die Menschen und verschimpfieren mir meine liebe, arme Frau. Und der arme Major. Nun ist er tot.«

»Ja, Roswitha, was denken Sie sich eigentlich. Soll er *nicht* tot sein? Oder soll lieber unser gnädiger Herr tot sein?«

»Nein, Johanna, unser gnäd'ger Herr, der soll auch leben, alles soll leben. Ich bin nicht für totschießen und kann nicht mal das Knallen hören. Aber bedenken Sie doch, Johanna, das ist ja nun schon eine halbe Ewigkeit her, und die Briefe, die mir gleich so sonderbar aussahen, weil sie die rote Strippe hatten und drei- oder viermal umwickelt und dann eingeknotet und keine Schleife – die sahen ja schon ganz gelb aus, so lange ist es her. Wir sind ja nun schon über sechs Jahre hier, und wie kann man wegen solcher alten Geschichten...«

»Ach, Roswitha, Sie reden, wie Sie's verstehen. Und bei Lichte besehen, sind Sie schuld. Von den Briefen kommt es her. Warum kamen Sie mit dem Stemmeisen und brachen den Nähtisch auf, was man nie darf; man darf kein Schloß aufbrechen, was ein anderer zugeschlossen hat.«

»Aber, Johanna, das ist doch wirklich zu schlecht von Ihnen,

mir so was auf den Kopf zuzusagen, und Sie wissen doch, daß
Sie schuld sind und daß Sie wie närrisch in die Küche stürzten
und mir sagten, der Nähtisch müsse aufgemacht werden, da
wäre die Bandage drin, und da bin ich mit dem Stemmeisen
gekommen, und nun soll ich schuld sein. Nein, ich sage...«
»Nun, ich will es nicht gesagt haben, Roswitha. Nur Sie sollen mir nicht kommen und sagen: der arme Major. Was heißt
der arme Major! Der ganze arme Major taugte nichts; wer solchen rotblonden Schnurrbart hat und immer wribbelt, der
taugt nie was und richtet bloß Schaden an. Und wenn man
immer in vornehmen Häusern gedient hat... aber das haben
Sie nicht, Roswitha, das fehlt Ihnen eben... dann weiß man
auch, was sich paßt und schickt und was Ehre ist, und weiß
auch, daß, wenn so was vorkommt, dann geht es nicht anders,
und dann kommt das, was man eine Forderung nennt, und
dann wird einer totgeschossen.«
»Ach, das weiß ich auch; ich bin nicht so dumm, wie Sie
mich immer machen wollen. Aber wenn es so lange her ist...«
»Ja, Roswitha, mit Ihrem ewigen ›so lange her‹; daran sieht
man ja eben, daß Sie nichts davon verstehen. Sie erzählen immer die alte Geschichte von Ihrem Vater mit dem glühenden
Eisen und wie er damit auf Sie losgekommen, und jedesmal,
wenn ich einen glühenden Bolzen eintue, muß ich auch wirklich immer an Ihren Vater denken und sehe immer, wie er Sie
wegen des Kindes, das ja nun tot ist, totmachen will. Ja, Roswitha, davon sprechen Sie in einem fort, und es fehlt bloß
noch, daß Sie Anniechen auch die Geschichte erzählen, und
wenn Anniechen eingesegnet wird, dann wird sie's auch gewiß
erfahren, und vielleicht denselben Tag noch; und das ärgert
mich, daß Sie das alles erlebt haben, und Ihr Vater war doch
bloß ein Dorfschmied und hat Pferde beschlagen oder einen
Radreifen gelegt, und nun kommen Sie und verlangen von unserm gnäd'gen Herrn, daß er sich das alles ruhig gefallen läßt,
bloß weil es so lange her ist. Was heißt lange her? Sechs Jahre
ist nicht lange her. Und unsere gnäd'ge Frau – die aber nicht
wiederkommt, der gnäd'ge Herr hat es mir eben gesagt – unsre
gnäd'ge Frau wird erst sechsundzwanzig, und im August ist
ihr Geburtstag, und da kommen Sie mir mit ›lange her‹. Und

wenn sie sechsunddreißig wäre, ich sage Ihnen, bei sechsunddreißig muß man erst recht aufpassen, und wenn der gnäd'ge Herr nichts getan hätte, dann hätten ihn die vornehmen Leute ›geschnitten‹. Aber das Wort kennen Sie gar nicht, Roswitha, davon wissen Sie nichts.«

»Nein, davon weiß ich nichts, will auch nicht; aber das weiß ich, Johanna, daß Sie in den gnäd'gen Herrn verliebt sind.«

Johanna schlug eine krampfhafte Lache auf.

»Ja, lachen Sie nur. Ich seh' es schon lange. Sie haben so was. Und ein Glück, daß unser gnäd'ger Herr keine Augen dafür hat... Die arme Frau, die arme Frau.«

Johanna lag daran, Frieden zu schließen. »Lassen Sie's gut sein, Roswitha. Sie haben wieder Ihren Koller; aber ich weiß schon, den haben alle vom Lande.«

»Kann schon sein.«

»Ich will jetzt nur die Briefe forttragen und unten sehen, ob der Portier vielleicht schon die andere Zeitung hat. Ich habe doch recht verstanden, daß er Lene danach geschickt hat? Und es muß auch mehr darin stehen; das hier ist ja so gut wie gar nichts.«

DREISSIGSTES KAPITEL

Effi und die Geheimrätin Zwicker waren seit fast drei Wochen in Ems und bewohnten daselbst das Erdgeschoß einer reizenden kleinen Villa. In ihrem zwischen ihren zwei Wohnzimmern gelegenen gemeinschaftlichen Salon mit Blick auf den Garten stand ein Polysanderflügel, auf dem Effi dann und wann eine Sonate, die Zwicker dann und wann einen Walzer spielte; sie war ganz unmusikalisch und beschränkte sich im wesentlichen darauf, für Niemann als Tannhäuser zu schwärmen.

Es war ein herrlicher Morgen; in dem kleinen Garten zwitscherten die Vögel, und aus dem angrenzenden Hause, drin sich ein »Lokal« befand, hörte man, trotz der frühen Stunde, bereits das Zusammenschlagen der Billardbälle. Beide Damen hatten ihr Frühstück nicht im Salon selbst, sondern auf einem ein paar Fuß hoch aufgemauerten und mit Kies bestreuten Vorplatz eingenommen, von dem aus drei Stufen nach dem Garten hinunterführten; die Marquise, ihnen zu Häupten, war aufgezogen, um den Genuß der frischen Luft in nichts zu beschränken, und sowohl Effi wie die Geheimrätin waren ziemlich emsig bei ihrer Handarbeit. Nur dann und wann wurden ein paar Worte gewechselt.

»Ich begreife nicht«, sagte Effi, »daß ich schon seit vier Tagen keinen Brief habe; er schreibt sonst täglich. Ob Annie krank ist? Oder er selbst?«

Die Zwicker lächelte: »Sie werden erfahren, liebe Freundin, daß er gesund ist, ganz gesund.«

Effi fühlte sich durch den Ton, in dem dies gesagt wurde, wenig angenehm berührt und schien antworten zu wollen, aber in ebendiesem Augenblicke trat das aus der Umgegend von Bonn stammende Hausmädchen, das sich von Jugend an daran gewöhnt hatte, die mannigfachsten Erscheinungen des Lebens an Bonner Studenten und Bonner Husaren zu messen, vom Salon her auf den Vorplatz hinaus, um hier den Frühstückstisch abzuräumen. Sie hieß Afra.

»Afra«, sagte Effi, »es muß doch schon neun sein; war der Postbote noch nicht da?«

»Nein, noch nicht, gnäd'ge Frau.«

»Woran liegt es?«

»Natürlich an dem Postboten; er ist aus dem Siegenschen und hat keinen Schneid. Ich hab's ihm auch schon gesagt, das sei die ›reine Lodderei‹. Und wie ihm das Haar sitzt; ich glaube, er weiß gar nicht, was ein Scheitel ist.«

»Afra, Sie sind mal wieder zu streng. Denken Sie doch: Postbote, und so tagaus, tagein bei der ewigen Hitze...«

»Ist schon recht, gnäd'ge Frau. Aber es gibt doch andere, die zwingen's; wo's drin steckt, da geht es auch.« Und während sie noch so sprach, nahm sie das Tablett geschickt auf ihre fünf Fingerspitzen und stieg die Stufen hinunter, um durch den Garten hin den näheren Weg in die Küche zu nehmen.

»Eine hübsche Person«, sagte die Zwicker. »Und so quick und kasch, und ich möchte fast sagen von einer natürlichen Anmut. Wissen Sie, liebe Baronin, daß mich diese Afra... übrigens ein wundervoller Name, und es soll sogar eine heilige Afra gegeben haben, aber ich glaube nicht, daß unsere davon abstammt...«

»Und nun, liebe Geheimrätin, vertiefen Sie sich wieder in Ihr Nebenthema, das diesmal Afra heißt, und vergessen darüber ganz, was Sie eigentlich sagen wollten...«

»Doch nicht, liebe Freundin, oder ich finde mich wenigstens wieder zurück. Ich wollte sagen, daß mich diese Afra ganz ungemein an die stattliche Person erinnert, die ich in Ihrem Hause...«

»Ja, Sie haben recht. Es ist eine Ähnlichkeit da. Nur unser Berliner Hausmädchen ist doch erheblich hübscher und namentlich ihr Haar viel schöner und voller. Ich habe so schönes flachsenes Haar, wie unsere Johanna hat, überhaupt noch nicht gesehen. Ein bißchen davon sieht man ja wohl, aber solche Fülle...«

Die Zwicker lächelte. »Das ist wirklich selten, daß man eine junge Frau mit solcher Begeisterung von dem flachsenen Haar ihres Hausmädchens sprechen hört. Und nun auch noch von der Fülle! Wissen Sie, daß ich das rührend finde. Denn eigentlich ist man doch bei der Wahl der Mädchen in einer beständigen Verlegenheit. Hübsch sollen sie sein, weil es jeden Besucher, wenigstens die Männer, stört, eine lange Stakete mit griesem Teint und schwarzen Rändern in der Türöffnung erscheinen zu sehen, und ein wahres Glück, daß die Korridore meistens so dunkel sind. Aber nimmt man wieder zuviel Rücksicht auf solche Hausrepräsentation und den sogenannten ersten Eindruck und schenkt man wohl gar noch einer solchen hübschen Person eine weiße Tändelschürze nach der andern, so hat man eigentlich keine ruhige Stunde mehr und fragt sich, wenn man nicht *zu* eitel ist und nicht *zu* viel Vertrauen zu sich selber hat, ob da nicht Remedur geschaffen werden müsse. Remedur war nämlich ein Lieblingswort von Zwicker, womit er mich oft gelangweilt hat; aber freilich, alle Geheimräte haben solche Lieblingsworte.«

Effi hörte mit sehr geteilten Empfindungen zu. Wenn die Geheimrätin nur ein bißchen anders gewesen wäre, so hätte dies alles reizend sein können, aber da sie nun mal war, wie sie war, so fühlte sich Effi wenig angenehm von dem berührt, was sie sonst vielleicht einfach erheitert hätte.

»Das ist schon recht, liebe Freundin, was Sie da von den Geheimräten sagen. Innstetten hat sich auch dergleichen angewöhnt, lacht aber immer, wenn ich ihn daraufhin ansehe und entschuldigt sich hinterher wegen der Aktenausdrücke. Ihr Herr Gemahl war freilich schon länger im Dienst und überhaupt wohl älter...«

»Um ein geringes«, sagte die Geheimrätin spitz und ablehnend.

»Und alles in allem kann ich mich in Befürchtungen, wie Sie sie aussprechen, nicht recht zurechtfinden. Das, was man gute Sitte nennt, ist doch immer noch eine Macht...«

»Meinen Sie?«

»...Und ich kann mir namentlich nicht denken, daß es gerade Ihnen, liebe Freundin, beschieden gewesen sein sollte, solche Sorgen und Befürchtungen durchzumachen. Sie haben, Verzeihung, daß ich diesen Punkt hier so offen berühre, gerade das, was die Männer einen ›Charme‹ nennen, Sie sind heiter, fesselnd, anregend und, wenn es nicht indiskret ist, so möcht' ich, angesichts dieser Ihrer Vorzüge, wohl fragen dürfen, stützt sich das, was Sie da sagen, auf allerlei Schmerzliches, das Sie persönlich erlebt haben?«

»Schmerzliches?« sagte die Zwicker. »Ach, meine liebe, gnädigste Frau, Schmerzliches, das ist ein zu großes Wort, auch dann noch, wenn man vielleicht wirklich manches erlebt hat. Schmerzlich ist einfach zuviel, viel zuviel. Und dann hat man doch schließlich auch seine Hülfsmittel und Gegenkräfte. Sie dürfen dergleichen nicht zu tragisch nehmen.«

»Ich kann mir keine rechte Vorstellung von dem machen, was Sie anzudeuten belieben. Nicht, als ob ich nicht wüßte, was Sünde sei, das weiß ich auch; aber es ist doch ein Unterschied, ob man so hineingerät in allerlei schlechte Gedanken oder ob einem derlei Dinge zur halben oder auch wohl zur ganzen Lebensgewohnheit werden. Und nun gar im eigenen Hause...«

»Davon will ich nicht sprechen, das will ich nicht so direkt gesagt haben, obwohl ich, offen gestanden, auch nach dieser

Seite hin voller Mißtrauen bin, oder, wie ich jetzt sagen muß, war; denn es liegt ja alles zurück. Aber da gibt es Außengebiete. Haben Sie von Landpartien gehört?«

»Gewiß. Und ich wollte wohl, Innstetten hätte mehr Sinn dafür...«

»Überlegen Sie sich das, liebe Freundin. Zwicker saß immer in Saatwinkel. Ich kann Ihnen nur sagen, wenn ich das Wort höre, gibt es mir noch jetzt einen Stich ins Herz. Überhaupt diese Vergnügungsörter in der Umgegend unseres lieben, alten Berlin! Denn ich liebe Berlin trotz alledem. Aber schon die bloßen Namen der dabei in Frage kommenden Ortschaften umschließen eine Welt von Angst und Sorge. Sie lächeln. Und doch, sagen Sie selbst, liebe Freundin, was können Sie von einer großen Stadt und ihren Sittlichkeitszuständen erwarten, wenn Sie beinah unmittelbar vor den Toren derselben (denn zwischen Charlottenburg und Berlin ist kein rechter Unterschied mehr), auf kaum tausend Schritte zusammengedrängt, einem Pichelsberg, einem Pichelsdorf und einem Pichelswerder begegnen. Dreimal Pichel ist zuviel. Sie können die ganze Welt absuchen, das finden Sie nicht wieder.«

Effi nickte.

»Und das alles«, fuhr die Zwicker fort, »geschieht am grünen Holze der Havelseite. Das alles liegt nach Westen zu, da haben Sie Kultur und höhere Gesittung. Aber nun gehen Sie, meine Gnädigste, nach der andern Seite hin, die Spree hinauf. Ich spreche nicht von Treptow und Stralau, das sind Bagatellen, Harmlosigkeiten, aber wenn Sie die Spezialkarte zur Hand nehmen wollen, da begegnen Sie neben mindestens sonderbaren Namen wie Kiekebusch, wie Wuhlheide... Sie hätten hören sollen, wie Zwicker das Wort aussprach... Namen von geradezu brutalem Charakter, mit denen ich Ihr Ohr nicht verletzen will. Aber natürlich sind das gerade die Plätze, die bevorzugt werden. Ich hasse diese Landpartien, die sich das Volksgemüt als eine Kremserpartie mit ›Ich bin ein Preuße‹ vorstellt, in Wahrheit aber schlummern hier die Keime einer sozialen Revolution. Wenn ich sage ›soziale Revolution‹, so meine ich natürlich moralische Revolution, alles andere ist bereits wieder überholt, und schon Zwicker sagte mir noch in seinen letzten

Tagen: ›Glaube mir, Sophie, Saturn frißt seine Kinder.‹ Und Zwicker, welche Mängel und Gebrechen er haben mochte, das bin ich ihm schuldig, er war ein philosophischer Kopf und hatte ein natürliches Gefühl für historische Entwickelung... Aber ich sehe, meine liebe Frau von Innstetten, so artig sie sonst ist, hört nur noch mit halbem Ohr zu; natürlich, der Postbote hat sich drüben blicken lassen, und da fliegt denn das Herz hinüber und nimmt die Liebesworte vorweg aus dem Briefe heraus... Nun, Böselager, was bringen Sie?«

Der Angeredete war mittlerweile bis an den Tisch herangetreten und packte aus: mehrere Zeitungen, zwei Friseuranzeigen und zuletzt auch einen großen, eingeschriebenen Brief an Frau Baronin von Innstetten, geb. von Briest.

Die Empfängerin unterschrieb, und nun ging der Postbote wieder. Die Zwicker aber überflog die Friseuranzeigen und lachte über die Preisermäßigung von Shampooing.

Effi hörte nicht hin; sie drehte den ihrerseits empfangenen Brief zwischen den Fingern und hatte eine ihr unerklärliche Scheu, ihn zu öffnen. Eingeschrieben und mit zwei großen Siegeln gesiegelt und ein dickes Kuvert. Was bedeutete das? Poststempel: »Hohen-Cremmen«, und die Adresse von der Handschrift der Mutter. Von Innstetten, es war der fünfte Tag, keine Zeile.

Sie nahm eine Stickschere mit Perlmuttergriff und schnitt die Längsseite des Briefes langsam auf. Und nun harrte ihrer eine neue Überraschung. Der Briefbogen, ja, das waren eng geschriebene Zeilen von der Mama, darin eingelegt aber waren Geldscheine mit einem breiten Papierstreifen drum herum, auf dem mit Rotstift, und zwar von des Vaters Hand, der Betrag der eingelegten Summe verzeichnet war. Sie schob das Konvolut zurück und begann zu lesen, während sie sich in den Schaukelstuhl zurücklehnte. Aber sie kam nicht weit, die Zeilen entfielen ihr, und aus ihrem Gesicht war alles Blut fort. Dann bückte sie sich und nahm den Brief wieder auf.

»Was ist Ihnen, liebe Freundin? Schlechte Nachrichten?«

Effi nickte, gab aber weiter keine Antwort und bat nur, ihr ein Glas Wasser reichen zu wollen. Als sie getrunken, sagte sie: »Es wird vorübergehen, liebe Geheimrätin, aber ich möchte mich doch einen Augenblick zurückziehen... Wenn Sie mir

Afra schicken könnten.« Und nun erhob sie sich und trat in
den Salon zurück, wo sie sichtlich froh war, einen Halt gewinnen und sich an dem Polysanderflügel entlangfühlen zu
können. So kam sie bis an ihr nach rechts hin gelegenes Zimmer, und als sie hier, tappend und suchend, die Tür geöffnet
und das Bett an der Wand gegenüber erreicht hatte, brach sie
ohnmächtig zusammen.

EINUNDDREISSIGSTES KAPITEL

Minuten vergingen. Als Effi sich wieder erholt hatte, setzte
sie sich auf einen am Fenster stehenden Stuhl und sah auf die
stille Straße hinaus. Wenn da doch Lärm und Streit gewesen
wäre; aber nur der Sonnenschein lag auf dem chaussierten
Wege und dazwischen die Schatten, die das Gitter und die
Bäume warfen. Das Gefühl des Alleinseins in der Welt überkam sie mit seiner ganzen Schwere. Vor einer Stunde noch
eine glückliche Frau, Liebling aller, die sie kannten, und nun
ausgestoßen. Sie hatte nur erst den Anfang des Briefes gelesen, aber genug, um ihre Lage klar vor Augen zu haben. Wohin? Sie hatte keine Antwort darauf, und doch war sie voll
tiefer Sehnsucht, aus dem herauszukommen, was sie hier umgab, also fort von dieser Geheimrätin, der das alles bloß ein
»interessanter Fall« war, und deren Teilnahme, wenn etwas
davon existierte, sicher an das Maß ihrer Neugier nicht her-
anreichte.

»Wohin?«

Auf dem Tische vor ihr lag der Brief; aber ihr fehlte der
Mut, weiterzulesen. Endlich sagte sie: »Wovor bange ich mich
noch? Was kann noch gesagt werden, das ich mir nicht schon
selber sagte? Der, um den all dies kam, ist tot, eine Rückkehr
in mein Haus gibt es nicht, in ein paar Wochen wird die Scheidung ausgesprochen sein, und das Kind wird man dem Vater
lassen. Natürlich. Ich bin schuldig, und eine Schuldige kann
ihr Kind nicht erziehen. Und wovon auch? Mich selbst werde
ich wohl durchbringen. Ich will sehen, was die Mama darüber
schreibt, wie sie sich mein Leben denkt.«

Und unter diesen Worten nahm sie den Brief wieder, um auch den Schluß zu lesen.

»...Und nun Deine Zukunft, meine liebe Effi. Du wirst Dich auf Dich selbst stellen müssen und darfst dabei, soweit äußere Mittel mitsprechen, unserer Unterstützung sicher sein. Du wirst am besten in Berlin leben (in einer großen Stadt vertut sich dergleichen am besten) und wirst da zu den vielen gehören, die sich um freie Luft und lichte Sonne gebracht haben. Du wirst einsam leben, und wenn Du das nicht willst, wahrscheinlich aus Deiner Sphäre herabsteigen müssen. Die Welt, in der Du gelebt hast, wird Dir verschlossen sein. Und was das Traurigste für uns und für Dich ist (auch für Dich, wie wir Dich zu kennen vermeinen) – auch das elterliche Haus wird Dir verschlossen sein; wir können Dir keinen stillen Platz in Hohen-Cremmen anbieten, keine Zuflucht in unserem Hause, denn es hieße das, dies Haus von aller Welt abschließen, und das zu tun, sind wir entschieden nicht geneigt. Nicht weil wir zu sehr an der Welt hingen und ein Abschiednehmen von dem, was sich ›Gesellschaft‹ nennt, uns als etwas unbedingt Unerträgliches erschiene; nein, *nicht* deshalb, sondern einfach, weil wir Farbe bekennen und vor aller Welt, ich kann Dir das Wort nicht ersparen, unsere Verurteilung Deines Tuns, des Tuns unseres einzigen und von uns so sehr geliebten Kindes, aussprechen wollen...«

Effi konnte nicht weiterlesen; ihre Augen füllten sich mit Tränen, und nachdem sie vergeblich dagegen angekämpft hatte, brach sie zuletzt in ein heftiges Schluchzen und Weinen aus, darin sich ihr Herz erleichterte.

Nach einer halben Stunde klopfte es, und auf Effis »Herein« erschien die Geheimrätin.

»Darf ich eintreten?«

»Gewiß, liebe Geheimrätin«, sagte Effi, die jetzt, leicht zugedeckt und die Hände gefaltet, auf dem Sofa lag. »Ich bin erschöpft und habe mich hier eingerichtet, so gut es ging. Darf ich Sie bitten, sich einen Stuhl zu nehmen.«

Die Geheimrätin setzte sich so, daß der Tisch, mit einer Blumenschale darauf, zwischen ihr und Effi war. Effi zeigte keine Spur von Verlegenheit und änderte nichts in ihrer Haltung, nicht einmal die gefalteten Hände. Mit einem Male war es ihr vollkommen gleichgültig, was die Frau dachte; nur fort wollte sie.

»Sie haben eine traurige Nachricht empfangen, liebe, gnädigste Frau...«

»Mehr als traurig«, sagte Effi. »Jedenfalls traurig genug, um unserem Beisammensein ein rasches Ende zu machen. Ich muß noch heute fort.«

»Ich möchte nicht zudringlich erscheinen, aber ist es etwas mit Annie?«

»Nein, nicht mit Annie. Die Nachrichten kamen überhaupt nicht aus Berlin, es waren Zeilen meiner Mama. Sie hat Sorgen um mich, und es liegt mir daran, sie zu zerstreuen, oder wenn ich das nicht kann, wenigstens an Ort und Stelle zu sein.«

»Mir nur zu begreiflich, sosehr ich es beklage, diese letzten Emser Tage nun ohne Sie verbringen zu sollen. Darf ich Ihnen meine Dienste zur Verfügung stellen?«

Ehe Effi darauf antworten konnte, trat Afra ein und meldete, daß man sich eben zum Lunch versammle. Die Herrschaften seien alle sehr in Aufregung: der Kaiser käme wahrscheinlich auf drei Wochen, und am Schluß seien große Manöver, und die Bonner Husaren kämen auch.

Die Zwicker überschlug sofort, ob es sich verlohnen würde, bis dahin zu bleiben, kam zu einem entschiedenen »Ja« und ging dann, um Effis Ausbleiben beim Lunch zu entschuldigen.

Als gleich danach auch Afra gehen wollte, sagte Effi: »Und dann, Afra, wenn Sie frei sind, kommen Sie wohl noch eine Viertelstunde zu mir, um mir beim Packen behülflich zu sein. Ich will heute noch mit dem Sieben-Uhr-Zuge fort.«

»Heute noch? Ach, gnädigste Frau, das ist doch aber schade. Nun fangen ja die schönen Tage erst an.«

Effi lächelte.

Die Zwicker, die noch allerlei zu hören hoffte, hatte sich nur mit Mühe bestimmen lassen, der »Frau Baronin« beim Abschiede nicht das Geleit zu geben. »Auf einem Bahnhofe«, so hatte Effi versichert, »sei man immer so zerstreut und nur mit seinem Platz und seinem Gepäck beschäftigt; gerade Personen, die man lieb habe, von denen nähme man gern vorher Abschied.« Die Zwicker bestätigte das, trotzdem sie das Vorgeschützte darin sehr wohl herausfühlte; sie hatte hinter allen Türen gestanden und wußte gleich, was echt und unecht war.

Afra begleitete Effi zum Bahnhof und ließ sich fest versprechen, daß die Frau Baronin im nächsten Sommer wiederkommen wolle; wer mal in Ems gewesen, der komme immer wieder. Ems sei das schönste, außer Bonn.

Die Zwicker hatte sich mittlerweile zum Briefschreiben niedergesetzt, nicht an dem etwas wackligen Rokokosekretär im Salon, sondern draußen auf der Veranda, an demselben Tisch, an dem sie kaum zehn Stunden zuvor mit Effi das Frühstück genommen hatte.

Sie freute sich auf den Brief, der einer befreundeten, zurzeit in Reichenhall weilenden Berliner Dame zugute kommen sollte. Beider Seelen hatten sich längst gefunden und gipfelten in einer der ganzen Männerwelt geltenden starken Skepsis; sie fanden die Männer durchweg weit zurückbleibend hinter dem, was billigerweise gefordert werden könne, die sogenannten »forschen« am meisten. »Die, die vor Verlegenheit nicht wissen, wo sie hinsehen sollen, sind, nach einem kurzen Vorstudium, immer noch die besten, aber die eigentlichen Don Juans erweisen sich jedesmal als eine Enttäuschung. Wo soll es am Ende auch herkommen.« Das waren so Weisheitssätze, die zwischen den zwei Freundinnen ausgetauscht wurden.

Die Zwicker war schon auf dem zweiten Bogen und fuhr in ihrem mehr als dankbaren Thema, das natürlich »Effi« hieß, eben wie folgt fort: »Alles in allem war sie sehr zu leiden, artig, anscheinend offen, ohne jeden Adelsdünkel (oder doch groß in der Kunst, ihn zu verbergen) und immer interessiert, wenn man ihr etwas Interessantes erzählte, wovon ich, wie ich Dir nicht zu versichern brauche, den ausgiebigsten Gebrauch machte. Nochmals also, reizende junge Frau, fünfundzwanzig oder nicht viel mehr. Und doch hab' ich dem Frieden nie getraut und traue ihm auch in diesem Augenblicke noch nicht, ja, jetzt vielleicht am wenigsten. Die Geschichte heute mit dem Briefe – da steckt eine wirkliche Geschichte dahinter. Dessen bin ich so gut wie sicher. Es wäre das erstemal, daß ich mich in solcher Sache geirrt hätte. Daß sie mit Vorliebe von den Berliner Modepredigern sprach und das Maß der Gottseligkeit jedes einzelnen feststellte, das, und der gelegentliche Gretchenblick, der jedesmal versicherte, kein Wässerchen trüben zu können – alle diese Dinge haben mich in meinem Glauben... Aber da kommt eben unsere Afra, von der ich Dir, glaub' ich, schon schrieb, eine hübsche Person, und packt mir ein Zeitungsblatt auf den Tisch, das ihr, wie sie sagt, unsere Frau Wirtin für mich gegeben habe; die blau angestrichene Stelle. Nun verzeih, wenn ich diese Stelle erst lese...

Nachschrift. Das Zeitungsblatt war interessant genug und kam wie gerufen. Ich schneide die blau angestrichene Stelle heraus und lege sie diesen Zeilen bei. Du siehst daraus, daß ich mich *nicht* geirrt habe. Wer mag nur der Crampas sein? Es ist unglaublich – erst selber Zettel und Briefe schreiben und dann auch noch die des anderen aufbewahren! Wozu gibt es Öfen und Kamine? Solange wenigstens, wie dieser Duellunsinn noch existiert, darf dergleichen nicht vorkommen; einem kommenden Geschlechte kann diese Briefschreibepassion (weil dann gefahrlos geworden) vielleicht freigegeben werden. Aber soweit sind wir noch lange nicht. Übrigens bin ich voll Mitleid mit der jungen Baronin und finde, eitel, wie man nun mal ist, meinen einzigen Trost darin, mich in der Sache selbst nicht getäuscht zu haben. Und der Fall lag nicht so ganz gewöhnlich. Ein schwächerer Diagnostiker hätte sich doch vielleicht hinters Licht führen lassen. Wie immer

Deine Sophie.«

ZWEIUNDDREISSIGSTES KAPITEL

Drei Jahre waren vergangen, und Effi bewohnte seit fast ebensolanger Zeit eine kleine Wohnung in der Königgrätzer Straße, zwischen Askanischem Platz und Halleschem Tor: ein Vorder- und Hinterzimmer und hinter diesem die Küche mit Mädchengelaß, alles so durchschnittsmäßig und alltäglich wie nur möglich. Und doch war es eine apart hübsche Wohnung, die jedem, der sie sah, angenehm auffiel, am meisten vielleicht dem alten Geheimrat Rummschüttel, der, dann und wann vorsprechend, der armen jungen Frau nicht bloß die nun weit zurückliegende Rheumatismus- und Neuralgiekomödie, sondern auch alles, was seitdem sonst noch vorgekommen war, längst verziehen hatte, wenn es für ihn der Verzeihung überhaupt bedurfte. Denn Rummschüttel kannte noch ganz anderes. Er war jetzt ausgangs siebzig, aber wenn Effi, die seit einiger Zeit ziemlich viel kränkelte, ihn brieflich um seinen Besuch bat, so war er am anderen Vormittag auch da und wollte von Entschuldigungen, daß es so hoch sei, nichts wissen. »Nur keine Entschuldigungen, meine liebe, gnädigste Frau; denn erstens ist es mein Metier, und zweitens bin ich glücklich und beinahe stolz, die drei Treppen so gut noch steigen zu können. Wenn ich nicht fürchten müßte, Sie zu belästigen – denn ich komme doch schließlich als Arzt und nicht als Naturfreund und Landschaftsschwärmer –, so käme ich wohl noch öfter, bloß um Sie zu sehen und mich hier etliche Minuten an Ihr Hinterfenster zu setzen. Ich glaube, Sie würdigen den Ausblick nicht genug.«

»O doch, doch«, sagte Effi; Rummschüttel aber ließ sich nicht stören und fuhr fort: »Bitte, meine gnädigste Frau, treten Sie hier heran, nur einen Augenblick, oder erlauben Sie mir, daß ich Sie bis an das Fenster führe. Wieder ganz herrlich heute. Sehen Sie doch nur die verschiedenen Bahndämme, drei, nein vier, und wie es beständig darauf hin- und hergleitet... und nun verschwindet der Zug da wieder hinter einer Baumgruppe. Wirklich herrlich. Und wie die Sonne den weißen Rauch durchleuchtet! Wäre der Matthäikirchhof nicht unmittelbar dahinter, so wäre es ideal.«

»Ich sehe gern Kirchhöfe.«

»Ja, Sie dürfen das sagen. Aber unserein! Unsereinem kommt unabweisbar immer die Frage, könnten hier nicht vielleicht einige weniger liegen? Im übrigen, meine gnädigste Frau, bin ich mit Ihnen zufrieden und beklage nur, daß Sie von Ems nichts wissen wollen; Ems bei Ihren katarrhalischen Affektionen würde Wunder...«

Effi schwieg.

»Ems würde Wunder tun. Aber da Sie's nicht mögen (und ich finde mich darin zurecht), so trinken Sie den Brunnen hier. In drei Minuten sind Sie im Prinz Albrechtschen Garten, und wenn auch die Musik und die Toiletten und all die Zerstreuungen einer regelrechten Brunnenpromenade fehlen, der Brunnen selbst ist doch die Hauptsache.«

Effi war einverstanden, und Rummschüttel nahm Hut und Stock. Aber er trat noch einmal an das Fenster heran. »Ich höre von einer Terrassierung des Kreuzbergs sprechen, Gott segne die Stadtverwaltung, und wenn dann erst die kahle Stelle da hinten mehr in Grün stehen wird... Eine reizende Wohnung. Ich könnte Sie fast beneiden... Und was ich schon längst einmal sagen wollte, meine gnädige Frau, Sie schreiben mir immer einen so liebenswürdigen Brief. Nun, wer freute sich dessen nicht? Aber es ist doch jedesmal eine Mühe... Schicken Sie mir doch einfach Roswitha.«

Effi dankte ihm, und so schieden sie.

»Schicken Sie mir doch einfach Roswitha...«, hatte Rummschüttel gesagt. Ja, war denn Roswitha bei Effi? war sie denn statt in der Keith- in der Königgrätzerstraße? Gewiß war sie's, und zwar sehr lange schon, geradeso lange, wie Effi selbst in der Königgrätzerstraße wohnte. Schon drei Tage vor diesem Einzug hatte sich Roswitha bei ihrer lieben gnädigen Frau sehen lassen, und das war ein großer Tag für beide gewesen, so sehr, daß dieses Tages hier noch nachträglich gedacht werden muß.

Effi hatte damals, als der elterliche Absagebrief aus Hohen-Cremmen kam und sie mit dem Abendzuge von Ems nach Berlin zurückreiste, nicht gleich eine selbständige Wohnung genommen, sondern es mit einem Unterkommen in einem Pensionate versucht. Es war ihr damit auch leidlich geglückt. Die beiden Damen, die dem Pensionat vorstanden, waren gebildet und voll Rücksicht und hatten es längst verlernt, neugierig zu sein. Es kam da so vieles zusammen, daß ein Eindringenwollen in die Geheimnisse jedes einzelnen viel zu umständlich gewesen wäre. Dergleichen hinderte nur den Geschäftsgang. Effi, die die mit den Augen angestellten Kreuzverhöre der

Zwicker noch in Erinnerung hatte, fühlte sich denn auch von dieser Zurückhaltung der Pensionsdamen sehr angenehm berührt, als aber vierzehn Tage vorüber waren, empfand sie doch deutlich, daß die hier herrschende Gesamtatmosphäre, die physische wie die moralische, nicht wohl ertragbar für sie sei. Bei Tisch waren sie zumeist zu sieben, und zwar außer Effi und der einen Pensionsvorsteherin (die andere leitete draußen das Wirtschaftliche) zwei die Hochschule besuchende Engländerinnen, eine adelige Dame aus Sachsen, eine sehr hübsche galizische Jüdin, von der niemand wußte, was sie eigentlich vorhatte, und eine Kantorstochter aus Polzin in Pommern, die Malerin werden wollte. Das war eine schlimme Zusammensetzung, und die gegenseitigen Überheblichkeiten, bei denen die Engländerinnen merkwürdigerweise nicht absolut obenan standen, sondern mit der vom höchsten Malergefühl erfüllten Polzinerin um die Palme rangen, waren unerquicklich; dennoch wäre Effi, die sich passiv verhielt, über den Druck, den diese geistige Atmosphäre übte, hinweggekommen, wenn nicht, rein physisch und äußerlich, die sich hinzugesellende Pensionsluft gewesen wäre. Woraus sich diese eigentlich zusammensetzte, war vielleicht überhaupt unerforschlich, aber daß sie der sehr empfindlichen Effi den Atem raubte, war nur zu gewiß, und so sah sie sich, aus diesem äußerlichen Grunde, sehr bald schon zur Aus- und Umschau nach einer anderen Wohnung gezwungen, die sie denn auch in verhältnismäßiger Nähe fand. Es war dies die vorgeschilderte Wohnung in der Königgrätzerstraße. Sie sollte dieselbe zu Beginn des Herbstvierteljahrs beziehen, hatte das Nötige dazu beschafft und zählte während der letzten Septembertage die Stunden bis zur Erlösung aus dem Pensionat.

An einem dieser letzten Tage – sie hatte sich eine Viertelstunde zuvor aus dem Eßzimmer zurückgezogen und gedachte sich eben auf einem mit einem großblumigen Wollstoff überzogenen Seegras-Sofa auszuruhen – wurde leise an ihre Tür geklopft.

»Herein.«

Das eine Hausmädchen, eine kränklich aussehende Person von Mitte Dreißig, die, durch beständigen Aufenthalt auf dem

Korridor des Pensionats, den hier lagernden Dunstkreis überallhin in ihren Falten mitschleppte, trat ein und sagte: »Die gnädige Frau möchte entschuldigen, aber es wolle sie jemand sprechen.«

»Wer?«

»Eine Frau.«

»Und hat sie ihren Namen genannt?«

»Ja. Roswitha.«

Und siehe da, kaum daß Effi diesen Namen gehört hatte, so schüttelte sie den Halbschlaf von sich ab und sprang auf und lief auf den Korridor hinaus, um Roswitha bei beiden Händen zu fassen und in ihr Zimmer zu ziehen.

»Roswitha. Du. Ist das eine Freude. Was bringst du? Natürlich was Gutes. Ein so gutes, altes Gesicht kann nur was Gutes bringen. Ach, wie glücklich ich bin, ich könnte dir einen Kuß geben; ich hätte nicht gedacht, daß ich noch solche Freude haben könnte. Mein gutes, altes Herz, wie geht es dir denn? Weißt du noch, wie's damals war, als der Chinese spukte? Das waren glückliche Zeiten. Ich habe damals gedacht, es wären unglückliche, weil ich das Harte des Lebens noch nicht kannte. Seitdem habe ich es kennengelernt. Ach, Spuk ist lange nicht das Schlimmste! Komm, meine gute Roswitha, komm, setze dich hier zu mir und erzähle mir... Ach, ich habe solche Sehnsucht. Was macht Annie?«

Roswitha konnte kaum reden und sah sich in dem sonderbaren Zimmer um, dessen grau und verstaubt aussehende Wände in schmale Goldleisten gefaßt waren. Endlich aber fand sie sich und sagte, daß der gnädige Herr nun wieder aus Glatz zurück sei; der alte Kaiser habe gesagt, »sechs Wochen in solchem Falle sei gerade genug«, und auf den Tag, wo der gnädige Herr wieder da sein würde, darauf habe sie bloß gewartet, wegen Annie, die doch eine Aufsicht haben müsse. Denn Johanna sei wohl eine propre Person, aber sie sei doch noch zu hübsch und beschäftige sich noch zu viel mit sich selbst und denke vielleicht Gott weiß was alles. Aber nun, wo der gnädige Herr wieder aufpassen und in allem nach dem Rechten sehen könne, da habe sie sich's doch antun wollen und mal sehen, wie's der gnädigen Frau gehe...

»Das ist recht, Roswitha...«

... Und habe mal sehen wollen, ob der gnädigen Frau was fehle und ob sie sie vielleicht brauche, dann wolle sie gleich hierbleiben und beispringen und alles machen und dafür sorgen, daß es der gnädigen Frau wieder gut ginge.

Effi hatte sich in die Sofaecke zurückgelehnt und die Augen geschlossen. Aber mit eins richtete sie sich auf und sagte: »Ja, Roswitha, was du da sagst, das ist ein Gedanke; das ist was. Denn du mußt wissen, ich bleibe hier nicht in dieser Pension, ich habe da weiterhin eine Wohnung gemietet und auch Einrichtung besorgt, und in drei Tagen will ich da einziehen. Und wenn ich da mit dir ankäme und zu dir sagen könnte: ›Nein, Roswitha, da nicht, der Schrank muß dahin und der Spiegel da‹, ja, das wäre was, das sollte mir schon gefallen. Und wenn wir dann müde von all der Plackerei wären, dann sagte ich: ›Nun, Roswitha, gehe da hinüber und hole uns eine Karaffe Spatenbräu, denn wenn man gearbeitet hat, dann will man doch auch trinken, und wenn du kannst, so bring uns auch etwas Gutes aus dem ›Habsburger Hof‹ mit, du kannst ja das Geschirr nachher wieder herüberbringen‹ – ja, Roswitha, wenn ich mir das denke, da wird mir ordentlich leichter ums Herz. Aber ich muß dich doch fragen, hast du dir auch alles überlegt? Von Annie will ich nicht sprechen, an der du doch hängst, sie ist ja fast wie dein eigen Kind, – aber trotzdem, für Annie wird schon gesorgt werden, und die Johanna hängt ja auch an ihr. Also davon nichts. Aber bedenke, wie sich alles verändert hat, wenn du wieder zu mir willst. Ich bin nicht mehr wie damals; ich habe jetzt eine ganz kleine Wohnung genommen, und der Portier wird sich wohl nicht sehr um dich und um mich bemühen. Und wir werden eine sehr kleine Wirtschaft haben, immer das, was wir sonst unser Donnerstag-Essen nannten, weil da reingemacht wurde. Weißt du noch? Und weißt du noch, wie der gute Gieshübler mal dazukam und sich zu uns setzen mußte, und wie er dann sagte: ›So was Delikates habe er noch nie gegessen.‹ Du wirst dich noch erinnern, er war immer so schrecklich artig, denn eigentlich war er doch der einzige Mensch in der Stadt, der von Essen was verstand. Die andern fanden alles schön.«

Roswitha freute sich über jedes Wort und sah schon alles in

bestem Gange, bis Effi wieder sagte: »Hast du dir das alles überlegt? Denn du bist doch – ich muß das sagen, wiewohl es meine eigne Wirtschaft war –, du bist doch nun durch viele Jahre hin verwöhnt, und es kam nie darauf an, wir hatten es nicht nötig, sparsam zu sein; aber jetzt muß ich sparsam sein, denn ich bin arm und habe nur, was man mir gibt, du weißt, von Hohen-Cremmen her. Meine Eltern sind sehr gut gegen mich, soweit sie's können, aber sie sind nicht reich. Und nun sage, was meinst du?«

»Daß ich nächsten Sonnabend mit meinem Koffer anziehe, nicht am Abend, sondern gleich am Morgen, und daß ich da bin, wenn das Einrichten losgeht. Denn ich kann doch ganz anders zufassen wie die gnädige Frau.«

»Sage das nicht, Roswitha. Ich kann es auch. Wenn man muß, kann man alles.«

»Und dann, gnädige Frau, Sie brauchen sich wegen meiner nicht zu fürchten, als ob ich mal denken könnte: ›für Roswitha ist das nicht gut genug.‹ Für Roswitha ist alles gut, was sie mit der gnädigen Frau teilen muß, und am liebsten, wenn es was Trauriges ist. Ja, darauf freue ich mich schon ordentlich. Dann sollen Sie mal sehen, das verstehe ich. Und wenn ich es nicht verstünde, dann wollte ich es schon lernen. Denn, gnädige Frau, das hab' ich nicht vergessen, als ich da auf dem Kirchhof saß, mutterwindallein und bei mir dachte, nun wäre es doch wohl das beste, ich läge da gleich mit in der Reihe. Wer kam da? Wer hat mich da bei Leben erhalten? Ach, ich habe so viel durchzumachen gehabt. Als mein Vater damals mit der glühenden Stange auf mich loskam...«

»Ich weiß schon, Roswitha...«

»Ja, das war schlimm genug. Aber als ich da auf dem Kirchhof saß, so ganz arm und verlassen, das war doch noch schlimmer. Und da kam die gnädige Frau. Und ich will nicht selig werden, wenn ich das vergesse.«

Und dabei stand sie auf und ging aufs Fenster zu. »Sehen Sie, gnädige Frau, *den* müssen Sie doch auch noch sehen.«

Und nun trat auch Effi heran.

Drüben, auf der anderen Seite der Straße, saß Rollo und sah nach den Fenstern der Pension hinauf.

Wenige Tage danach bezog Effi, von Roswitha unterstützt, ihre Wohnung in der Königgrätzerstraße, darin es ihr von Anfang an gefiel. Umgang fehlte freilich, aber sie hatte während ihrer Pensionstage von dem Verkehr mit Menschen so wenig Erfreuliches gehabt, daß ihr das Alleinsein nicht schwer fiel, wenigstens anfänglich nicht. Mit Roswitha ließ sich allerdings kein ästhetisches Gespräch führen, auch nicht mal sprechen über das, was in der Zeitung stand, aber wenn es einfach menschliche Dinge betraf und Effi mit einem »Ach, Roswitha, mich ängstigt es wieder...« ihren Satz begann, dann wußte die treue Seele jedesmal gut zu antworten und hatte immer Trost und meist auch Rat.

Bis Weihnachten ging es vorzüglich; aber der Heiligabend verlief schon recht traurig, und als das neue Jahr herankam, begann Effi ganz schwermütig zu werden. Es war nicht kalt, nur grau und regnerisch, und wenn die Tage kurz waren, so waren die Abende desto länger. Was tun? Sie las, sie stickte, sie legte Patience, sie spielte Chopin, aber diese Nocturnes waren auch nicht angetan, viel Licht in ihr Leben zu tragen, und wenn Roswitha mit dem Teebrett kam und außer dem Teezeug auch noch zwei Tellerchen mit einem Ei und einem in kleine Scheiben geschnittenen Wiener Schnitzel auf den Tisch setzte, sagte Effi, während sie das Pianino schloß: »Rücke heran, Roswitha. Leiste mir Gesellschaft.«

Roswitha kam denn auch. »Ich weiß schon, die gnädige Frau haben wieder zu viel gespielt; dann sehen Sie immer so aus und haben rote Flecke. Der Geheimrat hat es doch verboten.«

»Ach, Roswitha, der Geheimrat hat leicht verbieten, und du hast es auch leicht, all das nachzusprechen. Aber was soll ich denn machen? Ich kann doch nicht den ganzen Tag am Fenster sitzen und nach der Christuskirche hinübersehen. Sonntags, beim Abendgottesdienst, wenn die Fenster erleuchtet sind, sehe ich ja immer hinüber; aber es hilft mir auch nichts, mir wird dann immer noch schwerer ums Herz.«

»Ja, gnädige Frau, dann sollten Sie mal hineingehen. Einmal waren Sie ja schon drüben.«

»O schon öfters. Aber ich habe nicht viel davon gehabt.

Er predigt ganz gut und ist ein sehr kluger Mann, und ich wäre froh, wenn ich das Hundertste davon wüßte. Aber es ist doch alles bloß, wie wenn ich ein Buch lese; und wenn er dann so laut spricht und herumficht und seine schwarzen Locken schüttelt, dann bin ich aus meiner Andacht heraus.«

»Heraus?«

Effi lachte. »Du meinst, ich war noch gar nicht drin. Und es wird wohl so sein. Aber an wem liegt das? Das liegt doch nicht an mir. Er spricht immer so viel vom Alten Testament. Und wenn es auch ganz gut ist, es erbaut mich nicht. Überhaupt all das Zuhören; es ist nicht das Rechte. Sieh, ich müßte so viel zu tun haben, daß ich nicht ein noch aus wüßte. Das wäre was für mich. Da gibt es so Vereine, wo junge Mädchen die Wirtschaft lernen oder Nähschulen oder Kindergärtnerinnen. Hast du nie davon gehört?«

»Ja, ich habe mal davon gehört. Anniechen sollte mal in einen Kindergarten.«

»Nun siehst du, du weißt es besser als ich. Und in solchen Verein, wo man sich nützlich machen kann, da möchte ich eintreten. Aber daran ist gar nicht zu denken; die Damen nehmen mich nicht an und können es auch nicht. Und das ist das schrecklichste, daß einem die Welt so zu ist, und daß es sich einem sogar verbietet, bei Gutem mit dabei zu sein. Ich kann nicht mal armen Kindern eine Nachhülfestunde geben...«

»Das wäre auch nichts für Sie, gnädige Frau; die Kinder haben immer so fettige Stiefel an, und wenn es nasses Wetter ist – das ist dann solch Dunst und Schmook, das halten die gnädige Frau gar nicht aus.«

Effi lächelte. »Du wirst wohl recht haben, Roswitha; aber es ist schlimm, daß du recht hast, und ich sehe daran, daß ich noch zu viel von dem alten Menschen in mir habe und daß es mir noch zu gut geht.«

Davon wollte aber Roswitha nichts wissen. »Wer so gut ist wie gnädige Frau, dem kann es gar nicht zu gut gehen. Und Sie müssen nur nicht immer so was Trauriges spielen, und mitunter denke ich mir, es wird alles noch wieder gut, und es wird sich schon was finden.«

Und es fand sich auch was. Effi, trotz der Kantorstochter aus

Polzin, deren Künstlerdünkel ihr immer noch als etwas Schreckliches vorschwebte, wollte Malerin werden, und wiewohl sie selber darüber lachte, weil sie sich bewußt war, über eine unterste Stufe des Dilettantismus nie hinauskommen zu können, so griff sie doch mit Passion danach, weil sie nun eine Beschäftigung hatte, noch dazu eine, die, weil still und geräuschlos, ganz nach ihrem Herzen war. Sie meldete sich denn auch bei einem ganz alten Malerprofessor, der in der märkischen Aristokratie sehr bewandert und zugleich so fromm war, daß ihm Effi von Anfang an ans Herz gewachsen erschien. Hier, so gingen wohl seine Gedanken, war eine Seele zu retten, und so kam er ihr, als ob sie seine Tochter gewesen wäre, mit einer ganz besonderen Liebenswürdigkeit entgegen. Effi war sehr glücklich darüber, und der Tag ihrer ersten Malstunde bezeichnete für sie einen Wendepunkt zum Guten. Ihr armes Leben war nun nicht so arm mehr, und Roswitha triumphierte, daß sie recht gehabt und sich nun doch etwas gefunden habe.

Das ging so Jahr und Tag und darüber hinaus. Aber daß sie nun wieder eine Berührung mit den Menschen hatte, wie sie's beglückte, so ließ es auch wieder den Wunsch in ihr entstehen, daß diese Berührungen sich erneuern und mehren möchten. Sehnsucht nach Hohen-Cremmen erfaßte sie mitunter mit einer wahren Leidenschaft, und noch leidenschaftlicher sehnte sie sich danach, Annie wiederzusehen. Es war doch ihr Kind, und wenn sie dem nachhing und sich gleichzeitig der Trippelli erinnerte, die mal gesagt hatte: »die Welt sei so klein, und in Mittelafrika könne man sicher sein, plötzlich einem alten Bekannten zu begegnen«, so war sie mit Recht verwundert, Annie noch nie getroffen zu haben. Aber auch das sollte sich eines Tages ändern. Sie kam aus der Malstunde, dicht am Zoologischen Garten, und stieg, nahe dem Halteplatz, in einen die lange Kurfürstenstraße passierenden Pferdebahnwagen ein. Es war sehr heiß, und die herabgelassenen Vorhänge, die bei dem starken Luftzuge, der ging, hin- und herbauschten, taten ihr wohl. Sie lehnte sich in die dem Vorderperron zugekehrte Ecke und musterte eben mehrere in eine Glasscheibe eingebrannte Sofas, blau mit Quasten und Puscheln daran, als sie – der Wagen war gerade in einem langsamen Fahren – drei

Schulkinder aufspringen sah, die Mappen auf dem Rücken, mit kleinen spitzen Hüten, zwei blond und ausgelassen, die dritte dunkel und ernst. Es war Annie. Effi fuhr heftig zusammen, und eine Begegnung mit dem Kinde zu haben, wonach sie sich doch so lange gesehnt, erfüllte sie jetzt mit einer wahren Todesangst. Was tun? Rasch entschlossen öffnete sie die Tür zu dem Vorderperron, auf dem niemand stand als der Kutscher, und bat diesen, sie bei der nächsten Haltestelle vorn absteigen zu lassen. »Is verboten, Fräulein«, sagte der Kutscher; sie gab ihm aber ein Geldstück und sah ihn so bittend an, daß der gutmütige Mensch anderen Sinnes wurde und vor sich hin sagte: »Sind soll es eigentlich nich; aber es wird ja woll mal gehn.« Und als der Wagen hielt, nahm er das Gitter aus, und Effi sprang ab.

Noch in großer Erregung kam Effi nach Hause.

»Denke dir, Roswitha, ich habe Annie gesehen.« Und nun erzählte sie von der Begegnung in dem Pferdebahnwagen. Roswitha war unzufrieden, daß Mutter und Tochter keine Wiedersehensszene gefeiert hatten und ließ sich nur ungern überzeugen, daß das in Gegenwart so vieler Menschen nicht wohl angegangen sei. Dann mußte Effi erzählen, wie Annie ausgesehen habe, und als sie das mit mütterlichem Stolze getan, sagte Roswitha: »Ja, sie ist so halb und halb. Das Hübsche und, wenn ich es sagen darf, das Sonderbare, das hat sie von der Mama; aber das Ernste, das ist ganz der Papa. Und wenn ich mir so alles überlege, ist sie doch wohl mehr wie der gnädige Herr.«

»Gott sei Dank!« sagte Effi.

»Na, gnäd'ge Frau, das ist nu doch auch noch die Frage. Und da wird ja wohl mancher sein, der mehr für die Mama ist.«

»Glaubst du, Roswitha? Ich glaube es nicht.«

»Na, na, ich lasse mir nichts vormachen, und ich glaube, die gnädige Frau weiß auch ganz gut, wie's eigentlich ist und was die Männer am liebsten haben.«

»Ach, sprich nicht davon, Roswitha.«

Damit brach das Gespräch ab und wurde auch nicht wieder aufgenommen. Aber Effi, wenn sie's auch vermied, gerade über Annie mit Roswitha zu sprechen, konnte die Begegnung in ihrem Herzen doch nicht verwinden und litt unter der Vorstellung, vor ihrem eigenen Kinde geflohen zu sein. Es quälte sie bis zur Beschämung, und das Verlangen nach einer Begegnung mit Annie steigerte sich bis zum Krankhaften. An Innstetten schreiben und ihn darum bitten, das war nicht möglich. Ihrer Schuld war sie sich wohl bewußt, ja, sie nährte das Gefühl davon mit einer halb leidenschaftlichen Geflissentlichkeit; aber inmitten ihres Schuldbewußtseins fühlte sie sich andererseits auch von einer gewissen Auflehnung gegen Innstetten erfüllt. Sie sagte sich: er hatte recht und noch einmal und noch einmal, und zuletzt hatte er doch unrecht. Alles Geschehene lag so weit zurück, ein neues Leben hatte begonnen, — er hätte es können verbluten lassen, statt dessen verblutete der arme Crampas.

Nein, an Innstetten schreiben, das ging nicht; aber Annie wollte sie sehen und sprechen und an ihr Herz drücken, und nachdem sie's tagelang überlegt hatte, stand ihr fest, wie's am besten zu machen sei.

Gleich am andern Vormittage kleidete sie sich sorgfältig in ein dezentes Schwarz und ging auf die Linden zu, sich hier bei der Ministerin melden zu lassen. Sie schickte ihre Karte hinein, auf der nur stand: Effi von Innstetten geb. von Briest. Alles andere war fortgelassen, auch die Baronin. »Exzellenz lassen bitten«, und Effi folgte dem Diener bis in ein Vorzimmer, wo sie sich niederließ und trotz der Erregung, in der sie sich befand, den Bilderschmuck an den Wänden musterte. Da war zunächst Guido Renis Aurora, gegenüber aber hingen englische Kupferstiche, Stiche nach Benjamin West, in der bekannten Aquatinta-Manier von viel Licht und Schatten. Eines der Bilder war König Lear im Unwetter auf der Heide.

Effi hatte ihre Musterung kaum beendet, als die Tür des angrenzenden Zimmers sich öffnete und eine große, schlanke Dame von einem sofort für sie einnehmenden Ausdruck auf die Bittstellerin zutrat und ihr die Hand reichte. »Meine liebe, gnädigste Frau«, sagte sie, »welche Freude für mich, Sie wiederzusehen...«

Und während sie das sagte, schritt sie auf das Sofa zu und zog Effi, während sie selber Platz nahm, zu sich nieder.

Effi war bewegt durch die sich in allem aussprechende Herzensgüte. Keine Spur von Überheblichkeit oder Vorwurf, nur menschlich schöne Teilnahme. »Womit kann ich Ihnen dienen?« nahm die Ministerin noch einmal das Wort.

Um Effis Mund zuckte es. Endlich sagte sie: »Was mich herführt, ist eine Bitte, deren Erfüllung Exzellenz vielleicht möglich machen. Ich habe eine zehnjährige Tochter, die ich seit drei Jahren nicht gesehen habe und gern wiedersehen möchte.«

Die Ministerin nahm Effis Hand und sah sie freundlich an.

»Wenn ich sage, in drei Jahren nicht gesehen, so ist das nicht ganz richtig. Vor drei Tagen habe ich sie wiedergesehen.« Und nun schilderte Effi mit großer Lebendigkeit die Begegnung, die sie mit Annie gehabt hatte. »Vor meinem eigenen Kinde auf der Flucht. Ich weiß wohl, man liegt, wie man sich bettet, und ich will nichts ändern in meinem Leben. Wie es ist, so ist es recht; ich habe es nicht anders gewollt. Aber das mit dem Kinde, das ist doch zu hart, und so habe ich denn den Wunsch, es dann und wann sehen zu dürfen, nicht heimlich und verstohlen, sondern mit Wissen und Zustimmung aller Beteiligten.«

»Unter Wissen und Zustimmung aller Beteiligten«, wiederholte die Ministerin Effis Worte. »Das heißt also unter Zustimmung Ihres Herrn Gemahls. Ich sehe, daß seine Erziehung dahin geht, das Kind von der Mutter fernzuhalten, ein Verfahren, über das ich mir kein Urteil erlaube. Vielleicht, daß er recht hat; verzeihen Sie mir diese Bemerkung, gnädige Frau.«

Effi nickte.

»Sie finden sich selbst in der Haltung Ihres Herrn Gemahls zurecht und verlangen nur, daß einem natürlichen Gefühle, wohl dem schönsten unserer Gefühle (wenigstens wir Frauen werden uns darin finden), sein Recht werde. Treff' ich es darin?«

»In allem.«

»Und so soll ich denn die Erlaubnis zu gelegentlichen Begegnungen erwirken, in Ihrem Hause, wo Sie versuchen können, sich das Herz Ihres Kindes zurückzuerobern.«

Effi drückte noch einmal ihre Zustimmung aus, während die

Ministerin fortfuhr: »Ich werde also tun, meine gnädigste Frau, was ich tun kann. Aber wir werden es nicht eben leicht haben. Ihr Herr Gemahl, verzeihen Sie, daß ich ihn nach wie vor so nenne, ist ein Mann, der nicht nach Stimmungen und Laune, sondern nach Grundsätzen handelt, und diese fallen zu lassen oder auch nur momentan aufzugeben, wird ihm hart ankommen. Läg' es nicht so, so wäre seine Handlungs- und Erziehungsweise längst eine andere gewesen. Das, was hart für Ihr Herz ist, hält er für richtig.«

»So meinen Exzellenz vielleicht, es wäre besser, meine Bitte zurückzunehmen?«

»Doch nicht. Ich wollte nur das Tun Ihres Herrn Gemahls erklären, um nicht zu sagen rechtfertigen, und wollte zugleich die Schwierigkeiten andeuten, auf die wir, aller Wahrscheinlichkeit nach, stoßen werden. Aber ich denke, wir zwingen es trotzdem. Denn wir Frauen, wenn wir's klug einleiten und den Bogen nicht überspannen, wissen mancherlei durchzusetzen. Zudem gehört Ihr Herr Gemahl zu meinen besonderen Verehrern, und er wird mir eine Bitte, die ich an ihn richte, nicht wohl abschlagen. Wir haben morgen einen kleinen Zirkel, auf dem ich ihn sehe, und übermorgen früh haben Sie ein paar Zeilen von mir, die Ihnen sagen werden, ob ich's klug, das heißt glücklich, eingeleitet oder nicht. Ich denke, wir siegen in der Sache, und Sie werden Ihr Kind wiedersehen und sich seiner freuen. Es soll ein sehr schönes Mädchen sein. Nicht zu verwundern.«

DREIUNDDREISSIGSTES KAPITEL

Am zweitfolgenden Tage trafen, wie versprochen, einige Zeilen ein und Effi las: »Es freut mich, liebe gnädige Frau, Ihnen gute Nachricht geben zu können. Alles ging nach Wunsch; Ihr Herr Gemahl ist zu sehr Mann von Welt, um einer Dame eine von ihr vorgetragene Bitte abschlagen zu können; zugleich aber – auch *das* darf ich Ihnen nicht verschweigen –, ich sah deutlich, daß sein ›Ja‹ nicht dem entsprach, was er für klug und recht hält. Aber kritteln wir nicht, wo wir uns freuen sollen. Ihre Annie, so haben wir es verabredet, wird über Mittag kommen, und ein guter Stern stehe über Ihrem Wiedersehen.«

Es war mit der zweiten Post, daß Effi diese Zeilen empfing, und bis zu Annies Erscheinen waren mutmaßlich keine zwei Stunden mehr. Eine kurze Zeit, aber immer noch zu lang, und Effi schritt in Unruhe durch beide Zimmer und dann wieder in die Küche, wo sie mit Roswitha von allem möglichen sprach, von dem Efeu drüben an der Christuskirche, nächstes Jahr würden die Fenster wohl ganz zugewachsen sein, von dem Portier, der den Gashahn wieder so schlecht zugeschraubt habe (sie würden doch noch nächstens in die Luft fliegen), und daß sie das Petroleum doch lieber wieder aus der großen Lampenhandlung Unter den Linden als aus der Anhaltstraße holen solle – von allem möglichen sprach sie, nur von Annie nicht, weil sie die Furcht nicht aufkommen lassen wollte, die trotz der Zeilen der Ministerin, oder vielleicht auch um dieser Zeilen willen, in ihr lebte.

Nun war Mittag. Endlich wurde geklingelt, schüchtern, und Roswitha ging, um durch das Guckloch zu sehen. Richtig, es war Annie. Roswitha gab dem Kinde einen Kuß, sprach aber sonst kein Wort, und ganz leise, wie wenn ein Kranker im Hause wäre, führte sie das Kind vom Korridor her erst in die Hinterstube und dann bis an die nach vorn führende Tür.

»Da geh hinein, Annie.« Und unter diesen Worten, sie wollte nicht stören, ließ sie das Kind allein und ging wieder auf die Küche zu.

Effi stand am anderen Ende des Zimmers, den Rücken gegen den Spiegelpfeiler, als das Kind eintrat. »Annie!« Aber Annie blieb an der nur angelehnten Tür stehen, halb verlegen, aber halb auch mit Vorbedacht, und so eilte denn Effi auf das Kind zu, hob es in die Höhe und küßte es.

»Annie, mein süßes Kind, wie freue ich mich. Komm, erzähle mir«, und dabei nahm sie Annie bei der Hand und ging auf das Sofa zu, um sich da zu setzen. Annie stand aufrecht und griff, während sie die Mutter immer noch scheu ansah, mit der Linken nach dem Zipfel der herabhängenden Tischdecke. »Weißt du wohl, Annie, daß ich dich einmal gesehen habe?«

»Ja, mir war es auch so.«

»Und nun erzähle mir recht viel. Wie groß du geworden bist! Und das ist die Narbe da; Roswitha hat mir davon erzählt. Du warst immer so wild und ausgelassen beim Spielen. Das hast du von deiner Mama, die war auch so. Und in der Schule? Ich denke mir, du bist immer die Erste, du siehst mir so aus, als müßtest du eine Musterschülerin sein und immer die besten Zensuren nach Hause bringen. Ich habe auch gehört, daß dich das Fräulein von Wedelstädt so gelobt haben soll. Das ist recht; ich war auch so ehrgeizig, aber ich hatte nicht solche gute Schule. Mythologie war immer mein Bestes. Worin bist du denn am besten?«

»Ich weiß es nicht.«

»Oh, du wirst es schon wissen. Das weiß man. Worin hast du denn die beste Zensur?«

»In der Religion.«

»Nun, siehst du, da weiß ich es doch. Ja, das ist sehr schön; ich war nicht so gut darin, aber es wird wohl auch an dem Unterricht gelegen haben. Wir hatten bloß einen Kandidaten.«

»Wir hatten auch einen Kandidaten.«

»Und der ist fort?«

Annie nickte.

»Warum ist er fort?«

»Ich weiß es nicht. Wir haben nun wieder den Prediger.«

»Den ihr alle sehr liebt.«

»Ja; zwei aus der ersten Klasse wollen auch übertreten.«

»Ah, ich verstehe; das ist schön. Und was macht Johanna?«

»Johanna hat mich bis vor das Haus begleitet...«

»Und warum hast du sie nicht mit heraufgebracht?«

»Sie sagte, sie wolle lieber unten bleiben und an der Kirche drüben warten.«

»Und da sollst du sie wohl abholen?«

»Ja.«

»Nun, sie wird da hoffentlich nicht ungeduldig werden. Es ist ein kleiner Vorgarten da, und die Fenster sind schon halb von Efeu überwachsen, als ob es eine alte Kirche wäre.«

»Ich möchte sie aber doch nicht gerne warten lassen.«

»Ach, ich sehe, du bist sehr rücksichtsvoll, und darüber

werde ich mich wohl freuen müssen. Man muß es nur richtig einteilen... Und nun sage mir noch, was macht Rollo?«

»Rollo ist sehr gut. Aber Papa sagt, er würde so faul; er liegt immer in der Sonne.«

»Das glaub' ich. So war er schon, als du noch ganz klein warst... Und nun sage mir Annie – denn heute haben wir uns ja bloß so mal wiedergesehen –, wirst du mich öfter besuchen?«

»O gewiß, wenn ich darf.«

»Wir können dann in dem Prinz Albrechtschen Garten spazierengehen.«

»O gewiß, wenn ich darf.«

»Oder wir gehen zu Schilling und essen Eis, Ananas- oder Vanilleeis, das aß ich immer am liebsten.«

»O gewiß, wenn ich darf.«

Und bei diesem dritten »wenn ich darf« war das Maß voll; Effi sprang auf, und ein Blick, in dem es wie Empörung aufflammte, traf das Kind. »Ich glaube, es ist die höchste Zeit, Annie; Johanna wird sonst ungeduldig.« Und sie zog die Klingel. Roswitha, die schon im Nebenzimmer war, trat gleich ein. »Roswitha, gib Annie das Geleit bis drüben zur Kirche. Johanna wartet da. Hoffentlich hat sie sich nicht erkältet. Es sollte mir leid tun. Grüße Johanna.«

Und nun gingen beide.

Kaum aber, daß Roswitha draußen die Tür ins Schloß gezogen hatte, so riß Effi, weil sie zu ersticken drohte, ihr Kleid auf und verfiel in ein krampfhaftes Lachen. »So also sieht ein Wiedersehen aus«, und dabei stürzte sie nach vorn, öffnete die Fensterflügel und suchte nach etwas, das ihr beistehe. Und sie fand auch was in der Not ihres Herzens. Da neben dem Fenster war ein Bücherbrett, ein paar Bände von Schiller und Körner darauf, und auf den Gedichtbüchern, die alle gleiche Höhe hatten, lag eine Bibel und ein Gesangbuch. Sie griff danach, weil sie was haben mußte, vor dem sie knien und beten konnte, und legte Bibel und Gesangbuch auf den Tischrand, gerade da, wo Annie gestanden hatte, und mit einem heftigen Ruck warf sie sich davor nieder und sprach halblaut vor sich hin: »Oh, du Gott im Himmel, vergib mir, was ich getan; ich war ein Kind... Aber nein, nein, ich war kein Kind, ich war alt genug, um zu wissen, was ich tat. Ich *hab'* es auch gewußt, und ich will meine Schuld nicht kleiner machen, ... aber *das ist* zuviel. Denn das hier, mit dem Kind, das bist nicht *du*, Gott, der mich strafen will, das ist *er*, bloß er! Ich habe geglaubt, daß er ein edles Herz habe und habe mich immer klein neben ihm gefühlt; aber jetzt weiß ich, daß *er* es ist, *er* ist klein. Und weil er klein ist, ist er grausam. Alles, was klein ist, ist grausam. Das hat *er* dem Kinde beigebracht, ein Schulmeister war er immer, Crampas hat ihn so genannt, spöttisch damals, aber er hat recht gehabt. ›O gewiß, wenn ich darf.‹ Du *brauchst* nicht zu dürfen; ich will euch nicht mehr, ich haß' euch, auch mein eigen Kind. Was zuviel ist, ist zuviel. Ein Streber war er, weiter nichts. – Ehre, Ehre, Ehre... und dann hat er den armen Kerl totgeschossen, den ich nicht einmal liebte und den ich vergessen hatte, weil ich ihn nicht liebte. Dummheit war alles, und nun Blut und Mord. Und ich schuld. Und nun schickt er mir das Kind, weil er einer Ministerin nichts abschlagen kann, und ehe er das Kind schickt, richtet er's ab wie einen Papagei und bringt ihm die Phrase bei ›wenn ich darf‹. Mich ekelt, was ich getan; aber was mich noch mehr ekelt, das ist eure Tugend. Weg mit euch. Ich muß leben, aber ewig wird es ja wohl nicht dauern.«

Als Roswitha wiederkam, lag Effi am Boden, das Gesicht abgewandt, wie leblos.

VIERUNDDREISSIGSTES KAPITEL

Rummschüttel, als er gerufen wurde, fand Effis Zustand nicht unbedenklich. Das Hektische, das er seit Jahr und Tag an ihr beobachtete, trat ihm ausgesprochener als früher entgegen, und was schlimmer war, auch die ersten Zeichen eines Nervenleidens waren da. Seine ruhig freundliche Weise aber, der er einen Beisatz von Laune zu geben wußte, tat Effi wohl, und sie war ruhig, solange Rummschüttel um sie war. Als er schließlich ging, begleitete Roswitha den alten Herrn bis in den Vorflur und sagte: »Gott, Herr Geheimrat, mir ist so bange; wenn es nu mal wiederkommt, und es kann doch;

Gott – da hab' ich ja keine ruhige Stunde mehr. Es war aber doch auch zuviel, das mit dem Kind. Die arme gnädige Frau. Und noch so jung, wo manche erst anfangen.«

»Lassen Sie nur, Roswitha. Kann noch alles wieder werden. Aber fort muß sie. Wir wollen schon sehen. Andere Luft, andere Menschen.«

Den zweiten Tag danach traf ein Brief in Hohen-Cremmen ein, der lautete: »Gnädigste Frau! Meine alten freundschaftlichen Beziehungen zu den Häusern Briest und Belling und nicht zum wenigsten die herzliche Liebe, die ich zu Ihrer Frau Tochter hege, werden diese Zeilen rechtfertigen. Es geht so nicht weiter. Ihre Frau Tochter, wenn nicht etwas geschieht, das sie der Einsamkeit und dem Schmerzlichen ihres nun seit Jahren geführten Lebens entreißt, wird schnell hinsiechen. Eine Disposition zu Phtisis war immer da, weshalb ich schon vor Jahren Ems verordnete; zu diesem alten Übel hat sich nun ein neues gesellt: ihre Nerven zehren sich auf. Dem Einhalt zu tun, ist ein Luftwechsel nötig. Aber wohin? Es würde nicht schwer sein, in den schlesischen Bädern eine Auswahl zu treffen, Salzbrunn gut, und Reinerz, wegen der Nervenkomplikation, noch besser. Aber es darf nur Hohen-Cremmen sein. Denn, meine gnädigste Frau, was Ihrer Frau Tochter Genesung bringen kann, ist nicht Luft allein; sie siecht hin, weil sie nichts hat als Roswitha. Dienertreue ist schön, aber Elternliebe ist besser. Verzeihen Sie einem alten Manne dies Sicheinmischen in Dinge, die jenseits seines ärztlichen Berufes liegen. Und doch auch wieder nicht, denn es ist schließlich auch der Arzt, der hier spricht und seiner Pflicht nach, verzeihen Sie dies Wort, Forderungen stellt... Ich habe so viel vom Leben gesehen... aber nichts mehr in diesem Sinne. Mit der Bitte, mich Ihrem Herrn Gemahl empfehlen zu wollen, in vorzüglicher Ergebenheit Dr. Rummschüttel.«

Frau von Briest hatte den Brief ihrem Manne vorgelesen; beide saßen auf dem schattigen Steinfliesengange, den Gartensaal im Rücken, das Rondell mit der Sonnenuhr vor sich. Der um die Fenster sich rankende wilde Wein bewegte sich leis in dem Luftzuge, der ging, und über dem Wasser standen ein paar Libellen im hellen Sonnenschein.

Briest schwieg und trommelte mit dem Finger auf dem Teebrett.

»Bitte, trommle nicht; sprich lieber.«

»Ach, Luise, was soll ich sagen. Daß ich trommle, sagt gerade genug. Du weißt seit Jahr und Tag, wie ich darüber denke. Damals, als Innstettens Brief kam, ein Blitz aus heiterem Himmel, damals war ich deiner Meinung. Aber das ist nun schon wieder eine halbe Ewigkeit her; soll ich hier bis an mein Lebensende den Großinquisitor spielen? Ich kann dir sagen, ich hab' es seit lange satt...«

»Mache mir keine Vorwürfe, Briest; ich liebe sie so wie du, vielleicht noch mehr; jeder hat seine Art. Aber man lebt doch nicht bloß in der Welt, um schwach und zärtlich zu sein und alles mit Nachsicht zu behandeln, was gegen Gesetz und Gebot ist und was die Menschen verurteilen und, vorläufig wenigstens, auch noch – mit Recht verurteilen.«

»Ach was. Eins geht vor.«

»Natürlich, eins geht vor; aber was ist das eine?«

»Liebe der Eltern zu ihren Kindern. Und wenn man gar bloß eines hat...«

»Dann ist es vorbei mit Katechismus und Moral und mit dem Anspruch der ›Gesellschaft‹.«

»Ach, Luise, komme mir mit Katechismus, soviel du willst; aber komme mir nicht mit ›Gesellschaft‹.«

»Es ist sehr schwer, sich ohne Gesellschaft zu behelfen.«

»Ohne Kind auch. Und dann glaube mir, Luise, die ›Gesellschaft‹, wenn sie nur will, kann auch ein Auge zudrücken. Und ich stehe so zu der Sache: kommen die Rathenower, so ist es gut, und kommen sie nicht, so ist es auch gut. Ich werde ganz einfach telegraphieren: ›Effi, komm.‹ Bist du einverstanden?«

Sie stand auf und gab ihm einen Kuß auf die Stirn. »Natürlich bin ich's. Du solltest mir nur keinen Vorwurf machen. Ein leichter Schritt ist es nicht. Und unser Leben wird von Stund an ein anderes.«

»Ich kann's aushalten. Der Raps steht gut, und im Herbst kann ich einen Hasen hetzen. Und der Rotwein schmeckt mir noch. Und wenn ich das Kind erst wieder im Hause habe, dann schmeckt er mir noch besser... Und nun will ich das Telegramm schicken.«

Effi war nun schon über ein halbes Jahr in Hohen-Cremmen; sie bewohnte die beiden Zimmer im ersten Stock, die sie schon früher, wenn sie zu Besuch da war, bewohnt hatte; das größere war für sie persönlich hergerichtet, nebenan schlief Roswitha. Was Rummschüttel von diesem Aufenthalt und all dem andern Guten erwartet hatte, das hatte sich auch erfüllt, soweit sich's erfüllen konnte. Das Hüsteln ließ nach, der herbe Zug, der das so gütige Gesicht um ein gut Teil seines Liebreizes gebracht hatte, schwand wieder hin, und es kamen Tage, wo sie wieder lachen konnte. Von Kessin und allem, was da zurücklag, wurde wenig gesprochen, mit alleiniger Ausnahme von Frau von Padden und natürlich von Gieshübler, für den der alte Briest eine lebhafte Vorliebe hatte. »Dieser Alonzo, dieser Preciosa-Spanier, der einen Mirambo beherbergt und eine Trippelli großzieht – ja, das muß ein Genie sein, das laß ich mir nicht ausreden.« Und dann mußte sich Effi bequemen, ihm den ganzen Gieshübler, mit dem Hut in der Hand und seinen endlosen Artigkeitsverbeugungen, vorzuspielen, was sie, bei dem ihr eigenen Nachahmungstalent, sehr gut konnte, trotzdem aber ungern tat, weil sie's allemal als ein Unrecht gegen den guten und lieben Menschen empfand. – Von Innstetten und Annie war nie die Rede, wiewohl feststand, daß Annie Erbtochter sei und Hohen-Cremmen ihr zufallen würde.

Ja, Effi lebte wieder auf, und die Mama, die nach Frauenart nicht ganz abgeneigt war, die ganze Sache, so schmerzlich sie blieb, als einen interessanten Fall anzusehen, wetteiferte mit ihrem Manne in Liebes- und Aufmerksamkeitsbezeugungen.

»Solchen guten Winter haben wir lange nicht gehabt«, sagte Briest. Und dann erhob sich Effi von ihrem Platz und streichelte ihm das spärliche Haar aus der Stirn. Aber so schön das alles war, auf Effis Gesundheit hin angesehen, war es doch alles nur Schein, in Wahrheit ging die Krankheit weiter und zehrte still das Leben auf. Wenn Effi – die wieder, wie damals an ihrem Verlobungstage mit Innstetten, ein blau- und weißgestreiftes Kittelkleid mit einem losen Gürtel trug – rasch und elastisch auf die Eltern zutrat, um ihnen einen guten Morgen zu bieten, so sahen sich diese freudig verwundert an, freudig verwundert, aber doch auch wehmütig, weil ihnen nicht entgehen konnte, daß es nicht die helle Jugend, sondern eine Verklärtheit war, was der schlanken Erscheinung und den leuchtenden Augen diesen eigentümlichen Ausdruck gab. Alle, die schärfer zusahen, sahen dies, nur Effi selbst sah es nicht und lebte ganz dem Glücksgefühle, wieder an dieser für sie so freundlich friedreichen Stelle zu sein, in Versöhnung mit denen, die sie immer geliebt hatte und von denen sie immer geliebt worden war, auch in den Jahren ihres Elends und ihrer Verbannung.

Sie beschäftigte sich mit allerlei Wirtschaftlichem und sorgte für Ausschmückung und kleine Verbesserungen im Haushalt. Ihr Sinn für das Schöne ließ sie darin immer das Richtige treffen. Lesen aber und vor allem die Beschäftigung mit den Künsten hatte sie ganz aufgegeben. »Ich habe davon so viel gehabt, daß ich froh bin, die Hände in den Schoß legen zu können.« Es erinnerte sie auch wohl zu sehr an ihre traurigen Tage. Sie bildete statt dessen die Kunst aus, still und entzückt auf die Natur zu blicken, und wenn das Laub von den Platanen fiel, wenn die Sonnenstrahlen auf dem Eis des kleinen Teiches blitzten oder die ersten Krokus aus dem noch halb winterlichen Rondell aufblühten – das tat ihr wohl, und auf all das konnte sie stundenlang blicken und dabei vergessen, was ihr das Leben versagt, oder richtiger wohl, um was sie sich selbst gebracht hatte.

Besuch blieb nicht ganz aus, nicht alle stellten sich gegen sie; ihren Hauptverkehr aber hatte sie doch in Schulhaus und Pfarre.

Daß im Schulhaus die Töchter ausgeflogen waren, schadete nicht viel, es würde nicht mehr so recht gegangen sein; aber zu Jahnke selbst – der nicht bloß ganz Schwedisch-Pommern, sondern auch die Kessiner Gegend als skandinavisches Vorland ansah und beständig darauf bezügliche Fragen stellte –, zu diesem alten Freunde stand sie besser denn je. »Ja, Jahnke, wir hatten ein Dampfschiff, und wie ich Ihnen, glaub' ich, schon einmal schrieb oder vielleicht auch schon mal erzählt habe, beinahe wär' ich wirklich rüber nach Wisby gekommen. Denken Sie sich, beinahe nach Wisby. Es ist komisch, aber ich kann eigentlich von vielem in meinem Leben sagen ›beinah‹.«

»Schade, schade«, sagte Jahnke.

»Ja, freilich schade. Aber auf Rügen bin ich wirklich umhergefahren. Und das wäre so was für Sie gewesen, Jahnke. Denken Sie sich, Arkona mit einem großen Wenden-Lagerplatz, der noch sichtbar sein soll; denn ich bin nicht hingekommen; aber nicht allzu weit davon ist der Herthasee mit weißen und gelben Mummeln. Ich habe da viel an Ihre Hertha denken müssen...«

»Nun, ja, ja, Hertha... Aber Sie wollten von dem Hertha*see* sprechen...«

»Ja, das wollt' ich... Und denken Sie sich, Jahnke, dicht an dem See standen zwei große Opfersteine, blank und noch die Rinnen drin, in denen vordem das Blut ablief. Ich habe von der Zeit an einen Widerwillen gegen die Wenden.«

»Ach, gnäd'ge Frau verzeihen. Aber das waren ja keine Wenden. Das mit den Opfersteinen und mit dem Herthasee das war ja schon wieder viel, viel früher, ganz vor Christum natum; reine Germanen, von denen wir alle abstammen...«

»Versteht sich«, lachte Effi, »von denen wir alle abstammen, die Jahnkes gewiß und vielleicht auch die Briests.«

Und dann ließ sie Rügen und den Herthasee fallen und fragte nach seinen Enkeln und welche ihm lieber wären, die von Bertha oder die von Hertha.

Ja, Effi stand gut zu Jahnke. Aber trotz seiner intimen Stellung zu Herthasee, Skandinavien und Wisby war er doch nur ein einfacher Mann, und so konnte es nicht wohl ausbleiben, daß der vereinsamten jungen Frau die Plaudereien mit Niemeyer um vieles lieber waren. Im Herbst, solange sich im Parke promenieren ließ, hatte sie denn auch die Hülle und Fülle davon; mit dem Eintreten des Winters aber kam eine mehrmonatliche Unterbrechung, weil sie das Predigerhaus selbst nicht gern betrat; Frau Pastor Niemeyer war immer eine sehr unangenehme Frau gewesen und schlug jetzt vollends hohe Töne an, trotzdem sie, nach Ansicht der Gemeinde, selber nicht ganz einwandsfrei war.

Das ging so den ganzen Winter durch, sehr zu Effis Leidwesen. Als dann aber, Anfang April, die Sträucher einen grünen Rand zeigten und die Parkwege rasch abtrockneten, da wurden auch die Spaziergänge wieder aufgenommen.

Einmal gingen sie auch wieder so. Von fernher hörte man den Kuckuck, und Effi zählte, wieviele Male er rief. Sie hatte sich an Niemeyers Arm gehängt und sagte: »Ja, da ruft der Kuckuck. Ich mag ihn nicht befragen. Sagen Sie, Freund, was halten Sie vom Leben?«

»Ach, liebe Effi, mit solchen Doktorfragen darfst du mir nicht kommen. Da mußt du dich an einen Philosophen wenden oder ein Ausschreiben an eine Fakultät machen. Was ich vom Leben halte? Viel und wenig. Mitunter ist es recht viel und mitunter ist es recht wenig.«

»Das ist recht, Freund, das gefällt mir; mehr brauch' ich nicht zu wissen.« Und als sie das so sagte, waren sie bis an die Schaukel gekommen. Sie sprang hinauf mit einer Behendigkeit wie in ihren jüngsten Mädchentagen, und ehe sich noch der Alte, der ihr zusah, von seinem halben Schreck erholen konnte, huckte sie schon zwischen den zwei Stricken nieder und setzte das Schaukelbrett durch ein geschicktes Auf- und Niederschnellen ihres Körpers in Bewegung. Ein paar Sekunden noch, und sie flog durch die Luft, und bloß mit einer Hand sich haltend, riß sie mit der andern ein kleines Seidentuch von Brust und Hals und schwenkte es wie in Glück und Übermut. Dann ließ sie die Schaukel wieder langsam gehen und sprang herab und nahm wieder Niemeyers Arm.

»Effi, du bist doch noch immer, wie du früher warst.«

»Nein. Ich wollte, es wäre so. Aber es liegt *ganz* zurück, und ich hab' es nur noch einmal versuchen wollen. Ach, wie schön es war, und wie mir die Luft wohltat; mir war, als flög' ich in den Himmel. Ob ich wohl hineinkomme? Sagen Sie mir's, Freund, Sie müssen es wissen. Bitte, bitte...«

Niemeyer nahm ihren Kopf in seine zwei alten Hände und gab ihr einen Kuß auf die Stirn und sagte: »Ja, Effi, du wirst.«

FÜNFUNDDREISSIGSTES KAPITEL

Effi war den ganzen Tag draußen im Park, weil sie das Luftbedürfnis hatte; der alte Friesacker Doktor Wiesike war auch einverstanden damit, gab ihr aber in diesem Stücke doch zuviel Freiheit, zu tun, was sie wolle, so daß sie sich während der kalten Tage im Mai heftig erkältete: sie wurde fiebrig, hustete viel, und der Doktor, der sonst jeden dritten Tag herüberkam, kam jetzt täglich und war in Verlegenheit, wie er der Sache beikommen solle, denn die Schlaf- und Hustenmittel, nach denen Effi verlangte, konnten ihr des Fiebers halber nicht gegeben werden.

»Doktor«, sagte der alte Briest, »was wird aus der Geschichte? Sie kennen sie ja von klein auf, haben sie geholt. Mir gefällt das alles nicht; sie nimmt sichtlich ab, und die roten Flecke und der Glanz in den Augen, wenn sie mich mit einem Male so fragend ansieht. Was meinen Sie? Was wird? Muß sie sterben?«

Wiesike wiegte den Kopf langsam hin und her. »Das will ich nicht sagen, Herr von Briest. Daß sie so fiebert, gefällt mir nicht. Aber wir werden es schon wieder runterkriegen, dann muß sie nach der Schweiz oder nach Mentone. Reine Luft und freundliche Eindrücke, die das Alte vergessen machen...«

»Lethe, Lethe.«

»Ja, Lethe«, lächelte Wiesike. »Schade, daß uns die alten Schweden, die Griechen, bloß das Wort hinterlassen haben und nicht zugleich auch die Quelle selbst...«

»Oder wenigstens das Rezept dazu; Wässer werden ja jetzt nachgemacht. Alle Wetter, Wiesike, das wär' ein Geschäft, wenn wir hier so ein Sanatorium anlegen könnten: Friesack als Vergessenheitsquelle. Nun, vorläufig wollen wir's mit der Riviera versuchen. Mentone ist ja wohl Riviera? Die Kornpreise sind zwar in diesem Augenblicke wieder schlecht, aber was sein muß, muß sein. Ich werde mit meiner Frau darüber sprechen.«

Das tat er denn auch und fand sofort seiner Frau Zustimmung, deren in letzter Zeit – wohl unter dem Eindruck zurückgezogenen Lebens – stark erwachte Lust, auch mal den

Süden zu sehen, seinem Vorschlage zu Hülfe kam. Aber Effi selbst wollte nichts davon wissen. »Wie gut ihr gegen mich seid. Und ich bin egoistisch genug, ich würde das Opfer auch annehmen, wenn ich mir etwas davon verspräche. Mir steht es aber fest, daß es mir bloß schaden würde.«

»Das redest du dir ein, Effi.«

»Nein. Ich bin so reizbar geworden; alles ärgert mich. Nicht hier bei euch. Ihr verwöhnt mich und räumt mir alles aus dem Wege. Aber auf einer Reise, da geht das nicht, da läßt sich das Unangenehme nicht so beiseitetun; mit dem Schaffner fängt es an, und mit dem Kellner hört es auf. Wenn ich mir die süffisanten Gesichter bloß vorstelle, so wird mir schon ganz heiß. Nein, nein, laßt mich hier. Ich mag nicht mehr weg von Hohen-Cremmen, hier ist meine Stelle. Der Heliotrop unten auf dem Rondell, um die Sonnenuhr herum, ist mir lieber als Mentone.«

Nach diesem Gespräch ließ man den Plan wieder fallen, und Wiesike, soviel er sich von Italien versprochen hatte, sagte: »Das müssen wir respektieren, denn das sind keine Launen; solche Kranken haben ein sehr feines Gefühl und wissen mit merkwürdiger Sicherheit, was ihnen hilft und was nicht. Und was Frau Effi da gesagt hat von Schaffnern und Kellnern, das ist doch auch eigentlich ganz richtig, und es gibt keine Luft, die so viel Heilkraft hätte, den Hotelärger (wenn man sich überhaupt darüber ärgert) zu balancieren. Also lassen wir sie hier; wenn es nicht das beste ist, so ist es gewiß nicht das schlechteste.«

Das bestätigte sich denn auch. Effi erholte sich, nahm um ein geringes wieder zu (der alte Briest gehörte zu den Wiegefanatikern) und verlor ein gut Teil ihrer Reizbarkeit. Dabei war aber ihr Luftbedürfnis in einem beständigen Wachsen, und zumal wenn Westwind ging und graues Gewölk am Himmel zog, verbrachte sie viele Stunden im Freien. An solchen Tagen ging sie wohl auch auf die Felder hinaus und ins Luch, oft eine halbe Meile weit, und setzte sich, wenn sie müde geworden, auf einen Hürdenzaun und sah, in Träume verloren, auf die Ranunkeln und roten Ampferstauden, die sich im Winde bewegten.

»Du gehst immer so allein«, sagte Frau von Briest. »Unter

unseren Leuten bist du sicher; aber es schleicht auch so viel fremdes Gesindel umher.«

Das machte doch einen Eindruck auf Effi, die an Gefahr nie gedacht hatte, und als sie mit Roswitha allein war, sagte sie: »Dich kann ich nicht gut mitnehmen, Roswitha; du bist zu dick und nicht mehr fest auf den Füßen.«

»Nu, gnäd'ge Frau, so schlimm ist es doch noch nicht. Ich könnte ja doch noch heiraten.«

»Natürlich«, lachte Effi. »Das kann man immer noch. Aber weißt du, Roswitha, wenn ich einen Hund hätte, der mich begleitete. Papas Jagdhund hat gar kein Attachement für mich, Jagdhunde sind so dumm, und er rührt sich immer erst, wenn der Jäger oder der Gärtner die Flinte vom Riegel nimmt. Ich muß jetzt oft an Rollo denken.«

»Ja«, sagte Roswitha, »so was wie Rollo haben sie hier gar nicht. Aber damit will ich nichts gegen ›hier‹ gesagt haben. Hohen-Cremmen ist sehr gut.«

Es war drei, vier Tage nach diesem Gespräche zwischen Effi und Roswitha, daß Innstetten um eine Stunde früher in sein Arbeitszimmer trat als gewöhnlich. Die Morgensonne, die sehr hell schien, hatte ihn geweckt, und weil er fühlen mochte, daß er nicht wieder einschlafen würde, war er aufgestanden, um sich an eine Arbeit zu machen, die schon seit geraumer Zeit der Erledigung harrte.

Nun war es eine Viertelstunde nach acht, und er klingelte. Johanna brachte das Frühstückstablett, auf dem, neben der Kreuzzeitung und der Norddeutschen Allgemeinen, auch noch zwei Briefe lagen. Er überflog die Adressen und erkannte an der Handschrift, daß der eine vom Minister war. Aber der andere? Der Poststempel war nicht deutlich zu lesen, und das »Sr. Wohlgeboren Herrn Baron von Innstetten« bezeugte eine glückliche Unvertrautheit mit den landesüblichen Titulaturen. Dem entsprachen auch die Schriftzüge von sehr primitivem Charakter. Aber die Wohnungsangabe war wieder merkwürdig genau: W. Keithstraße 1 c, zwei Treppen hoch.

Innstetten war Beamter genug, um den Brief von »Exzellenz« zuerst zu erbrechen. »Mein lieber Innstetten! Ich freue mich, Ihnen mitteilen zu können, daß Seine Majestät Ihre Ernennung zu unterzeichnen geruht haben, und gratuliere Ihnen aufrichtig dazu.« Innstetten war erfreut über die liebenswürdigen Zeilen des Ministers, fast mehr als über die Ernennung selbst. Denn was das Höherhinaufklimmen auf der Leiter anging, so war er seit dem Morgen in Kessin, wo Crampas mit einem Blick, den er immer vor Augen hatte, Abschied von ihm genommen, etwas kritisch gegen derlei Dinge geworden. Er maß seitdem mit anderem Maße, sah alles anders an. Auszeichnung, was war es am Ende? Mehr als einmal hatte er während der ihm immer freudloser dahinfließenden Tage einer halbvergessenen Ministerialanekdote aus den Zeiten des älteren Ladenberg her gedenken müssen, der, als er nach langem Warten den Roten Adlerorden empfing, ihn wütend und mit dem Ausrufe beiseitewarf: »Da liege, bis du *schwarz* wirst.« Wahrscheinlich war er dann hinterher auch »schwarz« geworden, aber um viele Tage zu spät und sicherlich ohne rechte Befriedigung für den Empfänger. Alles, was uns Freude machen soll, ist an Zeit und Umstände gebunden, und was uns heute noch beglückt, ist morgen wertlos. Innstetten empfand das tief, und so gewiß ihm an Ehren und Gunstbezeugungen von oberster Stelle her lag, wenigstens gelegen *hatte*, so gewiß stand ihm jetzt fest, es käme bei dem glänzenden Schein der Dinge nicht viel heraus, und das, was man »das Glück« nenne, wenn's überhaupt existiere, sei was anderes als dieser Schein. »Das Glück, wenn mir recht ist, liegt in zweierlei: darin, daß man ganz da steht, wo man hingehört (aber welcher Beamte kann das von sich sagen), und zum zweiten und besten in einem behaglichen Abwickeln des ganz Alltäglichen, also darin, daß man ausgeschlafen hat und daß einen die neuen Stiefel nicht drücken. Wenn einem die 720 Minuten eines zwölfstündigen Tages ohne besonderen Ärger vergehen, so läßt sich von einem glücklichen Tage sprechen.« In einer Stimmung, die derlei schmerzlichen Betrachtungen nachhing, war Innstetten auch heute wieder. Er nahm nun den zweiten Brief. Als er ihn gelesen, fuhr er über seine Stirn und empfand schmerzlich, *daß* es ein Glück gebe, daß er es gehabt, aber daß er es nicht mehr habe und nicht mehr haben könne.

Johanna trat ein und meldete: »Geheimrat Wüllersdorf.«
Dieser stand schon auf der Türschwelle. »Gratuliere, Innstetten.«

»Ihnen glaub ich's; die anderen werden sich ärgern. Im übrigen...«

»Im übrigen. Sie werden doch in diesem Augenblicke nicht kritteln wollen.«

»Nein. Die Gnade Seiner Majestät beschämt mich, und die wohlwollende Gesinnung des Ministers, dem ich das alles verdanke, fast noch mehr.«

»Aber...«

»Aber ich habe mich zu freuen verlernt. Wenn ich es einem anderen als Ihnen sagte, so würde solche Rede für redensartlich gelten. Sie aber, Sie finden sich darin zurecht. Sehen Sie sich hier um; wie leer und öde ist das alles. Wenn die Johanna eintritt, ein sogenanntes Juwel, so wird mir angst und bange. Dieses Sich-in-Szene-Setzen (und Innstetten ahmte Johannas Haltung nach), diese halb komische Büstenplastik, die wie mit einem Spezialanspruch auftritt, ich weiß nicht, ob an die Menschheit oder an mich – ich finde das alles so trist und elend, und es wäre zum Totschießen, wenn es nicht so lächerlich wäre.«

»Lieber Innstetten, in dieser Stimmung wollen Sie Ministerialdirektor werden?«

»Ah, bah. Kann es anders sein? Lesen Sie; diese Zeilen habe ich eben bekommen.«

Wüllersdorf nahm den zweiten Brief mit dem unleserlichen Poststempel, amüsierte sich über das »Wohlgeboren« und trat dann ans Fenster, um bequemer lesen zu können.

»Gnädger Herr! Sie werden sich wohl am Ende wundern, daß ich Ihnen schreibe, aber es ist wegen Rollo. Anniechen hat uns schon voriges Jahr gesagt: Rollo wäre jetzt so faul; aber das tut hier nichts, er kann hier so faul sein, wie er will, je fauler, je besser. Und die gnädge Frau möchte es doch so gern. Sie sagt immer, wenn sie ins Luch oder über Feld geht: ›Ich fürchte mich eigentlich, Roswitha, weil ich da so allein bin; aber wer soll mich begleiten? Rollo, ja, das ginge; der ist mir auch nicht gram. Das ist der Vorteil, daß sich die Tiere nicht so drum kümmern.‹ Das sind die Worte der gnädgen Frau, und weiter will ich nichts sagen und den gnädgen Herrn bloß noch bitten, mein Anniechen zu grüßen. Und auch die Johanna. Von ihrer treu ergebensten Dienerin

Roswitha Gellenhagen.«

»Ja«, sagte Wüllersdorf, als er das Papier wieder zusammenfaltete, »die ist uns über.«

»Finde ich auch.«

»Und das ist auch der Grund, daß Ihnen alles andere so fraglich erscheint.«

»Sie treffen's. Es geht mir schon lange durch den Kopf, und diese schlichten Worte mit ihrer gewollten oder vielleicht auch nicht gewollten Anklage haben mich wieder vollends aus dem Häuschen gebracht. Es quält mich seit Jahr und Tag schon, und ich möchte aus dieser ganzen Geschichte heraus; nichts gefällt mir mehr; je mehr man mich auszeichnet, je mehr fühle ich, daß dies alles nichts ist. Mein Leben ist verpfuscht, und so hab' ich mir im stillen ausgedacht, ich müßte mit all den Strebungen und Eitelkeiten überhaupt nichts mehr zu tun haben und mein Schulmeistertum, was ja wohl mein Eigentlichstes ist, als ein höherer Sittendirektor verwenden können. Es hat ja dergleichen gegeben. Ich müßte also, wenn's ginge, solche schrecklich berühmte Figur werden, wie beispielsweise der Doktor Wichern im Rauhen Hause zu Hamburg gewesen ist, dieser Mirakelmensch, der alle Verbrecher mit seinem Blick und seiner Frömmigkeit bändigte...«

»Hm, dagegen ist nichts zu sagen; das würde gehen.«

»Nein, es geht auch nicht. Auch *das* nicht mal. Mir ist eben alles verschlossen. Wie soll ich einen Totschläger an seiner Seele packen? Dazu muß man selber intakt sein. Und wenn man's nicht mehr ist und selber so was an den Fingerspitzen hat, dann muß man wenigstens vor seinen zu bekehrenden Confratres den wahnsinnigen Büßer spielen und eine Riesenzerknirschung zum besten geben können.«

Wüllersdorf nickte.

»...Nun sehen Sie, Sie nicken. Aber das alles kann ich nicht mehr. Den Mann im Büßerhemd bring' ich nicht mehr heraus, und den Derwisch oder Fakir, der unter Selbstanklagen sich zu Tode tanzt, erst recht nicht. Und da hab' ich mir denn, weil das alles nicht geht, als ein Bestes herausgeklügelt: weg von hier, weg und hin unter lauter pechschwarze Kerle, die von Kultur und Ehre nichts wissen. Diese Glücklichen. Denn gerade *das*, dieser ganze Krimskrams ist doch an allem schuld. Aus Passion, was am Ende gehen möchte, tut man dergleichen nicht. Also bloßen Vorstellungen zuliebe... Vorstellungen! ...Und da klappt denn einer zusammen, und man klappt selber nach. Bloß noch schlimmer.«

»Ach was, Innstetten, das sind Launen, Einfälle. Quer durch Afrika, was soll das heißen? Das ist für 'nen Leutnant, der Schulden hat. Aber ein Mann wie Sie! Wollen Sie mit einem roten Fes einem Palaver präsidieren oder mit einem Schwiegersohn von König Mtesa Blutsfreundschaft schließen? Oder wollen Sie sich in einem Tropenhelm, mit sechs Löchern oben, am Kongo entlangtasten, bis Sie bei Kamerun oder da herum wieder herauskommen? Unmöglich!«

»Unmöglich? Warum? Und *wenn* unmöglich, was dann?«

»Einfach hierbleiben und Resignation üben. Wer ist denn unbedrückt? Wer sagte nicht jeden Tag: ›eigentlich eine sehr fragwürdige Geschichte.‹ Sie wissen, ich habe auch mein Päckchen zu tragen, nicht gerade das Ihrige, aber nicht viel leichter. Es ist Torheit mit dem Im-Urwald-Umherkriechen oder in einem Termitenhügel nächtigen; wer's mag, der mag es, aber für unsereinen ist es nichts. In der Bresche stehen und aushalten, bis man fällt, das ist das beste. Vorher aber im kleinen und kleinsten so viel herausschlagen wie möglich und ein Auge dafür haben, wenn die Veilchen blühen oder das Luisendenkmal in Blumen steht oder die kleinen Mädchen mit hohen Schnürstiefeln über die Korde springen. Oder auch wohl nach Potsdam fahren und in die Friedenskirche gehen, wo Kaiser Friedrich liegt, und wo sie jetzt eben anfangen, ihm ein Grabhaus zu bauen. Und wenn Sie da stehen, dann überlegen Sie sich das Leben von *dem*, und wenn Sie dann nicht beruhigt sind, dann ist Ihnen freilich nicht zu helfen.«

»Gut, gut. Aber das Jahr ist lang, und jeder einzelne Tag... und dann der Abend.«

»Mit dem ist immer noch am ehesten fertig zu werden. Da haben wir ›Sardanapal‹ oder ›Coppelia‹ mit der dell'Era, und wenn es damit aus ist, dann haben wir Siechen. Nicht zu verachten. Drei Seidel beruhigen jedesmal. Es gibt immer noch viele, sehr viele, die zu der ganzen Sache nicht anders stehen wie wir, und einer, dem auch viel verquer gegangen war, sagte mir mal: ›Glauben Sie mir, Wüllersdorf, es geht überhaupt nicht ohne ‚Hülfskonstruktionen'.‹ Der das sagte, war ein Baumeister und mußt' es also wissen. Und er hatte recht mit seinem Satz. Es vergeht kein Tag, der mich nicht an die ›Hülfskonstruktionen‹ gemahnte.«

Wüllersdorf, als er sich so expektoriert, nahm Hut und Stock. Innstetten aber, der sich bei diesen Worten seines Freundes seiner eigenen voraufgegangenen Betrachtungen über das »kleine Glück« erinnert haben mochte, nickte halb zustimmend und lächelte vor sich hin.

»Und wohin gehen Sie nun, Wüllersdorf? Es ist noch zu früh für das Ministerium.«

»Ich schenk' es mir heute ganz. Erst noch eine Stunde Spaziergang am Kanal hin bis an die Charlottenburger Schleuse und dann wieder zurück. Und dann ein kleines Vorsprechen bei Huth, Potsdamer Straße, die kleine Holztreppe vorsichtig hinauf. Unten ist ein Blumenladen.«

»Und das freut Sie? Das genügt Ihnen?«

»Das will ich nicht gerade sagen. Aber es hilft ein bißchen. Ich finde da verschiedene Stammgäste, Frühschoppler, deren Namen ich klüglich verschweige. Der eine erzählt dann vom Herzog von Ratibor, der andere vom Fürstbischof Kopp und der dritte wohl gar von Bismarck. Ein bißchen fällt immer ab. Dreiviertel stimmt nicht, aber wenn es nur witzig ist, krittelt man nicht lange dran herum und hört dankbar zu.«

Und damit ging er.

SECHSUNDDREISSIGSTES KAPITEL

Der Mai war schön, der Juni noch schöner, und Effi, nachdem ein erstes schmerzliches Gefühl, das Rollos Eintreffen in ihr geweckt hatte, glücklich überwunden war, war voll Freude, das treue Tier wieder um sich zu haben. Roswitha wurde belobt, und der alte Briest erging sich seiner Frau gegenüber in Worten der Anerkennung für Innstetten, der ein Kavalier sei, nicht kleinlich und immer das Herz auf dem rechten Fleck gehabt habe. »Schade, daß die dumme Geschichte dazwischenfahren mußte. Eigentlich war es doch ein Musterpaar.« Der einzige, der bei dem Wiedersehen ruhig blieb, war Rollo selbst, weil er entweder kein Organ für Zeitmaß hatte oder die Trennung als eine Unordnung ansah, die nun einfach wieder behoben sei. Daß er alt geworden, wirkte wohl auch mit dabei. Mit seinen Zärtlichkeiten blieb er sparsam, wie er beim Wiedersehen sparsam mit seinen Freudenbezeugungen gewesen war, aber in seiner Treue war er womöglich noch gewachsen. Er wich seiner Herrin nicht von der Seite. Den Jagdhund behandelte er wohlwollend, aber doch als ein Wesen auf niederer Stufe. Nachts lag er vor Effis Tür auf der Binsenmatte, morgens, wenn das Frühstück im Freien genommen wurde, neben der Sonnenuhr, immer ruhig, immer schläfrig, und nur wenn sich Effi vom Frühstückstisch erhob und auf den Flur zuschritt und hier erst den Strohhut und dann den Sonnenschirm vom Ständer nahm, kam ihm seine Jugend wieder, und ohne sich darum zu kümmern, ob seine Kraft auf eine große oder kleine Probe gestellt werden würde, jagte er die Dorfstraße hinauf und wieder herunter und beruhigte sich erst, wenn sie zwischen den ersten Feldern waren. Effi, der freie Luft noch mehr galt als landschaftliche Schönheit, vermied die kleinen Waldpartien und hielt meist die große, zunächst von uralten Rüstern und dann, wo die Chaussee begann, von Pappeln besetzte große Straße, die nach der Bahnhofsstation führte, wohl eine Stunde Wegs. An allem freute sie sich, atmete beglückt den Duft ein, der von den Raps- und Kleefeldern herüberkam, oder folgte dem Aufsteigen der Lerchen und zählte die Ziehbrunnen und Tröge, daran das Vieh zur Tränke ging. Dabei klang ein leises Läuten zu ihr herüber. Und dann war ihr zu Sinn, als müsse sie die Augen schließen und in einem süßen Vergessen hinübergehen. In Nähe der Station, hart an der Chaussee, lag eine Chausseewalze. Das war ihr täglicher Rasteplatz, von dem aus sie das Treiben auf dem Bahndamm verfolgen konnte; Züge kamen und gingen, und mitunter sah sie zwei Rauchfahnen, die sich einen Augenblick wie deckten und dann nach links und rechts hin wieder auseinandergingen, bis sie hinter Dorf und Wäldchen verschwanden. Rollo saß dann neben ihr, an ihrem Frühstück teilnehmend, und wenn er den letzten Bissen aufgefangen hatte, fuhr er, wohl um sich dankbar zu bezeigen, irgendeine Ackerfurche wie ein Rasender hinauf und hielt nur inne, wenn ein paar beim Brüten gestörte Rebhühner dicht neben ihm aus einer Nachbarfurche aufflogen.

»Wie schön dieser Sommer! Daß ich noch so glücklich sein könnte, liebe Mama, vor einem Jahre hätte ich's nicht gedacht« – das sagte Effi jeden Tag, wenn sie mit der Mama um den Teich schritt oder einen Frühapfel vom Zweig brach und tapfer einbiß. Denn sie hatte die schönsten Zähne. Frau von Briest streichelte ihr dann die Hand und sagte: »Werde nur erst wieder gesund, Effi, ganz gesund; das Glück findet sich dann; nicht das alte, aber ein neues. Es gibt Gott sei Dank viele Arten von Glück. Und du sollst sehen, wir werden schon etwas finden für dich.«

»Ihr seid so gut. Und eigentlich hab' ich doch auch euer Leben geändert und euch vor der Zeit zu alten Leuten gemacht.«

»Ach, meine liebe Effi, davon sprich nicht. Als es kam, da dacht' ich ebenso. Jetzt weiß ich, daß unsere Stille besser ist als der Lärm und das laute Getriebe von vordem. Und wenn du so fortfährst, können wir noch reisen. Als Wiesike Mentone vorschlug, da warst du krank und reizbar und hattest, weil du krank warst, ganz recht mit dem, was du von den Schaffnern und Kellnern sagtest; aber wenn du wieder festere Nerven hast, dann geht es, dann ärgert man sich nicht mehr, dann lacht man über die großen Allüren und das gekräuselte Haar. Und dann das blaue Meer und weiße Segel und die Felsen ganz mit rotem Kaktus überwachsen – ich habe es noch nicht gesehen, aber ich denke es mir so. Und ich möchte es wohl kennenlernen.«

So verging der Sommer, und die Sternschnuppennächte lagen schon zurück. Effi hatte während dieser Nächte bis über Mitternacht hinaus am Fenster gesessen und sich nicht müde sehen können. »Ich war immer eine schwache Christin; aber ob wir doch vielleicht von da oben stammen und, wenn es hier vorbei ist, in unsere himmlische Heimat zurückkehren, zu den Sternen oben oder noch drüber hinaus! Ich weiß es nicht, ich will es auch nicht wissen, ich habe nur die Sehnsucht.«

Arme Effi, du hattest zu den Himmelswundern zu lange hinaufgesehen und darüber nachgedacht, und das Ende war, daß die Nachtluft und die Nebel, die vom Teich her aufstiegen, sie wieder aufs Krankenbett warfen, und als Wiesike gerufen wurde und sie gesehen hatte, nahm er Briest beiseite und sagte: »Wird nichts mehr; machen Sie sich auf ein baldiges Ende gefaßt.«

Er hatte nur zu wahr gesprochen, und wenige Tage danach, es war noch nicht spät und die zehnte Stunde noch nicht heran, da kam Roswitha nach unten und sagte zu Frau von Briest: »Gnädigste Frau, mit der gnädigen Frau oben ist es schlimm; sie spricht immer so still vor sich hin und mitunter ist es, als ob sie bete, sie will es aber nicht wahrhaben, und ich weiß nicht, mir ist, als ob es jede Stunde vorbei sein könnte.«

»Will sie mich sprechen?«

»Sie hat es nicht gesagt. Aber ich glaube, sie möchte es. Sie wissen ja, wie sie ist; sie will Sie nicht stören und ängstlich machen. Aber es wäre doch wohl gut.«

»Es ist gut, Roswitha«, sagte Frau von Briest, »ich werde kommen.«

Und ehe die Uhr noch einsetzte, stieg Frau von Briest die Treppe hinauf und trat bei Effi ein. Das Fenster stand auf, und sie lag auf einer Chaiselongue, die neben dem Fenster stand.

Frau von Briest schob einen kleinen schwarzen Stuhl mit drei goldenen Stäbchen in der Ebenholzlehne heran, nahm Effis Hand und sagte:

»Wie geht es dir, Effi? Roswitha sagt, du seiest so fiebrig.«

»Ach, Roswitha nimmt alles so ängstlich. Ich sah ihr an, sie glaubt, ich sterbe. Nun, ich weiß nicht. Aber sie denkt, es soll es jeder so ängstlich nehmen wie sie selbst.«

»Bist du so ruhig über Sterben, liebe Effi?«

»Ganz ruhig, Mama.«

»Täuschst du dich darin nicht? Alles hängt am Leben und die Jugend erst recht. Und du bist noch so jung, liebe Effi.«

Effi schwieg eine Weile. Dann sagte sie: »Du weißt, ich habe nicht viel gelesen, und Innstetten wunderte sich oft darüber, und es war ihm nicht recht.«

Es war das erstemal, daß sie Innstettens Namen nannte, was einen großen Eindruck auf die Mama machte und dieser klar zeigte, daß es zu Ende sei.

»Aber ich glaube«, nahm Frau von Briest das Wort, »du wolltest mir was erzählen.«

»Ja, das wollte ich, weil du davon sprachst, ich sei noch so jung. Freilich bin ich noch jung. Aber das schadet nichts. Es war noch in glücklichen Tagen, da las mir Innstetten abends vor; er hatte sehr gute Bücher, und in einem hieß es: Es sei wer von einer fröhlichen Tafel abgerufen worden, und am andern Tage habe der Abgerufene gefragt, wie's denn nachher gewesen sei. Da habe man ihm geantwortet: ›Ach, es war noch allerlei; aber eigentlich haben Sie nichts versäumt.‹ Sieh, Mama, diese Worte haben sich mir eingeprägt – es hat nicht viel zu bedeuten, wenn man von der Tafel etwas früher abgerufen wird.«

Frau von Briest schwieg. Effi aber schob sich etwas höher hinauf und sagte dann: »Und da ich nun mal von alten Zeiten und auch von Innstetten gesprochen habe, muß ich dir doch noch etwas sagen, liebe Mama.«

»Du regst dich auf, Effi.«

»Nein, nein; etwas von der Seele heruntersprechen, das regt mich nicht auf, das macht still. Und da wollt' ich dir denn sagen: ich sterbe mit Gott und Menschen versöhnt, auch versöhnt mit *ihm*.«

»Warst du denn in deiner Seele in so großer Bitterkeit mit ihm? Eigentlich, verzeihe mir, meine liebe Effi, daß ich das jetzt noch sage, eigentlich hast du doch euer Leid heraufbeschworen.«

Effi nickte. »Ja, Mama. Und traurig, daß es so ist. Aber als dann all das Schreckliche kam, und zuletzt das mit Annie, du weißt schon, da hab' ich doch, wenn ich das lächerliche Wort gebrauchen darf, den Spieß umgekehrt und habe mich ganz ernsthaft in den Gedanken hineingelebt, er sei schuld, weil er nüchtern und berechnend gewesen sei und zuletzt auch noch grausam. Und da sind Verwünschungen gegen ihn über meine Lippen gekommen.«

»Und das bedrückt dich jetzt?«

»Ja. Und es liegt mir daran, daß er erfährt, wie mir hier in meinen Krankheitstagen, die doch fast meine schönsten gewesen sind, wie mir hier klar geworden, daß er in allem recht gehandelt. In der Geschichte mit dem armen Crampas – ja, was sollt' er am Ende anders tun? Und dann, womit er mich am tiefsten verletzte, daß er mein eigen Kind in einer Art Abwehr gegen mich erzogen hat, so hart es mir ankommt und so weh es mir tut, er hat auch darin recht gehabt. Laß ihn das wissen, daß ich in dieser Überzeugung gestorben bin. Es wird ihn trösten, aufrichten, vielleicht versöhnen. Denn er hatte viel Gutes in seiner Natur und war so edel, wie jemand sein kann, der ohne rechte Liebe ist.«

Frau von Briest sah, daß Effi erschöpft war und zu schlafen schien oder schlafen wollte. Sie erhob sich leise von ihrem Platz und ging. Indessen kaum, daß sie fort war, erhob sich auch Effi und setzte sich an das offene Fenster, um noch einmal die kühle Nachtluft einzusaugen. Die Sterne flimmerten, und im Parke regte sich kein Blatt. Aber je länger sie hinaushorchte, je deutlicher hörte sie wieder, daß es wie ein feines Rieseln auf die Platanen niederfiel. Ein Gefühl der Befreiung überkam sie. »Ruhe, Ruhe.«

Es war einen Monat später, und der September ging auf die Neige. Das Wetter war schön, aber das Laub im Parke zeigte schon viel Rot und Gelb, und seit den Äquinoktien, die drei Sturmtage gebracht hatten, lagen die Blätter überallhin ausgestreut. Auf dem Rondell hatte sich eine kleine Veränderung vollzogen, die Sonnenuhr war fort, und an der Stelle, wo sie gestanden hatte, lag seit gestern eine weiße Marmorplatte, darauf stand nichts als »Effi Briest« und darunter ein Kreuz. Das war Effis letzte Bitte gewesen: »Ich möchte auf meinem Stein meinen alten Namen wieder haben; ich habe dem andern keine Ehre gemacht.« Und es war ihr versprochen worden.

Ja, gestern war die Marmorplatte gekommen und aufgelegt worden, und angesichts der Stelle saßen nun wieder Briest und Frau und sahen darauf hin und auf den Heliotrop, den man geschont und der den Stein jetzt einrahmte. Rollo lag daneben, den Kopf in die Pfoten gesteckt.

Wilke, dessen Gamaschen immer weiter wurden, brachte das Frühstück und die Post, und der alte Briest sagte: »Wilke, bestelle den kleinen Wagen. Ich will mit der Frau über Land fahren.«

Frau von Briest hatte mittlerweile den Kaffee eingeschenkt und sah nach dem Rondell und seinem Blumenbeete. »Sieh, Briest, Rollo liegt wieder vor dem Stein. Es ist ihm doch noch tiefer gegangen als uns. Er frißt auch nicht mehr.«

»Ja, Luise, die Kreatur. Das ist ja, was ich immer sage. Es ist nicht so viel mit uns, wie wir glauben. Da reden wir immer von Instinkt. Am Ende ist es doch das Beste.«

»Sprich nicht so. Wenn du so philosophierst... nimm es mir nicht übel, Briest, dazu reicht es bei dir nicht aus. Du hast deinen guten Verstand, aber du kannst doch nicht an solche Fragen...«

»Eigentlich nicht.«

»Und wenn denn schon überhaupt Fragen gestellt werden sollen, da gibt es ganz andere, Briest, und ich kann dir sagen, es vergeht kein Tag, seit das arme Kind da liegt, wo mir solche Fragen nicht gekommen wären...«

»Welche Fragen?«

»Ob *wir* nicht doch vielleicht schuld sind?«

»Unsinn, Luise. Wie meinst du das?«

»Ob wir sie nicht anders in Zucht hätten nehmen müssen. Gerade wir. Denn Niemeyer ist doch eigentlich eine Null, weil er alles in Zweifel läßt. Und dann, Briest, so leid es mir tut... deine beständigen Zweideutigkeiten... und zuletzt, womit ich mich selbst anklage, denn ich will nicht schuldlos ausgehen in dieser Sache, ob sie nicht doch vielleicht zu jung war?«

Rollo, der bei diesen Worten aufwachte, schüttelte den Kopf

langsam hin und her, und Briest sagte ruhig: »Ach, Luise, laß... das ist ein *zu* weites Feld.«

ANHANG

UNWIEDERBRINGLICH

Entstehungszeit: Sommer 1887 – Dez. 1890. – *Vorabdruck* in »Deutsche Rundschau«, 17. Jg., Berlin 1891, Bd. 66 und 67, Heft 4–9 (Januar bis Juni). – *Erstausgabe:* Nov. 1891 (Hertz, Berlin) mit Datierung 1892.

Textgrundlage: Erstausgabe
Nach der Handschrift geben wir die Stelle auf S. 116, 13 nahmen] nehmen.
Konjekturen wurden in zwei Fällen vorgenommen: 239, 5 gäb'] geb' – 250, 31 Ausdruck] Ausbruch

Zur Entstehung: Am 6. Febr. 1885 erreichte F., wie er im Tagebuch festhielt, ein »interessanter Brief (Novellenstoff) von Frau Geh. Rätin Brunnemann aus Meran«. Das Schreiben ist nicht überliefert. Was es enthielt, war in wesentlichen, allerdings durchaus nicht identischen Zügen der Stoff zu »Unwiederbringlich«, wie man ihn in dem Brief F.s an Julius Rodenberg vom 21. Nov. 1888 dargestellt findet; »in den Wochen und Monaten«, die dem Tode seines Sohnes George folgten, also im letzten Vierteljahr des Jahres 1887, so teilt F. Rodenberg mit, hat er die Geschichte niedergeschrieben, was nun noch vor ihm liegt, ist die Korrektur. So akzentuiert es auch das Tagebuch für diesen Zeitraum: »Während des Vierteljahres vom 1. Oktober bis 31. Dezember 1887 war ich sehr fleißig, fühlte mich auch meistens wohl. Ich schrieb den in Schleswig-Holstein und auf Seeland spielenden Roman ›Unwiederbringlich‹, ein Stoff, den ich Frau Geheimrätin Brunnemann verdanke. Am 23. Dezember war ich mit der ersten Niederschrift fertig.« Wie F.s Korrespondenz beweist, hat er aber schon früher an dem Roman gearbeitet, im Juli 1887 gab es bereits eine »Kapitel-Einteilung«, und spätestens im folgenden Monat lagen bereits einzelne Kapitel vor.

Hans-Friedrich Rosenfeld hat in seiner Untersuchung »Zur Entstehung Fontanescher Romane« (Groningen, Den Haag 1926) die Mitteilungen des Dichters in wichtigen Punkten ergänzt. Er suchte nach der historischen Grundlage des Stoffes, die er in F.s Briefwechsel mit Rodenberg nicht unverändert zu finden erwartete. Es entsprach der Praxis F.s, Verlegern und Redakteuren Skizzen von geplanten oder ganz vorläufig ausgeführten Arbeiten zu geben, die er nach erfolgter Zustimmung ausführte; »Unwiederbringlich« war im November 1888, als F. Rodenberg über seine Quelle und über seine Arbeit berichtete, bereits weit gediehen, und die damaligen Äußerungen des Dichters spiegelten also schwerlich seinen ursprünglichen Eindruck wider.

Obgleich Rosenfeld F.s Brief anscheinend nicht in originaler Gestalt vorgelegen hat und vor allem die Abkürzung der Namen (die Ausgabe der »Freundesbriefe« enthielt nur die Anfangsbuchstaben) seine Aufgabe erschwerte, fand er nach sorgfältigen Ermittlungen die richtige Spur. Er hat »v. M.« irrtümlich »von Maltzahn« aufgelöst, während F. tatsächlich »von Meyerinck« geschrieben hatte. Der Fehler blieb ohne Bedeutung, weil »von Meyerinck« vielleicht von Anfang an nur Tarnung oder ein Irrtum gewesen ist; die Geschichte des Freiherrn Karl Hans Friedrich von Maltzahn, wie Rosenfeld sie aufgespürt hat, meint hingegen offenbar denselben Sachverhalt, von dem F.s Korrespondenzpartnerin berichtete. Übrigens hat sich F. anscheinend nicht mit den Mitteilungen der Frau von Brunnemann begnügt; einer »gelegentlichen Notiz zufolge schreibt er zu jener Zeit an die Redaktion des Mecklenburger Anzeigers, wohl um etwaige Zeitungsnotizen über das Faktum zu erhalten. Mit zwei Mitgliedern der Familie Maltzahn war er gut bekannt, wie sich aus wenig früheren Angaben des Tagebuchs ergibt« (Rosenfeld). Wie viele Künstler ist F. zurückhaltend in der Preisgabe der Quellen gewesen, die ihm tatsächlich zur Verfügung gestanden haben.

Durch die Kombination genealogischer Anhaltspunkte mit Angaben des Strelitzer Staatskalenders war Rosenfeld auf den Freiherrn von Maltzahn aufmerksam geworden, der freilich niemals wie Holk Kammerherr gewesen ist. Aus einer »im Druck befindlichen Lebensgeschichte« wurde ihm schließlich folgendes Lebensbild zur Verfügung gestellt:

»Karl (geb. 19. Dez. 1797) hatte braunes Haar und blaue Augen, war hübsch, groß von Gestalt, doch von etwas zarter Konstitution. Er war gutmütig und liebenswürdig, konnte aber auch heftig werden... In Berlin lernte er Karoline von Bilfinger kennen, die sich derartig in ihn verliebte, daß sie schwer krank wurde und sich erst wieder erholte, als sie die Gewißheit erhielt, daß ihre Neigung erwidert wurde. Die Hochzeit fand am 26. März 1819 in Berlin statt. Karoline (1799 geb.) war klein, doch eine liebliche Erscheinung. Dabei war sie klug und verband einen praktischen Sinn mit Energie und Liebenswürdigkeit, obgleich ihr Wesen manchmal der Schroffheit nicht entbehrte. Ihre Enkelin Arianne von Schlotheim schreibt einmal von ihr: ›Meine liebe herrliche Großmutter, die ich so heiß geliebt, war eine ernste, oft strenge, fast spröde Frau, bei ihrem Herzen voll Liebe, Treue und Aufopferung.‹ (Von ausgeprägter Religiosität zeugen ihre Briefe.) Leider war sie kränklich und besonders leberleidend. 1842 geschah etwas Unerwartetes. Karl hatte eine heftige Neigung zu Auguste von Dewitz (Hofdame der Strelitzer Großherzogin) gefaßt und opferte dieser späten Leidenschaft das Glück seiner Frau und Kinder. Die Frau willigte in die Scheidung ein und zog mit den Kindern nach Dresden. Karl hatte sich aber insofern verrechnet, als er in die Hände eines ebenso gefallsüchtigen wie ränkevollen Mädchens gefallen war, das gar nicht daran dachte, aus dem Spiel, das es mit dem schon alternden Mann getrieben, Ernst zu machen. Als Maltzahn endlich seine Täuschung erkannte, kam ihm die Besinnung zurück, und seine Reue war um so tiefer. Er blieb nach der Scheidung zunächst im vereinsamten Sommersdorf und beschloß, um dem Gerede aus dem Wege zu gehen, sich auf Reisen zu begeben... Er war in Österreich-Ungarn, Italien, Frankreich, England. (Inzwischen verheiratete sich Auguste von Dewitz mit dem Strelitzer Staatsminister Wilh. v.

Bernstorff.) Durch den gemeinsamen Schmerz um den Tod ihrer Tochter Arianne kamen sich die geschiedenen Ehegatten wieder näher, söhnten sich völlig aus und wurden 1851 in der Matthäikirche zu Berlin von Büchsel nochmals getraut, worauf beide wieder vereint in Vollrathsruhe wohnten. Bald aber machte ihr Leiden raschere Fortschritte... So geschwächt, verfiel sie zuletzt einer Schwermut, der sie erlag. Sie wurde am 20. August 1855 tot mit geöffneten Adern im Garten zu Vollrathsruhe gefunden.« (Rosenfeld).

Es sei noch auf den scheinbaren Widerspruch aufmerksam gemacht, daß F. von einem Baron Plessen-Ivenack spricht, aber offensichtlich ein Mitglied der Familie von Maltzahn meint: der älteste Zweig des Hauses der Freiherrn von Maltzahn (Maltzan), dies sei hier zu Rosenfelds Ermittlungen nachgetragen, hatte durch das Testament eines kursächsischen Geheimen Rates Graf von Plessen 1761 die Herrschaft Ivenack in Mecklenburg erworben; damit verbunden war für den jeweiligen Majoratsherrn das Recht, den Namen Graf von Plessen zu führen. Am Rande bemerkt sei ferner, daß F. in Albrecht Graf von Bernstorff, dem preußischen, später deutschen Gesandten in London und zeitweiligen preußischen Außenminister, ein Mitglied jener mecklenburgischen Familie kannte, in die Auguste von Dewitz eingeheiratet hatte. Bernstorff ist in London einige Jahre F.s Vorgesetzter gewesen, und dieser hat auch einen Artikel über ihn für ein 1862 erschienenes Biographisches Lexikon geschrieben.

Ein früher Entwurf zu einer Briefnovelle, den Rosenfeld auf der Rückseite eines anderen Romanmanuskripts gefunden und veröffentlicht hat, zeigt, daß F. den Stoff zunächst getreu der Vorlage in Strelitz anzusiedeln gedachte; dem mitgeteilten Lebensbild des Freiherrn von Maltzahn steht dieser Entwurf auch in anderen Einzelheiten deutlich näher als der ausgeführte Roman: »1. Erste Szene der Teich im Garten. 2. Ich schreibe es Ihnen. 3. Die Dame schreibt. 4. Dieser Brief ist die Novelle. *a.* Der Zustand nach achtzehnjähriger Ehe. Die Kinder: nur Sohn und Tochter. (Kurze Schilderung der Charaktere: *er* liebenswürdig, leicht aufgeregt, etwa wie v. Chevallerie war, *sie* ruhig, ernst, trefflich, gewissenhaft, kein Blender). *b.* In Strelitz. Frl. v. D. *c.* Scheidung. Abbruch. *d.* Einfluß der alten Großherzogin. Korb. *e.* Leben in *London.* Leben in *Dresden. f.* Er unglücklich. Aussöhnungsversuche. *g.* Wiedertrauung. Ungeheures Aufsehen im Lande. Riesenteilnahme. *h.* Anscheinendes Glück. *i.* Tod.« (Rosenfeld).

Hier bedarf der Hinweis auf »v. Chevallerie« einer Erklärung, den F. bei der Charakterzeichnung Holks zum Vorbild zu nehmen beabsichtigte. Otto Friedrich de la Chevallerie, geboren 1823 in Königsberg, gestorben 1908 in Leipzig, Sohn eines preußischen Obersten, hat die Revolution von 1848, wie F., als Demokrat erlebt und ist, ebenfalls wie dieser, während der Restauration in der Zentralstelle für Presseangelegenheiten der preußischen Regierung beschäftigt gewesen. Bereits 1846 war er, einer selbstverfaßten biographischen Notiz zufolge, die er F. 1891 sandte, »in's *Lene'*sche geraten«, d. h. er hatte »eine Tochter aus dem Volk« geheiratet, wie F. dazu bemerkte, der ihn seinen »etwas verrückten Freund« nennt. F. verkehrte mit dem Chevallerieschen Ehepaar während der fünfziger Jahre und wurde 1854 Taufpate der im selben Jahr geborenen Tochter Louise Wilhelmine de la Chevallerie. – Dem Leser von »Unwiederbringlich«, der in Helmuth Holk einen spezifisch F.schen Charakter erkennt und dem das Schicksal von F.s Vater und von F.s Freund Bernhard von Lepel vor Augen steht, wird der Hinweis auf de la Chevallerie im Sinne einer Differenzierung wertvoll sein, besonders da dieser Hinweis jenem frühen Entwurfstadium zugehört, in dem F. noch an einen deutschen Hof als Schauplatz für seine Novelle gedacht hat.

Sehr bald schon aber scheint F. die »Transponierung« des Stoffes ins Auge gefaßt zu haben – auch hierüber gibt der eingangs erwähnte Brief an Rodenberg Auskunft, wenngleich man die dort gegebene Begründung nicht für erschöpfend ansehen mag. Es genügt, auf den Ravené-Fall, den F. in »L'Adultera« behandelte, hinzuweisen, um zu zeigen, daß der Dichter gelegentlich weitaus heiklere Vorgänge, die zudem nicht, wie das in »Unwiederbringlich« Erzählte, Jahrzehnte zurücklagen, in einer für ein eingeweihtes Publikum durchschaubaren Weise dargestellt hat. Die Entscheidung für Schleswig-Holstein und Dänemark – nachdem »sämtliche deutsche Höfe« durchgegangen worden waren – kam vielmehr F.s erzählerischen Mitteln entgegen und begründete wohl auch die Erweiterung der zunächst geplanten Novelle zum Roman. F. hegte eine alte Vorliebe für die »nordische« Welt Jütlands und Seelands, eine in ihrer Wurzel nicht weiter erklärbare Sympathie, in die sich biographische, poetische und politische Erfahrungen mischten. Bis 1850, besonders nach der Schlacht bei Idstedt, hatte F. an der Sache der gegen die Dänen opponierenden Schleswig-Holsteiner starken persönlichen Anteil genommen. Seine Parteinahme für sie verband sich damals mit seiner leidenschaftlichen Ablehnung der preußischen Politik, die nur ungenügend die nationalen Interessen vertrat. Als Korrespondent in London, als Autor eines Buches über den Krieg von 1864 blieb F. mit der politischen und militärischen Entwicklung des Streites um die Herzogtümer vertraut. Als er 1864 Dänemark bereiste, gewann er ein vermehrtes Verständnis für die Kultur und Denkweise des Nachbarvolkes. Sein Interesse für die dänische Geschichte ist auch in seinem Balladenschaffen fruchtbar geworden. Insgesamt zeigt sein Urteil über die jahrzehntelange Auseinandersetzung schließlich jene Ambivalenz, die eigentümlich für seine Betrachtungsweise ist. Die hochgespannte nationale Aggressivität und Empfindlichkeit, die für sein Jahrhundert typisch war, wurde niemals seine Sache. Ritterlich gegenüber dem Besiegten und Schwächeren, skeptisch gegenüber dem eigenen Anspruch, wie F. sich jederzeit verhalten hat, kehrte er auch aus Dänemark als eher nachdenklich gestimmter Betrachter zurück, mochte auch der spätere Vorwurf Theodor Storms nicht unberechtigt sein, daß F. in der Zeit der bismarckischen Kriege den Triumph Preußens in virtuoser Manier gefeiert habe, ohne nach der moralischen Berechtigung dieses

Triumphes zu fragen. So betrachtet mag sich ein Rest von Unsicherheit in dem scheinbar so sicheren Urteil verbergen, das F. in einem Brief vom 18. März 1879 über die Bewohner der beiden von Preußen annektierten Herzogtümer gefällt hat: »Über die Schleswig-Holsteiner denken wir gleich, auch in *den* Fällen, wo sie sich das Ansehn gaben, liebenswürdig sein zu können. Nie wird sich die Frage entscheiden lassen, ob die Dänen mehr zu bedauern waren, daß sie mit den Schleswig-Holsteinern leben mußten, oder umgekehrt.«

Der Plan einer in Mecklenburg-Strelitz angesiedelten psychologischen Novelle, die politische Verwicklungen zum Hintergrund nahm und diese gelegentlich in satirischer Weise beleuchtete, stimmt sehr gut zu verschiedenen ähnlichen Erzählvorhaben F.s, der von »Schach von Wuthenow« über das unvollendet gebliebenen »Storch v. Adebar« bis hin zu dem Fragment »Die preußische Idee« karikierende Schärfe der sozialen Interpretation mit der Darstellung eigenwilliger und seltsamer Schicksale zu verbinden suchte. Jedoch wurde solche geplante politisch-satirische Epik, wie auch die angeführten Beispiele zeigen, wiederholt nicht zu Ende geführt. Das hing manchmal mit äußeren Umständen, wie der Vorsicht der leitenden Redakteure zusammen, auf deren Votum F. durchaus Rücksicht nahm, noch sehr viel stärker aber mit seiner Bemühung um jene epische Form, in der er seine Begabung am reichsten entfalten konnte: um den Gesellschaftsroman, der nicht in tendenziös-satirischer Zuspitzung, sondern in breiter »realistischer« Darstellung sein Genüge fand. So wandelte sich auch »Unwiederbringlich« zur detailreichen Schilderung eines mit verschiedenen Nebenhandlungen ausgestatteten Geschehens auf einer gesellschaftlichen Bühne, mit der sich für den deutschen Leser präzise zeitgeschichtliche Erinnerungen verknüpften und die doch anderseits genügend fremdländische Besonderheit besaß, um F.s Anekdotenwissen und Fabulierbedürfnis ein unverstelltes Interesse zu sichern.

Man wird nicht erwarten, daß bei solcher »Transponierung« ein in jedem Betracht vollständiges oder hinreichend ausgewogenes Bild des Kulturraumes entstehen könnte, der dem Romangeschehen als Folie dient. Anders als die Welt der Berliner Romane, die F. genauestens kannte, die allerdings auch ein Teil seines Publikums genau kannte, ist das Dänemark in »Unwiederbringlich« eine durchschaubare, notwendig vereinfachende epische Illusion. Immerhin ist ein dänischer Forscher zu einem weitgehend positiven Urteil gelangt, was die faktische Richtigkeit des von F. vermittelten Bildes von Dänemark betrifft (Theodor Fontane. »Unwiederbringlich«. Mit einem Nachwort von Sven-Aage Jørgensen. Stuttgart 1971). »Alles in allem darf man behaupten, daß Fontane so viel über dänische Politik und gesellschaftliche Verhältnisse wußte, daß er den dänischen Schauplatz nicht nur als bloße Kulisse behandelte. Über das geistige Leben, über Kunst und Wissenschaft wußte er anderseits so wenig, daß die Bemerkungen über Grundtvig, Thorvaldsen, Worsaae und Thomsen keine Funktion, keinen Sinn haben. Dagegen kennt er das Nordisch-Romantische der dänischen Geschichte fast zu gut: was über

Herluf Trolle und Brigitte, über Christian IV. und Christine Munk berichtet wird, wirkt in dieser Ausführlichkeit als Füllsel, obwohl natürlich nicht geleugnet werden soll, daß diese Anekdoten die Probleme der Haupthandlung spiegeln und die Haupthandlung nicht nur retardieren, sondern auch vorwärtstreiben, da die Hauptpersonen diese Geschichten debattieren, in der Debatte über sie ihre eigene Haltung sich selbst und anderen klarmachen.« Seine Absicht, sich brieflich an den bekannten dänischen Literarhistoriker und Zeitkritiker Georg Brandes um weitere Informationen zu wenden, die F. in einem Brief an Rodenberg vom 25. Nov. 1888 ankündigt, ist vielleicht unausgeführt geblieben. Der Brandes-Nachlaß in Kopenhagen enthält keine Briefe von F. Mutmaßlich hat es aber noch andere Kontakte gegeben, wie F.s Brief an seine Frau vom 1. Aug. 1887 zu zeigen scheint: »Das Schreiben nach Kopenhagen ist mir sehr erwünscht.«

Nur eben bemerkt bleibe hier die Diskussion, die sich in der wissenschaftlichen Literatur über den Grad der Durchdringung von allgemeinem und persönlichem Schicksal, über die Signifikanz der politischen Zeitgeschichte Dänemarks, Preußens und der Herzogtümer für die private Handlung in »Unwiederbringlich« entwickelt und zu durchaus gegensätzlichen Ergebnissen geführt hat; »ein Roman ohne historischen Ballast und politische Bürde« (Demetz); »gesellschaftlich-geschichtliche Einlagen ... aber mit dem symptomatischen Einzelfall nicht organisch verbunden« (Lukács); »in der verfehlten Restitution im Privaten die Unmöglichkeit der Restitution im Staatlichen vorweggespiegelt«, »Parallele zu den deutschen Verhältnissen« (zur Zeit der Niederschrift des Romans) und »ein Gewebe von Symbolen, das nicht aus dem einzelnen Werk allein völlig verständlich wird« (Günther); »Disharmonie ... bedingt von der nationalen und religiösen Haltung der Gräfin und des Grafen«, die »Krise unter den Eheleuten ... mit der Beziehung gegensätzlicher Positionen verbunden« (Jørgensen): mit diesen Stichworten soll die Spannweite von Interpretationen nur angedeutet sein, zu deren Für und Wider die ästhetische Würdigung des Romans durch die wissenschaftliche Kritik in enger Beziehung steht. F. selbst hat sich über diese exakt letztlich unentscheidbare Frage nicht geäußert. Verschiedene Notizen für »Unwiederbringlich«, die sich auf Rückseiten anderer Manuskripte gefunden haben und von denen die wichtigsten 1969 veröffentlicht worden sind, zeigen ihn bemüht, sich historische und politische Fakten und Fragen des dänischen Staates zu vergegenwärtigen, ein Ziel, dem er auch durch das Studium zeitgenössischer dänischer und deutscher Zeitungen näherzukommen suchte. Charakteristisch scheint, daß er die Haupthandlung des Romans in das Jahr 1859 verlegte, in dem sich der Brand von Schloß Frederiksborg ereignete und ein Regierungswechsel die politischen Schwierigkeiten Dänemarks sichtbar machte. F.s Vorgehen in diesem Falle entspricht seiner auch sonst geübten Praxis: sorgfältige Berücksichtigung der Zeitgeschichte, die auf ihre Möglichkeiten abgehorcht wird, die Erzählhandlung zu erhellen, wie umgekehrt diese die Epoche illustrieren soll – ein künstlerisch höchst bewußter Vorgang, der aber eben durchaus künstlerischen Zielen, keiner bewußt vorgefaßten ideologischen Absicht dient. Wie immer man also das so entstandene Werk letztlich beurteilen wird, der Autor selbst erweist sich als Kronzeuge für eine bestimmte Auffassung untauglich, da sein Beitrag ja vor allem in der ironischen Durchdringung des Stoffes in denkbar komplexer Weise besteht.

So ist mit Recht darauf hingewiesen worden, daß Holk mit seinen Bemerkungen über Preußen – Gedanken, von denen Christine sagt, es seien nicht seine eigenen Ideen – die Kritik von Bülows in »Schach von Wuthenow« wiederaufnimmt, das Urteil aber diesmal von der Geschichte widerlegt werde. Eindeutig, daß dieser Holk, der auf das von der historischen Entwicklung überholte »Gamle Danmark« trinkt, in den Augen des deutschen Lesepublikums von 1891 auch mit seiner Kritik an Preußen Unrecht hatte, soweit dieses über die Auffassungen des sympathischen, aber schwachen und nicht sehr scharfsinnigen Aristokraten nicht überhaupt mit einem Achselzucken hinwegging. Was von Bülows für den heutigen Leser so prophetisch anmutenden Bemerkungen über die Rolle Preußens in Holks Mund übriggeblieben ist, das ist lediglich die Argumentation – die politische und psychologische Konstellation aber, die F. in »Schach von Wuthenow« für diese Argumentation bereitgestellt hatte, scheint in ihr Gegenteil verkehrt. Nunmehr wird ein Kontext mitgeteilt, der diese Argumentation diskreditiert. Ein solches Vorgehen drückt nicht notwendigerweise einen Sinneswandel des Autors aus, sondern es spiegelt nur die Vielgestaltigkeit seines Werkes. Als Comédie humaine, als eine deutsche menschliche Komödie, wird man F.s Romane auch unter diesem Aspekt betrachten dürfen. Worte und Gedanken werden von verschiedenen Personen mit mehr oder weniger Originalität bei verschiedenen Gelegenheiten gebraucht. F. steigt nicht zum Tendenzschriftsteller herab, er macht aus seiner Sympathie für eine Gesinnung, für Weisen des Denkens und Empfindens kein Programm – von einigen wenigen Seiten abgesehen, die uns ganz unverschlüsselt anmuten, spricht er selbst nur durch verschlüsselte Zeichen.

Dies hat vielleicht auch eine Wurzel in der immerwachen Selbstkritik des Künstlers. Offenbar läßt jede gute fiktive Geschichte zumindest einen Leser ungläubig zurück – den Autor, der der Künstlichkeit der Motivationen, die das Räderwerk in Gang setzen, nicht traut. Welche Wahl bliebe ihm aber, als Worte durch Worte, Kunst durch Kunst zu ersetzen? In diesem Sinne ist eine Bemerkung C. F. Meyers über »Unwiederbringlich« und F.s spontane Zustimmung zu dieser Bemerkung signifikant nicht nur für die psychologische, sondern auch für die zeitgeschichtlich-politische Seite des Romans. »Sehr interessirt es mich«, schrieb Meyer am 28. März 1891 an Rodenberg, »Fontanes Roman quasi vor meinen Augen erstehen zu sehen. Man sieht ihn bauen. ›Unwiederbringlich‹ ist wohl das vorzüglichste, was die R[undschau] in der reinen Kunstform des Romans *je* gebracht hat: feine Psychologie, feste Umrisse, höchstlebenswahre Charactere u. über Alles doch ein gewisser poetischer Hauch – aber, selbst

von den geschicktesten Händen getrieben, was für eine schwere Maschine
– ein Roman!« Am 14. April 1891 schrieb F. hierzu an Rodenberg: »Wie
recht hat C. F. Meyer mit seinem Wort von der ›schweren Maschine‹.
Mitunter, zwischen Berlin und Hannover, geht es glatt, aber dann keucht
die Lokomotive wieder den Brenner hinauf, Abgründe links und rechts.«

Rodenberg hat auf F.s Angebot vom 21. Nov. 1888 offenbar sogleich
zustimmend geantwortet, denn F.s folgender Brief vom 25. November
beschäftigt sich bereits mit Terminfragen, die eine Übereinkunft voraussetzen. Die ursprüngliche Absicht, den Roman in der »Gartenlaube«
drucken zu lassen, von der F.s Verse »Zum 24. Dezember 1887« an seine
Frau sprechen, entfiel. Da sich die Korrekturarbeit an »Quitt« bis Ende
April 1889 hinzog, dürfte sich die Korrektur von »Unwiederbringlich«
schon damals verzögert haben. Auch die übrigen Termine der Berechnung,
die F. angestellt hatte, erwiesen sich, wie das fast immer der Fall war, als zu
optimistisch: nicht im Herbst 1889, sondern erst Ende des folgenden Jahres
vermochte F. die Arbeit abzuschließen. Das Tagebuch vermerkt zunächst
im Oktober 1889: »Im übrigen fahre ich mit der Korrektur meines Romans
›Unwiederbringlich‹ fort...« Dann schiebt sich der 70. Geburtstag mit
Depressionen, Festlichkeiten und Korrespondenzverpflichtungen dazwischen. Im Tagebuch des folgenden Jahres heißt es: »im Februar oder März
nehme ich die Korrektur von ›Unwiederbringlich‹ wieder auf...« Über den
Aufenthalt in Krummhübel im August und September 1890 notiert F.:
»Ich nehme die Korrektur von ›Unwiederbringlich‹ wieder auf und komme
fast völlig damit zustande.« Schließlich über die restliche Zeit des Jahres:
»Wieder in Berlin, mache ich mich an die weitere Korrektur von
›Unwiederbringlich‹, womit ich etwa Anfang Dezember fertig bin und es
an Rodenberg abliefere, der mir seine Zustimmung ausspricht.«

Tatsächlich handelte es sich bei der Korrektur um eine vollständig neue,
teilweise wiederholte Durcharbeitung und Neuformung. Der Roman
wuchs von ursprünglich 14 Kapiteln (wie Rosenfeld angibt) auf 34. »Dabei
waren vor allem die vor dem Holkschen Dienstantritt liegenden Partien
wesentlich kürzer geplant. Während Kap. 3, 4 und 5 sich mit den heutigen
12, 15 und 13 im wesentlichen deckten, waren für Kap. 1–11 nur zwei
Kapitel vorgesehen (wofür Anhaltspunkte im einzelnen leider nicht
enthalten sind).... Aber wichtiger als all dies äußere Stoffliche ist, daß die
Psychologie breiter, eindringlicher wird. Dabei wandeln sich z. T. dann die
Charaktere. Am wenigsten Holk, wohl daß der Einschlag von Fontane dem
Vater etwas stärker wird: das Bedürfnis nach heiterer Umgebung, das
Gefühl der eigenen Schwäche, das Gehenlassen der Dinge im eigenen
Hause. Die Gräfin wird ganz ins Orthodoxe, ›Prinzipienreitrige‹ umgebogen; ihre selbstbewußte Tugend erhält etwas maßlos Unliebenswürdiges.
Während Fontane Holks Tochter, lange vor dem Ausbruch des Konflikts,
sich für die Art der Mutter erklären läßt, ergreift er selbst unwillkürlich
Partei gegen sie, fast als wenn seine eigenen Erinnerungen und Erfahrungen ihn mit Bitterkeit gegen solche Ordnungsnaturen erfüllten. Und diese
Bitterkeit steigert sich mit der Arbeit, was besonders deutlich wird, wenn

man die heutige Trennungsszene mit der ursprünglichen vergleicht: dieser fehlt noch die unschöne, fast hämische Herbheit, die Christine bei all ihrem Recht nicht nur vor Holk ins Unrecht setzt. – Ebba, im Plan noch etwas schwerfällig und nicht frei von gröberen Zügen, wird verfeinert, auch dies am offensichtlichsten in der letzten Auseinandersetzung. Die heutige Mischung von Offenheit, die sich einfach auf altes Evarecht beruft, und erkünstelter Moralität, die weil objektiv wahr, Holk mit den spitzesten Pfeilen überschüttet, wie weit verschieden von dem robusten Egoismus des Entwurfs, wo Ebba nichts anderes weiß, als an den Fingern die Gründe herzuzählen, aus denen die Rolle einer zweiten Gräfin Holk nicht verlockend sei. – Die Prinzessin, Voltairianerin von Anfang an, spielt doch im Entwurf eine beträchtlich andere Rolle, es liegt fast etwas Diabolisches in ihrem Wesen. Bevor Holk seine Ehe löst, legt er ihr seine Absicht dar. Sie bestärkt ihn: ›Lieber Holk, Sie haben freies Handeln; reisen Sie; ich wünsche die Partie; aber sehen Sie sich vor; Sie müssen sicher sein. Ebba ist eine Hexe.‹ Die Prinzessin ist nun in großer Erregung. ›Das war die Welt, in der sie lebte, da wurden ihr allerhand Erinnerungen wach, Dinge, um derentwillen sie gelebt hatte. Das war nun vorbei, tot, aber es an anderen zu erleben, war eine Freude, die gleich dahinter folgte ... [‹] ›Die Gräfin soll eine Heilige sein, man kennt das schon. Und wenn, wenn wirklich, ich glaube nicht an solche Wirklichkeiten, dann muß sie glücklich sein, all die heiligen Qualitäten zeigen ...‹ Als Holk nun nach der Abweisung durch Ebba wieder bei ihr erscheint, hat sie nur Spott für ihn, ›daß er sich auf die Capricen der Weiber so schlecht verstanden hat, ein Mann aus der Gesellschaft, ein Hofmann.‹ Wenn heute die Prinzessin früh die Gefahr für Holk erkennt und Ebba durch Mahnungen zum Einhalten zu bestimmen sucht, im Augenblick vor der Entscheidung aber physisch gebrochen ist und daher auf den Verlauf der Dinge ohne Einfluß bleibt, so ist es keine Frage, daß diese veränderte Haltung der Ökonomie des Werkes sehr zustatten kommt: Ebbas Spiel tritt in eine weit schärfere Beleuchtung.« (Rosenfeld).

Noch die als Satzvorlage für die »Deutsche Rundschau« bestimmte Abschrift Emilie Fontanes ist von F. erheblichen Korrekturen unterworfen worden, wie die im Fontane-Archiv in Potsdam überlieferten Teile des Manuskripts zeigen. Hingegen hat F. in den Korrekturfahnen für den Vorabdruck nur noch wenige Änderungen vorgenommen.

Wilhelm Hertz, der den Vorabdruck in der Zeitschrift las, bewarb sich in einem Brief an F. vom 28. Mai 1891 um die Buchausgabe. Eine grundsätzliche Einigung darüber wurde offenbar schnell erzielt. Als Druckvorlage dienten die »Rundschau«-Hefte, die F. deswegen noch einmal durchging, anscheinend im Juli und in den ersten Tagen des August. F. stand auf dem Punkt, nach Föhr abzureisen, als er am 4. August an Wilhelm Hertz abschließend schrieb, er habe glücklicherweise »nur Weniges gefunden, was zu ändern wünschenswerth war«. Tatsächlich hat er aber im beträchtlichen Umfang Änderungen vorgenommen. Hertz antwortete F. noch am 4. August: »Das Manuscript von ›Unwiederbringlich‹ haben wir mit Dank empfangen, Herr Starcke soll es drucken, der ›Blaustift‹ wird ihm besonders empfohlen, mit Correcturbögen werden Sie verschont. Unser Vertrag geht Ihnen nach Ihrer Heimkehr zu...« Das Original des Vertrages vom 22. Okt. 1891 ist erhalten; er sicherte F. ein einmaliges Honorar von 1500 Mark und 20 Freiexemplare. Nach fünf Jahren werde der Roman für die Gesamtausgabe frei.

7 *Unwiederbringlich:* Danach folgt in der Erstausgabe: Roman. – *Glücksburg:* 1842 Flecken, 1900 Stadt an der Flensburger Förde, bekannt durch das gleichnamige Renaissanceschloß; vgl. auch Anm. zu S. 34. – *gräflich Holkschen Familie:* in der deutschen und dänischen Geschichte auftretendes Adelsgeschlecht, dessen bedeutendster Vertreter der aus der Geschichte des Dreißigjährigen Krieges bekannte, in den Grafenstand erhobene kaiserliche Feldmarschall Heinrich Holk war, dessen Nachkommen in Dänemark drei gräfliche Linien bildeten; vgl. Schiller,»Wallensteins Lager«, Personen:»zwei Holksche Jäger«, sowie die Anm. zu S. 121 (*Struensee-Prozeß*). – *Holkenäs:* vielleicht Anspielung auf Holnis bei Glücksburg oder auf Holkham Hall, das großartige Schloß der Grafen von Leicester, bei Wells (Norfolk) am Meer erbaut, mit Kunstsammlungen und einem Denkmal des Agronomen (vgl. Holks Landwirtschaftspassion) Coke Grafen von Leicester. – *Pästum:* das antike Poseidonia, an der Westküste Lukaniens von den Sybariten erbaute Kolonie, von der sich Ruinen zweier Tempel im dorischen Stil und einer Säulenhalle erhalten haben. – *Oblong:* Rechteck. – *geringes steigerte.:* Danach folgt in der Erstausgabe eine Freizeile.
8 *Estrid:* nicht ein männlicher, sondern ein weiblicher Vorname – *bei den Herrnhutern erzogene:* Die von F. wiederholt gewürdigte, 1722 von dem Grafen Zinzendorf gegründete, pietistische Brüdergemeinde, die verschiedene Erziehungsinstitute unterhielt und auf den protestantischen Adel große Anziehungskraft ausübte, betonte in ihrer religiösen Lehre das Gefühl und die persönliche Erfahrung,(»Erwekkung«), im Gemeindeleben Disziplin; dogmatisch war sie tolerant.
9 *Ludwig Uhland:* 1787–1862, schwäbischer Dichter; aus Uhlands achtstrophiger Romanze »Das Schloß am Meere« wird im Text die erste und fünfte Strophe zitiert.
11 *Gnadenfreier Pensionstagen:* Gnadenfrei war eine Herrnhuter Kolonie im ehemaligen Kreis Reichenbach in Niederschlesien. – *Dobschütz:* Name einer ostpreußischen Adelsfamilie.
13 *Mokka und Java:* Kaffeesorten von hoher Qualität. – *Lille-Grimsby:* Anspielung auf den englischen Hafenort (Great-)Grimsby an der Humbermündung; ein »Klein-Grimsby« in Schleswig-Holstein gibt es nicht.
15 *Totentanz ... in Lübeck:* die im Zweiten Weltkrieg zerstörte Darstellung in der Nordervorhalle der Marienkirche in Lübeck aus dem Jahre 1463.

16 *Sportsman:* F. bevorzugt noch die englische Schreibweise des Wortes.
   – *Streukügelchen:* Zuckerkügelchen mit Heilmittellösung, wie sie
   zuerst in der Homöopathie Verwendung fanden.
17 *Allopathie oder Homöopathie:* unterschiedliche Heilmethoden, die
   Ähnliches mit Ähnlichem, bzw. mit dem ganz Ungleichartigen zu
   behandeln suchen. – *Wahre Wunderkuren!...:* Danach folgt in der
   Erstausgabe kein Absatz. – ›*Similia similibus*‹: Ähnliches wird durch
   Ähnliches geheilt, Grundsatz der Homöopathie.
18 *ipsissima verba:* die eigensten Worte. – *orientalischer Vergleich...
   zugute halten:* hier: Übertreibung (des Semiten, nämlich des
   getauften Juden Lissauer). – *Carrara:* italienische Stadt nahe dem
   Ligurischen Meer; der dort gewonnene Marmor ist für Bildhauerar-
   beiten besonders geeignet.
19 *Campo santo... Cornelius:* Peter von Cornelius (1783–1867) wurde
   1841 von Friedrich Wilhelm IV. nach Berlin berufen, um das geplante
   Campo santo (Grabstätte) der königlichen Familie im Berliner Dom
   mit 55 Gemälden zu schmücken. – *das eine tun und das andere nicht
   lassen:* Vgl. Matth. 23, 23. – *nicht ungestraft wandeln:* Anspielung
   auf das bekannte Wort aus Goethes Roman »Die Wahlverwandtschaf-
   ten«. – *itio in partes:* »das Gehen in Teile«, die Trennung in Parteien.
   – *Fritz Reuter:* 1810–74. – *Klaus Groth:* 1819–89, vgl. F.s Gedicht
   »An Klaus Groth«, das G. neben Goethe und Mörike stellt. Die
   Auseinandersetzung zwischen Reuter und G. hatte dieser 1858 in
   seinen »Briefen über Hochdeutsch und Plattdeutsch« begonnen;
   1864 antwortete Reuter mit einer »Abweisung der ungerechten
   Angriffe und unwahren Behauptungen, welche Dr. Klaus Groth in
   seinen Briefen über Plattdeutsch und Hochdeutsch gegen mich
   gerichtet hat«.
20 *Hund am Grabe des Ritters... drei Raben:* Vgl. F.s nach einer
   englischen Vorlage 1853 entstandene Ballade »Die drei Raben«: »Drei
   Raben saßen auf einem Baum, /.../Unterm Schilde liegt ein
   erschlagener Held. / Zu seinen Füßen liegt sein Hund...« – *Schnuck:*
   vgl. die Namen Schnock und Schlucker sowie Puck in Shakespeares
   »Ein Sommernachtstraum«; s. auch Friedrich Hebbels 1848 erschienene Erzählung »Schnuck. Ein niederländisches Gemälde«, deren
   Titelheld an den Schreiner Hans Schnuck im »Sommernachtstraum«
   erinnert.
21 ›*läßlichen Sünde*‹: Vgl. F.s Brief an Karl Zöllner vom 13. Juli 1881:
   »... ›lässige Sünde‹. Die katholische Wendung verdank ich dem
   Studium des Pater Guryschen Erziehungsbuches für junge Jesuiten...« – *Moderateurlampe:* regelbare Petroleumlampe.
22 *Zeit des Wiener Kongresses:* 22. Sept. 1814 bis 10. Juni 1815. – *Bertel
   Thorwaldsen:* 1768–1844, dänischer Bildhauer, Statue der Hoffnung
   in Schloß Tegel (Berlin). – *Wilhelm von Humboldt:* 1767–1835,
   Staatsmann, Sprachwissenschaftler, Gründer der Universität Berlin.
   – *Alexander von Humboldt:* 1769–1815, Autor zahlreicher naturwis-

senschaftlicher Werke, Forschungsreisen in Süd- und Mittelamerika.
– *italienische Krieg*: 1859, zwischen Frankreich und Sardinien auf der einen, Österreich auf der anderen Seite, half durch die Niederlage Österreichs die Einigung Italiens vorbereiten.

23 *Erzherzog Albrecht und Admiral Tegetthoff*: Beide reisten 1859 gemeinsam nach Brasilien. – *Magenta*: Ort in der Lombardei; dort schlugen am 4. Juni 1859 die Franzosen und Sardinier die Österreicher. – *Befinden Friedrich Wilhelms des Vierten*: Friedrich Wilhelm IV. (1795–1861), 1840 König von Preußen, seit dem Sommer 1857 an Gehirnerweichung erkrankt; sein Bruder Wilhelm war sein Stellvertreter, 1858 Prinzregent. – *ein vollständiger Systemwechsel*: Er begann mit der Entlassung des Ministeriums Manteuffel (6. Nov. 1858). Die »Neue Ära« wurde von liberaler Seite begeistert begrüßt. – *Wehrhaftmachung ... Gedanken des Prinzregenten*: Bereits 1860 wurde der Plan der durchgreifenden Heeresreorganisation vorgelegt, der zum Rücktritt des Ministeriums der »Neuen Ära« (17. März 1862) und zum Verfassungskonflikt führte.

24 *Frage ... schleswig-holsteinschen*: Die Zukunft der schleswig-holsteinschen Herzogtümer beschäftigte während der fünfziger Jahre des vorigen Jahrhunderts immer wieder die deutsche und europäische Politik. Weder der von den Dänen gewonnene Krieg von 1849/50 noch das Londoner Protokoll von 1852 hatten den verwickelten Rechtsstreit und die divergierenden Interessen der Mächte zu schlichten vermocht. Die Entscheidung fiel nach den Kriegen von 1864 und 1866 in dem von Bismarck gewünschten Sinne, nämlich durch Eingliederung der Herzogtümer in die preußische Monarchie. – *Beau-Rivage*: Pension in Lausanne. – *kalvinistischer Geistlicher ... Genferischen*: nach dem Reformator Johannes Calvin (1509–64), der seine Lehre in Genf begründet hatte.

25 *Whisttisch ... Schluß des Robbers*: eine Tour von zwei oder drei Partien, der Ausschlag.

26 John *Knox*: 1505–72, Reformator Schottlands (Abschaffung der Transsubstantiationslehre und Heiligenverehrung); seine Schrift »Erster Trompetenstoß gegen das monströse Weiberregiment«, 1558, trug ihm die Feindschaft der Mutter Maria Stuarts, dieser selbst und der Königin Elisabeth ein. – Gaspard de Chatillon, Herr von *Coligny*: 1519–72, Admiral von Frankreich, trat 1559 zum Kalvinismus über und an die Spitze der Hugenotten; in der Bartholomäusnacht ermordet. – *La Rochelle*: Hafenstadt am Atlantik, Hauptstützpunkt der Hugenotten, 1682 nach 13monatiger Belagerung von Kardinal Richelieu erobert. Der Fall von La Rochelle entschied die Niederlage des politischen Kalvinismus. – *die zehntausend Ausgewanderten*: nach der Aufhebung des Edikts von Nantes 1685 durch Ludwig XIV. – *Sprachenfrage*: Im Zuge der Versuche, Schleswig von Holstein zu trennen und sich einzugliedern, wurde seit der Gesamtstaatsverfassung von 1854 das Dänische als Kirchen- und Schulsprache einge-

führt. – *Geschichte vom Storch und Fuchs:* Die Fabel »Le renard et la cigogne« von Jean de Lafontaine (1621–95) schildert, wie jeweils der eine dem anderen Speisen vorsetzt, an die jener nicht herankommen kann.

27 ›*de Ostsee is man en Puhl*‹: nach Klaus Groths Gedicht »De Floth«, das beginnt: »De Ostsee is je'n Pohl: / Awer de Floth, de is dull!« (Klaus Groth, »Quickborn«, 1. Teil, 1852). – *Puhl:* niederdt. Pfütze. – *Potsdamer Wachparade:* oder auch Berliner Wachparade, spöttische Bezeichnung für die preußische Armee (mit Bezug auf ihre zahlenmäßige Unterlegenheit), dem Prinzen Karl von Lothringen zugeschrieben.

28 *die Semnonen:* westgermanischer Stamm, zwischen Oder und Elbe ansässig, nach späterer Wanderung unter den Alemannen aufgegangen. – *posthume Preußen:* das »nachgelassene« Preußen, nach Friedrichs Tod (1786). – *Doppelaar:* wie ihn die römisch-deutschen und die österreichischen Kaiser, bzw. die russischen Zaren im Wappen führten. – *dem eigenen Adler ... schwarz oder rot:* Anspielung auf preußische Auszeichnungen, den Schwarzen und den Roten Adlerorden. – *von einem preußischen Kuckuck sprechen:* Der Kuckuck läßt seine Eier von andern Vögeln ausbrüten. – *Aber wer lacht da?:* nach Lessing, »Emilia Galotti«, V, 6: »Wer lacht da? Bei Gott, ich glaub', ich war es selbst.« – *In unserem Busen wohnen unsere Sterne, so heißt es irgendwo:* Vgl. Schiller, »Die Piccolomini«, II, 6: »Glaub' mir, / In deiner Brust sind deines Schicksals Sterne.«

29 *und was die innere Stimme spricht, das erfüllt sich:* Vgl. Schillers Gedicht »Hoffnung«: »Und was die innere Stimme spricht, / Das täuscht die hoffende Seele nicht.« – *gamle Dänemark:* Alt-Dänemark. – *Hamburger Zeitung:* Gemeint sind vermutlich die »Hamburger Nachrichten«, eine der ältesten Zeitungen der Hansestadt, in der F. einst selbst publiziert hatte. In den »Hamburger Nachrichten«, die Preußen vorher kritisch gegenübergestanden waren, wurde die Politik der »Neuen Ära« lebhaft begrüßt. Später nahm das Blatt, dessen Bedeutung innerhalb der deutschen Presse ständig wuchs, die Partei Bismarcks, der die »Hamburger Nachrichten« etwa ab 1888 als sein Sprachrohr benutzte; sie wurden so zeitweilig zum »meistzitierten Blatt der Erde« (Eyck). Vgl. auch Anm. zu S. 41 (*Hamburger Nachrichten*).

30 *König ... nur groß ... in Ehescheidungen:* Friedrich VII. (1808–63), 1848 König von Dänemark, vermählte sich 1828 mit seiner Cousine, der Prinzessin Wilhelmine Marie von Dänemark; geschieden, vermählte er sich 1841 mit Prinzessin Karoline von Mecklenburg-Strelitz; 1846 wiederum geschieden, heiratete er 1850 morganatisch die zur Gräfin von Danner erhobene Luise Christine Rasmussen; vgl. auch Anm. zu S. 34 (*Gräfin Danner*). – *Vorstadtspossen:* Im Königlichen Theater durfte die Gräfin Danner nicht in der Loge des Königs sitzen. Friedrich besuchte daher zusammen mit ihr außer dem

Hoftheater besonders oft das »Volkstheater«. – *Geßlers Hut:* Vgl. Schiller, »Wilhelm Tell«, I, 3. – *Kammerherrnschlüssel:* Abzeichen des Kammerherrn oder Kämmerers; es bedeutete die Zutrittserlaubnis zu den Gemächern des Fürsten.

31 *Selig sind die Friedfertigen:* Vgl. Matth. 5, 9.
32 Wilhelm Friedrich *Waiblinger:* 1804–30, frühvollendeter schwäbischer Dichter, von Hölderlin beeinflußt; »Der Kirchhof« entstand 1827; das Gedicht erschien in der Gruppe »Lieder der Sehnsucht und Liebe«. Die erste Strophe lautet bei Waiblinger:

> Die Ruh' ist wohl das Beste
> von allem Glück der Welt,
> mit jedem Wiegenfeste
> wird neue Lust vergällt;
> die Rose welkt in Schauern,
> die uns der Frühling gibt,
> wer haßt, ist zu bedauern,
> und mehr noch fast, wer liebt.

Eine Anmerkung zum Titel lautet: »Bekanntlich ist der Gottesacker der Protestanten [in Rom] am Tore St. Paolo, direkt an der schönen Pyramide des Cajus Cestius und unweit vom Monte Testaccio. Es ist das ein Ort, wie geschaffen für die Schwermut...« Lepel, der Waiblingers Grab auf diesem Friedhof in seinen Liedern aus Rom besang, verwendete die Anfangszeilen als Motto. – *Knicks:* die für die Landschaft Schleswig-Holsteins charakteristischen Buschhecken.

33 *Jungfernkranz:* Chorlied aus »Der Freischütz« (1821) von Carl Maria von Weber (»Wir winden dir den Jungfernkranz«). – *ganz schöne Seele:* schulemachender Begriff aus Goethes »Wilhelm Meister«. – *Jean Paulsche Figur:* Jean Paul (Richter), 1763–1825, verband in seinen Erzählungen Elemente des englischen humoristischen Romans mit solchen des bürgerlichen Rokoko und der Empfindsamkeit.
34 *hautain:* hochmütig, stolz. – *Missionsberichte von Grönland oder Ceylon:* Die Mission der Herrnhuter, auch nach Grönland und Ostasien hin, war von Anfang an eine ihrer Hauptaufgaben. – *Korsör:* dänische Stadt am Großen Belt. – *König ... in Glücksburg:* Schloß Glücksburg war 1622–1779 Residenz der Herzogslinie Holstein-Sonderburg-G.; nach deren Erlöschen kam es an Dänemark. Friedrich VII. ist hier 1863 gestorben. – *im Moor gefunden ... bei Süderbrarup:* Der in der Landschaft Angeln gelegene Ort war Fundstätte bei den besonders während der Regierungszeit Friedrichs VII. mit großem Eifer betriebenen Ausgrabungen und wurde von dem König von Glücksburg aus auch wiederholt besucht. Friedrich VII. schrieb verschiedene Abhandlungen auf diesem Gebiet wie »Über den Bau der Riesenbetten der Vorzeit« (1857). Seine Sammlungen gingen größtenteils beim Brand von Schloß Frederiksborg 1859 verloren. – *Kanut der Große:* 1014–35, der bedeutendste

mittelalterliche Herrscher in Skandinavien, erhielt von dem deutschen Kaiser Konrad II. das Land zwischen Eider und Schlei, die sogenannte »Schleswigsche Mark«. – ›*David Copperfield*‹: einer der erfolgreichsten Romane von Charles Dickens (1812–70), der 1849 zu erscheinen begonnen hatte. – ›*Drei Musketiere*‹: Roman (1844) von Alexandre Dumas père (1802–70). – Christian Jürgensen *Thomsen*: 1788–1865, Archäologe, ursprünglich Kaufmann, beschäftigte sich dabei mit Numismatik; Direktor des altnordischen Museums in Kopenhagen. – Jens Jakob Asmussen *Worsaae*: 1821–85, 1847 Generalinspektor der vaterländischen Altertümer, 1866 Nachfolger Thomsens als Direktor des altnordischen Museums in Kopenhagen und des ethnographischen Museums auf Schloß Rosenborg. Verfasser zahlreicher gelehrter Werke. Worsaae und Thomsen arbeiteten in einer Kommission für die Konservierung der dänischen Altertümer zusammen. – *Gräfin Danner putzmacherlichen Angedenkens*: Luise Christine Rasmussen (1815–74), Gemahlin Friedrichs VII., zuerst Gouvernante, dann Tänzerin am Theater zu Kopenhagen, Geliebte des königlichen Privatsekretärs und Kammerherrn Berling (1812–71), mit dessen Hilfe sie einen Putzmacherladen eröffnete. 1850 Friedrich VII. morganatisch angetraut, zog sich nach dem Tod des Königs mit großem Vermögen nach Cannes zurück.

35 *Apoplektikus*: zum Schlagfluß Neigender. – *nach uns die Sintflut*: Après nous le déluge!«, angeblicher Ausspruch von Madame Pompadour; auch Ludwig XV. zugeschrieben. – ›*les défauts de ses vertus*‹: die Mängel ihrer Tugenden, Ausspruch der Schriftstellerin George Sand (1804–76).

37 *ein Redemptoristen- ... ein Jesuitenpater*: die Redemptoristen oder auch Liguorianer, »Congregatio Sanctissimi Redemptoris«, 1732 von Alfonso Maria de Liguori (1696–1787) gestiftete Kongregation, die besonders in den ländlichen Volksschichten missionierte, mit ähnlicher Regel wie die der Jesuiten.

40 *Michaelisferien*: Michaelis: 29. September.

41 Johann Bernhard *Basedow*: 1723–90, Pädagoge, zunächst Professor in Sorø (Seeland) und in Altona, wirkte vor allem durch seine Schriften und sein »Philanthropin« in Dessau im Sinne der Ideen der Aufklärung reformierend auf das Erziehungswesen. – Johann Heinrich *Pestalozzi*: 1746–1827, weltbekannter Schweizer Erzieher. – ›*Dagbladet*‹: erschien 1851–1930 in Kopenhagen, Tageszeitung, Sprachrohr der Nationalliberalen. – ›*Hamburger Nachrichten*‹: Vgl. die Anm. zu S. 29 (*Hamburger Zeitung*); die »Hamburger Nachrichten« erschienen seit 1792, als »Wöchentliche Gemeinnützige Nachrichten von und für Hamburg«, von 1811–13 auch in französischer Sprache und unter französischem Titel, ab 2. Juli 1849 als »Hamburger Nachrichten, Morgenzeitung für Politik, Handel und Schiffahrt. Organ für Hamburgische Angelegenheiten, Anzeiger«, bald darauf nur noch als »Hamburger Nachrichten«.

42 *Schnepfenthal:* bei Waltershausen im ehemaligen Herzogtum Gotha, 1784 von dem Pädagogen Christian Gotthilf Salzmann (1744–1811) gegründete Erziehungsanstalt. – *Gnadenfrei:* Vgl. Anm. zu S. 11.
43 ›*Dronning Maria*‹: »Königin Maria«. – *Propst ... zu St. Johannes:* des Johanniterordens. – *Prinzessin Maria Eleonore:* Tochter Friedrichs V. – *Pentz:* Adelsgeschlecht mit deutscher und dänischer Linie. – *Polonius:* Oberkämmerer in Shakespeares »Hamlet«. – *Hofmarschall Kalb:* Figur aus Schillers »Kabale und Liebe«; Typus des eitlen, albernen Höflings.
44 *Bille:* Name eines dänischen Journalisten und Politikers, aber auch des Marineministers im Kabinett von 1852 (Steen-Bille). – *Erichsen:* Nils Ericson stand 1859 in hohem Staatsdienst. – *alternieren:* abwechseln. – *Baron Steen:* Vgl. die Anm. oben (*Bille*). – *Ätnaausbruch:* Der Vulkan war zuletzt von August 1852 bis Februar 1853 stark in Tätigkeit getreten. – *eruptives:* ausbrechendes. – *Don Juan:* spanischer Frauenheld des Barock, Verkörperung des großen Liebhabers (auf Tenerio, um 1350, zurückgehender Sagenkreis). – *Junker Bleichenwang:* komische Gestalt aus Shakespeares »Was ihr wollt«, ein erfolgloser Liebhaber. – *Serenissima:* Durchlaucht. – *Die Stellung Halls:* Carl Christian Hall (1812–88), Führer der Liberalen und der »Eiderdänen«, die Schleswig bis zur Eider Dänemark einzuverleiben wünschten; sein 1857 gebildetes Kabinett endete im November 1859 wegen der Forderung Halls nach Entlassung des Kammerherrn Berling (vgl. Anm. zu S. 34). Vom Februar 1860 bis Dezember 1863 war Hall wiederum Regierungschef, 1870–74 Kultusminister. – *in politicis:* in politischen Dingen. – ›*Bauernministerium*‹: Vgl. Anm. zu S. 112 (*Rottwig*).
45 *Adda Nielsen quittiert die Bühne:* Am königlichen Theater in Kopenhagen war seit 1852 Bentine Henriette Marie Nielsen engagiert. – *Christian Julius de Meza:* 1792–1865, dänischer General, focht mit Auszeichnung bei Idstedt (1850); 1858 kommandierender General in Schleswig, 1864 bei Ausbruch des Krieges Oberbefehlshaber des dänischen Heeres. – *Thomsen ... Worsaae:* Vgl. Anm. zu S. 34. – *Ragnar Lodbrock:* »rauhe Hosen«, sagenhafter mächtiger Normannenkönig, der um 850 die Ostseeküsten beherrschte, endete in einer Schlangengrube in England, in die ihn König Aella werfen ließ. – *Tout à vous:* Ganz der Ihre. – *from top to toe:* von Kopf bis Fuß, vom Scheitel bis zur Sohle. – *Medisance:* Schmähsucht, Lästerei.
46 *Thorwaldsen-Museum, nordische Altertümer:* Vgl. F.s Beiträge über die beiden Museen in seiner Aufsatzfolge »Kopenhagen«. – *Olafkreuz:* nach Olaf II., dem Heiligen (um 995–1030), ermordet, im Dom zu Drontheim begraben, Schutzheiliger Norwegens. – *Frauenkirche:* die Hauptkirche des Landes, 1811 bis 29 im klassizistischen Stil von Christian Frederik erbaut. – *Tivoli-Theater:* der Tivoli, zwischen Hauptbahnhof und Raadhus gelegen, großangelegter Vergnügungspark mit Theater, Konzertsaal, Reitkunststätten, Restau-

rants. – *Gastmahl des seligen Belsazar:* Vgl. Daniel 5, sowie Heinrich Heines berühmte Ballade; der letzte König von Babylonien, 539 v. Chr. ermordet.

47 *Schimmelmann . . . Brockdorff:* dänische, bzw. schleswig-holsteinische Adelsfamilien von großem Einfluß, die auch eine Anzahl von dänischen Ministern stellten. – *Moltke:* Vgl. Anm. zu S. 95. – *Melbye:* Gemeint ist wahrscheinlich Daniel Hermann Anton M. (1818–75), bekannter Marinemaler; Seestücke malte auch dessen jüngerer Bruder Knut M. (1824–82). – Nicolai Frederik Severin *Grundtvig:* 1783–1872, Theologe, Historiker und Dichter, erstrebte eine Volkskirche mit möglichst unabhängigen Gemeinden; seit 1861 Titularbischof.

48 *Helgoländerhut:* Hut mit breiter, nach unten geschlagener Krempe.

49 *»Die Ruh' ist wohl das Beste . . . «:* aus dem Gedicht »Der Kirchhof« von Waiblinger, vgl. S. 32 und Anm.

54 *Lustschloß vom König von Neapel:* Caserta, das »italienische Versailles«, unter Karl III. von Neapel 1752 durch L. Vanvitelli begonnen.

57 *Majordomus:* Oberhaushofmeister. – *Shorthorns:* Kurzhörner, englische Rinderrasse.

59 *bei den Reckes und den Reuß':* den Herrnhutern nahestehende deutsche Adelsfamilien. – *das Maß der Dinge:* die Mesotes bei Aristoteles, die Tugend der Mitte.

61 *Braruper Moor:* Vgl. Anm. zu S. 34 (*Süderbrarup*). – *»König Christian«:* wohl angeregt durch die dänische Volkshymne: »König Christian stand am hohen Mast . . . « – *Brödstedt:* möglicherweise nach dem bekannten dänischen Archäologen Peter Oluf Bröndsted (1780–1842). – *Holkscher Jäger:* Anspielung auf das aus der Geschichte des Dreißigjährigen Krieges bekannte Regiment, besonders auf Schillers »Wallensteins Lager«. – *Dohnen:* Schlingen für den Vogelfang.

63 *Geschichte ›vom tapfern Zinnsoldaten‹:* Anspielung auf das Märchen »Der standhafte Zinnsoldat« von Hans Christian Andersen (1805–75). – *Siebenjährige Krieg:* 1756–63. – *Chopinsche Etüde:* Die Etüde, ursprünglich ein technisches Übungsstück, wurde im 19. Jahrhundert zum anspruchsvollen Vortrags- und Konzertstück; Chopins Etüden gehörten zum festen Bestand der instruktiven Literatur.

65 *Frau Potiphar:* die Versucherin Josephs, vgl. 1. Mose 39.

67 *Bunzlauer Pädagogium:* Nahe bei der durch ihre Töpferwaren bekannten Stadt Bunzlau in Schlesien im ehemaligen preußischen Regierungsbezirk Liegnitz lag die Herrnhuter Kolonie Gnadenberg; vgl. auch zu S. 561.

69 *zu Vincents:* Das bekannte Kopenhagener Restaurant Vincent, auf dem Kongens Nytorv, aus dem das »Hôtel d'Angleterre« hervorging.

70 *Kordialitäten:* Herzlichkeiten, Biederherzigkeiten. – *Haus verlassen*

hatten: Danach folgt in der Erstausgabe eine Freizeile. – »*ride si sapis*«: lache, wenn du weise bist (Horaz). – *alten Pilatusworte:* Vgl. Joh. 18,38.

71 *Syenit:* nach der Stadt Syene, grobkörniges Gestein aus Feldspat und Hornblende. – *San Remo:* Winterkurort an der italienischen Riviera. – *Funchal:* Hafenstadt an der Südküste von Madeira mit heilkräftigem Klima. – *Görbersdorf:* Luftkurort im ehemaligen preußischen Kreis Waldenburg in Schlesien. – *den ganzen Kursus »durchschmarutzt«:* nach Goethe, »Faust«, Erster Teil ›Studierzimmer‹: »Mit welcher Freude, welchem Nutzen / Wirst du den Cursum durchschmarutzen!«

72 *Emser Kränchen:* die am meisten gebrauchte der Quellen, die auf dem rechten Ufer der Lahn in Bad Ems entspringen. – *Kongens Nytorv:* Königs-Neumarkt, der größte Platz Kopenhagens. – *rekognoszierend:* erkundend. – *Podagra:* das Zipperlein. – *Biliner:* Säuerling aus Bad Bilin in Nordböhmen.

73 *Oberstleutnant Faaborg:* 1814-64, kommandierte bei Alsen eine Brigade, fiel am 29. Juni 1864. – *Thott:* vermutlich Baron Otto Reedtz-Thott (1785-1862), Kammerherr. – *das aus den Fugen gehende Dänemark:* Anspielung auf die Worte Hamlets in Shakespeares Drama: »Die Zeit ist aus den Fugen; Schmach und Gram, / Daß ich zur Welt, sie einzurichten, kam!« (I, 5). – *decouvrieren:* entdecken.

74 *unser König Waldemar, der Sieger:* Waldemar II., (1169 oder 1170-1241), 1202 König von Dänemark, unterwarf die norddeutschen Küstengebiete südlich der Eider bis nach Danzig, unternahm einen Kreuzzug gegen die Esten, wurde aber nach der Niederlage von Bornhöved (1227) zum Verzicht auf den größten Teil der dänischen Eroberungen gezwungen. – *de Meza ... in Flanell:* De Mezas Empfindlichkeit gegen Erkältungen war ein Charakteristikum. – *bei Fridericia:* die dänische Festung Fredericia in Jütland, am Kleinen Belt, seit Mai 1849 von der schleswig-holsteinischen Armee eingeschlossen, am 6. Juli durch einen Ausfall entsetzt. De Meza avancierte nach der Schlacht zum Generalmajor.

75 *Idstedt:* In der Schlacht bei Idstedt siegten die Dänen, die nach dem Tod des Generals Schleppegrell von De Meza geführt wurden, am 24. und 25. Juli 1850 über die Schleswig-Holsteiner. – *Cornelius Georg Tersling:* 1812-98, 1859 Major in Ratzeburg, kämpfte bei Düppel als Oberstleutnant. – *Ancien régime:* die Zeit vor der französischen Revolution von 1789.

76 *Chronique scandaleuse:* Vgl. S. 275 und Anm. – *Johann Carl Ernst Berling:* 1812-71, vgl. die Anm. zu S. 34 (*Gräfin Danner*) und S. 44 (*Hall*). – *Blixen-Fineke:* Carl Frederik Axel B.-Finecke (1822-73), Politiker, 1859-60 Außenminister und Minister für Schleswig im Kabinett Rotwitt; vgl. Anm. zu S. 112 (*Rottwig*). – *Skodsborg:* Seebad nördlich Kopenhagen; der König und die Gräfin hatten dort

ein Landhaus. – *Rasmussen:* Vgl. Anm. zu S. 34 (*Gräfin Danner*).
– ›*Flyveposten*‹: ein Kopenhagener Nachrichten- und Unterhaltungsblatt der 60er Jahre. – *Dionysosohren:* das sogenannte »Ohr des Dionysios« bei Syrakus mit seiner eigenartigen lautverstärkenden Akustik, das zur Belauschung von Gefangenen gedient haben soll; benannt nach Dionysios I. (405–367 v. Chr.).
77 *intrikate:* verfängliche, heikle. – *Divinatorisches:* Seherisches.
78 *Mischung von Froufrou und Lady Macbeth:* »Froufrou« ist der Titel einer Komödie von Meilhac und Halevy, vgl. »Stine«, 11. Kap. (in unserer Ausgabe Bd. 1, S. 763).
79 *Göttin oder Liebende:* F. meint vielleicht Hekate, die Mondgöttin; oder Psyche, die nachts mit einer Lampe das Gesicht ihres Geliebten, Eros, zu erkennen sucht.
82 *englische Flotte, die nach Rußland ging:* Gemeint ist die Baltische Expedition, die zu einer Blockade der russischen Küsten und am 16. Aug. 1854 zur Eroberung der noch unfertigen Festung Bomarsund auf den Alands-Inseln führte, für den Ausgang des Krimkriegs aber bedeutungslos blieb. Kjöge Bai in der Nähe von Kopenhagen diente der englischen Flotte als Stützpunkt. – Ludvig Nicolaus von *Scheele:* 1796–1874, dänischer Staatsmann; 1854 war er Außenminister und Minister für Holstein und Lauenburg.
85 *Gin:* Wacholderschnaps.
86 *Boiserien:* Holzvertäfelung. – *Christian VII.:* 1749–1808, seit 1766 König von Dänemark und Norwegen, ausschweifend in seinem Lebenswandel, 1772 entmachtet; 1784 gewann Christians Sohn Friedrich durch eine Palastrevolution die Herrschaft.
87 *nahen Verwandten ... thüringischen Landgrafen:* Christians VIII. Schwester Louise Charlotte war mit dem Landgrafen Wilhelm von Hessen-Kassel, ihre Tochter Louise mit dem Prinzen Christian von Glücksburg, dem späteren König Christian IX., verheiratet. – *Bonhomie:* Gutmütigkeit, Wohlwollen.
88 *gräfliches Wappen ... Devise:* Das Wappen der Gräfin Danner zeigte Bienen auf einem Schild, der von einem Löwen und einer dänischen Dogge getragen wurde. Die Devise lautete: »La fidélité est ma gloire«. Das wurde als Herausforderung empfunden. – *Krinoline:* Reifrock. – *Georg II.:* 1683–1760, 1727 König von Großbritannien. – ›*fair, fat and forty*‹: hübsch, rund und vierzig. Vehse berichtet in seinen »Hofgeschichten« von Mrs. Howard (1681–1777, seit 1733 Gräfin von Suffolk), die dem König von seiner Gemahlin als Geliebte zugeführt worden war (»die Dame war eine Vierzigerin«), und von der Gräfin von Yarmouth, die hübsch und rundlich gewesen und auf die Vierzig gegangen sei. – *Thompsen-Oldensworth:* Adolf Theodor Thomsen-Oldensworth (1814–91), dänischer Oberappelationsgerichtsrat, später im Justizministerium in Kopenhagen. – ›*sallen blewen ungedeelt*‹: sollen bleiben ungeteilt, Wahlspruch der Schleswig-Holsteiner zufolge der Wahlkapitulation von 1460, als König

Christian I. zum Herzog von Schleswig und Grafen von Holstein gewählt worden war.

89 »*Soyez le bienvenu*«: Sei willkommen. – *Heinrich IV.*: 1553–1610, 1589 König von Frankreich, der erste Bourbonenkönig. – *François Ravaillac:* 1578–1610, Schreiber, dann Schullehrer, der Mörder Heinrichs IV., auf grausame Weise hingerichtet. – *Huhn im Topf:* angeblicher Ausspruch Heinrichs IV. zum Herzog von Savoyen: »Wenn Gott mir noch Leben schenkt, so will ich es so weit bringen, daß es keinen Bauern in meinem Königreich gibt, der nicht imstande ist, ein Huhn in seinem Topf zu haben«.

90 *Arkadien:* Landschaft im Peloponnes, literarisch seit Vergil Schauplatz der bukolischen Poesie, das glückliche Land idyllischen Hirtenlebens. – *Introducteur:* der Einführende. – *Suffisance:* Selbstgefälligkeit, Dünkel. – *Klampenborg:* Seebad auf Seeland, nördlich Kopenhagen.

91 *Eremitage:* Jagdschloß mit großem Park zwischen Skodsborg und Klampenborg.

92 *Hof Philipps von Spanien:* Unter Philipp II., dem Sohn Kaiser Karls V., Vater von Don Carlos, gipfelte das spanische Hofzeremoniell in besonders steifen und strengen Formen.

93 Wilhelm *Marstrand:* 1810–73, Professor, Historienmaler (Ausmalung der Grabkapelle Christians IV. in Roeskilde), 1853–59 Direktor der Akademie der Künste in Kopenhagen. – *kotoyieren:* nebenher gehen. – *Cornelius Georg Tersling:* Vgl. S. 75 und Anm.

94 *comme il faut:* wie er sein muß. – *Dahlberg:* Ein Duell Terslings mit einem Dahlberg ist nicht bekannt, auch befindet sich auf der Liste der bei Fredericia am 6. Juli 1849 gefallenen dänischen Offiziere kein Dahlberg. – *Diskretion à tout prix:* um jeden Preis.

95 *die Rantzaus:* holsteinische Adelsfamilie, in mehreren Linien über Dänemark und Deutschland verbreitet. – *die Bernstorffs:* mecklenburgisches Adelsgeschlecht, das auch im preußischen und dänischen Staatsdienst stand. Ein Oberst von Bernstorff fiel bei Düppel. – *die Moltkes:* ursprünglich mecklenburgisches, in Dänemark seit 1750 gräfliches Geschlecht. Adam Wilhelm von Moltke wurde 1848 Kabinettschef und 1854 Präsident des dänischen Reichsrats.

96 Charles *Darwin:* 1809–82, der berühmte Begründer der Abstammungslehre, dessen Hauptwerk, »Über den Ursprung der Arten durch natürliche Zuchtwahl« 1859 erschienen war.

97 *Lawn:* Rasen. – »*König Christian stand am hohen Mast*«: dänische Volkshymne, aus dem Singspiel »Die Fischer« (1779) von Johannes Ewald (1743–81). – »*dappren Landsoldaten*«: »Der tapfere Landsoldat«, populäres dänisches Lied, 1848 von Peter Faber geschrieben.

98 *Plaine:* Vgl Anm. zu S. 101. – *König von Thule:* Anspielung auf Goethes Ballade »Der König in Thule«.

99 *Rosenberg-Gruszczynski ... Lipinskis:* Die Rosenberg-Gruszczynski gehörten zum böhmischen, die Rosenberg-Lipinsky zum schlesischen

Adel. – *Adalbert von Prag:* 950–97, Sohn des Fürsten Slavnik, 982 Bischof von Prag; ging 996 als Missionar nach Polen; im Dorf Tenkitten im Samland erschlagen. – *Palladium:* Heiligtum.
100 *Gustav III.:* 1746–92, 1771 König von Schweden, literarisch begabt und den Künsten aufgeschlossen, aber verschwenderisch, starb als Opfer einer Adelsverschwörung auf einem Maskenball im Stockholmer Opernhaus; vgl. Verdis Oper »Ein Maskenball«, eines der vielen Werke, die sich mit dem Leben des Königs befassen. – Johann Jakob von *Anckarström:* 1762 bis 92, als Hauptmann verabschiedet, tötete Gustav III. mit einem Pistolenschuß (s. o.); nach Prozeß hingerichtet. – *Wrangel:* estländisches Uradelsgeschlecht, das sich über mehrere europäische Länder verbreitete. – *am Tage der Julirevolution:* Die Erhebung gegen Karl X. von Frankreich begann am 27. Juli 1830.
101 *Epitheton ornans:* schmückendes Beiwort. – *»Plaine«:* Vgl. F.s Aufsatz »Kopenhagen«: »Man ... erreicht alsbald eine offene Stelle, eine große Waldwiese, die den Namen die ›Plaine‹ führt.« – *Furesee hinüberflogen.:* Danach folgt in der Erstausgabe ein Absatz.
103 *Indemnität:* Sicherstellung gegen Strafe. – *Die Ruh' ist wohl das Beste:* Vgl. S. 49 und Anm.
104 *Hveen:* Hven, schwedische (bis 1658 dänische) Insel im Sund, nahe der Küste Schonens. – *Tycho de Brahe:* 1546–1601, dänischer Astronom, der die Insel Hven von dem dänischen König Friedrich II. zu Lehen erhalten und dort das Schloß Uranienburg mit der Sternwarte Stjerneborg erbaut hatte; Grundmauern der Sternwarte sind wieder aufgedeckt worden. – *Ebba Brahe:* nach einer Jugendliebe König Gustav Adolfs II. von Schweden, E. B. (1596–1674), die 1618 die Gemahlin des schwedischen Feldherrn Jakob de la Gardie wurde. – *Pagoden:* hier: Anspielung auf die kleinen bunten Gipsfiguren, die man zur Rokokozeit als Nachbildungen chinesischer Tempelstatuen herstellte; auch aus Porzellan mit nickendem Kopf und beweglichen Händen; wie Nippsachen gebraucht.
105 *Selbstpersiflierung:* feine Selbstverspottung. – ›*weißen Hinde*‹: Vgl. F.s Gedicht »Die drei Raben«: »Da kam eine Hinde daher...«
107 *Medisance:* schlechte Nachrede. – *Cordelia:* die jüngste Tochter König Lears in Shakespeares Tragödie, treu, folgsam, obwohl ungerecht behandelt: »Was soll Cordelia tun? Sie liebt und schweigt.« – *alten Lear:* ebendort, von seinen ungetreuen Töchtern Regan und Goneril vertrieben. – *Ptolemäus:* 87–165, Mathematiker und Geograph, Urbild des Astronomen und Weltbildschöpfers, von dem auch die Kunde von der Insel Thule stammt (vgl. S. 98 und Anm.). – *»... über Genealogie.«:* Danach folgt in der Erstausgabe eine Freizeile.
110 *Schönheitsapfel:* Der Apfel, eines der verbreitetsten erotischen Symbole, nach mittelalterlicher Auffassung auch Symbol der Erbsünde. Hier ist vielleicht auf den Apfel des Paris angespielt; s. auch

Anm. zu S. 196 (*um Helenas willen*). – *Unter Kirschen* ...: Vgl. die Fabel »Les Cérises« von Lafontaine.

111 *Zylinderbureau:* durch eine Rollklappe verschließbarer Schreibtisch.
112 *Rottwig:* vielmehr Carl Edvard Rotwitt (1812–60), der Hall 1859 als Ministerpräsident ablöste; vgl. auch Anm. zu S. 44 (›Bauernministerium‹).
113 *Gräfin Frijs:* Graf Frijs-Frijsenborg wurde 1865 Kabinettschef. – *Filehne:* im ehemaligen preußischen Regierungsbezirk Bromberg, an der Netze.
114 Frederik Henrik von *Bülow:* 1791–1858, dänischer General, sprengte durch seinen Ausfall am 6. Juli 1849 die Belagerung von Fredericia (vgl. S. 74); B.s Erwähnung ist anachronistisch, da der Roman 1859 handelt. – Peter Henrik Claude *du Plat:* 1809–64, als Generalmajor bei Düppel gefallen. – Sigvart Urne Rosenvinge *Lundbye:* 1820–64, in der Schanze 4 bei Düppel gefallen. – *Esprit fort:* Freigeist.
116 *Elogen:* Lobreden.
117 ›*Airs*‹: gewählte Mienen, Haltung.
118 *aus dem himmlischen Reich:* aus China. – *Sicherheitsvademekum:* Sicherheitsleitfaden. – *Chambre garnie:* Möbliertes Zimmer.
119 *Düveke-Geschichte, Mutter und Tochter:* Dyveke (niederl. Täubchen), um 1491–1517, Tochter der Schankwirtin Sigbrit Willumsdatter in Kopenhagen, zog mit dieser nach Bergen und wurde dort die Geliebte des späteren dänischen Königs Christian II. Sie starb dann unvermutet, wahrscheinlich an Gift. Für schuldig befunden und hingerichtet wurde ein junger Edelmann, Torben Oxe, dessen Hand D. ausgeschlagen hatte. Der Stoff wurde in Dramen, Romanen und Novellen behandelt. – *Rasmussen:* Vgl. Anm. zu S. 34 (*Gräfin Danner*).
120 *Welljacke:* aus Welliné, einem Stoff aus Baumwolle und Mohair, mit durch die Appretur hervorgebrachten Wellenlinien. – *Zeitungsmalice:* malice = Bosheit.
121 *Pasquill:* Schmähschrift. – *recte:* geradewegs. – *Struensee-Prozeß:* Johann Friedrich (1771: Graf) von Struensee (1737–72) stieg vom Leibarzt König Christians VII. zum beherrschenden Minister in Kopenhagen auf, nachdem er die bisherigen Günstlinge am Hof, darunter einen Grafen Holk, verdrängt und die Gunst der Königin Mathilde gewonnen hatte; wurde im Januar 1772 verhaftet, am 6. April wegen »eines großen, todeswürdigen Verbrechens« verurteilt und am 28. April hingerichtet. Gleichzeitig wurde die Ehe des Königs getrennt, weil der Angeklagte unerlaubter Beziehungen zur Königin, die 1771 eine Tochter geboren hatte, schuldig war oder befunden wurde. – *Pincenez:* Kneifer. – *Erbprinzlich Ferdinandsche Wechsel:* Prinz Frederik Ferdinand (1792–1863), ein Bruder Friedrichs VII., war dänischer General.
122 *indossiert:* übertragen. – *aigrieren:* erbittern. – *après nous le déluge:* Nach uns die Sündflut; vgl. Anm. zu S. 35.

123 »*petit-nieces*«: eigentlich: petites nièces=Großnichten. Gemeint sind die Prinzessinnen Alexandra (geb. 1844) und Dagmar (geb. 1847). – *Christians II. und seiner Gemahlin Isabella:* Vgl. Anm. zu S. 119 (*Düveke-Geschichte*). – *Kämpfe mit den Lübischen:* unter Waldemar II. und Waldemar IV. Atterdag, auch unter Christian III. 1537 (Lübeck unter Wullenweber), wovon zahlreiche Gemälde berichten, so von Johannes Gehrts. – *Erstürmung von Wisby:* 1361 durch Waldemar IV. Atterdag. – *Bombardement von Kopenhagen:* durch eine englische Flotte 1807.

124 Adam Gottlob *Oehlenschläger:* 1779–1850, dänischer Dichter, seit 1810 Professor, schuf lyrische und dramatische Werke aus romantischem Geist. – Ditlev Gothard *Monrad:* 1811–87, Bischof von Laaland-Falster, 1859–63 Kultusminister, danach Ministerpräsident, dankte 1864 ab. – *Sans doute:* Ohne Zweifel. – *Renonce:* widrige Person, eigentlich Fehlfarbe im Kartenspiel.

125 *die beiden Friedensrichter:* die im folgenden genannten Schaal und Stille. – *Falstaff ... Fähnrich Pistol:* »der dicke Hans«, eine der berühmtesten komischen Figuren Shakespeares, und sein Kumpan. – *Dorchen Lakenreißer:* Shakespeares Doll Tearsheet, weibliches Pendant des Vorigen aus der »Schenke zum wilden Schweinskopf«. F. schreibt »Dorchen«, während Schlegel und Bodenstedt die Figur Dortchen nannten.

126 *Agio:* Aufgeld.

127 *Josephina* Maximiliane Auguste Eugenie: 1807–76, Tochter des Herzogs Eugen von Leuchtenberg und Fürsten von Eichstätt, heiratete 1823 den späteren König Oskar I. von Schweden und Norwegen. – *die Leuchtenbergs:* Herzog Eugen von Leuchtenberg (Eugen de Beauharnais, 1781–1824, Sohn der nachmaligen Kaiserin Josephine war der Schwiegersohn des Königs Maximilian I. Joseph von Bayern; seine Kinder gingen dynastische Ehen in verschiedenen Staaten ein. – *der jüngste Sohn:* Nikolaus August (1831–73). – *antibernadottisch ... glühende Begeisterung für Haus Wasa:* Oskar I. war der Sohn und Nachfolger Karls XIV. Johann Bernadotte. Gegen die landfremden Bernadottes erhob Gustav von Wasa (1799–1872) Ansprüche auf den Thron. – *Gustav* [II.] *Adolf:* 1594–1632, 1611 König von Schweden, bei Lützen gefallen.

130 *alter ego:* anderes Ich.

131 *en vue:* in Sicht, im Blickpunkt. – *Gnadau:* 1767 gegründete Kolonie der Herrnhuter im ehemaligen preußischen Regierungsbezirk Magdeburg. – *Gnadenberg:* von Zinzendorf gegründete Kolonie der Herrnhuter bei Bunzlau in Schlesien. – *Triennium:* Zeitraum von drei Jahren; das triennium academicum war die als Minimum für die Ablegung der meisten Staatsprüfungen geforderte Studienzeit.

132 *Billetdoux:* zarte Botschaft, Liebesbriefchen.

133 *Pomologe:* Obstkundiger.

134 *Trias:* Dreiheit.
135 *Soll ich meines Bruders Hüter sein?:* Vgl. 1. Mose 4, 9.
136 *Streits Hotel:* damals das vornehmste Hotel Hamburgs, am Jungfernstieg gegenüber dem Alsterbassin. – *nach der Uhlenhorst:* Stadtteil Hamburgs an der Außenalster, damals ein wegen seiner schönen Lage vielbesuchter Vorort. – *Rainvilles:* Gartenlokal an der Elbe, gegründet von César Rainvilles, bestand von 1799 bis 1867. – *Ottensen:* ursprünglich ein Dorf bei Altona, heute Stadtteil von Hamburg. – *Meta Klopstocks Grab:* Vor der Südseite der Christianskirche in Ottensen befindet sich das Grabmal Klopstocks, daneben der Grabstein Meta Mollers (1728–58), seit 1754 Klopstocks Frau.
137 *Malchin:* in Mecklenburg.
139 *kalvinistische Abendmahlsform:* die nur eine symbolische Gegenwart Christi in den Gestalten von Wein und Brot annimmt.
140 *die Dehors:* die äußeren Formen. – *Louis Napoleon tot?:* Auf Louis Napoleon (1808–73), von 1825–71 Kaiser der Franzosen, waren durch die Italiener Pianori, Bellamare und Orsini 1855 und 1858 Attentate verübt worden. – *katarrhalisch affiziert:* erkältet. – *Frederiksborg:* 1602–20 errichtetes Renaissanceschloß bei Hilleröd, der Hauptstadt von Nord-Seeland, wo Friedrich VII. auch eine archäologische Sammlung angelegt hatte. Nach dem Brand wurde das äußerlich restaurierte Schloß als Nationalmuseum eingerichtet.
141 *Thyra Danebod:* Gattin des 936 gestorbenen Königs Gorm der Alte, des nach älterer Überlieferung ersten Königs von Dänemark. – *à la Chinoise:* nach chinesischer Art. – *Gorm dem Alten:* vereinigte die dänischen Inseln mit Jütland; von Heinrich I. besiegt und bis an die Eider zurückgedrängt. – *Harald Blauzahn:* Sohn des Vorigen, regierte von 936–86, mußte sein Reich von Kaiser Otto I. 947 zu Lehen nehmen; Vater von Swend Gabelbart (vgl. F.s gleichnamige Ballade). – *Alluvialperiode:* die jüngsten Erdablagerungen umgreifende, bis in die Gegenwart reichende Erdzeit. – *Rolf Krake:* sagenhafter kleinwüchsiger Dänenkönig aus dem 5.–6. Jahrhundert. – *Lucile Grahn-Young:* 1825 (nach anderen Angaben: 1819)–1907, dänische Tänzerin aus Kopenhagen, war später in verschiedenen europäischen Städten engagiert; Jugendfreundin der Gräfin Danner, mit dem Tenor Young verheiratet. – *Harlekin-Pantomime:* Die pantomimischen Ballette des Ballettmeisters Galeotti in Kopenhagen hatten diese Kunst dort Anfang des 19. Jahrhunderts eingebürgert; sie bezogen auch den Harlekin ein. – *Fiduzit:* Vertrauen. – *Pastor Schleppegrell:* Vgl. Anm. zu S. 146 (*Dissentergeneral*).
142 *hörbar wurde:* Danach folgt in der Erstausgabe ein Absatz.
143 *mit ossianischen Anwandlungen:* den angeblichen Dichtungen Ossians, eines keltischen Barden aus dem 3. Jahrhundert, nachempfunden. Sie wurden 1760 von James Macpherson veröffentlicht. – *auf Edda-Wegen:* die Edda, eigentlich »Großmutter« (allen Sagenwissens), Sammlung altnordischer Dichtungen. – *Basilisk:* Fabelwesen

mit tödlichem Blick und Gifthauch, halb Drache, halb Hahn; vgl. F.s Artikelfolge »Roeskilde«.
144 *Anna Bulen:* Anne Boleyn (1507–36), zweite Gattin Heinrichs VIII. und Mutter der Elisabeth. – *Tower:* die aus dem 11. Jahrhundert stammende Zitadelle von London, Residenz, später Staatsgefängnis. – *Julklapp:* verpacktes, scherzhaftes Weihnachtsgeschenk, vgl. auch S. 525.
146 *Dissentergeneral:* Dissenters, auch Dissidenten oder Independenten, englischer Ausdruck für Sektierer, die nicht den großen christlichen Konfessionen angehörten; »General« dient aber offensichtlich nur der Überleitung zu General Schleppegrell (1792–1850), den F. in »Der Schleswig-Holsteinsche Krieg im Jahre 1864« erwähnt.
148 *Corps de logis:* Hauptgebäude, Mittelbau. – *Christian IV.:* Vgl. Anm. zu S. 61.
150 *spanischen Maler:* Gemeint ist wohl der Zeitgenosse Christians, der berühmte Porträtist Diego Velasquez de Silva (1599–1660), von dem Christian IV. aber nicht porträtiert wurde. – *Herluf Trolle:* 1516–65, dänischer Admiral, der Held des Nordischen Siebenjährigen Krieges (1563–70), in dem er fiel. Vgl. auch S. 158. – *Frederik der Zweite:* Friedrich II. (1534–88), 1559 König von Dänemark. – *Öland:* Insel vor der Küste von Småland; dort schlug Herluf Trolle 1564 die Schweden. – *Brigitte Goje:* Brigitte Giöe, vgl. S. 158.
151 *Cicerone:* Fremdenführer. – *Galion:* der Schiffsschnabel, bzw. Schiffsschnabelschmuck; die Galionsfigur am Bug des Schiffes.
152 *Kunst ist schwer:* ähnlich wie »Kunst ist ein ganz besonderer Saft« am Schluß einer Theaterkritik über »Die Familie Selicke« von Arno Holz und Johannes Schlaf am 7. April 1890; Anspielung auf Goethes »Faust«, Erster Teil, ›Nacht‹ »... die Kunst ist lang; /.../ Wie schwer sind nicht die Mittel zu erwerben...« – *der ›Makellos‹:* eigentlich »Makalös« (»Ohnegleichen«), damals das größte Kriegsschiff Skandinaviens. – *Erich XIV.:* 1533–77, 1560 König von Schweden, 1568 wegen seiner Wahnsinnsanfälle und weil er seine Geliebte, Karin Månsdotter, heiratete und krönen ließ, gefangengenommen; abgesetzt und auf Befehl seines Bruders Johann vergiftet. – *Jakob Bagge:* 1502–77, schwedischer Admiral.
153 *Otto Rud:* 1520–65, Herluf Trolles Nachfolger als Befehlshaber der dänischen Flotte, starb in schwedischer Gefangenschaft.
154 *Joachim Rönnow:* vor 1495–1544, 1529 vom König und dem Domkapitel zum Bischof bestimmt, vom Papst jedoch nicht anerkannt; 1536 von Christian III. in Haft genommen, in der er bis zu seinem Tode blieb. – *Roeskilde:* alte Stadt auf Seeland, bis 1443 Residenz der dänischen Könige, Bischofssitz.
156 *Alkoven:* fensterloses Nebenzimmer, Bettnische.
157 *Fredensborg:* nordöstlich von Hilleröd, Residenzschloß der dänischen Könige, 1719–24 von J. C. Krieger erbaut.
158 *»Wie Herr Herluf Trolle begraben wurde«:* Vgl. F.s Ballade »Admiral

Herluf Trolles Begräbnis«, von der im vorliegenden Text einige
Strophen fehlen. Auch hat F. einige kleinere Änderungen vorgenommen.
162 *bons sens:* gesunder Menschenverstand.
163 *Jensen ... Brodersen ... Holmsen:* häufige dänische Namen; vgl.
auch »Pastor *Brodersen*« in dem ausgeschiedenen »Wanderungen«-
Kapitel »Gütergotz«. — *die ganze schleswig-holsteinsche
Frage:* deren aktueller Stand etwa der folgende war: Am 11. Febr.
1858 hatte der deutsche Bundestag an die dänische Regierung das
Ersuchen gerichtet, in Holstein einen den Bundesgesetzen entsprechenden Zustand wiederherzustellen. Am 6. November hob Friedrich
VII. die Staatsverfassung von Holstein, die den Anstoß gab, auf. Am
3. Jan. 1859 verwarfen die dänischen Stände den Entwurf einer neuen
Provinzialverfassung, Dänemark sollte aus vier gleichberechtigten
Teilen bestehen: Dänemark, Schleswig, Holstein, Lauenburg. Am 24.
März wies die dänische Regierung alle Forderungen der holsteini-
schen Versammlung zurück, von der Inkorporation Schleswigs und
der Trennung Schleswig-Holsteins abzustehen. Der deutsche Bundestag wiederholte seine ernsten Mahnungen. Die Lage blieb
gespannt. — *medisant:* schmäh-, lästersüchtig.
164 »*Christian IV. 1628*«: Vgl. Anm. zu S. 166. Der Stein ist noch
vorhanden.
165 *Paneele:* Wandverkleidung, -täfelung. — *Cyper:* Cypernwein.
166 *von einem Nordwester gepackt:* Vgl. »Grete Minde«, 20. Kap.,
fortwirkende Erinnerung an die eindrucksvolle Naturbegegnung
in F.s Kindheit; s. auch »Meine Kinderjahre« 9. Kap. — »*König
Christian*« ... *dieses dänischen Lieblingskönigs:* Vgl. Anm. zu
S. 61. — *die Geschichte von dem Stein:* Der Sage nach hat König
Christian nach einem Streit mit seiner ihm von 1615–29 zur linken
Hand angetrauten Geliebten, Kirsten Munk (1598–1658), diesen
Stein mit einer Inschrift versehen und an seinen Platz bringen
lassen. Vgl. über Kirsten Munk auch F.s. 1864 entstandenen Aufsatz
»Kopenhagen«.
168 *intrikater:* heikler.
170 *König Heinrich VIII. mit seinen sechs Frauen:* 1491–1547, 1509
König von England, der von F. oft erwähnte »Knig Oger, der es
vergessen zu haben schien, daß unschuldige Frauen auch eines
natürlichen Todes sterben können«, wie in »Vor dem Sturm«,
›Kleiner Zirkel‹ gesagt wird, dessen Hof der Schauplatz von F.s
Fragment gebliebener Erzählung »Wolsey« bildet. — *Maria Stuart:*
1542–87, 1558 Königin von Schottland, eine Lieblingsgestalt F.s; vgl.
auch den Romanzen-Zyklus »Maria Stuart«. — *Agnes Sorel:* die
Geliebte Karls VII. von Frankreich. — *die Pompadour:* Jeanette
Antonia Poisson, Marquise de P. (1721–64), Mätresse Ludwigs XV.
von Frankreich. — *Dubarry:* Marie Jeanne Comtesse Dubarry
(1741–93), Nachfolgerin der Vorigen als Mätresse Ludwigs XV.,

früher Putzmacherin wie die Rasmussen, nach Ludwigs Tod 1774 verhaftet; Robespierre ließ sie guillotinieren. – *einige Schriftstellerinnen ... Liebesabenteuer angedichtet:* Nicht nur von Erzählerinnen wie Wilhelmine Lorenz und Luise Mühlbach (»Friedrich der Große und seine Geschwister«, 1855), sondern auch von Erzählern und Dramatikern sind Friedrichs vorgebliche galante Abenteuer, besonders mit der Tänzerin Barberina, immer wieder behandelt worden, etwa von Ludwig Rellstab. – *Großer Stil...:* die Moralauffassung F.s in prägnanter Zusammenfassung.

175 *Shorthorns:* Vgl. Anm. zu S. 57. – *Oldenburger:* schwarzbraunes oder schwarzes kräftiges Rind. – *Southdowns:* kurzwollige, sehr mastfähige englische Schafe. – *Rambouillet:* langwolliges französisches Merinoschaf. – *cattle-market:* Viehmarkt.

176 *est modus in rebus:* es ist Maß in den Dingen (Horaz, Satiren I, 1, 106).

179 *Tempi passati:* Die Zeiten sind vorbei (so angeblich Joseph II. bei Betrachtung eines Gemäldes, das die Lossprechung Kaiser Friedrichs I. vom Bann durch Alexander III. darstellte). – *intermittierende Fieber:* Fieber mit Unterbrechungen.

180 »*... als Fineke.*«: Danach folgt in der Erstausgabe eine Freizeile.

181 *Are Marson:* isländischer Häuptling, segelte um 980–1000 von Grönland nach Labrador; vgl. das »Buch von der Landnahme« (»Landnámabók«), die von mehreren Verfassern im 13. und 14. Jahrhundert zusammengestellte Geschichte der Besiedlung Islands, die mehrere tausend Personen-, Orts- und Hofnamen enthält; Saga von Goden Snorri. – *Erik den Roten:* einen aus Island Verbannten, der 982 erstmals nach Grönland kam, wenige Jahre später dort mit seinem Gefolge am Skofjord »Land nahm«; erbaute mit seiner Frau Tjodhilde seinen Hof Brattahlid; um 1000 gestorben. – *Ulf den Schieler:* Ulf Skjalge, isländischer Wikinger, einer der ersten Ansiedler. – *Sysselmann:* Distriktsobmann (Syssel=Distrikt). – »*dappren Landsoldaten*«: Vgl. Anm. zu S. 97. – *Sinekure:* geschäftsloses Amt.

182 ›*medico praesente*‹: in Anwesenheit des Arztes. – *Boerhave:* Hermann Boerhaave (1668–1738), Professor der Medizin und Botanik zu Leiden.

183 ›*mehr Petersilie ... als unbedingt nötig war*‹: bekannt als Äußerung Walter Scotts über seinen Roman »Die Braut von Lammermoor«. – ›*David Straußschen Amanuensis*‹: also von einem »dienstbaren Geist« des Philosophen und Religionskritikers David Friedrich Strauß. (1808–74).

184 *Martin Luther ... hat einmal ausgesprochen:* Das zitierte Bild findet sich bei Luther mehrfach.

185 *Reunions:* Zusammenkünfte.

187 *Piekenstock:* Stock mit langer Spitze. – »*Pfadfinder*«: »The Pathfinder«, Roman aus Coopers Lederstrumpf-Zyklus, vgl. »Cécile«, 5. Kap. (in unserer Ausgabe Bd. 1, S. 287).

188 *Cachou:* Lakritzen mit Zucker und Anisöl; ein Hustenmittel. – »*Ein jeder ist seines Glückes Schmied*«: nach Sallust auf Appius Claudius (Konsul 307 v. Chr.) zurückzuführen.
189 *Char-à-banc:* offener Wagen mit Sitzen an den Seiten.
193 *die Isländer ... beten jeden Sonntag für König Friedrich:* Island, jahrhundertelang ein Teil Dänemarks, wurde erst 1918 ein selbständiger Staat; durch Personalunion noch bis 1944 mit Dänemark verbunden. – *Snorre Sturleson:* Snorri Sturluson (1178–1241), isländischer Dichter, Politiker und Geschichtsschreiber; Sammlung von 16 norwegischen Königssagen (die Heimskringla), Verfasser eines Lehrbuches für Skalden, der nach ihm benannten jüngeren Edda, der Snorra-Edda. – *cleanliness:* Reinlichkeit.
194 *comme il faut:* Vgl. Anm. zu S. 94. – *Isländisch Moos:* eine bittere Flechte mit Heilwirkung.
195 *Aus dem Meere ... die Schönheit geboren:* Anspielung auf die Geburt der Venus.
196 *Herzblut angeboten ... Pelikan:* Der Pelikan, der den Schnabel auf die Brust stemmt, um die Fische besser auswürgen zu können, galt als Symbol der Mutterliebe, auch des Opfertods Christi, weil man annahm, er reiße sich die Brust auf, um die Jungen mit seinem Blute zu ernähren. – *a tempo:* gleichzeitig. – *um Helenas willen einen Trojanischen Krieg ...:* Helena, die Gattin des Königs Menelaos von Sparta, wurde von dem Prinzen Paris, dem Sohn des Königs Priamos von Troja, entführt. Zu den Anführern der Griechen, die daraufhin Troja belagerten, gehörte auch König Agamemnon von Mykene. Dessen Gattin Klytemnestra wurde indessen von Ägysth verführt, der den nach Kriegsende heimkehrenden Agamemnon ermordete.
197 *noch im Flügelkleide:* Anspielung auf den Anfangsvers eines sentimentalen Gedichts, das nicht, wie früher angenommen wurde, von Hölty, sondern von einem unbekannten Verfasser ist und das dem Menuett aus Mozarts »Don Giovanni« als Text unterlegt wurde: »Als ich noch im Flügelkleide / In die Mädchenschule ging ...« – *die Racinesche ›Phädra‹:* Das Trauerspiel »Phèdre« (1677) von Jean Racine (1639–99) stellt die hoffnungslose Liebe der Tochter des Minos, Gattin des Theseus, zu ihrem Stiefsohn Hyppolyt dar, schließlich deren Freitod. – *mit der berühmten Rachel:* Elisa R. Felix (1820–58), von F. oft erwähnte französische Schauspielerin, als Phädra besonders berühmt. – *von Petersburg:* wohin sie von Zar Nikolaus I. auf der Pfaueninsel nach ihrer Vorführung am 15. Juli 1852 eingeladen wurde, vgl. »Wanderungen«, ›Havelland‹, ›Die Pfaueninsel 15. Juli 1852‹.
199 »*Feuer*«: der Brand vom 17. Dezember 1859, der Schloß Frederiksborg schwer zerstörte.
208 *Alhambra:* Vergnügungsstätte in der Vorstadt Frederiksborg. – *Harlekin und Kolombine:* männliche und weibliche Maskenfiguren der Commedia dell'arte.

210 *esprit fort:* Vgl. Anm. zu S. 114.
213 *Angeln:* »die schöne Halbinsel zwischen der Schlei und dem Flensburger Meerbusen«, wie F. diese Landschaft in »Der Schleswig-Holsteinsche Krieg im Jahre 1864« beschreibt.
217 *moros:* mürrisch, verdrießlich.
218 *Abglanz:* Vgl. Goethe, »Faust«, Zweiter Teil, ›Anmutige Gegend‹: »Am farbigen Abglanz haben wir das Leben.«
220 *Speziestaler in den Apfel ... stecken:* alter Schenkungsbrauch in Schleswig-Holstein. Es gab Speciesdukaten (eine dänische Münze aus dem Jahre 1671) und Species-Mark (eine schleswig-holsteinische Rechnungsmünze bis 1813).
222 *Hofer erschossen:* am 20. Febr. 1810 in Mantua.
223 *Dampfschiffsbrücke anlegte.:* Danach folgt in der Erstausgabe eine Freizeile.
229 *pour passer le temps:* zum Zeitvertreib.
230 *Tavistock-Square:* Während seines Aufenthalts in London im Sommer 1852 wohnte F. Tavistock Square, »mitten in London, nah an Oxford-Street und nicht weit vom Trafalgar Platz«, also in jener Gegend, die »das Westend Londons in der zweiten Hälfte des vorigen Jahrhunderts« gewesen war; vgl. »Ein Sommer in London«, ›Tavistock-Square und der Straßen-Gudin‹.
231 *Tramontana-Hotels:* Vgl. Emilie Fontanes Reisetagebuch vom 6. Nov. 1874 über die Ankunft in Sorrent und das »Hôtel ›Tramontana‹ wo wir ein fürstliches Zimmer erhielten«. – *Bootfahrten nach Capri:* Vgl. ebenda. – *Pfäffers:* Pfäfers, Kurort im Schweizer Kanton St. Gallen, südlich von Ragaz. – *Prinzeßtheater ... Charles Kean ... »Sommernachtstraum«, ... »Wintermärchen« ... »Sturm« ... »König Heinrich VIII.«:* Vgl. Fontanes Aufsatzfolge »Shakespeare auf der modernen englischen Bühne«, in der er die prunkhaften »Shakespeare-Revivals« des englischen Schauspielers Charles Kean (1811–68), eines Sohnes des berühmten Shakespeare-Darstellers Edmund Kean (1787–1833), von London aus besprochen hat.
232 *Charles Dickens:* 1812–70, der 1852, als F. auf Tavistock-Square wohnte, sein Nachbar war. »Ich habe noch nicht den Mut gehabt, ihn aufzusuchen und werd' es vermutlich auch in Zukunft nicht, um so weniger, als ich weiß, daß er von Deutschen überlaufen und mit den üblichen Bewunderungs-Phrasen gelangweilt wird. Nur den Park vor seinem Haus besuch' ich öfters...«, schreibt F. darüber in »Ein Sommer in London«, ›Tavistock-Square und der Straßen-Gudin‹. – *Whitebait-Dinners:* Weißfisch-Essens. – *Greenwich:* Vorstadt Londons an der Themse. – *»David Copperfield«:* Vgl. S. 34 und Anm. – *Miß Heath:* F. sah sie in der Rolle der Anne Boleyn in Shakespeares »Heinrich VIII.« und hebt in seinem Bericht über die Aufführung besonders ihre Schönheit hervor. – *Miß Atkinson:* F. sah sie als Volumnia in Shakespeares »Coriolan« und nennt ihr Spiel »von wirklich dramatischer Gewalt«.

233 *faute de mieux-Rolle:* Lückenbüßer-Rolle.
234 *Drawingroom:* Wohnzimmer. – *Diamantschrift:* besonders kleine Schrift (in Deutschland 4 Punkte). – *High Life:* Leben der vornehmen Gesellschaft. – »*Miss Ebba Rosenberg*...«: Fräulein E. R., Hofdame der Prinzessin M. E. von Dänemark, vermählt mit Lord R. A., ehemaligem zweiten Sekretär der Britischen Gesandtschaft in Kopenhagen.
235 *au courant:* auf dem laufenden. – *Fifeshire:* Grafschaft in Schottland.
236 *Heeresverdoppelung und einer ... Oppositionspartei:* An der Frage der Heeresreform, für die dem preußischen Abgeordnetenhaus im Februar 1860 die Pläne vorgelegt wurden, entzündete sich der Verfassungskonflikt. – *Cabs:* einspännige Droschken.
237 *eine heilige Elisabeth:* Die Landgräfin Elisabeth von Thüringen (1207–31), bereits 1235 heiliggesprochen, ihrer Selbstentäußerung, Mildtätigkeit und freiwilligen Armut wegen in Legenden, im Volkslied, Drama und in Werken der bildenden Kunst gefeiert; auch ihr Verhältnis zu ihrem Mann, der ihre Konsequenz nicht billigte, ist Stoff der Legende geworden (Rosenwunder). – *auf Leineweber berechnetes Konventikeltum:* wohl in Anspielung auf das bekannte Chanson »Die Leineweber haben ihre eigene Zunft...«.
239 *Johannistag:* der 24. Juni (Fest Johannes des Täufers).
240 *Angliter Lande:* Angeln; vgl. Anm. zu S. 213.
241 »*Ungerechten, über den mehr Freude sei*...«: Vgl. Lukas 5, 7.
242 »*Auf das Glück von Holkenäs*«: Anspielung auf Ludwig Uhlands Ballade »Das Glück von Edenhall«, die den Untergang des Hauses Edenhall schildert, als bei einem Fest ein kristallenes Trinkglas, das »Glück von Edenhall«, zerspringt.
245 *Des Menschen guter Engel ist die Zeit:* Vgl. Schiller, »Wallensteins Tod«, V, 11: »Des Menschen Engel ist die Zeit«.
246 *Flotows* »*Martha*«: »Martha oder Der Markt von Richmond«, romantisch-komische Oper (1847), komponiert von Friedrich von Flotow (1812–83). – »*Und säh' ich auf der Heide dort*«: Anfangsvers eines Gedichts von Robert Burns in der Übersetzung von Ferdinand Freiligrath, vgl. »L'Adultera«, 10. Kap. (in unserer Ausgabe Bd. 1, S. 67).
247 »*Denkst du verschwundener Tage*...«: die erste und die letzte Strophe – mit mehreren Varianten – eines 1858 »nach dem Englischen« entstandenen Gedichts F.s. Über die Aufnahme, die das »hübsche Lied« im »Tunnel« fand, berichtet ein Brief Lepels an F. vom 6. Mai 1858. – *Waiblingerschen Liedes:* Vgl. S. 32.

FRAU JENNY TREIBEL
ODER
›WO SICH HERZ ZUM HERZEN FINDT‹

Entstehungszeit: Winter 1887/88 – Oktober 1891. – *Vorabdruck* in »Deutsche Rundschau«, 18. Jg., Berlin 1892, Bd. 70 und 71 (Januar–April). *Erstausgabe:* Herbst 1892 bei F. Fontane & Co., Berlin, mit Datierung 1893.

Textgrundlage: Vorabdruck. – An einer Stelle haben wir uns für den Text der Buchausgabe (vor der Klammer) entschieden (da auch sonst so im Vorabdruck): S. 274, 16 Einzelheiten] Einzelnheiten.

Zur Entstehung: Zwei Erklärungen über F.s Quelle zum Stoff von »Frau Jenny Treibel« liegen vor. Die eine stammt von Rost, der sie dem seit 1945 verschollenen Manuskript entnommen hat: »... nach einer Rückseitennotiz in den Manuskripten zu schließen«, sei der Stoff F. durch Frau Justizrat Kette übermittelt worden. F. war mit ihrem Gatten, »Assessor Karl Kette; später Justizrat und Rechtsanwalt im Kammergericht« im »Tunnel« bekannt geworden. Rost führt dann das weitere über »Frau Jenny Treibel« aus: »Außerdem waren Fontanes Beziehungen gerade zu dem Stadtteil, in dem sich der Vorfall ereignete, besonders eng. Anfang der 60er Jahre hatte er in der Alten Jakobstraße vorübergehend gewohnt. Später wohnte in der nahgelegenen Luisenstädtischen Apotheke seine verheiratete Schwester Jenny Sommerfeldt, und einige Jahre stand er selbst mit der Familie eines bekannten Großindustriellen dieser Gegend in gesellschaftlichem Verkehr; ihr gehörten zwei Villen mit prachtvollen Gärten in der Schlesischen Straße und die gegenübergelegene Fabrik. Eine der beiden Villen steht heute noch; sie diente Fontane als Vorbild für das Treibelsche Haus. Es zeigt jedoch in der Romanschilderung, der ein eingehendes Kartenstudium vorausgegangen war, eine veränderte Lage und in nicht unwesentlichen Punkten sonstige Abweichungen, wie sie die künstlerische Behandlung jeweils erforderte. Nicht zum wenigsten beruht ein gut Teil der beabsichtigten ironischen Wirkung auf Angaben, die Fontane aus dem Lokalen des Schauplatzes herausliest.«

Ausführlicher hat sich Rosenfeld geäußert, aber er erwähnt die Justizrätin Kette nicht. Im Anschluß an eine Auseinandersetzung mit Lambert Shears, der nachzuweisen versucht hatte, daß »Frau Jenny Treibel« unter stärkstem Einfluß von Thackerays »Pendennis« entstanden sei, führt er den Nachweis, daß F. seinen Roman fast durchweg nach der Natur gebildet habe.

Danach war es vor allem seine Schwester Jenny Sommerfeldt, die F. mit Informationen aus der kommerzienrätlichen Fabrikantenfamilie in der Schlesischen Straße versorgte. Während F.s Beziehungen zu dieser Familie bald wieder abgebrochen wurden, blieb sie dort ein regelmäßiger und dementsprechend gutunterrichteter Gast. Jenny eignete die Fontanesche Lust am Erzählen und Plaudern; wenn sie auch zu beobachten wußte, wird es an pointierten Schilderungen der »Villa als Herrschaftsarchitektur« (Bentmann-Müller) und ihrer bourgeoisen Bewohner aus ihrem Munde nicht gefehlt haben.

»Was Fontane vorfand, war folgendes: der tüchtige, ganz auf den Erfolg gestellte, joviale Kommerzienrat mit der energischen Frau, demgegenüber zwei schwächliche Söhne, von denen es besonders dem jüngeren an der rechten Kraft zu selbständigem Handeln gebrach; der dritte Sohn, den ein erster Aufriß (den ich auf einem Rückblatt im ›Mathilde Möhring‹-Manuskript fand), mit in das Bild hineinziehen wollte, wird rasch wieder fallen gelassen, da er bei seiner gesunden Art für Fontanes satirische Absichten nicht geeignet war. Der ältere der Söhne verheiratet, eine eigene Villa in der Köpenicker Straße bewohnend; seine Frau, wegen ihrer peinlichen Akkuratesse in Garderobenangelegenheiten schon in ihrer Jugend der Schrecken aller Gouvernanten, aus alter Kaufmannsfamilie, die sich wie die Munksche auf ihre nordischen Beziehungen etwas zu Gute tat, durch Eigenart und Familienstolz in ständiger Reibung mit ihrer Schwiegermutter, will den Schwager mit ihrer jüngeren Schwester verheiraten, trifft aber dabei auf den Widerstand der Kommerzienrätin, die wie Jenny Treibel kategorisch erklärt, ›an einer solchen Schwiegertochter gerade genug zu haben‹. Aber sieh da, es dauert nicht allzu lange, so ist diese Verlobung wider alle Erwartung doch vollzogen.« (Rosenfeld)

F.s Umgestaltung der Vorlage betrifft in wirkungsvoller und für den Kenner des Romans amüsanter Weise ein zentrales Motiv der Handlung: die Bemühung Jenny Treibels um eine passende Frau für ihren Sohn Leopold, die sie zunächst in Widerstreit zu ihrer Schwiegertochter Helene Munk bringt, weil sie nicht auch noch deren jüngere Schwester Hildegard als zweite Hamburger Schwiegertochter in die Familie aufgenommen sehen will, sodann aber, nach einem dramatischen, ihr durch die Verhältnisse abgetrotzten Wechsel der Allianzen, mit Helene zusammen für Hildegard gegen die Professorentochter Corinna Schmidt kämpfen läßt. Corinna, die sich vorübergehend in den Kopf gesetzt hat, Leopold Treibel und seinen Wohlstand zu heiraten und um dieser »ihrer geheimen Zwecke willen in den feineren akrobatischen Künsten weiblicher Eitelkeit ein Äußerstes leistet« (Wandrey), ist im Rahmen der Fabel eine Erfindung F.s, die er charakterologisch mit Zügen seiner ihm geistesverwandten Tochter Martha ausgestattet hat. Corinna ist im Treibelschen Hause bisher stets ein gern gesehener Gast gewesen, weil die Kommerzienrätin sie ob ihrer Bildung und gesellschaftlichen Gaben als Aushängeschild vorgeblicher idealer Interessen benutzt hat und weil diese daran interessiert ist, die sentimentale Freundschaft mit Corinnas Vater, der Jennys Jugendfreund war, auch künftig zu pflegen. Erst als Leopold seiner Mutter die Absicht beichtet, Corinna zu heiraten, ändert sie ihr Verhalten: der potentiellen Schwiegertochter aus unvermögendem Hause gilt ihr entschlossener Widerstand. Auch das ist eine Erfindung F.s und ist es wieder nicht. Das historische Vorbild der Kommerzienrätin hat den im Roman geschilderten (un-)mütterlichen Verteidigungskrieg nicht geführt, und doch hätte sie von einer solchen armen, ehrgeizigen Schwiegertochter erzählen können. Eine solche war sie selbst einst gewesen, die Tochter eines Jugendfreundes ihres späteren Schwiegervaters; gegen den Willen der Eltern hatte sie den künftigen Erben des Hauses geheiratet. F. hat das in die jüngere Generation transponiert und die Jugendfreundschaft der Väter zu einer Jugendliebe der Kinder umgeschaffen. Noch deutlicher, als dies im Roman ausgesprochen wurde, erhellt F.s Umgestaltung der Fakten seine satirische Konzeption: indem sie gegen Corinna kämpft, widerstreitet Jenny tatsächlich ihrer eigenen Vergangenheit und somit sich selbst – ein Kunststück, das sie, weil sie sich mit Skrupeln nicht belastet, ohne viel Mühe zu Wege bringt.

Auf welche Weise sollte nun aber Jenny Treibels Herkunft aus kleinen Verhältnissen nach dieser Transponierung des in Wirklichkeit Gewesenen in die Romangegenwart gestaltet werden? F. hat zu diesem Zweck eine andere Begebenheit aus derselben Gegend der Stadt mit der Romanhandlung verknüpft: »in der Köpenicker Straße, in der die Treibelsche Villa liegt, besaß eine Frau Päpken einen kleinen Gemüseladen, unter ihrer Obhut wuchs eine hübsche Enkelin auf, die sie ›immer hübsch herauszuputzen wußte‹...; da auch das Mädchen selbst das Ihrige dazu tat, so blieb der Erfolg nicht aus: einer der reichen Fabrikantensöhne der Nachbarschaft machte sie zu seiner Frau« (Rosenfeld). Aus dieser koketten Kleinen machte F. seine künftige »Jenny Treibel, née Bürstenbinder«; er zeichnete sie im übrigen auch nach dem Vorbild seiner eigenen Schwester, der reichgewordenen Apothekersfrau Jenny Sommerfeldt, wobei er wie bei der Namensgebung bewußt satirisch übertrieb, seine Grundauffassung vom Wesen der typischen Bourgeoise aber getreu ins Bild setzte. Verschiedene briefliche Äußerungen F.s über Jenny Sommerfeldt liefern dazu den bündigen Kommentar.

Einige der Figuren und Motive, die in »Frau Jenny Treibel« von Bedeutung sind, hat F. bereits in seinem ersten, unvollendet gebliebenen Berliner Roman »Allerlei Glück« zu gestalten unternommen; als »Steinbruch« (Petersen) bewährte sich das umfangreiche Fragment aus dem Ende der siebziger Jahre auch für den um 1890 ausgeführten und Ende der achtziger Jahre angesiedelten Milieuroman. Unmittelbar neben ersten Aufzeichnungen zur »Frau Bourgeoise« – so der frühe Titelentwurf – begegnet die Notiz »den Berliner Roman heraussuchen«, die sich sicher auf »Allerlei Glück« bezieht. Die Atmosphäre schulprofessoralen Lebens, wie sie uns in »Frau Jenny Treibel« im Kreis der »Sieben Waisen Griechenlands« begegnet, erscheint vorgeformt bereits in der Gruppe »Sieben von Theben« in »Allerlei Glück«, die ihrerseits dort aus einer der Zahl nach noch nicht fixierten »Versammlung der literarischen Freunde« hervorgegangen ist, deren Gespräche sich um »moderne Dichtung und Politik« drehen sollten. Professor Willibald Schmidt hat von Dr. Heinrich Brose einige charakteristische Vorlieben übernommen wie die Begeisterung für Schliemann und Fürst Pückler. Andrerseits ist er freilich in wesentlichen Züge ein Selbstportrait F.s, während von Heinrich Brose auch deutliche Spuren zu Kommerzienrat Treibel hinführen. Darauf ist bereits im Zusammenhang der Entstehung von »L'Adultera« näher hingewiesen worden (in unserer Ausgabe Bd. 1, S. 800). Die ironische Virtuosität, die – Verbindung des scheinbar Widersprüchlichen! – kritische Heiterkeit der Darstellung in »Frau Jenny Treibel« ist nicht zuletzt ein Produkt der langjährigen Vertrautheit F.s mit der weiteren Thematik des Romans. Es ist die unvergleichliche Intimität der Anschauung, die es F. hier erlaubt, Wirklichkeitselemente spielerisch auszutauschen und das Geschehen so aller stofflichen Schwere zu entkleiden.

»Frau Jenny Treibel« ist einer brieflichen Äußerung F.s zufolge geschrieben worden, um »das Hohle, Phrasenhafte, Lügnerische, Hochmütige, Hartherzige des Bourgeoisstandpunkts zu zeigen, der von Schiller spricht und Gerson meint«; es hat wohl auch thematisch abschließenden Charakter, wenn F. in diesem Zusammenhang sogleich fortfährt: »Ich schließe mit dieser Geschichte den Zyklus meiner Berliner Romane ab...«. Schiller und Gerson; Kattun und Christus, wie es ähnlich lautet im 23. Kapitel des »Stechlin« (in unserer Ausgabe Bd. 4, S. 224): das ist die Geschichte einer Camouflage, die ihre Veranstalter zuletzt selbst nicht mehr durchschauten und die sich daher mit Vorliebe in einer Sphäre halbbewußter Sentimentalität abspielte. »Besitz und Bildung« hat Walter Müller-Seidel einen Vortrag über »Frau Jenny Treibel« betitelt. Der Doppelbegriff bedarf in wilhelminischer Zeit der Kopula eigentlich nicht mehr, denn »in staatliche Obhut genommen und zum Monopol der besitzenden Klasse degradiert, ist Bildung seit der Gründerzeit von bestimmten Besitzverhältnissen nicht mehr zu trennen« (Müller-Seidel). Damit ist einer der empfindlichsten Punkte in F.s Verhältnis zu seiner Zeit berührt, über den sich zu äußern er, zumal in seinen Briefen, niemals müde geworden ist. F.s Gesellschaftskritik ist in einer vermutlich gar nicht zu überschätzenden Weise Bildungskritik, eine Kritik der aus mißleiteten Begriffen stammenden falschen Bildung des bourgeoisen Bürgertums – wie der falschen Ehre, der typische Vertreter der Adelskaste in seiner Gestaltenwelt anhängen. Zwischen F.s Ablehnung des »Goethegötzenkultus«, seinen spöttischen Klagen über das Examensunwesen und die kümmerlichen Früchte der staatlichen Schulbildung, seinen bitteren Äußerungen über die gesellschaftliche Stellung der Schriftsteller und seiner entlarvenden Kritik der öffentlichen Heuchelei in Fragen von Religion und Moral – um nur einige Bereiche des »geistigen Lebens« zu nennen – besteht ein gelegentlich verdeckter, aber überall wirksamer Zusammenhang. F. – fast scheint es überflüssig, dies noch zu betonen – stand nicht in einem negativen Verhältnis zu den Klassikern, respektierte Können und Wissen, wo immer es ihm begegnete, achtete jede Überzeugung, wo sie mit der Bereitschaft zu persönlichen Opfern gelebt wurde und besaß als Künstler genügend Unterscheidungsvermögen, um die Ungleichheit menschlicher Schicksale zu akzeptieren. Sein Verhältnis zu materiellem Reichtum ist letztlich ein mit Fremdheit gemischtes Interesse, und die sozialen Kämpfe der Klassen fanden in ihm nicht notwendig einen Parteigänger. Er wurde zum Kritiker der Bourgeoisie – in einer Schärfe, wie er ein Kritiker des Adels niemals geworden ist –, weil er in der zunehmenden Korruption der Bildung durch den Besitz, in der Scheinblüte einer pompösen Kultur eine gefährliche Herausforderung sah, der gegenüber er als Künstler nicht gleichgültig bleiben konnte. Bis in die feinsten Differenzierungen der Wortwahl und des Tones hinein erkannte F. in der Sprache des Bourgeois die ästhetische und soziale Lüge. In eine Kritik der Sprache durch ihre Darstellung mündet daher das Thema des Schriftstellers konsequent ein. Als ein »Lustspiel über die Sprache« (Mittenzwei) ist »Frau Jenny Treibel« neuerdings bezeichnet worden; Bildungskritik wird in ihm durch Gesellschaftskritik, Gesellschaftskritik durch Sprachkritik geübt. Eine aus Erschrecken und Faszination gemischte Klarheit führt Regie, wenn F. die sentimentale Protagonistin des Stücks auf die sorgsam abgegrenzte Bühne schickt – und wenn er sie mit humorvollen Worten wieder entläßt. Man hat es beklagt, daß dieser Roman nicht die »letzten härtesten Konsequenzen« (Lukács) verfolgt und ihn deshalb der Belletristik zugeordnet, aber warum? Die Gattungsform der Bourgeoisie, wenn sie handelnd auftritt, ist nicht das Trauerspiel, und das theatralische Forum der Sprachkritik ist die Komödie.

So scheinen in »Frau Jenny Treibel« von außen stammende stoffliche Anregungen und eine sehr persönliche Thematik vereinigt – und sind weiterhin verbunden worden mit privaten Erfahrungen. F. hat nicht nur das Charakterbild Corinnas nach dem Vorbild seiner Tochter mitgestaltet, sondern auch die Gestaltung der Situation nach Corinnas Verlobung mit Leopold Treibel war durch persönliche Implikation mitbestimmt.

Über die Entstehung des Romans ist, von einigen wenigen Selbstzeugnissen abgesehen, wenig bekannt. Einige Entwürfe, die sich auf Rückseiten des Manuskripts von »Mathilde Möhring« erhalten haben – bereits Rosenfeld hatte auf sie aufmerksam gemacht –, sind 1969 erstmals veröffentlicht worden. Sichere Hinweise auf den Beginn der Arbeit erlauben sie so wenig wie die Korrespondenz und das Tagebuch. Da F. bis Weihnachten 1887 mit »Unwiederbringlich« »beschäftigt war und »Frau Jenny Treibel«, wie bisher bekannt, zuerst am 28. April 1888 in einem Briefe erwähnt wird, scheint die Annahme erlaubt, den Beginn der Arbeit auf den Winter 1887/88 zu datieren, allerdings mit der Einschränkung, daß offenbar noch einige andere epische und balladeske Vorhaben gleichzeitig gefördert wurden. Am 9. Mai 1888 war die erste Niederschrift im Brouillon fertig.

Nach dreijähriger Lagerung wurde das Manuskript 1891 wieder vorgenommen. Briefe erörtern die Frage des Erscheinungsorts, und das Tagebuch vermerkt: »Meine Hauptarbeit von Februar bis April ist die Korrektur meines kleinen Romans: ›Frau Jenny Treibel‹, – ich komme aber leider nicht ganz damit zustande, weil beständiger Blutandrang nach dem Kopf mich daran hindert; so beschließe ich, das Fertigmachen der Arbeit bis nach der Kissinger Reise zu verschieben.« Vom 3. Juni bis Anfang Juli weilte F. mit seiner Frau in Kissingen zur Sommerfrische. »Anfang Juli treffen wir wieder in Berlin ein, und Emilie beginnt die Abschrift meines Romans ›Frau Jenny Treibel‹; ich mache mich an die Niederschrift verschiedener kleinerer Arbeiten«, fährt das Tagebuch fort. Noch Ende Juli und Anfang August finden wir Emilie Fontane mit der Abschrift des Romans beschäftigt. Anfang September kehrte F. von einem Aufenthalt auf Föhr zurück und begann nun »die Korrektur der Romanabschrift, und nach fast zweimonatiger Arbeit schicke ich den Roman am 31. Oktober an Freund Rodenberg nach Fulda, wo sich derselbe vorübergehend aufhält« (Tagebuch). Rodenberg nahm das Manuskript zum Vorabdruck in der »Rundschau« an.

Im Januar 1892 begann der Vorabdruck, für den F. sich auf Wunsch Rodenbergs noch zu einigen kleinen Änderungen bereitgefunden hatte. Es erschienen im Januarheft die Kapitel 1–5 (das Diner bei Treibel), im Februar die Kapitel 6–8 (die Versammlung der »Sieben Waisen Griechenlands« und der Morgen nach dem Diner im Treibelschen Hause), im März die Kapitel 9–11 (der Ausflug nach Halensee; Corinnas Verlobung), abschließend im April die Kapitel 12–16, die die Krise und im belletristischen Sinne heitere Lösung des Konflikts brachten. F., der damals an »Effi Briest« korrigierte, aber bereits zunehmend kränkelte, hat diesen Vorabdruck möglicherweise bereits mit verminderter Aufmerksamkeit verfolgt. Die (nachträglich geschriebene) Tagebucheintragung für Anfang 1892 lautet: »In der ›Rundschau‹ (so nehme ich an, bestimmt weiß ich es nicht mehr) erschien wahrscheinlich mein Roman ›Jenny Treibel‹.« Ob F. für den Vorabdruck Korrektur gelesen hat, ist nicht bekannt. Gewiß ist, daß er für die Buchausgabe im Verlag des Sohnes (Druckbeginn im Juli 1892) aus gesundheitlichen Gründen keine Korrektur lesen konnte, obwohl das besonders wünschenswert gewesen wäre, da der Druck keineswegs mit derselben Sorgfalt wie in der »Deutschen Rundschau« erfolgte. Eine Reihe von Abweichungen, die eindeutig auf Setzerfehler zurückgehen, lassen es daher gerechtfertigt erscheinen, für einen Neudruck den Vorabdruck und nicht die Buchausgabe zugrunde zu legen.

Im letzten Drittel des Oktober wurde der Roman ausgegeben, wie durch einige Begleitbriefe F.s zu Rezensions- und Geschenkexemplaren bestätigt wird. Am 26. November quittierte F. bemerkenswert kurz, nämlich nur mit dem »herzlichsten Dank« und einem Ausdruck »von Verlegenheit, weil ich Ihnen mit meinem Immer wieder da sein etwas scharf zusetze«, Paul Schlenthers Anzeige des Buches. Äußerungen gegenüber anderen Rezensenten sind – ein bei F. seltener Fall – nicht bekannt, doch durfte er mit der Anerkennung, die das Buch fand und mit dem Verkaufserfolg zufrieden sein; daß F. auch bei späterer Gelegenheit gegenüber literarischen Vertrauten seine Tochter Martha gern Corinna nannte, enthält ein Stück privater Wirkungsgeschichte des Romans, der nicht zuletzt dazu beigetragen hat, das in der Öffentlichkeit fortlebende Bild Theodor und Martha Fontanes zu prägen.

253 *ein zurückgeschlagener Landauer:* nach dem angeblichen Erfinder, dem Engländer Landow, oder nach der Stadt Landau als erstem Herstellungsort benannter, vierräderiger Luxuswagen mit aufklappbarem Verdeck, meist von zwei Pferden gezogen. – *Adlerstraße:* Ende des 17. Jahrhunderts entstanden, von der Kurstraße abgehend (nicht mehr vorhanden). – *Bologneserhündchen:* (Seiden-)Schoßhund, schlichthaarig und reinweiß, von lebhaftem Naturell.

254 *Spreegasse:* Sie bildete das Modell der »Sperlingsgasse« in Wilhelm Raabes berühmtem Roman »Chronik der Sperlingsgasse« (1856); 1931 ist die Spreegasse in Sperlingsgasse umbenannt worden. – *ramassierte:* gedrungene, untersetzte; vgl. auch S. 535.

255 *Philharmonie:* das 1888 von Schwechten umgebaute Konzertlokal Philharmonie in der Bernburger Straße 22/23, im zweiten Weltkrieg zerstört. – *Heroldskammer:* Wie in anderen Staaten gab es in Preußen ein Heroldsamt, die Behörde für Standes- und Adelssachen; in seiner damaligen Gestalt 1855 errichtet, gehörte es zum königlichen Hausministerium. – *rotem Adlerorden:* Vgl. Anm. zu S. 713.
– *des berühmten Namens:* Schwerin, pommersches Adelsgeschlecht, nach Mecklenburg, der Mark, Polen und Schweden verbreitet.
– *posensche Linie:* Der Name Schwerin (Zwarin) ist slawisch, ein zweites »Schwerin« lag im damaligen preußischen Regierungsbezirk Posen, Kreis Birnbaum. – *Colonie:* die französische Kolonie, die Nachfahren der im 17. Jahrhundert aus Frankreich vertriebenen und hier seßhaft gewordenen Hugenotten, der auch F. seiner Herkunft nach angehörte.

256 *Maroquin:* Ziegenleder (benannt nach seiner Herkunft aus Marokko).

257 *Kranzler:* Vgl. Anm. zu S. 451. – *Mr. Booth als Hamlet:* Edwin Booth (1833–93), berühmter amerikanischer Schauspieler, war besonders als Shakespeare-Darsteller erfolgreich; 1882 trat er in Berlin im Residenztheater auf.

259 *Geschichte von dem Kamel:* Vgl. Matth. 19, 24. – *die Richtung..., die man haben soll:* vermutlich Anspielung auf die Antwort, die der Berliner Polizeipräsident Bernhard Frhr. von Richthofen dem Direktor des Lessing-Theaters, Oskar Blumenthal, auf die Frage nach den Gründen des Verbotes von Sudermanns »Sodoms Ende« am 23. Okt. 1890 gab: »De janze Richtung paßt uns nich!«

260 *Horaz:* Quintus Horacius Flaccus (65–8 v. Chr.), römischer Dichter.
– *Parzival:* »Parzival«, mittelhochdeutsches Epos von Wolfram von Eschenbach (um 1170 bis nach 1220).

261 *Großinquisitor:* Vgl. Anm. zu S. 523 *(Torquemada).* – *Lohengrin... Tannhäuser... Lieblingsopern:* von Richard Wagner.

262 *Blutlaugensalz:* entsteht, wenn man Berlinerblau mit Kalilauge kocht (in der Färberei und Sprengpulverherstellung gebraucht).
– *Berlinerblau:* tiefblaue Farbstoffe, werden zumeist aus gelbem Blutlaugensalz und Eisenvitriol hergestellt. – *Als ... die Milliarden*

ins Land kamen ... *Gründeranschauungen:* Nach dem Deutsch-Französischen Krieg 1870/71 wurde Frankreich zu einer Kriegsentschädigung von fünf Milliarden Francs an das Deutsche Reich verpflichtet. Die gewaltige Summe löste in Deutschland eine hektische wirtschaftliche Aktivität aus, die in die Wirtschaftskrise von 1873 mündete. – *in der Alten Jakobstraße:* dort wohnte F. vom April 1863 bis Oktober 1872. – Karl von *Gontard:* 1731–91, seit 1765 als Baumeister im Dienst Friedrichs des Großen, schuf u. a. die Kuppeln der Kirchen am Gendarmenmarkt, dem heutigen Platz der Akademie. – Georg Wenzeslaus von *Knobelsdorff:* 1699–1753, Baumeister, Bildnis- und Landschaftsmaler, erbaute das Opernhaus unter den Linden, Schloß Sanssouci und legte den Tiergarten in Berlin an.

263 *Mezzanin:* Zwischengeschoß (Entresol). – *Beletage:* Hauptgeschoß. – *Hustersche Wagen:* A. Huster, der Besitzer des »Englischen Hauses«, war ein hochgeschätzter »Traiteur«, der auch eine Stadtküche betrieb.

264 *»Berliner Tageblatt«* ... *»Ulk«* ... *Nunnes* ... *Betrachtungen:* Das »Berliner Tageblatt und Handelsblatt« war 1872 von Rudolf Mosse als linksliberale Tageszeitung gegründet worden. Der »Ulk. Illustriertes Wochenblatt für Humor und Satire« erschien wöchentlich als eine der zahlreichen Beilagen des »Tageblatts«. Nunne, die stehende Figur eines Berliner Gelegenheitsarbeiters (Eckenstehers) aus dem »Ulk«, war eine der beliebtesten Kommentatorfiguren des Blattes. – *agent provocateur:* eigentlich Polizeispitzel, der zu politischen Ausschreitungen aufwiegeln soll, hier: politischer Agent. – *Teupitz-Zossen:* im ehemaligen preußischen Regierungsbezirk Potsdam, Kreis Teltow. – Paul *Singer:* 1844–1911, einflußreicher Führer der Sozialdemokratischen Partei, Gründer des »Vorwärts«. – Gustav *Buggenhagen:* Restaurateur in der Oranienstraße, also in der Nähe der Treibelschen Villa; seine Gastwirtschaft diente als Versammlungslokal. – *Trappistenkloster:* Der Orden der Trappisten (nach dem Mutterkloster La Trappe) ist durch die Verpflichtung der Mönche zum Schweigen bekannt.

265 *gutta cavat lapidem:* Steter Tropfen höhlt den Stein. – *Poveretto:* armer Schlucker. – *Dalldorf:* Irrenanstalt bei Berlin. – *früher Moldau und Walachei:* 1859 wurden beide Fürstentümer zu Rumänien vereint. – *zwischen dem zur Pionierkaserne gehörigen Pontonhaus und dem Schlesischen Tor:* also nahe vor der Oderbaumbrücke. – *Observanz:* hier = Gattung. – *Fernambuk- und Campecheholz:* brasilianisches Holz (Bruchfläche ziegelrot) und mexikanisches Holz, auch Blauholz genannt; beide Hölzer besitzen hohe Färbekraft.

267 *about sixteen:* ungefähr sechzehn. – *»Schilderhäuser«:* volkstümliche Bezeichnung für die Rangabzeichen – gewinkelte schwarz-silberne Streifen – der Reserveoffiziere.

268 *Henriquatre:* kurzes Kinnbärtchen, wie es König Heinrich IV. von

Frankreich trug. – *großer Name:* Admiral Nelson (1758–1805), der Sieger von Trafalgar.
270 Wolfgang Robert *Griepenkerl:* 1810–68, Dichter und Ästhetiker. – Friedrich Gottlieb *Klopstock:* 1724–1803, der Dichter des Versepos »Der Messias«. – *Landesältesten:* Taxator für die Güter der Vereinsmitglieder in den »Landschaften«, Kreditverbände der Grundbesitzer (seit 1770). – *wie der Hirsch nach Wasser schreit:* Vgl. 42. Psalm, 2. – *Victory:* »Victory« (»Sieg«) war der Name des Linienschiffs, das Nelson bei Trafalgar als Flaggschiff diente und auf dem er fiel; das Schiff ist in Portsmouth konserviert. – *Westminster-Abbey:* die historisch bedeutendste Kirche Londons, Krönungskirche, Nationalheiligtum, mit den Büsten großer Engländer, auch der Nelsons.
271 *moderierten:* gemäßigten. – *Julius Franz:* 1824–87, Bildhauer (Arbeiten für die königlichen Schlösser in Potsdam). – *Reinhold Begas:* 1831–1911, Bildhauer (Schillerstatue auf dem Gendarmenmarkt u. a.).
272 *auf den Höhen der Menschheit:* Anspielung auf Schiller, »Die Jungfrau von Orleans«, I, 2: »Drum soll der Sänger mit dem König gehen,/ Sie beide wohnen auf der Menschheit Höhen!«.
274 *Burgemeister Tschech:* 1789–1844, nach dem Attentat vom 26. Juli 1844 auf König Friedrich Wilhelm IV. am 14. Dezember enthauptet. – *Friedrich Wilhelm IV.:* 1795–1861, 1840 König von Preußen. – *des eigentümlichen Liedes:* acht Strophen, beginnend: »War denn je ein Mann so frech/ Wie der Bürgermeister Tschech?/ Denn er traf fast (oder: Er erschoß uns) auf ein Haar/ Unser teures Königspaar«. Verfasser ist nach Paul Lindau (»Nur Erinnerungen« II, 1917, 2. u. 3. Aufl., S. 81) der Kladderadatsch-Mitarbeiter Rudolf Löwenstein. – *George Herwegh:* 1817–75, sein revolutionäres schwäbisches Pathos machte ihn zum Lieblingsdichter der Jugend.
275 *Herwegh war sogar bei ihm in Charlottenburg:* Im Herbst 1842 machte Herwegh, um Mitarbeiter für eine geplante Zeitschrift zu gewinnen, eine Reise durch Deutschland. Er wurde überall begeistert aufgenommen und von Friedrich Wilhelm IV. in Audienz empfangen, der ihn mit den Worten anredete: »Ich liebe eine gesinnungsvolle Opposition.« – *als es galt:* Nach dem Zusammenbruch des badischen Aufstandes, 1849, an dem Herwegh mit einem Freikorps teilgenommen hatte, floh der Dichter nach Paris. – *Alles ist nichtig:* nach Prediger Salomo 1, 2: »Es ist alles ganz eitel.«
276 ›*Gold ist nur Chimäre*‹: Arie aus der Oper »Robert der Teufel« (1813) von Giacomo Meyerbeer (1791–1864). – *Büchmann:* Gesammelt von Georg Büchmann (1822–94) erschien erstmals 1864 das Zitatenwerk »Geflügelte Worte« (Titel im Anschluß an Homer), das in zahlreichen, immer wieder erweiterten und veränderten Auflagen bis in die Gegenwart fortgesetzt worden ist.
277 *Don Quijote ... dicke Bücher rings um sich:* Zu dem berühmten

Roman des Cervantes, »Der sinnreiche Junker Don Quijote von der Mancha« (1606–15) erschienen 1848 die Illustrationen von Grandville, eigentlich Jéan Ignace Isidore Gérard (1803–47); doch ist wohl vor allem an Gustave Doré (1832–83) zu denken, dessen Illustrationen zum »Don Quijote« 1863 herauskamen. – *der Not gehorchend:* Mit dem Vers »Der Not gehorchend, nicht dem eignen Trieb« beginnt Schillers Trauerspiel »Die Braut von Messina« (1803). – *Ludwig Löwe:* 1837–86, Industrieller, gründete in Berlin 1869 eine Nähmaschinenfabrik, in der er zum erstenmal in Deutschland amerikanische Werkzeugmaschinen verwendete. Seit 1871 arbeitete er mit dem preußischen Kriegsministerium bei der Waffenfabrikation zusammen, 1876 wurde er ins preußische Abgeordnetenhaus, 1878 in den Reichstag gewählt, in dem er sich der Fortschrittspartei anschloß. Nach seinem Tode wurde die nun von seinem Bruder geleitete Fabrik Zielpunkt einer hysterischen antisemitischen Agitation, als der ehemalige Lehrer Hermann Ahlwardt (1846–1914) in einem Artikel »Judenflinten« (1892) behauptete, daß die dort hergestellten Gewehre mangelhaft seien. Dahinter stecke ein franko-jüdisches Komplott, das Deutschland militärisch lähmen wolle. Ahlwardt wurde zu Gefängnis verurteilt, brauchte die Strafe aber nicht anzutreten, da er mittlerweile in den Reichstag gewählt worden war. – *Prä:* Vorrang. – *Kronenorden:* 1861 von König Wilhelm I. zur Erinnerung an seine Krönung in vier Klassen gestiftet; gleichrangig dem Roten Adlerorden (vgl. S. 713 und Anm.). F. erhielt ihn am 18. Jan. 1867 (IV. Klasse), s. das Gedicht »Es soll der Dichter mit dem König gehn«; vgl. auch Anm. zu S. 272. – *Bürgerkrone:* einer der verschiedenen Ehrenkränze bei den Römern; die corona civica war aus Eichenlaub, es erhielt sie, wer einen Bürger in der Schlacht gerettet hatte; hier im übertragenen Sinne gemeint. – *Chablis:* weißer Burgunder, benannt nach dem gleichnamigen Ort.

278 *Regula-de-tri:* Dreisatz. – *l'appétit vient en mangeant:* Der Appetit kommt mit dem Essen; Zitat aus François Rabelais, »Gargantua und Pantagruel«, 5. Kap. – *Kornblumen, dies Symbol:* Am 11. Juni 1879 schrieb F. an seine Frau: »Heute läuft alles mit ›Kornblumen‹ im Knopfloch herum. Es ist eine lederne Blume, *blos* blau, ohne Duft, ohne Schönheit, ohne Poesie. So recht wie geschaffen für uns; irgendwo müßte sie noch einen rothen Hosenstreifen haben.« In F.s Angriffen gegen die Kornblume als im Knopfloch getragenes Loyalitätsabzeichen verbinden sich seine oft geäußerte Abneigung gegen das Unpoetische und Nüchterne märkischen, bzw. preußischen Wesens mit seinem Widerspruchsgeist gegen heuchlerische Ergebenheit und leeren Kult – der Persönlichkeit Wilhelms I., dessen Lieblingsblume die Kornblume war und dem die festtägliche Huldigung galt, stand er voller Sympathie gegenüber. – *Petroleur und Dynamitarde:* Brandstifter (in Anspielung auf die 1871 während des Aufstands der Pariser Kommune gelegten Brände) und Sprengstoff-

attentäter (1866 war von Nobel das Dynamit erfunden worden); Bezeichnungen für die Kommunarden im Sprachgebrauch der politischen Gegner.
279 *Battle at the Nile*: Schlacht am Nil; auf der Reede von Abukir, östlich von Alexandria, vernichtete Nelson am 1. Aug. 1798 die französische Flotte der ägyptischen Expedition Bonapartes unter Brueys, der auf seinem Flaggschiff »L'Orient« fiel.
280 »*O, to be sure.*«: »O, gewiß.« – *Beschreibung ... im Walter Scott gelesen:* in Walter Scotts 1827 erschienener Napoleon-Biographie. – »*I should rather think...*«: »Ich dächte eher, ein heroischer Mut... Britische Eichen und britische Herzen.« (Eichenholz diente als Baumaterial der Kriegsschiffe.) – »*Certainly ... No doubt...*«: »Sicherlich ... Kein Zweifel ... England erwartet, daß jedermann seine Pflicht tut...« (Anspielung auf den bekannten Tagesbefehl Nelsons vor der Schlacht bei Trafalgar am 31. Oktober 1805). – *Trafalgar:* Vgl. oben; Nelson überlebte den Sieg über die französisch-spanische Flotte nicht, er wurde tödlich verwundet. – *Blut- und Eisentheorie:* vielzitierte Wendung aus Bismarcks Rede vom 30. Sept. 1862 vor der Budgetkommission des preußischen Abgeordnetenhauses: »Nicht durch Reden und Majoritätsbeschlüsse werden die großen Fragen der Zeit entschieden – das ist der Fehler von 1848 und 1849 gewesen –, sondern durch Eisen und Blut.« – *Blutlaugenhof:* Vgl. Anm. zu S. 262.
281 Friedrich Ludwig *Jahn:* 1778–1852, der »Turnvater«, Begründer der deutschen Turnbewegung. – »*O, no, no...*«: »O, nein, nein ... immer rasch und gescheit ... ist ganz auf dem rechten Wege...« – »*Just what I like...*«: »Gerade, was ich liebe...« – *Lette-Verein:* Vgl. S. 694 und Anm.; der Verein war 1865 von Adolf Wilhelm Lette (1799–1868) in Berlin gegründet worden.
282 »*No, ... neither the one nor the other*«: »Nein, ... weder das eine noch das andere.« – »*Not at all...*«: »Ganz und gar nicht, die deutschen Schulen sind immer vorzuziehen.«
283 *no doubt...:* kein Zweifel, ich werde sie finden. – *decidedly clever:* entschieden gescheit. – *Panaché:* gemischtes Gefrorenes. – »*O, wonderfully good...*«: »Ausgezeichnet.«
284 »*on our army and navy*«: »auf unser Heer und unsere Flotte«. – »*O, no, no,...*«: »Oh, nein, nein, ..., nicht so ein ekliger alter Kerl ... bitte, sehen Sie ihn an.« – »*O, for shame!*«: »Pfui!«
285 *die feudale Pyramide:* der Ständestaat, an dessen Spitze der Adel steht. – *Pic:* Berggipfel, -spitze. – *Gonfaloniere:* Bannerträger, militärischer, aber auch bürgerlicher Rang im mittelalterlichen Italien, ferner vom Papst verliehener Titel an einen Fürsten, der der Kirche seinen Schutz gab. – »*Stuff and nonsense...*«: »Quatsch und Unsinn! Was weiß er von unserer Aristokratie? Ganz gewiß gehört er nicht dazu; – das ist alles.« – *Peer of the Realm:* Mitglied des britischen Oberhauses, Angehöriger des Hochadels. – *Vielliebchen:*

Umformung des litauischen Wortes filibas, das die »Pärchen«, zwei Haselnußkerne in einem Gehäuse, bezeichnet. Beim Vielliebchen-Essen teilt man Zwillingsfrüchte oder Doppelkerne miteinander.

286 »*a little pompous*«: ein bißchen pompös«; s. F.s Brief an Paul Heyse vom 13. Mai 1859 über die politischen Kräfte der »Neuen Ära«: »... alle diese Leute sind steif, unumgänglich, genau das, was die Engländer ›pompous‹ nennen, und an dieser aufgesteiften, sehr oft ins Lächerliche umschlagenden Würde werden sie zugrunde gehn.« – *a little ridiculous*«: ein bißchen lächerlich«. – »*shaking hands*«: »Handschlag«. – *Medisance*: feiner Spott. – *Marschallsbrücke*: von der Wilhelmstraße, der heutigen Otto-Grotewohl-Straße, über die Spree zur Luisenstraße. – *des ... Königs Majestät ... der Königin Witwe*: Friedrich Wilhelm IV. und Elisabeth von Bayern. – *mit den Meiningenschen Herrschaften*: Erbprinz Bernhard von Sachsen-Meiningen (1851–1926), war seit 1878 mit der Prinzessin Charlotte von Preußen, der ältesten Schwester Kaiser Wilhelms II., vermählt. Der Erbprinz diente als preußischer Offizier.

287 *Molkenmarktluft*: Am Molkenmarkt, einem der historischen Plätze des alten Berlin, befand sich die Stadtvogtei, das städtische Gefängnis. – *Allasch*: Kümmellikör mit Anis, Fenchel und Koriander. – *das eine tun...*: nach Matth. 23, 23. – *kapitales Weib ... formidables Festungsviereck*: Anspielung auf das sog. »Festungsviereck« von Mantua, Peschiera, Verona und Legnago, das die österreichische Herrschaft in Oberitalien sichern sollte und 1848, 1859 und 1866 eine wichtige Rolle spielte; formidables=furchtbares, grausenerregendes. – *Lady Milford, aber weniger sentimental*: Vgl. F.s Besprechung von Schillers »Kabale und Liebe« in der Aufführung vom 18. März 1879: »Frau Lewinsky spielte auch *diese* Rolle auf die haltungsvolle und zugleich edelgeartete Dame hin. Mehr Johanna Norfolk als Lady Milfort. Will sagen, mir fehlte der Maitressen-Stempel. ... Man wandelt nicht ungestraft unter Palmen, und am wenigsten unter denen kurfürstlicher Treibhäuser...«.

288 *bei den Kraczinskis*. Name eines der Anführer der Barer Konföderation (Michal Krasiński), die sich 1768 gegen den unter russischem Einfluß stehenden letzten polnischen König Stanislaw August Poniatowski erhoben hatte; auch Name eines der bedeutendsten romantischen Dichter Polens (Zygmunt Krasiński).

289 *den fortschrittlichen Drachen ... bekämpfen*: Vgl. S. 117 und Anm. (Drachen der Revolution). – *Quitzowtum ... seit dem gleichnamigen Stücke*: Die Quitzows waren ein Adelsgeschlecht aus der westlichen Mark Brandenburg, das seine wirtschaftliche und politische Macht in Brandenburg während der Wirren unter den wittelsbachischen und luxemburgischen Markgrafen festigte und 1414 die Adelsfronde wider den landfremden späteren Kurfürsten Friedrich I. von Hohenzollern anführte. – *Lützowplatz ... Panke zugeschüttet*: Anspielung auf Bauvorhaben jener Jahre; die Panke, ein kümmerlicher, wenig

sauberer Nebenfluß der Spree, gab F. wiederholt Anlaß zu humoristischen Bemerkungen. – *Friedrichstraße sittlich gereinigt:* Vgl. Ostwald, »Kultur- und Sittengeschichte Berlins«, S. 639: »Keine Berliner Straße dient so der Neugier, dem Laster und dem Bummel wie die Friedrichstraße ... am meisten abends. So nach zehn Uhr.«

290 *Scirocco:* heißer Südwind im Mittelmeerraum. – *Samum:* Glutwind in Südasien und Afrika. – *Grabillon:* wohl in Anlehnung an Crébillon d. J. (1707–77) gebildet, dem bekannten Verfasser erotischer Romane. – *Grußgeschichte:* Anspielung auf die Rivalitäten zwischen der Kaiserin Augusta und Bismarck, vgl. den Schluß des 25. Kapitels der »Gedanken und Erinnerungen«: »Die Kaiserin Augusta«, schreibt Bismarck in seiner Autobiographie, »ließ mich ihre Ungnade andauernd fühlen, und ihre unmittelbaren Untergebenen, die höchsten Beamten des Hofes, gingen in ihrem Mangel an Formen soweit, daß ich zu schriftlichen Beschwerden bei Sr. Majestät selbst veranlaßt wurde.« – *gewisse Dinge darf man nicht beim Namen nennen:* Gemeint sind wohl die Sympathien der Kaiserin Augusta für den Katholizismus und ihre Rivalitäten mit Bismarck. – *der bekannten Hydra:* Die Hydra als Inbegriff eines gefährlichen Feindes war eine geläufige Zeitungsphrase, etwa »die Hydra der Revolution«. – *dem altenfritzischen ›Écrasez l'infâme‹:* »Vernichtet den abscheulichen (Aberglauben)«, hatte Friedrich der Große in einem Brief an Voltaire vom 18. Mai 1759 über die Katholische Kirche geschrieben; antiklerikale Parole der französischen Aufklärung, im Kulturkampf der siebziger Jahre in Preußen wieder verwendet. – *»Meine Ruh ist hin...«* aus Goethe, »Faust«, Erster Teil, ›Gretchens Stube‹.

291 *»Der Erlkönig«:* Vgl. Anm. zu S. 520. – *»Herr Heinrich saß am Vogelherd«:* Ballade von Johann Nepomuk Vogl (1802–66), von Karl Loewe komponiert. – *»Die Glocken von Speier«:* Vgl. S. 520 und Anm. – *ex ungue Leonem:* nach der Klaue den Löwen malen (aus einem Glied die ganze Gestalt erschließen); von Phidias (nach Lukian) oder Alcaeus (nach Plutarch). – *Karl Löwe:* 1796–1869, der bekannte Balladen-Komponist, der die drei obengenannten Balladen vertont hat. – *Ludwig komponiert nicht:* Vgl. S. 277 und Anm. (Ludwig Löwe). – *»I can't see...«:* »Ich kann nicht verstehen, was es bedeutet; Musik ist Unsinn.« – *»Take a seat...«:* »Nehmen Sie Platz...«

292 *»To be sure... Doesn't he?«:* »Sicherlich... Nicht wahr?« – *»No, no, there's no help for him..., no finch, no trussel.«:* »Nein, nein, da ist ihm nicht zu helfen..., kein Fink, keine Drossel.« (So will F. offenbar sagen; allerdings heißt »Drossel« englisch »thrush«, »trussel« gibt es nicht.)

293 *»Bächlein, laß dein Rauschen sein«:* ... »*Ich schnitt' es gern in alle Rinden ein«:* Lieder aus dem von Franz Schubert vertonten Zyklus »Die schöne Müllerin« (1820) von Wilhelm Müller (1794–1827). – *ein Duett aus »Figaros Hochzeit«:* Es ist offenbar das Briefduett des

3. Aktes gemeint (»Wenn die sanften Abendwinde...«). – *seit den Tagen der Milanollos:* Die Schwestern Teresa (1827–1904) und Maria (1832–48), Töchter des Malers Joseph Milanollo erwiesen sich bereits im Kindesalter als überragende Violinvirtuosinnen; sie bereisten 1842–43 auch Deutschland; vgl. Adalbert Stifters Erzählung »Zwei Schwestern« in den »Studien«. – *peremptorisch:* endgültig.

295 »*Wonderfully good...*«: »Wunderbar. Oh, diese Deutschen, sie können alles ... sogar so eine alte Dame.«

296 *Trarbacher:* bekannter Moselwein. – *platzartige Verbreiterung ... Köpnicker Straße:* vor der Einmündung in die Inselstraße, die die Wallstraße kreuzt. – *Inselbrücke:* zwischen dem Märkischen Ufer (damals Neu-Kölln am Wasser) und der dort endenden Friedrichs-Gracht.

297 *Fischerbrücke:* jetzt »An der Fischerbrücke«, zwischen Friedrichsgracht und Mühlendamm. – *Parochialkirchturm:* der von F. oft genannten Parochialkirche in der Klosterstraße; »die Singuhr« war die berlinische Bezeichnung für das Glockenspiel im Turm der Parochialkirche.

298 ›*Üb immer Treu und Redlichkeit*‹: Der Liederbesatz des Glockenspiels der Parochialkirche wechselte; der Glockenist brachte Choräle und Lieder auch im Handspiel zu Gehör. Zum Repertoire der Parochialkirche gehörte das von F. hier genannte Lied seinerzeit nicht, doch war es sehr populär durch das Glockenspiel der Potsdamer Garnisonskirche. Die Verse aus Höltys Gedicht »Der alte Landmann an seinen Sohn« und die Melodie der Arie des Papageno »Ein Mädchen oder Weibchen« aus Mozarts »Zauberflöte« sind zuerst in Freimaurerkreisen verbunden worden. – *berühmte Stelle von dem Kanadier:* Anspielung auf das Gedicht »Der Wilde« (Riga 1801) von Johann Gottfried Seume (1763–1810), das beginnt: »Ein Kanadier, der noch Europens/ Übertünchte Höflichkeit nicht kannte...«.

300 *Ruppiner Bilderbogen:* Vgl. »Meine Kinderjahre«, 12. Kap., über die »Gustav Kühnschen Bilderbogen«. – *Corinne au Capitole:* Anspielung auf »Corinne«, einen 1807 von Madame de Staël veröffentlichten Roman, dessen Titel die Wahl des Namens Corinna demnach nahegelegt hat.

301 *Gilka:* Ein nach dem Hersteller benannter Getreidekümmel aus der gleichnamigen Berliner Spirituosenfabrik. – *Guido von Madai:* 1810–92, seit 12. Aug. 1872 Polizeipräsident von Berlin, wo ihn seine »Madai-Tempel«, Rotunden für Männer, in aller Mund brachten. – *Die Teltower:* Rüben. – *Wruken:* (poln.) Kohlrüben. – *Raules Hof:* nach Benjamin Raule (1634–1708) benannter Durchgang; das Wohnhaus dieses bekannten Reeders, das »Ballhaus« (Raules Hof Nr. 1), wurde ihm vom Großen Kurfürsten für die Gestellung von bemannten Schiffen im Schwedenkrieg 1679 zugeeignet.

302 *Moderateurlampe:* flaschenförmige, gut regulierbare Öllampe. – *Hannibal Kuh:* Der Vorname soll lehrerhaft antikisch wirken, bei

dem Nachnamen ist an den Schriftsteller und Literarhistoriker Emil Kuh (1828–76) zu denken. – *Immanuel:* wohl nach dem Vornamen Kants.

303 »*Die sieben Waisen Griechenlands*«: Die wirklichen »Sieben Weisen Griechenlands« (Kleobulus, Periander, Pittakos, Bias, Thales, Chilon, Solon) bilden eine Gruppe von Politikern und Philosophen, die von 620–548 v. Chr. lebten; man schrieb ihnen Sinnsprüche zu, die als Lebensweisheiten verbreitet waren. – »*Das Fähnlein der sieben Aufrechten*«: Novelle (1861) von Gottfried Keller.

304 ›*die Douglas waren immer treu*‹: Selbstzitat F.s aus dem Gedicht »Der Aufstand in Northumberland«, ›2. Percys Tod‹. F.s Versen liegt eine der alten englischen Volksballaden zugrunde, die er bei Percy gefunden hat. – *Eduard von Hartmann:* 1842–1906, Philosoph in der Nachfolge Schopenhauers.

305 *in der* »*Griechischen*«: in der »Griechischen Gesellschaft«. – *Schwupper:* mitteldt. Versehen, Fehler. – *Phrynichos ... Tragiker:* athenischer Dichter, gewann um 511 v. Chr. seinen ersten dramatischen Sieg, starb um 470 in hohem Alter in Silizien. – *Phrynichos ... Lustspieldichter:* aus Athen, Zeitgenosse des Aristophanes; 405 v. Chr. wurden seine »Musen« aufgeführt. – *Lustre:* Glanz. – *beim ersten König:* Friedrich I. (1657–1713), 1701 König in Preußen. – *Hans Albrecht Graf von Barfus:* 1635 bis 1704, brandenburgischer Generalfeldmarschall.

306 *während der Belagerung von Bonn:* 1689 in den Réunionskriegen. – *Guy de Maupassant:* 1850–93, naturalistischer französischer Schriftsteller, Meister der Novelle. – *nomen et omen:* Name und Vorbedeutung. – *dem Bilde zu Sais:* Sais, Residenz der alten Könige in Unterägypten; einer späteren griechischen Legende zufolge wurde dort ein verschleiertes Bild verehrt; gewiß kannte F. Schillers Gedicht »Das verschleierte Bild zu Sais« (1795), das darstellt, wie die unerlaubte Aufdeckung des Schleiers zwar zur Anschauung der »Wahrheit« führt, aber tödlich wirkt.

307 *kategorischen Imperativ:* Vgl. Anm. zu S. 573 *(Königsberg).* – *aigrieren:* erbittern. – *Pontacnasen:* vom Weingenuß gerötet; der Pontac ist ein dunkler französischer Rotwein. – ›*Actusse*‹: actus scholasticus = Schulfeier; gemeint sind die Festschriften, die zu diesen herausgegeben wurden.

308 *Rodegast:* Samuel Rodigast (1649–1708) war 1698–1708 Rektor des Gymnasiums zum Grauen Kloster in Berlin (dichtete 1675 für seinen schwer erkrankten Freund, Rektor Gastorius, das Lied »Was Gott tut ...«). – *Rosentaler:* Tor im Norden Berlins, Kreuzung Rosentaler-/Lothringerstraße. – *Hortikulturliche:* Gartenbauliche. – *Joseph von Arimathia:* setzte den Leichnam Jesu in seinem Garten bei (vgl. Markus 15,42–47). – *Bona fide:* in gutem Glauben. – *mala fides:* der schlechte Glaube, der Zweifel.

309 ›*Und wenn ihr euch nur selbst vertraut...*‹: Zitat aus Goethe,

»Faust«, Erster Teil, ›Studierzimmer‹ (Schülerszene). – *Spichern:* eine der ersten Schlachten des Krieges 1870–71, Sieg der preußischen Truppen beim Sturm auf die Spicherer Höhen. – *Mr. Punch:* komische Figur mit mächtigem Buckel und großer Nase im Londoner satirischen Wochenblatt gleichen Namens, das diese Gestalt (die ursprünglich aus dem englischen Puppenspiel stammt) als Titelbild führt. – *Kladderadatsch:* Vgl. Anm. zu S. 622. – *Attinghausen ... sagte:* In Schillers »Wilhelm Tell« (IV, 2).

310 Heinrich *Schliemann:* 1822–90, ging in Lübeck und Neustrelitz zur Schule, war Kaufmannslehrling in Fürstenberg, später berühmter Altertumsforscher. – *Mykenä:* 1876 begann Schliemann mit Ausgrabungen bei der »Schatzkammer der Atreus«. – *Priamus:* König von Troja. – *Agamemnon:* König von Mykene, führte die Griechen im troischen Krieg. – *aegisthschen:* Ägisthos, der Liebhaber von Agamemnons Gattin Klytemnestra, ermordete diesen mit ihrer Beihilfe. – *hic Rhodus, hic salta:* hier ist Rhodos, hier springe (in Äsops Fabeln 203, Der Prahler). – *Georgia-Augusta:* Universität Göttingen, gegründet 1733, erreichte bald die erste Stelle unter den deutschen Universitäten. – *Klippschule:* norddt. kleine Schule, eine »Winkelschule«, s. »Meine Kinderjahre«, 2. Kap.: »Um eben diese Zeit kam ich in die Klippschule, was nur in der Ordnung war...«. – *Renonce:* widrige Person, Ärgernis. – *Teutoburger Wald:* Hier schlug Hermann der Cherusker 9 n. Chr. den Römerfeldherrn Varus. – *Max Piccolomini:* »Ich stell es... unter allen Schillerschen dramatischen Arbeiten am höchsten«, schrieb F. am 27. Mai 1878 in der »Vossischen Zeitung« über »Die Piccolomini«. – *der ›Sitten Freundlichkeit‹:* aus »Wallensteins Tod« (IV, 10).

311 *Die Goldmasken:* goldene Masken und Brustplatten fand Schliemann in den Gräbern; sie überlieferten die Gesichtszüge der Toten. – *Orest:* Agamemnons Sohn, rächte den Vater an der Mutter und ihrem Liebhaber. – *Iphigenie:* Schwester des Vorigen, führte ihn wieder in die Heimat zurück. – *Atreus:* Vater des Agamemnon. – Rudolf *Virchow:* 1821–1902, berühmter Mediziner; ein Freund Schliemanns, unterstützte ihn in seinen Bemühungen, wissenschaftlich anerkannt zu werden. – *lupus in fabula:* der Wolf in der Fabel, etwa: »wenn man den Wolf nennt, kommt er gerennt« (Terenz, »Adelphi« IV, 1, 21).

312 *Trompetertisch:* hier soviel wie: Nebentisch, sprichwörtlich nach dem Musikertisch im Kasino, der von der Offizierstafel gesondert war. – *Woltersdorfer Schleuse:* beliebter Ausflugsort im Osten von Berlin, nahe Erkner.

313 *dentatus et undulatus:* gezähnt und gewellt. – *Kongestionen:* Blutandrang (nach dem Kopf).

314 *Pontacapfelsinen:* Blutorangen. – *Borsdorfer:* Apfelsorte. – *Werderschen Kirschen:* aus dem Obstanbaugebiet um Werder an der Havel im damaligen preußischen Regierungsbezirk Potsdam.

315 ›*les défauts de ses vertus:*‹ ›die Fehler ihrer Tugenden‹. – *George Sand:* 1804–76, französische Dichterin. – ›*comprendre*...‹: meist zitiert: tout comprendre, c'est tout pardonner = alles verstehen heißt alles verzeihen; der Satz wird Madame de Staël zugeschrieben, wo es aber heißt: tout comprendre rend très indulgent. – *Alfred de Musset:* 1810–57, französischer Dichter. – *Kammergerichtspräsidenten:* Karl Joseph Maximilian Freiherr von Fürst und Kupferberg (1717–90) wurde 1779 in Ungnade entlassen; Anlaß war der Prozeß um den Müller Arnold. – *bei seinen Hunden:* »Die Hunde wurden auf den sechs Terrassen von Sanssouci in kleinen Särgen begraben und erhielten kleine Grabsteine mit ihrer Namensinschrift« (Vehse, Hofgeschichten, Weimar o. J., S. 85). – ›*mechante Rasse*‹: Vgl. F.s Brief an Georg Friedlaender vom 12. April 1888: »Ach Saldern, wenn er die ›mechante Race‹ die sich Mensch nennt, so gut und so lange kennte wie ich, würd' er auch so denken und so sprechen wie ich‹ – sagte der Alte Fritz in seinen letzten Lebenstagen. Ja, ›mechante Race‹ diese Tage zeigen es wieder.« (mechant = erbärmlich). – *Hohenfriedberg:* 4. Juni 1745; Sieg Friedrichs über die Österreicher unter Prinz Karl von Lothringen. – *Leuthen:* 5. Dez. 1757, Sieg Friedrichs über die Österreicher. – *Torgauer:* Schlacht bei Torgau, 3. November 1760; Friedrich schlägt die Österreicher unter Daun.

316 *das Poetische hat immer recht; es wächst weit über das Historische:* im Anklang an die Poetik des Aristoteles, in der es in Caput IX etwa heißt: die Dichtung ist philosophischer und wichtiger (ernsthafter, bedeutender) als die Geschichte. – *Banquo steigt auf:* In Shakespeares »Macbeth« erscheint Macbeth der Heerführer Banquo, den er ermorden ließ, als Geist (III, 4).

318 »*Schnell fertig ist die Jugend mit dem Wort*«: Zitat aus Schillers Drama »Wallensteins Tod« (II, 2). – ›*Maß*‹: Militärmaß.

319 *petit crevé:* Liederjan, kleines Luder. – Karl Friedrich von *Rumohr:* 1785–1843, Kunsthistoriker und Gastronomiekenner; gab eine Ausgabe von Königs »Geist der Kochkunst« heraus (Stuttgart 1832; »Schule der Höflichkeit«, Stuttgart 1834–35, 2 Bde.). – Hermann Ludwig Heinrich Fürst von *Pückler*-Muskau: 1785–1871, erst Rittmeister bei den Gardes du Corps, dann der Grandseigneur des Reisens und der Gärten (weltbekannte Parkanlagen im vom Vater ererbten Muskau); ließ sich nach Verkauf von Muskau 1845 auf Schloß Branitz bei Kottbus nieder, um ein zweites Mal durch seine Gartenanlagen Weltruf zu erlangen; als Schriftsteller trat er hervor mit »Briefe eines Verstorbenen« (Stuttgart 1830–31), »Semilassos vorletzter Weltgang (ebendort, 1835, 3 Bde.), »Semilasso in Afrika« u. a. Seine importierte Abessinierin war nicht weniger ungewöhnlich als die Fatima Schönings und die Uellah Lord Marshalls. Wie Rumohr gehörte er zum Uradel.

321 *bons sens:* gesunder Menschenverstand. – *bleibt ... der Esprit aus wie Röhrwasser:* vermutlich Anspielung auf Goethe, »Faust«,

Zweiter Teil, ›Kaiserliche Pfalz. Saal des Thrones‹: »Subsidien, die man uns versprochen,/ Wie Röhrenwasser bleiben aus.«
322 *Proverbe:* kleines dramatisches Stück, das ein Sprichwort erläutert und illustriert.
323 *Gerichte, die Friedrich Wilhelm I. liebte:* Friedrich Wilhelm I., König in Preußen (1688–1740), der von F. oft erwähnte »Soldatenkönig«; vgl. »Wanderungen«, ›Die Grafschaft Ruppin‹, ›Am Ruppiner See‹: »... ›nicht bloß das Gesunde, sondern recht eigentlich auch das Feine, das hat man bloß bei den Naturgerichten.‹ Und wirklich, die was davon verstehen, die haben auch immer so gedacht, obenan Friedrich Wilhelm I., der durchaus für Weißkohl und Hammelfleisch war.«
324 *Jeu d'esprit:* Vgl. Anm. zu S. 662. – *sprech' ich ein großes Wort gelassen aus:* Anspielung auf Goethes »Iphigenie auf Tauris«, Thoas zu Iphigenie: »Du sprichst ein großes Wort gelassen aus.« (I, 3).
325 *den ›Taucher‹ und den ›Gang nach dem Eisenhammer‹:* Balladen von Schiller.
326 *Ponderable:* Wiegbare. – *Gretna Green:* Dorf in der schottischen Grafschaft Dumfries, dicht an der englischen Grenze, bekannt durch die rechtsgültigen Trauungen, die der Dorfschmied, als Friedensrichter des Ortes, aufgrund des in Schottland noch gültigen alten kanonischen Rechts vollzog, nach dem jede Eheerklärung zweier Personen als genügend angesehen wurde. – Benno Bruno *Brückner:* 1824–1905, Professor der Theologie, seit 1870 Generalsuperintendent in Berlin, bekannter Kanzelredner. – *Kögel:* Vgl. Anm. zu S. 464.
328 William Ewart *Gladstone:* 1809–98, konservativer, später liberaler englischer Politiker, wiederholt Premierminister. Bei dem Versuch, Irland die Autonomie (Homerule) zu gewähren, wurde das dritte Ministerium G.s 1886 gestürzt. Jennys Bemerkung bezieht sich möglicherweise auf diese Krise.
329 *Uhlenhorst:* Stadtteil Hamburgs an der Außenalster, im vorigen Jahrhundert ein wegen seiner schönen Lage vielbesuchter Vorort.
331 *Suse:* Schlafmütze. – *Herrnhut ... Gnadenfrei:* Herrnhuter Stiftungen in Sachsen (Lausitz) und Niederschlesien; vgl. auch S. 11 und Anm.
333 »*pink-coloured scarf*«: »rosafarbene Schärpe«. – *Spreewälderamme:* Vgl. F.s Brief an seine Tochter Martha vom 19. Juni 1896 aus Karlsbad: »Thiergartenbank mit nicht zu viel Spreewälderinnen (sie riechen alle milchsauer) ist schon das Beste.« – *Thomasgemeinde:* nach der Thomaskirche am Mariannenplatz (nahe der Köpenicker Straße).
334 *Eau de Javelle:* Flecken-(Chlor-)Wasser; Bleichmittel.
335 *so low, so vulgar:* so schlecht, so gewöhnlich. – *Munks ... ursprünglich dänisch, ... ein Zweig ... gepfragt:* Damit spielt Helene auf die Adelsdame Kirsten Munk (1598–1658) an, mit der Christian IV. nach dem Tod seiner Gemahlin ohne kirchliche Trauung eine

Gewissensehe eingegangen war und die er zur Gräfin von Schleswig-Holstein erhoben hatte; vgl. auch Anm. zu S. 166.
336 *Christian IV.*: 1577–1668, 1588 König von Dänemark. – *Syndikatsfamilie*: Rats-, Patrizierfamilie.
339 *Gardedragonern*: 2. Garde-Dragoner-Regiment, Berlin. – *Karl von Eichenhorst*: Titelheld der Ballade »Die Entführung oder Ritter Karl von Eichenhorst und Fräulein Gertrude von Hochberg« (1778) von Gottfried August Bürger (1747–94). – *»Sich-Ruhe-Reitens«*: »Knapp', sattle mir mein Dänenroß,/ Daß ich mir Ruh' erreite...« beginnt Bürgers Ballade. – *equestrisch*: reiterlich. – *Graditzer*: Vgl. Anm. zu S. 497. – *Schafgraben*: ein versandeter Arm der Spree. – *»Schlesischen Busch«*: Rest der »Cöllnischen Heide« in Treptow, jenseits des Landwehrkanals, vor dem Schlesischen Tor beginnend.
340 *Pferdebahnwagen*: Die Verbindung zwischen Berlin und Treptow bestand seit 1878. – *des Treptower Etablissements*: gemeint ist wohl das Restaurant von Rudolf Zenner in der Ortsstraße in Treptow.
341 *unser Wissen Stückwerk*: nach 1. Kor. 13,9.
342 *Mich schuddert ordentlich*: Schudder = Schauder – *nach dem Sperl*: der »Paradiesgarten« in Treptow, früher »Sperl« genannt (eine zu einer Gastwirtschaft umgewandelte Villa).
343 *Josty*: Altberliner Café, ursprünglich am Schloßplatz, Stechbahn Nr. 1, seit 1880 Bellevuestraße/Ecke Potsdamer Platz. – ›*Milch der frommen Denkungsart*‹: nach Schiller, »Wilhelm Tell« (IV, 3). – ›*Ärgere dich nicht, wundere dich bloß*‹: Vgl. F.s Brief an Georg Friedlaender vom 1. Aug. 1894: »›Aergre Dich nicht, wundre Dich nur‹ sagt ein holländisches Sprichwort; aber man darf sich auch nicht mal wundern. Man muß alles ruhig hinnehmen.«
344 ›*Pluck, dear...*‹: ›Mut, lieber Leopold, das macht's‹. – *das Aufbäumen*: Anklang an den Vers ›Bäume nicht auf, versuch's nicht mit Streit« in F.s Gedicht »Überlaß es der Zeit«.
345 *»Neuer Krug«*: »ein Restaurant, welches sich den Charakter einer gewissen Urwüchsigkeit völlig erhalten hat« (»Fontanes Führer durch die Umgegend Berlins«, F. Fontane & Co., Berlin 1892). – *»Sadowa«*: Dampferhaltestelle und beliebtes »Vergnügungsetablissement« am Spreeufer. Nach Sadowa (in Böhmen) wird auch die Schlacht bei Königgrätz benannt. – *»Liebesinsel«*: bekannte Insel in der Spree östl. Stralau, früher »Entenwerder«. – *Reprimande*: Zurechtweisung.
346 *stableyard*: Stallung. – *Aegisth ... Klytämnestras Gemahl ... Mord Agamemnons*: Vgl. S. 310 und Anm.
347 *Bernauer Kriegskorrespondenten*: Vgl. Anm. zu S. 622 *(Wippchen von Bernau)*. – *Teupitz ... Schermützelsee*: Vgl. »Wanderungen«, ›Spreeland‹, ›Am Schermützel‹ und ›Von Dolgenbrod bis Teupitz‹.
348 *Montecuculis Wort über Kriegführung*: es handelt sich eigentlich um ein Wort des Marschalls Trivulzio (1448–1518), der auf die Frage Ludwigs XII. von Frankreich, was zur Eroberung des Herzogtums Mailand benötigt werde, etwa geantwortet haben soll, dazu sei Geld,

Geld und nochmals Geld nötig. In seinen »Aforismi dell'arte bellica« führt der kaiserliche Feldmarschall Graf Raimondo Montecuccoli (1608–81) den Ausspruch Trivulzios an, ohne diesen zu nennen. F. zitiert, wie oft, die geläufigere Quelle. – »*unter Larven die einzig fühlende Brust*«: Zitat aus Schillers Ballade »Der Taucher«. – *vacat*: fehlt.

349 »*Der Wächter an der wendischen Spree*«, »*wehrlos, ehrlos*«, »*Alltied Vorupp*« *und* »*Der Storkower Bote*«: im Gesamtkatalog der deutschen Presse und im Zeitungsmuseum der Stadt Aachen nicht nachweisbar, auch nicht in H. Feddersen, »Die Berliner Heimatpresse« (1941); wahrscheinlich von F. geprägte Titel. – *zis-, ... transspreanischen Ursprungs*: von diesseits und jenseits der Spree. – *der Hydra*: Vgl. Anm. zu S. 290. – *er vermeide ... das Wort* »*Zentrum*«: Anspielung auf die seit 1871 bestehende katholische Zentrumspartei, die ihren Namen nach der Platzverteilung im Sitzungssaal des Reichstags führte; die katholischen Abgeordneten saßen in der Mitte.

350 *Ich kenne meine Pappenheimer*: eigentlich »Daran erkenn ich meine Pappenheimer«, Zitat aus Schillers »Wallensteins Tod« (III, 15). – »*Nationalzeitung*«: am 1. April 1848 gegründete, liberale Berliner Zeitung.

351 *schon vor vierzig Jahren die Hydra*: Vgl. Anm. zu S. 290. – *Zirkelquadratur- und Perpetuum-mobile-Sucher*: Bei der Quadratur des Zirkels und dem Perpetuum mobile handelt es sich um unlösbare Aufgaben der Geometrie und der Physik, Musterbeispiele dilettantischer Forschungstätigkeit. – *Klasse der Malvoglios*: Malvolio ist der Name von Olivias Haushofmeister in Shakespeares »Was Ihr wollt«. – *Galimathias*: Kauderwelsch (galli Matthias statt gallus Matthiae). – *Methode hat auch der Wahnsinn*: Vgl. Shakespeare, »Hamlet«, II, 2: »Ist dies schon Tollheit, hat es doch Methode.«

352 *Guter Mensch und doch ein schlechter Musikant*: Vgl. Anm. zu S. 485. – *Das ist Tells Geschoß*: So der von Tells Pfeil tödlich getroffene Geßler, in Schillers »Wilhelm Tell« (IV, 3). – *Buggenhagen*: Vgl. Anm. zu S. 264. – *mit den Freikonservativen*: gemäßigt konservative Partei im Preußischen Abgeordnetenhaus, die sich im deutschen Reichstag Deutsche Reichspartei nannte; sie bildete sich nach dem Kriege von 1866, als sich die Mitglieder der bisherigen konservativen Partei, die Bismarcks äußere Politik sowie gewisse Reformen im Innern billigten, von den Strengkonservativen trennten.

354 *Genoveva*: G. von Brabant, die, der Legende zufolge, des Ehebruchs bezichtigt, in einer Höhle des Ardennerwalds lebte, bis ihr Gemahl, der sich von ihrer Unschuld überzeugt hatte, sie bei Gelegenheit einer Jagd wiederfand; im 19. Jahrhundert oft, u. a. von Tieck und Raupach, behandelter Stoff. – *eine kleine keusche Susanna*: eine babylonische Jüdin, von der das apokryphische Buch »Historie von S. und Daniel« berichtet; wie Genoveva unschuldig des Ehebruchs beschuldigt,

durch Daniel gerettet; wichtig als Stoff der Malerei. – *Abklatsch der heiligen Elisabeth:* Die ungarische Königstochter (vgl. auch Anm. zu S. 612) wurde mit 14 Jahren dem Landgrafen Ludwig IV. von Thüringen (1200–27) vermählt.
355 *Kakerlakige:* Albinohafte.
356 *tic douloureux:* nervöser Gesichtsschmerz.
357 *eines ... Kremsers:* Nach einem Hofrat Kremser, der 1822 die erste Berechtigung für Aufstellung solcher Wagen in Berlin erhielt, waren vielsitzige Mietwagen für Landpartien benannt. – *die neue Dampfbahn:* die sogenannte Davysche Dampfstraßenbahn, die vom Zoologischen Garten nach Halensee führte.
358 *formidablen:* Vgl. Anm. zu S. 287. – ›*Genieße fröhlich, was du hast*‹: im Anklang an Verse des Gedichts »Zufriedenheit mit seinem Zustande« von Christian Fürchtegott Gellert (1715–1769): »Genieße, was dir Gott beschieden,/ Entbehre gern, was du nicht hast...« – *Siechen:* Vgl. Anm. zu S. 717. – *schweren Wagner:* Das Wagnersche Bierrestaurant befand sich Ecke Charlotten/Behrenstraße; dort wurden seit etwa 1850 bayrische Biere ausgeschenkt.
360 *Badine:* Reitstöckchen. – *die Unaussprechlichen:* die Hosen. – *ganz wie Ehrenlegion:* wie die Rosette des 1802 von Napoleon gestifteten Ordens. – *Schleife:* schlittenartiges Gestell, »Rutscher«. – *à tout prix:* um jeden Preis. – *Tier... das Seidel austrank:* Vgl. F.s Brief an Julius Rodenberg vom 23. Nov. 1891.
361 *mal wo gelesen:* eventuell Anspielung auf Friedrich Rückert: »Die Seele vom Genuß, o Freund, ist dessen Kürze.«
362 *eine märkische Schule ... Beleuchtungskünstler ersten Ranges:* zu denken ist vielleicht an die Landschaftsbilder aus der Mark, die der Berliner Maler Walter Leistikow (1865–1908) in den achtziger Jahren schuf, sodann an die Pleinairmalerei, die von Liebermann, Skarbina, Slevogt u. a. gepflegt wurde. – *das sei ferne von mir:* Redensart nach 2. Sam. 20,20. – *Paulsborn:* Restaurant im südlichen Teil des Grunewalds in der Nähe des Jagdschlosses. – *Hundekehle:* Örtlichkeit im Grunewald mit gleichnamigem See und mit einem Restaurant. – *Dank vom Hause Österreich:* Wort Butlers in Schillers »Wallensteins Tod« (II, 6). – *der Gerechte muß viel leiden:* nach Psalm 34,20.
363 *Manquement:* Mangel.
364 ›*Nach Frankreich zogen...*‹: leicht verändertes Zitat aus der ersten Strophe von Heines Gedicht »Die Grenadiere« im »Buch der Lieder« (Romanzen 6). – *Temperatur der Uhlenhorst:* Vgl. Anm. zu S. 329. – *Windsorsoap:* Windsorseife (aus Hammeltalg).
365 *das innere Düppel der Ehe:* Am 30. Sept. 1864 hatte ein Artikel in der »Norddeutschen Allgemeinen Zeitung« ein »Düppel im Innern« gefordert; die Wendung »Das innere Düppel« wurde zeitweise zum geflügelten Wort. – *Schloßhof zu Canossa:* Die Burg Canossa in Mittelitalien war im Januar 1077 Schauplatz der Begegnung zwischen

dem deutschen König Heinrich IV. (1056–1106) und Papst Gregor
VII. – ›*Ich weiß nicht, was soll es bedeuten?*‹: die Anfangszeile des
Gedichts »Die Lorelei« aus dem Gedichtzyklus »Die Heimkehr«
(1823–24) im »Buch der Lieder« von Heine. – *das Märchen ihres
Lebens:* Anspielung auf den Titel der Autobiographie von Hans
Christian Andersen »Das Märchen meines Lebens« (1847).
369 *Lobster:* englisch Hummer, entsprechend der in Hamburg modischen
Anglomanie. – *Soja:* hier: japanische Gewürzsauce. – *Tête:* Spitze.
370 *amusing:* unterhaltsam, anregend. – *charming:* entzückend, reizend.
– *high-spirited:* geistreich, hochsinnig. – *fascinating:* bezaubernd.
371 *»Zwölf Apostel...«:* Die Zwölf-Apostel-Kirche in der Kurfürstenstraße, 1871–74 erbaut.
372 *Cottagevilla:* Landhaus. – ›*capital fun*‹: Hauptspaß.
373 *fait accompli:* vollendete Tatsache.
374 *Schloß Grunewald:* Von Kurfürst Joachim II. 1542 am Grunewaldsee
in einfachem Stil erbautes Jagdschloß. – *Wenn nach Dir ich oft
vergebens...:* zweitletzte (siebente) Strophe des Gedichts »Das
Mondlicht« (1831) von Nikolaus Lenau (1802–50). – *en vue:*
angesichts.
375 *Sommerlieutenants:* spöttische Bezeichnung für Reserveoffiziere,
die nur noch während der sommerlichen Manöver zum militärischen
Dienst herangezogen wurden. – *Tolleisen:* tollen = norddt. Wäsche
oder Haare kräuseln; eine Art Brennschere zum Kräuseln von
Stoffen.
376 *die Bündel:* Schulhefte zur Korrektur. – *Nücken:* Schrullen.
– *Nervenfieber:* hier: Typhus.
377 *gastrisch:* auf den Magen bezüglich. – *Tülle:* Ausgußröhre.
379 *der Versucher in der Wüste:* Vgl. Matth. 4,8 f.
381 *bei's erste Garderegiment:* Das 1. Garde-Regiment zu Fuß, dessen
Chef der Kaiser war, garnisonierte in Potsdam. – *Karessieren:*
Liebkosen.
382 *mich so verfiere:* niederdt. mich so verwirre, durch Schreck verstöre.
383 *Renz ... Zirkus:* von Ernst Jakob R. (1815–92) aus einem kleinen
Wanderzirkus zum weltbekannten Unternehmen aufgebaut. – *Erhartten:* Luise Erhartt (1844–1916), geb. in Wien, berühmt als Maria
Stuart, Eboli, Deborah, seit 1868 verheiratet mit Karl Graf von der
Goltz.
385 *Buggenhagens:* Vgl. Anm. zu S. 264.
388 *in der Luisenstädtschen Kirche:* in der Alten Jacobstraße.
389 *der Segen der Eltern:* nach Jesus Sirach, 3, 11: »Des Vaters Segen
bauet den Kindern Häuser.«
391 *Alteration:* Aufregung.
393 *Brauneberger:* Moselwein. – *die Montmorencys ... die Lusignans:*
berühmte französische Adelsfamilien.
394 *Arnims:* Adelsgeschlecht aus der Uckermark mit vielen bekannten
Namensträgern. – *Blutlaugensalz ... Eisenvitriol:* Vgl. Anm. zu

S. 262. – *Philippika:* Zornrede (gleich der des Demosthenes gegen Philipp von Makedonien).
397 *Jubiläumsausstellung:* anläßlich der Säkularfeier der ersten Berliner Kunstausstellung von 1786 am 23. Mai 1886 auf dem Gelände des Glaspalastes in der Invalidenstraße in Alt-Moabit eröffnet. – *Firma Dreher aus Wien:* der Gartenwirtschaftsbetrieb war an die Firma Anton Dreher aus Wien vergeben. – *Eierhäuschen:* Gartenlokal an der Oberspree.
400 *Pindar:* 522–442 v. Chr., berühmter griechischer Lyriker. – *Novalis:* eigentlich Friedrich Leopold Freiherr von Hardenberg (1772–1801), Dichter der deutschen Frühromantik.
401 *Charakter dieser Gegenden, insonderheit unseres ... Grunewalds:* F. spielt auf die gesetzlosen Zeiten an, als der Adel durch Raub und Wegelagerei das Land und die Städte tyrannisierte.
402 *generis feminini:* weiblichen Geschlechts.
404 *mein Pfund vergraben:* nach Matth. 25, 18 und 25. – *Licht, ... unter den Scheffel stellen:* nach Matth. 5,15.
405 *Ahlbecker Fischerhause:* in dem späteren Seebad Ahlbeck auf der Insel Usedom.
406 *Leopold ... las Goethe:* möglicherweise »Hermann und Dorothea«, oder auch den »Werther«, eine immer noch modische Lektüre. – *Präliminarantwort:* einleitende Antwort.
407 *Pythisches:* dunkel Orakelhaftes (gleich Pythia, der Priesterin von Delphi); vgl. auch S. 643. – *Kaffeeklappe:* volkstümliche Kaffeeschänke.
408 *Sèvres:* in diese zwischen Paris und Versailles gelegene Stadt wurde 1756 die in Vincennes gegründete Porzellanmanufaktur verlegt. – *Grecborte:* griechische Borte; Randverzierung. – *Zwiebelmuster:* berühmtes Dekor der Meißner Manufaktur.
409 *Radialsystem:* 1878 entstand westlich vom Oberbaum das erste Radialsystem, das die Abwässer von Berlin den neu angelegten Rieselfeldern zuführte. – *»quite english ...«:* »ganz englisch, Helene«.
411 *große Markthalle:* die 1886 eröffnete Zentralmarkthalle am Alexanderplatz. – *Corneliussaal:* in der Berliner Nationalgalerie; dort waren die Kartons ausgestellt worden, die Peter von Cornelius (1783–1867) für den von Friedrich Wilhelm IV. geplanten Campo santo der königlichen Familie im Berliner Dom entworfen hatte. – *Predelle:* hier: Sockelgemälde eines Altaraufsatzes; gemeint ist das Altarbild vom Weltgericht (1836–40), das Cornelius für die Ludwigskirche in München geschaffen hatte.
412 *Ramses:* ägyptischer Pharao, um 1300 v. Chr. – *an der schottischen Grenze:* Vgl. Anm. zu S. 326 *(Gretna Green).*
414 *Kriepsch:* Kernhaus. – *die alte Geschichte vom Geschmack:* nach dem lateinischen Sprichwort »de gustibus non est disputandum«. – *Hacheln:* Grannen. – *Malvasier:* Birnensorte.

416 *alte Pastor Thomas:* D. Johann Thomas (1812–91), 1869–91 Archidiakon an der Nikolaikirche.
417 Johann George *Souchon:* 1836–99, seit 1880 Prediger an der Sophienkirche.
419 *Tyrins:* angebliche Geburtsstadt des Herkules in der griechischen Landschaft Argolis. 1884 begann Schliemann dort zusammen mit Wilhelm Dörpfeld Ausgrabungen. – *Rohrpostbrief:* Die in Berlin zuerst 1865 zur Beförderung von Telegrammen eingerichtete Rohrpost beförderte seit 1876 auch Briefe des Publikums. – *Codex argenteus:* »silberne Handschrift«, die in Upsala liegende Evangelienübersetzung des Ulfila. – *jungen Dinger immer kicherten:* wegen der Assoziation codex – podex. – *Heliand:* altsächsisches Gedicht, das in Form einer Evangelienharmonie die Geschichte Christi erzählt, um 830 verfaßt. – *Beowulf:* angelsächsische Stabreimdichtung, das früheste erhaltene germanische Buchepos; die Datierung ist umstritten (8. oder 9. Jahrhundert).
420 *Kenneth von Leoparden:* Die Bezeichnung soll Leopold als den Helden einer süßlichen Balladeske charakterisieren und verspotten.
421 *née:* geborene.
422 *kleine reizende Geschichte von Heyse:* »Unvergeßbare Worte« (1883), Novelle von Paul Heyse.
423 *goldne Brücken bauen:* nach Johann Fischart, »Gargantua« (1. Ausgabe von 1575), 47. Kap.
424 ›*Vernunft wieder an zu sprechen fange*‹: Zitat aus Goethes »Faust«, Erster Teil, ›Studierzimmer‹; Worte Fausts. – *die rechte Vernunft käme aus dem Herzen:* nach Pestalozzi.
425 *des Ruhmes mangeln:* Anspielung auf Röm. 3.23: »...sie sind allzumal Sünder und mangeln des Ruhmes, den sie bei Gott haben sollten.« – ›*Werde, der du bist*‹: aus der zweiten Pythischen Ode Pindars (Vers 71). – ›*Schritt vom Wege*‹... *von einem Kammergerichtsrat:* Vgl. Anm. zu S. 572 und 573. – *Kammergericht ... war immer literarisch:* Anspielung auf die Anekdote von Friedrich dem Großen und dem Müller von Sanssouci, der gegen ihn das Kammergericht anrief (vgl. Anm. zu S. 315, *Kammergerichtspräsidenten*), aber auch auf andere dichtende Beamte am Kammergericht wie E. T. A. Hoffmann und der mit F. befreundete Wilhelm von Merckel (1803–61). – *Heilige Grab ... Kreuzzüge:* Kreuzzüge im engeren Sinn waren die kriegerischen Unternehmungen der abendländischen Christenheit zur Rückeroberung der heiligen Stätten in Palästina; schon Gregor VII. plante 1074 einen Kreuzzug zur Befreiung des Heiligen Grabes. – *Privatdozent oder Extraordinarius:* Universitätslehrer, die durch Habilitation bereits die Lehrbefähigung an Universitäten erworben hatten, aber noch nicht regelmäßig besoldet, bzw. nicht Inhaber eines ständigen Lehrstuhls waren. – *gibt es der liebe Gott im Schlaf:* sprichwörtlich nach dem Psalm 127,2.
426 *Summus Episcopus ... entkleidet sich davon:* In der evangelischen

Kirche war seit ihrer Begründung der Landesherr der Landesbischof (summus episcopus); im Mai 1886 brachte die konservative Fraktion im Abgeordnetenhaus den Antrag zur Gewährung größerer Freiheit für die Kirche ein; es kam aber zu keiner Änderung. – *Kögel:* Vgl. Anm. zu S. 464. – Adolf *Stöcker:* 1835–1909, 1874–90 Hofprediger in Berlin, Reichstagsmitglied.

427 *Pleasure-Yacht:* Vergnügungsyacht.

428 *Füsilier-Regiment Nr. 35:* Füsilier-Regiment Prinz Heinrich von Preußen (Brandenburgisches) Nr. 35, Garnison in Brandenburg an der Havel. – *Gymnasium zum Heiligen Geist:* Das Joachimsthalsche Gymnasium in der Heiligegeiststraße.

429 *Zeit ... »um dreimal von der Kanzel zu fallen«:* Es blieb gerade genügend Zeit für das an drei Sonntagen wiederholte kirchliche Aufgebot. – *im »Englischen Hause«:* Vgl. Anm. zu S. 263 *(Hustersche Wagen).* – *Prediger Thomas:* Vgl. Anm. zu S. 416. – *Echec:* Niederlage, Schlappe. – *»er war der erste nicht...«:* nach Goethe, »Faust«, Erster Teil, ›Trüber Tag, Feld‹, Mephisto zu Faust über Gretchen: »Sie ist die erste nicht.«

430 *in pontificalibus:* in vollem priesterlichen Ornat, hier: in reicher Toilette. – *Stolpemünde:* Stolpmünde. – *wie den Goetheschen Sänger:* Der alte Sänger soll in Goethes Ballade »Der Sänger« mit einer goldenen Kette belohnt werden, wünscht sich aber stattdessen »den besten Becher Weins/ In purem Golde«, den er auch erhält. – *Avec:* hier: mit besonderem Ausdruck.

431 *»England expects...«:* Nelsons Tagesbefehl vor der Schlacht von Trafalgar, s. Anm. zu S. 280. – *Messenien:* Nachbarstaat von Sparta, bekannt durch die Messenischen Kriege (743–24 und 645–28 v. Chr.). – *Taygetos:* Gebirge auf dem Peloponnes zwischen Messenien und Lakonien. – *Aristomenes:* König der Messenier im zweiten Messenischen Krieg. – *seinem Vater:* Pyrrhos oder Nikomedes. – *»Schatzkästlein deutscher Nation«:* bezeichnet keinen Titel, sondern die Ausdrucksweise Schmidts (wie auch die nachfolgende Stelle vom »reinen Glanze«) in Anlehnung an Vorbilder (Hebel).

432 *carpe diem:* Nütze den Tag (Horaz, »Oden«, I, 11, 8). – *was du tun willst, tue bald:* Vgl. Joh. 13,27. – ›*Mehr Licht*‹: angeblich letzte Worte Goethes vor seinem Tod am 22. März 1832, nach dem 1833 bei G. Reimer in Berlin erschienenen Krankenbericht des Hausarztes Goethes, Dr. Carl Vogel; sowohl in der prägnanten Form als auch in der symbolischen Auffassung der Worte offenbar legendär.

433 *Julias Grab ... eine ägyptische Sargkiste:* rotgranitener Sarkophag im Garten des Waisenhauses San Francesco di Citadella, der als Sarg der Julia gezeigt wird.

434 *pecus:* Rindvieh; auch: Schaf.

EFFI BRIEST

Entstehungszeit: 1888/89 – Mai 1894. – *Vorabdruck:* in »Deutsche Rundschau«, 21. Jg., Berlin 1894/95, Bd. 81 und 82, Heft 1–6 (Oktober–März). – *Erstausgabe:* Oktober 1895 bei F. Fontane & Co., Berlin, mit Datierung 1896.

Textgrundlage: F. Fontane & Co., Berlin 1896.

An folgenden Stellen haben wir uns für den Text des Vorabdrucks (vor der Klammer) entschieden (Text der Buchausgabe nach der Klammer): S. 459,36 mit dem Finger] mit den Fingern – 459,38 *du*] du – 517,12 weiter hin] weit hin – 532,23 *ich*] ich – 533,19 *er*] er – 533,20 *ich*] ich – 533,29 ein neues Leben] neues Leben – 575,6 *Du*] Du – 607,3 hilft!] hilft? – 633,2 ausgesprochen] ausgesprochenen – 703,6 *er* ist] er ist – 710,3 hatte;] hatte: – 720,9 Himmelswundern] Himmelwundern

Zur Entstehung: Nur wenige Jahre liegen zwischen den Vorgängen der Ehebruchs- und Duellaffäre, die den Stoff zu F.s berühmtestem Roman geliefert hat, und den ersten Niederschriften des Autors. Wie in anderen Gesellschaftsromanen F.s – es genügt, an »L'Adultera« und an »Graf Petöfy« zu erinnern – ist in »Effi Briest« ein aktueller Vorgang zugrunde gelegt worden. Man hat es in diesem Zusammenhang »zu den erstaunlichsten kulturhistorischen Phänomenen« gezählt, »daß Erzähler und Romanciers Ereignisse der damaligen Gesellschaft und ihrer ›chronique scandaleuse‹ bedenkenlos als Stoff aufgreifen und literarisch bearbeiten konnten. Dem Eingeweihten war die Entschlüsselung so entstandener Dichtungen leicht...« (Seiffert). Ein regelmäßig produzierender Autor wie F., der dabei verhältnismäßig zurückgezogen lebte, befand sich beständig auf der Suche nach neuen Eindrücken und Erfahrungen. In Briefen an Hans Hertz vom 2. März 1895 und Friedrich Spielhagen vom 21. Febr. 1896 hat F. davon berichtet, wie ihm bei Tisch auf eine zufällige Frage nach einem ihm persönlich anscheinend nur flüchtig bekannten Offizier diese »Geschichte« erzählt worden sei, die bestimmter Umstände wegen sogleich sein künstlerisches Interesse geweckt habe. In einem anderen Brief (an Marie Uhse vom 13. Nov. 1895) macht er sich Gedanken über die Wirkung, die die Lektüre des Romans auf dessen eigentliche »Heldin« üben könne, obgleich er eine schmeichelhafte Umgestaltung vorgenommen habe. Während beiläufige Übereinstimmungen von Namen oder unbedeutende Namensspäße Anlaß zu verärgerten Briefwechseln gaben, wurde die Darstellung tragischer und delikater Schicksale in durchsichtiger Verhüllung akzeptiert. Allerdings vergaß die Gesellschaft eben auch verhältnismäßig rasch die Affären, die sie so wirkungsvoll und oft so gnadenlos kolportierte. Nicht überraschen kann es, daß sich auch dem alten F. stoffliche und künstlerische Wahrheit bald wieder verwischten. »Ich habe, seit ich das Buch schrieb – damals eine lange, mühevolle Arbeit –«, so schreibt er am 24. Nov. 1895 an Marie Uhse, »nie wieder hineingesehen und darf sagen, daß Sie mir die Geschichte, von der ich nicht mehr viel wußte, wieder aufgebaut haben. Es war, wie wenn man Städte wiedersieht, in denen man vor 30 Jahren glücklich gelebt hat«. Es ist gegenwärtig nicht zu erweisen – wenngleich in Verbindung mit dem oben zitierten Brief vom 13. November plausibel –, ob diese erst kürzlich gedruckte Äußerung auf »Effi Briest« gemünzt ist; sicherlich ist es aber kein Verstoß gegen die psychologische Wahrheit, sie auf diesen Roman zu beziehen.

Bei dieser Gelegenheit sei noch auf einen anderen merkwürdigen Umstand hingewiesen, den F. offenbar nirgends erwähnt hat und der ihm zur Zeit der Niederschrift von »Effi Briest« möglicherweise bereits wieder entfallen war. Jener Offizier, nach dem F. sich erkundigt hatte und der das Vorbild seines Innstetten werden sollte – Armand Léon Baron von Ardenne (1846–1919) –, hatte auch einen Namen als Militärschriftsteller und war als solcher zuerst als Verfasser seiner »Geschichten des Zietenschen Husaren-Regiments« (Berlin 1874, E. S. Mittler & Sohn) hervorgetreten. F. seinerseits war Autor eines Aufsatzes »Das Zietensche Husarenregiment von 1730 bis 1880«, der 1880 in Fortsetzungen in der »Vossischen Zeitung« erschienen war. Dieser Aufsatz, eine journalistische Auftragsarbeit, gründet ganz überwiegend auf Ardennes Darstellung; »...ich habe das 670 Seiten dicke Buch des Lieutenants von Ardenne (Deines Tischnachbars bei Lessings)«, schreibt F. am 7. April 1880 an seine Frau, »danach auch noch Droysen und W. Hahn durchlesen und mit einem immer dicker werdenden Kopf Notizen und Auszüge machen müssen. Nun sind Friedel und Martha beim Abschreiben der von mir notirten Stellen«. F.s Aufsatz folgt Ardenne über weite Strecken wörtlich oder doch resümierend mit nur leichten Änderungen und Kürzungen. Seine eigene Aufgabe bei der Auswertung der Vorlage sah F. in der möglichst klaren und faßlichen Darstellung, ein Ziel, das ihm immer wieder vor Augen stand, wenn er sich mit historischen Quellenschriften beschäftigen mußte. Nicht selten hat er in solchem Zusammenhang die übergroße Gründlichkeit der Autoren getadelt. Ardennes 670 Seiten starke Regimentsgeschichte, wenn er sich an sie noch erinnerte, mochte F., so gesehen, als ein Vorklang zur Pedanterie Innstettens erscheinen.

Bekanntlich hat die Ardenne-Affäre noch für eine weitere Erzählung des Jahrhundertendes den Vorwurf geliefert; Friedrich Spielhagens Roman »Zum Zeitvertreib« wäre freilich längst vergessen, wenn ihm nicht die stoffliche Nachbarschaft zu F.s Roman weiterhin ein gewisses Interesse sicherte. Anders als der Dichter von »Effi Briest« kannte Spielhagen die »personae dramatis..., weitaus am besten allerdings die Frau, mit der ich sowohl vor als nach der Katastrophe in Korrespondenz stand, die in letzter Zeit allerdings eingeschlafen ist«, wie er am 23. Febr. 1896 an F. schrieb. Die Briefe Spielhagens an Elisabeth von Ardenne aus den Jahren 1877 bis 1881 sind zuerst von Seiffert, die Briefe Spielhagens an F. in redigierter Form erstmals im April 1911 von Paul Schlenther im »Berliner Tageblatt« veröffentlicht worden. Die Briefe F.s an Spielhagen gewähren allerdings bereits für sich allein genommen einen Einblick in die komplizierte und niemals eindeutige Beziehung der beiden Erfolgsautoren – denn das waren sie zu dieser Zeit beide – zueinander. Die Korrespondenz erschöpft sich nicht in dem nur allzu deutlichen, vorsichtigen Taktieren, sondern macht uns in einigen zentralen Äußerungen mit den damaligen literatur- und zeitkritischen Positionen F.s bekannt, wirft darüber hinaus auf die Entstehung von »Effi Briest« einige neue Lichter.

Den Forschungen Hans Werner Seifferts ist es nicht nur gelungen, in F.s Gönnerin L. – so erscheint sie in den älteren Briefausgaben –, der er die »Geschichte« verdankte, Frau Emma Lessing, geb. von Gelbke, die Gattin Carl Robert Lessings, des Haupteigentümers der »Vossischen Zeitung«, festzustellen, sondern auch – nachdem ihm das Familienarchiv von Manfred Baron von Ardenne, Dresden, eröffnet worden war – die historischen Vorgänge neu und weitgehend abschließend zu ermitteln.

Letztlich war es erst die Vertrautheit mit den typischen Lebensformen der zeitgenössischen Gesellschaft, die F. dazu befähigte, die Informationen über den »Fall« angemessen zu verwerten; sie erlaubte es ihm auch, viele Einzelheiten des Geschehens auf imaginativem Wege so präzis zu gestalten, daß sie unmittelbar der Wirklichkeit entnommen zu sein schienen. F. kannte die Familien und er kannte die Schauplätze in Berlin, in Pommern und in der Mark; längst hatte er, um eines seiner Gedichte zu modulieren, über alle und über alles geschrieben, was hier, am »vertrauten Ort« (Demetz) zu verhandeln stand. So taucht auch die Familie von Plotho, der Elisabeth von Ardenne entstammte, bereits in den »Wanderungen« auf.

Die erste Fassung von »Effi Briest« ist mutmaßlich 1890 entstanden, ausgedehnte Vorarbeiten dürften in das Jahr 1888 oder 1889 zurückreichen. Das Tagebuch von 1893 hält fest: »Nach Erledigung dieser Arbeit [Korrektur von »Meine Kinderjahre«] mache ich mich an die Korrektur meines schon vor drei Jahren geschriebenen Romans: ›Effi Briest‹«. Aber bereits am 28. Juli 1890 hatte F. den Roman, der damals bereits seinen endgültigen Titel trug, Adolf Kröner zum Druck angeboten, wobei er einen relativ frühen, durch die Umstände dann bald überholten Fertigstellungstermin nannte. Die bekannte und viel zitierte Äußerung F.s, daß er »Effi Briest« wie »mit dem Psychographen« (an Paul Schlenther, 11. Nov. 1895), also gleichsam traumwandlerisch-mühelos, mit unbewußter, unkritischer Leichtigkeit geschrieben habe, kann, wie neuerdings zu Recht betont worden ist, tatsächlich nur für die ersten Entwürfe gelten. Vorstufen und Manuskript sprechen eine andere Sprache. Abgesehen von den von Helene Herrmann gedruckten sehr frühen Entwürfen zeigen sie ebenso wie das Manuskript selbst, das sich, allerdings nicht vollständig, im Märkischen Museum in Berlin erhalten hat, Seite für Seite Spuren einer intensiven und mehrfach wiederholten, kritisch-bewußten, künstlerischen Durchformung, wie wir es auch sonst von F.s Schaffensweise gewohnt sind.

Tagebuch und Briefe dokumentieren den Arbeitsvorgang nur in knappster

Abbreviatur. Hand in Hand mit der intensiven Arbeit an »Effi Briest« ging eine zunehmende nervöse Erschöpfung. Die schwerste gesundheitliche Krise in F.s zweiter Lebenshälfte kündigte sich an. »1892 war ein recht bitteres Jahr für mich« beginnen die Tagebuchaufzeichnungen dieses Jahres. »Wie die ersten Wintermonate vergingen, habe ich vergessen... Ich begann an meinem Roman ›Effi Briest‹ zu korrigieren, kam aber nicht weit damit; am 14. März erkrankte [!] Emilie und ich gleichzeitig an der Influenza. Emilie hatte die Krankheit stärker als ich, sie genas aber bald, während ich ganz elend blieb und schreckliche Zustände durchmachen mußte.... So kam der Mai heran. Wir hatten, durch Friedlaenders gütige Vermittlung, eine in der Nähe von Schmiedeberg gelegene Villa ›Villa Gottschalk‹ gemietet und brachen am 23. Mai auf, uns von der schönen Gebirgsluft Heilung versprechend.« Den Roman hatte F., wie er Friedlaender am 19. Mai ankündigte, als »dickes Manuskriptpacket« vorausgesandt. Bei dieser und späterer Gelegenheit kommt F. auf die Wertangabe »6000 Mark« zu sprechen, mit der er das Paket versehen hat; Humor und Selbstironie können doch nicht die Bedeutung verleugnen, die er dem Manuskript beimißt. In der Villa Gottschalk hofft F., den Roman abschließen zu können. »Es kam aber anders, ich wurde ganz elend, beinah schlaflos, und so verbrachten wir: Emilie, Martha, ich und Anna, vier schlimme Monate an der sonst so schönen Stelle«, fährt das Tagebuch fort. Die Krankheit wurde zuletzt als Gehirnanämie diagnostiziert, ist jedoch – wie eigentlich alle Erkrankungen F.s – in ihrem somatischen Charakter nachträglich nicht abschließend zu bestimmen; daß sie nicht ohne Bedeutung für den *Künstler* war, scheint eindeutig. Die Entstehung von F.s im Bewußtsein der Nachwelt – und wohl auch bereits in seinem eigenen – bedeutendstem Roman und die subjektiv am schwersten empfundene, anscheinend lebensbedrohende Erkrankung seines Alters: das sind, zeitlich gesehen, zwei Prozesse, die in wesentlichen Daten übereinstimmen. Eine Mitteilung Emilie Fontanes an ihren Sohn Friedrich deutet darauf hin, daß F. in der unvollendeten »Effi Briest« damals seine beste »Novelle« erblickt habe, betont aber zugleich F.s nunmehrige »Gleichgültigkeit gegen alles, was er geschaffen«. Zeitweilig dachte F. sogar daran, Berlin aufzugeben und den Rest seines Lebens in Schmiedeberg zu verbringen. Doch sollte gerade die Rückkehr nach Berlin im September zu seiner Genesung beitragen. Dort wurde er wieder von dem bewährten Hausarzt der Familie, Dr. Delhaes, behandelt, der F. riet, vom Romanschreiben zunächst abzulassen und sich seinen Lebenserinnerungen zuzuwenden. Dr. Delhaes' psychischer Einwirkung auf den Kranken war ein eindrucksvoller Erfolg beschieden: über der Arbeit an dem autobiographischen Roman »Meine Kinderjahre« genas F. von seinen Depressionen und nervösen Beschwerden und wandte sich, wie eingangs dargestellt, sogleich nach Vollendung des Erinnerungswerkes von neuem dem Roman »Effi Briest« zu.

Mittlerweile war es Herbst 1893 geworden. Spätestens seit Mai existierte eine vorläufige Absprache mit Julius Rodenberg über den

Vorabdruck in der »Deutschen Rundschau«; einen ersten von Rodenberg für die Ablieferung des Manuskripts gewünschten Termin, den 1. September, hatte F. nicht wahrnehmen können. Vom Herbst 1893 bis Ende Mai 1894 arbeitete F., wie besonders die Korrespondenz mit Rodenberg ausweist, an der Vollendung seines Romans, der von Rodenberg zuerst im Februar gelesen und offenbar mit hohem Lob bedacht worden war. Inzwischen war der Termin für den Vorabdruck erneut verschoben worden. »Im Mai liefere ich auch meinen Roman ›Effi Briest‹ an Rodenberg ab, der sich sehr freundlich darüber äußert«, bemerkt das Tagebuch von 1894; »vom 1. Oktober an wird er in der ›Rundschau‹ erscheinen.«

F. beging seinen fünfundsiebzigsten Geburtstag und wurde Ehrendoktor der Berliner Universität, während in sechs Folgen der Vorabdruck des Romans erschien. »Im Oktober 94 hat der Abdruck von ›Effi Briest‹ in der Deutschen Rundschau begonnen und schließt März 95 ab. Erfolg gut«, bemerkt lapidar das Tagebuch. Die Buchausgabe, deren Erscheinen für den Herbst geplant war, wurde im Verlag des Sohnes Friedrich vorbereitet, wobei Druckbogen der »Rundschau« Verwendung fanden. Wenn F. am 25. Juli 1895 Siegmund Schott mitteilt, »daß der Buchabdruck ganz dem in der ›Rundschau‹ entspricht«, so wird dies cum grano salis zu verstehen sein: wie bei einer Anzahl anderer Romane hat F. auch bei der Buchausgabe von »Effi Briest« den Vorabdruck noch einmal auf stilistische Besserungen hin durchgesehen. Dann wird Mitte Oktober, vordatiert auf 1896, das Buch ausgeliefert »und bringt es«, wie das Tagebuch 1895 schließt, »in weniger als Jahresfrist zu 5 Auflagen, – der erste wirkliche Erfolg, den ich mit einem Roman habe.«

435 *In Front:* Spracheigentümlichkeit F.s, offenbar beeinflußt durch das englische »in front of«. – *Kurfürst Georg Wilhelm:* 1595–1640, 1620 (nach dem alten Kalender 1619) Kurfürst von Brandenburg. – *Briest:* märkische Adelsfamilie. F. war auf den Namen Effi Briest stolz, wie sein Brief an Rodenberg vom 9. Nov. 1893 verrät. Wie die Handschrift des Romans zeigt, in der er zunächst Betty von Ottersund schreibt, hat er sich verhältnismäßig spät entschieden. – *Hohen-Cremmen:* nach der märkischen Stadt Kremmen (Cremmen) im damaligen preußischen Regierungsbezirk Potsdam. – *Canna indica:* Indisches Blumenrohr, seit 1570 nach Europa eingeführte tropische Zierpflanze; Stauden mit schön gefärbten Blättern und großen roten Blüten; öfters bei F.

436 *Seidendocken:* Rollen von aufgewickelten Seidenfäden. – *Tochter der Luft:* Die unmittelbare Anregung für das von F. auch andernorts leitmotivisch verwendete Bild ist vielleicht in dem gleichnamigen Trauerspiel Raupachs nach Calderón (1829) zu suchen.

437 *Die Rathenower:* In Rathenow, im damaligen preußischen Regierungsbezirk Potsdam, garnisonierte das Husaren-Regiment von Zieten (Brandenburgisches) Nr. 3; ein von F. oft erwähntes Regiment. – *Oberst Goetzes Schoß:* von Goetze, in den »Wanderungen«

wiederholt erwähnte Adelsfamilie. – *Courmacher:* von franz. »faire la cour«, einer Dame den Hof machen; Verehrer. – *Hansa, Skandinavien:* ironische Anspielung auf den zu F.s Zeit verbreiteten, vergangenheitsbezogenen regionalen Patriotismus, dem jedoch auch F.s historisches Interesse und sein »nordischer Zug« recht genau entsprach. – *Fritz Reuter:* 1810–74, niederdeutscher Schriftsteller, der seinem Mecklenburger Platt die Form des großen Prosaromans erschloß. – *Mining und Lining:* Gestalten aus »Ut mine Stromtid«, 1864.

438 *Niemeyer:* Name einer bekannten Theologenfamilie. – *erwarte sie ... den Erzengel Gabriel:* Der Erzengel Gabriel verkündigte Maria die Geburt des Gottessohns, s. Lukas 1, 26 ff. – *Schwantikow:* aus Schwante (im Norden Berlins) gebildet? Geographisch nicht nachweisbar.

439 *Schlusen:* Schalen. – *Hochmut kommt vor dem Fall:* nach Sprüche Salomonis 16, 18.

440 *Ritterschaftsrat:* Ritterschaft hieß die Vertretung der adeligen Grundbesitzer in den preußischen Provinziallandtagen.

441 *studieren ... mit einem ›wahren Biereifer‹:* ironische Umkehrung, da »Biereifer« eigentlich aus der Studentensprache stammt, Innstetten aber eben nicht beim Bier verbummelte, sondern mit Eifer studierte. – *bei den Perlebergern:* In Perleberg, im damaligen preußischen Regierungsbezirk Potsdam, garnisonierten vier Eskadronen des Ulanen-Regiments Nr. 11 (2. Brandenburgisches). – *das Kreuz:* gemeint ist das Eiserne Kreuz, die 1813 vom damaligen König von Preußen gestiftete, später wiederholt erneuerte deutsche Kriegsauszeichnung. – *der Kaiser:* Wilhelm I. (1797–1888), 1861 König von Preußen, seit 1871 zugleich deutscher Kaiser. – *Kessin:* Name vermutlich nach dem kleinen Ort Kessin südlich Rostock.

442 *Daus:* höchste Karte (As) im Kartenspiel; hier: Teufelskerl.

443 *in Konstantinopel:* Nach dem Koran (4. Sure) steht auf Ehebruch Einkerkerung bis zum Tod; Tod durch Ertränken war die Strafe nach altbabylonischem Recht. – *Midshipman:* Seekadett, also Offiziersanwärter; Rangbezeichnung in der englischen und nordamerikanischen Marine, nach dem den Kadetten ursprünglich zugewiesenen Platz zwischen Kreuz- und Großmast.

444 *Kadett:* in Preußen damals die Zöglinge militärischer Erziehungsanstalten zur Heranbildung von Offiziersanwärtern. – *neben der Bank ... ist frei:* nämlich der Freiplatz, der nach der Entdeckung beim Versteckspiel erreicht werden mußte, bevor man »abgeschlagen« wurde.

445 *Aschenpuddel:* Märchenfigur, Mädchen das niedrige Küchen- und Hausarbeiten verrichtet.

446 *Bonhommie:* Gutmütigkeit, Biedersinn.

449 *weiterperorierte:* sich weiter verbreitete.

450 *»trousseau«:* Schlüsselbund, dann: die (öffentlich ausgestellte)

vornehme Brautausstattung (für Prinzessinnen). – *Hôtel du Nord:* Hotel ersten Ranges Unter den Linden 35. – *»Mesquinerien«:* Knickereien, Kleinlichkeiten. – *Alexander-Regiment:* Kaiser Alexander Garde-Grenadier-Regiment Nr. 1, in den Befreiungskriegen nach dem Zaren Alexander I. (1777–1825) von Rußland benannt; garnisonierte in Berlin, von F. oft erwähnt.

451 *»Fliegenden Blätter«:* humoristisches illustriertes Wochenblatt, 1844 von Kaspar Braun und Friedrich Schneider gegründet, erschien (bis 1928) in München; zunächst gemäßigt liberal, später ohne bestimmte politische Tendenz; hervorragende Mitarbeiter, weit verbreitet. – *Kranzler:* Unter den Linden 25 (Südseite), Ecke Friedrichstraße, altbekanntes und berühmtes Berliner Restaurant und Konditorei. – *zu statthafter Zeit ... im Café Bauer:* Unter den Linden 26 (Nordseite), dem Kranzler gegenüber, im Gegensatz zu diesem nachmittags und abends Treffpunkt der Berliner Halbwelt. – *Nationalgalerie:* nach einem Entwurf Stülers in Form eines korinthischen Tempels von Strack erbaut, östlich vom Neuen Museum, 1876 vollendet. – *»Insel der Seligen«:* Gemälde von Arnold Böcklin (1827–1901), eigentlich »Gefilde der Seligen« (nach dem Elysium der griechischen Mythologie), 1878 für die Berliner Nationalgalerie gemalt, zeigt einen Zentaur mit nackten Nymphen, in Übereinstimmung mit Chirons Erzählung im »Faust«, Zweiter Teil, daß er Helena auf dem Rücken getragen habe; das Bild erregte einen Entrüstungssturm. – *chaperonnieren:* chaperonner = einer jungen Dame als Begleiterin dienen, von chaperon = Kappe, Haube. – *Prinzessin Friedrich Karl:* Maria Anna von Anhalt, Gemahlin des Prinzen Friedrich Karl von Preußen (1828–85).

452 *Gardepli:* der Schliff, das Auftreten der Gardeoffiziere. – *Cortege:* Gefolge.

453 *Luch:* sumpfige Niederung. – *Spät kommt ihr...:* Zitat aus Schiller, »Die Piccolomini« (I, 1).

454 *Käthchen von Heilbronn ... Holunderbaumszene:* die 2. Szene des 4. Aktes in Kleists Schauspiel »Das Käthchen von Heilbronn«, in der das unter einem Holunderbaum schlafende Käthchen im Traum dem Grafen von Strahl ihre Liebe gesteht. – *immer wieder Hoher Herr:* So nennt Käthchen den Grafen von Strahl. – *verkappter Hohenzoller ... es gibt ja dergleichen:* Anspielung auf Ernst von Wildenbruch (1845–1909), einen Enkel des bei Saalfeld gefallenen Prinzen Louis Ferdinand von Preußen; Wildenbruch war ein erfolgreicher, allerdings bereits zu seiner Zeit umstrittener Dramatiker. Vgl. auch »Die Poggenpuhls«, 7. Kap. (in unserer Ausgabe Bd. 3, S. 43 ff.).

455 *»Aschenbrödel«:* Schauspiel von Roderich Benedix (1811–73). – *Hinterpommern:* galt als »hinterwäldlerisch«.

456 *Archangel:* Archangelsk, Hafenstadt am Weißen Meer, erhielt diesen Namen 1613 nach einem Kloster des Erzengels. – *Sedantag:* 2. September, im kaiserlichen Deutschland Nationalfeiertag zur Erinne-

rung an die Niederlage und Kapitulation des eingekreisten französischen Heeres unter Kaiser Napoleon III. im Jahre 1870 bei Sedan.
457 *Kugelstock:* Stock mit Kugelknauf. – *wie Lot ... Rücksichtslosigkeit gegen Hulda:* Die beiden Töchter Lots wurden schwanger von ihrem Vater, vgl. 1. Mose, 19, 36.
459 *ambiert:* den Ehrgeiz richtet.
460 *Mittelloge:* Loge des Kaisers.
461 *Murano:* Marktflecken bei Venedig auf der gleichnamigen Insel mit berühmter Glasindustrie.
463 *in diesem Zeichen ... werde ... am entschiedensten gesiegt:* ironische Anspielung auf den von Eusebius in seiner »Vita Constantini« überlieferten Satz »In hoc signo vinces« (»In diesem Zeichen wirst du siegen«), den Kaiser Konstantin der Große vor der Schlacht gegen Maxentius an der Milvischen Brücke im Jahre 312 als Umschrift um ein Kreuz am Himmel gesehen und der ihn bewogen haben soll, das Christentum anzunehmen, das dadurch zur Staatsreligion des Römischen Reiches wurde.
464 *Strumpfband-Austanzens:* die Bälle beschließender Kotillontanz mit den altüberlieferten Pfänderspielen (Nachfolge des mittelalterlichen Strumpfbandraubs). – *Hospitalit:* Armenhäusler. – *ganz wie Kögel:* 1829–96, von konservativer Geisteshaltung, einflußreich als Seelsorger Wilhelms I.; seit 1863 Hofprediger in Berlin, 1880–91 Generalsuperintendent der Kurmark.
465 *Walhalla:* nach einem Entwurf von Leo von Klenze (1784–1864) bei Donaustauf, unterhalb Regensburg, 1830–41 erbaute marmorne Ehrenhalle in Form eines griechischen Tempels; benannt nach dem Aufenthaltsort für die in der Schlacht Gefallenen in der nordischen Mythologie, enthält Büsten berühmter Deutscher. – *Kunstfex:* süddt. »Blödsinniger, Narr, Spaßmacher«; besonders in Zusammensetzungen üblich; vgl. auch lat. artifex. – *ein weites Feld:* Die bereits bei Goethe (»Urfaust«), Adolf Friedrich Freiherr von Knigge (»Über den Umgang mit Menschen«) und Stifter (»Nachsommer«) belegte Wendung, die durch F. zum geflügelten Wort geworden ist, findet sich bereits in »Geschwisterliebe«: »Sie erkannte, daß die Furcht ihrer Phantasie ein zu weites Feld eröffnet hatte.« Im Munde des Landedelmannes Briest wird die agrarische Grundbedeutung wieder lebendig.
466 *Kanevas:* Gittergewebe zum Besticken.
468 *immer im Schlaf und unterm Holunderbaum:* wie Kleists Käthchen von Heilbronn, die eine Schlafwandlerin ist.
469 *Pinakothek:* Gemeint ist wohl die Alte Pinakothek (von Klenze 1826–36 erbaut), in der sich die Bilder älterer Meister befinden. – *nach dem andern hinüber:* vermutlich die in der Nähe gelegene Glyptothek (von Klenze 1816–30 erbaut), die Skulpturensammlung. – ›*Vier Jahreszeiten*‹: Münchner Hotel in der Maximilianstraße. – Andrea *Palladio:* 1508–80, Baumeister und Architekt, schuf in

Vicenza eine Reihe von Kirchen und Palästen (Basilika Palladiana, Teatro Olimpico u. a.). – »*Er liegt in Padua begraben*«: »... Beim heiligen Antonius,/ An einer wohlgeweihten Stätte...«. Mephisto in Goethes »Faust«, Erster Teil, ›Der Nachbarin Haus‹, über Frau Marthes Mann.

470 *Pfauentaube:* weiße Haustaube, die die Schwanzfedern wie ein Pfau spreizen kann. – *mit dem Kurierzuge:* eine der damals noch üblichen verschiedenen Bezeichnungen für Schnellzüge.

471 *des St. Privat-Panoramas:* eigentlich »Nationalpanorama« in der Herwarthstraße 4, 1880 von Ende & Böckmann im Auftrage der »Société anonyme des Panoramas de Berlin« erbaut, am 25. Febr. 1881 eröffnet; das große Rundbild von Emil Hünten (1827–1902) stellte den Sturm auf St. Privat vom 18. Aug. 1870, einen heroischen Höhepunkt des Krieges gegen Frankreich dar. – *Klein-Tantow:* Dorf und Rittergut im damaligen preußischen Regierungsbezirk Stettin, an der Bahnlinie Angermünde–Stettin, etwa 8 km nördlich von Garz. – *der »Phönix«:* Der Vogel Phönix, Symbol der Verjüngung, verbrannte sich nach einer ägyptischen Sage alle 500 Jahre selbst und erstand dann wieder aus der Asche.

472 »*Zum Fürsten Bismarck*« ... *nach Varzin:* Das Rittergut Varzin in dem gleichnamigen Dorf im ehemaligen preußischen Regierungsbezirk Köslin, Kreis Rummelsburg, war von Bismarck von der ihm 1866 bewilligten Dotation erworben worden; der Fürst hielt sich dort bis zu seiner Entlassung oft auf. – *Starost:* »Ältester«, in Polen Edelmann, der mit einem Krongut belehnt war und zumeist auch die Gerichtsbarkeit ausübte.

473 *Kaschuben:* Angehörige eines westslawischen Volksstamms (Westpreußen).

474 *Macpherson:* Name eines bekannten schottischen Dichters, James M. (1736–96), der seinen »Ossian« als Übersetzung aus dem Gälischen ausgab. – *Walter Scott:* 1771–1832, schottischer Dichter, Begründer des historischen Romans.

475 Christian Julius *de Meza:* Vgl. Anm. zu S. 45. – *Hekla ... Krabla:* bekannte Vulkane Islands, 1447 und (Krafla) 828 m hoch. – *Schwarzflaggen:* Reste der 1865 aus Südchina vertriebenen Taipingrebellen. – *Tonkin:* der nördliche Teil Vietnams am Golf von Tongking (südchines. Meer). – *Normannenherzog:* Rollo, gest. 933, erster Herrscher der Normandie, ursprünglich ein Anführer norwegischer Seeräuber.

476 *Mestre:* damals Distrikthauptstadt in der Provinz Venedig.

478 *Astrallampen:* »Sternlampen«, Petroleumlampen, deren Ring nahezu keinen Schatten wirft. – *Portiere:* Türvorhang.

479 *Gieshübler:* Gieshübl (tschechisch Kyselka) liegt nordöstlich von Karlsbad an der Tepl.

480 *Trumeau:* Pfeilerspiegel. – *Pendule:* Pendel-, Wanduhr.

482 *multrig:* leicht faulig, dumpf. – *Rafraichisseur:* (Parfum-)Zerstäu-

ber. – *Zylinderbureau:* durch eine Rollklappe verschließbarer Schreibtisch.
483 *Bottegone:* vielbesuchtes Café in Florenz. – Friedrich Heinrich Ernst Graf von *Wrangel:* 1784–1877, preußischer Generalfeldmarschall, 1848 und (nurmehr nominell) 1864 Oberbefehlshaber gegen die Dänen.
484 *Parderfellen:* Leoparden- oder Pantherfellen.
485 *gute Menschen und schlechte Musikanten:* geflügeltes Wort, dessen Quelle wohl bereits in Plutarchs »Perikles«, 1. Kap., zu finden ist, freilich in umgekehrter Form (»Gute Musikanten und schlechte Leute«). – *Konsuln ... Liktoren:* jene die beiden höchsten Beamten in der römischen Republik, diese Amtsdiener, die vor hohen Regierungsbeamten hergingen, mit Rutenbündeln als Zeichen der Amtsgewalt. In Kriegszeiten steckten in den Rutenbündeln Beile als Symbol der richterlichen Vollmacht über Leben und Tod. Innstetten meinte jedoch Wahlkonsuln, bei denen es sich meist um Kaufleute handelt, die in ihrem Heimatland, meist in Hafenstädten, die Interessen eines fremden Staates vertreten. – Lucius Iunius *Brutus:* 85–42 v. Chr., ein Freund Cäsars, bei dessen Ermordung führend beteiligt.
486 *schwarz und weiß und allenfalls ein bißchen rot:* Die preußischen Landesfarben (Schwarz und weiß) wurden bevorzugt, das Schwarz-Weiß-Rot der Nationalflagge nicht mit gleicher Selbstverständlichkeit gezeigt.
488 *Rollkammer:* Kammer für die aus Holzrollen bestehende Wäschemangel. – *holländische Windmühle:* Mühle mit unbeweglichem Gehäuse, aber drehbaren Flügeln und Dach, der sog. Haube.
489 *eine Bockmühle:* auch deutsche Mühle, Windmühle mit drehbarem Gebäude, benannt nach der bockähnlichen Absteifung des Hausbaums.
492 *Alonzo ... ein Preziosaname:* Preziosa heißt die Titelfigur der Novelle »Das Zigeunermädchen« von Cervantes, die von Don Alonzo umworben wird; danach das Schauspiel »Preziosa« von Pius Alexander Wolff (1782–1828), das Carl Maria von Weber (1786–1826) in Musik gesetzt hat. – *Capitano:* Hauptmann, auch Schiffsführer (»Kapitän«); eine Figur der Commedia dell'arte, tritt auch in P. A. Wolffs »Preziosa« auf. – *Exterieur:* Äußeres. – *als Froben das Pferd tauschte:* Emanuel von Froben (1640–75), der Stallmeister des Großen Kurfürsten, fiel in der Schlacht bei Fehrbellin, aber der Tausch der Pferde, den er vorgenommen haben soll, um das Feuer auf sich zu ziehen und so den Kurfürsten zu retten, ist, wie auch F. wußte, Legende. – *»hier stehe ich«:* Luthers bekannter Ausspruch vor dem Wormser Reichstag, mit dem er im April 1521 den Widerruf seiner als ketzerisch bezeichneten Schriften abgelehnt haben soll: »Hier stehe ich. Ich kann nicht anders. Gott helfe mir! Amen.« Die Äußerung ist historisch nicht verbürgt und besonders in der von Effi zitierten Form legendär.

493 *Cid ... Campeador:* der maurische (»Herr« aus arab. sayyid) und der spanische Beiname (»Kämpfer«) des spanischen National- und Romanzenhelden Rodrigo (Ruy) Diaz de Vivar (1043–99). – *bei den Borckes:* hinterpommersches Geschlecht; Sidonie von Borcke, 1620 enthauptet, die Geliebte des Herzogs Ernst Ludwig von Wolgast, gab F. Stoff und Titel zu einem Romanplan. – *Rothenmoor:* nachweisbar als Dorfname bei Waren/Müritz. – *Morgnitz:* Morgenitz über Usedom, Nähe Swinemünde. – *Dabergotz:* wendisches Dorf bei Ruppin. – *Kroschentin:* wohl aus Krotoschin, Kreisstadt im damaligen preußischen Regierungsbezirk Posen. – *bei den Jatzkows:* wohl nach Jazko (Jakob von Köpenick), dem Neffen Pribislaws, gebildet. – *Kronprinzessin:* Viktoria (1840–1901), Prinzessin von Großbritannien und Irland, älteste Tochter der Königin Viktoria, mit Friedrich Wilhelm von Preußen (1831–88), dem späteren Kaiser Friedrich III. vermählt.

494 *Stiefel von Stiefelstein:* in Analogie zu vielen ähnlichen Namensbildungen (in Süddeutschland z. B. Esel von Eselsburg u. a.) erfunden. – *Deismus:* Gott als Urgrund der Welt, aber ohne Eingriff in den Weltlauf, ohne Wunder, ohne Offenbarung; seit 1713 (Collins, »Abhandlung von der Denkfreiheit«) hießen die Deisten »Freidenker«. – *da war auch ein 2. Dezember:* Am 2. Dez. 1851 Staatsstreich in Frankreich, am 2. Dez. 1852 Louis Napoleon als Napoleon III. zum Kaiser proklamiert. – *Napoleonsneffe – wenn er so was war:* Einer verbreiteten Auffassung zufolge war Louis Napoleon nicht der Sohn von Louis, dem König von Holland und jüngeren Bruder Napoleons. – *auf die Pariser Kanaille:* in der Nacht vom 1. auf den 2. Dez. 1851 unterwarf Louis Napoleon Frankreich seiner Militärdiktatur und setzte seine Truppen schonungslos im Straßenkampf gegen die Republikaner ein. – *Eroberer von Saarbrücken:* am 2. Aug. 1870, erstes Gefecht des Krieges (Meldung Napoleons an seine Frau über *ihren Sohn:* »Louis hat die Feuertaufe erhalten. Er war bewundernswert...«: Innstetten verwechselt hier wohl Sohn und Vater.) – *seiner katholischen Frau:* Gräfin Eugenie von Montijo und Teba (1826–1920).

495 *Verhältnis zu dem jüdischen Bankier:* Baron Alfons de Rothschild (1827–1905), Paris; in einem zeitgenössischen Flugblatt wird Eugenie »comtesse de Rothschild« genannt. – *Café chantant:* auch Café-concert; dort traten Sängerinnen und Kabarettisten auf; nach 1870 entstanden; »Tingeltangel«. – *das Weib von Babel:* Babylon, »die Mutter der Hurerei und aller Greuel auf Erden« (Offenbarung des Johannes 17). – *Wahl:* Reichstagswahl. – Karl Eduard *Nobiling:* 1848–78, hatte am 2. Juni 1878 Unter den Linden das Attentat auf Kaiser Wilhelm I. ausgeführt und ihn schwer verletzt; später unternahm er einen Selbstmordversuch, an dessen Folgen er starb. Nach dem Attentat wurde der Reichstag, der kurz zuvor die Vorlage eines Sozialistengesetzes abgelehnt hatte, aufgelöst; die Neuwahlen brachten den erwünschten Rechtsruck.

496 *medisant:* in feiner Art spöttelnd. – *Ressource:* Zufluchtsort, Hilfsquelle, hier: geschlossene Gesellschaft, Klub. – *Wiedereroberung von Le Bourget:* Die nordöstlich von Paris gelegene Ortschaft war während der Belagerung der Stadt schwer umkämpft; am 30. Okt. 1870 wurde sie von der preußischen Garde genommen. – *Bostonspielerin:* Boston, ein dem Whist ähnliches Kartenspiel. – *Mohrenapotheke:* Eine Apotheke dieses Namens befand sich in Berlin, Grimmstraße 9.

497 *ebenso ... bei der Fürstin:* der Gemahlin des Kanzlers, Johanna von Bismarck-Puttkamer. – *isabellfarbenen Graditzer:* gelbbräunliche Pferde aus dem ursprünglich kursächsischen, seit 1815 preußischen Hauptgestüt Graditz bei Torgau.

498 *rotes Reisehandbuch, alter Jahrgang ... Markgräfin ... Gräfin von Orlamünde:* Baedeker, »Süddeutschland und Österreich« (Original-Ausgabe in rotem Einband), 18. Auflage von 1879, Originaltext (S. 169): »Links in der Ferne *Himmelkron,* in dessen Kirche Markgraf Georg von Brandenburg-Baireuth (1735) beigesetzt ist. Nach einer Sage ist hier auch die Gruft der ›weißen Frau‹, der Gräfin Kunigunde von Orlamünde, geb. Gräfin von Leuchtenberg (um 1300), der Ahnfrau des Brandenburg-Culmbach'schen Hauses.« Und auf S. 192 über die Eremitage: »Im alten Schloß eine Anzahl Familienbildnisse ... die Markgräfin (Wilhelmine), die hier ihre bekannten Memoiren schrieb ... Im untern Schloß die Markgräfin nochmals, Friedrich II. als kleiner Grenadier, die Gräfin von Orlamünde (die sog. weiße Frau, S. 169)...«. – *Eremitage:* Lustschloß 3 km von Bayreuth bei St. Johann (1718 im Rokokostil erbaut).

499 *»maudit chateau«:* verdammtes Schloß.

500 *tun Sie ... ein:* umgangssprachlich (norddeutsch), hier für: einstecken. – *Behang:* in der Jägersprache das Ohr des Hundes.

501 *dusig:* schlafmützig.

503 *Verona ... Hause der Julia Capulet:* Das Haus, zu dem auch der sog. »Balkon der Julia« gehört, ist nahe der Piazza Erbe gelegen. Der Romeo-und-Julia-Stoff findet sich zuerst, bei Masuccio, in Siena lokalisiert; Luigi da Porto hat ihn nach Verona transponiert, und auch Shakespeares Tragödie spielt in dieser Stadt.

508 *in der Luft Bazillen ... von denen du gehört haben wirst:* 1882 hatte Robert Koch den Tuberkelbazillus, 1884 den Cholerabazillus entdeckt.

509 *Oblate:* hier: rundes Blättchen (Siegeloblate).

510 *Kohlenprovisor:* scherzhafte Bezeichnung für den ungelernten Apothekergehilfen.

513 *mit weißen Vatermördern:* hohe Herrenstehkrägen, die das Jabot (vgl. S. 553 und Anm.) verdrängt hatten. – *Konventikler:* die sogenannten Stillen im Lande, die abseits von der offiziellen Kirche ihr eigenes religiöses Leben führten.

514 *Konsistorium:* hier: evangelische Kirchenbehörde. – *Pauline Viar-*

dot-Garcia: 1821–1910, französische Opernsängerin (Mezzosopran), zunächst Pianistin (Schülerin von Liszt).
515 *von Palleske:* um Stettin beheimatet gewesene Familie (Belgard, Anklam). – *Dejeuner:* Frühstück.
516 *in Lissa bei den Husaren:* In Lissa, polnisch Lezno, im ehemaligen preußischen Regierungsbezirk Posen, garnisonierten drei Eskadronen des Leib-Husaren-Regiments Kaiserin Nr. 2. – *den Fürsten . . . als Papiermüller:* In Varzin, das nach modernen wirtschaftlichen Gesichtspunkten bewirtschaftet wurde, war auch die Papierfabrikation aufgenommen worden.
518 *früher, wo die Rechnung noch nach Seelen ging:* vor der 1861 erfolgten Aufhebung der Leibeigenschaft. – *seine tausendundeinste Seele:* bezeichnend F.sches Wortspiel, das die Anspielung auf russische Verhältnisse und auf die russische Literatur – man denke etwa an Gogols »Tote Seelen« – mit einer anderen auf Scheherezade und die »Geschichten aus Tausendundeiner Nacht« verknüpft.
519 *Bock und Bote:* Eduard Bote & Bock, bekannte, 1838 gegründete Hofmusikalienhandlung in der Leipziger Straße in Berlin.
520 ›*Orpheus*‹: Die Partie des Orpheus in Glucks Oper »Orpheus und Eurydike« (1762), die seit Berlioz üblicherweise von einer Altstimme gesungen wird. – ›*Chrimhild*‹: Gestalt aus »Die Nibelungen«, große Oper von Heinrich Ludwig Egmont Dorn (1804–92), 1854 in Berlin aufgeführt. Dorn war auch ein bekannter Musikkritiker, der in der von Bock & Bote herausgegebenen »Neuen Berliner Musikzeitung« publizierte. – ›*Vestalin*‹: Titelpartie aus der Oper »Die Vestalin« (1807) von Gasparo Luigi Spontini (1774–1851), 1820–42 Erster Kapellmeister und Generalmusikdirektor in Berlin. – ›*Erlkönig*‹: Goethes Ballade wurde von Schubert und Löwe vertont. – ›*Bächlein, laß dein Rauschen sein*‹: Gedicht aus dem Zyklus »Die schöne Müllerin« (1820) von Wilhelm Müller (1794–1827), vertont von Schubert. – ›*Glocken von Speier*‹: Ballade von Maximilian Freiherr von Oer (1806–46), von Karl Löwe vertont. – ›*Ritter Olaf*‹: aus Heines »Romanzen« (»Vor dem Tore stehn zwei Männer«), von F. offensichtlich mit der von Löwe komponierten Ballade aus »Des Knaben Wunderhorn« verwechselt. – ›*Fliegenden Holländer*‹: aus Wagners Oper »Der fliegende Holländer« (1843). – ›*Zampa*‹: »Zampa oder die Marmorbraut« (1831), gefeierte Oper von Louis Joseph Ferdinand Hérold (1791–1833). – ›*Heideknabe*‹: »Der Heideknabe« (1844), Ballade von Friedrich Hebbel (»Der Knabe träumt, man schicke ihn fort . . .«), von Schumann 1853 vertont.
521 *der toten Julia:* Shakespeare, »Romeo und Julia« (V, 3); allerdings begegnet Romeo der toten Julia nicht. – *Malice:* Bosheit.
522 *als das mit dem Psychographen aufkam:* Der Psychograph, ein bei spiritistischen Sitzungen benutzter Schreibapparat, durch den sich die Geister Verstorbener mitteilten, war um die Mitte des 19. Jahrhunderts bei dem dafür empfänglichen Publikum in Deutschland bekannt

geworden. F. hat durch den Vergleich mit dem »Seelenschreiber« wiederholt seine eigene epische Schaffensweise zu kennzeichnen versucht.

523 *Konsistorialregiment:* Vgl. Anm. zu S. 514. – *Thomas de Torquemada:* 1420–98, Dominikaner, seit 1483 Großinquisitor in Kastilien und Aragonien, von F. als Typus des intoleranten Ketzerrichters wiederholt erwähnt; s. aber auch den erotischen Bezug dieser Anspielung in »Cécile«, 8. Kap.: »»Es ist ein alter Satz, je mehr Don Juan, je mehr Torquemada«« (in unserer Ausgabe Bd. 1, S. 312).

524 *Madame la Baronne ...:* Frau Baronin von Innstetten, geb. von Briest. Gut angekommen. Fürst K. auf dem Bahnhof. Noch mehr angetan von mir als je. Tausend Dank für Ihre gute Aufnahme. Verbindliche Grüße an den Herrn Baron. Marietta Trippelli.

525 *Julklapp:* Vgl. Anm. zu S. 144. – *Morsellen:* Gewürz- und Zuckerplätzchen.

530 *das Zeug, an den »Dom« berufen zu werden:* die Befähigung, dereinst als Hofprediger in Berlin zu wirken. – *Satineepapier:* ein seidenglänzendes Buntpapier.

531 *vom Fürsten ... Ärger ... über diesen Eugen Richter:* Der Jurist und linksliberale Politiker Eugen Richter (1838–1906), Führer der Fortschrittspartei, seit 1884 der Deutschfreisinnigen, ein gewandter Redner und Kenner der Finanzpolitik, bekämpfte die Politik Bismarcks konsequent. – *Wagners Stellung zur Judenfrage:* Wagners Antisemitismus war bekannt; bereits 1852 hatte er den Aufsatz »Das Judentum in der Musik« veröffentlicht.

532 *Landwehrbezirkskommandeur:* später Bezirkskommandeur, in der Regel ein inaktiver Stabsoffizier (Major, Oberstleutnant), der in Verbindung mit den bürgerlichen Behörden (Landrat) für die Musterung, Kontrolle und Einberufung der Wehrpflichtigen zuständig war, die ihre aktive Dienstpflicht abgeleistet hatten, aber noch zu Übungen und im Falle der Mobilmachung herangezogen wurden.

533 *keine Geborene:* keine geborene Adlige. – *Resektion:* operative Abtrennung eines verletzten oder kranken Körperteils. – *Robert Friedrich Wilms:* 1824–80, bedeutender Chirurg und Diagnostiker, in den Kriegen von 1866 und 1870/71 Generalarzt; F. kannte ihn aus seiner Zeit in Bethanien, denn W. war dort 1847 Assistenzarzt geworden (1852 ordinierender Arzt, 1862 Chefarzt daselbst). – *Graf Gröben:* Georg Graf von der Gröben (1817–94), damals Generalmajor, Kommandeur der 3. Kavallerie-Division. – *Schwedisch-Pommern:* das Gebiet links der Peene (mit Usedom und Swinemünde), der Restbesitz Schwedens in Vorpommern seit dem Frieden von Stockholm (1720); seit 1815 preußisch. – *Breitling:* Verbreiterung der Warnow kurz vor ihrer Mündung in die Ostsee.

534 *»der Schnatermann«:* Vgl. F.s Brief an seine Tochter vom 26. Juli 1878: »Es freut mich, daß Dir Warnemünde wieder so sehr gefällt ... Das Beste: der Schnatermann, ist mir ein süßes Geheimniß

geblieben...« – *vor Johanni:* dem 24. Juni. – *Registrator:* kleiner Beamter.
535 *ramassierte:* Vgl. Anm. zu S. 254.
536 *Entoutcas:* »für alle Fälle«, zugleich Regen- und Sonnenschirm.
537 *Biliner Wasser:* Sauerbrunnenwasser aus dem böhmischen Badeort Bilin. – *Wisby:* alte Hansestadt auf Gotland, im 12. und 13. Jahrhundert von großer Bedeutung für den Handel nach dem östlichen Ostseeraum, den danach Lübeck an sich zu ziehen wußte. – Jürgen *Wullenweber:* 1492–1537, Kaufmann und Führer der demokratisch-protestantischen Bürgerschaft in Lübeck. – *Stockholmer Blutbad:* Auf den Rat Dietrich Slaghöks befestigte König Christian II. seine wiedergewonnene Herrschaft in Schweden mit der Hinrichtung von über 600 Gegnern der dänischen Herrschaft am 8.–10. Nov. 1520.
540 *Eichsfeld:* Randgebiet des Thüringer Beckens, mit überwiegend katholischer, als strenggläubig bekannter Bevölkerung. – *Giebichenstein:* ursprünglich Dorf bei, seit 1900 Stadtteil von Halle a. d. Saale mit verfallenem Bergschloß.
541 *Salzdirektorin:* Frau des Direktors einer Salzsiederei.
542 *»Reeperbahn«:* niederdt. »Seilerbahn«, windgeschützter Platz, auf dem Seile gedreht wurden.
544 *Tag von Königgrätz:* am 3. Juli 1866, vgl. F., »Der deutsche Krieg von 1866«, S. 469 ff. – *15. August:* Geburtstag Napoleons I. (1769); im Zweiten Kaiserreich Napoleons III. nationaler Feiertag. – *Kasualreden:* Gelegenheitsreden zu besonderen Anlässen wie Taufe oder Begräbnis. – *das Bibelwort:* »Weil du aber lau bist und weder kalt noch warm, werde ich dich ausspeien aus meinem Munde« (Offenbarung des Johannes 3,16).
545 *den ›Felsen Petri‹:* Anspielung auf die umstrittenen Worte Jesu in Matth. 16,18: »Du bist Petrus, und auf diesen Felsen will ich bauen meine Gemeinde, und die Pforten der Hölle sollen sie nicht überwältigen.« – *›Rocher de bronce‹:* Felsen von Bronze, eherner Fels, in Anlehnung an eine Randbemerkung Friedrich Wilhelms I. vom 25. April 1716, nach anderer Überlieferung zu einem Protest der ostpreußischen Landstände vom 31. Jan. 1717: »Ich stabiliere die Souveraneté wie ein Rocher von Bronce.« Hier ist mit dem »Felsen« Bismarck gemeint.
546 *halb hanseatisch und halb skandinavisch:* Vgl. S. 437 und Anm.
547 *»Anzeiger fürs Havelland«:* für das Havelland sehr maßgebliche Lokalzeitung, erschien in Spandau, s. auch S. 645. – *Waterloo ... Blücher ... Wellington:* Am 18. Juni 1815 errang Arthur Wellesley, Herzog von Wellington (1769–1852) mit entscheidender Unterstützung eines preußischen Heeres unter Gebhard Leberecht von Blücher (1742–1819) den endgültigen Sieg über den auf Brüssel vordringenden Napoleon.
548 *schülbrigen:* brüchigen.

551 *Bankier Heinersdorf:* Günther Schulz von Heinersdorf, Besitzer der Rittergüter Behlendorf und Heinersdorf, Krs. Lebus.
552 *Neptun:* der römische Gott des Meeres; entspricht dem griechischen Poseidon. – *Pluto:* der römische Gott der Unterwelt (griechisch: Pluton); auch der in der Erde wirkende Gott des Erdsegens, der »Reichtumspender«; hier in dieser Bedeutung. – *façon de parler:* Redensart. – *beim Großtürken ... unterm chinesischen Drachen:* 1875 und erneut 1882-85 focht China unglücklich gegen Japan, während Rußland 1877 gegen die Türkei Krieg führte. – *liking:* Vorliebe. – *volkstümlicheren Wendung:* etwa »einen Narren gefressen haben«. – *Vionville:* In der Schlacht bei Vionville errang die deutsche Armee am 16. Aug. 1870 einen opferreichen Sieg über die französische Rheinarmee.
553 *Entrepreneur:* Veranstalter.
554 ›*Krieg im Frieden*‹: Lustspiel (1881) von Gustav von Moser (1825-1903) und Franz von Schönthan (1849-1913), das für Liebhaberaufführungen besonders geeignet war. – ›*Monsieur Herkules*‹: Titel einer vielgespielten Posse (1863) von Georg Belly (1836-1875). – »*Jugendliebe*«: Lustspiel (1871) von Adolf Wilbrandt (1837-1911), der 1881 Direktor des Wiener Burgtheaters geworden war. – »*Euphrosyne*«: Schauspiel (1877) von Otto Franz Gensichen (1847-1933). – *tragiere:* (tragisch) darstelle. – *kastalischen Quell:* Quelle am Fuße des Parnaß bei Delphi, in die sich die von Apollo verfolgte Nymphe Kastalia gestürzt haben soll. Seither verleiht das Wasser der Quelle dichterische Begeisterung. – *medisieren:* Vgl. Anm. zu S. 496. – *Breitling:* Vgl. Anm. zu S. 533.
555 *Dampferd:* ruhiges Pferd. – *in Front:* Vgl. Anm. zu S. 435.
557 *Mohrenwäsche:* beruht auf Jer. 13,23: »Kann auch ein Mohr seine Haut wandeln...«; auch Titel eines bekannten Gemäldes von Begas. – ›*Verdruß*‹: hier: euphemistischer Ausdruck für Buckel.
558 *Causeur:* feiner Plauderer. – *Konventikel:* hier: heimliche Zusammenkunft, wie sie die Sektierer abhalten; vgl. auch Anm. zu S. 513. – *Propheten ... den aus der Oper:* Die Hauptfigur der Oper »Der Prophet« (1849) von Giacomo Meyerbeer (1791-1864) ist der niederländische Wiedertäufer Jan Bochold von Leyden (1509-36).
559 *Geisterseher:* Der Volksglaube schrieb besonders begnadeten Menschen die Fähigkeit zu, Geister zu sehen. Der moderne Spiritismus suchte Verbindungen zwischen den Geistern Verstorbener und den Menschen herzustellen.
560 *Beauvais:* nördlich Paris, Hauptstadt des Départements Oise, Bischofssitz. – ›*Cochon*‹: Der Bischof von Beauvais hieß Peter Cauchon, nicht Cochon=Schwein. – *zum Feuertod verurteilte:* am 24. Mai 1431.
561 *links Basedow und rechts Pestalozzi:* Vgl. Goethes Scherzgedicht vom 28. Juli 1774: »Zwischen Lavater und Basedow/ Saß ich bei Tisch des Lebens froh...«, das schließt: »Prophete rechts, Prophete links,/

Das Weltkind in der Mitten.« Johann Bernhard Basedow (1723–90) und Johann Heinrich Pestalozzi (1746–1827) zählten zu den berühmtesten Pädagogen ihrer Zeit. – *Schnepfenthal:* bei Waltershausen im ehemaligen Herzogtum Gotha 1784 von Christian Gotthilf Salzmann (1744–1811) gegründet. – *Bunzlau:* die Herrnhuter Kolonie Gnadenberg bei Bunzlau in Schlesien; vgl. auch S. 67. – *Cherub mit dem Schwert:* Anspielung auf den Engel, der nach der Austreibung von Adam und Eva mit bloßem Schwert vor dem Garten Eden lagerte (1. Mose 3,24).

562 *medisant:* Vgl. Anm. zu S. 496. – *Haselant:* Geck, Prahlhans.
563 *Ziegenpeter:* Mumps.
564 *Gedanken und Wünsche sind zollfrei:* nach Cicero (106–43 v. Chr.) und nach Ulpian (um 170–228), von Luther in seiner Schrift »Von weltlicher Obrigkeit, wie man ihr Gehorsam schuldig sei« (1523) bereits als Sprichwort angeführt (»Gedanken sind zollfrei«). – *Vineta:* sagenhafte Stadt, die in der Ostsee versunken sein soll. – *Heinesche Gedicht:* »Seegespenst« aus »Die Nordsee«, Erster Zyklus, im »Buch der Lieder« (»Ich aber lag am Rande des Schiffes«).
565 *Kapotthüten:* von franz capote, »Kapuze«; der Kapotthut, unter dem Kinn gebunden, wurde besonders im Biedermeier getragen. – ›*Du hast Diamanten und Perlen*‹ oder ›*Deine weichen Lilienfinger*‹: Anfangszeilen der Gedichte Nr. 31 und 62 in dem Zyklus »Die Heimkehr« (1823/24) im »Buch der Lieder« von Heinrich Heine; es lautet richtig: »Deine weißen Lilienfinger«. – *die ›romantischen*‹: gemeint ist wohl der 1851 erschienene »Romanzero«.
566 *Karl Stuart ... Kopf unterm Arm:* Heines Ballade »Karl I.« (»Romanzero«, 1. Buch, ›Historien‹) kennt eine solche Episode nicht; übrigens war dieser Stoff F. besonders vertraut, denn er hatte das politische Scheitern des 1649 hingerichteten Königs 1848 in seinem Fragment gebliebenen Drama »Karl Stuart« zu gestalten gesucht. – *Geschichte von Vitzliputzli:* nach dem mexikanischen Kriegsgott Huitzilipochtli; die Ballade »Vitzliputzli« erschien ebenfalls im 1. Buch von Heines »Romanzero«. Als sein Tempel zerstört wird, beschließt der Gott, ein Teufel zu werden: »Nach der Heimat meiner Feinde,/ Die Europa ist geheißen,/ Will ich flüchten, dort beginn ich/ Eine neue Karriere.« – *degoutant:* geschmacklos.
567 *Korbdeckel ... kein Korb:* Die Redensart »einen Korb geben« geht auf den Brauch zurück, einem Freier die abweisende Antwort in Form eines Korbes zu schicken (17. und 18. Jahrhundert), dies wiederum in Anspielung auf den Korb, in dem man Liebhaber zum Fenster emporzog – oder auf halber Höhe hängen ließ. – *Pedro dem Grausamen:* Pedro (Peter) I. (1334–69), 1350 König von Kastilien und Leon, in die Geschichte und die Romanzendichtung als »der Grausame« eingegangen, weil er die Geliebte seines Vaters hinrichten und seine eigene Frau beseitigen ließ; seine Geschichte erzählt Heine in dem Gedicht »Spanische Atriden« des »Romanzero«, 2. Buch,

›Lamentationen‹: »Ganz vorzüglich gut erzählte/ Er die blut'gen Hofgeschichten/ Aus den Tagen des Don Pedro,/ Den man ›König Grausam‹ nannte.« – *Blaubartskönig:* Der Ritter Blaubart ist die Titelfigur eines französischen Märchens (Barbe-bleue), das zuerst 1697 von Perrault erzählt wird, Abwandlung des Märchens vom Mörderbräutigam und in Verbindung mit der Mädchenräuberballade. – *sechs Frauen von Heinrich dem Achten:* Heinrich VIII. (1491–1547), 1509 König von England, war sechsmal verheiratet (mit Katharina von Aragonien, Anna Boleyn, Johanna Seymour, Anna von Kleve, Katharina Howard und Katharina Parr), seine zweite und fünfte Frau ließ er hinrichten. – *Mutter der Elisabeth:* Anna Boleyn (1507–36), von F. zumeist Anna Bulen geschrieben. – *Kreuz von Kalatrava:* Zur Verteidigung des Schlosses Calatrava gegen die Mauren war 1158 der Ritterorden von Calatrava gestiftet worden, dessen Angehörige ein rotes Lilienkreuz auf silbernem Rhombus an ponceaurotem Bande als Ordenszeichen trugen. (»Seines Hauptes Helmbusch wehte/Frei galant, jedoch des Mantels/ Strenges Calatrava-Kreuz/ Scheuchte jeden Buhlgedanken«, heißt es in Heines »Spanische Atriden«.) – *schwarzer Adler:* die von Friedrich I. am 18. Jan. 1701 anläßlich seiner Krönung in Königsberg gestiftete höchste preußische Auszeichnung, an deren Seite dann der 1740 von Friedrich dem Großen gestiftete *Pour-le-mérite* trat.

568 *einen Neufundländer, wiewohl es die noch gar nicht gab:* »Ihm zur Seite, freudewedelnd/ Sprang sein Liebling, Allan hieß er,/ Eine Bestie stolzer Rasse,/ Deren Heimat die Sierra ...«, heißt es in Heines Gedicht. – *gleisnerisch:* mit Verstellung.

569 *Josefinenhütte:* Unternehmen des Grafen Schaffgotsch bei Ober-Schreiberhau im Riesengebirge, 1824 gegründet. – *König von Thule:* Anspielung auf die Verse: »Gönnt alles seinen Erben,/ Den Becher nicht zugleich« nach der Ballade in Goethes »Faust«, Erster Teil, ›Abend‹. – *Kappe:* hier: Narrenkappe; s. auch S. 571 *(große Winterkappe).*

570 *als Reimwort:* Buhle. – *en famille:* im Familienkreis.

571 *Friedrichsruh:* im Sachsenwald, Kreis Herzogtum Lauenburg, bei Hamburg gelegen; von dem Kanzler 1871 erworbene Besitzung der Familie von Bismarck, mit 1945 zerstörtem, verändert wiederaufgebautem Schloß. – ›*Buhküken von Halberstadt‹:* Kinderlied, das auf den als Kinderfreund in der Sage fortlebenden Bischof Burchard II. (Buko) von Halberstadt zurückweist; wiederholt in F.s Romanen, vgl. »Ellernklipp«, 15. Kap.

572 »*Ein Schritt vom Wege*«: Lustspiel (1872) von Ernst Wichert (1831–1902). – *die Rolle der Ella:* Ella von Schmettwitz, die weibliche Hauptrolle des Lustspiels. – *Arthur von Schmettwitz:* Ellas Gemahl.

573 *der Dichter ... ein Kammergerichtsrat ... noch dazu aus Königsberg:* Wichert, in Insterburg geboren, wurde 1887 Kammergerichtsrat in Berlin. Er hatte in Königsberg studiert und war dort Stadtrichter

gewesen. Innstettens Anspielung gilt der Tatsache, daß ein Lustspieldichter aus der Stadt Kants, aus Königsberg, kommt. – *sieben Schönheiten:* Boccaccio und Hans Sachs hatten sich um die Aufstellung solcher Kataloge bemüht.

574 *eskamotieren:* listig auf die Seite bringen, verbergen.

578 *ersten Feldzug in Schleswig noch unter Wrangel und Bonin:* Die Erhebung Schleswig-Holsteins gegen Dänemark im März 1848 wurde anfänglich durch preußische und andre deutsche Bundestruppen unter Wrangel (vgl. Anm. zu S. 483) unterstützt; der spätere General und Kriegsminister Eduard von Bonin (1793–1865) befehligte als Oberst eine preußische Linienbrigade. – *Erstürmung des Danewerks:* alter dänischer Grenzwall bei Schleswig, von den Preußen in der Schlacht bei Schleswig (23. April 1848) im ersten Angriff genommen; seit 1850 von den Dänen neu ausgebaut, jedoch 1864 kampflos geräumt und von den Siegern geschleift. – *Signatur unserer Zeit:* Redensart nach der von dem Historiker Heinrich Leo (1799–1878) 1849 veröffentlichten Streitschrift »Signatura temporis«.

579 *›Gottesmauer‹:* »Die Gottesmauer« von Clemens Brentano (1778–1842): »Draus vor Schleswig an der Pforte/ Wohnen armer Leute viel...« In den dreißiger und vierziger Jahren des 19. Jahrhunderts war dieses Gedicht oft als einziges von Brentano in Schulauswahlen deutscher Gedichte zu finden.

580 *Marienburger Remter:* Speisesaal der (Hochmeister-)Ordensburg des Deutschritterordens mit großartigem Sterngewölbe. – *Memlingschen Altarbilde:* »Das Jüngste Gericht«, um 1470 entstandener Flügelaltar des niederländischen Malers Hans Memling (zwischen 1430–40 bis 1494). – *Kloster Oliva:* die kurz vor 1178 begründete, 1831 aufgehobene Zisterzienserabtei in O. (seit 1926 Stadtteil von Danzig); die Kirche, der älteste Backsteinbau Ost- und Westpreußens, wurde 1925 Dom des Bistums Danzig und hat ebenso wie das neue Abteischloß (1746–60) den 2. Weltkrieg überdauert. – *in Kork geschnitzt:* Die Korkbildnerei (Phelloplastik), von Agostino Rosa um 1780–90 erfunden, war auch in Deutschland während des 19. Jahrhunderts recht verbreitet und befaßte sich vor allem mit der Nachbildung gotischer Bauwerke. – *Joachim Nettelbeck:* 1738–1824, unterstützte als Repräsentant der Bürgerschaft Gneisenau und Schill bei der erfolgreichen Verteidigung des von den Franzosen belagerten Kolberg (1806/7).

581 *Das Fleisch ist schwach, gewiß:* Vgl. Matth. 26,41, auch Mark. 14,38. – *Ring ... Sagenkönig:* Sigurd Ring, nordischer König der Sage.

582 *vom Geist überkommen ... Schalen ihres Zornes:* im Anklang an die Bibel gewählte Worte, vgl. etwa Luk. 1,35 und Offb. 16,1. – *Weihnachtsreunions:* Weihnachtszusammenkünfte.

583 *den ›drei Ringen‹:* Vgl. F.s Brief an seine Frau vom 12. Aug. 1883, in dem er sich auch über die Ringparabel in Lessings Drama »Nathan der

Weise« äußert: »Das Unheil, das Lessing mit seiner Geschichte mit den drei Ringen angerichtet hat, um nur *einen* Punkt herauszugreifen, ist kolossal ... Hoheitsaufgaben, die doch nicht gelöst werden können, verwirren die Menschheit nur ... so wie das praktische Leben für den Alltagsgebrauch danach eingerichtet werden soll, gerathen wir in die Nesseln ...«. – *mit Gott für König und Vaterland:* In der Verordnung vom 17. März 1813 über die Organisation der Landwehr als Kokardeninschrift bestimmt. – »*Ich bin ein Preuße*«: gedichtet von Johann Bernhard Thiersch (1794–1855).

584 *Zwiegestirn von Doktor und Apotheker:* nach »Doktor und Apotheker«, Komische Oper (1786) von Carl Ditters von Dittersdorf (1739–99); die Oper handelt in einer deutschen Kleinstadt im 18. Jahrhundert, die Titelhelden leben in grimmiger Feindschaft.

588 *zurückgezoppt:* niederdt. zurückgehen lassen. – *türkische Pfeife:* lange gerade Pfeife mit kleinem Kopf.

592 *Sappeurbart:* sappeur=Pionier; Anspielung auf die Barttracht (Vollbart) der napoleonischen Sappeure. – *Innstetten drohte ihr scherzhaft mit dem Finger.:* Danach folgt in der Satzvorlage eine Freizeile.

593 *esprit fort:* Freigeist. – *die Radegaster und die Swantowiter Linie:* Anspielung auf zwei slawische Gottheiten, die F. in »Wanderungen«, ›Havelland‹, ›Die Wenden in der Mark‹ selbst zu den »fünf wohl ... berühmtesten« wendischen Göttern zählt: »... Swatowit (der heilige oder helle Sieger); Radigast (die Vernunft, die geistige Kraft) ...«

594 *Canal la Manche:* Ärmelkanal.

595 *Raketenbatterie:* Die Rakete spielte eine wichtige Rolle bei Schiffsstrandungen in der Ostsee.

596 *auch rote Husaren:* Die Attila, der Uniformrock der Husaren, ursprünglich der kurze, schnürenbesetzte Rock der ungarischen Nationaltracht, war bei den Regimentern von verschiedener Farbe; hier ist also gemeint, daß die Zieten-Husaren und die Blücherschen Husaren übereinstimmend eine rote Attila trugen.

597 *Pfefferküchler:* Pfefferkuchenbäcker, Vorläufer des Konditors. – *hors concours:* außer Wettbewerb.

599 *Solo:* altes Kartenspiel, dem L'hombre nachgebildet, doch einfacher als dieses.

601 *Blüchersche Husaren:* Husaren-Regiment Fürst Blücher von Wahlstatt (pommersches) Nr. 5. Vgl. auch die Anm. zu S. 596. – *Gesandtschaft nach Marokko:* Seit 1873 hatte das Deutsche Reich ein Konsulat in Tanger. Auf einer Konferenz in Madrid war 1880 das Schutzrecht europäischer Mächte in Marokko geregelt worden, das auch Deutschland einen gewissen Einfluß sicherte. Daneben handelt es sich vielleicht um eine Reminiszenz an das Buch »Marokko. Briefe von der deutschen Gesandtschaftsreise nach Fez im Frühjahr 1877« (1878), das sich in F.s Besitz befand. – *herkömmliche Vase mit Sanssouci:* Die Geschenke deutscher Gesandtschaften im Ausland

bestanden oftmals aus Vasen, die aus der Königlichen Porzellanmanufaktur aus Berlin stammten und auf denen bevorzugt die Potsdamer Schlösser (Sanssouci, das Neue Palais) abgebildet wurden. – *Eismaschine:* Seit den siebziger Jahren hatten die Eismaschinen von Carl Linde (1842–1934) großen Erfolg und fanden auch außerhalb Deutschlands Verbreitung.

606 *»Buhküken von Halberstadt«:* Vgl. Anm. zu S. 571.

608 *Dressel:* Unter den Linden 50, vornehmes Restaurant, 1870 von Rudolf Dressel, Hoflieferant und Hoftraiteur, eingerichtet; Treffpunkt der Gesellschaft. – *dalbrig:* Adj. zu dalbern; albern, nichtssagend plauderhaft.

609 *ein Palazzo Strozzi oder Pitti:* Florentiner Paläste.

612 *heilige Elisabeth:* Elisabeth, Landgräfin von Thüringen, 1207–31.

613 *Friesacker Poststempel:* Friesack, Stadt im damaligen preußischen Regierungsbezirk Potsdam. – *Karl Schweigger:* 1830–1905, 1871 Professor und Direktor der Universitätsaugenklinik in Berlin; bekannt durch seine mikroskopisch-pathologischen Untersuchungen des Auges. – *bei den Rathenowern:* Vgl. Anm. zu S. 437.

614 *Schadowstraße:* zwischen der Straße Unter den Linden und der Clara-Zetkin-Straße (damals: Dorotheenstraße).

616 *Sal volatile:* Riechsalz.

621 *Landgrafen- oder Keithstraße:* Seitenstraßen der Kurfürstenstraße im Tiergartenviertel. – *wenn nicht Schutzzölle kämen:* Anspielung auf den durch die Wirtschaftskrise der Gründerjahre verschärften Streit zwischen den Anhängern der Freihandels- und der Schutzzollpolitik.

622 *aus den Fliegenden Blättern:* Vgl. Anm. zu S. 451. – *aus dem Kladderadatsch:* Die politisch-satirische Wochenschrift »Kladderadatsch« war 1848 von David Kalisch (1820–72), Rudolf Löwenstein (1819–91) und dem Verlagsbuchhändler Albert Hofmann, in zunächst linksliberalem Geiste, in Berlin begründet worden. Das weit über die Grenzen Deutschlands hinaus verbreitete Blatt unterstützte später die Politik Bismarcks. Zu den Mitarbeitern gehörten auch Adolf Glassbrenner und Georg Herwegh. – *Strudelwitz ... Prudelwitz ... Karlchen Mießnick:* allgemein bekannt gewordene, immer wiederkehrende Gestalten aus dem »Kladderadatsch« (Leutnants, der ewige Quartaner). – *Wippchen von Bernau:* vielbelachte Figur aus dem Berliner Witzblatt »Die Wespen« (seit 1866 »Berliner Wespen«), herausgegeben von Julius Stettenheim (1831–1916). – *Modesache, wie Kiebitzeier:* Diese galten als Lieblingsgericht Bismarcks. – *das dativisch Wrangelsche:* Wrangel (s. die Anm. zu S. 483) war volkstümlich durch die – beabsichtigte oder unbeabsichtigte – beständige Verwechslung von Dativ und Akkusativ, die typisch für den Berliner Sprachgebrauch war. – *Apollo:* Phoibos Apollon, der in spätantiker Vorstellung mit dem Sonnengott Helios gleichgesetzt wurde; der Lenker des Sonnenwagens. – *Daus:* Vgl. Anm. zu S. 442.

624 *Trockenwohner:* Mieter einer neuerstellten und daher noch nicht ausgetrockneten Wohnung, die deshalb billiger war; das Wort war durch die dramatische Parodie »Der Trockenwohner« (1893) von Oskar Wagner (geb. 1851) geläufig, der Vorgang in den schnell wachsenden Großstädten weitverbreitet.

626 *Ivanhoe oder Quentin Durward:* Titel zweier Romane von Walter Scott (s. Anm. zu S. 474). – *Der Spion:* »The Spy« (1821), Roman von James Fenimore Cooper (1789–1851). – *David Copperfield:* der berühmteste Roman (1849–50) von Charles Dickens (1812–70), wie die anderen hier genannten Bücher ein Lieblingswerk F.s. – *Die Hosen des Herrn von Bredow:* Titel des wohl populärsten Romans (1846) von Willibald Alexis (1798–1871).

628 *Aqua Amygdalarum amararum:* Bittermandelwasser. – *Syrupus florum Aurantii:* Orangenblütensirup. Die Arznei, die F. sicherlich aus seiner Apothekerzeit bekannt war, ist nicht viel mehr als Zuckerwasser.

630 *Kanalbrücke:* über den Landwehrkanal.

632 *›Ein junges Lämmchen, weiß wie Schnee.‹:* Anspielung auf das damals bekannte Kinderlied »Das Lämmchen« von Friedrich Justin Bertuch (1747–1822).

633 *tempi passati:* vergangene Zeiten; nach einem Wort Kaiser Josephs II. – *aus dem kleinen Park:* Gemeint ist vielleicht der Calandrelli-Park am Landwehrkanal. – *Helms:* »Fritz Helms, Gastwirt, Hoflief. Schloßfreiheit 10/11« (Adreßbuch 1890). – *Roten Schloß:* 1866–67 von Ende und Böckmann erbautes Geschäftshaus mit zwei Fronten (nach dem Schloßplatz und nach der Werderstraße), so genannt wegen der Wandverblendung mit roten Ziegelsteinen. – *Hiller:* Carl Hiller, Restaur. I. Rang ... NW Unter den Linden 62/63 Inh. L. Adlon (Adreßbuch 1890); öfter bei F. genannt, vgl. »Irrungen, Wirrungen«, 7. Kap. (in unserer Ausgabe Bd. 1, S. 582 ff.).

634 *1. April ... Kanzlerpalais:* das in der Wilhelmstraße gelegene Palais des Fürsten Anton Heinrich von Radziwill (1775–1833), das Bismarck und seinen Nachfolgern als Reichskanzlerpalais diente; Innstetten trägt sich in die dort aufliegende Gratulationsliste zu Bismarcks Geburtstag ein. – *on dit:* Gerücht. – *Garnison Pasewalk:* Standort des Kürassier-Regiments Königin (Pommersches) Nr. 2.

636 *Oberammergauer Spiele:* Zur Erinnerung an die Pest im Jahre 1634 in jedem zehnten Jahr aufgeführte Passionsspiele. – *Ferdinand von Schill:* 1776–1809, als Major und Kommandeur eines in Berlin stationierten preußischen Husarenregiments, das er auf eigene Faust 1809 gegen Napoleon führte, im Straßenkampf in Stralsund gefallen. – *Karl Wilhelm Scheele:* 1742–86, der Entdecker des Sauerstoffs, in Stralsund geboren. – *Rugard:* ein Hügel (101 m hoch) bei Bergen. – *Jasmunder Bodden:* zwischen Rügen und der Halbinsel Jasmund (nordöstlich Rügens); der große Jasmunder Bodden trennt die an Jasmund hängende Halbinsel Wittow vom Hauptkern Rügens.

637 *»Hotel Fahrenheit«:* Fahrenheits Thermometer hatte für gleiche Temperaturen viel höhere Gradangaben als das von Celsius oder gar Réaumur.

638 *Herthasee:* auch Schwarzer oder Borg-See genannt, 16 m tief, inmitten der Stubnitz (Stubbenitz), eines Buchenwalds nördlich von Saßnitz.

639 *Adjunkt:* Gehilfe, Amtsgehilfe; namentlich im Lehr- oder Pfarramt. – *Herthadienst:* nach der bei Tacitus früher irrtümlich Hertha gelesenen germanischen Göttin Nerthus, »Mutter Erde«, die auf einer Nordseeinsel einen heiligen Hain gehabt und von dort auf ihr geweihtem Wagen Umzüge gehalten haben soll, um Frieden und Fruchtbarkeit zu bringen.

640 *Sorrent:* Vgl. Anm. zu S. 209. – *Kongens Nytorv:* Königs-Neumarkt, der größte Platz Kopenhagens. – *Penz:* in Deutschland und Dänemark verzweigte Adelsfamilie.

641 *Aggerhuus:* eigentlich Agersborg; Aggerhuus hieß das berühmte norwegische Stift, das später Christiana genannt wurde (Oslo).

643 *Orakel ... Name der Person:* Pythia, Priesterin im Apollotempel zu Delphi, deren Weissagungen dunkel und mehrdeutig waren.

645 *»Kjöbenhavn«:* dän. Kopenhagen.

646 *»Der Sturm auf Düppel, Schanze V«:* Am 18. April 1864 erstürmten preußische Truppen die dänischen Befestigungen bei dem Dorf Düppel auf der Halbinsel Sundewitt. Die Einnahme der Düppeler Schanzen entschied den Feldzug.

649 *Whist:* englisches Kartenspiel. – *Schrimm:* (Szrem) an der Warthe, damals Kreisstadt mit etwa 6000 Einwohnern. – *Rogasen:* (Rogozno) an der Welna, wie Schrimm und Samter im damaligen preußischen Regierungsbezirk Posen. – *Samter:* (Szamotuly) damals Kreisstadt an der Bahnlinie Posen–Stargard.

650 *Beau:* schöner Mann; meist mit abfälliger Bedeutung gebraucht. – *Barbarossa:* der italienische Beiname des deutschen Kaisers Friedrich I. (1125–90); Rotbart. – *die Kaiserin:* Augusta, Prinzessin von Sachsen-Weimar (1811–90), seit 1829 mit dem Prinzen Wilhelm von Preußen, dem späteren Kaiser Wilhelm I., vermählt.

651 *einen Bankier ... einen christlichen, wenn's deren dann noch gibt:* Anspielung auf den damals starken und immer noch zunehmenden jüdischen Einfluß im Bankwesen. – *Haute finance-Kinder:* »Hochfinanzkinder«. – *Gothaischen Kalender:* Seit 1763 erschienen im Verlag Justus Perthes in Gotha die »Gothaischen Genealogischen Taschenbücher«, ein Adelskalender in verschiedenen Abteilungen, seit 1848 jährlich auch das »Taschenbuch der freiherrlichen Häuser«. In dem Prädikat »von der Innstetten« wäre der Hinweis auf die hier vorausgesetzte nicht standesgemäße Eheschließung der Tochter enthalten gewesen. – *Schwalbach:* Heilbad im Taunus (Langenschwalbach) im damaligen preußischen Regierungsbezirk Wiesbaden, mit gegen Blutarmut und Frauenkrankheiten wirksamen

Mineralquellen. – *Ems:* von der Gesellschaft vielbesuchter Kurort an der Lahn, ebenfalls im damaligen preußischen Regierungsbezirk Wiesbaden.

653 *Nana:* Der Roman »Nana« (1880) von Emile Zola (1840–1902); der Roman bildet einen Teil des Zyklus »Les Rougon-Macquart« (1871–1893); er wurde wegen seines angeblich unmoralischen Charakters in der Öffentlichkeit heftig kritisiert. – *des Dienstes... »immer gleichgestellte«... Uhr:* Anspielung auf Schiller, »Die Piccolomini« (I, 4, Vers 528).

654 ›*Laßt fette Leute um mich sein‹:* Zitat aus Shakespeares »Julius Cäsar« (I, 2).

655 *Pas:* Schritt. – *die gattin- und mutterlose Zeit:* Anspielung auf Schillers Ballade »Der Graf von Habsburg«: »Denn geendigt.../ War die kaiserlose, die schreckliche Zeit...«

658 *so zerre nicht und rücke und drücke nicht daran, dann heilt es schnell:* Ironische Anspielung auf das von F. wiederholt zitierte »O rühret, rühret nicht daran« aus »Wo still ein Herz von Liebe glüht« von Emanuel Geibel (»Gedichte«, 1840); vgl. »L'Adultera«, 1. Kap. (in unserer Ausgabe Bd. 1, S. 8).

659 *Bleiwasser:* Lösung von basisch essigsaurem Blei mit wechselnder Zusammensetzung, diente als mildes Desinfektionsmittel und Adstringens.

662 *jeu d'esprit:* geistvolles Spiel.

665 *dolus:* Betrug.

668 *Treptow:* Gemeint ist offenbar Treptow an der Tollense im ehemaligen preußischen Regierungsbezirk Stettin.

670 *a tempo avancieren:* gleichzeitig vorgehen.

673 *Fremdenblatt:* »Berliner Fremden- und Anzeigenblatt«, am 1. Jan. 1862 durch Rudolf von Decker begründet, ein Gesellschaftsanzeiger vom Lokalanzeigertypus mit konservativer Grundhaltung. – *das Kleine Journal:* »Kleines Journal«, 1879 von Bethel Henry Strousberg begründete Berliner Tageszeitung, die bevorzugt über Hof- und Gesellschaftsereignisse mit pikantem Unterton berichtete; Blatt der Jeunesse dorée.

676 *Polysanderflügel:* Palisander, schweres brasilianisches Edelholz. – *Albert Niemann:* 1831–1917, gefeierter Wagnersänger, seit 1866 am Königlichen Schauspielhaus in Berlin; er hatte bereits bei der Pariser Uraufführung die Partie des Tannhäusers gesungen.

677 *Bonner Husaren:* Husaren-Regiment König Wilhelm I. (1. Rheinisches) Nr. 7; das Regiment garnisonierte in Bonn. – *quick und kasch:* flink und munter.

678 *heilige Afra:* Märtyrerin, um 304 in Augsburg verbrannt. In der Legende wird sie als Dirne geschildert; geschichtlich gesichert ist nur ihr Martyrium unter Diokletian. – *griesem:* grießigem, körnigem. – *Tändelschürze:* kleine Zierschürze. – *Remedur:* Abhilfe.

680 *Saatwinkel:* Ausflugsort am Tegeler See. – *Pichelsberg... Pichels-*

dorf ... Pichelswerder: »*Pichelsberge,* die 1½ Meilen von Berlin, bei dem Fischerdorf Pichelsdorf, unweit Spandau gelegen sind, sind waldige, zum Teil vom Wasser der Havel umgebene Anhöhen, mit angenehmen Spaziergängen und einem Wirtshause. Dabei der *Pichelswerder,* eine Havelinsel. Vielbesuchter Vergnügungsort.« (Morins Wanderführer, 1860). – *von geradezu brutalem Charakter:* Hundekehle, Hundeluft, Caput usw. – *Kremserpartie:* im »Kremser«, einem mehrsitzigen, überdachten Mietwagen, benannt nach einem Hofrat, der 1822 die erste Konzession für einen solchen Wagendienst erhalten hatte.

681 *Saturn frißt seine Kinder:* Der altitalische Saatgott Saturnus (»Säer«) wurde von den Römern mit dem Titanen Kronos, dem Sohn des Uranos, der griechischen Mythologie identifiziert, der seine Kinder gleich nach der Geburt verschlungen hatte, da ihm der Sturz durch eins seiner Kinder prophezeit worden war; nur Zeus, der jüngste Sohn, wurde gerettet.

686 *Königgrätzer Straße:* ursprünglich die Hirschelstraße, gegenwärtig die Stresemannstraße.

688 *im Prinz Albrechtschen Garten:* am Askanischen Platz, Park am Palais des Prinzen Albrecht von Preußen. – *Terrassierung des Kreuzbergs:* Der ursprünglich südlich von Berlin, vor dem Halleschen Tor, gelegene Hügel, auf dem das Nationaldenkmal für die Gefallenen der Freiheitskriege errichtet worden war, wurde 1888 bis 1894 mit künstlichen Felsgruppen und einem Wasserfall versehen (Viktoriapark).

689 *Polzin:* pommersche Stadt im Kreis Belgard im ehemaligen preußischen Regierungsbezirk Köslin.

690 *Glatz:* Stadt und Festung in Schlesien, die neuere Festung auf dem Schäferberg unter Friedrich dem Großen angelegt; Festungshaft, wie sie Innstetten auferlegt war, wurde dort verbüßt.

691 ›*Habsburger Hof*‹: beim Anhalter Bahnhof am Askanischen Platz, Nr. 1 (also in der Nähe von Effis neuer Wohnung).

693 *Christuskirche:* in der Königgrätzer Straße.

694 *Er spricht immer so viel vom Alten Testament:* Effi empfindet, daß der Prediger dem rächenden Gott des Alten Testaments den Vorzug gibt vor der Botschaft der Liebe, die im Mittelpunkt des Neuen Testaments steht. – *Da gibt es so Vereine:* vielleicht Anspielung auf den »Lette-Verein« (»Verein zur Förderung der Erwerbsfähigkeit des weiblichen Geschlechts«), der seine Geschäftsräume in der Königgrätzer Straße hatte; s. auch S. 281 und Anm.

695 *alten Malerprofessor ... in der märkischen Aristokratie sehr bewandert:* F. dachte dabei vielleicht an den Maler Carl Gottfried Pfannschmidt (1819–87), den er im Hause der Familie von Wangenheim kennengelernt hatte. Pfannschmidt war seit 1865 Professor an der Berliner Akademie. – ›*die Welt sei so klein ... in Mittelafrika ... einem alten Bekannten...*‹: wahrscheinlich Anspielung auf die

unvermutete Begegnung des amerikanischen Journalisten und Afrikaforschers Henry Morton Stanley (1841–1904) mit dem verschollenen David Livingstone (1813–73) 1871 am Tanganjika-See.

697 *Aurora:* Guido Reni (1575–1642), berühmter Maler der Bologneser Schule, hatte im Auftrag des Kardinals Borghese das Deckengemälde im Palazzo Rospigliosi in Rom geschaffen, das durch zahlreiche Reproduktionen populär geworden war. – *Benjamin West:* 1738–1820, englischer Historienmaler. – *Aquatinta-Manier:* Kupfer- und Stahlstichtechnik in Tuschmanier. – *König Lear im Unwetter:* nach Shakespeares Tragödie »König Lear« (III, 2).

700 *Lampenhandlung Unter den Linden:* »Karl Rakemus & Co., Lampen-, Bronce- und Zinkgußwarenfabrik, Hoflieferant. Magazin: NW Unter den Linden 62/63 part.« (Adreßbuch 1890).

701 *zwei ... wollen auch übertreten:* zwei jüdische Schülerinnen zum Christentum.

702 *Schilling:* Konditorei Friedrichstraße 209/Ecke Kochstraße. – Karl Theodor *Körner:* 1791–1813, erfolgreicher Dramatiker in der Nachfolge Schillers, patriotischer Freiheitssänger, als Lützowscher Jäger gefallen.

704 *Phtisis:* Schwindsucht. – *Reinerz:* Stadt und Badeort im ehemaligen preußischen Regierungsbezirk Breslau, Kreis Glatz.

707 *Schwedisch-Pommern:* oder Neuvorpommern, der Teil Pommerns links der Peene, der bis 1814 schwedisch blieb, damals an Dänemark abgetreten und von diesem im Tausch gegen Lauenburg an Preußen überlassen wurde.

708 *vor Christum natum:* vor Christi Geburt.

710 *Mentone:* französische Hafenstadt am Mittelmeer, bekannter klimatischer Kurort. – *Lethe:* in der griechischen Sage Fluß der Unterwelt, aus dem die Toten Vergessen tranken.

712 *Attachement:* Zuneigung, Anhänglichkeit. – *Kreuzzeitung:* die »Neue Preußische (Kreuz-)Zeitung«, die ihren Namen nach dem Eisernen Kreuz im Titelkopf trug, war 1848 von Hermann Wagener als Organ der evangelischen Konservativen gegründet worden. Die Kreuzzeitung war das Blatt des märkischen Adels. – *Norddeutschen Allgemeinen:* »Die Norddeutsche Allgemeine Zeitung«, 1861 von August Brass als »Norddeutsches Wochenblatt« gegründet, zunächst mit großdeutsch-demokratischer Einstellung, geriet jedoch schon bald »ganz in das Fahrwasser Bismarcks, der bis 1876 die Redaktion persönlich kontrollierte« (Koszyk).

713 *des älteren Ladenberg:* Philipp von Ladenberg (1769–1847), preußischer Staatsmann, diente vor allem in der Finanzverwaltung und war von 1837–42 Staatsminister. Diese Anekdote hat F. wiederholt erzählt. – *Roten Adlerorden:* Der Rote Adlerorden, 1705 gestiftet, wurde in fünf Klassen verliehen und war ein Orden mittleren Ranges, während der Schwarze Adlerorden (vgl. Anm. zu S. 567) höchst angesehen war.

715 Johann Hinrich *Wichern*: 1808–81, evangelischer Theologe, gründete 1833 in Hamburg das Rauhe Haus und regte die Errichtung ähnlicher Anstalten zur Erziehung, Kranken-, Armen- und Gefängnispflege an; 1858 Oberkonsistorialrat und vortragender Rat im preußischen Ministerium des Innern und mit der Abteilung des Gefängniswesens betraut. – *Mirakelmensch*: Wundertäter. – *Confratres*: Mitbrüder.

716 *Mtesa*: Herrscher in Uganda, bekannt durch seine Gastfreundschaft gegen Grant, Baker, Stanley u. a., regierte in Rubaga, trat 1871 zum Islam, 1875 zum Christentum über. – *Kaiser Friedrich*: Friedrich III. (1831–88), der 99 Tage regierte.

717 ›*Sardanapal*‹: großes Ballett von Paul Taglioni (1808–84), seit 1869 Ballettdirektor in Berlin; es behandelt das Schicksal des sagenhaften letzten altassyrischen Königs Sardanapal, das bereits Lord Byron in einem Drama behandelt hatte; schwelgerisch-weichlicher Stoff, der nach üppiger Ausstattung verlangte. – ›*Coppelia*‹: Ballett (1870) von Léo Delibes (1836–91). – *dell'Era*: Antonietta dell'Era-Santriri, geb. 1865 in Mailand, stieg in Paris zur berühmten Tänzerin auf, seit 1880 Primaballerina am Königlichen Opernhaus in Berlin, beim Berliner Publikum außerordentlich beliebt. – *Siechen*: bekanntes Bier und Bierlokal (Inh. Franz Siechen) in der Behrenstraße 23/24; das Lokal wurde auch von Schauspielern besucht. – *expektoriert*: geäußert, sein Herz ausgeschüttet hatte. – *Charlottenburger Schleuse*: vor dem Eintritt des Landwehrkanals in die Spree. – *Huth*: »C. Huth & Sohn. Wein-Großhandlung ... W. Potsdamerstr. 139. Inh.: W. Huth« (Adreßbuch 1890; F. wohnte Potsdamstraße 134c). – Viktor *Herzog von Ratibor* und Fürst von Corvey: 1818–93, schlesischer Großgrundbesitzer, seit 1877 Präsident des preußischen Herrenhauses. – Georg *Kopp*: 1837–1914, seit 1887 Fürstbischof von Breslau, 1893 Kardinal. Im Kulturkampf war er als Vermittler zwischen Bismarck und der katholischen Kirche erfolgreich. Seit 1886 Mitglied des Herrenhauses. Bürodirektor des Herrenhauses war der mit F. gut bekannte Ludwig Metzel, der Dichter traf ihn regelmäßig in einem stammtischähnlichen Zirkel, an den man im vorliegenden Zusammenhang denken mag. – *der dritte wohl gar von Bismarck*: Vgl. dazu F.s Brief an seine Tochter vom 27. Febr. 1891 über Emil Pindter, den Chefredakteur der »Norddeutschen Allgemeinen Zeitung«, der wie Metzel dem oben erwähnten Zirkel angehörte: »Im Geh. Raths-Club hat mir Pindter 2 Stundenlang *Bismarckiana* erzählt, ganz freiweg, in einer durchaus würdigen und geschmackvollen Weise.«

722 *Äquinoktien*: Tag- und Nachtgleichen (hier um den 21. September).